# 野村 稔先生古稀祝賀論文集

［編集委員］
高橋則夫
松原芳博
松澤　伸

成文堂

野村 稔先生

謹んで古稀をお祝いし
野村 稔先生に捧げます

執筆者一同

## はしがき

　私たちの敬愛する野村稔先生は、2014年9月1日に、めでたく古稀をお迎えになられました。ご承知のように、野村先生は、長きにわたり、刑法学の領域で、学界および実務界に多大なる貢献を果たしてこられると同時に、早稲田刑法学の代表者として、大なる使命を担って立たれ、その発展を支えてこられました。そこで、野村先生が古稀を迎えられるにあたり、先生のご業績を記念し、また先生のご学恩に報いるべく、私どもは、祝賀論文集の刊行を企画いたしました。

　幸いにも、早稲田大学において、野村先生と大学院生時代をともにし、刑法研究者として研鑽を積んでこられた先生方、直接・間接に野村先生の研究指導を受け、刑法研究者・法曹実務家として巣立って行かれた先生方、本書編集開始時において、早稲田大学において刑事法科目を担当されていた同僚の研究者教員の先生方を中心とする執筆者の皆様から、お忙しい中、お力添えをいただき、ここに本書を無事公刊できる運びとなりました。

　ささやかな一書ではありますが、ここに本書を公刊できることは、私たちにとって、大きな喜びです。執筆者一同を代表し、感謝をこめて、本書を野村稔先生に捧げます。

　本書においては、刑法・刑事訴訟法・刑事政策の順に、なるべく体系的に論文を配列しました。また、巻末には、野村稔先生の略歴・主要著作目録を掲載しておりますが、この作成にあたっては、早稲田大学法学学術院助手の芥川正洋氏および早稲田大学大学院法学研究科博士後期課程の岡田侑大氏に、とりまとめをお願いしました。

　出版にあたっては、成文堂の阿部耕一社長より、手厚いご協力をいただきました。また、個別の編集作業については、成文堂の篠﨑雄彦氏より、きめ細かなご協力をいただきました。心より感謝申し上げます。また、元成文堂取締役の土子三男氏におかれましては、ご体調のすぐれない中、本書の編集だけは自分で手がけたいと大変熱意を持って取り組んでおられましたが、残念ながら、昨年5月にご逝去されました。天上において、本書の公刊を喜んでおられることと存じます。併せて、心より感謝申し上げます。

最後になりますが、野村稔先生の益々のご活躍とご清祥を、執筆者一同を代表し、心よりお祈り申し上げますとともに、今後とも変わらぬご指導をいただけますよう、心よりお願い申し上げる次第です。

2015年1月22日　野村稔先生の最終講義を拝聴した日に

編集委員
髙　橋　則　夫
松　原　芳　博
松　澤　　　伸

# 目　次

はしがき ………………………………………………………………（*iii*）

不作為犯における法的作為可能性と広義の「義務の衝突」
　　——ドイツ刑法226条ａ第１項の真正不作為犯をめぐる議論を手がかりとして——
　……………………………………………………勝　亦　藤　彦（*1*）

法益関係的錯誤説と法益の要保護性………………武　藤　眞　朗（*31*）

過失犯における「予見可能性」について …………岡　部　雅　人（*51*）

熊本警察官発砲事件
　　——熊本地判昭51・10・28刑裁資217号404頁——………原　田　　　保（*69*）

緊急避難の本質——カナダ刑法を参考にして——………上　野　芳　久（*85*）

実行の着手と所為計画 ……………………………萩　原　　　滋（*99*）

実行の着手の判断における密接性および危険性
　………………………………………………………二本柳　　　誠（*117*）

規範論による正犯・共犯論の再定位………………高　橋　則　夫（*135*）

「正犯と狭義の共犯の区別論」における「多様な要素」の課題
　………………………………………………………田　川　靖　紘（*151*）

上官の刑事責任と共謀共同正犯の理論 ……………新　倉　　　修（*171*）

承継的共犯 ……………………………………………松　原　芳　博（*189*）

過失の競合と過失犯の共同正犯の区別
　　——明石花火大会歩道橋副署長事件判決を手がかりとして——
　………………………………………………………大　塚　裕　史（*209*）

個人的法益において侵害される利益の内実………石　井　徹　哉（*231*）

刑法における現住性と占有性の交錯……………関　　哲　夫（247）
窃盗罪における占有 ……………………………宮　崎　英　生（265）
強盗罪における不作為の暴行・脅迫……………芥　川　正　洋（283）
詐欺罪における被害者の「公共的役割」の意義
　　………………………………………………杉　本　一　敏（301）
暴力団排除における詐欺罪適用の限界 …………笹　井　武　人（331）
権利行使と財産犯──財産的損害の観点から──………田　山　聡　美（345）
電子計算機使用詐欺罪における「虚偽」性の判断
　　………………………………………………渡　邊　卓　也（361）
盗品移転の可罰性…………………………………内　田　幸　隆（379）
有形偽造の概念、解釈に関する一管見
　　──各論的、相対的考察──………………酒　井　安　行（403）
公務執行妨害罪における職務行為の適法性と公務員の
　誤認に基づく職務執行 ……………………… 專　田　泰　孝（419）
野村稔教授の刑法理論について
　　──刑法総論を中心に──…………………松　澤　　　伸（439）
野村稔教授の刑法理論──刑法各論──………伊　藤　亮　吉（469）
共犯事件における死刑選択回避基準……………北　村　宏　洋（487）
ドイツにおける交通事犯の規制と制裁
　　──最近の諸改正を含めて──……………岡　上　雅　美（503）
海賊対処法の適用に関する刑法上の一考察
　　──グアナバラ号事件第1審判決と第2審判決を素材として──
　　………………………………………………甲　斐　克　則（523）
金融商品取引法における相場操縦罪の一考察……鈴　木　優　典（545）
児童ポルノの製造と取得・所持との関係
　　──ダウンロード行為に関するスイスの議論を素材に──
　　………………………………………………仲　道　祐　樹（561）

愛護動物遺棄罪（動物愛護管理法44条3項）の保護法益
　………………………………………………………………三　上　正　隆（587）

おとり捜査における違法性の本質と「内心の自由」の侵害
　………………………………………………………………渡　辺　直　行（603）

修正4条と限定的免責法理
　──最近の連邦最高裁判決を契機に──………洲　見　光　男（623）

いわゆる「一罪の一部起訴」について　……………寺　崎　嘉　博（635）

経験則の適用についての覚書
　──最三小決平成25年4月16日（刑集67巻4号549頁）を手懸かりに──
　………………………………………………………………川　上　拓　一（651）

少年法上の「内省」概念……………………………………小　西　暁　和（663）

リスト理論における人間像………………………………小　坂　　　亮（681）

進化論的法理学・刑事法学とその継承・展開に関する一考察
　──穂積陳重と牧野英一──……………………宿　谷　晃　弘（703）

罪刑法定主義と慣習法処罰………………………………増　田　　　隆（719）

中国刑法における犯罪論体系について
　──日本犯罪論体系との比較を素材として──………井　　小　胖（739）

チェコの性刑法の変遷　………………………………若　尾　岳　志（755）


野村　稔先生　略歴・主要著作目録……………………………………（779）

# 不作為犯における法的作為可能性と広義の「義務の衝突」
――ドイツ刑法266条a第1項の真正不作為犯を
めぐる議論を手がかりとして――

　　　　　　　　　　　　　　　　　　　　勝　亦　藤　彦

Ⅰ　問題の所在
Ⅱ　不作為犯における法的作為可能性の意義
Ⅲ　法的作為不可能性の射程と広義の義務衝突
Ⅳ　法的作為可能性の体系的地位と広義の義務衝突

## Ⅰ　問題の所在

　ドイツの不作為犯論においては、作為義務を履行するために必要とされる作為を行うことが事実的かつ法的に可能でなければ、不作為犯は成立しないと解されている。すなわち、不作為犯における作為可能性を二元的に理解し、事実的な作為可能性（tatsächliche Handlungsmöglichkeit）と法的な作為可能性（rechtliche Handlungsmöglichkeit）を概念的に区別した上で、両者をともに不作為犯の必要条件の一部と解している（二元的作為可能性説）[1]。それゆえ、たとえ行為者に事実的作

---

[1]　不作為犯における事実的作為可能性と法的作為可能性を厳密に区別するものとして、とりわけ、Jürgen Baumann/Ulrich Weber/Wolfgang Mitsch, Strafrecht, Allgemeiner Teil, 11. Aufl. 2003, §15 Rd. 15 ff., 18, S. 267 ff.［Mitsch］; Gunnar Duttge, Der Arzt als Unterlassungstäter, in: Festschrift für Heinz Schöch, 2010, S. 599 ff., insbes. S. 615 f.; Walter Gropp, Strafrecht, Allgemeiner Teil, 3. Aufl. 2005, §11 Rd. 46 ff., S. 422; Volker Haas, in: Holger Matt/Joachim Renzikowski (Hrsg.), Strafgesetzbuch Kommentar, 2013, §13 Rd. 27 f.; Hans Kudlich, in: Helmut Satzger/Wilhelm Schluckebier/Gunter Widmaier (Hrsg.), Strafgesetzbuch Kommentar, 2. Aufl. 2014, §13 Rd. 8 f.; Claus Roxin, Strafrecht, Allgemeiner Teil, Band II, Besondere Erscheinungsformen der Straftat, 2003, §31 Rd. 8 ff., 14, S. 629 f., 631; Thomas Weigend, in: Strafgesetzbuch, Leipziger Kommentar, Großkommentar, Band 1, 12. Aufl. 2007, §13 Rd. 65 および同所引用の文献参照。ドイツ刑法266条a第1項の真正不作為犯に関しては、こうした二元的作為可能性説がドイツの通説・判例として定着しており、同条項との関係で事実的作為可能性と法的作為可能性の区別を明示する文献はきわめて多数にのぼる。さらに、事実的可能性と法的可能性の区別に関して、Robert Alexy, Theorie der Grundrechte, 3. Aufl. 1996, S. 75 f. をも参照。

可能性があったとしても、法的作為可能性がなければ、不作為犯として処罰されない。また、これらの作為可能性の判断を前提とした上で、さらに、作為の期待可能性（Zumutbarkeit）が不作為犯の要件とされている[2]。したがって、たとえ事実的作為可能性および法的作為可能性が肯定されたとしても、作為の期待可能性が否定される場合には、不作為犯として処罰されないことになる。

　これらの要件に関する検討が特に重要となる不作為犯の一つとして、とりわけ、ドイツ刑法266条a第1項の真正不作為犯が挙げられよう。同法266条a第1項は、「労働賃金が支払われているか否かにかかわらず、使用者として、労働援助金を含む社会保険への被用者の納付金を徴収所に納付しなかった者は、5年以下の自由刑又は罰金に処する」と規定しており[3]、本条項の罪は経済犯罪の一つとして、実務的にも理論的にもきわめて重要な意義を有している。その成立要件の一部として、使用者（Arbeitgeber）が労働援助金（Arbeitsförderung）を含む社会保険のための被用者負担分の納付金（以下では「被用者分納付金」（Arbeitnehmerbeiträge/Arbeitnehmeranteile）と称する）を支払期限（Fälligkeit）までに徴収所（Einzugsstelle）に納付することが事実的かつ法的に可能であり、しかも、使用者にその納付が期待可能であったことが必要とされるが、ドイツの通説・判例は、本罪に関して、こうした事実的作為可能性、法的作為可能性および作為の期待可能性をいずれも書かれざる構成要件要素（ungeschriebene Tatbestandsmerkmale）と解している。このうち、本罪における作為可能性の内容をめぐるドイツの議論に着目すると、義務衝突論における研究課題として、特に次の問題が提起されよう。

　まず、（1）本罪においては、事実的作為可能性の中核要素として、使用者の支払能力（Zahlungsfähigkeit）、すなわち、使用者が当該支払期限の時点において徴収額に相当する被用者分納付金を支払えるだけの事実的な資金能力を経営上有していることが必要とされる。かつてのドイツの下級審判例の中には、本罪の作為可能性の内容としてこうした支払能力を不要とする判例もあったが[4]、今日の

---

[2] 不作為犯における作為の期待可能性に関しては、特に、David Donner, Die Zumutbarkeitsgrenzen der vorsätzlichen unechten Unterlassungsdelikte, 2007; Carsten Momsen, Die Zumutbarkeit als Begrenzung strafrechtlicher Pflichten, 2006; Walter Stree, Zumutbarkeitsprobleme bei Unterlassungstaten, in: Festschrift für Theodor Lenckner, 1998, S. 393 ff. 参照。

[3] 宮澤浩一＝井田良＝岡上雅美＝勝亦藤彦＝武藤眞朗訳『ドイツ刑法典』法務資料461号（2007年）164頁以下参照。

判例・通説はこれを一貫として必要としており、使用者が被用者分納付金に関して当該支払期限の時点で支払不能（Zahlungsunfähigkeit）の状態にあった場合には、本罪の構成要件該当性が否定されると解している。もっとも、たとえ、当該支払期限の時点で使用者が支払不能の状態にあるために被用者分納付金の支払義務の履行が不可能であったとしても、当該使用者が事前の原因行為（作為・不作為）により自ら支払不能の状態を有責に惹起した場合には、いわゆる「原因において自由な不作為」（omissio libera in causa）の法理に基づいて本罪の構成要件該当性を肯定し[5]、刑法266条a第1項の真正不作為犯として処罰するのが、ドイツの判例・通説の立場である。そこで、まず第一に、他の支払義務と被用者分納付金の支払義務がともに支払期限に達していたにもかかわらず、使用者の資金が不足していたためにいずれか一方の義務しか履行できず、使用者が前者の支払義務を履行して後者の支払義務を履行しなかった場合（支払義務と支払義務の衝突）に、後者の刑法上の支払義務の不履行につき、独自の正当化事由である「作為義務と作為義務の衝突」として正当化が認められるか否かが問題となる。この点は、とりわけ、ドイツ刑法283条以下などにおける「支払不能」の概念と対比しつつ、そもそも、刑法266条a第1項の罪における事実的作為可能性を否定する「支払不能」の概念をいかに解すべきか（支払不能概念の相対性の肯否）、また、民法上の支払義務に対する刑法上の支払義務（被用者分納付金の支払義務）の優位性を常に肯定すべきか否か（刑法266条a第1項の作為義務の絶対的優位性の肯否）という重要論点と密接に関連しており、特に、後者の問題に関して展開されてきた激しい議論の内容を分析する必要がある。また第二に、「原因において自由な不作為」のケースの中には、被用者分納付金の支払期限以前における事前の原因行為がいわゆる正当弁済（kongruente Deckung）としてなされる場合も多々みられる。こうした場合には、広い意味において、民法上の支払義務と被用者分納付金の支払義務の衝突（択一的な履行関係）が認められるとも解されよう。そこで、近

---

4　こうした判例として、① OLG Celle NStZ-RR 1997, 324、および、② OLG Celle JR 1997, 478＝NStZ 1998, 303 がある。しかし、その後、OLG Celle NJW 2001, 2985 は、上記判例①②の見解を退けている。また、上記判例②の評釈として、Günter Gribbohm, Anmerkung, JR 1997, S. 479 ff. をも参照されたい。
5　決定的時点における事実的作為可能性の欠如を招来する事前の原因行為が「作為」の場合には、omissio libera in agendo、その原因行為が「不作為」の場合には、omissio libera in omittendo とも呼ばれる。

時のドイツ連邦通常裁判所の判例にもみられるように、こうした場合に、「原因において自由な不作為」の法理の要件とされる義務違反性（Pflichtwidrigkeit）の評価について、本来の「支払義務と支払義務の衝突」に関する正当化的義務衝突の解決基準をパラレルに援用（準用）すべきか否かが問題となる。

　また、（2）法的作為可能性の肯否は、命令規範に対立する規範の違反に関する評価を前提とする。それゆえ、そこでは、「禁止規範と命令規範の衝突」などの規範の衝突またはそれぞれの規範に基づく義務の衝突（広義）に関する理論的な理解の仕方がまさに問われることになる。ドイツにおいて、従来、この点との関係で激しく議論されているのは、とりわけ、会社法における経営者の支払禁止（Zahlungsverbot）と被用者分納付金の支払命令（Zahlungsgebot）の衝突（支払の不作為義務と支払の作為義務の衝突）をめぐる問題であり、この種の問題は、実務的にも理論的にも非常に重要な意義を有してきたのである。

　以上のようにみると、ドイツ刑法266条a第1項の罪における二元的な作為可能性の要件をめぐる議論は、義務衝突論の観点からみてもきわめて興味深く、また、有益な示唆に富むといえよう。これに対し、わが国の従来の不作為犯論においては、特に、法的作為可能性の問題について、必ずしも十分に議論されてこなかったように思われる。そこで、本稿では、紙幅の制約をも考慮し、もっぱら上記（2）の問題に焦点を当て、ドイツ刑法266条a第1項の罪をめぐる議論をも手がかりとして、この点に関する根本的な問題について検討を行うことにする。すなわち、まず、①不作為犯における法的作為可能性の意義とその具体例を確認した上で、②法的作為不可能性の射程について検討する。そこでは、法的作為可能性の前提となる許容の実質、および、法的作為不可能性が問題となる規範衝突（広義の義務衝突）の類型について精査したい。そして、さらに、③法的作為可能性の体系的地位について考察することにする。

## II　不作為犯における法的作為可能性の意義

　規範論理として、法的当為（rechtliches Sollen）は法的許容（rechtliches Dürfen）を内包し、前者は後者を前提とするものとされる[6]。それゆえ、作為義務の内容として命令される作為は、実質的に法的に許された行為でなければならない[7]。法的に許されない作為は、たとえこれを行う事実的可能性が肯定されるとして

も、法的な命令の内容・対象とすることはできないのであり、こうした意味で、法的作為可能性が否認されることになる[8]。法秩序が規範の名宛人に対して違法な作為の遂行を命令する場合には、法秩序は自己矛盾に陥ることになる（es widerspräche sich die Rechtsordnung selbst）[9]と考えられ、それゆえ、そこでは、法秩序の矛盾排斥の原理（das Prinzip der Widerspruchsfreiheit der Rechtsordnung）に基づいて[10]、ad turpia nemo obligatur（「不法なことには何人も義務づけられない」）という原則が妥当する[11]。こうした法的作為可能性の判断は、法的許容の肯否・限界の評価を前提とした規範的判断であり、前構成要件的な行為論における行為能力とは別個の問題であることは明らかといえよう[12]。

---

6 例えば、Andreas Hoyer, Der Verhältnismäßigkeitsgrundsatz als Strukturelement der Rechtfertigungsgründe, ARSP Beiheft 104（2005）, S. 99 は、Gebot は命令された行為の遂行の許容（die Erlaubnis zur Vornahme des gebotenen Verhaltens）を内包し、Verbot は禁止された行為の不遂行の許容（die Erlaubnis zur Nichtvornahme des verbotenen Verhaltens）を内包すると解している。また、Klaus Adomeit/Susanne Hähnchen, Rechtstheorie für Studenten, 6. Aufl. 2012, Rd. 42 ff., S. 28 ff. は、Gebot（müssen）、Verbot（dürfen nicht）、Erlaubnis（dürfen）、Freistellung（müssen nicht）を規範論理学的に区別した上で、Gebot は Erlaubnis を内包し、Verbot は Freistellen を内包すると論じている。

7 これに対して、作為義務（die Pflicht zu handeln）により作為権限（das Recht zu handeln）も認められるとして、前者から後者を導出する見解として、Horst Schlehofer, Juristische Methodologie und Methodik der Fallbearbeitung, 2. Teil. Eine methodologische Fallbearbeitung － Zugleich ein Beitrag zum „erlaubten Risiko" und zum Strafunrechtsausschluß, JuS 1992, S. 659 ff., insbes. S. 661. こうした見解に対しては、特に、Baumann/Weber/Mitsch, a. a. O.（Anm. 1）, AT, 11. Aufl., §15 Rd. 18 Fn. 37, S. 269 [Mitsch]; Rolf Dietrich Herzberg, Unrechtsausschluß und Erlaubnistatbestandsirrtum bei versuchter und bei vollendeter Tatbestandserfüllung, in: Festschrift für Walter Stree/Johannes Wessels, 1993, S. 203 ff., insbes. S. 209. また、後述 IV（3）（ii）5）の Rönnau の見解をも参照。

8 この点につき、とりわけ、Wolfgang Sebastian Gosch, Strafbarkeit trotz finanziellen Unvermögens, Eine Untersuchung zu den §§266a Abs. 1, 283 Abs. 1 Nr. 5, 7 lit. b, 170 StGB und zugleich ein Beitrag zur Rechtsfigur der omissio libera in causa, 2013, S. 175 および同所引用の文献参照。

9 Duttge, a. a. O.（Anm. 1）, FS für Schöch, S. 610. こうした法秩序の自己矛盾に関しては、また、Baumann/Weber/Mitsch, a. a. O.（Anm. 1）, AT, 11. Aufl., §15 Rd. 18, S. 268 [Mitsch]. さらに、法秩序における規範の矛盾の諸類型につき、特に、Karl Engisch, Die Einheit der Rechtsordnung, 1935, S. 42 ff., insbes. S. 46 ff. をも参照。

10 この点に関しては、特に、Duttge, a. a. O.（Anm. 1）, FS für Schöch, S. 616; Engisch, a. a. O.（Anm. 9）, S. 55.

11 ad turpia nemo obligatur の原則に関しては、とりわけ、Joachim Hruschka, Zwei Axiome des Rechtsdenkens, in: Aus Hamburger Rechtsleben, Festschrift für Walter Reimers, 1979, S. 459, 462, 468; 勝亦藤彦「違法阻却事由としての義務衝突とその類型に関する考察（四・完）」早大法研論集78号（1996年）75頁以下参照。

12 また、行為能力と法的作為可能性の相違につき、Gosch, a. a. O.（Anm. 8）, S. 43 をも参照。

従来、不作為犯における法的作為可能性の存否は、とりわけ、次の具体的事例において論じられてきた。

〈事例1〉　その代表例は、不作為による過失傷害罪の成否を問題としたブレーメン上級地方裁判所1956年4月18日判決である[13]。本件事案の概要は次の通りである。1951年に、アメリカに帰国した友人から被告人の妻にエアデールテリア（Airedale-Terrier）が贈られてきた。被告人は、当初、この犬を飼うことを拒否していたが、その犬に喜ぶ子供たちの様子などを見て、しぶしぶこれに承諾し、飼犬の登録などをした。しかし、夫婦共働であったため、その後、この犬の面倒を十分にみることができなくなった。1952年には、この犬が近隣で年間7人に襲いかかる事態となったため、被告人は、家族の者に対して、屋外に出すときは監視し、散歩中も口輪とリードを装着するよう命じ、1953年にも、同様の警告を強く繰り返した。しかし、この犬は複数のドアのどこかを自分で開けて外に出ることができ、仕事上、妻も家を留守にすることが多かったため、被告人はこの犬を手放すかよそに預けるよう妻に頼んだが、妻がこれを拒絶した。それゆえ、被告人らは自宅でこの犬の飼育を続けたが、その後、1955年に、この犬が自宅前でまた二名の者に噛みついて負傷させ、この両名の被害に関して立件された。ブレーメン上級地方裁判所は、被告人に対し、①犬の飼育の引受け、世帯主の地位および夫婦共同体の観点を根拠として、当該傷害結果を回避すべき保障人的地位（生活領域・支配領域における危険源の監視的地位）を肯定した。しかし、②被告人は従前に家族の者に対して再三の警告を行っており、また、③要求される作為は事実的・法的に可能（tatsächlich und rechtlich möglich）なものに限られ、しかも期待可能（zumutbar）なものでなければならないとした上で、所有権のない被告人が所有権者たる妻の明示の意思に反してその犬を処分することは、法的理由から（aus rechtlichen Gründen）不可能であり[14]、また、上記の不当な妻の態度を警察に通告することは、被告人にとって期待不可能であったと判示した。

---

[13] OLG Bremen NJW 1957, 72. また、本判決に関しては、特に、Albin Eser/Björn Burkhardt, Strafrecht II, 3. Aufl. 1980, 28 Terrier-Fall, E 9-12, A 19, S. 69 ff., insbes. S. 70, 72 f.; Gosch, a. a. O. (Anm. 8), S. 43 Fn. 120; Gropp, a. a. O. (Anm. 1), AT, 3. Aufl., §11 Rd. 48, S. 422 f.; Roxin, a. a. O. (Anm. 1), AT II, §31 Rd. 14, S. 631; Rolf Schmidt, Strafrecht, Allgemeiner Teil, Grundlagen der Strafbarkeit, Aufbau des strafrechtlichen Gutachtens, 13. Aufl. 2014, Kap. 8, Abschn. 1, I. 1. c., Rd. 772, S. 301 をも参照。

[14] この点については、ドイツ民法93条1文をも参照されたい。また、R. Schmidt, a. a. O. (Anm. 13), AT, 13. Aufl., Rd. 772, S. 301 をも参照。

また、ドイツ刑法266条 a 第１項の真正不作為犯との関係では、例えば、次の二つの事例において、使用者による被用者分納付金の支払は法的に不可能とされている。

〈事例２〉　その一つは、破産手続の開始（Eröffnung des Insolvenzverfahrens）との関係である[15]。すなわち、破産手続の開始後は、債務者の財産に関する処分権（Verfügungsmacht/Verfügungsrecht）が破産管財人（Insolvenzverwalter）に帰属し、債務者たる使用者に対しては自己の財産に関する処分禁止（Verfügungsverbot）が妥当する。それゆえ、例えば、破産手続が開始された有限会社の経営者には、当該会社財産から会社債務の支払（被用者分納付金の支払をも含む）を行うことは許されず、当該支払は法的に不可能とされる[16]。

〈事例３〉　また、Wolfgang Sebastian Gosch は、不正行為による資金調達との関係で次の事例を挙げている[17]。会社経営者 X は、経営困難に陥り、被用者分納付金債務の支払資金を調達するために、メーンバンク（Hausbank）とクレジット交渉（Kreditverhandlung）を行って貸付を得ようとした。その際、X は、会社の経営状況が悪化していてその返済の可能性（Rückzahlungsmöglichkeit）がないことを予め認識していたにもかかわらず、当該契約を締結するために銀行担当者に

---

[15] この点につき、とりわけ、Thomas Fischer, Strafgesetzbuch mit Nebengesetzen, 62. Aufl. 2015, §266a Rd. 15; Andreas Hoyer, in: Systematischer Kommentar zum Strafgesetzbuch, 7./8. Aufl. 117. Lfg. 2009, §266a Rd. 46; Urs Kindhäuser, Strafgesetzbuch, Lehr- und Praxiskommentar, 6. Aufl. 2015, §266a Rd. 10; Manfred Möhrenschlager, in: Strafgesetzbuch, Leipziger Kommentar, Großerkommentar, Band. 9, Teilband 1, 12. Aufl. 2012, §266a Rd. 56; Hermann Plagemann, Die Beitragshaftung des Geschäftsführers im Lichte der neuen InsO, NZS 2000, S. 8 ff., insbes. S. 10; Henning Radtke, Münchner Kommentar zum Strafgesetzbuch, Bd. 5, 2. Aufl. 2014, §266a Rd. 72; Joachim Renzikowski, Strafbarkeit nach §266a Abs. 1 StGB bei Zahlungsunfähigkeit wegen Vorverschuldens, in: Festschrift für Ulrich Weber, 2004, S. 333 ff., insbes. S. 334; Olaf Hans Schmitt, Das Vorenthalten der Sozialversicherungsbeiträge in der Insolvenz der GmbH, 2001, S. 42 u. Fn. 192; Brigitte Tag, in: Nomos-Kommentar, Strafgesetzbuch, Bd. 3, 4. Aufl. 2013, §266a Rd. 68 Fn. 189 参照。

[16] Patrick Wüchner, Die Vorenthaltung von Sozialversicherungsbeiträgen des Arbeitnehmers – Ein Betrachtung des §266a Abs. 1 StGB unter besonderer Berücksichtigung der wirtschaftlichen Unternehmenskrise und der insolvenzrechtlichen Einflüsse, 2010, S. 97 f. また、ドイツ破産法（Insolvenzordnung）における破産管財人の分類に応じた厳密な解説として、とりわけ、Hoyer, a. a. O. (Anm. 15), SK, 7./8. Aufl., §266a Rd. 46; Andreas Hoyer, Strafbares Vorenthalten von Arbeitnehmerbeiträgen in der Unternehmenskrise, in: Festschrift für Dieter Reuter, 2010, S. 541 ff., insbes. S. 542, 545; Plagemann, a. a. O. (Anm. 15), NZS 2000, S. 10. また、債務者の特定財産（特に銀行口座預金など）に限定した処分禁止に基づく支払の法的不可能性に関して、Wüchner, a. a. O. (Anm. 16), S. 99 参照。

[17] Gosch, a. a. O. (Anm. 8), S. 174, 175.

対して当該事実を秘匿せざるをえなかったという場合である。経営状況の重大な悪化およびそれに伴う返済の不可能性を基礎づける事実は、企業に対する貸付の申請に関する判断にとって重要な事実である。それゆえ、Gosch は、X がこのような事実を秘匿してクレジットによる貸付契約を締結した場合には、告知義務の違反に基づき少なくとも不作為による契約詐欺（Eingehungsbetrug durch Unterlassen）の未遂（ドイツ刑法263条、22条）として処罰され[18]、このような方法以外に被用者分納付金支払のための資金調達の手段がない場合には、刑法266条 a 第 1 項における支払義務につき法的作為可能性が否定されるものと解している[19]。

〈事例 4〉 さらに、破産犯罪との関係でも同様の問題が注目されてきた。例えば、有限会社における事実上の経営者（faktischer Geschäftsführer）たる X が、自己の経営する会社が支払不能または債務超過に陥ったにもかかわらず、所定の猶予期間が経過しても破産手続の申請をしなかった場合には、X の当該不作為の行為に関して、ドイツ有限会社法（das Gesetz betreffend die Gesellschaften mit beschränkter Haftung（GmbHG））84条 1 項 2 号における破産延引（Insolvenzverschleppung）の罪により処罰されるか否かが問題となる[20]。この点につき、とりわけ、Thomas Weigend は、単なる事実上の経営者 X には同法64条 1 項による破産申請を行う権限は認められず、X がこれを行うことは法的に不可能であり、それゆえ、こうした場合に X が破産手続を申請しないとしても、真正不作為犯としての破産延引の罪により処罰されないと解しているのである[21]。

そこで、次節では、いかなる場合に法的作為可能性が否認されうるのか（法的作為不可能性の射程）について、理論的・類型的に精査することにしよう。

---

18 また、不作為による信用取引詐欺罪（ドイツ刑法265条 b 第 1 項 2 号）の成否も問題となりえよう。

19 不作為による詐欺と支払の法的不可能性の関係については、Renzikowski, a. a. O.（Anm. 15）, FS für Weber, S. 337 f. をも参照。さらに、被用者分納付金支払の法的不可能性に関するその他の例につき、Möhrenschlager, a. a. O.（Anm. 15）, LK, 12. Aufl., § 266a Rd. 56 参照。また、共同経営者間における権限配分と支払の法的可能性について、Gerhard Pape/Joachim Voigt, Die Haftung des GmbH-Geschäftsführers für nicht abgeführte Sozialversicherungsbeiträge der Arbeitnehmer, WiB 1996, S. 829 ff., insbes. S. 831をも参照。

## III　法的作為不可能性の射程と広義の義務衝突

### 1　法的作為可能性の前提となる許容の実質との関係

　まず第一に、法的当為の前提とされる作為の許容性（作為権限）が否認される事由との関係で、法的作為不可能性の射程をいかに解すべきかが問題となる。

　この点につき、Andreas Hoyer は、次のように解している[22]。①被用者分納付金の支払について法的作為可能性が否認されるのは、そのために必要とされる支払資金（Zahlungsmittel）に関する物権的処分権限（dingliche Verfügungsbefugnis）を使用者が有しない場合に限られる。これに対し、②他の支払債務と被用者分納

---

20　この問題に関しては、とりわけ、Jan C. Joerden, Grenzen der Auslegung des §84 Abs. 1 Nr. 2 GmbHG, wistra 1990, S. 1 ff.; Karsten Schmidt, Die Strafbarkeit „faktischer Geschäftsführer" wegen Konkursverschleppung als Methodenproblem, Bemerkungen zum Wert der „faktischen Betrachtungsweise" im Strafrecht, in: Festschrift für Kurt Rebmann, 1989, S. 419 ff.; Klaus Tiedemann, Wirtschaftsstrafrecht, Besonderer Teil mit wichtigen Rechtstexten, 3. Aufl. 2011, §9 Rd. 454 ff., S. 266 f. 参照。

　なお、破産申請義務（Insolvenzantragspflicht）に関するドイツ有限会社法の旧規定64条1項および破産延引（Insolvenzverschleppung）の罪に関する同法の旧規定84条1項2号は、das Gesetz zur Modernisierung des GmbH-Rechts und zur Bekämpfung von Missbräuchen (MoMiG) vom 23. 10. 2008 (BGBl. I, S. 2026) により改正され、これらの内容は、本改正により新たに導入された破産法 (InsO) 15条a第1項および同条4項の新規定により規制されている（2008年11月1日施行）。

　ドイツ有限会社法の旧規定84条1項2号は、„wer es als Geschäftsführer entgegen §64 Abs. 1 oder als Liquidator entgegen §71 Abs. 2 unterläßt, bei Zahlungsunfähigkeit oder Überschuldung die Eröffnung des Konkursverfahrens oder des gerichtlichen Vergleichensverfahrens zu beantragen" を処罰すると規定していた。そこで、本規定における Geschäftsführer に事実上の経営者（faktischer Geschäftsführer）も含まれると解されるか否かが問題となる。

　現行の破産法（InsO）15条a第1項1文は、次のように規定している。„Wird eine juristische Person zahlungsunfähig oder überschuldet, haben die Mitglieder des Vertretungsorgans oder die Abwickler ohne schuldhaftes Zögern, spätestens aber drei Wochen nach Eintritt der Zahlungsunfähigkeit oder Überschuldung, einen Eröffnungsantrag zu stellen." また、同条4項は、同条1項1文の規定に違反して破産申請をしなかった者は、3年以下の自由刑または罰金に処すると規定している。

21　Weigend, a. a. O. (Anm. 1), LK, 12. Aufl., §13 Rd. 65 Fn. 209. また、Joerden, a. a. O. (Anm. 20), wistra 1990, S. 2 u. Fn. 17, 19, S. 4; Tiedemann, a. a. O. (Anm. 20), Wirtschaftsstrafrecht, BT, 3. Aufl., §9 Rd. 456, S. 267 参照。

　さらに、法的作為不可能性に関するその他の具体的事例について、とりわけ、Peter Cramer, Rechtspflicht des Aufsichtsrats zur Verhinderung unternehmensbezogener strafbarer Handlungen und Ordnungswidrigkeiten, in: Festschrift für Walter Stree/Johannes Wessels, 1993, S. 563 ff., insbes. S. 570 および同所引用の文献参照。また、BGHSt 55, 206, 210 をも参照されたい。

22　Hoyer, a. a. O. (Anm. 15), SK, 7./8. Aufl., §266a Rd. 47.

付金の支払義務がいずれも弁済期に達したが、資金の不足から択一的な履行可能性しかないという場合には、前者の履行義務が債務法上（schuldrechtlich）認められ、債務法違反が問題となりうるとしても、後者の支払義務に関する法的作為可能性は否定されない[23]。それゆえ、③使用者が支払期限に至ったすべての支払義務を重畳的（kumulativ）に履行しえない場合には、構成要件該当性の段階ではなく、正当化の段階（Rechtfertigungsebene）で、「他の支払義務と刑法上の支払義務の衝突」を考慮すべきであると論じている。そして、こうした理解の下で、不作為犯における法的作為可能性が否定される場合として、上記の〈事例2〉を挙げているのである[24]。

　上記の〈事例1〉も、共同占有する財物（飼犬）について、所有権に基づく物権的処分権限が作為義務者に認められないため、所有者の意思に反した当該財物の処分により作為義務を履行することができない場合であり、義務者自身に物権的処分権限の存否が問題となる点で、〈事例2〉とパラレルに解されるように思われる。しかし、上記の〈事例3〉および〈事例4〉は、当該行為者に（潜在的に）必要とされる作為自体またはそれに不可避的に伴う行為（不作為による契約詐欺、越権的な破産申請）は、必ずしも物権的処分権限の欠如を理由として否認されるわけではなく、このように、それ以外の理由に基づいて法的作為可能性が否定される場合もありうると解される（特に、後述のⅣ（4）（ⅱ）をも参照）。また、たしかに、Hoyerのいうように、資金の不足から択一的な履行可能性しかない「支払義務と支払義務の衝突」の場合には、法的作為可能性は否定されず、正当化の段階において正当化的義務衝突の肯否が問題とされる。しかし、その理由は、物権的処分権限の問題外にあるからではなく、むしろ、後述のように、こうした規範の衝突（義務の衝突）に関する類型的相違をも考慮して考察すべきであると考える。

## 2　法的作為不可能性と規範の衝突／広義の義務衝突

　第二に、規範の衝突（義務の衝突）の類型との関係で、法的作為不可能性の射

---

[23] また、例えば、Tag, a. a. O.（Anm. 15）, NK-StGB, 4. Aufl., §266a Rd. 68も、このような場合には、支払の事実的作為可能性および法的作為可能性を含めた意味で、当該被用者分納付金の支払可能性は否定されないと指摘している。
[24] Hoyer, a. a. O.（Anm. 15）, SK, 7./8. Aufl., §266a Rd. 46.

程をいかに解すべきかが問題となる。

### （1）Goschの見解

この点について、Goschは、刑法により一定の作為が命令されるが、他の法領域の規範（Normen eines anderen Rechtsbereichs）により当該作為の遂行が禁止されている場合には、行為者は両者の行動要求（beiden Verhaltensanforderungen）に従うことは不可能であり、いずれか一方の規範要求に違反せざるをえないのであり、それゆえ、こうした場合には法的に作為不可能とされうると解している[25]。この見解によると、作為を行うと他の法領域による禁止に違反して許されないために、当該作為に出ずに不作為の態度をとって（表見的（prima facie）な）命令に従わなかった場合（禁止と命令の衝突）、すなわち、作為に出ると不作為義務に違反して違法とされるために、当該作為に出ずに不作為の態度をとって（表見的な）作為義務に従わなかった場合（不作為義務と作為義務の衝突）に、法的作為可能性が否認されることになる（本稿では、「AとBの衝突」と称するとき、前者Aは「遵守した規範・義務」を意味し、後者Bは「遵守しなかった規範・義務」を意味するものとする）。それゆえ、Goschは、その例として、上記〈事例1〉のブレーメン上級地方裁判所1956年4月18日判決を挙げている[26]。また、上記〈事例2〉〈事例4〉もこうした類型に属するものと解される。もっとも、こうした類型的な理解による場合にも、遵守される禁止規範（不作為義務）は、Goschのいうように「他の法領域」における禁止規範（不作為義務）に限定されるというわけではなく、そこには、刑法上の禁止規範（不作為義務）も含まれると解されよう。

### （2）Bollacherの見解

これに対し、Florian Bollacherは、法的作為不可能性は「対立する禁止または命令の結果」（Folge eines entgegenstehenden Verbots oder Gebots）であると解している[27]。この見解によると、刑法により要求されうる作為の「命令」に対立する衝突規範として、「禁止」または「命令」が想定されている。それゆえ、法的作為不可能性は、「禁止と命令の衝突」、つまり、「不作為義務と作為義務の衝突」

---

25 Gosch, a. a. O. (Anm. 8), S. 43. また、Haas, a. a. O. (Anm. 1), Matt/Renzikowski, StGB, §13 Rd. 28 は、保障人的義務との関係で法的作為可能性の問題を検討しており、そこでは、保障人が結果を回避するために第三者の権利を違法に侵害することになる場合には、法的作為可能性が否定されると解している。さらに、「禁止と命令の衝突」の場合に法的作為可能性を否定するものとして、Baumann/Weber/Mitsch, a. a. O. (Anm. 1), AT, 11. Aufl., §15 Rd. 18, S. 268 [Mitsch]。
26 Gosch, a. a. O. (Anm. 8), S. 43 Fn. 120.

だけでなく、「命令と命令の衝突」、つまり、「作為義務と作為義務の衝突」の場合にも認められることになる。上記〈事例3〉において、告知義務（作為義務）と支払義務（作為義務）の衝突を認める立場からは、本事例は後者の場合の一つとされるのであり、私見でも、類型的理解としては、Bollacherの見解が基本的に妥当であると考える。ちなみに、上述したように、Goschも、別の箇所では、〈事例3〉において法的作為可能性を否定しているのであり、当該箇所では、単に上記の代表例に集約した説明を施したにすぎず、後者の類型の理論的意義を完全に否定するものではないと解される。

**（3）類型的考察**

しかし、私見では、このように法的作為可能性が否認される「作為義務と作為義務の衝突」は、上記の「不作為義務と作為義務の衝突」とパラレルな規範的構造を有する特殊な類型であると解される。

（ⅰ）上記の「不作為義務と作為義務の衝突」の類型的特質は、次の点に認められる。すなわち、この場合には、作為義務が（外見的に）履行を迫られているが、この作為義務を果たすために必要な行為（不作為義務の違反＝作為）に出なければ、不作為義務により保護される法益に対して危害（侵害・危険）は生じないのであり、当該行為の遂行によってはじめて、不作為義務により保護される法益主体の法領域が侵害されることになる。こうした行為の最も典型的なケースは、いわゆる危難の転嫁によることから、こうした法領域侵害の作為に出た場合について、ここでは、その特徴を分明にするため、「作為義務と不作為義務の衝突：転嫁型」と仮称しておくことにする[28]。これに対し、不作為犯において法的作為可能性が否認されるのは、こうした他人の法領域の侵害（作為）に出ることが違法とされるため、当該法領域侵害（その典型は危難転嫁行為）に出ない逆方向の行

---

27 Florian Bollacher, Das Vorenthalten von Sozialversicherungsbeiträgen, Eine Untersuchung aktueller Fragen zu §266a Abs. 1 StGB, insbesondere zur Problematik unterlassener Beitragszahlung in der Unternehmenskrise, 2006, S. 141. また、R. Schmidt, a. a. O.（Anm. 13）, AT, 13. Aufl., Rd. 772, S. 301 は、不真正不作為犯における法的作為不可能性は、不作為の行為者が法的な理由から結果を回避することができない場合（wenn der Unterlassungstäter aus juristischen Gründen nicht in der Lage ist, den Erfolg abzuwenden）に認められると述べており、そこでも、「禁止と命令の衝突」に限定する説明の仕方をしていない。

28 「作為義務と不作為義務の衝突：転嫁型」とは、厳密には、作為義務を履行して不作為義務に違反する行為が攻撃的緊急避難行為（危難の転嫁行為）として行われる場合をいう。しかし、後述のように、「作為義務と不作為義務の衝突」は、攻撃的緊急避難以外の行為についても問題となりうる。

為(不作為)を行った場合であり、その類型について、ここでは逆類型との相関性と分明性を考慮して、「不作為義務と作為義務の衝突：非転嫁型」と称する。このような意味における「非転嫁型」の規範的構造は、上記〈事例3〉におけるような「作為義務Aと作為義務Bの衝突」の場合にも、同様に認められる。(外見的に)履行を迫られている作為義務Bを果たすために必要な行為(作為義務Aの違反＝不作為)に出ることによってはじめて、作為義務Aにより保護される法益に危害が生じ、その法益主体の法領域が侵害されることになるが、法的作為可能性の肯否は、こうした行為に出ない逆方向の行為(不作為)を行った場合を対象として論定されるからである(作為義務と作為義務の衝突：非転嫁型)[29]。

　これらの非転嫁型の義務衝突の場合には、当該状況において行為者が拱手傍観して不作為の態度をとったとしても、これにより、それぞれの衝突義務が保護する複数の法益が同時に侵害(または危殆化)される事態が惹起されるわけではない。したがって、不作為犯においてこうした非転嫁型の衝突状況が問題となる場合には、危難の転嫁性や法領域侵害性を伴う行為を行うことが法的に許されるか否か、また、そうした行為の遂行が行為者に期待されるか否かが慎重に判断されるのであり、それゆえに、行為者がこうした特質の行為に出ずに不作為の態度をとった場合には、不作為犯における「法的作為不可能性」の判断や「作為の期待不可能性」の判断が重視されてきたのである[30]。

　(ⅱ) これに対して、ドイツの通説は、正当化的緊急避難やその一種としての義務緊急避難(作為義務と不作為義務の衝突)と区別しつつ、「作為義務と作為義務の衝突」を独自の正当化事由として認めてきた(例えば、水難事故や火災事故における複数の要救助者に対する択一的救助の事例や、複数の患者に対する人工心肺装置の択一的装着の事例など)。しかし、それは、「作為義務と作為義務の衝突：対等型」の場合であり、上記の「作為義務と作為義務の衝突：非転嫁型」などとは異なった類型である。三つ以上の義務が衝突する場合にも義務の衝突が問題となりうることから、この対等型の場合は、いわゆる「同一方向の複数の作為義務の衝突」

---

29　「作為義務と作為義務の衝突」における特殊類型(転嫁型と非転嫁型)に関しては、勝亦藤彦「違法阻却事由としての義務衝突とその類型に関する考察(二)(四・完)」早大法研論集75号(1995年)66頁以下、同78号(1996年)77頁をも参照されたい。
30　ドイツでは、不作為犯における作為の期待可能性の判断は、こうした場合に尽きるわけではなく、必要とされる作為の遂行により行為者(義務者)自身または他人の法益が侵害・危殆化されることになる場合やその複合類型などにおいても、その期待可能性の肯否が問題とされてきた。

(die Kollision der gleichgerichteten Handlungspflichten）とも称される[31]。

このような「作為義務と作為義務の衝突：対等型」の類型的特質は、次の点に認められる。すなわち、一方の作為義務を履行するためにやむをえず他方の作為義務を履行しない行為は、攻撃的緊急避難とは異なり、危難を転嫁して被害者の法領域を侵害するものではなく、保護されなかった法益に関して、当初より存在していた危険がそのまま実現されるにすぎず、単にその現実的保護の放棄を意味するものにすぎない（lediglich den Verzicht auf den aktuellen Schutz implizieren）[32]。しかも、いずれの義務を履行した場合にも、こうした規範的評価が同様（対等）に妥当するのである。また、そこでは、それぞれの作為義務により保護されるべき法益に対しては、いずれにも当初より危険がさし迫っており、当該状況において行為者（義務者）が手を拱いて傍観していると、それらの法益がすべて危滅（全滅）することになる。それゆえ、そこでは、いずれの義務の履行行為にも危難の転嫁性も法領域侵害性も認められないという規範的特質を考慮して、行為者にとって事実的に可能な範囲で法的に行為強制（Handlungszwang）が認められるのであり、これらの思考を中核として独自の正当化根拠が妥当するものと解される[33]。そこでは、「すべての法益を保全できないとしても、いずれかの法益を保護すべきである」とされ、いずれか一方の作為義務を履行する行為は、単に法的に容認されるだけでなく、むしろ法的に強制される。それゆえに、こうした対等型の義務履行行為については、法的作為可能性もその期待可能性も当該評価との関係では否定されないと解されるのである。この場合に、択一的な義務履行行為の規範的特質やその対等な評価を前提とした上記の意味での行為強制を認めながら、法的作為可能性や作為の期待可能性を否定することは、規範的な評価矛盾の一種であると解される。もし仮に、（同価値の）作為義務と作為義務の衝突の「対

---

31 独自の正当化事由としての「作為義務と作為義務の衝突：対等型」（同一方向の複数の作為義務の衝突）に関しては、勝亦藤彦「『作為義務と作為義務の衝突』における正当化根拠と正当化概念——緊急避難と義務衝突を区別するテーゼの検討を契機として——」『曽根威彦先生・田口守一先生古稀祝賀論文集［上巻］』（2014年）425頁以下および同所引用の文献参照。

32 この点につき、とりわけ、Wilfried Küper, Grundsatzfragen der „Differenzierung" zwischen Rechtfertigung und Entschuldigung – Notstand, Pflichtenkollision, Handeln auf dienstliche Weisung, JuS 1987, S. 81 ff., insbes. S. 89; Yong-Sik Lee, Entschuldigungsgründe im deutschen und koreanischen Strafrecht, 1992, S. 234.

33 「作為義務と作為義務の衝突：対等型」（同一方向の複数の作為義務の衝突）における正当化根拠と正当化概念の詳細に関しては、勝亦・前掲論文（注31）435頁以下、441頁以下参照。

等型」において、当為評価との関係で、一方の義務履行につき作為の法的可能性／期待可能性を否定すれば、他方の義務履行についても同様（対等）に評価され、結局、いずれの義務履行との関係でも、作為の法的可能性／期待可能性が否定されることになり、それゆえまた、行為者が拱手傍観して両者の義務をともに履行しない行為が否定的に評価されず容認されることになってしまい、上記の行為強制の法的要請と相容れないことになるからである。ドイツにおいては、（不真正）不作為犯において「法的作為可能性」および「作為の期待可能性」を構成要件該当性の段階において考慮する見解（構成要件要素説）がきわめて強く主張されている。しかし、こうした見解からも、従来、「作為義務と作為義務の衝突：対等型」の場合においては、これらの要素の充足を肯定した上で、違法性の段階において正当化的義務衝突が認められてきたのであり、その思考の基礎には、こうした規範的な評価矛盾の回避を図ろうとする理解があるものと推察される。また、「価値の異なる作為義務と作為義務の衝突：対等型」においても、通説は、義務衡量に基づいて正当化を認めてきた。そこでは、たしかに、履行すべき義務の内容は義務衡量により決定され、行為者の選択は認められない。しかし、その点を除けば、行為強制の要請などの規範的特質は、「同価値の作為義務と作為義務の衝突：対等型」の場合と同様に認められるのであり[34]、正当化の個別的根拠を基礎づけるこれらの規範的特質や類型性との理論的な整合性が問われることになる。また、この場合に、こうした整合性の観点を捨象して、すでに構成要件該当性の段階で法的作為可能性または作為の期待可能性を否定すると、もはや利益衡量を基本とする義務衡量に基づく正当化の判断は不要とされることになる。こうした思考を拡張的に徹底すると、均衡論の観点からみて、「不作為による正当化的緊急避難」をも不要とする見解にゆきつくことになるようにも思われる。それゆえ、上記の構成要件要素説からも、従来、この場合にも法的作為可能性および作為の期待可能性を肯定した上で、正当化的義務衝突として認めてきたといえよう。

　(ⅲ) 上述したような、資金の不足から択一的な履行可能性しか認められない

---

34 「価値の異なる作為義務と作為義務の衝突：対等型」に関しては、とりわけ、勝亦藤彦「作為義務と作為義務の衝突における独自性について──『作為義務と作為義務の衝突』と『作為義務と不作為義務の衝突』の関係──」『西原春夫先生古稀祝賀論文集［第1巻］』（1998年）350頁以下、同・前掲論文（注31）444頁以下参照。

使用者の「支払義務と支払義務の衝突」は、こうした「作為義務と作為義務の衝突：対等型」の場合の一つである。それゆえに、当該義務衝突において被用者分納付金支払の法的可能性は否定されないとするHoyerの見解の結論それ自体は妥当であると考えるが、この点に関するHoyerの理由づけには疑問がある。

## Ⅳ　法的作為可能性の体系的地位と広義の義務衝突

不作為犯において事実的作為可能性と法的作為可能性の体系的地位を同様に解すべきか否か、また、法的作為可能性をめぐって問題となる広義の義務衝突を体系的にいかに解すべきかが問題となる。

### （1）不文の構成要件要素説

ドイツ刑法266条a第1項の真正不作為犯に関しては、ドイツの通説・判例は、事実的・法的作為可能性（die tatsächliche und rechtliche Handlungsmöglichkeit）および作為の期待可能性（die Zumutbarkeit der Handlung）をいずれも「書かれざる構成要件要素」（ungeschriebene Tatbestandsmerkmale）と解している。この見解によると、使用者による被用者分納付金の支払に関して、事実的作為可能性および法的作為可能性は、いずれも体系的地位を同じくし構成要件該当性の段階で考慮されるが、真正不作為犯において法文に明示されている作為義務の内容とは別個独立の不文の（前提）要素とされることになる（不文の構成要件要素説）。そこでは、事実的作為可能性と法的作為可能性の並列性、作為義務からの前提的独立性が思考の出発点にあるといえよう。例えば、ドイツ連邦通常裁判所第五刑事部2002年5月28日決定も、こうした見解を明らかにしている[35]。この見解によると、上記〈事例2〉〈事例3〉では、刑法266条a第1項の構成要件該当性が端的に否定されることになる。また、この見解を他の不作為犯との関係でも徹底すると、上記〈事例1〉〈事例4〉でも同様の帰結に至ることになろう。

---

[35] BGHSt 47, 318, 320 = DZWIR 2003, 24 = GmbHR 2002, 1026 = JR 2002, 518 = NJW 2002, 2480 = NStZ 2002, 547 = NZG 2002, 721 = NZI 2002, 454 = wistra 2002, 340 = ZIP 2002, 2143 = ZVI 2002, 312. 本決定の評釈として、Henning Radtke, Anmerkung, NStZ 2003, S. 154 ff.; Peter M. Röhm, Anmerkung, DZWIR 2002, S. 27 ff.; Andreas Schmidt, Kurzkommentar, EWiR 2002, S. 1017 f.; Brigitte Tag, Anmerkung, JR 2002, S. 521 ff.; Carsten Wegner, Anmerkung, wistra 2002, S. 382 ff.

## (2) 作為義務（違反）否定説

これに対して、学説では、不作為犯における事実的作為可能性と法的作為可能性の位置づけに相違を認める見解も、従来よりきわめて有力である。

例えば、Claus Roxin は、事実的作為可能性は（構成要件的）不作為の要件と解して、事実的作為可能性が欠ける場合には不作為を否認するのに対して、上記〈事例1〉では、不作為それ自体は肯定されるとした上で、違法な作為は義務づけられないとして法的作為可能性を否定し、それゆえに、不真正不作為犯における結果回避義務（Erfolgsabwendungspflicht）が否定され構成要件該当性が認められないと解している（作為義務否定説 $\alpha$）[36]。この見解によると、①事実的作為可能性と法的作為可能性は、同じく構成要件該当性の段階で検討されるが、しかし、不作為犯の構成要件の内部において両者は位置づけを異にすることになる。また、そこでは、②義務と許容の関係として「法的当為は法的許容を内包する」という規範論理的思考が重視され、これにより、作為義務と法的作為可能性の密接な結びつきが求められている。また、③その根底には、具象的存在に関する事実的判断を重視する要素と義務に関する規範的な当為評価の内実を区別する二元的思考がすでにあるように思われる。こうした二元的思考の射程を、事実的作為可能性と法的作為可能性の区別・地位の相違の問題のみに限定するのが、作為義務の体系的地位に関するいわゆる統合説の特徴であるとも解されよう。

こうした規範論理的思考を維持した上で、事実的判断と規範的評価の二元的思考をより徹底して、作為義務を基礎づける前提的な事実的事情（保障人的地位など）は構成要件要素であり、作為義務（保障人的義務）それ自体は違法要素であると解する二分説に立つと、事実的作為可能性は構成要件的不作為の要素ないし不作為から独立した構成要件要素とされるが、法的作為可能性は違法要素としての作為義務の中核の要素と解する見解（作為義務否定説 $\beta$）や、違法性の段階で作為義務違反の前提として法的作為可能性を要求する見解（作為義務違反否定説）に至ることになろう。

## (3) 正当化説

ドイツでは、さらに一歩押し進め、法的作為可能性の不存在を正当化（違法性阻却）の評価における問題として捉える見解（正当化説）が、近時きわめて有力に

---

36 Roxin, a. a. O. (Anm. 1), AT II, §31 Rd. 14, S. 631.

なっている。

（ⅰ）Mitschの見解　とりわけ、Wolfgang Mitschは、事実的作為可能性と法的作為可能性の体系的地位の対比および不作為犯における不法評価との関係を重視して、次のように説明している[37]。①具体的な行為状況における事実的作為可能性は、構成要件に該当する不作為の基本的前提（Grundvoraussetzung tatbestandsmäßiges Unterlassen）であるのに対し[38]、法的作為可能性はそうした不作為の前提とはされない。作為が禁止される場合には、当該作為は法的に不可能（rechtlich unmöglich）とされるが、当該禁止は作為の権限（die Berechtigung zum Handeln）を否定するにすぎず、事実的な遂行可能性（die faktische Vollzugsmöglichkeit）を否定するわけではない。それゆえ、こうした作為を行わないことは、許容された作為を行わないことと同様に、不作為とされる。しかし、②禁止された作為の不作為は、何ら不法（Unrecht）とはされない。法秩序がある者に対して作為義務を課し、かつ、当該法秩序が別の箇所でその作為を禁止する場合には、当該法秩序は自己矛盾に陥ることになる（die Rechtsordnung geriete mit sich selbst in Widerspruch）。それゆえ、③作為を行うべき義務（eine Pflicht zur Vornahme der Handlung）は、当該作為がおよそ禁止規範（Verbotsnorm）に抵触しない場合、または、当該作為が禁止に該当するが具体的事例において正当化される場合にのみ認められる。こうした前提が充足されない場合には、作為を行わないことは、たしかに構成要件に該当する不作為とされるが、違法性が否定されると論じているのである[39]。

この見解によると、事実的作為可能性が否定される場合には、構成要件的不作為が否定されるのに対して、法的作為可能性が否定される場合には、構成要件的不作為それ自体は肯定されるが、作為義務が否定され、かつ、違法性が阻却されることになる。そこでは、当該不作為に関する不法の肯否が本質的な問題として重視されている。さらに、法的作為可能性が肯定される規範的様相は、必ずしも一様ではなく、その内部において、当該作為がおよそ禁止規範に抵触しない場合（そもそも禁止規範が存在しない場合や、いわゆる衝突規制（Kollisionsregel）により禁止規範が排斥（derogieren）される場合などが考えられよう）と、当該作為が禁止規範に

---

37　Baumann/Weber/Mitsch, a. a. O. (Anm. 1), AT, 11. Aufl., §15 Rd. 18, S. 268 f. [Mitsch].
38　Baumann/Weber/Mitsch, a. a. O. (Anm. 1), AT, 11. Aufl., §15 Rd. 15, S. 267, 268 [Mitsch].
39　また、同旨の見解として、Bollacher, a. a. O. (Anm. 27), S. 141.

抵触するが個別具体的事例において正当化される場合との差異を認めている点も注目される。

（ⅱ）正当化説の論拠　　さらに、正当化説の基礎には、とりわけ、次の思考があるといえよう。

　１）規範衝突／利益衝突の思考次元　　例えば、Hans Kudlich は、不作為犯の構成要件における作為可能性の問題にとっては、作為義務の履行のために作為により法的義務（Rechtspflicht）に違反しなければならないか否かは重要ではなく、この点は正当化の段階（Rechtfertigungsebene）で問題になると明快に論じている[40]。そこでは、構成要件の問題と他の法的義務と作為義務の衝突（規範の衝突）の問題との異質性が重視されている。

　不作為犯の構成要件における事実的作為可能性の判断においては、もっぱら単一の「具体的な作為命令の履行」が現実的に可能か否かが問題とされ、その判断対象は当該構成要件の枠内にある具体的・個別的な事項との関係に限定される。これに対して、法的作為可能性の肯否は、「非転嫁型」の義務の衝突を形成する規範の衝突（Normenkollision）との関係で問われ、その中核には利益衝突（Interessenkollision）の問題がある。これは、基本的に、構成要件該当性の判断を超えた正当化の領域に正座すべき問題であり[41]、利益衝突・規範衝突の規範的特質に応じた正当化の理論により解決すべきであるという理解が、その基礎にあるものと解される。

　２）当為の前提としての許容の概念（正当化概念）　　Günther Jakobs は、不作為義務（禁止）と作為義務（命令）が衝突する場合には、そもそも、作為の遂行による侵害の被害者（das Eingriffsopfer）が一般的な諸原則により受忍義務を負う（duldungspflichtig）場合にのみ、命令が義務に具体化する（das Gebot konkretisiert sich zur Pflicht）と解している。それゆえ、例えば、保障人 X が危険状況に陥った被保障人の生命を保全するために無関係な第三者を殺害せざるをえないという場合には、X の不作為の行為のみが適法（rechtmäßig）とされると論じている[42]。ここでは、①命令規範が作為義務に具体化されるか否か（命令規範から作為

---

40　Kudlich, a. a. O. (Anm. 1), Satzger/Schluckebier/Widmaier, StGB, 2. Aufl., § 13 Rd. 9.
41　異説として、Hoyer, a. a. O. (Anm. 6), ARSP Beiheft 104, S. 111.
42　Günther Jakobs, Strafrecht, Allgemeiner Teil, Die Grundlagen und die Zurechnungslehre, 2. Aufl. 1991, Abschn. 15 Rd. 8, S. 446.

義務への具体的昇格の肯定）が問題とされ、しかも、②その肯否は、具体的状況において当該作為が正当化されてその相手方に受忍義務が課されるか否か（いわゆる「厳格な正当化」概念の充足の肯定）という前提問題に依拠している。すなわち、命令規範から作為義務への具体的昇格は当該作為の「厳格な正当化」を前提とするものとされる。それゆえ、後者が否定されるときは、作為は法的に不可能とされ、具体的な作為義務は否認されることになる。この見解を徹底すると、こうした帰結は、上記の事例におけるように、保障人Ｘの作為が違法とされる場合に限られるわけではない。もし仮に、作為義務を履行するために不作為義務に違反するＸの当該作為に関して、たしかに正当化が肯定されるが、その相手方には受忍義務が課されず、相手方の対抗行為が許容されると解されるときは、Ｘの当該作為に関していわゆる「緩やかな正当化」が認められるにすぎず、それゆえ、こうした作為を行わない不作為の場合にも、この見解によれば、Ｘの当該作為につき法的作為可能性が否定され、作為義務への具体的昇格は否認されることになろう。また、こうした正当化概念の内実と法的作為可能性の肯否の関係性は、正当化の問題領域に立ち入ってはじめて明らかにされることになるのである。

**3）「作為義務と作為義務の衝突：対等型」との対比**　　Gosch は、不作為犯において法的作為不可能性が問題となる衝突状況（Konfliktsituation）には、正当化的義務衝突としての「作為義務と作為義務の衝突：対等型」の場合との一定の類似性（Ähnlichkeit）が認められると指摘する[43]。例えば、溺れている二人の子供を目の前にした父親Ｘが、一人しか救助できない場合には、Ｘはいずれの救助義務を履行すべきかを決断しなければならず、一方を救助するための他方の救助の不作為は正当化される。また、法がある作為を命令すると同時に禁止する場合（不作為義務と作為義務の衝突：非転嫁型）にも、同様に、いずれの行動要求に従うかという決断はそれ自体可能であり、当該名宛人はその決断をしなければならない（複数の行動要求に関する択一的決断の必要性）。それゆえ、法的作為不可能性が問題となる場合は、正当化的義務衝突の場合（Fall der rechtfertigenden Pflichtenkollision）の一つとして扱うべきであるとする[44]。また、法的作為不可能性が同様

---

[43] Gosch, a. a. O. (Anm. 8), S. 43 f. また、法的作為不可能性の問題を「作為義務と作為義務の衝突：対等型」と対比するものとして、Kudlich, a. a. O. (Anm. 1), Satzger/Schluckebier/Widmaier, StGB, 2. Aufl., §13 Rd. 9.

[44] Gosch, a. a. O. (Anm. 8), S. 44.

に問題となりうる「作為義務と作為義務の衝突：非転嫁型」の場合にも、こうした類似性や体系的バランスがよりいっそう明白に浮彫りにされよう。

**4）規範論理と法的作為可能性**　法的当為は法的許容を前提とする。それゆえ、法的作為可能性を肯定して不作為犯として処罰するためには、法的作為可能性が問題となる規範衝突（禁止と命令の衝突など）とは逆の規範衝突（命令と禁止の衝突など）における行為が法的に許容されることを規範論理的に前提とするが、その後者の規範衝突における許容性の判断はまさに正当化の段階で考察される。

この点に関して、とりわけ、Hoyer は次のように論じている[45]。作為禁止（Handlungsverbot）と作為命令（Handlungsgebot）が衝突する場合、つまり、不作為義務（Unterlassungspflicht）と作為義務（Handlungspflicht）が衝突する場合には、行為者がいずれの規範（義務）に従ったとしても、当該行為により他方の規範（義務）に違反し、その構成要件が実現される。しかし、作為義務（命令）により保護される法益 a を保全するために不作為義務（禁止）に違反した場合には、例えば、正当化的緊急避難（ドイツ刑法34条）の要件が充足されるか否かが正当化の段階で問題とされる。それゆえ、法益 a の保全のために必要な当該作為を行ってはならないとする不作為義務（禁止）を尊重すべき場合には、作為義務（命令）に違反する不作為については、構成要件該当性が否認されるのではなく、違法性が阻却されると解している。そこでは、①上述の規範論理的思考を重視し、まず、「作為義務と不作為義務の衝突：転嫁型」（作為による義務緊急避難）に関して正当化的緊急避難の肯否が前提として判断され、その判断に依拠してその反対関係にある「不作為義務と作為義務の衝突：非転嫁型」に関して、不作為犯における法的作為可能性の肯否が判断される。それゆえ、②後者の判断は、前者の判断を前提としてこれに依拠（従属）する以上、前者と同一の体系的次元（正当化の段階）において考察すべきものと解されるのである（「作為義務と不作為義務の衝突：転嫁型」と「不作為義務と作為義務の衝突：非転嫁型」との体系的バランス）。この見解を徹底すると、「作為義務と作為義務の衝突：転嫁型」（不作為による緊急避難の一種）と対置される「作為義務と作為義務の衝突：非転嫁型」との体系的バランスも要求されることになる。私見でも、以上の諸点からみて、正当化説が

---

45　Hoyer, a. a. O. (Anm. 15), SK, 7./8. Aufl., §266a Rd. 48.

基本的に妥当であると考える。

**5）反対説の検討** これに対して、ドイツでは、上述の規範論理それ自体を維持しながら、不作為犯において法的作為可能性が問題となる場合を構成要件該当性の段階で考慮する見解も有力である。とりわけ、Thomas Rönnau はその代表的な論者であり、次のように論じている[46]。すなわち、①衝突事例（Kollisionsfall）においては、「許容される行為のみが命令される」（Geboten ist nur, was erlaubt ist）という原則は妥当するが、「命令される行為であれば、許容も認められる」（Was geboten ist, ist auch erlaubt）という原則は妥当しない。また、②作為義務に対する不作為義務の原則的な優位性（ein grundsätzlicher Vorrang）が認められることから、ドイツ刑法34条（正当化的緊急避難）の要件が充足される場合にのみ、作為義務は不作為義務に対して貫徹される（eine Handlungspflicht kann sich gegenüber einer Unterlassungspflicht durchsetzen）。そこで、③ドイツ有限会社法64条2項1文（現行規定64条1文）に基づく支払禁止（Zahlungsverbot）と刑法266条a第1項に基づく被用者分納付金の支払義務が衝突する場合には[47]、破産寸前状態（Insolvenzreife）に陥った会社の経営者が後者の支払義務を履行するために会社財産を使用して前者の支払禁止に違反する行為が、刑法34条により正当化されるか否かが問題となる[48]。その点で、④特に、利益衡量（Interessenabwägung）が問題となる[49]。有限会社法64条2項の目的は、破産寸前状態になった有限会社の

---

46 Thomas Rönnau, Die Strafbarkeit des Vorenthaltens von Arbeitnehmersozialversicherungsbeiträgen in der Krise des Unternehmens, NJW 2004, S. 976 ff., insbes. S. 978 f.

47 現行のドイツ有限会社法64条1文は、次のように規定している。„Die Geschäftsführer sind der Gesellschaft zum Ersatz von Zahlungen verpflichtet, die nach Eintritt der Zahlungsunfähigkeit der Gesellschaft oder nach Feststellung ihrer Überschuldung geleistet werden." それゆえ、有限会社の支払不能の発生後または債務超過の確定後においては、その経営者に対して「支払禁止」（Zahlungsverbot）が妥当することになる。なお、通説・判例は、同法における「支払不能」概念と刑法266条a第1項における「支払不能」概念とを相対的に理解していることに注意しなければならない。また、同法の旧規定64条2項2文（現行64条2文）におけるいわゆる正当化条項（Rechtfertigungsklausel）と被用者分納付金の支払義務との関係につき、とりわけ、Rönnau, a. a. O. (Anm. 46), NJW 2004, S. 978 u. Fn. 19 参照。さらに、支払禁止に関するその他の類似の諸規定については、例えば、Hoyer, a. a. O. (Anm. 15), SK, 7./8. Aufl., §266a Rd. 49 参照。

48 Thomas Rönnau, Beitragsvorenthaltung in der Unternehmenskrise – zugleich Besprechung von BGH wistra 2006, 17 –, wistra 2007, S. 81 ff., insbes. S. 82 は、この点で、一般的な衝突規制（die allgemeine Kollisionsregel）としての緊急避難の規制（die Notstandsregelung）が援用されるとする。そこでは、緊急避難の類型のうち、攻撃的緊急避難（Aggressivnotstand）が問題となる。また、Hoyer, a. a. O. (Anm. 16), FS für Reuter, S. 548 をも参照。

49 ドイツ刑法34条のその他の要件の充足性については、Rönnau, a. a. O. (Anm. 46), NJW 2004, S. 978 f. 参照。

配分可能な財団を債権者全体のために保全し、その不利益になるような個別債権者への優先的弁済を防止することにあり、そこでは、全債権者の平等な扱いの原則（der Grundsatz der Gleichbehandlung aller Gläubiger）が妥当する。また、被用者分納付金に関する社会保険者の請求権に対する優先的弁済を認めると、経営危機に陥った企業の崩壊を促進することになり、ひいては、職場（Arbeitsplätze）が失われて永続的に社会保険料の支払がなくなることをも、包括的利益衡量において考慮しなければならない[50]。それゆえ、刑法266条a第1項により保護される利益には著しい優越性（wesentliches Überwiegen）は認められず、当該支払禁止の違反は刑法34条により正当化されない。したがって、⑤当該義務衝突の場合には、刑法266条a第1項の作為義務が否定され、使用者による被用者分納付金の不払（不作為）については同条項の構成要件該当性が否定されると解しているのである[51]。また、⑥そこでは、不作為義務（会社法上の支払禁止）と作為義務（納付金支払義務）の衝突を「義務の衝突」（Pflichtenkollision）の一種として認めた上で、こうした思考により当該義務衝突を法的に「解決」（auflösen）しようとした点が注目される[52]。

しかし、①こうした見解は、作為義務が否定されることから不作為犯の構成要件該当性を否定する点で、作為義務そのものを不作為犯の客観的構成要件要素と解している。しかし、上述したように、作為義務の体系的地位に関しては争いが

---

50 当該義務衝突における包括的利益衡量の内容については、さらに、Rönnau, a. a. O.（Anm. 48）, wistra 2007, S. 82 参照。また、Hoyer, a. a. O.（Anm. 16）, FS für Reuter, S. 553 をも参照。

51 Rönnau, a. a. O.（Anm. 46）, NJW 2004, S. 979. この点につき、Rönnau は、その後、2007年の論文において補完し、破産寸前状態にある有限会社の経営者にとって、有限会社法上の支払禁止との関係で社会保険料支払命令の履行は法的に不可能（rechtlich unmöglich）であり、刑法266条a第1項の構成要件該当性が否定されるとして、法的作為不可能性について明示している（a. a. O.（Anm. 48）, wistra 2007, S. 82）。

Rönnau は、1997年の論文では、当該義務衝突に関して構成要件該当性を否定しながらも、ドイツ有限会社法64条2項（現行64条1文）はより特別な衝突規範（die speziellere Kollisionsnorm）であることに鑑みて、有限会社法64条2項の支払禁止と刑法266条a第1項の支払義務の衝突を刑法34条における一般的な利益衡量公式（die allgemeine Interessenabwägungsformel）により解決する余地は認められないと論じていた（Thomas Rönnau, Die Strafbarkeit des Arbeitgebers gemäß §266a I StGB in der Krise des Unternehmens - Zugleich ein Besprechung des Urteils des OLG Celle vom 29. 11. 1995（wistra 1996, 114）-, wistra 1997, S. 13 ff., insbes. S. 16）。これに対して、Rönnau の2004年の論文（a. a. O.（Anm. 46）, NJW 2004, S. 979）では、刑法34条の利益衡量条項を本文で紹介したような形で援用して当該義務衝突の問題を解決しており、そこには、実質的に思考の変遷がみられる。Rönnau の旧見解に対する批判として、特に、Hoyer, a. a. O.（Anm. 15）, SK, 7./8. Aufl., §266a Rd. 49; ders., a. a. O.（Anm. 16）, FS für Reuter, S. 543 参照。

ある。また、②当該不作為について問題となる規範衝突（禁止と命令の衝突）を構成要件該当性の段階で解決するにあたり、まず、その逆類型の規範衝突（命令と禁止の衝突）における作為（逆事象）の評価を正当化の段階で考察した上で、前者の構成要件該当性の判断に立ち戻る点で、体系的にみて一種のブーメラン思考に基づいているといえよう。それは、逆事象の作為が（特別）刑法上の構成要件に該当する場合には、いっそう顕著となるように思われる。またそれゆえ、③こうした見解は、不作為の当該行為について問題となる規範衝突（利益衝突）に対する逆類型の規範衝突における正当化事由の不存在を不作為犯における消極的な構成要件要素とするいわば「修正された消極的構成要件要素の理論」として評価されるのであり[53]、妥当ではないと考える。また、こうした見解によれば、本来の「消極的構成要件要素の理論」も、率直に容易に認められることになろう。

### （4）広義の義務衝突に関する二元説

不作為犯における法的作為可能性の肯否が問題となる規範の衝突（広義の義務衝突）に関して実質的に二元的に理解する見解（二元説）も主張されている。こうした見解においては、いかなる範囲で「法的作為不可能性」という表現を用いるかという点に差異がみられるが、それは、形式的な用語法の問題にすぎないよ

---

52　Rönnau, a. a. O. (Anm. 46), NJW 2004, S. 981. さらに、支払禁止（§64 S. 1 GmbHG）と支払義務（§266a Abs. 1 StGB）の衝突において、前者の不作為義務を遵守して後者の作為義務を履行しない不作為の行為について、①法的作為可能性が否定されることから構成要件該当性が阻却されると解する見解として、Ulf Gundlach/Volkhard Frenzel/André Schirrmeister, Die Zahlungsunfähigkeit als Haftungsfalle für den GmbH-Geschäftsführer, NZI 2003, S. 418 ff., insbes. S. 420; Radtke, a. a. O. (Anm. 15), MK-StGB, 2. Aufl., §266a Rd. 77; Frank Saliger, in: Helmut Satzger/Wilhelm Schluckebier/Gunter Widmaier (Hrsg.), Strafgesetzbuch Kommentar, 2. Aufl. 2014, §266a Rd. 19; Carsten Wegner, Neue Fragen bei §266a Abs. 1 StGB - eine systematische Übersicht, wistra 1998, S. 283 ff., insbes. S. 290. また、②当該義務衝突における経営者の不作為の行為について、法的作為可能性を否定するとともに、当該作為（被用者分納付金の支払）を行うことにより生ずる行為者自身の不利益（会社に対する経営者の損害賠償責任）との関係で、不作為犯における作為の期待可能性が否定されるとして、構成要件該当性を阻却する見解として、Henning Radtke, Anmerkung, NStZ 2004, S. 562 ff., insbes. S. 563.

53　Saliger, a. a. O. (Anm. 52), Satzger/Schluckebier/Widmaier, StGB, 2. Aufl., §266a Rd. 19 は、有限会社法64条1文の支払禁止は刑法266条a第1項の特定の義務との関係で消極的構成要件要素（ein negatives Tatbestandsmerkmal）とされ、それゆえ、構成要件該当性を阻却する法的不可能性の場合の一つ（ein Fall der ausschließenden rechtlichen Unmöglichkeit）であると指摘しており、こうした見解が「消極的構成要件要素の理論」の一種であることを正面から自認している。また、当該義務衝突との関係でこうした不文の消極的構成要件要素を認める見解に対する批判的考察として、とりわけ、Hoyer, a. a. O. (Anm. 15), SK, 7./8. Aufl., §266a Rd. 49; ders., a. a. O. (Anm. 16), FS für Reuter, S. 543 ff. 参照。

うに思われる。

　（ⅰ）**構成要件該当性阻却と正当化の二元説**　　ドイツの判例は、上述したように、基本的に、事実的作為可能性と並んで法的作為可能性を不作為犯における不文の構成要件要素と解しているが、しかし、必ずしも「不作為義務と作為義務の衝突」（禁止と命令の衝突）のすべてを構成要件該当性の段階で考慮しているわけではない。例えば、ドイツ連邦通常裁判所第五刑事部2003年7月30日決定は、有限会社法上の支払禁止と刑法上の被用者分納付金の支払義務が衝突する場合に関して、次のように判示している[54]。すなわち、ドイツ有限会社法64条1項（現行の破産法15条a第1項1文）において、法人の支払不能または債務超過の発生後に3週間の破産申請期間が認められていることから[55]、会社の再建策を実施する可能性（die Möglichkeit, Sanierungsversuche durchzuführen）があるときは、もっぱら当該破産申請期間内に限り後者の作為義務の違反は正当化されるとして、いわゆる「一時的な正当化事由」（ein temporärer Rechtfertigungsgrund）を認めているのである。本決定は、「不作為義務と作為義務の衝突」における不作為の行為に関して一定の限定的な正当化事由を認めているが、それは、そもそも、有限会社の支払不能または債務超過が客観的に発生した後に当該会社の機関がその事情を認識してはじめて起算される破産申請期間に、当該被用者分納付金の支払期限ないし支払日が競合するのか否か[56]、また、当該会社の再建可能性が存するとの評価をこうした破産申請期間内に行うことができるか否かなどの、当該個別事例における具体的状況に関連して問題とされることになる（状況関連的判断）。

　（ⅱ）**構成要件段階における二元説**　　他方、Gunnar Duttge は、不作為犯（特に、ドイツ刑法323条cの真正不作為犯）における作為の期待可能性と法的作為可能性をともに構成要件要素として捉えた上で、その両者の判断内容を対比し、次のように論じている。すなわち、作為の期待可能性の検討対象とされるのは、ま

---

54　BGHSt 48, 307, 309 f. = GmbHR 2004, 122 = NJW 2003, 3787 = NStZ 2004, 283 = NZI 2004, 48 = wistra 2004, 26 = ZIP 2003, 2213. ドイツ連邦通常裁判所第五刑事部による同旨の判例として、BGH NJW 2005, 3650, 3652 = DB 2005, 2516 = DStR 2005, 1867 = GmbHR 2005, 1419 = NStZ 2006, 223 = wistra 2006, 17 = ZIP 2005, 1678. また、同旨の下級審判例として、OLG Karlsruhe NJW 2006, 1364, 1366. ちなみに、民事事件においても損害賠償請求の前提として刑法266条a第1項の罪の成否の問題が重要とされてきたが、連邦通常裁判所第二民事部の判例には、当該義務衝突における法的処理に関して見解の変遷がみられる。
55　現行のドイツ破産法15条aにおける破産申請期間については、前掲注20参照。
56　破産申請期間の起算点に関しては、BGHSt 48, 307, 309 および同所引用の判例参照。

さに行為者がおかれた特異な状況で直面する特定の衝突状況（eine besondere, gerade ihn in seiner spezifischen Situation treffende Konfliktlage）に基づいて、当該作為義務の履行が例外的に「不可能も同然」（so gut wie unmöglich）であったといえるか否かという個別具体的な問題であり、それは、„ultra posse nemo obligatur"（「不可能なことには何人も義務づけられない」）という法思考（Rechtsgedanke）に基づいている[57]。これに対して、患者が治療に対して同意拒否（Zustimmungsverweigerung）の意思を示したため、医師がこの患者に当該治療を行わなかった場合には、刑法上、不作為犯の罪責は一般に否定されるが、患者の自己決定権の尊重は一般的に個別事例とは無関係に（allgemein und einzelfallunabhängig）要請されるのであり、このような場合には、作為の期待不可能性の検討余地は認められない[58]。また、自由答責的な意思決定（ein freiverantwortlicher Willensentschluß）に基づく自殺（未遂）を阻止しない場合にも、同様のことが妥当する[59]。それゆえ、むしろ、これらの場合については、不作為犯における法的作為不可能性の判断が重要とされると解しているのである[60]。

　Duttge の見解の特徴は、次の点に認められよう。まず、①従来、不作為犯論においては、„ultra posse nemo obligatur" の原則は事実的作為可能性との関係で考慮されてきたが、Duttge は、さらに、作為の期待可能性との関係でも同原則の援用を認めている。また、それゆえに、次の二点で、同一原則に基づく両者の共通性・類似性を志向している。すなわち、②不作為犯における作為の期待可能性の判断は、事実的作為可能性の判断と同様に、個別事例の具体的状況に関連した判断に限られるとして、前者の判断対象からも、個別具体的状況とは分離して一般的（一律的）に判断されるべき問題を除外している。さらに、その上で、③作為の期待可能性の判断基準を事実的作為可能性の内容に近似させ、当該作為義務の履行が「不可能も同然」であったとされる場合にのみ、作為の期待可能性が否定されるものとしている。それゆえ、不作為犯において作為の期待可能性が

---

57　Duttge, a. a. O.（Anm. 1), FS für Schöch, S. 612 f. また、不作為犯における作為の期待可能性の判断において、作為の遂行により行為者自身に生ずる危険の程度とともに、事実的作為可能性に関わる救助の成功の見込み（Erfolgsaussicht）の程度をも考慮するものとして、BGH NJW 1994, 1357 = NStZ 1994, 29.
58　Duttge, a. a. O.（Anm. 1), FS für Schöch, S. 613.
59　Duttge, a. a. O.（Anm. 1), FS für Schöch, S. 613 ff.
60　Duttge, a. a. O.（Anm. 1), FS für Schöch, S. 615 f.

否定される範囲は、きわめて限定的に解されることになる。他方、④患者の自己決定権に基づく治療拒否を受けた医師による治療行為の不作為や、自由答責的な自殺（未遂）の不阻止の評価は、一般的に判断されるべき非状況関連的な問題として捉えた上で、この種の問題の解決は法的作為不可能性の判断によるべきものとし、これにより不処罰の帰結を導びこうとしているのである。

Duttge の見解に対しては、不作為犯における作為の期待可能性の基準が厳格にすぎる点、および、自殺適法説に基づいている点で、基本的に疑問がある。しかし、Duttge の見解は、次の点できわめて示唆に富む。まず、第一に、少なくとも、当該個別事例の具体的状況とは無関係な一般的判断（非状況関連的判断）との関係で、法的作為可能性の肯否が問題となりうると解している点であり、そこには、上記のような状況関連的判断に基づく法的作為不可能性の場合との特質の相違が示されている。もっとも、論者は、後者の判断の具体的内容については言及しておらず、法的作為不可能性の判断の類型やその射程は必ずしも明確ではないが、もし後者の判断をも認めた上で、不作為犯における法的作為可能性を構成要件要素とする論者の見解を徹底すると、「非状況関連的判断としての法的作為可能性」と「状況関連的判断としての法的作為可能性」を区別しつつ、これらを構成要件該当性の段階で論ずることになろう（構成要件段階における二元説）。また、第二に、同一主体における利益衝突としての治療行為などのように、緊急行為以外の常態的行為との関係でも、その不作為につき法的作為可能性の肯否が問題となりうることを明らかにした点で、理論的な整理として注目に値するといえよう。

**（iii）正当化段階における二元説**　　私見では、そもそも、①作為義務そのものを違法性の要素と解している。周知のように、作為義務の体系的地位は、特に、いわゆる「作為義務の錯誤」との関係で議論されてきたが、作為義務を基礎づける前提的な事実的事情（特に保障人的地位）と、それを根拠として法的拘束性が規範的に評価される作為義務（保障人的義務）そのものを区別して、前者を構成要件要素とし、後者を違法要素と解する見解（二分説）が妥当であると考えるからである[61]。また、「作為義務と作為義務の衝突」の場合におけるように、（一方

---

61　この点に関しては、勝亦藤彦「不作為犯」曽根威彦＝松原芳博編『重点課題 刑法総論』（2008年）40頁以下、特に51頁以下参照。

の）作為義務の拘束性を否認する評価は正当化（違法性）の段階でなされることから、作為義務そのものの体系的所在の論定を回避することはできないと解されるからである。また、②「法的当為は法的許容を内包する」という規範論理は重視されるべきであり、それゆえ、法的作為可能性は作為義務の拘束性の内実に関する要素の一つとして統合的に理解され、両者は体系的地位も同じくするものと解される。さらに、③法的作為可能性の肯否は、利益衝突を中核とする一定の規範衝突（広義の義務衝突）との関係で判断され、そこでは、逆類型の規範衝突における（仮定的な）構成要件的行為に関する許容性の肯否の判断を前提とすることから、基本的に上記の正当化説が妥当であると考える。そして、④正当化の段階において、「非状況関連的判断としての法的作為不可能性」が問題となる場合と「状況関連的判断としての法的作為不可能性」が問題となる場合が区別され[62]、前者に関する規範衝突を論理的義務衝突（logische Pflichtenkollision）の一種とし、後者に関する規範衝突を実質的義務衝突（materielle Pflichtenkollision）の一種と解している（正当化段階における二元説）[63]。そして、その上で、これらを、独自の正当化事由としての義務衝突（対等型）と併せて、「広義の義務衝突」として考えている。また、⑤法的作為可能性の肯否は、特に、「不作為義務と作為義務の衝突」（禁止と命令の衝突）における不作為の行為に関して問題となるが、その判断は、逆類型としての「作為義務と不作為義務の衝突」における作為の許容性の肯否に依拠している。後者の多くは、作為に出ることによりはじめて不作為義務により保護される法益主体の法領域が侵害・危殆化される場合、つまり、それまでいわば平穏な利益状態にあった法益が作為により侵害・危殆化されることになる場合であることから、従来、危難の転嫁型の「作為義務と不作為義務の衝突」が検討対象の中心とされ、これとの関係で非転嫁型の「不作為義務と作為義務の衝突」において法的作為可能性の肯否が問題とされてきた。しかし、逆類型における許容性の判断は、Duttge のいうように、正当化的緊急避難をはじめとする緊急行

---

62 上述のⅣ（3）（i）の Mitsch の見解および Ⅳ（4）（ii）の Duttge の見解をも参照されたい。また、非状況関連的な規範衝突（規範矛盾）と状況関連的な規範衝突（規範矛盾）の区別については、Engisch, a. a. O.（Anm. 9）, S. 46 ff., S. 50 ff.; Hoyer, a. a. O.（Anm. 6）, ARSP Beiheft 104, S. 103 f. をも参照。さらに、規範の衝突に関して Prinzipienkollisionen と Regelkonflikte を区別した上で、規範衝突の解決方法の相違を多角的に示すものとして、Alexy, a. a. O.（Anm. 1）, 3. Aufl., S. 77 ff. 参照。
63 論理的義務衝突と実質的義務衝突の区別については、とりわけ、勝亦藤彦「違法阻却事由としての義務衝突とその類型に関する考察（一）」早大法研論集74号（1995年）85頁以下、特に96頁以下。

為の評価に限定されない。それゆえ、逆類型の規範衝突については、より広く、上記の転嫁型を含む意味で「作為義務と不作為義務の衝突：危害型」と表現されよう[64]。これとの関係で法的作為不可能性が問題となる場合は、これに対応して、上記の非転嫁型を含む意味で「不作為義務と作為義務の衝突：非危害型」と称されよう。また、⑥この点は、「作為義務と作為義務の衝突」において法的作為可能性の肯否が問題となる場合（例えば上記〈事例3〉）にも、同様に妥当する。さらに、⑦「不作為義務と不作為義務の衝突」を肯定する立場に立脚した上で、「不作為義務と不作為義務の衝突：対等型」と並んで、「不作為義務と不作為義務の衝突：危害型」および「不作為義務と不作為義務の衝突：非危害型」を認める見解からも[65]、非危害型の義務衝突の場合には、法秩序の矛盾排斥の原理に基づいて、ad turpia nemo obligatur の原則が同様に妥当するものと解される[66]。そして、⑧危害型の義務衝突における行為については、従来より一般に承認されてきた正当化事由（超法規的違法阻却事由を含む）のいずれかに類型的に還元することが基本的に志向されるのに対して[67]、対等型と非危害型の義務衝突における行為については、こうした類型的還元ができないことから、従来の一般的な正当化事由とは独立の法形象として理解されるのであり、それゆえ、後二者を併せて広い意味における義務の衝突（広義の義務衝突）と解している。したがって、刑法における義務衝突論は、その射程として、このような広義の義務衝突と危害型の義務衝突を併せた「最広義の義務衝突」の問題性を理論的に究明してゆかなければならないのである。

---

64　他人のための正当防衛＝緊急救助（Nothilfe／Notwehrhilfe）に関連する「作為義務と不作為義務の衝突」および「不作為義務と作為義務の衝突」については、特に、Armin Engländer, Die Pflicht zur Notwehrhilfe, in: Festschrift für Claus Roxin, 2011, S. 657 ff. 参照。そこでは、後者の「不作為義務と作為義務の衝突」に関して、作為（緊急救助）に出ることが許容されるにもかかわらず当該作為に出ない不作為の態度が、常に不作為犯として処罰されるか否か、という問題を中心に検討している。

65　「不作為義務と不作為義務の衝突」とその類型的区別に関しては、とりわけ、勝亦・前掲論文（注11）早大法研論集78号79頁以下参照。

66　Verbot と Erlaubnis des Unterlassen（または Freistellung）の内包関係（前掲注6）をも参照されたい。

67　危害型の義務衝突について、こうした類型的還元が完全に可能であると解すべきか否かは、一つの問題である。

# 法益関係的錯誤説と法益の要保護性

武 藤 眞 朗

I 問題の所在
II 「錯誤に基づく承諾」に関する学説の整理
III 「錯誤に基づく承諾」の類型別整理
IV 結 語

## I 問題の所在

### 1 刑法における「被害者の承諾」の意義

　被害者の承諾に基づく行為は、犯罪論体系的位置づけ[1]は別として、原則として犯罪の成立が否定されることについては争いがない。もっとも、日本の現行刑法典をみると、同意（嘱託または承諾）に基づく殺人罪（202条）、同意堕胎罪（213条）は、「被害者」の同意があるにもかかわらず、法律上可罰的であることが明文化されている。前者については、その処罰根拠に争いがあるが、後者については、母体の生命・身体だけではなく、胎児の生命が第一次的法益とされていると考えられており[2]、法益主体の一部（妊婦）の承諾しか得られていないために、可罰性が残ると考えられる。さらに、強制わいせつ罪（176条）、強姦罪（177条）は、13歳以上の者に対しては、暴行または脅迫を手段とした場合に限定しているのに対し、13歳未満の者に対しては、これらを要件としていないことから、相手方の反抗抑圧を前提とせずに各犯罪の成立が肯定されると考えられ、被害者の意思に外見上一致していても犯罪が成立することになる。

---

1 日本においては、被害者の承諾が違法性阻却事由であることを基本として構成要件該当性を否定する類型も認める見解が主流であるが（大塚仁『刑法概説（総論）（第4版）』（有斐閣・2008年）417頁）、西田典之『刑法総論（第2版）』（弘文堂・2010年）187頁）、基本的に構成要件該当性を否定するという見解も主張されている（前田『刑法講義総論（第5版）』（東大出版・2011年）104頁）。
2 山口厚『刑法各論（第2版）』（有斐閣・2011年）17頁、高橋則夫『刑法各論（第2版）』（成文堂・2014年）22頁。

これらの、被害者の承諾が犯罪成立否定効果をもたないことが刑法上明確であるものは別として、被害者の承諾が外見上存在しても、それらに瑕疵がある場合、刑法上どのように評価されるべきかについては見解が対立している。被害者の承諾の有効要件の存在に問題があり、犯罪否定効が無効とされる場合には、被害者の承諾に基づかない侵害行為として、構成要件該当行為について違法性が肯定されるはずである。しかし、被害者の承諾に瑕疵があった場合でも、なお、犯罪の成立が否定される可能性があるのかが問われなければならない。

　被害者の承諾が犯罪を否定する効果をもつのは、当該法益について法的保護を受けるかどうかを法益主体が決定するという自己決定の思想から説明することができる[3]。法益主体による自己決定を刑法がどのように取り扱うかは、拠って立つ違法観に関わる。社会的相当性説によれば、法益主体の意思は前提とするものの、さらに社会的観点からの考察が必要となる[4]。これに対して法益侵害説を前提とすれば、被害者の承諾の有効要件は、通常、①処分可能な法益に対して、②承諾能力がある者が、③真意に基づいて行った承諾であることとされる[5]。この中で③の要件をどの程度厳格に捉えるかが、「瑕疵ある承諾」の問題の中心である。

　前述のとおり、被害者の承諾は法益主体が法益保護を放棄するという自己決定であるとすると、法益処分（法益保護を受けないことの自己決定）の意味を法益主体が正しく理解している必要がある。しかし、当該行為によって受ける法益侵害に関して何を理解していれば被害者の承諾が効力をもち、犯罪を否定する効果をもつのかについては、争いがある。また、生命侵害については、日本においてもドイツにおいても、承諾能力をもった法益主体の真意による承諾に基づいたとしても、犯罪成立は否定されず、同意殺人罪（ドイツにおいては「要求による殺人」に限定）が成立することになる。犯罪が否定されないとしても、被害者の承諾の効果によって、殺人罪から減軽類型である同意殺人罪へと成立犯罪が変更されているという点において、重要な意味をもつことはいうまでもない。

---

3　内藤謙『刑法講義　総論（中）』（有斐閣・1986年）587頁。
4　団藤重光『刑法綱要　総論（第三版）』（創文社・1990年）222頁、大塚・前掲書(注1)421頁、佐久間修『刑法総論』（成文堂・2009年）197頁。
5　内藤・前掲書(注3)591頁。

## 2 「錯誤に基づく承諾」の有効性

　被害者の承諾に瑕疵がある場合の承諾の有効性については、従来、とりわけ「錯誤に基づく承諾」の問題として多く議論されてきており、判例に表れた事例としては偽装心中の罪責などをめぐって争われてきた。学説上は、周知のように、G.アルツトが主張、展開してきた、いわゆる「法益関係的錯誤、法益関係的欺罔 (rechtsgutsbezogener Irrtum, rechtsgutsbezonege Täuschung) 説」[6]が日本でも紹介され[7]、多くの支持が得られている[8]が、他方、後述の判例のほか、学説上も、錯誤に基づく承諾の効果について、別の基準から評価しようとする見解も有力に主張されている。本稿では、瑕疵ある承諾の中で、特に「錯誤に基づく承諾」を中心に、法益関係的錯誤説の内容を明確にし、その限界と修正可能性について検討する。法益主体が錯誤に陥って承諾をする際に、他人に欺かれて錯誤に陥った場合と、それ以外の事情、とりわけ法益主体が自ら錯誤に陥った場合で取り扱いを別にすべきかどうか検討すべき価値はある[9]が、本稿では行為者が法益主体を欺いて錯誤に陥れた事例を前提として考察する。錯誤に基づく承諾は、すべての種類の法益侵害について想定することができ、その法益の種類に従って、異なった様相をみせることは知られている[10]。住居侵入罪、監禁罪、準強姦罪などの自由に対する罪のみならず、詐欺罪などにおいても錯誤に基づく承諾は議論されているが、本稿では、「生命・身体に対する罪」における取り扱いを中心に検討する。

　なお、生命については、日本では202条が同意殺人と並んで自殺関与を処罰対象としており、自損行為に関する他人の関与を処罰対象としている。その点において、被害者の承諾と併せて「自殺意思」の有効性についても同様の検討をする

---

6　*Günter Arzt*, Willensmängel bei der Einwilligung（1971）.
7　山中敬一「被害者の同意における意思の欠缺」関大法学論集33巻3＝4＝5号（1983年）271頁、佐伯仁志「被害者の錯誤について」神戸法学年報1号（1985年）1頁。
8　山口厚「欺罔に基づく『被害者』の同意」『田宮裕博士追悼論集　上』（信山社・2005年）322頁、浅田和茂『刑法総論』（成文堂・2005年）208頁、小林憲太郎『刑法的帰責』（弘文堂・2007年）227頁、西田・前掲書（注1）193頁、高橋則夫『刑法総論（第2版）』（成文堂・2013年）319頁。
9　法益主体が錯誤に陥った状況を欺罔によるものか自ら錯誤に陥ったのかを明示的に区別して検討したものとして、森永真綱「被害者の承諾における欺罔・錯誤（二）」関西大学法学論集53巻1号（2003年）204頁。また、曲田統「生命・身体に対する罪における『被侵害者の錯誤と同意』」札幌学院法学24巻1号37頁は、法益主体の自由な意思決定を判断する基準の一つとして「行為者の欺罔の影響度合い」を挙げる。
10　佐伯・前掲論文（注7）122頁。

意味がある。

## II 「錯誤に基づく承諾」に関する学説の整理

### 1 議論の前提

　前述のように、被害者の承諾は、客観的に見れば法益主体の利益が侵害されるにもかかわらず、被害者が法益の保護を放棄することによって、当該法益の要保護性が欠如するために、原則として犯罪の成立が否定されると考えられる。被害者の承諾が犯罪を否定する前提条件としては、被害者＝法益主体が、侵害法益について正しく認識していなければならない。事情を知らない子供に対して高層ビルから飛び降りることを勧め、これに従って飛び降りたとしても、法益主体は「死」について、すなわち、生命が侵害されることについて認識されていないために、これが被害者の承諾としての効果をもたないことはいうまでもない[11]。これに対して、いわゆる偽装心中のように、生命侵害について、すなわち、その行為によって侵害される法益について認識している場合に、被害者の承諾の効果を認めるかどうかについては争いがある。

### 2 条件関係的錯誤説（重大な錯誤説）

　欺罔により、法益主体（＝被害者）が当該法益侵害について錯誤に陥った場合、その欺罔がなければ法益主体が錯誤に陥らず、その錯誤に基づいて法益保護の放棄＝承諾をすることもなかったとすれば、この承諾は無効とすることが考えられる[12]。この見解は「条件関係的錯誤説」とよばれることもある[13]。すなわち、その欺罔が被害者の承諾と条件関係をもつ限りは、欺罔がなかった状況を想定すべきであり、欺罔がなければ法益主体が錯誤に陥らず、錯誤がなければ承諾をしなかったであろう場合には、被害者の承諾が不存在であることになる。

　被害者からの心中の申し出に対して、いったんこれを受け入れたが、その後気

---

11　「死」の意味を理解しない者に「自殺」させた事案について殺人罪の成立を認めたものとして、大判昭和9年8月27日刑集13巻1086頁を参照。
12　大谷實『刑法講義総論（新版第4版）』（成文堂・2012年）255頁、井田良『講義刑法学総論』（有斐閣・2008年）324頁。
13　西田・前掲書(注1)192頁は、この見解を「条件関係的錯誤説。重大な錯誤説ともいう」としている。

が変わって、追死のつもりがないにもかかわらず、あるかのように装い、毒薬を飲ませて死亡させたという事案につき、判例は、「本件被害者は被告人の欺罔の結果被告人の追死を予期して死を決意したものであり、その決意は真意に添わない重大な瑕疵ある意思であることが明らかであ」り、「被告人に追死の意思がないに拘らず被害者を欺罔し被告人の追死を誤信させて自殺させた被告人の所為は通常の殺人罪に該当する」[14]として、追死についての欺罔により死を決意するに至ったのは真意に沿わない「重大な瑕疵ある意思」であり、殺人行為についての承諾は無効であるとしている。

　この見解は、行為者による欺罔がなければ法益放棄の意思を生じなかったといえる場合には、被害者が当該行為によって侵害される法益自体を正しく認識していたとしても、「法益放棄意思」（＝生命侵害についての承諾または自殺意思）は無効であり、犯罪成立を否定する効果（生命侵害については、殺人罪を同意殺人罪に変更する効果）を否定することになる。これによれば、被害者の承諾の有効要件として、侵害法益についての認識だけでは不十分であることになり、法益主体が法益放棄を動機づける前提事実についても認識していることが要件とされることになる。したがって、いわゆる動機の錯誤であったとしても、それが被害者の承諾に対して条件関係を有していれば、被害者の承諾の犯罪成立否定効（または減軽効）は否定されることになる。この見解は「重大な錯誤説[15]」などともよばれるが、「追死についての欺罔」は、これがなければ自殺（または同意による殺害）を決意しなかったであろう事情であることを根拠に「重大な瑕疵」であるとし、条件関係設定事情の中で「重大な瑕疵」であるかどうかを基準として限定しないのであれば、条件関係的錯誤説と同一の見解になる[16]。

　この見解によれば、法益主体が、その保護を放棄しようとしている法益それ自体についてのみならず、その意思決定を動機づける事情について錯誤に陥っている場合には、被害者の承諾（または自殺意思）は無効となる。たとえば、追死について欺罔した偽装心中事例、対価を得て身体に対する侵害を甘受する事例、医師から虚偽の余命を告げられて自殺する（殺人を承諾する）事例などにおいて、広く被害者の承諾が無効とされることになる。

---

14　最判昭和33年11月21日刑集12巻15号3519頁。
15　なお、西田典之他編『注釈刑法第1巻総論§§1〜72』（有斐閣・2010年）355頁（深町晋也執筆）は、この見解を「重大な瑕疵説」とよんでいる。

### 3　法益関係的錯誤説

これに対して、法益関係的錯誤説によれば、被害者の錯誤が法益放棄およびそれに基づく侵害行為に対して条件関係をもっていたとしても、その錯誤が、当該犯罪の保護法益に関連しているものでない限りは、被害者の承諾の犯罪成立否定効または減軽効は維持されるとするものである。前述の偽装心中の例によれば、被害者は、当該行為によって自分の生命が侵害されることは正しく認識しているのであり、錯誤に陥っているのは「心中相手の死」である。殺人罪は、たしかに生命を保護法益としているが、それは被害者の生命であり、他人の追死はこれと関連しないことになる。

もっとも、この見解に対しては、そもそも「法益関係的」が何を指すのかが明確でないという問題[17]があり、また、理論的には、錯誤が「動機の錯誤」に尽きる場合には、承諾は常に有効であることになる。しかし、法益関係的錯誤説の論者は、一般的には動機の錯誤に分類されうる事例においても、全面的に承諾を有効としているわけではない。たとえば、医師から偽りの余命を伝えられて生命短縮を承諾した場合、自分の子に移植するために必要であるとして角膜や腎臓などの摘出を承諾した場合には、生命侵害、身体侵害（生理的機能毀損）自体については認識している点で、当該行為によって侵害される法益について、したがって法益主体が保護を放棄する法益について認識しているはずである。これらの事例において、法益関係的錯誤説は、承諾の有効性を肯定するか、または修正を求められることになる。

### 4　自由意思喪失説

法益関係的錯誤説が、法益主体による錯誤の対象によって被害者の承諾が無効となる範囲を限定しようとするのに対し、法益保護を放棄する意思決定の任意性

---

16　これに対し、「錯誤に陥ったとしても、そのことが最終的な法益処分の意思決定にわずかの比重しか占めていないということはありうることである。人の最終的な意思決定には様々の要因が関与するのであり、たとえ、欺罔による錯誤が一つの条件ないし原因となり同意の意思決定がなされたとしても、他の大部分は本人自身の意思によるものだという場合はありうる。」（林幹人「錯誤に基づく被害者の同意」『松尾浩也先生古稀祝賀論文集上巻』（有斐閣・1998年）236頁）という指摘もあるが、欺罔による錯誤が承諾に対して条件関係をもったとしても、その中で当該欺罔が決定的な意味をもつ場合に「重大な瑕疵（錯誤）」として承諾を無効にすると考えれば、「重大な錯誤説」は条件関係的錯誤説を限定することになる。

17　曲田・前掲論文（注9）28頁。

を有効性の基準にしようとする見解[18]が主張されている。すなわち、承諾が法益主体の自由な意思決定であるかどうかを基準とする見解は、法益主体が錯誤に陥るに至った経緯、およびその錯誤から当該行為を承諾する意思形成プロセスに焦点を当てて承諾の有効性を決しようとするものである。もっとも、この見解の内部でも「自由な意思決定」であるかどうかを一般的客観的な基準を用いて決しようとする見解[19]と、個別的主観的基準を用いる見解[20]に分類される。この見解を徹底するが後者の立場である[21]。主観的基準説によれば、「客観的な利益衡量に比重を置きすぎると、被欺罔者側の個別的事情が軽視され」、「意思決定の自由が害されていたかどうかという被欺罔者の事情に対して十分な分析を施せない[22]」とされる。そして、法益を「法益主体の意思との関係の上に成り立っている価値であ」り、「法益主体の内心における利益衡量は、常に考察対象に入れられなければならない」する[23]。そのため、自由な意思決定のできない状況での承諾を無効とし、たとえば、生命については、被侵害者にとって「生きる」という選択肢が残されているかどうかを基準とする。

　自由意思喪失説は、承諾が法益主体の自由な意思決定に基づかない場合として、法益関係的錯誤がある場合と並んで、緊急状況にあると虚偽の事実を告げられて承諾に応じた事例を挙げている[24]。しかし、後述のように、この類型も法益の要保護性の問題として法益関係的錯誤の中に包括することが可能であると思われる。

---

18　林美月子「錯誤に基づく同意」松尾浩也＝芝原邦爾編『刑事法学の現代的状況（内藤謙先生古稀祝賀論文集）』（有斐閣・1994年）28頁、林幹人・前掲論文（注16）240頁。
19　林（美）前掲論文（注18）32頁。森永真綱「欺罔により得られた法益主体の同意」川端博他編『理論刑法学の探究4』（成文堂・2011年）139頁は、「事例を類型化し、どのような場合に処分の自由を害されたといえるかを規範的見地から検討することが、正当であると思われる」として、この見解を「規範的自律性説」とよんでいるが、承諾の有効性を「処分の自由」を害したかどうかを基準とし、客観的・規範的観点からこれを考察するという点で、ここに分類することが可能であると思われる。
20　林（幹）前掲論文（注16）249頁、曲田・前掲論文（注9）34頁、上嶌一高「被害者の同意（下）」法学教室272号（2003年）82頁。
21　主観的基準を用いて「自由な意思決定」かどうか判断し、承諾の有効性を決しようとする見解を「自由意思喪失説」とよぶ分類もあるが（佐伯仁志「偽装心中と殺人罪」山口厚＝佐伯仁志編『刑法判例百選Ⅱ 各論（第7版）』（有斐閣・2014年）、本稿では、規範的基準によって「自由な意思決定」かどうか決する見解と併せて「自由意思喪失説」に分類しておく。
22　曲田・前掲論文（注9）34頁。
23　曲田・前掲論文（注9）35頁。
24　林（美）前掲論文（注18）51頁、林（幹）前掲論文（注16）245頁、上嶌・前掲論文（注20）76頁。

## 5　検　討

　錯誤に基づく承諾の有効性については、法益関係的錯誤説の登場によって活発に議論されるようになった。現在の議論の中心は、①錯誤に基づく承諾の有効性が否定される根拠、②この承諾の有効性が否定される基準、③一般的には法益関係的錯誤と評価されないものでも承諾が無効とされる場合があるのか、法益関係的錯誤があっても承諾が有効とされるものがあるのかをめぐるものである。

　前述のように、条件関係的錯誤説は、その欺罔、錯誤が法益主体による承諾に条件関係をもつ限り承諾は無効とし、被害者の承諾の存在を取り除いて行為者の罪責が決定されることになる。これによれば、承諾によって侵害される法益について法益主体が認識していたとしても、いわゆる動機の錯誤がある場合にも、広く承諾は無効とされることになる。法益保護の放棄を意味する「被害者の承諾」における法益主体の法益放棄意思形成過程自体がすべての犯罪の個別的保護法益と並んで保護されることになる。

　自由意思喪失説は、法益保護の放棄（すなわち承諾）が当該法益主体の真意に基づかない自己決定であることを承諾の有効性を否定する根拠とする。この点において本質的には条件関係的錯誤説と同様な発想に基づくものであるといえるだろう。そして、承諾の有効性は承諾が自由な意思決定に基づくかどうかを基準とする。法益関係的錯誤に基づいて承諾をした場合の多くは自由な意思決定に基づかない承諾であるが[25]、この両者が完全に重なるとは限らない。また、脅迫に基づく承諾（法益保護の放棄）は侵害法益を認識しているという点で、「法益に関係しない錯誤」がある場合と同様であるとする主張[26]がみられるが、錯誤に基づく承諾と脅迫に基づく承諾には質的な差異があると考えられる。すなわち、錯誤に基づく承諾では、承諾時点においては「欺罔されている」または「錯誤に陥っている」認識はないのであり、虚偽の情報に基づいて任意に当該法益の放棄を決定している。これに対して、脅迫による承諾では、承諾時点において「脅迫されている」認識をもっており、承諾しない場合には、脅迫の内容を成す「害悪」の甘受か、承諾をすることによって被る侵害の甘受かの選択を迫られているからである。「法益に関係しない錯誤」による承諾の場合には、当該行為による侵害を正

---

25　林（美）前掲論文(注18) 28頁。
26　林（美）前掲論文(注18) 33頁、林（幹）前掲論文(注16) 239頁、上嶌・前掲論文(注20) 80頁。

しく認識して、当該法益の法的保護を放棄しているのに対し、脅迫による承諾においては、侵害法益自体は認識していても、その侵害に対する法的保護の放棄は任意であるとはいえず、両者を同列に扱うことはできないはずである。もっとも、虚構の事実を伝えることによって脅迫する事例[27]については、この両者の要素を含んでおり、当該法益の法的保護を放棄するに至った意思形成過程に着目しなければならない。

　法益関係的錯誤説をとる場合、「法益関係的」とは何を指すのかが明確にされる必要がある。そのうえで、①法益関係的錯誤がある場合には常に承諾を無効とすべきであるのか、②「法益に関係しない錯誤」がある場合には常に承諾を有効とすべきであるのかが問われなければならない[28]。

　アルツの提唱する法益関係的錯誤説によれば、放棄すべき法益の種類、程度、あるいはその危険性に関する錯誤が法益関係的錯誤であることになる[29]。周知のように、各犯罪には保護法益（殺人罪における生命、傷害罪における身体など）が想定されている。これらを各犯罪における個別的な客観的法益とすると、これに関する錯誤が法益関係的であることはいうまでもない。他方、各犯罪を超えた法益処分権一般を独立したものと捉え、これを法益関係的とよぶとすれば、法益処分の意思決定（承諾）に関する錯誤はすべて法益関係的錯誤となってしまい、法益関係的錯誤説は限定機能をもたなくなってしまうだけではなく、法益概念自体が抽象化されたものとなり、法益侵害説そのものの根幹が揺らぐことになりかねない。

　そこで、両者の間のどこに「法益関係的」の境界線を引くかが問題となる。被害者の承諾が原則として犯罪の成立を否定する効果をもつこと、とりわけ違法性阻却効果をもつことの根拠と結びつけて考察しなければならない。法益侵害説を前提とすれば、構成要件該当行為によって当該構成要件が保護する法益を侵害すること、さらに、その行為によって侵害される法益が保全される法益を上回ることを理由として違法性が肯定される。したがって、行為者の行為によって構成要件的法益侵害が生じることのほか、当該法益侵害が対立利益（保全利益）と均衡

---

27　福岡高判宮崎支部判平成元年3月24日高刑集42巻2号103頁。
28　深町・前掲『注釈刑法』（注15）356頁。
29　*Arzt*, a. a. O.（Anm, 6）S.22; Schönke-Schöder-Lenkner/Sternbrg-Lieben, Strafgesetzbuch 29. Aufl.（2014）Vor 32ff. Rn.46.

するかどうかも違法性の要素であり、「法益関係的」に含まれると考えることも可能であろう。法益主体は、当該行為による法益侵害自体を甘受することもあるが、対立利益との均衡を考えたうえで法益侵害を受け入れることもありうる。生命・身体についてはその存在価値自体が保護されているとすれば、それ自体要保護性が低下するというのは矛盾であるという指摘もある[30]。しかし、生命・身体の価値は低下するわけではないが、二律背反の対立利益との関係で相対的に要保護性が低下することはありうると思われる。通常は自分の生命・身体に対する侵害は許容しないが、それによって他人の生命・身体が保全されるのであれば甘受しようという意思決定もありうる。そして、純客観的に法益均衡（あるいは優越）が存在していれば被害者（法益主体）の意思にかかわりなく当該行為の違法性が阻却される余地があることを考えれば、重要な意味をもつのは、客観的には必ずしも保全利益が優越していない場合でも、利益対立の存在を考慮して法益主体が侵害を甘受する場合であろう[31]。ただし、生命については、その特殊性のために、例外的に、法益主体による法的保護の放棄にもかかわらず保護されることになる[32]。いずれにしても、被害者の承諾が有効であれば、生命についても違法性が減少することになる。

このように考えれば、①承諾に基づく行為によって侵害される個別的客観的法益および侵害の程度、または、②その侵害を許容することによって保全される法益についての錯誤があれば、法益関係的錯誤があると考えられる。ただし、利益対立がある状況においては、甘受される侵害法益は法益保全のために必要なものに限られるべきである。

この仮説を検証するために、錯誤に基づく承諾について類型的に整理し、検討する。

---

30　上嶌・前掲論文(注20)79頁。
31　林（美）前掲論文(注18)51頁は、「緊急避難あるいは治療行為などの緊急状態では、被害者（患者）の同意は優越的利益の原則による違法性阻却を補完するものとして機能するので、自由な意思決定についてはある程度緩やかに判断し得る」とされるが、保全利益が客観的に優越しない場合には法益主体の承諾は決定的意味をもつと考えれば、このような状況について錯誤に陥っているのは「法益関係的錯誤」と評価できるのではないだろうか。
32　生命法益の特殊性については、武藤眞朗「犯罪論における『被害者の意思』の意義」高橋則夫他編『曽根威彦先生・田口守一先生古稀祝賀論文集［上巻］』（成文堂・2014年）300頁。

## III 「錯誤に基づく承諾」の類型別整理

ここで、錯誤に基づく承諾の事例について、その有効性が問題となる事例を次の類型に分類して検討する。これらは、一般的には法益保護放棄の動機に関する錯誤の事例に分類される。

### 1 利他目的型

被害者の承諾の有効性が問題となる事例として挙げられるのが、「利他目的のための承諾」の事例である。自分の子に角膜を移植する必要があると欺いて母親に角膜摘出を求め、その承諾を得て角膜を摘出したが、それは他人に移植するためのものであった、あるいはこの角膜が廃棄されたという事例である[33]。角膜摘出を求められた母親は、自分の子に移植するための摘出であると告げられたからこそ摘出を承諾しているとすれば、角膜の使用目的について欺罔され、錯誤に陥らなければ摘出を承諾しないのであるから、条件関係的錯誤説によれば、承諾は無効となり、摘出行為は傷害罪の構成要件に該当し、違法となる。また、自由意思喪失説によれば、自分の子の視力を回復するか自分の視力を維持するかという究極の選択に立たされた場合には「自由な意思決定」が否定されることになる[34]。これに対して、法益関係的錯誤説によれば、角膜摘出による身体法益侵害については正しく認識しているので法益関係的錯誤はなく、承諾は有効となり、摘出行為が傷害罪の構成要件に該当したとしても違法性が阻却される結論に至る可能性がある。

利他目的型は、対価型と比較して、見返り（対価）がないと特徴づけられるが、客観的にみれば、法益侵害を甘受することによって他人に利益を与える類型である。しかも、法益主体の承諾に基づく法益侵害（＝角膜摘出）は他の客体の法益保全（角膜移植＝視力回復）のために必要とされる。これに対して、対価型といわれる類型は身体的利益を犠牲にすることによって財産的利益が獲得されるなど、侵害法益と保全・増進法益が対応していないものが典型的である。

---

33 Claus Roxin, Die durch Täuschung herbeigeführte Einwilligung im Strafrecht, Gedächtnisschrift für Peter Noll (1984), S. 280.
34 曲田・前掲論文(注9)43頁。

他人の身体法益を保全・増進するために自分の身体法益の侵害を甘受するものであるとすれば、法益主体自身の身体法益の要保護性は他人の身体法益保全・増進のために低下することになり、それゆえに法益主体は自分の身体法益を犠牲にしようという自己決定をするのである。もし、現実には摘出された角膜が廃棄されるにもかかわらず法益主体はこれが移植されると誤信して侵害を承諾したとすれば、自己の身体法益の要保護性に関する錯誤に陥っていたことになる。ただし、摘出された角膜が他人に移植された場合には、自分の子に移植された場合と比較しても客観的には要保護性は異ならないので、法益関係的錯誤は否定されることになる[35]。

## 2　対価型

報酬を支払う予定はないのに支払うと約束して承諾を得て殴打した事例、また献血させた事例などでは、法益主体は殴打を受けること、献血すること自体について錯誤はない。しかし、報酬を得る約束をしたからこそ、殴打や献血に応じたとすれば、そのように欺罔され、錯誤に陥ったこととこれらを承諾したこととの間には条件関係が存在する。条件関係的錯誤説によれば承諾は無効となり、それぞれ暴行罪、傷害罪の構成要件に該当し、これらは違法となる。自由意思喪失説によれば、対価こそが殴打されることや献血することを動機づけ、これに応じないという選択肢が（主観的に）否定される場合には「自由な意思決定」は否定される[36]。これに対して、法益関係的錯誤説によれば、これらの錯誤は、侵害される法益、したがって本来保護されるべき法益については錯誤がないため、承諾は有効となり、違法性が阻却されることになる。

たしかに、対価を与えられることが法益侵害行為に対する承諾の唯一の根拠である場合、またはその主要な根拠である場合に、対価支払いに対する欺罔およびそれに基づく錯誤は、侵害行為に対する承諾にとって決定的な意味をもつことになるだろう。しかし、報酬が得られなければ殴らせなかった、献血しなかったと

---

35　森永・前掲「欺罔により得られた法益主体の同意」（注19）144頁によれば、「親子関係というきわめて密接な親族関係にある者の視力を回復させるという動機は、刑法的に保護されてしかるべき」であるとしており、この点を重視するとすれば、要保護性の観点では説明しきれないことになる。
36　曲田・前掲論文（注9）42頁。もっとも、林（美）・前掲論文（注18）34頁は、報酬を約束されて輸血する場合に、今日の食料もないほど貧しい場合には緊急避難類似の場合と同様に考えうるとしており、承諾を無効とするのを必要に迫られている場合に限定している。

しても、承諾に基づいて行われた殴打、献血によって侵害された被害者の身体法益自体は被害者の認識を超えるものではない[37]。暴行罪および傷害罪が身体法益のみを保護法益としているとすれば、承諾によって身体法益保護を放棄している以上、承諾に基づく殴打や献血は傷害罪としての違法性は否定されるべきであろう[38]。ただし、殴打させることや献血させることが、たとえば経済的対価に見合うものであると評価できるのであれば、欺罔によって承諾を得て殴打させ、献血させる行為は、欺いて相手方を錯誤に陥れて財産的価値のある役務提供を行わせているとして、2項詐欺罪の成立する余地があるだろう。あるいは、献血については、被害者の提供した血液が財物と評価されるとすれば、1項詐欺罪の成立する余地もある。

### 3　緊急状態回避型

客観的利益対立が存在する場合に優越する利益を保護することは、緊急状況がある場合は緊急避難として正当化され、また、緊急状況が存在しないとしても、優越的利益の原理によれば、正当業務行為として違法性が阻却される可能性がある。

客観的には緊急避難状況が存在していないにもかかわらず存在しているように装って、法益侵害を許容させる事例としては、猛獣の所有者に、これが逃げ出しそうになっており、周囲の人々への被害を回避するためにはこれを殺害するしかないと偽り、猛獣殺害を許容させる事例がしばしば挙げられる[39]。緊急手術のために輸血用血液が必要であると欺いて、通行人から献血させる事例もこの類型に含まれると考えられる。

本類型においても、法益主体は侵害される法益自体について錯誤はないが、緊急状況が存在していないことを知っていたら、法益侵害を承諾しなかったのであり、条件関係的錯誤説によれば承諾は無効とされることになる。もっとも、猛獣事例においては、仮に現実に当該事情が存在していたとすれば、法益主体（猛獣

---

37　佐伯・前掲論文（注7）54頁。
38　森永・前掲「欺罔により得られた法益主体の同意」（注19）146頁は、生命・身体が対立利益である場合に法益関係的錯誤を肯定するのであれば、対立利益が財産である場合にこれと異なった扱いをする理由に疑問があるとしているが、生命・身体を保護するのに必要な法益侵害において、侵害される法益の要保護性が相対的に低下する場合とは状況が異なるといえる。
39　*Roxin*, a. a. O.（Anm. 33）S. 282.

の所有者）の承諾を得ることなく法益侵害（猛獣の殺害）が緊急避難として許容される。すなわち、猛獣所有権は利益衝突状況においては保護されないことになる。したがって、猛獣所有者は、財産の客観的要保護性について錯誤に陥り、その処分（殺害）を承諾したことになる。自分の所有する猛獣の殺害（器物損壊）という構成要件的事実については認識しているが要保護性について錯誤に陥っている点において法益関係的錯誤に陥ったということができ、承諾を無効として器物損壊の違法性を肯定する解釈が可能である。

これに対して、緊急献血は、献血者の承諾なしに緊急避難として違法性が阻却されるかどうかについては争いがある[40]。献血させることが身体法益に対する侵害として傷害罪の構成要件に該当するとすれば、この事例においても、法益主体である献血者は身体法益の侵害を受けることは認識している。現実に緊急に輸血しなければ輸血対象者の生命・身体に現在の危険が生じており、補充性、法益均衡を充足しているとすれば、緊急避難の要件は充足されていることになる。それでもなお危難を転嫁される法益主体（献血者）の承諾を必要とするのは、緊急避難行為の相当性が要件とされ[41]、危難を転嫁される法益主体の意思に反した場合にこれを充足しないとされるからである。そうだとすれば、被害者の承諾は決定的意味をもつことになる。相当性の要否は別の検討を必要とするが、緊急献血事例においては、緊急避難の相当性以外の要件が現実に充足されていれば、献血者の身体法益の要保護性は相対的に低下しているということができる。したがって、この事例においても、客観的には要保護性が低下していないにもかかわらず、要保護性が低下している状況であると錯誤に陥って承諾しているのであれば、承諾によって放棄すべき身体法益の要保護性に関する錯誤に陥っているのであり、法益関係的錯誤の事例として承諾を無効とする解釈も可能であろう。

## 4 同一法益主体における法益対立型（治療行為）

客観的利益が対立する類型の中で、同一法益主体における利益対立が存在する

---

40 緊急避難成立の可能性を認めるのは、佐伯仁志『刑法総論の考え方・楽しみ方』（有斐閣・2013年）192頁、緊急避難成立の可能性を否定するのは、森永・前掲「欺罔により得られた法益主体の同意」（注19）142頁、高橋・前掲『刑法総論』（注8）304頁である。
41 高橋・前掲『刑法総論』（注8）304頁、佐伯・前掲書（注40）191頁。これに対して、「相当性」要件を明確に否定するのは、山口厚『刑法総論（第2版）』（有斐閣・2007年）144頁、林幹人『刑法総論（第2版）』（東大出版・2008年）212頁である。

場合には、純粋な客観的利益衡量に代わり、当該法益主体による優越的利益の選択によって違法性が決せられると考えられる[42]。利益衡量の原則が法益主体の自己決定によって修正、制御されるといってもいいかもしれない。法益主体が自己の法益のうち何を犠牲にして何の保護を求めるのかを決定するにあたり、拠り所となる情報について欺罔され、錯誤に陥った場合に、犠牲にする法益の侵害についての承諾の有効性が問題となる。治療行為における患者の自己決定がこの問題である。もっとも、別稿で論じたように[43]、客観的利益増進を図る治療行為における「患者の承諾」は、基本的には単純な法益保護の放棄を内容とする「被害者の承諾」一般とは必ずしも同一原理で説明できるわけではないことには注意する必要がある。

身体法益については、身体の個別部位ではなく身体全体を中心に据えて考えるべきであり、個々の部位よりも全体としての健康状態が基本的には重要である[44]。たとえば、医師が患者に説明して、承諾を得て病変に冒された臓器を摘出した場合、患者は当該臓器の摘出よりも全体としての健康状態を優先しているので、その自己決定に従った臓器摘出は治療行為として正当化されることになる。これに対して、実際には健全な臓器であるにもかかわらず病変に冒されていると偽り、患者の承諾を得て摘出した場合、それによって全体としての健康状態が改善されないのであれば、患者は法益関係的錯誤に陥っていることになる[45]。すなわち、患者が当該臓器の摘出を承諾したのは、それが全体としての健康状態の改善につながるからであり、患者の錯誤は「臓器摘出によって全体としての健康状態の維持・増進が得られる」ことについての錯誤である。したがって、この事例において、当該臓器摘出については患者が認識していたとしても、条件関係的錯誤説のみならず、法益関係的錯誤説からも、この承諾は無効とされ、傷害罪として違法となる。もっとも、スポーツ選手その他の職業に関連する部位はもちろん、個人が特定の部位を優先することは十分に考えられるのであり、個別部位に対する保護価値が問題となることはありうる。さらに、身体の特定部位の保護と生命保護が両立しない場合もありうる。たとえば、両脚の切断によって生命が延

---

42 山口・前掲『刑法総論』(注41)145頁、武藤・前掲論文(注32)294頁。
43 武藤・前掲論文(注32)292頁。
44 山口・前掲論文(注8)325頁。
45 山口・前掲論文(注8)326頁。

長できるとしても、陸上競技の選手が生命延長よりも両脚の維持を優先することはありうる。

さらに、手術が著名な教授によって執刀されることを条件にこれを承諾したが、実際には別の医師によって執刀された場合にも、条件関係的錯誤説によれば、当該教授の執刀でなければ承諾していないとすれば、これが無効となり、治療行為傷害説によれば、手術は傷害罪として違法となる[46]。自由意思喪失説によっても、当該教授の執刀であれば手術を承諾するのが必然的であり、他の医師であれば必然的でないと評価されれば「自由な意思決定」は否定され、承諾は無効となるだろう。これに対して、法益関係的錯誤説からは、直ちに承諾が無効とされることはないと思われる。治療行為における「患者の承諾」についてどの程度詳細な説明をして個別的な事項について承諾を得るべきかという問題は検討の余地があるが、手術による身体的侵襲の程度、手術自体の成否の確率、副作用などについての情報がその内容であることは疑いない。執刀医についてもその説明内容および承諾内容に含まれることになることが多いだろう。これらのすべての内容が当該手術に伴う身体的侵襲にとって法益関係的であるとするならば、それについて虚偽の内容を伝え、それによって患者が錯誤に陥り、承諾したとすれば、法益関係的錯誤説によっても、患者の承諾は無効ということになる。手術の失敗や副作用の可能性について正しく説明せず、患者がこれを認識していない場合は、手術自体の侵襲および副作用と身体的状態維持・改善を衡量するための情報が与えられていないことになるので、法益関係的錯誤といえるだろう[47]。

しかし、患者にとって重要なことは、誰にどのような治療を施してもらうかということではなく、自分の病気にとって適応性のある治療を、医術的正当性に従って行い、相応の治療結果が得られること、治療に伴う負担（苦痛など）が最小限にとどまり、副作用を最小限に抑えることである。そうだとすれば、これらの要素に実質的に関わる事実について錯誤がある場合にのみ法益関係的錯誤があり、承諾の有効性を否定すれば足りることになる。したがって、実際に執刀する

---

46 ただし、当該承諾自体は無効としつつも、仮定的承諾の理論を用いて当該傷害行為の客観的帰属を否定する余地はあるだろう。
47 これに対して、森永真綱「被害者の承諾に関する欺罔・錯誤（一）」関西大学法学論集52巻3号（2002年）223頁は、副作用が必然的に発生するわけではない場合には、患者がそれについて正しく説明されていなくても、危険の引受けないしは危険に対する承諾の問題として処理すべきとしている。

医師が、患者が認識していた医師と同程度の技量を有し、治療の成否などについても同等であれば、法益関係的錯誤は否定され、技術的にそれに及ばない医師による執刀であれば、法益関係的錯誤を認め、患者の承諾の存在は否定されることになると思われる[48]。もっとも、治療行為における患者の承諾は、患者自身の内部における身体的利益同士の対立についての選択という意味をもっているとすれば、手術の結果が患者の望んだとおりのものである以上は、その結果を実現するためのプロセスに当初の認識との間にずれが生じたとしても、なお正当化される余地があるだろう。

## 5 その他（偽装心中など）

偽装心中のうち、判例とは異なり、行為者が追死することを装い心中を提案し、被害者がこれに応じた事例について検討する。条件関係的錯誤説によれば、承諾（自殺意思）は無効とされることになる。自由意思喪失説のうち、主観的基準説によれば、被害者の自殺意思（殺害に対する同意）にとって行為者の追死が決定的意味をもっているかどうかに関わるが[49]、客観的基準説によれば、心中によって得られる精神的利益と生命を比較した場合に、規範的にみれば明らかに後者が優越するので、それにもかかわらず生命処分を行うのは法益主体の自由な処分であるとして、自殺関与罪または同意殺人罪にとどめる結論にも至りうる[50]。しかし、錯誤に陥っているのは行為者の追死についてである。行為者が実際に追死したとしても、被害者が生命を失うことは変わらないのであり、生命侵害については、被害者の認識したとおりである。行為者（心中の相手方）の生命については、被害者の法益（少なくとも生命）とは何の関係もなく、自分の生命の要保護性が低下するわけではない。法益関係的錯誤説が承諾（自殺意思）を有効とし、同意殺人罪または自殺関与罪とするのは妥当である。

また、医師から余命について虚偽の情報を与えられ、自殺する決意をさせ、そ

---

48 山口・前掲論文(注8)324頁。小林・前掲書(注8)233頁も同旨と思われる。
49 判例の事例では、被害者から心中を提案し、行為者がそれを利用しているにとどまったものであったために、自由意思喪失説からも、被害者の自由な意思形成が奪われていないとして、承諾の有効性を肯定する可能性がある（曲田・前掲論文(注9)40頁）が、本文で挙げた修正事例では結論は異なると思われる。一般的客観的基準による自由意思喪失説によれば、相手方が追死するという事情が一般的に自殺（または同意殺人）の意思決定を一般的に不自由なものにするとはいえないことになるかもしれない（林（美）前掲論文(注18)46頁）。
50 森永・前掲「欺罔により得られた法益主体の同意」(注19)148頁。

れに基づいて自殺をした、または、殺害に応じた場合には、別の考慮が必要となる。まず、余命が数ヶ月であるという錯誤に陥った場合、この錯誤は法益関係的錯誤と評価されるかどうかである。すなわち、たとえば、本来は数十年維持できる生命を数ヶ月の余命であると告げられた場合、法的保護を放棄したのは数ヶ月しかもたない生命であり、数十年維持できるはずの生命ではないと考えるとすれば、これは法益関係的錯誤となり、自殺意思または生命侵害についての承諾は無効となることになる。生命については、質の概念にはなじまず、余命によって区別すべきではないという見解によるならば[51]、余命数ヶ月の生命と余命数十年の生命は区別すべきでないことになり、これに関する錯誤は法益関係的錯誤ではないことになる。たしかに、「生命の質」の概念を持ち出すことは、保護すべき生命と保護に値しない生命の区別（差別）に至る危険性があると考えられるかもしれない[52]。しかし、「生命の質」の概念を持ち出すとしても、別の人格の間で差別化をするのではなく、同一人物内での差別化であり、しかも、保護すべきかどうかを純粋に客観的に区別するのではなく、法益保護の放棄を尊重すべきかどうかの判断を本人に委ねるための客観的状況を想定するものであれば、不当な差別の危険性はないと思われる。臨死介助許容要件として死の切迫性などを要件としている[53]のは、本人による生命放棄を許容する前提を示すものと考えられる。その限りにおいて「生命の質」を想定することは可能であり、余命数ヶ月の生命と数十年の生命については区別され、両者の間の錯誤は法益関係的錯誤と評価することは可能であろう。また、肉体的苦痛も臨死介助の要件とされており、余命に加えて予想される肉体的苦痛の程度も法益関係的事実といえるだろう。余命について虚偽の情報を伝えられたとしても、可能な限り生き続けることを選択する余地が残されている場合には、生命放棄の意思決定は自由に行われているのであるから、今後耐えがたい苦痛に苛まれるので今のうちに楽になった方がいいと欺く場合などに限って自殺意思または殺害の承諾を無効にしようとする見解[54]は傾聴に

---

51　林（美）・前掲論文（注18）45頁。
52　曲田・前掲論文（注9）32頁は、余命について誤信させて殺害に承諾することが法益関係的錯誤であるとするためには、生命に備わっている意味・性質を殺人罪の「法益」概念を構成する要素であるとするしかないが、生命法益に対するそのような理解の妥当性については疑問を投げかけている。しかし、本文で述べたように、生命の要保護性について本人の意思に委ねる余地がある状況を想定することは、必ずしも不可能ではないと思われる。
53　名古屋高判昭和37年12月22日高刑集15巻9号674頁、677頁。横浜地判平成7年3月28日判時1530号28頁／判タ877号148頁（東海大学病院事件）など。

値する。しかし、法益関係的錯誤説に従ったとしても、余命、予想される苦痛の程度について虚偽の情報が与えられれば、法益関係的錯誤があったとして自殺意思・殺人の承諾を無効とし、間接正犯の要件を充足すれば殺人罪の成立が肯定されることになり[55]、ほぼ同様な帰結に至るものと思われる。

## Ⅳ 結 語

　法益主体（被害者）の承諾が犯罪の成立を否定し、あるいは、殺人罪を同意殺人罪へと違法性を減少させる効果をもつのは、侵害される法益について法益主体が法的保護を放棄することによって要保護性が喪失ないしは減少し、法益主体の自己決定を法が尊重するためである。このような被害者の承諾の違法性阻却・減少効果の基本的根拠に照らしても、冒頭で挙げた承諾の有効要件として、承諾が法益主体の真意に基づかなければならないことはいうまでもない。このような違法性阻却原理からすれば、法益主体の主観に焦点を当てる自由意思喪失説にも一定の説得力が認められよう。どのような状況において法益主体は自由な意思に基づいて行為者の行為を承諾したのか、また、その行為によって侵害される法益の法的保護を放棄したのかを問うことは有意義である。

　他方、承諾の対象は行為者による行為およびそれによってもたらされる法益侵害である。したがって、自由な意思によって決定されるのは、どのような法益について法的保護を放棄するかということである。法益主体が法的保護を放棄するのは、各構成要件によって想定されている法益の侵害の内容および程度とともに、客観的利益対立などの存在による当該法益の要保護性を考慮したものである。その意味において、法益主体（被害者）の承諾の有効性は、承諾の対象となる事情に関係するものに限定すべきであり、この承諾対象、すなわち、承諾の認識対象を法益関係的事実と考えることはできるだろう。したがって、法益関係的錯誤があった場合に承諾を無効とする法益関係的錯誤説はなお維持することができるのではないだろうか。

　承諾の有効性を錯誤が法益関係的であるかどうかを基準とする法益関係的錯誤

---

54　林（美）・前掲論文（注18）45頁。
55　被害者を利用した間接正犯の成否については、最決平成16年1月20日刑集58巻1号1頁において基準が示されている。

説は、様々な批判を受けつつ、修正され発展していると考えられる。本稿が想定する「法益関係的錯誤」というのは、第1に当該構成要件の保護法益自体に関する錯誤という意味であり、その保護法益に量的概念を想定しうる場合には、侵害の程度についてもこの対象となる。第2に当該法益の要保護性に関する錯誤もこれに含まれると考えるべきである[56]。利益衝突状態にある場合に、どちらの法益が保護に値するかについて、客観的利益優越によって必然的に決まるもののほか、法益主体の選択に委ねられる場合もある。法益主体に選択が委ねられる場合には、当該法益の法的保護を放棄するかどうか決定するに当たって、一定の情報に基づくことになり、その情報について錯誤があれば、これは法益関係的錯誤ということになるだろう。その限りにおいて、法益関係的錯誤説は、処罰範囲を適切に確保しつつ、限定することが可能であると考えられる。

---

56 山口・前掲『刑法総論』(注41)159頁、浅田・前掲書(注8)208頁、西田・前掲書(注1)194頁、深町・前掲『注釈刑法』(注15)356頁。

# 過失犯における「予見可能性」について

岡　部　雅　人

Ⅰ　はじめに
Ⅱ　予見可能性の対象と程度
Ⅲ　過失構造論の再定位
Ⅳ　おわりに

## Ⅰ　はじめに

　過失犯とは、犯罪事実の実現意思に基づかずに、過失、すなわち不注意によって犯罪結果を生ぜしめた場合をいう[1]。このように、過失は注意義務違反であるとされるが、その内容・構造については、(a) これを結果予見義務違反と理解する見解[2]、(b) これを結果回避義務違反と理解する見解[3]、(c) これを結果予見義務違反および結果回避義務違反と理解する見解[4]、および、(d) これを二分して、認識

---

1　野村稔『刑法総論〔補訂版〕』(1998、成文堂) 174頁。
2　平野龍一『刑法総論Ⅰ』(1972、有斐閣) 191頁、内藤謙『刑法講義総論（下）Ⅰ』(1991、有斐閣) 1128頁、中山研一『新版概説刑法Ⅰ』(2011、成文堂) 168頁、堀内捷三『刑法総論〔第2版〕』(2004、有斐閣) 121頁、町野朔『刑法総論講義案Ⅰ〔第2版〕』(1995、信山社) 255頁、曽根威彦『刑法総論〔第4版〕』(2008、弘文堂) 171頁、松宮孝明『刑法総論講義〔第4版〕』(2009、成文堂) 210頁、松原芳博『刑法総論』(2013、日本評論社) 257頁など。
3　藤木英雄『刑法講義総論』(1975、弘文堂) 238頁、西原春夫『刑法総論（上巻）〔改訂版〕』(1993、成文堂) 198頁、野村・前掲注（1）175頁、井田良『講義刑法学・総論』(2008、有斐閣) 203頁など。
4　団藤重光『刑法綱要総論〔第3版〕』(1990、創文社) 333-334頁、福田平『全訂刑法総論〔第5版〕』(2011、有斐閣) 127、201-202頁、大塚仁『刑法概説（総論）〔第4版〕』(2008、有斐閣) 209頁、大谷實『刑法講義総論〔新版第4版〕』(2012、成文堂) 183頁以下、高橋則夫『刑法総論〔第2版〕』(2013、成文堂) 213-214、356頁など。さらに、西田典之『刑法総論〔第2版〕』(2010、弘文堂) 261頁、前田雅英『刑法総論講義〔第5版〕』(2011、東京大学出版会) 295頁、山口厚『刑法総論〔第2版〕』(2007、有斐閣) 228頁など。なお、結果回避義務違反ではなく、「結果発生の『実質的で許されない危険』を持った行為」であることを要するとするものとして、平野・前掲注（2）193頁、堀内・前掲注（2）121頁、林幹人『刑法総論〔第2版〕』(2008、東京大学出版会) 281頁、佐伯仁志『刑法総論の考え方・楽しみ方』(2013、有斐閣) 293頁など。

なき過失については結果予見義務違反と結果回避義務違反とし、認識ある過失については結果回避義務違反と理解する見解[5]の対立がある[6]。

もっとも、注意義務の内容を、結果予見義務と解しても、結果回避義務と解しても、それが肯定されるためには、結果の予見可能生が認められなければならない[7]。この結果の予見可能生については、その対象、その程度、および、その基準などをめぐって、これまで、多くの議論が展開されてきた。そして、この問題については、多くの場合、北大電気メス事件控訴審判決[8]において示された、「内容の特定しない一般的・抽象的な危惧感ないし不安感を抱く程度で直ちに結果を予見し回避するための注意義務を課するのであれば、過失犯成立の範囲が無限定に流れるおそれがあり、責任主義の見地から相当であるとはいえない。右にいう結果発生の予見とは、内容の特定しない一般的・抽象的な危惧感ないし不安感を抱く程度では足りず、特定の構成要件的結果及びその結果の発生に至る因果関係の基本的部分の予見を意味するものと解すべきである。そして、この予見可能性の有無は、当該行為者の置かれた具体的状況に、これと同様の地位・状況におかれた通常人を当てはめてみて判断すべきものである」とする基準が引き合いに出され、あたかもこれが「定説」であるかのような様相を呈してきた。

しかし、近年においては、この基準に文字通り当てはめたのでは、およそ説明がつかないように思われる判例も少なからず登場してきており、また、学説においても、この基準を弛緩させているように思われる、あるいは、これをほぼ正面から批判しているといってよいように思われる見解も登場してきている。

そこで、本稿においては、予見可能性の対象とされるべきものは何か、それはどの程度のものであるべきか、という問題について、近時の判例および学説の動向を踏まえて、検討を試みる（Ⅱ）。また、予見可能性は、過失構造論上、体系的にどのように位置づけられるかによって、その内容も変わってくるものと思われるため、この点についての検討も試みる（Ⅲ）。なお、その判断基準はどこに置かれるべきか、という、予見可能性の基準の問題についての検討は、他日を期することとしたい。

---

5　大塚・前掲注（4）211頁。
6　ここでは、野村・前掲注（1）175頁の分類によった。なお、西原・前掲注（3）198頁も参照。
7　野村・前掲注（1）177頁。
8　札幌高判昭和51年3月18日高刑集29巻1号78頁。

野村稔先生は、「刑法規範は、法益を保護するために、法益の置かれた状況により、また法益に対する侵害実現の過程に応じて、その様相と機能が動的に変化するという刑法規範の動態論に基づき、行為無価値論と結果無価値論との対立を止揚する立場」から、犯罪論に精緻なる体系を与えることを志向された[9]。本稿は、野村先生が志向された方向性に倣い、新旧過失論争を止揚するための端緒として、過失構造論の出発点ともいうべき、予見可能性論を検討の対象とするものである。

## II　予見可能性の対象と程度

### 1　結果の予見可能性
#### (1)　特定の構成要件的結果の予見可能性の要否
　前掲北大電気メス事件控訴審判決によれば、「結果発生の予見」とは、まず、「特定の構成要件的結果」の予見を意味するとされている。これによれば、過失致死罪であれば死の結果の予見可能性が、過失傷害罪であれば傷害の結果の予見可能性が、それぞれ必要であるということになり、傷害の結果の予見可能性しかなく、死の結果の予見可能性がない場合には、たとえ死の結果が発生したとしても、その死の結果を行為者に帰責することはできないことになる[10]。このような考え方は、とりわけ、過失を結果予見義務違反と捉え、これを責任要素とする見解からは、責任主義の要請の充足という観点からも、たしかに支持されやすいものといえよう。

　これに対して、「元来、結果発生そのものの予見可能性などというものは、形式的な基準としてはともかく、実質的な基準としてはあまりに漠然としすぎている」として、「予見可能性は究極的には結果発生のそれを意味するが、過失認定の過程においては、その前段階として、結果発生にいたる経路の中にある特定の具体的な事実、すなわち、『それを予見しその予見にもとづいて特定の結果回避措置をとるよう配慮すべきであったところの事実』の予見可能性が常に問題となる」とする見解がある[11]。

---

9　野村・前掲注（1）ⅱ頁。
10　佐伯・前掲注（4）299頁、松原・前掲注（2）272頁。

この見解は、結果発生の予見可能性ということでは抽象的すぎることから、より具体的な事実を要求したものとして注目に値する。しかし、この「結果発生原因事実」を予見すれば、なぜ結果回避措置を取らなければならないかといえば、その事実の存在がまさに危険状況を示すものだからであるとして、この危険状況は、抽象的危険レベルから具体的危険レベルまでありうるが、過失犯の場合は、構成要件的結果それ自体は、行為を方向づける行為規範を形成するものではないことから、構成要件的結果に対しては、その具体的予見可能性は必要ではなく、一般人の危惧感（抽象的予見可能性）で足りる、とする見解も示されている[12]。

　たしかに、特定の構成要件的結果そのものの予見可能性は、あるといえばある、ないといえばない、ともいえるような、抽象的なものである場合も少なくない。この点、「結果発生原因事実」の予見可能性を問題とする方が、より具体的であるといえよう。たとえば、日航機ニアミス事件最高裁決定[13]を例に取ってみても、航空管制官による管制指示の言い間違いから、乗客の傷害結果を予見しうるか否かよりも、その原因となる航空機のニアミスの発生を予見しうるか否かを問題とするほうが、予見可能性の有無をより検証しやすいであろう。

　とはいえ、「結果発生原因事実」を予見することができたからといって、ただちに当該過失犯の有責性を基礎づけることができるかといえば、そこには少々飛躍があるといわざるをえないであろう[14]。結果の予見可能性の有無によって、当該過失犯の非難可能性を基礎づけようとするならば、やはり、現実に発生した特定の構成要件的結果の予見可能性の有無を問題とした方が妥当であるように思われる。

　他方で、過失犯の行為規範としての結果回避義務を導くためであれば、上述した見解のように、「結果発生原因事実」の予見可能性を問題としなくても、その原因事実の先にある構成要件的結果の危険、しかも、抽象的なそれが予見可能であったならば、このことが結果を回避する契機となりうるのであるから、それで

---

11　西原春夫『交通事故と過失の認定』（1975、成文堂）38-39頁、同・前掲注（3）198頁、野村・前掲注（1）177頁。なお、この見解を「中間項理論」として展開させたものとして、前田・前掲注（4）315頁があるが、これについては、Ⅱ2（2）において検討する。
12　高橋・前掲注（4）215頁。
13　最決平成22年10月26日刑集64巻7号1019頁。
14　もっとも、野村・前掲注（1）177頁注（1）は、構成要件的結果が発生した当該具体的客体の存在につき全く予見可能性を欠く場合には、過失は認められないとする。

足りると解されよう。もっとも、その際、「危惧感で足りる」という言い方をしてしまうと、「内容の特定しない一般的・抽象的な」それまでもが想起されてしまうことにもなりかねない。やはり、「何らかの危険が絶無であるとして無視するわけにはいかない」「何が起こるかわからない、しかし、何かは起こりそうである」という程度の危惧感ではあまりに漠然としており、結果回避のための具体的対応を想定することも困難であるから、予見可能性の法益関連性まで否定するべきではないであろう[15]。したがって、行為規範としての結果回避義務を基礎づける予見可能性としては、構成要件的結果発生の抽象的危険の予見可能性が必要とされるべきであろう[16]。それゆえ、少なくとも、人の身体に対して何らかの不調をきたすおそれが予見できたといえるならば、そこには傷害ないしは死の結果の抽象的危険の予見可能性が認められることになるから、結果回避義務を基礎づける予見可能性の存在を肯定することができるものといえよう[17]。

それゆえ、坂東三津五郎ふぐ中毒死事件控訴審判決[18]が、「被告人に対して過失責任を問ううえで前提となる結果の予見可能性は、傷害の点すなわち被告人が被害者にふぐの肝料理を提供することによつて被害者がふぐ中毒症状を起すことについて存在すれば足り、致死の点すなわち被害者がふぐ中毒症状を起して死亡するに至ることについてまで必要とするものではない。後者は、ふぐ中毒症状を起したことと死亡との間に因果関係が存するか否かの問題として処理すべきものである」としたことは、ここで問題とされている予見可能性が、結果回避義務を基礎づける前提としてのそれであったとするならば、妥当なものであったと評することができよう。

---

15 井田・前掲注（3）208頁、高橋・前掲注（4）214頁。
16 このような理解は、刑法116条1項の失火罪が抽象的危険犯であることを説明する際にも整合するように思われる。
17 樋口亮介「注意義務の内容確定基準——比例原則に基づく義務内容の確定」髙山佳奈子＝島田聡一郎編『山口厚先生献呈論文集』（2014、成文堂）228頁も、この考え方と同趣旨のものと思われる。
18 大阪高判昭和54年3月23日刑集34巻3号171頁参照。なお、同事件の上告審決定である最決昭和55年4月18日刑集34巻3号149頁において、「原判決が、近時解明されてきたふぐの毒性、京都府におけるふぐ取扱いについての規制、府の行政指導に基づくふぐ料理組合における講習等その判示する諸事情に徴し、京都府のふぐ処理士資格をもつ被告人には本件とらふぐの肝料理を提供することによつて客がふぐ中毒症状を起こすことにつき予見可能性があつた旨判断したのは相当である」として、原判決を是認していることから、最高裁は、この点についても是認したものとみられよう（林・前掲注（4）290頁、佐伯・前掲注（4）299頁参照）。

## （2）特定の客体に対する予見可能性の要否

予見可能性の対象の問題に関して、もう１点重要なのは、具体的な客体に対する予見可能性の要否である。

この点、たとえば、後部荷台無断同乗事件最高裁決定[19]は、自車を暴走させ、道路左側に設置してある信号柱に自車左側後部荷台を激突させ、後部荷台に同乗していたＡおよびＢを死亡させたという事案につき、「右のような無謀ともいうべき自動車運転をすれば人の死傷を伴ういかなる事故を惹起するかもしれないことは、当然認識しえたものというべきであるから、たとえ被告人が自車の後部荷台に前記両名が乗車している事実を認識していなかつたとしても、右両名に関する業務上過失致死罪の成立を妨げないと解すべきであ」るとしている。

同決定に対しては、「特定の構成要件的結果」が予見可能性の対象とされるべきなのであるから、当該ＡおよびＢの死亡という結果が予見可能でなければ、行為者を非難することはできない、とする批判が、とりわけ、故意錯誤論において、具体的（法定）符合説を採用する立場からなされている[20]。これは、過失を結果予見義務違反とする場合には、理論的にも一貫したひとつの帰結として、たしかに支持されうる考え方であろう。

これに対して、故意錯誤論において、（抽象的）法定的符合説を採用する立場からは、およそ人の死傷という結果が予見可能であれば足りるとする見解も示されている[21]。判例は、故意錯誤論において（抽象的）法定的符合説を採用していることから[22]、同決定も、このような見解に立ったものと一般的に理解されている。

もっとも、どのような立場からであれ、過失責任を肯定するために、具体的客体の存在を認識している必要はないように思われる。現に、「具体的客体について予見可能性を要求する立場に立ったとしても、概括的故意が認められているのと同様に、概括的過失も認められるから、具体的客体について予見可能性を要求しない立場と比べて、過失犯の成立範囲がそれほど限定されるわけではない」として、「無謀運転をしている行為者には、無謀運転から生じうる死傷の結果が概

---

19　最決平成元年３月14日刑集43巻３号262頁。
20　大塚裕史「判批」芝原邦爾ほか編『刑法判例百選Ｉ総論〔第５版〕』（2003、有斐閣）103頁、北川佳世子「判批」西田典之ほか編『刑法判例百選Ｉ総論〔第６版〕』（2008、有斐閣）105頁など。
21　前田・前掲注（４）314頁。
22　最判昭和53年７月28日刑集32巻５号1068頁。

括的に予見可能であれば足りるから、無謀運転に起因する事故が起こって死傷結果が生じた場合に、結果の予見可能性が否定されることは稀であろう」とする見解も示されているのである[23]。それゆえ、この問題を、故意錯誤論とパラレルに考えなければならない必然性はないといえよう。

結局、具体的に特定された客体に対する予見可能性がなくても、結果回避義務を導くことはもちろん可能であるし、また、概括的とはいえ、特定の構成要件的結果の予見可能性さえ認められれば、責任非難の根拠としての結果回避義務違反を基礎づけるだけの結果の予見可能性を認めることも可能である、ということになろう[24]。

## 2 因果経過の予見可能性
### (1)「因果関係の基本的部分」の意義

前掲北大電気メス事件控訴審判決によれば、「結果発生の予見」とは、「〔特定の構成要件的〕結果の発生に至る因果関係の基本的部分」の予見をも意味するとされている（〔 〕は筆者）。まず、ここにいう「因果関係の基本的部分」というのが、具体的に何を指しているのかを検討する必要がある。

学説の中には、現実の因果経過の予見可能性を必要とする見解も示されている[25]。たしかに、過失を結果予見義務違反と捉え、これを責任要素とする見解からは、責任主義の要請の充足という観点から、そのような予見可能性を必要とすることが理にかなっているように思われる。

しかし、有楽サウナ事件最高裁決定[26]や、近鉄生駒トンネル事件最高裁決定[27]などのように、必ずしも現実の因果経過を予見できたことまでは必要としていないのが判例の立場であり、また、学説においても、「構成要件要素である因果関

---

23　佐伯・前掲注（4）301-302頁。
24　なお、明石人工砂浜陥没事件（最決平成21年12月7日刑集63巻1号2641頁）は、客体ではなく、事故の発生現場についてズレが生じた場合であるが、これも後部荷台無断同乗事件と類似の構造を有するものとみることが可能なのではないかと思われる（岡部雅人「判批」早稲田法学84巻1号（2008）212-213頁）。
25　大塚裕史「『因果経過』の予見可能性」板倉宏博士古稀祝賀論文集編集委員会編『現代社会型犯罪の諸問題』（2004、勁草書房）177頁、甲斐克則「判批」法学教室258号別冊付録判例セレクト2001（2002）27頁、北川佳世子「判批」平成12年度重要判例解説（2001）145頁など。
26　最決昭和54年11月19日刑集33巻7号728頁。
27　最決平成12年12月20日刑集54巻9号1095頁。

係の認識・予見可能性は必要であるが、実際の具体的な因果経過の認識・予見可能性は、故意においても現実の因果経過の正しい認識・予見が要求されていなかったように、必要ではない」から、「他の（構成要件に該当する因果関係と評価しうる）因果経過の認識・予見可能性が肯定されれば、現実の因果経過の認識・予見が不可能であっても、過失を肯定することができる」とする見解が有力となっている[28]。

このように、過失を結果回避義務違反と捉え、これを基礎づける予見可能性としてはもちろんのこと、過失を結果予見義務違反と捉え、責任を基礎づける予見可能性としても、現実の因果経過の予見可能性までは必要ではないと解してよいであろう。

### （2）結果「及び」因果関係の基本的部分の予見の要否

次に、前掲北大電気メス事件控訴審判決においては、「及び」という接続詞が用いられていることから、「特定の構成要件的結果」に加えて、この「因果関係の基本的部分」の予見可能性が必要とされているものと解される。これらは、並列的に存在することが必要なのであろうか。

この点、因果関係の基本的部分とは、最終結果の予見可能性を直接吟味することが困難な場合に、それを認識すれば一般人ならば結果を予見しうるだけの「中間項」を意味し、その予見可能性があれば最終結果の予見可能性があるとすることができる、すなわち、因果関係の基本的部分の予見可能性は、あくまで、結果の予見可能性判定の道具であって、現に生じた結果の予見が容易な場合には必要ない、とする見解も示されている[29]。

そして、判例も、必ずしも結果の予見可能性「及び」因果関係の基本的部分の予見可能性を要求しているわけではなく、因果関係の基本的部分が予見できれば、そこから結果の予見可能性をも肯定することができるという構成を採用しているように思われる。たとえば、前掲日航機ニアミス事件最高裁決定[30]は、「被告人両名は、異常接近警報により907便と958便が異常接近しつつある状況にあったことを認識していたのであるから、言い間違いによる本件降下指示の危険性も認識できたというべきである。また、……TCASに関する被告人両名の知識を

---

28　山口・前掲注（4）235頁、佐伯・前掲注（4）302頁など。
29　前田・前掲注（4）315頁。
30　前掲注(13)　最決平成22年10月26日。

前提にすれば、958便に対して降下 RA が発出されることは被告人両名において十分予見可能であり、ひいては907便と958便が共に降下を続けて異常接近し、両機の機長が接触、衝突を回避するため急降下を含む何らかの措置を採ることを余儀なくされ、その結果、乗客らに負傷の結果が生じることも予見できたと認められる」として、「中間項」を設定することによって、乗客らの「負傷の結果」という特定の構成要件的結果の予見可能性を認めるに至っている。

このように、「因果関係の基本的部分」の予見可能性は、常に結果の予見可能性と並列的に存在することが必要なものではなく、結果の予見が容易でない場合に、結果の予見可能性判定の道具として用いれば足りるとされているのである。

もっとも、このように解した場合、因果関係の基本的部分の設定の仕方によっては、そこから導かれる結果の予見可能性も、かなり抽象度の高いものとなりうるため、とりわけ、責任を基礎づけるに足りるだけの具体的予見可能性をこれによって認定しようとする場合には、留意が必要であろう。

そして、中間項理論が、このように、結果に対する予見可能性の抽象化を認めるためのものであるとするならば、結果回避義務を基礎づける前提としての予見可能性としては、この理論を用いてまでして導かれた特定の構成要件的結果の予見可能性ではなく、最初から、構成要件的結果発生の抽象的危険の予見可能性を問題とすれば足りるように思われる。

### 3 予見可能性の程度

既にこれまでの検討においても触れてきた通り、予見可能性というのは、程度を付しうる概念である。そして、過失を結果予見義務違反と捉える立場からは、それが責任非難を基礎づけるものであることから、結果発生の「ある程度高度の」予見可能性を要求する見解が有力である[31]。

しかし、このような、高度の予見可能性を要求する見解は、過失犯の処罰範囲を明確に画する点では優れているが、この見解からは、大規模火災事例のように発生する頻度は低いがいったん発生すると多数の死傷者が出るような類型を過失犯として処罰することができなくなると同時に、この見解を一貫させると、これまで問題なく過失が認められてきた単純ミス事例について、高度の予見可能性を

---

31　平野・前掲注(２) 194頁、山口・前掲注(４) 237頁など。

要求する見解からは、説明が困難であることから、過失犯が著しく限定される可能性がある、との指摘が、基本的に過失を結果予見義務違反と捉える論者からもなされている[32]。たしかに、実際のところ、判例は、それほど高度の予見可能性を要求していないように思われる[33]。

このような、「ある程度高度の」予見可能性を要求する見解に対して、「予見可能というためには、結果発生にいたる具体的因果過程の予見までは必要でなく、一般人ならばすくなくともその種の結果の発生がありうるとして、具体的に危惧感をいだく程度のものであれば足りる」とする、危惧感説がある[34]。しかし、危惧感説は、前掲北大電気メス事件控訴審判決においても明示的に排斥されているように、責任主義に反するものとして、これまで多くの強い批判にさらされてきた。

もっとも、危惧感説は、危惧感が認められれば直ちに過失を肯定しようと主張したわけではなく、結果の予見可能性の程度と結果回避義務を相関させて、高いレベルの結果回避義務を基礎づけるためには高度の予見可能性が必要であるが、低いレベルの結果回避義務を基礎づけるためには、危惧感程度の低い予見可能性でも足りる、と主張したものであって、過失の本質を結果回避義務に求める主張を、理論的に突き詰めたものということができる[35]。実際、近時は、このような観点から、危惧感説を支持する見解も有力に主張されている[36]。

本稿においても、前述したとおり、結果回避義務を基礎づける予見可能性としては、その内容が、構成要件的結果発生の抽象的危険の予見可能性という意味であるならば、危惧感説を支持しうるものと解する。

---

32 佐伯・前掲注（4）306-307頁。
33 前掲北大電気メス事件控訴審判決も、具体的予見可能性説を明示的に採用したものとして有名であるが、実際の事案の解決は、危惧感説と変わらない、という評価が有力である（佐伯・前掲注（4）304頁参照）。
34 藤木・前掲注（3）240頁。なお、「原則的には結果発生について具体的な予見可能性が必要である」としつつも、「加害者と被害者との間に圧倒的な力関係の差があり、被害者の方には結果発生については何ら防止策を施す術がなく、かえって加害者の方には危惧感を払拭するために必要な措置を容易に講じることができるような場合においてのみ」この見解が妥当するとするものとして、野村・前掲注（1）178頁。
35 佐伯・前掲注（4）292頁。
36 井田・前掲注（3）208頁、高橋・前掲注（4）212頁。

## Ⅲ 過失構造論の再定位

### 1 新旧過失論争から新たな視座へ

　以上でみてきたとおり、予見可能性は、過失構造論上、体系的にどのように位置づけられるかによって、その内容も変わってくるものと思われる。

　もともと、過失は、行為者は注意すれば犯罪事実の発生を表象できたにもかかわらず、結果予見義務違反という不注意によりその表象を欠き、そのために犯罪事実を生じさせたところに非難を加えることができるとして、故意と共に責任において問題とされてきた（旧過失論）。しかし、その後、「許された危険」の法理が展開されたことに伴い、過失犯においても、結果回避のために必要な義務を履行した上で行われた行為そのものは適法であると考えられるようになり、過失そのものを結果回避義務違反と理解し、これを違法要素と考える見解が主張されるようになった（新過失論）[37]。

　これを、Ⅰで示した過失犯の構造に対応させると、一般的に、旧過失論とは、(a) 注意義務違反を結果予見義務違反と理解する見解のことであり、新過失論とは、(b) これを結果回避義務違反と理解する見解、および、(c) 結果予見義務違反および結果回避義務違反と理解する見解のことであるとされてきた[38]。もっとも、近時は、旧過失論を基礎としつつも、(c) の見解を採用するものも少なくない[39]。そうだとすれば、過失犯の構造をめぐる議論という意味での新旧過失論争は、既に止揚されているといっても過言ではないように思われる[40]。

　それゆえ、本稿においては、新過失論＝行為無価値論型過失論、旧過失論＝結果無価値論型過失論という、バイアスのかかった、従来の過失構造論の類型をそのまま用いるのではなく、①主観的予見義務違反モデル、②客観的結果回避義務

---

37　野村・前掲注（1）174頁参照。
38　なお、(d) 注意義務を二分して、認識なき過失については結果予見義務違反と結果回避義務違反とし、認識ある過失については結果回避義務違反と理解する見解は、(c) の見解のバリエーションにすぎないため、ここでは、(c) の見解に包摂することとする。
39　西田・前掲注（4）261頁、前田・前掲注（4）295頁、山口・前掲注（4）228頁など。なお、結果回避義務違反ではなく、「結果発生の『実質的で許されない危険』を持った行為」であることを要するとするものとして、平野・前掲注（2）193頁、堀内・前掲注（2）121頁、林・前掲注（4）281頁、佐伯・前掲注（4）293頁など。
40　佐伯・前掲注（4）310頁、橋爪隆「過失犯の構造について」法学教室409号（2014）111頁参照。

違反モデル、③客観的結果回避義務違反＋主観的予見義務違反モデルという視点を軸として、過失構造論の再定位を試みると同時に、その場合に、予見可能性がどのようなものとして理解されるべきかについて検討することにする[41]。

## 2 予見可能性の体系的位置づけ
### (1) 主観的予見義務違反モデル

まず、主観的予見義務違反モデルにおいては、既に検討したとおり、結果予見義務は責任の段階で問題とされることになるから、責任主義の要請の充足という観点からも、特定の構成要件的結果の「ある程度高度の」予見可能性を要求することが望ましいように思われる。

しかし、特定の構成要件的結果そのものの予見可能性は、あるといえばある、ないといえばない、ともいえるような、抽象的なものである場合も少なくないこと、また、「因果関係の基本的部分」の予見可能性を、結果の予見が容易でない場合の、結果の予見可能性判定の道具として用いたとしても、その設定の仕方によっては、そこから導かれる結果の予見可能性も、かなり抽象度の高いものとなりうることは、既にみてきたとおりである。そうだとすれば、この見解からは、結果が発生すれば、それを予見できかつ予見すべきであるという結論に至りやすく、結果責任的にならざるをえないであろう[42]。

さらに、現在では、主観的予見義務違反を過失犯の軸に据えるとしても、過失行為は、単に結果に対して因果関係があるというだけの行為ではなく、結果発生の「実質的で許されない危険」を持った行為であることを必要とするのが一般的となっており[43]、これは、旧過失論の修正として説明されることもあるが、むしろ当然のことであるとさえいわれている[44]。そして、ここでいう「実質的で許されない危険」とは、客観的注意義務違反行為、すなわち、客観的結果回避義務違

---

41 同様の問題意識を有するものとして、佐伯・前掲注(4) 293頁、橋爪・前掲注(40) 110頁、樋口・前掲注(17) 227頁。また、野村・前掲注(1) 175頁は、新過失論・旧過失論といった類型を用いることなく、この分析を行っている。なお、岡部雅人「過失不作為犯における『注意義務』について」高橋則夫ほか編『曽根威彦先生・田口守一先生古稀祝賀論文集 [上巻]』(2014、成文堂) 200頁においても、そのような視点の一端を示した。
42 高橋・前掲注(4) 211頁。
43 平野・前掲注(2) 193頁、堀内・前掲注(2) 121頁、林・前掲注(4) 281頁、佐伯・前掲注(4) 293頁など。
44 佐伯・前掲注(4) 293頁。

反と言い換えてもよいものであろう[45]。

この意味で、上述したとおり、新旧過失論争は、既に止揚されているといっても過言ではなく[46]、過失構造論をめぐる主たる問題点は、客観的結果回避義務違反と主観的予見義務違反の内容を、それぞれどのように理解するべきか、というステージに移行しているといえるのである。

### （2）客観的結果回避義務違反モデル＋主観的予見義務違反モデル

順番は前後するが、（1）からの流れから、客観的結果回避義務違反モデルよりも先に、客観的結果回避義務違反＋主観的予見義務違反モデルについて検討する。ここでは、まず、客観的結果回避義務違反の内容を明らかにすることが必要であろう。

一般に、結果回避義務は、そのような結果の発生を予見することができたのであれば、これを回避することができる限り、回避すべきである、という要請であるから、結果の予見可能性と回避可能性とを前提として導かれる義務であるということができる。そして、行為無価値論をベースとする新過失論からは、これは、主観的違法要素と理解されることになるが、主観的違法要素を認めない結果無価値論をベースとする修正旧過失論からは、構成要件要素と理解されることになる。もっとも、ここで検討されるべきものは、いずれにしても、過失犯の実行行為としての客観的注意義務違反であるから、その体系的地位よりも、その内実を明らかにすることこそが、もっとも重要であるといえよう。

そして、この結果回避義務を導く前提となる予見可能性として、特定の構成要件的結果に対する「ある程度高度の」予見可能性を要求すると同時に、責任段階において問題となる結果予見義務としても、特定の構成要件的結果に対する「ある程度高度の」予見可能性を要求する、というのも、責任主義の徹底という観点からは、ありうるものであるといえよう[47]。しかし、前述したとおり、これでは、過失犯の成立範囲が著しく限定される可能性がある。

他方、いずれも抽象的な予見可能性で足りるとした場合には、とりわけ、責任段階で問題となる主観的予見義務についてもこれで足りるとすることになるた

---

45 前田・前掲注（4）295頁参照。なお、正面から結果回避義務違反を問題とするものとして、西田・前掲注（4）261頁、山口・前掲注（4）228頁など。
46 佐伯・前掲注（4）310頁、橋爪・前掲注（40）111頁。
47 従来の通説的見解は、まさにこのような立場を採用するものであったといえよう。

め、従来から危惧感説に対して向けられている、「責任主義に反する」という批判を免れることができないように思われる。とはいえ、そのような批判を回避するため、客観的結果回避義務の前提としては抽象的な予見可能性で足りるとしながら、主観的予見義務としては、「ある程度高度の」予見可能性を要求すれば、客観的結果回避義務の前提としての予見可能性の概念を拡張した意義が没却されてしまい、結果的に、最初から、主観的予見義務違反モデルを採用して、「ある程度高度の」予見可能性を要求すれば足りることになってしまうであろう。その意味でも、Ⅱで展開してきた予見可能性論を前提とする限りは、客観的結果回避義務違反モデルを採用することが妥当であるように思われる[48]。

### （3）客観的結果回避義務違反モデル

では、客観的結果回避義務違反モデルを採用した場合の問題点はないのであろうか。とりわけ、新旧過失論争の止揚を目的とする本稿の立場からは、このような、行為無価値論をベースとする新過失論とのみ親和性があるように思われる見解を採用することの当否が問題となろう。

通常、この見解からは、過失は、（主観的）違法要素と理解され、違法要素としての過失は、客観的過失であり、これに対して主観的過失（結果の主観的予見可能性・行為者の注意能力）は、違法性の意識の可能性ないし責任非難の有無の問題として取り扱われるべきものとなる[49]。このような考え方は、行為自体の違法性、すなわち、行為の法益侵害の危険性を判断するには、故意・過失を考慮することが必要であり、犯罪の既遂・未遂にかかわらず、故意・過失は違法要素であるとして、殺人罪、過失致死罪、傷害致死罪、無過失の致死の差異は、違法性の段階で、しかもそれは生命の侵害という結果の違法性（結果無価値）にではなく、生命に対する侵害の危険性、したがって、行為自体の違法性にあると考える立場を基礎とするものである[50]。

このように、この見解は、責任要素としての主観的予見義務違反を考慮しな

---

48 なお、折衷的見解として、客観的結果回避義務のところでは、構成要件的結果の抽象的危険の予見可能性を問題とし、主観的予見義務のところでは、「結果発生原因事実」の予見可能性を問題とし、「中間項理論」を用いる、という方法論も考えることができ、これを妥当とする余地も認められるが、とりわけ、後者に関して未だ確信をもつに至っていないため、本稿においては、さしあたり、客観的結果回避義務違反モデルを妥当と解する。
49 野村・前掲注（1）174頁。井田・前掲注（3）217-218頁も参照。
50 野村・前掲注（1）103頁。

ものであることから、主観的違法要素としての過失を認める新過失論からは採用することができても、主観的違法要素としての過失を認めず、過失はあくまでも故意と並ぶ責任要素であるとする修正旧過失論からは採用することのできない見解であるようにも思われる。しかし、過失犯を故意犯のアナロジーとして説明するという、これまで「常識」とされてきた思考枠組みを疑ってかかることも許されよう[51]。そうだとすれば、この客観的結果回避義務違反モデルも、結果無価値論をベースとする限りは採用することのできない見解ということにはならず、行為無価値論にとっても、結果無価値論にとっても、普遍的な思考枠組みたりえよう。

　なお、近時、そのような前提のもと、注意義務の内容は危険との比例性によって定まるとして[52]、注意義務の設定時点における危険の内実が明らかにされていることを前提に、①当該危険防止の有効性、②当該危険に比して義務内容が過大でないこと、③複数の措置が考えられる場合にはより負担の軽い措置を義務内容とすること、の3点を基準として、適正な義務内容を確定しようとする見解が示されている[53]。この見解の意図する所は、かつて別稿において展開した私見の方向性とも合致するものであり[54]、全面的に支持できるものと思われる。加えて、企業活動などから生じた過失事犯については、先に法人・組織レベルで注意義務の発生根拠ないし注意義務の内容を観念してから、その後、法人・組織内の個人の注意義務の内容を確定するという「段階的思考」が使用されるべきであるとしているが[55]、この思考プロセスもまた支持できるものであると思われる。もっとも、この見解を精確に分析しようとする場合には、より多角的な検討が必要不可欠となるものと考えられるため、その詳細な検討は、他日を期することとしたい。

---

51　樋口亮介「刑事過失と信頼の原則の系譜的考察とその現代的意義」東京大学法科大学院ローレビューVol. 4（2009）176頁。高橋・前掲注（4）208頁も参照。
52　樋口・前掲注(17) 218頁。
53　樋口・前掲注(17) 222頁。
54　岡部雅人「刑事製造物責任における『回収義務』について」早稲田大学大学院法研論集123号（2007）115頁以下。
55　樋口・前掲注(17) 246頁以下。

## Ⅳ　おわりに

　以上、本稿においては、予見可能性の対象は、過失を結果予見義務違反と捉える場合には、特定の構成要件的結果の予見可能性を必要とする方が妥当であるが、過失を結果回避義務違反と捉える場合には、構成要件的結果発生の抽象的危険の予見可能性があれば足りると解しうること（Ⅱ１）、また、因果経過の基本的部分の予見可能性は、常に結果の予見可能性と並列的に存在することが必要なものではなく、結果の予見が容易でない場合に、結果の予見可能性判定の道具として用いれば足りるが、このように解した場合、因果関係の基本的部分の設定の仕方によっては、そこから導かれる結果の予見可能性も、かなり抽象度の高いものとなりうるため、結局、構成要件的結果の抽象的危険の予見可能性を問題とすれば足りること（Ⅱ２）、そして、予見可能性の程度は、過失を結果予見義務違反と捉える場合には、「ある程度高度の」予見可能性が要求されるべきであろうが、これを一貫させると、過失犯が著しく限定される可能性があるため、過失を結果回避義務違反と捉え、予見可能性を、結果回避義務を基礎づけるための前提とする場合には、その内容が、構成要件的結果発生の抽象的危険の予見可能性という意味であるならば、危惧感説が支持されうることを（Ⅱ３）それぞれ指摘した上で、過失構造論を、①主観的予見義務違反モデル、②客観的結果回避義務違反モデル、③客観的結果回避義務違反＋主観的予見義務違反モデルとして再定位し、構成要件的結果発生の抽象的危険の予見可能性を前提とする、②客観的結果回避義務違反モデルが採用されるべきである、という方向性を示した（Ⅲ）。

　もっとも、これらはいずれも、荒削りな検討に基づいた、試論の域を出るものではないため、今後、さらなる精緻な理論的基礎づけを行いつつ、その実際の有意性を証明していくことを要するものと思われるが、それらは今後の課題としたい。

　なお、私が、早稲田大学法学部において、１年次に初めて受講した刑法の講義が、野村先生の「刑法総論」であった。続いて、２年次にも、野村先生の「刑法各論」を受講した。真偽の程は定かではないが、当時、履修者の７割が落とされたと噂された野村先生の講義において、幸いにも、いずれも「優」の成績をいた

だくことができたことは、当時の私にとって、大いに自信となった。それとともに、このことが、私の刑法学に対する関心を、より強固なものとするきっかけとなったことも間違いない。

　もっとも、この小稿に対して、野村先生から及第点をいただくことができるかどうか、まったくもって自信はない。野村先生が、齊藤金作博士および江家義男博士、そして西原春夫博士から受け継がれ、築いて来られた早稲田刑法学が、「私」にどのような形で流入し、そして「私」からどのように流れ出て行こうとしているか[56]、それは、もとより浅学非才の身ゆえ、未だ明らかではないが、それを明らかにしていくことによって、野村先生から受けた御学恩に報いるためにも、今後、より一層の研鑽に励むことをここにお約束し、筆を置くこととする。

---

56　野村・前掲注（1）iii頁参照。

# 熊本警察官発砲事件
――熊本地判昭51・10・28刑裁資217号404頁――

原 田 　 保

I 　序　言
II 　事実および判旨
III 　検　討
IV 　結　語

## I 　序　言

　本件は、警察官の拳銃使用を適法と認めた判例の1つとして引用・言及される[1]が、発砲した警察官の行為について犯罪や不法行為の成否が争われた事例ではない[2]。逆に、発砲により負傷した者が起訴された被告事件において、訴因の1つである公務執行妨害罪の成否に関して職務行為の適法性が争われ、この点に関する判断の一部として拳銃使用の適法性が肯定されたものである。

　然るに、本判例は一般の判例集に登載されておらず、表題記載出典[3]に記載されている情報は、宣告年月日・裁判所名・罪名、および、判決理由のうち職務行為の適法性に関する説示のみである。主文も罪となるべき事実も不明であり、事件発生に至る経緯を含めた事実関係は判然としない。評釈論文中に種々の情報が記載されていることもあるが、筆者が調査した限りでは他の研究者や実務家による本判例評釈論文も見当たらない。そこで、当時の新聞を調査した[4]ところ、本

---

[1] 　武井豊「武器使用」石川達紘編『警察』（刑事裁判実務大系10巻、青林書院、平5）467頁以下、田宮裕ほか編『大コンメンタール警察官職務執行法』（青林書院、平5）381頁、389頁［古田祐紀］、清水真「警察官による拳銃の発砲が違法とされた事例」判例時報1709号（平12）228頁（判例評論497号50頁）。
[2] 　それ故に、筆者が原田保「警察官の拳銃発射につき故意犯成立が肯定された事例」愛知学院大学論叢法学研究45巻3号（平16）147頁、156頁～158頁で警察官発砲事件に関する判例を列挙した際には、本判例を掲記しなかった。
[3] 　最高裁判所事務総局刑事局編『警察官の職務行為の適否に関する刑事裁判例集』刑事裁判資料217号（法曹会、昭53）404頁～407頁。本稿では本書を「刑裁資」と略記する。

件は極めて重大な問題を有する事件であるとの心証を抱くに至り、本稿において若干の検討結果を示すこととした次第である。

---

4　調査した新聞記事を下記に列挙し、引用に際しては同所記載略号を使用する。紙名に付した括弧書きは国会図書館所蔵マイクロフィルムの請求記号、各紙面に付した亀甲書きは国会図書館所蔵原紙に付された月別通し頁数である。なお、新聞には被告人の実名が記載されているが、本稿ではXと表記する。

```
朝日新聞（西部）（YB４）
    昭45・10・11朝刊３面［287］………… 警官が発砲、兄弟死傷 ………………… 朝日①
    昭45・10・12朝刊３面［311］………… 遺体に弾こん２つ ……………………… 朝日②
    昭45・10・13朝刊３面［337］………… 私は背中をねらわれた ………………… 朝日③
    昭45・10・21朝刊３面［567］………… Xを逮捕 ………………………………… 朝日④

朝日新聞（西部）地方集刷版（YB1788）熊本版
    昭51・10・29朝刊13面………………… Xの殺人未遂有罪 ……………………… 朝日（熊）①

毎日新聞（西部）（YB８）
    昭45・10・11朝刊１面［255］………… 警官、逃げる車ねらいうち …………… 毎日①
    昭45・10・12朝刊15面［293］………… 警官の威かく射撃で検証 ……………… 毎日②

毎日新聞（西部）地方集刷版（YB1777）熊本版
    昭45・10・14朝刊12面………………… もう一発のナゾ ………………………… 毎日（熊）①
    昭45・10・23朝刊12面………………… 警官の威嚇発砲事件で追及 …………… 毎日（熊）②
    昭45・11・２朝刊12面………………… 盗難車運転手を起訴 …………………… 毎日（熊）③

読売新聞（西部）（YB155）
    昭45・10・11朝刊15面［267］………… 威かく射撃命中、死ぬ ………………… 読売①
    昭45・10・13朝刊15面［317］………… 割り切れぬ警官発砲 …………………… 読売②
    昭45・10・21朝刊15面［521］………… 殺人未遂でX逮捕 ……………………… 読売③
    昭45・11・２朝刊14面［34］ ………… Xを起訴 ………………………………… 読売④

読売新聞（西部）地方集刷版（YB1789）熊本版
    昭45・10・12朝刊16面………………… 悲しいとばっちり ……………………… 読売（熊）①
    昭45・10・23朝刊16面………………… 死者に補償したい ……………………… 読売（熊）②
    昭45・11・１朝刊16面………………… 拘留理由の開示公判 …………………… 読売（熊）③

西日本新聞（YB39）
    昭45・10・11朝刊19面［311］………… 警官発砲、２人が死傷 ………………… 西日本①
    昭45・10・12朝刊14面［334］………… ３発目はメクラ撃ち？ ………………… 西日本②
    昭45・10・12夕刊７面［343］………… 命中弾丸は２発 ………………………… 西日本③
    昭45・10・13朝刊19面［363］………… 車内から２発目も見つかる …………… 西日本④
    昭45・10・21朝刊19面［585］………… 退院のXを逮捕 ………………………… 西日本⑤
    昭51・10・29朝刊18面［677］………… Xに懲役２年６月 ……………………… 西日本⑥

熊本日日新聞（YB59）
    昭45・10・11朝刊13面［196］………… 警官、怪乗用車に発砲 ………………… 熊日①
    昭45・10・12朝刊11面［208］………… 正当防衛か過剰防衛か ………………… 熊日②
    昭45・10・13朝刊11面［226］………… 車の中から新たな弾丸 ………………… 熊日③
    昭45・10・21朝刊11面［363］………… 殺人未遂容疑で逮捕 …………………… 熊日④
    昭45・11・２朝刊11面［26］ ………… 熊地検、Xを起訴 ……………………… 熊日⑤
    昭51・10・29朝刊17面［671］………… 無免許、殺人未遂などで懲役２年６月 … 熊日⑥
```

## II 事実および判旨

### 1 事件内容[5]

本件発砲事件は、昭和45年10月10日に熊本県飽託郡天明村[6]で発生した。同村出身の被告人X（男・26歳）は、滋賀県で建設作業員として就業していたところ、給与支払等に関して雇主との間に紛争が起こった。Xは、これに関して適切な解決ができないまま、10月3日に、自動車運転免許を得ていなかったにも拘らず、給与の替わりにする意思で雇主の自動車を乗り逃げし、同車を運転して帰省した。

帰省後、Xは、実家で兄A（40歳）およびその家族と共に生活していた[7]ところ、10月10日午後8時30分頃、A宅の壊れたTVを修理に出すために、Aを助手席に、Aの長男B（中学校3年生）を後部座席に、各々乗車させて、前記自動車でA宅を出発した。ところが、その途中で警察官による自動車検問[8]に遭遇し、停止の指示を受けた。Xは、自動車窃盗および無免許運転の発覚を恐れ、停止することなく逃走した。これに対して、当該検問に従事していたY巡査（男・24歳）等は、パトカーでX車を不審車として追跡し、約2km先でパトカーをX車の前にかぶせて停止させた。そして、Y巡査が職務質問を行うためにパトカーを降りてX車に近づいたところ、Xは再度の逃走のためにY巡査に向けて同車を発進させた。Y巡査は、この行為が公務執行妨害罪に該当すると判断し、Xを現行犯逮捕する意思で、X車に上半身を入れてXの身体に手を掛け、停止を指示した。AもXに対して停止を指示した。しかし、Xは2人の停止指示に応じることなく走行を継続し、蛇行しながら約50～60km/hにまで加速した。このため、Y巡査は左腕を乗用車運転席窓枠に掛けて引きずられる状態と

---

[5] 以下の記述は刑裁資および前掲註4各紙に依拠するが、過度の煩瑣を避けるために、事実関係の疑念等から特に必要がある場合を除き、事実毎に個別に出典を示すことはしない。なお、記事間の齟齬のうち、本件に対する評価と無関係な些細なものは指摘しない。

[6] 本判決時には天明町。その後、合併により熊本市の一部となった。

[7] A宅でXの使用していた自動車に関する疑念が生じた様子は窺われないので、Aおよびその家族はXの所有または適法な借用と信じていたものと推認される。

[8] この検問の目的に関する情報は見当たらない。飲酒検問を行う時期ではなく、付近で重大事件が発生していた旨の情報もないので、具体的目的もなく行っていたと推認される。

なった。

かかる状況において、Y巡査は、拳銃を取り出し、Xに対して発砲する旨の警告を発した。それでもXが停止することはなかったので、Y巡査は威嚇の意思で上空へ向けて1発目を発射し、これが奏功しなかったのでX車の右前輪を狙って2発目を発射し、事態の変化がないのでXの右肩を狙って3発目を発射した[9]。この3発の銃弾のうち、1発目および3発目が命中し、Xは背部中央から胸部中央および右肩から右脇腹の2個の貫通銃創を負い、助手席のAは右胸部から左脇腹に至る盲管銃創および右膝貫通銃創を負った。後部座席のBに死傷結果は生じなかった。

Xは前記負傷にも拘らず運転を継続し、Y巡査は振り落とされた[10]。Y巡査の負傷は、左手・左足に全治1週間の擦過傷、左膝に全治3週間の亀裂骨折、全身に全治1ヶ月の打撲等であった。Xの受けた傷害は全治2週間程度のものであったが、Aは大動脈切断による大量出血のために車内で死亡した。Xは、Aの死体およびBをA宅に送り届けた後、更に自動車を運転して逃走した。

## 2　捜査および起訴

Xは、同日午後9時40分頃に熊本市内で発見・検挙されたが、いったんそのまま病院に収容され、入院中に警察官から事情聴取を受けた。そして、10月20日に退院と同時に逮捕され[11]、11月1日に起訴された[12]。罪名は、窃盗・道路交通法違反・公務執行妨害・殺人未遂である。その後、Xは、公判中に保釈され、その間の昭和49年8月14日に再び無免許運転を行い、その際に人身事故を起こして逃走したため、業務上過失傷害および道路交通法違反の罪で追起訴された[13]。

---

9　発砲方向に関する本文記述は刑裁資記載の本判決に従ったものであるが、新聞記事のうち、発砲方向について本判決と同一の記載があるのは朝日①だけである。熊日①では、1発目はX車の天井に向けた旨のY巡査の談話が記載されている。西日本①および毎日①も概ね同様である。しかし、読売①では、1発目はX車のタイヤ、2発目および3発目は車内と報じられている。また、熊日③では、1発目はXの右肩、2発目はXの背部、3発目はAに直接命中、というXの供述が、見舞客からの伝聞として報じられている。
10　引きずり走行の距離につき、熊日②には約100m、熊日④には約300m、との記載があるが、起訴を報じた熊日⑤ならびに判決を報じた朝日(熊)①および熊日⑥には約250mとの記載があり、これが捜査結果として確認された距離であると判断される。
11　朝日④、読売③、西日本⑤、熊日④。
12　毎日(熊)③、読売④、熊日⑤。
13　熊日⑥。

なお、Y巡査の発砲に関しても、Xに対する傷害およびAに対する業務上過失致死の嫌疑を以て捜査が行われた[14]が、警察幹部は当初から適法行為と評価しており[15]、これは不起訴になった[16]。

## 3 判　決

本件公判において、検察官は前記各犯罪の併合罪につき懲役4年6月を求刑し、被告人側はY巡査のXに対する逮捕行為が違法であるとの主張を以て公務執行妨害罪の成立を争った[17]が、熊本地方裁判所は被告人側主張を斥けて懲役2年6月の実刑を宣告した[18]。判決理由中、公務執行妨害罪における職務行為の適法性については、次の説示を以てY巡査の行為が全面的に適法であるとの判断を示している[19]。

「(一)　先ず、Y巡査が前記三差路において適法な職務質問を実施するに際し、被告人が約四メートル離れた同巡査をめがけて被告人車を発進させた行為は公務執行妨害罪にいう暴行にあたるから、同巡査が被告人を公務執行妨害罪の現行犯人として逮捕行為に出たのもまた適法な職務の執行ということができる。

そして、右認定の事実によると、同巡査は被告人を逮捕するに当たって車両で逃走する被告人の襟元にしがみついたり、一時偶然右腕が被告人の首に巻きついたりしており、その間に被告人は皮下出血程度の傷害を負っているが、同巡査の右程度の所為は逮捕のために必要な実力行使であるから、右は刑法三五条所定の法令上の正当行為

---

[14] 熊日②。なお、被疑事実罪名には疑問がある。Xに対する故意犯を論じるなら特別公務員暴行陵虐致傷であって単純傷害ではない。Aに対しても法定的符合説による限り狙った客体ではないことを理由とする構成要件的故意の阻却はないので過失犯ではない筈である。Aに対する行為について故意犯成立を否定するとすれば、暴行に関する接触必要説に基づく構成要件的故意の阻却または危害要件に関する結果説に基づく責任故意の阻却のどちらかであると考えられるが、罪名に関する警察当局の判断は報道されておらず、不明である。X側からは殺人・同未遂として告訴・告発が行われている。朝日(熊)①。

[15] 朝日①、毎日①、読売①、読売②、西日本①、西日本②、熊日①。

[16] 朝日(熊)①。

[17] 被告人側から他に如何なる主張があったかは、出典に記載されておらず、不明である。本件では、殺意存否等、他にも争う余地があったと認められるが、本稿主題は拳銃使用の適否であるから、これと無関係な事柄は調査・言及しないこととする。

[18] 朝日(熊)①、西日本⑥、熊日⑥。

[19] 刑裁資405頁〜407頁。刑裁資には発砲した警察官の実名が記載されているが、本稿ではYと表記する。

にあたり、これが適法であることは明白である。

　（二）　次にY巡査の拳銃取り出し行為の当否について按ずるに、前記認定の事実によると、当時、Y巡査は左腕を被告人車の窓枠にかけ、体を車体後方に引きづられた状態にあり、普通の警棒は携行してしなかったうえ、携行していた特殊警棒を取り出すことは不可能な体勢にあたって、被告人制止のためにこれを使用することができず、結局、拳銃を示す以外にはその抵抗を抑止する適切な方法はなかったというべきところ、同巡査は拳銃を直接被告人の身体に向けて構えた訳ではなく、ただ単に被告人に示して「止まらないと撃つぞ」と言って警告したものに過ぎない。

　従って同巡査が拳銃を取り出し被告人に示して威圧した行為は、「警察官拳銃警棒使用及び取扱い規範」（昭和三十七年五月十日国家公安委員会規則第七号）七条本文に定める「犯人の逮捕もしくは逃亡の防止、自己に対する防護または公務執行に対する抵抗の抑止のため、警棒等を使用するなどの他の手段がないとき」に該当し、かつ「必要最小限度」の範囲内に留まるものと認められ、かつ、これを実質的に観察しても社会通念上相当と考えられるから同巡査の右行為は適法である。

　（三）　そこでさらにY巡査の拳銃発射行為の当否について考察するに、前記認定の事実によると、Y巡査の三回にわたる拳銃発射はいずれも人に危害を与えることが客観的に予測し得る状況での使用と認められるから、同巡査の拳銃使用が正当性を有するためには警察官職務執行法七条但書の危害要件を具備していることを要するので、先ず正当防衛の成否について判断する。

　（1）　先ず前記のように被告人は、Y巡査が自車の窓枠に左腕を掛けて体を支え下半身を車両後方に流された状態になっているのに、車両を時速約四〇ないし約五〇キロメートルに加速して約一一〇メートル以上の距離にわたり疾走していること、同巡査が拳銃を取り出した後も同巡査の再三にわたる警告にも拘らず依然として車両を加速し続けていること、また被告人の右のような攻撃により同巡査は加療約1か月を要する全身打撲等の傷害を受けたことが認められるので、このような被告人の同巡査の生命身体に対する攻撃が急迫不正の侵害であることは明白である。

　（2）　右（1）のような状況の下で、同巡査としては自己の生命身体の安全を防護するため拳銃を発射したのであるから、右発射行為は防衛の意思に基づく防衛行為ということができる。

　（3）　ところで、右の発射行為は場合により人に死傷の結果を招く危険性があったことはいうまでもないところであるから、右発射行為が防衛行為として相当であった

かどうかをみるに、前記（１）のような状況から考えると、被告人の侵害行為は強力かつ執拗なもので、Ｙ巡査を車両から転落させて身体を路面に強打させたり、車両で轢過するなどして生命を奪うに至る蓋然性が極めて高いものであったこと、このような緊迫した状況の下では、同巡査が自己の生命身体の安全を守るためには既に拳銃を発射する以外に適切な方法はなかったこと、それに前記認定の拳銃発射各地点における車両の速度、同巡査の体勢のもとでは、確実に人に危害を与えない発射あるいは危害を最小限に留めるような発射は最早困難な状況になったもので、かつそのような状況のもとでも同巡査は第一発目を上空、第二発目をタイヤ、第三発目を被告人の右肩と順次発射の方向を工夫していることを総合して考察すると、本件三回にわたる拳銃発射行為はいずれも必要かつ相当な行為であって真にやむを得なかったものというべきである。

　そうだとするとＹ巡査の本件拳銃発射行為は刑法三六条の正当防衛に該当する場合ということができる。

　以上の次第でＹ巡査の本件拳銃発射行為は犯人である被告人の逮捕、逃走の防止、自己の防衛、公務執行の抵抗の抑止のためであり、しかも正当防衛に該当する場合なので警察官職務執行法七条により武器を使用して人に危害を与えることが許される場合であるからいずれも適法である。」

## Ⅲ　検　討

### １　事実認定

　本件については、まずＹ巡査の意図した発砲方向に関する本判決の認定が極度に不合理であることを指摘しなければならない。即ち、ＸおよびＡの銃創が各２個であってＡの体内およびＸ車内助手席付近から各１発合計２発の銃弾が発見された、という診断・解剖・検証の結果[20]は、２発の銃弾がＸ車内で下方に向かって飛翔して２発ともＸの身体を貫通した後にＡにも命中した、という客観的事実を異論の余地なく証明している。かかる結果を惹起したＹ巡査の発砲時の狙いは「上空」「右前輪」「Ｘ右肩」の順であり、「上空」に向けた１発目と

---

20　熊日②。

「X右肩」に向けた3発目との合計2発がX車内で死傷結果を発生させた、というのが本判決の認定である。

然るに、車外で空に向けて上方に発射された銃弾が如何なる経緯によって車内で下方に飛翔するのか、理解し難い。手元の狂いや跳弾等のために発砲者の狙いと銃弾の飛翔方向とが異なる可能性[21]も一般論としてはあり得るので、上空に向けたつもりがX車天井に向かう可能性は一応肯定できる。しかし、X車天井に跳弾の痕跡があった旨の報道は見当たらず、本件状況下ではかかる逆方向の飛翔を合理的に説明することができない。本判決の認定はY巡査の供述に依拠するものと推測されるが、この供述は、意図的か記憶違いかはともかく、客観的に虚偽である。そして、本判決においてこの矛盾は無視されている。理解不可能と評する以外に論じる余地もない。

## 2 自動車検問および職務質問

本件は、警察の自動車検問を発端とするものであるところ、停止指示等に関して法律上の明文規定がある類型の検問ではなかったことから、本件自動車検問の適法性に関して議論の余地がある。具体的権限規定がない場合でも警察法2条により自動車検問が可能であるというのが判例の示す法解釈であるが、これに賛同しない見解も有力であって、解釈論上の争点とされるところである。本件で自動車検問としてなされた行為が違法であると解するならば、これに続いて行われようとした職務質問等の爾後の警察官の行動が当初の違法評価を継受して違法になる可能性もあり[22]、故に、本件検討としては、まずこの点が論じられるべきところである。

しかし、この点に関する議論には膨大なものがあり、本稿の主題は武器使用であるから、本稿においては、武器使用自体が適法か違法かを検討するべく、自動車検問および職務質問に関する検討は行わない。論理的には、これらの行為が適法であるならば、という前提を以て論じることとなる。予め、御理解を頂きたい。

---

21 読売②には、警察当局者からのその旨の推測が報じられている。
22 読売②に掲載された斎藤文男・九州大学助教授（当時。その後、教授。）の本件論評では、この問題点が指摘されている。

## 3 拳銃に関する適法評価の論理構造
### （1）威　嚇
　まず、拳銃を取り出してXを威嚇した行為の適法性に関する本判決の判断は、専ら国家公安委員会規則に基づくものであり、警察法も警察官職務執行法も援用されていない。拳銃使用に関する当時の当該国家公安委員会規則が警察官職務執行法と同一内容のものである[23]としても、適法性如何の判断に際して現に存在する「法律」を無視することは法適用の論理としてあり得ない事柄である。適法であるとの結論を支持する[24]としても、判断内容の適否と無関係に、この点は重大な欠落であると評価しなければならない。

### （2）Xの傷害
　次に、拳銃発砲によりXを負傷させた行為の適法性に関する本判決の判断は、まず刑法36条1項の正当防衛に該当すると認め、これに基づいて警察官職務執行法7条但書の危害要件の充足を認める、というものであり、この論理は、警察官による防護目的武器使用の違法性阻却に関する法令行為説と同一である。かつての下級審判例においては正当防衛説が主流であった[25]ところ、広島地決昭

---

23　拳銃使用に関する国家公安委員会規則の位置付けおよび警察官職務執行法との関係については、原田保「警察官拳銃使用要件「改正」に関する考察」愛知学院大学論叢法学研究43巻3・4号（平14）67頁、70頁～73頁参照。「取り出し」がこれらに規定された「使用」に該当するか否かといった問題もあるが、本稿では論及しない。

24　拳銃の提示または発砲による威嚇は相手に高度の恐怖心を抱かせるものと一般的に認められるので、これによって相手が指示に従うと期待することには合理性がある。口頭のみの指示が全く無視されている状況においては、かかる威嚇が目的達成のために必要な最小限度の行為であると認めることも可能である。故に、警察官による加虐という構成要件該当行為が警察官職務思考法7条本文の要件充足により違法性阻却されるとの結論を導くことができる。

　尤も、威嚇によって目的を達成できるか否かは状況により異なり、威嚇によって逃走や抵抗の意思が強化されることもある。それは、警察官と対峙する犯罪者の立場からすれば、逃げ切れる可能性の程度や攻撃力の比較に基づく行為選択である。自動車運転中の犯罪者は逃げ切れるとの期待から加速走行することが稀ではない。犯罪者が銃を所持している場合に、威嚇が犯罪者に先制攻撃を決意させて、警察官の受傷・殉職という結果に至った実例もある。故に、威嚇が奏功する可能性の程度に関する個別判断を要するのであって、指示に従わない犯罪者への威嚇が常に目的達成のための合理的手段であると認められる訳ではない。本件では、Xは走行を継続してY巡査は振り落とされており、威嚇は奏功しなかったところ、威嚇行為の時点ではXが拳銃による威嚇に恐怖心を抱いて停止指示に従う可能性を全面的に否定するべき事情はないので、目的達成のために必要な行為と認めることは可能であり、目的不達成という結果は目的達成が合理的に期待できる行為の適法評価に影響しないと解するべきである。

　但し、これは危害を与えない威嚇に関する論理である。本件では、威嚇目的の筈の1発目がXおよびAに命中して死傷結果が発生したのであるから、銃弾が人に命中する態様での発砲であったと認める他なく、故に当該発砲は危害を与える武器使用として検討しなければならない。

46・2・26刑月3巻2号301頁が法令行為説を明示し、本件熊本地判はその5年8ケ月後であることから、広島地決に倣って法令行為説を採用したと判断することも不可能ではないが、断定はできない。

何故ならば、本件裁判は発砲した警察官の罪責を問うものではないからである。本件裁判で検討された拳銃使用の適否は、公務執行妨害罪における職務行為の適法性如何として論じられたものであるから、求められる結論は「適法な職務行為」であるか否かであって、単純に「適法」であるか否かではない。「職務行為」としての適法性を肯定するためには職務行為に関する根拠法令に適合する旨の論証を要するから、警察官職務執行法の援用が必要不可欠である。Y巡査の行為は適法であって罪とならない旨の判断が本判決説示中に内包されていることは明白であるが、Y巡査の刑事責任如何としては警察官職務執行法に言及することなく刑法36条1項だけで適法・無罪という結論を導くとしても、刑法95条1項における職務行為の適法性に関する本判決の論理と矛盾する訳ではない。

かようにして、本判決を警察官による防護目的武器使用の違法性阻却に関する適用法条論争の中に位置付けることはできないと解する。

### (3) 第三者の被害

加えて、論理構造の問題としては、Aの死亡等の第三者の被害に関する評価が存在しない点を指摘しておかなければならない。

不正侵害者に対する反撃が正当防衛に該当する場合でも、当該反撃が第三者の法益を侵害したならば、第三者の被害について違法性阻却の如何を別途検討しなければならない。そして、正当防衛があくまで「不正侵害者」への反撃を許容するものであると解する[26]限り、第三者の被害は正当防衛の範囲から外れ、これについて違法性阻却を認めるためには、緊急避難に該当することを要する。そこで、「第三者への巻き添え被害を生じる反撃」が侵害＝危難を回避するための唯一の手段であったか否かが検討されなければならないことになる。前記に引用した本判決の「拳銃を発射する以外に適切な方法はなかった」との認定によればこの点も肯定されることになると判断されるが、そうであるならばその旨を説示す

---

25 判例の動向については、原田保「警察官による防護目的武器使用の違法性阻却」愛知学院大学論叢法学研究44巻3号（平15）61頁、62頁～64頁参照。
26 正当防衛に「許された危険」を付加して、巻き添え被害を正当防衛の許容範囲に含める解釈もあり得ない訳ではないが、少なくとも判例・通説の採用する論理ではない。

るべきである。
　また、車内後部座席にいたＢについても検討を要する。本件での銃弾飛翔については、上空に向けた発砲が跳弾によりＸおよびＡに命中したと認定されており、ならばＢに命中する危険もあったと認めざるを得ない。また、乗車中の自動車内に銃弾が撃ち込まれて眼前で父親が被弾による大量出血のために死亡したのであるから、Ｂの被った精神的打撃には想像を絶するものがある。故に、Ｙ巡査の発砲がＢに相当程度の危険・恐怖を与えたことも否定し難く、暴行・加虐に該当すると認められるので、この点も違法性阻却のためには緊急避難を論じなければならない。
　更に言えば、本件発砲は自動車に若干の損傷を与えているので、当該自動車の所有者に対する器物損壊罪の構成要件に該当する。これも、違法性阻却を論じなければならないところである。
　このように、本判決は、Ａの死亡およびＢの危険・恐怖ならびに自動車所有者の損失という事実を無視している。後述するように、私見としてはＸに対する正当防衛も成立しないと解するので、正当防衛の巻き添え被害として緊急避難を論じる余地もないと解するが、本判決のようにＹ巡査の行為を適法と評価するのであれば、Ｘに対する正当防衛を肯定するだけでなく、第三者の巻き添え被害に関する緊急避難をも肯定しなければならない筈である。この点に全く言及していないことは、法適用の論理として重大な欠落であり、これでは警察官職務執行法７条に規定された要件の充足は論証されていないと評さざるを得ない。

## ４　侵害者に対する正当防衛の成否

　警察官の武器による防護目的危害付与に関する違法性阻却の根拠が法令行為か正当防衛かの論争に関わらず、危害を生じる武器使用が行われた本件では、いずれにしても正当防衛の成否を検討しなければならない。以下、本件発砲が正当防衛に該当するか否かを検討する。

### （１）急迫不正の侵害

　本件において、Ｘが車体に取りすがるＹ巡査を引きずって走行した行為がＹ巡査の生命身体に対する高度の危険を生じさせるものであったことは明白であり、同種先例を援用するまでもなく、殺人罪実行行為と認めることは十分に可能である。故に、Ｙ巡査の権利に対する侵害は当然に肯定される。そして、Ｘが

Y巡査を引きずって走行する侵害行為は、少なくともその開始時点では、不正と認める他なく、Y巡査において直ちに対応しなければ生命身体への侵害を回避し難いという意味では急迫である。しかし、かかる事情を以て正当防衛権を肯定することができるか否かについては、議論を要する。

　問題は、Y巡査がX車に取りすがった点にある。Y巡査の遭遇した侵害はY巡査自身のこの行為がなければ生じなかったのであるから、本件では自招侵害の問題を検討しなければならない[27]。そして、自招侵害であることを理由に正当防衛権が否定または制限されるのは、防衛者の違法・有責行為との間に相当因果関係の認められる侵害の場合である、と解するべきところ、逃走しようとしている者の運転する自動車に取りすがればそのまま引きずられることになるという事態推移は一般人の経験則上相当であると認められるので、検討するべき問題はY巡査の当該行為が適法か違法かである。

　この点については、逃走しようとする車両に手をかけることを避けるべき旨の指示を明記する通達[28]の存在を指摘しなければならない。Y巡査の行為がこれに違反していることは一見明白であり、故に、通達違反という意味で違法である。尤も、この通達は、表題に「受傷事故防止」という文言があることからも明らかなように、現場臨場する警察官への後見的配慮に基づく指示であり、これに対する違反は専ら当該警察官自身への危険を生じるものであって、他人の権利に対する侵害や危険を生じるものではない。故に、警察内部での批判はあり得るとしても、侵害原理に基づくべき刑法の適用を論じる上での違法評価は困難である。そうすると、本件通達違反の違法性を以て正当防衛権を否定・制限することはできないと解さざるを得ない。

　本判決はこの点に一切言及しておらず、正当防衛権に影響しないなら論じる必要もない事柄ではあるが、本件に関する検討自体としては、軽視し得ない。本件に関してY巡査の行為が適法である旨を主張する警察幹部の談話として、「逃走

---

27　Xの弁護人はY巡査の「自業自得」であると主張している。朝日（熊）①。
28　「受傷事故防止を中心とした警察官の勤務かよび活動の要良」（昭37警察庁乙務発警察庁次長通達14）「第9　交通違反取締り」には、次のような指示が記載されていた。「5　運転者が停止の指示に従わないで逃走する場合は、当該車両の種別、ナンバー、塗色、運転者の人相、着衣等の特徴をメモして事後の捜査に努めること。
　　この場合、逃走を防止しようとして、車両に手をかけたり、飛び乗ったりすることは避けること。」

を防止するため、運転席に飛びついた行為も状況からみて警察官としては当然なすべきことだと思う。」との発言が報道されており[29]、通達違反の点が完全に無視されている。本件以外にもかかる事例が存在する[30]ところ、警察幹部が当該通達に関する知識を有していないのか、通達違反を認識しながら敢えてこの点に関する言及を避けたのか、筆者は断言するに足る情報を得ていないが、いずれにしても重大な問題である[31]。

## （2）防衛行為の必要性

本件でY巡査に完璧な正当防衛権が存在すると認めるならば、次に防衛行為の必要性を検討しなければならない。この点について、私見としては、本件状況下において、発砲はおよそ防衛行為ではなく、防衛行為としての必要性は認められないと解する。

威嚇のための1発目も人に命中したという結果から人に命中する可能性のある発砲であったと認められるので、これは3発目と同じく対人射撃として後に検討することとし、まずタイヤを狙った2発目について検討する[32]。タイヤへの銃撃は、仮に命中してタイヤに穴が開いても通常は相当程度の走行が可能であるから、直ちに自動車を停止させる効果を生じることはない[33]。もしもタイヤが破裂すると、速度や走行態様によっては自動車が転倒して車内・車外の人に死傷結果が生じる危険がある。跳弾によって第三者に命中する危険もある。故に、タイヤへの銃撃は、自動車の即時停止による侵害回避という防衛効果を期待できる行為

---

29 熊日①。
30 例えば、中日新聞平13・12・13夕刊11面には、逃走しようとする自動車の荷台に警察官が飛び乗り、停止指示に従わないとの理由で運転席に向けて4発発砲し、死傷結果は生じなかったが、当該自動車は停止することなく、警察官は振り落とされた、という事件が報じられている。この事件でも、当該警察官の行為は適法である旨の警察幹部の見解が表明されている。
31 更に言えば、警察幹部のかかる不適切な内容の発言に対して報道機関が疑義を糺そうとした様子も見受けられない。記者が通達の内容を知らなかったのか、知っていながら敢えて黙したのか、この点についても断言するに足る情報はないが、やはり重大な問題である。
32 厳密に言えば、当該自動車の所有者はXの雇主であるから、タイヤ損傷を違法性阻却するとすれば、その根拠は緊急避難であって正当防衛ではない。しかし、煩瑣回避のため、この点の詳論は避ける。
33 「久留米警察官発砲事件」（福岡高判平7・3・23判タ896号246頁）では、逮捕するべき犯人がタクシーを奪って逃走しようとしていた際に、追跡中の警察官によってタイヤへの銃撃が行われたが、発進を阻止することはできず、同車が停止したのは約700m走行した後であった。原田保「久留米警察官発砲事件の提起する問題」佐々木史朗先生喜寿祝賀『刑事法の理論と実践』（第一法規、平14）587頁参照。

ではないので、防衛行為としての必要性が認められない。

　そして、運転者への銃撃は、運転者に死傷結果を生じさせて運転能力を喪失させる行為である。本件では運転者の運転能力が失われるに至らなかったが、これはかなり稀有な偶然であり、一般的には運転操作を強制的に終了させる行為と認められる。

　しかし、「運転操作終了」と「停止」とは同義ではない。停止させる目的は走行に伴う危険を消滅させることであり、そのためには停止操作という運転行為を要するのであって、運転能力が失われると運転者を失った自動車は必然的に暴走する。即ち、自動車運転中の運転者への銃撃は「運転操作終了」によって自動車を「暴走させる」手段でしかなく、走行に伴う危険を消滅させるべく「停止させる」手段ではあり得ないのである。両者を同一視することは、比喩的に言えば、飛行機の「撃墜」と「着陸」との混同である。また、運転者の足はアクセルペダルを踏んでいるのであるから、運転者が被弾の衝撃でペダルを踏み込んで急加速することも予測可能である。これは危険を増大させるものに他ならない[34]。自然に停止するとしても、その間に運転者を失った暴走状態が継続することに変わりはない。障害物への衝突による停止は第三者に被害を与えるものである。

　運転者が人に対する衝突・轢過を意図して追跡走行している場合ならば、銃撃によって運転操作を終了させることは追跡走行による侵害を防止する手段としての必要性を認めることができる。この場合には、やはり暴走に伴う第三者への危険に関する検討を要するが、防衛行為としての必要性自体は肯定可能である。また、発進前の銃撃ならば、発進操作を不能にすることによって発進・走行による侵害を防止することは可能である。運転者への銃撃が防衛行為たり得るのはこのような場合だけである。本件発砲はこれらの例のどちらとも異なり、被害回避と

---

34　「大阪ミナミ警察官発砲事件」（大阪地判平10・10・27判時1686号78頁＝判タ1027号129頁）では、警察官が運転者を銃撃して胸部に致命傷を負わせた直後に自動車は急加速し、歩行者天国を暴走して歩行者3名を跳ね、交差点でタクシーに衝突した後に歩道に乗り上げて喫茶店の外壁に衝突し、これによって漸く停止した。原田保「走行中の自動車運転者への銃撃が適法とされた事例」愛知学院大学論叢法学研究41巻1号（平11）97頁参照。また、中日新聞平14・4・9夕刊1面、12面および同紙平14・4・10朝刊15面で報じられたところによれば、パトカーに体当たりしてきた不審車の後方からタイヤを狙って発砲したところ運転者の後頭部に命中して死亡させ、不審車は道路下に転落して同乗者が負傷した由である。急加速・暴走も道路外転落も、運転者が被弾した場合の結果として合理的に予見可能な事態であり、「衝突」「転落」を警察活動としての「停止」と評価することには賛同しかねる。

の合理的連関が存在しない。

　かようにして、本件発砲は、X車を停止させてY巡査の生命身体を防護する効果を期待できるものではない。実際に、X車は停止することなく走り去ってY巡査は振り落とされたのであって、発砲による防護効果は発生していない。防護効果が期待できず結果的にも防護効果を生じなかった行為が防衛行為であり得る筈はない。本判決は「拳銃を発射する以外に適切な方法はなかった」と説示するが、拳銃発射は決して「適切な方法」ではない。Y巡査の直面した危険から逃れる方法は車体からの離脱であり、実際に、Y巡査が降り落とされて車体から離脱することによって危険は終了した。本判決の説示は、拳銃発砲に自動車を停止させる効果があるかのように錯覚するという致命的誤謬に基づくものである[35]。

## Ⅳ　結　語

　以上に述べたように、本件発砲は、侵害者Xに対する防衛行為ではないので、正当防衛成立はあり得ず、過剰防衛ですらない。Y巡査は警察装備たる拳銃を使用して違法性阻却され得ない発砲を行って傷害結果を発生させたものであり、3回の発砲を包括して1個の特別公務員暴行陵虐致傷罪の責を負わなければならない。また、第三者Aの死亡およびBの危険・恐怖については、緊急避難に該当するものではないので違法性阻却されず、各々に対する特別公務員暴行陵虐致死罪・特別公務員暴行陵虐罪が成立する。同様にして、自動車の損傷については器物損壊罪が成立する。以上の4罪は単一行為によるものとして観念的競合である。従って、Y巡査の行為が適法な職務行為ではないことから、発砲開始以降の走行継続については違法職務による侵害に対する正当防衛を論じる余地もあり得る[36]ことになり、そのように解するならばXの犯罪行為はその時点で終了したことになる。

---

35　前掲註34「大阪ミナミ警察官発砲事件」において損害賠償請求を棄却した裁判所の判断も、やはり拳銃発砲が自動車を停止させる手段であるとの誤解に基づく説示を行っている。同註に記述した被害結果は運転者への銃撃から合理的に予見可能な結果であるが、大阪地裁は通行人3名の負傷ならびにタクシーおよび建物の損壊を生じさせた発砲を「通行人や付近住民に危害を加えない方法で確実に本件自動車を停止させる」手段として許容している。実に常軌を逸した絶望的誤謬である。

かようにして、Y巡査の行為を適法と認めた本判決は誤っており、不起訴処分は不当である。かかる誤った判断の根底には、拳銃発砲に対する過剰期待がある。期待の内容は、自動車走行中に車体や運転者への銃撃を行うことによって自動車が即時停止して走行に伴う危険が消滅するという幻想である。発砲した警察官も、犯罪不成立と解した警察当局や検察官も、適法であると判示した裁判所も、この幻想に基づく誤った判断をしたと評する他ない。そして、この誤った判断は本件固有のものではなく、その後も事件として報道されるところである。しかも、平成13年の拳銃規範改正に伴って発せられた通達の中に走行中の自動車のタイヤに向けた発砲の禁止が明記されるに至った[37]にも拘らず、その後もそのような発砲が行われているのである。是正の具体的方策を検討する余裕はないが、警察活動および刑事司法から誤った判断が一掃されることを祈念するところである。

---

36　読売(熊)③によれば、Xの弁護人は被弾の前後で事情が異なる旨を主張している。但し、Xの違法行為から生じた自招侵害として正当防衛権が否定・制限される可能性もあり、防衛意思に基づく行為と認め得るか否かも疑問である。

37　平13国公委規13および同14により拳銃規範が改正され、これに伴い、平13警察庁乙官発警察庁次長通達24および同25ならびに平13警察庁丙人発警察庁長官官房長通達385が発せられた。官房長通達では、5(4)の項において、「走行中の車両のタイヤへの射撃は、逃走防止等の効果が低く、むしろ跳弾の可能性が極めて高いことから、厳に慎むべきである」との指示が記載されている。この指示自体は適切であるが、現場においては必ずしも遵守されていない。なお、同通達別添四および五には自動車運転者への銃撃を許容する記述があり、これは不適切であると評価せざるを得ない。規則および通達には他にも問題点があるが、本稿では詳述しない。原田・前掲註23論文参照。

# 緊急避難の本質
―― カナダ刑法を参考にして ――

上 野 芳 久

I　はじめに
II　カナダ刑法における緊急避難
III　わが国における緊急避難
IV　おわりに

## I　はじめに

　正当防衛の概念については現在ではほぼ争いない段階にあるが、緊急避難については、古くから論じられてきたにもかかわらず、いまだに激しい意見の対立があるといわれている[1]。日本も例外ではなく、学説は、違法性阻却、責任阻却説、二分説と分かれておりいまだに帰一する情況にはない。

　わが国では現在でも研究は盛んであるが[2]、比較法の面からは、イギリス、アメリカ、ドイツ、フランスなどの緊急避難が検討されてきた[3]。しかし、カナダ刑法については検討されてこなかった。たしかに、カナダ刑法は英米法系に属し、判例をはじめ諸文献に英米の判例・文献が引用されていることも事実であり、その意味ではイギリス法あるいはアメリカ法を検討しておけば足りるようにも見える。しかし、最近の情況をみると、カナダ法は英米法に含まれるとひとくくりにして検討を放棄してしまうのは妥当でないように思われる。なぜなら、むしろカナダ最高裁の緊急避難に関する1984年のパーカ判決[4]こそが、他の英米法系諸国

---

1　森下忠「緊急避難の研究」（有斐閣、1960年9月）1頁参照。
2　最近の論文に現代刑事法2005年1月号、井上宜裕『緊急行為』（成文堂、2007年6月）、関哲夫「緊急避難の法的性質について」早法87巻3号（2012年3月）、遠藤聡太「緊急避難の再検討（1）～（4）[未完]」法協131巻1，2，6，7号（2014年1，2，6，7月）等がある。
3　森下・前注（1）では、古代・中世法としてインド、ユダヤ、ギリシャ、ローマ、ドイツ等が、近代法として仏、独、さらに、森下忠「緊急避難の比較法考察」（有信堂、1962年3月）では、仏、ベルギー、スイス、伊、スペイン、英米法（主に英国と米国）が取り上げられている。前注（2）の現代刑事法では、英、米、仏が取り上げられている。

に大きな影響を与えているように思われるからである。また、カナダ刑法にはわが国の研究にも参考になる点があるように思われる[5]。

そこで、本稿では、カナダ刑法における緊急避難に関する情況を紹介し、それを参考に緊急避難の本質をどう理解すべきかを再考してみたい。

## II　カナダ刑法における緊急避難

### 1　緊急避難に関する主な判例

カナダ刑法典[6]には、わが国の刑法37条のような緊急避難に関する一般的な条文がないので、緊急避難論はもっぱら判例の積み重ねで発展してきた。

**モーゲンテーラー判決（1976年）**[7]　パーカ判決（次段）によれば、カナダ最高裁で緊急避難が最初に「議論された」のはモーゲンテーラー判決（第一次判決）の中であった。モーゲンテーラー医師が中絶審査委員会の承認を受けずに堕胎をしたとして堕胎罪（刑法251条(1)項）で起訴された事案である。同医師はコモンロー上の緊急避難の成立を主張したが、この訴訟では、要件を満たしていないとして医師の上告は棄却されてしまった[8]。

**パーカ判決（1984年）**[9]　麻薬輸入罪に問われたパーカが緊急避難による免責を主張した事案で、カナダ最高裁は以後の判例を指導するような重要な判断を

---

4　パーカ判決については、上野芳久・関東学院法学24巻1号（2014年7月）で詳しく紹介した。後注(9)参照。

5　すでに上野芳久「強制による行為」曽根・田口古稀（2014年3月）で、カナダ刑法を参照しつつ日本の「強制による行為」を考察した。

6　Criminal Code, R. S. C. 1985, c. C-46. 現行刑法典は1985年に、1892年刑法典を改正したもので、日本の刑法典（1907年制定）より古い。制定経緯、特徴等については、上野芳久「カナダ刑法の特徴」比較法制研究36号（2013年11月）参照。

7　Morgentaler v. The Queen, [1976] 1 S. C. R. 616. 法廷意見は、後述するパーカ判決の執筆者であるディクソン判事が執筆している。なお、モーゲンテーラー医師が関与した最高裁判決は、本件の後にも2つ出ている。R. v. Morgentaler, [1988] 1 S. C. R. 30; R. v. Morgentaler, [1993] 1 S. C. R. 463. 本稿では、1976年判決を第一判決とし、順に第二判決、第三判決と呼ぶ。最も有名なのは、堕胎罪（刑251条）を違憲とした1988年判決（第二判決）である（後注(8)参照）。1993年判決（第三判決）では、中絶に制限を加えるノヴァスコシア州法は連邦法に反するとされた。

8　このように、第一判決では堕胎が緊急避難が問題とされたが、第二、第三判決ではもっぱら女性の権利が問題とされた。なお、モーゲンテーラー医師（1923年ポーランド生まれの男性）は、カナダ女性に中絶選択の自由をもたらした人として有名で、とくに女性保護団体からは英雄とさえ言われている。National Post of May 29, 2013（電子版）。

下した。厳密にいえば、この判決は被告人に対して「緊急避難の抗弁」（成立）を認めたわけではない。しかし、カナダにもコモンロー上「緊急避難の抗弁」が存在することを認め、成立要件を検討し、緊急避難が免責事由である（正当化事由ではない）ことを明言したのである。州レベルの判決の中には、本判決以前にも「緊急避難の抗弁」を認めたものがあった[10]が、最高裁として初めて認めたのである。

パーカ判決の基本的考え方の特徴は、緊急避難行為は、「意思の自由がない（morally involuntary）」から許されるだけ（免責事由説）であって、法的に正当だとされる（正当化事由説）わけではないとした点にある。緊急避難が免責事由か正当化事由かは従来から論じられてきた問題であるが、カナダ最高裁は免責事由説をとることを明確にしたわけである。

留意すべきは、その成立範囲を限定していることである。すなわち、①直接的かつ切迫した危険があり、それを回避するためにその行動がとられた場合、②その行動が、社会的にみて圧力に対し適切かつ普通の反抗（appropriate and normal resistance）だったといえるかという基準に照らして、「意思の自由がない」ものといえる場合だったこと、③その危険を回避するために他に合理的な法的手段がないことが明白だった場合、でなければ成立しないとしたのである[11]。

本判決以後、裁判所は緊急避難があることを前提に司法判断を下すようになった[12]。

**ラティマ判決（2001年）**[13]　本件は、父親ラティマ氏が、難病にかかり身動

---

9　Perka v. The Queen [1984] 2 S. C. R. 232. 航海士パーカのほかにも、通信士、機関士、船長らの計8人が主犯格として陪審評決の対象となった。本件の上告人も、パーカ以外の人が名をつられている。詳細については、上野・前注（4）論文参照。
10　パーカ判決は、（1）緊急避難の抗弁を認めた例として次の4つを挙げる。R. v. Guenther (1978), 8 Alta L. R. (2d) 125; R. v. Pootlass (1977), 1 C. R. (3d) 378; R. v. Fry (1977), 36 C. C. C. (2d) 396; R. v. Morris (1981), 61 C. C. C. (2d) 163. （2）緊急避難の抗弁が認められなかった例として次の5つを挙げる。R. v. Gilkes (1978), 8 C. R. (3d) 159; R. v. Doud (1982), 18 M. V. R. 146; R. v. Byng (1977), 20 N. S. R. (2d) 125; R. v. Walker (1979), 48 C. C. C. (2d) 126; R. v. Salvador (1981), 59 C. C. C. (2d) 521 (N. S. S. C. App. Div.).
11　Kent Roach, *Criminal Law*, 4th ed. 2009, p.312.
12　Don Stuart, *Canadian Criminal Law*, 6 th ed, 2011, pp.568-572 によれば、パーカ判決以後に、（1）緊急避難の抗弁を認めた例は、R. v. Costoff (2010), 74 C. R. (6th) 369 (Ont. C. J.); R. v. Primus (2010), 261 C. C. C. (3d) 159 (Que. C. A.); （2）認めなかった例は、R. v. MaKay (1992),13 C. R. (4th) 315 (B. C. C. A.); R. v. McCain (2003), 15 C. R. (6th) 360 (Ont. C. J.); R. v. John Doe (2007), 228 C. C. C. (3d) 302 (B. C. C. A.).

きもできず毎日の痛みに苦しむ12歳の娘が、次の手術でさらに苦痛に苦しむだろうことに耐えられず、その娘を殺害したという、いわゆる慈悲殺（mercy killing）の事案で、父親に緊急避難が成立するかが問題となった。カナダ最高裁はそれを認めなかったが、緊急避難の要件につき、パーカ判決を一歩進める判断を示した（次節参照）。

## 2　要件の検討

緊急避難の成立要件については、既にパーカ判決がかなり明確にしていた。同判決は、行為者に自由意思がないことを緊急避難の根拠にしたが、その自由意思の有無を判断する基準として、①緊急状態が存在すること、②法遵守が明らかに不可能だったことを要件とした。さらに、③より大きな害悪を回避するために行われたことをも要件とした。それに続くラティマ判決は、以下の（1）〜（3）の3要件にまとめて明示した。

### （1）切迫した危険・危難（Imminent Peril and Danger）

パーカ判決は、行為者が事実上その違法行為しか選択できなかった場合にのみ免責されるとして、"最低限、通常人なら本能的に行動をとらざるをえないほどの緊急な情況かつ差し迫った危険がなければならない"と判示した。

**（a）厳格な定義の緩和**　非常に厳格に定義したのであるが、逆にそれだけに、事案によっては具体的妥当性にかけるおそれがある。たとえば、6年後のラヴァリー判決[14]は、正当防衛の事案ではあるが[15]、被告人の経験から危険が生じる直前まで待つ必要がない場合もあるとして、いわば例外を認めた。それはいわゆるDV事案に特有の事情による。すなわち、DV事案では、日常的に暴力を受けているという経験が積み重ねられている中で、限界に達したとき、被害者が「また暴力を受ける」とか、「今度は殺される」と感じることがあり、そのときに妻（被害者）が夫を殺害するという事件が多い。そんな場合に「危険が生じる直前ま

---

13　R. v. Latimer [2001] 1 S. C. R. 3.
14　被告人ラヴァリーは日常的に内縁の夫から暴行をふるわれていたが、ある時、自分が殺されると思って、夫を射殺した。第二級殺人で起訴されたが、正当防衛が認められたという、いわゆるDV（カップル間暴力）の事案。本件については、上野・関東学院法学23巻1号（2013年7月）138頁参照。
15　カナダでは、正当防衛であっても、緊急性については緊急避難と同じ問題とされている。事実、オンタリオ州控訴裁判所は、緊急避難の要件を緩和するためにラヴァリー判決を引用している。Roach, *supra* note 11, p. 315, note 97.

で待つ」ことを要求したのでは、手遅れになってしまう。DV被害者が自らを防衛すること（正当防衛）を認めるためには、上記判例のようにその要件を緩和するしかないというわけである。緊急避難についても同様に考えられている。

また、ルズィック判決[16]は、刑法17条の「強制による行為」について、条文にある「直ちに」という要件は、強制された人の自由権（憲章7条）を侵害するので違憲とした。この判決にしたがえば、緊急避難との関係でも、切迫した脅威に限定すべきではないことになる。カナダ最高裁は「強制による行為」と類似しているとしてきたからである。

以上から、緊急避難について、カナダ最高裁は、緊急性をあまり厳密に要求すると妥当な結論を導けないことがありうると判断しているといえよう。

**(b) 危険が予見できる場合・行為者が危険があると信じていた場合**　ラティマ判決は、危難は切迫していなければならず、害悪は回避不可能で近接していなければならない、すなわち、危険は、単に予見できる程度では不十分であって、まさに発生する間際で、起きることがほぼ確実でなければならない、とした。そのうえで、ラティマ氏の行為については、娘が継続的にもっていた痛みは長期にわたる日常的なものであって緊急性がない、したがって「切迫した危険」はなかったとし、また、予定していた手術も娘の生命や病状に対し切迫した脅威を与えるものではなかったとして、緊急避難の成立を否定した。

では、ラティマ氏のように「切迫した危険」があると信じていた場合はどうか。最高裁は、そのような主観だけでは不十分であり、準客観的基準（modified objective standard）に照らしてその信頼に合理的根拠があったといえなければならない、とした。

準客観的基準というのは、最高裁が上記のDV事件を扱ったラヴァリー判決（注(14)参照）で初めて認めた基準で、ある人の信頼に合理的根拠があったか否かを判断する場合には、被告人の状態や経験を考慮することとする基準である[17]。DV事件では、被害者が次の自分への攻撃が「切迫した危険」にあたると信じて反撃することが多いため、その信頼の合理性を担保するために考え出された基準といえよう。

---

16　R. v. Ruzic, [2001] 1 S. C. R. 687. 本件概要は上野・前注（5）曽根古稀403頁以下。
17　Roach, *supra* note 11, p. 304.

最高裁は、ラティマ判決で、その基準を緊急避難にも適用することにした[18]。

**（2）他に法的回避方法がないこと（No Legal Way Out or Safe Avenue of Escape）**

パーカ判決は"もし他に合理的な法的手段があったのに法を遵守しないと決断した場合は、「緊急避難」とか人間の本能とかにとらわれずに考えて、それにしたがったのであるから、自由意思によった（＝緊急避難は成立しない）ことになる"との判断を示した。そして、本事案では、海岸に麻薬を降ろさなければ被告人は災害や沈没に直面するのであるから、他に法的手段がなかったとした。

これに対し、モーゲンテーラー判決は、医師は、当時刑法上必要だった委員会の許可を得ることは可能だったので、他に法的手段があったとした。ラティマ判決も、他に合理的な法的手段があった場合には緊急避難は成立しないことを再確認したうえで、娘に必要な手術を受けさせ、食事用のチューブを挿入して苦痛軽減をすることは、被告人（父親）が追求すべき合理的な回避手段といえる（しかるにラティマ氏はその手段をとらなかった）とした。また、この要件（2）の判断も、要件（1）と同様に準客観的基準によるべきであるとして、娘の苦痛、苦痛管理、手術などを含むあらゆる被告人の経験を考慮に入れて上記結論を導いている。

**（3）害悪の均衡（Proportionality Required between Harm Inflicted and Harm Avoided）**

日本では、明文で緊急避難は「生じた害が避けようとした害の程度を超えなかった場合に限り」（刑法37条）認められるとされている[19]が、カナダではパーカ判決がこれを要件とした。同判決の"緊急避難の根拠は行為者に自由意思がないことにある"という考え方からすると、この要件（3）は論理必然的なものとはいえないようにも思われる[20]。しかし、同判決は、"合理的な刑事裁判制度は、それがいかに人道的またはリベラルであっても、行為者がより小さな害悪を回避

---

18 Roach, *supra* note 11, p. 316. もっとも、ラティマ氏については、「切迫した危険」がないと考えることを不可能にするような心理学的状態が証明されていないので、その信頼に合理的根拠はなかった、と判示した。

19 ただし、日本の教科書では「侵害利益と保全利益の均衡」とか「法益の均衡の原則」などと、「侵害」ではなく「利益・法益」に言い換えられることが多い。大谷4版299頁、西田2版148頁、高橋2版303頁、松原177頁など。「実質的な違法性阻却事由である『法益衡量』を法定したものである」（山口2版144頁）という説明もあるが、なぜそういえるのか、法益と害は同じなのかという素朴な疑問が残る。

するためにより大きな害悪を侵害することを免責することはない"として、より大きな害悪を回避するために行われたことを要件とした[21]。

その後も、ラティマ判決が、本要件の重要性を説いて、娘が手術を受けていたら感じたであろう"生命に危険のない苦痛（non-life-threatening suffering）"と比べた場合、"人を殺すこと"はそれとは全く釣り合わないとした[22]。同時に、同判決は、害悪の均衡は難しい判断であることを認めつつ、回避される害悪が侵害する害悪より「明白に重大である」ことまでは必要でなく、「比較可能な程度の重大さ」がありさえすれば足りるとしている。

ラティマ判決は、本要件には準客観的基準を適用してはならない、均衡性は純粋に客観的な基準によって決められるのであって、被告人や被害者の人格や経験によって左右されてはならない、とした。とくに、準客観的基準によって、重い障害をもつ被害者が受ける害悪があまりに軽んじられることを危惧したのである。均衡は、コミュニティの道徳的基準にかかわることであり、憲法を、たとえば本件でいえば障害者の平等権（憲章15条(1)項）を、考慮に入れる必要がある、としている[23]。

## 3　効果——免責事由か正当化事由か

パーカ判決は、上述のとおり、緊急避難行為は、「意思の自由がない」から許されるだけであって法的に正当だとされるわけではないとした（免責事由説）[24]。

---

20　日本では、責任阻却説に対して、法益の均衡を求めるのは不合理、責任と法益の均衡とは無縁などの批判がある。西田2版141頁、松原169頁。パーカ判決（免責説）が日本の責任阻却説と同旨だとみれば、同様の指摘がなされうる。次注(21) 参照。

21　Perka v. The Queen [1984], *supre* note (9), p. 400-1. 本判決によれば、前注(20) の批判はあたらないことになる。つまり、より大きい法益（小さい法益を差し引きすれば単なる法益）を保護することは（刑）法の任務だと考えれば、「法益の均衡」が求められるのは（責任阻却説をとろうと何説をとろうと）当然のことである。なお、後注(31) の高橋2版の指摘③は同趣旨のように思われる。

22　ローチ教授は"これは、要件（3）の欠如が直ぐ認定できた場合には、要件（1）（2）を検討する必要はないことを示唆している"とされる。Roach, *supra* note 11, p. 318.
　　日本では、一般的には、体系性が求められるので、このような柔軟な姿勢をとることは困難であろうが、この場合にかぎり（違法性の問題と考えれば）、可能であろう。

23　Roach, *supra* note 11, p. 320. 憲法を基準にしようという姿勢は、野村説にも見られる。野村稔『刑法総論』補訂版245頁。

24　なお、ウィルソン判事の少数意見は、緊急避難には「免責事由である場合」と「正当化事由である場合」があるとされるので、日本の二分説に似ている。

カナダ最高裁判決によれば[25]、免責事由は、行為の悪性にではなく、行為時の状況と被告人のそれを回避する個人的能力とに焦点をあてることによって説明されている。被告人は現実的選択として犯罪をすることしかできなかったのであるから、その犯罪性の帰属判断は、被告人自身にではなく、被告人が直面した差し迫った情況に向けられるのである。

それとは対照的に、正当化事由は、形式的には犯罪に該当する行為の悪性（wrongfulness）を問題にする。被告人が罰せられないのは、その情況下では法を遵守するより法に従わないほうが社会的価値（values）、実は刑法自体の価値を増進するからである。正当化事由は、人間の弱さに依拠するものではない。たとえば正当化事由の一つである正当防衛は、人には自分や自分の財産を防衛する権利があることが根拠とされている[26]。

以上に対して、免責事由でも正当化事由でも、いずれの場合も被告人は無罪となるのであるから、結果は同じで区別の実益はないという見方もある[27]。

パーカ判決では、緊急状態に遭遇したとき麻薬運搬という違法行為を行っていたことが問題となったが、クリーンハンズの原則からは、違法行為をしている者には緊急避難は認められないことになろう。しかし、最高裁は、たとえ被告人が麻薬密輸に関与していたとしても、陪審は「緊急避難の抗弁」を考慮できるとした。なぜなら、最高裁が採用する免責事由説からは、「緊急避難の抗弁」は（免責する効果をもつだけで）いかなる行為をも正当化するものではないからである。密輸という違法行為であっても、緊急避難は「免責するか否か」にかかわるだけだというわけである。その場合に重要なのは、「被告人は緊急事態に遭遇した時に事実上犯罪を行うことしか選択できなかったのか」なのである[28]。

## 4　カナダの緊急避難の特徴

特徴をまとめると次のようになる。
　①自由意思を根拠としていること

---

25　免責事由はルズィック判決から、正当化事由はパーカ判決から引用した。実は、前者のルズィック判決はフレッチャーの本からの引用である。
26　Roach, *supra* note 11, pp. 293-294.
27　たとえば、ローチ教授は実益なしと考えておられるようである。Roach, supra note 11, p. 294. 日本でも、そういう側面はある。
28　Roach, *supra* note 11, p. 313.

②免責事由だとしたこと（責任阻却説）
③違法的要素と責任的要素は、どちらから先に考えてもよいこと
④（責任阻却説をとりながら）「害悪の均衡」を要件（3）としていること
⑤要件（3）については、客観的基準を適用すべきとしたこと
⑥要件（1）（2）については、準客観的基準を適用すべきとし、合理的人間を想定して具体的妥当性をはかっていること、などである。

　①②については、日本では自由意思を考慮する説はないと思うが、非常に自然で現実的な捉え方だと感じられる。③は、体系的思考が強い現在の日本では採用は難しいが、違法判断の前に責任なしとして無罪にできることには魅力を感じる。④は日本では批判される点だが、改めて「害悪の均衡」が緊急避難の要件になりうることに気づかされる。⑤⑥については、要件（3）については客観的基準を適用すべきことを明示し、客観的に判断しようという姿勢を基本にしつつも、要件（1）（2）について個人的事情を考慮すべきだとしている点が興味深い。緊急避難の認定を個別的に丁寧にすべきだと考える傾向が強いからではないかと思われる。

## Ⅲ　わが国における緊急避難

### 1　違法性を阻却するのか

　日本では違法性阻却説が通説とされている[29]。
　しかし、緊急性があれば違法性が阻却されるというわけではない[30]。同説の根拠は、もっぱら37条にあるように思われる[31]。しかし、責任阻却説がいうよう

---

29　野村「刑法の争点」2版50頁、山口2版136頁、高橋2版297頁。
30　緊急行為だからといってその違法性がなくなるわけではない。西田2版138頁参照（但し違法性阻却説）。正当防衛が違法性を阻却するのは、不正に対する行為だからである。緊急避難がそういえないのは、正対正の関係にたつからである。まさに、緊急避難の本質はこの関係から出てくる。違法性阻却説は、この関係から法益に均衡、補充性が生じるとするが、それだけにとどまらず、より本質的なものが生じると考える。さらに言えば、刑法37条は、比較考量するべき場合の一般規定ともいうべき性質を有すると解する。
31　山口2版138頁。その基底にある優越的利益説からの説明として、川端・後注(33)参照。なお、高橋2版299頁は、①37条の文言のほかに、②実際上の問題として、緊急避難に正当防衛が可能となるのは妥当でないこと、③理論上の根拠として、法制度は大きな法益を保護するために小さな法益を侵害する性格を有するので、法はそのような行為を許容すること、の3点を違法阻却説の理由とされている。②についてはⅣ(4)を、③については前注(21)参照。

に、37条を別の視点から解釈することも可能である[32]。

　また、歴史からみると、違法性が阻却されると考えるのはやや不自然のように思われる（後述）。では、日本ではなぜ本説が通説なのか。おそらく、違法性の実質を法益侵害とする説からは、条文の「これによって生じた害が避けようとした害の程度を超えなかった場合に限り」という文言が自説によくなじむからというのが一つの理由であろう。しかし、緊急行為の規定の中に法益侵害説の根拠を読みこむべき必然性はない。37条は36条とは直接に関係しない（後述）からである。逆に、この文言の故に、害の程度が同じだった場合（生命対生命等の場合）について説明することが難くなってしまう[33]。

　やはり、本説に与することはできない。

## 2　有責性を阻却するのか

　緊急避難は、「行為者の有責性」につき判断を求めるもので、行為者を非難できないことが判明すれば有責性を阻却する制度であると考える。

　たとえば、急激な嵐という危難に遭遇し自分の生命が危険にさらされたAが、その危難につき何の罪もない第三者Bの生命を侵害した場合を考えてみると、たしかにAには何ら違法性はないように見える。しかし、Bにはそれ以上に違法性がないのである。何の罪もない「Bの」立場を無視して、法は、Aの行為が適法（違法阻却）だといえるのだろうか。適法とも違法ともいえないのではないか[34]。緊急性の背後にあるのは、責任の問題である[35]。したがって、唯一、法ができることは、そんな行為をおこなったAを非難できるかどうかを考えよと命じ、非難できない場合には犯罪としないと宣言することであろう。言い換えれば、厳密な意味の緊急避難は、Aの利益とBの利益だけでなく、両者をとりまく状況・情報をすべて比較したうえでAを非難できるか否かを検討することを「開始」させるにすぎない制度である。Aが「現在の危難」に直面してやむなく

---

32　植松正『再訂刑法概論Ⅰ』208頁、『現代刑法論争Ⅰ』第2版148頁［日高義博］。
33　優越的利益説は説明できるとする。前注(32)『論争Ⅰ』139頁［川端博］参照。しかし、説得力に欠けるように思われる。
34　「放任行為」という語が使われるが、それを違法性がない意味だとか、逆に、違法性がある意味だと理解するのは強引すぎるように思われる。そのまま、法は何も判断しない（できない）ととらえるべきである。
35　西田・前注(30)参照。だからこそ、37条但書が必要的減免を認めている。

Bを殺害したという事実が発生したときには、AとBとの両者の諸事情（利益、状況等）を天秤にかけることが可能になるので、天秤の２つの皿にそれをのせよというだけである。そして、「法益の権衡」と「補充性」の要件が備わっていれば、Aを罰しない（Aは免責される）ことになる。

その時の基準は、Aを非難できるか否かである。したがって、期待可能性の理論（狭義）とも異なる[36]。Aに適法行為が期待できたかというのではなく、そのような行為を行ったAを非難できるかという判断が求められる。期待可能性と非難可能性の判断結果が同じになることはありうるだろうが、後者の方がより広く柔軟である。その意味で、私見は従来の責任阻却事由説（期待可能性阻却説）とも異なる。カナダでは、「他に法的かつ安全な道（legal and safe avenue）がないこと」が要件とされるので、私見より厳しいように見えるが、必ずしも厳格な意味で「法的」で「安全な」方法を求めているわけではないように思われる。

## Ⅳ　おわりに

（１）私見は、緊急避難というものはやむを得ず考えだされた制度なのであり、「人」に無理を強いないという趣旨によるもので、避難行為者の「行為」の性質を決めるものではない、と考えるものである。

構成要件該当性・違法・責任という犯罪体系を崩そうというのではない。Aの行為が構成要件に該当すればAの行為は違法であると推定される。緊急避難の「現在の危難」があった場合、法はAの行為の違法性を判断できず、ただAに非難可能性があるのかを検討すべきことになる。他の要件を備えていると判断されれば処罰されない。

主観的違法論なのでもない。行為者を非難できるかどうかを決めてから違法性を判断すべきだといっているのではなく、緊急避難は、Aの行為が違法かどうかを判断する制度ではなく、Aを非難できるかどうかを判断する制度だといいたいのである。

（２）日本では、もっぱら37条の問題として論じられている。もちろん、それ

---

36　植松・前注(32)204頁は、期待可能性を責任の責任論の基底と捉えるとされる。しかし、ここでいう期待可能性はそれとは異なる、同書のいう「固有の意味の期待可能性」である。

は正当なことであるが、緊急避難は、まず第一に、より根本的な視点から捉える必要があるし、その方が説得力もあるように思われる。なぜなら、アリストテレスの時代から論じられてきた問題であり、カントやヘーゲルも論及している問題で、人間社会にとって根本的な原理だからである。他方、たとえば「カルネアデスの舟板」の問題には、刑法を深く勉強していない一般人でも一定の論理から結論が出せる。それだけに、一般人の納得できる解答が求められると思われる。説得力があるというのはそういう意味である。カナダ最高裁が、歴史から説き、過去の判例を参照するアプローチをとっていることには十分理由がある。

それを前提に考えると、緊急避難行為については、その行為に違法性がないと考えるよりは、（違法だが）行為者を非難することは困難だと考える方が自然で説得力があるのではないだろうか。ブラウン号事件で、沈没を回避するために人を海に投げ込む行為につき、陪審が有罪としたのも、ミニョネット号事件で、飢えた船員が弱った仲間の人肉を食べた行為が謀殺罪で有罪とされたのも、やはり行為が法に反していることを認めざるをえなかったからではないか。しかし、前者で陪審が恩赦の申請を進言したのも、後者で刑が減軽されたのも、（犯罪が成立しないとまではいってないが）行為者を非難するのは忍びないと考えられたからではないか。必ずしもカナダ最高裁の見解を全面的に支持するわけではないが、免責事由（責任阻却）だとする結論は、極めて自然な見方だと思われる。

（3）では37条との関連をどう理解すべきか。

たしかに36条（正当防衛）と比べれば、法は緊急避難を正当防衛と類似するもの（違法性阻却事由）とみているようにもみえる。条文の体裁も似ている。しかし、それは必ずしも絶対的な見方ではない。37条に続く38条以下が責任に関する規定であることを考えれば[37]、37条も責任に関する規定とみることも十分に可能であろう[38]。可能というより、緊急避難は正当防衛とは全く異なる制度だと認識すべきである。なぜか。

緊急行為であるという点では正当防衛と緊急避難とは共通しているが、行為が処罰されない理由は両者ではおよそ異なっているからである。つまり、私見では、正当防衛は違法性を阻却するが、緊急避難は責任を阻却するから処罰されな

---

37　内藤謙『刑法講義 総論（中）』405頁参照。緊急避難は違法と責任の境界線上にあるとされる。
38　どう解釈できるかについては責任阻却説からの説明にゆずる。植松・前注(32) 208頁、日高・前注(32) 148頁。

いのである。なぜ異なるのか。それは、行き着くところ、当事者の関係が「不正対正」か「正対正」かという違いがあるからである。

　上例のAが緊急避難で処罰されないのは、A対Bが正対正の関係にある[39]ため法は違法と判断できないものの、法はAを非難できるかどうかは判断できるので、検討を進めた結果非難できないといえる場合はAの責任が阻却されるからである。つまり、緊急避難でもっとも重要なのはA、Bをできるだけ公平に扱うということなのである。

　（4）第三者Bは避難行為者Aに対し正当防衛ができるか、できるなら公平にならないのではないか。

　私見では、Aの行為は違法なので（正確には違法が推定されるので）、理論的にはできることになる。しかし、正当防衛の検討が可能になるというだけで、すぐにBの行為が正当防衛と認められるわけではない。Aの行為の急迫性、Bの行為の相当性などの検討が必要である。また、それらの要件が備わったとしても、Aの行為が先行[40]している分、AはBより優位に立つのであるから、Bに正当防衛を認めても決してBが一方的に有利になるわけではないのではないか。

　（5）以上見てきたとおり、カナダでは、緊急避難の歴史は比較的新しく、1984年のパーカ判決によって概念化され、以来、緊急情況下では行為者に意思の自由がなかった（違法行為をするしかなかった）ことを根拠に、免責される事由と考えられてきた。判例はその基本線を維持しながら、要件の問題点を吟味しているという情況にあるといえよう。しかし、パーカ判決が限定的に運用されるべきだと指摘したにもかかわらず、下級審判例（各州）の数はかなり多く、緊急避難が一定の役割を果たしているように思われる。

　それに対し、日本では1907年の現行刑法典制定時に条文化されたが、学説上、

---

[39] 植松・前注(32) 209頁、日高義博『刑法総論講義ノート』3版172頁は、有責阻却説に立ち、したがってA対Bは不正対正の関係にあるとされている。しかし、「正対正」とは、正当防衛との対比で、防衛行為が不正侵害に対する行為であるのに対し、緊急避難では、避難行為が危難とは無関係の第三者に対する行為であることを「正対正」と表現しているだけで、違法阻却説に立つから正対正だとする趣旨ではないと解する。内藤・前注(37) 327頁参照。少なくとも本稿ではこの意味で使い、植松・日高説をとらない。

[40] 高橋敏雄『違法理論の諸問題』(1983年) 156頁も、緊急避難につき「行為者」（すなわち時間的経過）を考慮に入れている。「正対正」という関係も、時間的経過を加味して表現すれば、避難行為者が第三者の法益を侵害する直前の関係を指しているのであって、法益侵害後の関係を意味するものではないと解する。しかるに高橋156頁は、後者のように考え前注(39)の植松・日高説と同じ説をとる。

その法的性質についてはいまだに議論が収束していない。判例の数も多くないのは、緊急避難は例外的なものと考えられているからであろう。

　カナダと日本の両国にはそれぞれの事情・考え方があるので、どちらの姿勢が妥当かと問うのは不適切であろうが、違いを感じたのは、カナダの緊急避難への躊躇しない姿勢と事例の多さである。

　本稿は、決して緊急避難を多用すべきだと主張するものではない。しかし、多種多様な危険と利益対立とが生じる現代社会においては、日本でも緊急避難を検討しなければならない場面が増えていく可能性がある。そんなとき、違法性レベルで検討するより、責任レベルで行為者の状況を考慮してより個別に検討していくほうが妥当な結論につながるのではないだろうか。

# 実行の着手と所為計画

萩　原　　　滋

I　はじめに
II　ドイツの未遂規定と判例
III　わが国の学説の検討
IV　結びに代えて

## I　はじめに

　最高裁平成16年3月22日決定[1]は実行の着手に関する1つの判断方法を提示するものであった。同決定の事案はこうであった。実行犯3名は、被害者（V）の運転する自動車に自車を衝突させ、示談交渉を装ってVを犯人使用車に誘い込み、クロロホルムを使って失神させ、Vの車ごと崖から川に転落させてでき死させるという計画を立て、計画通りに自車の助手席に誘い入れたVの鼻口部に多量のクロロホルムを染み込ませたタオルを押し当て、クロロホルムを吸引させて昏倒させ（第1行為）、その後、同人を約2km離れた工業港の岸壁まで運び、車ごと海中に転落させて沈めた（第2行為）。最高裁は次のように説示した。すなわち、「実行犯3名の殺害計画は、クロロホルムを吸引させてVを失神させた上、その失神状態を利用して、Vを港まで運び自動車ごと海中に転落させてでき死させるというものであって、第1行為は第2行為を確実かつ容易に行うために必要不可欠なものであったといえること、第1行為に成功した場合、それ以降

---

1　最決平成16年3月22日刑集58巻3号187頁。本決定の評釈として、門田成人・法学セミナー594号116頁、前田雅英・法学教室288号114頁、林幹人・判例時報1869号3頁、山口厚・法学教室293号、高森高徳・研修672号131頁、小川新二・研修673号3頁、吉川崇・警察公論59巻9号109頁、清水晴生・白鷗法学24号43頁、奥村正雄・判例セレクト2004・31頁、安田拓人・ジュリスト1291号157頁、福田平・判例タイムズ1177号123頁、高橋則夫・早稲田法学80巻4号1頁、川端博・研修688号3頁、日高義博・専修ロージャーナル1号123頁、橋爪隆・ジュリスト1321号234頁、原口伸夫・法学新報113巻3・4号603頁、最高裁判所判例解説刑事篇平成16年度155頁。

の殺害計画を遂行する上で障害となるような特段の事情が存しなかったと認められることや、第1行為と第2行為との間の時間的場所的近接性などに照らすと、第1行為は第2行為に密接な行為であり、実行犯3名が第1行為を開始した時点で既に殺人に至る客観的な危険性が明らかに認められるから、その時点において殺人罪の実行の着手があったものと解するのが相当である。」と。

　上記最高裁決定は、実行の着手を論定するに当たり行為者の所為計画を考慮すべきであるとする折衷説の主張を採り入れたものとして注目される[2]。実行の着手論は主観説と客観説とに大別される。主観説は犯人の意思に未遂犯の処罰根拠（違法性）を見出す見解であるのに対し、客観説は外部的行為（構成要件的行為又は法益侵害の危険を惹起する行為の開始）にそれを見出す見解であり、両説は未遂犯の処罰根拠論と不可分に結びついている。これに対して、折衷説は、主観説が犯人の外部的行為を度外視して実行の着手を論ずるものではなく、客観説も故意をはじめとする犯人の主観面を考慮しないでは実行の着手を論ずることができないという認識の下で主張された見解であり、未遂犯の処罰根拠論との関係では主観説、客観説のいずれとも結び付き得る。それゆえ、折衷説は主観説又は客観説から派生する一つの学説と捉えるのが適当であろう。実行の着手論の基本問題は未遂犯の違法性の実質をどのように考えるのかということであり、犯人の所為計画を考慮すべきか否かの問題は、所為計画が未遂犯の違法性を決定付けるファクターたり得るのか否かの問題にほかならない。本稿は、未遂犯の違法性について深い洞察を加えられた野村稔博士[3]がめでたく古稀を迎えられることにちなみ、未遂犯の違法性と所為計画の関係について若干の考察を加えるものである。

## II　ドイツの未遂規定と判例

### 1　不能犯の取扱い

　1871年に施行されたライヒ刑法43条は、「実行の開始を含む行為により、重罪又は軽罪を犯す決意を実行に移した者は、未遂罪として罰せられる。」と定めていた。1880年、ライヒ裁判所は不能犯に関わる二つの事件でいずれも可罰的未遂

---

[2]　もっとも、折衷説の主張を初めて採り入れたものであるかどうかは論議の余地があるだろう。
[3]　野村稔・未遂犯の研究（1984年）。

が成立すると判断した。第一の事件は、堕胎に適した薬品であると信じてある薬剤を数次にわたり使用したが効果なく、堕胎は起こらなかったという方法の不能に関するものであり、ライヒ裁判所は主観的未遂論の見地から堕胎未遂罪が成立するとした。すなわち、結果が発生しなかったということは、行為が結果に対して因果的でなかったことを意味する。したがって、絶対不能・相対不能という区別により可罰的未遂を限界付ける見解は採り得ない。本件において、行為者はその犯罪的な決意の実現に適したものと同人が信じた行為を行うことにより、法秩序に反抗したのである。行為の効果について行為者が誤信したことは同人の可罰性に何らの影響も及ぼさない、と[4]。

第二の事件は、母親が生後間もない嬰児に対し殺害行為に及んだが、嬰児が生きて生まれたかどうかは不明であったという客体の不能の事案であった。ライヒ裁判所は、「未遂の成否を決定付けるのは決意を実行しようとする行為者の表象のみであり、犯罪の客体の客観的な状態から見て既遂が可能か否かは問題とならない。」と述べて、殺人未遂罪が成立するとした[5]。

連邦通常裁判所の初期の判例に、被告人が殺意をもって1歳9か月の子に致死量に満たない薬剤を飲ませた後、その事実を知った被告人の母親が医師を呼び寄せたことにより子が救助されたという事案において、故殺未遂が成立するが中止犯として不処罰であるとしたものがある[6]。この判例もライヒ裁判所の上記見解を踏襲したものである。

## 2　行為者の計画
### （1）現行刑法の未遂規定

1975年、ドイツ刑法新総則が成立した。同22条は、「行為についての自らの表象に従って（nach seinem Vorstellung）構成要件の実現を直接に開始した」ことをもって未遂とすると定め、未遂の処罰に関して23条3項は、「行為者が、著しい無分別から、行為の客体又は手段の性質上およそ既遂に達し得ないと誤認したときは、裁判所は刑を免除し、又は裁量により刑を減軽することができる。」と定める。行為者が意図していた構成要件的結果の発生が客観的に不能であった場合

---

4　RGSt 1, 439 [1880].
5　RGSt 1, 451 [1880].
6　BGHSt 11, 324 [1958].

において、行為者が著しい無分別から犯行が既遂に達し得ないと信じていたときには未遂犯が成立するというのであるから、行為者が著しい無分別から犯行が既遂に達すると信じていたときはもとより未遂犯が成立しよう[7]。

現行ドイツ刑法22条は、1966年に発表された刑法代案24条の表現を採り入れたものとされる[8]。刑法代案24条の「所為計画（Tatplan）に従って」という表現に代えて、ドイツ刑法22条では「表象に従って」という表現が採用されたが、それは「所為計画」という表現では事前の計画が存在しない犯行を含み得ないためであったとされる[9]。

刑法代案24条で採用された「所為計画」という表現はヴェルツェルの刑法教科書に由来するとされる。犯罪実現に至る道筋は限りなく多様であり、それゆえ実行開始は個々の行為者の計画を基礎として評価されなければならないとヴェルツェルはいう（個別的客観説）。彼は、他人が点火すれば発火する装置を自宅に取り付けてから外出したという事例を用いて個別的客観説の要諦を次のように説明した。すなわち、その他人が善意の道具であったならば、行為者は他人を介して犯罪を完成させるために外出したのであるから、実行の開始が認められる。これに対して、共同正犯たる他人が発火させるという手筈であったとすれば、共同正犯者による発火行為があって初めて実行の開始が認められる、と[10]。

ヴェルツェルが挙げた事例は次のライヒ裁判所判例[11]から採られたものであった。原判決の認定によれば、未亡人である被告人は自宅の床の上に電気的な仕掛けにより発火する装置を仕掛けて外出したが、その際、被告人は、自己の留守中に誰かが上記装置のスイッチを入れることにより、自宅が火災になることを認識していたというのである。ライヒ裁判所は次のように説示した。すなわち、被告人がショートなどの偶然的な物理現象による装置の発火を表象し、その意思をもって外出したのだとすれば、放火の実行未遂である。なぜならば、自然的な見解によれば、被告人が自宅に発火装置を仕掛けたことは、通常、建造物放火とい

---

7　もっとも、超自然力をあてにして犯罪的な目的を達成しようとする迷信犯の場合には、可罰的な未遂は成立しない。RGSt 33, 321 [1900].
8　刑法代案24条は、「所為計画に従って（nach seinem Tatplan）犯罪の実現を直接に開始した者は、未遂とする。」と定める。
9　Thomas Hilenkamp, Zur "Vorstellung von der Tat" im Tatbestand des Versuchs, Festschrift für Claus Roxin zum 70. Geburtstag, 2001, 689, S.695.
10　Hans Welzel, Das Deutsche Strafrecht, 11. Aufl., 1969, S.191.
11　RGSt 66, 141 [1932].

う構成要件要素の実現に直結し、同行為は実行行為との共属性のゆえに、既遂犯成立のために必要とされる実行行為の構成要素の一部に当たる活動を行ったといえるからである。善意の第三者が発火装置のスイッチを入れるということを被告人が表象していた場合も上記の結論は変わらない。これに対して、差戻審において、被告人には共犯者がいて、被告人が自宅を留守にしている間に、その共犯者が発火装置のスイッチを入れる手筈になっていたことが明らかにされたならば、実行未遂ではなく予備にとどまる。なぜならば、発火装置を自宅に仕掛けただけでは被告人はその全体計画に従ってなすべき行為を終えたとはいえず、これに引き続いて行われる共犯者の行為があって初めて放火の実行が認められるからである、と。

(2) 未遂の基準

ドイツ刑法22条の未遂公式は判例による解釈を通じて具体化されることになるが、裁判所は複数の未遂基準を組み合せ又は結合させて事案の解決を図るのがふつうである。判例は客観的な未遂基準として、構成要件的行為との必然的共属性のゆえに、自然的見解にとって構成要件的行為の構成部分と考えられる行為が行われたこと（フランクの公式）[12]、法益が危殆化されたこと、構成要件的結果ないし構成要件的行為へと至ることが確実であること（障害なく直接に構成要件実現に至ること、構成要件的行為に直接的に通じていること）及び構成要件実現との直接的な時間的場所的関係のほか、中間的な行為が介在することなく構成要件が実現されること等を挙げている[13]。ドイツ刑法22条は、これらの客観的な基準を満たすか否かについて行為者の表象（計画）に従って判断するように求めており、さらに、行為者において実行開始を決断したこと（die Schwelle zum "Jetzt geht es los" überschreiten）を未遂成立の基準とする判例もある[14]。

フランクの公式と法益の直接的な危殆化という基準とを結合させた基準が採用された判例として、例えば連邦通常裁判所1952年2月7日判決[15]がある。被告人らはある衣料品店の窓格子を通って店内に侵入して窃盗しようと企てたが、ウイ

---

12　Reinhard Frank, Das Strafgesetzbuch für Deutsche Reich, 18. Aufl., 1931, S.87.
13　BGH NJW 1980, 1759など。ドイツの判例及び学説の包括的な研究として、塩見淳「実行の着手について（一）、（二）、（三）・完」法学論叢121巻2号（1987年）1頁以下、4号1頁以下、6号16頁以下。
14　BGHSt 26, 201 [1975]; BGH NJW 1980, 1759など。
15　BGHSt 2, 380 [1952].

ンチがないと人が通れるほどに格子を曲げることができないことが分かったので、ウインチを入手して、これを店舗前の鉄柵と店舗との間に隠した。3日後、被告人らは格子を開けるためにウインチを隠し場所から取り出したが、警備員に侵入を妨げられて逃走した。連邦通常裁判所は次のように判示した。すなわち、未遂か予備かの基準は、確立された判例によれば、一定の目的をもって行われた行為が、構成要件的行為との必然的な共属性のゆえに、自然的な見解にとって——つまり客観的な観察者から見て——構成要件の構成要素に含まれるか否か、つまり上記行為が全体として保護法益に対する直接的な攻撃を含むか否かである。被告人らはウインチを取り出し、使用するつもりでこれを鉄柵の上部に据えたのであり、保護法益を直接的に危殆化したのであるから、侵入窃盗未遂罪が成立する、と。

　ドイツ刑法上窃盗の構成要件的行為は「奪取（wegnehmen）」であり、窃盗を行う意図で他人の建造物に侵入した場合侵入窃盗の罪（刑法243条1項1号）の未遂罪が成立するとされている[16]。これに対し本件は建造物侵入に至っておらず、建造物侵入未遂罪が成立するかどうかも微妙な事案であった。

　強盗の目的で被害者を待ち伏せしたが、被害者が現れなかったという事案につき、強盗未遂罪とした連邦通常裁判所判例がある（胡椒事件）[17]。被告人らは、路面電車を利用して週に一度銀行に赴き、同銀行において払い戻した現金を運搬する者から現金を強奪する計画を立てた。被告人らは、現金運搬人の目のあたりに投げつける目的で胡椒を携えて、現金運搬人が下車することになっていた停留所付近で、逃走用の自動車のエンジンをかけた状態で、現金運搬人が路面電車から下車するのを待ち受けたが、同人がやって来なかったため、犯行を断念してその場を立ち去った。連邦通常裁判所は、次のように述べて強盗未遂罪が成立するとした。すなわち、ライヒ刑法43条は、行為者の全体計画によれば、その後の因果経過において所為を直接に既遂へと至らせるのに適した行為が行われたときに適用される。その際に重要なのは行為者の表象及び意思である。本件において被告人らは、彼らがそれまでに行ったことと場所的、時間的に直接的な関係のある路上強盗を行おうとしていたのであり、彼らが胡椒を携えて現金運搬人を待ち受け

---

16　Schönke/Schröder/Eser, Strafgesetzbuch, 27. Aufl., 2006, § 243 Rn.45.
17　BGH NJW 1952, 514.

ていた行為は現金の暴力的な奪取と密接な関連を有している、と。

　胡椒事件において犯人らは現金運搬車が現れると考えており、犯人らの計画の上では待ち伏せは強盗実行の直前行為と位置付けられるものであるが、実際には現金運搬車は現れなかったのであるから、客観的には強盗が実行される危険性を認めることは困難な事案であったといえよう[18]。

### (3) 小　括

　不可罰な不能犯を否定するドイツ判例は基本的に主観的未遂論に立脚するものであり、実行の着手についても主観説と親和的であるが、客観的な見地から予備と未遂とを限界付けようとした判例も少なくない。客観説には、法益侵害の危険性に着目する見解と、構成要件的行為の開始に着目する見解とがある。前者の見解には、法益侵害の危険が認められない不能犯について未遂犯として可罰的であるとする判例と整合しないのではないかという問題があり、それゆえドイツでは未遂犯の処罰根拠は法益侵害の危険の惹起に尽きるものではないと考えられている。後者の見解も、構成要件要素の一部が実現されない限り未遂は成立しないとするのでは、未遂の成立時期が遅くなりすぎて刑事政策的な要請に応じられないという問題点が早くから認識されており、判例及び学説は、構成要件要素の一部を実現していなくても未遂は成立すると解する点で一致している。

　現行刑法22条が定める未遂の客観的な要件は「構成要件の実現を直接に開始すること」であるが、同要件が充足されるか否かは「行為者の表象に従って」決定される。行為者の表象（計画）を考慮して構成要件的行為が行われる以前に未遂が成立することがあるが、その場合、なされた行為と構成要件的行為との間に直接的な関係（繋がり）が認められなければならない。その直接的な関係は、判例では、「構成要件的行為との必然的共属性」、「障害なく直接に構成要件実現に至る」、「構成要件的行為に直接的に通じている」、「構成要件実現との直接的な時間的場所的関係」、「中間的な行為を介することなく構成要件が実現される」などと表現されている。

---

18　胡椒事件と類似した事件として、ガソリンスタンドの付近で大声を発して、ガソリンスタンドの中にいる人が驚いて外に出て来たら直ちにけん銃を突き付けて縛り上げ、金品を奪取するという計画の下、ストッキングで顔を覆った犯人の1人が大声を発したが、ガソリンスタンドからは誰も出て来なかったため犯行を断念したという事案につき、強盗未遂罪が成立するとした BGHSt 26, 201 [1975] がある。

実行の直接的な開始は客観的に判定されるのか、それとも行為者の表象を基礎として判定されるのかが問題となるが、判例・通説は後者の見地に立っている。胡椒事件[19]において、犯人らは現金運搬人が路面電車に乗ってやって来るものと信じて停留所付近で同人を待ち受けたが、現金運搬人はやって来なかったのである。判旨は、犯人らの待ち受け行為について、「犯人らは、彼らがそれまでに行ったことと時間的場所的に直接に関連する構成要件的行為を遂行しようとしていた」と説示したが、時間的場所的な関連は犯人らの計画の中に存在していたにすぎない。

## III　わが国の学説の検討

わが国において実行の着手の判定にあたり行為者の所為計画を考慮すべきであるとする見解は初め主観説の立場から主張され、次いで西原春夫及び野村稔により折衷説として自覚的に展開され、現在では形式的客観説及び実質的客観説の立場からこの主張を支持する見解も現れている。順次、それらの見解を検討しよう。

### 1　折衷説

木村亀二は、主観説を基礎としつつ行為の客観的な危険性をも考慮すべきことを主張した。木村によれば、主観説とは単に犯罪的意思の強弱によって未遂と予備とを区別する見解ではなく、犯罪的意思の存在を確実に識別させるところの外部的行為の存在を必要とするものである。その外部的行為の性質について主観説は、行為者の見解において構成要件の実現に至るであろうと考えられる行為をなそうとした時に実行の着手があるとする純主観説と、行為者の全体的企図（Gesamtplan）を基礎として当該構成要件の保護客体に対して直接危殆化に至るところの行為の中に犯罪的意思が表明された時に実行の着手があるとする主観的客観説とに分かれる。純主観説と主観的客観説の相違は、前者が、行為者の犯罪的意思において認識した事情の下に行為者の見解において構成要件の実現に至ると考えられる行為をなした場合に実行の着手があるとするのに対し、後者は、行為者の犯罪的意思において認識した事情の下に客観的に直接法益侵害の危険がある行為

---

19　前出註17。

をなした場合に実行の着手があるとする点にある。木村は、未遂の本質的要素たる危険概念を加味したものとして後説が妥当であるとし[20]、主観的客観説の適用例として、窃盗の意思をもって飼い犬を毒殺するとか他の場所に縛りつけるとかの行為をした場合や、被害者がやって来たら目つぶしのために胡椒を投げる用意をし、同時に逃走のために自動車を待たして待機していた場合には、実行の着手があるとした[21]。

西原は折衷説を次のように説明した。すなわち、客観説が客観的一般的評価のみを加えるのに反し、折衷説は行為者の計画全体という方向から行為者の主観を考慮に入れることによって、個別的評価を加える。また、主観説が、外部的行為に対し、単に犯意が確定的に認められるかどうか、ないしは犯意が飛躍的に表動したかどうかを認定する材料としての意味しか付与しなかったのに反し、折衷説は外部的行為を、犯罪的意思の徴表という以上に、ある程度客観的に危険なものとして把握する[22]。危険性の認定は元来客観的状況を基準にしてなすべきものであるが、危険が切迫したような客観的状況があっても、行為者が犯意を持たないことが被害者あるいは第三者に明らかであれば、実行の着手はないとすべきであって、この結論は、実行の着手の認定のためには行為者の主観面をどうしても考慮せざるをえないことを意味する、と[23]。

野村は違法二元論の見地から折衷説を基礎付けた。野村によれば、既遂犯は行為自体の違法性と結果の違法性が肯定される場合であり、未遂犯は行為自体の違法性のみが肯定され、結果の違法性が否定される場合であるのに対し、行為自体の違法性が否定され、結果の違法性のみ肯定される場合は刑法上の違法性が認められない。その際、行為自体の違法性は事前の判断によるとされ、結果の違法性は事後の判断によるとされる[24]。未遂犯における行為自体の違法性の実体は、刑法規範が単に社会倫理秩序を維持するものではなく、社会生活上の重要な利益を保護することから、法益侵害の危険性、それも事前の判断によって肯定される危

---

20　木村亀二・阿部純二・刑法総論［増補版］（1978年）345頁。
21　木村・前出註20・346頁。ドイツには胡椒事件（前出註17）のほか、他人の家に忍び込んで窃盗を行うにあたり、犯行時に同家の飼犬が吠えたりしないようにその犬を外に連れ出そうとしていた時に、被害者の知人に発見されて捕まったという事案につき、窃盗未遂罪が成立するとした判例がある。RGSt 53, 217 [1919].
22　西原春夫・犯罪実行行為論（1998年）226頁以下。
23　西原春夫・刑法総論改訂版上巻（1995年）326頁。
24　野村・前出註3・145頁。

険性と考えるべきである。そして、行為の危険性を判断するには、単に行為の外形的部分からのみならず、広く行為者が行為を行う際に持っていた主観的意図をも考慮しなければならず、その意味で故意のみならず所為計画も主観的違法要素である[25]。それゆえ、実行の着手は行為者の所為計画と法益の危殆化という二つの標準によるべきであるとされる[26]。このほか、野村は、実行の着手があるという判断には不能犯でないという判断が含まれ、不能犯論は実行の着手論の一つのミクロコスモスであるとして、不能犯論における具体的危険説の基準を実行の着手論にも適用する[27]。

　主観説は、行為者が法に敵対する意思を行為の形で示した点に未遂犯の処罰根拠を認める見解である。処罰対象は行為であるから一応行為刑法の体裁をとっているものの、行為は法に敵対する意思（悪性）を徴表する意味しか持たないというのであるから本質的に心情刑法のそしりを免れず[28]、予備と未遂とを適切に限界付けることも困難である[29]。未遂に関するドイツ判例は今日なお主観説の影響下にあるのに対し[30]、わが国では主観主義刑法理論の退潮とともに主観説は判例及び学説に対する影響力を失っている。木村は元来主観説を信奉していたが[31]、第二次大戦後目的的行為論の受容に転じた[32]。したがって、主観説から出発した木村が折衷説を採用したことと、目的的行為論の主唱者であるヴェルツェルが折衷説（個別的客観説）を主張していたこととは決して偶然ではないというべきであろう[33]。

　木村は所為計画に照らし客観的に直接法益侵害の危険を生じさせたときに実行の着手があるとし、この公式自体は西原及び野村のそれと同一である。ただ、木

---

25　野村・前出註3・240頁以下。
26　野村・前出註3・300頁。
27　野村・前出註3・294頁、299頁。
28　Günter Spendel, Kritik der subjekiven Versuchstheorie, NJW 1965, 1881, S.1883.
29　主観説によれば、予備と未遂とは犯意が遂行的行為により識別できるか否かによって限界付けられるとされる。牧野英一・重訂日本刑法上巻（1937年）254頁以下、宮本英脩・刑法大綱（宮本英脩著作集第3巻、1984年）178頁以下。
30　前出II参照。
31　木村亀二・新刑法読本（1948年）240頁。
32　木村亀二・前出註20・167頁以下、245頁以下。
33　ちなみに、ヴェルツェルによれば、未遂は構成要件の実現を直接的に開始したときに成立するが、それは行為者の犯罪計画に従い個別的に判定されるべきものであるとされる。Welzel, a.a.O. (Anm.10) S.190.

村により挙げられた未遂の例[34]はなるほど主観説の基準の下では実行の着手が肯定されようが、わが国の判例・学説が採用する客観説の基準の下では未遂は否定されるのではなかろうか。

　西原及び野村により主張された折衷説は実行の着手の基準を法益侵害の客観的危険性に求めるものであり、客観説のうち実質的客観説から派生する一学説と見るのが妥当であろう。そこで、西原・野村説の検討は実質的客観説を検討する際に併せて行うこととする。

## 2　形式的客観説

　塩見淳は、実行の着手の判断方法としては、行為者の犯罪計画を基礎にして、客観的な判断規準に従ってそれを判断する主観的客観説を採り、そのような判断方法を矛盾なく説明する未遂犯の処罰根拠としては、法益の動揺又は法の妥当性の侵害に求める印象説を採るとし、これを次のように展開した[35]。まず実行の着手の判断規準については、「構成要件的行為との必然的共属性のゆえに、自然的見解にとって、その構成部分と考えられるあらゆる行為の開始に認められるべきである」とするフランクの公式に賛同する。具体的には、行為者の犯罪計画上構成要件的行為の直前に位置する行為であることという要件のほか、行為経過の自動性及び構成要件行為との時間的近接性という要件を提示する。フランクの公式に賛同する理由は、法規の文言に忠実であり、罪刑法定主義の要請を満たし、実際的にも妥当な可罰的未遂の開始時期を提示できるからであり[36]、犯罪計画をも考慮するのは、客観説の判断規準は行為者の犯意ないし犯罪計画を度外視して有効にはたらきえないからである[37]。また、印象説に与するのは、未遂犯の処罰根拠を法益侵害の客観的危険に求めながら、判断資料として犯罪計画という主観を考慮するのは疑問であるからだという[38]。

　どのような行為が刑法43条にいう「犯罪の実行」に当たるかは構成要件で定められているから、構成要件的行為の開始をもって実行の着手とする形式的客観説

---

34　前出註21。
35　塩見淳「実行の着手について（三）・完」法学論叢121巻6号（1984年）13頁以下。
36　塩見・前出註35・16頁。
37　塩見・前出註35・10頁。
38　塩見・前出註35・11頁。

にはその核心において正しいものがある。形式的客観説に対しては、実行の着手時期があまりにも遅くなりすぎて刑事政策的要請に応えられないとの指摘がなされている。フランクの公式は、構成要件的行為の開始をもって予備と未遂とを画する形式的客観説を基礎としながら、実行の着手時期を若干早める方向で同説の適用を拡張したものである（修正された形式的客観説）。同公式にいう「構成要件的行為との必然的共属性」という要件により厳格な意味における構成要件的行為が開始されていなくても、実行の着手を認めてよいとされるのである。

　もっとも、フランクの公式自体はなお抽象的な基準にとどまり、適用上の指針の提示が必要であろう。塩見が提示する構成要件的行為との密接性（直前性、自動性及び時間的近接性）という指針は有益であるが、それは形式的な基準にとどまるものであり、その指針だけで実行の着手の判定が可能となるわけではない。判例も構成要件的行為との密接性を実行の着手判定上の指針としているが[39]、判例はそれだけを実行の着手の指針としているわけではない。構成要件的行為と密接する行為が行われた場合であっても実行の着手が認められるとは限らない。離隔犯の実行の着手をめぐる論争問題は別にしても[40]、ドイツの胡椒事件[41]のように強盗に直接つながる直前行為が行なわれた場合であっても、わが国判例の下では暴行又は脅迫がいまだに用いられていない段階で強盗罪の実行の着手が肯定されることはないであろう。塩見によれば未遂犯が処罰されるのは当該行為により法が動揺し、法の妥当性が害されるからであるとされるが、この処罰根拠論は実行の着手の基準としてはあまりにも不明確であり、使用に耐えない。

　塩見が賛同する印象説がドイツにおいて通説的な地位を占めている[42]背景には、法益侵害の危険性が認められない不能犯が未遂犯として原則的に可罰的とされているという事情がある。印象説は、未遂犯の処罰根拠を法益侵害の危険性に求める代わりに、法を動揺させる印象を公共に抱かせる行為がなされたとき未遂犯が成立すると説くのである。そこではいわば公衆の感情が保護客体とされてい

---

39　大判昭和9年10月19日刑集13巻1473頁は、窃盗の目的で家宅に侵入し、屋内において金品物色のため箪笥に近寄ったときには、「他人ノ財物ニ対スル事実上ノ支配ヲ侵スニ付密接ナル行為ヲ為シタ」として窃盗罪の着手あるものとした。

40　大判大正7・11・16刑録24輯1352頁は、人を殺害するつもりで毒薬を混入した品物を郵送する場合には、相手方が品物を受領した時点で、殺人の実行の着手があるとした。

41　前出註17。

42　Claus Roxin, Strafrecht, A. T., Bd.2, 2003, S.347.

る。既遂犯においてもその種の利益を保護客体（法益）とみなすことは可能であるが、ふつうその種の利益は独立の法益とはみなされていない。わが国では可罰的な未遂犯と不可罰な不能犯とは法益侵害の危険性の有無によって区別されており、既遂犯の処罰根拠（法益侵害）と未遂犯の処罰根拠（法益侵害の危険）とを別異に把握する必要性に乏しい。

　塩見によれば、個別具体的な法益の侵害可能性がなくとも、法益の安全に対する公衆の信頼が損なわれるときには、一般予防の見地から、国家は未遂犯を処罰するのであるとされる[43]。しかし、刑法的介入の根拠を法益侵害の危険にではなく一般予防に求めることには賛同できない。一般予防的な効果の測定は大量観察の下でのみ可能であり、個々の未遂行為の処罰にどれだけの一般予防効果があるかの測定は不可能というほかはなく、刑法的介入の根拠を一般予防に求めることは責任原理に反する疑いがある。大量観察の下では未遂犯の処罰は将来における同種行為の一般予防に役立つといえようが、それは未遂犯を罰する第一義的な理由とはなり得ないと思われる。

　既遂犯は法益が侵害された場合であり、未遂犯は法益侵害には至っていないが、そのおそれのある状態（危険）を生じさせた場合であり、既遂犯と未遂犯とで法益が異なるわけではない。客観説に立ちながら犯罪計画という主観面を考慮するのは矛盾しているのではないかとする塩見の疑念は、一つには危険概念そのものに対する疑念、また一つには、仮に危険概念を想定するとしても、それは行為者の主観面とは無関係な、純客観的な性質を有するのではないかという疑念の表明であろう。前者の疑念についていえば、法益侵害の危険の有無により不能犯か否かを判断するというわが国の不能犯論の現状からして、ブーリらの主観的未遂論者が危険概念に対して提起した疑念[44]は既に克服されていると見てよいであろう。後者の疑念については次項で検討することとする。

### 3　実質的客観説

　行為によって惹起された法益侵害の危険が切迫したか否かにより予備と未遂とを区別する実質的客観説の内部において、行為者の主観面をどの程度考慮すべき

---

43　塩見・前出註35・12頁。
44　ブーリは、因果関係はあるか、ないかのどちらかであり、危険を問題とすることは意味がないとする条件説を主張した。

かが論議されてきた。第一説はこれを一切考慮すべきではないとし[45]、第二説は故意の限度でこれを考慮すべきであるとし[46]、第三説は犯罪計画を含めてこれを広く考慮すべきだとする。平野は次のように述べて第二説を主張した。すなわち、ピストルの銃口を相手方にむけた場合（着手未遂）でも、殺人の実行行為なのか、傷害の実行行為なのか、あるいは脅迫の実行行為なのかは、行為者の主観をあわせ考えなければ判別できないであろう。また、ピストルを撃ったがあたらなかった場合（実行未遂）でも、殺人未遂なのか傷害未遂なのかは、行為者の主観を考慮に入れないでは、判別できない。それだけでなく、殺人の故意があれば行為者の身体はその目的の達成に適するように規整されるであろう。未遂の場合、故意は主観的違法要素である、と[47]。

　第一説は主観的違法要素を否定する立場からの主張である。もっとも、支配的な見解は故意の構成要件個別化機能を認め、故意は構成要件要素であるとする。したがって、違法性判断に先立つ構成要件該当性判断の際に既に故意が考慮される。平野が指摘したように、ピストルの銃口を相手方にむけて発射したが相手方に命中しなかったという事例において、故意を考慮しなければ殺人未遂なのか、傷害未遂（暴力行為等処罰法1条の2第2項）なのかは判別できない。これに対して第一説は、この事例について、故意の有無により人が死傷する危険が相違するわけではないと主張する。同説が依拠する物的違法観は、犯罪認定は「客観から主観へ」という順序に従って行うのが人権保障に資するゆえんであるとの理念に基づくものであるが[48]、第一説にはそうした政策的な関心が強く出すぎているように筆者には思える。

　西田は責任要素である故意と行為意思とを区別し、例えば甲が乙に対してピストルの銃口を向けている場合、甲の「引き金を引く意思」、厳密にいえば、次の行為をしようとする「行為意思」が主観的違法要素であるとする[49]。故意と行為意思との区別を前提として、西田は、実行の着手・具体的危険の認定において、

---

45　中山研一・刑法総論（1982年）411頁以下、内藤謙・刑法講義総論（下）Ⅱ（2002年）1228頁以下、曽根威彦・刑法総論［第3版］（2000年）240頁以下、浅田和茂・刑法総論（2005年）366頁。
46　平野龍一・刑法総論Ⅱ（1972年）314頁、佐伯千仭・三訂刑法総論（1977年）188頁以下。
47　平野・前出註46・314頁。
48　中山研一・刑法の論争問題（1991頁）7頁。
49　西田典之・刑法総論［第2版］（2010年）213頁。ちなみに、山口厚・刑法総論［第2版］（2007年）271頁以下も、具体的危険の発生の判断に際しては行為者の（法益侵害惹起行為を行おうとする）行為意思が考慮されるとする。

行為者の行為計画をも考慮しなければ結果発生の危険性を認定できないとして、第三説を主張した[50]。結果無価値論に立脚する西田が、行為無価値論に立脚する野村[51]の主張した折衷説（第三説）を主張したことは興味深いが、むろん両者が想定する具体的危険の内容及び判断基準はかなり異なる[52]。

野村は未遂犯の問題を行為自体の違法性（事前判断）の問題と捉え、実行の着手と不能犯とは同一の基準すなわち具体的危険説の基準で判断すべきであるとした[53]。不能犯は犯人の意図した構成要件的結果の発生が可能か否かの問題であるのに対し、実行の着手は、構成要件的結果の発生が可能な場合において、行われた行為が犯罪の実行といえるか、つまり法益侵害の危険性が切迫したか否かの問題であり、両者の基準は自ずと異なるはずである。例えば、ドイツの胡椒事件[54]のように、強盗の目的でけん銃を携帯して強盗の対象者がやって来ると思われる時刻及び場所においてその対象者を待ち受けていたがその者は現れなかったという場合、犯人の待ち受け行為は具体的危険説の見地から不能犯とされることはないであろうが、わが国の支配的な学説によれば強盗の実行の着手は否定されるであろう。不能犯論では未遂及び予備に共通する、行為の違法性の存否が問題となるのに対し、実行の着手論では法益侵害の危険がどれくらい切迫したのかが問題となり、両者の間には無視できない違いがある。

構成要件的結果を認識、意欲して行われた予備行為も実行行為もともに法益侵害のおそれ（一般的危険性）のある行為であり、違法である。その意味において故意は主観的違法要素である。ただ、予備行為は法益侵害の具体的で切迫した危険が認められないがゆえに、予備を罰する規定がない限り不可罰である。構成要件を実現しようとする意思すなわち構成要件的故意は行為の一般的な危険性の有無を判定するのには適しているが、法益侵害の客観的危険性がどの程度切迫したか（法益侵害の具体的危険が認められるか）は所為計画に照らして判定するのが適当であると思う。予備から未遂を経て既遂に至るにつれて結果を含む広義の行為の違法性はより大きなものとなる。法益侵害の危険の切迫性を測るにあたり所為計

---

50 西田・前出註49・306頁。
51 前出註25。
52 間接正犯の実行の着手につき、西田が被利用行為説を採るのに対し（西田・前出註49・332頁）、野村は利用行為説を採る（野村稔・刑法総論［補訂版］（1998年）338頁）。
53 野村・前出註24-27。
54 前出註17。

画が考慮されるということは、所為計画が法益侵害の切迫した危険性の構成要素であることを意味するから、それは主観的違法要素であるといってよい。

本稿の冒頭に掲げた最高裁平成16年決定[55]の事案と異なり、犯人らがクロロホルムの吸引による中毒死を認識していたとすれば、被害者にクロロホルムを嗅がせた時点では明らかに実行の着手があり、示談を装って被害者を犯人使用車に誘い込んだ時点、さらに遡って被害者の自動車に自車を衝突させた時点で実行の着手があるとすることも考えられる。実際の事案は、被害者を昏睡状態にさせて車ごと海中に沈めてでき死させるという計画の下に同人にクロロホルムを嗅がせて中毒死させたというものであった。同決定の事案で、犯人らがクロロホルムを嗅がせた時点よりも前の時点にまで実行の着手を前倒しすることは実行の着手の際限のない前倒しに通じるものであり、不当である。このように、法益侵害の危険性の切迫度を適切に評価するためには所為計画を考慮することが是非とも必要である。

故意は構成要件的事実を認識、意欲することであるのに対し、所為計画は故意を含んではいるが、構成要件に含まれない事実の認識・表象をも含んでいる。平成16年決定の事案に引き付けていえば、一定の行為により被害者の死を惹起させることを認識、意欲していれば殺意は成立するのであり、中毒死させる計画であったのか、それともでき死させる計画であったのかということは故意の成立それ自体には関係がない。しかし、被害者にクロロホルムを嗅がせて昏睡させた上同人を車ごと海中に沈めてでき死させるという犯人らの計画は、被害者の死がどれくらい切迫していたのかを評価する上で重要な意味を有している。

法益侵害の具体的で切迫した危険の存否を判定する上で、構成要件的行為（犯行における中核的行為）を確実かつ容易に行うために当該行為が必要不可欠なものであったのか否か、当該行為に成功した場合にそれ以降の犯行計画の遂行上障害となるような特段の事情が存したかの否か、当該行為と構成要件的行為とがどれくらい時間的及び場所的に近接していたかという、最高裁平成16年決定で提示された指針や、当該行為が構成要件的行為の直前に位置付けられるのか否かという、塩見により提示された指針はむろん有益である。

---

55 前出註1。

## Ⅳ　結びに代えて

　違法性は行為無価値と結果無価値とから構成されている、と筆者は考える。行為無価値は法に敵対する意思又は犯罪を実現しようとする意思に関係し、結果無価値は法益侵害の危険性に関係する。行為無価値及び結果無価値はともにその存否（質的側面）だけでなく、その程度（量的側面）も問題となると思われる。犯罪の実現を意図して一定の行為を行ったが、およそ意図していた犯罪結果が発生するおそれがなかったという不能犯の場合、意思の無価値という意味での行為無価値は存在するが、法益侵害の危険性という意味での結果無価値が存在しないので、不可罰である。これに対して、犯罪の予備行為には、意思の無価値という意味での行為無価値も法益侵害の危険性という意味での結果無価値も存在する。未遂犯は、もはや犯意を翻すことが不可能なほどに犯意が強固であり、法益侵害の危険が差し迫った段階であるということができるかもしれない。しかし、裁判官（裁判員）が法敵対的な意思の強さや犯罪実現の意思の強さを測定することはきわめて困難であり、それが実行の着手の有効な判断材料になるとは思われない。したがって、実行の着手の究極的な判断基準は法益侵害の切迫した危険に求められるべきである。

# 実行の着手の判断における密接性および危険性

二 本 栁　誠

I　はじめに
II　判　例
III　学　説
IV　おわりに

## I　はじめに

　クロロホルム事件決定[1]においては、被告人が、保険金詐取目的で、クロロホルムを吸引させてAを失神させた上（第1行為）、自動車ごと海中に転落させて溺死させようとしたが（第2行為）、第1行為によりAが死亡した可能性も否定できなかったという事案で、どの時点で殺人罪の実行の着手があったかが問題とされ、次のように判示された。「実行犯3名の殺害計画は〔以下「所為計画」という。〕、クロロホルムを吸引させてAを失神させた上、その失神状態を利用して、Aを港まで運び自動車ごと海中に転落させてでき死させるというものであって、第1行為は第2行為を確実かつ容易に行うために必要不可欠なものであったといえること〔以下「必要不可欠性」という。〕、第1行為に成功した場合、それ以降の殺害計画を遂行する上で障害となるような特段の事情が存しなかったと認められること〔以下「自動性」という。〕や、第1行為と第2行為との間の時間的場所的近接性〔以下「時間的場所的近接性」という。〕などに照らすと、第1行為は第2行為に密接な行為であり〔以下「密接性」という。〕、実行犯3名が第1行為を開始した時点で既に殺人に至る客観的な危険性が明らかに認められるから〔以下「危険性」という。〕、その時点において殺人罪の実行の着手があったものと解するのが相当である。」（〔　〕は筆者）。

---

1　最決平成16年3月22日刑集58巻3号187頁。

ここで密接性と危険性という基準は、実行の着手を認めるための要素として併記された。しかし、両者ともに必要であるのか、必要だとして優劣の関係があるのかは、必ずしも明らかではない。また、所為計画、必要不可欠性、自動性、時間的場所的近接性という考慮要素が挙げられているが、これらの考慮要素が、密接性および危険性といかなる関係に立つのかについても、さらなる解明を要するように思われる。以下では、これらの点に関するわが国の判例・学説の検討を試みる。

## Ⅱ 判 例

ここではまず、密接性ないし危険性という基準が、判例においてどのように言及されてきたかを概観してみよう。

### 1 クロロホルム事件決定以前の判例
もっぱら密接性に言及する判例としては、次のものがあった。
#### ① 大判大正6年10月11日刑録23輯1078頁
この判例の事案は、被告人が、金品をすり取ろうと思って、Aの外套のポケットに手を差し入れたが、気付かれたので何も取らなかったというもので、窃盗罪の実行に着手したといえるかが問題となった。大審院は、「他人の事実上の支配を侵すに付き密接せる程度に達せさる場合に於ては窃盗罪に着手したるものと謂うへからす」（圏点筆者）と判示したが、ポケットに手を差し入れる行為が既に他人の事実上の支配を侵していることを理由に、窃盗罪の実行の着手を認めた。
#### ② 大判昭和9年10月19日刑集13巻1473頁
この判例の事案は、被告人が、金員を窃取する目的でA方に侵入し、Aおよびその妻Bの就寝する6畳間に至り、金員を物色するため部屋の隅のタンスに近寄る際にAが目を覚まし誰何したので、逮捕を免れるために日本刀で両人を切り付けたというものである。本件では、事後強盗傷人罪の成否と関連して、窃盗罪の実行の着手があったといえるかが問題となったが、大審院は、「窃盗の目的を以て家宅に侵入し他人の財物に対する事実上の支配を犯すに付密接なる行為を為したるときは窃盗罪に着手したるものと謂ふを得へし故に窃盗犯人か家宅に侵入して金品物色の為箪笥に近寄りたるか如きは右事実上の支配を侵すに付密接

なる行為を為したるものにして即ち窃盗罪の着手有りたるものと云ふを得」（圏点筆者）と判示した。

以上のように、大審院は、とくに窃盗罪に関して、「窃取」行為より前の、それに密接する行為がなされたときに実行の着手を認めている。ここでは、危険性については少なくとも明示的には言及されておらず、もっぱら密接性だけに言及されているという特徴を見出すことができる。大審院は危険性があるときに密接行為があるとしたのだ、という見方もありうるが、そのような「実質的判断形式をとることはなんら示されていない」[2]。

もっぱら危険性に言及する判例としては、次のものがあった。

③　最決昭和45年7月28日刑集24巻7号585頁

この判例の事案は、被告人らが、夜間、強姦の意図でAをダンプカーの運転席に無理やり引きずり込み、約5800m離れた護岸工事現場に連行し、運転席内で犯行を抑圧して姦淫したが、ダンプカーに引きずり込む際の暴行によりAが負傷したというもので、強姦致傷罪の成否と関連して、引きずり込みの時点で強姦罪の実行の着手があったといえるかが問題となった。最高裁は、「ダンプカーの運転席に引きずり込もうとした段階においてすでに強姦に至る客観的な危険性が明らかに認められるから、その時点において強姦行為の着手があった」（圏点筆者）として、強姦致傷罪の成立を肯定した。

密接性にも危険性にも言及しない判例としては、次のものがあった。

④　最決昭和40年3月9日刑集19巻2号69頁

「被告人は昭和三八年一一月二七日午前零時四〇分頃電気器具商たる本件被害者方店舗内において、所携の懐中電燈により真暗な店内を照らしたところ、電気器具類が積んであることが判つたが、なるべく金を盗りたいので自己の左側に認めた煙草売場の方に行きかけた際、本件被害者らが帰宅した事実が認められるというのであるから、原判決が被告人に窃盗の着手行為があつたものと認め、刑法二三八条の『窃盗』犯人にあたるものと判断したのは相当である。」。

密接性と危険性の双方に言及するものとしては、下級審裁判例ではあるが、次のものがあった。

---

2　西原春夫ほか編『判例刑法研究4　未遂・共犯・罪数』〔大沼邦弘〕（1981年）6頁。

⑤　名古屋地判昭和44年6月25日判時589号95頁

　この裁判例の事案は、被告人甲、乙及び丙が、共謀の上、甲の夫Aを自動車事故に見せ掛けて殺害しようと企て、Aに睡眠薬を飲用させ又は棍棒で殴打して昏酔又は気絶させ、その状態を利用してAを自動車に乗せて峠まで運び、さらにその状態を利用してAを自動車に乗せたまま自動車もろとも谷間に墜落させるなどして殺害するという計画を立て、犯行当日、甲が夕食時に睡眠薬を飲み物に混入してAに飲ませ、その4時間後、丙が睡眠中のAの顔面をすりこ木で1回殴打して気絶させようとしたが、Aが目を覚ましたため、その目的を遂げなかったというものである。殺人罪の実行の着手の有無が問題となったが、名古屋地裁は、「殺人行為そのものに向けられたということで限定された一連の計画中の一つの行為の結果によって次の行為を容易ならしめその行為の結果によって更に次の行為を容易ならしめ最終的には現実の殺人行為それ自体を容易ならしめるという因果関係的に関連を持つ犯罪行為の場合においては、これら一連の行為を広く統一的に観察し、最終的な現実の殺人行為そのもの以前の段階において行われる行為についても、それらの行為によってその行為者の期待する結果の発生が客観的に可能である形態、内容を備えている限りにおいては、前述したとおりその行為の結果は後に発生するであろう殺人という結果そのものに密接不可分に結びついているわけであり、従ってその行為は殺人の結果発生について客観的危険のある行為と謂うことができる」(圏点筆者)と判示した。なお、本判決においては、構成要件該当行為との密接性ではなく、構成要件該当結果との密接性について語られているようであり、その点でやや異質である。

⑥　大阪地判昭和57年4月6日判タ477号221頁

　この裁判例の事案は、被告人甲及び乙が、呉服店を経営する54歳の女性Aを襲い寝袋に入れて気絶させ、その間に金品を強取して換金し、後刻Aを殺害するという強盗殺人の計画を立て、A方兼店舗において、Aに襲い掛かり、その口の中にタオルを押し込み、両手両足を紐で縛った上、寝袋に押し込み、その上から紐で縛り、さらにAを風呂場内に運び入れて、気絶させる目的でガラス製灰皿でその頭部を3回位ずつ殴打し、金品を強取して頭部打撲挫傷の障害を負わせたが、Aは、上記殴打行為では失神せず、甲と乙が立ち去るのを待って自力で脱出したというものである。上記殴打行為をもって、殺人罪の実行の着手とみることができるかが問題となったが、大阪地裁は次のように判示した。「Aを灰

皿で殴打して気絶させてからこれを運び出すまでには、相当の時間的間隔があり、これだけの長時間の間には、たとえAが右殴打によって気絶させられていたとしても、意識を回復して自ら脱出するなり、あるいはAの知人もしくは顧客がA方を訪れて異変に気付き、Aが救出されるに至る可能性は十分に存するということができるのみならず、Aを運び出した後、これを殺害する手段、方法について具体的な計画が立てられていたということも証拠上全く認めることができない。右のような事実関係のもとでは、Aに対する本件殴打行為が、その後に予定されていた同女の殺害という行為そのものに密接不可分に結びついていると評価するのは困難であり、未だ殺人の結果発生について直接的危険性ないしは現実的危険性のある行為とは認め難く、従つて、本件犯行をもって、A殺害の実行の着手とみることはできない。」（圏点筆者）。本判決は、密接性および危険性の双方に言及しているほか、所為計画、時間的近接性、自動性といった考慮要素にも言及していることが注目される。

　以上の概観からすると、密接性という基準は、判例上、主として窃盗罪との関係で言及されてきた（①、②）[3]。これに対して、危険性という基準が最高裁判例に現れたのは、強姦罪の事案においてであった（③）[4,5]。そうすると、密接性と危険性は、判例上、別々に語られる傾向があったといってよいのではないか。もっとも、裁判所が密接性・危険性に言及するか否かは、事案が争点を提供するかどうかに依存する。また、弁護人が未遂犯の不成立を主張する際に、いずれの不存在を強調したかに左右される面もあろう。さらに、判決文に明示的には現れない理論的背景としては、常に密接性も危険性も考慮されていたという可能性もある。他方で、複数行為を予定した殺人罪の事案に関する下級審裁判例の中には、従来から、密接性と危険性の両者に言及するものがあったことも見逃せない（⑤、⑥）[6]。

---

[3] なお、下級審裁判例としては、印紙犯罪処罰法2条にいう交付行為の実行の着手の有無が問題となった事案で、（危険性には言及せずに）密接性に言及した上で、交付罪の実行の着手を否定して無罪を言い渡した原審の判断を維持した東京高裁昭和29年12月27日高刑集7巻12号1785頁がある。
[4] 広島地判昭和49年4月3日判タ316号289頁および横浜地判昭和58年7月20日判時1108号138頁）では、放火罪の実行の着手の有無が問題となったところ、（密接性には言及せずに）危険性に言及した上で、火を放つという構成要件該当行為より前の段階の行為に放火罪の実行の着手を認めた。
[5] 大阪地判昭和45年6月11日判タ259号319頁は、③と類似の事案で、「強姦の手段としての構成要件的定型性」を否定して、強姦の実行の着手を否定した。

## 2　クロロホルム事件決定およびその後の判例

クロロホルム事件決定（前掲）は、密接性と危険性の両者に言及した初めての最高裁判例といえる[7]。その後の、実行の着手の有無が問題となった最高裁判例としては、次のものがある。

### ⑦　最判平20・3・4刑集62巻3号123頁

この判例の事案は、被告人らが、北朝鮮において覚せい剤を密輸船に積み込んだ上、本邦近海まで航行させ、同船から海上に投下した覚せい剤を小型船舶で回収して本邦に陸揚げするという、いわゆる「瀬取り」の方法で覚せい剤を輸入することを計画し、海上から覚せい剤を投下したが、悪天候のため、回収できなかったというものである。問題となったのは、覚せい剤および禁制品の輸入罪の実行の着手があったかどうかである。最高裁は、「本件においては、回収担当者が覚せい剤をその実力的支配の下に置いていないばかりか、その可能性にも乏しく、覚せい剤が陸揚げされる客観的な危険性が発生したとはいえないから、本件各輸入罪の実行の着手があったものとは解されない。」（圏点筆者）と判示した。本判決は、もっぱら危険性に言及している。このことから、クロロホルム事件決定は、密接性と危険性の両者に常に言及することを求めているわけではない、といえようか。

他方で、下級審裁判例の中には、密接性と危険性の双方に言及するものも現れている。

### ⑧　福岡地小倉支判平成17年9月28日判例集未登載（LEX/DB28135332）

この裁判例の事案は、被告人が、身体に通電する行為（第1行為）により被害者を抵抗不能にした上で、絞殺（第2行為）しようと計画したが、いずれの行為から死亡結果が発生したか明らかにならなかったというものである。第1行為を開始した時点で殺人罪の実行の着手があったと認められるかが問題となったが、福岡地裁小倉支部は、次のように判示した。「本件通電行為は、本件絞首行為を

---

[6]　なお、東京高判平成13年2月20日判時1756号162頁は、被告人が妻の左胸部等を数回突き刺したところ、ベランダの手すり伝いに隣室に逃げ込もうとしたため、部屋に連れ戻してガス中毒死させようと掴みかかったところ、バランスを崩して落下し死亡した事案で、「刺突行為から被害者を掴まえようとする行為は、一連の行為」であることを指摘して、密接性にも危険性にも言及することなく、殺人既遂罪の成立を認めた。この判決が「一連の行為」に着目する点は、クロロホルム事件決定と共通している。

[7]　平木正洋「判解」平成16年度最判解刑事篇182頁は、「本決定は、……従前の大審院判例や最高裁判例が採用していた判断基準を維持・統合した」と評価する。

確実かつ容易に行なうために不可欠ないし重要な行為であったというべきである。被告人両名においてもその認識は十分にあった。本件通電行為と本件絞首行為は、いずれもマンションAの台所で行われ、両行為の間の時間的な開きは約三、四十分程度と短時間である。本件通電行為は、それ自体、Gの生命に対する現実的、具体的な危険性が認められ、そのことは、被告人両名において十分に認識していた。

　上記のような本件通電行為と本件絞首行為の時間的・場所的密接性、本件通電行為が殺人の結果発生の現実的、具体的危険性を備えた行為であることに照らすと、被告人両名は、本件通電行為によってGを殺害しようという意図までなく、Gの殺害は本件絞首行為によって遂げる意図であったとしても、本件通電行為を開始した時点で、Gに対する殺人の実行の着手があったと認められる。」（圏点筆者）。

　本判決は、密接性および危険性の双方に言及しているほか、必要不可欠性および時間的場所的近接（密接）性という考慮要素にも言及していることが注目される（引用部分の直前において、所為計画についても詳細に認定している）。

### ⑨　名古屋高判平成19年2月16日判タ1247号342頁

　この裁判例の事案は、被告人が、一方的に好意を寄せていたAに自動車を衝突させて転倒させ（第1行為）、包丁で刺して殺害する（第2行為）との計画のもとに、時速約20kmで自動車をAに衝突させたところ、Aはボンネットに跳ね上げられて後頭部をフロントガラスに打ち付け、停車後、路上に転倒したが、甲は、立ち上がろうとするAの顔を見て殺すことはできないと思い、以後の計画を放棄した、というものである。原審は、第1行為には死の結果を生じさせる具体的危険がなかったと認定して、その時点での殺意を否定し、第1行為について被告人は傷害罪の限度で責任を負うとした。これに対して名古屋高裁は、次のように判示して、殺人未遂罪の成立を肯定した（さらに、中止未遂の成立が認められた）。「被告人は、自動車を被害者に衝突させて同女を転倒させ、その場で同女を刃物で刺し殺すという計画を立てていたところ、その計画によれば、自動車を同女に衝突させる行為は、同女に逃げられることなく刃物で刺すために必要であり、そして、被告人の思惑どおりに自動車を衝突させて同女を転倒させた場合、それ以降の計画を遂行する上で障害となるような特段の事情はなく、自動車を衝突させる行為と刃物による刺突行為は引き続き行われることになっていたので

あって、そこには同時、同所といってもいいほどの時間的場所的近接性が認められることなどにも照らすと、自動車を同女に衝突させる行為と刺突行為とは密接な関連を有する一連の行為というべきであり、被告人が自動車を同女に衝突させた時点で殺人に至る客観的な現実的危険性も認められるから、その時点で殺人罪の実行の着手があったものと認めるのが相当である。」(圏点筆者)。なお、名古屋高裁は、第1行為について、「この行為自体で被害者を死亡に至らせることがあることは経験則上明らか」と認定した。

　本判決は、密接性および危険性の双方に言及しているほか、所為計画、必要不可欠性、自動性、時間的場所的近接性という、クロロホルム事件決定で明示された全ての考慮要素に言及していることが注目される。また、第2行為が実際には行われなかった点、死亡結果が発生しなかった点がクロロホルム事件と異なっており、本件事案を特徴付けている。

　⑧も⑨も、複数行為を予定した殺人罪の事案に関するものである点で、また、密接性および危険性の双方に言及している点で、クロロホルム事件決定および⑤、⑥と同様である。

## Ⅲ　学　説

### 1　密接性と危険性の相互関係
#### (1)　密接性の考慮を否定する見解

　密接性の考慮を否定する見解としては、修正を一切認めない、本来の形式的客観説が考えられる。すなわち、刑法43条の「犯罪の実行の着手」といえるには、各則の文言に当てはまる行為（構成要件該当行為）まで必要であり、それ以前の行為では不充分であるとするのである。本説は、罪刑法定主義の見地からは基本的に正当である。もっとも、例えば、「窃」かに「取」る行為を要求する窃盗罪の場合であれば、財物を物色する行為では不充分であり、少なくともそれに手を触れる行為まで必要である、ということになろう。しかし、それではほぼ窃盗既遂に達しており、遅きに失する。また、ただちに点火するつもりでガソリンを撒布した段階においても、たしかに「放火して」という点火行為はいまだ存在しないが、着手を認めてよい場合もあろう。このように、少なくとも窃盗罪や放火罪については、形式的客観説は支持できないと思われる。

また、未遂犯の処罰根拠を法益侵害の切迫した危険に求めるいわゆる実質的客観説に依拠しつつ、その反面で、構成要件該当性ないしその密接性という形式的基準の考慮を拒否する立場も考えうる[8]。しかし、およそ形式的基準を放棄するとすれば、それは罪刑法定主義の放棄に等しい[9]。

## （2）危険性の考慮を否定する見解

　刑法の目的を社会倫理規範の維持に求め、構成要件を行為規範と理解し、この行為規範に反する行為を実行の着手と捉えようとする立場からは、実行の着手の判断において法益侵害の危険性を考慮することは必ずしも必要ではないことになろう。いわゆる定型説の論者が、「それじたいが構成要件的特徴を示さなくても、全体としてみて定型的に構成要件の内容をなすと解される行為であれば、これを実行の着手と解してさしつかえない。」[10]として密接性類似の定型性を要求する一方で、危険性に言及しないのは、そのような趣旨とみることもできる。この見解に対しては、刑法の目的を法益保護に求める通説的見地との整合性が問われよう。

　次に、法益の安全に対する公衆の信頼の動揺に未遂犯の処罰根拠を求める印象説は[11]、法益侵害の危険が認められない場合にも法動揺的印象を根拠に未遂処罰を肯定しようとすることから、本説によれば実行の着手の判断において法益侵害の危険性を考慮することは必ずしも必要でないことになろう[12]。この見解は、刑法の目的を法益保護に求めることを必ずしも否定するものではないと思われるが、

---

[8] 例えば、川端博『刑法総論講義〔第3版〕』（2013年）476頁以下は、そのような趣旨であろうか。また、高橋則夫『刑法総論〔第2版〕』（2013年）378頁以下も、行為者の犯罪計画全体に照らし法益侵害の危険が切迫した時点に実行の着手を求める折衷説に依拠しつつ、形式的基準の採用に消極的であるようにみえる。

[9] なお、構成要件に規定された手段は、既遂犯の構成要件要素ではあっても未遂犯の構成要件要素ではないという考え方が主張されているが（佐伯仁志『刑法総論の考え方・楽しみ方』（2013年）347頁、山口厚『刑法総論〔第2版〕』（2007年）269頁。反対・西田典之『刑法総論〔第2版〕』（2010年）305-306頁、二本柳誠「実行の着手と罪刑法定主義」『曽根威彦先生・田口守一先生古稀祝賀論文集〔上巻〕』（2014年）671-672頁）、このような考え方は、密接性のような形式的基準の採用をおよそ拒否するものではないとしても、その考慮が十分といえるか検討の余地がある。

[10] 団藤重光『刑法綱要総論〔第3版〕』（1990年）355頁注（四）。

[11] 塩見淳「実行の着手について（三）・完」論叢121巻6号（1987年）12頁以下。同「間接正犯・離隔犯における実行の着手時期」『理論刑法学の探究④』（2011年）30頁も参照。原口伸夫「間接正犯者の実行の着手時期」新報105号1号（1998年）106頁以下、同「判批」新報113巻3＝4号（2007年）649頁注(52) も参照。

[12] 塩見・前掲注(11)「実行の着手について」16頁は、「法益侵害ないしは構成要件実現の危険を判断規準とする見解には従いえない」とする。

そうであるならば、違法性の実質は法益侵害・危険に見出すべきではなかろうか。
## （3）密接性と危険性の両者を必要とする見解
　次に密接性と危険性の両者を必要とする見解（厳密には、「構成要件該当行為又はこれに密接する行為」と「危険性」の両者を必要とする見解）をみてみよう[13]。ある見解は、「構成要件該当行為にまさに接着する直前行為ないし密接行為を行うことが必要である」として、（修正された）形式的客観説を基調としつつ、危険性の基準の併用を主張する理由として、「直前行為の意義を明確化・具体化する」ことを挙げる[14]。この見解は、危険性を要求する根拠（の一部）を密接性（直前行為）の不明確さに求めるものといえる。また、「なにがその密接な行為であるかを判断するためには結局は当該構成要件によって保護されている法益の侵害の危険性を考慮せざるを得ないであろう。」[15]との指摘もある。他方で、ある見解は、未遂犯の処罰根拠を法益侵害の切迫した危険に求めるいわゆる実質的客観説を基調としつつ、次のように述べる。「もっとも、切迫した危険といっても、その程度にはかなりの幅がありうる。したがって、これを明確にするためには、形式的ないし時間的な限定が必要である。しかし、それは必ずしも構成要件的特徴を持つ行為そのものである必要はない。わが国の判例が『構成要件に該当する行為またはこれに接着した行為』であることを要件としているのは、この意味で妥当であると思われる。」[16]。
　以上のように、密接性と危険性は、一方の不明確性という消極的な根拠から他方が要求されることがある。そこでは、両者の間に優劣の関係を認めているようにみえる。しかし、仮に一方が明確性を獲得した場合も、他方が不要になるわけ

---

13　例えば、大塚仁ほか編『大コンメンタール刑法〔第3版〕』〔大塚仁〕（2013年）5-6頁は、「構成要件論を基礎とする立場においては、実行行為、すなわち、犯罪構成要件の実現にいたる現実的危険性を含む行為を開始することが実行の着手であると解すべきである……。単に犯罪構成要件に密接する行為が行われただけでは足りないのである。」とする。同『刑法概説（総論）〔第4版〕』（2008年）171頁も参照。小野清一郎『新訂刑法講義総論』（1948年）183-184頁は、「実行行為とは即ち構成要件に該当する行為であり、即ち構成要件の充足に至るべき危険性を有する（少なくとも抽象的に）行為に外なら」ないとする。
14　井田良『講義刑法学・総論』（2008年）397頁以下。
15　大塚仁ほか編『大コンメンタール刑法〔第3版〕』〔野村稔〕（2013年）75頁。
16　平野龍一『刑法総論II』（1975年）314頁。山口・前掲注（9）269頁も、「危険概念が程度概念であり、柔軟である」ことから出発して、「形式的基準と実質的基準とは、相互補完的関係にあると理解する必要がある。」とする。佐藤拓磨「間接正犯の実行の着手に関する一考察」法研83巻1号（2010年）164頁以下、野村・前掲注(15) 76-77頁、松原芳博『刑法総論』（2013年）288頁も参照。

ではあるまい。それでは、密接性と危険性の両者が必要とされる、積極的な根拠は何か。

　密接性は、罪刑法定主義の要請に応えようとするものといえる。なぜなら、刑法43条本文が「犯罪の実行に着手」したことを要求することから、各則の動詞の語義に含まれる行為（構成要件該当行為）の開始時点を基本的な実行の着手時期とし、それと密接する行為ないし直前の行為の限度で実行の着手を認めるものだからである[17]。他方で、危険性は法益保護の要請に応えようとするものであるといえる。なぜなら、法益保護主義は、法益の侵害・危険性に違法性の実質を見出すものであるから、未遂犯の処罰根拠は法益に対する危険性に求められ、それが認められる時点に実行の着手時期を求めることになるからである[18]。罪刑法定主義と法益保護主義が別原理である以上、実行の着手の判断においては、密接性と危険性という基準の双方を考慮に入れる必要があると考えられる[19]。

　このことは、刑法の目的論的解釈の見地からも補強される。すなわち、刑法の目的を人権保障と法益保護とに求める場合、これら2つの目的に合致するような目的論的解釈が要請されるが[20]、人権保障を担う罪刑法定主義から密接性が要求され、法益保護主義から危険性が要求されるといえるのである[21]。

　以上のように、密接性と危険性は、別の原理・目的に由来するものであるから、優劣のない同等の資格で考慮すべきではなかろうか。

## 2　考慮要素
### （1）検討対象の設定
　密接性と危険性の両者が実行の着手を認めるために必要だとして、それらはど

---

17　井田・前掲注(14) 397頁以下、塩見・前掲注(11)「実行の着手について」15頁以下、二本柳・前掲注(9) 674頁以下。
18　平野・前掲注(16) 313頁等（いわゆる実質的客観説）。
19　平木・前掲注(7) 162頁参照。
20　佐伯仁志「はじめに・生命に対する罪（1）」法教355号（2010年）75頁参照。
21　なお、公務員による政党機関紙等の配布が、国家公務員法102条1項にいう「政治的行為」に当たるかが問題となった最判平成24年12月7日刑集66巻12号1337頁および最判平成24年12月7日刑集66巻12号1722頁は、「政治的行為」を人事院規則が「定める行為類型に文言上該当する行為であって、公務員の職務の遂行の政治的中立性を損なうおそれが実質的に認められるもの」に限定している。本判決は、実行の着手が争点となった事案ではないけれども、文言該当性という罪刑法定主義の観点と実質的危険という法益保護主義の観点のいずれも必要であることを明示している点で、本稿の問題意識に照らしても注目に値する。

のような考慮要素によって基礎付けられるべきであろうか。この点については、冒頭で示した通り、クロロホルム事件決定が所為計画、必要不可欠性、自動性、時間的場所的近接性という考慮要素を示していることから、これらを検討対象としたい[22,23]。

密接性も危険性も、これらの考慮要素を総合的・総花的に考慮して決せられる、との説明が考えられる[24]。間違いではないであろうが、この説明のみに甘んじる限り、各々の考慮要素が持つ規範的意義は十分に解明されないままである。

これを解明する前提として、クロロホルム事件決定から読み取れる、判例の態度を確認しておこう。判例は、これらの考慮要素を、密接性と危険性に共通のものとして掲げたのであろうか。この点、「本件では、客観的危険性と密接行為性は、3つの下位基準〔＝必要性不可欠性、自動性、時間的場所的近接性〕からの共通の帰結として導かれており、両者が分離することは予定されていないようにも思われる。」[25]との指摘がある。しかし、判示の表現は、「〔必要性不可欠性、自動性、時間的場所的近接性〕などに照らすと、第1行為は第2行為に密接な行為であり、実行犯3名が第1行為を開始した時点で既に殺人に至る客観的な危険性が明らかに認められるから、……」というものであり、この表現からみて、各考慮要素に照らして密接性が肯定されていることは明らかであるが、各考慮要素に照らして危険性が肯定されたのかどうかは不明である[26]。また、クロロホルム事件決定

---

22　平木・前掲注（7）175頁は、「第1行為自体が成功する可能性」という考慮要素の可能性を示唆する。また、佐藤拓磨「実行の着手と実行行為」法学研究82巻1号（2009年）373-374頁は、「行為それ自体が当該犯罪の実行行為としての特徴を備えていること」、具体的には、「クロロホルムを吸引させる行為自体が被害者の生命を侵害する客観的な危険性を有していたこと」を考慮要素とすることの是非を検討し、「実行の着手判断の拡張を抑制するという観点からは魅力的ではあるが、支持し難い」と結論付けている。

23　これらのうち、所為計画は判断資料に過ぎず、後三者は判断基礎となるという説明が可能かもしれない。例えば、自動性に関する判示の表現の中に、「計画」の語が含まれていることが参考になる。文献でも、もっぱら後三者について①②③などと番号を付して検討対象とする傾向があるようにみえる。もっとも、所為計画の具体性・強固さが密接性を基礎付けるという考え方はありうる（藤木英雄『刑法講義総論』（1975年）258頁は、実行の着手の有無は「結果発生の具体的な客観的危険性と、行為者の意思の強固さとを総合して、実質的に判断すべきである。」とする）。また、所為計画が危険性を基礎付けることがあると考えられることにつき、後掲注（48）参照。

24　平木・前掲注（7）172頁は、必要不可欠性、自動性、時間的場所的近接性に加え、「準備の行為自体が成功する可能性」という事情を更に挙げ、「これらの事情を総合考慮して、密接性の基準と危険性の基準を満たすかどうかを検討することになる。」とする。

25　松原芳博『刑法の判例〔総論〕』（2011年）182頁。

26　原口・前掲注（11）「判批」623頁は、「……三つの判断要素をはじめて示して密接行為かどうかを判断した」とみる。山口厚『基本判例に学ぶ刑法総論』（2010年）206-207頁も参照。

は、実行の着手時期の判断資料として、「犯人の計画〔＝所為計画〕をも考慮に入れるべきことを最高裁判所として初めて明確に」したとされるが[27]、所為計画が、もっぱら密接性に関わるのか、それとも危険性にも関わるのかについても、判示の表現からは不明である。

**（2）密接性に関する考慮要素**

　密接性を判断する際の指導原理は、フランクの公式にこれを求めることができよう。すなわち、フランクは、構成要件行為に先行する行為であっても、それと構成要件行為との間に、相互に必要不可欠といえる密接な関係（notwendige Zusammengehörigkeit）がある場合、その行為は、自然的理解のもとでは構成要件行為の一部とみなされるのであり、実行の着手を肯定できる、としたのである[28]。クロロホルム事件決定で必要不可欠性という考慮要素が挙げられたことは、この意味において理解でき、支持できる。

　フランクの公式を採用するとして、さらに、自動性と時間的場所的近接性をいずれか一方で足りると考えるのか、それとも、両者とも必要と考えるかの点が争われる。フランクの公式を基本的に支持しつつ、密接行為を、「機能的に見て構成要件行為に至る経過が自動的である行為、又は、構成要件行為に時間的に近接する行為」と具体化する見解は[29]、2つの条件を「又は」で接続するものであるから、クロロホルム事件決定で示された自動性および時間的場所的近接性についても、いずれか一方で足りることになろうか。これに対して、本来的には、自動性と時間的場所的近接性の両者が必要ではないかという疑問があり、さらなる検討を要する[30]。なお、判例がこの点についていずれの立場に依拠しているかは明らかではないが、妥当な処罰範囲の確保という関心からすれば、いずれか一方で足りるとする方向に傾くであろう。

　所為計画については、密接性との関係でこれを判断資料とすることを認めざる

---

27　平木・前掲注（7）182頁。
28　*Reinhard Frank*, Das Strafgesetzbuch für das Deutsche Reich, 18. Aufl., 1931, S. 86f. 塩見・前掲注(11)「実行の着手について」16頁以下、二本柳・前掲注（9）674頁以下。
29　塩見・前掲注(11)「実行の着手について」18-19頁。この見解はさらに、「犯罪類型において被害者領域が存在する場合には、直前行為は原則としてその領域への介入を伴っていなければならない」とする。なお、井田・前掲注(14)397頁以下は、直前行為の意義を具体化し、結果発生の時間的切迫性か自動性を択一的に要求する。
30　二本柳・前掲注（9）682-683頁。

をえないとするのが通説的な立場と考えられるが[31]、私見はこれに反対である[32]。
### （3）危険性に関する考慮要素

次に、危険性との関係で、各考慮要素はいかなる意義を持つであろうか（既に述べたように、クロロホルム事件決定が各考慮要素を危険性と関係づけているか否かは不明である）。まず、「必要不可欠性」は、上述のように密接性との関係では指導原理となるのに対し、危険性との関係では必ずしも重要な意味を持たないと思われる。というのも、「『必要不可欠性』は、しばしば予備行為や幇助行為にも見られるものであって」[33]、少なくとも危険性の高さを基礎付ける事情とは思われないからである[34]。

これに対して、自動性および時間的場所的近接性は、危険性との関係では重要な意義を有しているとの見解が有力である[35]。そして、ここでは自動性が時間的場所的近接性により限定されている、との見方が示されている[36]。このような見解を支えているのは、実行の着手にとって、危険の切迫性までは不要であり、結果発生の確実性（≒自動性）で足りる、という見解[37]と思われる[38]。

これに対して、実行の着手（未遂犯の成立）にとって危険の切迫性を要求する見解[39]からは、別に考える余地があろう[40]。野村教授は、「行為者の所為計画によ

---

31　例えば、佐藤拓磨「実行の着手と行為者主観との関係について」『慶應の法律学　刑事法』(2008年) 128頁は、「行為の一連性を判断するために必然的に行為者の計画を考慮に入れざるを得ない」とする。
32　所為計画を密接性との関連において考慮できるとする十分な根拠があるか疑問である。詳細は、二本栁・前掲注（9）678頁以下。
33　松原・前掲注(25) 183頁。
34　西田典之ほか編『注釈刑法　第1巻　総論』〔和田俊憲〕(2010年) 665頁は、クロロホルム事件決定について、「必要不可欠性と近接性から第1行為の第2行為に対する密接性を認め、障害の不存在と近接性から第1行為の客観的危険性を認めて、その密接性と客観的危険性とを根拠に第1行為開始の時点での実行の着手を肯定したものと解される。」として、危険性との関係では必要不可欠性を考慮していない。
35　和田・前掲注(34) は、危険性との関係で、自動性および時間的場所的近接性を挙げる。
36　鈴木左斗志「実行の着手」西田典之ほか編『刑法の争点』(2007年) 89頁は、「時間的場所的近接性という条件は、それ自体独立に未遂犯の成立要件になっているというよりは、結果発生の確実性について高度のものを要求するための事実認定上の指針にすぎないと理解されることになる」とする。なお、松原・前掲注(25) 183頁は、「『時間的場所的近接性』は、結果発生の切迫性を要求するもののようにも思われるが、あくまで2つの行為の間の近接性を問題としていることから、構成要件的限定としての密接行為性を基礎づけるとともに、結果発生の確実性・自動性を側面から補強するものと解すべきであろう。」とする。
37　大谷實『刑法講義総論〔新版第4版〕』(2012年) 367頁、平野・前掲注(16) 318頁以下、和田俊憲「未遂犯」山口厚編『クローズアップ刑法総論』(2003年) 216頁以下等。

れば法益の危殆化に自己の行為が介在することが予定されているときは、法益の危殆化はなお間接的であって切迫性に欠け、実行の着手は認められない」[41]とされる。さらに、クロロホルム事件については、「私見（折衷説）からは所為計画上自己の規範的障害となる第二行為が予定されているので結果発生の危険性は間接的であり第一行為は予備に止まると考える」[42]とされる。私も、クロロホルム事件では、危険の切迫性が欠けることを理由に未遂犯の成立を認めるべきでないと考える[43]。もっとも、法益の危殆化に自己の行為が介在することが予定されている場合の中には、危険の切迫性が認められる場合もあろう。例えば、甲が、殺意を持って、しかも直ちに引き金を引くという行為意思をもって、Ａにピストルの銃口を向けている場合、引き金を引くという行為が介在してはいるが、行為意思の存在を根拠に、殺人の危険が切迫しているといえるように思われる[44]。ただし、「本件では、クロロホルムを嗅がせて、自動車を運転して２キロ走るという日常行為が予定され、岸壁から転落させる第２の危険行為が予定されていたのである。これは、銃で相手に狙いをつけて引き金を引く行為を残すのみになった状

---

[38] 間接正犯・離隔犯の着手時期をめぐっては、「現在では、議論の中心も、切迫時説と個別化説のどちらが妥当か、すなわち未遂犯の成立には切迫性が必要なのか、確実性で足りるのかという問題に移りつつあるといってもよい。」とされる（佐藤拓磨「間接正犯・離隔犯の着手時期――着手論における切迫性・確実性の意義――」刑雑50巻２号（2011年）152頁）。この議論は、間接正犯でも離隔犯でもないクロロホルム事件の理解においても有益な視座を提供するものと考えられる。平木・前掲注（７）172頁も参照。もっとも、仮にクロロホルム事件決定の射程が離隔犯に及ぶとしたら、大判大正７年11月16日刑録24輯1352頁（被告人が毒を混入した白砂糖をＡ宅に郵便小包で送付したところ、Ａはこれを受領したが、調理の際に異常に気付き食べなかったという事案で、郵送時ではなく受領時に実行の着手を認めた）等の説明は困難になろう。

[39] 佐伯・前掲注（９）343頁、曽根威彦『刑法総論〔第４版〕』（2008年）217-218頁、内藤謙『刑法講義総論（下）Ⅱ』（2002年）1238頁、松原・前掲注(16) 300-301頁、山口厚『問題探究刑法総論』（1998年）210頁等。

[40] 松原・前掲注(25) 183頁は、「予定された結果惹起行為との間に一定の時間的場所的な懸隔のある本件で、結果発生の切迫性を肯定しうるかは検討の余地があろう」とする。

[41] 野村・前掲注(15) 79頁。

[42] 野村・前掲注(15) 113頁。折衷説とは、行為者の所為計画によれば当該構成要件の保護客体に対する具体的危険が直接的に切迫したときに実行の着手を肯定するべきであるとする見解をいう（野村稔『未遂犯の研究』（1984年）300-301頁）。

[43] 結論として同旨であるのは、浅田和茂『刑法総論〔補正版〕』（2007年）377頁、同「判例に見られる罪刑法定主義の危機」立命345・346号（2012年）3085頁、門田成人「判批」法セミ594号（2004年）116頁、曽根・前掲注(39) 216頁、同『刑法における結果帰属の理論』（2012年）299頁注(48)〔初出・同「遡及禁止論と客観的帰属」板倉宏博士古稀祝賀『現代社会型犯罪の諸問題』（2004年）135頁以下〕、山中敬一「最近の刑法総論における判例の動向」刑ジャ１号（2005年）30-31頁、同『刑法総論〔第２版〕』（2008年）361頁等。

[44] 二本柳誠「未遂犯における危険判断と行為意思」早研120号（2006年）153頁参照。

態や、媒介物に火をつけて建造物に燃え移らすばかりになった状態とは異なる」[45]。

なお、クロロホルム事件決定で掲げられた時間的場所的近接性について、結果発生の切迫性を要求するものとして捉える見解もある[46]。たしかに、結果発生の切迫性は要求されるべきである。しかし、同決定は「あくまで２つの行為の間の切迫性を問題としている」[47]ことから、そのような理解は困難ではなかろうか。

所為計画については、それが法益侵害の危険に影響を与えるところの行為意思の集合体である限り、危険性の判断を基礎付けうる[48]。なお、判例は、「客観的な危険性」という表現を用いてはいるが、所為計画のような主観の考慮を排除する趣旨ではないだろう。

## Ⅳ　おわりに

本稿の主張をまとめると、次のようになる。

実行の着手を認めるためには、罪刑法定主義の要請から構成要件該当行為又はこれに密接する行為（密接性）が、法益保護主義の要請から危険性が、両者ともに必要である。両者の間に優劣の関係はない。

密接性との関係では、フランクの公式の観点から、必要不可欠性が指導原理となる。必要不可欠性を具体化した考慮要素が、自動性と時間的場所的近接性である。自動性と時間的場所的近接性については、いずれか一方で足りるとする見解が有力であるが、両者ともに必要とすべきではないか、検討の余地がある。所為計画を密接性の判断資料とするのが通説であるが、私はこれに反対である。

危険性との関係では、必要不可欠性は必ずしも重要な意味を持たない。仮に、実行の着手を認めるためには危険の切迫までは不要であり、結果発生の確実性で

---

45　山中・前掲注(43)『刑法総論』361頁。
46　佐伯・前掲注（9）346頁は、「この判例は、……結果発生との時間的場所的近接性が重要であることを明らかにした」とする。鈴木・前掲注(36) 89頁は、「最高裁は、……結果発生に至るまでの『時間的場所的近接性』が考慮されなければならないことを認めた」とする。橋爪隆「判批」ジュリ1321号236頁は、「ここでは、結果発生の確実性・蓋然性という要件に加えて、結果発生の時間的切迫性が要求されているということができよう」とする。平木・前掲注（7）172頁は、時間的場所的近接性が「結果発生の時間的切迫性」に関連があることを示唆している。
47　松原・前掲注(25) 183頁。
48　詳細は、二本柳・前掲注(44) 154頁以下参照。

足りるとする見解に立つならば、自動性と時間的場所的近接性とを理由に、危険性を認めることができるであろう。しかし、未遂犯の成立を認めるためには危険の切迫まで必要であると考える。そうすると、クロロホルム事件の事案では、危険の切迫が認められないことを理由に、未遂犯の成立を否定せざるをえない。所為計画は、それが法益侵害の危険に影響を与えるところの行為意思の集合体である限り、危険性の判断を基礎付けうる。

　貴重なご指導を賜ってきた野村稔教授に深く感謝し、謹んで本稿を捧げたい。

# 規範論による正犯・共犯論の再定位

髙 橋 則 夫

Ⅰ　はじめに
Ⅱ　行為規範と制裁規範の「対置」と「結合」
Ⅲ　「行為規範と制裁規範」の正当化根拠
Ⅳ　「行為規範と制裁規範」の「対置」の意義
Ⅴ　規範論と正犯・共犯論との交錯
Ⅵ　制裁（媒介）規範としての正犯・共犯論
Ⅶ　おわりに

## Ⅰ　はじめに

　本稿は、規範論から正犯・共犯論（およびその基礎となる共犯規定――以下、この括弧内は略す）を位置づける一つの試みを行うものである。もっとも、この試みについては、拙稿において既に論じてきたところであるが[1]、規範論についてのさらなる考察と、「制裁（媒介）規範」という概念のさらなる理論的基礎づけを行うことによって、この問題の再検討・再整備を行うことが本稿の目的である。さらに、正犯・共犯論を制裁（媒介）規範のカテゴリーに位置づける私見に対して、正犯・共犯論を行為規範のカテゴリーに位置づける見解からの批判もあり[2]、それに対する反論という意味もある。

　以下で述べるように、正犯・共犯論を行為規範のカテゴリーに位置づける見解は、関与形式の差異が行為規範の差異に至ると考えているが、たとえば、「人を教唆するな」という内容は、具体的な行為規範を形成するものではない[3]。ま

---

[1]　髙橋則夫『規範論と刑法解釈論』（2007年）122頁以下、152頁以下、同『刑法総論（2版）』（2014年）7頁以下など参照。
[2]　たとえば、照沼亮介『体系的共犯論と刑事不法論』（2005年）19頁以下、増田豊『規範論による責任刑法の再構築』（2009年）341頁以下など参照。

た、この見解は、実行行為とそれ以外の関与とを峻別するという点から行為規範の差異を導いているが、その前提にある考え方は、正犯＝実行という等号にある。しかし、この等号は、もはや厳格には維持できないものとなっている。規範論と共犯論の連関を探求するためには、「規範」、「実行」、「正犯・共犯」という三者の異同が問題とされなければならないのである。

## II 行為規範と制裁規範の「対置」と「結合」

犯罪者は刑罰法規に違反することはできず、むしろ、刑罰法規を充足しているのであり、犯罪者は刑罰法規から派生する規範に違反すると述べたのは、ビンディングであった[4]。刑罰法規は、たとえば、「人を殺した者は、死刑又は無期若しくは5年以上の懲役に処する。」（刑199条）と規定しており、この規定の名宛人は、裁判官である。たとえば、裁判官が、殺人行為を認定した場合に罰金刑を科すことは、刑199条違反となるわけである。それでは、犯罪者は何に違反するかというと、刑199条から導かれる「人を殺すな」という禁止を内容とする行為規範に違反するのである。前者の裁判官に向けられた規範が「制裁規範（Sanktionsnorm）」であり、後者の一般人に向けられた規範が「行為規範（Verhaltensnorm）」である[5]。

従来、行為規範か裁判規範かという論争が行われてきたが、刑法が裁判規範であることは自明な事柄であって、それを前提にして、刑法規範は行為規範と制裁規範の両者で構成されていること、さらに、行為者は、行為規範にのみ違反するのであり、制裁規範に違反することはできないことに注意しなければならない[6]。

行為規範の設定により、事前の規範的予期が可能となり、その予期が破られた

---

3 我々は、日常生活において、様々なことにつき人を唆しているのであり、また、「犯罪」を教唆する（刑61条）という文言も何ら限定的とならず、たとえば、殺人罪（刑199条）であれば、「人を殺すな」という内容を付加してはじめて具体的な行為規範が形成されることになる。具体的な行為規範は、刑法各則の構成要件からのみ派生すると解するべきであろう。

4 *Binding*, Die Normen und ihre Übertretung, Bd. I 3. Aufl., 1916, S. 3f., 156f. 参照。もっとも、このような考え方は、既にホッブス、ベンサムの著作に看取できるとするのは、*Renzikowski*, Straftheorie bei Hobbes und Bentham- zur Unterscheidung zwischen Verhaltens- und Sanktionsnormen, Leipziger Juristisches Jahrbuch 2010/11, S. 9ff. である。

5 詳細は、高橋・前掲書1頁以下参照。行為規範と制裁規範の対置を犯罪論の基礎に置くのは、山中敬一『刑法総論（2版）』（2007年）17頁以下、増田・前掲書7頁以下であるが、その基本的理解および解釈論的帰結については私見と異なっている。

場合には、何らかの制裁が賦課される制裁規範があることにより、過去および将来における行動の指針が維持されるのである。もっとも、だからといって、規範それ自体を保護するために、このような規範設定をするわけではない。それぞれの規範は、固有の目的を有しているのである。すなわち、行為規範の目的は、法益保護にあり、制裁規範の目的は、刑罰目的の実現にある。行為規範違反は、それが、刑法上の制裁規範に裏打ちされていることから、法益に対する許されない危険、一般的・抽象的危険によって判断される。しかし、行為規範違反だけでは、制裁規範の発動条件としては不十分であり、さらに、可罰性を帯びるためには、具体的危険が必要となるのである。この点に、行為規範と制裁規範との「結合」の意味がある。

## Ⅲ 「行為規範と制裁規範」の正当化根拠

まず、行為規範の正当化根拠はどこにあるのかが問題となる[7]。刑法の任務・目的は、社会における人間の共同生活の保護にあり、具体的には、個人の生命、身体、自由、名誉、財産などの法益の保護にある。これが出発点であるが、問題は、いかなる形で法益を保護するのかという点である。刑法は、刑罰によって法益を保護するものであるが、たとえば、人を殺した者に対して刑罰を科しても殺された被害者が生き返るわけではないし、物を壊した者に刑罰を科しても壊された物が修復されるわけではない。刑罰は、このように、法益保護の観点から見てつねに遅れて登場するものである。となると、刑罰を具備する刑法による法益保護は、つねに将来に対してのみ意味をもつことになる（予防的な法益保護）。この点に、刑法の行為規範性の基礎がある。すなわち、刑法は、事前に、たとえば「人を殺すな」という行為要請としての規範を提示することによって、法益を保護するものなのであり、行為者はその行為によってその規範を侵害するという点に犯罪性（違法性）の中心的要素が認められなければならない。

---

[6] これに対して、野村稔『刑法総論（補訂版）』（1998年）39頁以下は、行為規範・制裁規範・裁判規範と三分類するが、制裁規範の名宛人を行為者とする点に疑問が残る。行為者は、制裁規範に違反することはできず（むしろ充足する）、行為規範に違反することによって、制裁規範が発動されるという構造となる。

[7] この点につき、高橋・前掲『規範論と刑法解釈論』7頁以下参照。

行為規範が法益保護のために設定されることから、行為規範違反があったか否かの判断においても、法益関連的に判断されなければならない。その際、予防的な法益保護という事前判断性を否定することはできないことから、法益に対する一般的・抽象的危険が存在すれば、行為規範違反が肯定されることとなろう。

次に、刑罰という制裁規範は、いかなる根拠で正当化されるのであろうか[8]。この問題は、刑罰の目的は何かという問題である。前述のように、制裁規範は、行為規範によって事前に（行為者を含む）一般人に対して禁止・命令をしたにもかかわらず、行為者がこれに違反したことに対する反作用としての意味がある。したがって、刑罰が、違反された行為規範を回復させるという機能をもつことは確かである。しかし、たとえば、「人を殺すな」という行為規範を回復させるということだけでは、あまりに抽象的すぎる。そこで、この行為規範にかかわる登場人物を考える必要があろう。まず、加害者としての行為者がいて、被害者がいる。しかし、この当事者だけがこれにかかわるのではない。それぞれの関係者（ミクロ・コミュニティ）から、地域社会（マクロ・コミュニティ）などの公的なレベルのものも関わり、さらには、社会、国家というレベルにまで広がりを見せるのである。犯罪は、このように、私的な事柄から公的な事柄にまで派生するのであり、刑法が公法とされる所以である。すなわち、刑法上の行為規範を回復するということは、犯罪によって侵害された法的平和を回復するという意味に他ならない。法的平和とは、加害者、被害者、コミュニティの３者間における規範的コミュニケーションであり、この回復のための最終手段が刑罰であると解することができよう。

## Ⅳ　「行為規範と制裁規範」の「対置」の意義

犯罪構造を構成要件該当性・違法性・責任とに分割する、いわゆる３段階的犯罪構成に対して、なぜ規範論の展開が必要なのであろうか[9]。それは、第１に、行為者は、刑罰法規を前提として、それに論理的に先行する規範に違反するのであり、この規範を解明することなしに、犯罪論を展開することは不可能といえるからであり、第２に、規範論によって、３段階的犯罪構成をより分析的に解明す

---

8　この点につき、高橋・前掲『規範論と刑法解釈論』10頁以下参照。

ることができるからである。たとえば、犯罪を構成する（あるいは阻却する）要素は、平板に並列しているわけではなく、それぞれがどのような構成（阻却）要素であるかが問われなければならない。すなわち、各構成（阻却）要素は、「行為規範と制裁規範」というカテゴリーにそれぞれ棲み分けさせることによって、それぞれの意味内容が浮き彫りにされるのである。

構成要件要素については、客観的構成要件要素と主観的構成要件要素とに2分され、たとえば、一般に、結果は前者に、故意は後者に属するとされている。これに対して、規範論的な視点によれば、結果は制裁規範に、故意は行為規範に属するという帰結となり、これによって、事前判断・事後判断の問題、犯罪要素の同時存在原則の問題などの犯罪論の基礎的な視点が可能となる[10]。

前述のように、行為規範は法益保護、制裁規範は刑罰目的によって根拠づけられるが、両者の対置の意義は、さらに以下の点に求められる。

第1に、行為規範は、「機能」という点からみると、評価機能と決定機能を併せ有している[11]。すなわち、行為規範は、まず、行為が適法か違法かを決定することから、行為が適法であるか違法であるかという評価を包含し（評価機能）、次に、行為を違法と評価した場合に、違法な行為をしないように、名宛人に要請する（決定機能）ことになる。行為規範は、名宛人の行為自由への介入であることから、その正当化のためには、法益保護に依拠せざるを得ず、個人の自由と他人の権利等との均衡を図るものである。このように、行為規範は、自由で民主主義的な基本秩序の支柱なのである。

第2に、言語行為論の視点から、行為規範は「統制的規則」として、制裁規範は「構成的規則」として位置づけることができる。この2項対立は、行為規範と制裁規範の連関をより明確化させる。この点につき、サールは以下のようにい

---

9 この点につき、*Frisch*, Vorsatz und Risiko, 1983, S. 503; *Stein*, Vorsatz- und Fahlässigkeitsstraftaten, 1993, S. 344; *Renzikowski*, Normentheorie und Strafrechtsdogmatik, in: *Alexy* (Hrsg.), Juristische Grundlagenforschung (ARSP Beiheft 104), 2005, S. 115ff.; *ders.*, Normentheorie als Brücke zwischen Strafrechtsdogmatik und Allgemeiner Rechtslehre, ARSP, Vol. 85, Heft 1, 2001, S. 110ff., *Manalich*, Nötigung und Verantwortung, 2009, S. 23ff., *Schneider*, Die Verhaltensnorm im Internationalen Strafrecht, 2011, S. 38ff. 参照。

10 この点につき、高橋・前掲『規範論と刑法解釈論』30頁以下、92頁以下参照。なお、事前判断の問題については、江藤隆之「行為規範と事前判断」川端博古稀（2014年）25頁以下、同時存在原則の問題については、松原久利「責任阻却事由と事前責任」（2011年）259頁以下、同「犯罪論における同時存在の原則と自招侵害」前掲川端古稀119頁以下参照。

11 *Ast*, Normentheorie und Strafrechtsdogmatik, 2010, S. 11参照。

う。「刑法に関して重要な点は、それが統制的なものであり、構成的なものではないことである。たとえば、事前に存在する一定の行為形態（たとえば、殺害）を禁止することが重要となる。しかし、この規制を有効にするためには、制裁が存在しなければならず、法規に違反する人に対して新しい地位を割り当てることが要請される。その結果、一定の条件（Kと称する）で他の人を殺害し（Xと称する）、これをなしたことに有責である人に対しては、いまや、「謀殺で有罪」という地位が割り当てられ（Yと称し、それゆえ、制度的事実）、この新しい地位と同時に、適切な刑罰があらわれる。このようにして、統制（殺してはならない）は、適切な構成（一定の事情での殺害は、謀殺とされ、謀殺は犯罪とされ、死刑あるいは懲役刑で処罰される）を生み出すのである。」と[12]。すなわち、帰属可能な規範違反が、刑法上の制裁化のための根拠を形成するわけであり、この意味で、制裁規範には、構成的機能が付与されるのである。

第3に、行為規範は、行為を規制するものであり、禁止、命令、さらに許容命題を包含する。行為規範は、規範の服従者に対して、何をしてはならないか、何をすべきか、何をしてよいかを語るものであり、その意味で、行為規範の「形成機能」と称することができる。さらに、前述のように、行為規範は、評価機能を前提とすることから、行為を評価する「基準機能」をも有することになる。これに対して、制裁規範は、判断する観察者、すなわち、裁判官等に対して、行為規範違反に対する可罰判断の要否を指示するものであり、その意味で、「承認（認定）・裁決機能」を有することになる[13]。

以上のような性質を有する行為規範から、具体的な「行為義務」が導かれることになるが、それは、構成要件要素その他を規定する条文の解釈によって行われる点で、3段階的犯罪構成と同様である。しかし、行為規範の存在によって、各自に、適法に行為することを可能とさせることから、行為を適法あるいは違法と評価するのは、行為の時点で決定されねばならず、したがって、行為義務の確定は、事前判断に基づいて行われなければならない[14]。その帰結として、結果が発

---

12 *Searle*, Die Konstruktion der gesellschaftlichen Wirklichkeit, 1977, S. 60参照。さらに、*Mañalich*, Nötigung und Verantwortung, 2009, S25ff. 参照。
13 *Rudolph*, Das Korrespondenzprinzip im Strafrecht, 2006, S. 29ff. 参照。
14 なお、許容規範（違法阻却）は、行為規範に内包されるものの、許容規範の発動という制裁（媒介）規範と同じ側面も有しており、その結集、事前判断と事後判断の両判断を包含する。この点についての検討は他日を期すことにしたい。

生したか否かは重要ではない。一定の結果の惹起を禁止する行為規範は存在せず、結果発生の危険の存在を理由に行為を禁止する行為規範だけが存在する。したがって、行為義務違反は、未遂犯と既遂犯において同一であり、他方、構成要件的結果は、制裁規範の一部を構成することになる。構成要件的結果は、3段階的犯罪構成においては、客観的構成要件要素に位置づけられるが、規範論的には、制裁規範に位置づけられることになる。これに対して、実行行為は、3段階的犯罪構成においては、一般に、もっぱら客観的構成要件要素に位置づけられているが、規範論的には、行為規範に位置づけられる。

## V 規範論と正犯・共犯論との交錯

それでは、正犯・共犯論は、行為規範のカテゴリーに属するのか、それとも、制裁規範のカテゴリーに属するのであろうか。

行為規範のカテゴリーに属すると解する見解は、正犯と共犯とでは、行為規範のレベルにおいて差異があると主張するのである。その根拠として、1つは、「制限的正犯概念対拡張的正犯概念」の視点、もう1つは、「共犯の処罰根拠論」の視点が挙げられている。

第1に、制限的正犯概念モデルは、刑法各則の構成要件は正犯のみに妥当し、共犯は総則の共犯規定によってはじめて可罰性が付与されるという見解(刑罰拡張事由)であるのに対して、拡張的正犯概念モデルは、刑法各則の構成要件は正犯のみならず、共犯に対しても妥当し、共犯規定は刑罰縮小事由となるという見解であると一般に解されている。このことから、制限的正犯概念モデルによれば、正犯に妥当する行為規範と、共犯に妥当する行為規範とは異なるという帰結になるのに対して、拡張的正犯概念モデルによれば、正犯・共犯に妥当する行為規範は共通であり、制裁規範のレベルで異なるという帰結が導かれている[15]。

しかし、結論からいえば、このような連関はないといわざるを得ない。なぜなら、行為規範、正犯・共犯概念、さらに構成要件該当行為(実行行為)の三者は異なるレベルの問題だからである。たとえば、刑199条の行為規範(人を殺すな)に違反するからといって、刑199条の構成要件に該当する行為を遂行したと直ち

---

15 増田・前掲書354頁以下参照。

に結論づけることはできない。すなわち、人の生命という法益に対する危険性が存在してはじめて刑199条の構成要件に該当するのであり、同様に、共犯は、刑60条以下の共犯規定がプラスされることによって刑199条の構成要件に該当するのである。さらに、前述したモデルからの帰結は、正犯と共犯の区別が構成要件該当行為か否かという基準を前提としているが、この前提はもはや崩壊しており、正犯と共犯の区別は、別の基準によって行われなければならない。要するに、正犯と共犯に同じ行為規範が妥当するからといって、拡張的正犯概念と結合しないのである。制限的正犯概念モデルも拡張的正犯概念モデルも、前者が刑罰拡張事由、後者が刑罰縮小事由と位置づけているように、両者とも、制裁規範のレベルに位置づけていることには変わりはない。そもそも、制限的正犯概念モデルか拡張的正犯概念モデルかは、正犯・共犯論の基礎となる議論ではなく、間接正犯の正犯性の根拠をめぐる議論であったわけであり、もはや、この対置は重要でないものになったといえよう。

　刑199条が正犯（直接正犯・間接正犯）のみを規定しているのは、行為規範として構成要件該当行為（実行行為）を、制裁規範として正犯のみをそれぞれ対象としているからであって、行為規範それ自体が共犯のそれと異なることを根拠にすることはできないのである。

　第2に、共犯の処罰根拠につき、正犯のそれと異なることから、正犯と共犯とでは行為規範が異なるという帰結が導かれている[16]。この帰結は、不法共犯説に立脚するものである。すなわち、たとえば、殺人罪については、正犯は「人を殺すな」という行為規範に、共犯は、教唆の場合、「他人を人殺しへとそそのかすな」という行為規範にそれぞれ違反すると解するのである。しかし、この見解は、共犯を抽象的危険犯あるいは具体的危険犯と理解するものであり、妥当でないだろう。共犯は、法益に対する間接的な侵害であることから、因果的共犯論が妥当であり、これに立脚する以上、たとえば、殺人罪における行為規範（人を殺すな）は、共犯にも妥当すると考えざるを得ない[17]。「人をそそのかす」、「正犯を幇助する」、「共同して実行する」などの行為態様それ自体に行為規範性を認めることはできない。なぜなら、それだけでは、具体的な行為を統制する内容を有さ

---

16　*Renzikowski*, Restriktiver Täterbegriff und fahrlassige Beteiligung, 1997, S. 131ff. 参照。
17　これに対して、行為態様の差異を共犯の処罰根拠論と切り離して、正犯・共犯を行為規範の差異を導くのは、照沼・前掲書20頁である。

ないからである。教唆者も、幇助者も、共同正犯者も、「人を殺すな」という行為規範に違反するのであり、ただ、その侵害の態様が、正犯と異なるにすぎないわけである。その態様だけをとらえた行為規範は、まったく無内容である。

以上のように、正犯・共犯の区別を行為規範の差異に求めることは妥当でなく、それらは、制裁規範（正確には、制裁（媒介）規範）のカテゴリーに属するものと理解されるべきであろう。

## VI 制裁（媒介）規範としての正犯・共犯論

正犯・共犯論は、刑罰目的から派生する可罰性判断から構成される「制裁規範」に属する問題である。すなわち、行為規範違反を前提として、いかなる正犯類型・共犯類型に帰属され得るかという問題である。その意味で、正犯・共犯類型は、帰属類型（Zurechnungstypus）と位置づけることができるであろう。

### 1 共同正犯の規範構造

正犯・共犯論が制裁規範に属することから、共同正犯の規定（刑60条）において、２人以上が共同して犯罪を実行した場合に、すべて正犯であるとする評価は、裁判官（および法適用者）による刑罰目的の視点から判断されることになる（事後判断）。しかし、これは裸の価値判断ではなく、「共同して犯罪を実行」したことが、制裁規範発動の要件となる。

従来、形式的客観説は、実行行為の有無で正犯と共犯を区別し、共同して実行することの「実行」を未遂犯における実行行為と同義に捉え、したがって、共謀共同正犯は否定されるという結論に至った。これに対して、実質的客観説は、共同正犯における実行を実質化し、比較的緩やかに捉えた結果、共謀共同正犯の肯定へと至ったのである。しかし、このように、あくまでも実行行為の有無に固執して、正犯・共犯類型を理解する考え方は、前述のように、正犯と共犯は行為規範違反の点で差異があるとする不法共犯説に立脚するものといわざるを得ない。

これに対して、因果関係を基礎とした正犯・共犯論は、両者の行為規範性の同質性を求めたものと評価できる。すなわち、等価説は、正犯も共犯も犯罪実現に対して条件関係があるため、その区別を正犯意思、共犯意思に求め、原因説は、原因か条件かで、正犯と共犯を区別したのである。さらに、客観的帰属論によれ

ば、結果を正犯として帰属するか、共犯として帰属するかという視点を提供するものといえよう。そして、このような結果帰属の面は、制裁規範に属するものである。たとえば、殺人の共同正犯についていえば、刑199条から派生する「人を殺すな」という行為規範と死刑等の刑罰を科すという制裁規範、さらに刑60条の制裁規範が相まって、殺人の共同正犯の構成要件が形成されることとなるのである。もっとも、刑60条の「共同して犯罪を実行」という面は、行動予期にかかわるものである。相互に相手の行為とその結果を予期しながら共同することが、一部実行全部責任の基礎を形成する。したがって、「共同して犯罪を実行」という面は、行為規範に属するものといわねばならない。しかし、そうなると、共同正犯を含めた共犯は、正犯とは規範違反の点で質的に異なるという帰結に至るのではないかという問題が生じる。この点は、次のように考えることができよう。前述のように、刑199条の行為規範は正犯と共犯とで共通であるが、制裁規範が単独正犯しか予定しておらず、共同正犯を含む共犯は刑60条以下の規定が制裁規範を形成する。しかし、刑60条以下だけでは制裁規範とならず、刑法199条の制裁規範と相まって完全な制裁規範となる。その意味で、厳密にいえば、刑60条以下は「制裁(媒介)規範」と称することができよう。すなわち、刑199条の行為規範違反と刑199条の制裁規範を、刑60条の制裁(媒介)規範が結びつけるのであり、「共同して犯罪を実行」という行為規範は、この刑60条の制裁(媒介)規範を発動させるためのものであり、刑199条の制裁規範を直接に発動させるものではない。このように、行為規範の相対性というものが認められることは、奇異なことではなく、たとえば、制裁規範も、裁判官等の法適用者に向けられた行為規範であるともいえるのである。

　以上のように、刑60条は、「共同して犯罪を実行」という行為規範を前提とした制裁(媒介)規範であり、行為規範においては、共謀の存在が中核的要素となり、制裁(媒介)規範においては、刑法各則の制裁規範と結合して、具体的危険の発生(あるいは結果発生)が必要となる。後者の具体的危険の発生(あるいは結果発生)は、共謀者全員がそれぞれもたらす必要はなく、共謀(共同犯行の意識形成)に至る各自の抽象的に危険な行為と因果関係があれば十分である。行為規範の対象は、「共同して犯罪を実行」することであり、したがって、少なくとも共謀者の一人が、具体的危険の発生(あるいは結果発生)をもたらした場合には、全員が共同正犯性を具備するという帰結になるのである[18]。

## 2 教唆犯・幇助犯の規範構造

　教唆犯・幇助犯の形式的な処罰根拠は刑61条、62条にあるが、その実質的な根拠は何かが問題となる。共同正犯の処罰根拠は、「一部実行全部責任の法理」が妥当するがゆえに、この法理が働かない「狭義の共犯」の処罰根拠は、共同正犯のそれと異なるといわねばならない。いわゆる「共犯の処罰根拠論」が妥当する領域である[19]。共犯は間接的な法益侵害と位置づけられるべきであり、したがって、共犯の処罰根拠論としては、因果的共犯論が妥当である。すなわち、共犯は、正犯の実現した結果を共に惹起したがゆえに処罰されるとする見解がこれである（惹起説）。もっとも、惹起説内部で共犯独自の違法性をいかに理解するかによって、惹起説内部で3類型が存する。第1に、純粋惹起説は、共犯自体が各則上の法益を侵害する点に処罰根拠を求め、共犯の違法性は正犯の違法性から完全に独立していると説く見解である。第2に、修正惹起説は、共犯が正犯の法益侵害に加担した点に処罰根拠を求め、共犯の違法性は正犯の違法性から導かれると説く見解である。第3に、混合惹起説は、構成要件上の保護法益への従属的な侵害の点に処罰根拠を求め、共犯の違法性は、共犯行為自体の違法性と正犯行為の違法性の両方に基づくと説く見解である。このように、惹起説は、共犯が各則の法益を侵害するという点については共通項があるものの、その正犯の位置づけによって異なった内容となる。この問題は、共犯従属性の問題であり、正犯不法と共犯不法との関係の問題である。さらに、惹起説は、正犯の実行行為を惹起すればいいのか、正犯の実現した結果まで惹起する必要があるのかについても必ずしも明らかではない。これらは、共犯構成要件の構造の問題に他ならない。

　結局、惹起説によれば、「共犯は何を惹起する必要があるのか」という視点が重要となる（具体例：①甲は、Aに対して、甲自身への傷害を依頼したところ、甲は生命に危険が及ぶ負傷を負った（Aの行為は違法）。②乙は、Bに対して、B自身を傷つけることをそそのかし、Bは負傷した（Bの行為は適法）。）。

　純粋惹起説によれば、共犯は、単に正犯メルクマールを具備していないだけであり、正犯は、共犯と結果を媒介する事実上の存在でしかないことになる。共犯の従属性は事実上の依存関係と位置づけられ、従属性それ自体が一種の処罰条件

---

18　共同正犯の帰属原理につき、高橋・前掲『規範論と刑法解釈論』174頁以下参照。
19　共犯の処罰根拠につき、高橋則夫『共犯体系と共犯理論』（1988年）91頁以下、高橋・前掲『規範論と刑法解釈論』152頁以下参照。

となろう。この説は、違法の相対性（違法の個別的把握）を原則的に肯定する結果、「正犯なき共犯」を肯定し（正犯の違法性がなくても共犯の違法性はある）、さらに「共犯なき正犯」も肯定する（正犯の違法性があっても共犯の違法性はない）（具体例の解決：①甲の教唆行為は適法、②乙の教唆行為は違法）。共犯は、「共犯にとって違法な結果」を惹起するということになる。違法の相対性は主観的違法性論から最も良く説明でき、また人的不法論の帰結でもある。この意味で、純粋惹起説は行為無価値一元論と結合する。

修正惹起説によれば、共犯の従属性が前面に出て、共犯不法の根拠・程度は正犯不法によって決定される。違法の相対性を原則的に否定し、違法の連帯性を貫徹させる結果、「正犯なき共犯」を否定し（正犯の違法性がなければ共犯の違法性はない）、さらに「共犯なき正犯」も否定する（正犯の違法性があれば共犯の違法性はある）（具体例の解決：①甲の教唆行為は違法、②乙の教唆行為は適法）。共犯は、「正犯にとって違法な結果」を惹起するということになる。違法の連帯性は、人的不法論を否定する客観的違法性論から帰結されるものであり、結果無価値論の基本的考え方と結合する。

混合惹起説によれば、共犯不法は正犯不法に対して一部従属一部独立していると解される。すなわち、共犯不法は、共犯行為そのものの違法性に基づくと共に、正犯行為の違法性にも基づくのであり、共犯の法益侵害という独立・固有な要素と正犯行為の不法から導かれる従属的な要素から構成されるのである。違法の相対性を一部否定一部肯定する結果、一方で「正犯なき共犯」を否定し（正犯の違法性がなければ違法性はない）、他方で「共犯なき正犯」を肯定する（正犯の違法性があっても共犯の違法性はない）（具体例の解決：①甲の教唆行為は適法、②乙の教唆行為は適法）。共犯は、「正犯にとって、かつ、共犯にとって違法な結果」を惹起するということになる。この説は、共犯の行為無価値と結果無価値の両方を考慮するものであり、行為無価値二元論の立場と結合する。私見は、混合惹起説を妥当と考えるが、ここでいう「行為無価値」とは、前述のように、行為規範の内容を構成するものではなく、制裁規範内部における行為規範、すなわち、制裁（媒介）規範に内包される行為規範であることに注意しなければならない。

### 3　間接正犯の規範構造

間接正犯は正犯であるというのが一般的理解であるが、間接正犯を共犯に解消

させ、間接正犯の概念を不要とする見解もある。かつての共犯独立性説からの間接正犯不要説[20]は、その主観主義刑法の立場それ自体が妥当でなく、重要な不要論は、共犯の処罰根拠論における純粋惹起説からの主張である。純粋惹起説によれば、共犯は犯罪結果を惹起したことに対して固有の犯罪性を有し、正犯の違法性からまったく独立すると解するのであるから、間接正犯という概念を使用する意味はなく、背後者は共犯として位置づけられることになる。したがって、たとえば、他人の無過失行為を利用する場合や情を知らない被害者の行為を利用する場合にも、間接正犯ではなく、共犯となる[21]。しかし、これらの見解は、拡張的「共犯」概念を認めるものであり、共犯概念の弛緩に至るのみならず、正犯概念を犯罪事象の中心形態として位置づけることをも放棄する結果となろう。

したがって、間接正犯は正犯と位置づけられるべきであるが、その正犯性の根拠は、依然として不分明な状況にある[22]。従来の通説的見解は、間接正犯の正犯性を実行行為性に求めるという形式的な考え方にとどまっていた[23]。しかし、この見解に対しては、その実行行為性の内実を明らかにしなければ、問いに対して問いをもって答えているにすぎないという批判が可能である。したがって、実質的な解釈基準を提示する必要がある。たとえば、被利用者の道具的性格に根拠を求める「道具理論」は、その道具性の判断がいかなる内容を有するのかが必ずしも明らかではない。すなわち、事実的判断なのか、規範的判断なのかという問題が存するのである。この点は、「行為支配」という概念による根拠づけに対しても妥当する。すなわち、「事実的な」行為支配を志向するのか、それとも「規範的な」行為支配を志向するのかという問題が同様に生じる。そこで、「危険性」という事実的判断も加えて根拠づける見解もある[24]。すなわち、被利用者を利用する行為に一定の犯罪を実現する現実的な危険性を求めるのである。しかし、間接正犯の場合には、現実的危険の発生が、一般には、利用行為時にではなく、被利用者の行為時に存するのであるから、危険性の不存在を理由に、共犯という位

---

20 牧野英一『重訂日本刑法（上巻）』（1937年）461頁以下参照。
21 佐伯千仭『刑法講義（総論）』（4訂版、1984年）346頁、355頁参照。
22 間接正犯についての代表的な研究として、大塚仁『間接正犯の研究』（1958年）、西原春夫『間接正犯の理論』（1962年）、中義勝『間接正犯』（1963年）参照。
23 団藤重光『刑法綱要総論［3版］』（1990年）153頁、大塚仁『刑法概説（総論）［3版］』（1997年）153頁参照。
24 大塚（仁）・前掲書155頁参照。

置づけになり、前述した、間接正犯不要説に至り得ることにもなろう。さらに、規範的障害の介在の有無で判断する「規範的障害説」[25]も、規範的障害の判断に何を盛り込むかは必ずしも明らかではないのみならず、この見解は規範的責任論によってのみ正犯と共犯を区別しようとするものと考えられるが、区別基準として規範的責任論のみを挙げるのは、不十分であるように思われる。さらに、被利用者に当該構成要件的結果についての自律的決定が存在した場合には、背後者の間接正犯性が否定され、そうでない場合には、相当因果関係が充たされている限り、背後者は間接正犯となるという見解もある[26]。この見解は、間接正犯の正犯性を、結果帰属の程度、因果関係の強度の問題と把握し、背後者の「行為後に介入した事情」の性質に応じて、事後判断によりその有無を決定するものであり、従来の考え方が、背後者の行為の性質にのみ着目していたことから、これを、自己答責原理・遡及禁止論によって結果からのアプローチを採用する点に特色がある。もっとも、行為支配論とこのようなアプローチとは必ずしも矛盾するものではないように思われる。それは、行為支配の内容それ自体が曖昧だったからであるが、行為支配論は規範的基準を提示しただけであり、その下位基準として、たとえば自己答責性などの基準を提示することもできるのである。

となると、結局は、ケースバイケースの判断という、従来から批判の対象とされてきた方法に甘んずるしかないのであろうか。しかし、犯罪の関与形態の区別の問題は、個別事例の事情に応じて決定されるべき「開かれた評価問題」と解するならば、ケースバイケースの判断はむしろ当然の結果ともいえよう。すなわち、間接正犯と教唆犯の区別、共同正犯と幇助犯の区別、さらに間接正犯と共同正犯の区別などの正犯・共犯論においては、当該犯罪における客観的要素、主観的要素、規範的要素をすべて同等に考慮して決定されるべきであり[27]、この問題は、行為規範から構成される規範的判断に関わるのではなく、刑罰目的から派生される「制裁規範」に属する事柄なのである。すなわち、犯罪の関与形態の区別

---

25 西原春夫『刑法総論〔改訂準備版〕〔下巻〕』(1993年) 358頁以下、山中・前掲書769頁以下参照。
26 島田聡一郎『正犯・共犯理論の基礎理論』(2002年) 参照。このような構想に反対するのは、照沼亮介「錯誤を利用した間接正犯」法学政治学論究(慶大) 52号 (2002年) 293頁以下、同・前掲書74頁以下である。
27 これは、ドイツの判例の基本的立場である。たとえば、BGHSt. 35, 347, 352f.; 39, 381, 388f.; 40, 219, 235f. 参照。なお、トーマス・ヴァイゲント(高橋訳)「ドイツ刑法における間接正犯の新しい形態」比較法学(早大) 31巻1号 (1997年) 133頁以下参照。

は、次の順序で行われるべきであろう。まず、共謀の存否であり、共謀が存すれば、共謀共同正犯が成立する。共謀が存しない場合にはじめて、教唆犯・幇助犯か、あるいは、間接正犯の可能性が問われることになる。そして、教唆犯・幇助犯か、間接正犯かは、結局、犯罪事象の中心形態か周辺形態かという基準に依拠せざるを得ないのである。その点で、犯罪事実の支配、とくに優越的支配の有無という行為支配的な考え方は基本的に有用であると思われ、それは「事実的な」行為支配と理解すべきであろう。

## Ⅶ　おわりに

　以上、規範論の視点から正犯・共犯論を再検討した結果、正犯・共犯論は、行為規範のカテゴリーに位置づけられるのではなく、制裁（媒介）規範のカテゴリーに位置づけられるという帰結を再確認した。

　従来、正犯・共犯論は、犯罪論の試金石であるという位置づけが行われてきた。すなわち、犯罪論の基礎理論が共犯論においていかに展開されるのかが問題とされ、その意味で共犯論は犯罪論体系の検証の場であったのである。これまで、因果関係論（条件説対原因説）、構成要件論（制限的正犯概念対拡張的正犯概念）、違法論（行為無価値論対結果無価値論）などから、正犯・共犯論が展開されてきたことは周知のことである。規範論からの展開もこの延長線上にあり、今後は、規範論と共犯論の連関が、正犯・共犯論の展開にとって一つの重要な視点になるといえるだろう。

# 「正犯と狭義の共犯の区別論」における
# 「多様な要素」の課題

田 川 靖 紘

Ⅰ　はじめに
Ⅱ　裁判例における「自己の犯罪」
Ⅲ　学説における区別基準
Ⅳ　検　討
Ⅴ　おわりに

## Ⅰ　はじめに

　正犯と狭義の共犯を区別するにあたり、多様な要素を総合判断することが、共謀共同正犯を肯定し、故意ある幇助的道具をも肯定するという、柔軟な対応を可能とする、ひとつの有効な考え方である。総合判断に用いられる多様な要素は、「客観的な要素」のみに限定されるべきではなく、そこに「主観的な要素」を含めて考えるべきであろう。

　野村教授は、「正犯概念は、主観的側面と客観的側面の両者から構成すべきものである」ことを主張している[1]。そして、「自己の犯罪を行う意思、すなわち、正犯者意思（animus auctoris, Täterwille）をもって犯罪を行う者が正犯であると」する「主観説が、主観的側面を考慮する点は妥当である」という野村教授の見解は[2]、現在の実務において用いられている考え方とも整合的である。

　現在、正犯と狭義の共犯の区別論は、その主観面や客観面を含んだ多様な要素をどのように理解するべきか（犯罪論体系上の位置づけはどうするか等）、を論じる段階に来ている。本稿は、実務において存在する、共謀共同正犯と故意ある幇助的道具を肯定することを前提に、多様な要素を総合判断する見解の有する課題に

---

1　野村稔『刑法総論〔補訂版〕』（成文堂、1998年）381頁（注1）。
2　野村・前掲注1『野村総論〔補訂版〕』381頁（注1）。

ついて論じるものである。

## II　裁判例における「自己の犯罪」

犯罪において、2人以上の者が関与し、そのうちのある者が実行行為を分担していない場合、「実務上……これを共謀共同正犯と認めるか、あるいは教唆犯、幇助犯その他というべきかという判断の基準は、……端的にいって、実行行為を分担しなかった者にとって当該犯罪が『自己の犯罪』か『他人の犯罪』か」であるという[3]。論者は「少なくとも現在においては」と前置きしているが[4]、その判断基準は、20年以上経過した今なお、実務において有効な判断基準となっている。実際、最近の裁判例においても、「自己の犯罪」か「他人の犯罪」かが問題とされている。

### ①　東京地判平成26年8月12日（LEX/DB25504696）

衆議院議員総選挙に際し、Xの組織的選挙運動管理者である被告人は、Yらと、Xに当選を得させる目的をもって、いまだ立候補の届出及び衆議院名簿登載者としての届出前に、2回にわたり、鹿児島市内において現金合計1000万円の交付を受け（判示第2）、平成24年11月22日頃から同年12月3日頃までの間、3回にわたり、鹿児島県指宿市内において、Aに対し、選挙運動をしたことの報酬とする目的をもって現金合計500万円を供与するとともに交付し（判示第3）、平成24年11月16日頃、同市内においてAに対し、選挙運動をしたことの報酬とする目的をもって現金240万円を供与するとともに交付した（判示第4）。

以上の判示第2ないし判示第4の事実について、弁護人は、「被告人がZから合計1000万円を受け取り、Aに合計740万円を渡したのは、YらとAとの間で選挙資金の授受につき合意ができており、その合意を実行するにあたって金銭運搬の使者として行動したにすぎず、金銭授受の主体としての意思も行為もないので、受交付罪、運動者買収罪及び買収資金交付罪の正犯は成立せず、幇助犯に止まる」と主張した。

これに対し、東京地裁は、「まず、YらとAとの間に選挙資金の授受につき具

---

3　松本時夫「共謀共同正犯と判例・実務」刑法雑誌31巻3号（1990年）318頁。
4　松本・前掲注3「共謀共同正犯と判例・実務」318頁。

体的な合意ができていたことを認める的確な証拠はないが、合意の存在を明確に否定することはできない。しかしながら、前記前提事実のとおり、被告人は、Zから受け取った1000万円をそのままAに運搬したわけではなく、その1000万円を自ら保管し、その中から、Aに対しては、合計740万円を4回に分け、Aからその使途を聞き、必要金額に限って現金を渡したものであって、Aに対する現金の交付についても、被告人自身の裁量と判断が働いているといえる。また、被告人は、A以外にも、Bに合計144万円、Cに100万円を選挙費用として渡しており、しかもZからの依頼に応じて、自分で付けていたメモを元に1000万円の使途先を報告していることからすると、被告人は、受け取った現金を自己の責任において管理し、かつ、T地域の選挙活動に関連する費用としても支出していたといえる。そうすると、被告人が金銭授受につき単なる使者であったということはできず、被告人は自己の役割を認識した上で、一部の選挙資金の管理と供与・交付を行っていたというべきであって、自己の犯罪を犯す意思があったと認められる。」として、弁護人の主張を退けた。

② 盛岡地判平成26年7月29日（LEX/DB25504612）

　被告人Xは、平成20年12月頃から、不動産の名義変更についてVと話し合っていたが、そのころからVに家賃や小遣いなどの名目で金員を要求されるようになり、平成23年ごろまでに、Vに対し約480万円を渡した。

　平成23年12月、本件不動産の名義変更をすることの解決金として、被告人XがVに500万円支払うことで合意がなされ、被告人Xはこれまで渡した約480万円の金と解決金500万円の支払とを相殺しようと考えたが、Vは相殺に応じず、300万円を要求してきたため、被告人Xは、憎しみなどの感情からVとの関係を断ち切りたいと思い、被告人Y、A及びBの協力を得て、Vを殺害しようと考えるに至った。

　被告人Y及びAが、Vの首をベルト及び手で絞めるなどした上、同人を自動車に乗せて移動し、空き地において、被告人Bが油圧ショベルを使って、Vを同所に掘られていた穴に落として土砂をかけるなどして埋め、Vは窒息等により死亡した。

　被告人Yの弁護人は、「被告人Yは、被告人X及びBの殺害計画において、Vを現場に連れてくるという手伝いをしただけであ」り、被告人Yには「殺人幇助罪が成立するにとどまる」と主張した。

これに対し、盛岡地裁は、「被告人Yは本件において、Vを虚偽の土地取引の話によって誘い出し、車で人目につかないところまで連れて行き、そこで首を絞めて気絶させてから、共犯者が穴を掘って待っている○×商運まで運んで行く、という役割を果たしている」という事実を認めた。

その上で、「本件における被告人らの殺害計画は、被告人Y及びAが暴行を用いてVをおとなしくさせてから○×商運まで運び、Vを土中に埋めて殺害するというものである。そして、被告人Y及びAによる、Vを呼び出して、首を絞めて気絶させ、抵抗できない状態で連れて行くという行為は、それ自体が危険であることに加え、その後の生き埋め行為を確実かつ容易に行うために必要不可欠なものであったといえる。さらに、気絶させることに成功した場合、気絶させた場所と穴が掘ってあった○×商運脇の空き地とが場所的に近接していること、Vが気絶してからは何ら抵抗できない状態にあったこと、被告人Y及びAも計画内容を認識しながらこれを制止する意思がなかったことなどからすれば、首を絞めた行為以降に殺害計画を遂行する上で障害となるような特段の事情は存しなかったものと認められる。これらのことからすれば、首を絞めて気絶させ、穴のある現場まで連れて行くという行為は、生き埋め行為に密接なものといえるから、被告人Y及びAがVを気絶させる行為を開始した時点、すなわち車内でVの首を絞め始めた時点で既に、そのまま殺人に至る客観的な危険性が明らかに認められ、このとき殺人罪の実行の着手があったものと解するのが相当である。（原文改行）よって、被告人Yは、実行行為そのものを担当しており、その役割が犯罪遂行に不可欠といえるほど重要であったことも明らかであるから、本件について自己の犯罪として関わったものと評価できる。」としている。

③　**東京地判平成26年4月18日（LEX/DB25503797：徳洲会グループ公職選挙法違反事件のうち、関連法人の経営企画室長に関する事件）**

被告人は、Fらが手渡し又は振込入金する方法によって現金を供与するなどの各犯行をすることを認識しながら、平成24年11月19日、東京都千代田区のビルにおいて、Jがボランティアを装うため派遣された職員らへの給与の支払方法等を指示する文書を作成する際、Jから同文書の記載内容に関する意見を求められたのに対し、同文書の用途、役割等を認識した上で「仮払金以外の方法はない。」、グループ（受供与者が多く存在するグループ）内で用いられているXと呼ばれる航空券購入等のシステムの使用に関して、「使わない方が良い。」と回答した。

東京地裁は、被告人の罪責について、「被告人に共謀が成立したと認めるには、単にFらが本件買収等を行うであろうことを認識、認容していただけでなく、自らもそれを受けて、自己の犯罪と評価できるほど主体的、積極的に本件買収等に関与したと認められる必要がある」との規範を示した。
　そして、「被告人については、平成20年版読後破棄文書の作成に関与し、平成24年版読後破棄文書作成に関して、Jの相談に乗ったのであるから、上記の認識、認容は認められるものの、自己の犯罪と評価できるほど主体的、積極的に本件買収等に関与したとは認められない」とし、「被告人について、共謀の成立を認めることはできない」と結論づけた。
　最近の裁判例においても、「自己の犯罪」という基準が使用されているのは以上のとおりである。もちろん、これらの一事例をもって、「自己の犯罪性」が正犯と狭義の共犯の区別基準であるとするのは尚早と言わざるをえないが、実際、「自己の犯罪」かどうかを問題とする裁判例は多い。

## Ⅲ　学説における区別基準

　本章においては、正犯と狭義の共犯を区別する基準について、多様な要素を総合的に判断する考え方と、多様な要素のうち、ひとつの要素に限定して判断する考え方を概観する。主観説、客観説という対立軸も考えられるが、現在の主観説は、客観的な判断を取り入れて主観面を問題としているし、客観説も、純粋に客観的な基準のみを問題とするのではなく、被告人の動機などを取り入れる見解が存在するなど、両者は歩み寄っていると評価できる。そうだとすれば、主観・客観の対立としてとらえるより、多様な要素の総合判断か、ひとつの要素によって区別するかという対立として検討することも可能ではなかろうか。

### 1　多様な要素を総合的に判断する見解
#### （1）実務家による分析（自己の犯罪説）
　この見解は、共謀共同正犯実務を分析した結果、「少なくとも現在においては、実務上、二人以上の者が一の犯罪に加功し、そのうちのある者が実行行為を分担していないという場合に、これを共謀共同正犯と認めるべきか、あるいは教唆犯、幇助犯その他というべきかという判断の基準は、……端的にいって、実行

行為を分担しなかった者にとって当該犯罪が、『自己の犯罪』か『他人の犯罪』かということである」とする[5]。

そして、「『自己の犯罪』か『他人の犯罪』かという区別は、……まずもって当該犯罪に関与した者らの主観的な面に関係している。……しかし、犯罪行為も、適法な他の多くの社会的行為の場合と同様に、これを行おうとする者の主観のみでその行為の性質が定まるものではない。行為者の主観も大きな要因であるが、社会的に見て客観的な要件を備えていなければならない。すなわち、ある犯罪がこれに関与した者にとって『自己の犯罪』であるか『他人の犯罪』であるかについても、『自己』と『他人』とを区別する客観的な要件が存在するはずである」と述べている[6]。

この具体的要件を検討するにあたり、論者は、正犯とされた事例として最高裁昭和57年決定[7]を、幇助犯とされた事例として東京地裁昭和57年判決[8]を挙げ、両裁判例を対比して、次のような差異を指摘する。すなわち、最高裁決定の事案において、被告人は、犯罪の成功不成功、犯罪の結果得られた利益の処分に、「経済的な利害も含めて具体的かつ重大な関心を抱いていたものとみられる」のに対し、東京地裁の事例において、被告人は、犯罪の成否についても関心がないばかりか、犯罪の結果得られた利益をいかに処分するかということについても関わりをもたず、「経済的な利害という面からも関心を抱く必要もないし、実際にも被告人には全く関心がなかったものと認められる」というのである[9]。

このことから、「犯行の結果との関わり合いの事情が『自己の犯罪』と『他人の犯罪』とを区分けする大きな要因であ」り、そのほか、「実行に関与した者としなかった者との人的関係（上下、主従、対等など）、実行に関与するかどうかを決定した事情、財産犯の場合には利得の分配、動機犯の場合には直接又は間接の動機の有無などの状況も合わせて、社会一般の常識に照らし、当該犯行が客観的にもその者の行為とみられるときは、まさにその者の『自己の犯行』なのである」とする[10]。

---

5　松本・前掲注3「共謀共同正犯と判例・実務」318頁。
6　松本・前掲注3「共謀共同正犯と判例・実務」320、321頁。
7　最決昭和57年7月16日（刑集36巻6号695頁）。
8　東京地判昭和57年7月28日（判例時報1073号159頁）。
9　松本・前掲注3「共謀共同正犯と判例・実務」324頁。
10　松本・前掲注1「共謀共同正犯と判例・実務」324頁。

以上の通り、自己の犯罪説は、主観面を重要な要素としつつ、客観面をも考慮する見解である。自己の犯罪説は、客観的な事実も含めて総合判断することで、「自己の犯罪」かどうかを判断するのであるから、純粋な主観説とは異なると評価できるであろう。

## （2）西原春夫の重要な役割説（西原説）

裁判例においては、「自己の犯罪」かどうかを判断するにあたって、「自己の犯罪を犯したといえる程度に、その遂行に重要な役割を果たすこと」が必要であるといったように[11]、重要な役割を果たしたかどうかを問題とすることがある。学説においても、重要な役割を果たしたかどうかを、正犯と狭義の共犯の区別基準とする見解がある。

西原説は、共同正犯の成立範囲を実行共同正犯に限定せず、共謀共同正犯にまで広げるべきだという立場を採り、共同正犯成立の範囲が不明確になることを防ぐために、「共同正犯と教唆犯・従犯の区別は、犯罪実現に対し重要な役割を演じたかどうか」という基準を設定する[12]。

そして、重要な役割を演じたかどうかについては、客観的に果たした役割（実行の分担、謀議への参加）のみならず、「主観的にみて単に他人の犯罪を助勢する程度の意思しかなかった」場合は、従犯として取り扱われるべきとし[13]、あるいは、「謀議参加者の意欲の内容、集団における地位、謀議の際及びその前後におけるその態度を確定することが必要で」、「それいかんによって、単なる謀議参加者は教唆犯、従犯に止まることがあ」るとする[14]。

この見解における「重要な役割」の特徴は、客観的に果たした役割のみを問題とせず、その主観面をも重要な役割の判断に取り込んでいる点にあるといえる。

## （3）亀井源太郎の重要な役割説（亀井説）

この見解は、構成要件実現ないし結果発生に対する行為の危険性や因果性のみを基準として、正犯と狭義の共犯を区別することは「実際には困難」であるとし[15]、問題を解決するには、構成要件実現に際し行為者が果たした役割を基準と

---

11　横浜地判平成25年9月30日（裁判所HP）。
12　西原春夫『刑法総論　下巻（改定準備版）』（1993年、成文堂）396頁。
13　西原・前掲注12『刑法総論　下巻』397頁。
14　西原・前掲注12『刑法総論　下巻』398頁。
15　亀井源太郎『正犯と共犯を区別するということ』（弘文堂、2005年）109頁。なお、同95-101頁も参照。

する必要があるとする[16]。

　その具体的な判断について、論者によれば、「非因果的な要素も含めて、犯罪の遂行過程における関与者の果たした役割の重要性を規範的に考慮するべきである」とする[17]。そして、役割の重要性は、「単に当該組織、団体等における地位のみならず、当該犯罪の計画から実現までのプロセスに対して、その者が為した寄与の重要性を勘案し、当該関与者がそのプロセスに対して重要な寄与を為したと評価できるような場合に、その存在を認め得る」とするのである[18]。

　そして、そこで問題となる要素とは、具体的には裁判例においても用いられる、「①被告人と実行行為者との関係、②被告人の犯行の動機、③被告人と実行行為者間の意思疎通行為、④被告人が行った具体的加担行為ないし役割、⑤犯行周辺に認められる徴憑的行為等」であり[19]、これらを総合的に検討することで、その役割が重要であったか否かを判断することができるという。

　この見解は、実務において用いられる要素を、重要な役割を果たしたか否かを判断する際の資料とする点に特徴がある。あくまで、区別基準は重要な役割を果たしたか否かなのであり、その考慮される多様な要素は、その下位基準である[20]。

## 2　要素を限定して判断する見解
### （1）西田典之の重要な役割説（西田説）

　この見解も、共謀共同正犯の正犯性を説明するために、「重要な役割」という概念を用いる。西田説によれば、支配型共謀共同正犯の場合、「共謀者が実行者に強い心理的影響力、心理的支配力を及ぼすことにより、実行に準ずるような重要な役割を果たした場合に共謀者の共同正犯性を肯定」し、分担型共謀共同正犯の場合、共謀者が、「犯罪の実現において実行の分担に匹敵し、または、これに準ずるほどの重要な役割を果たしたと認められる場合にも共同正犯性を肯定す」るという[21]。

---

16　亀井・前掲注15『正犯と共犯を区別するということ』109頁。
17　亀井・前掲注15『正犯と共犯を区別するということ』110頁。
18　亀井・前掲注15『正犯と共犯を区別するということ』112頁。
19　亀井・前掲注15『正犯と共犯を区別するということ』187頁。
20　多様な要素を考慮する意味については、亀井・前掲注15『正犯と共犯を区別するということ』187頁以下参照。

このように考える場合、形式的実行共同正犯論（共同正犯を認めるためには、少なくとも実行行為の一部を分担する必要があるという考え方）と比較して、正犯と共犯の区別基準が不明確になるとの指摘があるが、共謀者と実行者の主従関係、共謀者が謀議において果たした役割、犯罪の準備・実行段階等において共謀者が果たした役割の重要性等の下位基準によって具体的な類型化が可能であると反論している[22]。

もっとも、「共同正犯と従犯の区別が単なる量刑事情ではなく犯罪事実であるとすれば、それは犯罪実現に対する事実的寄与度を基準とした客観的類型的判断にとどまるべき」であるとし[23]、実行行為を行った者については、その寄与度が大きいのであるから、重要な役割を演じたというべきであり、正犯であると結論付ける。

この見解は、西原説や亀井説とも異なり、客観的に果たした役割という要素のみによって判断される。そのため、実行行為の一部分担がある場合については、「他人の犯罪を助勢する程度の意思」しかなかったとしても、正犯として処罰されることになる。

### （2）精神関係説

この見解は、「これまでの正犯と共犯の区別に関する多くの学説は、正犯と狭義の共犯の区別においては、意思内容を重視するべきこと、しかも、相互の支配関係を重視するべきことを説いてきた。このような考え方には基本的に正しいものが含まれていたと思われる。」と、主観説について一定の理解を示している[24]。

そのうえで、「意思を重視するというと、純粋な主観説にように誤解されるおそれがあるし、支配という概念は共同正犯において対等な立場で犯行に関与した場合にはあてはまらないので、……犯行に関与した二人以上の人間の精神関係を基準として、対等以上の立場にあった者を正犯とし、そうでない、正犯者に対して精神的に劣った、従属的な立場にあった者を共犯とするとしておきたい。」とする[25]。

---

21 西田典之「正犯と共犯」西田典之著『共犯理論の展開』（成文堂、2010年）50-51頁。
22 西田・前掲注21「正犯と共犯」51頁。
23 西田・前掲注21「正犯と共犯」59頁。
24 林幹人「正犯の内容──正犯と狭義の共犯の区別」研修601号（法務府研修所）8頁。
25 林・前掲注24「正犯の内容」8頁。

精神関係説は、精神関係という、ある意味で主観的な要素を用いて正犯と共犯を区別する見解ではあるが、自己の犯罪説で言うところの「人的関係（上下、主従、対等）」に着目して、犯罪に関与した者のうち、誰が支配者で、誰が従属する者なのかを問題とする見解であり、純粋な主観説とは、明らかに異なるものである。

## Ⅳ　検　討

検討に先立って、その指針を示しておく必要があろう。いかなる価値を基礎にして、各学説の当否を検討するかは非常に重要な問題である。それは、自然法であったり、違法性の本質論から導かれる体系であったり、さまざまな価値が基礎となりうるであろう。これを、本稿においては、「何のために正犯と狭義の共犯を区別するのか」そして「なぜ区別できるのか」という点から考えていこうと思う。

### 1　何のために正犯と狭義の共犯を区別するのか

正犯と狭義の共犯の区別基準が争われてきたのは、何のためであろうか。62条1項（従犯）は「正犯を幇助した」と規定し、また、61条は「正犯とする。」ではなく「正犯の刑を科する。」と規定している。これら条文上の文言の違いを見れば、両者は自明のこととして区別されなければならないともいえる。しかし、条文が違うという形式的な理由のみで、正犯と狭義の共犯は区別されるのであろうか。では、なぜ両者に差を設ける必要があったのであろうか。

この「何のために」という問いについて、平野龍一元教授は、「『正犯』ということばは、『重く処罰すべきだ』という感情を表現したことば」であり[26]、また、判例における共謀共同正犯の理論を「重い処罰に値する者に正犯という名前を与えようとするもの」であるとする[27]。すなわち、重く処罰するべき者と軽く処罰するべき者を区別するために、正犯と狭義の共犯は区別されるのである[28]。さらに進んで、「正犯」という名前を与えることの意義についても検討すべきであろ

---

26　平野龍一「正犯と実行」平野龍一著『犯罪論の諸問題（上）総論（オンデマンド版）』（有斐閣、2005年）132頁。
27　平野・前掲注26「正犯と実行」133頁。

うが、本稿の本来の問題意識からずれてしまうので、ここでは論じない。

## 2 なぜ区別できるのか

では、重く処罰するべき者を正犯、軽く処罰するべき者を狭義の共犯とするにしても、その刑の軽重は、どこから導かれるのであろうか。この問題は、学説において、共犯の処罰根拠と関連づけて論じられてきた。すなわち、責任共犯論と違法共犯論は、違法性の本質的差によって、因果的共犯論は、違法性の量的な差によって、正犯と共犯の質的な差を見出そうとしてきたのである[29]。

たとえば、因果的共犯論の立場から、因果性の大小を問題とするのであれば、それは違法性の大小と関連する。因果性が大きい場合は、違法性も大きいといえ、正犯として処罰可能であるが、因果性が小さい場合は、違法性もその分小さいといえ、正犯として処罰することはできず、狭義の共犯としてのみ処罰可能なのである。

もっとも、違法性の大小にとどまらず、責任の大小を問題とすることも可能ではある。たとえば、組織権力機構において、上司の命令に逆らうことができず、部下が犯罪の実行をした場合について考えてみよう。仮に、一般人もその上司の命令に背くことはできなかったという場合、実行行為者に対して、適法行為に出ることを期待することが困難であったなら、期待可能性論的思考によって責任を減少し、当該実行行為者の実行行為性にもかかわらず、従犯とすることは可能であろう[30]。

いずれにせよ、正犯と狭義の共犯の刑の軽重は、犯罪論体系上の問題として、違法性、あるいは、責任の段階で区別されることを基礎に考えていく必要がある。

## 3 判例理論について

先の裁判例の文言に着目すると、裁判例①は、「被告人は自己の役割を認識した上で、一部の選挙資金の管理と供与・交付を行っていたというべきであって、

---

28 これを量刑上の問題とするものとして、松澤伸「共犯と正犯の区別」高橋則夫ほか編『曽根威彦先生・田口守一先生古稀祝賀記念論文集［上巻］』（成文堂、2014年）823頁。
29 曽根威彦『刑法の重要問題［総論］』（成文堂、2005年）298頁。
30 拙稿「期待可能性論と従犯について」愛媛法学会誌39巻3・4号（2014年）92頁以下参照。

自己の犯罪を犯す意思があったと認められる。」というのであるから、自己の犯罪を犯す意思、すなわち、被告人の主観面が重要であるようにもみえる。

一方、裁判例②は、「被告人Yは、実行行為そのものを担当しており、その役割が犯罪遂行に不可欠といえるほど重要であったことも明らかであるから、本件について自己の犯罪として関わったものと評価できる。」というのであるから、被告人の果たした役割という客観面が重要であるようにもみえる。

裁判例③については、「自己の犯罪と評価できるほど主体的、積極的に本件買収等に関与したとは認められない」ことを理由に、正犯の成立を否定し、従犯の成立を認めているので、それが積極的な意思（主観面）を問題としているのか、積極的な態度（客観面）を問題としているのか、必ずしも明らかではない。その文言だけを見れば、Jに対して助言をしただけであるから、積極的な態度ではない、としているようにも見えるが、助言しかしていないからこそ、積極的な意思が認められないと考えることも可能である。

もっとも、以上のことから明らかなように、自己の犯罪性を正犯性の判断基準にするとしても、そこには「主観的な」要素や「客観的な」要素が影響を与えているのであり、学説の分類に従うのであれば、主観説とも、客観説とも取れてしまうのである。それゆえ、主観・客観の対立軸で論じるよりも、判例理論は、多様な要素を総合的に判断していることを認め、その判断方法が妥当なのか、課題はどこにあるのかを明らかにする必要がある。

### 4　学説の検討
#### （1）多様な要素を考慮する見解について
（ⅰ）自己の犯罪説　　自己の犯罪説は、主観説である、という批判がなされうる。主観説、とりわけ、純粋な主観説は、たとえ単独犯で、実行行為の全てを行っていたとしても、主観的に「他人のためである」と思っていれば、正犯とはなりえず、せいぜい従犯にしかならないというのである。

ドイツにおけるバスタブ事件[31]においては、「妹（他人）のため」であり、その利益も「妹に帰属する」という理由によって、バスタブに嬰児を沈めて殺害した姉を、嬰児殺の従犯としたのである。このように、利益説と結びついた純粋な主

---

31　RGSt 74, 85.

観説は、その結論の妥当性が問題となり、今日では、ほとんど支持されていない[32]。

そのため、すでにみたように、自己の犯罪説は、純粋な主観面のみを問題とせず、被告人の「犯行の結果との関わり合いの事情」が区別する大きな要因ではあるものの、客観的な要素もふまえて、「自己の犯罪」を行ったか「他人の犯罪」に加担したか判断するという多様な要素を考慮する見解であり、裁判所の考え方とも整合する。

（ⅱ）**重要な役割説**　重要な役割説のうち、西原説も、客観的に果たした役割が重要であったとしても、場合によっては従犯の成立を認める立場に立つ。その際、「他人の犯罪を助勢する程度の意思しかなかった」[33]、あるいは、「謀議参加者の意欲の内容、集団における地位、謀議の際及びその前後におけるその態度」が考慮されるという[34]。すなわち、この見解も多様な要素を考慮する見解なのであるが、最終的に導かれる規範が「自己の犯罪」ではなく、「重要な役割」である点に違いがある。

同じく、重要な役割を果たしたかどうかを、多様な要素から導く亀井説も、基本的には西原説と変わらない。両者の考え方に違いがあるとすれば、「①被告人と実行行為者との関係、②被告人の犯行の動機、③被告人と実行行為者間の意思疎通行為、④被告人が行った具体的加担行為ないし役割、⑤犯行周辺に認められる徴憑的行為等」という多様な要素を[35]、「客観的事情」であるとする点であろう[36]。

西原説は、「意思」あるいは「意欲」という言葉が用いられていることからも、主観面も判断に入れて「重要な役割」を果たしているか判断するのに対して、亀井説は、あくまで「客観的事情」から判断するというのである。もっとも、犯罪が行われるに至った経緯から「犯行の動機」が明らかになるとしても、それは「動機」である以上、被告人の主観的事情であろう。そうだとすれば、純粋に客観的な要素のみから、（客観的な）「重要な役割」が明らかになるわけでは

---

32　亀井・前掲注15『正犯と共犯を区別するということ』90頁参照。
33　西原・前掲注12『刑法総論　下巻』397頁。
34　西原・前掲注12『刑法総論　下巻』398頁。
35　亀井・前掲注15『正犯と共犯を区別するということ』187頁。
36　亀井・前掲注15『正犯と共犯を区別するということ』187頁。

ない。

　**(iii) 多様な要素を考慮する見解の課題**　上述のように、多様な要素を考慮する見解には、「自己の犯罪を行ったこと」を正犯性の基準とする見解と、「重要な役割を果たしたこと」を正犯性の基準とする見解が存在する。「重要な役割を果たしたこと」を基準とすれば、客観的な要素から正犯性が判断されるようにも見えるが、すでにみたように、いずれの基準も客観的な要素と主観的な要素を判断に取り入れており、その両者に大きく異なる点はないようにも見える。この両基準のどちらがより妥当かという問題がある

　また、そこで考慮される客観的な要素（たとえば、因果的に重要な役割を果たしたか否か。）や主観的な要素（たとえば、積極的な意思や動機があるか。）が、犯罪論体系上の違いを導きうるのかも問題である。本来、多様な要素というくらいであるから、その要素は多岐にわたるであろうが、本稿では、（因果的に）重要な役割、関与者間の関係の両要素について、ひとつの要素に着目する見解を検討する中で触れておくことにしたい。

　そして、多様な要素を考慮する見解は、その判断方法ゆえに以下の問題が生じる。すなわち、正犯性を認める方向に働く要素と正犯性を否定する方向に働く要素がともに存在する場合である。たとえば、重要な役割を果たしたが、当該犯罪に対して積極的な意思を有していない関与者は、重要な役割ゆえに正犯となるのか、積極的な意思の不存在ゆえに狭義の共犯となるのか、という問題である。ひとつの要素に着目する見解であれば、この問題は生じないのである。

**（2）ひとつの要素に着目する見解**

　**（i）西田説**　西田説は、重要な役割を果たしたかという判断を、客観的に果たした役割に限定する点で、多様な要素を総合的に判断する見解より限定的であり、「重要な役割」という言葉の意味にもっともよくあてはまる見解であるということができる。

　この見解は、因果的共犯論を前提として[37]、客観的に果たした役割が大きい場合、物理的・心理的因果性が大きいといえ、そのことが違法性の大小に関連すると考えることができるであろう。たとえば、形式的な実行行為を行った者については、その行為がなければその結果は発生しなかったとさえいえるのであって、

---

[37] 西田典之『刑法総論〔第2版〕』（弘文堂、2010年）338頁。

当該結果から見れば、非常に重要な役割であったと評価できる。つまり、結果に対する因果性も非常に大きいもので、法益侵害の程度も大きく、すなわち、違法性が大きいと判断されるのである。

　もっとも、この見解のひとつの問題は、客観的に果たした役割が重大なものであった場合、必ず正犯となる、という点である。西田説は、「共同正犯と従犯の区別が単なる量刑事情ではなく犯罪事実であるとすれば、それは犯罪実現に対する事実的寄与度を基準とした客観的類型的判断にとどまるべきであり、主観的心情要素は酌量減軽や情状判断の資料として考慮すれば足り」るとする[38]。そのため、形式的実行行為を行った者は、常に正犯となり、実務において認められている、故意ある幇助的道具は否定されることとなる。

（ⅱ）**精神関係説について**　精神関係説は、関与者間の精神関係を問題とする点で、主観説の一種であると評価可能である。では、その精神関係をいかにして判断するのだろうか。この問題については、必ずしも明らかではない。これは、おそらく、関与者間の関係を問題とし、判断されることとなろう。

　しかし、その判断は、対等関係の場合について問題とならないかもしれないが、関与者間の関係に上下関係があった場合、その結論の妥当性に問題が生じはしないだろうか。たとえば、組織において上位にいる背後者が、部下に命令して犯罪を実行させた場合、背後者は常に精神関係的に優越し、部下は常に精神関係的に劣ることになるのではないか、という問題が生じるのである。

　実務において認められている（むしろ共謀共同正犯のスタンダードである）、支配型の共謀共同正犯の事例は、精神関係説によれば、すべて「従犯の背後の（間接）正犯」となってしまうであろう。背後者について、「正犯」という名前を与えることは可能であるが、前面者がすべて従犯となってしまう可能性がある。精神関係説によれば、形式的な実行行為について正犯性を基礎づける意味はないこととなり、故意ある幇助的道具の説明が可能となる反面、典型的ともいえる支配型共謀共同正犯の説明が困難になるという点で、妥当ではない。

　また、犯罪体系論上の問題も残されている。論者自身は、正犯と狭義の共犯の区別について、責任の量的差にも、違法性の量的差にも無関係であるとするが[39]、重く処罰するべき者が正犯であり、軽く処罰するべき者が狭義の共犯であ

---

38　西田・前掲注21「正犯と共犯」59頁。

るなら、その量刑の差は、犯罪論体系上の差に基づくべきであろう。

　すでに述べたように（Ⅳ‐2）、精神関係を比較して、より劣る精神関係の場合というのは、背後者に支配されて、自由にふるまうことができない状態であるといえる。たとえば、組織権力機構において、上司から命令された部下が犯罪を実行した場合、上命下服のシステムができあがっている組織においては、その命令に背くことは非常に困難である。そうであるならば、精神関係的に劣る者が、犯罪に出ないことを期待するのは困難であるといえよう。つまり、期待可能性論的思考によれば、精神関係的に劣る者は、形式的な実行行為を行っていたとしても（その意味で正犯としての違法性を獲得するとしても）、正犯として非難することはできず、従犯として処罰されると考えることができよう[40]。このように、責任の量的差を問題とすることができるのである。

## 5　小　括

　以上のように、正犯と狭義の共犯を区別する際に、多様な要素を総合判断する考え方と、ひとつの要素から判断する考え方について検討したが、ひとつの要素から判断する場合には、その結論において、典型的な事例を説明することはできても、その他の事例に対応できない、あるいは、その他の事例に対応できるが、典型的な事例に対応できない、という問題がある。

　そうだとすれば、多様な要素を総合判断する考え方が、共謀共同正犯と故意ある幇助的道具を肯定できる見解として、より妥当であるようにも思える。しかし、多様な要素を考慮するということが、何を意味しているのか、そして、その思考の中で考慮されるそれぞれの要素の関係がどうなっているのかは、必ずしも明らかではない。以下、多様な要素説の課題について検討してみる。

　まず、いかなる正犯性の基準の下で多様な要素を考慮しているのかという問題がある。学説においては、自己の犯罪説と重要な役割説が存在するが、いずれも主観面・客観面の総合判断を行っており、採用する基準によって要素が限定されるという関係にはない。そのため、ネーミングの問題に過ぎないと考えることも

---

39　林幹人『刑法総論［第2版］』（東京大学出版会、2008年）398-9頁参照。
40　拙稿・前掲注30「期待可能性論と従犯について」92頁以下参照。ただし、精神関係の優劣を、犯罪関与者間の関係のみから判断すれば、本文中で指摘したように、支配型共謀共同正犯は否定されることとなり、すべて、従犯の背後の正犯となる。

できる。

　もっとも、重要な役割を果たしたか否かという基準は、客観的な基準に見えるにもかかわらず、主観面も考慮したうえで「重要な役割」を判断するため、ネーミングの問題であるとしても妥当でないように思われる。

　たとえば、全く同じ行為にもかかわらず、行為者の主観面を考慮した結果、正犯者意思が肯定できる場合（積極的な意思が肯定できる場合）には正犯として判断され、それが肯定できない場合には、狭義の共犯と判断されることになろう。客観的には同じ行為である以上、どちらも結果に対して同じ役割しか果たしていないはずなのだが、一方は重要な役割であり、他方は重要な役割でないとするのは、基準として妥当ではないだろう。

　その意味で、前掲の横浜地裁判決（本稿注11参照）が自己の犯罪性を判断するのに「重要な役割」を基準として用いながら多様な要素を考慮したことについては、その基準を使う必要性についてさらなる検討が必要ではあるが、自己の犯罪を行っているかのみを基準として正犯性を判断しても良かったのではないかという疑問が残る。自己の犯罪を行ったか否かという基準は、重要な役割を果たしたか否かという基準に比べ、主観面・客観面の双方を含みうる基準であり、実際に考慮する要素とも整合的であると思われる。

　次に、多様な要素間の関係について検討する。多様な要素の総合判断が、裁判官の都合（導きたい結論）に合わせて行われることがあってはならない。主観面・客観面の総合判断とは、主観的要素や客観的要素の中から、都合の良い要素をピックアップして正犯性を判断することではない。正犯としての主観面、正犯としての客観面のいずれかで足りるのではなく、いずれも必要なのである。

　たとえば、形式的な実行行為を行ったという事情があった場合、正犯性を認める方向に大きく働く要素となる（そして、形式的実行行為を行っている場合、積極的な意思を有していること少なくないであろう。）が、主観的に積極的な意思がなかった、あるいは、精神関係的に劣っていたという事情がある場合、そのことは正犯性を否定する方向に働く要素となる。この場合、どちらの要素を優先させるかを問題とするのではなく、いずれか一方が欠ければ正犯性が否定されると考えるべきなのである。

　純粋な主観説は採用できないとしても、多様な要素の総合判断において、「狭義の共犯を認める方向のみで」主観面を考慮するという限定をしたうえで[41]、主

観説的思考を採用することは十分考えられる。そのためには、主観的に、「他人の犯罪」への加担の意思しかないこと、精神的に劣っていたことが、客観的に果たした役割の前に判断される必要がある。主観面において積極的な意思があるなどとして「正犯性」を推認できたとしても、さらに客観的にも、重要な役割を果たしているなど「正犯性」が認められなければならない。二重の評価が必要であるという点で、主観面を優先させるというより、主観面を採り入れて、正犯という評価を厳格に行う、という意味がある[42]。

## V　おわりに

　本稿においては、ともすれば恣意的な判断を許しかねない多様な要素の総合判断が有する課題について検討した。正犯性の基準によって考慮される要素に差が生じえないなら、ネーミングの問題にすぎないとしても自己の犯罪性を基準とするべきこと、総合判断を行う際は、主観面・客観面のいずれかに正犯性が認められれば良いのではなく、正犯としての主観面、正犯としての客観面の両方が必要であることを論じた。

　この、正犯としての主観面は「正犯者意思（積極的な意思）」、正犯としての客観面は「重要な役割」と言いかえることも可能であると思われる。すなわち、「正犯性」の内容は、「正犯者意思」と「重要な役割」を基本とし、それを認めるための多様な要素が存在すると考えられる。

　たとえば、動機という要素は、その犯罪に対して積極的な意思が存在することを示す要素となりうる。ただし、動機を重視しすぎるのは妥当ではない。というのも、狭義の共犯にも動機は存在するからである。「動機」を判断するにあたっては、自己のための犯罪なのか、他人のための犯罪なのか、背景事情（これは客観的なものであろう。）も含めて判断する必要があるといえよう。

　また、本稿では触れていない「利益の帰属」という要素も、どのような犯罪類

---

41　西田・前掲注21「正犯と共犯」59頁は、「主観的要素の考慮が従犯の範囲を拡張する方向にのみ片面的に作用するのであれば、……否定する必要もないのかもしれない。」とする。

42　拙稿「正犯と共犯の区別に関する一試論」高橋則夫ほか編『曽根威彦先生・田口守一先生古稀祝賀記念論文集［上巻］』（成文堂、2014年）847-849頁参照。なお、拙稿・前掲注30「期待可能性論と従犯について」のように、期待可能性論的思考を行う場合、違法性段階で正犯と評価可能な場合のみ、責任段階で「自己の犯罪意思の有無」や「精神関係の優劣」を考慮することとなる。

型で考慮されるのか、あるいは、考慮するべきか、利益が帰属することが、正犯性にとってどのような意味を持つのか等も検討されるべき課題である。

さらに、各論的問題として考慮されるべき要素も存在すると考えられる。たとえば、処罰規定のない必要的な関与者という立場（前掲横浜地裁判決（本稿注11参照）の被告人について、当時の金商法に処罰規定がない以上、情報伝達行為「のみ」で重要な役割を果たしたと認めることはできないのかという問題。）という要素なども今後検討されるべきであろう。

多様な要素を総合的に判断する見解は、柔軟な正犯と狭義の共犯の区別を可能とする反面、その内容には課題が多く、これをいかに理論的にコントロールしていくかが今後の課題である。野村教授によって示された、主観的要素・客観的要素の総合判断による正犯と狭義の共犯の区別論を、より発展させる使命を果たしていきたいと強く思っている。

# 上官の刑事責任と共謀共同正犯の理論

新 倉 　 修

I　はじめに
II　上官の刑事責任論
III　「行為支配説」による上官の責任論
IV　上官の責任論から見た共謀共同正犯論――まとめに代えて――

## I　はじめに

　現代社会の基本的なテーマのひとつに、個人と組織・団体とのかかわり方という問題がある。これは、もちろん現代特有の問題であって、現代になって初めて発現した問題であるというつもりではない。とはいえ、時代を超えて存在する問題であっても、現代社会には現代特有の問題の現れ方があり、現代社会ならではの解決方法が模索されており、その解決方法の評価が必要とされている。その重要性は、否定できない。

　具体的な問題としては、たとえばヘイト・スピーチ、ヘイト・クライムの問題がある[1]。これは、日本人と在日外国人、在日長期滞在者とを区別し、一括りにした集団や団体に対して憎悪や嫌悪という非友好的な感情を暴力的な仕方で表現したり、このような非友好的な感情に基づいて各種の犯罪を行ったりすることを問題視するものである。

　また、政治活動についていえば、贈収賄という、ある意味では古典的な犯罪が、ある意味では伝統的な政治社会において、現代的な装いのもとに相変わらず頻発することを問題として取り上げることもできよう[2]。つい最近も、現職の国会

---

[1]　さしあたり、前田朗『増補新版ヘイト・クライム』三一書房、2013年、同編『なぜ、いまヘイト・スピーチなのか』三一書房、2013年および師岡康子『ヘイト・スピーチとは何か』岩波新書、2013年参照。
[2]　国会での議論については、第187回国会衆議院法務委員会第2号会議録平成26年10月15日参照。

議員が、選挙運動の過程で、自分のイラストが入ったうちわを選挙民に無料で配ったり、あるいは日常的な選挙民との交流の過程で、観劇会の代金を肩代わりした（供応）のではないかとされたり、自分の写真を使ったラベルを貼ったワインを配ったりした（買収ないしは不正支出）ことが問題になった。自分の選挙区に属する住民を支持者として他の住民から「差別化」して、自分を支持し支援する集団として遇するのに当たってこのような方法を用いているわけであろうが、そう見ると、被選挙人たる議員の個人プレーという側面よりも、議員の支持団体や後援会という組織を使って、議員を個人としても支えている選挙運動の責任者が行ったものという側面が大きな意味を持ち、組織ぐるみの問題行動という特徴も見て取れる。

さらに国際的な分野では、イスラム国という団体 (Islamic State of Iraq and Syria, ISIS) が、国際的なテロ活動をしているとして、アメリカ合衆国やヨーロッパ連合の加盟国は、武力攻撃（有人または無人の航空機による爆撃）を加えているが、これはまさに、組織（国家と名乗るが、国家としては認知されない集団）対組織（国家として認知され、国家として行動する集団と組織された個人）の問題として、テロ行動の抑制の問題、武力行使の正当性の問題、ひいては戦争犯罪や人道に対する犯罪などの国際犯罪の成否にかかわる問題が浮かび上がり、政治的な問題を含む法的な問題を鋭く示している[3]。

顧みれば、戦後世界は、ナチスによるアウシュヴィッツに代表されるジェノサイド（集団殺害）とアメリカによる広島・長崎に投下された原爆に示される無差別攻撃・不必要な苦痛を生じさせる攻撃とによって誕生した[4]。すなわち、戦後世界の体制ないし秩序は、国際連合憲章・国際司法裁判所規程と世界人権宣言によって画されると見ることができるが、その内実は、人間の尊厳を至高の価値として掲げ、世界の平和と安全、人間としての権利と福利とを実現する普遍的な国際組織（国際連合およびその下部組織）を形成するという合意が基になっていると言うことができる。また、そのような合意の形成を呼びかけた主体が、戦争犯罪

---

[3] 無人航空機による攻撃については、Marjorie Cohn (ed.), *Drones and Targeted Killing: Legal, Moral, and Geopolitical Issues*, 2014.
[4] この点については、新倉修「国際法律家運動における日本国憲法」民主主義科学者協会法律部会編『改憲・改革と法』日本評論社、2008年296頁以下、同「憲法9条を世界に生かす」日本科学者会議編『憲法と現実政治』本の泉社、2010年180頁以下参照。

人の処罰という目的のために、すでに提案されていた国際的な裁判所という枠組みを具現化して、組織的な犯罪についての個人の刑事責任の追及という困難な課題に取り組んだ。これを仮に、α系列の刑事法の問題群と呼ぼう。いわば、α系列とは国際的な刑事法体系にかかわる問題群ということになる。

他方、麻薬統一条約以降の刑事に関する国際条約では、国連国際組織犯罪条約が、マネロンダリング規制と共謀罪ないしは結社罪の処罰という新しい枠組みを提示している。ここにも、個人と組織・団体とのかかわりというテーマが色濃く浮かび上がってくる。これを仮に、β系列の刑事法の問題群と呼ぼう。いわば、β系列とは国際的な契機に由来する国内刑事法の問題群ということになる。

本稿は、複雑に生起する国際的な刑事法にかかわる問題をさしあたりこの２つの問題群に分けて整理することを通じて、このような国際的な動向を解析し、その中でもとりわけ、上官の刑事責任という問題と、日本刑法における共謀共同正犯論とのかかわりを検討するものである。いわば純粋に国際刑事法の分野に発生し発展してきている理論問題と、純粋に国内刑法（外国刑法や国際刑法に対置する意味で内国刑法と呼ばれることもある）の分野に発生し発展してきている理論問題とが、向き合うことで相互干渉の磁場に捉えられたときに、どのような理論問題が提起されるのか、という理論関心に応えるものである。

さて、上官の刑事責任という問題は、どちらかといえば、上記α系列に属するものである。これに対して、共謀共同正犯論という問題は、国際的な刑事法の問題群として意識的・明示的に扱われるものではなく、どちらかといえば、国内法レベルでの問題として扱われ、とりわけ日本では、その輸入法学的な伝統にもかかわらず、一般刑法の枠組みの中で、集団的・組織的な犯罪行動を共犯論という位相において、立法論ではなく、解釈論として展開されてきた。かつて改正刑法草案（1974年）は、共謀共同正犯の規定を提案したが、1981年に刑法の全面改正の方針が放棄されて、その後、刑法の現代用語化のための刑法の部分改正（1995年）でも、その他の刑法の一部改正でも、この種の提案に取り組まれることはなかった。とはいえ、いわばβ系列の刑事法の問題群に属する共謀罪の処罰が、国連国際組織犯罪防止条約の批准問題に絡めて、国内法の整備のために法律案が提案されている。そこでは、共謀罪と共謀共同正犯との親和性が指摘されつつも、600を超える犯罪（前提犯罪）の共謀行為を取り上げて、その独立処罰を求める提案は、その前提犯罪をも含めて処罰を予定している犯罪への関与行為を処罰する

共謀共同正犯とは、処罰範囲も処罰根拠も異なる。

もっとも、共謀罪（conspiracy）そのものは、α系列の国際軍事法廷規程でも、β系列の国連国際組織犯罪防止条約でも、登場する法概念であり、出自が英米法に由来するという理由以外に、それぞれの系列の刑事法の問題群に固有のものとはいいがたい。しかし、両方の系列の問題群に同様の法概念が登場するということは、逆に言えば、それぞれの問題群における法概念はたぶんに機能的なものであって、国内法におけるコモンローかシビルローかという法家族的な把握が可能な程度に有機的な一体性のある法概念が、構成要素としてそれぞれの系列にいわば固有種として存在するということではなく、国際的な場面での、法概念の継受や融合として理解すれば、足りることであろう。いずれにしても、α系列にしろ、β系列にしろ、個人と組織・団体との関連が刑事法の対象として取り上げられる傾向は明確であり、今後もこのような傾向は減少するどころか、むしろさまざまな形態に「進化」し拡大し続けると思われる。そうであれば、それぞれの法概念の比較検討を通じて、近代刑法の基本原則である「個人行為責任原則」がどのように現代的な変容を遂げて、処罰の範囲の明確化とともに、正当化の根拠を再構成するものであるかどうかを検討することが許されよう。その意味で、過失の共同正犯肯定説[5]、組織体刑事責任論[6]と並んで、近年、判例による拡大適用が指摘されている共謀共同正犯論[7]は、まさに検討すべき重要な課題といわなければならない。

かつて西原春夫博士の古稀にあたって、刑法全面改正作業の過程において問題になった集団犯罪類型を検討したことがあった[8]。今回、野村稔博士の古稀にあたって、同じく集団犯罪類型にかかわる問題の一環として、上官の刑事責任論を検討する一文を草し、祝意を述べる機会を与えてくださったことに深く感謝したい。

---

5　近年の労作に内海朋子『過失共同正犯について』成文堂、2013年。
6　さしあたり、伊東研祐『組織体刑事責任論』成文堂、2012年、樋口亮介『法人処罰と刑法理論』東京大学出版会、2009年参照。
7　西田典之『共犯理論の展開』成文堂、2010年、とくに40頁以下。
8　新倉修「集団犯罪類型の立法論的考察」『西原春夫先生古稀祝賀論文集第4巻』成文堂、1998年、195頁以下。

## II　上官の刑事責任論

　上官の刑事責任（Command Criminal Responsibility）は、戦争犯罪について上級職にある者の刑事責任を問うものであって、古くは15世紀にまで遡ることができるが、刑事責任に結びつけられて論じられるようになり、明確な意味を与えられるようになったのは、第二次世界大戦後であるとされている[9]。上官（Command）というと、軍隊における上級職に限定されるけれど、上司（Superior）というと、軍人以外の文官をも含む広い意味に使われる[10]。上官の刑事責任あるいは上官ないし上司の責任（Command or Superior Responsibility）の「法理」は、ニュルンベルク裁判で提起され、これが東京裁判に継承され、さらに拡張され、「平和に対する罪」について、いわゆるA級戦争犯罪人には、近衛文麿内閣の外務大臣であった広田弘毅と松岡洋右や東条英機内閣の外務大臣であった東郷茂徳と重光葵が含まれ、判決には至らなかったが起訴された被告人の中には、民間人である大川周明も含まれていた[11]。しかし、上官の責任の理論に基づいて判決が下されたのは、山下奉天将軍に対する裁判が最初であったとされている[12]。この沿革についての詳しい検討は他日を期するほかないが、ここでは、国際刑事裁判所規程（いわゆるローマ規程）に絞り込んだ上で、上官の刑事責任論の構造と根拠を取り上げることにする[13]。

　ローマ規程28条は、「指揮官その他上官の責任（Responsibility of commanders and other superiors）」を定める。政府の公定訳では、superior は上官とされている

---

[9] Kai Ambos, Superior Responsibility, in: Antonio Cassese, Paola Gaeta & John R.W.D. Jones, *The Rome Statute of the International Criminal Court*, vol. 1, Oxford University Press, 2002, p. 825. See also M.C. Bassiouni, *Crimes against Humanity in International Criminal Law* (2nd ed., 1999) p. 423 et seq. 日本語の著作としては、永福誠也『国際刑事裁判所規程第28条にみる上官責任の考察』内外出版、2014年がきわめて包括的な検討を加えている。
[10] 327 U.S. 13 (1945); Kai Ambos, supra note 9, p. 824. 森下忠『国際刑法学の課題』成文堂、2007年、153頁。
[11] 文官で死刑になったのは広田弘毅だけであった。東京裁判ハンドブック編集委員会編『東京裁判ハンドブック』青木書店、1989年、日暮吉延『東京裁判』講談社現代新書、2008年。
[12] Ambos, supra note 9, p. 825. A・フランク・リール、下島連訳『山下裁判・上下』日本教文社、1952年、宇都宮直賢『回想の山下裁判』白金書房、1975年、279頁ほか。
[13] その前身とも言うべき旧ユーゴスラビア国際刑事裁判所規程もルワンダ国際刑事裁判所規程も上官の責任を定めている（8条3項）。Ambos, supra note 9, p. 823, esp. p. 849 et seq.

が、軍人に限定する趣旨ではないであろう。実際、この規定の成立過程を熟知している人は、「包括的な交渉と微妙な妥協の産物である」と評し、その上で、(a)「軍の指揮官または実質的に軍の指揮官として行動する者」と (b)「(a) に規定する上官と部下との関係以外の上官と部下との関係に関する上官」とを別々に規定している点について、(a) は「(事実上の) 軍事指揮官の責任」を定め、(b) は「それ以外、すなわち非軍人もしくは文官の上官・上司の責任」を定めたものだと要約している[14]。これは、刑法でいう「構成的身分」に当たるものであり、その上で「行為事情」として (a) では「その実質的な指揮および管理の下にあり、または状況に応じて実質的な権限および管理のもとにある軍隊が、……裁判所の管轄権の範囲内にある犯罪を行ったこと」、(b) では「その実質的な権限および管理の下にある部下が、……裁判所の管轄権の範囲内にある犯罪を行ったこと」があげられ、その行為事情と身分者との関係については、(a) (b) ともに「自己が当該軍隊・部下の管理を適切に行わなかった結果」(帰責要件と呼ぶ。) であることを要求し、かつ、(a) については次の二つの成立要件をあげ、(b) については次の三つの成立要件をあげている。すなわち、(a) については①「当該指揮官または当該者が、当該軍隊が犯罪を行っておりもしくは行うとしていることを知っており、またはその時における状況によって知っているべきであったこと」(故意・過失要件と呼ぶ。)、②「当該指揮官または当該者が、当該軍隊による犯罪の実行を防止しもしくは抑止し、または捜査および訴追のために事案を権限ある当局に付託するため、自己の権限の範囲内ですべての必要かつ合理的な措置をとることをしなかったこと」(不作為要件と呼ぶ。) がこれであり、(b) については①「当該上官が、当該部下が犯罪を行っておりもしくは行うとしていることを知っており、またはこれらのことを明らかに示す情報を意識的に無視したこと」(故意過失要件と呼ぶ。)、②「犯罪が当該上官の実質的な責任および管理の範囲内にある活動に関係していたこと」(権限要件と呼ぶ。)、③「当該上官が、当該部下による犯罪の実行を防止しもしくは抑止し、または捜査および訴追のために事案を権限ある当局に付託するため、自己の権限の範囲内ですべての必要かつ合理的な措置をとることをしなかったこと」(不作為要件と呼ぶ。) がこれである。

　要するに、指揮官又はその他の上官という身分者が、自らの指揮・管理に服す

---

14　Ambos, supra note 9, p. 848. UN Doc. A/CONF.183/C.1/WGGP/L.4/Ad.1, p. 2.

る部下によって国際刑事裁判所の管轄権の範囲内にある犯罪を実行したという行為事情にあたる場合に、帰責要件があるときには、(a) については故意過失要件と不作為要件を満たす場合に、(b) については故意過失要件と不作為要件のほかにさらに権限要件を満たす場合において、上官としての責任を問われるという構造をもっていることになる。(a) の指揮官等の場合と (b) のそれ以外の上官・部下の関係の場合とは、基本的には同一の構造と成立要件であるが、微妙に異なる点もあり、その異同は (a) の場合における「指揮命令」という強い従属関係を前提にする場合と、それ以外の権限と管理という弱い従属関係を前提にする場合とで、上官の責任とされる範囲が若干異なり、弱い従属関係の場合の方が、強い従属関係の場合より、成立要件が厳しくなっている。それが、おそらく弱い従属関係の場合に、故意過失要件と不作為要件のほかに、権限要件が付加されている理由であろう。いずれにしても、このような区別をつけたのは、ローマ会議などでアメリカ合衆国の代表による提案に着想を得たもので、その趣旨は、軍人および文官の責任に関して明確な主観的要素の要件(*mens rea requirements*) による縛りをつけるところにあったとされている[15]。すなわち、アメリカ案では (a) については故意または過失の要件で足り、(b) については故意の要件に絞るというものであったのに対し、アルゼンチン、カナダおよびドイツによる非公式の対案は、両者ともに過失の要件を盛り込むというものであったが、カナダが座長となった非公式協議において、(b) についての過失要件に代えて「これらのことを明らかに示す情報を意識的に無視したこと」という文言に落ち着いた。このように (a) の指揮官の場合が厳しい要件になったのは、軍隊の構造上高度な規律水準が期待され、かつ、抑止の実効性も高いという政策的理由によるという説明もある[16]。さらに細かい点であるが、(a) の場合についても、伝統的な用語法では「その時の状況において (in the circumstances at the time)」であるのに対して、成案は「その時の状況によって (owning to the circumstances at the time)」という文言を採用し、非軍人の上官・上司についてはこのような規定を採用しないことによって、旧ユーゴスラビア国際刑事裁判所規程などにならったとはいえ、上官の主観的要素の証明は、部下がよる犯罪の実行の時に関してなされるべきものであ

---

15 Ambos, supra note 9, p. 848. UN Doc. A/CONF.183/C.1/L.2 (1998).
16 Bassiouni, supra note 9, p. 422.

るから、このような「その時の状況によって」というような明示的な規定を置くことは言わずもがなであると言われている[17]。さらに、5つの客観的要素を成立要件として、主観的要素と客観的要素が認められれば、上官の刑事責任は立証されるので、その意味では、従来の懲戒制裁の有無によって左右されるような仕組みではなく、独立に刑事責任の追及が可能な仕組みになっている。また、この点をとらえて、上官の責任は、真正不作為犯と危険犯との二重の性格を有するともいわれている[18]。

まず真正不作為犯として構成した点については、不真正不作為犯として規定することに反対するフランス代表の意見に従ったという指摘がある[19]。かねてより不真正不作為犯は、保証者的地位ないし保証者的義務を明文に規定しない含みがあるので、構成要件の明確性の要請に反するという指摘があるところであるから、この選択は正しい[20]。他方、このような構造での上官の責任論が、共犯との構造的な違いがあるかどうかについて、多少議論があるようである。詳しい検討は避けるが、結論として言えば、共犯が基本的には意思の疎通を前提とした共同関係という構造をとるのに対して、上官の責任論は、国際刑事裁判所の対象犯罪を実行する部下と、監督責任を負い、実行を抑止しなかったという不作為について責任を負う上官とは、基本的には意思の疎通を要せず、共同正犯として同一の犯罪を共同する場合でもなければ、教唆して部下を教唆して犯罪を実行させるわけでもなく、また部下の犯罪を幇助する場合にも当たらない[21]。そのような場合は、別個にそれぞれ広義の共犯としての犯責を追及されることになろう。また、上官の責任論は、部下による故意犯の実行に上官が、故意に監督を怠って犯罪を実行させた場合だけではなく、過失によって監督を怠り、これを制止ないし阻止しなかったという場合（a commission of 'a crime of intent by negligence'）を想定する[22]ので、このような場合に、共犯形式での刑事責任を追及することになれば、

---

17 Ambos, supra note 9, p. 849.
18 Ambos, supra note 9, p. 824.
19 Ambos, supra note 9, p. 850. See also G. Fletcher, *Basic Concept of Criminal Law*, 1998, pp. 47-48; Jean Pradel, *Droit pénal comparé*, 1995, pp. 236-237; 3ᵉ éd., 2008, pp. 69-70.
20 第13回国際刑法学会カイロ大会（1984年）でもその趣旨の決議がなされている。新倉修「不作為に関する刑事責任について（1）：第13回国際刑法会議第一議題をめぐって」国学院法学23巻4号、1986年、1頁。
21 J. Fenrick, Article 28, in: O. Triffterer (ed.), *Commentary on the Rome Statute of the International Criminal Court*, 1999, mn. 10.

いわゆる行為共同説を採用するのでなければ、理論的に説明することはできない。

　上官の刑事責任論でもう一つ問題となるのは、上官が部下に対して故意に対象犯罪の実行を命じた場合と、過失によってこれを阻止しなかった場合とを同質のものないしは価値的に同一のものとして扱ってよいのかという点である。これについては、第14回国際刑法学会ブダペスト大会決議で、犯罪組織内において犯罪を命じる作為の場合とこれを阻止しなかった不作為の場合とが同様の重要性を持つと指摘されていることをあげて、肯定する見解もある[23]。すなわちこの見解は、「組織犯罪集団の指導者および構成員が実際に特定の犯罪の実行に参加していることを証明することが難しいので、実効正犯と従犯としての責任という伝統的な形態はこのような人々の罪責を問うには十分でないとことがありうる。実行正犯と共犯という伝統的な法概念が不十分と考えられる限度において、組織責任の原則（principle of organizational responsibility）に基づく慎重な現代化を考慮しなければならない。階層的な構造を持つ組織集団においては、決定と管理の権限を持つ人は、他の構成員が実行することを命じた場合またはその実行を組織することを意図的に怠った場合には、他の構成員が実行した行為について責任を負うとすることができる。」とし、「背後の正犯」（men in the background, Hintermänner）というような考え方をとる[24]ものであって、ここには、まさに次項で検討する共謀共同正犯の正犯性と共通する問題がある。この点では、すでに多くの論者が指摘しているように、ロクシンの「行為支配説」が理論的な支柱となっている[25]。

---

22　William A. Schabas, The General Principles of the Rome Statute, 6 *European Journal for Crime, Criminal Justice and Criminal Law*, 1998, pp. 416-419. See also William A. Schabas *An Introduction to the International Criminal Court*, Cambridge University Press, 3rd ed., 2007, pp. 219-232; Otto Treffterer, "Command Responsibility"——*crimen sui generis* or participation as "otherwise provided" in Article 28 Rome Statute? in: *Menschengerechtes Strafrecht, Festschrift für Albin Eser zum 70. Geburtstag*, Verlag C. H. Beck, München 2005, SS. 901ff.

23　Ambos, supra note 9, p. 852.

24　Resolution II. 1, cited by Ambos, supra note 9, p. 846.

25　Claus Roxin, *Täterschaft und Tatherrschaft*, 6. Verlag, 1994, SS. 242-253, 653-654. なお、クラウス・ロクシン、山中敬一監訳『刑法総論第2巻〔犯罪の特別現象形態〕〔翻訳第1分冊〕』信山社、2011年、24頁以下。また、橋本正博『「行為支配論」と正犯理論』有斐閣、2000年、55頁以下。

## III 「行為支配説」による上官の責任論

　それでは逆に、ローマ規程における「指揮官およびその他の上官の責任」の成立要件から、「行為支配説」の内容を確定してみよう。それが、わが国の共謀共同正犯論との接点や国連国際組織犯罪防止条約での共謀罪などとの接点を探り、現代的な「集団犯罪類型」や「組織犯罪類型」の処罰の限界を明確にする理論的な検討の可能性を追求してみよう。

　ローマ規程における上官の責任論は、犯罪論体系で言えば、素朴な二元論、すなわち犯罪の客観的要素と主観的要素から犯罪の成立要件を構成する理論[26]で説明されることが多い。本稿もこれにならって、客観的要素（actus reus）と主観的要素（mens rea）に整理して要点をまとめておく。

　客観的要素については、①上官・上司の地位、②実効的な「命令および監督」または「権威および監督」、③「上官・上司が適切な管理を怠った結果として」の部下による犯罪の実行、④「自らの権限内にあるすべての必要かつ合理的な措置」、⑤「予防」「処罰・抑圧」または「権限ある機関・当局への付託」が問題になり、主観的要素については、①指揮官と非軍人の上官・上司に共通するものとしての「積極的な認識」、②指揮官など軍隊での上官に固有のものとしての「知るべきであった場合」、③非軍人の上官・上司についての「明白に示す情報を意識的に無視した場合」が問題となりうる。

　客観的要素①は、行為主体（指揮者または上官・上司）が「支配的な地位」にあることを意味するが、部下が国際刑事裁判所の対象犯罪を実行した場合における上官の責任を問う以上、当然に必要な成立要件である。軍隊などの組織が指揮命令の連鎖によって運営されていることから見ても当然であり、また形式的な指揮命令関係が形骸化している場合に実質的に指揮命令によって犯罪が行われるときなどを想定すると、実質的な指揮命令・管理という立場にあることが予定されている。その意味では、要素①は要素②以下によって規定されるという指摘は、意味がある[27]。

---

26　このような犯罪体系論の位置づけについては、刑法理論研究会『現代刑法学原論〔総論〕』三省堂、初版＝1983年、285頁、改訂版＝1987年、321頁で紹介した。
27　Ambos, supra note 9, p. 857.

要素②では、「命令・監督」と「権威・監督」という二種類の指揮命令関係を想定しているが、共通要素としての「監督」が上位概念だという指摘[28]があり、外務省の公定訳で「監督」とされているのはcontrolという英語であり、これは制御・統御や統制などの意味も含むものでドイツ語の「支配」（Herrschaft）に対応する言葉である。日本語の語感では、「監督」というのは、映画などで全体を統括して演出することを意味する場合もある（「支配」に近い内容）が、他方、監督官庁という言葉遣いに見られるように、私的企業や私人の社会的活動を後見的に管理しつつも、その私人などが犯罪をしても、その監督官庁がその点について直接的な法的責任に必ずしも問われるわけではないという意味で使われる場合（「支配」には含まれない内容）もある。そこで何らかの限定が必要になるが、軍隊などでは権限が分化して、作戦行動の指揮命令権（軍令）はあっても行政的な管理権（軍政）はない場合や、その逆に、行政的な管理権しかなく作戦行動の指揮命令権がない場合に、あるいは、部下が反乱を起こしたり上官の指揮命令に背いたりした場合になお、その上官について刑事責任を問いうるのかが問題になる。また、軍事顧問（military adviser）は、作戦行動の指揮命令権も行政的な管理権もないから、実質的に「指導や助言」をして軍隊が犯罪に出た場合には、この「上官の刑事責任の法理」に従うべきか疑問があろう[29]。また、監督義務を委託している場合（delegation of the duty of supervision）であっても、受託者の選定、指示、フォローアップの義務に転化するだけであって、実質に変化はない。

要素③では、上官等の任務懈怠と部下による犯罪の実行との間に因果関係があることが予定されている。問題は、択一的因果関係のケースであるが、いずれにしても、自然的な因果関係だけではなく、客観的帰属の理論や直近の原因の理論によって、関係性を肯定する可能があるとされている[30]。

要素④は、「必要かつ合理的な措置」には、部隊が国際人道法について十分訓練を受けていること、作戦行動にかかわる決定において国際人道法に相当な注意を払っていること、実効的な報告制度を確立すること、報告制度が適切に運

---

28 Ambos, ibid.
29 Ambos, supra note 9, p. 858は「軍事顧問は報告義務のみ課されている」という理解を紹介している。他方、軍隊が一定の地域を占領している場合には、その指揮官は、命令の範囲外であっても、軍隊が展開している地域全体について監督・支配を貫徹する義務があるとしている。
30 Ambos, supra note 9, p. 861.

用されていることを監視すること、国際人道法に反する実態が起こりつつあることないしは行ったことを知った場合に矯正行動（corrective action）をとることが、求められているという[31]。

要素⑤は、犯罪の実行が間近に迫っている場合とすでに犯罪が実行されている場合とでは、異なる。前者の場合には、犯罪が実行されないように、適切な介入、すなわち適切な命令を行い犯罪の実行を抑止することが求められているが、後者の場合には、そのような防止措置は、犯罪の拡大を防止するには役立つであろうが、それだけではもはや足らず、積極的に抑制ないし制圧する必要があり、さらには捜査や訴追のために権限ある機関に付託することが義務づけられる[32]。

以上5つの要素の検討から浮かび上がる「行為支配」の概念内容は、軍隊などの組織的に訓練された実力組織を前提としており、かつ、軍事力行使が一般的に禁止されている国連憲章2条4項のもとにおいて、さらには国際人道法がジュネーブ条約として規範の定立があり、かつ、国家実行などを通じてその規範内容についての理解も相当程度に蓄積がある現状では、不定型な内実を必ずしも詰めきれない国内刑法における監督者責任とか共謀共同正犯の議論に比べて、上官の責任論にいう「行為支配」概念は、はっきりとした輪郭を持った概念として把握することが比較的容易と言えよう。

主観的要素については、ローマ規程が原則として「意図と認識をもっている場合」に限定しているのに対して、上官の責任論でいう要素②や③は、特別の定めとして許容されることになる（同30条1項）。

要素①については、状況証拠による「認識していたこと」の証明と「推定的認識（constructive knowledge）」とを区別する必要があり、後者は要素②に属し、しかもそのうちでも低いレベルの主観的要素だという指摘がある[33]。さらに要素②については、もともと英米の軍隊におけるマニュエルに記載されている要素であり、ジュネーブ条約第一議定書86条2項（1977年）にも「その時点における状況においてそのように結論することができる情報を有していた場合」という文言があり、旧ユーゴスラビア国際刑事裁判所規程にも「知る理由がある場合」という

---

31　Fenrick, supra note 21, mn. 9; Ambos, supra note 9, pp. 861-862.
32　Ambos, supra note 9, pp. 862-863.
33　Ambos, supra note 9, p. 864. 森下・前掲注10、156頁。

文言で規定されていた。「意識的に無視する」という心理状態があれば、刑事責任は免れないという意見は、ローマ規程がつくられる以前から国際的に主張されていたものであり、単なる懈怠や無視ではなく、「悪意ある意図（malicious intent）に等しい重大な懈怠」という特徴づけを受けたり、「未必の故意という弱い故意と重大な過失という強い懈怠」としてかろうじて区別されるような限界として位置づけられたりする内容を持つものとされている。これに関連して、「推定的認識」というものも、「上官が、犯罪の実行について知ることができるような信頼すべき具体的な情報を得ていた」という認識の程度を表すものと理解されている。認識の程度としてみれば、上官等の権限や経験によれば当然に知りうる情報を具体的に入手しており、情報源や情報の質から見て信頼すべき内容をもつものであって、その情報を踏まえれば犯罪の実行が間近に迫っていることや、あるいはすでに犯罪の実行が行われていることを知ることができる程度の認識があるというわけであろう。とはいえ、日本的な社会では、「情報希釈の法則」ともいうべき病理があり、重大な情報をことさらに上層部に上げない慣行や、情報の確認に手間取り臨機応変に上層部に情報を集中するのが遅れる慣行などが見られる。そうだとすると、ここでの主観的要素②の理解についても、要素の内容や質そのものがどのようなレベルにあるかという事実判断が問題になっているというよりも、上官と部下とが指揮命令・下命服従という関係によって組織された集団において、組織体として正常な意思決定が存在することを前提として、その組織体が作戦行動のような組織的な活動する場合に、情報の集中と行動の決定という関連性が問題になっているというべきであろう。言い換えると、上官等の責任の根拠となる「行為支配」モデルが前提となって、上官が、故意でなくても重大な過失によって部下による犯罪の実行を予防、抑圧、監督・統制することに失敗した場合に、そのような客観的な事象に対応した認識を主観的要素として要求するという論理があると理解すべきではないか。もちろん、知るべきである客観的事情が存在すれば直ちに主観的要素の存在が認定されるというわけではなく、そのような「厳格責任・客観的責任の原則」を取り入れたというわけではなく、客観的要素に対応する主観的な認識の存在は、それとして立証すべき事実にあたり、客観的要素の存在が立証されても、「不知の抗弁」が許されると理解される[34]。

　要素③は、非軍人である上官・上司について「明白に示す情報を意識的に無視した場合」という点は、英米法でいう「悪意ある無視・盲目（willful blindness）」

に倣ったものだとされている[35]。これは、「故意と無謀（recklessness）の間」にあたるとも、要素②にいう「知るべきであった場合」よりも高度の認識レベルを示すともいわれている。証明すべき事情とは、「部下が犯罪を実行していることまたはまさに犯罪を実行しようとしているという実質的なリスクが存在していたことを示す情報であること」、「この情報が上官・上司に利用可能であったこと」かつ「このような種類の情報が存在することを知りつつ、上官・上司がこのような種類の情報に言及することを拒んだこと」であるとされている[36]。しかし、要素②について述べたように、ここでも主観的要素は上官・上司が「行為支配」モデルにおける「支配の内実」に対応した認識ないし主観的要素を現に有していたことを「行為支配」を理由とする上官の刑事責任を肯定する必須の要件としていることが強調されなければなるまい。

## Ⅳ　上官の責任論から見た共謀共同正犯論
――まとめに代えて――

　国際刑事法における「上官の刑事責任論」の展開が、わが国において判例で認められてきた共謀共同正犯論にどのような意味があるのか、について検討することにしよう。

　共謀共同正犯については、論点は多く、そもそも実定法上の根拠がないという議論[37]はさておくとしても、一応、刑法60条の共同正犯の規定を根拠にして、その解釈適用の問題として議論する傾向が、一般的になりつつある。このような、いわば方法論的な転回は平野龍一博士の「判例と学説」との関係についての深刻な問題提起に由来する[38]が、つとに西原春夫博士は、共謀共同正犯を否定する学

---

34　Ambos, supra note 9, p. 865もほぼ同旨。さらに、アメリカ模範刑法典2.02.（2）(d) にいう「懈怠（negligence）」との異同や事実の錯誤や法律の錯誤の問題については、割愛する。Ambos, supra note 9, pp. 867-869.

35　Ambos, supra note 9, p. 870. 森下・前掲注10、156頁は「にせ盲人」と訳す。See also W.G. Eckhardt, Command Criminal Responsibility: A Plea for a Workable Standard, 97 *Military Law Review*（1982）11, at 14. ダチョウの喩えから、「頭を砂に隠す」アプローチ（'Stick your head in the sand' approach）という印象的な表現もある。

36　Fenrick, supra note 21, mn. 21; Ambos, supra note 9, p. 870.

37　新倉修「共謀共同正犯」岡野光雄編著『刑法演習Ⅰ〔総論〕』成文堂、1987年、223頁で、沿革を紹介したことがある。なお、松宮孝明『刑法総論講義　第4版』成文堂、2009年、276頁（初版は1997年刊）参照。

説に対して、一部実行したのにとどまる共同正犯者がなぜ自ら実行を分担していない他の共同正犯者の実行行為についてまで責任を負担するのかという批判を投げかけて、共同意思主体説による正当化が前近代的な集団責任を認めるものであって、個人行為責任の原則に基づく近代的な刑法理論に反するという批判に対して反論し、さらに翻って間接正犯類似の理論構成を採用して、刑法60条を根拠に共謀共同正犯を解釈論的に位置づける試みをしていた[39]。ところが、西原博士は、銃砲刀剣類取締法違反事案について、暴力団の組長に禁止された銃の不法所持罪の共謀共同正犯を認めた判例[40]（いわゆるスワット事件）について、共謀共同正犯の成立範囲を不当に拡張したとして、批判している[41]ので、理論的にも興味深い論点が、新たに提起されつつあるといえよう。

　事案は、関西における広域暴力団の幹部である被告人が、遊興等の目的で上京した際に、「スワット」と呼ばれるボディガード4名を随行させることになり、羽田空港に到着後、出迎えに来たXらと先乗りで上京していたスワット3名が5台の自動車を用意して、被告人を同車に乗車させた。スワットらは各自実包の装てんされたけん銃を携行していたところ、深夜に飲食店を出て宿泊先にむかう途中で、警察官に停車を求められ、捜索差押許可状による自動車捜索を受けたときに、被告人が乗車していた自動車の後を追尾していた自動車の中から拳銃3丁等が発見され、被告人らが銃砲刀剣類所持等取締法違反（銃器の不法所持）で現行犯逮捕されたというものである。第一審は、被告人に刑法60条、銃刀所持31条の3第2項、同1項、3条1項の成立を認め、懲役7年の刑を言い渡した。

　被告人の上告に対して、最高裁は、上告を棄却し、職権判断で、次のように判示した。すなわち、「被告人は、スワットらに対してけん銃等を携行して警護するように直接指示を下さなくても、スワットらが自発的に被告人を警護するために本件けん銃等を所持していることを確定的に認識しながら、それを当然のこととして受け入れて認容していたものであり、そのことをスワットらも承知してい

---

38　平野龍一『刑法の基礎』東京大学出版会、1966年、248頁。
39　西原春夫「共謀共同正犯」、『斉藤金作博士還暦祝賀　現代の共犯理論』有斐閣、1965年、119頁。なお、西原春夫「共謀共同正犯」中義勝編『論争刑法』世界思想社、1976年、221頁参照。
40　最決平成15年5月1日刑集57巻5号507頁。
41　西原春夫「憂慮すべき最近の共謀共同正犯実務」刑事法ジャーナル3号54頁。なお、町野朔「共謀共同正犯（2）」西田典之・山口厚・佐伯仁志編『刑法判例百選I［第6版］』有斐閣、2008年、154頁、井田良「共謀共同正犯（2）」山口厚・佐伯仁志編『刑法判例百選I［第7版］』有斐閣、2014年、154頁参照。

た。……前記の事実関係によれば、被告人とスワットらとの間にけん銃等の所持につき黙示的に意思の連絡があったといえる。そして、スワットらは被告人の近辺にいて被告人と行動を共にしていたものであり、彼らを指揮命令する権限を有する被告人の地位と彼らによって警護を受けるという被告人の立場を併せ考えれば、実質的には、正に被告人がスワットらに本件けん銃を所持させていたと評し得るのである。」と。ここでは、ややフラットな表現であるが、刑法60条にいう「共同して犯罪を実行した場合」に当たるものとして、共謀が黙示的なものに留まる場合（すなわち、最大判昭和33年5月28日の練馬事件判決にいう「謀議」がない場合）であっても、「スワットらは被告人の近辺にいて被告人と行動を共にしていた」という事実（スワット側からみた事実）と「彼らを指揮命令する権限を有する」という被告人の地位、「彼らによって警護を受けるという被告人の立場」とを根拠に上げて、「実質的には、正に被告人がスワットらに本件けん銃を所持させていた」という結論＝評価に結びつけている。これについて、スワットらが「本件けん銃等を所持しながら終始被告人の近辺にいて被告人と行動を共にしていた」という事実は、被告人による心理的影響力も強度であったという事実として読み替えることができる[42]として、犯罪の共同実行に匹敵する行為であって、言い換えればけん銃等の共同所持という犯罪行為に匹敵する行為であるという擁護論がありうる。しかしそれにしても、あまりに内容が乏しいと言わなければならない。落語に喩えれば、熊五郎が若旦那に代金を払わせて腹いっぱい「うな重」を食してから、若旦那も腹が膨れて幸せな気分になったでしょうと嘯き、また傍らにいて終始行動を共にしたが、「うなぎの香り」を嗅ぎ、姿を見ただけである八五郎に対して、お前も幸せ者だよ、うなぎにありつけたんだからと、怒りを買うような口吻を漏らすようなものであろう。先に検討した上官の責任論で根拠となった「行為支配」説によるならば、被告人の近辺でけん銃等を所持することは、被告人が拒絶すれば不可能であり、被告人の意向に沿い、被告人の甘心を買うために行われたものであり、また、スワットらによるけん銃等の所持が単にディスプレーとしてのものではなく、一旦緩急あれば発射されうる状態で、実包を装てんした状態で所持され、かつ、所持するスワットにおいても常日頃けん銃の使用について訓練を実施し、暴発や発射ミスというリスクを厳しく管理した状

---

42　井田・前掲『刑法判例百選Ⅰ［第7版］』155頁。

態であることを被告人自らが要求していたというような事情が存在し、かつ、そのような客観的な要素に対応する主観的な要素が存在することが認められるものではなければならない。少なくとも、この程度に絞り込まれたものでなければならないであろう。明文の規定によらない共謀共同正犯の処罰には、この程度のしばりは欠かせないばかり、そうであっても、立法によるサンクションを得ていないという正統性の欠如は、いかにも補うことのできない制度的な欠陥と言わざるを得ない。

# 承継的共犯

松　原　芳　博

- I　はじめに
- II　問題状況
- III　承継を肯定するための諸観点
- IV　承継的共犯の肯否
- V　補論——事後強盗罪について——

## I　はじめに

　最高裁平成24年11月6日決定（刑集66巻11号1281頁）は、承継的共犯について、最高裁としてはじめての判断を下した。

　事案は、次のようなものであった。A、Bは、共謀のうえ第一現場と第二現場でC、Dに暴行を加えて傷害を負わせた。その後、第二現場に到着した被告人Xは、Aらに共謀加担し、金属製はしごや角材を用いてDの背中や足、Cの頭、肩、背中や足を殴打し、Dの頭を蹴るなど、さらに強度の暴行を加え、Cらの上記部位の傷害を相当程度重篤化させた。

　原判決（高松高判平成23年11月15日刑集66巻11号1324頁参照）は、「Xにおいて、A、Bの行為及びこれによって生じた結果を認識、認容し、さらにこれを制裁目的による暴行という自己の犯罪遂行の手段として積極的に利用する意思のもとに、一罪関係にある傷害に途中から共謀加担し、上記行為等を現にそのような制裁の手段として利用したものであるから、Xは、Xが加担する以前のAやBによる傷害を含めた全体について、承継的共同正犯として責任を負う」とし、これと同旨の第一審判決（松山地判平成23年3月24日刑集66巻11号1299頁参照）を支持した。

　これに対して、被告人側は、共謀加担前の行為についてXに責任を負わせるのは責任主義に反するなどとして、上告した。

最高裁は、上告趣意は刑訴法405条の上告理由には当たらないとしつつ、職権で以下のように判示した。

　「Xは、共謀加担前にAらが既に生じさせていた傷害結果については、Xの共謀及びそれに基づく行為がこれと因果関係を有することはないから、傷害罪の共同正犯としての責任を負うことはなく、共謀加担後の傷害を引き起こすに足りる暴行によってCらの傷害の発生に寄与したことについてのみ、傷害罪の共同正犯としての責任を負うと解するのが相当である。原判決の……認定は、Xにおいて、CらがAらの暴行を受けて負傷し、逃亡や抵抗が困難になっている状態を利用して更に暴行に及んだ趣旨をいうものと解されるが、そのような事実があったとしても、それは、Xが共謀加担後に更に暴行を行った動機ないし契機にすぎず、共謀加担前の傷害結果について刑事責任を問い得る理由とはいえないものであって、傷害罪の共同正犯の成立範囲に関する上記判断を左右するものではない。そうすると、Xの共謀加担前にAらが既に生じさせていた傷害結果を含めてXに傷害罪の共同正犯の成立を認めた原判決には、傷害罪の共同正犯の成立範囲に関する刑法60条、204条の解釈適用を誤った法令違反があるものといわざるを得ない。」

　もっとも、最高裁は、原判決の上記法令違反は罪数や処断刑の範囲に影響を及ぼすものではないこと、共謀加担後のXの暴行はCらの傷害を相当程度重篤化させたものであって本件量刑は不当ではないことから、刑訴法411条を適用すべきものとは認められないとして、上告を棄却した。

　なお、本決定には共謀加担後の傷害の認定方法および本決定の射程に関する千葉勝美裁判官の補足意見が付されている[1]。

　本決定は、近時の下級審裁判例の主流である限定肯定説（利用説）の見地から共謀加担前の暴行によって生じた傷害結果に関する承継を肯定した原判決に対して、因果共犯論の見地から当該傷害結果に関する承継を否定した点で、共犯関係からの離脱に関する最高裁平成元年6月26日決定（刑集43巻6号567頁）とともに因果共犯論の判例への浸透を示すもの[2]として注目される。また、本判決は、従来の下級審裁判例が、しばしば、一連の暴行に途中から関与した後行者に、傷害結果の一体性・不可分性を理由として関与前の暴行によって生じたものも含めた傷害結果全体を帰責させる傾向にあった（東京高判平成8年8月7日東高刑時報47巻1〜12号103頁等）のに対して、傷害結果の可分性を認めて関与前の暴行によって

生じた結果の後行者への帰責を否定した点で、窃取されたパチスロメダルと適法に取得されたパチスロメダルとが混在した事案に関する最高裁平成21年6月29日決定（刑集63巻5号461頁）とともに、被告人に不利益な方向での結果の一体化に否定的な態度を示すものとして注目される[3]。

ところで、因果共犯論とは、（広義の）共犯も、自己の行為に基づく外界の形成について責任を問われるべきことを意味する[4]ものであって、共犯論における行為主義ないし個人責任の原則の表現形式にほかならない。それゆえ、本決定は、共犯においても行為主義ないし個人責任の原則が妥当することを最高裁が承認したものとしても重要である。本稿では、個人責任の原則を背景とした因果共犯論の見地から、改めて承継的共犯の肯否を検討することにしたい。

## II　問題状況

1　一般に、承継的共犯とは、先行者が特定の犯罪の実行行為を一部行った

---

[1] 本決定の評釈類として、豊田兼彦「判批」法学セミナー697号（2013年）133頁、早渕宏毅「判批」研修777号（2013年）25頁以下、丸山雅代「判批」警察学論集66巻2号（2013年）151頁、坂田正史「判批」警察公論68巻5号（2013年）83頁以下、前田雅英「承継的共同正犯」警察学論集66巻1号（2013年）139頁以下、久冨木大輔「判批」捜査研究62巻11号（2013年）23頁以下、松尾誠紀「判批」『判例セレクト2013』（法学教室401号別冊付録）（2014年）28頁、高橋則夫「判批」刑事法ジャーナル39号（2014年）85頁以下、森住信人「判批」専修法学論集119号（2013年）89頁以下、照沼亮介「判批」『平成25年度重要判例解説』（2014年）164頁以下、水落伸介「判批」法学新報122巻3＝4号（2014年）327頁以下、設楽裕文＝淵脇千寿保「判批」日本法学79巻4号（2014年）165頁以下、今井康介「判批」早稲田法学89巻2号（2014年）101頁以下、淵脇千寿保「判批」板倉宏監修／沼野輝彦＝設楽裕文編『現代の判例と刑法理論の展開』（2014年）167頁以下、小林憲太郎「判批」山口厚＝佐伯仁志編『刑法判例百選II各論〔第7版〕』（2014年）166頁以下、十河太朗「判批」大谷實編『判例講義刑法1総論〔第2版〕』（2014年）142頁以下。本判決を契機とした論説等として、松尾誠紀「事後的な関与と傷害結果の帰責」法と政治64巻1号（2013年）1頁以下、松宮孝明「『承継的』共犯について――最決平成24年11月6日刑集66巻11号1281頁を素材に――」立命館法学352号（2013年）355頁以下、小林憲太郎「いわゆる承継的共犯をめぐって」研修791号（2014年）3頁以下、阿部力也「承継的共同正犯――部分的肯定説の再検討――」『川端博先生古稀記念論文集〔上巻〕』（2014年）531頁以下、高橋則夫「承継的共同正犯について」『川端博先生古稀記念論文集〔上巻〕』（2014年）557頁以下、橋本正博「『承継的共同正犯』について」『川端博先生古稀記念論文集〔上巻〕』（2014年）579頁以下、小島秀夫「いわゆる承継的共犯の規範論的考察」大東法学24巻1号（2014年）7頁以下。
[2] 朝山芳史「実務における共同正犯論の現状」刑法雑誌53巻2号（2014年）311頁参照。
[3] 松尾・前掲注（1）法と政治1頁以下、高橋（則）・前掲注（1）『川端博先生古稀記念論集〔上巻〕』567頁以下等参照。
[4] 平野龍一『刑法総論II』（1975年）380頁参照。

後、犯罪終了前に、後行者が先行者の行った行為およびその結果を認識しつつ、先行者との意思の連絡のもとに当該犯罪に関与する場合をいい、これには、先行者と後行者とが以後の犯罪を共同して実行する承継的共同正犯と、後行者が先行者の犯罪実現を幇助する承継的従犯とが含まれる、とされる。

もっとも、過失の共同正犯を肯定する判例・通説の立場からすると、後行者に先行事実の認識がなくとも、先行事実の認識可能性があれば「過失の承継的共同正犯」を問題としうるかもしれない。たとえば、一連の過失行為に途中から関与した者に、関与前の行為から生じた(可能性のある)死傷結果を含めて(業務上)過失致死傷罪の共同正犯が成立しうるか、といった問題である。先行事実の認識との関連では、行為者の関与前に加重結果が生じた事案で結果的加重犯の承継的共同正犯を肯定するとした場合に、単独犯では必要とされない加重結果の認識を必要とするかも問題となるであろう[5]。

意思の連絡との関連では、片面的従犯を肯定する判例・通説の立場からすると、先行者との意思の連絡を欠く場合にも「片面的承継的従犯」が問題となり、片面的共同正犯を肯定する立場からすると、「片面的承継的共同正犯」も問題となるはずである。

承継的共犯を(一定の範囲で)肯定する見解が先行事実の認識や意思の連絡を承継的共犯の定義に含めているのが、「過失の承継的共同正犯」や「片面的承継的共犯」を否定する趣旨であるのか、これらを当面の検討対象から除外しているだけなのかは明らかでない。

また、承継的共同正犯の定義において「先行者と後行者とが以後の犯罪を共同して実行する」とされる場合、文字通り先行者と後行者とがともに残余の行為の実行を分担する「協働型」のみを指すようにもみえるが、共謀共同正犯を肯定する判例・通説の立場からは、先行者と後行者の意思の連絡のもとに後行者のみが残余の犯罪の実行を分担する「入れ替わり型」はもとより、先行者と後行者の意思の連絡のもとに先行者のみが残余の犯罪の実行を分担する「承継的共謀共同正犯」[6]を承継的共同正犯から排除する論理は見出し難いであろう。

---

5 関与前の暴行から生じた傷害結果を認識していなくても強盗致傷罪の承継的共犯が成立するとしたものとして、札幌高判昭和28年6月30日（高刑集6巻7号859頁）。一方、関与前の暴行から生じた傷害結果を認識していないことを理由に、強姦致傷罪の承継的共同正犯の成立を否定したものとして、岡山地津山支判昭和45年6月9日判時611号103頁。

いずれにせよ、上記の過失の承継的共同正犯、片面的承継的共犯、承継的共謀共同正犯の事例において承継を肯定することには、承継的共犯の典型的な事例において承継を肯定すること以上に問題がありうることから、承継的共犯を(部分的に)肯定する見解には、それらの肯否に関する態度表明が求められる。

**2** 承継的共犯が問題とされる犯罪類型・事例類型は、①強盗罪のような手段-目的型結合犯、②詐欺罪や恐喝罪のような手段-目的型多行為犯[7]、③強盗致死傷罪のような結果的加重犯、④一連の暴行による傷害罪のような包括一罪、⑤監禁罪のような継続犯である[8]。学説は主として①②③を念頭に置いているが、判例には④に関するものが少なくない。

**3** 学説では、かつては、先行事実を認識・認容して関与した以上はすでに発生している結果を含めて当該犯罪全体に関する共犯になるとする全面肯定説[9]にも一定の支持があったが、近年では、全面肯定説は個人責任の原則に反するとして支持を失い、先行者の行為の効果を利用する限度で承継的共犯を認める限定肯定説(利用説)[10]と、因果共犯論の見地から関与後の事実についてのみ共犯の成立を認める承継否定説[11]とが拮抗する状況となっている。また、共同正犯については承継否定説に、従犯については限定肯定説に従う二元説[12]も、支持を広げている。

---

6 これを認めたものとして、札幌地判昭和55年12月24日刑月12巻12号1279頁。

7 もっとも、詐欺罪および恐喝罪では、相手方の交付行為は必要であっても、銀行口座に振り込ませた場合のように、行為者側の受領行為は必要でないから、これらを「多行為犯」と呼ぶことには疑問の余地もある。

8 承継的共犯を事例類型ごとに分析した研究として、十河太朗「承継的共犯の一考察」同志社法学64巻3号(2012年)345頁以下。

9 植松正『再訂 刑法概論Ⅰ 総論』(1974年)354頁以下、木村亀二『全訂 新刑法読本』(1967年)270頁、西原春夫『刑法総論〔改訂準備版〕下巻』(1993年)386頁等。

10 大谷實『刑法講義 総論〔新版第4版〕』(2012年)418頁。大塚仁『刑法概説 各論〔第4版〕』(2008年)294頁以下、川端博『刑法講義 各論〔第3版〕』(2013年)570頁、藤木英雄『刑法講義 総論』(1975年)290頁以下、西田典之『刑法総論〔第2版〕』(2010年)366頁以下、平野・前掲注(4)382頁以下等。

11 野村稔「判批」平野龍一=松尾浩也編『刑法判例百選Ⅰ総論〔第2版〕』(1984年)169頁、相内信「承継的共犯について」金沢法学25巻2号(1982年)42頁、町野朔「惹起説の整備・点検」内藤謙先生古稀祝賀『刑事法学の現代的状況』(1994年)132頁以下、金尚均「承継的共同正犯における因果性」立命館法学310号(2006年)150頁以下、山口厚『刑法総論〔第2版〕』(2007年)350頁以下、浅田和茂『刑法総論〔補訂版〕』(2007年)422頁、曽根威彦『刑法総論〔第4版〕』(2008年)258頁、林幹人『刑法総論〔第2版〕』(2008年)380頁以下等。

12 齊藤誠二「承継的共犯をめぐって」筑波法政8号(1985年)36頁以下、照沼亮介『体系的共犯論と刑事不法論』(2005年)244頁以下、高橋則夫『刑法総論〔第2版〕』(2013年)447頁以下、井田良『講義刑法学・総論』(2008年)473頁、490頁以下等。

4 判例[13]も、かつては、先行者による被害者の殺害後に財物奪取を手伝った後行者を強盗殺人罪の従犯とした大審院昭和13年11月18日判決（刑集17巻839頁）、先行者が被害者に包丁で切り付けたのを見て、後行者が先行者と意思を通じて被害者を殴打したが、被害者は後行者の関与前の行為が原因で死亡したという事案で、後行者を殺人既遂罪の共同正犯とした大阪高裁昭和45年10月27日判決（刑月2巻10号1025頁）などから、全面肯定説に立つものとみられていた。これに対して、近時の裁判例では、一連の暴行に途中から関与した者につき、関与前の暴行の積極的利用が認められないことを理由に関与前の暴行による傷害の責任は負わないとした大阪高裁昭和62年7月10日判決（高刑集40巻3号720頁）、先行者の暴行によって生じた反抗抑圧状態を積極的に利用して財物奪取に加担したことを理由に後行者を強盗罪の共同正犯としつつ、先行者の暴行による傷害の結果を積極的に利用したとはいえないから後行者は致傷結果には責任を負わないとした東京地裁平成7年10月9日判決（判タ922号292頁）など、限定肯定説に立つものが主流となった。このほか、先行者が被害者を強姦し負傷させた後に犯行に加わり、反抗抑圧状態にある被害者を姦淫した者に、強姦致傷罪や強姦罪ではなく準強姦罪の共同正犯とした広島高裁昭和34年2月27日判決（高刑集12巻1号36頁）など、承継否定説に立つとみられる裁判例も散見される。

5 以下では、全面肯定説および限定肯定説ならびに理論上は承継否定説に立ちつつ限定肯定説の結論を（部分的に）支持する見解が依拠する諸観点の当否を検討し、因果共犯論の見地から承継的共犯を承認する余地があるのかを明らかにしたい。

## Ⅲ　承継を肯定するための諸観点

### 1　一罪の一体不可分性

しばしば、全面肯定説が論拠とするのは、一罪の一体不可分性である[14]。たと

---

13　判例の状況につき、大越義久『共犯論再考』（1989年）90頁以下、大塚仁ほか編『大コンメンタール刑法 第5巻〔第2版〕』（1999年）224頁以下〔村上光鵄〕、高橋直哉「承継的共犯に関する一考察」法学新報113巻3＝4号（2007年）120頁以下、西田典之ほか編『注釈刑法 第1巻 総論』（2010年）853頁以下〔島田聡一郎〕、西田典之『共犯論の展開』（2010年）216頁以下、照沼・前掲注(12) 214頁以下、十河・前掲注(8) 355頁以下等参照。

14　札幌高判昭和28年6月30日高刑集6巻7号859頁、植松・前掲注(9) 345頁等参照。

えば、YがA強盗目的でAを殺害した後に、事情を知らされたXが死体からの財物の持ち去りに関与した場合（事例1）には、強盗殺人罪が不可分の一罪であることから、Xは強盗殺人罪の共犯になるというのである。

しかし、結合犯、多行為犯、包括一罪等は、複数の事実から成り立っており、これらが事実として分割可能であることは、すでに承継的共犯の肯否を論ずる前提となっている。同説のいう「一体不可分性」を、対象の事実的な属性ではなく、規範的な要請を意味するものと解したとしても、その根拠は明らかではないし、これを個人責任の原則よりも優越する要請とみることは困難であろう。

また、この「一体不可分性」を、犯罪自体の不可分性ではなく、犯罪共同説ないし共同意思主体説に由来する共犯の成立上の一体性の要請として理解するとしても、現在、共犯と錯誤や共犯と身分の問題において共犯者間で罪名が異なりうることは広く承認されているところである[15]。

一方、「一罪」には単純一罪、包括一罪、科刑上一罪といった種々の単位・段階があるのであって、一体不可分性の要請の及ぶ「一罪」の範囲を一義的に確定することは困難である。本説の論者も、科刑上一罪まで一体不可分とし、たとえば偽造文書行使罪に関与した者に文書偽造罪の承継的共犯まで認めることはないものと推測される。しかし、一体不可分性の規範的な根拠を明らかにしない限り、その理由を示すことはできないであろう。

### 2 先行事情の認識・認容

全面肯定説の論者は、しばしば先行事情の認識・認容の存在を強調し[16]、部分的肯定説の論者も、この認識・認容を承継的共犯の定義に含めるのが通例である。

しかし、この認識・認容を故意の内容として捉えているのであれば、それは認識・認容の対象たる先行事実が後行者の罪責を基礎づける事実に含まれることの帰結であって、その根拠とはなりえない。また、すでに指摘されているように、

---

15 なお、共同意思主体説を前提としつつ、「共犯成立上の一体性・共犯処罰上の個別性」の要請から、事例1では、Xに強盗殺人罪の共犯の成立を認めつつ、強盗罪の共犯の限度で刑を科すべきとするものとして、岡野光雄「承継的共犯」阿部純二ほか編『刑法基本講座 第4巻』(1992年) 179頁以下。また、共同意思主体説に立ちながら、結合犯等における関与前の事実については共同意思主体の形成が認められないとして承継的共同正犯の成立を否定する（ただし、全体についての従犯の成立を肯定する）ものとして、山本雅子「承継的共同正犯論」『立石二六先生古稀祝賀論文集』(2010年) 467頁以下。

16 西原・前掲注(9) 386頁、東京高判昭和34年12月2日東高刑時報10巻12号435頁等参照。

過去に発生した法益侵害の認識・認容は「事後の故意」であって、これによって行為者の責任を基礎づけるのは心情刑法にほかならない[17]。

一方、結果的加重犯において関与前の行為から発生した加重結果の認識・認容を承継の要件とする立場のように、先行事実の認識・認容を故意とは別個の要素として要求するのだとすれば、その法的性格ないし犯罪論上の位置づけを明らかにすることが求められよう。

### 3　先行事情の利用

限定肯定説は、先行者の引き起こした状態ないし先行者の行為の効果を(積極的に)利用したことを承継の主要な根拠としてきた。事例1では、Xは、財物を持ち去るにあたってYの引き起こしたAの犯行抑圧状態を利用しているので、強盗罪の共犯になるとするのである。

しかし、「効果」ないし「状態」の利用から、それを惹起した「行為」に対する帰責を導くことには飛躍がある[18]。準強姦罪(178条)が、既存の抗拒不能状態を利用して姦淫することを罰しているのに対して、強盗罪(236条)は、暴行・脅迫(実行行為)によって反抗抑圧状態(中間結果)を惹起して財物を強取すること(最終結果)を罰している。反抗抑圧状態は、準強姦罪では行為状況であるのに対して、強盗罪では行為者の暴行・脅迫によって惹起されることを要する中間結果なのである。こうして、強盗罪の構成要件が、反抗抑圧という状態のみならず、暴行・脅迫行為による犯行抑圧状態の惹起を不可欠の要素としていることから、暴行・脅迫の終了後に関与した者に強盗罪の共犯を認めるためには、犯行抑圧という状態だけでなく、暴行・脅迫行為および犯行抑圧状態の惹起を後行者に帰属させることの正当性が論証される必要があろう。先行事情の単なる利用によって承継を認めることは、準強姦罪のような利用型構成要件と強盗罪のような惹起型構成要件との区別を無視するものであって、罪刑法定主義に反する疑いがある[19]。

そもそも、効果の「利用」は「因果性」に代替しうるものではない。それは、YがAを殺害して財物を強取したのを目撃したXが、Yの立ち去った後に、Yとの意思の連絡なしにAの財物を持ち去った場合(事例2)や、Aを殺害した

---

17　平野龍一「刑法の基礎」法学セミナー143号（1968年）30頁参照。
18　山口・前掲注(11) 351頁参照。
19　野村・前掲注(11) 169頁、同『刑法総論〔補訂版〕』（1998年）397頁、398頁注(3)参照。

Xが、殺害後に財物を取得する意思を生じてAの財物を持ち去った場合（事例3）において、先行行為によって引き起こされた犯行抑圧状態を利用して財物を持ち去っているにもかかわらず、通説がXに強盗罪の成立を認めていないことにも示されている[20]。

もっとも、限定肯定説の主唱者の1人である藤木英雄は、事例3のような暴行・脅迫後に財物奪取の意思を生じた単独犯の事案[21]について、Xに強盗罪の成立を認める立場[22]に立っていた。藤木いわく、「単独犯の場合でも、まず、暴行の意思で人に暴行を加えて相手方が制圧された状態になってから、その勢いに乗じてあらたに財物を奪取する意思を生じ、無抵抗の被害者の所持品を奪う行為は、全体を総合して強盗を認めてよい。承継的共犯における後行者の責任についても、同じ原理があてはまる。[23]」

このように、藤木は、強盗罪の単独正犯に関する自説の応用として承継的共犯に関する限定肯定説を導いたのであった。したがって、藤木の限定肯定説においては、冒頭の最高裁平成24年11月6日決定で問題となったような傷害罪の包括一罪等の事案は、はじめから射程外であったと考えられる。その後の限定肯定説は、暴行・脅迫後に奪取意思が生じた単独犯の事案で強盗罪の成立を否定しながら、承継的共犯に関して限定肯定説を採用したことで、その理論的一貫性に疑義が生ずるとともに、その射程も不分明になったように思われる。

一方、藤木自身の限定肯定説は、事例3のような暴行・脅迫後に奪取意思が生じた単独犯の事案の解決と運命を共にするが、強盗罪は暴行・脅迫と財物奪取とが手段と目的として有機的に結合された犯罪類型であること、同罪の法定刑は財物奪取目的で反抗を抑圧しようとする行為に含まれる特別の危険性を考慮したものであること、犯行抑圧状態の「利用」を「惹起」と同視するのは心情刑法の発想であることから、暴行・脅迫後に奪取意思が生じた単独犯の事案で強盗罪の成

---

20　承継的共犯における先行事実の（積極的）利用は、不真正不作為犯における「既発の危険を利用する意思」（大判昭和13年11月12日刑集17巻237頁）を連想させるものでもあるが、今日、「既発の危険を利用する意思」が動機にすぎず、不作為犯を基礎づける事情となりえないことは共通の認識となっている（平野龍一『刑法総論Ⅰ』（1972年）156頁以下参照）。
21　この問題に関する先駆的な研究として、西原春夫＝野村稔「暴行・脅迫後に財物奪取の意思を生じた場合と強盗罪の成否」判例タイムズ329号（1976年）22頁以下。
22　現在この立場を採るものとして、森永真綱「強盗罪における反抗抑圧後の領得意思」甲南法学51巻3号（2011年）139頁以下。
23　藤木・前掲注(10) 290頁以下。なお、引用中の「後行者」は原文では「A」である。

立を肯定する解釈は支持し難い[24]。

## 4 意思の連絡

ところで、藤木を含めて限定肯定説論者は、同じく先行する他人の行為を積極的に利用した事案であるのに、事例1では先行事実の承継を肯定し、事例2ではその承継を否定する。この2つの事例で異なる点は、先行者と後行者との意思の連絡の存否のみである。したがって、限定肯定説は、先行事実の（積極的）利用とともに、先行者との意思の連絡を承継の根拠としていることになる[25]。

しかし、因果共犯論においては、共犯者間における意思の連絡は心理的因果性を基礎づける点に刑法上の意義を有する。したがって、意思の連絡のうち関与前の事実に関する部分は刑法上意味をもちえないし、関与後の事実に関する部分は関与後の事実に関する刑事責任を基礎づけるのみであって、関与前の事実に関する刑事責任を基礎づけるものではない。こうして、「意思の連絡」は、「利用」と同様、先行事実の負責を基礎づけえないものであって、この両者を併用しても、先行事実の負責を正当化することはできないであろう。

## 5 相互利用・補充関係

大谷實は、共同正犯の一部実行全部責任および正犯性の根拠を相互利用・補充関係に求める見地から、「後行者が先行者の行為等を自己の犯罪遂行の手段として積極的に利用する意思のもとに犯罪の途中から関与し、先行者の行為等を利用した場合には相互利用・補充関係を認めるべき」[26]であり、「強盗罪のように手段としての暴行・脅迫と財物の取得とが一体となっている犯罪の場合には、先行者の行為を後行者が利用・補充するということは一般に可能であるから、後行者についても強盗罪の成立を認めるべきである」[27]とする。藤木が強盗罪の単独犯に

---

[24] 松原芳博「強盗罪・その1」法学セミナー697号（2013年）110頁以下参照。
[25] 藤木は、承継的共犯の事案では「以後の行為を一体として遂行するという合意に、それまでに実現された事実も犯罪遂行のために利用するという意思が加わることによって、単に他人の惹起した結果を犯行に利用するに止まらず、他人の惹起した結果を、その他人と一体になることによって、いわば自己の惹起した結果と同様に利用するという関係が肯定される」と述べている（藤木英雄『新版刑法演習講座』(1970年) 409頁）。
[26] 大谷・前掲注(10) 418頁。大塚仁「共同正犯の本質」法学教室109号（1989年）31頁、川端・前掲注(10) 570頁も同旨。
[27] 大谷・前掲注(10) 420頁。

おける先行行為の利用に関する自説を応用することで限定肯定説（利用説）を根拠づけようとしたのに対して、大谷は共同正犯固有の原理から限定肯定説（利用説）を導いたものといえる。

しかし、因果共犯論を前提とする限り、共同正犯における相互利用・補充関係とは、各関与者の行為と結果との間に因果性の存することを前提とするものであって、因果性の不存在を補うものではない。共同正犯における一部実行全部責任とは、まさに各人の行為が他の関与者の行為に影響を及ぼすことを通じて犯罪事実の実現に因果性を及ぼしたことを根拠とするものであって、同時傷害の特例（刑法207条）のように因果性の存在しないところに刑事責任を創設するものではない。

なお、大谷は、「承継的従犯の取扱いは承継的共同正犯と同様に扱うべき」[28]とするが、共同正犯固有の原理である相互利用・補充関係から承継的従犯を肯定する根拠および範囲を導出することはできないであろう。承継的共同正犯の成立の根拠と基準を相互利用・補充関係に求める立場にとって、承継的従犯の成立の根拠と基準は1つの課題であるといわねばならない。

## 6　後行行為の評価

西田典之は、犯行の途中から関与した後行者は自己の介入後の事象についてのみ責任を負うとしつつ、事例1のような場合には、財物の奪取は先行者からみれば強取であるから、これに関与した後行者には強盗罪の共犯が成立すると説く[29]。西田によれば、事例1では他人の強取行為に関与しているのに対して、事例2では犯行抑圧後の単独犯としての行為の評価が問題となっているので、前者を強盗罪の共犯としつつ、後者を窃盗罪ないし占有離脱物横領罪としても矛盾はないとされる。

たしかに、後行行為は、「先行者からみれば」強取行為であるといえるけれども、「後行者からみれば」窃取行為ないし占有離脱物横領行為ともいえる[30]。後

---

28　大谷・前掲注(10) 445頁。
29　西田・前掲注(10) 366頁以下、同・前掲注(13) 223頁以下。佐伯仁志『刑法総論の考え方・楽しみ方』(2013年) 387頁も同旨。このほか、後行行為の「評価」として限定承継説と同様の帰結を導くものとして、高橋（直）・前掲注(13) 152頁以下、松宮孝明『刑法総論講義〔第4版〕』(2009年) 272頁以下。

行行為が後行者からみても強取行為といえるというのは、所与の前提ではなく、一定の評価の帰結であるといわねばならない。それでは、このような評価はいかなる事実によって基礎づけられているのであろうか。西田は、片面的共同正犯を肯定する立場を採る[31]にもかかわらず、事例2における後行者を強盗罪の片面的承継的共同正犯とせず、窃盗罪または占有離脱物横領罪の単独犯としている。西田は、通常の共同正犯では意思の連絡を不要としつつ、承継的共同正犯に限って意思の連絡を必要としていることになる。こうして、西田は、事例1において先行者と後行者の「意思の連絡」の存在を根拠に後行者との関係でも後行行為を「強取行為」と評価しているということができる。しかし、前述のように、因果共犯論にあっては、意思の連絡の機能は、相手の行動に心理的因果性を及ぼすことを通じて将来の事象形成に寄与することにある[32]のであって、過去の行為を含む先行者の行為と後行者の行為とを一体化して後行者の行為を「強取行為」と評価することを正当化する契機を含むものではない。もし、因果性とは無関係に、先行者と後行者との間の意思の連絡自体によって両者の一体的評価を基礎づけるとすれば、それは他人の不法な行動に同調する態度・心情に共犯の処罰根拠を見出す不法共犯論（他人の不法への連帯説[33]）にほかならない。西田の見解は、より形式的にみると、「共犯の従属性」を根拠に先行者に対する評価を後行者に妥当させるものとみることもできるが、正犯の不法とともに共犯固有の不法をも考慮する混合惹起説からは、正犯不法への全面的な連帯性を承認することはできない[34]。そもそも、因果共犯論に立脚する限り、「共犯の従属性」は、因果性の存在を前提とするものであって、因果性の欠如を補うものではない[35]。

---

30　特に「入れ替わり型」の場合には、「強取行為」と評価されるべき先行者自身の行為が現実に存在しないことから、後行者の行為を「強取行為」と評価することへの抵抗は「協働型」の場合よりも大きいであろう。
31　西田・前掲注(10) 355頁。
32　そうであるからこそ、西田は、物理的因果性の肯定できる場合には意思の連絡は不要であるとして、片面的共同正犯を含めた片面的共犯の可罰性を肯定したのである。
33　Vgl., Heribert Shumann, Starfrechtliches Handlungsunrecht und das Prinzip der Selbstverantwortung der Anderen, 1986, S.49ff.
34　山口厚『問題探究 刑法総論』(1998年) 264頁参照。
35　小林・前掲注(1) 研修791号9頁参照。

### 7　因果性の緩和

　前田雅英は、「共同することにより正犯の範囲を拡大する共同正犯の場合は、単独正犯に比し、因果性は若干緩やかなもので足りる」ことから、「他の共同正犯者が惹起した犯行抑圧状態下で強盗・強姦を共同実行することは可能である」[36]とする。しかし、通常、共同正犯を含めた共犯において認められている因果性の緩和は、条件関係はなくとも促進関係があれば足りるとするものであって、過去の事実に因果を遡らせることではない。将来の事象形成に向けられているということは、因果性の概念の中核であって、これを放棄することは因果性の放棄にほかならない。また、前田の見解が、共同正犯では犯罪事実の一部に対する因果性で足りるとする趣旨であるとすれば、次に述べる見解と同じ問題がある。

### 8　因果性の対象の限定

　十河太朗は、「複数の利益を保護法益とする犯罪において、副次的な法益は、当該犯罪の不法・責任の程度や法定刑を基礎づける決定的な要素とまではいえない」ことから、「承継的共犯においても、後行者の行為と当該犯罪の副次的な法益の侵害・危険との間に因果関係がなくても、第一次的な保護法益の侵害・危険と因果関係があれば、後行者は、先行者と共同して当該犯罪構成要件を実現したと評価できる」とし、事例１のＸは強盗罪の第一次的法益である占有の侵害に対して因果性がある以上、強盗罪の共犯としてよいとする[37]。

　しかし、副次的な法益の侵害・危殆化も、当該犯罪の成立の必要条件とされている以上、当該構成要件の予定している不法内容を共同形成するものであって、これを因果性の対象から除外しつつ当該犯罪の刑で罰することは、副次的法益の侵害・危殆化の部分に関する限り個人責任の原則に反するであろう[38]。

　一方、承継否定説からは、構成要件該当事実すべてについて因果性が必要であると説かれる[39]こともある。しかし、犯罪構成要件は、消火妨害罪（刑法114条）における「火災の際に」といった行為状況や収賄罪（刑法97条）における「公務

---

36　前田雅英『刑法講義 総論〔第5版〕』（2011年）501頁。
37　十河・前掲注（8）368頁。
38　限定肯定説は因果関係の対象を不当に縮減するものであると批判するものとして、山口厚「『共犯の因果性』の一断面」『神山敏雄先生古稀祝賀論文集 第1巻』（2006年）354頁以下。
39　山口・前掲注（11）350頁。

員」といった身分のように、単独正犯においても行為者による因果的な惹起を要しない事実を含んでいる。これらの行為状況や身分は、――行為者の責任に関する事情を除けば――法益の侵害・危殆化の惹起に必要な物的・人的環境を意味する。これを「不法前提」と呼ぶことができよう。これに対して、実行行為、中間結果、最終結果は、その実現が法的否認の対象となる当該犯罪の「不法内容」である。共犯の処罰根拠を正犯と同一の法益に対する侵害・危殆化に求める因果共犯論の見地からは、共犯者も、正犯者と同じく、当該犯罪の不法前提に対しては因果性を必要としないが、不法内容に対しては因果性を必要とすると解すべきである。強盗罪・恐喝罪における暴行・脅迫は、身体の安全や意思活動の自由という副次的な法益の侵害を惹起するとともに、財物取得に対する障壁を打破する契機として、また、詐欺罪における欺罔は、――意思決定の自由を同罪の独立の保護法益とみることには異論の余地があるとしても――少なくとも被害者の財物に対する支配を解除させる契機として、いずれも各犯罪類型の不法内容に属することから、共犯者の因果性もこれらの事情に及ぶ必要があると解される。

## 9　単位化された事実間での因果性

橋本正博は、「因果遡及を含意する『承継的共同正犯』を肯定することはできない」としつつ、ここでは「個々の共同正犯者の正犯的寄与の集積として『共同正犯によって集合的に遂行された実行行為』とそこから実現した構成要件的結果との間の因果関係」が問題となるとし、「構成要件該当評価の『単位』となるべき事実過程を機能的に支配していた（因果的に惹起した）と認められる限りにおいて、その『単位』事実全体について共同正犯が肯定される」[40]と説く。橋本によれば、一連の殴打による傷害では個々の殴打行為は全体の殴打行為に埋没し全体が一体化されるので、途中からの関与者は全体について責任を負い、詐欺罪のような多行為犯においても、手段行為と結果行為との間の有機的関連が強く、両者の不可分一体性を認めうることから、財産の受領のみに関与した者も詐欺罪の構成要件該当事実全体を因果的に惹起したといえるが、強盗罪のような結合犯では、手段行為は独立の評価の対象となりうるので、手段行為と結果行為との一体化は否定され、途中関与者に強盗罪の共同正犯は認められないのが通例であると

---

40　橋本・前掲注（1）591頁。

される[41]。

　橋本の論理は、構成要件的評価という観点から単位化された行為-結果間の因果性を問うというものである。しかし、単独犯において一連の行為を一体化し、一連の行為全体と結果との間の因果関係を問うことが許されるのは、1つの意思決定に貫かれた同一人の行為であって、当初の意思決定の因果性が全体に及んでいるからにほかならない。これに対して、承継的共犯の場面で自己の行為と他人の過去の行為との一体化を認めることは、自らの行為によって左右しえない事実を負責の対象に取り込む点で個人責任の原則に違背するものであって、これを構成要件該当性の「評価」ということで正当化することは許されないであろう。

## Ⅳ　承継的共犯の肯否

　以上のように、全面肯定説、限定肯定説等が依拠する諸観点は、先行事実を含めた当該犯罪の不法内容を後行者に帰責させること、あるいは、後行者の行為を先行者の行為と同様に評価することを因果共犯論の枠内で正当化しうるものではない。二元説に対しても、従犯に関する限り、上記の批判がそのまま妥当する。因果共犯論は、共犯における行為主義ないし個人責任の原則の表現形式であって、因果性の存在を要求する点に関する限り、従犯を含めて広義の共犯すべてに妥当する。従犯における因果的寄与の対象を第一次的法益の侵害・危殆化に限定するのは、共同正犯の場合と同様に、個人責任の原則に反するものといわねばならない。承継的共犯では、共同正犯と従犯に共通の要件である因果性の存否が問われているのであるから、承継的共同正犯を否定しつつ承継的従犯を肯定する論理は成り立ちえないであろう。

　かくして、因果共犯論を前提とする限り、承継否定説を採用し、事例1の後行者Xは占有離脱物横領罪の共犯とすべきである。もとより、死者の占有を肯定する[42]なら、このXには窃盗罪の共犯が成立することになる。しかし、占有とは物に対する「人」の支配であること、死者は法益主体になりえないことから、死者の占有は認め難い。また、死者の占有を否定しつつも、殺害した者との関係で

---

41　橋本・前掲注（1）594頁以下。
42　野村稔「刑法における占有の意義」阿部純二ほか編『刑法基本講座　第5巻』（1993年）80頁等。

は被害者の死後もその生前の占有を継続的に保護すべきであるとする見解（継続的保護説）[43]もあるが、生前の占有を死後に保護するというのは矛盾以外の何物でもない。また、仮に継続的保護説を採ったとしても、承継的共犯を否定する見地からは、前述のように、後行者の行為を先行者の行為と同視することは正当化されえないので、後行者との関係では被害者の生前の占有は保護されていないとみるべきである。

　承継否定説からは、恐喝罪・詐欺罪における財物等の受領のみに関与した者には、関与後に態度または不作為による脅迫・欺罔が認められない限り、強盗（殺人）罪における途中関与者と同じく、占有離脱物横領罪の共犯のみが成立する[44]と解すべきである。承継否定説からは、この場合の後行者は不可罰になると説かれることもある[45]。しかし、先行者の欺罔行為によって被害者が錯誤に陥って交付した財物の領得は、誤配されてきた郵便物の領得や間違って差し出されたつり銭の領得と基本的に異なるところはなく、後二者が占有離脱物横領罪に当たるなら、前一者を同罪に当たるとすることに支障はないはずである。たしかに、被害者がその意思に基づいて交付した客体については、通常、占有離脱物横領罪は問題とならないが、それは詐欺罪・恐喝罪あるいは委託物横領罪が成立するからであって、他の財産罪が成立しない場合には占有離脱物横領罪が顕在化するものと考えられる。なお、刑法254条の「占有を離れた」物という文言は、奪取罪が成立する場合を除くための「見せかけの構成要件要素[46]」であると解されるが、仮にこの文言に積極的な意味を見出すとしても、客体の受領後における後行者の領得行為を占有離脱物横領罪の実行行為とみることで、同罪の成立を肯定することができよう。この場合、先行者に成立する占有離脱物横領罪の共犯は、恐喝罪または詐欺罪の共罰的事後行為となる。

　冒頭で紹介した最高裁平成24年11月6日決定については、承継否定説に立つものとする理解、包括一罪等では承継否定説に立ちつつ手段-目的型の結合犯・多行為犯では限定肯定説に立つものとする理解、限定肯定説に立ちつつ傷害罪に関し

---

43　団藤重光『刑法綱要 各論〔第3版〕』（1990年）572頁等。
44　浅田・前掲注(11) 424頁参照。
45　山口厚「共犯論の課題」山口厚編『クローズアップ刑法総論』（2003年）245頁、相内・前掲注(11) 43頁。
46　松宮・前掲注(29) 192頁以下参照。

ては同説の要件を事実上充たさないとしたものとする理解[47,48]のいずれも成り立ちうるとはいえ、「共謀加担前にＡらが既に生じさせていた傷害結果については、Ｘの共謀及びそれに基づく行為がこれと因果関係を有することはない」という同決定の理由づけに照らすならば、手段-目的型の結合犯・多行為犯でも副次的法益の侵害等を基礎づけている実行行為や中間結果には因果関係を有することはないことから、承継否定説に至るのが同決定の趣旨に最も適うものであり、最高裁が採用したと考えられる因果共犯論の正しい帰結であるように思われる。

## Ⅴ　補論──事後強盗罪について──

事後強盗罪（238条）については、同条の「窃盗が」という文言などから、窃盗犯人を主体とする身分犯とみる立場（身分犯説）が有力である。この立場からは、同罪における暴行・脅迫のみに関与した者については、窃盗犯人を真正身分ないし違法身分とみるなら、刑法65条1項によって事後強盗罪の共犯が成立し[49]、窃盗犯人を不真正身分ないし責任身分とみるなら、同条2項によって暴行罪・脅迫罪の共犯が成立する[50]ことになる[51]。

しかし、「強盗が」と規定されている強盗傷人罪・強盗殺人罪（刑法240条）が一般に結合犯と解されているのをみても、238条の文言は事後強盗罪を身分犯と解

---

47　千葉勝美裁判官の補足意見は、「強盗、恐喝、詐欺等の罪責を負わせる場合には、共謀加担前の先行者の行為の効果を利用することによって犯罪の結果について因果関係を持ち、犯罪が成立する場合があり得るので、承継的共同正犯の成立を認め得るであろうが、少なくとも傷害罪については、このような因果関係は認め難いので……、承継的共同正犯の成立を認め得る場合は、容易には想定し難いところである」と述べている。

48　本決定後の下級審裁判例には、包括一罪の関係に立つ死体遺棄行為と死体損壊行為とのうち後者のみに関与した者について、先行する死体遺棄行為を積極的に利用していないことなどを理由に、死体遺棄行為に関する承継的共同正犯の成立を否定し、関与後の死体損壊行為に関してのみ共同正犯の成立を認めたものがある（東京地立川支判平成26年3月20日 LLI/DB06930113）。

49　大阪高判昭和62年7月17日判時1253号141頁、前田雅英『刑法講義 各論〔第5版〕』（2011年）300頁、堀内捷三『刑法各論』（2003年）135頁等。

50　大谷實『刑法講義 各論〔新版第4版〕』（2013年）243頁等。なお、窃盗犯人を不真正身分とみることを前提に、刑法65条1項により事後強盗致傷罪の共犯の成立を認めたうえで、同条2項で傷害罪の共犯の限度で刑を科すべきとするものとして、新潟地判昭和42年12月5日下刑集9巻12号1548頁、日髙義博「共犯と身分」『川端博先生古稀記念論文集〔上巻〕』（2014年）776頁以下等。

51　このほか、取戻し阻止の目的のときは違法身分として刑法65条1項を適用し、逮捕免脱目的および罪証隠滅目的のときは責任身分として同条2項を適用すべきとするものとして、佐伯仁志「事後強盗の共犯」研修632号（2001年）6頁以下。

することの決め手にはならない。身分とは、「一定の犯罪行為に関する犯人の人的関係である特殊の地位又は状態」（最判昭和27年9月19日刑集6巻8号1083頁）であって、法益の侵害・危殆化を生じさせるための人的環境としての「不法前提」であるか、または、行為者の特別の責任非難の前提となる「責任前提」であるところ、事後強盗罪における窃盗は、行為者が自ら有責に実現しなければならない同罪の「不法内容」に属する事情であって、「身分」とみるべきではない。特に、窃盗犯人を真正身分ないし違法身分とみて、暴行・脅迫のみに関与した者に刑法65条1項を適用して事後強盗罪の共犯の成立を認めることは、同罪の不法内容を実現していない者に同罪の不法を帰責させるものであって、因果共犯論とは相容れないであろう[52]。

　こうして、事後強盗罪は、窃取行為と暴行・脅迫行為との双方を実行行為とする結合犯として理解される（結合犯説）[53]。このような理解に立ってはじめて、先行する窃盗罪が事後強盗罪に吸収されること、事後強盗罪の既遂・未遂が窃盗の未遂・既遂によって決せられることを説明することが可能となる[54]。

　もっとも、事後強盗罪は、強盗罪のような手段-目的型の結合犯ではなく、強盗強姦罪と同じ原因-結果型の結合犯（事後的結合犯）である[55]から、本罪の成立にとって、当初の窃盗の時点で暴行・脅迫の意思を有している必要はない。結合犯説に対しては、しばしば、窃盗の着手の時点で事後強盗の（未必の）故意がある場合に事後強盗罪の未遂が成立することになって不当であるとする批判が寄せられる。しかし、原因-結果型の結合犯では、強盗強姦罪の場合がそうであるように、第二行為の着手があってはじめて結合犯全体の未遂が認められるのが原則である。また、手段-目的型の結合犯にあっても、居直り強盗の（未必の）故意をもって窃盗に着手しただけでは強盗罪の未遂にならないということに示されるように、第一行為への着手によって常に結合犯全体の未遂の成立が肯定されるわけではない。

---

52　林・前掲注(11) 385頁、山口・前掲注(38) 352頁以下参照。
53　山口厚『刑法各論〔第2版〕』（2010年）232頁以下、西田典之『刑法各論〔第6版〕』（2012年）183頁以下等。
54　本罪が結合犯か身分犯かは、理論上いずれも可能であって、共犯の妥当な処理という観点から決められるべき問題であるとする理解（島田聡一郎「事後強盗罪の共犯」現代刑事法44号（2002年）17頁以下）もみられるが、本罪の性格づけは、行為者によって実現されるべき「不法内容」に窃盗の事実が含まれるか否かという本罪の不法構造の根幹に関わるものといわねばならない。
55　松原芳博「強盗罪・その2」法学セミナー698号（2013年）112頁以下参照。

このような結合犯説からは、事後強盗の暴行・脅迫のみに関与した者の罪責は、承継的共犯に関する態度決定に依存し、本稿の支持する承継否定説からは、暴行罪・脅迫罪の共犯にとどまることになる。これに対して、限定肯定説からは、暴行・脅迫のみに関与した者も、先行者の財物窃取の効果を利用している限りで事後強盗罪の共犯になるとされる[56]。後行者が先行者の窃取の効果を利用したといえるのは、窃盗が既遂となっており、後行者が取得した財物の取戻しを防ぐ目的で暴行・脅迫に関与した場合であろう。たしかに、この場合、暴行・脅迫をもって財物の返還を免れることに協力した後行者が暴行罪・脅迫罪の共犯にしかならないのは不当であるように感じられる。しかし、この場合に後行者が実現しうるのは財物奪取の事実ではなく、財物に関する返還請求権の免脱の事実であるから、後行者には2項強盗罪の成立を認めるのが筋である。暴行・脅迫のみに関与した後行者について、あくまで事後強盗罪の問題として、窃盗罪が既遂に達している以上、財物を奪還されても同罪の既遂になるとするよりも、2項強盗罪の問題として、現実に財物の返還を免れたか否かで同罪の既遂か未遂かを決する方が、実体に即しているように思われる。なお、この場合に、財物の返還を免れる目的で後行者と協力して暴行・脅迫を行った先行者（窃盗犯人）には、事後強盗罪の既遂と2項強盗罪の既遂または未遂との包括一罪が成立し、（部分的犯罪共同説によれば）2項強盗罪の既遂または未遂の限度で後行者と共同正犯になるものと解される。

---

56　西田・前掲注(53) 183頁以下、島田・前掲注(54) 20頁。

# 過失の競合と過失犯の共同正犯の区別
―― 明石花火大会歩道橋副署長事件判決を手がかりとして ――

大 塚 裕 史

I　過失の競合と過失犯の共同正犯の関係
II　明石花火大会歩道橋副署長事件判決とその問題点
III　過失犯の共通要件としての予見可能性
IV　過失共同正犯の要件としての共同義務
V　おわりに

## I　過失の競合と過失犯の共同正犯の関係

### 1　過失単独正犯と過失共同正犯の相違点

　過失の競合とは、1つの構成要件的結果の発生に対して複数の行為者の不注意な行為が存在する場合をいう[1]。過失の競合は、広義では、過失単独正犯の競合（同時犯）と過失犯の共同正犯を含むが[2]、狭義では、複数の行為者が各々過失単独正犯の構成要件を充足し、それが同時犯として競合する場合をいう[3]。本稿では、以下、狭義の過失の競合を「過失の競合」と称し、過失犯の共同正犯との区別に

---

[1] 過失の競合の態様と構造については、西原春夫「監督責任の限界設定と信頼の原則（上）」法曹時報30巻2号（1978）3頁以下、古川伸彦「いわゆる過失競合事案における過失認定の在り方について」川端博ほか編『理論刑法学の探究⑤』（成文堂、2012）1頁以下、同「過失競合事案における注意義務の重畳関係の論定」刑法雑誌52巻2号（2013）297頁以下。

[2] この意味で「過失の競合」という用語を用いた裁判例として、例えば、東京地判平12・12・27判時1771号168頁がある。

[3] 狭義の過失の競合に関する最近の文献として、注（1）に掲げたもののほか、松宮孝明「過失の競合――とりわけ過失不作為の競合――」刑法雑誌52巻2号（2013）329頁以下、北川佳世子「過失の競合と責任主体の特定問題――過失不作為犯の競合を中心に――」刑法雑誌52巻2号（2013）314頁以下、大塚裕史「過失不作為犯の競合」『三井誠先生古稀祝賀論文集』（有斐閣、2012）151頁以下、高山佳奈子「複数行為による事故の正犯性」『三井誠先生古稀祝賀論文集』（有斐閣、2012）179頁以下、甲斐克則『医療事故と刑法』（成文堂、2012）112頁以下、182頁以下、224頁以下、高橋則夫＝仲道祐樹「過失競合における主体の問題」高橋則夫ほか著『理論刑法学入門――刑法理論の味わい方』（日本評論社、2014）204頁以下、楠田泰大「過失の競合に関する一考察」同志社法学66巻3号（2014）123頁以下。

ついて若干の検討を行うことにしたい[4]。

まず、過失単独正犯と過失犯の共同正犯は、いずれも過失による犯罪行為であるから、予見可能性や結果回避可能性という過失犯を基礎づける基本的要件が必要である点では共通である。両者が異なるのは構成要件該当行為、すなわち、実行行為の態様である。すなわち、過失単独正犯は実行行為を一人で遂行するものであるのに対し（単独実行）、過失犯の共同正犯は実行行為を複数人で共同遂行するものである（共同実行）。

ところで、過失単独正犯の実行行為は、故意犯と同様、結果惹起の現実的な危険性をもった行為でなければならない。もっとも、故意犯の場合は、意図的に危険性を創出する行為であるからそのような行為は直ちに禁止されるべきであるのに対し、過失犯の場合は、危険な行為を遂行すること自体が禁止されているのではなく、危険の制御を不注意にも喪失した点が問題となる。そこで、危険の制御の方法としてのどのような結果回避措置をとるべきであるかを明らかにし、次にそれを当該行為者に義務づけることができるかを検討し、それが肯定された場合に結果回避義務を定立し、それに違反した行為をもって実行行為と解することが有益である[5]。そこで、過失単独正犯の実行行為を結果回避義務違反行為とし、過失単独正犯の（客観的）構成要件は、このような意味での結果回避義務違反行為、結果、因果関係の存在によって充足されると解すべきである。

これに対し、過失犯の共同正犯が成立するためには、複数人の不注意な行為が「共同実行」と評価できることが必要である。そして、過失犯における「共同実行」の内容については、様々な見解が主張されているが、過失犯の実行行為を前述のように結果回避義務違反行為と把握する立場からは、「結果回避義務違反行為を共同したこと」、すなわち、「共同の結果回避義務に共同して違反したこと」と解すべきことになる（共同義務の共同違反）[6]。

そして、過失単独正犯における「結果回避義務」と過失犯の共同正犯における「共同の結果回避義務」（以下、これを「共同義務」と呼ぶ）とでは、義務の内容である結果回避措置の内容が異なることに注意する必要がある。すなわち、過失単

---

4 過失の競合と過失犯の共同正犯の区別に関する優れた分析として、嶋矢貴之「過失競合と過失犯の共同正犯の適用範囲」『三井誠先生古稀祝賀論文集』（有斐閣、2012）204頁以下。

5 大塚裕史「過失犯における実行行為の構造」『下村康正博士古稀記念論文集・刑事法学の新動向（上巻）』（成文堂、1995）153頁以下。

独正犯の場合の結果回避措置は、各人がそれぞれの立場で自らの行為から結果を発生させないように注意することであるが、過失犯の共同正犯の場合の結果回避措置は、皆で協力して結果を発生させないように注意することであるから、自らの行為から結果を発生させないように注意するだけでは足りず、他者の行為から結果を発生させないように注意しなければならない。他者の行為から結果を発生させないように注意することを監視義務と呼ぶならば、相互的な監視義務が含まれる点に過失犯の共同正犯における共同義務の大きな特徴がある。

このように、過失単独正犯と過失犯の共同正犯とでは、そこで課される結果回避義務の内容が異なる点に注意しなければならない。

## 2 過失の競合と過失犯の共同正犯の関係

1つの構成要件的結果の発生に対して複数の行為者の不注意な行為が存在する場合、それを過失の競合として処理するか過失犯の共同正犯として処理するかは、結局、共同義務が認められるか否かで決することになる。

過失の競合と過失犯の共同正犯の関係は、結果回避義務違反や因果関係の存否、共同義務の共同違反の存否によって、以下の4つの類型に分類される。

第1は、過失の競合は認められるが、過失犯の共同正犯は成立しない場合である（第1類型）。これは、複数行為者の各人に、結果回避義務違反が認められ、かつ、結果回避義務違反行為と結果との間に因果関係が認められるが、共同義務違反は認められない場合である。典型的なケースとしては管理・監督過失といわれる事例群をあげることができる。

我が国の裁判実務では過失犯の共同正犯が認められることは少なく、複数の行為者の不注意な行為が存在する事案の多くは過失単独正犯の競合（同時犯）として処理されている。

第2は、過失の競合は認められず、過失犯の共同正犯が成立する場合である（第2類型）。これは、各人の行為には結果回避可能性が認められないか、各人の

---

6 共同義務の共同違反を最初に主張したのは、藤木英雄「過失犯の共同正犯」研修263号（1970）13頁であり、その後、大塚仁「過失犯の共同正犯の成立要件」法曹時報43巻6号（1990）3頁以下がこれを詳細に展開し、多くの学説の支持を得るようになり（塩見淳「過失犯の共同正犯」法学教室358号（2012）66頁）、下級審裁判例の採用するところとなった（例えば、大阪高判昭61・9・30高刑集39巻4号371頁、東京地判平4・1・23判時1419号133頁）。

行為と結果との間に因果関係が認められないため過失単独正犯は成立しないが、共同義務違反は認められる場合である。

我が国の裁判実務において、この類型に属する事例は少ない。最高裁は、メタノールを含有する液体を不注意にも販売した被告人らに有毒飲食物等取締令違反の共同正犯を肯定し[7]、その後の下級審裁判例も過失犯の共同正犯の肯定する立場に立っているとはいえ、その数は9件にしかすぎないとされている[8]。

第3は、過失の競合と過失犯の共同正犯の双方が認められる場合である（第3類型）。これは、各人に過失単独正犯が成立し、かつ、共同義務違反も肯定される場合である。

故意犯では、ある行為者が実行行為を一人で遂行したため単独正犯の構成要件を充足すると共に、他者との間に共謀も認められるために共同正犯の構成要件をも充足する場合があり、判例によれば、単独正犯、共同正犯のいずれを認定しても差し支えないとされている[9]。そうだとすると、過失犯の場合も同様で、過失の競合が成立している場合であっても、共同正犯の成立要件を充たしている限り過失犯の共同正犯として処理することも可能である。

例えば、横浜市大病院患者取違え事件では、裁判所は、2名の患者を取り違えた病棟看護師と手術室看護師を過失単独正犯の競合として処理しているが[10]、共同正犯として処理することも十分可能である[11]。過失の競合として処理することが可能な場合であっても共同正犯として構成することには、量刑上の意義や公訴時効や告訴の効力などの訴訟法上の意義が認められる場合がある。

第4は、過失の競合と過失犯の共同正犯のいずれも認められない場合である（第4類型）。これは、各行為者が過失単独正犯の構成要件も過失犯の共同正犯の構成要件も充足しない場合である。例えば、行為者に予見可能性が欠ければ、過失単独正犯も過失犯の共同正犯もいずれも成立しないのである。

このように、複数人の不注意な行動が重なって結果が発生した事案では、これ

---

7 　最判昭28・1・23刑集7巻1号30頁。
8 　嶋矢・前掲注（4）「過失競合と過失犯の共同正犯の適用範囲」224頁。
9 　最決平21・7・21刑集63巻6号762頁。
10 　東京高判平15・3・25刑集61巻2号214頁。
11 　大塚裕史・医事法判例百選（2006）192頁、金子博「過失犯の共同正犯について」立命館法学326号（2009）183頁。これに対し、北川佳世子・医事法判例百選［第2版］（2014）157頁は、看護師同士の間での共同正犯を否定する。

らの4つの類型のいずれに該当するかを見極めることが重要となる。そこで、以下では、最近この点が争われた明石花火大会歩道橋副署長事件を取り上げ、その判決を手掛かりにこの問題について若干の考察を加えることにしたい。

## II　明石花火大会歩道橋副署長事件判決とその問題点

### 1　事実の概要

　平成13年7月21日午後7時45分頃から8時30分頃までの間、明石市大蔵海岸公園で実施された市民夏まつり花火大会において、参集した多数の観客が、公園と最寄りの駅とを結ぶ歩道橋に集中して過密な滞留状態となり、強度の群衆圧力が生じ、午後8時48分ないし49分頃、多数の者が折り重なって転倒するいわゆる群衆なだれが生じ、11人が死亡し183人が負傷するという事故が発生した。

　この事故について、花火大会を実質的に主催した明石市の職員3名のほか、現地警備本部指揮官であった明石警察署地域官、明石市と契約していた警備会社の支社長の計5名が業務上過失致死傷罪で起訴された。

　第一審判決は5名をいずれも有罪とし[12]、控訴審判決も（控訴を取り下げた明石市職員1名を除く）4名の控訴を棄却した[13]。そこで、これを不服とする警察署地域官と警備会社支社長の2名が上告したところ、最高裁判所は平成22年5月31日、上告を棄却し、職権で、被告人両名に対する業務上過失致死傷罪の成否について検討し、両名に有罪の言い渡しをした[14]。

　同決定は、明石警察署地域官の罪責について、「遅くとも午後8時ころまでには、歩道橋上の混雑状態は、明石市職員および警備員による自主警備によって対処し得ない状態に達していた」のであるから、「被告人は、午後8時ころの時点

---

[12]　神戸地判平16・12・17刑集64巻4号501頁。
[13]　大阪高判平19・4・6刑集64巻4号623頁。
[14]　最決平22・5・31刑集64巻4号447頁。本決定の評釈・研究として、齊藤彰子・判例セレクト2010［I］（法学教室365号別冊付録）（2011）29頁、松宮孝明・速報判例解説8号（2011）205頁以下、同・法学セミナー671号（2010）135頁、甲斐克則・平成22年度重要判例解説（2011）194頁以下、岡部雅人・刑事法ジャーナル25号（2010）88頁以下、山本高子・法学新報118巻7＝8号（2011）231頁、土本武司・判例評論630号［判時2114号］（2011）22頁、平野潔・弘前大学人文学部人文社会論叢（社会科学編）26号（2011）125頁、林幹人・法曹時報63巻12号（2011）1頁、大塚・前掲注（3）「過失不作為犯の競合」159頁、北川佳世子「最近の過失裁判例に寄せて（2・完）」法曹時報65巻7号（2013）1頁など。

において、直ちに、配下警察官を指揮するとともに、機動隊の出動を明石警察署長らを介し又は直接要請することにより、歩道橋内への流入規制等を実現して雑踏事故の発生を未然に防止すべき業務上の注意義務があったというべき」であったのに「雑踏事故はないものと軽信し、上記注意義務を怠って結果を回避する措置を講ずることなく漫然放置し、本件事故を発生させて多数の参集者に死傷の結果を生じさせた」のであるから業務上過失致死傷罪が成立すると判示している。

　その後、本件事故に関し、当時の明石警察署副署長が、平成16年法律第62号による改正検察審査会法に基づくいわゆる強制起訴の最初の対象となって、平成22年4月20日に業務上過失致死傷罪で起訴された。

　起訴状によれば、本位的訴因は、「午後7時30分ころから午後8時10分ころまでの間に、警備会社と連携し、又は、本件夏まつり当日の警備に従事する警察官に指示して、参集者の迂回路への誘導や群衆の分断等により、本件歩道橋南側階段下からJR朝霧駅へ向かう参集者の流入阻止を中核として、本件歩道橋内への流入規制を実施し、又は署長に進言して実施せしめ、もって地域官と共同して、雑踏事故の発生を未然に防止すべき業務上の注意義務があったにもかかわらず、そのような事故は発生しないと軽信してこれを怠り、地域官とともに漫然放置した、又は、雑踏事故の発生を未然に防止すべき各業務上の注意義務が地域官とともにあったにもかかわらず、いずれも、そのような事故は発生しないと軽信してこれを怠り、それぞれ漫然放置した。」という内容であり、花火大会当日における副署長と地域官の共同正犯ないしは過失の競合を主張するものである。

　また、予備的訴因は、「被告人は、地域官とともに、本件夏まつり当日に至るまでに、本件夏まつりに関する明石署の雑踏警備計画において、本件歩道橋を警備要点として指定するとともに、花火大会開始前から参集者の迂回路への誘導や群衆の分断による本件歩道橋への流入規制等の具体的な危険防止措置と、かかる危険防止措置を講じるための警備部隊の編成および任務を自ら策定し、又は署長に進言して策定せしめ、もしくは配下警察官をして策定せしめたうえ、その実施を本件夏まつり当日の警備に従事する警察官に周知徹底させ、もって、地域官と共同して、雑踏事故の発生を未然に防止する体制を構築すべき業務上の注意義務があったにもかかわらず、これを怠り、地域官とともに漫然放置した、又は、雑踏事故の発生を未然に防止する体制を構築すべき各業務上の注意義務が地域官とともにあったにもかかわらず、いずれも、これを怠り、それぞれ漫然放置した。」

という内容であり、雑踏警備計画策定の段階における副署長と地域官の共同正犯ないしは過失の競合を主張するものである。

明石花火大会歩道橋事件の発生から副署長に対する公訴提起までには、8年余りが経過しており、もし副署長に業務上過失致死傷罪の単独正犯しか成立しないのであれば、当時の刑事訴訟法250条により、副署長には平成18年7月に公訴時効が完成しており、（平成22年に施行された公訴時効の規定の改正には遡及適用がないので）刑訴法337条4号により免訴判決が言い渡されることになる。これに対し、副署長と（有罪判決の確定している）地域官との間で業務上過失致死傷罪の共同正犯が成立するのであれば、時効完成を理由とする免訴判決の可能性はなく[15]、実体判決が言い渡されることになる。

このように、過失犯の共同正犯の成否が、公訴時効との関係で争われたのは我が国の裁判史上初めてのことであった。

## 2　第一審判決の内容

第一審の神戸地裁は、「被告人には、本件事故当日及び雑踏警備計画策定段階において、過失があったと認めることができないことなどから、本位的訴因及び予備的訴因のいずれについても、業務上過失致死傷罪が成立するとはいえない。したがって、被告人には地域官との共同正犯が成立せず、結局、本件は、公訴提起時に公訴時効が完成していたといわざるを得ないから、被告人を免訴すべきである。」と判示した[16]。被告人には過失がないので共同正犯は成立しないというのである。

### （1）本位的訴因について

本位的訴因について、裁判所は、被告人の本件事故当日の過失を予見可能性が認められないとして否定した。

「被告人は、現場に配置していた警察官から、現場は混雑はしているが朝霧歩道橋へ流入する観客を規制等する必要はないとか、特異事項はないといった報告は受けていたが、午後8時ころの時点において、自主警備では対処できず、警察官による歩道橋への流入規制が必要であることを窺わせるような報告を無線等で

---

15　刑訴法254条2項により、地域官が起訴された平成14年12月26日からその刑が確定した平成22年5月31日までの間、公訴時効は停止する。
16　神戸地判平25・2・20 LEX/DB25503828。

聞いていないし、テレビモニターの映像でも、歩道橋南側階段上の観客がゆっくりと階段を下りるのは確認していたものの、歩道橋内部の観客の混雑状況を直接確認することはできなかったのである。そうすると、被告人が、その時点において、前記の情報だけで、前記規制の必要性を認識し、本件事故の発生を具体的に予見することが可能であったと認めることには、合理的な疑いがあるといわざるを得ない。」

「以上によれば、被告人には業務上過失致死傷罪が成立しないから、その余の点について判断するまでもなく、被告人に地域官と同罪の共同正犯が成立することを認めることもできない。」

**（2）予備的訴因について**

予備的訴因について、裁判所は、明石警察署の警備計画が十分なものではなかったことは認めながらも、被告人の雑踏警備計画策定段階での過失を、以下の理由で否定した。

**（a）予見可能性について**　「明石警察署の本件夏まつりの雑踏警備計画が策定されるまでに被告人が予想できた前記のような事情（筆者注：朝霧駅を利用して集まってきた観客の多くが幼児を含む年少者や高齢者で、歩道橋を通って大蔵海岸公園に向かうが、歩道橋の南端部分や南側階段付近において滞留し、特に、花火大会終了のころには、朝霧駅から大蔵海岸公園に向かう観客の流れと大蔵海岸公園から朝霧駅へ向かう観客の流れがぶつかり、滞留がいっそう激しくなること）は、抽象的な危惧感に過ぎず、これらの事情によって、直ちに本件事故の発生を具体的に予見することができたとはいえず、したがって、本件夏まつりの雑踏警備計画の策定において、被告人が本件事故を予見する義務があったとはいえない。」

**（b）結果回避可能性ないし因果関係**　「現実の雑踏警備においては、観客の参集状況及び行動、警察官の認知及び判断状況等により、警備計画で想定されていない事態が起こる可能性はいくらでもあり、前記認定事実によれば、現に、本件においても、K地域官が警備会社支社長やR警部の報告等によって歩道橋内が自主警備によって対処できず、警察による規制の必要がある段階に至っていることを認識し、本件事故の発生を具体的に予見できたのに、自らの権限を行使せず、あるいは署本に報告して、機動隊等による規制を行わしめなかったことが、本件事故の直接の原因になっているといえるのである。これらに照らすと、本件夏まつりの雑踏警備計画に前記のような不十分な点がなかったならば、必ず

本件事故が発生しなかったということはできず、仮に、前記雑踏警備計画の策定に関し、被告人の権限行使に不十分な点があったとしても、被告人がこれを十分行使していれば本件事故の発生を回避できたとはいえないし、そもそも、被告人の前記権限行使と本件事故との間に因果関係を認めることもできない。」

### 3　控訴審判決の内容

控訴審である大阪高裁は、「被告人に注意義務違反を問うことができないと判断した原判決には、理由中の一部に相当でない部分があるものの、その判断の中心的部分に論理則違反ないし経験則違反等があるとは考えられず、結論は相当として是認できる。したがって、被告人について免訴を言い渡した原判決は正当であって、本件控訴は理由がない。」として控訴を棄却した[17]。

#### （1）本位的訴因について

本位的訴因について、控訴審は、被告人の本件事故当日の過失については、予見可能性が認められないとした原判決の判断を正当であるとした。

「原判決も認定するように、8時10分までに警察による本件歩道橋への流入規制が行われていれば本件事故の回避が可能であったと認められるが、被告人において、いつまでも何らの対策もとらなければ本件歩道橋上の混雑が激化し事故が発生するであろうと予見することは可能であったとしても、問題は、どの時点で警察による規制の実施に踏み切らなければならないと認識し得たかである。上述のとおり、被告人は、報告されていた情報等からして、8時や8時10分の時点ではまだ警察による本件歩道橋への流入規制の必要がないと現地の警察官が判断しているものと認識したと認められるが、そう認識したことが客観的には誤りであったとしても、それ以上の積極的情報収集が必要であったとみるべき具体的事情は見出せない。そうすると、その時点で警察による規制を行わない限りは雑踏事故が発生すると予見することが被告人にとって可能であったとは認められない。」

#### （2）予備的訴因について

予備的訴因について、控訴審は、原判決の予見可能性や因果関係の有無の判断

---

[17] 大阪高判平26・4・23 LEX/DB25503829。なお、指定弁護士はこれを不服として2014年5月2日に上告した。

に誤りがあるとしながらも、警備計画が不十分なものにとどまった点に関して、被告人に事故防止義務違反の過失があったと認定することは困難であるとして、原判決の結論自体は正当であるとした。

　**(a) 予見可能性について**　「原判決が、被告人は雑踏事故の発生を予想できたが、それは抽象的な危惧感に過ぎなかったと説示している点について、その評価には賛同することができない。……本件の約半年前に同じ会場で開催されたカウントダウン花火大会で、参集者が約5万5000人であったが、相当数の110番通報がされるほどの混雑密集状態が本件歩道橋上で発生し、流入規制措置をとることによって雑踏事故を防止できた出来事があり、被告人もこれを知っていたことが認められる。これらに照らせば、約15万人が参集すると予想された本件夏まつり当日は、適切な対応をしない限り雑踏事故が発生する危険が相当程度あったというべきである。そうすると、被告人について、上記の事故発生の予想が抽象的危惧に過ぎなかったと評価することは困難であり、本件結果の具体的な予見可能性がなかったということはできない。」

　**(b) 因果関係について**　「臨機に機動隊を動かす必要が生じた場合に、第一次的にはK地域官の判断で直接これを行うのか、それとも明石署内に設置された署本部の指示によることを原則としてK地域官は署本部に状況報告の上で指示を仰いだり意見を具申するのか等、機動隊の投入等の決定方法に関する現地警備本部と署本部との役割等について、事前の計画で明確に確認されていれば、K地域官が署本部に意見具申した可能性もないとはいえないのであり、K地域官が本件当日の警備の際にとるべき行動に出なかったことによって、警備計画の不備と事故発生の結果との間の因果関係が否定されるべきではない。」

　**(c) 結果回避義務違反について**　「被告人は警備計画の立案自体の担当者とはいえず、他方で、上位者であるN署長が暴走族対策を重視し、雑踏警戒要員の人数を限定的なものにする意向を明確に表明している状況下では、被告人の提案等がN署長が示す基本枠の中での提案等にとどまったのもやむを得ない面があり、N署長に対して、警備計画を雑踏警備中心のものに改め、雑踏警備部隊の編成及び任務を明確に定めるよう進言して再考を促すことが望ましかったとはいえても、それを行わなかったことが義務違反になるとはいえない。他方で、警備計画の不備を補うための提案をしたり、計画策定を促進する程度の関与はしているのであるから、被告人は限られた権限を行使しなかったわけではない。以

上によれば、刑法上の義務違反といえるほどの権限不行使があったと評価することは困難というべきである。」

### 4 両判決に対する評価

第一審も控訴審も被告人に公訴時効が完成しているとして免訴の言い渡しをした。その理由として、本位的訴因については、第一審も控訴審も被告人に予見可能性がないとした点で共通である。これに対し、予備的訴因については、第一審が予見可能性や結果回避可能性・因果関係を否定したのに対し、控訴審は予見可能性も結果回避可能性・因果関係も肯定したうえで事故防止義務に「違反」したとはいえないとして過失を否定した点で、結論に至る法律構成が異なる。

問題は、両判決とも、業務上過失致死傷罪の共同正犯の成否を検討すべきところ、過失の有無を認定し過失単独正犯の成立を否定することによって過失犯の共同正犯の成立を否定するかのごとく判示をしている点である。

すなわち、第一審は、「本位的訴因及び予備的訴因のいずれについても、業務上過失致死傷罪が成立するとはいえない。したがって、被告人にはK地域官との共同正犯が成立せず」と判示している。しかし、業務上過失致死傷罪（211条）と業務上過失致死傷罪の共同正犯（60条、211条）は、要求される結果回避義務の内容が異なる別個の構成要件であるから、業務上過失致死傷罪の成立が否定されたからといって業務上過失致死傷罪の共同正犯の成立が否定されることにはならない。

もっとも、第一審の場合は、業務上過失致死傷罪と業務上過失致死傷罪の共同正犯という2つの犯罪に共通の要件である予見可能性を否定しているので、業務上過失致死傷罪の共同正犯が成立しないことは明白であり、「業務上過失致死傷罪が成立しないから共同正犯が成立しない」という迂遠な説明方法をとる必要はなかったといえる。

他方、控訴審も、「被告人に業務上過失致死傷罪が成立しないとした原判決は、結論において正当というべき」と判示しているが、業務上過失致死傷罪は既に時効にかかっているのであるから、業務上過失致死傷罪の共同正犯が成立しないことを正面から示す必要がある。控訴審は、本位的訴因については予見可能性を否定しているので過失犯の共同正犯が成立しないことは明白であるが、予備的訴因については、第一審とは異なり、被告人の予見可能性や結果回避可能性を肯

定しているのであるから、それにもかかわらず過失犯の共同正犯が成立しない理由は過失犯の共同正犯の固有の成立要件である共同義務が存在しないか、共同義務に違反したとはいえないという点に求めるしかない。しかし、控訴審は共同義務については一切言及せず、被告人には義務違反といえるほどの権限不行使があったとはいえないとし、過失単独正犯としての結果回避義務に違反していないことをもって過失犯の共同正犯が成立しないとしている点で論理に飛躍があると言わざるを得ない。

被告人と地域官との間の共同正犯を否定するのであれば、共同正犯関係にないか、予見可能性・結果回避可能性などの過失犯の基礎的要件が欠けるかのいずれかである。両判決とも、業務上過失致死傷罪という単独正犯の成否ではなく、業務上過失致死傷罪の共同正犯の成否を正面から検討すべきであったといえよう。上告審の判断が注目される。

## Ⅲ　過失犯の共通要件としての予見可能性

業務上過失致死傷罪の共同正犯が成立するか否かを判断する際に問題となるのは、被告人に予見可能性が認められるか否かである。本件でも、被告人と地域官との間に共同正犯の関係が認められても、予見可能性が否定されれば同罪の成立は否定される。その意味で、前述の裁判所が予見可能性の判断を重視したこと自体は極めて正当であるといえる。

### 1　計画策定段階の過失と予見可能性

第一審が、被告人は雑踏事故の発生を予想できたがそれは抽象的な危惧感に過ぎなかったと判示したことに対し、控訴審は、そのような評価に反対し、むしろ本件結果は具体的に予見可能であったとしている。これは、両判決が前提とする予見可能性の内容が異なることによるものであろう。

予見可能性には、結果回避義務定立機能と主観的帰責機能の2つの機能がある[18]。このうち、前者の機能、すなわち、予見可能性が結果回避義務を基礎づけ

---

18　この点については、大塚裕史「予見可能性論の動向と予見可能性の判断構造」『川端博先生古稀記念論文集［上巻］』（成文堂、2014）313頁以下。

るという機能からは、結果回避措置の必要性が予見可能であればよい（事前的予見可能性）。そこで、警備計画に不十分な点があれば雑踏事故による観客の死は具体的に予見可能であり、そうである以上結果回避措置をとるべきであったという評価になる。控訴審が具体的な予見可能性があるとするのはこのような観点からのものであろう。

　しかし、予見可能性は、もともと、故意と同様、結果を主観的に帰責させるための要件であることを考えると、前者の機能だけではなく後者の機能をも重視すべきである。そうだとすると、現実に発生した結果に至る因果経過が具体的に予見可能であったか否かを検討すべきである（事後的予見可能性）。事前的予見可能性は共同義務定立の要件であるのに対し、事後的予見可能性は義務違反の要件と位置づける必要がある。

　本件警備計画書は、歩道橋上に客が溢れて危険な状況に陥ったような場合の雑踏警備を自主警備から警察による強制的な警備に切り替えるべき時期や方法、規制を行う場合の手順方法が明記されていなかった点で問題があったとされている。

　しかし、警備計画によれば、本件当日、歩道橋に5分から15分で駆けつけることができる会場周辺に近畿管区機動隊員72名を合めた159名の警察官を配置し、花火終了前においても、雑踏警戒に配置した警察官を適時巡回させるなどして歩道橋の状況を把握させ、規制の必要があればこれら警察官やほかの部隊を投入して誘導や流入規制を行わせて対処することとし、これを行う権限を地域官に与えるとともに、そのために必要な部隊を直ちに歩道橋に到達できる会場周辺に集中して配置していた。

　たしかに、警備計画書の中では、う回路や流入規制についての細かな規定は存在しなかったが、行うべき結果回避措置は歩道橋の両端部に警察官及び警備員を配置し、歩道橋への流入規制・う回路への誘導による混雑解消措置を行うという単純かつ明確なものであった。現に、歩道橋周辺に十分な数の警備要員が配置され、地域官がそれらの部隊を運用して歩道橋への参集者の流入を規制することで雑踏事故を防止できる体制が存在していた。また、地域官は花火大会当日午後7時55分ころ、部下の警察官から規制の必要性について進言を受けていたにもかかわらず、その判断を誤り、歩道橋上の混雑を放置した結果、本件事故が発生したのであった。警備計画に不十分な点があったとしても、地域官が、自らあるいは

雑踏警戒班の警察官や警備員から情報を収集するなどして的確に歩道橋の混雑の状況を把握し、与えられた権限を行使して適時に流入規制の措置を行っていれば、確実に雑踏事故を防止できたといえる以上、警備計画の不備のために結果が発生したとまではいえず、そのような現実の因果経過を副署長が予見することは不可能であった。

したがって、被告人である副署長には予見可能性が認められないので、過失犯の共同正犯は成立しないといえよう。

### 2 事故当日の過失と予見可能性

本件事故は、午後8時10分までに警察による本件歩道橋への流入規制が行われていれば回避が可能であった。そこで、問題となるのは、その時点で警察による歩道橋の流入規制を行わない限り雑踏事故により観客が死亡することが具体的に予見可能であったか否かである。この点につき、前述のように、第一審も控訴審も被告人の予見可能性を否定しており、その判断は妥当であると思われる。

警察による歩道橋の流入規制が必要な段階に達しているか否かは、現場から離れた警察署本部にいる被告人としては、現場の警察官からの報告による情報を中心に、テレビモニターの映像も参考にしつつ判断する必要がある。そして現地警備本部の最高責任者は地域官であり、副署長である被告人と地域官との間には監督関係が存在するが、雑踏警備の能力・経験が十分な地域官を指揮官として現地に配置していたのであるから、地域官には現場において直接に全体の状況を把握しこれに応じた具体的な措置を講ずる義務があり、副署長としては地域官がこの義務を尽くすことを信頼することは原則として相当である。もっとも、この信頼を揺るがす特段の事情、すなわち、地域官が自らに委ねられた部隊の指揮権を適切に行使し得ず、あるいはそれを怠っていることが明らかであるなど、特段の事情が認められる場合には、副署長は監督者の立場から結果を惹起することのないように注意する義務があるといえる。

これを本件についてみると、副署長は、警察署に設置されたモニターで歩道橋の南側階段付近において人が流れていることを確認しており、現地警備本部から、「ゆっくりと前進、危険な状況なし」、「階段下は徐々にはけている」、「特異事項なし」、「規制の必要なし」などという内容の無線連絡を受けていた。副署長としては、地域官やその他の警察官からの「規制の必要なし。」などの報告か

ら、地域官が部下警察官を指揮して歩道橋の現状を把握して適切に活勤しており、積極的に報告を求めなくとも状況の変化があれば地域官らが適切に対処し、報告してくるものと信頼できる状況にあったといえる。

　ところが、午後7時55分ころ、地域官は、他の警察官から部隊による規制の必要性を進言されながら、副署長にそれを報告していない。地域官らが歩道橋で危険な滞留が生じたことを認識したならば直ちにこれを署警備本部に報告すべきことは警察業務においては当然のことであり、警備計画書にも、実施上の留意事項として、「現場指揮官は、現場の状況を逐次警備本部長に報告すること。」「事件事故、特異事案が発生した場合には、直ちにその概要を警備本部長（署長）に即報（状況により飛び越え110番通報）すること。」と明記されてその指示がなされていたのであるから、地域官らがその指示に背いて報告を怠ることまで予測することは不可能である。

　以上の事実に照らせば、副署長には、地域官が適切な指揮を怠って十分な雑踏警備をしないまま歩道橋に事故発生の危険のある過密な滞留を招いていることについては予見不可能である。また、署長、副署長には、歩道橋だけではなく、暴走族対策や突発的に発生するおそれのある事件事故への対応等警察業務全般を統括すべき責務があり、その責務を果たすためにはむしろ情報が集中する署警備本部に常駐するのが適切であるから、自ら歩道橋に赴いてその状況を直接確認すべきであったともいえない。

　このように、副署長には結果発生の具体的予見可能性が認められない以上、業務上過失致死傷罪の共同正犯は成立しないといえよう。

## Ⅳ　過失共同正犯の要件としての共同義務

### 1　共同義務の成立要件

　過失犯の共同正犯が成立するためには、複数行為者の間に共同正犯関係が存在し、共同義務が定立されなければならない。

　問題は、いかなる場合に共同義務が定立されるのかである。この点につき、複数行為者間の意思連絡を要求する見解がある。例えば、内海朋子教授は、「共同実行意思があるといえるためには、具体的状況下で他者と相互的に行為を利用・補充している、すなわち共同で因果関係が統制にあたっているという事実の認識

が必要である」として、意思連絡を共同義務の成立要件としている[19]。

しかし、故意犯であれば共同実行による結果惹起について意思連絡を求めることは可能であるが、結果惹起についての認識がない過失犯の場合、結果惹起についての意思連絡を求めることは不可能であるから、危険行為の共同遂行についての意思連絡しかありえない。このような立場からは、本件で副署長と地域官との間にはこのような意味での意思連絡はないので共同正犯は成立しないことになろう。

しかし、危険行為の共同遂行についての意思連絡がある場合でない限り共同正犯関係が認められないとする理論的根拠が明らかではない。因果的共犯論に立ち、共同正犯の処罰根拠を相互的な因果性による結果の惹起に求めるのであれば、結果に対する相互的な因果性の存在が重要である。危険行為の共同遂行についての意思連絡があれば相互的な因果性は肯定できるが、そのような意思連絡がなければ相互的な因果性が認められないわけではない。したがって、常に意思連絡を必要とすることは過多な要求である。

他方、共同正犯関係の問題を規範的にとらえる見解も有力に主張されている。例えば、金子博講師は、「共同行為においても、構成要件の実現に対する自己答責性が根拠とされつつ、結果帰属が行われなければならない」とされ、「その際、構成要件の実現の事象に対する答責領域は、社会という第三者からみて、結果に至る各関与者の事前行為がどのような意味を有しているか、そしてその事前行為の意味合いからどのような義務を有することになるのかによって決定される。」と主張する[20]。

同様な視点から、松宮孝明教授も、共同正犯の成立要件は「共同正犯の中身である『正犯としての共同責任』を発生させるのにふさわしいものは何かという形で、機能的に決定されるべき」であり、「それは結局のところ、その結果の発生ないし防止が、当該関係者全員の共同の任務であるということに尽きるであろう。」と主張する[21]。

しかし、別の機会に詳述したように[22]、共同義務を（事実的基礎を軽視し）もっぱら規範的観点から基礎づけるとすると、社会が結果発生の防止を関係者全員に

---

19　内海朋子『過失共同正犯について』（成文堂、2013）252頁。
20　金子・前掲注(11)「過失犯の共同正犯について」166-167頁。
21　松宮孝明「『明石歩道橋事故』と過失犯の共同正犯について」立命館法学338号（2011）176頁。

期待すれば常に共同義務が認められることになりかねない。また、結果の発生ないし防止が関係者全員の共同の任務であるとしても、関係者に共通の結果回避義務が課される場合（過失単独正犯の競合）もあれば、共同義務が課される場合（過失犯の共同正犯）もあるのであって、両者の区別は社会的期待に依拠すべきではない。共同義務は、共同正犯の処罰を基礎づける義務であるから、共同正犯の処罰根拠から演繹的に導き出されるべきものでなければならない。

共同正犯においては一部行為の全部責任の法理が妥当することから、他者の行為から発生した結果を帰責できるだけの事実的基礎が必要であり、因果的共犯論の立場からは、それは結果に対する因果性に求められる。したがって、共同義務を基礎づけるのは相互的な因果性であると解すべきである。

過失犯の共同正犯は、他者の不注意な行為による結果惹起についてまで帰責できる点に特徴があるが、帰責の根拠は、相互に他者の不注意な行為による結果惹起に因果性を与えたことにある。共同義務が認められるためには、自己の不注意が他者の不注意に影響を与え結果発生を促進すると評価できる関係にあることが必要である（相互促進性）。そしてそのような関係が認められるからこそ、関与者には、自己の行為から結果を発生させないように注意するだけでは足りず、他人の行為から結果を発生させないことまで注意する義務（相互監視義務）、すなわち、共同義務が認められるのである。したがって、相互監視義務が認められないような関係にある場合には、共同正犯は成立しないのである。

## 2　計画策定段階における共同義務

指定弁護士による本件起訴状によれば、予備的訴因は、「被告人は、地域官とともに、本件夏まつり当日に至るまでに、本件夏まつりに関する明石署の雑踏警備計画において、本件歩道橋を警備要点として指定するとともに、花火大会開始前から参集者の迂回路への誘導や群衆の分断による本件歩道橋への流入規制等の具体的な危険防止措置と、かかる危険防止措置を講じるための警備部隊の編成および任務を自ら策定し、又は署長に進言して策定せしめ、もしくは配下警察官をして策定せしめたうえ、その実施を本件夏まつり当日の警備に従事する警察官に

---

22　大塚裕史「過失犯の共同正犯の成立範囲――明石花火大会歩道橋副署長事件を契機として――」神戸法学雑誌62巻1＝2号（2012）32頁以下。

周知徹底させ、もって、地域官と共同して、雑踏事故の発生を未然に防止する体制を構築すべき業務上の注意義務があったにもかかわらず、これを怠り、地域官とともに漫然放置した、又は、雑踏事故の発生を未然に防止する体制を構築すべき各業務上の注意義務が地域官とともにあったにもかかわらず、いずれも、これを怠り、それぞれ漫然放置した。」という内容であり、計画策定段階における共同義務の共同違反を主張するものである。

この点につき、松宮教授は、「雑踏警備計画策定の段階で本件歩道橋を警備要点として指定するとともに本件歩道橋への流入規制等の具体的な危険防止措置と、かかる危険防止措置を講じるための警備部隊の編成及び任務を自ら策定し、又はG（筆者注：署長）に進言して策定せしめ、もしくは配下警察官をして策定せしめたうえ、その実施を本件夏まつり当日の警備に従事する警察官に周知徹底させることを具体的内容とする『共同の注意義務』とその違反を主張するものであり、これまでの判例や学説の見解によるなら、過失の共同正犯が優に認められるものであることは明らかであ」ると主張される[23]。

たしかに、前述の通り、規範的な観点から共同義務を基礎づける教授の見解からは、社会は地域官と副署長に「協力し合って結果を防止すべき義務」を期待するであろうから、共同義務は当然に認められることになろう。しかし、本件は、「これまでの判例や学説の見解によるなら、過失の共同正犯が優に認められる」事案ではないと思われる。なぜなら、副署長と地域官との間には地位の上下に基づく監督関係があり、共同正犯において求められる「共同性」の要件を欠くからである。

これに対し、指定弁護士側は、計画段階においては、被告人と地域官は、雑踏警備計画について、雑踏事故を防止するための具体的な対策を策定し、または最終責任者の署長をして策定せしめる、という共通の注意義務があり、計画策定について相互の知識経験、意見を計画に反映させ、協力すべき相互依存関係にあり、また、雑踏警備計画策定に関する限りは、一方的委任監督関係になかったことを根拠に、副署長と地域官に共同義務の共同違反があると主張しているようである。要するに、共同義務は、注意義務の共通性が認められ、相互利用補充関係が存在し、一方的な監督関係又は委任関係にない場合に肯定されるというのである。

---

23 松宮・前掲注(21)「『明石歩道橋事故』と過失犯の共同正犯について」183頁。

しかし、第1に、複数人の間の注意義務が共通であることは必ずしも共同正犯を基礎づけるものではない。過失単独正犯の競合の場合も、各人の注意義務の内容は共通である。第2に、相互利用補充関係も、それが相互に利用し合って結果発生を防止すべき関係を意味するのであれば[24]、それは過失単独正犯の競合の場合にも認められる。例えば、前述の横浜市大病院患者取違え事件でも、チーム医療で外科手術を行うことから、医療関係者は相互に連絡を取り合い患者の取り違えを防止すべき関係にあるが、裁判所は、外科医、麻酔医、看護師の過失単独正犯の競合としている。第3に、一方的な監督関係又は委任関係にないことは、相互利用・補充関係と独立した要件にはなり得ない。なぜなら、一方が他方を監督し、又は委任するような関係にある場合には、相互利用・補充関係にあるとはいえないことは当然であるからである。したがって、指定弁護士の主張する共同義務の成立要件は、過失単独正犯における結果回避義務と過失犯の共同正犯における共同義務を区別できる基準にはなり得ないと思われる。

それでは、計画段階において、副署長と地域官との間に果たして共同義務は認められるであろうか。明石警察署の警備計画については、当初から主として署長が、直接、地域官ら地域課員に指示して企画立案させていたものであり、副署長が地域官と対等の立場で警備計画を策定していたという事実は存在しない。副署長が警備計画の策定を指導監督するようになったのは途中からであり、それも地域官らに命じた警備計画がなかなか策定されないことから、警備計画の策定及びその是正に関し、署長が副署長に対し、署長の補佐役として地域官らを指導するように命じたことがそのきっかけであった。したがって、地域官と副署長は、実質的にみても、警備計画策定を共同して行う関係にはない。むしろ、副署長は、署長と共に、地域官らが作成した警備計画を決済する立場にあった。決済権者である署長、副署長は監督者であり、計画を実際に策定する地域官らは被監督者である。この場合の監督関係も、地域官が雑踏警備のプロ的存在であったのであるから、指導的な監督関係というよりも委任的な監督関係である。したがって、副

---

24 「相互利用・補充関係」は、本来、一部行為の全部責任の法理の根拠づけの際に、他者の犯罪行為を利用し自己の行為を補充することによって一人で行動する場合によりも結果に対する因果性の及ぶ範囲を拡張させたことを説明するために用いられる。つまり、相互利用・補充関係は、(結果防止に関する関係ではなく) 結果惹起に向けた関係であるから、過失犯においてはお互いに不注意な行為を促進し合って結果を惹起するという関係、すなわち、相互促進性を意味すると解すべきである。

署長と地域官が対等の立場で協力し合って警備計画書を策定していたと考えることはできない。

共同義務が認められるためには、前述のように、お互いに他者の不注意に影響を与え結果発生を促進すると評価できる関係が存在することが必要である（相互促進性）。そうであるからこそ、お互いに他者の行為を監視すべきことが共同義務の内容となるのである（相互監視義務）。

地域官は部下を従え署長の命を受け警備計画を策定する立場にあるので、監督者である副署長としては、被監督者である地域官の不注意を見逃すと結果を促進する関係にある。これに対し、警備計画の策定を一任されている地域官が副署長の不注意な行為を助長する関係にはないといえる。このように、お互いに他者の不注意に影響を与え結果発生を促進すると評価できる関係にはないので、相互促進性は否定される。

結局、地域官から決済を求められる立場にある副署長には、地域官の計画不備を監督是正する義務があっても[25]、地域官には副署長の過失を防止する義務はないので、共同義務は存在せず、過失犯の共同正犯は成立しない。

### 3　事故当日における共同義務

指定弁護士による本件起訴状によれば、本位的訴因は、被告人は「午後7時30分ころから午後8時10分ころまでの間に、警備会社と連携し、又は、本件夏まつり当日の警備に従事する警察官に指示して、参集者の迂回路への誘導や群衆の分断等により、本件歩道橋南側階段下からJR朝霧駅へ向かう参集者の流入阻止を中核として、本件歩道橋内への流入規制を実施し、又は署長に進言して実施せしめ、もって地域官と共同して、雑踏事故の発生を未然に防止すべき業務上の注意義務があったにもかかわらず、そのような事故は発生しないと軽信してこれを怠り、地域官とともに漫然放置した、又は、雑踏事故の発生を未然に防止すべき各業務上の注意義務が地域官とともにあったにもかかわらず、いずれも、そのような事故は発生しないと軽信してこれを怠り、それぞれ漫然放置した。」という内容であり、花火大会当日における共同義務の共同違反を主張するものである。

そして、この点についても、松宮教授は、「雑踏警備の実施状況を常時監視

---

[25] それは副署長に成立し得る単独の結果回避義務である。

し、自らまたはG（筆者注：署長）に進言して警察力を投入して本件歩道横内への流入規制を実施すること…を具体的内容とする『共同の注意義務』とその違反」が認められると主張される[26]。

　また、指定弁護士側も、当日段階においては、現場責任者の地域官と警備本部の責任者である副署長は、相互に緊密な情報交換して、適時に適切な規制を指示し、もって雑踏事故を防ぐべき共通かつ相互利用補充関係的な注意義務を有し、またこの義務に関する限り両者が一方的委任関係になかったことを根拠に、副署長と地域官に共同義務の共同違反があると主張しているようである。

　しかし、計画策定段階におけるのと同様、副署長と地域官との間に共同義務は認めがたいように思われる。たしかに、副署長と地域官とは、本件夏まつり当日、本件歩道橋における雑踏事故発生の防止を含めた参集者の安全確保という同一の目的を達成するため雑踏警備を行っていたことは事実である。しかし、この事実から共同義務があるとするのは論理に飛躍がある。なぜなら、両名がそれぞれの立場で安全確保の措置をとっていたに過ぎないと解する余地も十分あるからである。

　花火大会当日は、現場の状況に応じた臨機応変の対応が必要であり、現場の状況を的確に把握できる立場にある警備現場の責任者に現場の指揮を委ねる警備体制がとられていたのは当然である。特に、K地域官は、兵庫県警察本部地域部地域課課長補佐として雑踏警備の指導を担当した経歴を有するなど、雑踏警備に習熟しており、本件雑踏警備を任せるのに能力および経験において極めて適切な人物と考えられていた。

　他方、署長、副署長は、警察業務全般を統括すべき責務があり、現に当時暴走族に対する対応や、国道の規制処置、朝霧駅の混雑の解消処置等ほかの必要な警備上の処置の指揮監督にも当たっていた。そこで、署長が、雑踏事故現場の状況把握とこれに基づく臨機応変の対応の権限を地域官に与えたことは適切であったといえよう。このことは、署長と地域官が地位の上で上下関係があり、雑踏警備に関する委任的な監督関係があることを示している。そして、副署長は、署本部で署長を補佐する立場にあることからして、副署長と地域官との間にも地位の上で上下関係があり雑踏警備に関する委任的な監督関係があるといえる。地域官に

---

26　松宮・前掲注(21)「『明石歩道橋事故』と過失犯の共同正犯について」183頁。

現地本部での雑踏警備の包括的権限を授与したのが署長であるからといって、地域官が副署長の監督に服することを否定することにはならない。

このように、署長・副署長と地域官の監督関係は、被監督者の能力不足を前提とする指導的な監督関係としてではなく、むしろ被監督者に委任事項についての能力が高いことを前提とする委任的な監督関係である。そして、一旦権限を与えた以上、基本的には現場に指揮を任せるべきで、署長・副署長が現場の判断を越えた指揮を行うのは現場に判断には任せておけない特段の事情が認められる場合である。

共同義務が認められるためには、互いに他者の不注意に影響を与え結果発生を促進すると評価できる関係が存在することが必要である（相互促進性）。副署長は地域官を監督する立場にあるので、副署長が被監督者である地域官の不注意を見逃すと結果を促進する関係にある。これに対し、現場指揮の権限を委譲されている地域官が副署長の不注意な行為を助長する関係にはないといえる。このように、お互いに他者の不注意に影響を与え結果発生を促進すると評価できる関係にはないので、相互促進性は否定される。

副署長は地域官の過失を防止する立場にあるが、地域官には副署長の過失を防止する立場にはない以上、両者の間に、共同義務は認められず、過失犯の共同正犯は成立しない。

## V　おわりに

過失の競合と過失犯の共同正犯は、基本的に共同義務が認められるか否かで区別すべきである。その際、重要なことは、共同正犯の処罰根拠に遡って考察することにより、過失単独正犯の結果回避義務と過失共同正犯の結果回避義務の相違を明確にし、共同義務の存在を肯定する合理的かつ明確な判断基準を示すことである。

何らかの理由で過失単独正犯が成立しない不都合さを回避するという目的が先行するあまり、過失犯の共同正犯の成立範囲を不当に拡大することのないように注意する必要がある。その意味で、理論構成はともかく、副署長に過失犯の共同正犯の成立を否定した本件判決の意義は大きいといえよう。

# 個人的法益において侵害される利益の内実

石 井 徹 哉

"There is nothing either good or bad, but thinking makes it so."
——William Shakespeare, *Hamlet*. Act 2, Scene 2.

I　はじめに
II　個人の自由と個人的法益
III　「盗取」概念と個人的法益としての財産
IV　結びに代えて

## I　はじめに

　刑法の各則上の犯罪について、それぞれの犯罪の保護法益を個人的法益、社会的法益及び国家の法益に分類することが一般的である[1]。もっとも、個人的法益も、経済的利益にかかわる財産犯と個人それ自体の人格的利益に関わる人格犯[2]とに分類することができる[3]。このような法益の分類の妥当性は、ひとまずおくとして、個人的法益とされる経済的利益と人格的利益とでその法的保護または利益

---

1　曽根威彦『刑法各論』（初版・1990年）は、国家的法益と社会的法益を統合して公共的法益に対する罪としてに分類している（同書 i 頁参照）。この分類は、最新版である第 5 版（2012年）でも維持されている。
2　人格犯という用語法については、川端博『人格犯の理論』（2014年）参照。
3　曽根・前掲注 1・i 頁。このような分類は、ドイツの教科書等においてはすでにあったものである。Zum Beispiel、*R. Rengier*, Strafrecht Besonderer Teil I, Vermögensdelikte, 15. Aufl., 2014; *ders.*, Strafrecht Besonderer Teil II, Delikte gegen die Person und Allgemeinheit, 15. Aufl., 2014; *U. Kindhäuser*, Strafrecht Besonderer Teil I, Straftaten gegen Persönlichkeitsrechte, Staat und Gesellschaft, 6. Aufl., 2013; *ders.*, Strafrecht Besonderer Teil II, Straftaten gegen Vermögensrechte, 8. Aufl., 2014; *J. Wessels/ M Hetinger*, Strafrecht Besonderer Teil 1: Straftaten gegen Persönlichkeits- und Gemeinschaftswerte, 38. Aufl., 2014; *J. Wessels/T. Hillenkamp*, Strafrecht Besonderer Teil 2: Straftaten gegen Vermögenswerte, 38. Aufl., 2014, usw. この点で、曽根・前掲注 1 は、ドイツにおける枠組を取り入れたものといえる。

それ自体のあり方・性質に相違はあるのであろうか。

　このことは、個人的法益において保護されるべきとされる「利益」が一見明確なようで、実はそれほど明確ではないことに一因がある。例えば、個人の行動の自由を保護法益とする逮捕監禁罪では、その具体的内容について争いがある。客観的に移動不可能な状態にあることをもって理解する可能的自由説と、被害者の現実的な移動の自由の侵害をもって理解する現実的自由説が対立している[4]。行動の自由といっても、論者により相違が認められるのである。監禁罪に限らず、個人的法益、個人の自由に対する罪における法益に関する議論が「自由」という概念の不明確さに所以するとの考え方も[5]ある。しかし、そこでは、「自由」という概念をイメージまたは印象としてそのようにとらえうるということにすぎず、「自由」の概念それ自体を可能な限り解明した上でそのように断定するものとはいえない。

　本来であれば、個人の自由または権利が刑法における法益としてどのように組み込まれているのか、あるいは個人的法益がどのような構造をもつものであり、それが個別の犯罪成立要件にどのように影響を及ぼしているのか、その全体像を明らかにすることが必要である。残念ながら、筆者の能力不足のゆえ、「自由」の概念を解明し、法益論全般にわたる検討を行うことは難しい。そこで、本稿では、現行憲法における個人の自由の意義を簡単に検討することで、個人的法益の実質に関する私見を明らかにし、それが個別の犯罪構成要件にどのように組み込まれているのかを例示的に検討し、次の段階にいたるための準備としたい。

## II　個人の自由と個人的法益

　**1**　個人的法益またはその一部を人格的利益とするとき、「人格」が何を指し示すのかが問題となる。人格を実体的、道徳的主体として適する自律的判断を行う主体として理解する考え方もありうる。これは、いわば集合名詞的に人格をと

---

[4] 例えば、西田典之『刑法各論』（第6版・2012年）73頁以下及びそこで参照されている判例及び文献を参照。
[5] 辰井聡子「『自由に対する罪』の保護法益――人格に対する罪としての再構成」町野朔先生古稀記念『刑事法・医事法の新たな展開（上）』（2014年）411頁以下。監禁罪については、同論文431頁以下参照。

らえ、その実体を人格的自律と理解する。そのため、なんらかの共通の価値基準、普遍的原理を措定する傾向にある。人格的価値の内実を何に求めるのかという問題とは関係なく、ある何かを共通の人格的価値として固定することによって、少なくともその限りで価値観の多様性を否定することになるであろう[6]。また、何か普遍的な原理があるとすることは、その原理のもとに個人の自由や権利が位置づけられうることになり、個人の自由・権利がその原理のもとでトレードオフされる可能性が生じる。これは、個人の自由・権利が実定法的にも保障され得ない余地を認めることになる[7]。

憲法13条における（人間の尊厳ではなく）「個人の尊重」から出発するのであれば、個人の尊重とは、個人の自由の尊重を意味し、個人の自由な意思決定が他者から妨げられない自由を肯定するものであるということができる[8]。また、個人の自由な意思に基づいて自由な判断でその生き方を自由に選択できるためには、自らの身体に帰属する他者との共有利益から切り離された利益が個人に帰属していることが保障されなければならない。こうして、個人の尊重のもとでの個人の自由・権利は、すべての人は自分の身体への所有権を有しており、本人以外の誰もこれに対しては何らの権利も有しないというロックの考えに立ち戻って考えることができる[9]。この出発点から、第一に、個人の自由・権利は、個人が自己の管轄[10]にある資源（リソース）についてその裁量的な支配を有しているという意味での管轄権を意味することになる。これは、自分自身のことは自分が一番よく理解しており、それを越えて理解する者はいないということを理由とする。この点にこそ、個人の尊重の本旨がある。それゆえ、権利または自由があるということは、正当化された要求または妥当な要求を承認することにはならない。反対に、権利を要求として理解するからこそ、正当性または妥当性の観点からあらゆる権利・自由がトレードオフされ、個人の権利・自由が危うくされることになる。

第二に、個人にその合意に基づいて管轄を移転する自由が認められるべきこと

---

6　阪本昌成『憲法2　基本権クラッシック』（第4版・2011年）112頁以下。
7　H. L. A. ハート（小林公＝森村進訳）『権利・功利・自由』（1987年）61頁以下、さらに221頁以下参照。
8　曽根威彦「自己決定の自由——憲法と刑法の交錯——」同『刑事違法論の展開』（2013年）71頁以下、75頁以下参照。
9　ジョン・ロック（加藤節訳）『完訳 統治二論』（2010年）324頁以下参照。
10　管轄は、個人の領分といってもよいが、後述するようにその範囲で自己の責任のもと自由裁量をもって個人の選好に従い活動できるということであり、個人の責任領域というべきものである。

になる[11]。これは、個人の資源に対する管轄を肯定することから自明のようでもあるが、むしろ社会における個人の権利・自由の前提ともいえる。他方で、個人が支配し、管轄を有するリソースは限られているだけでなく、個人が有する知識にも限界がある。換言すれば、個人の管轄は、その限られたリソース・知識の制約を受けるなかでの自由裁量でしかない。この制約つきの自由を基礎として個人は、社会において諸活動を行うが、その際、他者とのコミュニケーションがなされる。このコミュニケーションの過程において、相互に各自が有する知識及びリソースを交換することにより、各個人がそれぞれの選好により各自の将来に向けて行動することができることになる[12]。

　以上のような理解からは、個人の管轄を肯定しうる対象は、身体だけに限る必要はなく、個人の財産についてもそれを肯定することができる。この意味で、人格的利益とされる法益も財産的利益とされる法益にも、その構造に差異は存しない。個人のリソースに対する管轄を内実とする自由の理解は、個人的法益を、利益ないし財としてのリソースとそれに対する個人への帰属関係としての管轄という構造をもつものとして理解することにつながる。もっとも、刑法上の個人的法益すべてが一個人の管轄にとどまるわけではない。個人の秘密、信用[13]などの法益については、他者とのコミュニケーションの過程において、個人の管轄にあった知識が他者と共有されまたは交換された結果として生じた状態を保護する必要性が問題となる。ここでは、個人の管轄にあるリソースが一部他者に支配される状態が生じるという前提のもとでコミュニケーションがされている。その際、当該知識は、完全に他者の管轄下に置くという意味で交換されたわけではなく、必要最小限の範囲で知識の保持を認めたものであり、自己のリソースの管轄を他者へと完全に交換したわけではない。知識を共有した者は、むしろコミュニケー

---

11　以下については、すでに正当業務行為に関して、石井徹哉「正当業務行為の正当化におけるリスク概念の意義」『曽根威彦先生・田口守一先生古稀祝賀論文集〔上巻〕』（2014年）347頁以下参照。

12　以上について、ランディ・E・バーネット（嶋津格＝森村進監訳）『自由の構造』（2000年）83頁以下参照。さらに、アルトゥール・カウフマン（上田健二訳）「正義の手続き理論」同（上田健二ほか編訳）『法・人格・正義』（1996年）139頁以下参照。価値観の多様性を前提とする限り、自己の責任の下で判断するが、他者とコミュニケーションをとり、その際他者に寛容であり、自己が誤っていることをわきまえる謙虚さが必要である（アルトゥール・カウフマン（上田健二訳）『法哲学（第2版）』（2006年）414頁以下参照）。これが自由の意味だともいえよう。

13　これらについても、より慎重な検討を要するため、すべての秘密及び信用を侵害する犯罪の法益に妥当するかはなお留保せざるをえない（特に信用について）。ただ、秘密漏示罪における秘密は、他者との共同での支配状態にあるといえよう。

ションの過程において、他者の管轄する領域へ関与したことにより、他者の自由を阻碍しないために他者の自由が維持される責務を負うことになる。個人の自由の保障を十全なものとするには、このような責務を基礎として犯罪化されるものも肯定せざるを得ない[14]。

  2 以上の個人的法益の構造の理解は、個人的法益の侵害を、個人が管轄を有しているリソース（利益）それ自体の侵害ではなく、個人の管轄権それ自体への侵害、すなわちリソースの個人への帰属関係の阻碍または管轄を有するリソースに対する自由裁量への阻碍として理解することになる[15]。それゆえ、個人の権利または自由の侵害は、あるリソースに対する個人の自由裁量を意思に反して阻碍することにある。個人の選好は、人それぞれであり、どのような状態を是とし、どのような状態を非とするかについて、必ずしも共通性があるとはいえない。個人の管轄にあるリソースについて、ある状態を是とし、これを人間の人格的統合を維持するための不可欠の条件であるとすること[16]は、個人の選好を無視し、個人の管轄に属する自由裁量を否定することになる。これは、ある客観的状態を公共的に善であるとするものであって、実質的には個人的法益を公共的利益へと変質させ、個人の自由が公共的利益に対してトレードオフされることにつながる。個人の自由の保障のためには、法益概念それ自体が自由を体現するものとして理解することがまず必要である。

  法益については、犯罪による侵害の対象となりうる現実的・事実的基礎をもたなければならないと主張される[17]。こうした理解から、法益に実在性[18]を要求し、実在的な「財」を損なうことが法益の侵害であるとされてきた[19]。しかし、「財」

---

14 そのほか、生命についても個人のリソースであるとして当該個人の自由裁量に完全に委ねるべきかどうかも問題となる。生命が個人が社会に主体として存在する絶対条件であることを考慮するならば、否定的に解すべきようにも思われる。詳細な検討は、別稿に譲らざるを得ない。
15 それゆえにこそ、個人的法益について、被害者の同意は、管轄の譲渡または管轄における自由裁量の効果として犯罪を構成しないことが帰結される。
16 辰井・前掲注5・435頁。
17 内藤謙『刑法講義総論（上）』（1983年）211頁以下。
18 もっとも「実在」あるいは前法的な存在が具体的に何を意味しているのかは明らかではない。我々の認識が言語的に規定される以上、法的枠組を離れたところでは、様々な言語的規定の仕方がありえ、一義的に「実在的」にまたは「前法的」次元において言語的に記述しうるかについて疑問が残る。
19 松原芳博「法益侵害と意思侵害――住居侵入罪、詐欺罪、窃盗罪に関する近時の判例をめぐって――」生田勝義先生古稀祝賀論文集『自由と安全の刑事法学』（2014年）48頁。

は、それに対する個人の自由裁量、管轄が害された場合に、刑罰を発動するかどうかを決定するための価値基準を提供し、適切な犯罪構成要件を構成するためのものでしかない[20]。法益の侵害を決定づけるのは、「財」に対する管轄の侵害の有無である。元来、自由は、他者からの強制的な干渉がない状態[21]、個人の偏狭な知見の制約はあるとしても各個人の管轄に属する財にその所有者の自由裁量に委ね、他者による介入がないことを意味する。この場合、自由の侵害は、客観的に投影された自己としての理想的な他者やあるべき本来の自己の意思に反したかではなく、具体的な「財」の移転、放棄または毀損が個々の具体的なその人の意思に反したかどうか、より厳密には個人の利益に対する管轄の侵害の有無によって決せられる[22]。換言すると、個人の利益を個人の意思または管轄から切り離して「人格権」として構成すること[23]は、個人から遊離した「あるべき人格」の利益または自己を投影するものとしての理想的な他者の利益を個人的法益における利益と位置づけることになる。このような人格的利益は、社会における何者か（多くの場合は、その旨の言説を述べる者）が仮想した利益にすぎず、それを法的に保護しても、個々具体的な個人及びその利益を法的に保護したことにはならない。

**3**　このような個人的法益の侵害に関する理解は、例えば、行動の自由を保護法益とする監禁罪における監禁概念について顕著に現れる。いわゆる可能的自由説[24]は、客観的な移動の可能性を奪った場合に監禁を肯定する。このような考

---

20　「財」に実在性が必要かどうかについても、さらなる検討が必要である。実在性に固執することは、客体と法益の混同につながりうる危険性があること、人間の認識の構造からみて客体の侵害としての結果以外にさらに実在的な「何か」の侵害を認識しうるのかという問題、実在性の要求は素朴な科学主義、自然主義の域を超えていないのではないかという疑問だけを指摘するにとどめる。

21　バーリンはこれを消極的自由（他者の強制的干渉が不在の状態）と定義づけた。これに対して、自己の意思を実現しうること、その能力があることを積極的自由としている。積極的自由では、自己自身が律しうる状態（肯定的状態）を自由とすることになる。バーリン（生松敬三訳）『自由論』（1971年）297頁以下参照。

22　個人的法益のすべてがこのような自由の構造により基礎づけられる訳ではないとしても、なお消極的自由または個人の管轄の問題に関係づけて理解すべきである。秘密漏示罪は、事故の秘密を第三者が保有している場合に、一定の身分を要件として当該第三者に対して秘密の保持を要求することを前提とするものであり、いわば積極的自由の侵害を法益侵害の実質としている。しかし、積極的自由の侵害を犯罪化できるのは、個人の消極的自由（私生活をどの程度公開するのかという自由）を保護するために必要な場合である。つまり、秘密漏示罪において規定される身分は、業務上他人の秘密に触れる者であり、他人の管轄をその限りで侵すものであり、他人の管轄に関わった範囲においてその管轄する利益を保持することが個人の自由を確保する上で要請されるのである。この意味で、個人の秘密それ自体が個人の管轄から離れて保護されているわけではない。

23　辰井・前掲注5・434頁以下。

24　例えば、大谷實『刑法講義各論』（新版補訂第4版・2013年）83頁以下など。

え方は、個人の具体的な意思に反したかどうかを問題にしない。いわばあるべき個人の意思内容からみて移動しようと思っても移動できない状態であるとしている。これに対して、現実的自由説[25]は、監禁罪が移動しようという意思の自由を保護するものであるとして、現実に移動しようと思ったときに移動できない状態を監禁とする。

　可能的自由説は、個人の移動の自由の物理的な可能性という個人がその管轄を有している利益それ自体に着目している。それゆえ、これのみをもって監禁罪の保護法益とすることは、個人の行動の自由という法益を十分に把握するものとはいえない。行動の自由に対する管轄の問題が法益侵害の内容として捉えられていないからである。この限りにおいて、個人の移動に関する自由な意思決定に着目する現実的自由説は、考え方として妥当な方向にある。しかし、移動の意思決定を実行に移せないことだけが個人の移動可能性に対する管轄の問題であるとはいえない。現実的または明示的な意思決定を阻止することがその管轄侵害の中核にあるにすぎない。現実的または明示的な意思決定がなくとも、合理的にみて当該個人が移動の意思決定をなし得ると判断できる場合に、その意思決定を阻止するときは、同様に移動の自由を侵害するものとして監禁に該当すると解すべきである[26]。

　自由という法益侵害の有無を検討するにあたり、現実的または明示的な意思決定の侵害だけに限定されるべきでないことは、すでに建造物侵入罪における「侵入」概念の意義に関する最高裁の判断[27]においてみられる。そこでは、「『侵入シ』とは、他人の看守する建造物等に管理権者の意思に反して立ち入ることをいうと解すべきであるから、管理権者が予め立入り拒否の意思を積極的に明示していない場合であつても、該建造物の性質、使用目的、管理状況、管理権者の態度、立入りの目的などからみて、現に行われた立入り行為を管理権者が容認していないと合理的に判断されるときは、他に犯罪の成立を阻却すべき事情が認められない以上、同条の罪の成立を免れない」と判示されている。ここで述べられて

---

25　例えば、山口厚『問題探求刑法各論』（1999年）54頁以下、西田典之『刑法各論』（第6版・2012年）73頁以下、高橋則夫『刑法各論』（第2版・2014年）96頁など。
26　平野龍一「潜在的意思と仮定的意思──監禁罪の保護法益──」同『刑事法研究最終巻』（2005年）24頁以下は、このような状態における意思を「仮定的意思」として理解する。なお、山口厚『刑法各論』（第2版・2010年）83頁以下参照。
27　最判昭和58年4月8日刑集37巻3号215頁。

いる「管理権者が容認していないと合理的に判断される」場合と同様、監禁罪においても、客観的に移動の可能性を奪われている者（可能的自由を侵害された者）がそのような状態を容認しないと合理的に判断される場合、個人の移動の自由を侵害したものとして監禁罪の成立を肯定すべきである[28]。

　刑法上、個人の自由が保護法益であるとされる犯罪は、監禁罪、住居等侵入罪と同様の法益侵害の構造を有している。個人がある財についてそれをどのようにするのかは、個人の自由であり、個人の自由の侵害は、ある財をそれについて管轄を有している個人がどのようにするのかという自由を阻碍することによって認められる。それゆえ、自由の侵害は、当該個人の財に対する主観的な関係によって決せられる。自由の侵害は、財それ自体の侵害にあるのではなく、財への帰属の侵害または財に対する管轄の侵害がその実質にある。監禁罪では、移動の自由についての管轄を部分的に譲受したり、他者と共同して管轄を有することはあまり考えることができない。しかし、それ以外の自由については、他者に対して部分的にまたは関係する人ごとにそれぞれ対応を変えることがありうる。例えば、住居侵入罪の保護法益とされる住居権は、住居に誰を立ち入らせるかということを問題とする点で、住居内の私生活に対する管轄を人それぞれに対応を変えることをそもそも前提としている。

## III　「盗取」概念と個人的法益としての財産

　では、財産犯が保護法益とする財産は、個人の自由それ自体を保護法益とする犯罪とは異なった構造を有するのであろうか。ここでは奪取罪、なかでも窃盗罪を主に検討対象として、財産犯全般にわたる今後の詳細な検討の序論としたい。

　**1**　一般に窃盗罪における盗取は、財物の所持者の意思に反して財物を自己の支配下へと占有を移転することとされる[29]。行為者が他人の財物の占有を取得することは、当該財物を自己の管轄下におき、その自由な利用・処分の可能性を取得することであるから、財産侵害の主たる側面は、個人が当該財物についてそ

---

28　平野・前掲注26・31頁以下は、判例も仮定的意思の侵害として考える立場と整合性を有し、可能的自由説（同論文では、潜在的意思の侵害とする見解）に必ずしも従っているわけではないとする。
29　大判大正15年7月16日刑集5巻316頁参照。

の占有を侵害されたという面にある。この場合、占有の侵害を肯定するには、たんに財物が移転したというだけでは不十分であって、その所持者の意思に反して移転しなければならない。これは、個人がその管轄下にある財をその自由な裁量に委ねられ、かつその限りで自由に他者と交換しまたは譲受することが自由の実質であることからも、導出することができる。従って、盗取の内実が、自己の管轄にある財産について、その管轄を侵害することを前提としており、法益としての財産も、前述の個人的法益の構造と同様のものであるといえる。

**2** このような理解からは、盗取を肯定するためには、外形的な財物の移転だけではなく、所持者の意思に反したといえることが重要となってくる。

最高裁平成19年4月13日決定（刑集61巻3号340頁）は、メダルを不正に取得する意図のもと、いわゆる体感器（パチスロ機の大当たりを連続して発生させる絵柄をそろえるための回胴停止ボタンの押し順を判定することができる機能を有する電子機器）を装着してパチスロ遊技を行い、メダルを取得したという事案で、「本件機器がパチスロ機に直接には不正の工作ないし影響を与えないものであるとしても、専らメダルの不正取得を目的として上記のような機能を有する本件機器を使用する意図のもと、これを身体に装着し不正取得の機会をうかがいながらパチスロ機で遊戯すること自体、通常の遊戯方法の範囲を逸脱するものであり、パチスロ機を設置している店舗がおよそそのような態様による遊戯を許容していないことは明らかである」として、被告人が取得したメダルについて「それが本件機器の操作の結果取得されたものであるか否かを問わず、被害店舗のメダル管理者の意思に反してその占有を侵害し自己の占有に移したもの」として、取得したメダル全体について窃盗罪の成立を認めている。ただし、最高裁平成21年6月29日決定（刑集63巻5号461頁）は、パチスロ店で仲間が針金を差し込んで誤動作させるなどのゴト行為によりメダルを取得している際に、その行為を隠蔽する目的で通常の方法により遊戯し、これによりメダルを取得したという事案で、仲間が「ゴト行為により取得したメダルについて窃盗罪が成立し、被告人もその共同正犯であったということはできるものの、被告人が自ら取得したメダルについては、被害店舗が容認している通常の遊戯方法により取得したものであるから、窃盗罪が成立するとはいえない」としている。この二つの判例からすると、裁判所は、「通常の遊戯方法からの逸脱」の有無により意思に反するかどうかを決していることになる。

これに対して、窃盗罪が占有者の財物管理手段に対する攻撃を内容とするという側面に着目し、財物の管理・支配を攻撃し、これを解除した場合に、窃取を肯定すべきとする見解[30]、あるいは占有が財物に対する実力支配をいうことから、財物の実力支配を保持するために講じていた手段・装置を乗り越えるような態様のものであることを要するとの見解[31]が主張されている。このような考え方からは、通常の遊技方法から逸脱した遊技行為が財物に対する実力支配を侵害し、財物の管理・支配を解除することになり、または財物の実力支配を保持するために講じていた手段・装置を乗り越えることになるから、体感器の使用などゴト行為により直接取得したメダルについてのみ窃盗罪を肯定すべきものとなる[32]。このような管理・支配方法の解除により窃取における占有侵害を構成する考え方は、占有移転の外形的態様により所持者の意思に反したかどうかを限定するものといえる。しかし、このような立場からすると、他人のキャッシュカードを窃取した者がたまたま打ち込んだ暗証番号が正しかったことから、ATMから現金を引き出すことができた場合、キャッシュカードと暗証番号というATMにおける財物の管理・支配を攻撃し、解除したとはいえず、ATMからの現金引出行為について窃盗罪の成立を認めることはできないことになるであろう。このような帰結は、妥当ではない。金融機関との関係において当該口座の預金者であると主張できる者が預金を払い戻しができる正当な権限者であるとし、そのような者によるATMからの引出行為は、金融機関の意思に反するものではないが、当該口座の預金者であることを主張できない者による引出行為は、金融機関の意思に反するものであり、窃盗罪が成立するのである[33]。この場合、外形的な支配・管理への攻撃はおよそ問題となしえない。このような問題が生じるのは、財物に対する実力支配という外形的事実のみに着目しているからにほかならず、その実質は、占有の移転の事実を示すものでしかないからである[34]。

---

30 林陽一「判批」『平成21年度重要判例解説』（2010年）184頁。
31 松原・前掲注19・59頁以下。
32 松原・前掲注19・60頁参照。
33 石井徹哉「横領罪」曽根威彦・松原芳博編著『重点課題刑法各論』（2008年）158頁以下参照。
34 もちろん、実力支配の解除方法が所持者の意思に反するという事態を同時に意味する場合のあることは否定しない。なお、論者によれば、本文で示した事例について法益関係的錯誤を理由に窃盗罪を肯定するであろうが、そもそも外形的な支配管理への攻撃がないところに、何故法益関係的錯誤によることができるのかの説明が必要である。

**3**　個人の自由に基づく法益が個人の財とそれに対する管轄から構成されていることからすると、窃盗罪における財の侵害も、財に対する管轄の侵害がその中核をなすものと解すべきである。盗取が財物の所持者の意思に反する占有の移転を内容とするとき、管轄侵害に対応する要素が「所持者の意思に反すること」にほかならない。この場合、財産という財に対する管轄が問題となるため、およそ一般的に意思に反するかどうかが問題とされることにはならない。財物の場合、その法益として保護されるべき財の実体は、財物の利用処分の可能性であり、財物に関する個人の自由は、財物の利用処分の可能性対して管轄を有していることにより存在する。この場合、個人の財物の利用処分の可能性に対する管轄のあり方は、当該個人が当該財物に対してどのような主観的な意思的関係を有しているかにより示される。この意味において、刑法において保護される財産は、客観的な経済的利益ではなく、行為客体に対する主観的関係において把握される。すなわち、ある個人が財物なり、財産上の利益についてどのような価値を認めるのか、どのような目的または動機によりどの程度自己の財産を他者と交換するのかは、個人の自由、すなわち個人の管轄に属することである。したがって、意思に反する占有の移転の有無は、外形的な実力支配の移転だけでなく、当該所持の移転が管轄を侵害したものといえるか否かにより決せられ、そのためには、財物の所持者の財物に対する主観的関係を明らかにすることが必要となる[35]。

　ATMからキャッシュカードを使用して現金を引き出す行為についてみれば、ATMの設置者は、現金の払出に関して真正なキャッシュカードと正しい暗証番号を使用することだけに関心があるわけではなく、当該口座の預金者であることまたは預金の払い出しを拒否できない者であることにも関心があるからこそ、他人のカードを窃取した者による現金引き出し行為について窃盗罪を肯定することができる[36]。

　パチンコ店・パチスロ店におけるパチンコ玉・メダルの占有の移転は、その営業形態との関係においてパチンコ玉やメダルの特殊な利用形態となっていることに特徴がある。スロットマシンを例にとれば、スロットマシンで遊ぶためのメダ

---

35　この場合、法益侵害性が問題となるのであるから、たんに行為者に被害者の財物等に対する主観的関係を認識しているだけでは不十分であって、被害者の財物等に対する主観的な関係の存在及びその内容が、当該財物の性質、使用状況、その所持者の態度などから合理的に認められていなければならない。

ルは、スロットマシンを設置している店舗において店舗内で遊戯しまたは景品と交換する範囲内おいて貸与され、その占有が客へと移転しているにすぎないものである。しかも、その貸与にかかる店側の関心事は、設置された個々の機器に個別に設定されている払い戻し率から店舗運営の収益を確保することにある。また、収益計算においては、いわゆる無駄玉の回収も当然に含まれている。さらに、貸し玉・貸しメダル及び景品交換という営業利益が関係する局面があることから、他の一般客との関係において、効果の有無にかかわらず店側がゴト行為とするものを容認して遊戯させることは、店舗運営の公正性に疑念を抱かれかねない。これらの事情からすれば、ゴト行為がない状態での遊戯によりメダルが払い戻されることに店側の関心があるのであって、体感器を使用して遊戯し、メダルの払い戻しを受けること自体が店の管理者の意思に反するものと評価できることになろう。これに対して、いわゆるパチプロが自己の技量をもって個々の遊技機に設置された払い戻し率に応じて払い戻しを受ける場合には、意思に反するものとはいえない。

　しかし、店舗運営において、例えばパチプロを排除し、そのための実行措置を講じている[37]場合には、意思に反するものとして窃盗罪を肯定することが可能かもしれない。同様に、たんに「暴力団関係者お断り」「18歳未満の者お断り」の

---

36　同様に、他人から買い受けた口座に振り込め詐欺によって被害者から振り込まれた金員をその口座からATMを通じて引き出す行為についても、約款上当該口座の預金者であると主張できないことから、預金の払い出し行為について窃盗罪を肯定できる。東京高判平成17年12月15日東高時報56巻1～12号107頁は、「金融機関は、預金取引に関する約款において、口座の譲渡、質入れ等は厳に禁じており、それを取消契約の解約あるいは取引停止事由の一つとして規定しているとし、金融機関が関与することなく、当事者間で預金者たる地位を移転することは、営業譲渡などの特殊な場合を除き、金融機関として許容できない」。「口座やキャッシュカードの譲受人である振り込め恐喝の犯人らは金融機関との関係において本件各口座の預貯金者であると主張できず、また、金融機関において口座の利用やキャッシュカード使用による払出しをすることを許容することが推認されるような預金者との間に特殊な関係がある者（例えば、親子、夫婦等）にも当たらないから、その犯人らが預金を払い戻す正当な権限を取得することはないのであって、それらの者から更に払戻しを依頼された被告人らが預金払戻しの権限を有するいわれはな」く、「特段の事情のない限り預金取引に関する約款に反するキャッシュカードの移転並びにこの移転を前提とする払出行為は銀行の意思に反する」とした原判決を是認している。さらに、橋爪隆「銀行預金の引出しと財産犯の成否」研修735号（2009年）3頁以下参照。

37　あくまで個人的な感覚であるが、なにをもってパチプロとするのか自体明確ではなく、またパチプロに定義可能であっても、それを特定することは、困難であろう。このことも、店側がパチプロかどうかに主たる関心をもちえないように解せられる。この限りで、パチスロの遊技行為と体感器を使用した遊戯行為を対置すること（林・前掲注30・184頁、山名敬一「判批」判例評論573号（2006年）42頁参照）は、無意味である。

張り紙をするだけでなく、店舗内でのパチンコやパチスロの遊技行為について、暴力団関係者であるのか、18歳未満の者であるのかを厳格に審査し、該当者については遊戯行為を拒否しているという実体が存在しているのであれば、当該店舗における貸し玉・貸しメダル行為については、暴力団関係者でないこと、未成年者でないことが、財産的自由に関して重要な意味をもつものであって、窃盗罪の成立肯定する余地はありうる[38]。

最高裁平成24年4月7日決定（判タ1403号88頁）は、自らの総合口座通帳及びキャッシュカードを得るために、ゆうちょ銀行の窓口にて、自己が暴力団員であるのにそうではないと装い口座開設の申し込みをし、郵便局員に暴力団員でないと誤信させ、郵便局員から通帳を受け取り、キャッシュカードを郵送で受け取った事案で、口座開設を申し込む人が反社会的勢力に属するか否かは、郵便局員において開設等の判断の基礎となる重要な事項であり、反社会的勢力であるにもかかわらずそうではないことを表明し、確約し、総合口座の開設等を申し込む行為は人を欺く行為にあたるとした。この事案では、銀行において、貯金は預金者が反社会的勢力に該当しないなどの条件を満たす場合にのみ利用でき、その条件を充足しない場合、新規預入申込を拒絶することとし、申込者に対し、通常貯金等の新規申込み時に、暴力団を含む反社会的勢力でないこと等の表明、確約を求めることとしていただけでなく、利用者が反社会的勢力に属する疑いがあるときには、関係警察署等に照会、確認することとされていた。さらに、本件当時に利用されていた総合口座利用申込書には、前記のとおり、1枚目の「おなまえ」欄の枠内に「私は、申込書3枚目裏面の内容（反社会的勢力でないことなど）を表明・確約した上、申込みます。」と記載があり、3枚目裏面には、「反社会的勢力

---

[38] 反対、内田幸隆「窃盗罪における窃取行為について」『曽根威彦先生・田口守一先生古稀祝賀論文集下巻』（2014年）133頁以下参照。窃盗罪においても、詐欺罪と同様、財産上の損害をその成立要件とすべきであるとする。なお、実行行為または結果とは無関係に財産上の損害を要件する場合、そのような損害が何によってもたらされるのかは不明確である。結局のところ、窃盗罪ないし詐欺罪の実行行為により財産上の損害がもたらされると解せざるを得ず、客体の侵害としての結果に内在するものか、結果の法的評価としての法益侵害を構成するものかのいずれかになる。後者の場合、所持の侵害及び移転による利用処分の可能性取得を超えた利益侵害が必要であることを意味するのであるから、奪取罪において占有侵害だけでなく、本権侵害を必要と解し、本権侵害が財産上の損害の実体となるであろう。また、実行行為や結果とまったく無関係に財産上の損害の要件を要求するのであれば、奪取罪一般が全体財産に対する罪であるということになる。個別の実質的損害という限定可能性は、客体、実行行為または結果といった構成要件要素に関係づけてはじめた可能だからである。

ではないことの表明・確約について」との標題の下、自己が暴力団員等でないことなどを表明、確約し、これが虚偽であることなどが判明した場合には、貯金の取扱いが停止され、又は、全額払戻しされても異議を述べないことなどが記載されていた。こうした事情は、貯金口座の利用可能性が附帯する通帳及びキャッシュカードについて反社会的勢力には交付しないということが重要な意味をもっていることが明らかである。この点について錯誤がある場合、自由な意思決定による処分がなされたとはいえず、財物に関する法益侵害性を肯定することができよう[39]。

## Ⅳ 結びに代えて

　本稿で示した個人的法益の理解は、個人的法益に対する罪全体を網羅的に考察するものではなく、より詳細な検討を個別の犯罪類型ごとに行う必要がある。とりわけ、生命に対する罪において、生命が個人の管轄にあるものとしてその自由な処分が委ねられているのか、あるいは個人の自由の基盤としてまたは個人の管轄の基盤として必要不可欠なものであって個人の処分に委ねられていないといえるかは、大きな問題であろう。また、秘密や社会的評価のように個人の利益であってもいわば他者と共有している状態にあるものについても詳細を詰める必要がある。

　それでも、個人的法益が個人的利益それ自体にあるのではなく、個人的な利益に対する管轄に基づく自由裁量を個人に認めることであるとする前提から出発することが、個人の尊重の理念においては重要である。法益論または法益概念が自由主義的なものである[40]とするならば、まずはその中核的な位置を占める個人的法益の概念自体が自由主義的なものでなければならない。個人的法益の自由主義的な概念は、個人が自己の管理・支配する資源、財について自由に処分し、利用

---

39　暴力団団員であることを秘匿して利用申し込みし、ゴルフ場を利用する行為について、最決平成26年3月28日刑集68巻3号646頁は、詐欺罪の成立を肯定するが、最判平成26年3月28日刑集68巻3号582頁は、これを否定する。両者の結論の相違は、それぞれのゴルフ場における暴力団排除の取組状況等に基づくその実態の相違によるものといえ、そこに管轄における自由裁量の侵害の有無を決した点が認められる。
40　このような前提から、法益が因果的に変更可能であることを要求する考えもありうるが、因果的に変更可能なのは構成要件的結果などの構成要件要素にほかならず、これを構成要件的結果の法的評価としての法益侵害と同視するのは妥当ではない。

できる管轄を有しており、それが他者から阻碍されないということにその実質を認めることを前提とし、この自由の前提を認めないところでは、個人的法益自体が自由主義的なものとはいえず、法益概念全般について自由主義的な性格を認めることは困難になるであろう。

# 刑法における現住性と占有性の交錯

関　哲　夫

I　序——課題設定——
II　現住性と占有性について
III　被害者の死亡と現住性・占有性
IV　現住性と占有性の交錯
V　結　び

## I　序——課題設定——

### 1　体系的解釈について
#### （1）体系的解釈の意義
　法解釈の方法の１つに体系的解釈がある。これは、当該規定の解釈にあたって、当該法規の編別、条文構成、当該法規における位置、同種規定・同一文言の意義だけでなく、当該法規の法律全体における位置、他の法規における同種規定・同一文言の意義などを考慮して、法秩序・法律制度全体における体系的整合性を意識して解釈する方法をいう[1]。これは、また、当該条文が位置づけられている法律の領域（例えば、契約、不法行為、婚姻、離婚）やその法律全体、さらには他の関係諸法規との関連も考慮して体系的に理解する解釈方法である[2]と定義されることもある。
#### （2）体系的解釈の側面
　その定義から明らかなように、体系的解釈には２つの側面がある。１つは、当該規定の存在する該法規内における体系的整合性の面であり、当該法規内の体系的解釈ということができる。いま１つは、当該規定と同種規定、類似規定、同一

---

1　末川博編集代表『新法学辞典』（1991年）705頁以下、金子宏ほか編集代表『法律学小辞典』（第４版補訂版・2008年）1135頁参照。
2　川﨑政司『法律学の基礎技法』（第２版・2013年）233頁参照。

文言をもっている他の法規との体系的整合性の面であり、当該法規外の体系的解釈ということができる。

### (3) 体系的解釈と刑法の解釈

　刑法の解釈において、体系的解釈を前提にしあるいは体系的解釈を重視して結論を出すことは多くない。ただ、刑法においても、例えば、遺棄罪（217条以下）における遺棄概念について、217条の遺棄は作為による移置のみ、218条の遺棄は作為による移置と不作為による置き去りの双方を含むと解して、217条と218条の遺棄概念を別異に解する支配的見解を妥当とするか、それとも、217条の遺棄は作為による遺棄のみ、218条の遺棄は作為・不作為の遺棄であるとする見解[3]を妥当とするか、はたまた、217条と218条はいずれも「遺棄」という文言を使っているので別異に解することに合理性はないとする反対説の見解[4]を支持するかの議論は、遺棄罪の規定における遺棄概念の整合性に関わる当該法規内の体系的解釈の問題といえる。また例えば、対物防衛の問題について、民法720条2項の規定との整合性を意識して、正当防衛そのもの、あるいは正当防衛に準じて処理すべきであるとするか、それとも、正当防衛の成立を否定して緊急避難の余地だけを認めるかの議論は、刑法と民法との整合性に関わる当該法規外の体系的解釈の問題といえよう。

### (4) 体系的解釈の必要性

　刑法において、体系的解釈は、厳格解釈の要請に応える文理解釈と同じく、法文言を重視したテキスト次元においてなされる解釈方法である[5]。にもかかわらず、刑法においては、刑法典内での解釈の体系的整合性さえも、必ずしも重視されていないのが現状である。例えば、一方で、住居侵入罪（130条）の保護領域の1つである「建造物」について、建物に付属する囲繞地もこれに包摂されると解

---

[3] 例えば、大塚仁『刑法概説〔各論〕』（第3版増補版・2005年）59頁、佐久間修『刑法各論』（第2版・2012年）59頁参照。

[4] この見解にあっても、217条・218条の遺棄には作為・不作為の両方が含まれるとする立場（内田文昭『刑法各論』〔第3版・1996年〕88頁、曽根威彦『刑法各論』〔第5版・2012年〕43頁、松宮孝明『刑法各論講義』〔第3版・2012年〕73頁、高橋則夫『刑法各論』〔第2版・2014年〕34頁など）と、217条・218条の遺棄には作為のみ、不作為は不保護となるとする立場（林幹人『刑法各論』〔第2版・2007年〕41頁、西田典之『刑法各論』〔第6版・2012年〕30頁、大谷實『刑法講義各論』〔新版第4版・2013年〕73頁など）がある。

[5] 伊東研祐「刑法の解釈」阿部純二ほか編『刑法基本講座第1巻』（1992年）54頁参照（「体系解釈」と称している）。

しながら、他方で、建造物損壊罪（260条）・放火罪（108条以下）・浸害罪（119条以下）の保護客体の１つである「建造物」について、建物に付属する囲繞地について何らの言及もなされなかったり、また例えば、一方で、死者の名誉毀損罪（230条2項）にいう「虚偽の事実」について、客観的真実に反することと解しながら、他方で、偽証罪（169条）にいう「虚偽の陳述」について、客観的真実に反することではなく証人の記憶に反することと解することは、果たして体系的整合性が取れた解釈といえるのであろうか。

確かに、当該犯罪の特殊性を考慮して同じ法文言を別異に解釈したからといって直ちに不当と断じることはできないかもしれない。しかし、そのような解釈を容認し、同じ法文言であるにもかかわらず、条文により、犯罪により、その意義を別異に解釈することによる弊害も意識しておく必要があろう。すなわち、そのような解釈は、事案処理の具体的妥当性を追求するものであっても、言葉の一般的な語義と刑法上の語義との乖離をもたらし、罪刑法定原則の重要な機能である一般人の予測可能性を害する結果を招くだけでなく、法文言のもつ人権保障機能を弛緩させてしまうからである。言葉の問題でいえば、「法曹実務家・刑法学者は日本語を混乱させている」との誹りを受けることにもなりかねないのである。

## 2　本稿の課題

本稿は、体系的解釈のうち当該法規内の体系的解釈の問題を考察し、その素材として、放火罪における建造物等の現住性と、例えば窃盗罪・強盗罪等における財物の占有性との交錯について検討する。具体的には、判例・有力説は、家屋の居住者全員を殺害すると直ちにその家屋は「現住」建造物から「非現住」建造物となるけれども、財物を所持している占有者を殺害しても直ちに占有が消滅するわけではなく、被害者を死亡させた犯人との関係で、場所的・時間的に近接した範囲において、被害者の生前の占有が残存しているとするが、そのような解釈は、刑法内の体系的解釈として、果たして整合性、合理性を有するのかを検討する。本稿を「刑法における現住性と占有性の交錯」と題したゆえんである。

## II 現住性と占有性について

### 1 現住性について
### （1）意　義

　周知のように、放火罪（刑法108条以下。以下、本稿では「刑法」は略す。）は、その保護客体により3つに類別できる。第1は、「現に人が住居に使用し又は現に人がいる」建造物等に対する現住・現在建造物等放火罪（108条）であり、第2は、「現に人が住居に使用せず、かつ、現に人がいない」建造物等に対する非現住建造物等放火罪（109条）であり、さらに第3は、「前2条に規定する物以外の物」に対する建造物等以外放火罪（110条）である。

　第1の現住・現在建造物等放火罪は、さらに、「現に人が住居に使用する」建造物等に対する現住建造物等放火罪と、「現に人が住居に使用する」ものではないが「現に人がいる」建造物等に対する現在建造物等放火罪とに分けられる[6]。以下、本稿では、前者の現住建造物等放火罪の客体のうち、特に現住建造物に焦点を当てて考察する。

　ここでいう「現に人が住居に使用する」、つまり現住性は、放火行為の時に、犯人以外の者が起臥寝食の場所として現に日常生活の用に供するために占拠しているという事実関係、つまり、居住者が日常の起臥寝食の場所として占拠しているという事実関係から生じるもの[7]であり、生活の本拠といえるほどの高度な関係[8]までは必要ないと解されている[9]。

---

[6]　現住建造物等放火罪と現在建造物等放火罪に分けることについて、西田典之「放火罪」芝原邦爾ほか編『刑法理論の現代的展開・各論』（1996年）280頁、山口厚『刑法各論』（第2版・2010年）375頁参照。

[7]　判例（大判大正14・02・18刑集4・61、最判昭和24・06・28刑集3・7・1129）・通説（団藤重光『刑法綱要各論』〔第3版・1990年〕196頁、大塚仁・注3文献・374頁、山口厚・注6文献・378頁、西田典之・注4文献・298頁、高橋則夫・注4文献・457頁、大谷實・注4文献・383頁、大塚仁ほか編『大コンメンタール刑法第7巻』〔第3版・2014年〕35頁〔村瀬均〕など）である。なお、人が日常生活を営むために占拠する場所をいうとして、やや広めに解釈する説として、福田平『全訂刑法各論』（第3版・1996年）67頁参照。

[8]　これを要求する平野龍一「刑法各論の諸問題(14)」法学セミナー221号（1974年）46頁は、学校の宿直室までも住居だとする判例（大判大正2・12・24刑録19・1517）には「かなり疑問がある」とする。

## (2) 特　色

　108条は、現住性と現在性を区別して規定しているが、しかし、両者を一括して同一条文により、109条に比べ重い法定刑を規定している。この点、現住建造物等であれば、昼夜間断なくその内部に現に人がいることを要せず、放火行為の時点で建造物等内に人が現在することを要しないとするのが判例・通説である。ということは、現住性は、建造物等と居住者の間に、「現に人がいる」現在性とは別の意味で、しかし現在性と同程度の高度な関係性が存在していなければならない。具体的には、同じく一般抽象的な公共危険罪であるだけでなく、現在建造物等放火罪が、建造物等内に現に存在する人の生命・身体に対する一般類型的・抽象的な危険を惹起する点に刑加重の根拠があるのに対し、現住建造物等放火罪は、当該建造物等が起臥寝食の場所として日常生活のために現に使用されているという建造物と居住者の間の事実上の関係性を消失させるとともに、現住建造物等内に存在する可能性のある居住者・来訪者の生命・身体に対する一般類型的・抽象的な危険を惹起する点に刑加重の根拠があると解することができるのである[10]。それゆえ、現住性は、現在性と異なり、居住者・来訪者が建物内に存在する一般類型的な可能性を根拠づける実態が存在することが前提であり、断続的ではあってもある程度の占拠の継続性が必要ということになる。その意味で、例えば、一定の季節のみ使用し、他の期間は鍵をかけて閉められている別荘・山荘や、長期の出張・旅行により閉鎖されている家屋などに現住性を認めるのは相当でないということになる[11]。

## (3) 要　素

　現住性は、占有の概念がそうであるように、主観的には居住意思、すなわち、起臥寝食の場所として現に日常生活の用に供するために占拠する意思と、客観的には居住事実、すなわち、起臥寝食の場所として現に日常生活の用に供するため

---

9　なお、住居侵入罪（130条）にいう「人の住居」については、放火罪におけると同じように、人の起臥寝食のために占拠し使用される場所とするのが通説であるが、日常生活に使用するために人が占拠する場所であるとする見解（福田平・注7文献・204頁、大塚仁・注3文献・112頁、西原春夫『犯罪各論』〔訂補準備版・1991年〕183頁、西田典之・注4文献・99頁、山口厚・注6文献・120頁、大谷實・注4文献・135頁）も有力である。放火罪における現住性と住居侵入罪における住居性とを別異に解するのであれば、その根拠・理由が問われることとなる。

10　西田典之・注6文献・282頁、西田典之・注4文献・299頁、山口厚・注6文献・378頁参照。なお、井田良「放火罪をめぐる最近の論点」阿部純二ほか編『刑法基本講座第6巻』（1993年）184頁参照。

に占拠する事実が必要である。したがって、居住事実が存在しても、居住者が居住意思を放棄した場合には現住性は認められないし、逆に、居住意思が存在しても、居住事実が消失している場合には現住性は認められないことになる[12]。その意味で、居住意思と居住事実は、占有における占有意思と占有事実の関係がそうであるように、いわば相関関係にあると考えられる。

### 2 占有性について

#### (1) 意義・特色

刑法上の占有は、一般に、財物に対する支配・管理の事実状態をいうと解されている。この刑法上の占有は、民法における占有と異なり、現実的な支配・管理の性格が強いこと、占有意思は必要だが、民法のように「自己のためにする意思」(民法180条)は不要であること、したがって、他人のための占有もまた刑法では占有者の占有となること、刑法では代理人による占有(代理占有〔民法181条〕)は存在しえないこと、また、相続によって当然に占有が相続人に移転するものではないことなどの特色が指摘されている。

#### (2) 要 素

占有性は、主観的には占有意思、すなわち、財物を事実上支配・管理する意欲・意思と、客観的には占有事実、すなわち、占有意思に基づき占有者が財物を事実上支配・管理している状態が必要である[13]。占有性においては、事実上の管理・支配状態が明確である場合は、占有者は支配・管理状態を絶えず意識している必要はなく、その点で、占有意思が明確に存在することは必ずしも必要でないし、逆に、事実上の占有意思が明らかである場合は、占有者はその財物を握持していなくとも、またその場にいなくとも、占有性が認められる。その意味で、占

---

11 西田典之・注4文献・299頁、山口厚・注6文献・379頁、伊東研祐『刑法講義各論』(2011年)266頁など。なお、藤木英雄『刑法講義各論』(1976年)89〜90頁は、2か月間だけ居住するが、それ以外の期間は使われず空き家になっている建造物は非現住建造物であるが、夏季だけ使用するシーズンオフの別荘は現住建造物とみてよいとする。他方、植松正『刑法概論Ⅱ各論』(再訂版・1985年)100頁は、全居住者が長期旅行不在中となっている家屋や一定の季節にだけそこで生活する別荘も、「家財をただちに使用できるような状態に置いたままにしてある場合」には、現住建造物であるとするし、大谷實・注4文献・383頁は、一定期間だけ使用する別荘は「人がいる可能性がある」から現住建造物であるとする。しかし、現住性は、起臥寝食の場所として現に日常生活の用に供するために占拠しているという事実的要素に依存する概念であり、家財道具の使用可能性や人の現在可能性によって直接に現住性を根拠づけることは適当でない。

有意思と占有事実は、現住性における居住意思と居住事実の関係と同じく、相関関係にあるといえる。

## 3　現住性と占有性の異同
### (1) 両者の同質性

すでに概観したことから明らかなように、建造物の現住性と財物の占有性との間には強い共通性がみられる。すなわち、一方で、現住性は、起臥寝食の場所として現に日常生活の用に供するために占拠しているという事実状態を基礎としているし、他方で、占有性は、財物に対する支配・管理の事実状態を基礎としており、いずれも事実状態に依存した事実的性格の強い概念である。そのゆえもあって、現住性・占有性のいずれも、有効な賃借権に基づくなど必ずしも適法に占拠・占有されたものであることを要しない[14]。また、現住性・占有性のいずれも、主観的な居住意思・占有意思と客観的な居住事実・占有事実とから構成されており、私見によれば、これら主観要素と客観要素はいずれも相関関係により認

---

12　高松高判昭和31・01・25高等裁判所刑事裁判特報3・19・897（被告人からの無心、暴行等を避けるため、家財を隣家に預けて他泊し、一時身を隠したのは「もとより住居として使用することをやめたものではなく、単に一時の不在」である）、最決昭和37・12・04裁判集刑事145・431（被告人の次男（中学1年）・長女（小学5年）が、被告人の放火の意図を知らず、親戚訪問の名目で自宅から連れ出されたとしても、「当時我家につき居住の意思を抛棄していたものとは到底認められない」）、東京高判昭和54・12・13判タ410・140（夫婦としての共同生活は破綻しており、犯行当時、妻子の衣類・調度品等のほとんどすべてが他に運び去られていたとしても、妻Tは「被告人のもとに戻ってこれとの共同生活を続ける意思」を保有していた様子もうかがい知ることができるので、犯行時においても「依然被告人の妻Tとその子供2人の住居たる性質」を失うにいたっていなかった）、横浜地判昭和58・07・20判時1108・138（妻A子の離婚の意思は相当固かったとはいえ、なおその心理には微妙なものがあり、被告人との生活をもう一度やり直す気持ちが全くなかったわけではなく、「本件家屋は自分の住居であるとの意思を有していたことが認められる」）、最決平成9・10・21刑集51・9・755（競売手続妨害の目的で、自己の経営する会社の従業員を交替で泊まり込ませていた「本件家屋は、人の起臥の場所として日常使用されていたもの」であり、放火を実行する前に、沖縄旅行に従業員を連れ出していても、「従業員らは、旅行から帰れば再び本件家屋への交替の宿泊が継続されるものと認識していた」など事実関係に照らすと、「本件犯行時においても、その使用形態に変更はなかった」）などの判例は、主観的な居住意思と客観的な居住事実に分けて検討すると分かりやすい。ただし、判例は、事例判断という性格から来るのか、主観的な居住意思を重視しすぎる傾向があるように思われる。

13　例えば、福田平・注7文献・221頁、大塚仁・注3文献・183頁以下、西田典之・注4文献・143頁以下、山口厚・注6文献・178頁、前田雅英『刑法各論講義』（第5版・2011年）252頁以下、高橋則夫・注4文献・230頁以下、伊東研祐・注11文献・225頁、大谷實・注4文献・206頁以下など通説である。

14　この点は、住居侵入罪（130条）における住居性と共通する点である。

## （2）両者の異質性

　他方、現住性と占有性の間に相違点を見出すこともできる。すなわち、現住性においては、建造物等と居住者の間に高度な関係性が必要であるのに対し、財物の占有性においては、財物と占有者との間に必ずしも高度な関係性は要求されない。この相違は、現住性においては、起臥寝食の場所として現に日常生活の用に供するために占拠しているという比較的密度の濃い事実状態を基礎としており、占拠の目的・態様だけでなくその時間的継続性も重視されるのに対し、占有性においては、占有者が財物を事実上支配・管理しているという単純な事実状態を基礎としており、奪取罪の保護法益について本権説・修正本権説・平穏占有説のいずれに立つかに関わりなく、占有の目的・態様・時間的継続性はそれほど重視されないことに起因するものと考えられる。換言すれば、占有性は、むしろ現在建造物等の現住性と同様の出発点にあるけれども、これらの延長線上に、ある程度高度な関係を要する現住性が位置していると考えられる。また、占有性は、事実上の支配・管理だけでなく法律上の支配・管理をも含まれるのに対し、現住性は事実上の占拠のみをいい、法律上の占拠を含まない点も相違点としてあげることができる。

## Ⅲ　被害者の死亡と現住性・占有性

### 1　被害者の死亡と現住性

　放火罪における建造物等の現住性は居住者全員を殺害したときをもって直ちに消失し、殺害直後にその家屋に放火する行為には非現住建造物放火罪が成立するにとどまるとするのが判例[15]であり、通説[16]もこれに異論を差し挟まない。

---

15　独居者を殺害したうえその家屋に放火した事案に関する大判明治38・07・20刑録11・728、大判明治41・10・22刑録14・879、父母を殺害後にその死体が横たわる家屋に放火した事案に関する大判大正6・04・13刑録23・312、養父を殺害後、養父の投げた燃木尻の火が家屋に移っているにもかかわらず、養父殺害の犯跡を隠す意図で家屋が焼けるのを放置した不作為による放火の事案に関する大判大正7・12・18刑録24・1558は、いずれも非現住建造物放火罪の成立を認めている。

16　例えば、藤木英雄・注11文献・90頁、福田平・注7文献・69頁、大塚仁・注3文献・377頁、西田典之・注4文献・99頁、山口厚・注6文献・378頁、前田雅英・注13文献・451頁、高橋則夫・注4文献・457頁、大谷實・注4文献・385頁など。

しかし、少数ではあるが、学説の中には、居住者を殺害しても、家財道具や来訪者の可能性など人の住居に使用されている居住の状態は、居住者の死亡によって直ちに変更を受けるものではないこと、死亡直後であっても依然生活現象は存在していることを根拠に、現住建造物等放火罪に問うことは理論的に可能であるとする見解[17]が主張されている。

## 2 被害者の死亡と占有性

他方、死者には占有意思・占有事実が認められないので、原則として、死者の占有は認められないとする点で学説は一致している。しかしながら、被害者を殺害した後に財物奪取の意思を生じ、被害者の財物を奪取した場合、およそ占有は認められないのか、それとも、占有が肯定されて窃盗罪の成立が認められる場合があるのかという、いわゆる死者の占有の問題[18]について、周知のような見解の対立がある。

### (1) 判例の状況

この点、判例では、野外ではあるが被害者を傷害して死に至らしめ、その懐中から金員を奪取した事案につき、「客観的には勿論、主観的にも利用意図の媒介に依り前後不可分的に一体をなせるものと観るを相当とするを以て、斯かる行為全体の刑法上の効果を総合的に評価し以て被害者の財物の所持を其の死亡直後に於ても尚継続的に保護することが本件犯罪の具体的実情に適合する」とした大判昭和16・11・11（刑集20・598）、居室内で殺害していったん現場を去ってから約1時間後に、被害者が生前所持したままの状態にあった現金を窃取し、さらに、殺害後約10時間後に、被害者の居室に立ち戻り、同居室内にあった被害者名義の貯金通帳を持ち去った事案につき、「死亡後『直ちに』とはいい難く、また死亡と全く別個の機会に持ち去っている」ので、死亡した被害者の占有を認めることはできないとした東京地判昭和37・12・03（判時323・33、判タ140・114）、また、

---

17　草野豹一郎『刑事判例研究第2巻』（訂正再版・1938年）50～151頁、青柳文雄『刑法通論Ⅱ各論』（1963年）165頁、福田平＝大塚仁編『演習刑法各論』（1983年）77頁〔井上正治〕、団藤重光・注7文献・197頁参照。
18　死者の占有の問題は、①当初から財物奪取の意思で被害者を殺害した後に財物を奪取した場合、②被害者を殺害した後に財物奪取の意思を生じ、財物を奪取した場合、及び、③被害者の死亡と全く関係のない第三者が当該死体から財物を奪取した場合、の3類型で論じられるのが一般的であるが、本稿では、最も議論のある②の類型に焦点を当てて考察していく。

情婦甲と二人だけで1戸の家屋を借りて同棲していた被告人が、情婦を殺害し、その約2時間後に、同女の死体を普通乗用自動車に積載して運搬し、これを海岸に投棄して遺棄し、さらに、殺害から3時間後に、再び同棲先の家屋に戻り、同女所有の指輪1個を窃取し（第1窃盗）、また、情婦殺害から約4日後に、同家屋において、同女所有の腕時計、ネックレスなどを窃取した（第2窃盗）行為につき、「被告人は、甲を殺害し、みずから甲の死を客観的に惹起したのみならず、さらに、その事実を主観的に認識していたのであるから、刑法254条の占有離脱物横領罪とは、その法律上の評価を異にし、かつ、被告人の奪取した本件財物は、右甲が生前起居していた前記家屋の部屋に、同女の占有をあらわす状態のままにおかれていて、被告人以外の者が外部的にみて、一般的に同女の占有にあるものとみられる状況の下にあつたのであるから、社会通念にてらし、被害者たる甲が生前所持していた財物は、その死亡後と奪取との間に4日の時間的経過があるにしてもなお、継続して所持しているものと解し、これを保護することが、法の目的にかなうものといわなければならない。」として、いずれの行為についても窃盗罪を構成するとした東京高判昭和39・06・08（高刑集17・5・446、判時378・15、判タ164・191）、さらに、野外での事案であるが、「被告人は、当初から財物を領得する意思は有していなかつたが、野外において、人を殺害した後、領得の意思を生じ、右犯行直後、その現場において、被害者が身につけていた時計を奪取したのであつて、このような場合には、被害者が生前有していた財物の所持はその死亡直後においてもなお継続して保護するのが法の目的にかなうものというべきである。そうすると、被害者からその財物の占有を離脱させた自己の行為を利用して右財物を奪取した一連の被告人の行為は、これを全体的に考察して、他人の財物に対する所持を侵害したものというべきであるから、右奪取行為は、占有離脱物横領ではなく、窃盗罪を構成する」とした最判昭和41・04・08（刑集20・04・207、判時447・97、判タ191・145）がある。

　これらの裁判例を考慮すると、被害者を殺害した後に財物奪取の意思を生じ、財物を奪取した場合、①それが野外の場合には、建造物の現住性（・現在性）の要素は関連しないので、被害者を死亡させた犯人との関係で、「場所的・時間的近接性」のある範囲で、被害者の生前の占有が継続・残存しているとして、それを保護するとする人的占有相対化説が確定した判例の立場と考えられる。しかし、②それが家屋内の場合には、最高裁判例が存在しないこともあって、必ずし

も判例の立場は明確ではない。一方で、昭和37年の東京地裁判決のように、「死亡後『直ちに』とはいい難く、また死亡とは全く別個の機会」であれば、犯人との関係でも被害者の占有を認めることはできないとする裁判例が存在する。これによると、財物の占有性については、建造物の現住性（・現在性）を意識することなく、また、死亡した被害者が身につけていた財物と被害者宅に存在した財物とを区別することなく、一括して、「被害者を死亡させた犯人との関係で、場所的・時間的近接性のある範囲」にあるかどうかを認定すれば足りることになろう。他方で、昭和39年の東京高裁判決のように、「被告人以外の者が外部的に見て、一般的に同女の占有にあるものとみられる状況の下にあつたのであるから、社会通念にてらし、被害者が生前所持した財物は、その死亡後4日の時間的経過があるにしてもなお、継続して所持しているものと解し、これを保護することが、法の目的にかなう」とした裁判例が存在する。これによると、被害者の死体はすでに別の場所に遺棄されて、同人の居宅にはないという状況において、被害者宅に存在した財物は、「一般的に同女の占有にあるものとみられる状況の下にあつた」としているということは、財物奪取の行為が家屋内で行われていることが考慮されており、その意味で、建造物の現住性の要素が重視されていると考えることができよう。

### （2）学説の状況

被害者を殺害した後に財物奪取の意思を生じ、その財物を奪取した場合について、学説は、大きく、死者の占有を否定する原則論を維持しようとする死者の占有否定説と、死者の占有を部分的に肯定する死者の占有一部肯定説とに分かれる。前者の死者の占有否定説はさらに3つの見解、すなわち、㋐占有主体が死亡して不存在となった以上、占有意思も占有事実も消失したと解すべきこと、殺害行為についての評価は基本的に殺人罪により評価されていることを根拠に、死者の占有を否定することを貫徹し、占有離脱物横領罪の成立を認める徹底した死者の占有否定説[19]、㋑被害者が生前有した占有は、被害者を死に至らしめた犯人に

---

19　従来は有力説にすぎなかったが、現在では、平野龍一『刑法概説』（1977年）204頁、林幹人・注4文献・190頁、山中敬一『刑法各論』（第2版・2009年）248頁、山口厚・注6文献・183頁、伊東研祐・注11文献・140頁、高橋則夫・注4文献・241頁、中森喜彦『刑法各論』（第3版・2011年）、西田典之・注4文献・146頁、曽根威彦・注4文献・118頁、大谷實・注4文献・211頁など通説である。

対する関係では、被害者の死亡と時間的・場所的に近接した範囲内にある限り刑法的保護に値すること、犯人が被害者を死に至らしめたことを利用し、その財物を奪取したという一連の行為を全体的に観察した場合、窃盗罪を構成すると評すべきであることを根拠に、被害者を死に至らしめた犯人との関係で、場所的・時間的に近接した範囲で死者の生前の占有が継続・残存しているとして窃盗罪の成立を認める人的占有相対化説[20]、さらに、㋒財物奪取の行為が殺人の余勢をかってなされたと認められる程度に殺害行為と密着しているときには、自己の殺害行為によって生じた被殺者の抵抗不能状態を利用して所持品を奪ったものであると解しうることを根拠に、当初から財物奪取の意思を有していた場合と同じく強盗罪の成立を認める抵抗不能状態利用説[21]が主張されている。これに対し、後者の、死者の占有を部分的に肯定する㋓死者の占有一部肯定説は、殴ったら気絶した被害者から財物を奪取する意思を生じて奪取した場合は窃盗罪（ないし強盗罪）を認めるのが通常であるから、それとのバランスからいっても、被害者が死亡してごくごく直後のまだ生々しい死体である場合は、占有を肯定すべきであることを根拠に、そうしたまだ生々しい死体から財物を奪うのは窃盗罪であるとする[22]。

## Ⅳ　現住性と占有性の交錯

### 1　問題性

上述したように、放火罪における建造物等の現住性と財産罪における財物の占有性は、その密度・程度に差異があることを認めるとしても、多くの点で共通性を有する。にもかかわらず、現住性は居住者を全員殺害したら直ちに消失するとする見解に立ちながら、死者の占有について、㋑人的占有相対化説、㋒抵抗不能

---

20　従来の通説であったが、現在では、団藤重光・注7文献・572頁、福田平・注7文献・221頁、大塚仁・注3文献・187頁、佐久間修・注3文献・182頁など有力説にとどまっている。この説において、被害者を死に至らしめた犯人の行為は、故意の殺人に限定されるのか、過失の行為（あるいは無過失の行為）をも含まれるのかは明らかでない。
21　藤木英雄・注11文献・302頁。
22　小野清一郎『刑法講義各論』（新訂第11版・1953年）245頁、前田雅英・注13文献・216頁。なお、被害者の死亡と無関係の第三者が当該死体から財物を奪取した場合、原則論を貫徹し、死者の占有を否定して占有離脱物横領罪の成立を肯定するのが通説であるが、死者の占有一部肯定説によると、被害者が死亡してごくごく直後のまだ生々しい死体であるときには、第三者であっても窃盗罪が成立することになる。

状態利用説、あるいは㊃死者の占有一部肯定説を主張するのは、理論的整合性の点で問題があるのではないか、少なくとも何らかの説明が必要ではないかという疑問を抱かざるをえない。

その点を考察する素材として、以下の事例をあげておく。

【事例】　Aは、恨みに思っているX男とその妻Yを殺害する意思でX宅に侵入し、①在宅していたX及びその妻Yを殺害した後、財物奪取の意図を生じ、②X・Yが身につけていた財布・高級腕時計・指輪を奪うとともに、③寝室内の洋箪笥の中にあった宝石を奪い、さらにその直後に、④犯跡隠滅のためにX宅に放火して焼損した。

## 2　処理の方法

一方で、現住性と占有性との間の同質性を尊重して両概念を統一的に処理しようとするならば、㋐被害者の死亡によって現住性も占有性も消失すると考える徹底した死者の占有・現住否定説を貫徹するのが、最も体系的解釈の趣旨に合致する合理的な処理といえよう[23]。この見解を先の事例に当てはめると、Aには、①につき住居侵入罪（130条前段）と2罪の殺人罪（199条）、②③につき占有離脱物横領罪（254条）、さらに④につき非現住建造物放火罪（109条1項）が成立することになる。

この見解に与しないが、それでも現住性と占有性とを統一的に処理するためには、大きく分けて、①占有性の概念はそのままに現住性の概念を修正する方法と、逆に、②現住性の概念はそのままに占有性の概念を修正する方法とがある。

### （1）現住性の修正

まず、占有性の概念はそのままに現住性の概念を修正して両概念を統一的に解する方法を採るならば、㋑人的占有相対化説においては、居住者を死に至らしめた犯人との関係で、場所的・時間的に近接した範囲で建造物等の現住性は継続・残存しているとする、いわば人的占有・現住相対化説を主張することになる。こ

---

23　この点は、住居侵入罪における「住居」にも妥当するはずで、居住者全員を殺害した直後に、その住居に侵入しても、本罪は成立しないと解することになる。この点を明言するのは、西田典之・注4文献・99頁。なお、被害女性を松山市に誘い出して殺害したうえで東京の被害者宅から金品を強取しようと計画し、被害者を松山市に誘い出して殺害して財物を強取したうえで直ちに飛行機で東京に引き返し、被害者宅から財物を奪取した事案につき、東京高判昭和57・01・21刑裁月報14・1＝2・1は、客観事情・主観事情を考慮して住居性を肯定したが、疑問である。

の見解を先の事例に当てはめると、Aには、①につき住居侵入罪（130条前段）と2罪の殺人罪（199条）、②③につき窃盗罪（235条）、さらに④につき現住建造物放火罪（108条）が成立することになる[24]。また、㋒抵抗不能状態利用説においては、被殺者の抵抗不能状態の利用は強盗罪の成否にのみ関係し、放火罪の現住性・非現住性には影響しないと考えているとすれば、これを先の事例に当てはめると、Aには、①につき住居侵入罪（130条前段）と2罪の殺人罪（199条）、②③につき強盗罪（236条1項）、さらに④につき非現住建造物放火罪（109条1項）が成立することになろうが、被殺者の抵抗不能状態の利用を放火罪の成否にも及ぼすならば、Aには、①につき住居侵入罪（130条前段）と2罪の殺人罪（199条）、②③につき強盗罪（236条1項）、さらに④につき現住建造物放火罪（108条）が成立することになろう。さらに、㋓死者の占有一部肯定説においては、被害者が死亡してごくごく直後のまだ生々しい死体である場合には、建造物等の現住性も認めるべきであるとする、いわば死者の占有・現住一部肯定説を採ることになる。この見解を先の事例に当てはめると、Aには、①につき住居侵入罪（130条前段）と2罪の殺人罪（199条）、②③につき窃盗罪（235条）、さらに④につき現住建造物放火罪（108条）が成立することになる[25]。

各見解について一言触れておくと、㋑人的占有・現住相対化説に対しては、「直ちに」「同一機会」などの時間的・場所的な近接性という基準では曖昧にすぎて、罪責判断の基準として不適当であること、占有性・現住性の概念が人によって相対化してしまい、法的安定性を害することなどの批判が可能である[26]。また、㋒抵抗不能状態利用説に対しては、殺害行為の悪辣性を重視して「自己の行為が招来した状態を利用したから強盗だ」とするもので、当罰性を重視しすぎた見解であり妥当でないこと、刑法は抵抗不能状態に乗じた準強盗類型を処罰する規定を設けておらず、「抵抗不能状態に乗じたから強盗だ」というのは不当な類推解釈であることなどの批判が可能であろう。さらに、㋓死者の占有・現住一部

---

24　紙数の関係で、以下、罪数処理は略させていただく。
25　上記事例につき、被殺者が身につけていた②の財物と、身につけてはいないが建造物内に存在していた③の財物とについて、別様に処理することも考えられる。さらに、財物が屋外にあるのか建造物内・室内にあるのかによって別様に処理することも考えられよう。
26　この説が、「被害者を殺害した犯人との関係」という場合、その「犯人」には、直接正犯者・共同正犯者は入るであろうが、単なる共謀者（共謀共同正犯者）、間接正犯者や、教唆者・幇助者も含まれるのであろうか。

肯定説に対しては、人的占有相対化説のように「殺害した犯人との関係」という人的相対化の要素を用いず、場所的・時間的近接性の要素に焦点を当てた点は注目されるが、④人的占有・現住相対化説に対すると同様の批判が可能であるし、そもそも「被害者が死亡してごくごく直後の、まだ生々しい死体である」ことが何故占有性（・現住性）を肯定することになるのかの実質的根拠が明らかにされていない。しかも、「生々しい死体」であり、一般的には「未だ生きている」と考えられる状態であるから被害者の占有は存在していると解するのであれば、それは具体的危険説の発想であろう。そうであれば、「生々しい死体」から財物を奪取した場合には、むしろ窃盗罪の未遂を肯定するのが筋であろう（その場合でも、成立しうる占有離脱物横領罪との観念的競合がありうる）。

**（2）占有性の修正**

そこで、逆に、現住性の概念はそのままに占有性の概念を修正して両概念を統一的に解する方法がありうるが、これは、被害者の死亡により直ちに占有を否定する原則論を貫徹する考え方となるので、④人的占有相対化説や㊁死者の占有一部肯定説の考え方を放棄し、⑦死者の占有否定説を徹底する見解と同じになる。したがって、これを先の事例に当てはめると、Aには、①につき住居侵入罪（130条前段）と2罪の殺人罪（199条）、②③につき占有離脱物横領罪（254条）、さらに④につき非現住建造物放火罪（109条1項）が成立することになる。この点、⑦抵抗不能状態利用説では、やはり抵抗不能状態の利用はそれ自体で処理され、占有性・現住性の概念に関係しないと考えているとすれば、これを先の事例に当てはめると、Aには、①につき住居侵入罪（130条前段）と2罪の殺人罪（199条）、②③につき強盗罪（236条1項）、さらに④につき非現住建造物放火罪（109条1項）が成立することになろう。しかし、抵抗不能状態の利用は占有性と現住性との双方に連動していると考えているとすれば、死亡による現住性の消失に合わせて占有性も消失することを認めることになり、Aには、①につき住居侵入罪（130条前段）と2罪の殺人罪（199条）、②③につき占有離脱物横領罪（254条）、さらに④につき非現住建造物放火罪（109条1項）が成立することになろう。

**（3）区別的な処理**

他方で、建造物の現住性と財物の占有との間の異質性を重視して、両概念を区別して処理する方法がありうる。この場合、現住性は、住居と居住者との間の比較的密度の濃い居住の事実状態を前提とし、ある程度の時間的継続性が重視され

るのに対し、占有性は、財物と占有者との間の単純な支配・管理の事実状態を前提とし、それほど時間的な継続性を求められないという両概念の質的相違があることを前提とすることになる。そして、この相違を反映して、被害者が殺害される等死亡した場合、①現住性は、一般的に見て、家財道具、生活用品等が直ちに使用できるような状態のときには、未だ現住性は消失していないとする。しかし、②占有性については、㋐それ自体は、被害者の死亡により直ちに消失するということを貫徹する見解がありうる一方で、㋑屋外にある財物についてはそれを原則としてよいが、当該財物が屋内にあるときには、現住性の概念がその財物を覆っていると考えられるから、現住性の概念が消失するまで占有性を肯定すべきであるという見解もありうるであろう。前者の㋐の見解を先の事例に当てはめると、Aには、①につき住居侵入罪（130条前段）と2罪の殺人罪（199条）、②③につき占有離脱物横領罪（254条）（もちろん、ここに人的占有相対化説の考え方を絡ませれば、死体が居宅内に存在する先の事例では、窃盗罪の余地がある。）、さらに④につき現住建造物放火罪（108条）が成立することになる。他方、後者の㋑の見解を先の事例に当てはめると、Aには、①につき住居侵入罪（130条前段）と2罪の殺人罪（199条）、②③につき窃盗罪（235条）、さらに④につき現住建造物放火罪（108条）が成立することになろう。

## Ⅴ　結　び

　一方で、放火罪における建造物等の現住性は、居住者の死亡によって直ちに消失すると解しておきながら、財物の占有性は、占有者の死亡によって直ちに消失するわけではないと解する判例・有力説は、刑法典内おける体系的解釈における整合性の点で大いに疑問があることを論じてきた。

　建造物等の現住性の場合は、大きな建造物等の占拠という側面があると同時に、起臥寝食の場所として現に日常生活の用に供するための占拠という側面もあり、そうした現住建造物等と居住者との間の「高度な関係性」を考慮するならば、居住者が死亡することによってその「高度な関係性」が一気に崩落するので、居住者の死亡によって直ちにその現住性が消失するのに対し、財物の占有性の場合は、建造物等に比べて比較的小さい財物の占有という側面があると同時に、単純な支配・管理や所持にも占有性が肯定されるという側面もあり、そうし

た財物と占有者との間の「低度の関係性」を考慮するならば、占有者が死亡して
も、かえって、その「低度の関係性」のゆえに占有者の死亡によって直ちにその
占有性が消失しにくいと考えることには、一定程度の合理性を見出すことは可能
かもしれない。しかし、事態はむしろ逆であって、現住性にあっては、起臥寝食
の場所として現に日常生活の用に供するために占拠しているという比較的密度の
濃い、ある程度の時間的継続性を前提にする事実状態を基礎とし、しかも、現住
性はどちらかというと建造物等に付着する属性であるのに対し、占有性にあって
は、財物を事実上支配・管理しているという単純な事実状態を基礎とし、厳密な
時間的継続性を前提とせず、しかも、占有性はどちらかというと財物ではなく占
有者に付着する属性といえることを考慮すると、被害者の死亡によって直ちに消
失するのは占有性の方であって、現住性ではないと解する方がまだ理論的妥当性
を有していると考えられる。その意味でも、現在の判例及び有力説の見解は再検
討を要するのである。

　いずれにしても、現住性と占有性との間の同質性を尊重して両者を統一的に解
釈するのが明解であるし、被害者の死亡によって現住性も占有性も消失すると考
える見解を徹底するのが、体系的解釈の趣旨に合致する妥当な解釈といえる。

# 窃盗罪における占有

宮崎 英生

I　はじめに
II　占有の法的性格
III　占有の内容
IV　占有意思と管理支配性
V　占有と利用過程

## I　はじめに

　他人の所有する財物を領得する行為につき、当該財物に他人の占有が及んでいれば窃盗罪の客体であり、占有を離れていれば横領罪の客体である。後者の場合、他人の委託に基づいて行為者に占有が移転している場合には、委託物横領罪の客体であり、それ以外の理由で占有を離れている場合は、占有離脱物横領罪の客体である。
　占有の一般的な判断基準について、最判昭32・11・8（刑集11-12-3061）は、「刑法上の占有は人が物を実力的に支配する関係であって、その支配の態様は物の形状その他の具体的事情によって一様ではないが、必ずしも物の現実の所持又は監視を必要とするものではなく、物が占有者の支配力の及ぶ場所に存在するを以て足りると解すべきである。しかして、その物がなお占有者の支配内にあるというを得るか否かは通常人ならば何人も首肯するであろうところの社会通念によって決するの外はない。」と判示した。本判決の指摘するように占有の形態は一様ではないが、大別すると2つの場合が考えられる。まず、物を握持または監視するなど直接支配する場合や、倉庫で保管したり駐車場に停車するなど物が閉鎖的な区域に存在する場合には、社会の誰もが承認する物理的な管理支配が認められる。もう一つは、公開の場所など、そのような直接的な支配関係が認められなくても、物が権利者の実力的支配の及ぶ範囲にある、すなわち実力によって握

持等を確保ないし回復する可能性がある場合や社会慣習その他特別の事情により社会が管理支配性を承認するような場合である。このような場合についても刑罰による保護が必要であることから、支配の範囲が拡張されているのである。どこまで拡張できるかは、上記判決の指摘するように社会通念にしたがうほかないが、それだけでは基準として漠然としすぎている。学説は、占有を客観的要素としての占有の事実と主観的要素としての占有の意思とに分析したうえで、問題場面の類型化や基準の細分化に努めてきたが、占有の意思と占有の事実の関係も場面ごとに違いがある。本稿は、所持者が物を公開の場所に置いて立ち去ることで、所持者と物との距離が離れた場合になお占有が及ぶか、という問題を取り上げて、それぞれの占有要素がどのような意義をもつのかについて若干の考察を行うものである。

## II　占有の法的性格

　議論の前提として、窃盗罪における占有の法的性格に触れておく。窃盗の構成要件的行為である「窃取」とは、他人の占有を侵害して自己又は第3者の占有を設定することであり、行為の客体は他人の占有する物である。問題は、占有が行為態様を特徴づける要素にとどまるのか、それとも、侵害の対象として結果に関わる要素なのかである。この問題は、同じく他人の財物の領得行為でありながら、窃盗罪の法定刑に比べて占有離脱物横領罪のそれが格段に軽いことの実質的根拠に関わる。

　占有を行為態様の特徴化の要素と考えるならば、行為に伴う心理的抵抗の有無に着目し、両罪の法定刑の相違は有責性の相違に求める見解[1]か、あるいは、違法性の問題としつつ、両罪は本権侵害という点で結果無価値は同じであるので、法定刑の相違は占有侵害という行為無価値要素の有無に由来するという見解[2]の

---

[1]　瀧川幸辰『刑法各論』（1951年）111頁（「他人の支配に属することを独立の保護対象（法益）とみる必要はない。刑法が支配を問題にするのは、この場合の領得が、他人の支配という障碍を排除して行われた点において、犯罪の情状が重いと見るが故である。」）、115頁（「他人の支配を排除することは、一つの障碍を乗り越える」ことであり、「一つの抵抗を突破するか、しないかによって、窃盗罪は重く、横領罪は軽く、罰せられる。」）。

[2]　野村稔「刑法における占有の意義」阿部純二ほか編『刑法基本講座第5巻「財産犯論」』（1993年）71頁。違法性を結果無価値と行為無価値とに二元的に把握する立場からの帰結である。

いずれかに帰着すると思われる。しかし、いずれの見解も、占有の実体を（主観化や倫理化など）不明確にするおそれがあり、妥当とは思われない。占有は、侵害の対象として結果に関わる要素であり、保護法益との関係で把握すべきであり、占有移転罪の規定は、財物に対する事実的支配を保護することで、その支配内での財物の自由な利用（いわゆる直接的利用）を保護するためのものと考えられる[3]。したがって、窃盗罪と占有離脱物横領罪の法定刑の差異も、基本的には保護法益の違いに基づく[4]。

　占有を行為態様の特徴化の要素ととらえる立場においても、占有の意義の相対性を認め、窃盗犯人の占有する盗品をさらに他の者が窃取した場合を例に、不適法な占有も保護の対象となることを指摘し、占有もまた第2次的に保護法益であると説く見解[5]もある。この見解が、第1次的な法益である本権の侵害が認められない場合に占有が突如法益に転化するというのであれば適切ではないが、その趣旨は、占有も本権も同じく保護法益であり、通常は占有自体の法益性は顕在化しないが、窃盗犯人からのさらなる窃盗や禁制品の窃取のように正当な権原が認められない場合にはこれが顕在化するというものと思われる。しかし、占有侵害がなければ窃盗罪は成立しないのであるから、端的に占有を保護法益と認めれば足りるように思われる。

　なお、従来、「窃盗罪の保護法益」の問題として議論されてきた本権説と占有説の対立は、以上の議論とは性質を異にし、窃盗罪で保護の対象となっている占

---

[3] 深町晋也「窃盗罪」法学教室290号（2004年）69頁、松原芳博「財産罪の保護法益」法学セミナー693号（2012年）118頁、同「窃盗罪・その1」法学セミナー694号（2012年）109頁など。ここでは、「他者からの干渉を排除する障壁」（深町）や「優先的にアクセスしうる状況」（松原）が重要である。

[4] もっとも、占有離脱物横領罪の法定刑については、誘惑性の程度も無関係であるとはいえない。同じく所有権の侵害である器物損壊罪と比較してみると、不法領得の意思を伴うにもかかわらず占有離脱物横領罪の法定刑が軽いのは、誘惑的要素の強さが考慮され、類型的責任の減少が認められることに基づくと解される（なお、現行刑法制定の経過をみると、明治35年刑法改正案までは、遺失物等横領罪（第209條）の法定刑は懲役3年以下とされており、その後、1年以下に見直されたようである。松尾浩也増補解題『増補　刑法沿革総覧　復刻版（日本立法資料全集別巻2）』（1990年）475頁、1592頁など。）。これに対して、占有離脱物の場合に所有者による利用処分の可能性が著しく低いことを刑の軽さの根拠とするものとして、佐伯仁志「不法領得の意思」法学教室366号（2011年）81頁。

[5] 団藤重光『刑法各論（第3版）』（1990年）567、575頁、同「前注〔財産罪一般〕」団藤重光編『注釈刑法6巻』（1966年）26頁。なお、曽根威彦『刑法の重要問題〔各論〕第2版』（2006年）128頁。

有が、民事法上の権利関係との関係でどこまで保護されるべきかという問題であり、具体的には、自己の物の取戻しに関する刑法242条（及びこれを準用する251条）の「占有」の解釈問題に帰着する。

ところで、窃盗罪と占有離脱物横領罪がどのように性質を異にするかという問題といわゆる「窃盗罪の保護法益」の問題とを同じく区別しつつ、占有を実力的支配と把握する従来の理解は、行為者の事情・態度に焦点を当てて占有の内容を定めようとするもので妥当でなく、もっぱら被害者が現実に受ける利益侵害という被害者側の事情に着目して占有の内容を定めるべきとする注目すべき見解[6]が主張されている。この見解は、「財産犯罪の成立を検討するにあたって必要になる政策的・理論的考慮を、財産犯罪の『成否』レヴェルと『個別化』レヴェルに二元化して理解し、それぞれに対応して、レヴェルの異なる保護法益論を考える立場」[7]に基づいて占有概念を再構成しようとする試みで、論点も多岐にわたるため、もとより本稿で論評できるものではないが、被害者の利用意思や利用過程それ自体を重視する点は興味深く、これについては、Ⅴ章で取り上げる。

## Ⅲ　占有の内容

### 1　民法上の占有との異同

刑法における占有は、民法上の占有と主に次の3点で異なるとされる。①代理占有のよう間接的な占有を認めず、直接的な占有に限る[8]。②民法における「自己のためにする意思」を要しない。③相続による移転を認めない[9]。

民法では、所持という一定の事実を前提にしつつ、占有訴権を含む諸権利が発生し、これらの権利をいかなる者に認めるのが適切であるのかという目的考慮により対象範囲がさらに拡張される結果、間接占有のような観念的な占有が認められ、占有の相続も取得時効の間隙を生じないようにする配慮から認められてい

---

[6]　鈴木佐斗志「刑法における『占有』概念の再構成」学習院大学法学会雑誌34巻2号（1990年）133頁以下。

[7]　鈴木・前掲注（6）139頁。

[8]　所有権者が自ら占有して財物を利用している場合と他人に占有を委託して利用している場合とで刑法上同じ保護価値があるとして、後者についても所有権者の間接占有を認める見解として、鈴木・前掲注（6）。

[9]　住居及び住居内の財物について、占有の相続を認める見解として、佐伯仁志「窃盗罪をめぐる3つの問題——財物の費消、占有の相続、不法領得の意思——」研修645号（2002年）5頁。

る。「占有権としての保護を与えるべき状態が占有である。」という民法のアプローチは、刑法では類推解釈として許されるものではないが、刑法上の占有と民法上の占有がまったく別個のものでないことも当然であって、占有の事実的基礎に関しては議論に共通性がある[10]。

　民法学では、占有の要素に関して、単純に物を所持しているという関係があれば足りるとする客観説と、それに加えて占有意思という特別な主観的要素も必要であるとする主観説との2つの考え方があり、学説史的には主観説から客観説へと推移したが、それは、客観説のほうが財産秩序の維持や本権表彰・保護などの占有の諸機能を安定的に果たしうるとされたからである[11]。もっとも、主観説においても、占有意思は厳格に個々人の心理状態と把握されていたわけではなく、外部に客観化された意思が考えられており、他方、客観説においても、「物によって人の欲望を満足せしめうる利益が存するときには、先ずその利益を享受しようとする意思が動いて、それが外部に発現することによって物の支配（所持）が成立する。すなわち、物の支配があるところには、必ず意思――所持意思――の発現が認められる」[12]と解するものであり、意思的要素のない占有を認めようとするものではなく、意思を独立して扱う意味が乏しいという趣旨であり、両説の間に大きな相違はない。意思不要説の立場[13]も、所持の意思は、客観的な事実支配の存在を認定する上で不可欠な考慮要素ではないが、考慮すべき重要な要素の一つであると認める。

　現行民法は、占有権の取得に「自己のためにする意思」を要する（民法180条）とし、占有の意思の放棄を占有権の消滅事由と定めている（民法203条）が、「自己のためにする意思」は社会通念上、自己のために占有していると認められる客観的事情があれば足り、一般的・概括的・潜在的な意思でよいとされ、結局、占有意思は、それが存在しないところに占有はないという消極的要件にすぎず[14]、重視されていない点は、次に見る刑法上の占有と同様である。

---

10　佐伯仁志・道垣内弘人『刑法と民法の対話』（2001年）159頁以下。
11　以上につき、末川博『物権法』（1956年）177頁以下、船橋諄一『物権法』（1960年）272頁以下、河上正二『物権法講義』（2012年）198頁以下。
12　末川・前掲注(11) 185頁。
13　船橋・前掲注(11) 281頁。
14　河上・前掲注(11) 203頁。

## 2 占有の意思

　刑法上の占有も、(民法学の分析の影響を受けて)占有の意思という主観的要素と占有の事実という客観的要素とから構成されるということを前提として、占有の存否は両者を総合して社会通念にしたがって決せられる[15]。形式論としては、①占有の事実があっても占有の意思のないところに占有はなく、②占有の意思があっても占有の事実がなければ占有は否定される帰結になるが、そもそも占有の意思とは何かが刑法において必ずしも明らかでないため、占有の事実との関係もはっきりしているわけではない。

　実態に即してみれば、支配や管理はその意思と不可分である[16]。握持とは、物を握持の意思で握持している状態を指す。手品師によって知らない間に手に物を握らされている場合に、握持の事実はあるが意思に欠けると表現することはまだいいとしても、監視の事実はあるがその意思がないという場合は想定できない。物の監視人は、その物を無断で持ち去ろうとする者が現れれば、これに対応すべく適切な行動に出る意思を有する者を指すのであって、無意識の監視はありえない。ここでは監視の意思が監視としての意味を与えているのである。

　他方、民法の議論でも見たように、占有意思は、刻々と持続しまたは変転する具体的な心理状態ではなく、物を所持するに至った原因との関係でその所持を占有として内容的に意味づけることで足りるから、いったん、占有として内容的意味が付与されれば、以後は、その意思の放棄がない限り占有意思は潜在的に存続し続けるとみるべきであり[17]、あとは、実力的支配が物に及んでいたかどうかという占有の事実的側面の問題になる。このように占有の事実がその意思に基づいているかどうかだけが重要であるとすると、占有意思はほとんど意味を持たないようにも思われるが、若干の意義を認めることができよう。

　まず、占有意思は、占有者の死後は存続しえない。占有意思がいかに一般的、

---

15　山口厚『刑法各論(第2版)』(2010年)178頁以下、曽根威彦『刑法各論(第5版)』(2012年)115頁など。なお、ドイツの学説状況については、松生光正「刑法上の占有概念の法的性質について」法政研究第80巻第2・3合併号(2013年)1頁以下。

16　河上・前掲注(11) 203頁(「意思的要素のないところに『支配』や『所持』を考えること自体、およそ無意味ではないか。」)。

17　小暮得雄「窃盗か占有離脱物横領か」『刑法判例百選』ジュリスト臨時増刊1964年10月号191頁(「支配意思とは、その物におよぼす支配を意識することではない。その物の具体的所在を一時失念し、または他のことに取り紛れていても、支配のたしかな可能性を知り、または潜在的に所持を継続する意思があれば足りる。」)。

抽象的、潜在的であっても、死者にはこれを認めえないものである[18]。他方で、物の存在や所在場所を忘れてしまったとか、ひどく酩酊したとかの場合でも、占有意思は直ちに否定されないと解される。これらの場合も、占有意思の否定によってではなく、占有の事実面である事実的支配の有無で決着をつけるべきであろう。酩酊者の占有について占有を否定した2件の裁判例がある[19]。仙台高判昭和30・4・268（高刑集8-3-423）は、被害者は午後7時半ころ自転車を引いて帰宅中、強度の酩酊のため、自転車諸共路上に倒れた後、自転車を同所に残したまま南方110mの知人方を訪れたが、その頃は自転車のことも失念し、その所在もわからなかったという状況のなか、被告人は午後8時ころ倒れていた右自転車を領得したという事案である。領得行為の時点では被害者が握持を回復する可能性もなかったことから、占有を否定したのは妥当である。東京高判昭和36・6・6（高刑集14-5-321）は、被害者は午前1時ころ自転車を引いて友人と一緒に帰途についたものの、路上で口論になり、友人が先に立ち去った後同所を立ち去ったが、自転車のないことに気づいて交番に届けたものの、酔っているからその辺にあるだろうと相手にされなかったのでそのまま帰宅したところ、午前5時ころ、前記路上に倒れていた自転車を被告人が領得したが、被害者は酩酊のため自転車を放置した場所を失念していたという事案である。本件で、被害者は自転車を取り戻そうという意思があったのであるから、占有意思の否定ではなく、置いた場所を失念したために握持を回復する可能性がなかったと考えるべきである。

次に、占有意思は包括的意思なので、例えば背広の普段使わない内ポケットに物を入れたまま、その後すっかりその物の存在自体を忘れ去ってしまっていても、ポケットに物を入れた時点では意識があり、その後も、背広自体について支配意思がある限り、占有意思の存在に問題ないが、当初からその物の所在の意識が全くない場合は、占有の意思を認めることはできない。自己の管理する倉庫に隣家の飼い犬が迷い込んで眠っていたところ、それを第三者が持ち去った場合に

---

[18] 高橋則夫『刑法各論（第2版）』（2014年）231頁は、占有の意思は、心理的事実ではなく、擬制的な意思として捉えられており、死者の占有を否定する意味しかない、とする。これに対して、野村・前掲注（2）80頁は、「占有の当初においては占有の意思が問題となるが、それが客観化して占有状態が成立した場合には、その意思は存在しなくてもよい」として、いわゆる死者の占有を認める。

[19] 木村静子「占有の意義」西原春夫ほか編『判例刑法研究6』（1983年）36-37頁参照。これに対して、占有意思が欠如する場合と把握するものとして、西田典之『刑法各論（第6版）』（2012年）145頁。

は、倉庫管理者の占有の侵害を認めるべきではない。また、スリ甲がAから盗んだ財布から札を抜きとり、空の財布を第三者Bのポケット内に忍び込ませて逃げた後、Bが気づかないまま、別なスリ乙がBのポケットからその財布をすり取った場合も、Bの占有物ではなく、占有離脱物と考えられる。

　最後に、精神病者や幼児のような意思無能力者も、欲求を満たす意思を持ちうる以上、占有の意思は当然認められるが、赤ん坊のそばに置かれたガラガラに赤ん坊の占有意思があるかは問題である。ケースバイケースであるが、生まれてからまだ月日の浅い場合は、占有意思を認めるのは困難であろう。民法の学説では、そこに置いた親の占有物と考えるべきとする考え方[20]もあるが、刑法上は、親の所持の事実が認められない場合であれば、(そのような事例は想定しにくいが、例えば公園のベンチに捨てられた赤ん坊のガラガラを持ち去るような場合)、占有離脱物として扱うべきであろう。

　なお、本節で述べたことは、占有を構成する主観的要素として最低限どのような内容が必要かということであって、この意味の占有意思が抽象的な意思で足りるということと、占有の客観的要素である実力的支配の範囲の判断にあたって被害者の具体的な意思内容を考慮することは別問題である。例えば、物を公開の場所において一時立ち去る場合における占有の有無の決定に当たっては、被害者の意思内容は重要な資料である。元来、占有の意思は多義的で、占有の態様や占有の有無が問題になる事例群によって、あるときは監視意思として、あるときは握持を回復し占有を確保する意思として、あるときは利用、保管の意思として等、様々な発現形態をとるものである。

### 3　占有の事実

　事実的支配関係のあり方は、財物の形態やその存在場所によってさまざまであり、具体的なケースごとの判断が必要になる。多くの学者や実務家が、関連判例の分析とケースの類型化に取り組んできた[21]。これについては相当の蓄積がすで

---

20　河上・前掲注(11) 203頁参照。
21　先駆的な研究として、中義勝「刑法における占有の概念」『総合判例研究叢書・刑法 (4)』(1956年) 98頁以下。その他、各種のコンメンタール、教科書など枚挙にいとまがない。置き忘れ事例に関する最近のものとして、金谷暁「窃盗罪における占有」小林充ほか編『刑事事実認定重要判決50選下 (第2版)』(2013年) 3頁以下、高橋則夫「私のポシェットはどこ?」法学セミナー720号 (2014年) 65頁以下。

にあるが、本稿では度々議論される「公開の場所での物の一時置き忘れ」のケースについて簡単に触れた後、節を改めて、「占有の事実が占有の意思によって補充される」場合とされる「意図的に物を置いたケース」について論じることにする。

　公開の場所に物を一時置き忘れた事例群の場合の解決において、占有意思は特段の意味を有しない。置き忘れるということは、忘れたことに気が付けばすぐに取りに戻ることが期待されるので、握持を回復する客観的可能性がどの程度あったかの問題となる[22]。これを判断するうえで重要な役割を演じるのが、いわゆる時間的・場所的近接性である。占有の一般的意義についての判断を示した昭和32年最高裁判決（「カメラ事件」、I章参照）は、昇仙峡行のバスに乗るために行列に並んでいた被害者が、身辺の左約30cmの台の上に置いたまま行列の移動に連れて改札口の方に進んだが、改札口の手前で置き忘れに気が付いて直ちに引き返したところ、すでにその場から持ち去られたという事案に関するもので、行列が動き始めてからその場所に引き返すまでの時間は約5分にすぎず、台と引き返した地点との距離は約20mにすぎないという事情を勘案して、カメラについての占有を認めたのであった。本件では、領得行為の時点での被害者の位置関係が明確ではないこともあって、諸種の事情を総合的に考慮して占有の有無を判断したが、その後、最決平成16年のポシェット事件最高裁決定（平16・8・25刑集58-6-515）において、この事例群における占有判断の枠組が一段と明確になった。

　事案は、公園のベンチに座って友人と話をしていた被害者が、友人を近くの駅まで送ろうとして、ベンチ上にポシェットを置き忘れたまま立ち去ったところ、隣のベンチに座ってこれを見ていた被告人が、周囲に人がいない状況でポシェットを持ち去ったというもので、最高裁は、「被告人が本件ポシェットを領得したのは、被害者がこれを置き忘れてベンチから約27mしか離れていない場所まで歩いて行った時点であったことなど本件の事実関係の下では、その時点において、被害者が本件ポシェットのことを一時失念したまま現場から立ち去りつつあったことを考慮しても、被害者の本件ポシェットに対する占有はなお失われて」いないと判断した。本事案のように、被告人がどの時点で財物を領得したの

---

[22]　松原・前掲注（3）「窃盗罪・その1」110頁は、置き忘れの事例を「現実の監視」に準ずる「準監視」と把握する。

かを特定できるケースについては、端的に、財物と被害者の位置関係、事件的場所的近接性を基準に実力的支配の範囲内かどうかを判断すればよく、これに対して、このような領得行為時点での時間的場所的近接性を明確にできないカメラ置き忘れ事件のようなケースでは、「疑わしきは被告人の利益に」の立場に基づき、想定される最大限の場所的・時間的間隔を前提として占有の有無の判断が行われるため、被害者が置き忘れた場所を離れてから引き返すまでの時間や置き忘れた場所と引き返した場所との距離が判断要素となるという分析が最高裁調査官解説で示され[23]、学説も基本的に判例の判断の枠組を支持する[24]。

## Ⅳ 占有意思と管理支配性

占有の事実関係が希薄である場合に、占有の意思がこれを補充する役割を果たす場合がある。占有の意思がある場合には、他者の干渉に気づき、それを排除するなど支配の確保が可能だからである[25]。広い意味の監視というべき場合であるが、排除することが可能な時間的場所的範囲内に財物がある場合に限られる。次に、よく取りあげられるのは、後で取りに戻る意思で、公開の場所に意図的に物を置いて立ち去ったケースである[26]が、この場合も、大震災の時のように、とりあえず置いて立ち去った場合と用事を済ませてから取りに戻る予定で置いて立ち去った場合とでは違いがあるように思われる。後者のケースでは、予定を変更しなければ早く戻ることはないのに対して、前者のケースは、事態が変わればすぐにでも戻る意思が認められ、その点では、思い出せば直ちに取りに戻ることが期待される「一時置き忘れ」の場合と同じく、一刻も早く戻ろうという（潜在的）意思があるケースといえる。いずれにせよ、取りに戻るという意思が強いことが、握持等の回復可能性に直結するものでないとすれば、公開の場所に物を置き忘れて立ち去った場合と同様に、基本的に、上記のカメラ・ポシェット両事件の

---

[23] 上田哲「公園のベンチ上に置き忘れられたポシェットを領得した行為が窃盗罪に当たるとされた事例」法曹時報59巻6号（2007年）195頁以下、とくに218-220頁（最判解刑事編平成16年度354頁以下）。
[24] 山口厚「窃盗罪における占有の意義」『新判例から見た刑法（第2版）』（2008年）135頁以下。同138頁は、ポシェット事件判決が「本来の占有判断の方法である」とする。さらに、高橋・前掲注(21)も参照。
[25] 深町・前掲注(3) 73頁。
[26] 前田雅英『刑法各論（第5版）』（2011年）252頁、山口・前掲注(15) 179頁など。

判断枠組を適用できるのではないかと思われる。

　以下、客観的支配が希薄な場合における占有意思に関する裁判例を検討する。

　①大判大3・10・21（刑録20-1898）は、何人の占有にも属さない堂宇の中に安置された仏像について、所有者がその存在を意識し特にこれをその場所に置いたときは、仏像は常に所有者の占有に属するとした。所有者の意思に加えて、我国の伝統的宗教観念に照らして本件仏像は放置されていないと認めうるケースであったと解される。

　②大判大4・9・22（新聞1048-28）は、（公開の場所の事例ではないが）甲が新聞紙に包んだ紙幣を乙の店頭に置いて一時立ち去ったが、乙に包みを託した事実もなかったいう事案で、甲が包みの所在を意識しただけで占有を肯定した。しかし、「その所在を意識し、何時でもこれに対して実力支配をなす可能性を保持している」[27]ことが必要である。

　③大判大13・6・10（刑集3-473）は、関東大震災の折に、氏名不詳者が自己の布団などを公道に搬出した後、一時難を逃れるためにそこに置いたまま去ったと認定した事案で、占有を認めた。単に放棄の意思がないというだけでなく、事態が収まれば所有者が直ちに立ち戻って握持を回復したであろうという事情が必要である。大震災という特殊な事情の下では、時間的・場所的近接性が緩やかになると同時に、避難のため公道に置いた場合にも一定の管理支配性が社会的に容認されると解される。

　④最判昭23・12・24（刑集2-14-1877）は、窃盗犯人が盗んできたとみられる米5俵が自宅の入り口に並べて置いてあったので、自宅の蔵内に移して領得したという事案で、占有離脱物横領とした。窃盗犯人が一時的に置いたにすぎないという認定ができない以上、占有を否定することもやむを得ないだろう。

　⑤最決昭32・1・24（刑集11-1-270）は、海中に落とした物について、落とし主の意を受けた者が、被告人らに落下場所の位置を指示してその引き揚げを依頼したところ、被告人らがそれを発見したにもかかわらず、不発見の報告をしてこれをして持ち去ったという事案で、引き揚げの依頼者は物に対する管理支配意思と支配可能な状態を有するとして、依頼者の占有を認めた。海中に落とした物について実力支配を及ぼすことは一般に困難であるが、本件では、依頼者が指示し

---

27　中・前掲注(21) 113頁。

た場所の付近に物が現に存在しており、引き揚げ可能な状態にあったと認めうる。

⑥名古屋高判昭52・5・10（判時852-124）は、被告人は、駅構内のハイウェイバス待合室で休息していた被害者の近くの腰掛けに腰を掛けて被害者のカバンの中をのぞき見るなどしていったん待合室を出たが、被害者が約203m離れた駅構内の食堂で夕食をとるため床の上に旅行鞄を置いたまま待合室を出て行くや、これとほとんど入れ替わりに待合室に引き返してきて右旅行鞄を持ち去った事案について、窃盗罪の成立を認めた。鞄が持ち去られた時点では、まだ近辺にいた被害者の占有が及んでいたと考えることができる。

⑥福岡高判昭58・2・28（判時1083-156）の事案は次のとおりである。被害者は、市場内の酒屋の前の通路上に自転車を止めて店内で飲酒していたが、通行の邪魔になることから店員が被害者の承諾の下、同店から約17m離れた人道専用の橋に持っていき、欄干に沿って置いた。酔いが廻った被害者は、自転車に乗るのは危ないと考え、橋の上に自転車があるのを確かめた後、後で取りに戻るつもりで右自転車を無施錠のままその場に置いて約600m位離れた自宅に帰宅したところ、自転車を止めてから約14時間後の午前3時半頃、被告人がこれを領得した。福岡高裁は、右人道橋が市場に来る客の事実上の自転車置場にもなっていること、市場内の街燈や付近の24時間営業のコインランドリーの照明で人道橋上も明るく見通しの良い状況になっていること、終夜自転車が置いたままになっていることも度々あり、事件当日も別に一台駐輪してあったこと、被害者の自転車は新品で購入後1年くらいしかたっていないもので、泥よけ部分に被害者の名前がペンキで鮮明に記入され、かごの中に折りたたみ傘1本とタオルが入れたままであったこと、通行の邪魔にならないよう欄干に沿って置かれていたことなどの事情を勘案して、社会通念上被害者の占有下にあったものと認めた[28]。

本件では、持ち去った時点で被害者は現場から600m離れた自宅にいたのであり、後で戻るつもりとはいえ、酔いをさますのに時間がかかることを考えれば、被害者が握持を回復する可能性は認めがたいと思われる。次に、その場所が事実上の駐輪場として利用されていたという事情から管理支配性が社会的に承認される場合であることは考えられる。しかしながら、市場の開いている昼間であれば

---

28　佐伯＝道垣内・前掲注(10) 170-171頁。

ともかく、閉まっている夜中においては、そのような事実的支配を認めることには疑問が残る。本件は、自転車が新品で、鮮明な記名があり、かごに傘とタオルが入っていること、欄干に沿って駐輪したことなど、持ち主の取りに戻る意思が外部に客観化しており[29]、これらの事情も含めて、占有を認めることのできた限界事例といえよう。

近時、⑥と同様に、被害者が正規の自転車置場でないところに意図的に駐輪した自転車の持ち去りのケースについて、2件の東京高裁判例がある。いずれも占有を認めた原判決を破棄して、占有を否定したものである[30]。

⑦東京高判平24・4・11（東高刑時報63-1＝12-21）[31]は、被害者は、周囲に繁華街があり、自転車等の放置禁止区域に指定され、区役所職員が毎日のように放置自転車の撤去をしている歩道上の植え込み部分に、無施錠のまま自転車を置いたまま約12km余り離れた場所まで遊びに行き、約11時間後に戻ってきたところ、被害者が自転車を置いて出掛けてから約1時間後に被告人がこれを持ち去ったという事案で、本件自転車に防犯登録シールは貼られていたが、所有者の氏名等の記載はなく、また、自転車が置かれた歩道に接してコンビニエンスストアがあったが、コンビニには駐輪用の相当のスペースが用意されているなどの事情があったというものである。

原判決は、本件当日、現場に相当台数の自転車が駐輪されたと推認され、事実上の自転車置場となっていると推測され、被害者も同様の認識で後で取りに戻るつもりで一時駐輪したことから、長時間にわたる駐輪が通常想定され得る自転車の特性に照らして、社会通念上、本件自転車の占有は依然として被害者にあったと認めた。

これに対して、本判決は、放置禁止の警告板が設置され、実際にほぼ毎日撤去作業が行われていた本件現場は社会的に容認された駐輪場所とはいえず、放置自

---

29 占有を財物に対する「支配意思の客観化した状態」とするのは、西原春夫『犯罪各論（第2版）』（1983年）213頁。支配意思を表明するだけで直ちに排他的支配が確立するわけではない。「一般人の立場から見て占有者の支配意思を推測しうる状態」（同213頁）や、西田・前掲注(19) 145頁の「事実的支配の継続を推認させる客観的状況」が必要であり、これらは社会による承認を含む意味で理解されるべきである。
30 2件とも、東京高裁第3刑事部（金谷暁裁判長）の判決である。なお、金谷・前掲注(21)も参照。
31 本判決について、瓜生めぐみ「被告人が歩道上から持ち去った無施錠の自転車について、被害者の占有が問題となった事例」研修775号（2013年）637頁。

転車として撤去されるような場所に駐輪した場合を、一般の駐輪場に置いた場合と同視することはできないとした（「一般に駐輪場に置いた自転車について通常被害者の占有が認められるのは、駐輪場の管理者の占有が認められる場合でなくても、駐輪場という他の場所と区別された特定の区画内に置くことによって、被害者の当該自転車に対する支配意思が客観的に明確にされ、それが社会秩序の中に受け入れられているといえるからである」とする。）。さらに本判決は、被害者は、直線距離で約12kmも離れた遠方まで遊びに行き、相当長時間戻らないつもりで本件現場に無施錠のまま本件自転車を置いたのであり、（約1時間後の）被告人がこれを持ち去った時点では、占有が失われていることは明らかであるとした。

　被害者が本件現場を駐輪場代わりとして利用する意思で自転車を置いたとしても、放置自転車として撤去されるという事情をふまえると、被害者の管理支配を認めることは困難である。判決の指摘するように、駐輪場として利用されている実態だけで管理支配性が肯定されるのではなく、駐輪場としての利用が社会的な合意といえるかという規範的観点からの検討も必要である。また、本件自転車と被害者の時間的・場所的離隔を考えれば、握持を回復することも困難であると思われ、いずれの点でも占有を否定した結論は妥当と思われる。なお、無施錠という事情は、それだけで占有を否定するものではないが、通常、無施錠で置くのは用事を済ませてすぐに戻るつもりの場合であるから、本事案のような場合には被害者の占有の意思が希薄なことをうかがわせる事情として考慮されよう。

　⑧東京高判平24・10・17（東高刑時報63-1＝12-211）[32]は、被害者が、駅近くの空き地に無施錠のまま自転車を止めて、同駅から電車に乗って登校し、同空き地に戻ることなく祖母の家に行き、結局4日後の夕方ごろに空き地に取りに戻ったが、被害者が自転車を置いてから約半日ほど経過した時点で被告人が同自転車を持ち去ったという事案で、持ち去り行為が行われた頃、被害者は鉄道を利用して移動した上、相当離れた場所にいたと認められ、また、本件空き地は、駅付近の有料の自転車駐輪場である建物の敷地の一部であるが、本件空き地自体は駐輪場施設ではなく、事実上の駐輪場として利用されていたという状況もうかがわれないというものであった。

---

32　本判決について、山田由光「刑事判例研究〔446〕」警察学論集66巻9号（2013年）175頁以下。さらに、瓜生・前掲注(31) 115頁以下。

本判決は、被告人が本件自転車を持ち去った時点において、被害者は、本件空き地から遠く離れて、相当長時間にわたって、本件自転車を管理することが可能な範囲内にいなかった上、本件自転車に対する所有者等の支配意思をうかがわせる状況もなかったことから、被告人が持ち去った自転車は、被害者の占有下にあったとは認められないとした。

　検察官は、「自転車の乗り物としての性格からすると、所有者はしばしばこれを路上に駐輪して自転車から離れ、再び自転車を取りに戻るまでは現実の握持や監視は行われていないのが通常の利用形態であり、所有者が自転車から離れている間においても所有者による支配が一般人により尊重されていることから、所有者が自転車から離れていてもその占有は失われていないと解すべきであり、本件においても、本件自転車は、前輪側を建物に向け、後輪側を道路に向けて駐輪されており、自転車の使用者によって意識的に駐輪され、占有の意思が留保されていることが外形上明らかであったから、本件自転車に対する被害者の占有は失われていなかった」旨主張したが、本判決は、「無施錠のまま路上等に置かれた自転車についてその所有者等の占有が一般に認められるのは、無施錠であることと相まって、当該自転車が一時的に置かれたもので所有者等がその付近で活動するなどしており、必要に応じて容易に自ら自転車を現実に管理することが可能な状況にあることが想定されるからであって、本件のように、所有者等が、無施錠のまま、長時間にわたり、自ら当該自転車を管理することが不可能な遠方まで出掛けている場合には、占有を認めるべき上記のような客観的事情が存在しない上、その場合の駐輪状況は、第3者に窃取された自転車が遺棄されている状況と何ら異なるところはないのであるから、無施錠の自転車は他人においてこれを容易に持ち去ることができることをも併せ考えると、そのような場合にまで無施錠のまま路上等に置かれた自転車に対する所有者等の占有を認めることはできない。」として、検察官の主張を排斥した。

　本事件では、空き地に停めてあった被害者の自転車を被告人が持ち去った頃、被害者は空き地から相当遠い距離に移動しており、握持を回復する可能性がなかったこと、当該空き地が事実上の駐輪場として利用されている実態もなく、管理支配性を社会的に承認する事情もないことから、占有を否定した本判決は妥当と思われる。

　以上みたように、占有の事実関係が希薄な場合に占有意思がこれを補充すると

いっても、さまざまなケースが考えられ、占有意思の内容も一様ではない。裁判例⑦が指摘するように、被害者が意図的に公開の場所に物を置いたとしても、その意図にそった場所の利用が社会的に承認される管理形態といえるかについての規範的判断に服するのである。

## V　占有と利用過程

　Ⅱ章の最後のところで取り上げた、被害者の利用意思を重視する見解について若干の検討を行う。この説は、被害者による財物利用過程に着目して占有を考える（以下、便宜上「利用過程説」と呼ぶ。）。趣旨を正確に伝えるため、長くなるが引用する。「窃盗罪処罰による保護に値するのは、基本的に〈財物の存在する場所・状態が、被害者の立場から見て、その利用過程に即している〉という場合である。なぜなら、このような場合には、当該財物は被害者の（意図的、あるいは、通常の）利用過程に組み入れられており、被害者自身としてもそのことを前提にして行動・生活している。そのため、奪取された場合に受ける被害の程度が大きいと考えられるからである。これに対して、右のような場所・状態にない財物の場合には、そもそも奪取される以前の段階で、すでに、被害者による利用過程からはずれている。そのため、このような場所における奪取は、財物を利用過程から離脱させるという意味までをもつわけではない。単に、すでに、存在している離脱の状況を変更する、という意味をもつにすぎない。この点で、利用過程に組み入れられている財物が奪取される場合とくらべれば、犯罪行為によって被害者が現実に受ける利益侵害の内容・実態に違いがあると考えられるのである。」[33]。

　利用過程説によると、利用意図としての占有意思が認められれば、被害者の立場から見て利用過程内に財物が組み入れられていることになり、基本的に、財物に対する占有が肯定されることになる。したがって、被害者が意図的に物を置いたケースをはじめ、かなり広範に占有が肯定されよう。例えば、Ⅳ章で挙げた裁判例のうち、自転車を意図的に置いて立ち去った⑥、⑦、⑧のいずれのケースにおいても、被害者はその場所を駐輪場として利用していたのであるから、それだけで占有が認められることになる。もちろん、その場合に常に窃盗罪が成立する

---

33　鈴木・前掲注（6）159頁。

わけではなく、通説が占有の客観的要素としている実力支配に関する事情はすべて、被告人の故意を認定する事情になるとされ、錯誤論のレベル（占有離脱物横領の故意で窃盗の事実を実現した事例についての抽象的事実の錯誤の処理）で調整がなされるのであるが、本説の立場において、はたして故意で絞ることができるか疑問がある。例えば、駅の構内の人通りの多い通路で、朝、私人が駅管理者に無断で募金箱を設置し、夜に回収するつもりで立ち去った場合、これを駅が設置した募金箱と思って持ち去る行為にも窃盗罪が成立してしまうのであろうか。

　占有制度が物の利用を保護する機能を営むとしても、利用意思があればつねに占有を認めるのは妥当ではなく、従来の理解の通り、支配領域内での利用の可能性にとどめるべきではないかと思われる。

# 強盗罪における不作為の暴行・脅迫

芥 川 正 洋

I　はじめに
II　検討の視座
III　不作為による暴行・脅迫の可能性
IV　具体的事例へのあてはめ
V　おわりに

## I　はじめに

　財物奪取以外の目的で暴行・脅迫を加えたところ、相手方が反抗を抑圧されたので、これに乗じて財物を奪った場合、強盗罪が成立するか。この反抗抑圧後の財物奪取の意思の事例では、周知のように、強盗罪の成立を認める立場（新たな暴行・脅迫不要説）と認めない立場（新たな暴行・脅迫必要説）が、かつて鋭く対立していた。野村教授は、1970年代に西原博士と共著でこの問題について分析を加えている[1]。当時も新たな暴行・脅迫必要説を主張する論者が少なくなかったが[2]、新たな暴行・脅迫不要説も有力に主張されていた[3]。その中で、野村教授は広範な判例・裁判例の分析を通じ、前者の立場を主張された[4]。

---

[1]　西原春夫＝野村稔「暴行・脅迫後に財物奪取の意思を生じた場合と強盗罪の成否」判例タイムズ329号（1976年）22頁以下。
[2]　たとえば、小野清一郎＝末川博編『新版 刑法 ポケット注釈全書（1）』（1960年）491頁〔伊達秋雄〕、大塚仁『刑法各論 上巻』（1968年）362-363頁、山火正則「強取の手段としての暴行・脅迫」法学セミナー219号（1974年）107頁など。
[3]　このような立場を最も積極的に主張したのは、藤木英雄である（団藤重光編『注釈刑法（6）各則（4）』（1966年）95-96頁〔藤木英雄〕、藤木英雄『新版 刑法演習講座』（1970年）403-404頁、藤木英雄『刑法講義 各論』（1976年）294頁、302-303頁。以下、藤木の見解については、原則として最後者を引く）。藤木以外にも、同時期に新たな暴行・脅迫不要説の主張として、たとえば、黒木忍「判批」判例時報682号（1972年）135頁、萩原玉味「判批」昭和48年度重要判例解説（1974年）141頁、福田平ほか編『刑法（4）各論II』（1974年）47頁〔高窪貞人〕など）。
[4]　西原＝野村・前掲注（1）35頁。

今日では、新たな暴行・脅迫必要説が通説と評され、実務もほぼこれに従っているとされる[5]。そして、ここで強盗罪の成立に必要とされる暴行・脅迫の意義については、概ね、次のような了解がある。つまり、行為者が財物奪取以外の目的で暴行などを加えた相手方は、その後、それ自体としては程度の軽い些細な行為であっても、反抗を抑圧されがちである。それゆえ、既に反抗を抑圧されている相手方に対しては、このような些細な行為であっても反抗を抑圧するに足る程度とされ、強盗罪が認められる場合がある。この理解に基づき、実務は、軽微な言動が反抗を抑圧するに足る程度の脅迫であるとし、強盗罪を肯定したり[6]、また、学説からも、現場に滞留すること自体が反抗を抑圧するに足る程度の脅迫であるとの主張がなされたりしている[7]。しかし、既に指摘されているように、このような理解には疑問がある。つまり、通説は、少なくとも強盗既遂罪の要件として、相手方の反抗を抑圧することを要求しているが、既に反抗を抑圧されている相手方に対し、些細な「暴行・脅迫」を加えたところで、その「暴行・脅迫」が反抗を抑圧したと理解することはできない、ということである[8]。そうだとすれば、このような反抗抑圧後の財物奪取の意思の事例では、相手方の反抗を抑圧するに足る程度の暴行・脅迫は観念できず、それ故に、強盗罪は成立しないのか[9]。

## II　検討の視座

野村教授は、この問題について、解決の示唆を与えている。野村教授は、反抗抑圧後であれば些細な行為であっても、強盗罪が成立する場合があることを次のように説明する。「自らが行った暴行・脅迫行為（先行行為）によって惹起した被害者の畏怖した状態をあえて利用する意思でそのまま放置する態度に出た（不作

---

5　たとえば、西田典之『刑法各論〔第6版〕』（2012年）172-173頁、高橋則夫『刑法各論〔第2版〕』（2014年）266-269頁、山口厚『刑法各論 第2版』（2010年）221-222頁。
6　福島地判昭和38年2月12日下刑集5巻1＝2号88頁（「時計をよこせ」と申し向けることが脅迫行為）、東京高判昭和48年3月26日高刑集26巻1号85頁（「金はどこにあるのだ」などと申し向けつつ背広内ポケットに手を入れることが脅迫行為）。
7　山火・前掲注（2）107頁。
8　森永真綱「強盗罪における反抗抑圧後の領得意思──新たな暴行・脅迫必要説の批判的検討」甲南法学51巻3号（2011年）143頁以下。
9　以上につき、拙稿「強盗罪における暴行・脅迫の判断構造」早稲田大学大学院法研論集145号（2013年）1頁以下も参照されたい。

為)」こそが、被害者の反抗抑圧状態を考慮して些細な行為に強盗罪の構成要件該当性を肯定することが許される根拠である、と[10]。反抗抑圧後の財物奪取の意思の事例での強盗罪の実行行為は「作為と不作為の複合形態と解するべき」と指摘される[11]。野村教授はこのように些細な行為であっても反抗を抑圧するに足る程度の暴行・脅迫と理解する根拠として、不作為に言及されるが、この理解を貫徹すれば、そもそも不作為の暴行・脅迫を強盗罪における暴行・脅迫と理解することが可能ではなかろうか。そして、このような理解をして初めて、反抗抑圧後の財物奪取の意思の事例について、適当な解決が導かれるのではなかろうか。すなわち、反抗抑圧状態を放置した不作為こそが反抗抑圧状態を引き起こしたと理解できるのではないか。反抗抑圧後の財物奪取の意思の事例で、財物奪取の意思を抱いた時点の不作為が「反抗を抑圧するに足る程度の暴行・脅迫」と考えることで、問題を克服できないか。

不作為の暴行・脅迫は、果たして観念でき、それが強盗罪の構成要件を充足しうるか。これを検討する[12]。

## Ⅲ 不作為による暴行・脅迫の可能性

### 1 他の規定との関係

反抗抑圧後の財物奪取の意思の事例で、強盗罪の成立が認められない根拠として、178条（準強姦・強制わいせつ罪）に対応する規定の不存在が指摘されることがある[13]。仮に、反抗抑圧状態に乗じた奪取が行われた場合に、立法者が強盗罪を

---

10 西原＝野村・前掲注（1）35頁。
11 西原＝野村・前掲注（1）35頁。
12 ドイツでは、不作為の暴行・脅迫（強要行為）による強盗罪の成立を認める見解が有力である。ドイツにおける議論状況について、拙稿「不作為の暴行による強盗罪の成否〔BGH, Urteil vom 15. 10. 2003──2 StR 283/03, BGHSt 48, 365〕」早稲田法学87巻1号（2011年）175頁以下参照。なお、BGH Urt. v. 15. 10. 2003は、不作為の暴行による強盗罪の成立可能性を肯定したが、その後の判例は、このような構成には謙抑的であるともみうる。たとえば、反抗抑圧後の財物奪取の意思の事案であるBGH, Beschl. v. 21. 3. 2006, NStZ 2006, 508では、「奪取の目的なく行われた暴行の効果を……行為者が利用したという事情だけでは強盗罪は成立しない」とするのみで、不作為の暴行の可能性は検討されていない。
13 たとえば、前田雅英『刑法各論講義 第5版』（2011年）289頁、須之内克彦『刑法概説各論』（2011年）136頁。なお、ドイツにおいても類似の問題が指摘される。ドイツ刑法典177条1項〔性行為の強要の罪〕は、暴行を手段とした場合（1号）、生命・身体に対する現在の危険を及ぼす旨を内容とした脅迫を手段とした場合（2号）と並んで、3号で「被害者が、行為者の影響下に無援

認めるという立場をとっているとすれば、強盗罪についても、178条に相当するような規定を設けたはずであり、このような規定を欠いていることが、反抗抑圧後の財物奪取の意思の事例で強盗罪を認めるべきではないとする立法者の意思を示していることになろう。更に近時、このような規定の存在／不存在の合理的な根拠として、仮に178条が存在しなければ抗拒困難状態に乗じた姦淫・わいせつ行為は、せいぜい暴行罪の限度で処罰せざるをえなく、性的自由に対する侵害が十分に評価されない一方で、反抗抑圧後の財物奪取行為について強盗罪を認めなくとも窃盗罪の成立は肯定でき、十分に重い処罰を期待できることが指摘される[14]。

　しかし、178条が適用される領域と、反抗抑圧後の財物奪取の意思の事例で、不作為の暴行・脅迫が問題となる領域は異なっている。178条は、抗拒困難状態が解消不可能な場合であっても、行為者と無関係に生じた場合であっても適用が認められている[15]。ここでは、抗拒困難状態を解消しなかったこと・解消義務違反は全く問題とはならない。これに対し、反抗抑圧後の財物奪取の意思の事例において、不作為の暴行・脅迫が考えうるとすれば、それは不作為犯の一般原理に服するべきである。少なくとも結果回避が可能で、作為義務が認められる必要がある。つまり、不作為の暴行・脅迫による強盗罪が考えられる場合とは、反抗抑圧状態が解消可能であり、且つ、行為者がこれの解消を内容とする作為義務を有する場合のみである。178条が、このような不作為犯成立の要件を前提としない[16]以上、178条に相応する規定の不存在からは、反抗抑圧状態の解消可能性・解消義務がある場合に不作為の暴行・脅迫による強盗罪の成立を認めないという

---

状態で引き渡された状態に乗じることにより、その者に対する行為者の若しくは第三者の性行為を甘受するように、又は、行為者に若しくは第三者に対して性行為を行うように他の者を強要した者は、1年以上の自由刑に処する」とし規定（訳は、法務省大臣官房司法法制部編『ドイツ刑法典』（2007年）に依った。以下、ドイツ刑法典の訳については同様である）し、このような無援状態の利用の場合も、性行為の強要の罪とする。この3号のような規定が249条〔強盗罪〕には欠けることから、反抗抑圧状態に乗じた場合には、強盗罪が成立しないとする（z. B., *Johannes Wessels/ Thomas Hillenkamp*, Strafrecht Besonderer Teil 2, 37. Aufl., 2014, §7 Rn. 364.）

14　内山良雄「法益主体（行為客体）側の事情による実行行為の相対化——手段としての暴行・脅迫行為を中心に——」『川端博先生古稀記念論文集〔下巻〕』（2014年）170頁。

15　大塚仁ほか編『大コンメンタール刑法〔第3版〕第9巻』（2013年）82頁〔亀山継夫＝河村博〕参照。

16　本文のような理解からは、理論的には、強姦罪・強制わいせつ罪においても、抗拒困難状態につき解消義務が肯定される場合には、178条〔準強姦・強制わいせつ罪〕ではなく、176条〔強制わいせつ罪〕・177条〔強姦罪〕の成立を認めるべきことになる。もっとも、178条の適用が認められる場合に、検察官が（より立証負担の大きい）176条・177条の適用を主張することには意味がない。

ことが必然的には帰結しない[17]。

　また、窃盗罪として評価さえすれば、十分な処罰が期待できるかも疑問がある。反抗抑圧状態下での窃盗行為それだけを取り出して評価すれば、ここには被害者の反抗が抑圧されている状態ゆえに、奪取行為に駆り立てる誘惑的要素があることが否定できない[18]。このような責任減軽的に働く要素は窃盗行為の評価の際に考慮される。窃盗罪を適用したとしても、その量刑において常に十分に適切な処罰が実現可能かについては疑問がある。行為者により抵抗可能性が排除された下で、奪取が行われたことを評価し、強盗罪の成立を認めるべき場合もあるだろう。

　したがって、178条に相応する規定の不存在からは、反抗抑圧後の財物奪取の意思の事例で、強盗罪の成立を一律に排除することは導かれない。この限りで刑法は不作為の暴行・脅迫が手段となる強盗罪の成立を必ずしも排除していない。

## 2　強盗罪の不法内容

　しかし、準強姦・強制わいせつ罪との関係において不作為の暴行・脅迫が手段となることが排除されないとしても、強盗罪規定それ自体の解釈として、作為義務を肯定できるかは別問題である。強盗罪規定から、反抗抑圧状態を解消する義務は導かれるか。

　これは、ドイツでは暴行概念が結果を含むかという形で議論されている。ドイツ刑法典13条１項は、「刑法典の構成要件に属する結果を回避するのを怠った者は、結果の不発生について法的に義務を負い、かつ、不作為が作為による法定構成要件の実現に相応する場合に限り、この法律によって罰せられる」と規定する。不作為の可罰性の前提として、「構成要件に属する結果」が必要となる。そ

---

17　森永・前掲注（８）150頁。
18　Vgl. *Ralph Ingelfinger*, Fortdauernde Zwangslagen als Raubmittel――Zur Finalität von Nötigungshandlung und Wegnahme im Rahmen des § 249 StGB――, in: Festschrift für Wilfried Küper 70. Geburtstag, 2007, S. 205. また、嶋矢貴之「強盗罪と恐喝罪の区別――恐喝罪の研究による強盗罪要件の再構成」『山口厚先生献呈論文集』（2014年）273頁（これは直接には私見（拙稿「強盗罪における暴行・脅迫と財物奪取の意思――『新たな暴行・脅迫必要説』の再検討――」早稲田大学大学院法研論集143号（2012年）17-18頁）に対する批判である。他日の検討を期したい）も参照。このような事情は、不作為による暴行・脅迫という構成で強盗罪の成立を認める場合には、量刑事情として考慮しうるだろう（なお、森永・前掲注（８）154-155頁は、（新たな暴行・脅迫不要説の立場から）強盗罪関連規定の法定刑の見直しを提言する）。

れゆえ、このような結果が概念上含まれていない暴行は、不作為による実現が不可能ではないか、という主張がなされている[19]。ドイツの通説・判例は、強盗既遂罪の成立に反抗抑圧状態（Zwangslage）の惹起は不要とし、行為者が財物奪取を容易にするに適したと考えた暴行・脅迫が行われ、奪取に成功すれば、それが相手方の意識に反映しようとしまいと強盗既遂罪を認めている[20]。このような理論状況にあっては、強盗罪における暴行を、侵害結果を含まない概念として理解することも一定の説得力を持ってこよう。

しかし、わが国の通説は、強盗既遂罪の成立には、反抗抑圧状態の惹起を必要としている。そして、これに対応し、強盗罪における暴行・脅迫は反抗を抑圧するに足る程度のものを要求する。明示的にではないものの、通説も、このような反抗抑圧状態が強盗罪の不法内容を構成すると考えているように思われる[21]。このように強盗罪は、奪取に反抗する自由を保護するものであり、自由の侵害は構成要件的（中間）結果である[22]とすれば、自由が侵害されそうなとき、それを回避するために作為義務を課す余地はある。

## 3 反抗抑圧状態の解消義務違反の「暴行・脅迫」該当性

### （1） 2つの類型：不阻止と不解消

強盗罪は、反抗抑圧状態という不法内容の発生を要求する侵害犯であり、自由侵害という結果の発生を回避する作為義務が、強盗罪規定から導かれうるとしても、このことと、この義務に対する違反が「暴行又は脅迫」に該当するかは別問題である。

「暴行」は、不作為によって実現可能だろうか。この点について、ドイツの議論が参考になる。Urs Kindhäuser は、2つの不作為態様を区別する[23]。①第三者が被害者に対し暴行を加えようとしているのを義務に反して、阻止しなかった場合（不阻止型）と、②既に反抗が抑圧されている被害者について、義務に反して

---

19　Jan C. Joerden, „Mieterrücken" im Hotel - BGHSt 32, 88, JuS 1985, S. 27.
20　詳細については、拙稿「強盗罪における反抗抑圧状態の機能——強盗既遂罪の成否——」早稲田大学大学院法研論集140号（2011年）10頁以下。
21　近時、このような自由侵害の側面を指摘するものに、内山良雄「強盗罪」曽根威彦＝松原芳博編『重点課題 刑法各論』（2008年）108頁。
22　拙稿・前掲注(20) 19-21頁
23　Urs Kindhäuser, NomosKommentar Strafgeztbuch Band 3, 4. Aufl., 2013, §249 Rn. 24f..

その反抗抑圧状態を解消しなかった場合（不解消型）の二つである。そして、Kindhäuser は、強盗罪の暴行・脅迫[24]は、原則として不作為による実現が可能であるとしつつも、①不阻止型の不作為についてのみ、強盗罪の成立がありうるというのである[25]。わが国では、このような犯罪不阻止について、作為義務違反があったとしても、原則として幇助犯にとどまるとの理解が有力であり[26]、①不阻止型の不作為の事例においては、「暴行」行為が行われたとすることは難しい。しかし、動物の行為が行われた場合、たとえば、①′散歩中に飼い犬が通行人に襲いかかろうとするそぶりを見せたが、リードを引けばそれを制することができたにもかかわらず、これを放置したというとき、「リードを引かなかったこと」を「暴行」罪として処罰することは適当だろう。飼い犬をけしかけて他人を襲わせる場合[27]と、①′の場合に、差はないというべきである[28]。

このように不阻止型の不作為によって「暴行」は実現可能であるとすると、問題は、次のように言い換えることができる。つまり、不作為による暴行が一切観念され得ないのではなく、既に生じている結果を解消しない（不解消型）の不作為は暴行として認めるべきではない、ということである。同様のことは脅迫にも当てはまろう。不阻止型の不作為の脅迫は観念しうる[29]が、不解消型の不作為は

---

24 ドイツ刑法典249条は、「人に対する暴行を用い、又は、身体若しくは生命に対し現在の危険を及ぼす旨の脅迫を用いて、違法に自ら領得し又は第三者に領得させる目的で、他人の動産を他の者から奪取した者は、1年以上の自由刑に処する。」と規定する。
25 *Kindhäuser*, a. a. O. (Fn. 23), Rn. 25. 不解消型の不作為について強盗罪の成立が認められない理由は、反抗抑圧状態が解消不可能である場合に不作為の暴行が認められず、適当な結論が得られないことによる（a. a. O. Rn. 24）。なお、この点については、後述Ⅳ1を参照。
26 たとえば、山口厚『刑法総論 第2版』(2007年) 361-362頁。判例も、犯罪阻止義務に違反した場合には、幇助犯の成立を認める（札幌高判平成12年3月16日判時1711号170頁、大阪高判昭和62年10月2日判タ675号246頁など）。ただし、近時、東京高判平成20年10月6日判タ1309号292頁は、「現場に同行し、実行行為を行わなかった者について共同正犯としての責任を追及するには、その者について不作為犯が成立するか否かを検討し、その成立が認められる場合には、他の作為犯との意思の連絡による共同正犯の成立を認めるほうが、事案にふさわしい場合があるというべきである。」と判示する。
27 軽犯罪法1条30号前段違反の罪〔動物使そう罪：「人畜に対して犬その他の動物をけしかけ……た者〕は、犬その他の動物が人（又は家畜）に対して現に攻撃に出なくとも成立し、暴行罪が成立する場合、動物使そう罪は暴行罪に吸収されると解されている（稲田輝明＝木谷明「軽犯罪法」平野龍一ほか編『注解特別刑法 第7巻 風俗・軽犯罪編〔第2版〕』(1988年) 139-141頁、伊藤榮樹（勝丸充啓改訂）『軽犯罪法〔新装第2版〕』(2013年) 205-207頁）。
28 *Wolfgang Mitsch*, Strachrecht Besonderer Teil 2, 2. Aufl., 2003, § 3 Rn. 27. なお、山中敬一「不作為犯の正犯と共犯——基本思想から考察および区別基準の展開——」『川端博先生古稀記念論文集〔上巻〕』(2014年) 665頁注(2) も参照。

果たして脅迫たりうるか。

### （2）反抗抑圧状態の「惹起」

不阻止と不解消の差異は、反抗抑圧後の財物奪取の意思の事例で、我が国でもすでに指摘されている。つまり、反抗抑圧状態を解消しない不作為には「惹起」性が認められない、という指摘である[30]。①′は、リードを引かなかったことで、はじめて反抗抑圧状態が生じうるから、この不作為により反抗抑圧状態を「惹起」したといいうる。これに対し、②は、不作為の態度に出た時点で、既に反抗抑圧状態が生じているから、不作為により状態を惹起したとはいえない。同じく不作為であっても、この相違故に、一方では、暴行・脅迫は観念されえ、他方ではされえないのか。

しかし、ここで「既に反抗抑圧状態が生じている」という理解は正当だろうか。反抗抑圧状態は、財物奪取に反抗する自由が奪われている状態である。自由という法益は、その時どきにおいて別個に保護に値する[31]。そうだとすると、既に自由侵害が生じているからといって、それ以降の自由をも保護に値しないとすることは、できない。つまり、反抗抑圧後の財物奪取の意思の事例に引き戻せば、財物奪取の意思を生じた時点で相手方が反抗を抑圧されているからといって、作為義務を果たせば解消できる将来の反抗抑圧状態は、別個に不法評価をしうる。これは、（作為義務に反して）不作為の態度に出ることで、はじめて生じた不法である。行為者の不作為により惹起された自由侵害として理解すべきである。「既に反抗抑圧状態が生じている」と見うる場合であっても、いわば将来の反抗抑圧状態は不作為により「惹起」されたと把握できる。

このように理解すれば、すでに生じている反抗抑圧状態を解消しない不作為は、反抗抑圧状態を惹起する暴行・脅迫と把握することが可能である。暴行・脅迫という概念が、不作為を否定するものではないし、かつ、反抗抑圧状態を惹起

---

29　町野朔『犯罪各論の現在』（1996年）155-6頁参照。第三者が介在しない場合としては、たとえば、FAXなどで脅迫文言が送信されようとしているのを容易にとめることができたにもかかわらず、これをとめなかった場合などが考えられる。

30　たとえば、酒井安行「暴行・脅迫後の財物奪取」阿部純二ほか編『刑法基本講座〈第5巻〉——財産犯論』（1993年）109頁。伊藤渉「強盗罪」法学教室292号（2005年）84頁も参照。

31　たとえば、山口・前掲注(26) 48頁は、監禁罪につき「場所的移動の自由が……侵害され続けている間継続的に成立し続けるが、それは構成要件要素である場所的移動の自由の侵害が（刻一刻の侵害が同等の侵害性を備えたものであるため）持続的に肯定され」るとする。このような理解は、反抗抑圧状態という自由が侵害され続けている場合にも妥当すると思われる。

する不作為の暴行・脅迫が可能であるとすれば、問題は、そのような暴行・脅迫が強盗罪の構成要件に該当するかということである。この問題は、作為による暴行・脅迫を手段とする場合と、反抗抑圧状態の不解消という不作為を手段とする場合との同価値性の問題として把握できよう[32]。

### （3）作為義務違反と作為の要求

反抗抑圧後の財物奪取の意思の事例において、反抗抑圧状態を解消しない不作為の存在に言及する野村教授は、この不作為（作為義務違反）と共に、作為による暴行・脅迫を強盗罪成立の要件とする[33]。ここには、不作為の暴行・脅迫を手段とした財物奪取がありうるとしても、これは作為による暴行・脅迫を手段とした強盗とは同価値ではない、とする考えを見て取ることができよう。不作為の暴行・脅迫は、作為との同価値性を単独で獲得することはできず、更に作為による暴行・脅迫があって初めて同価値性を獲得しうると[34]。

不作為と作為が同価値でありうることは、不真正不作為犯が一般に肯定されていることから認められる。問題は、どのような場合にこの同価値性が肯定されるかである。これに対して、（作為義務違反に加えて）作為がなければ同価値ではないとするのであれば、問いに対する答えとしては不十分である。

なぜ一般的には不作為と作為が同価値でありうるにもかかわらず、不作為の暴行・脅迫が財物奪取の手段となる場合には、作為の暴行・脅迫が手段となる場合との同価値性が肯定しえないか。強盗罪の成否が問題となる場合に（のみ）、いかなる考慮が同価値性判断に働き、これを否定に導くか。強盗罪の構造に即した実質的な検討が必要となる。

### （4）財物奪取のための「障害の克服」

強盗罪における暴行・脅迫は、財物奪取の手段として規定されている。そこから、強盗罪特有の暴行・脅迫の要件として「財物取得のための障害の克服」という観点が示される[35]。そして、このような「障害を克服」するという特殊性が反

---

[32] たとえば、酒井・前掲注（30）109頁、松原芳博「強盗罪・その1」法学セミナー697号（2013年）112頁。なお、佐伯仁志「強盗罪（2）」法学教室370号（2011年）84頁も参照。ドイツにおいては、Ingelfinger, a. a. O. (Fn. 18), S. 205も、問題の核心はドイツ刑法典13条1項にいう「作為の犯罪実現との相応」にあると指摘する。

[33] 西原＝野村・前掲注（1）35頁。なお、佐伯・前掲注（32）84頁も同旨と解されよう。

[34] 不作為犯論内部において同価値性の位置づけの如何によらず、およそ同価値性を要求する以上、この問題が生じよう。

[35] 冨髙彩「強盗罪における不作為構成（2・完）」上智法学論集54巻3=4号（2011年）83頁。

抗抑圧状態の不解消には見られず、強盗罪が成立しないとの帰結に至りうる[36]。強盗罪における暴行・脅迫は、「障害を克服する」ものであることが必要とされるから、反抗抑圧状態の不解消が「暴行」「脅迫」という文言に該当するとしても、障害を克服するものたりえないとすれば、強盗罪を構成することはないこととなる。

　暴行・脅迫が「障害を克服」したかという判断は、その暴行・脅迫がなければ相手方は財物奪取の障害たりえたかという判断となろう[37]。とすれば、反抗抑圧状態の不解消が「障害を克服」したかという判断についても、その不解消がなければ、相手方は財物奪取の障害たりえたか、と判断することになる。反抗抑圧状態を解消する作為を行為者が行えば、相手方は奪取に対して抵抗することができたであろう。反抗抑圧状態を解消することで、相手方は奪取に対して抵抗しえたとすれば、その不解消は相手方の抵抗可能性を奪う行為であり、まさしく、「障害を克服する」手段であったといいうる。財物奪取のために「障害を克服する」という強盗罪の暴行・脅迫に特有の性質は、不作為にも認められる。

**（5）生命・身体に対する危険**

　もっとも、このような「障害を克服する」手段としての暴行・脅迫を要求する実質的な根拠は、そのような暴行・脅迫が、往々にして、苛烈なものとなり、それゆえに、相手方の生命や身体に対する危険が生じがちであるというところにも求められている[38]。このような強盗罪の暴行・脅迫が生命や身体に対する危険を有するという性質から、不作為は同価値性を充たしえないとして、不作為の暴行・脅迫による強盗罪の実現を排除できるか。

　同価値性の肯否を検討するのであれば、前提として、強盗罪とはいかなる犯罪であるか、ということが検討されなければならない。生命・身体に対する危険が

---

36　冨高・前掲注(35) 87頁。ドイツにおける同様の指摘として、z. B., *Ingelfinger*, a. a. O. (Fn. 18), S. 205f..
37　冨高・前掲注(35) 83頁は、この「障害の克服」の要件を「暴行・脅迫が、財物の取得を因果的に促進したこと、暴行・脅迫と奪取の間に、客観的因果関係が必要とされるということ」とする。
38　冨高・前掲注(35) 82-83頁もこの要件を課す。なお、松尾誠紀「共犯者を介して有する心理的・物理的因果は強盗構成要件を充足するか——強盗罪にいう『強取』の意義をめぐる一断面——」法と政治58巻1号（2007頁）91頁は、このような危険を及ぼしてまで奪取を行うという「財産犯としての悪質性」を指摘する。島岡まな「暴行・脅迫後の領得意思」西田典之ほか編『新・法律学の争点シリーズ　2　刑法の争点』(2007年) 175頁も同趣旨か。悪質か否かは、不法に関連づけられるべきとすれば、悪質性の論証は本文のように法益侵害の危険性に関連づけられなければならない（この点につき、拙稿・前掲注(18) 15頁以下）。

強盗罪の要素であるという理解は、暴行・脅迫という手段が法定されていることと親和的である。強盗罪が「生命・身体に対して類型的に危険な手段による財産犯を重く処罰している」との理解[39]が示されることがあるが、強盗罪規定をこのように理解するとき、不作為による暴行・脅迫では、同価値性を肯定し難い[40]。なるほど、結果的加重犯としての強盗致死傷罪が定められていることからも明らかなように、強盗の多くは、暴力を用いたり、凶器を示したりし、生命・身体に対する危険が発生していることは想像に難くない。しかし、実務では、真正の拳銃と擬して玩具の拳銃を突きつける行為[41]や、脅迫的な言辞と共に爆発物様の物の呈示する行為[42]、更には、凶器などを示すことなく「金を出せ」と鋭く申し向ける行為[43]などについて、強盗罪にいう「脅迫」に該当するとしている[44]。判例は、「236条……の脅迫手段としては他人を畏怖せしむ可き害悪の通知あるのみを以て足り加害者が現実其通知したる害悪を加ふるの能力を具有するや否やは脅迫手段の成立に何等の影響を及ぼすことなし」[45]とするが、告知された害悪が加えられる可能性がない脅迫手段が用いられた場合にまで、生命・身体に危害が及ぶ類型的危険性を肯定するとすれば、そこで必要とされる危険性は非常に低いものとなろう。たとえば、行為者が計画を変更し、玩具の拳銃や爆発物様の物で殴りつけるなどは考えられるかもしれない。このような危険性で足りるとすれば、これは不作為の暴行・脅迫の場合であっても、同様に肯定することができる[46]。

---

39 松原・前掲注(32) 110頁。
40 ただし、反抗抑圧状態を放置することが、生命・身体に対する危険を全く生じさせないとすることはできない。自由を奪う犯罪である監禁罪には、結果的加重犯として監禁致死罪が設けられているように、自由を奪う場合も、生命・身体に対する危険が生じる。この点につき、神元隆賢「判批」北海学園大学法学研究49巻2号（2013年）510頁（強度の緊縛であれば血行障害などが生じる旨を指摘する）。
41 東京高判昭和32年8月26日高刑裁特4巻16号416頁、東京地判昭57年9月17日判タ482号169頁。
42 さいたま地判平成13年9月28日 LEX/DB 28075395。
43 東京高判昭和62年9月14日判時1266号149頁。ただし、振津隆行「判批」『法学教室増刊 判例セレクト'86〜'00』（2002年）394頁は強盗罪の成立を疑問とする。なお、大谷實「批判」法学セミナー404号（1988年）116頁も参照。
44 このような実務の動向に疑問を呈するものとして、嶋矢・前掲注(18) 349-351頁。
45 大判明治43年4月22日刑録16輯718頁（仮名遣いを改めた）。
46 脅迫を手段とした場合の強盗罪の人身犯的側面について、嶋矢・前掲注(18) 337頁以下は、行為者と被害者の（原則として両者が現場に存在することによる）対立衝突状況から生じる危険性と把握する。これは、窃盗犯人の現場からの離脱の強い動機付けと、被害者等の追及の動機付けの対立衝突状況からの生命・身体への高度の危険から人身保護を図る規定で（も）あると理解する事後強盗罪との統一的理解（論者の事後強盗罪の理解について、同「判批」ジュリスト1247号（2003年）167頁、同「判批」刑事法ジャーナル4号（2006年）89頁以下、同「事後強盗罪における『窃盗の

強盗罪の成立には、障害を克服する手段として、反抗を抑圧するに足る程度の暴行・脅迫が必要であることから、そのような暴行・脅迫が生命・身体に対する危険性を有し、それゆえに、不作為による実現が不可能であることは導かれない。

### 4 小 括

以上のように、不作為による暴行・脅迫で強盗罪が成立する理論的可能性は否定できない。それでは、どのような場合に、不作為の暴行・脅迫により強盗罪が成立するか。次に検討すべきはこの問題である。

## Ⅳ 具体的事例へのあてはめ

### 1 反抗抑圧状態の解消可能性

まず、反抗抑圧状態が解消不可能である場合、結果回避可能性がなく、作為義務は課せられない[47]。もっとも端的な例としては、相手方の死亡が考えられる。判例も、相手方を殺害した後、財物取得の意思を生じて、死体から財物を奪う行為については、強盗罪の成立を否定する[48]。本稿の立場からも同様の結論に至ることになる[49]。

---

機会」の意義」西田典之ほか編『新・法律学の争点シリーズ 2 刑法の争点』（2007年）177頁）を図るものである。単純強盗罪においては、この対立衝突状況は、反抗抑圧状態下での奪取行為の危険性や強盗の機会における（手段としての暴行・脅迫以外の）致死傷結果の原因行為の危険性を基礎付けるものとしても機能しており（同・前掲注(18)「強盗罪と恐喝罪の区別」342頁以下）、この限りで対立衝突状況は、反抗を抑圧された被害者の近接に行為者がいることで不測の事態が生じがちであるとの危険性を基礎付けるものと理解されよう（同・339頁は、脅迫行為による強盗罪の実現には、脅迫行為の現場に原則として被害者が存在しなければならないとする。このような場合にあっては、行為者が当初は予定していなかった行為を咄嗟に行いがちであるとの危険性を肯定できよう）。とすれば、このような理解を前提としても本稿で検討する不作為による暴行・脅迫の可能性は否定されない。

[47] なおこの点につき、森永・前掲注（8）146頁は、詐欺罪において不作為の欺罔の肯否が錯誤の解消の困難（ないし不可能）／容易とは関係なく判断されていることから、強盗罪の暴行・脅迫においても反抗抑圧状態の解消困難性は問題とならないとする。しかし、強盗罪が他の奪取罪よりも重い処罰を予定していることから、（少なくとも）詐欺罪とは区別された不法内容を有しており、これを暴行・脅迫による自由侵害にも求める本稿の立場からは、不作為の暴行・脅迫も強盗罪の不法内容を構成する以上、通常の不真正不作為犯と同一の要件が課されるべきと考える。反抗抑圧状態が解消不可能・困難である場合には、作為義務が生じないと解するべきである。

[48] 大判昭和16年11月11日刑集20巻598頁、最判昭和41年4月8日刑集20巻4号207頁。なお、暴行を加えたところ、現実には失神させたに過ぎないにもかかわらず、死亡させたと誤解した事案につき、大阪高判昭和61年7月17日判時1208号138頁は強盗罪の成立を否定している。

[49] この場合、窃盗罪の成否につき死者の占有が問題となるが、本稿ではこれには立入らない。

さらに、相手方が失神した場合も、その失神状態は回復困難であることが通常だろうから、結果回避可能性が肯定されず、作為義務は生じないだろう[50]。裁判例において、財物奪取以外の目的で暴行を加えたところ、被害者が失神し、その後に財物奪取の意思を生じたという事案としては、たとえば、旭川地判昭和36年10月14日下刑集3巻9＝10号936頁がある。被害者の失神後、その背広を剥ぎ取り、奪った事案につき、同判決は、背広を剥ぎ取る行為を捉えてみても、強盗の手段性が肯定できないとして窃盗罪の成立にとどめる。本稿の立場からも、失神状態を解消することは容易ではないとして、不作為による反抗抑圧状態の惹起はなく、同様に強盗罪の成立を否定する結論に至ろう。また、暴行を加えられた後、被害者が後難を恐れて失神した振りをしていた場合についても、判例は強盗罪の成立を否定する。高松高判昭和34年2月11日高刑集12巻1号18頁[51]は「財物奪取のために暴行脅迫を用いたものと評価さるべきではない」とし、札幌高判平成7年6月29日判時1551号142頁[52]は「暴行・脅迫による強盗の犯意は考え難」いとして、強盗罪の成立を否定する。作為義務を考慮する立場からも、これらのように行為者が、被害者は失神状態であると誤信した場合にあっては、結果回避可能性を基礎づける事実を認識していないので、作為義務を基礎づける事実について錯誤があることから、反抗抑圧状態の惹起の故意を否定することになる。

　このような場合に強盗罪の成立を否定すると、死亡や失神状態に至らしめない暴行を加えた場合には、不作為の暴行・脅迫という構成により強盗罪を認めつつ、たとえば、より苛烈な殺害行為による場合には、この不作為構成によっても強盗罪の成立が認められないとすることになり、評価矛盾であるとして批判されることがある[53]。また、この点を考慮して、不作為構成に近い見解をとる論者からも、このような反抗抑圧状態が解消不可能な場合にも強盗罪を認めるべきとの見解も主張されている[54]。しかし、この場合でも死亡に至らしめる行為それ自体に、犯罪の成立を認めることができるのであるから、被害者が死亡している場合

---

50　ただし、回復の困難／容易は、行為者のなしうる作為の内容と相関する判断である。特に問題となる作為義務の履行の時間的余裕について、後述2を参照。
51　同判決については、田原義衞「判批」判例タイムズ114号（1961年）28頁以下。
52　同判決については、河村博「判批」警察学論集49巻6号（1996年）216頁以下、同「判批」研修575号（1996年）15頁以下、江藤孝「判批」判例時報1585号（1997年）229頁以下、塩見淳「判批」『判例セレクト'86〜'00』（2002年）487頁。
53　たとえば、前田・前掲注(13) 289頁、冨髙・前掲注(35) 88頁。ドイツにおいても同様の批判がある。z.B., Wessels/Hillenkamp, a. a. O. (Fn. 13), Rn. 364.

と、そうでない場合に評価矛盾が生じているというわけではない。たとえば、故意の殺害行為がなされたとすれば、その行為に殺人罪を認めればよく、財物取得につき強盗罪を認めなくとも、全体としては必ずしもバランスを失した擬律ではなかろう。被害者を失神させた場合についても、失神状態に至らしめるような暴行などの行為の苛烈さを評価すればよく、奪取行為は窃盗罪として評価してもバランスを欠いたとはいえないと思われる。さらに、強盗罪には反抗抑圧状態という不法の惹起が必要であるところ、反抗抑圧状態が解消できない場合には、この不法が引き起こされていないから、強盗罪としての処罰を否定する理由はある[55]。このように反抗抑圧状態が解消不可能・困難である場合には、強盗罪を否定すべきである。

## 2　不作為により生じた反抗抑圧状態下での財物奪取

さらに、強盗罪が成立するためには、暴行・脅迫により生じた反抗抑圧状態下で財物奪取が行われなければならない。不作為の暴行・脅迫の場合も同様に、この不作為により生じた反抗抑圧状態の下で財物奪取が行われる必要がある。具体的な事案にあてはめるとき、この要件が強盗罪成立の制約となりうる。不作為の場合、作為義務を履行するためには、義務の内容となる作為を行い、そして、反抗抑圧状態の解消を実現しなければならない。これにはある程度の時間を要する。それゆえ、たとえば、相手方の反抗を抑圧した後、咄嗟に財物を奪った事案では、現実には反抗抑圧状態の下で財物奪取が行われたとしても、その奪取が行われた時点の反抗抑圧状態は、不作為により惹起されたものではないとして、強盗罪が否定される。

このような事案としては、東京地判昭和47年1月12日判時661号99頁があげら

---

[54] 藤木・前掲注（3）『注釈刑法(6)』95-96頁は、殺害後にその余勢をかって財物奪取に及んだ場合について、強盗罪と殺人罪の併合罪を認める。なお、ドイツでは、*Günther Jakobs*, Zur Kritik der Fassung des Raubtatbestands, in: Festschrift für Albin Eser zum 70. Geburtstag, 2005, S. 329f. が死亡した被害者から奪取した場合にも強盗罪の成立を認める。なお、*Tatjana Hörnle*, Wider das Dogma vom Finalzusammenhang bei Raub und sexueller Nötigung, in: Festschrift für Ingeborg Puppe zum 70. Geburtstag, 2011, S. 1156も、反抗抑圧状態の解消不可能性は強盗罪成立の妨げにはならないとする（後二者については、拙稿・前掲注(18) 5 - 6 頁に紹介）。なお、森永・前掲注（8）152頁、富田敬一「強盗罪」阿部純二＝川端博編『基本問題セミナー 刑法2 各論』（1992年）105-106頁も参照。

[55] 伊東研祐『現代社会と刑法各論 第2版』（2002年）218頁参照。

れる。被害者を強姦しようと暴行を加えたが、被害者が財布を差し出して助けを請うたので、にわかに財物奪取の意思を生じ、間髪を入れず財布を奪って立ち去ったという事案につき、同判決は、財物奪取の意思を生じた後に暴行・脅迫と評価するに足る行為がなかったとして、強盗罪の成立を否定する[56]。この事案では、不作為を考慮しても、行為者が作為義務を果たしていれば解消されたであろう反抗抑圧状態の下で財物奪取が行われたとはいえないので、強盗罪を否定することになる。また、仙台高判昭和34年1月13日下刑集1巻1号1頁は、路上での口論の末、被害者から傘を奪いこれで殴打するなどし、反抗を抑圧した後、この傘を持ち去ったという事案につき、強盗罪の成立を否定する。同判決では、暴行を終えて傘を持ち去ろうとした時点に財物奪取の意思を肯定するから、同様の理由から強盗罪を否定することになる。

　行為者が財物奪取の意思を抱いた時点で、はじめてある態度が強盗罪構成要件の暴行・脅迫に該当するかが問題となる。そして、強盗罪の成立には、この態度から生じた反抗抑圧状態の下で財物奪取が行われる必要がある。不作為による暴行・脅迫という構成で強盗罪の成立を認めるとすれば、この財物奪取の意思を抱いた時点以降の不作為から、財物奪取までの間に反抗抑圧状態が生じていなければならない。つまり、財物奪取までに、義務を履行し、反抗抑圧状態を解消しうるだけの時間的余裕がなければならない。このような余裕がなければ、行為者に義務の履行は不可能だから、反抗抑圧状態の不解消を強盗罪を構成する作為義務違反に問うことはできない。それゆえ、これらの事案のように財物奪取の意思を抱いた直後に財物奪取に及んでいる場合、強盗罪の構成要件に該当する不作為の暴行・脅迫によって引き起こされた反抗抑圧状態の下で奪取が行われたということはできない。単に反抗抑圧状態の下で財物奪取が行われたに過ぎないとみるべきであり、強盗罪の成立が否定される。

### 3　保障人的地位

　不作為の暴行・脅迫による強盗罪の成立を認めるとき、反抗抑圧後の財物奪取の意思の事例の多くが強盗罪となるのではないか、との懸念が寄せられることが

---

[56] ただし、新たな暴行・脅迫不要説を採る東京高判昭和47年8月24日判時711号139頁①事件により破棄。

ある[57]。保障人的地位の成立範囲の一般理論を明示することは本稿の目的とするところではないが、有力説である排他的支配の考え方によれば[58]、行為者が（財物奪取以外の目的から）相手方の反抗を抑圧したとしても、直ちにその反抗抑圧状態の解消が義務づけられるわけではない。前掲・仙台高判昭和34年1月13日では、繁華街の路上でのケンカの末、反抗抑圧状態が生じているが、この事案については、この観点からも強盗罪を否定する理由がある。つまり、反抗抑圧状態に陥った被害者を路上に放置しただけであるから、行為者のみが救助しうるという状況を作出したこともなければ、被害者が行為者の支配領域にあったものでもない。行為者の排他的支配が認められず、保障人的地位が認められないという解決も可能である。

行為者（または共犯者）以外に、反抗抑圧状態を容易に解消しうる者の存在が期待できないという状況としては、密室で監禁行為に及ぶ場合が考えられる。近時の事案として、たとえば、東京高判平成20年3月19日高刑集61巻1号1頁は、わいせつ行為に及ぶ目的で被害者を拘束した後、財物奪取の意思を生じ、携帯電話などを奪った事案につき強盗罪の成立を認める[59]。この事案については不作為の暴行があったとみるべきとの実務家の見解も示されているが[60]、犯行は被害者宅で行われており、他者から救助は見込めない状況とも評価できると思われる。保障人的地位を肯定できよう。また、宮崎地判平成24年9月28日LEX/DB25483068[61]も、わいせつ目的から、貨物コンテナ倉庫に置かれた貨物用コンテナ内で被害者を緊縛したのち、財物奪取の意思を生じ財布などを奪った事案につき、強盗罪の成立を認める。コンテナ内には被害者の他には行為者のみしかい

---

57 酒井・前掲注(30) 109頁。
58 さしあたり、西田典之「不作為犯論」芝原邦爾ほか編『刑法理論の現代的展開——総論Ⅰ』（1987年）89頁以下（同『共犯理論の展開』（2010年）160頁以下所収）。
59 同判決については、中村功一「判批」研修725号（2008年）17頁以下、門田成人「判批」法学セミナー650号（2009年）127頁、島岡まな「判批」『平成20年度重要判例解説』（2009年）190-191頁、中空壽雅「判批」刑事法ジャーナル14号（2009年）80頁以下、永井善之「判批」法学教室編集室編『判例セレクト2001-2008』（2010年）304頁、前田雅英「判批」『最新重要判例250〔刑法〕第9版』（2013年）179頁、亀井源太郎「判批」成瀬幸典ほか編『判例プラクティスⅡ 各論』（2012年）226頁、嶋矢貴之「判批」山口厚＝佐伯仁志編『刑法判例百選Ⅱ 各論〔第7版〕』（2014年）84-85頁。なお、河村・前掲注(52) 警察学論集223頁、石川さおり「判批」研修751号（2011年）95頁以下も参照。
60 中村・前掲注(59) 27頁は、同判決が「不真正不作為犯類似の論理過程により強盗罪の成立を認める……立場に親和的」な判断だと指摘する。
61 同判決については、神元・前掲注(40) 493頁以下。

ない状況で反抗抑圧状態が生じており、保障人的地位の発生が認められよう[62]。（他の要件が認められる限りで）強盗罪の成立を認めた裁判所の判断は首肯しうる。

　この両事案とも、先にわいせつ目的の暴行が行われているが、このような性的自由に対する罪が先行する場合には、作為による新たな暴行・脅迫が存在しないとみうる事案でも、判例・裁判例は強盗罪を認める傾向にあり[63]、先行する行為が性的自由に対する侵害行為[64]か、それ以外かにより異なった判例理論が存在するとの指摘もある[65]。本稿の立場からすれば、このような相違は、一方で、強姦・強制わいせつ行為が多くの場合、密室など第三者の救助可能性が存しない場所で行われるから、保障人的地位が肯定されやすく、他方、それ以外の場合には、必ずしもそのような傾向が見られないことから生じる、事実上の相違[66]とみることができる。

## 4　小　括

　以上みてきたように、不作為による暴行・脅迫により強盗罪の成立を認めるとした場合であっても、強盗罪の成立範囲は、実務が強盗罪を認めてきた範囲とほぼ一致する。不作為による暴行・脅迫による強盗罪の成立を否定すべき実践上の理由は見当たらない。冒頭で示したように、反抗抑圧後の財物奪取の意思の事例について、些細な「作為の」暴行・脅迫を反抗を抑圧するに足る程度であると評

---

[62] 神元・前掲注(40) 510頁も、同事案につき、不作為の暴行による強盗罪の成立が可能であった旨を指摘する。

[63] たとえば、大判昭和19年11月24日刑集23巻252頁、東京高判昭和37年8月30日高刑集15巻6号488頁（共に強姦犯人が、退去を願って被害者が差し出した金員を奪った事案）、大阪高判昭和47年8月4日高刑集25巻3号368頁（強姦目的で暴行・脅迫を加え、ホテルの一室に連れ込み、被害者がシャワーを浴びている間に腕時計などを奪取した事案）、大阪高判昭和61年10月7日判時1217号143頁（強制わいせつ行為に及んだ際に、退去を願って被害者が提供した金員を奪った事案）。

[64] 性的自由に対する罪にあたる行為が先行する場合、反抗抑圧状態の解消義務違反を問うことは二重評価であるとの指摘がなされる（塩見・前掲注(52) 487頁、高橋・前掲注(5) 269頁注26、同「演習」法学教室204号（1997年）123頁）。しかし、先行する行為それ自体が義務の直接の根拠ではなく（この点につき、西田・前掲注(58) 91頁）、また、先の行為に関する評価の対象は、姦淫・わいせつ行為が行われた時点の自由侵害である一方で、強盗罪規定が義務づける反抗抑圧状態の解消義務に対する違反は、奪取行為が行われた時点の自由侵害が評価の対象だから、異なる自由に対する侵害の評価である。前掲注(31) も参照。

[65] 大塚仁ほか編『大コンメンタール刑法〔第2版〕第12巻〔230条～245条〕』（2003年）338-339頁〔河上和雄＝高部道彦〕。

[66] 西原＝野村・前掲注(1) 37頁、臼井滋夫「強盗罪における脅迫と財物奪取との関係（その二・完）」研修254号（1969年）62頁、江藤・前掲注(52) 233頁なども参照。

価し、強盗罪の成立を認める解決方法に理論的な問題があるとすれば、むしろ、不作為の暴行・脅迫の可能性を肯定し、強盗罪の成立範囲を画していくべきではなかろうか。

## V　おわりに

　本稿は、反抗抑圧後の財物奪取の意思という古くからある問題を題材とした。しかし、問題状況は変わりつつあるように思われる。

　たとえば、前掲・東京高判平成20年3月19日は「〔被害者は〕緊縛された状態にあり、実質的には暴行・脅迫が継続している」、前掲・宮崎地判平成24年9月28日「緊縛状態を維持しつつ、……実質的に見れば……暴行・脅迫が加えられ続けていた」として、強盗罪の成立を肯定するが、暴行・脅迫該当性を「実質的」に判断することにより、いかなる「行為」が「暴行又は脅迫」に該当しているか、十分に明らかとしていないのではないか[67]。両判決共に緊縛状態の継続を重視するが、緊縛状態は、緊縛行為が為された「結果」であり、「行為」ではない。犯罪が行為である以上、処罰には、行為の特定が必要である。しかし、「実質的」判断を介することで、これが回避されていないであろうか。本稿で示した見解は、不作為を「行為」として特定することで、これに対する答えにもなると考える。

---

[67]　特に東京高判平成20年3月19日につき、特に嶋矢・前掲注(59) 85頁、中空・前掲注(59) 84-85頁、松原・前掲注(32) 112頁参照。前田・前掲注(13) 291頁は、「暴行的なもの加えられていると評価すべき」とする。

# 詐欺罪における被害者の「公共的役割」の意義

杉 本 一 敏

I　問題の所在
II　被害者側の「公共性」と詐欺罪の成否
III　暴力団員によるゴルフ場利用事例・口座開設事例
IV　結　論

## I　問題の所在

### 1　被害者の「公共性」「公共的役割」論

　例えば、未成年者が年齢を偽って煙草や成人向け書籍等の商品を購入する行為（未成年者事例）や、虐待目的を隠してペットショップで犬を買う行為（虐待目的事例）は、店に対する1項詐欺罪を構成するだろうか。「被害者がその事実を知ったならば、そのような意思決定はしなかったであろうと思われる重要な事項」に関して欺罔・錯誤が認められる限り詐欺罪は成立する（条件関係的定式）、と考えるならば、「店主が購入者の年齢や虐待目的を知ったならば、販売には応じなかった」と認められる以上、同罪の成立は肯定されることになる。そして、青少年保護・動物愛護等をめぐる法規制（例えば未成年者喫煙禁止法、動物の愛護及び管理に関する法律）の存在からすれば、店主はこの取引条件の充足に関心を向けざるを得ず、上記の条件関係的定式は充足される。

　しかし、この論理・結論に対しては学説上異論が強い。青少年保護、動物愛護といった目的は「財産的法益とは別の社会的利益」であり、このような目的の不達成を根拠に詐欺罪を認めるならば、詐欺罪を社会法益保護のために転用することになる、との批判が提起されているのである[1]。それでは逆に、詐欺罪の成否においては、取引が置かれた社会的文脈をできる限り排除し、純粋に「交換された財産どうしの対価関係」が維持されたか、という点だけを問題とすべきなのだろうか。そうだとは思われない。当然ながら、実際の個々の財産取引は、それが

置かれた社会的文脈、追求された社会的目的から離れては存在せず、これらの要素を全て人工的に排除する形で（純粋な対価関係だけが支配するいわば「真空状態」の下で）「取引」を想定することも、被害者の望む取引の外形を偽装する点に本質を持つ「詐欺罪」の成否を十分に検討することもできない、と思われるからである。現在有力な学説は、被害者が担っている「公共的役割」や、その「社会的な位置づけ」次第では、一定の公的・社会的目的の達成が被害者側の取引上の「重要な目的」に含まれる場合があり、そのような目的の不達成も（「重要な事項」に関する欺罔・錯誤であるとして）詐欺罪を基礎づける、と指摘する[2]。この指摘は重要である。しかしこれらの見解も、先の未成年者事例のような場合において、店主に「青少年保護の社会的責務」を想定して詐欺罪の成立を認めることには批判的である[3]。何でも簡単に被害者の社会的責務だとすることで、行為者側の詐欺罪成立を基礎づけることが許されないのは確かであり、被害者の「社会的役割」論によって詐欺罪成立を認めることができる「限界線」を見定めることが喫緊の課題だと思われるのである。

　本稿は、この被害者の「公共的役割」「社会的位置づけ」といった要素が、詐欺罪の成立判断に理論上影響し得るのはなぜか、そしてそれはどの範囲においてであるかを、近時の幾つかの判例を手がかりとして探ろうとするものである。その際に参照するのは、銀行における他人名義又は譲渡目的での口座開設の事例（Ⅱ1）、及び、それと類似した規制環境の下にある事例（Ⅱ2）、そして暴力団員であることを隠して取引の申込みがなされた事例に関する近時の最高裁判例である（Ⅲ）。それらを踏まえ、最後に大変粗雑ながら若干の結論を箇条書きで示す（Ⅳ）。しかしその前に、詐欺罪の成立要件に関する学説上の主要な「論理」を図

---

1　佐伯仁志「詐欺罪の理論的構造」山口厚ほか『理論刑法学の最前線Ⅱ』（2006）113頁、同「詐欺罪（1）」法教372号（2011）112-113頁、照沼亮介「判研（最決平成22・7・29）」刑ジャ27号（2011）96-97頁、松宮孝明「暴力団員のゴルフ場利用と詐欺罪」斉藤豊治先生古稀祝賀『刑事法理論の探究と発見』（2012）157頁、田山聡美「詐欺罪における財産的損害」『曽根威彦先生・田口守一先生古稀祝賀論文集［下巻］』（2014）158-159頁、松原芳博「法益侵害と意思侵害」生田勝義先生古稀祝賀『自由と安全の刑事法学』（2014）57頁、四條北斗「身分を秘匿してなした法律行為と詐欺罪」桐蔭法学20巻2号（2014）97頁等参照。また、冨川雅満「自身の身分を偽る行為と詐欺罪の可罰性」法学新報121巻5・6号（2014）293-294頁も。

2　橋爪隆「詐欺罪成立の限界について」『植村立郎判事退官記念論文集第1巻』（2011）191-192、198頁、松宮・前掲注（1）159-160頁、同「証拠証券の受交付と詐欺罪」立命館法学286号（2002）240頁等参照。

3　橋爪・前掲注（2）185頁、192頁脚注49）、松宮・前掲注（1）157頁参照。

式的に示し、被害者の「社会的役割」という要素が、その要件論のどこにどのように位置づけられるべきものかを、最初に簡単に見ておく。

## 2 錯誤・欺罔の対象事実に関する学説

かつて、1項詐欺罪の要件は「騙されなければ交付しないであろう財物を、騙された結果、交付したこと」に尽き、「相手方がその事実を知ったならば、そのような意思決定をしなかったであろうと思われる重要な事項」に関する欺罔・錯誤が存在すること、という要件論によって詐欺罪の成立範囲を画する見解[4]（形式的個別財産説）が通説的であった。しかし、現在の学説の多くは、この「条件関係的な」定式のみに従って詐欺罪の成否を考えると、被害者個人が重要性を見出していた取引条件であれば、その内容や性質を問わずおよそその実現・充足が詐欺罪規定で保障される結果になってしまい、詐欺罪の財産犯としての本質が希薄化すると考え、詐欺罪の財産犯としての性格を堅持する形でその成立範囲を限定しようと試みている。そのための「理論構成」としては、次の3つが見られる。

### (1) ①財産的損害を独立の要件とする論理

第1に、「財産的損害の発生」を1項詐欺罪の独立の要件とする構成である。この構成を採る見解は、財産犯である詐欺罪の成立には個々の財物が移転したという事実では足りず、被害者側に「実質的な財産的損害」が発生したことも必要だとして、端的に「実質的な財産的損害の発生」を1項詐欺罪の（不文の）構成要件要素として要求する[5]。但し、1項詐欺罪が「個別財産に対する罪」として規定されている以上、詐欺罪を基礎づける「財産的損害」はあくまで個別具体的な財物の移転と「裏腹の関係にある」こと、つまり財物の移転と財産的損害との間に「直接性」（「素材の同一性」）が要求されるとし、具体的には、財産の損害が、当該財産の移転がなされた「当事者との関係において」、その移転と「同時に」、且つ「具体的に」生ずる必要があるとされ、例えば、欺罔されて行った財物取引

---

[4] 団藤重光『刑法綱要各論』（第3版、1990）619頁、福田平『全訂刑法各論』（第3版増補、2000）250頁、藤木英雄『刑法講義各論』（1987）305-306、308-309頁等参照。
[5] 田山・前掲注（1）157頁以下、西田典之『刑法各論』（第6版、2012）203-204頁、高橋則夫『刑法各論』（第2版、2014）324頁等参照。或いは、錯誤による財物交付によって被害者が「目的が達成できないのに財物を失ったこと」が「財産的損害」の内実だから、財産的損害の要件は「財物の交付」という明文上の要件に読み込むことができる、とする説明もある（松宮・前掲注（1）152-153頁）。

のために悪評が立ち、被害者の商店から客足が遠退き経営上の不利益が生じた（風評損害）、といった間接的・抽象的損害は、ここにいう財産的損害に含まれるべきでないとする[6]。

### （2）②法益関係的錯誤説の論理（実質的個別財産説）

第2に、法益関係的錯誤説に立脚し、1項詐欺罪が成立するのは、被害者による財物交付（の同意）が「法益関係的錯誤」によって無効となる場合、即ち、被害者が自分の「財産」という法益の放棄を自覚していない場合であると説明し、この論理によって詐欺罪の財産犯的性格を確保する見解がある。この見解によると、詐欺罪が保護している「財産法益」とは、個々の財物が備え持っている、取引相手から反対給付・経済的利益を得るための交換手段・目的達成手段としての価値である[7]。そうすると、被害者が自分の財物と引き替えに追求した目的の達成に失敗した（自分の財物の交換価値が実現されると誤信していた）場合に限って、被害者には「法益関係的錯誤」があり、財物交付の同意は無効として詐欺罪が成立する。そして、詐欺罪の「財産犯」的性格を固持するためには、被害者が当該財物と引き替えに達成できると誤信していた「目的」は、「財産処分の客観化可能で経済的に重要な目的」[8]でなければならず、具体的には、(ｱ)被害者側が交付した財物それ自体の「内容・価値」に関わる事項、(ｲ)その財物の交付と引き替えに得ようとした「反対給付の価値や内容」、又は、引き替えに達成・実現しようとした「社会的・経済的に重要な目的」に関わる事項について被害者に錯誤があった場合に限り、法益関係的錯誤が認められ、詐欺罪が基礎づけられるとする[9]。この見解は、「欺罔」及び「被害者の錯誤」が「財物の交換価値（その財産の交換を通じて追求される経済的に重要な目的・反対給付）」に関するものだったのでなければならない、という論理を介して詐欺罪の成立範囲に限定をかける構成であり、刑法

---

6 田山・前掲注（1）161-162頁、松宮・前掲注（1）153頁等参照。
7 佐伯・前掲注（1）法教108頁、同「被害者の錯誤について」神戸法学年報1号（1985）116頁、伊藤渉「詐欺罪における財産の損害（五・完）」警研63巻8号（1992）41頁、同「詐欺罪における財産的損害」刑法雑誌42巻2号（2003）147頁等。
8 佐伯・前掲注（1）法教108頁、同・前掲注（7）117頁。
9 橋爪隆「詐欺罪（下）」法教294号（2005）95頁、佐伯・前掲注（1）法教108頁。法益関係的錯誤説の論理を前面に出すものではないが、詐欺罪が成立するのは被害者が取引過程において財産の交換機能を害された場合、つまり「取引社会において、〔その財産の〕交換比率の設定にとって必要な前提となる」事情を欺罔され、その点について錯誤に陥った場合に限られるとする見解（伊藤・前掲注（7）警研32、35頁等）も実質的に同じ主張である。

246条が明文上要求していない「財産的損害」という要件を別立てで考える必要がないため、解釈論としても優れている、と主張される[10]。

### (3) ③重要な錯誤説の論理

第3に、1項詐欺罪の保護法益はまずもって「財物の占有（ないし所有権）」であるから、自らの意思で交付（占有移転）行為に出ている詐欺罪の被害者に「法益関係的錯誤」はない、と考えつつも、他方、被害者の意思決定に際して「重要な動機づけ事情に関する錯誤」があった場合には（法益関係的錯誤はなくても）なお同意が無効となるのであり、詐欺罪もそのような重大な動機の錯誤の存在によって基礎づけられる、とする論理がある。近時の最高裁判例が示す、「交付の判断の基礎となる重要な事項」に関する錯誤・欺罔の存在という要件論も、この種の論理の表現と見るのが最も自然である。この構成を採用する場合、詐欺罪の被害者にとって、交付の意思決定上、何が「重要な事項」に当たるかを判定（限定）する基準が必要である。そこで、1項詐欺罪で問題となる被害者側の行為は財物の交換・取引行為なのであるから、その動機づけ事情として「重要な事項」となり得るのも「財物の交換・取引の条件」として被害者が重視した事情に限られる、という論理が考えられることになる。

### (4) 3つの構成の道具論理としての抽象性、実質的な同一性

以上の3つの構成は、それぞれの論理が置く重点の違いのため、結果として詐欺罪の成立範囲に差異を生ずることもあり得るが、これらの構成自体は、詐欺罪成立を説明・正当化するために用いられる抽象度の高い道具としての「論理」（いわば詐欺罪成立を表現するための「文法」）にすぎず、具体的事例における結論がこの採用する構成如何によって「決定される」といった見方は適切でない。また、これらの構成は論理としても相互に転換可能であり、①、②、③の各構成はある意味「同工異曲」にすぎない。まず、②の構成が「被害者には法益関係的錯誤がない」として詐欺罪成立を否定する論理は、結局のところ、①の構成が「財産的損害が発生していない」として詐欺罪成立を否定する論理と全く同一である。例えば「未成年者事例」について、②の構成に従い、店主には「購入客の年齢」に関する錯誤はあるが、「対価も得ており、交付した商品の交換価値に関す

---

10 佐伯・前掲注（7）115頁、橋爪・前掲注（2）177-178頁、山口厚「詐欺罪に関する近時の動向について」研修794号（2014）8‐9頁等。

る錯誤は認められない」（法益関係的錯誤はない）から店主の同意は有効であって、詐欺罪は成立しないと説明されることがある。しかし、ここに示されている詐欺罪不成立の根拠は、「店主には、現実に発生した法益侵害結果（目的不達成）について自覚があったから、法益関係的錯誤がなく、その同意は有効である」ということではなくて、端的に「この事例では、詐欺罪の予定する法益侵害結果（目的不達成の事態）が発生していない」ということに尽きている[11]。また、③の構成で見た「交付の判断の基礎となる重要な事項」という基準も、それを「財物の交換に関わる条件として重要視される事項」に限るものとして運用するのであれば、結果として③の構成は②の構成と異ならないものになる[12]。

　本稿が問題とする、被害者が担っている「公共的・社会的役割」という事情は、①の構成ならば、被害者に「取引目的の不達成」という財産的損害が発生したかを判定する際に、②の構成ならば、被害者が財物交付によって追求した目的がその被害者の立場から見て「社会的に重要な目的」だと言えるかを判定する際に、③の構成ならば、欺罔・錯誤の内容となった事柄が、そのような立場にある被害者にとっては「交付の判断の基礎となる重要な事項」だったと言えるかを判定する際に、それぞれ考慮に上ることになろう。被害者の「公共的・社会的役割」という要素が詐欺罪成否の判断において有している意義を分析するに当たり、①②③の理論構成の違いから出発することは必ずしも有意義ではない。そこで以下では、（筆者自身は③の構成を支持するが）理論構成の違いにこだわらず、被害者の公共的・社会的役割という要素が詐欺罪の成否にどのように影響しているかについて、判例及びそれをめぐる議論の現状を確認して行くことにする。

## II　被害者側の「公共性」と詐欺罪の成否

### 1　他人名義・譲渡目的での預金口座の開設事例

　被害者側の「公共性」、それに伴う「法的・社会的要請」が、行為者側の詐欺罪成否の判断において持つ意味を考えるには、まずもって、銀行における他人名

---

11　その限りで、ここでの法益関係的錯誤説による説明は、例えば偽装心中事例において「被害者には現実に発生した法益侵害結果（死の結果）について自覚があった以上、法益関係的錯誤はなく同意は有効であり、殺人罪は成立しない」とする法益関係的錯誤説の論理とは異なっている。

12　橋爪・前掲注（2）181頁、183頁。

義での口座開設、又は譲渡目的を秘匿した口座開設をめぐる最高裁判例を見る必要がある。

### （１）他人名義の預金口座の開設（平14最決）

　まず、他人名義での口座開設（通帳等の取得）について１項詐欺罪を認めたのが、①最決平成14・10・21刑集56巻8号670頁である。同決定の原審（福岡高判平成13・6・25刑集56巻8号686頁）は、他人名義の口座開設は「銀行が何ら損害を被らず、預金獲得による利益の方が利便の提供より通常上回」るために、従来は詐欺罪を構成するものと解されて来なかった、銀行が最近これを禁止しているのも、口座が「脱税や不正取引等に利用」されることを防止する「国家的な見地」からの規制に起因するもので、「監督官庁から業務に関する不利益処分を受けたり、脱税や不正な取引等を助長しているとのそしりを受けるのを避けるため」であるから、他人名義による預金口座開設の利益は「金融秩序に関する規制のための法規」に触れることはあっても「詐欺罪の予想する利益の定型性を欠く」、とする。そして、預金通帳それ自体は「口座開設に伴い当然に交付される証明諸類似の書類にすぎないものであって、銀行との関係においては独立して財産的価値を問題にすべきものとはいえないところ、〔当の〕他人名義による口座開設が詐欺罪の予定する利益としての定型を欠くと解される以上、それに伴う通帳の取得も、１項詐欺罪を構成しない」と結論づけた。

　これに対し、最高裁は、「預金通帳は、それ自体として所有権の対象となり得るものにとどまらず、これを利用して預金の預入れ、払戻しを受けられるなどの財産的な価値を有するものと認められるから、他人名義で預金口座を開設し、それに伴って銀行から交付される場合であっても、刑法246条1項の財物に当たる」とし、Xが「銀行窓口係員に対し、自己がA本人であるかのように装って預金口座の開設を申し込み、その旨誤信した同係員から貯蓄総合口座通帳１冊の交付を受けたのであるから、Xに詐欺罪が成立することは明らか」だとして、詐欺罪を否定した原判決を誤りとした。

　判示上、ここでは一見、通帳の「財物」性が問題とされているように見えるが、勿論そうではなく[13]、通帳の交付により銀行に実質的な財産的損害が発生したか、他人名義の開設か否かが銀行にとって重要な事項であるか、が実質的な争点である。原審が言うように、銀行の関心が預金者の個性にはなく、専ら預金獲得にあるとすれば、通帳の交付によって銀行が追求した目的に不達成はないこと

になる[14]。そこで、それに対抗して援用されるのが「銀行の公共性」である。金融システムの運営者・主宰者として、それに対する「信頼を確保する」社会的責任を負っている銀行は、「自行の口座を不正の目的に利用されないという利益」に関心を持たざるを得ず[15]、他人名義や譲渡目的で開設され不正利用される可能性がある口座は、そのような公共的役割を担う銀行がおよそ「そこから収益を上げるに適する」ものではない[16](その種の預金の獲得は目的の不達成である)、というのである。尤も、本件行為（平成11年12月13日）の時点では、銀行に口座開設時の本人確認を義務づける法律は存在せず、麻薬特例法の成立に伴いマネーロンダリング防止の一環として発出された、平成4年7月1日の大蔵省銀行局長通達（蔵銀1283号）と同日の銀行課長事務連絡とによって本人確認が要請され、銀行が自手的にこれを実施している状況であった[17]。また平成12年には、架空名義口座の犯罪利用を防止するため、全国銀行協会（全銀協）が「普通預金規定ひな型」を改正し（平成12年12月19日）、口座名義人が存在しない場合、口座が名義人の意思によらずに開設された場合（ひな型10条1号）、口座の譲渡・質入れ等の禁止に違反した場合（同2号）、「法令や公序良俗に反する行為に利用され、またはそのおそれがあると認められる場合」（同3号）を口座解約事由として明確に規定する

---

[13] 通帳の財物性それ自体は、それを第三者が奪取した場合を想定すれば明らかなように当然認められる。宮崎英一「判解」最判解刑事篇平成14年度（2005）244-245頁、甲斐行夫「判研（最決平成14・10・21）」警論56巻3号頁（2003）206頁、山口厚『新判例から見た刑法』（第2版、2008）225頁等。証拠書類一般の「財物」性に関して、伊藤渉「健康保険証の不正取得と詐欺罪」東洋法学38巻2号（1995）265頁、飯田喜信「判解」最判解刑事篇平成12年度（2003）106頁、古川伸彦「判研（最決平成12・3・27）」ジュリ1221号（2002）170頁等参照。

[14] 松原芳博「判研（最決平成14・10・21）」法教274号（2003）139頁。他方、他人名義の口座開設・通帳交付によって口座の不正利用を招いた場合、銀行は疑わしい取引として届出義務を負ったり、口座が没収・追徴保全の対象となった場合には「種々の手続を執らなければならなくなるなど、実質的な損失を被る」として（松並孝二「他人に譲渡する意図を秘して自己名義の預金口座を開設し、金融機関から預金通帳等の交付を受けた行為に詐欺罪を適用した事例」研修674号〔2004〕106-107頁）、「口座の不正利用に伴って生ずる銀行側の業務上の負担・労力」をもって財産的損害と評する見方もある。

[15] 宮崎・前掲注(13) 247-248頁、奥村正雄「判研（最決平成14・10・21）」同志社法学58巻5号（2006）419頁参照。

[16] 伊藤渉「判研（最決平成22・7・29）」判セ2010［Ⅰ］（2011）36頁、同「判研（東京高判平成24・12・13）」平25重判（2014）275頁参照。

[17] 小笠原浄二「マネー・ローンダリング防止に関する金融機関の実務対応」警論49巻10号（1996）117頁以下等の経緯・内容の説明を参照。その後、全国銀行協会は「組織的犯罪処罰法」成立を契機に、それまでの本人確認ルールを整備して本人確認のための全銀協ガイドラインを発出した（平成12年12月）。川邊光信「本人確認法と全銀協ガイドラインの相違点」金法1653号（2002）18頁以下等参照。

に至った[18]。通帳に関する詐欺罪の成否は、振り込め詐欺・マネーロンダリング等の不正行為に対する防壁となることが銀行に要請されている、という状況を背景にして考える必要があるが[19]、本件行為の時点では、このように監督官庁・業界団体（全銀協）による要請、或いは（社会の要請を踏まえた）銀行自身による自主規制の要請があったに止まり、直接の法規制はない。その限りで、ここでの銀行の「公共的役割」論は、特別法上の法規制の存否とは直接の論理的関係を持たない。

### （2）譲渡目的での預金口座の開設（平19最決）

その五年後、②最決平成19・9・17刑集61巻5号521頁は、自己名義で預金口座を開設した後に通帳とキャッシュカードを第三者に譲渡する意図であるのにこれを秘し、口座開設をして通帳とカードの交付を受けた行為について、以下のように、銀行に対する1項詐欺罪の成立を認める判断を示した。本件「各銀行においては、いずれも…各預金口座開設等の申込み当時、契約者に対して、総合口座取引規定ないし普通預金規定、キャッシュカード規定等により、預金契約に関する一切の権利、通帳、キャッシュカードを名義人以外の第三者に譲渡、質入れ又は利用させるなどすることを禁止していた。また…応対した各行員は、第三者に譲渡する目的で…申し込んでいることが分かれば、預金口座の開設や、預金通帳及びキャッシュカードの交付に応じることはなかった。以上のような事実関係の下においては、銀行支店の行員に対し預金口座の開設等を申し込む行為自体、申し込んだ本人がこれを自分自身で利用する意思であることを表しているというべきであるから、預金通帳及びキャッシュカードを第三者に譲渡する意図であるのにこれを秘して上記申込みを行う行為は、詐欺罪にいう人を欺く行為に他ならず、これにより預金通帳及びキャッシュカードの交付を受けた行為が刑法246条1項の詐欺罪を構成することは明らかである」。

本件でも問題となるのは、譲渡目的での口座開設に伴う通帳等の交付が、銀行の財産的損害（目的不達成）、重要な事項に関する錯誤を基礎づけるかである。判旨は、本件各銀行の約款上の規定（譲渡禁止・解約事由）と窓口対応の実態とを根拠に、銀行は譲渡目的が「分かれば…交付に応じることはなかった」として、一

---

18 齋藤秀典「普通預金規定ひな型等における預金口座の強制解約等に係る規定の制定について」金法1602号（2001）11頁以下等参照。
19 山口・前掲注(13) 233頁。

見する限り「条件関係的」定式に従って詐欺罪成立を基礎づけている。これに対し、譲渡目的を隠し持つ者への通帳の交付が、銀行にとっての目的不達成であると言える「実質的な」根拠としては、（１）銀行の経済的負担・損失、（２）銀行の公共性に基づく要請が指摘されるところである。（１）第１に、預金債権が任意に第三者に譲渡され、譲渡人による債権譲渡通知で第三者が新・預金債権者として銀行に対抗できるとなると、大量取引を行う銀行にとって真実の預金債権者を確認する事務処理が重大な負担となる[20]、との事情が挙げられる。

それ以上に頻繁に指摘されるのが、ここでもやはり（２）銀行の公共的役割という要素である。本件の行為時（平成15年12月９日～平成16年１月７日、平成17年２月17日）には、①決定の行為時と比べ、銀行の本人確認を要請する更に明確な状況があった。「テロリズムに対する資金供与の防止に関する国際条約」への署名（平成13年10月30日）、及び、マネーロンダリング対策のための政府間機関「金融活動作業部会」（FATF）の「40の勧告」[21]をうけて、「金融機関等による顧客等の本人確認等に関する法律」が制定され（平成14年法律第32号、平成15年１月16日施行。以下「本人確認法」）[22]、口座開設時等の本人特定事項（氏名、住居及び生年月日）の確認が金融機関等に義務づけられ（本人確認法３条）、顧客は本人特定事項を偽ってはならず（同条４項）、本人特定事項の隠蔽目的でこれを偽る行為は刑事罰の対象とされた（同法17条）。これにより、銀行による本人確認、顧客が本人特定事項を偽らないことが「法的」義務になり、銀行が「法規制に従った経営」を旨とする限り、今や他人名義の口座開設（①決定の事案）が銀行にとって「目的不達成」「重要な事項に関する錯誤」を構成することが明確になった。また、口座を自己名義で開設しさえすれば、その後の通帳の「譲渡」は自由だとすると、口座開設時に本人確認をする意味が無くなるから、本人確認法の要請に従う銀行としては、当然「通帳の譲渡目的がないこと」にも関心を持つべきことになる[23]。従って、この本人確認の法的義務は、②決定の事案（他人譲渡目的）との関係でも、

---

20 　前田巌「判解」最判解刑事篇平成19年度（2011）322頁、林幹人『判例刑法』（2011）299-300頁、山田耕司「譲渡目的を秘した預金口座の開設，誤振込と詐欺罪」池田修＝金山薫編『新実例刑法［各論］』（2011）16頁。これを詐欺罪の財産的損害と見ることに対する反対、松宮孝明「判研（最決平成19・７・17）」立命館法学323号（2009）244頁・注12）。
21 　詳細につき中川淳司『経済規制の国際的調和』（2008）313頁以下等参照。
22 　立法の経緯・目的につき、後藤健二「金融機関等による顧客等の本人確認等に関する法律の概要」金法1647号（2002）６頁以下、原田一寿「金融機関等による顧客等の本人確認に関する法律について」金法608号（2002）６頁以下等参照。

銀行の「目的不達成」を基礎づける。

　更にその後、他人・架空名義口座を利用した「振り込め詐欺」撲滅を目的として本人確認法が改正され（平成16年法律第164号、平成16年12月30日施行）[24]、通帳等の譲渡し等が刑事罰の対象となった（同法16条の２）[25]。そのため、通帳等の譲渡は上記「預金規定ひな型」10条３号にいう「法令…に反する行為」に該当し、今や譲渡口座には取引停止・解約事由が存することになり[26]、それにも拘わらず銀行が適切に取引停止・解約措置を講じず、不正利用者の払戻請求に漫然と応ずれば、万一それが犯罪被害金の受け皿口座となっていたような場合には、その犯罪被害者から銀行が不法行為責任を追及される可能性[27]（財産的損害のリスク）も生じる。このような口座を開設させた銀行は、（このように財産的損害のリスクを招くと同時に）「公共機関として、口座を犯罪等に利用させないという信頼」を失うことになり、その点こそが詐欺罪成立の決定的根拠であるとの主張もなされている[28]。

### （３）「公共的役割」論の詐欺罪の成立判断における意義

　以上で見たように、他人名義・譲渡目的での通帳取得が銀行にとって「目的不

---

23　前田（巖）・前掲注(20) 324頁、辻裕教「判研（東京高判平成16・11・16）」警論58巻９号（2005）223頁。その後、本人確認法の改正により譲渡禁止規定が導入されたが、実務においてはそれとは無関係に、それ以前から、譲渡目的を秘した通帳取得は当然に詐欺罪を構成すると考えられていたようである（親家和仁「『金融機関等による顧客等の本人確認等に関する法律』の一部改正について」警論58巻４号〔2005〕27頁、町田鉄男「金融機関等による顧客等の本人確認等に関する法律の一部を改正する法律について」研修685号〔2005〕60頁、唐島聡子「『金融機関等による顧客等の本人確認等に関する法律の一部を改正する法律』の概要について」捜研54巻４号〔2005〕４頁等参照）。

24　改正の経緯・趣旨につき、親家・前掲注(23) 25頁以下等参照。

25　その後、「犯罪による収益の移転防止に関する法律」（平成19年法律第22号、平成19年４月１日施行。以下「犯収法」）が成立し（本人確認法は廃止）、金融機関等による本人確認の義務（犯収法４条）、顧客等が本人特定事項を偽る行為の禁止、罰則（犯収法旧４条４項、旧25条）、通帳等の譲渡し等の罪（犯収法旧26条）が同法にそのまま引き継がれ、その後の同法改正（平成23年法律第31号）により、確認事項の追加、本人特定事項を偽る罪（犯収法26条）・通帳等の譲渡し等の罪（犯収法27条）の法定刑の引き上げ等がなされ、現在に至っている。その間、本人確認に関する銀行への法的要請に大きな変化はない。

26　階猛「預金口座の不正譲渡等と不正利用への対応」金法1730号（2005）15頁、中田裕康「銀行による普通預金の取引停止・口座解約」金法1746号（2005）18頁。これらの口座解約事由に該当するような不正利用目的の存否は、同時に、銀行にとって口座開設時の「重要な事項」でもある（櫻井朋子「登記簿上の代表取締役による法人名義の口座開設等を詐欺として処理した事例」捜研62巻１号〔2013〕19頁参照）。

27　階・前掲注(26) 15頁、三上徹「銀行の決済機能を悪用する反社会的行為への対応」金法1678号（2003）18頁等参照。

28　松澤伸「判研（最決平成19・７・17）」判セ2007（2008）34頁、辻・前掲注(23) 223頁。

達成」「重要な事項」と解される主要な根拠として、現状では、金融システム運営者として「公共性」を有する銀行に対する社会的・法的要請が挙げられる。この「被害者の公共性に基づく社会的・法的要請」という論拠の素性について考察すれば、以下の点が指摘できるように思われる。

　第1に、被害者の「公共的役割」に着目して詐欺罪の成立を検討する場合、「直接の法規制」の存在は、被害者が問題の取引条件充足に重大な関心を寄せていることを示す強力な間接事実となるが、それが詐欺罪成立の直接の根拠になるわけではない。既に見たように、特に銀行の場合など、監督官庁や業界団体からの要請も経営方針に関して直接の法規制に劣らない事実上の拘束力を持ち得、その場合にはこれらの要請も同等の間接事実となり得る。これらの各種要請が、ある特定種類の取引に参入し、その取引を行う主体として承認される（その主体の行う個々の取引が「その特定種類の取引の一つ」として承認・認知される）ための条件を形成している場合、「その特定種類の取引の主体」として自己表出しようとする者は、当該条件を充足しなければならない。従って、その種の取引主体として活動することを望む者にとって、その条件を充足しない取引に出ることは、全く意図しない「目的不達成」の出来事となる。そうすると、詐欺罪の成否を分けるのは、（1）法律、監督官庁の監督指針、強固な業界団体内における自主規制ルール等による要請が、その要請を充たさないでなされる同種取引とは社会通念上全く別種の「特定種類の取引」という領域を形成するほど強固であるか、そして、（2）当該被害者がその「特定種類の取引」の主体として登場することを真に目的としているか、という点であることになる。（1）は、「特定種類の取引」として弁別される範型が領域的に形成されている、という事情であり、被害者が特定条件の充足を「重要な事項」と考えたことを推認させる。以上のように考えれば、詐欺罪において考慮すべき被害者の「公共的役割」とは、被害者が自己の取引を「特定種類の取引」として認知させる際に充足しなければならない要請・条件のことに他ならない。

　第2に、しかし、詐欺罪の成否を決定づけるのは、結局、（2）被害者本人がどのような取引を目的としたか（上記の「特定種類の取引」の主体として登場することを真剣に追求していたか）である。上記（1）は最終的にはその間接事実にすぎない。あくまで「法の趣旨に沿って預金取引に当たっている金融機関」を前提にすれば[29]、他人名義・譲渡目的での口座開設取引は（事実上預金が獲得されても）自身

の「金融機関としての立場」においておよそ意図しない別種の取引と言えるということであり、仮に口座開設数にのみ関心を抱く支店、事情を知りながら不正な口座開設に加担する行員が存在したならば、これらの者は正に「他人名義・譲渡目的での口座開設取引（違法取引）」の主体として自己が登場することを意図しているから、その取引に「目的不達成」はない。

第3に、以上のような「公共的役割」論は、銀行（金融機関）に対する規制環境を前提にしたからこそ論拠として有力化した、と考えられる点に注意すべきである。上述の本人確認法の本人確認徹底の趣旨は、テロ資金供与・マネーロンダリングの疑いがある場合に、本人確認記録を基に「事後的な資金トレース」（当該顧客の取引の検索）を可能にする点にあった。これは、マネーロンダリング抑止という政策目的の実現にとって、銀行における本人確認等の実施が最も効率的と考えられたことによる対策（特別な政策目的のための、金融機関に固有の「特別な義務」）であり、「およそ犯罪に加担しない」といった抽象的な「社会的使命」を根拠として生じた要請ではない[30]、と説明される。その後、多発する「振り込め詐欺」対策を目的として本人確認法が改正されたが（ここに至って本人確認法の目的の中でマネーロンダリング対策と振り込め詐欺対策とが合流した）、預金口座こそが振り込め詐欺の必須ツール（「犯罪インフラの典型」）であることから、本人確認・譲渡禁止の実現は、ここでもう一つの特別な要請としての意義を併せ持つことになった。以上からすれば、銀行に対して他人名義・譲渡目的の口座開設の回避を求める法規制は、①それ自体を特別に標的にした強力な政策目的に基づく点、②取引に際して遵守すべき内容が明確・形式的なルールとして提示されている点に特異性がある（抽象的な「社会的使命」とは異なる）。更にそれに加えて、③銀行取引が法規制に対して特に強い感応性を持っている（一定の法規制に従うことで初めて銀行取引として認知されることが可能になる）という点が、銀行の「公共的役割」を考慮する議論に、特別な説得力を与えているように思われる。

第4に、取引を規制する環境は、被害者が特定の取引条件の充足に「重大な関心」を寄せていることの間接事実となると同時に、行為者側の態度に「挙動によ

---

29　前田（厳）・前掲注(20) 324頁。
30　斎藤治「金融機関の法的責任論の新展開」金融研究12巻2号（1993）88-89頁、和仁亮裕＝大西善哉「マネー・ローンダリング対策とテロ資金対策」金法1653号（2002）28頁。また中川・前掲注(21) 321頁参照。

る欺罔」という形で欺罔行為を認定するための間接事実にもなる。実行行為としての「人を欺」く行為が認められるには、〔１〕行為者による欺罔の内容が、被害者側の「目的達成」「重要な事項」に関わる事柄であることを要すると同時に、〔２〕そのような欺罔内容の表明と解釈・評価できるような客観的・外形的行為の存在が必要である（被害者側が詐欺罪の予定する内容の錯誤に陥っても、それが行為者側の行為に起因しなければ詐欺罪は成立しない）。しかし〔１〕と〔２〕の認定のための間接事実は、（何故その事実が「間接事実」と言えるかの理由は〔１〕と〔２〕で異なるものの）事実上重なり合うことが多い。②決定は、被告人の（譲渡目的を秘した）申込みそれ自体が、「本人が自分自身で利用する意思を表」す行為だとして「挙動による欺罔」を認めているが（①決定も同様に説明可能である）、②決定に関して〔２〕の認定のために指摘される事実、例えば、譲渡禁止が「契約上も、法令上も、当然の前提として要請されており、社会的了解事項」（社会常識）となっていたこと、当該銀行の預金規定における譲渡禁止条項の存在、窓口における本人確認の実施状況[31]といった諸点は、同時に、〔１〕当該銀行にとって顧客側の譲渡目的の存否は「重要な事項」に属していた、という点を推認させる間接事実でもある。

　しかし、〔１〕と〔２〕とは理論上は別個の事柄であり、その間接事実となる事情も両者の間で常に重なり合うわけではない。例えば申込書に、申込者が一定の資格を確約表明するためのチェック欄がある場合、当該資格を持たない者がこの欄にチェックを入れて申し込む行為は、外形的に「当該資格を持つことを表す行為」と解釈せざるを得ず、〔２〕の要件を充足すると言い得る。しかし、店側が形式的にチェック欄を設けていただけで、取引実態として顧客の当該資格の有無を殆ど重視しない運用が認められたとすれば、〔１〕の要件は充たされない。〔１〕の要件充足には、顧客に資格・属性の充足を求める店側の「真剣度」が要求されるのである。

### 2　その他の「他人名義」「譲渡目的」事例

　その後、他人名義、譲渡目的での財物の取得事例において１項詐欺罪を適用する判例が、通帳等以外の財物に関しても現れている。銀行との関係で妥当した

---

31　前田（巌）・前掲注(20) 325-326頁。

「公共的役割」の論拠は、これらの事例においても妥当するのだろうか。以下、瞥見する。
### （1） 他人名義・譲渡目的での携帯電話機の購入事例
　預金通帳と並んで、他人名義・譲渡目的での取得につき1項詐欺罪の成否が取り沙汰されているのが携帯電話機である。近時、③東京高判平成24・12・13高刑集65巻2号21頁は、第三者譲渡目的を秘し、携帯電話機10台を購入し交付を受けた行為について判断を下した。判旨は、顧客に「第三者に無断譲渡する意図」があるか否かは、「代理店が携帯電話機を販売交付するかどうかを決する上で、その判断の基礎となる重要な事項」であり、被告人が譲渡目的を秘し、自己名義で携帯電話機の購入を申し込む行為は、それ自体が「携帯電話機を自ら利用するように装う…人を欺く行為」だとしている。しかし本件では、対応した代理店の店長が、被告人の譲渡目的に「薄々感づいていながら、たとえそうであったとしても構わないとの意思で」交付した疑いがあるとして、被告人に1項詐欺未遂罪の成立が認められている。
　まず、譲渡目的を持つ顧客への携帯電話機の交付が、代理店にとってなぜ「目的不達成」と言えるか、である。平成17年に「携帯音声通信事業者による契約者等の本人確認及び携帯音声通信役務の不正な利用の防止に関する法律」（平成17年法律第31号、以下「携帯電話機不正利用防止法」）が制定され、契約締結時の本人確認義務（同法3条）、本人特定事項を偽ることの禁止、罰則（同法3条4項、19条）、自己が契約者名義である携帯電話機の無断譲渡の禁止、罰則（7条、20条）が導入された。同法は、匿名携帯電話機を、匿名口座と並ぶ振り込め詐欺の「(二大)ツール」と考え、振り込め詐欺対策という政策目的から携帯電話機の取引ルールを導入したものであり[32]、ここでは預金通帳に関して見られたのと酷似した取引規制環境があることを指摘できる[33]。
　尤も、これも既述の通り、「そのような正規の取引として承認を受けなくても

---

32　親家和仁「『携帯音声通信事業者による契約者等の本人確認等及び携帯音声通信役務の不正な利用の防止に関する法律』について」警論58巻8号（2005）52頁以下等参照。
33　この他、契約時の本人確認において「通話料金の未払い者に関するデータ」との照合を行い、契約後の通話料金の確実な支払いが期待される客かを確認した上で、客がその後の通話料金を支払うことを前提にした割引料金で携帯電話機を販売しているような場合には（窪田守雄「他人名義で携帯電話の利用契約を締結した者に2項詐欺罪の成立を認めた事例」研修614号〔1999〕125、128頁参照）、「相手の支払可能性の存否」という観点から既に、他人名義・譲渡目的での購入に詐欺罪を認めることができる。

よい」と考えて取引に臨む者においては、その承認のために必要な取引条件の充足は「重要な事項」でない。携帯電話機不正利用防止法の規制につき精確な理解を持たないまま、被告人らが無断譲渡目的で多数の携帯電話機を購入していることを未必的に認識しながら販売に応じた本件店長にとっては、無断譲渡目的を持つ相手に携帯電話機を交付してもそれは目指した取引そのものであり、目的の不達成はない。本判決が未遂罪を認めたのは、第三者譲渡目的の存否が、当該規制状況の下で一般的に想定される「法規制に従った取引を行おうと望む携帯電話機販売店の店長」であれば関心を寄せるべき「重要な事項」であるので、相手がその種の正規の取引を望む店長だった可能性を考えたからであり、未遂犯に関する一般論（危険判断の観点）から実行の着手（欺罔行為）を認めたものである。

**（２）国際線航空機搭乗券の譲渡事例**

更に、自己名義の国際線航空機搭乗券を他人に譲り渡す目的を隠して取得した、という行為について判断を下した近時の判例として、④最決平成22・7・29刑集64巻5号829頁がある。被告人Xは、Yと共謀のうえZをカナダに不法入国させることを企て、実際にはトランジット・エリア内で待機しているZに搭乗券を渡しZを「搭乗者として登録されたY」として搭乗させる意図があるのに、それを秘した上、Yに、空港のチェックインカウンターでYの航空券等を呈示させ、係員からYに対する搭乗券の交付を受けた、というもので、④決定はXを1項詐欺罪の共同正犯とした。判旨は、本件係員らが搭乗券請求者に航空券等の呈示を求め、請求者の厳重な本人確認をした上で搭乗券を交付していた事実を踏まえ、そのような事実関係からすれば「搭乗券の交付を請求する者自身が航空機に搭乗するかどうかは、本件係員らにおいてその交付の判断の基礎となる重要な事項」だったと言え、搭乗券を他者に渡し、その者を搭乗させる意図を秘して搭乗券の交付を請求する行為は「人を欺く行為」に当たる、とする。最高裁が、詐欺罪の成立には被害者側の錯誤が「交付の判断の基礎となる重要な事項」[34]に関するものであることを要する、という判断定式を明文で示したのは④決定が初めてである。

---

34　これとほぼ同じ文言は第1審（大阪地岸和田支判平成19・11・20刑集64巻5号855頁〔857頁〕）、控訴審（大阪高判平成20・3・18刑集64巻5号859頁〔860頁〕）に見られ、本件以前の最近の最高裁調査官解説にも登場していた（前田（巖）・前掲注(20) 320頁、藤井敏明「判解」最判解刑事篇平成16年度〔2009〕250-251頁）。

本件でも、航空券に記載された者と搭乗者との同一性が、なぜ航空会社にとって詐欺罪にいう「重要な事項」なのかが問われるが、判旨は「航空券に氏名が記載されている乗客以外の者の航空機への搭乗が航空機の運航の安全上重大な弊害をもたらす危険性を含む」こと、「本件航空会社がカナダ政府から同国への不法入国を防止するために搭乗券の発券を適切に行うことを義務付けられていたこと」から、搭乗者の同一性の確保は「本件航空会社の航空運送事業の経営上重要性を有していた」としている。④決定の調査官解説は、「各国当局の許可や規制の下において国際航空運送事業を営み、今日の国際間の運送において重要な役割を果たしており、その意味において、公共的性格を有」する航空会社としては、搭乗者の本人確認を行って「安全確保」及び「出入国管理に協力する義務」を果たすことが、その事業経営の「基盤」になっているとして、この判旨を説明する[35]。このような評価の背景には、近年の国際的なテロ対策強化との関係で航空機搭乗の場面における本人確認の要請が特別に高まり[36]、これを十分に実施しない航空会社は、「国際航空運送事業者」として承認された取引主体として自己表出することができない、という状況認識があるものと推察される。

　また、本件では、搭乗券という財物の特殊性が詐欺罪肯定に働いた点も無視できないように思われる。搭乗券は、その所持者が「航空券に氏名が記載されている乗客との同一性の確認を含めた搭乗手続きが完了して航空運送を提供すべき乗客本人として取り扱う」ことができる者である[37]、ということを専ら証明する（有資格性・人格の同一性についてのその後の再確認を省略する）目的で交付される財物であって、人格の同一性を保証した相手以外の者に譲渡されてしまうならば、その交付取引の「目的不達成」は明らかだからである[38]。

---

[35] 増田啓祐「判解」最判解刑事篇平成22年度（2013）184頁。上嶌一高「最近の裁判例に見る詐欺罪をめぐる諸問題」刑ジャ31号（2012）21頁も、当該取引条件の充足如何が「会社組織の存続・発展に重要な影響を及ぼすと認められる」のであれば、その条件充足は被害者にとって「重要な事項」と言えるとの見方を示す。

[36] 後藤有己「判研（最決平22・7・29）」警公65巻11号（2010）111頁、丸山嘉代「判研（最決平成22・7・29）」警論64巻7号（2011）172-174頁、和田雅樹「判研（最決平成22・7・29）」研修752号（2011）23頁。

[37] 増田・前掲注(35) 185頁。

## III 暴力団員によるゴルフ場利用事例・口座開設事例

　これまで見た諸事例は、被害者側の担う公共的役割ゆえに、一定の取引条件を充足していることがおよそ「当該種類の取引」として社会的に認知・許容されるための条件を構成し、必然的にその条件充足が被害者にとって「重要な事項」と言える場合であった。これに対し、取引に際して一定の条件充足が社会的に要請されているが、その要請は、当該条件を充足しない取引を「およそ社会的に許容されない取引」と観念させるほど高度なものとは言えない、という場合もある。以下、近時の最高裁判例を手がかりにこの種の場合について見ていくことにする。

### 1　ゴルフ場利用事件
#### （1）判旨に示された判断

　最高裁は近時、行為者が暴力団員であることを隠してゴルフ場を利用したという2件の事件に関し、それぞれ2項詐欺罪の成立を否定する判決（宮崎事件）と肯定する決定（長野事件）とを下した。

　⑤最判平成26・3・28刑集68巻3号582頁（宮崎事件）は、被告人X1（暴力団員）が、宮崎県内のゴルフ場A、Bにおいてフロントで「ビジター受付表」に氏名等を偽りなく記載して施設利用を申し込み、ゴルフを行った（利用料金は即日現金で支払われた）という事案につき、次のように判示して2項詐欺罪の成立を否定した。「…上記の事実関係の下において、暴力団関係者であるビジター利用客が、暴力団関係者であることを申告せずに、…氏名を含む所定事項を偽りなく記入した『ビジター受付表』等をフロント係の従業員に提出して施設利用を申し込む行為それ自体は、……申込者が当然に暴力団関係者でないことまで表しているとは認められない」から、「被告人…による本件各ゴルフ場の各施設利用申込み行為は、詐欺罪にいう人を欺く行為には当たらない」。

---

38　ここで詳論できないが、他人になりすまし、福岡市内の区役所から他人名義の「住民基本台帳カード」の交付を受けた行為につき1項詐欺罪を認めた、近時の福岡高判平成24・4・20高刑速（平成24年）233頁の結論も、同様の論理によって正当化できるように思われる。地方公共団体による「住民基本台帳カード」の交付目的が、専らそれを被交付者の「身分証明書」としての用に供する点にあるとすれば、その証明すべき人物とは異なる相手にこれを交付してしまった以上、同カードの交付に関して「目的不達成」があることは明らかである。

他方、⑥最決平成26・3・28刑集68巻3号646頁（長野事件）は、被告人X2（暴力団員）が長野県内のゴルフ場C（入会に際して暴力団員との交友関係の有無を確認し、「暴力団関係者等を同伴・紹介しない」旨の誓約書の提出を求めていた会員制ゴルフクラブ）の会員であるYの同伴者としてCを訪れ、自らはフロントに立ち寄らず、Yがフロントに出向いてX2ら当日参加者の氏名を乱雑に記入した「組合せ表」を提出し、フロントスタッフに「ご署名欄」への代署を依頼して施設利用を申し込み、ゴルフを行った（利用料金はYがカードで清算した）という事案につき、2項詐欺罪の成立を認めた。判旨は次のように述べる。「…以上のような事実関係からすれば、入会の際に暴力団関係者の同伴、紹介をしない旨誓約していた本件ゴルフ倶楽部の会員であるYが同伴者の施設利用を申し込むこと自体、その同伴者が暴力団関係者でないことを保証する旨の意思を表している上、利用客が暴力団関係者かどうかは、本件ゴルフ倶楽部の従業員において施設利用の許否の判断の基礎となる重要な事項であるから、同伴者が暴力団関係者であるのにこれを申告せずに施設利用を申し込む行為は……詐欺罪にいう人を欺く行為にほかなら」ない。

⑤、⑥事件における争点は、〔1〕本件における欺罔・錯誤の内容が、ゴルフ場にとっての「重要な事項」に関するものか、〔2〕外形的に見て、行為者の行為が欺罔として評価・解釈できるか（挙動による欺罔の認定の可否）、という2点である。

⑤判決は、ゴルフ場A・Bにつき、約款上の暴力団排除条項（暴排条項）の存在、暴力団関係者の立ち入りプレーを拒絶する旨の立て看板、宮崎県ゴルフ場防犯協会への加盟の事実を認めたが、他方、利用客に対して暴力団関係者でないことを確認する措置を講じていなかった、暴力団排除活動が徹底されていたわけではなかった等の間接事実を列挙し、このような状況下では、自己の氏名等を偽らずに施設利用を申し込んだX1の行為に、自分が「暴力団関係者でないこと」までの含意は伴わないとして、挙動による欺罔の存在を否定している。⑤判決は、文言上専ら〔2〕の論点にのみ言及しているようにも見える。しかし、この判旨の背後には、利用者が暴力団員であるか否かがゴルフ場A・Bにとって「重要な事項」だったかという点（論点〔1〕）に関しても、否定的な判断が含意されているという見方が有力である[39]。そうすると、暴排活動の徹底度の指標となる各種の間接事実（約款上の暴排条項の存在、暴力団関係者の立ち入りプレーを拒絶する

旨の立て看板や掲示、地域のゴルフ場防犯協会への加盟・反社データベースの共有等、業界団体内での暴排活動の効果的連携、利用客に対する「暴力団関係者でないこと」の確認措置〔口頭質問・申込書におけるチェック欄〕、会員契約・申込契約時における表明保証の要求、誓約書の徴求措置の実施如何、その他の具体的な排除対策の実施〔受付における暴排データベースとの照合措置、コース場での確認措置〕等〕は、論点〔2〕との関係で、行為者の申込行為を「挙動による欺罔」と解釈することを可能にする舞台状況の認定に関わるだけでなく（チェック欄・質問等による確認が実施されていた場合には、行為者側の申込みは「挙動による黙示的欺罔」どころか、否応なしに「明示的な欺罔」と言える形態へと変貌させられる可能性さえ認められる）、同時に、論点〔1〕との関係でも、そこまで暴排活動を徹底させている以上、申込者が暴力団関係者であるか否かが当該ゴルフ場にとって「判断の基礎となる重要な事項」だったと言える、という認定を可能にする間接事実としても機能すると考えられる。

　これに対して⑥決定は、約款上の暴排規定の存在、長野県防犯協議会事務局から提供される他の加盟ゴルフ場の暴排情報をデータベース化し、予約時・受付時に照合していたことのほか、暴力団員及びこれと交友関係のある者の入会を認めず、入会契約時に誓約書の提出を要求していた等の間接事実を基にして、入会時に暴力団関係者の同伴・紹介をしないと誓約した会員Ｙが施設利用を申し込む行為自体、「同伴者が暴力団関係者でない」旨を含意しているとして挙動による欺罔を認め[40]（論点〔2〕）、更に、利用客が暴力団関係者かどうかはＣの従業員において「判断の基礎となる重要な事項」だったと認定している。ここでも上記各種の間接事実は、論点〔1〕と論点〔2〕の両方に関係するものとして特段区別されずに援用されている。また⑥決定は、ゴルフ場が暴排に関心を持つのは、「利用客の中に暴力団関係者が混在することにより、一般利用客が畏怖するなど

---

39　山口・前掲注(10) 6頁、坪井麻友美「判研（最決・判平成26・3・28）」警公69巻9号（2014）93頁、松井洋「判研（最決・判平成26・3・28）」警論67巻8号（2014）115頁参照。
40　⑥決定では、Ｙの施設利用申込行為に「挙動による欺罔」が認められる根拠が、専ら「Ｙの入会契約時の表明保証、誓約書の提出」という事実に求められており、判旨の中で確認されている、Ｙの施設利用申込時の異常な方法（乱雑に記載したメモの提出、フロント係員への代筆依頼）という事実は、挙動による欺罔の認定にとって不可欠の事実ではないことになる（城祐一郎「暴力団関係者によるゴルフ場利用詐欺事件（前編）」捜研63巻7号〔2014〕47-48頁、渡邉雅之「判研（最決・判平成26・3・28）」銀法773号〔2014〕28-29頁参照）。⑥決定が、原判決は「結論において正当」と言うに止めたのも、原判決がＹの入会契約時の手続・誓約を度外視し、むしろＹの申込行為の際の態度の方を重視している点で、⑥決定とは構成が異なるからだとも考えられる。

して安全、快適なプレー環境が確保できなくなり、利用客の減少につながることや、ゴルフ倶楽部としての信用、格付け等が損なわれることを未然に防止する意図によるもの」であって、ゴルフ場の暴排行動は「ゴルフ倶楽部の経営上の観点からとられている措置」であると判示している。これは、およそゴルフ場にとって、利用客が暴力団員か否かが「重要な事項」であると言える「一般的な理由」を説明したものと言える。

### （2）ゴルフ場にとって「判断の基礎となる重要な事項」と言える理由

それでは、利用者が暴力団員であるか否かが、ゴルフ場にとってなぜ「処分判断の基礎となる重要な事項」となり得るのか。この点に関する議論をより詳しく確認しよう。考えられる論拠は2つである。

第1に、利用者が暴力団員か否かは、ゴルフ場の「経営上」重要な事項だという論拠である。⑥決定は、上記の通り、暴力団関係者の施設利用によって「利用客の減少」「信用・格付け等が損なわれる」ことを防止するためのゴルフ場の「経営上の」関心の存在を挙げる[41]。この判旨に賛成する各種評釈・解説においても、利用客のトラブル防止・プレー環境の整備といった観点からみて、暴力団関係者の利用排除は「経営判断上」合理的と言え、暴力団関係者とのトラブルが発生して「客足が遠のく」おそれもゴルフ場の「経営上重要な事項」であることを裏付けるとする[42]。これらの論拠に対しては、利用客減少による経営上の不利益というのは、「暴力団関係者に施設利用サービスを提供したこと」（今回の「財産上の利益」の処分行為）と直接的な対応関係にない遠隔・間接損害にすぎず、詐欺罪で問題となる財産的損害には当たらない、とする異論も提起されている[43]。

そこで、第2に指摘され得るのは、暴排の社会的機運、また社会的・法的要請が強まっている状況であり、ゴルフ場もこの要請を重視して営業せざるを得ない

---

41 ⑤事件の控訴審（福岡高判平成24・12・6刑集68巻3号636頁、有罪）も、一審の判示内容をまとめるという形ではあるが、同様の利害関心がゴルフ場にあることを認め、⑤判決の小貫反対意見も「ゴルフクラブの評判を低下させて営業成績への悪影響を及ぼす可能性の高さ」を指摘し、この事情がゴルフ場にとって暴力団排除に関心を寄せる「一応の合理的理由」を構成する、とする。
42 松井・前掲注(39) 158頁、城・前掲注(40) 39-40頁、伊藤渉「判研（最決・判平成26・3・28）」刑ジャ42号（2014）102頁（注13）参照。また、「会員の身分保障の下プレーを許されるゲストにプレーヤーを絞ることで、ゴルフ場の雰囲気や個性を維持し、プレー環境を整えることがゴルフ場経営の基礎とされていることは明らか」とも指摘される（松井・前掲注(39) 158頁、松本英男「判研（名古屋高判平成25・4・23）」研修785号〔2013〕22頁）。
43 田山・前掲注(1) 162頁、松原・前掲注(1) 57頁、四條・前掲注(1) 95頁、松宮・前掲注(1) 162、165頁、同「詐欺罪と機能的治安法」生田古稀375頁参照。

という点である[44]。ゴルフ場を取り巻く手がかりとなる事情としては以下のものが挙げられる。

（1）平成19年6月19日の「企業が反社会的勢力に対する被害を防止するための指針」（政府指針）は、「2（1）反社会的勢力による被害を防止するための基本的な考え方」において、「反社会的勢力とは、取引関係を含めて、一切の関係を持たない」との指針を明示し、これは「企業にとって表面上経済的合理性を有すると思われる取引」（通常取引）であっても「一切の関係遮断」を原則として掲げた点に画期的かつ重要な意義があるとされる[45]。しかし、政府指針それ自体は企業に対して直接の法的義務を課すものではない。

（2）次に、暴力団排除条例（暴排条例）による規制がある。宮崎県暴力団排除条例は、「利益の供与の禁止」規定（13条2項）で、事業者は「情を知って、暴力団の活動を助長し、又は暴力団の運営に資することとなる利益の供与をしてはならない。」と規定し、これに反する行為があった場合、公安委員会は必要な「勧告」ができ（19条）、「勧告を受けた者が正当な理由がなくてこれに従わなかったとき」は公安委員会は「その旨を公表することができる」（20条）とされている。罰則は存在しないが、暴力団の活動との関係につき公表された場合、結果として銀行取引の停止に至る等、経営上致命的な事態に至る可能性も高く、この規制の実効性は非常に強いと考えられる。しかし、この規定によって「公表」を受け、信用が低下するのは、「暴力団の活動を助長」するような利益供与をくり返した場合であり、すなわち「反社会的勢力と癒着している場合であって、騙された場合ではな」く[46]、暴力団関係者ではないと欺罔され利用を認めたに止まるゴルフ場との関係では、条例の予定する上記制裁が直ちに発動する可能性はない。また、条例が「利益の供与」として禁止するのは、あくまで「情を知って、暴力団の活動を助長し、又は暴力団の運営に資することとなる利益の供与を」することであり、暴力団関係者の主催であると知りながらゴルフコンペの開催企画の申

---

[44] ⑤事件の控訴審も、一審の判断をまとめるという形で、且つ「人を欺く」行為を認定する為の文脈であるが、宮崎県でも暴力団排除条例が制定され、暴排の社会的機運が高まっていた事情を挙げる。

[45] 貴志浩平「『企業が反社会的勢力による被害を防止するための指針』について」事業再生と債権管理22巻2号（2008）121号8頁、松田大介「『『企業が反社会的勢力による被害を防止するための指針』の解説」第一東京弁護士会会報423号（2008）71頁等。

[46] 佐伯・前掲注（1）法教115頁。

込みに応ずる場合等がその典型であって、暴力団員「個人」を利するに止まる契約（ゴルフ場が暴力団員に個人的にプレーをさせる場合）はこの種の規定による規制からは除外される、と説明される[47]。なお、長野県暴力団排除条例の制定・施行は⑥事件の実行行為の後であるため[48]、⑥事件当時、条例の規制が直接の法的要請の存在根拠とはなり得ない。そうすると、条例規定を根拠に、ゴルフ場による暴力団関係者利用の一律排除が法的義務として確立し、ゴルフ場には暴力団員のプレーを一律に拒絶する「公共的役割」があった、ということはできない[49]。

### （3）暴力団関係者でないことがゴルフ場にとって重要とされる条件

問題は、ゴルフ場を取り巻く以上の法的・社会的環境の現状から見て、「暴力団関係者でない者だけを契約相手にする」という条件の充足が、法的・社会的に承認されたゴルフ場経営を行っていると言えるための前提条件を構成するか、である。政府指針、暴排条例等[50]等に基づき、ゴルフ場への暴排の要請が一定程度高まっている状況が存在したことは確かだが、およそ暴力団関係者との施設利用契約が、ゴルフ場経営として法的に承認され得ないというだけの法的環境が認められるわけではない。これは、既に見た、他人名義・譲渡目的での口座開設をめぐって銀行が置かれている取引環境とは異なる。

しかし、例えば宮崎県条例の規制が一律の暴力団関係者排除を義務づけてはいないとしても、「暴力団の活動を助長するような」関係を持つことは禁止されている。そして、申込者に暴力団員が含まれている場合、それが暴力団員の個人的な利用なのか、それとも、密接関係者による接待ゴルフや暴力団関係者同士のゴルフコンペ（ゴルフ場が利益供与に該当し得る場合）なのかは、一見して分からない。利益供与に該当しないように、暴力団関係者の利用を「一律に」拒絶する対応を採用することも、ゴルフ場の経営方針として合理性が認められる[51]。そうす

---

47 犬塚浩ほか編『暴力団排除条例と実務対応』（2014）29、147頁等参照。
48 なお、その後制定された長野県条例の20条は、「特定事業者が講ずべき措置」として、ゴルフ場運営者は「暴力団の活動を助長し、又は暴力団の運営に資することとなる契約を締結しないよう努めなければならない」とし、契約締結をしない努力義務を規定している。
49 松宮・前掲注（1）165頁、前田雅英「判研（最決・判平成26・3・28）」捜研63巻6号（2014）32頁、土倉健太「判研（最決・判平成26・3・28）」捜研63巻8号（2014）8頁等参照。⑤判決の小貫反対意見も暴力団排除は「法的義務ではない」との前提で議論を展開する。
50 その他（⑥事件の行為後ではあるが）、社団法人日本ゴルフ場事業協会（当時）も「47都道府県『暴力団排除条例』施行について」（平成23年10月11日）を発出し、暴力団排除条例違反とならないために暴力団関係者排除の措置を各ゴルフ場に依頼している。

ると、暴力団員の一律排除は「およそゴルフ場経営の成否に関わる法的要請」とは言えないが、ゴルフ場の経営上これを追求することに合理性があり、個々のゴルフ場の暴排意識次第で「重要な事項」に当たると言える。ここでは、個々のゴルフ場が、施設利用契約に際して「暴力団関係者でないこと」という条件の充足を必須のものとし、その追求に真剣な関心を寄せたかが問題の核心であり、そのための間接事実となるのが各ゴルフ場の暴排の「徹底度」を示す事情だということになる[52]。

### 2　ゆうちょ銀行事件

⑦最決平成26・4・7刑集68巻4号715頁は、暴力団員である被告人Xが、ゆうちょ銀行において「私は、申込書3枚目裏面の内容（反社会的勢力でないことなど）を表明・確約した上、申込みます。」と記載のあるおなまえ欄に自己の氏名を記入して口座開設の申込書を作成・提出し、通帳・キャッシュカードの交付を受けた事案につき、1項詐欺罪の成立を認めたものである。⑦決定は、上述の政府指針の存在を明示的に援用した上で（これは、銀行一般にとって、口座開設者が暴力団員か否かが「重要な事項」となり得るという類型的判断を基礎づける一つの間接事実の摘示と解される）、次に、ゆうちょ銀行に見られる具体的対応の在り様を認定し、㈠行動憲章の規定、㈡貯金等共通規定の改定による暴排条項の導入、㈢警察への情報照会・確認のルール化、㈣口座開設申込書への表明・確約条項の導入の事実を挙げる。なお、申込行為が欺罔に当たるかという点に関しては、その直接の間接事実として上記㈣の点を挙げ得るほか、更に㈤本件局員は被告人に対し申込書の表明・確約条項を指でなぞって説明したという事実が援用されており、これらの事実は、被告人の申込行為が「挙動による欺罔」に当たる、ということを外形的に基礎づける事情の摘示ということができる。

本件に関しても、ゆうちょ銀行にとって、申込者が「暴力団関係者であるか否

---

51　本多一成「判研（最決平成26・3・28）」別冊金融・商事判例『反社会的勢力を巡る判例の分析と展開』（2014）22頁参照。
52　土倉・前掲注(49) 8 - 9 頁。⑥事件のCは、会員契約時に誓約書を徴求し、且つ個々の施設利用申込みの際にも申込者の氏名等と暴排情報との照合を徹底していたのに対し、⑤事件のA・Bゴルフ場は、申込者が暴力団員か否かを（申込用紙上のチェック欄、口頭質問によって）確認する措置を講じていない。この暴排措置の徹底度の違いは、利用者が「暴力団関係者であるか否か」が当該ゴルフ場にとって「重要な事項」か否かの判断を分ける要素となり得るものと思われる。なお、この事情は、同時に、申込行為が挙動による欺罔と評価できるための間接事実にも当たる。

か」が通帳・カードの「交付判断の基礎となる重要な事項」と言えるか、また、一般的に「暴力団関係者でない者だけを契約相手にする」という条件の充足が、法的・社会的に承認された銀行預金取引の前提条件を構成するか、が問題となる。ここでも幾つかの間接事情が手がかりとなる。（1）上述の政府指針を承け、金融庁は一部改正した「主要行向けの総合的な監督指針」の適用を開始した（平成20年3月26日、以下「改正監督指針」）。この改正監督指針によって反社対応は「法的義務に近づいた」と評され[53]、金融機関にとって、監督指針に適ったものと承認される金融取引を行う上で、暴力団との関係遮断が極めて重要な条件となったことは明らかである。更に、（2）暴排条例の規定は金融機関の取引にも妥当する。また、（3）全銀協は、普通預金規定に盛り込む暴力団排除条項（暴排条項）の参考例を策定した（平成21年9月24日）。全銀協参考例が示す暴排条項を導入しないことには当該銀行側に相当の理由が要求されるとすれば、この参考例の発出は、暴排条項導入の「法的義務」を課すものではないが、導入を強力に要請する事情であることは確かである。以上の諸事情からすると、銀行に対する暴排要請は、ゴルフ場に対する暴排要請よりも強く、且つ具体的ということができるように思われる。

　しかし、これらが「生活口座」（個人の日常生活に必要な範囲で利用する口座）も含め一律の取引拒絶を要請している、とは断定できない。全銀協参考例は一律の取引拒絶をモデルとするが、暴排条例は「暴力団の活動を助長する」等の場合に限って利益供与を禁止するに止まる。改正監督指針は「反社会的勢力とは一切の関係を持たず」と規定するが（Ⅲ3-1-4-2 主な着眼点（1））、生活口座の一律排除までは要請されていないとされる[54]。しかし、仮に代替手段のない生活口座として開設に応じた場合、金融機関はその後の口座モニタリングを行うことが当然の要請とされ[55]、その実施は容易でなく金融機関にとって「現実的に大きな負担」となる[56]。また、開設が許容される生活口座に明確な定義があるわけでなく限界が不明確であること、開設段階での排除（入口での謝絶）は容易だが一旦開設を

---

53　久保井聡明「政府指針・改正監督指針の意義と課題」NBL894号（2008）23頁参照。改正監督指針においては、政府指針を踏襲する形で反社会的勢力との関係遮断に関する評価項目、着眼点、重要事項等が加えられている。そして、Ⅲ-3-1-4-3「監督手法・対応」において、反社との関係遮断の態勢に問題がある場合に報告を求め、報告を検証した結果、重大な問題がある場合には業務改善命令の発出を検討すること、更にそのための業務の一部停止命令の発出、重大性・悪質性が認められる法令違反等に対しては厳正な処分も予定されている。

認めた後の関係遮断が困難であることから、生活口座も含めて排除対象にするという判断にも合理的理由があることは否定できない[57]。以上からすると、ここでの金融庁による監督は、一定の根本原理に照らし、個々の金融機関の措置がその原理に適っているか（規制の「枠」に収まっているか）を個別具体的に検査するのが実態だということができ[58]、その枠内で金融機関がどの程度まで「一律の暴排」を徹底させるかは、最終的には個別の金融機関の方針・運用にかかっている、ということになるのである。⑦決定も、金融機関に対して暴排の一般的要請があることは前提とした上で、その上でどこまでの関係排除が金融機関にとって「重要な事項」なのかは金融機関毎に異なる、との考え方を前提にしているように思われる。判示が「前記銀行においては」として、上述のようなゆうちょ銀行の運用実態を詳細に挙げたのも、あくまでゆうちょ銀行がどの範囲まで暴排を追求する対応策を採っているかに即して、申込者の属性が「重要な事項」に該当するか否かを判定しているからであろう[59]。

---

54 改正監督指針案のパブリックコメントに対する金融庁の回答（「金融庁の考え方」回答30・31）は、「口座の利用が個人の日常生活に必要な範囲内である等、反社会的勢力を不当に利するものではないと合理的に判断される場合にまで、一律に排除を求める趣旨ではありません。もっとも、口座開設の場合には、金融機関において、開設後属性等に応じた適切なモニタリングを行い、反社会的勢力を不当に利するものであることが判明した時点で、速やかに疑わしい取引の届出等の対応を行うとともに関係解消に向けた措置を講じる必要があり、そのための態勢整備を行うことが重要」とする。但し、杉原茂彦ほか「〈座談会〉銀行取引からの暴力団排除の取組み」銀法750号（2012）9頁〔杉原発言〕は、生活口座として開設が許容されるのは、代替性のない極めて限定的な場面と考えられるとする。
55 嶋田幸司「反社会的勢力による被害の防止にかかる監督指針の改正」金法1835号（2008）26頁、小田大輔「金融機関による反社会的勢力対応」金法1837号（2008）30頁。
56 岡田洋介「金融機関による反社会的勢力との取引排除に関する覚書」法政理論46巻3号（2014）47頁、杉原ほか・前掲注（54）9頁〔両部美勝発言〕等。
57 小川幸三＝荒井隆男「預金契約からの暴力団排除手続の実際」銀法750号（2012）38頁。⑦決定の第1審（大阪地判平成24・4・10刑集68巻4号721頁）も「預貯金口座の性質上」生活口座も「容易に他の目的に転用でき…いったん口座開設した後の転用の把握や解約が必ずしも容易でないこと」等から、「金融機関が反社会的勢力該当者との契約を一切拒んでいることにも合理的な理由がある」とする。
58 この領域に関する金融庁の監督に関しては、「具体的に明定された行為規制」として「法令上のルールそのものへの適合性、すなわち適法性が検証される」のではなく、「反社会的勢力との関係遮断という原理原則に適合する態勢が整備されているかが検証される」のが実態だとして、「プリンシプルベースの監督が妥当する領域」（小田・前掲注（55）27頁）との見方も示されている。
59 尤も、生活口座に限って暴力団関係者による開設も認める、という金融機関であったとしても、暴力団関係者がその属性を隠して開設申込みを行えばその後の不可欠なモニタリングが実施できなくなるため、申込者の暴力団関係者という属性如何はその種の金融機関にとっても「重要な事項」となる場合が殆どであろう。

## Ⅳ 結 論

　以上、被害者の置かれた「公共的」立場という論拠が、詐欺罪成否の判断において どのような理論的意味を持ち得るか、という問題意識の下、近時の判例を概観してきた。これまで見てきたところからは、判例の現状は以下のようなものとして説明できるように思われる。

　第1に、被害者の公共的役割に伴う法的・社会的要請が、被害者にとって「重要な事項」となり得るのは、被害者が実現を望んでいる取引が、類型的に、その種の要請に適合すること（要請された特定の取引条件を充足すること）で初めて、「当該類型に属する一個の取引がなされた」と認知される種類のものだった場合に限られる（判例①②③の事案等）。銀行の本人確認をめぐる規制環境がその例であり、この場合、特定の条件（本人確認）を充足しない限り、当該取引（預金獲得）を正規に行ったものとして、取引事実を社会的に承認・認知させることができない。従って、そのような取引事実を社会的に認知される形で実現するためには、当該取引主体（銀行）は問題の条件充足に「重大な関心」を抱かざるを得ないのであり、犯罪利用目的や第三者譲渡目的を伴う口座の開設に応じても、その対価としての預金が獲得されれば銀行にとって目的不達成はない、と言うことはできないのである。この種の不正利用口座だと分かれば、銀行はどのみち、その口座からの獲得資金を、法的・社会的に承認される形で自らの運用取引に投じることができないからである。

　第2に、しかし、そのような規制環境の下で、「法規制に反してでも取引に応じ、とにかく多くの資金を獲得する」といった意図を持つ（例外的な）取引主体が存在したとすれば、そのような取引主体にとっては、「正規の取引」として認知・承認されるための条件の充足は「重要な事項」ではない。但し、当該種類の取引を「正規に」行おうとする限り問題の条件の充足が不可欠なのであるから、その種の取引に関与する取引主体ならば「一般的には」その条件充足に重大な関心を寄せているはずである。従って、外形上この種類の取引に関与している取引主体に対して、問題の条件の充足を偽装した場合には、（少なくとも具体的危険説の発想からすれば）詐欺未遂罪を構成し得ることになる（④判決の論理はこれに当たる）。

　第3に、およそ一定の条件が充足されて初めて「取引主体が目指した種類の取

引がなされた」という社会的認知が生ずる、というわけではない場合には、その条件の充足が取引主体にとって「重要な事項」か否かは、取引主体本人が実現を目指している「取引像」にかかっている。しかし、その条件の充足について「一定の社会的要請」がある場合には、当該種類の取引に関与する一般的な取引主体であれば、その社会的要請に適った取引条件を少なくとも形式上は設けることになろう（例えば、判例⑤・⑥におけるゴルフ場の約款上の暴排条項等）。その結果、「その条件が充足されていないと分かっていれば、その主体は当該取引に応ずることはなかっただろう」という「条件関係的」定式は容易に認定されてしまう（⑤判決のゴルフ場A・Bに関しても「もし申込者が暴力団員だと分かれば、当該申込みに応じなかっただろう」との関係は認められ得る）。しかし⑤判決は、その種の「条件関係」が詐欺罪成立を基礎づけるに足りるとは考えていない。当該条件の充足が「重要な事項」と言えるために、取引主体が条件充足に寄せる関心に言わば「高度の本気度」があることが、間接事実に基づいて厳格に認定されることを要求したものと思われる[60]。この種の場合、当該条件充足を求める「一定の社会的要請」は存在することから、「当該条件充足を追求する取引」と「それを追求しない取引」との類型的な差異を社会通念上「捨象」できるものとは言えず、前者を希望する場合と後者を希望する場合とでは、取引主体が目指している取引が別種のものだと評価される素地はある。あとは、被害者本人が、真に前者の取引だけを指向していた、という実態の認定が必要になるのである（判例⑤⑥⑦の事案等）。

　最後に付言すれば（本稿で検討対象とした種類の事例ではないが）、およそ一定の条件が充足されて初めて「取引主体が目指した種類の取引がなされた」という社会的認知が生ずるわけでなく、且つ、その条件充足について社会的要請もない（その条件が取引主体が完全に任意又は恣意的に設定する類のものである）場合には、その条件の充足が「重要な事項」と言えるか否かは、「当該条件充足を追求する取引」と「それを追求しない取引」とが社会通念に照らして別種類の取引として認知され得るかにかかっている。被害者が参加しようとしている取引類型（例えば「住宅用の不動産売買取引」等々）において、その種の条件の充足如何が重視されない（問題とされていない）、又は、そのような条件に拘泥する限り、その取引類型の当

---

60　山口・前掲注(10) 6頁参照。条件関係的定式を充足することと、被害者にとって重要な事項に当たることとが一致しないという点について、近藤和哉「詐欺罪の法益理解のための覚え書き」神奈川法学39巻2・3合併号（2007）34頁、上嶌・前掲注(35) 20頁も参照。

事者としては承認を受けられず排除される、というような場合には、被害者があくまでその種類の取引の実現を目指していたと認定される限り、被害者がこだわっていたと称する当該条件の充足は当人にとっても「重要な事項」でなかった、と認めざるを得ない[61]。

現行法上、窃盗罪・強盗罪・恐喝罪から詐欺罪を分ける特徴は、詐欺罪が何らかの意味で「当事者間の取引」の外形をもって犯される、という点にある。詐欺罪は、被害者の交付・処分行為を要求することで一定の取引プロセスを介した財物・利益の移転を要件としており、被害者の意思に合致した、（当人にとって対価関係に立つ財産の交換という意味で）「正常な」取引を「偽装」することを手段として、被害者自身の意思決定により財物・利益の移転を実現させる犯罪である（これに対し窃盗・強盗の盗取罪は、取引の外形を採らない財物等の端的な奪取を内実とする。また恐喝は、被害者の交付・処分行為を予定するが、行為者側がもはや「正常な取引」の外形を取り繕わず、不法・異常な財産移転であることを偽装しない点で詐欺と異なる）。つまり詐欺罪を他の占有移転罪から分けている内実は、「被害者の意思に合致した取引外形をとって財産移転がなされるが、実際には被害者の追求する取引目的が達成されない」（被害者の想定した取引が生じていない）という点にある。被害者の「公共的役割」は、行為者から一定の条件充足を偽装されて被害者が実現した取引が、社会通念に照らして「被害者の想定する取引」だと言えるか否かを判定する際の、1つの重要な考慮要素として位置づけられることになる。

---

61 これに対し、そのように任意・恣意的に設定された条件であっても、それが取引当事者間（被害者・行為者間）で取引条件として明示され共通認識となっていた場合には、当該条件の充足は被害者にとって「重要な事項」と認める余地があると考えられる。足立友子「詐欺罪における欺罔行為について（五・完）」名古屋大学法政論集215号（2006）413、415-416頁、同「詐欺罪における『欺罔』と『財産的損害』をめぐる考察」理論刑法学の探究⑥（2013）153頁参照。

# 暴力団排除における詐欺罪適用の限界

笹　井　武　人

I　はじめに
II　2つの最高裁判例
III　判例の検討
IV　詐欺罪適用の限界
V　おわりに

## I　はじめに

　2011年10月、全国すべての都道府県において暴力団排除条例が施行され[1]、2012年10月には、改正暴力団対策法が施行されるなど、暴力団を社会から排除しようとする動きが進む中、企業における反社会的勢力との取引を拒絶することの社会的重要性は日増しに強くなっている。他方、近年、詐欺罪に関する重要な最高裁判例が相次いで出されており[2]、詐欺罪における財産的損害に関する学説も錯綜を極めているといってよい[3]。そのような中、平成26年、最高裁において、暴力団員が自らが暴力団員であることを秘し、あるいは、暴力団員でないことを表明した2つの事案に関し、詐欺罪を認める決定が相次いで出された。1つは、暴力団員のゴルフ場利用に2項詐欺罪を認めた最決平成26年3月28日（刑集第68巻3号646頁）、他の1つは、暴力団員が口座開設等を申し込み通帳等の交付を受けた行為に1項詐欺罪を認めた最決平成26年4月7日（刑集第68巻4号715頁）である。
　現代社会における「暴力団排除」の重要性については、論を俟たないところで

---

[1]　2011年10月1日、東京都と沖縄県において施行されたことにより、全国すべての都道府県で施行されることとなった。
[2]　最判平成13年7月19日（刑集第55巻5号371頁）、最決平成14年10月21日（刑集第56巻8号670頁）、最決平成16年7月7日（刑集第58巻5号309頁）、最決平成19年7月10日（刑集第61巻5号405頁）、最決平成19年7月17日（刑集第61巻5号521頁）、最決平成22年7月29日（刑集第64巻5号829頁）など。

あり、刑事政策的観点からも刑罰法規により「暴力団排除」を行うことの合理性は是認されるものと思われる。しかしながら、これら 2 つの判例の事案には、そもそも詐欺罪における「財産的損害」が認められるのかという根本的に重大な疑問がある。言うまでもなく、刑罰法規には罪刑法定主義及び適正手続保障の要請が働くのであり、詐欺罪が財産犯である以上、「財産的損害」が財産犯としての限定解釈機能を果たすことが何よりも重要である。「暴力団排除」という社会的、刑事政策的要請を重視する余り、刑罰法規の自由保障機能が害されるとすれば、それこそ重大な問題であると言わざるを得ない[4]。

もとより、これら 2 つの判例の事案には、「財産的損害」以外にも「人を欺く行為（欺罔行為）」「故意」等、詐欺罪の他の要件等との関係で検討すべきいくつかの問題があるが、紙幅の関係もあり、ここでは、「財産的損害」に特化して検討することとしたい。

## Ⅱ　2つの最高裁判例

### 1　ゴルフ場利用詐欺事件・最決平成26年3月28日（刑集第68巻3号646頁）
（1）事案の概要

暴力団員 X が、M ゴルフ倶楽部の会員である A と共謀の上、長野県内の M ゴルフ倶楽部において、同倶楽部はそのゴルフ場利用約款等により暴力団員の入場及び施設利用を禁止しているにもかかわらず、真実は X が暴力団員であるのにそれを秘し、A において、同倶楽部従業員に対し、「○○○○」等と記載した

---

[3] 木村光江「詐欺罪における損害概念と処罰範囲の変化」法曹時報第60巻第 4 号（2008年）1060頁以下、星周一郎「詐欺罪の機能と損害概念」研修738号（2009年） 4 頁以下、橋爪隆「詐欺罪成立の限界について」『植村立郎判事退官記念論文集　現代刑事法の諸問題　第 1 巻　第 1 編』（2011年）175頁以下、上嶌一高「最近の裁判例に見る詐欺罪をめぐる諸問題」刑事法ジャーナル31号（2012年）12頁以下、渡辺靖明「詐欺罪における実質的個別財産説の錯綜」横浜国際経済法学第20巻第 3 号（2012年）122頁以下、足立友子「詐欺罪における『欺罔』と『財産的損害』をめぐる考察」『理論刑法学の探究⑥』（2013年）133頁以下、佐瀬恵子「詐欺罪における財産の損害」創価大学通信教育部論集第16号（2013年）107頁以下、田山聡美「詐欺罪における財産的損害」『曽根威彦先生・田口守一先生古稀祝賀論文集　上巻』（2014年）152頁以下、設楽裕文＝淵脇千寿保「詐欺罪における法益侵害と財産的損害」Law & Practice 8 号（2014年）171頁以下など。

[4] 同様の問題提起をするものとして、松宮孝明「暴力団員のゴルフ場利用と詐欺罪」『刑事法理論の探求と発見　斉藤豊治先生古稀祝賀論文集』（2012年）148頁、門田成人「詐欺罪の適用範囲と罪刑法定原則・適正処罰原則」法学セミナー702号（2013年）113頁など。

組合せ表を提出し、Xの署名簿への代署を依頼するなどして、Xによるゴルフ場の施設利用を申し込み、同倶楽部従業員をして、Xが暴力団員ではないと誤信させ、Xと同倶楽部との間でゴルフ場利用契約を成立させた上、Xにおいて同倶楽部の施設を利用した、という事案である。

**（2）認定されている事実**

　Mゴルフ倶楽部では、暴力団員及びこれと交友関係のある者の入会を認めておらず、入会の際には「暴力団または暴力団員との交友関係がありますか」という項目を含むアンケートへの回答を求めるとともに、「私は、暴力団等とは一切関係ありません。また、暴力団関係者等を同伴・紹介して貴倶楽部に迷惑をお掛けするようなことはいたしません」と記載された誓約書に署名押印させた上、提出させていた。ゴルフ場利用約款でも、暴力団員の入場及び施設利用を禁止していた。共犯者のAは、Mゴルフ倶楽部の入会審査を申請した際、上記アンケートの項目に対し、「ない」と回答した上、上記誓約書に署名押印して提出し、同倶楽部の会員となった。

　Xは、暴力団員であり、長野県内のゴルフ場では暴力団関係者の施設利用に厳しい姿勢を示しており、施設利用を拒絶される可能性があることを認識していたが、Aから誘われ、本件当日、その同伴者として、Mゴルフ倶楽部を訪れた。Mゴルフ倶楽部のゴルフ場利用約款では、他のゴルフ場と同様、利用客は、会員、ビジターを問わず、フロントにおいて、「ご署名簿」に自署して施設利用を申し込むこととされていた。しかし、Aは、施設利用の申込みに際し、Xが暴力団員であることが発覚するのを恐れ、その事実を申告せず、フロントにおいて、自分については、「ご署名簿（メンバー）」に自ら署名しながら、Xら同伴者5名については、事前予約の際に本件ゴルフ倶楽部で用意していた「予約承り書」の「組合せ表」欄に、「△△」「××○○××」などと氏又は名を交錯させるなどして乱雑に書き込んだ上、これを同倶楽部従業員に渡して「ご署名簿」への代署を依頼するという異例な方法をとり、Xがフロントに赴き署名をしないで済むようにし、X分の施設利用を申し込み、会員の同伴者である以上暴力団関係者は含まれていないと信じた同倶楽部従業員をして施設利用を許諾させた。なお、Aは、申込みの際、同倶楽部従業員から同伴者に暴力団関係者がいないか改めて確認されたことはなく、自ら同伴者に暴力団関係者はいない旨虚偽の申出をしたこともなかった。他方、Xは、Mゴルフ倶楽部に到着後、クラブハウ

スに寄らず、直接練習場に行って練習を始め、Aに施設利用の申込みを任せていた。その後、フロントに立ち寄ることなく、クラブハウスを通過し、プレーを開始した。なお、Xの施設利用料金等は、翌日、Aがクレジットカードで精算している。

ゴルフ場が暴力団関係者の施設利用を拒絶するのは、利用客の中に暴力団関係者が混在することにより、一般利用客が畏怖するなどして安全、快適なプレー環境が確保できなくなり、利用客の減少につながることや、ゴルフ倶楽部としての信用、格付け等が損なわれることを未然に防止する意図によるものであって、ゴルフ倶楽部の経営上の観点からとられている措置である。本件ゴルフ倶楽部においては、ゴルフ場利用約款で暴力団員の入場及び施設利用を禁止する旨規定し、入会審査に当たり上記のとおり暴力団関係者を同伴、紹介しない旨誓約させるなどの方策を講じていたほか、長野県防犯協議会事務局から提供される他の加盟ゴルフ場による暴力団排除情報をデータベース化した上、予約時又は受付時に利用客の氏名がそのデータベースに登録されていないか確認するなどして暴力団関係者の利用を未然に防いでいたところ、本件においても、Xが暴力団員であることが分かれば、その施設利用に応じることはなかった。

（3）判示事項

入会の際に暴力団関係者の同伴、紹介をしない旨誓約していた本件ゴルフ倶楽部の会員であるAが同伴者の施設利用を申し込むこと自体、その同伴者が暴力団関係者でないことを保証する旨の意思を表している上、利用客が暴力団関係者かどうかは、本件ゴルフ倶楽部の従業員において施設利用の許否の判断の基礎となる重要な事項であるから、同伴者が暴力団関係者であるのにこれを申告せずに施設利用を申し込む行為は、その同伴者が暴力団関係者でないことを従業員に誤信させようとするものであり、詐欺罪にいう人を欺く行為にほかならず、これによって施設利用契約を成立させ、Aと意を通じたXにおいて施設利用をした行為が刑法246条2項の詐欺罪を構成することは明らかである。

## 2　預金通帳等騙取事件・最決平成26年4月7日（刑集第68巻4号715頁）
（1）事案の概要

約款で暴力団員からの貯金の新規預入申込みを拒絶する旨定めている銀行の担当者に暴力団員であるのに暴力団員でないことを表明、確約して口座開設等を申

し込み通帳等の交付を受けた、という事案である。
(2) 認定されている事実
　暴力団員であるYは、自己名義の総合口座通帳及びキャッシュカードを取得するため、郵便局において、B銀行から口座開設手続等の委託を受けている同局局員に対し、真実は自己が暴力団員であるのにこれを秘し、総合口座利用申込書の「私は、申込書3枚目裏面の内容（反社会的勢力でないことなど）を表明・確約した上、申込みます。」と記載のある「おなまえ」欄に自己の氏名を記入するなどして、自己が暴力団員でないものと装い、前記申込書を提出してY名義の総合口座の開設及びこれに伴う総合口座通帳等の交付を申し込み、前記局員らに、Yが暴力団員でないものと誤信させ、よって、その頃、同所において、前記局員からY名義の総合口座通帳1通の交付を受け、さらに、同月18日、当時のY方において、同人名義のキャッシュカード1枚の郵送交付を受けた。
　政府は、平成19年6月、企業にとっては、社会的責任や企業防衛の観点から必要不可欠な要請であるなどとして「企業が反社会的勢力による被害を防止するための指針」等を策定した。前記銀行においては、従前より企業の社会的責任等の観点から行動憲章を定めて反社会的勢力との関係遮断に取り組んでいたところ、前記指針の策定を踏まえ、平成22年4月1日、貯金等共通規定等を改訂して、貯金は、預金者が暴力団員を含む反社会的勢力に該当しないなどの条件を満たす場合に限り、利用することができ、その条件を満たさない場合には、貯金の新規預入申込みを拒絶することとし、同年5月6日からは、申込者に対し、通常貯金等の新規申込み時に、暴力団員を含む反社会的勢力でないこと等の表明、確約を求めることとしていた。また、前記銀行では、利用者が反社会的勢力に属する疑いがあるときには、関係警察署等に照会、確認することとされていた。そして、本件当時に利用されていた総合口座利用申込書には、前記のとおり、1枚目の「おなまえ」欄の枠内に「私は、申込書3枚目裏面の内容（反社会的勢力でないことなど）を表明・確約した上、申込みます。」と記載があり、3枚目裏面には、「反社会的勢力ではないことの表明・確約について」との標題の下、自己が暴力団員等でないことなどを表明、確約し、これが虚偽であることなどが判明した場合には、貯金の取扱いが停止され、又は、全額払戻しされても異議を述べないことなどが記載されていた。さらに、Yに応対した局員は、本件申込みの際、Yに対し、前記申込書3枚目裏面の記述を指でなぞって示すなどの方法により、暴力団

員等の反社会的勢力でないことを確認しており、その時点で、Yが暴力団員だと分かっていれば、総合口座の開設や、総合口座通帳及びキャッシュカードの交付に応じることはなかった。

**（3）判示事項**

総合口座の開設並びにこれに伴う総合口座通帳及びキャッシュカードの交付を申し込む者が暴力団員を含む反社会的勢力であるかどうかは、本件局員らにおいてその交付の判断の基礎となる重要な事項であるというべきであるから、暴力団員である者が、自己が暴力団員でないことを表明、確約して上記申込みを行う行為は、詐欺罪にいう人を欺く行為に当たり、これにより総合口座通帳及びキャッシュカードの交付を受けた行為が刑法246条1項の詐欺罪を構成することは明らかである。

## Ⅲ　判例の検討

### 1　はじめに

前記ゴルフ場利用詐欺事件及び預金通帳等騙取事件の2つの判例の事案において、詐欺罪における「財産的損害」が認められるかどうかを検討するにあたり、現在の有力な学説の状況につき、簡単に確認しておくことにしよう。現在の財産的損害をめぐる有力な学説は、次の4つに大きく分類されるとされる[5]。すなわち、形式的個別財産説、全体財産説、実質的個別財産説、法益関係的錯誤説の4つである。

形式的個別財産説は、団藤重光博士に代表されるように戦後の通説的見解であったと思われる。詐欺罪には財産的損害の発生が必要との前提に立った上で、相当な対価が支払われている場合でも、当該財物の喪失自体が財産的損害と捉える立場である。全体財産説は、詐欺罪は、個別財産に対する罪ではなく、全体財産に対する罪と解する立場である。もっとも、相当対価が提供されている場合でも、被害者が提供した財産のみならず、被害者が受領した反対給付にも着目し、被害者の主観も考慮した上で判断することを前提としているため、結論としては、実質的個別財産説と大きく変わるものではないとされている[6]。実質的個別

---

5　田山・前掲注（3）152頁。

財産説は、詐欺罪を個別財産に対する罪と理解しつつ、「実質的な」損害概念を追求し、詐欺罪の成立に一定の限定を加えていこうとする立場である。法益関係的錯誤説は、実質的個別財産説と共通の問題意識を持ち、詐欺罪の成立範囲を限定する必要性を主張しつつ、そのような実質的な考慮を詐欺罪の「錯誤」の要件の中に読み込むべきであるとする立場である。

現在の有力な学説を大きく４つに分類すれば以上のとおりであるとしても、実質的個別財産説においては、「実質的」損害とは何かを考えるにあたっては、論者によりかなりの差がみられ[7]、法益関係的錯誤説においても、法益関係性をどのように理解するかによって、論者により詐欺罪の成立範囲に差がみられる[8]。このように、実質的個別財産説及び法益関係的錯誤説は、論者により、詐欺罪の成立範囲に大きな差が生じるが、このような詐欺罪の財産的損害を実質的に考える見解のそもそもの問題意識は、形式説では財産に対する罪を超えて、被害者の意思自由ないし処分の自由を侵害する罪として詐欺罪の成立範囲が不当に拡張してしまうとの懸念にあったものと思われる[9]。しかしながら、これら詐欺罪の財産的損害を実質的に考える見解からの近時の最高裁判例[10]の事案に対する詐欺罪の成否が論者によって異なること[11]をとってみても明らかなとおり、詐欺罪の財産的損害を実質的に考える見解によっても、「財産的損害」が財産犯としての限定解釈機能を果たすことに必ずしも成功しているとは思われない。

また、他方、形式的個別財産説によっても、「財物の交付自体」「財物の喪失自体」を財産的損害とは考えず、財物の喪失によって「その財物に対する使用・収益・処分」といった「所有権その他の本権の事実的機能が害される」ことを財産的損害と捉えるならば、交付者の交付目的という主観的なものを重視する法益関係的錯誤説などよりも、「財産的損害」が財産犯としての限定解釈機能を果たすことに資するように思われる[12]。

---

6 田山・前掲注（３）154頁。
7 田山・前掲注（３）155頁。
8 田山・前掲注（３）156頁。
9 渡辺・前掲注（３）161頁。
10 前掲注（２）の判例。
11 渡辺・前掲注（３）123頁以下。
12 同旨、設楽＝淵脇・前掲注（３）182頁。

## 2　ゴルフ場利用詐欺事件の検討
### （1）最決平成26年3月28日（刑集第68巻3号646頁）の立場

　最近の最高裁判例における顕著な特徴として、詐欺罪の成立を認めるにあたり、真実を告知するならば相手は交付しなかったであろうという事情（詐欺罪の公式）を指摘するものが多いとの分析がなされており[13]、ゴルフ場利用詐欺との関係で言えば、暴力団関係者であることを告知するならば、相手はゴルフ場の利用を認めなかったであろうということになると思われる。最近の判例におけるこのような傾向の淵源として考えられるのは、最高裁昭和34年9月28日決定（刑集13巻11号2993頁）の影響であると指摘されている[14]。この昭和34年最高裁決定は、相当対価の提供があったにもかかわらず、詐欺罪の成立を認めたものであり、最高裁として詐欺罪がいわゆる個別財産に対する罪と解する立場を明らかにしたものである。

　本決定は、「被告人が暴力団員であることが分かれば、その施設利用に応じることはなかった。」との前提事実を認定しており、上記詐欺罪の公式にしたがって判断しているものと解される。また、本決定は、「利用客が暴力団関係者かどうかは、本件ゴルフ倶楽部の従業員において施設利用の許否の判断の基礎となる重要な事項であるから、同伴者が暴力団関係者であるのにこれを申告せずに施設利用を申し込む行為は、その同伴者が暴力団関係者でないことを従業員に誤信させようとするものであり、詐欺罪にいう人を欺く行為にほかならず、」と判示しているところ、前提事実として「ゴルフ場が暴力団関係者の施設利用を拒絶するのは、利用客の中に暴力団関係者が混在することにより、一般利用客が畏怖するなどして安全、快適なプレー環境が確保できなくなり、利用客の減少につながることや、ゴルフ倶楽部としての信用、格付け等が損なわれることを未然に防止する意図によるものであって、ゴルフ倶楽部の経営上の観点からとられている措置である。」と認定していることからすれば、「財産的損害」に関しては、単純に形式的個別財産説的な考え方をとっていると理解するよりは、「経営上の重要性」という観点からみた「ゴルフ場施設利用の許諾」という財産権行使の合理的目的が達せられたかという実質的個別財産説的な考え方を意識しているものと解する

---

13　林幹人「詐欺罪の現状」判例タイムズ1272号（2008年）63頁。
14　林・前掲注(13) 63頁。

方が妥当であろう。

### （2）本件事案の検討

　純粋な形式的個別財産説はともかく、詐欺罪の財産的損害を実質的に考える見解によれば、本件事案に詐欺罪の成立を認めるかどうかは、本決定と同様に詐欺罪の成立を肯定する立場と、本決定とは異なり詐欺罪の成立を否定する立場に分かれるものと解される。詐欺罪の成立を否定することになる理由としては、「利用客の中に暴力団関係者が混在することにより、一般利用客が畏怖するなどして安全、快適なプレー環境が確保できなくなり、利用客の減少につながること」や「ゴルフ倶楽部としての信用、格付け等が損なわれること」などは、将来的に発生する可能性のある抽象的な間接損害に過ぎないから処分行為との直接性を有せず、詐欺罪における財産の損害とは評価できない[15]、あるいは、ゴルフ場が客に施設利用させる目的は、プレー料金収受に尽きており、ゴルフ場の財産権の行使において合理的な目的でない[16]等と説明することになろう。

　ところで、本件事案のような暴力団関係者によるゴルフ場の利用に関し、なぜこれが拒否されるのかという点に関しては、ゴルフ場側としては、暴力団関係者がゴルフ場でプレーをすることにより、一般人との間でトラブルが生じる危険があることから、これを未然に予防し、また、一般人にも安心してプレーをしてもらうというプレー環境を整備する必要性や社会的にも暴力団排除の要請が強まっていることに応じることもゴルフ場経営に当たっては重要な事柄であるため、そのような理由などから、暴力団関係者の利用を排除しようとしているものと考えられる[17]。しかしながら、このような理由が、詐欺罪における財産的損害を認める実質的な理由であるとするならば、やはり、それに対しては、詐欺罪と偽計業務妨害罪を混同するものであるとの批判[18]が妥当するように思われる。

　仮に、暴力団関係者が暴力団関係者であることを隠した上で何らかの欺罔手段を用いて、プレー代金を支払わずに、ゴルフ場でプレーした場合、2項詐欺罪が成立することについてはおそらく争いがないであろう。その場合、一般的にはプ

---

15　松宮・前掲注（4）161頁以下。
16　大下英希「詐欺罪における財産上の損害」TKC ローライブラリー新・判例解説 Watch 刑法 No. 75（2014年）4頁脚注（9）。
17　城祐一郎「間接証拠による事実認定上の諸問題」捜査研究760号（2014年）39頁。
18　松宮・前掲注（4）164頁以下。

レー代金相当額が財産的損害ということになるものと思われる。しかしながら、この場合に、詐欺罪の成否（財産的損害の発生の有無）を検討するにあたり、プレー代金相当額を超えて、将来の利用客の減少等の損害を財産的損害として考慮することはしないであろう。結局のところ、本件事案は、詐欺罪の成否との関係で言えば、いわゆる未成年者事例[19]とまったく同様に考えざるを得ない事案なのである[20]。

もっとも、よくよく考えてみると、ゴルフ場側としての暴力団関係者がゴルフ場でプレーをすることによる一般人との間でトラブルが生じる危険の予防や一般人にも安心してプレーをしてもらうというプレー環境を整備する必要性といった問題は、本来、ゴルフ場の施設管理権によって対応すべき問題であると考えられる。そうだとすると、本件事案で、ゴルフ場が侵害されたものは、施設管理権そのものだということになろう。本件事案は、詐欺罪ではなく、建造物侵入罪や業務妨害罪によって対応すべき事案なのである。このことは、暴力団関係者が無断でゴルフ場に入り込み、プレー代金を支払わずに勝手にプレーした場合には、建造物侵入罪や業務妨害罪でしか処罰できないこととも均衡がとれているように思われる。

## 3 預金通帳等騙取事件の検討

### （1）最決平成26年4月7日（刑集第68巻4号715頁）の立場

本決定は、「被告人が暴力団員だと分かっていれば、総合口座の開設や、総合口座通帳及びキャッシュカードの交付に応じることはなかった。」との前提事実を認定しており、上記詐欺罪の公式にしたがって判断しているものと解される。

また、財産的損害については、総合口座通帳及びキャッシュカードの交付を受けた行為に1項詐欺罪の成立を認めていることから、預金通帳等が刑法246条1項の財物に当たることを当然の前提としているものと解される。なお、この点に関しては、他人名義の預金通帳を入手する行為について詐欺罪の成立を認めた最

---

[19] 未成年者が年齢を偽り酒を購入したような場合、詐欺罪が成立しないことについては広い一致があるとされる。林・前掲注(13) 64頁。

[20] 木村・前掲注(3) 1060頁は、未成年者事例と一緒に「暴力団員お断り」の掲示のある店で暴力団員がそのことを隠して相当の代金を支払って商品を購入する事例を論じていることからすれば、財産的損害の考え方に関しては、両事例を同一の類型と考えているものと思われる。

決平成14年10月21日（刑集第56巻8号670頁）が、「預金通帳は、それ自体として所有権の対象となり得るものにとどまらず、これを利用して預金の預入れ、払戻しを受けられるなどの財産的な価値を有するものと認められるから、他人名義で預金口座を開設し、それに伴って銀行から交付される場合であっても、刑法246条1項の財物に当たると解するのが相当である。」と判示しており、本決定もこれにしたがった判断を行ったものと思われるが、わざわざ「これを利用して預金の預入れ、払戻しを受けられるなどの財産的な価値」と判示していることからすれば、判例の立場は、必ずしも単純に形式的個別財産説的な考え方をとっているとは言えないであろう。

### （2）本件事案の検討

他人名義の預金通帳を入手した事件（前掲最決平成14年10月21日）及び自己名義の預金通帳等を入手した事件（最決平成19年7月17日・刑集第61巻5号521頁）においては、銀行が直接的に財産的な不利益を受けるわけではなく銀行には財産的損害が発生していないと思われる[21]。他方、財産的損害を認める見解として、「現在では、預金通帳等の名義人と利用者を違えることにより、振り込め詐欺等の犯罪が犯される事例が多くなってきており、その事態に対処するため銀行の経済的負担は重大なものとなっている、さらには、大量の取引を行う金融機関にとって、自由に預金債権譲渡がされると新預金者を確認する事務処理が負担となるので、その負担の危険を捉えて財産的損害を認めることは可能」との見解[22]や「本人確認法の制定後、銀行に対しては、公共機関として、口座を犯罪等に利用させないという信頼が寄せられており、それが破られれば、当該銀行に対する取引者の信頼は失われる時代となっており、銀行自身も、自己名義の通帳等を他人に譲渡して使用させることは、認めないはずであるから、口座を不正利用されないという目的が達成されなかったことにより、通帳等の占有の喪失という事態が、財産的損害と評価される」との見解[23]等が見受けられる。

本件事案においても、銀行が直接的に財産的な不利益を受けるわけではなく銀行には財産的損害が発生していないと言わざるを得ない。たしかに、反社会的勢力との取引を拒絶することの社会的重要性、また、銀行が社会的に一定の公的地

---

21 最決平成14年10月21日につき、松原芳博「時の判例」法学教室274号（2003年）138頁。
22 林・前掲注(13) 65頁。
23 松澤伸「振込め詐欺を巡る諸問題」早稲田大学社会安全政策研究所紀要第5号（2013年）9頁。

位を占めていることに鑑みれば、財産的損害を認めうるとの見解も成り立ちうるのであろう[24]。しかしながら、その場合でも、論者が自ら指摘するように[25]、他人名義や譲渡目的を秘した口座開設の場合との間には、少なくとも一線を画する必要はあるものと思われる。

結局のところ、本件事案においても、「反社会的勢力との取引を行うことにより、顧客の信頼を失い、取引の減少につながること」や「公共性の高い金融機関としての信用等が損なわれること」などは、将来的に発生する可能性のある抽象的な間接損害に過ぎず、処分行為との直接性を有せず、詐欺罪における財産的損害とは評価できないと考えられるし、金融機関が口座開設等を行う目的は、預金の獲得に尽きているとも考えられる。要するに、本件事案もまた、前記ゴルフ場利用詐欺の事案と同様、詐欺罪の成否との関係で言えば、いわゆる未成年者事例とまったく同様に考えざるを得ない事案なのである。

## Ⅳ 詐欺罪適用の限界

自己名義の預金通帳等を入手した事件（前掲最決平成19年7月17日）の事案に関して言えば、少なくとも数年前までは、詐欺罪の成立を議論する余地もなかったのではないかとの指摘もある[26]。また、詐欺罪は、その時代の世相を反映する犯罪類型であり、他人名義の預金通帳を入手した事件（前掲最決平成14年10月21日）及び自己名義の預金通帳等を入手した事件（前掲最決平成19年7月17日）に関して言えば、金融事犯での利用や振込め詐欺などの犯罪防止という観点において、仮名・借名口座の開設に関する社会的意味に変化が生じたのであり、かかる2つの最高裁決定は、不正に口座を開設した者に対する預金通帳の交付に関して銀行に実質的な財産的損害の発生を認めることで、そのような変化に的確に対応したものとの評価もある[27]。

---

24 橋爪・前掲注（3）198頁。
25 橋爪・前掲注（3）199頁。なお、同199頁脚注(67)によれば、暴力団構成員による生活口座の開設の場合には、より慎重に検討すべきとされる。
26 木村・前掲注（3）1059頁。
27 星・前掲注（3）10頁。

しかしながら、詐欺罪が個人の財産権を保護法益とすることについては今日争いがないであろうし、刑法解釈論であることに伴う制約は当然にあるのであり[28]、社会の変化により詐欺罪の成立が期待される範囲に変化が生じ、それに合理性が認められる場合には、それに対応すべく、損害概念や欺罔行為等の解釈も変化せざるを得ないとしても[29]、そこには自ずと限界があるものと思われる。

　暴力団排除の要請との関係で言えば、今日、暴力団排除条例の全国的な施行や改正暴力団対策法の施行など、暴力団を社会から排除しようとする動きが社会的にも加速する中、企業に対しても反社会的勢力との取引を拒絶することへの社会的な期待が高まっていることは明らかである。そこでは、社会の変化により詐欺罪の成立が期待される場面が生じ、そのことに合理性が認められる場面も生じるであろう。しかしながら、そのような場面においても、前記ゴルフ場利用詐欺事案の判例で指摘された事情、例えば、「利用客の中に暴力団関係者が混在することにより、一般利用客が畏怖するなどして安全、快適なプレー環境が確保できなくなり、利用客の減少につながる」といった事情や「ゴルフ倶楽部としての信用、格付け等が損なわれる」といった事情だけでは、相当間接的な損害あるいは別法益に対する侵害と言わざるを得ず、詐欺罪の財産的損害を認めることはやはり困難であろうと思われる[30]。

　もっとも、社会からの暴力団排除に刑罰法規が有効であることは明らかであり、基本的には、むしろ、従来の解釈において適用が可能な業務妨害罪や建造物侵入罪での摘発によることを積極的に検討するべきであろう。また、当然のことながら、社会からの暴力団排除を実効あらしめるためには、社会の変化に対応した新たな刑罰法規の整備等も必要となるであろう[31]。

---

28　星・前掲注（3）10頁もこれらの点を認める。
29　星・前掲注（3）10頁。
30　この点に関連し、橋爪前掲注（3）198頁は、家賃を支払う十分な資力のある暴力団関係者が明示的に「自分は暴力団員ではない」と虚偽の事実を申し向けて、居住目的で賃貸マンションの賃貸借契約を締結して入居した場合に2項詐欺罪の成立を認めるが、この場合には、賃貸人に生じる財産的損害は、当該賃貸マンション自体の資産価値の低下や当該賃貸マンションへの入居者の減少等、賃貸人の直接的な財産的損害であるから2項詐欺罪の成立を認めてよいものと考えられる。
31　なお、前述のゴルフ場利用詐欺の事案に関して言えば、詐欺罪における財産的損害の有無が問題となっているのであるから、財産的損害の問題をクリアするために、ゴルフ場側において、例えば、プレー代金にA料金（3万円）とB料金（5万円）を設け、暴力団関係者でないことの表明やその他色々な要件をすべて満たした者にはA料金が適用され、それ以外の者にはB料金が適用されることにしておけば、明確に2万円の財産的損害が認められることになるであろう。

## V　おわりに

　社会からの暴力団排除に日々腐心する法律実務家としては、刑事政策的観点においても「暴力団排除」の手段として、刑罰法規を駆使することは極めて有用であると考える。

　他方、草野豹一郎先生を淵源とする早稲田刑法学[32]を継承されている野村稔先生の下で影響を受けた刑法解釈論における謙抑的な刑法解釈の視点は、詐欺罪の財産的損害を検討するにあたっても十分留意しなければならないものと思われる。

　もっとも、前述のとおり、近年、詐欺罪に関する重要な最高裁判例が相次いで出されたことに伴い、詐欺罪における財産的損害に関する学説は錯綜を極める状況ともなっている。このような状況自体、まさに刑罰法規の自由保障機能が害されているとも評価しうるものである。詐欺罪の財産的損害の問題に関しては、その結論の妥当性を探求することもさることながら、今一度、財産的損害の要否等も含め、財産犯としての詐欺罪の解釈の原点に立ち返り、検討し直す時期に来ているのではないだろうか。

　末尾になるが、野村先生は、昭和60年ドイツでの2年間の在外研究を終えて大学に戻られ、翌昭和61年4月、私は大学院修士課程の初めての学生として、先生の研究室の門を叩いた。その後、私は法律実務家としての道を歩むこととなったが、あれから30年、光陰矢のごとく、先生には、この度めでたく古稀を迎えられることとなった。ここ3年は、先生とご一緒に法科大学院での刑事弁護の科目を担当することもできた。改めて先生のご学恩に感謝申し上げるとともに、心から古稀のお祝いを申し上げたい。

---

[32]　早稲田刑法学は、草野豹一郎先生を淵源として、齊籐金作先生、西原春夫先生へと継承されてきたと言われている。西原春夫『刑法総論』（初版、成文堂、1977年）「はしがき」において、西原春夫先生は草野・齊藤両先生の学統を継受していると述べておられる。

# 権利行使と財産犯
―― 財産的損害の観点から ――

田 山 聡 美

I　はじめに
II　学説の状況
III　区別すべき二つの問題
IV　権利行使事案の処理
V　おわりに

## I　はじめに

　他人から財物または財産上の利益を取得する権利を有する者が、その権利を行使するにあたり、欺罔・脅迫等の手段を用いた場合に詐欺罪・恐喝罪が成立するか。この古典的な問題に関しては、基本的に本権説対所持説の構図をベースとして、本権説的理解に立てば財産犯不成立説、所持説的理解に立てば財産犯成立説に傾くと解することが一応は可能であろう。しかし、そのような傾向自体は一般的に肯定されながらも、金銭債権の行使に関しては、本権説・所持説の対立がそのままは当てはまらないとして、本権説の立場からも財産犯の成立を認めることが妥当である旨の主張も近時有力となっている。

　本稿は、近時の有力説が主張するように、金銭債権行使の場合においては、侵害対象たる金銭の占有自体は適法なものであるという認識から出発し、しかし結論としては有力説とは異なり、財産的損害を否定して財産犯の不成立を主張するものである[1]。

　以下、本権説・所持説の議論の位置付けと財産的損害に関する議論の位置付けをそれぞれ明確にすることにより、権利行使事案の解決方法を提示することが本

---

[1] この点に関し、拙稿「詐欺罪・恐喝罪（その2）――財産上の損害をめぐって――」曽根威彦・松原芳博編『重点課題　刑法各論』（成文堂、2008年）147頁以下において有力説の立場を支持していた見解を改める。

稿の目的である。

## II　学説の状況

同じく権利行使事案といっても、自己所有物の取戻しの場合と、債権行使の場合とを分けて論ずるのが一般的である。前者は、最終的には刑法242条の解釈問題に帰着するものであって、いわゆる奪取罪（占有移転罪）の保護法益論と呼ばれるところの本権説・所持説の議論のもとで解決が図られている。その意味では、権利行使事案に特有の問題を有するのは後者であり、本稿においても、債権行使（とりわけ一般的に問題とされている金銭債権行使）の例を念頭に進めることとする[2]。さらにここでは、債権者が、「履行期にある」「確定的な」債権を有していることを前提に議論を進める[3]。

債権行使事案の処理に関する学説は、様々な観点から整理し得るが、本稿の問題意識との関係で、以下では奪取罪の保護法益論と損害論の関係にのみ焦点を絞って大まかに分類する。

### 1　所持説に立脚した奪取罪肯定説

所持説の考え方によれば、たとえ自己所有物の取戻しの場合であっても、他人が現に占有している以上は、その占有を保護すべきであると考えるのであるから、金銭債権の行使の場合であっても、被害者のもとにある金銭の占有を奪えば、奪取罪が成立することになる。

所持説の立場からは、「恐喝の方法によることは許されない」という手段の違法性の面が強調されることが多いが[4]、手段がいかに凶悪であっても財産犯である以上「財産的損害」が必要であるとする立場も見られる。もっともその場合、「恐喝罪の損害は個別財産の喪失と解される以上、債権者といえども債務者の所

---

[2]　なお、自己所有物の取戻し事案に関しては、後述IV-4参照。
[3]　たとえば、不法行為に基づく損害賠償請求額について未だ折り合っていない時点で、欺罔や恐喝の手段を用いて履行の強制に及ぶことは、履行期にある確定的な債権の行使とは同列に論じ得ないであろう。仮にそのような場合に犯罪の成立が否定される余地があるとしても、履行期にある確定的な債権を行使した場合とは、その理論的根拠が異なるものと思われる。
[4]　大塚仁『刑法概説（各論）』（第3版増補版、有斐閣、2005年）277頁、大谷實『刑法講義各論』（新版第4版、成文堂、2013年）297頁。

持する金員を喝取すれば、損害の発生は否定できない」[5]と解すれば、結論的には、占有侵害さえあれば奪取罪の構成要件該当性を認めることになる。なお、損害概念をより実質的に捉える立場に立っても「『現金300万円を所持していること』と、『300万円の債権がなくなること』とは事実的・経済的価値が著しく異なる」[6]として、やはり恐喝罪の構成要件該当性は肯定されている。

　この立場に立つと、債権行使の場合であっても原則として構成要件該当性が認められることになるから、それが無権利者による奪取とは異なり権利行使としてなされているという点については、もっぱら一般的な違法阻却の問題として処理することになるのが特徴である。

### 2　本権説に立脚した奪取罪否定説

　債権行使の場合であっても、自己所有物の取戻しの場合と同じく、基本的に本権説的理解を押し及ぼす考え方は、「債務者の側に期限の利益、同時履行の抗弁権、清算の利益等の保護に値する利益のある場合を除けば、権利の行使が債権の範囲内にとどまるかぎり、債権者に財産上の損害はないというべき」[7]であるとして、少なくとも奪取罪の成立を否定する。そのうえで、被害者の意思決定の自由に対する侵害の観点から、別途、脅迫罪の成立可能性を認める[8]。

　一方で、義務を履行しないでいる者は、債権者に対する関係で「その金銭を民事法上不法に所持しているのであるから、これを財産犯によって保護する必要はない」[9]という理由付けもなされている。

　なお、この立場においても、自救行為として、脅迫罪（場合によっては暴行罪）の違法性が阻却される余地は認められる。

### 3　本権説に立脚した奪取罪肯定説

　基本的には本権説の立場に立ちつつも、奪取罪否定説が占有の不適法性を根拠とすることに対して疑問を投げかけ、金銭債権行使の事案の場合には、債務者は

---

5　木村光江『刑法』（第3版、東京大学出版会、2010年）370頁。
6　前田雅英『刑法各論講義』（第5版、東京大学出版会、2011年）368頁。
7　西田典之『刑法各論』（第6版、弘文堂、2012年）227頁。
8　曽根威彦『刑法各論』（第5版、弘文堂、2012年）164頁。
9　林幹人『刑法各論』（第2版、東京大学出版会、2007年）165頁。

その所有する金銭につき適法に占有していることを理由に、恐喝罪を肯定する立場が近時有力に主張されている[10]。仮に「債務不履行状態にある債務者の金額としての金銭の占有は債務の限度で不適法となる」と解すると、「債権者が弁済期にある債権額と同額の金銭を債務者から窃取しても窃盗罪は成立しないことになる」が、それは不当であるとする[11]。

　この立場はまた、奪取罪否定説が財産上の損害を否定することについても疑問を提示し、「恐喝罪は個別財産に対する罪であって全体財産に対する罪ではない」ことを根拠に、財産上の損害を肯定する[12]。

　なお、この立場においても、奪取罪の構成要件該当性を否定できない以上は、権利行使であるという点についての考慮は、もっぱら違法阻却の場面においてなされることになる。

## Ⅲ　区別すべき二つの問題

　以上の学説の対立点を整理すると、そこで論じられていることには、二つの異なる要素が混在していることが分かる。一つは、本権説・所持説の争いに具現されるところの、侵害対象たる占有の「要保護性」の問題である。他の一つは、債務者の側に「財産的損害」が認められるのか、という問題である。前者は「奪取罪の保護法益」、後者はとりわけ「詐欺罪における財産的損害」というテーマのもとで、それぞれ別個に議論が深められてきた問題であるが、権利行使の場面においては、この両者が混同され、あるいは同一次元で並列的に論じられることにより、問題を分かりにくくしてきたきらいがある。

　そこで、上記二つの問題の位置付けを今一度確認し直すとともに、意識的に区別して検討することにより、権利行使の事案における課題をより明確にしたいと考える。

---

10　町野朔「権利の実行と恐喝罪」刑法判例百選Ⅱ各論［第4版］（1997年）103頁、高橋則夫『刑法各論』（第2版、成文堂、2014年）353頁。
11　佐伯仁志「財産犯の保護法益」法学教室364号（2011年）110頁。
12　佐伯・前掲注(11) 110頁。

## 1 要保護性

　整理すべき争点の一つ目は、本権説・所持説の対立点に関してである。従来、本権説は所有権その他の本権を保護法益とし、所持説は占有を保護法益とするものとして、両説では法益そのものの捉え方が異なるかのような説明がなされてきた。しかし、本権説に立とうと所持説に立とうと、占有が奪取罪（占有移転罪）の保護法益であることは否定できないであろう。それを前提としたうえで、両説は、「どの範囲の占有を保護すべきかについて対立している」[13]に過ぎないと解するのが妥当である[14]。

　このような理解に立った場合、本権説と所持説の差は、侵害対象となっている占有が刑法上の保護に値するか否か（要保護性）の判断につき、正当な権利による裏付けを必要とするか（本権説）、不要とするか（所持説）の違いであるといえよう[15]。

　ところで、権利行使の問題を複雑にしている一つの要因は、債務者のもとにある金銭の占有につき、刑法上の要保護性が認められるかについて、見解が分かれている点にある。すなわち、奪取罪否定説の一部で言われているように、債務者は債権者に対する関係で債務相当額の金銭を民事法上「不法に」所持しているといえるか、という点につき認識が分かれるために、同じく本権説に立っても結論に差が出てくるのである。

　これに関しては、本権説に立脚した奪取罪肯定説が適切に指摘しているよう

---

13　佐伯・前掲注(11) 105頁。
14　その意味では、「奪取罪の保護法益」概念の中に含まれる「占有」の要素と、それに対する「要保護性」の要素とを区別して論ずべきとする以下の指摘は、非常に有益であると思われる。しかし、ここでは財産的損害の問題との関係に絞るため、占有そのものとその要保護性の2つの側面の区別については深くは立ち入らない。財産犯の保護法益論に関して「財産犯罪の『成否』レヴェルと『個別化』レヴェルに二元化して理解」する立場を明示し、いわゆる要保護性の問題とは区別された「利益侵害の内容・実態」という観点から「占有」概念を捉え直したものとして、鈴木左斗志「刑法における『占有』概念の再構成」学習院大学法学会雑誌34巻2号（1999年）133頁以下。さらに、「およそ法益は、経験的に把握可能な『実体』と、それに対する法的な評価としての『要保護性』とによって構成されている」として、奪取罪の保護法益の実体を財物に対する事実的支配に求めたうえで、要保護性の問題とは区別するものとして、松原芳博「財産罪の保護法益」法学セミナー693号（2012年）118頁。
15　そのような意味での「要保護性」に関しては、奪取罪の領域においては「占有」の要保護性の問題として本権説・所持説の対立として現れるが、それは財産犯全般に関して、民法その他の法領域における適法性を踏まえて刑法的保護を与えるのか、刑法固有の目的と機能の観点から刑法的保護の範囲を独自に設定するのか、といった立場の差を反映しているものである。したがって、奪取罪以外の場面においても、侵害対象の要保護性の問題として、同様に問題となり得る。

に、たとえ債務の履行期を過ぎてしまったとしても、それと同時に債務者の金銭の占有が不適法になると解することはできないであろう。物に対する直接的支配権である物権とは異なり、金銭を含む不特定物の引渡しを目的とする債権が問題になる場面においては、債権者は債務者に対して引渡しを請求する権利があるのみで、未だ特定もされていない目的物に対して排他的権利を有することはない。これを裏返せば、債務者も引渡しの義務を負うのみで、現に所持する物に対する正当な支配権を失うものではないといえる。

以上のように考えると、ここで問題としている金銭債権行使の事案に関しては、債務者側の金銭の占有に関する要保護性は肯定されると解すべきである。その点を確認したうえで、次の財産的損害の議論に移ることが思考の整理のうえで有益であろう。

ところで、所持説の立場からは、債権者との関係を論ずるまでもなく、金銭に対する債務者の事実的支配には当然に刑法上の要保護性が認められることになるが、そのことが直ちに奪取罪の構成要件該当性を肯定することに直結するものではない点には注意を要する。ここにおいても、本権説において述べたと同様に、占有の要保護性の問題をクリアしただけであり、いまだ財産的損害の有無という問題が残っているからである。正当な権利による裏付けのない占有でも刑法上の保護に値する、という判断と、そのような保護に値する占有の侵害が行われた結果として、財産犯を成立させるだけの財産的損害が生じたといえるかは、区別できる問題なのであり、仮に要保護性を肯定したとしても、財産的損害を否定して財産犯を不成立とする可能性も十分に残っているのである。

## 2 財産的損害

争点の二つ目とされる財産的損害に関する議論は、従来詐欺罪において盛んに論じられてきたものである[16]。通常の場合は、侵害対象たる占有の要保護性が認められれば、その占有侵害（客体の移転）に伴って、被害者のもとには法益侵害結果としての財産的損害が生じる。しかし、意図していた経済的な目的を満足させるだけの対価が給付されたような場合には、それでもなお被害者に財産的損害

---

16 詐欺罪における議論については、拙稿「詐欺罪における財産的損害」『曽根威彦先生・田口守一先生古稀祝賀論文集［下巻］』（成文堂、2014年）151頁以下。

があるといえるのかが一つの問題となる。

　最も典型的な例として、未成年者には販売が禁止されている物につき未成年者が成人と偽って購入する事例が挙げられることが多い。このような場合、欺かれなければ交付しなかった以上、その財物の喪失それ自体が損害であると考えて詐欺罪を肯定する立場（形式的個別財産説）もあるが、この場合、定価で販売するという経済的目的は達成されていることから、店の側に財産的損害が発生していないとして、詐欺罪を否定する結論が多くの支持を得ているといえよう（実質的個別財産説）。

　ここで要求されている「財産的損害」の要件は、とりわけ詐欺罪における法益侵害結果として位置付けられることが多い[17]。しかし、「占有侵害」という要素は詐欺罪のみならずあらゆる奪取罪に共通のものであり、その共通の要素に伴って生じる「法益侵害結果としての損害」という要件を、奪取罪の中でも詐欺罪のみに限定して要求する理由は見出し難い。したがって、少なくとも占有侵害が問題となる奪取罪においてはすべて、同様の損害要件を要求すべきであろう。実際、権利行使と「恐喝罪」の問題を処理するにあたって、多くの学説が財産的損害（財産上の損害）の有無に言及していることは、財産的損害概念が、決して詐欺罪でしか問題になり得ないものではないことを示していると思われる。

　以上の理解を前提とすれば、権利行使の場面においても、客体たる金銭の喪失をもって損害と認定するのは、あまりに損害概念を形式的に捉え過ぎているとの批判がそのまま妥当し、損害の実質化を図ろうとする見解が支持されるべきことになる。しかし、詐欺罪において盛んに議論されているように、その実質化の基準こそが次の問題となる。

## 3　個別財産に対する罪と実質的衡量

　以上の通り、要保護性の問題と、財産的損害の問題とは、明確に区別すべき問題である。そして、権利行使事案においては、占有の要保護性の有無が結論を左右しているのではなく、むしろ占有の要保護性が存在することは共通の前提とし

---

[17] 実質的損害の要素を、詐欺罪における錯誤要件の中に読み込む立場として、いわゆる法益関係的錯誤説があるが、この立場によれば、詐欺罪以外の奪取罪に関して損害に関する実質的衡量を行うことが困難になると思われる。もっとも、佐伯仁志「詐欺罪（1）」法学教室372号（2011年）108頁は、その点をむしろ利点と解しているようである。

たうえで、その先に法益侵害結果としての財産的損害が肯定できるか、という点が重要な鍵を握っている。したがって、権利行使事案を解決するためには、いわゆる本権説・所持説の枠組みの延長で考えるよりも、財産的損害に関する議論を深める方が建設的であるといえよう[18]。

ところで、権利行使の事案を財産的損害の面から考察する際、どうしても乗り越えなくてはならないのが、奪取罪が「個別財産に対する罪」であるという、一種の呪縛ともいえる存在である。すなわち、奪取罪は、背任罪とは異なり、全体財産に対する罪ではないから、一方で損害（金銭の喪失）を被り、他方で利得（債務の消滅）していたとしても、そのような差引計算をすることはできない。したがって、保護に値する占有侵害が認められる以上、当該金銭の喪失をもって損害と認定するしかない、と。

しかし、前述したように、詐欺罪における議論においては、そのような形式的個別財産説は多くの支持を得ることがなく、むしろ多数は、実質的な衡量をしたうえで損害を認定すべきとしているのである。そうであるなら、権利行使事案においても、同様に実質的損害の有無を考えるべきであろう。

問題は、このような実質的損害概念を要求することが、奪取罪を個別財産に対する罪と理解することと、理論的に矛盾しないか、という点である[19]。

この点に関しては、「個別財産に対する罪」というものへの理解を問い直す作業から始める必要がある。そもそも、従来、個別財産に対する罪と呼ばれてきた、背任罪以外の財産犯と、全体財産に対する罪とされてきた背任罪とでは、何が違うのか[20]。その両者の間の決定的な差異は、前者は、条文上明確に「個別の客体」に対する侵害を要求しているのに対して、後者は、条文上個別の客体への侵害を必須の要件としていない（その代わりに財産状態全体への侵害を予定している）

---

[18] もっとも、注(15)でも触れたように、本権説・所持説の対立の背景にある基本思想は、財産犯全体の根底を流れる重要なものであって、財産的損害の有無を考えるにあたっても影響を及ぼしていることは否定できないから、決して本権説・所持説の「延長」という発想自体を否定する趣旨ではない。

[19] 詐欺罪における実質的損害の議論において、詐欺罪の法益論にまでさかのぼった多彩な議論が繰り広げられているのは、まさにこの矛盾を解決するところに主眼があるといっても過言ではない。しかし、私見によれば、この問題は、詐欺罪の領域でのみ解決されれば済む問題ではないのである。

[20] 個別財産に対する罪と全体財産に対する罪の区別に関する私見は、拙稿・前掲注(16) 160頁参照。

点にあると指摘できる。

　個別財産に対する罪の特徴を以上の点に求めるとするなら、条文上要求されている個別の客体の喪失そのものが損害であるという点を出発点とすべきことになる。すなわち、比喩的にいえば、客体を喪失したことで被害者のもとに生じる穴が、条文が予定する損害であることになる。財物の喪失それ自体が損害であるという形式的個別財産説の捉え方は、まさにこの穴をイメージするものといえよう。

　それに対して、失われた客体の有していた価値の実現として、その穴を埋められるだけのものが被害者のもとに認められるのであれば、そのような状態をあえて刑法上の損害として認定する必要はない、と考えるのが、実質的個別財産説の考え方である。ただし、いかに実質的な考慮をするといっても、個別財産に対する罪における損害概念は、あくまでも個別の客体が失われたことを出発点としている以上、穴を埋められるだけの大きさの利得がどこかに生じていればいいというものではなく、あくまでも被害者が「当該客体」の中に見出していた経済的価値が実現されたか否か、あるいは、「当該客体」を交付することによって実現しようとしていた経済的目的を達成できたか否か、を検討し、それが満たされている場合にのみ、当該客体の喪失による穴は目的の達成によって埋められると考えるのである[21]。

　その際、実質的個別財産説の中でも見解が分かれてくるのは、当該客体の中に見出す価値・目的として、いかなる範囲のものまで取り込むことができるか、という点である。すなわち、その価値・目的の設定の仕方によっては、経済的な意味における財産以外の、たとえば精神的自由や社会的・国家的利益の侵害までをも損害として認定できることになるからである。

　その点、いかに損害を実質化しようとも、財産犯が財産犯であるためには、「経済的意味における財産損害」[22]が存在しなければならないと考えるから、価値・目的として考慮すべきは経済的な意味を持つものに限定すべきである。さらに、当該客体の喪失による穴を出発点としている以上、客体の喪失に端を発し

---

21　それに対して、全体財産に対する罪とされる背任罪においては、個別の客体への侵害に代えて、任務違背行為が前面に出ているため、その行為との関連性を条件にではあるが、個別財産に対する罪よりも緩やかな範囲で「穴埋め」が許されるものと解される。
22　拙稿・前掲注(16) 157頁。

て、そこから拡散していく損害については、取り込むべきではない。その意味で、侵害される客体と損害の間には厳密な対応関係が要求される（客体と損害の「直接性」[23]）。

以上のような意味における「経済性」と「直接性」を要件とする限りにおいて、個別財産に対する罪においても、実質的な損害の衡量は行うことができ、また行うべきであると考える。先に例示した未成年者事例のような場合には、店側が客体の移転の中に見出していた、定価で販売するという経済的目的は達成されており、失われた客体に相当する穴は埋められているといえる。一方、未成年者には売りたくなかったという部分の損害は、対価によっては埋められず、いまだ穴となって残っているが、それは、経済的意味における損害ではないから、奪取罪において保護すべき財産的法益とはいえないと考える。さらに、未成年者に販売したことから店の評判が下がり、ひいては売上げの減少につながるおそれがある場合であっても、そのような損害は、社会一般も含めた第三者との関係において、将来的に生じるおそれのある、抽象的な損害に過ぎないから、客体と直接性のある損害とは認定し得ない。

以上のように考えれば、詐欺罪のみならず他の奪取罪もまた、個別財産に対する罪であるとの理解を維持しつつ、法益侵害結果としての財産的損害を実質的に認定していくことが可能になると思われる。

なお、財産的損害を法益侵害結果として要求するなら、財産的損害がない場合には、結果の要件が欠けるのみであり、未遂までは成立するのではないか、という点が指摘され得る[24]。しかし、結果としておよそ財産的損害を生じさせない行為をしているに過ぎない以上、未遂処罰を基礎付ける結果発生の具体的危険も生じていないと解すべきではないだろうか[25]。

---

23 拙稿・前掲注(16) 162頁。客体と直接性のある損害とは、個別の客体そのものである必要はないが、少なくとも、当該財産の移転（ないし侵害）がなされた当事者との関係において認定し得る損害でなければならず、その移転（ないし侵害）と同時に、かつ具体的に生じるものでなければならない。
24 佐伯・前掲注(17) 107頁。
25 なお、野村稔「権利の実行と恐喝罪」刑法判例百選Ⅱ各論［第5版］(2003年) 111頁は、行為の違法性と結果の違法性を区別する「違法二元論」の立場から、権利行使と恐喝の事例につき、結果の違法性のみが阻却され、恐喝未遂となるとする。

## Ⅳ 権利行使事案の処理

### 1 詐欺事案の場合
#### (1) 損害の有無を分けるポイント

以上の見解をもとに、権利行使事案をどのように考えるべきか。権利行使に関しては、一般には恐喝罪をメインとして論じられることが多いが、本稿が着目する実質的損害との関係では、詐欺罪の方が馴染みやすい面があるため、まずは詐欺罪から検討したい。

金銭債権の行使の場合を念頭に、詐欺によって弁済を迫る事例を想定してみると、実は債権者が債務者に対してどのような欺罔を行うことが考えられるのか、これまで具体的に考えられてこなかったことが分かる。しかし、損害の実質を考慮する立場からは、欺罔の内容によっては、そこに生じている損害を奪取罪によって保護すべきではないと考える場合も出てくるはずである。先に例示した未成年者事例と同じく、経済的な目的とは直接関係のない損害については、奪取罪によって保護すべきものではない。

ところで、金銭債権の行使に際して、債務者側が有するであろう経済的目的としては、いかなるものが考えられるか。その点、新たな取引に入ろうという当事者が、その取引に見出すべき経済的目的は様々考えられるが、すでに金銭債務を負っている債務者がその支払いにあたって意図すべき経済的目的は、ひとえに債務の消滅であるといえる。そこで、金銭債権の取立てに関して欺罔行為が行われた場合に、それが債務者にとって経済的な損害をもたらすか否かは、債務者が当該金銭の支払いによって債務の消滅という経済的目的を達成できるか否かによって決せられるといえる。

民法上、一定の給付が弁済としての効力を生ずるためには、①給付が債務の本旨に従うものであること、②給付がその債権についてなされること、が必要であるとされるが[26]、とりわけ②の要件に関して、「給付が弁済としての効力を生ずるためには、給付が債務の弁済のために（弁済の目的で）なされることが必要である」[27]として、少なくとも給付と債務とを結合するための「弁済意思」を要求す

---

26 我妻栄『新訂債権総論（民法講義Ⅳ）』（岩波書店、1964年）214頁。

る立場が有力である。もっとも、②の判断においては、債務者の弁済意思は一つの要素に過ぎず、必ずしも必須の要件ではないとする立場も見られるが[28]、贈与の意思をもって債務と同額の金銭を交付しても弁済とならないことは明らかであるとしていることからも分かるように、給付と債務の結びつきを決定するのに弁済意思が重要な意味を持つことは肯定されているといえよう[29]。

以上の議論を前提とすれば、一定の給付が弁済すなわち債務消滅の効果を生ずるにあたっては、債務者の弁済意思が重要であることが確認された。したがって、以下、その弁済意思の有無によって場合を分けて論ずる。

### （2）弁済意思がある場合

まず、債務者が債権者に対して負っている具体的な債務の履行のために金銭を交付する意思がある場合を想定する。たとえば、裁判所から執行官と名乗る人物がやってきて、債務を支払うようにと言ってきたので、とうとう観念して支払ったところ、実は執行官に成りすました債権者本人であった場合などである。債務者としては、当該債権者に対する債務の支払いであることに関しては何らの錯誤もなく、「裁判所」などという名前を聞いたがために、いよいよ支払うべき時が来たと観念しただけである。

このような場合は、債務者に当該債務に対する弁済の意思が存在することにより、当該給付行為の直接の効果として債務が消滅するから、支払われた金銭分の穴は、まさにその経済的目的の達成によって穴埋めされ、そこには損害がないというべきであろう[30]。ここでの金銭の給付と債務消滅の関係はまさに表裏一体のものであり、財産の移転とその価値の実現として期待される対価的給付の関係よりも、一層密接であるということができ、未成年者事例におけるよりもなお詐欺罪を否定しやすいのではないかと思われる。

ところで、以上の場合に、裁判所だと聞いたから払ってしまったが、本人と分かっていればもう少し渋ったはずだ（すなわちもうしばらく長く現金を手元においておけた）、といった「損害」は、財産的損害とはいえないか、が問題となろう。

---

27　奥田昌道『債権総論』（増補版、悠々社、1992年）488頁。その他、潮見佳男『債権総論Ⅱ』（第3版、信山社、2005年）185頁、前田達明『口述債権総論』（第3版、成文堂、1993年）439頁なども同旨。
28　我妻・前掲注(26) 214頁。
29　中田裕康『債権総論』（第3版、岩波書店、2013年）304頁も、基本的に我妻説を支持しつつ、給付と債権の結びつきを判断するうえで、給付者の意思を最も重要な要素として位置付けている。

確かに、現金を手元に持っていることは、同額の債務が消滅することと異なる、という指摘があるように、現金を有していればその運用によって利益を上げる可能性があるから、その点の利益に着目して財産的損害を肯定することができそうにも思われる。その点、債務者の側に履行期を遅らせる正当な理由が存在するにもかかわらず、騙されて早期に支払ってしまったという場合であれば、その「期限の利益」は十分保護されてしかるべきである。しかし、本設例の場合に注意すべきは、債務者はすでに履行期を徒過しており、弁済期までの「期限の利益」を享受する立場にはないという点である[31]。仮に当該金銭の利用利益を加味して損害を考えたとしても、その一方で、当該債務の履行が遅れれば遅れるほど遅延損害金を発生すべき状態になっているのであるから、穴を埋め合わせる側の利益の方もそれだけ大きいといえ、やはり損害は否定されるべきではなかろうか。

以上より、弁済意思が肯定できる範囲においては財産的損害は認められず、詐欺罪は不成立となると考えられる。なお、詐取した額が債権額を上回る場合には、その上回る分に関しては、債務消滅という効果が伴わない以上、財産的損害が明確に生じているから、超過額に関してのみ詐欺罪を肯定すべきである。

### (3) 弁済意思がない場合

たとえば、債権者から、儲け話があると騙されて出資したところ、実は債権者はその金銭を債権の満足に充てることを企図していた、という場合を考えてみる。この場合も、債権者に有効な債権が存在し、債務者には支払うべき義務が存在する点においては（2）の場合と何ら変わりはなく、財産的損害を否定してもよいように思われるかもしれない。

---

30 なお、瑕疵ある意思による弁済を根拠に財産的損害を否定することに対して、疑問を持つ向きもあり得よう。しかし、それは、未成年者事例における場合と同じ利益状況であり（その場合も店側は瑕疵ある意思によって財物を交付しているが、損害を否定するのが一般的である）、弁済による債務の消滅の場合に限って問題となるものではない。むしろ、刑法上の保護は民法上の保護よりも範囲が狭くてよいことを前提とすれば、決して不当な結論ではないであろう。そもそも、民法においては、弁済の原因となった契約が有効に成立している場合に、弁済のみを取り消すことが可能であるか、あるいは取り消す必要があるかについて争いのあるところであり、仮に弁済における債務者の意思の要素を尊重し、理論的には取消の可能性を認めたとしても、具体的な検討においては多くの場合取消の必要がないという指摘があるのは興味深い。滝沢昌彦「弁済における意思の位置付け」中田裕康＝道垣内弘人編『金融取引と民法法理』（有斐閣、2000年）79頁以下参照。

31 くい打ち工事の請負に関して、欺罔手段を用いて工事代金の受取り時期を早めたことが問題となった最判平成13年7月19日刑集55巻5号371頁も、「本来受領する権利を有する請負代金」に関する「権利行使」の事案といえるが、債務者側に支払いを留保する利益がどれほど認められたかが問題となっている点で、完全に履行遅滞に陥っている本文の設例とは幾分前提が異なるといえよう。

しかし、給付した金銭に関して、その意図していた経済的目的（儲け話への出資）は一切達成されておらず、債務者側に空いた穴は埋まっていない。一方、債務というマイナス財産が消滅することで、その穴の埋め合わせができるかといえば、この場合は、弁済に向けられた意思がないため、当該債務は消滅しないのである。仮に弁済充当できると仮定しても、それは、奪われた客体によって達成しようとしていた目的とは無関係な利益であって、客体の喪失に伴う損害を埋め合わせる適格を有しない。したがって、この場合は、実質的にも損害が肯定され、詐欺罪が成立すると解すべきである。

## 2　恐喝事案の場合

恐喝事案においても、基本的には詐欺事案と同じく、被害者側の弁済意思の有無と連動して、損害の有無が決せられることになる。

まず弁済意思がある場合、脅されて支払ったとしても、債務者が当該債務の履行として金銭を支払った以上は債務消滅の効力が生じるから、財産的損害がなく、恐喝罪は不成立とすべきであろう[32]。なお、この場合も、債務額を超過して支払った場合は、債務額を超える部分に関しては主観的にも客観的にも債務の履行にはなり得ず、その超過部分に関しては恐喝罪が成立する。

一方で、恐喝の場合は、基本的には特定の債務の履行を迫る形で暴行・脅迫がなされることが多いと考えられるので、詐欺の場合と比較して、債務者に弁済意思がない場合を想定しにくいかもしれない。しかし、およそ桁外れな額を交付しているような場合については、当該債務の履行として支払う意思を肯定できない場合もあろう。そのような場合には債務消滅の効果を肯定すべきではなく、全額につき恐喝罪が成立してよいと思われる[33]。

---

32　財産犯としての恐喝罪は否定されたとしても、手段として用いられた暴行・脅迫に関しては、別途、暴行罪・脅迫罪の成立する可能性が残る。もっとも、場合によっては、それについても自救行為として違法性が阻却される余地がある。

33　その点、最判昭和30年10月14日刑集9巻11号2173頁は、3万円の債権に対して6万円を交付させた事案につき、6万円全額につき恐喝罪の成立を認めているが、事実関係において、債権の存否自体につき争いがあり、かつ弁済期も必ずしも明らかではなかったことを前提とするなら（山火正則「権利行使と財産犯の成否」ロースクール33号（1981年）34頁参照）、本文のような理解によっても、3万円のみならず全額につき恐喝罪を認める余地はあるように思われる。

### 3 強盗・窃盗事案の場合

　権利行使の問題は、一般に詐欺罪・恐喝罪を中心に論じられているが、債権者による取り立てが度を超えたものである場合、恐喝では収まらず、強盗が問題になる場合もあり得る。とりわけ、闇金融業者等による過酷な取立ての場合には、強度の暴行・脅迫により債務者の意思が抑圧され、任意の弁済が考えられない状況になることも予想される。そのような場合には、瑕疵があるとはいえ債務者の弁済意思を肯定できた詐欺・恐喝事案とは異なり、債務者の弁済意思を肯定することはできない。したがって、債務の消滅がない以上、財産的損害は肯定され、強盗罪が成立することに問題はなかろう。

　また、債務者の隙を見て債権相当額を奪って行ってしまうような窃盗事案もあり得よう。この場合にも、弁済意思が観念できない以上、債務の消滅という効果は生じず、財産的損害が否定されることはあり得ない。したがって、たとえ債権者が債権額の範囲内の金銭を奪った場合であっても、窃盗罪は成立する。

### 4 自己所有物の取戻し事案の場合

　以上、金銭債権の例を中心に論じてきたが、ここで自己所有物の取戻し事案についても改めて検討しておきたい。

　自己所有物の取戻しについては、刑法上は242条の存在によって特殊な地位が与えられているため、これまで迷うことなく本権説・所持説の土俵に乗せて論じられてき。しかし、権利行使という観点から見た場合には、同じく自己所有物の取戻しといっても、そのベースに契約関係がある場合とない場合の二種類のものが考えられる。たとえば、賃貸借契約の終了に伴って所有者が目的物の返還を請求する場合が前者の例であり、窃盗犯人に奪われたものにつき所有者が返還を求める場合が後者の例である。

　まず、後者の窃盗事例のように、ベースに契約関係が存在せず、所有権のみを根拠とする取戻し事案の場合には、本権説・所持説を持ち出すほかはなく、その際には相手方の占有の要保護性が問題となる。

　一方、前者のように契約関係が存在し、その債権の行使として物の引渡しを求める場合には、その物が自己の所有物であろうが他人の所有物であろうが大差なく、当事者間でまずもって重要なのは、その目的物の引渡しを求める債権が存在するか否かである。そうであれば、自己所有物の返還を求める場合も、金銭の支

払いを求める場合と同様に、当該債務の履行として給付がなされる限り、相手方の債務消滅を理由に財産的損害を否定することもできる。要保護性の問題と財産的損害の問題を区別する立場からは、このような理論構成も一つの選択肢としてあり得るものと思われる[34]。

## V おわりに

　本稿は、権利行使と財産犯といわれる問題について、これまで議論の基本に据えられてきた財産犯の保護法益論(すなわち占有の要保護性の問題)と、法益侵害結果としての財産的損害の問題とを明確に区別し、後者の観点から問題の解決を図ることを提案するものである。その際、債権者に有効な債権が存在すること、当該債権が履行期にあること、具体的な内容が確定していること、債務者に抗弁権等が存在しないこと、といった条件を前提にしたうえで、債務者に「当該債務の弁済として給付する意思」が存在するか否かにより、財産的損害の有無を判断することを提唱する。すなわち、弁済意思が肯定できる場合には、当該債務が消滅することにより、債務者のもとには財産的損害が肯定できず、したがって財産犯が成立しないというものである。

　これまで、権利行使事案において、債務者の財産的損害を否定することがためらわれてきたのは、ひとえに「個別財産に対する罪」の理解によるところが大きかったといえる。しかし、本稿においては、「個別財産に対する罪」の性質を再確認することによって、債務者の財産的損害を否定する結論を導いた。すなわち、個別財産に対する罪においては、条文上要求されている「個別の客体」に対する侵害をもって損害と認定するのが出発点になるが、被害者が当該客体の中に見出していた経済的価値の実現が肯定された場合には、実質的な財産損害がないと解し、財産犯を成立させるべきではないと考える。

　本稿においては、事案処理の視点を提示するにとどまり、権利行使に関する重要な判例の変遷について、全く触れることができなかった。具体的な検討は他日を期したい。

---

34　もっとも、一般的には客観的な占有侵害の要件から検討していくことになるから、自己所有物事案については、結局、本権説・所持説の対立が前面に出てくることを否定するものではない。

# 電子計算機使用詐欺罪における「虚偽」性の判断

渡邊 卓也

I　問題の所在
II　電子計算機使用詐欺罪の構造
III　「虚偽」性の判断基準
IV　結語

## I　問題の所在

　本稿では、電子計算機使用詐欺罪（刑法246条の2。以下、「本罪」という）における虚偽性の判断基準について検討する。本罪は、一般に詐欺罪（246条）の補充類型とされる。このような理解は、本罪の予定する行為が、コンピュータ（「電子計算機」）を相手方とした、いわば「物を欺く行為」に他ならないとの素朴なイメージに支えられているように思われる。しかし、後述のように、両罪の構造が必ずしも等しくはないことから、詐欺罪との単純な対比のみでは、本罪の適切な解釈を導き得ない虞がある。
　確かに、本罪の予定する、コンピュータに「虚偽」の情報若しくは「不正」の指令を与える行為や「虚偽」の電磁的記録（7条の2）を供用する行為は、情報等の虚偽性が要求されている点で（以下、「虚偽性要件」という）、詐欺罪における欺く行為（「人を欺いて」）と対応関係にあるともいえる。しかし、その他の点では、必ずしも対応関係にはない。さらに、本罪がコンピュータを相手方とした対物的行為を問題にしていることに鑑みれば、対人的行為に係る詐欺罪の解釈を、そのまま援用し得るかは疑問である。
　そこで以下では、まず、本罪の罪質を確認した上で、その成立要件を概観し、本罪の構造を明らかにする。次に、虚偽性要件の意義について、近時の判例を参照しつつ論ずる。以上を通じて、あるべき虚偽性の判断基準について、検討を加えることとする。

## II　電子計算機使用詐欺罪の構造

### 1　罪　質

　本罪は、1987年の刑法一部改正により新設された。立案担当者によれば、その趣旨は、以下のようなものである[1]。すなわち、今日、コンピュータが社会に広く普及し、種々の取引分野において、債権債務の管理、決済、資金移動等の財産権の得喪・変更の事務が、人を介さず自動的に処理されるシステムが増加しつつあるが、このようなシステムを悪用して財産上不法の利益を得る行為に対しては、従来の財産犯の枠組みによっては的確な対応が困難である。例えば、不正取得した他人のキャッシュカードを使用して同人の口座から自らの口座に振込送金した場合には、人の判断が介在しないため、欺く行為にあたらず、詐欺罪は成立しない。また、「財物」の占有移転も生じていないため、窃盗罪（235条）も成立しない。そこで、このような人に対する詐欺と同等の当罰性を持つ行為に対処するため、罰則を整備する必要がある。

　以上の立法経緯からすれば、本罪の罪質については、詐欺罪と同様に理解すべきともいえる。本罪が、詐欺罪の補充類型として規定されていることも（「前条に規定するもののほか」）、このような文脈で理解可能である。しかし、本罪の予定する行為によって財産を得た場合、恐喝罪（249条）や強盗罪（236条）のように、対人的行為を手段とする犯罪にはあたらないとしても、必ずしも対人的行為を要件としていない、窃盗罪や横領罪（252条）、背任罪（247条）に問われる可能性はある。それゆえ、詐欺罪にとどまらず、これらの罪を含めた財産犯一般の罪質との共通性が論じられるべきであろう。その意味で、本罪は、コンピュータを使用した財産取得を広く処罰し得る罪として理解可能である。

　もっとも、本罪について、財産犯一般の罪質との共通性が論じられるべきであるということは、詐欺罪の成立要件との間に、およそ対応関係が認められないということを意味しない。確かに、コンピュータを使用した事務処理の特質から、本罪独自の要件が存在し得るものの、本罪が財産犯の一種である以上、最終的な財産取得に至る過程では、詐欺罪を含めた既存の財産犯に対応する要件が存在す

---

1　米澤慶治編『刑法等一部改正法の解説』（立花書房、1988年）〔的場純男〕112頁以下参照。

る蓋然性の方が、むしろ高いといえる。そこで次に、本罪の成立要件について、既存の財産犯の成立要件との対応関係に留意しつつ概観する。

## 2 成立要件

本罪の客体は、他人の財産である。もっとも、客体が財産上の利益に限られている点に、本罪の特徴がある（利得罪）[2]。上述の立法経緯からも明らかなように、これは、本罪の予定する行為によって財物を得た場合に、窃盗罪で対処し得ることの反映に過ぎないが[3]、このことから、本罪を、限定的な利益窃盗や利益横領の処罰化とみることも可能である[4]。

ところで、本罪における利益とは、一般に、例えば、一定の預金残高があるものとしてその引出し・振替えを行うことができる地位を得るなど、事実上財産を自由に処分できるようになること（積極利得型）や、課金ファイルの記録を改変して料金の請求を免れるなど、債権者の追及が事実上不可能に近い状態を現出して債務を免れること（債務免脱型）を含む、広い概念と解されている。判例においても、例えば、預金残高記録の改変や[5]、いわゆる電子マネーの取得をもって[6]、利益を得たことにあたるとされた。このような解釈は、コンピュータによる事務処理の場面における、財産移転の確実性に伴うものとされる。もとより、具体的に何が利益にあたるかは個別的に判断されるべき問題であるが、このように、財

---

[2] なお、佐伯仁志「電子取引をめぐる刑法上の問題」法学教室240号（2000年）33頁は、「財物」を得た場合でも、その「送付を受ける地位」を捉えて本罪の成立を認め得るとする一方で、立法論的に、客体に「財物」を加えることも検討すべきとする。立法論につき同旨、内田幸隆「背任罪と詐欺罪との関係」早稲田法学会誌第53巻（2003年）117頁、同「電子マネーと犯罪」法とコンピュータNo. 27（2009年）91頁。

[3] この点、松宮孝明『刑法講義各論［第3版］』（成文堂、2012年）260頁以下は、「機械による財物の交付」であるから「窃取」にあたらないとする。なお、原田保「判批」愛知学院大学論叢法学研究第25巻第1号（1982年）127頁以下。

[4] 浅田和茂＝伊賀興一「電子計算機使用詐欺罪の処罰根拠」日本弁護士連合会刑法改正対策委員会編『コンピュータ犯罪と現代刑法』（三省堂、1990年）153頁以下参照。なお、林幹人『刑法各論［第2版］』（東京大学出版会、2007年）256頁以下は、同罪の適用は「2項詐欺的」なものに限定すべきであり、また、「占有侵害」が必要だから「利益横領」は除外すべきとする。同旨、同『判例刑法』（東京大学出版会、2011年）328頁以下。他方で、西田典之『刑法解釈論集』（成文堂、2013年）10頁、26頁、松原芳博「詐欺罪・その3」法学セミナーNo. 701（2013年）98頁は、刑の不均衡を理由に、（単純）横領類型は除外すべきとする。

[5] 例えば、大阪地判昭和63・10・7判時1295・151、東京地八王子支判平成2・4・23判時1351・158、東京高判平成5・6・29高刑集46・2・189、名古屋地判平成9・1・10判時1627・158。

[6] 最決平成18・2・14刑集60・2・165。

産というよりも、いわば財産を得る権利をもって利益と捉え、利益概念を抽象化することの当否については議論の余地があろう[7]。

なお、取得したのが情報やサービスである場合には、「情報の非移転性」や「素材の同一性」の観点から、本罪の成否が議論されている[8]。近時は、情報等の利用料金の免脱や（債務免脱型構成）[9]、情報等を「取得する権利」の取得を問題とすることにより[10]、本罪の成立を認め得るとする見解が有力である[11]。しかし、前者の見解に対しては、料金は情報等の対価であるから、まずもって情報等を利用する利益を問題にすべきであって、「サービス・商品が騙し取られたことを無視して、単に支払債務を免脱しただけ構成するべきではない」といえる[12]。とりわけ、免脱のための新たな行為が認められない場合は、積極利得型構成の方が実態に即している[13]。他方で、後者の見解に対しては、当該「権利」によって移転すべき財産（情報等）の客体としての適格性を検討することなく、利益概念を抽

---

7 渡邊卓也「電子マネーの不正取得と電磁的記録不正作出罪」姫路ロー・ジャーナル5号（2011年）32頁以下参照。
8 林・前掲注（4）各論259頁、同・前掲注（4）判例刑法332頁は、このような議論は本罪の立法によって否定されたとする。同旨、同「2項犯罪の現状」『曽根威彦先生・田口守一先生古稀祝賀論文集［下巻］』（成文堂、2014年）140頁。
9 西田典之『刑法各論［第6版］』（弘文堂、2012年）218頁以下、同・前掲注（4）78頁以下等。
10 山口厚「情報・サービスの不正取得と財産犯の成否」研修647号（2002年）8頁以下、同「電子社会と刑事法」中里実＝石黒一憲編『電子社会と法システム』（新世社、2002年）113頁、同『刑法各論［第2版］』（有斐閣、2010年）276頁。ただし、債務免脱型構成も併用する。なお、佐伯・前掲注（2）33頁。
11 なお、前掲最決平成18・2・14は、「メール情報受送信サービスを利用する際の決済手段」である電子マネーの「利用権」の取得を問題とした。この点、藤井敏明「判批」ジュリスト1334号（2007年）234頁は、「有料のサービスそのものではなく、有料のサービスを受けるための電子マネーを取得した場合には、財産権の取得として特に疑問とすべきところはない」とする。同旨、岡田好史「判批」専修大学ロージャーナル第3号（2008年）115頁。さらに、井上宏「判批」研修698号（2006年）33頁以下は、当該電子マネーの「汎用性」を指摘し、「サービス提供とは独立した財産的価値」によって、これを「利益」と捉え得るとする。これに対して、大山弘「判批」神戸学院法学第36巻第2号（2006年）218頁以下は、「汎用性」に疑問を呈し、「サービスの提供を受けた時点」を問題とする。また、岡山地判平成4・8・4判例集未掲載（芝原邦爾「判批」ジュリスト1025号（1993年）91頁以下参照）は、変造テレホンカードを使用して自己の開設したダイヤルQ2番組を利用した事例について、通話サービスの取得ではなく、それによって情報料を得ようとした点を問題とした。他方で、他人名義のクレジットカードによりコンピュータソフトを不正取得した事例については、ソフトの取得やそれをダウンロードする権利の取得ではなく、代金を免れた点が問題とされた（岩山伸二「電子計算機使用詐欺罪の適用が問題になった事例」研修688号（2005年）93頁以下参照）。
12 林・前掲注（8）143頁以下。同旨、同・前掲注（4）判例刑法334頁。
13 神山敏雄「判批」平成7年度重要判例解説（1996年）140頁、大山・前掲注（11）219頁参照。

象化することで問題を隠蔽するものといえる[14]。情報等の客体性は、利得罪における移転性や同一性の要否に遡って、正面から議論すべきである[15]。

このように、本罪においては、客体の解釈において拡張傾向が見られたが、それは、コンピュータを使用した事務処理の特質から、問題となる事例が本罪に関係することが多いことが理由である。ここでは、むしろ、利得罪一般に共通して解決が迫られている課題が論じられているのであって、必ずしも、本罪独自の解釈として拡張傾向が見られる訳ではない。

他方で、本罪は、まず、コンピュータに「虚偽の情報若しくは不正の指令」を与えて、「不実の電磁的記録」を作出する行為を規定している（以下、「作出類型」という）。例えば、上述の振込送金の事例におけるカードの使用行為や、預金残高記録を不正に増減させるプログラムをコンピュータ上で用いる行為がこれにあたる。次に、「虚偽の電磁的記録」を供用する行為を規定している（以下、「供用類型」という）。例えば、銀行の元帳ファイルを虚偽のものと差し替える行為や、内容虚偽のプリペイドカードを使用する行為がこれにあたる。

上述のように、虚偽性要件が存在する点で、これらの行為は、詐欺罪における欺く行為と対応関係にあるともいえる。もっとも、本罪は、財産権の得喪・変更の事務が不実ないし虚偽の「電磁的記録」に基づいて処理される場面に処罰が限定されている点に特徴がある（以下、「記録要件」という）。しかし、コンピュータを使用した財産取得一般に当罰性があるとすれば、当該要件は不可欠ではないともいえる。

この点、財産の移転の原因となる情報に瑕疵があるという意味で、当該要件は、詐欺罪における被詐欺者の錯誤に対応すると解すことも可能かも知れない。もっとも、少なくとも供用類型は、電磁的記録が手段として用いられている点で、詐欺罪と完全な対応関係にはない。すなわち、当該記録の供用は手段行為の類型化に過ぎず、むしろ、同じく手段行為の類型化である虚偽の情報を与えた場合の具体例と捉える方が適切である。このように考えれば、事実上、作出類型に

---

14　西田・前掲注（4）82頁も、「サービスや情報とこれを取得する権利とで、このような差異を生じる根拠が明らかでない」とする。
15　この問題については、町野朔『犯罪各論の現在』（有斐閣、1996年）122頁以下、山口・前掲注（10）研修3頁以下、同「財産上の利益について」『植村立郎判事退官記念論文集 現代刑事法の諸問題 第1巻』（立花書房、2011年）125頁以下、松原芳博「情報の保護」法学教室298号（2005年）54頁以下等参照。

おいてのみ、記録要件が要求されていることとなる。

　いずれにしても、そもそも、詐欺罪においては、錯誤に基づいて財産が「交付」されることが要件とされているのに対して（交付罪）、本罪においては、これに対応する要件がない。このことは、詐欺罪においては、誤った情報に基づく「人」の判断の結果として財産が移転しなければならず、当該情報が瑕疵ある意思と把握されることを前提とするのに対して、対物的行為を問題とする本罪においては、およそ人の判断を観念する余地がないことから説明できる。それゆえ、本罪において、錯誤に対応する要件を求めるべき必然性はない。

　例えば、後述の特殊な信号の送出により国際通話サービスを利用した事例においては、不実の電磁的記録である課金ファイルはサービス取得の結果として作出されたのであり、財産取得における電磁的記録の介在が認められないともいえる[16]。しかし、結局のところ、サービスの取得ではなく、当該サービスの利用料金の免脱を捉えて同罪の成立が認められており[17]、実際問題として、記録要件が限定要素として機能しているかには疑問の余地がある。

　このように、本罪は、二つの行為類型を規定しているが、供用類型については、作出類型の具体例としての位置付けが認められる一方で、事例によっては、両類型に連続して該当し得る場合も想定できる。それゆえ、両類型の関係は相対的であって、不明確な点も多い。罪数処理による帰結を見据えた上で[18]、立法論も含めて、適切な類型化を模索すべきといえよう。また、本罪は、記録要件により処罰が限定されている点に特徴があるが、当該要件を求めるべき必然性はない。このように考えれば、本罪を特徴づけるのは、むしろ、虚偽性要件といえる。そこで以下では、当該要件の意義と、あるべき虚偽性の判断基準について、検討を加えることとする。

---

16　これに対して、林・前掲注（4）各論259頁、同・前掲注（4）判例刑法332頁は、作出と「同時」あるいは「引換え」であればよいとする。
17　東京地判平成7・2・13判時1529・158。
18　電磁的記録不正作出罪（161条の2）及び支払用カード電磁的記録不正作出罪（163条の2）との関係も含めて、本罪の関係する罪数処理については、渡邊・前掲注（7）34頁以下参照。

## III 「虚偽」性の判断基準

### 1 判例

　情報の虚偽性ないし指令の不正性、それに伴う電磁的記録の不実性は、一般に、与えられた情報自体（数字や記号等）の精確性ではなく、「電子計算機を使用する当該事務処理システムにおいて予定されている事務処理の目的に照らし」て判断すべきとされる[19]。すなわち、例えば、コンピュータに情報が入力される場面において、通常の事務処理におけるのと数値的には全く同じであり、その意味では「正しい」情報が入力されたとしても、当該情報の虚偽性が認められ、本罪による規制を及ぼすべき場合があるということである。

　判例では、例えば、信用金庫の支店長が為替係等に命じて為替送金システムを利用し預金残高記録を書き換えさせたという事例に係る下級審判例がある。ここでは、為替係等が入力した情報（金額や口座番号等）の虚偽性が論じられている。東京高裁は、「振込入金等に関する情報は、いずれも現実にこれに見合う現金の受入れ等がなく、全く経済的・資金的実体を伴わないものであることが明らかであるから、『虚偽の情報』にあた」るとした[20]。

　確かに、少なくとも支店長の指示との関係では、当該情報は「正しい」ともいえる[21]。しかし、支店長は、「無制限な入金等の権限を有するわけではなく、現金等の受入れの事実がないのに、特定の口座に入金したり、振込入金したりする権限が全くない」のであって[22]、このことを前提とすれば、為替係等による当該振込入金に係る情報の入力処理は、「原因となる経済的・資金的実体を伴わない」と評価し得る。そして、「経済的・資金的実体」に応じて入金処理を行うという

---

19　前掲東京高判平成5・6・29。同旨、米澤編・前掲注（1）〔的場〕121頁以下等。
20　前掲東京高判平成5・6・29。
21　支店長の指示を離れても、振込先口座が存在する以上、口座番号は「正しい」ともいえる。
22　ここから、支店長の行為は権限を越えており、「業務上の行為」とはいえないとされた。すなわち、背任罪の構成要件該当性自体が否定されたともいえる。しかし、「業務上の行為」であることと情報の虚偽性とが両立し得るとすれば、両罪の競合を問題とする余地は残されている。前掲東京地八王子支判平成2・4・23（詐欺罪については、最判昭和28・5・8刑集7巻5号965頁）参照。この問題については、内田・前掲注（2）早誌115頁以下参照。なお、林・前掲注（4）各論257頁、同・前掲注（4）判例刑法328頁以下は、「占有侵害」が欠如するから本罪は成立せず、背任罪の限度で処罰すべきとする。同旨、松原・前掲注（4）99頁。

為替送金システムにおいて予定されている事務処理の目的に照らして判断すれば、このような情報の入力処理が行われた場合には、当該情報の虚偽性が認められることとなろう。

次に、上述の国際通話サービスの事例に係る下級審判例では、料金着信払等の通話サービス（IODC サービス）を利用する旨の信号及びこれを取り消す信号を送出し、また、利用申込みが取り消されたことを確認する旨の信号の送信を妨害することにより、課金システムのコンピュータ上に課金すべきとの記録が為されない状態で通話した行為が問題とされた。ここでは、コンピュータ上に作出された記録の不実性が論じられているが、その不実性は、送出した信号の不正性に依存しているといえる。東京地裁は、「被告人の当初の IODC サービスを利用する旨の信号は、右サービスを利用するためではなく、単に、本件電話回線を IODC 対地国の電話交換システムに接続させることのみを目的とする」から、「本件通話は、全体としてみて IODC サービスを利用した通話と見ることは到底できず」、本来は「通話料金を課金すべき自動通話であったと解することが相当である」として、指令の不正性及び記録の不実性を認めた[23]。

確かに、当該信号自体は、通常の IODC サービス利用の際の信号と異ならないから、「正しい」ともいえる。しかし、当該信号の送出が「電話交換システムに接続させることのみを目的とするもの」であったことを前提とすれば、同サービスの利用を目的とするという実体を伴わないと評価し得る。そして、通話の実態に応じて課金するという電話交換システムにおいて予定されている事務処理の目的に照らして判断すれば、このような信号の送出が行われた場合には、その不正性が認められることとなろう。また、作出された記録についても、通話が為されたという記録自体は「正しい」としても、課金すべき通話との記録が為されず、課金すべき通話が無いことを示す記録として読み取られる点で通話の実態に合致していないことから、その不実性が認められたのである。

さらに、窃取したクレジットカードの番号等を入力送信して購入を申し込み、電子マネーを取得した事例に係る最高裁決定がある。ここでは、送信された番号等の虚偽性と、それに伴う記録の不実性が論じられている。最高裁は、「被告人

---

23　前掲東京地判平成 7・2・13。なお、上述のように、同判決においては、記録要件との関係で、債務免脱型構成が採用された点にも特徴がある。

は、本件クレジットカードの名義人による電子マネーの購入の申込みがないにもかかわらず、本件電子計算機に同カードに係る番号等を入力送信して名義人本人が電子マネーの購入を申し込んだとする虚偽の情報を与え、名義人本人がこれを購入したとする財産権の得喪に係る不実の電磁的記録を作り、電子マネーの利用権を取得して財産上不法の利益を得た」とした[24]。

確かに、送信した番号等は正規のカードに記載されていたから、「正しい」ともいえる。しかし、それが窃取されたカードであり、名義人本人に電子マネー購入の意思が無かったことを前提とすれば、当該番号等の送信は、名義人本人が購入を申し込んだというという実体を伴わないと評価し得る[25]。そして、「名義人の信用力に基づく決済代行業務」というクレジットカードシステムにおいて予定されている事務処理の目的に照らして判断すれば[26]、このような番号等の送信が行われた場合には、その虚偽性が認められることとなろう[27]。また、作出された記録についても、当該カードを使用して購入が申し込まれたという記録自体は「正しい」としても、カード名義人以外の者が購入を申し込んだとの記録が為されず、名義人が購入を申し込んだことを示す記録と読み取られる点で利用の実態に合致していないことから、その不実性が認められたのである。

さて、作出類型と供用類型との関係が相対的なものに過ぎないとすれば、前者における虚偽性の判断基準は、後者も含めた、虚偽性の解釈一般に敷衍し得る。この点、東京都内から栃木県内までを列車で往復するに際し、自動改札機を利用し、区間の連続しない乗車券等を用いて大部分の運賃を免れたという[28]、いわゆ

---

24 前掲最決平成18・2・14。
25 これに対して、一般に、拾得・窃取したプリペイドカードの使用(以下、「拾得プリカ事例」という)は、供用にあたらないとされる。その当否は、虚偽性の理解に依存するといえよう。林・前掲注(4)各論259頁参照。
26 原判決(大阪高判平成17・6・16刑集60・2・175参照)は、前掲東京高判平成5・6・29が示した虚偽性の一般基準を前提に、このような判断をした。
27 このような観点は、人に対して他人名義のカードを示して財物を得た場合にも考慮されているといえよう(最決平成16・2・9刑集58・2・89参照)。
28 被告人らは、複数回にわたって、鶯谷駅又は上野駅において、130円区間有効の乗車券を購入し、これを自動改札機に投入して入場し、列車に乗車した後、宇都宮駅において、雀宮駅(宇都宮駅の上り方面隣駅)から岡本駅(下り方面隣駅)までを有効区間とする回数券を自動改札機に投入して出場した。そして同日、宇都宮駅において、180円区間又は190円区間有効の乗車券を購入し、これを自動改札機に投入して入場し、列車に乗車した後、赤羽駅又は渋谷駅において、往路で用いた乗車券と不足運賃を自動精算機に投入して精算券を入手し、これを自動改札機に投入して出場した。

るキセル乗車の事例に係る下級審判例において[29]、供用類型が議論の対象となった。ここでは、使用された乗車券等の記録の虚偽性が論じられている。

東京地裁は、往路について、「入場情報がない本件回数券を宇都宮駅の自動改札機に投入する行為の意味をみると、実質的には、宇都宮駅の自動改札機に対し、本件回数券を持った旅客が有効区間内の自動改札機未設置駅（岡本駅）から入場したとの入場情報を読み取らせるものであって[30]、この入場情報は被告人らの実際の乗車駅である鶯谷駅又は上野駅と異なるのであるから、本件回数券の電磁的記録は、自動改札機の事務処理システムにおける事務処理の目的に照らし、虚偽のものである」とし[31]、復路についても、「本件乗車券は、発駅を鶯谷駅又は上野駅とし、これらの駅で入場したとの入場情報がエンコードされたものであって、復路の赤羽駅又は渋谷駅の自動精算機に投入される場面において、自動精算機の事務処理システムにおける事務処理の目的に照らし、被告人らの実際の乗車駅である宇都宮駅と異なる虚偽のものである」とした[32]。

確かに、乗車券等は発行した状態のまま使用されたから、そこに記録された情報は「正しい」ともいえる[33]。しかし、虚偽の意義を「不正な作出、改変に限る必要性は認められない。むしろ、電磁的記録は、記録それ自体の情報に加え、これを用いるシステムが前提とする一定の意味付け等を踏まえて事務処理の用に供されている」のであるから、この前提を偽ることも、虚偽にあたるといえよう。

---

29　キセル乗車事例の解釈一般については、和田俊憲「キセル乗車」法学教室 No. 392（2013年）93頁以下等参照。
30　この鉄道会社のシステムでは、入場時に乗車券等を自動改札機に投入すると、その入場情報が記録（エンコード）され、出場時にこれを自動改札機又は自動精算機に投入した際、入場情報等が確認され、その結果、自動改札機が開扉される。もっとも、回数券の場合、自動改札機未設置駅を有効区間に含むものについては、入場情報がなくとも自動改札機が開扉される。
31　ここでは、いわゆる下車駅基準説が前提にされているが、乗車駅基準説を前提とした場合であっても、記録の虚偽性が肯定されれば、本罪の成立が肯定される余地はある。和田・前掲注(29) 101頁。この点、橋爪隆「電子計算機使用詐欺罪における『虚偽』性の判断について」研修786号（2013年）11頁は、虚偽性の判断資料とすべき事情の範囲に係る後述の理解を前提に、「乗車券の情報それ自体からは乗越しの意図の有無を判別することはできない」とする。
32　東京地判平成24・6・25判タ1384・363。ここでも、前掲東京高判平成5・6・29が示した虚偽性の一般基準が前提とされた。その後、控訴審が、原判決の判断を是認し控訴を棄却する一方で（東京高判平成24・10・30判例集未掲載（山口浩「判例紹介」研修777号（2013年）93頁以下参照）。なお、同判決では、前掲最決平成18・2・14が参照されている）、上告審は、「上告理由に当たらない」と述べて上告を棄却した（最決平成25・2・12判例集未掲載）。
33　斎藤信治『刑法各論［第4版］』（有斐閣、2014年）158頁、166頁参照。なお、松宮・前掲注（3）256頁は、「自動改札機はプログラム通りに作動している以上」、これを利用した事例に対する本罪の適用は難しいとするが、ここでは、自動改札機の作動状況は問題とならない。

この点、乗車券等は、「運賃支払の事実を記録するにとどまらず、入場情報を記録することにより、その乗車券等を所持する旅客が実際に乗車した駅を確認し、下車しようとする駅との間の乗車区間を把握した上、出場の可否又は精算の要否を判定する資料」である。それゆえ、「乗車券等にエンコードされた入場情報はその事務処理を果たす上で極めて重要なもの」である。

このことを前提とすれば、入場していない駅からの入場情報が記録された乗車券等の使用は、当該乗車券等を所持する旅客がその駅から乗車したというという実体を伴わないと評価し得る。もっとも、往路については、入場情報がエンコードされていないから、虚偽の「記録」が存在しないとの理解もあろう。しかし、入場情報が無いこと自体が、自動改札機未設置駅から入場した「記録」と解し得る[34]。そして、入場情報により乗車区間を把握するという自動改札システムにおいて予定されている事務処理の目的に照らして判断すれば、このような乗車券等が使用された場合には、その虚偽性が認められることとなろう[35]。

## 2 検 討

このように、虚偽性の判断においては、「システムにおいて予定されている事務処理の目的」が重要となる。もっとも、ここでの「事務処理の目的」の内容を如何に決すべきかは、必ずしも明らかではない。

システムにおいて「予定されている」目的が問題とされていることからすれば、当該システムを運用するコンピュータの設置者ないし使用者の意思を基準とすべきとの考え方もあり得る[36]。例えば、上述の振込送金の事例における金融機関の意思が、これにあたる。これに対して、学説においては、「『電磁的記録』の内容に対応する財産状態の変動について、それを行うか否かを本来決定するべき立場にある者の意思（あるいは、その変動の効果が帰属する立場にある者の利益）」を

---

34　前掲東京地判平成7・2・13参照。
35　なお、復路については、乗車券が「自動精算機に投入される場面」における財物たる「精算券を得る行為」に窃盗罪が、その「精算券を自動改札機に投入する行為」に本罪が成立し得るとの考え方もある。小林隼人「判批」警察公論第67巻第9号（2012年）95頁。なお、橋爪・前掲注(31) 10頁以下。その当否は、本罪における「利益」概念の理解に依存する。「精算券を得る」ことで確実に改札を通過し得るといえれば、その時点で「利益」の取得を観念し、本罪の成立を認める余地もあろう。
36　堀内捷三「コンピュータ犯罪」芝原邦爾＝堀内捷三＝町野朔＝西田典之編『刑法理論の現代的展開 各論』（日本評論社、1996年）153頁。

基準とすべきとの見解もある[37]。例えば、振込送金の事例における預金者の意思が、これにあたる[38]。確かに、財産犯一般の罪質との共通性が論じられるべきとすれば、本罪を詐欺罪と同質の交付罪と捉える必然性はないから[39]、法益主体と異なる交付者の意思を観念する必要もない。もっとも、本罪が移転罪であるとすれば、「利益を提供する主体の意思」[40]、すなわち、直接に財産状態を変動させられる者の意思を基準とすべきかも知れない[41]。なお、それは、上述の設置者の意思と一致する場合も多いと思われるが[42]、必然ではない。

しかし、そもそも、虚偽性の判断において、何らかの者の具体的な「意思」を基準とすべきとの考え方自体に、充分な根拠があるとは思われない。確かに、財産犯である以上、そこで生じる財産状態の変動に関係する者の意思が出発点となることは否めない。もっとも、「電子計算機によるデータ処理の結果は、それにかかわる全ての人の財産に影響を及ぼすもの」であるから、本罪によって保護されるのは、その「処理の結果、財産権の得喪または変更を受ける全ての者」ともいえる[43]。この全ての者の利害を調整し、納得を得るためには、むしろ、関係者の具体的な意思を離れた客観的な基準を採用すべきであろう。

この点、本罪の規制対象行為における虚偽性の判断が問われている以上、利益移転の原因行為としての許容性という観点から、その内容を決すべきように思われる。すなわち、本罪の成否が争われている「システムにおいて」予定されてい

---

37 鈴木左斗志「電子計算機使用詐欺罪（刑法246条の2）の諸問題」学習院大学法学会雑誌37巻1号（2001年）210頁以下。同・228頁以下参照。同旨、伊東研祐『刑法講義各論』（日本評論社、2011年）203頁。和田・前掲注(29) 100頁は、「財産犯としての保護に値する範囲」に限定すべきとする。

38 これに対して、林・前掲注(4)各論258頁、同・前掲注(4)判例刑法327頁は、拾得プリカ事例にまで虚偽性を認めざるを得ないと批判するが、鈴木・前掲注(37) 247頁は、窃盗罪等の「共罰的事後行為」として不処罰となるとする。なお、佐久間修「最近の判例における窃盗罪と詐欺罪の限界」法曹時報第60巻第10号（2008年）6頁。

39 なお、松原・前掲注(4) 98頁は、本罪は、「社会的な機能からみて詐欺罪と同視可能な場合に限って利益窃盗を犯罪化したもの」であり、「交付に準じた盗取罪と理解される」とする。

40 橋爪・前掲注(31) 8頁。例えば、他人の預金を払い戻す行為について、銀行を被害者とする窃盗罪の成立が認められることが援用される。同旨、同「電子計算機使用詐欺罪」西田典之＝山口厚＝佐伯仁志編『刑法の争点』（有斐閣、2007年）194頁。

41 内田・前掲注(2) 早誌133頁以下は、「財産状態の変更を受け、かつその変更につき銀行は処分権を持つ」にもかかわらず「銀行の意思がなぜ問題にならないのか不明」とした上で、本罪「それ自体を特徴づける何らかの根拠が必要になる」から、「欺罔同価値性」が重要である。

42 松原・前掲注(4) 102頁は、預金者の意思に加え、「準交付行為」を認めるために、「利益の占有者・支配者ともいうべき電子計算機の設置者・使用者」との関係での虚偽性も必要とする。

43 内田・前掲注(2) 早誌124頁。

る客観的な制度趣旨に照らして、虚偽性を判断すべきである。「情報が電子計算機に入力されることで生じる総体的な意味と、これに対応する現実の法律関係の齟齬」を問題とする見解が[44]、このような判断を含意しているとすれば、支持し得る。なお、それは、何らかの者の具体的な意思と一致する場合も多いと思われるが[45]、必然ではない。

　もっとも、このような判断は、虚偽性の判断資料とすべき事情の範囲を画する契機を持たず、「総合的な衡量」という以上に[46]、具体的基準を提示できないともいえる。この点、コンピュータの機能との関係で、当該事情の範囲を論じる見解がある。すなわち、「入力された情報についてしかその正誤を判断できない」というコンピュータの限界からすれば、「およそ表示されていない内容を考慮するなど、実質的な解釈を徹底することには困難が伴う」とした上で、入力された情報の「内容それ自体からは認識不可能な事情を幅広く判断の対象として、記録・情報の虚偽性を肯定するべきではない」というのである[47]。

　この見解は、本罪の解釈と「詐欺罪の解釈との連動性」に対して疑問を呈し、「人に対して行えば欺く行為（欺罔行為）にあたり得る行為であっても、それが常に『虚偽』性の要件を充たすと解する必然性はない」という立場を出発点とする[48]。このような疑問自体は、本稿と問題意識を共有する。この点、「連動性」を認めなければ、「立法の趣旨・目的を逸脱して、本罪によってあらゆるコンピュータの不正利用を処罰することになりかねない」との懸念を示す見解もあるが[49]、「どちらかの犯罪で処罰される行為類型は、他方の犯罪でも必ず処罰される

---

44　内田・前掲注（2）早誌129頁以下。これによって、「欺罔同価値性」を担保し得るとする。同旨、同「電子マネーと財産犯」刑事法ジャーナル15号（2009年）21頁、同・前掲注（2）法コン85頁。
45　米澤編・前掲注（1）〔的場〕122頁以下参照。
46　前田雅英「刑法246条の2とキセル乗車」警察学論集第65巻第10号（2012年）191頁。
47　橋爪・前掲注(31)　6頁、12頁。なお、髙嶋智光「判批」研修778号（2013年）18頁以下は、「虚偽の電磁的記録」の解釈としては、「当該電磁的記録が偽変造されたものである場合」に限る考え方（最狭義説）、「当該電磁的記録自体に含まれている情報の中に真実と異なる情報が含まれている場合」を含む考え方（狭義説）、そして事務処理の目的に照らして「当該電磁的記録の内容を実質的・合理的に解釈し、真実と異なる情報が含まれているとみるべき場合」を含む考え方（広義説）が考えられるとする。同旨、小林・前掲注(35) 93頁、武藤雅光「判批」捜査研究第62巻第6号（2013年）19頁以下。ここでは、このうちの狭義説が意識されていると思われるが、後述のように、そのような考え方は論理的に存在し得ない。それゆえ、判例が狭義説なのか広義説なのかを問うことにも意味は無い。
48　橋爪・前掲注(31)　3頁。

べきであるとして、処罰範囲が無意識に拡張されていく事態」を防ぐためには、むしろ、「それぞれの犯罪の成立要件に即した個別的な検討が不可欠」といえよう[50]。もっとも、そこで示された論理には、疑問がある。

確かに、「人間が社会通念に照らして、一定の行為の意味・文脈を推断することができる」のに対して、コンピュータは、「入力情報の社会的意味・文脈を推断することまでは想定されていない」のであって[51]、その意味で、コンピュータの機能には限界があるといわざるを得ない。しかし、本罪においては、コンピュータの処理する情報が、当該コンピュータを使用する「システムにおいて予定されている事務処理の目的に照らし」て虚偽といえるかが問われているのである。すなわち、ここで虚偽性を判断するのは、あくまでも人間であって、コンピュータではない。それゆえ、コンピュータの機能の限界を理由に、判断資料とすべき事情の範囲を論ずべきではない。コンピュータの機能の限界は、後述のように、虚偽性の程度の緩和を導き得るに過ぎないといえよう。

実際上も、この見解が、判断資料とすべき事情の範囲を画し得ているかは疑問である。例えば、この見解は、上述の電子マネーの購入申込みの事例については、「カード名義人の氏名等の情報それ自体が『虚偽』であると判断している」から、「入力された情報を離れて、実質的な観点からの判断を徹底しているわけではない」とする一方で[52]、「購入者（カード名義人）の支払意思・能力は、『情報』の一部を構成しないと解する余地もある」とする[53]。また、キセル乗車の事例についても、往路の「入場情報がエンコードされていない乗車券等」には「当該乗車券等の有効区間内の自動改札機未設置駅から入場した」という情報が含まれているとする一方で、復路の入場情報の記録された乗車券については虚偽性を認め得るとしても、それを自動精算機に投入して得た精算券は、「精算手続きが終了

---

49 林・前掲注（4）判例刑法328頁。なお、前田・前掲注(46) 181頁も、本罪について、「基本的に、246条の詐欺罪の当罰価値を基準に解釈されるべき」とする。しかし、その「当罰価値」を如何に判断すべきかは、必ずしも明らかではない。
50 橋爪・前掲注(31) 7頁以下。
51 橋爪・前掲注(31) 6頁。
52 なお、橋爪・前掲注(31) 11頁以下では、「名義人情報」が記録されている以上、「他人の定期券を利用して自動改札機を通過する行為」についても、本罪の成立を認める余地があるとする。
53 橋爪・前掲注(31) 5頁以下。さらに、同・14頁では、「カード名義人が支払に応ずることを前提としたような文言をクリックし、その内容がコンピュータに送信されている場合には、送信された情報それ自体が虚偽性を帯びる」とする。

した旨を証明する手段であり、その内容には虚偽の内容が含まれていない」とする[54]。しかし、いずれの事例についても、「入力された情報」の虚偽性を判断する過程において、当該情報の「内容それ自体からは認識不可能な事情」が、任意に取捨選択されているに過ぎないように思われる[55]。

そもそも、「電磁的記録がそのシステムにおいてどのような意味を付与されているのかを抜きに、その虚偽性を判断することはできない」からこそ、事務処理の目的に照らした判断が必要となる[56]。それが真実と異なるか否かの「評価」の問題である以上、情報の「内容それ自体からは認識不可能な事情」を考慮すべきことは、むしろ当然であるように思われる。「電磁的記録は、多くの場合2進数のデジタル信号であり、それ自体としては『意味』を有しない」[57]。それゆえ、情報「それ自体」を眺めて、何処までの内容が表示されていると「評価できるか」を問うことは[58]、論理的に不可能である。検討すべきは、システムにおいて予定されている客観的な制度趣旨に照らした、当該情報の意味である。

そこで、入力された情報の「内容それ自体からは認識不可能な事情」を虚偽性の判断資料とすることを当然の前提とした上で、その限定を模索すべきである。この点、財産上の損害要件による限定を認める見解もあるが[59]、虚偽性要件との関係では外在的な制約に留まるであろう。他方で、欺く行為との対応関係を理由に、当該事情に「重要性および法益関連性」を要求すべきとの見解もあるが[60]、基準として抽象的に過ぎるのはともかくとして、それらの基準が導かれる具体的な理由が明らかではないといえよう。

上述のように、本罪は、種々の取引分野において、財産権の得喪・変更の事務

---

54 橋爪・前掲注(31) 9頁以下。拾得プリカ事例の評価と符合するとする。前掲注(25) 参照。
55 橋爪・前掲注(31) 7頁における、拾得プリカ事例の評価についても、同様の批判が妥当する。なお、同・12頁では、下車駅構内で拾得・窃取した本来の乗車駅と異なる入場情報が記録された乗車券について、虚偽性を認め得るとする。さらに、同・14頁以下、髙嶋・前掲注(47) 23頁以下参照。
56 和田・前掲注(29) 100頁。同旨、井上・前掲注(11) 30頁、是木誠「判批」警察公論62巻9号 (2007年) 127頁。なお、大山・前掲注(11) 215頁。
57 和田・前掲注(29) 99頁。井上・前掲注(11) 30頁も、「情報そのものは数字や文字の羅列にすぎない」と指摘する。同旨、是木・前掲注(56) 127頁。
58 橋爪・前掲注(31) 13頁。
59 榎本桃也「判批」刑事法ジャーナル37号 (2013年) 80頁以下。例えば、他人の定期券を利用して自動改札機を通過する事例では、損害が否定されるとする。なお、内田・前掲注(44) 22頁以下、同・前掲注(2) 法コン86頁以下。
60 門田成人「判批」法学セミナー694号 (2012年) 133頁。システムの目的との「合理的関連性」に基づく当該事情の「要保護性」が基礎とされる。なお、和田・前掲注(29) 100頁以下。

が自動的に処理されるシステムが増加しつつあることを背景に立法され、これを反映した規制対象行為が類型化されている。このような状況に鑑みれば、判断資料とすべき事情を「取引上重要な事実」に限定すべきとする見解が[61]、正しい方向性を示しているように思われる。もっとも、何が「重要な事実」であるかは、具体事例における判断に委ねられざるを得ない。この点、判例は、例えば、「経済的・資金的実体」に応じて入金処理を行うという為替送金システム、通話の実態に応じて課金するという電話交換システム、「名義人の信用力に基づく決済代行業務」というクレジットカードシステム、そして入場情報によって乗車区間を把握するという自動改札システムにおいて予定されている客観的な制度趣旨に照らして虚偽性を判断しており、いずれも妥当と思われる。

ところで、本罪が詐欺罪の補充類型とされることから、本罪の予定する行為に該当すると判断されるためには、同じ行為が「人」を錯誤に陥れ得ることが要件となるとする見解もある。すなわち、虚偽の電磁的記録とは、「電子計算機において処理されることになる情報をその管理者（自然人）が知ったならばその先の手続を進めないであろう情報をいう」というのである[62]。ここでは、詐欺罪の欺く行為と同等程度の虚偽性（いわば、見た目の「真実らしさ」）が問題とされているといえる。この見解からは、例えば、キセル乗車の事例では、復路については、乗車券を有人精算窓口に呈示したとしても発券・入場からの長時間の経過が疑われ直ちには精算・出場できないとして、本罪の成立を否定すべきこととなろう。「機械化したために判断対象外に置かれた事情に由来する不利益」のシステム管理者への分配の観点から、これを支持する見解もある[63]。

しかし、あくまでも、本罪における虚偽性の解釈が問題となっている以上、詐欺罪の要件との均衡を考慮すべき必然性はない。ここでは、コンピュータの機能との関係で、虚偽性の程度を論じれば足りる。すなわち、コンピュータを相手方とした対物的行為としての特徴に照らして、これを判断すべきである。このよう

---

61 林・前掲注（4）各論258頁、同・前掲注（4）判例刑法328頁。なお、小田直樹「判批」平成18年度重要判例解説（2007年）171頁。
62 髙嶋・前掲注（47）21頁。「このような理解は、広義説と同一の結論を導くことになる」とする。なお、井上・前掲注（11）31頁、是木・前掲注（56）126頁。この点、小林・前掲注（35）94頁以下も、「広義説に立つ場合」には、「事務処理の目的」は、「電子計算機の客観的機能を踏まえ、その社会経済的な機能等も考慮して判断すべき」とするが、その趣旨は必ずしも明らかではない。
63 和田・前掲注（29）100頁以下。

に考えれば、当該行為がコンピュータに作用し、結果を発生させる一定程度の可能性を有しているかのみが問題となろう。他方で、客観的な制度趣旨に照らした判断が問題となる以上、確かに、「リスク分配の観点」が考慮に入れられる可能性もあろう[64]。しかし、機械化に伴うリスクを織り込んでシステムが運用され、それを社会が許容している以上、当該リスクを全て管理者に負わせることが妥当とは思われない。また、仮に、リスク分配が要請されるとしても、詐欺罪の要件との均衡が基準となる必然性はないであろう。

## Ⅳ 結 語

以上のように、本罪の罪質に鑑みれば、記録要件を求めるべき必然性はなく、作出類型と供用類型との関係も相対的なものに過ぎない。立法論も含めて、適切な類型化を模索すべきといえよう。他方で、虚偽性要件については、利益移転の原因行為としての許容性という観点から、本罪の成否が争われている「システムにおいて」予定されている客観的な制度趣旨に照らして、入力された情報の意味を評価することで判断すべきである。当該要件が、詐欺罪における欺く行為と対応関係にあることから、その判断基準も、欺く行為との対比で論じられることも多い。しかし、対物的行為としての特徴から、少なくとも虚偽性の程度については、欺く行為と同等である必然性はない。

もっとも、このような判断は、虚偽性の判断資料とすべき事情の範囲を画する契機を持たないともいえる。そこで、入力された情報の「内容それ自体からは認識不可能な事情」を判断資料とすることを当然の前提とした上で、その限定を模索すべきであろう。財産権の得喪・変更の事務が自動的に処理されるシステムを前提に規制対象行為が類型化されていることに鑑みれば、判断資料とすべき事情を「取引上重要な事実」に限定すべきとする見解が、正しい方向性を示しているように思われる。

---

[64] 飯島暢「判批」判例セレクト2013［Ⅰ］（2014年）35頁。自動改札機未設置駅を放置した鉄道会社に対するリスク分配を理由に、本罪の成立を否定する余地を認める。なお、浅田＝伊賀・前掲注（4）162頁以下も、同様の観点から、本罪の成立には、コンピュータの「セキュリティ・システムの侵害が必要」とする。同旨、大山弘「電子計算機使用詐欺罪の検討」行政社会論集第6巻第1号（1993年）47頁。

# 盗品移転の可罰性

内 田 幸 隆

I　はじめに
II　窃盗犯人からの奪取
III　盗品の譲受け等
IV　おわりに

## I　はじめに

　窃盗犯人など本犯が自ら所持する盗品を損壊したとしても、この損壊行為は先行する窃盗罪などが成立して処罰される限り、別途処罰の対象にはならない。これを不可罰的事後行為というか、共罰的事後行為というかはともかく、後行の器物損壊罪は独立して処罰される意義を有していないことになる。ただ、盗品が損壊されれば所有者のもとに回復され得ないのであるから、その所有権の侵害性からみると損壊行為の可罰性は疑い得ない。しかし、ここでは、先行して成立する窃盗罪などにおいて後行の損壊行為が包括的に評価されていると解するべきなのであろう[1]。この結論自体は学説においてさほど疑問視されていない。

　他方で、盗品が移転する場合については、局面に応じて、窃盗罪を成立させるべきか否か、あるいは盗品関与罪を成立させるべきか否かが激しく論争されている。ケースごとに分類すると、窃盗犯人から盗品を第三者が奪取する場合（ケース1）、窃盗犯人から盗品を所有者が取り返す場合（ケース2）、本犯の合意のもとで盗品が第三者に移転される場合（ケース3）、本犯の合意のもとで盗品が所有者に返還される場合（ケース4）となろう。ケース1と3では、それぞれ窃盗罪、盗品関与罪の成立が認められるが、その理論的根拠に争いがある。ケース2

---

[1] この問題は、近時、いわゆる「横領後の横領」の事案と関連して検討されてきた。「横領後の横領」に関する私見については、内田幸隆「電子マネーと財産犯」刑ジャ15号（2009）23頁以下参照。

と4では、窃盗罪、盗品関与罪それ自体の成立の可否について争いがあるところである。事後の盗品移転について、そもそも当初の窃盗罪などにおいて包括的に評価することができるのであれば、(たとえ本犯以外の者が実現ないしは関与したとしても)別途それを罪に問う必要はないように思われる。それにもかかわらず、その可罰性を認めて罪の成立を肯定するのであればその根拠を検討する必要があろう。また、同じく盗品の移転でありながら、ケース1と2に対して、ケース3と4においてなぜ盗品関与罪の限度で罪の成否が問われるのであろうか。本稿では、これまで盛んに議論されたケース1と2を概観した上で、ケース3と4を詳細に検討することにする。

## II 窃盗犯人からの奪取

### 1 第三者による奪取

盗品について本権をもたない窃盗犯人からその盗品を第三者が奪取する場合に、なぜ窃盗罪の成立が認められるのであろうか。この場合と後述する所有者による取り返しの場合もあわせて、ここでは窃盗罪の保護法益が問われてきた。形式的に図式化すると、本権説(さらに中間説)と占有説との争いがあり、占有説の立場から本権説に対して、本権をもたない窃盗犯人から第三者が盗品を奪取しても窃盗罪が成立しないのではないかとの問題提起がなされている[2]。これに対して、本権説からは、窃盗犯人から第三者が奪取することによって、先行の窃盗罪の被害者における所有権が再度侵害されるとの指摘がある[3]。しかし、この指摘に対しては、占有説から、一度侵害された所有権をさらに侵害する場合は盗品関与罪が問題になるはずであって直接領得罪である窃盗罪と間接領得罪である盗品関与罪の区別をあいまいにするとの批判がなされている[4]。

この批判に対してどのように答えるべきであろうか。一つの答えは、占有の違法性・適法性を相対化して、窃盗犯人の占有は、所有者に対する関係においては違法であるが、第三者に対する関係においては適法に保護されるべきとするもの

---

[2] 前田雅英『刑法各論講義』〔第5版〕(東京大学出版会、2011)232頁。さらに、木村光江『財産犯論の研究』(日本評論社、1988)489頁参照。
[3] 曽根威彦『刑法各論』〔第5版〕(弘文堂、2012)113頁。
[4] 前田・前掲注(2)233頁。

である[5]。しかし、後述するように、本権説の立場から所有者による盗品の取り返しを窃盗罪に問うべきでないとすれば、（所有者の予めの了解を得ることなく）所有者の知人がたまたま盗品を発見して所有者のもとに取り返した場合にも、結論的には窃盗罪の成立を否定するべきであると考えられる。すると、そもそも第三者に対する関係においてなぜ窃盗犯人の占有を保護するべきかを検討せざるを得ない。

　ここでは、窃盗犯人が、規範的には、所有者から返還請求を受ければ直ちに盗品を返還すべき立場にある以上、その限度において窃盗犯人の占有も第三者に対する関係で保護に値するといえよう[6]。たしかに窃盗犯人には、盗品を利用し、処分することが許されていないが、第三者に奪取されず保持することができるという消極的利益がある。しかし、これだけではなお窃盗罪で保護されるべき利益として不十分である[7]。この点に着目して、窃盗犯人の占有は法的な保護に値しないのであるから、盗品を第三者が奪取した場合には占有離脱物横領罪の成立しか認められないとする指摘もある[8]。他方で、所有者には、所有物を自ら利用し、処分することができる状態の回復を求め、盗品の返還請求をなし得る積極的利益がある。第三者による盗品の奪取については、こうした窃盗犯人の消極的利益、および所有者の積極的利益を双方侵害することになり、この点に窃盗罪の可罰性を見出すべきであると思われる。いわば、物の所有・占有に関する利益が所有者・占有者（ここでは窃盗犯人）に分属しており、これらの利益をあわせて侵害することにより窃盗罪の成立を認めるのである[9]。

　ただし、以上のように解すると、盗品の第三者による奪取において問題になる実質的な利益侵害性は、所有者の「追求権」に対する阻害に尽きるのではないかとの疑問も生じる[10]。むしろ、追求権侵害という点からは、窃盗罪などの領得罪と盗品関与罪は共通の基盤を有するとも解されよう[11]。この観点からは、盗品の

---

5　林幹人『刑法各論』〔第2版〕（東京大学出版会、2007）158頁参照。
6　曽根威彦＝松原芳博編『重点課題刑法各論』（成文堂、2008）90頁〔宮崎英生〕、山口厚『刑法各論』〔第2版〕（有斐閣、2010）192頁、佐伯仁志「財産犯の保護法益」法教364号（2011）107頁。
7　町野朔「窃盗罪の保護法益」刑法判例百選Ⅱ各論〔第5版〕（2003）49頁、斎藤信治『刑法各論』〔第4版〕（有斐閣、2014）103頁以下参照。
8　田山聡美「財産犯の保護法益」神奈川43巻1号（2010）171頁、松原芳博「財産罪の保護法益」法セミ693号（2012）123頁。
9　深町晋也「窃盗罪」法教290号（2004）70頁、山口・前掲注（6）192頁参照。
10　田山・前掲注（8）171頁。

第三者による奪取の場合は、盗品関与罪の限度において処罰することが考えられる[12]。他方で、この場合においては、本犯助長的側面がないことから盗品関与罪が成立する余地がないとの指摘がある[13]。しかし、そもそも盗品関与罪において本犯助長的側面をその本質としてよいかについては後述するように議論があり、また、盗品の無償譲受け罪については当該側面がないと解されることから、その罪の限度で処罰することも考えられよう[14]。結局、この問題については、盗品関与罪において問題になる「追求権」侵害の内実を検討することによって明らかにするほかない。

### 2　所有者による取り返し

窃盗犯人から盗品を所有者が取り返した場合（ここでは広い意味で本権者による取り返しが問題となるが）、占有説の立場から、占有保護の相対化を認めず、占有それ自体を侵害した以上は窃盗罪の構成要件に該当し、あとは自救行為の成否の問題として違法性阻却を検討することで足りるとの指摘がある[15]。また、この場合に窃盗罪の成立を否定する本権説の立場に対しては、自力救済を原則的に禁止する法秩序に反することになって、民事紛争解決のための法的制度を無にすることになるとの批判がある[16]。

これらの指摘・批判について検討すると、占有それ自体を保護することにどのような意義を求めるのかという問題に帰着する。仮に刑事において所有者を窃盗罪によって処罰したとしても、民事において窃盗犯人は当該盗品を所有者から取り戻すことはできない。窃盗犯人に占有訴権を認めたとしても、民事判例は本権に基づく反訴を認めているからである[17]。ここでは、一般的な法秩序に反する点においてしか窃盗罪の可罰性を見出すことができないであろう。しかし、そのように解すると、個人の財産を保護する財産犯の性格を一般的法秩序、司法制度の

---

11　深町晋也「判批」ジュリ1314号（2006）160頁。
12　田山・前掲注（8）171頁参照。
13　伊藤渉ほか『アクチュアル刑法各論』（弘文堂、2007）171頁〔伊藤渉〕、高橋則夫『刑法各論』〔第2版〕（成文堂、2014）219頁、西田典之『刑法各論』〔第6版〕（弘文堂、2012）156頁。
14　田山・前掲注（8）180頁注(73)参照。
15　前田・前掲注（2）233頁以下、木村光江『刑法』〔第3版〕（東京大学出版会、2010）315頁以下。
16　例えば、山口・前掲注（6）193頁。ただし、いわゆる中間説をとる論者もその多くは本権者による盗品の取り戻しの場合について窃盗罪の成立を認めない。中間説に対する近時の批判的な検討としては、田山・前掲注（8）145頁以下参照。

保障を保護する社会法益に対する罪へと変容させることになって不当である[18]。

　また、所有者には盗品に対する追求権を認めることができる以上、所有者による盗品の取り返しには権利行使の側面がある[19]。民事訴訟手続きによらない権利行使を一般的に違法とし、禁止するという結論をとるのであれば別であるが、この場合にだけ権利行使を違法とし、禁止することには具体的な根拠を見いだしがたい。権利行使を手段の必要性・相当性の枠組みで限定するならば[20]、その相当性の内実を明らかにする必要があろう。権利行使の側面がある以上、その場合における財産犯の成否の問題と、権利実現手段の適法性・違法性の問題は切り分けて考えるべきと思われる[21]。

　さらに、後述するように、盗品関与罪の可罰性の基礎を追求権侵害に求めるのであれば、当初の本犯の被害者である所有者のもとに盗品が返還される場合に、その返還に所有者が関与したとしても原則として盗品関与罪では処罰されないこととの整合性が問われることになる。窃盗罪、盗品関与罪の可罰性の基礎に追求権侵害が共通して存在する前提をとる限り、所有者による盗品の取り返しについても窃盗罪の成立を否定するべきである。他方で、窃盗罪、盗品関与罪の可罰性の基礎を追求権侵害の側面に求めないのであれば、所有者が盗品移転に関与する場合、占有侵害を伴えば窃盗罪、そうでなければ盗品関与罪による処罰を一般的に肯定する余地が生まれる。この結論自体は整合性がとれているが、その理論的

---

17　最判昭和40年3月4日民集19巻2号197頁。他方で、占有を実力によって奪われた場合には、その場における取り返し（占有自救）に限って許容されることを指摘する見解がある（大下英希「自救行為と刑法における財産権の保護」川端博ほか編『理論刑法学の探究 第7巻』（成文堂、2014）92頁以下）。しかし、仮に窃盗犯人に占有自救の行使を認めたとしても、（その後の捜査の過程、ないしは刑事・民事裁判において）所有者による取り返しという事実が明らかになるのであれば、むしろ所有者を保護して、その行為につき窃盗罪の成立を否定することが正義に適うと思われる。というのも、この場合には、民事において解決されるべき紛争がそもそも存在しておらず、その行為に利益侵害性を認めることができないからである（内田幸隆「現代社会における刑罰の限界」法論83巻2＝3号（2011）11頁以下）。なお、占有自救を認める見解は、自力救済の禁止を原則としながらも、本権説を妥当とする（大下・前掲論文110頁）。しかし、そうであるならば、所有者による取り返しに対する占有自救は、（窃盗犯人からみて盗品を奪う者がどのような人物か判然としなくとも）客観的には禁止されるべきであって、窃盗犯人の再奪取行為には新たな財産犯が成立する余地があると思われる。

18　松原・前掲注(8) 121頁。

19　盗品関与罪の罪質について、追求権侵害の側面を否定したとしても、財物を奪われた所有者に追求権を認めること自体は否定しがたい。

20　前田・前掲注(2) 234頁、木村・前掲注(15) 316頁。

21　佐伯・前掲注(6) 107頁、大下・前掲注(17) 111頁、松宮孝明『刑法各論講義』〔第3版〕（成文堂、2012）192頁、松原芳博『刑法総論』（日本評論社、2013）190頁注(9) 参照。

根拠をさらに検討する必要があろう。

### 3　小　括

以上のように、窃盗犯人から盗品を奪取する場合について、第三者がそれを行うケース1、所有者がそれを行うケース2があるが、それぞれの可罰性については、占有それ自体の侵害ではなく、追求権の侵害という観点から統一的に解決する必要があると思われる[22]。また、占有それ自体の侵害を伴わない盗品移転の事案を検討することによって、追求権侵害の内実を明らかにすることがさらに求められよう。それゆえ、次の章では、本犯の合意のもとで盗品が第三者に移転されるケース3、本犯の合意のもとで盗品が所有者に返還されるケース4の解決を通じて、盗品関与罪の罪質を検討することにする。

## III　盗品の譲受け等

### 1　盗品関与罪の構造

本犯以外の者が盗品移転に関与する場合を捕捉する犯罪として、盗品関与罪がある。すなわち、刑法256条1項は、盗品の無償譲受けについて、3年以下の懲役に処し、同条2項は、盗品の運搬、保管、有償譲受け、有償処分のあっせんについて、10年以下の懲役および50万円以下の罰金に処している。なお、1995（平成7）年の刑法改正を受けて、256条における文言は次のように平易化された。すなわち、「贓物」は「盗品その他財産に対する罪に当たる行為によって領得された物」と、「収受」は「無償譲受け」と、「寄蔵」は「保管」と、「故買」は「有償譲受け」と、「牙保」は「有償処分のあっせん」と変更された（「運搬」については変更されなかった）。ただ、罪名や規定の文言が変更されたとしても、盗品関与罪としての基本的性格は変更されていないと考えられている。

さて、盗品関与罪の行為類型は、本犯による盗品の利用・処分に協力し、関与するものであるから、一種の共犯とも考えられる。しかし、このような事後従犯の類型は、現在の共犯理論によると、本犯の実行行為それ自体に関与しているわ

---

22　したがって、窃盗罪の保護法益に関しては、基本的に本権説を支持するべきと思われる。この点につき、詳しくは、内田・前掲注(17)10頁以下参照。

けではないことから、本犯の共犯として捕捉しがたい。そこで、盗品関与罪は独立した財産犯として規定されるに至っている[23]。ただ、そのことによって盗品関与罪の罪質がどのようなものであるか現在でも議論が続くことになった。また、盗品の無償譲受けの類型と、その有償譲受け等の類型とを比較して、なぜ後者の法定刑が重いとされるのかについても検討される必要がある。

## 2　第三者への移転
### (1) 追求権侵害の基本的内容

本犯との合意のもとで、盗品が運搬、保管され、またその処分のあっせんがなされた後に、第三者へと譲り渡された場合（ケース3）、それぞれの行為に関わった第三者はなぜ盗品関与罪によって処罰されるべきなのであろうか。ここでは、先行して成立した本犯における財産犯とは独立してその可罰性を検討することも考えられる。しかし、判例・通説は、その可罰性の基礎にあるのは「追求権」の侵害であるとする。例えば、判例は、「贓物に関する罪の本質は、贓物を転々して被害者の返還請求権の行使を困難もしくは不能ならしめる点にある」と指摘している[24]。すなわち、盗品の原所有者は、所有物が領得されることによって、自らまたは占有者を通じて所有物を利用・処分する可能性を既に奪われている。それゆえ、盗品の原所有者において保護されるべき利益として残されているのは、その回復請求権（＝追求権）であるとされるのであり[25]、盗品の回復請求を困難にすることが盗品関与罪の本質となると解されるのである[26]。盗品が当初の本犯のもとにある限り、その回復請求の困難性が増すわけではない。しかし、盗品が第三者へ移転されるならば、その所在や回復請求の相手方が不明になるおそれが生じること、また、盗品につき権利を主張する第三者が現れるおそれが生じることになって、その回復請求の困難性が増加すると考えられるのである[27]。

---

23　旧刑法では、その399条から401条において「贓物ニ関スル罪」を規定するに至っている。近代的な盗品関与罪（贓物罪）が成立する歴史的展開について、詳しくは、中谷瑾子「贓物罪の本質と贓物の意義」阿部純二ほか編『刑法基本講座　第5巻』（法学書院、1993）296頁以下参照。
24　最判昭和23年11月9日刑集2巻12号1504頁。
25　大塚仁ほか編『大コンメンタール刑法　第13巻』〔第2版〕（青林書院、2000）481頁〔河上和雄＝渡辺咲子〕。
26　斉藤豊治「贓物罪」西原春夫ほか編『判例刑法研究　第6巻』（有斐閣、1983）386頁。

## (2) 追求権説に対する批判

(a) 違法状態維持説の立場　このように、追求権説は、盗品関与罪の可罰性の基礎にあるのが追求権侵害であるとするが、これに対する有力な批判をとなえるものとして違法状態維持説がある。この見解によると、盗品関与罪の本質は、違法に成立させられた財産状態を維持することにあるとし、その客体は犯罪によって違法に取得された物であって、必ずしも財産犯によって取得された物に限られないとされた[28]。しかし、この見解は、前述のように、刑法改正による文言の平易化により、「贓物」が「盗品その他財産に対する罪に当たる行為によって領得された物」と改められたことから[29]、少なくとも盗品関与罪の客体に関する主張としてはとり得ないと思われる。そこで、現在では、その客体を「盗品等」に限定しつつ、追求権侵害ではなおその本質を説明できないとして、いわゆる新しい違法状態維持説が主張されるに至っている[30]。この見解において検討されるべき点は、財産犯によって作り出された財物の「違法状態」とは何かということになろう。この「違法状態」が財物に対する違法な占有であって、占有者は請求を受けて回復をなすべき立場にあることを意味するのであれば、追求権説と（新しい）違法状態維持説は、被害者側から本質を捉えるのか、それとも行為者側から本質を捉えるのかという違いがあるにすぎない[31]。それゆえ、（新しい）違法状態維持説は、民法において基礎づけられる回復請求権の有無という観点を離れて、その違法性を判断していることになる。

具体的にみてみると、追求権説と違法状態維持説との対立において、結論の相違が生じ得るのは、本犯によって領得された客体が不法原因給付物、ないしは禁制品に当たる事例であろう。追求権説の立場によると、それぞれの客体につき追求権が及ばず、そもそも盗品性が否定されるべきと考えられる[32]。というのも、

---

[27] 設楽裕文「判批」日法70巻2号（2004）347頁以下。さらに、鈴木左斗志「盗品等関与罪」刑法の争点（2007）215頁参照。
[28] 木村亀二『刑法各論』（法文社、1957・復刊）166頁以下。
[29] 背任罪によって得られた物がその客体になり得るかという問題があるが、背任罪では個々の財産の処分それ自体ではなく、その処分による財産的損害が問われることから、盗品の発生自体を想定することが困難である。これに対して、中森喜彦『刑法各論』〔第3版〕（有斐閣、2011）145頁注（119）参照。
[30] 前田・前掲注（2）414頁以下、木村（光）・前掲注（15）391頁。
[31] 岡野光雄『刑法要説各論』〔第5版〕（成文堂、2009）202頁、曽根・前掲注（3）191頁参照。
[32] 松原芳博「盗品関与罪」法セミ705号（2013）93頁、95頁参照。

不法原因給付物については、民法708条によると（同条但書の場合を除き）給付者は被給付者に対して返還請求をなすことができず[33]、禁制品については、禁制品の再所持という違法状態の回復を認めるべきでないという点から同じく返還請求をなすことができないと思われるからである[34]。これに対して、違法状態維持説の立場によると、その客体が不法原因給付物、あるいは禁制品であっても、盗品性は失われず、盗品関与罪の成立が認められ得るとされる。つまり、本犯が成立する場合には、その客体が不法原因給付物に当たるか否か、また、禁制品に当たるか否かによって盗品関与罪としての当罰性に差は生じないとする[35]。すると、盗品性を認める根拠は、本犯の被害者における、民法上保護に値する財産的利益の有無ではなく、本犯がその客体移転のために用いた手段の不当性、あるいは一般的な（財産）法秩序の違反ということになろう[36]。この考え方の背景にあるのは、財産犯の可罰性の根拠を民法上の権利・利益の侵害に求める本権説から、手段の不当性、あるいは一般的な（財産）法秩序違反に求める占有説へと判例の立場が移行していったとの認識である[37]。それゆえ、この認識が正しいとすると、本稿の冒頭で挙げたケース1から4まで、占有説、および違法状態維持説の立場から首尾一貫した論拠によって結論を導きだすことが可能となる[38]。

しかし、この立場によると、盗品移転の際に問題となる「違法状態」の内実を検討するにあたって、具体的な財産的利益の侵害・危殆化の有無を問う契機が生まれてこない。自力救済の禁止といった、（財産）法秩序の違反を問うだけで

---

[33] 他方で、不法原因給付物に当たる場合でも本犯として強盗罪や詐欺罪が成立するのであればそれに盗品性を認める見解があるが（大塚仁『刑法概説（各論）』〔第3版増補版〕（有斐閣、2005）336頁、大谷實『刑法講義各論』〔新版第4版〕（成文堂、2013）344頁、中森・前掲注(29) 146頁など）、当初の占有を保護して本犯の成立を認めるべきかという問題と、民法上の回復請求権を認めて追求権の保護を図るべきかという問題は別個のものと思われる。

[34] 他方で、禁制品であっても、その所持・所有は国家に対して対抗できないにとどまっており、なお被害者に追求権を認めることができるとの見解があるが（林・前掲注(5) 310頁、浅田和次＝井田良編『新基本法コンメンタール刑法』（日本評論社、2012）587頁〔松原久利〕）、いったん占有を失えば、禁制品を（国家によって没収されるまで）手もとにおくことができるという利益も失われるのであるから、禁制品の奪取等によって本犯が成立するかという問題と、禁制品について回復請求を認めるべきかという問題は別個のものと思われる。

[35] 前田・前掲注(2) 413頁以下、木村（光）・前掲注(15) 392頁。

[36] 河上＝渡辺・前掲注(25) 486頁は、「民法上の追求権の否定とは無関係に刑法独自の違法性を構成することによって、本犯が成立している限り」、不法原因給付物についても盗品性を認めることができると指摘する。

[37] 前田雅英「盗品等に関する罪」研修663号（2003）5頁参照。さらに、木村（光）・前掲注(2) 406頁以下参照。

は、窃盗罪、盗品関与罪（とりわけ盗品の有償譲受け等）の法定刑の重さを説明することができないと思われる。また、その「違法状態」の基礎につき、本犯におけるその手段の不当性に求めたとしても、その不当性自体はその後の盗品移転の可罰性の評価に関連づけることができない。盗品移転のための行為それ自体が何らかの利益を侵害・危殆化したといえてはじめてその可罰性が生じることになると思われる。

**（b）本犯助長性を強調する立場**　さて、以上のような観点を踏まえた上で、違法状態維持説は、違法状態の維持による財産犯の誘発の危険についても着目している[39]。例えば、判例の中には、盗品の有償処分あっせんの可罰性の説明において、そのあっせんによって被害者の返還請求権の行使が困難になるばかりでなく、一般に強盗・窃盗のような犯罪を助成し誘発させる危険性が生じることを指摘するものがある[40]。違法状態維持説は、この判例を好意的に捉えて、盗品移転に際して生じる本犯助長的側面を盗品関与罪の可罰性の中心におこうとしたと推測できる。しかし、本来ならば、違法状態の維持と本犯助長性は内容的に別個のものであって、後者の側面をもって前者の内実を説明することはできないように思われる[41]。

このように違法状態維持説にはいくつかの疑問があるが、むしろ問題となるのは、盗品移転に際して生じる本犯助長性を盗品関与罪の可罰性に組み込むことができるのかという点になろう。この点に関して、盗品関与罪の処罰根拠においては、財産犯的側面よりもむしろ物的庇護の側面を中心におくべきとする見解がある。つまり、その処罰規定は、本犯に対する犯行後の協力・援助行為を禁止することによって将来の財産犯への誘因をのぞき、ひいては盗品処理ないし売却等のための非合法的な仕組みの形成を阻止するためのものとする。すると、盗品関与

---

38　他方で、窃盗罪の可罰性の基礎を本権侵害・危殆化に求める立場からは、盗品関与罪の可罰性の基礎を追求権侵害・危殆化に求めることが一貫した立場になると思われる。なお、窃盗罪の保護法益についていわゆる中間説を妥当とするならば、盗品関与罪においても、盗品の回復請求をなし得る外観が被害者にあることを問題にすべきではないだろうか。しかし、このような考え方は、盗品関与罪における被害者の所在を不明確にすることになり、その成立の予測可能性を著しく低下させることにつながって不当と思われる。翻って盗品関与罪の可罰性の根拠から考えると、追求権説を妥当とする限り、窃盗罪の保護法益についても本権説を支持することが求められると思われる。
39　前田・前掲注(37) 5頁参照。
40　最判昭和26年1月30日刑集5巻1号117頁。
41　豊田兼彦「盗品等に関する罪について（3・完）」愛大161号（2003）97頁参照。

罪の保護法益は、本犯たる財産領得罪とは異なるものとなり、いわば「財産領得罪を禁止する刑法規範の実効性」というより観念的・抽象化されたものになると指摘する[42]。また、この見解と関連して、「財産に関して市民が自由な意思決定に基づく（利用・処分等を含んだ意味での）支配を為し得る、且つ、為している事実的状態・基盤」を間接的・将来的に侵害・危殆化するものが盗品関与罪の性格であるとする見解も主張されている[43]。

しかし、盗品関与罪が規定された目的について、将来的な本犯発生の抑止を主眼におく点については疑問がある。というのも、本犯それ自体は、本犯を処罰する規定（さらにはその未遂、予備の処罰規定）によって直接的に抑止されているからである。本犯を直接的に処罰する規定がある以上、本犯を間接的に抑止しようとすることにさほどの意義はないと思われる。また、将来的な本犯の発生にとって、盗品の移転は本犯の教唆・幇助、あるいは予備よりもさらに周辺的な事態であるにすぎない。すると、本犯助長性・物的庇護性を強調したとしても、抽象的な禁止規範の実効性を害すること、ないしは財産支配の事実的状態・基盤に対する抽象的危険をもたらすことに着目する限りは、これらをもって盗品関与罪の比較的重い法定刑を基礎づけるにはなお不十分と思われる。他方で、刑法の二次規範性、その財産保護の断片性に着目するならば、個々の具体的な財産的利益の侵害・危殆化を通じて、盗品関与罪を含めた財産犯における法定刑の重さを担保するべきである。財産領得罪を禁止する法規範の実効性、あるいは財産支配の事実的状態・基盤は、個別的な財産的利益の保護を通じて間接的・反射的に保障されているにすぎないと思われる[44]。

こうしてみると、本犯助長性・物的庇護性を強調する見解は、より具体的な（社会的）利益の保護を念頭において主張されるべきであって、それは、盗品取引を中心としたブラック・マーケットの出現を阻止することによって、財産取引の正常性の確保を図る点に求められよう[45]。しかし、このような社会的利益の保護は、これまで古物営業法による法規制の領域において既に問題とされており、今

---

42　井田良「盗品等に関する罪」芝原邦爾ほか編『刑法理論の現代的展開 各論』（日本評論社、1996）257頁以下。
43　伊東研祐『現代社会と刑法各論』〔第2版〕（成文堂、2002）290頁以下。
44　以上につき、谷口正孝「贓物罪について」曹時4巻4号（1952）79頁参照。
45　伊東・前掲注(43)290頁参照。また、井田・前掲注(42)259頁は、犯罪収益の隠匿・利用の規制というより大きな視野から検討すべきことを指摘する。

日では、組織犯罪、薬物犯罪における収益の移転防止にかかわる法規制の領域においても問題とされるところである。これらの法規制と盗品関与罪による法規制がどのような関係にあるのかが改めて問われることになると思われる[46]。

以上から、盗品の移転における「違法状態の維持」、あるいは「本犯助長・物的庇護」といった側面を強調してその可罰性を説明することは困難と思われる。また、「違法状態の維持」、あるいは「本犯助長・物的庇護」といった側面が盗品関与罪の可罰性を説明する上で不十分な内容しかないのであれば、これらと追求権侵害を組み合わせて、あるいはこれらを追求権侵害に付加することによって盗品関与罪の罪質を説明することも疑問に思われる。盗品が第三者へ移転される場合に、盗品関与罪において処罰される根拠の基礎にあるのは、なお追求権の侵害・危殆化であるというべきある。しかし、追求権の侵害・危殆化のみに焦点を合わせるならば、盗品が原所有者に返還された場合における様々な派生事例について適切に処理できるのか疑問が提示されているところである。そこで次にこの問題を扱うことによって、追求権侵害・危殆化の内実をさらに検討してみたい。

## 3　所有者への返還
### （1）所有者に負担がない場合

盗品が原所有者へと返還されたが（ケース4）、その返還に際して原所有者に特段の負担がなかった場合（ケース4a）、その返還に向けて盗品を運搬・保管した第三者、あるいは盗品を受け取った原所有者について、盗品関与罪で処罰される余地はあるのであろうか。追求権説によると、この場合には、追求権侵害の危険性がなく、むしろ盗品の原状回復が認められるのであるから不可罰になると思われる。また、違法状態維持説、本犯助長性・物的庇護性を強調する見解においても不可罰になると思われる。というのも、盗品の返還は、当該盗品に関する違法状態の解消につながるものだからである[47]。また、本犯助長性・物的庇護性における具体的な問題が、ブラック・マーケットを通じた盗品の売却による利益の取得という点に求められるのであれば、盗品がそのまま原所有者へと返還される場合、たしかに盗品の移転があったとしても、そこに本犯に対する積極的な協力・

---

46　以上につき、谷口・前掲注(44) 79頁参照。
47　日髙義博「盗品等に関する罪の本質」植松正ほか『現代刑法論争Ⅱ』〔第2版〕（勁草書房、1997）224頁、豊田・前掲注(41) 104頁参照。

援助があったとみなすことができないからである。これに対して、盗品の無償譲受けは、前近代的な犯罪類型であって、単に本犯が取得した利益の「分け前」にあずかるものにすぎないとする指摘がある[48]。この指摘によっても、盗品が原所有者へ無償返還された場合、原所有者はもとより「分け前」にあずかるわけではなく、その返還に関与した第三者も「分け前」にあずかったとは認められないことから、盗品関与罪による処罰を否定するべきではないだろうか。

このようにみると、盗品が原所有者へ無償で返還された場合には、盗品関与罪の成立を認めるべきでないと思われる。ここで、追求権の侵害が窃盗罪などの領得罪と盗品関与罪における可罰性の基礎を構成していると解するならば、翻って検討するに、窃盗犯人から所有者が盗品を奪取する場合（ケース2）にも、窃盗罪における可罰性の基礎が欠けるとして不可罰とすべきであろう。他方で、当該行為につき窃盗罪の成立を認める見解は、法が禁止した自力救済を問題にすることになる。また、盗品が原所有者に返還された場合も、法的手続きによらず原状回復がはかられることによって、暗黙のうちに、あるいは消極的に本犯に協力・援助したとして、盗品関与罪が成立する余地を認めることになると思われる[49]。この観点においては、自力救済の禁止や領得罪の禁止規範の保障をその内容として含む法秩序の違反が窃盗罪などの領得罪と盗品関与罪における可罰性の基礎を構成することになる。すると、窃盗罪の処罰根拠を占有侵害に見出すことと並んで、盗品関与罪の処罰根拠を本犯助長性・物的庇護性に見出すことは、論理の展開として一貫したものといえよう[50]。しかし、財産犯の体系を個人財産の保護から、その保護のための規範、基盤、手続きの保障へと変容させる点において、個人法益の社会法益化につながり、なお疑問に思われる。もちろん財産犯を個人法益（個人の財産）に対する罪であると解することは動かしがたい所与の前提であ

---

48 平野龍一「臓物罪の一考察」『刑法の基礎』（東京大学出版会、1966）211頁以下、谷口・前掲注（44）86頁。
49 井田・前掲注(42) 260頁注(5) は、盗品の無償譲受けについて、本犯の所為を是認した上でその利益にあずかり、消極的な形で本犯に協力・援助する行為であるとする。ここで、本犯が自己への責任追及を恐れて、あるいは盗品の扱いに苦慮してその処分を他者に委ねる点に着目しているのであれば、盗品が原所有者に返還された場合も、本犯に対する消極的な協力・援助があったと評価されよう。それゆえ、盗品を原所有者へ運搬した第三者、その盗品を受け取った原所有者には盗品関与罪の成立が認められる余地がある。
50 例えば、井田良『入門刑法学・各論』（有斐閣、2013）100頁以下、125頁、前田・前掲注（2）231頁以下、414頁以下参照。

るわけではない。ただ、盗品関与罪の理解に限っていえば、盗品の無償譲受けでは本犯助長性・物的庇護性をさほど認めることができず、むしろ本犯の利得に関与する側面があるとすると[51]、この行為類型を本犯助長性という観点から理解することは困難となろう。また、盗品の有償譲受けでは本犯助長性・物的庇護性を認めることができるとしても、抽象的に刑法規範の実効性を問うだけでは、その行為類型において比較的重い法定刑が用意されている点を十分に説明することができなくなると思われる。

以上からすると、なお追求権侵害・危殆化の有無を基礎とした上でケース４ａを検討するべきである。その上で、盗品の移転に関与した第三者、盗品を受け取った原所有者につき、盗品関与罪の成立を認めるべきではないと思われる。

### （２）所有者に負担が生じる場合

**（ａ）想定される事例と判例の立場**　さて、ケース４ａの処理に対して、盗品が原所有者に対して有償で返還された場合（ケース４ｂ）についてはいかに処理されるべきであろうか。ケース４ｂでは、本犯側が原所有者側に対して対価を支払えば盗品を返還すると働きかける場合（ケースα）、原所有者側が本犯側に対して対価を支払ってでも盗品を引き取りたいと働きかける場合（ケースβ）、第三者が原所有者の事前の了解を得ることなく盗品を買い戻した上で、当該盗品を原所有者に返還した場合（ケースγ）といった事例が問題となってくる。

判例は、ケース４ｂにつき、盗品関与罪の成立を認めたものもあれば、それを否定したものもある。まず、例えば、次のような事案が問題となった。すなわち、製革用ミシン１台を盗まれたＡがＸに対して当該ミシンの取戻しを依頼したところ、ＸはＹとともに本犯に対して取り戻しの交渉を行った。そこで本犯がミシン一台について８万円ならば売るといってきたので、Ｘはその旨をＡに伝えた。Ａがその旨を了承したので、Ｘたちは本犯からミシンを買い取ってＡ宅に運んだというものである。この事案につき、最高裁は、Ｘたちによる本件盗品の運搬について「被害者のためになしたものではなく、窃盗犯人の利益のためにその領得を継受して贓物の所在を移転したものであって、これによって被害者をして該贓物の正常なる回復を全く困難ならしめたものである」と評価して、盗品運搬の罪の成立を認めた原判決の結論を是認した[52]。

---

51　高橋・前掲注(13) 414頁参照。

また、比較的近時の判例においても同様な判断が示されている。その事案とは次のようなものである。すなわち、A社が181通の約束手形を盗まれたところ、XとYは、氏名不詳者らから、盗難にあった約束手形の一部である131通についてA社側に売りつけることを持ちかけられた。そこで、XとYは、共謀の上、当該約束手形131通の買い取り交渉をA社側のBと行い、その結果、当該約束手形131通について代金合計8220万円でA社側に買い取らせたというものである。この事案につき、最高裁は、「盗品等の有償の処分のあっせんをする行為は、窃盗等の被害者を処分の相手方とする場合であっても、被害者による盗品等の正常な回復を困難にするばかりでなく、窃盗等の犯罪を助長し誘発するおそれのある行為であるから、刑法256条2項にいう盗品等の『有償の処分のあっせん』に当たると解するのが相当である」と判示した[53]。

他方で、盗品関与罪の成立が否定された判例もある。その事案は次のようなものである。すなわち、XとYは、宗教団体の幹部であったが、氏名不詳者より、身延山久遠寺の寺宝であってその信仰の対象にもなっていた「同日三幅本尊」の買い取りを求められた。XとYは、これを譲り受けて寺に返還しようとし、その者に対して5万2千円を支払ってこれを買い取り、後日、寺に引き渡して5万2千円を受け取ったというものである。この事案につき、東京高裁は、盗品関与罪の本質について「他人の犯罪行為によって奪われた財物の追求回復を困難ならしむる行為を罰せんとするにある」と述べた上で、このような本質に照らすとXとYの当該行為について盗品の有償譲受けの罪は成立しないとした[54]。

 **(b)「正常な回復」の意義**　このように判例の結論が分かれていることについて、もちろん事案の違いもあるだろうが、追求権の内実に関する理解の相違が大きな問題となっている。追求権の行使にあたっては、単純に盗品の原状回復がなされれば十分であると解すると、有償・無償を問わず、盗品が原所有者のもとに返還されたならば、その返還に関与した者に盗品関与罪の成立を認める実質

---

52　最決昭和27年7月10日刑集6巻7号876頁。この判例につき、野村稔編『刑法各論』〔補正版〕（青林書院、2002）247頁〔野村稔〕は、単に窃盗犯人の利益のために運搬をなした点において心情による処罰を認めるものであると指摘しており、注目に値する。この批判から議論を進めるならば、問題となった事案において、心情を超える実質的な利益侵害性に基づく可罰性を見いだせるか否かが焦点となろう。
53　最決平成14年7月1日刑集56巻6号265頁。
54　東京高判昭和28年1月31日東高刑時報3巻2号57頁。

を欠くことになる。前記東京高裁の判決は、おそらくこの立場から、盗品関与罪の成立を否定したと思われるが、他方で、最高裁判例は、盗品の単純な回復が問題なのではなく、その「正常性」を問題にしていると解される。ここでは、「正常な回復」の意義と「正常性」が要求される根拠を明らかにする必要があろう。

まず、「正常な回復」の意義について、特段の理由のない負担をすることなしに盗品の回復を求め得ることと理解するものがある[55]。この理解によると、無条件、無償で盗品の返還を受けることができなければ盗品関与罪が成立する余地が生まれることになる[56]。ここで無条件の返還を問題にする場合、例えば、警察へ通報しないことを条件として盗品が返還されたならば、「正常な回復」が阻害されたとみるべきであろうか。「正常な回復」の意義について、捜査機関などを通じて法的手続きにより盗品の返還が図られるべきことと解するならば、財産という個人法益の保護から司法作用という国家法益の保護へと盗品関与罪の性格が変容することにつながり、疑問に思われる[57]。

したがって、盗品関与罪の財産犯的性格を維持するならば、「正常な回復」とは無償で盗品の返還を受けることと理解するべきであろう[58]。しかし、この理解に対しては、盗品の返還自体が問題となっているわけではなく、原所有者にとって不合理な対価の支払いが問題となっていることから、この対価の支払いにつき別途恐喝罪の成立を検討することで十分であるとの批判がある[59]。また、盗品の回復に関する「無償性」を問題にするにしても、例えば、法的手続きによって盗品の回復がはかられる場合には諸費用が伴う。したがって、ここでいう「無償

---

55 河上＝渡辺・前掲注(25) 481頁。
56 川端博ほか編『裁判例コンメンタール刑法 第3巻』（立花書房、2006）483頁〔辻裕教〕。
57 豊田兼彦「盗品関与罪」松原芳博編『刑法の判例 各論』（成文堂、2011）217頁。さらに、山口厚「盗品等の返還と盗品等関与罪の成否」『新判例から見た刑法』〔第2版〕（有斐閣、2008）271頁参照。これに対して、深町晋也「有償処分あっせん罪の成否」刑法判例百選Ⅱ各論〔第7版〕(2014)151頁は、財産的・経済的な負担に還元できない条件を付された盗品の返還事例についても「特段の理由のない負担」が認められ得ることを示唆する。
58 大場亮太郎「判批」警論56巻6号（2003）205頁、松尾誠紀「判批」北法54巻5号（2003）186頁以下、今井猛嘉「盗品関与罪の成否」現刑6巻1号（2004）100頁、山口・前掲注(57) 270頁。
59 林幹人「被害者への返還と盗品関与罪」『判例刑法』（東京大学出版会、2011）399頁以下、伊藤渉ほか『アクチュアル刑法各論』（弘文堂、2007）280頁以下〔鎮目征樹〕、豊田・前掲注(57) 221頁、高橋・前掲注(13) 422頁、松原（芳）・前掲注(32) 96頁。なお、松宮孝明「判批」法セミ575号（2002）119頁は、ケース4ｂについて、追求権の危殆化があることによって例外的に盗品関与罪の成立が認められるとする。この点につき、さらに、東雪見「判批」上法47巻2号（2003）157頁参照。

性」とは、正当な理由のない経済的・金銭的負担がないことを意味する[60]。この理解に対しては、「法的手続きによらない財産的加害」が問題にされているとの批判がある[61]。しかし、盗品関与罪においては、法的手続きによらない回復自体が問題にされているわけではなく、また、盗品の返還とは別個の財産的損害が問題にされているわけではない[62]。盗品の移転に際して生じる価値の帰属が問われているのであり[63]、このことは、その物に関わる財産的利益の取得・喪失の問題である。当該利益は、盗品の返還に際して原所有者側の対価の支払いによって顕在化するものであるが、本犯側に当該利益が帰属する実質的根拠はない。むしろ、これは、もともと本権を有していた原所有者側に帰属すべきものである。したがって、盗品の返還に際して原所有者側が本犯側に支払った対価は、その盗品に関わる財産的損害を具体化させるものであって、この損害がないことが回復の「正常性」を基礎づけることになると解されよう。このような観点からみると、盗品関与罪における可罰性の基礎にあるのは、狭い意味での追求権の侵害・危殆化だけでなく、盗品の移転・返還に際して生じる利益に関与し、その「分け前」にあずかることに求められる。

**(c) 事例の解決** さて、以上のような趣旨で「正常な回復」の意義を理解し、その根拠を示したとして、前述したケースα、β、γについてそれぞれどのように解決されるべきであろうか。いずれの場合も、盗品の返還に際して対価の支払いを伴うことから「正常な回復」が妨げられている。結論の妥当性に着目すれば、盗品の返還に関して、第三者が本犯のために関与したか、それとも原所有者のために関与したのかによって盗品関与罪の成否を検討することが考えられる[64]。ケースαでは、第三者は「本犯のために」関与していることから盗品関与罪の成立が認められ、ケースβ、γでは「原所有者のために」関与していること

---

60 例えば、民法194条が適用される場合には、占有者に対して、この者が支払った取得価格を弁償しなければ「回復」を要求することができない。
61 髙山佳奈子「判批」現刑5巻10号（2003）62頁。
62 なお、松尾・前掲注(58) 187頁は、回復の無償性は回復の利益に内在するものと理解する。他方で、深町・前掲注(11) 158頁は、盗品が財産的・経済的価値に関する負担のもとに返還されている以上、当該物の財産的・経済的価値に関する決定権が侵害されている点に着目する。
63 財物の使用・移転に伴って発生する価値性の問題は、その物に関する利用可能性とはまた別個の問題である。このことにつき、詳しくは、内田幸隆「財産犯における可罰性の根拠」刑法50巻2号（2011）176頁以下参照。
64 林美月子「贓物罪」刑法の基本判例（1983）166頁参照。

から同罪の成立が否定されることになる。しかし、なぜ「原所有者のために」関与する場合が不可罰となるのか根拠が明らかでない。ここでは、横領罪、背任罪の成否を検討するにあたって、「本人のためにする意思」がある場合にそれらの罪を否定する議論を援用できるかもしれない。ただ、この議論においても、結局、客観的成立要件の認識、つまり故意の有無の問題へと還元されると解するべきである[65]。それゆえ、翻ってケースβ、γについて検討すると、これらの場合において盗品の返還に関与する第三者については、追求権侵害の故意がないという観点から同罪の成立を否定することが考えられる[66]。しかし、盗品の返還に「正常性」を要求する見地からは、この第三者に対価の支払いについて認識があるのであれば、必ずしも盗品関与罪の故意が欠けるとはいえない場合もあると思われる[67]。ここでは、まずもって客観的成立要件の充足やその違法性を基礎づける実質的根拠の有無を検討するべきであって、その後に「原所有者のためにする意思」が錯誤の問題として現れると解されよう。

そこで、次に検討されるべきことは、被害者(＝原所有者)の承諾による違法阻却の可能性である[68]。盗品を取り戻すために対価を支払った原所有者には財産的損害が発生しており、被害者の立場にある。しかし、「正常な回復」が個人の財産的利益に結びつく以上、原所有者はこれを承諾によって放棄することが可能である[69]。したがって、ケースβにおいては、原所有者によって「正常な回復」を求める権利が放棄されており、その依頼を受けて第三者が盗品の返還に関与したとしても盗品関与罪の成立は認められない。他方で、ケースαにおいて原所有者が本犯側の働きかけを受け、不本意に対価を支払ったのであれば、被害者の承諾を認めるための任意性に欠け、盗品の返還に関与した第三者には盗品関与罪が成立する余地が生まれる[70]。ただし、この場合においても、原所有者側に立って、支払われた対価など、盗品の移転の際に生じた利益の「分け前」にあずかる

---

65 内田幸隆「横領罪における不法領得の意思(2)」刑法判例百選Ⅱ各論〔第6版〕(2008)131頁、同「背任罪」曽根威彦＝松原芳博編『重点課題 刑法各論』(成文堂、2008)183頁参照。
66 斉藤・前掲注(26) 392頁以下、今井・前掲注(58) 100頁参照。
67 なお、深町・前掲注(11) 160頁は、被害者に対して財産的・経済的負担を課すことなく被害者に返還する意思を有していた場合には、権利者排除意思を欠くとして盗品関与罪の成立を否定する。この見解によっても、第三者が原所有者に対して当該負担を求める意思がある限りは権利者排除意思を欠くとすることはできない。
68 朝山芳史「判解」最判解刑事篇平成14年度(2005)116頁参照。
69 山口・前掲注(57) 271頁。さらに、大場・前掲注(58) 205頁参照。

わけではない第三者については、盗品関与罪で処罰する基礎を欠くために不可罰になると思われる。

さて、被害者の承諾によって解決を図る見地に対しては、そもそも対価の支払いは原所有者にとってすべて不本意なものであり、また、具体的な事例においては承諾の有無により適切な処罰の限界づけを図ることが困難ではないかとの批判がある[71]。ここでは、どのような場合に承諾の任意性が欠けるのか具体的に検討する必要があろう[72]。原所有者側と本犯側との交渉においては、結局、本犯者側から「負担に応じるか、それとも取り戻しを諦めるか」という二律背反状況を設定された場合が問題となろう。この場合、原所有者は、盗品を取り戻すためには負担に応じざるを得ない[73]。また、二律背反状況の設定を問題にする限りは、盗品の返還を原所有者側から働きかけたのか、それとも本犯側が働きかけたのかは相対的な問題にすぎなくなるだろう。

他方で、ケースγでは、第三者が盗品を有償で譲り受けた時点では原所有者の承諾が存在しないために、まずは推定的承諾という枠組みで処理するほかない[74]。推定的承諾が認められない場合であっても、第三者が盗品を有償で譲受け、原所有者のもとに盗品を運搬する一連の行為において、遅滞なく無償で原所有者へ盗品を返還したのであれば、「正常な回復」が妨げられる危険性がなく、また、この第三者が盗品に関して「分け前」にあずかったともいえないのであるから、この場合に盗品関与罪の成立を認めるべきでない。これに対して、この第三者が原所有者へ盗品を返還する際に、原所有者に負担を求め、原所有者がそれに応じたとしても、第三者が原所有者から得た利益が盗品の取戻しにかかった諸費用以上のものとならないのであれば、やはり盗品に関して「分け前」にあずかったとはいえず、盗品関与罪の成立を否定するべきであろう。

---

70　和田俊憲「財物罪における所有権保護と所有権侵害」山口厚編『クローズアップ刑法各論』（成文堂、2007）214 頁は、盗品の返還は自らの意思にかかっているという状況を利用するように、盗品の返還をもちかける行為者が優位に立っている関係とその利用があれば、原所有者における意思決定の自由が欠けるとする。

71　髙山・前掲注(61) 62頁、同「判批」平成14年度重判解（2003）156頁、豊田・前掲注(57) 220頁、松原（芳）・前掲注(32) 97頁。

72　和田・前掲注(70) 213頁参照。

73　深町・前掲注(57) 151頁。なお、上嶌一高「判批」法教276号（2003）93頁は、盗品の返還にあたって付された条件が原所有者にとって容易に受け入れ可能であったかを問題にする。

74　山口・前掲注(57) 273頁参照。

なお、最高裁判例は、本犯助長性も問題にしており、たしかにこの観点からは盗品が有償で返還された場合における盗品関与罪の成立を容易に説明することができる[75]。ただし、本犯助長性（ないしは物的庇護性）を強調する見解によると、盗品を取り戻すためとはいえ、それに対価が支払われている以上、原所有者やその依頼に基づき盗品の取戻しに関与した第三者にも盗品関与罪が成立する余地が生じよう。他方で、その成立を認めることが結論的に不当だとすれば[76]、別途、違法阻却という枠組みで処理することになる。しかし、以上の見解によると、盗品関与罪は個人法益に対する罪ではなく、社会法益に対する罪として構成されることから、被害者の承諾、ないしはその推定的承諾という観点から違法阻却を図ることが困難となる[77]。すると、個人の財産を取り戻すために、社会法益を侵害・危殆化することが許されるとするには、緊急行為として厳格な要件を満たすことが必要と解されよう[78]。しかし、このように解するならば、違法阻却が認められる場合がごく例外的なものに限られることになり、やはり不当ではないだろうか。

### 4　小括と若干の補論

　以上のように、盗品関与罪の可罰性の基礎にあるのは、追求権侵害であると思われる。他方で、盗品の移転による違法状態の維持は、追求権侵害にとって裏表の関係にあるものであって独自の意義をもたない。また、本犯助長的側面は、追求権侵害によってもたらされる周辺的な事態にすぎず、盗品関与罪の可罰性を基礎づけ、あるいは加重させるというには不十分である。違法状態の維持、本犯助長的側面に独自の意義を認めるためには、一般的な（財産）法秩序違反性、あるいは財産取引の正常性の確保を問題とせざるを得ないが、このような見地は財産犯を社会法益に対する罪へと変容させることにつながって疑問に思われる。
　追求権侵害という見地からは、盗品が無償で原所有者へと返還された場合、その返還に関与した第三者について、盗品関与罪の成立を認めることはできない。

---

75　前田雅英『最新重要判例250 刑法』〔第9版〕（弘文堂、2013）214頁は、前記平成14年最高裁決定の事案について、端的に「窃盗等の犯罪を助長する」という意味で盗品関与罪の成立を認めるべきであると主張する。
76　鈴木左斗志「盗品等の意義」刑法の争点〔第3版〕（2000）207頁参照。
77　井田・前掲注(42) 261頁、東・前掲注(59) 153頁以下参照。
78　なお、髙山・前掲注(71) 156頁は、原所有者が盗品を買い戻す場合について、盗品の有償譲受けの構成要件に該当し、違法性も認められるが、せいぜい責任が欠けるとして不可罰とする構成に対して疑問とする。

これに対して、盗品が有償で原所有者へと返還された場合、盗品の「正常な回復」が害されている点に着目すると、その返還に関与した第三者には盗品関与罪が認められる余地が生じる。ここでは、盗品の移転に際して生じた利益が本来ならば原所有者に帰属されるべきであるにもかかわらず、その利益を取得する立場にない本犯ないしは盗品の移転に関与した第三者に帰属することが問題となる。すると、盗品関与罪における可罰性の基礎にあるのは、狭い意味での追求権の侵害・危殆化だけでなく、盗品の移転・返還に際して生じる利益に関与し、その「分け前」にあずかることと解されよう。

このような考え方の基礎となるのは、本犯による領得との関係において、盗品関与罪を一種の「間接領得罪」と把握する見地である。この見地によると、盗品の毀損が追求権侵害を惹起するにもかかわらず、盗品関与罪において把握されていない根拠については、そこに盗品の移転が伴わず、盗品に関する「分け前」にあずかる行為といえない点に求められる[79]。他方で、盗品の運搬、保管、有償処分のあっせんは、盗品の譲渡（＝移転）に向けられた危険性を生じさせる点において[80]、さらには、当該行為に基づき盗品に関する「分け前」にあずかったといえる限りにおいて、その可罰性を基礎づけることができよう[81]。

しかし、この見地のみによると、盗品の無償譲受けと比較して盗品の有償譲受け等が重く処罰される理由を説明することができない。ここでは、本犯の目的、ないしは実際の利用処分行為を本犯の当初の実行行為との関係においていかに捉えるかが問題となり得る。例えば、目的犯の分類において、窃盗罪は「短縮された二行為犯」であるとの指摘がある[82]。この指摘によると、窃盗罪は、窃取行為の後に（必然的に）利用処分行為がなされることが予定されている。利用処分行為は、目的という形で繰り上げて窃取行為の段階において考慮されているが、実

---

[79] なお、この点につき、今井・前掲注(58) 100頁は、盗品の毀損につき、不法領得の意思、具体的には盗品に対する利用処分意思が欠けるために、盗品関与罪の成立を認めることができないと指摘する。

[80] 谷口・前掲注(44) 85頁は、運搬、保管行為を本犯による盗品処分の前段階的行為と位置づける。

[81] なお、盗品の運搬、保管が単に本犯による盗品保持のための補助としてなされた場合には、盗品の原状回復の困難さが盗品の移転に際して生じるその困難さほど高まるとはいえないために、盗品関与罪の成立を否定するべきであろう。これに対して、この場合に、盗品関与罪の成立を認めるとするならば、その罪質において物的庇護的側面を肯定することになるが（谷口・前掲注(44) 85頁、平野・前掲注(48) 215頁参照）、物的庇護的側面だけで盗品関与罪の罪質を説明することは疑問に思われる。

際に利用処分行為がなされたならば、これが法益侵害性に結び付けられる限り、事前に成立した窃盗罪によって包括的に評価される対象となろう。窃取行為後の利用処分行為は、その利用処分によって生じた実際の価値が本来ならば原所有者に帰属すべきであるにもかかわらず、本犯に帰属することになる点で法益侵害性に結びついている。ここで、盗品の有償譲受け等は、その利用処分（ここでは譲渡＝移転）によって生じる価値を顕在化させ、これを本犯に帰属させる点において、事後共犯的性格を有する[83]。他方で、窃盗罪は「切りつめられた結果犯」であるとの指摘もある[84]。これは前述の指摘と対立するようにみえるが、窃盗犯人は、必ずしも盗品を利用処分するわけではない。窃取行為後に盗品が窃盗犯人あるいは第三者の手もとにおいて保持されることも想定される。この盗品の保持という結果は、前述した価値に基づく法益侵害性には結びつかず、単に窃取行為当初の利用可能性の侵害を継続させる意味しか持たない。ここでは、盗品の無償譲受けがなされたとしても、これは、譲渡＝移転によって生じる価値を顕在化させることはなく、窃取行為当初の利用可能性の侵害を引き継ぐ点においてのみ問題となる[85]。したがって、盗品の有償譲受け等は、その無償譲受けと比較して、事後共犯的性格が強い点において重く評価されるべきなのである。

## Ⅳ　おわりに

以上から、盗品移転の可罰性の基礎にあるのは、窃盗罪が成立するにせよ、盗品関与罪が成立するにせよ、追求権侵害・危殆化にあると思われる。この両者を区別するのは、占有侵害の有無である。窃盗罪では、窃盗犯人が有する消極的な保持の利益が侵害されるのに対して、盗品関与罪では窃盗犯人（＝本犯）の意思に基づく盗品の移転がなされることから、窃盗犯人の消極的な保持の利益を侵害したとはいえない。他方で、盗品が原所有者によって取り返された場合、ないし

---

82　平野龍一『刑法　総論Ⅰ』（有斐閣、1972）124頁、吉田敏雄「主観的構成要件要素と主観的違法要素」阿部純二ほか編『刑法基本講座　第2巻』（法学書院、1994）150頁。
83　この点につき、平野・前掲注(48) 214頁以下は、盗品の有償譲受け等につき、交換による盗品利用の援助であると指摘する。
84　伊藤亮吉「目的犯の新たな潮流（3・完）」名城62巻3号（2013）15頁。
85　盗品を無償で譲渡することも一種の処分であるが、その移転によって生じる価値は無償であるが故に潜在的なものにとどまり、これは当初の窃取行為によって得た潜在的な価値を超えるものではないので、この点では無償譲受けは事後共犯的性格をもたない。

は第三者によって無償で原所有者へ返還された場合には、むしろ原所有者の追求権が実現したといえることから、前者では窃盗罪の成立、後者では盗品関与罪の成立は認められない。ここでは、より正確には「正常な回復」、すなわち、正当な理由のない経済的・金銭的負担がなく、原状の回復がなされているがゆえに不可罰となる。通常の法的手続きによらず、盗品の取り返し、返還がなされた点は、個人の財産保護を目的とする財産犯において問題とすることはできない。他方で、盗品が有償で原所有者へと返還された場合には、原所有者にとって不合理な対価の支払いが伴い、その承諾が認められない限りにおいて、その返還に関与した第三者には盗品関与罪が成立することになる。ただし、盗品関与罪においては、窃盗罪などと同様に、領得罪的側面を満たす必要があることから、盗品の移転・返還に際して生じる利益に関与し、その「分け前」にあずかったといえてはじめて盗品関与罪の成立が認められる。したがって、盗品関与罪の可罰性の基礎にあるのは、狭い意味での追求権侵害・危殆化と盗品移転によって生じる利益の関与である。さらに、盗品関与罪の行為類型において、無償譲受けよりも有償譲受け等が重い罪となっている根拠は、盗品を有償で譲り受けることによって本犯における盗品の利用処分行為を援助し、盗品の移転によって生じた価値を顕在化させて本犯に帰属させるという事後共犯的性格を有している点に求められる。盗品の無償譲受けは、その価値を顕在化させるものではなく、当初の本犯によって生じた利用可能性の侵害を引き継ぐものにすぎない。

　しかし、このように盗品移転の可罰性を根拠づけ、窃盗罪などと盗品関与罪との関係を整理するにせよ、現行の法定刑の違いをなお合理的に説明できるかというと若干の疑問がある。例えば、盗品を窃盗犯人から第三者が奪取する場合と第三者が無償で譲り受ける場合を比較して、窃盗罪が成立する前者よりも盗品の無償譲受けにしかならない後者は罪としてかなり軽くなるが、はたして妥当であろうか。この大きな差異を理論的に説明することができない限り、盗品の無償譲受けに予定される法定刑を若干引き上げることで、前者の場合と後者の場合に予定される法定刑の差異を是正すべきと思われる。他方で、直接的な領得罪としての性格をもつ窃盗罪と間接的な領得罪としての性格しかない有償譲受け等の罪とを比較して、両者の法定刑における懲役の上限が同じで、かつ、後者には罰金が付加される点も疑問が生じ得る。現行法において後者の法定刑が比較的重いことの根拠は、単純な有償譲受け等の態様の他に、営業犯的な態様を含んでいる点に求

められるかもしれない[86]。この点につき、立法論としては、改正刑法草案と同様に[87]、営業犯的な態様を有する場合と単発的な態様でしかない場合を区別して、単発的な態様でしかない有償譲受けの場合は現行法の法定刑を若干引き下げ、また、有償処分のあっせん、運搬、保管は有償譲受けの前段階に位置づけられることから、それらの法定刑をさらに引き下げることによって、窃盗罪の法定刑との違いを生じさせるべきではないかと思われる。

　以上のような法定刑のあり方に関する試論が盗品移転の可罰性から整合的に基礎づけられるか、また、本稿では十分に論じることができなかった財産犯全体の関係において盗品関与罪をいかに位置づけるかといった問題については今後の課題としたい。

---

86　谷口・前掲注(44) 85頁参照。
87　改正刑法草案358条1項は、贓物の無償取得につき3年以下の懲役または20万円以下の罰金に処し、同条2項は、贓物の運搬、保管、有償取得、処分の周旋につき7年以下の懲役に処すと規定するのに対して、同草案359条は、それらが営利目的でなされた場合に10年以下の懲役に処し、情状により100万円以下の罰金を併科することができると規定する。

# 有形偽造の概念、解釈に関する一管見
―― 各論的、相対的考察 ――

酒　井　安　行

I　はじめに
II　有形偽造概念をめぐる議論の諸相
III　有形偽造概念についての各論的考察
IV　おわりに

## I　はじめに

　文書偽造、中でもいわゆる有形偽造の概念は、重要判例の集積もあり、それらをも一つの契機に、学説の発展も目覚ましく、また、錯綜している。
　この点、従来は、偽造の概念は、作成権限を冒用して他人名義の文書を作成することなどとされ、そこでは、「作成者」の概念と「名義人」の概念は、相互に連結点を有することなく、独立に展開されていたとされている[1]。しかし、この点、近時は、「作成者」概念と「名義人」概念が、「作成者」概念をアンカーとする形で統一的に理解されるようになった。すなわち、「現実の作成者」である「作成者」と、「記載上ないし外見上の作成者」である「名義人」という概念が構築され、両者の「人格の一致・不一致」によって偽造の成否を捉えるようになってきている。そのため、「作成者」概念は、二義性を有し、名義人と対比され、名義人との人格の一致・不一致が問われる「作成者」と、そのような意味での「作成者」と「名義人」双方の基礎をなす「作成者」との、二つの意味で用いられる。ただ、この点、用語の使用に若干の混乱もみられるように思われる。
　本稿は偽造概念をめぐる議論を概観したうえで、現行法上、文書には、私文書、公文書をはじめとしていくつかの種類、区別があることから、このような文書の種類による影響の有無という観点を踏まえつつ、若干の検討を行おうとする

---

1　島田聡一郎「代理・代表名義の冒用、資格の冒用」現代刑事法35号47頁。

ものである。

## II 有形偽造概念をめぐる議論の諸相

さて、上記のようなアンカーとしての作成者の概念については、行為説ないし事実説ないし物体化説、事実的意思説、事実的意思説の規範的修正、帰属説、規範的意思説、規範的意思説の事実的修正、（法的）責任追及説等々、実に様々な見解が提唱され、議論されてきた。そこでは、それぞれの見解の異同ないし関係につき、同名異義、別名同義等の仕分けを含め、その整理にはなお困難が感じられるが、今日、とくに関心の対象となっているのは、いわゆる責任追及説であり、さらに、証拠犯罪説と称されるアプローチであるといえよう。

### 1 責任追及説

このうち、いわゆる責任追及説は、有形偽造の実質的な処罰根拠、ないし文書の作成の真正に対する公共の信用の侵害の実質について、作成者の人格を偽ることは、文書によってある意思または観念を表示したと見える者に対する責任追及を困難にすることにあるということから出発するものであり、有力である。これに対しては、責任追及の中身が不明確であるとの批判が寄せられ[2]、責任を問題とする前提としての、文書作成の帰属という観点で捉えるべきであるとの見解も提唱される[3]などして、議論が深化していった。たとえば、他人名義の冒用があっても、民法上の表見代理等の規定によって、被冒用者に対して民事上の責任を問うことが可能な場合には、偽造罪は成立しないという「消極的責任追及説」とでも言うべき見解[4]と、自己の名義を使わせることに対する承諾等によって、名義を冒用されたとはいえない場合であっても、たとえば、そのような承諾自体が許されなかったり、場合によっては、公序良俗違反等の理由によって、名義人に、法的な効果が発生しない、ないしさせてはならない（責任を追及できない）場合には、偽造の成立を肯定するというういわば「積極的責任追及説」ともいうべき見解[5]があり、さらには、責任追及という場合の責任とは、文書の記載どおりのこ

---

2 山口厚「文書偽造罪の現代的展開」山口厚ほか『理論刑法学の最前線Ⅱ』（2006）158頁以下。
3 山口厚『刑法各論 第2版』（2010）438頁。
4 今井猛嘉「文書偽造罪の一考察（4）」法協116巻6号88頁以下。

とを実現する責任のことなのか、それとも、それが実現できないことに対する損害賠償等の責任をいうのか[6]等々、「責任」の意味をめぐっても、なお明確でないものが残されている。

## 2　証拠犯罪説

他方、いわゆる証拠犯罪説ないし証拠機能説も有力である。これは、文書が社会生活上、一定の事実の存在の証拠としての機能を有することを強調し、偽造の概念を、この証拠機能との関係で捉えようとするものである。ただ、多種多様の証拠の中での文書という証拠の特徴は、意思ないし観念の表示が一定の物体に定着、固定されることに求めるものが多いと思われるが、他方、文書という証拠の特徴を、物体への固定化というよりも、名義人が明示されることによってある特定人による意思表示として通用妥当する点に求める見解も存在する[7]。

ただ、上述のように、文書の「証拠機能」ということの意味が必ずしも明確ではないこともあって、証拠機能というアプローチが、とくに、偽造概念について、いかなる帰結を導こうとしているのか、必ずしも一義的であるとはいえない。つまり、いわゆる証拠犯罪説は、これも、それだけでは解釈論的な機能を持ちえず、問題は文書の証拠機能の中身についての理解によることになる。

この点、意思、観念の表示を、一定の物体に、一定期間持続する形で、定着、固定化するということに文書の証拠機能を見出す場合、文書の固有の証拠機能は意思・観念の表示を固定化することにより生じるのであるから、偽造の概念も、専ら、この定着・固定化という面において把握され、「何を」定着、固定化したのか、すなわち、文書の内容は、基本的に、偽造の概念構成からは除外されるとも考えうる[8,9]。

---

5　いわゆる交通切符事件等における判例の見解およびこれを支持する学説は基本的にこの見解に近いものであると思われる。

6　松澤伸「文書偽造罪の保護法益と『公共の信用』の内容——最近の判例を素材として——」早稲田法学82巻2号31頁以下が詳細である。

7　島田聡一郎「代理・代表名義の冒用、資格の冒用」現代刑事法35号50頁。文書の証拠機能を、いわゆる責任追及説の観点によって構成しようとしたものであろうか。なお、責任追及説と証拠説の関係については、成瀬幸典「文書偽造罪の本質」川端博ほか編『理論刑法学の探求7』(2014) 148頁以下参照。

8　たとえば、林幹人『現代の経済犯罪』(1989) 134頁以下は、文書の内容にかかわる問題は、文書の成立の真正・不真正には関わらず、それについての偽りは無形偽造の問題としてとらえるべきであるとし、内容の問題を偽造概念から全面的に放逐しようとしているように思われる。

たしかに、証拠犯罪という観点をある意味で徹底すれば、内容、対象を完全に捨象した「何ものか」についての「固定化」に関して偽造概念を把握することになる。このように、内容そのものを捨象する場合、内容の真否という無形偽造的要素が入り込む余地はもともと皆無であり、有形偽造と無形偽造を峻別するという観点からは、最も好ましいものであろう。

しかし他方、上述のように、証拠は何の証拠かという対象との関係を抜きにしては観念できないと考えれば、定着、固定化の対象＝文書の内容を、偽造概念から完全に排除することはむしろ背理であるとも言いうる。有形偽造と無形偽造との混同は、文書の証拠機能、すなわち、物体への固定について、その対象、内容をも問題とすること自体によって直ちに生じうるものではなく、「内容と事実（真実）との関係」を持ち込んだ場合に初めて生じるものであろう。その意味で、内容を偽造概念に取り込むことの全面拒否は、有形偽造と無形偽造との相対化を完全に防ぎうるというメリットを考慮しても、なお過度の要求であり、むしろ問題は、文書の内容を構成するいかなる要素を、いかなる形で、証拠としての固定化に関わる問題、すなわち有形偽造の問題として取り入れるかというその基準の定立ないしの問題であると言えよう。この点は、のちに検討したい。

## 3 小 括

問題となるのは、やはり、文書の「証拠」機能の捉え方であり、とりわけ前述の、証拠機能と責任追及ということとの関係であろう。

この点、名義人は文書に表示された意思、観念（文書の内容）が自己に精神的に由来することについて責任を負うのであって、文書の内容に基づく法的効果や文書内容が不真実であった場合に生じる法的責任について責任を負うことを保証

---

9 ちなみに、この点に関しては、コピーの文書性をめぐる議論が参考になろう。判例（最判昭51・4・30刑集30・3・453）は、コピーの名義人を、コピーに写し出された原本の名義人であるとするのに対し、学説には、コピーは誰でもとれる以上、コピーの名義人（外見上の作成者）は不明である（よってコピーは文書ではない）とか、あるいは、コピーを取った者を名義人とするしかない（コピーは文書であるが、名義人が作成者と一致するので、偽造にはならないなどとして、文書偽造の成立を否定する見解も有力である。この見解が、コピーに映し出された原本の名義人をコピーの名義人であるとしないのは、コピーの内容（そこに原本名義人が写し出されている）、すなわち、文書の内容を度外視するがゆえであると思われ、その結果、コピーを取るという定着、固定化のみを問題とすることになり、文書の内容に関することは、偽造概念の外に放逐され、専ら、その内容たる事実との関係において、すなわち、内容たる事実との一致・不一致＝内容の真否の問題として、いわゆる無形偽造の問題とされることになる。

しているのではないと強調する見解がある[10]。また、文書偽造罪が刑罰で担保しようとするのは、文書が、その作成名義人が文書に固定された意思観念の表示をしたことについての証拠となりうる点のみであるとし、文書が証拠としての意義を有する取引などの実体関係がそれ自体として最終的な保護の対象となるわけではないとされる[11]のも、基本的には同様の発想に立つものであろう。

これに対して、責任追及説の発想は、なぜ、文書の証拠機能において、当該文書作成の精神的な由来や帰属が重要なのかと言えば、それはやはり、そのような文書については、表示者が「責任」を負うからであるということを強調するものであろう。

この対立は、(有形)偽造概念の射程をめぐる議論であり、責任追及説は、文書作成という事実自体のみならず、そこから生じる責任をも射程に入れるのに対して、それを批判する説は、それは、いわば偽造から生じる「結果」の問題であり、偽造概念の射程外であると考えるのである。そして、これについては、上述の積極的責任追及説が、文書の作成自体は、事実として、表示者(の行為ないし意思)に帰属するとしても、法的にその事実に基づく責任追及ができない、あるいはするべきではない場合[12]には、責任追及不可能な文書を作成したのであるとして、そのことについて偽造の成立を肯定するのに対して、消極的責任追及説は、事実として帰属しない場合にも、法的責任の追及が可能であれば[13]、偽造罪の成立を否定してよいとするものである。

このような「積極」「消極」の対立はともかく、責任追及説の是非をめぐる対立は、文書偽造罪に、財産犯等の他の犯罪の予備的な位置づけをも付与することから出発し、それとの関係において、あるいは積極的に処罰拡張方向で、あるいは消極的に処罰限定方向で、偽造罪の成立範囲を捉えようとするのか、そのような予備罪的位置づけを否定して、法的責任との関係をとりあえず切り離し、まずは「帰属」のみを問題とする[14]のかということに関わるものであろう。別の観点

---

10 成瀬・前注(7)149頁。
11 山口厚「文書偽造罪の現代的展開」山口厚ほか『理論刑法学の最前線Ⅱ』(2006)150頁以下。
12 交通切符事案(最判昭56・4・8刑集35・3・57、最決昭56・4・16刑集35・3・107)が代表的であろうか。
13 表見代理事例が代表的である。
14 行為への帰属(行為説)、あるいは意思への帰属(意思説)、あるいは、「行為か意思か」という対立を重視せず、あるいはこれを統一して直截に「帰属」を問題とするなど。

からみれば、これは、「偽造」行為を、究極的には責任追及が問題となるとしても、まずは、そのような責任追及の「対象」の問題であるとして、事実的にとらえようとするのか、それとも、それが「責任追及」の対象であることを重視し、そのような評価に適した概念として、責任追及関係的に、いわゆる「半加工」を行って概念を構成するべきなのかという、基本的、原理的問題の一環であるともいえよう。

## Ⅲ　有形偽造概念についての各論的考察

### 1　緒　論

　ところで、従来、有形偽造の問題は、文書偽造一般の問題として、いわば総論的に考察されてきたように思われる。しかし、言うまでもなく、現行法は、「私文書」と「公文書」を区別して規定し、扱いを異にしている。また、私文書については、「権利義務に関する」文書と「事実証明に関する」文書とが、明文上区別される[15]。さらに、より一般的に、「文書」とは、意思の表示、または、観念の表示を内容とするとされており、すなわち、文書には、意思表示の文書と、観念の表示の文書とがあることになる。

　このように、文書といっても、法律上または解釈上、さまざまな種類に区別されている。そのような文書の種類の違いは、その「偽造」の概念ないし解釈に影響することはないのだろうか？もとより、同じく文書偽造罪における偽造概念である以上、そこには統一性があることは当然である。しかし、少なくとも、公文書では、有形偽造のみならず、無形偽造も一般的に処罰されるのに対して、私文書では、無形偽造は原則的に不可罰であり、有形偽造のみが処罰される。このようなことは、とくに私文書偽造罪において、有形偽造の概念ないし解釈に何らかの影響を与えないのだろうか[16]。

---

[15] この区別は、公文書についても同様であろう。山口厚・前注429頁、441頁。
[16] 窃盗罪と詐欺罪の区別基準となる被害者の処分行為について、窃盗罪が成立するにせよ、1項詐欺罪が成立するにせよ、いずれにしても犯罪が成立する、客体が財物である場合（1項詐欺）と、処分行為を否定することが不可罰の利益窃盗という帰結に至る、客体が財産上の利益である場合（2項詐欺）とでは、処分行為の要件が相対化することはありうるのではないかとする（後者の方が緩やかでよいとする）有力な見解の存在を想起されたい。井田良「詐欺罪の理論的構造　コメント②」山口厚ほか『理論刑法学の最前線Ⅱ』（2006）148頁、佐伯仁志「刑法各論の考え方・楽しみ方　詐欺罪②」法教373号119頁。

また、有形偽造について、その概念やその解釈が激しく争われることについては、上述のように、文書の有するいわゆる証拠機能の理解の仕方が関わっているところ、この「証拠」という機能に関しては、当該文書が、事実証明の文書なのか、権利義務に関する文書なのか、あるいは、当該文書が、意思表示を内容とする文書なのか、観念の表示、すなわち、事実の認識ないし認識された事実の表示を内容とする文書なのかは、無関係なのであろうか？　判例は、作成者と名義人との人格の一致・不一致、すなわち、有形偽造の成否が、「文書の性質」によって左右されうることを認めている。公文書か私文書か、権利義務に関する文書か事実証明の文書か（それとも、そのいずれでもない文書か）、意思表示の文書か観念の表示の文書かは、もとより、「文書の性質」であると思われるが、そうであれば、これらは、偽造の概念ないし少なくともその解釈に影響することがありうるのではないか？

　そこで、次に、基本的にこのような観点から、文書偽造の概念について、若干の「各論的」検討を行いたい。

## 2　公文書と私文書——公文書と私文書の概念と取り扱い——

　上述のように、日本の刑法は、公文書については、いわゆる有形偽造も無形偽造も同様に処罰しているが、私文書については、無形偽造の処罰は、極めて限定的である。この点については、公文書は私文書に比べて証拠力ないし証明力が一般的に高いことが理由としてあげられている[17]。より具体的には、公務員には職務を公正に遂行することについて公共の信用があり、そのような公務員がその権限に基づいて作成された文書については、内容も真実であるとの高度の社会的信用が存在するから、社会生活における公文書の円滑な利用を確保するために、その真実性に関する公共の信用を保護する必要があるという形で、説明されている[18]。

　ここで公文書とは、公務員または公務所を作成名義とする文書であり、私文書とは、それ以外の文章であるとされている。つまり、両者は作成名義によって区別される。しかし、公務員が作成する文書ということから、直ちに信用性が高

---

17　前田雅英編集代表『条解刑法　第3版』(2013) 425頁。
18　成瀬・前注(7)150頁。

く、したがって要保護性が高いと考えるのは、公務員そのものを特別視するいわば身分刑法的な発想を脱し切れていないように思われる。むしろ、公務員が作成する文書は、何らかの意味で、公的な性格を有するプロセスにおいて使用されることが当然ないし定型的に予定されているがゆえに、公的な手続きないしプロセス自体の有する高い要保護性から、よりあつく保護されると解する方が妥当であると思われる。実際、私文書において、例外的に無形偽造が処罰される虚偽診断書等作成罪は、「公務所に提出するべき」文書の場合に限られており、また、特別法上、私文書の無形偽造が処罰される例として、所得税法242条1項、政治資金規正法25条1号、3号等があるところ、これらの文書も、公務所に提出するべきもの、その他、公的な手続きにおいて使用される文書が対象となっている。公務執行妨害罪が、「公務員」に対する暴行・脅迫を処罰の対象としつつ、それは、公務員ではなく、公務自体を保護するものであるとされるが、ここでも、作成名義「人」としての公務員作成の文書が、とくにあつく、無形偽造からも処罰されるのは、それが公的手続きで使用されるため、そのような公的手続きを保護することを目的としていると解するべきであると思われる。

　さて、公文書と私文書の取り扱いが異なる理由を上記のように説明するとしても、その違いが、「公文書では有形偽造のほか無形偽造も一般的に処罰され、私文書では、有形偽造は一般的に処罰されるが、無形偽造は例外的にしか処罰されない」というものであるのは、いかなる理由に基づくのであろうか。

　この点、前述のように、一般に、有形偽造が原則的な処罰形態なのは、表示者が誰であるかについて偽りのない無形偽造の場合は、たとい文書内容が事実と異なっていても、判明している表示者に、責任を（何についての責任であるかはともかくとして）とらせることが可能であるのに対して、表示者が誰であるかについて偽りのある有形偽造では、責任を取らせるべき者がいなくなり、あるいは、判明しなくなってしまうがゆえに、文書に対する関係者ないし公共の信頼が害される程度が大きいからであると説明されているといえ、そして、私文書においては、上述のような意味で類型的に法益侵害性が低い無形偽造は原則として不問に付されるのに対し、公文書では、そのような無形偽造も原則的に可罰的であるのは、やはり、公文書が使用される公的手続きの高度な要保護性のゆえであると考えることができよう。

## 3　意思表示文書と観念の表示の文書

次に、一般に、文書の概念の要素として、それは、意思表示または観念の表示であることがあげられる。ここで観念とは、ある認識された事実であり、観念の表示とは、認識された事実の表示ないしある事実を認識していることの表示、すなわち、事実認識の表示である[19]。これに対して、意思表示とは、ある効果の発生を意欲（効果意思）し、それを表示する（表示行為）ことである。文書の作成によって物体に定着、固定化されるのは、意思表示文書の場合は、作成者がある効果の発生を意欲し、それを表示したということであり、観念の表示の場合は、ある事実を認識しており、それを表示したということである。そして、意思表示の場合は、表示されるのは既に存在する事実ではなく、これから発生を望む事実であることからすると、これについては、その事実の存否、すなわちそのような表示内容の真否は問題とはならないはずである[20]。これに対して、観念の表示の文書の場合は、表示されるのは表示者が認識した事実であり、そしてその事実は、既に存在する事実であるから、客観的な真実との一致・不一致、つまり表示内容の真否ということが問題となる。このように考えると、内容の真否の問題、つまり無形偽造の問題を生じうるのは、観念の表示の文書の場合であり、意思表示の文書の場合には、そのような問題は生じず、したがって、有形偽造と無形偽造の区別という問題も起こらないのではないかと思われ、意思表示文書と観念の表示文書は、このような意味において、異なって捉える必要があるのではないかと思われる。

## 4　権利義務に関する文書と事実証明に関する文書

刑法は、私文書について、権利義務に関する文書と事実証明に関する文書を、明文で区別している。そして、権利義務に関する文書については、権利義務の発生、存続、変更、消滅を目的とする意思表示を内容とする文書である、と解する見解と、権利、義務の発生、変更、消滅の要件となる文書あるいはその原因となる事実について証明力のある文書であると解する見解がある[21]。

---

19　団藤重光責任編集『注釈刑法　4巻』(1965) 41頁（大塚仁）参照。
20　もちろん、心裡留保のような、表示者の内心との一致・不一致は問題となりうるが、これはあくまでも客観的な真否の問題ではない。
21　大塚仁ほか編『大コンメンタール刑法　第3版　第8巻』(2014) 202頁参照（波床昌則）。

もっとも、上記3の「意思表示文書と観念の表示文書」という対概念と、4の「権利義務に関する文書と事実証明に関する文書」という対概念との関係は、必ずしも明確ではない。

　上述のように、権利義務に関する文書については、権利義務の発生、存続、変更、消滅を目的とする意思表示を内容とする文書であると解する見解と、権利、義務の発生、変更、消滅の要件となる文書あるいはその原因となる事実について証明力のある文書であると解する見解があるところ、前者の見解では、意思表示である権利義務に関する文書と、事実証明に関する文書とは、択一的な関係になると思われ、他方、後者の見解によれば、両者は、包摂関係（権利義務に関する「事実」を証明する文書が「権利義務に関する文書」であり、それ以外の事実を証明する文書が「事実証明に関する文書」であることになろうか）、すなわち、「権利義務に関する文書」も、「権利義務に関する事実証明の文書」という、一種の事実証明の文書であることになる。さらに、前者の見解に立てば、権利義務に関する文書は、当然、意思表示を内容とする文書であって、観念の表示を内容とすることはないことになると思われるが、後者の見解に立てば、権利義務に関する文書の内容が、観念の表示であることもありうることになろう。そして、前述のように、文書の内容が虚偽である、つまり無形偽造でありうるのは、観念の表示の文書だけであるとすると、少なくとも前者の見解に立つ場合は、権利義務に関する文書については、無形偽造を想定することはできないということになり、したがって、有形偽造なのか無形偽造なのかの区別が問題となりうるのは、事実証明の文書だけであるということになるように思われる。

### 5　私文書における有形偽造と無形偽造

　このように、同じく文書であっても、①私文書と公文書、②意思表示を内容とする文書と観念の表示を内容とする文書、③権利義務に関する文書と、事実証明に関する文書がある[22]。

　上述のように、公務員・公務所を作成名義とする公文書が、私文書に比してあつく保護される根拠を、「公務員が作成する」文書であることと直結させるの

---

22　上述したように（前注(15)）、条文上その区別がある私文書に限らず、公文書にもこの区別はあると考えるべきである。

は、公務員自体を特別視する身分刑法的発想、さらにいえば、「公務員の名を騙る」、「公務員の権限を僭称する」という「不逞」性を実質上の処罰根拠とすることになりかねず、妥当ではなく、むしろ、根拠は、公務員の作成する文書は、当然、少なくとも通常、公的手続で用いられることから、その公的手続きの高度な要保護性に求めるべきである。村役場の書記の退職届（大判第10・9・24刑録27・589）や、公務員がその肩書きで政党の機関誌に掲載した「祝　発展」などの広告文（最決昭33・9・16刑集12・13・3031）が、公文書ではなく私文書とされたのは、このような観点、すなわち、公的手続での使用という観点で理解することも可能であろう。

### （1）公的手続きで用いられる私人名義文書

そこで問題になりうるのは、反対に、私人の作成名義の文書であっても、公的手続きで用いられる私文書については、その用いられる手続きの公的性質、要保護性の高さに鑑み、それ以外の私文書と比べて、偽造概念を異なって捉える余地がないかどうかである。すなわち、このような私文書における有形偽造と無形偽造の限界線を、公的手続きに関係しない局面で用いられる私文書よりも、有形偽造を多く含む形で、すなわち、端的にいえば、私文書に関する、無形偽造と解すれば不可罰となってしまうような行為を、その文書が公的手続きで用いられ、公文書と同様の要保護性があることを根拠に、有形偽造として扱うことは可能なのか、可能だとすると、いかなる根拠で、いかなる範囲でそれは可能なのかを問題とする余地があるのではないかということである。

### （2）有形偽造と無形偽造の本来的相対性、流動性——文書の性質——

有形偽造と無形偽造の限界についての詳細な検討は他日を期すほかないが、作成名義の冒用の有無、あるいは作成者と名義人の人格の一致・不一致の問題は、もともと、極めて相対的・流動的なものであるといいうる。

すなわち、その一致・不一致が問題となるところの作成者と名義人の「人格」の捉え方については、判例が基本的にとるとされる「文書の性質」アプローチ、すなわち、「文書の性質」から、上記人格にとって本質的な要素を析出し、その析出した要素について、一致・不一致を問題とするアプローチにおいて、「文書の性質」の捉え方においても、その性質に鑑み「本質的」とされる人格要素の析出の仕方においても、一義的に決まるものではない。すなわち、人格の特定は、それを特定する決定的な要素というものなどは存在せず、文書の性質、流通範囲

（誰がそれを見ると想定されるのか。いわば、顔の分かる範囲で流通するのか等）を前提に、名前、肩書、資格、住所、生年月日、作成権限の有無等、様ざまな属性の組み合わせによって行われ、いずれの要素も単独で決定的となることはなく、複数の要素が合わさって一つの人格を観念させることになるといってよい[23]。すなわち、いわゆる人格の特定、一致・不一致の判断は、いかなる人格要素に関する、どの程度の不一致を、人格自体の同一性の不一致とするかという問題であり、それは、上述のような総合判断にならざるを得ず、その意味で、まさに規範的な性格の強い相対的判断であるように思われる。

この点、判例には、「文書の性質」を、何らかの基準で一義的に規定し、そこから、その性質にとって決定的ないし本質的な人格の要素を明確に析出することで、同一性判断の対象を確定しようとするものが多いようにみえる。たとえば、「再入国許可申請書」事案（最判昭59・2・17刑集38・3・336）は、当該文書の性質を「再入国許可申請書」であるという形で特定、言語化し、そこから、そのような性質の文書にとって本質的な人格要素として「適法な在留者」という要素を析出し、それについて不一致があることを理由に、偽造を肯定したものとみることが可能である。

しかし、同事案において、「再入国許可申請書」であるという形で当該文書の性質を特定するのは、言うまでもなく、当該文書の有する様々な性質のうちから、ある観点に立ち、その枠組みに従って、ある一つの性質を選び出したものであって、その選び出しを待たずに、「当該文書の性質は再入国許可申請書である」とアプリオリに決まっているわけではない。たとえば、当該文書は、公的な手続きにおいて公的機関に流通する文書であるという「性質」付与をすることも可能である。その場合は、もとより、「適法な在留者」であるという人格要素（のみ）が析出されることはありえない。他方、たとえば、上記のような形で（流通先を重視して）当該文書の「性質」を規定する場合、原判決が重視したような、被告人の用いた通称が被告人と日常的に接触のあったコミュニティにおいて定着していたかどうかということも、人格の特定にとって本質的な要素ではないことになろう。あるいは、上記のような文書の「性質」（公的機関に流通する）からは、本名の使用が求められ、従って、本名を使用している者という人格要素が析出され

---

23 高山佳奈子「文書の名義人」山口厚編著『クローズアップ刑法各論』（2007）240頁、245頁。

る結果、当該事案において、本名でない通称を使用する者との不一致が帰結するという判断も可能である[24]。

こうして、たとえば、「再入国許可申請書」事案において、「再入国許可申請書」という性質規定をすることは、上記の、流通先のような「性質」を捨象し、ないし、少なくとも軽視した性質規定である。しかし、想定流通先は、その文書に接し、その作成自体に対してにせよ、「責任」を負うことに対してにせよ、誰の信頼を問題とするのかを決める重要な要素であるから、人格の特定の上で極めて重要な要素であることは否定しえないであろう[25]。

しかし、他方、流通先という要素自体、当然ながら、本来的な当然の流通先から、しばしば流通することがある流通先、さらには、場合によっては流通しないとは限らないという程度の流通先まで考えることができるのであり、当該「文書の性質」として、どこまでを「流通先」として想定するかによって、そのような流通先にとって本質的な人格要素が異なってくることになる。たとえば、履歴書やアパートの契約書（という性質の文書？）の場合、本来的な流通先は両当事者のみといえようから、そこでは、顔の分かる関係が存在し、人格を特定する要素は、「こういう年恰好、風体の、……と名乗っている人」といった要素が重視されると思われ、少なくとも、この顔の分かる流通先との関係では、「オウム関係者」であるとか、「過激派」であるとかの要素、ないし「そういう身分を隠すために偽名を名乗っている人」という要素が、当該文書の性質上本質的な要素として人格を特定するというようなことは考えにくい。これに対して、このような文書も、事情によっては警察に流通する可能性もあることから、何らかの観点から、警察を（も）流通先として想定すれば、そこではオウム関係者等の要素が人格の特定にとって本質的な要素となることも考えられよう。

こう考えると、「文書の性質」アプローチをとる場合の文書の性質の規定、そ

---

24 現に同判決は、同文書は、本名を用いることが求められているとしており、その観点からは、「本名なのか、そうでないのか」が重要な人格要素となろう。他方、被告人は、当該通称で9回も外国人登録を繰り返してきたことから、むしろ、同通称は、被告人の属するコミュニティだけではなく、本文書の想定流通先が出入国管理当局であるという「性質」に照らして、被告人の人格を規定する本質的な要素であると考えれば、そこに別段の齟齬はないと解することも可能であろう。

25 この点、「再入国許可申請書」判決は、それを無視しているようにもみえるが、他方、同判決は、上述したように、「本名を使っていない」という人格要素も重視しているように思われ、そこには、人格の特定の前提となる文書の性質について、必ずしもアプリオリに「再入国許可申請書」であると規定しているわけではなく、他の要素も含めて判断していると解することが可能であろう。

して、そこからの「本質的な人格要素」析出は、いかなる要素に注目し、それにどの程度の重みづけを与えるかという、まさに総合的な判断であり、さらには「何が重要か」という価値判断の問題であり、したがって、相対的、流動的な判断であるというほかはないということができよう。

### （3）保護法益論との関係

　当該文書の性質規定、そしてそれに基づく本質的な人格要素の析出が、上記のようなものであるとすると、この点についての判断は、当然ながら、有形偽造罪の保護法益ないし有形偽造の不法内容の理解に関わってくることになる。

　この点、前述の再入国許可申請事例において、様々な文書の性質規定要素、したがって、人格特定要素の中から、あえて、「再入国許可申請書」という一つの側面に注目し、そこから「適法な在留者」という人格要素を析出することは、やはり、文書偽造の保護法益論からというよりも、出入国管理法令上の保護法益論から導きだされる帰結であるように思われる。

　もっとも、この点、文書偽造罪は、沿革的には、財産犯の予備罪的な性格を有していたことを考えた場合、本罪を、財産犯以外の犯罪（ここでは出入国管理関係の犯罪）の予備罪的性格を有するものとして位置付けうるとすれば、このような出入国管理関係犯罪の予備罪としての文書偽造罪の保護法益との関係を認めることは可能であるということになろう。しかし、そのような文書偽造罪の性質規定は、沿革的にも根拠があるとはいえず、あるいは、文書偽造罪を、極めて様々な犯罪の予備罪化することになり、その性格は過度に曖昧となること、また、過度の処罰の早期化をもたらすことからも、妥当とは言えないであろう。

　もっとも、もともと文書偽造罪の基礎となる文書の有する証拠機能には、上述のように、対象不特定の、物体への定着、固定化という性質だけではなく、「何を証明するのか」という証明の対象が取り込まれるとすれば、文書偽造罪には、文書の記載内容を通じて、社会におけるあらゆる事実が取り込まれうることになり、文書偽造罪は、そのような「あいまい犯罪」の性質を本来的に帯びているとすれば、上記のようなことは、むしろ文書偽造罪の性質にとって当然、少なくともありうることであるともいいうる。しかし、言うまでもないことであるが、近代刑法の原則が、処罰の対象の明確化を通じての人権保障にあることを考える場合、ここまであいまい犯罪の性格を重視することはできるだけ避けることが望ましいであろう。

### （4）公的手続きで用いられる私文書の処罰範囲

最後に、「明確化」という要請とはある意味で衝突ないし少なくとも緊張関係が生じるかもしれないが、上述のように、もともと、有形偽造と無形偽造の限界は相対的、流動的であって、規範的評価、さらには、一種の決断の問題であるという性格が強いことは否定できない。そして、その規範的評価、決断をするにあたって、妥当な可罰性の範囲の確保という観点を考慮してはならないとすることは、やはり、妥当とはいえないだろう[26]。その場合、私文書では無形偽造が処罰されないこと、しかし他方、私文書でも、それが公的手続きで用いられる場合は、公文書に準じた要保護性があるといいうることを考慮し、かつ、有形偽造と無形偽造の区別が相対的で価値判断の問題であるという要素が強いことに鑑みた場合、そのような私文書における、有形偽造の拡大という価値判断は、許されないとまでは言えないように思われる。そして、本稿では個々に言及することはできないが、実際、多くの判例は、そのようなケースにおいて、いわば「疑わしきは有形偽造へ」的な判断を行っているように思われる。

## Ⅳ　終わりに

本稿は、文書偽造、とりわけ有形偽造概念に関する諸論争については、ほんの一部にしか言及できていない。また、他方において、とくに、上記Ⅲ5で述べたことは、いわば、実体法においても判例の法創造機能を認めてよいという主張に接近するものであって、いうまでもなく、罪刑法定主義その他の近代刑法の原則との関係が問われることになり、それはもとより、ポストモダン、刑法の機能化、刑事的介入の多用化等々、罪刑法定主義の現代化、実質化などと言われる問題を踏まえて論じるでべき問題である。

しかし、それらは（もとより、有形偽造概念の本格的な検討も含め）すべて他日に委ねたうえ、このあまりにも不十分な一文を、敬愛する野村稔先生に捧げさせていただきたい。

---

26　注(16)参照。

# 公務執行妨害罪における職務行為の適法性と公務員の誤認に基づく職務執行

專 田 泰 孝

I はじめに
II 職務行為の適法性と誤認逮捕
III 職務行為の適法性と誤想防衛
IV おわりに

## I はじめに

　公務執行妨害罪は、公務員が「職務」を執行するにあたりこれに対して暴行または脅迫を加えたときに成立するが、その要件となっている「職務」の執行は適法なものでなければならない。この適法性の判断では、客観的な事実を基礎にして判断する客観説が多数説であるが、客観説のなかでも、その判断方法をめぐって、行為時標準説（＝やわらかな客観説）[1]と裁判時標準説（＝純客観説）[2]が対立している。たとえば、警察官が犯罪の被疑者を現行犯逮捕するという場合、行為時標準説は、行為時に考慮できた事実で被疑者を現行犯人と判断できれば、その後、被疑者が犯人でなかったと判明しても、逮捕の適法性を認めるが、裁判時標準説は、裁判時に被疑者が犯人でなかったと判明すれば、逮捕の適法性を否定する[3]。
　この問題は、前記のような誤認逮捕をめぐって議論されることが多い。しか

---

1 伊東研祐『刑法講義各論』（2011年）378-379頁、佐久間修『刑法各論〔第2版〕』（2012年）406頁、団藤重光『刑法綱要各論〔第3版〕』（1990年）52-55頁、中森喜彦『刑法各論〔第3版〕』（2011年）245-246頁、西田典之『刑法各論〔第6版〕』（2012年）426頁、林幹人『刑法各論〔第2版〕』（2007年）433-434頁、堀内捷三『刑法各論』（2003年）300頁、前田雅英『刑法各論講義〔第5版〕』（2011年）603-605頁、山口厚『刑法各論〔第2版〕』（2010年）545-546頁など。
2 曽根威彦『刑法の重要問題各論〔第2版〕』（2006年）334-337頁、高橋則夫『刑法各論』（2011年）588-589頁、中山研一『刑法各論』（1984年）504頁、船山泰範「公務執行妨害罪の問題点」阿部純二ほか編『刑法基本講座第6巻』（1993年）329-331頁、村井敏邦『公務執行妨害罪の研究』（1984年）235-252頁など。
3 議論の状況について、たとえば、曽根・前掲注（2）335-337頁。

し、公務員の職務執行は、警察官による被疑者の逮捕だけでない。それゆえ、本稿では、まず被疑者の逮捕について検討するが、さらに、検討の範囲を広げて考えてみたい。

## II 職務行為の適法性と誤認逮捕

### 1 逮捕の要件と判断の客観性

前記のように、裁判時標準説によると、誤認逮捕は違法になるといわれる。そして、この立場の文献には、「客観説を貫くならば、真犯人でないことが事後的に判明した場合にもこれを考慮する純客観説の立場まで徹底すべき」と主張するものもある[4]。しかし、客観説に従うことと、真犯人でなければ逮捕の適法性を認めないことのあいだに、いかなる必然性があるのかは、明らかでない。

たしかに、逮捕の要件を、真犯人であることそのものと考えると、逮捕の時点までに判明した事実から真犯人にみえたとしても、それだけで逮捕の適法性を認めることはできない。裁判の時点までに判明した事実も前提にして、なお真犯人といえなければ、その逮捕は違法となる。これは、ほかの犯罪で用いられている解釈論を考えると、ごく普通の論理である。たとえば、傷害罪における傷害は、生理的機能の障害と解するのが多数説であるが[5]、これが客観的に判断されなければならないことにも、争いはないだろう。したがって、裁判前のある時点までに判明した事実を前提にすると、生理的機能の障害が生じたようにみえたとしても、裁判の時点までに判明した事実を含めて考えると、生理的機能の障害が生じたといえないときは、傷害が否定される。

しかし、逮捕の要件を、真犯人であることそのものでなく、その嫌疑と考えると、たとえ裁判の時点までに真犯人でないことが判明したとしても、逮捕の適法性は失われない。なぜなら、裁判の時点では真相が明らかになり嫌疑が消えていたとしても、逮捕手続の時点で嫌疑が生じていたこと自体が消えてなくなるわけではないからである。前記のように、傷害罪における傷害は、客観的に判断されなければならない。だから、傷害を肯定できるか否かは、裁判の時点までに判明

---

4 中山・前掲注（2）504頁。
5 たとえば、西田・前掲注（1）41頁。

した事実も含めて判断することになるが、その結果、ある時点で生理的機能の障害が生じていたといえれば、傷害は肯定できる。たとえ裁判の時点までに、それが治ってしまっていたとしても、この結論は変わらない。たとえ裁判の時点までに消えてしまっていたとしても、その前のある時点で生理的機能の障害が生じたこと自体は、否定できないからである。そして、これは、傷害が客観的に判断されなければならないことと何も矛盾しない。嫌疑もこれと同じで、裁判の時点までに消えていることもあるが、逮捕手続の時点で嫌疑があれば、それが存在していたこと自体は、客観的に判断しても否定されない。

### 2　通常逮捕と現行犯逮捕

通常逮捕の場合、「罪を犯したことを疑うに足りる相当な理由」（以下「逮捕の理由」という）が逮捕状請求の前提になっている。そして、これが、真犯人であることの嫌疑を意味するのは明らかである[6]。刑訴法の解釈論上、逮捕の理由は、逮捕状請求の際だけでなく、逮捕の際にも存在しなければならないとされているから[7]、いずれの時点においても、逮捕の理由を支える嫌疑が存在しなければならないが、そうだとしても、それぞれの時点で嫌疑が存在すれば、たとえその後、真犯人でないとわかっても、逮捕が違法になるわけではない[8]（逆に、もしも通常逮捕の要件を被疑者が真犯人であることと考えると、逮捕手続の時点で何ら嫌疑がなかったとしても、結果として真犯人だったときは、逮捕が適法だったことになってしまう[9]）。また、緊急逮捕の場合も、一定の重大な罪を犯したことを「疑うに足りる充分な理由」とされているから、真犯人であることそのものでなく、真犯人であることの嫌疑が要件になっていると考えられる[10]。

これに対して、現行犯逮捕の場合は、刑訴法212条1項で「現に罪を行う者」または「現に罪を行い終わった者」とされているから、嫌疑でなく、真犯人であることそのものが逮捕の要件になっていると考える余地もある。そうすると、逮

---

6　上口裕『刑事訴訟法〔第3版〕』（2012年）94頁、田口守一『刑事訴訟法〔第6版〕』（2012年）70頁、平良木登規男『刑事訴訟法Ⅰ』（2009年）112頁、河上和雄ほか編『大コンメンタール刑事訴訟法〔第2版〕第4巻』（2012年）197頁〔渡辺咲子〕など参照。
7　渡辺・前掲注(6) 196-197頁。
8　渡辺・前掲注(6) 197頁。
9　平良木・前掲注(6) 128頁は、緊急逮捕についてであるが、「逮捕後に生じた事情を資料にすることはできない」とする。これは、通常逮捕でも同じであろう。
10　渡辺・前掲注(6) 462-464頁。

捕時に考慮できた事実から嫌疑の存在を肯定できても、真犯人でないときは、逮捕の適法性を否定するということになる。しかし、この点について、刑訴法の解釈論では、「逮捕時における諸般の具体的状況」を総合的に判断して客観的に決定されるといわれている[11]。

　前記のように、通常逮捕の場合、たとえ誤認逮捕であったとしても、逮捕状請求の時点と逮捕の時点で逮捕の理由があれば、逮捕は適法になり得る。もちろんこれは、逮捕される被疑者からすると、行動の自由に対する制約以外の何物でもない。しかし、仮に被疑者が真犯人だとすると、被疑者を逮捕することは、その逃亡や罪証隠滅を防ぎ、刑事手続を進める上で不可欠である。そして、たとえ被疑者が真犯人でないとしても、それが明らかになっていない逮捕の時点では、被疑者が真犯人である可能性に備えて対応しておく必要がある。したがって、前記のような権利の制約は（もちろん逮捕の理由があることが前提であるが）たとえその被疑者が真犯人でなかったとしても、公益を守るためにやむを得ない制約として、許されると考えられる[12]。

　一方、現行犯逮捕の場合、通常逮捕と異なり、裁判官による令状審査がない（＝事前にないだけでなく、事後にもない）。そうだとすると、この点を重視し、通常逮捕とは異質なものだとして、これと異なる価値判断によることも考えられる。前記のように、通常逮捕の場合、逮捕の理由が存在すれば、誤認逮捕も許されると考えられるが、現行犯逮捕の場合は、誤認逮捕を許さないというわけである[13]。また、これも前述したところであるが、刑訴法212条1項の文理から考えると、真犯人でなければ違法と解するのが自然である[14]。しかし、現行犯逮捕を、犯罪の嫌疑や逮捕の必要性が特に大きいことから、令状主義が緩和された類型だと考えると、これを通常逮捕の延長線上に位置づけることも可能であろう。このような理解によると、現行犯逮捕も、通常逮捕と同様、真犯人であることの嫌疑に基づく逮捕であり、ただ、その嫌疑が、類型的に高いというに過ぎない[15]。したがって、誤認逮捕に関する違法性判断も、通常逮捕と同じ枠組みで考えること

---

11　渡辺・前掲注（6）488頁。
12　林・前掲注（1）433-434頁参照。
13　松宮孝明『刑法各論講義〔第3版〕』（2012年）443-445頁。
14　この点については、後掲注(34)も参照。
15　田口・前掲注（6）73頁。

ができるわけである[16]。

このような理解に対しては、現行犯逮捕を逮捕時の嫌疑に基づく逮捕と考えると、逮捕時の嫌疑に基づく逮捕を許すことにした準現行犯の制度が存在意義を失ってしまうという指摘もある[17]。しかし、憲法上、無令状逮捕が許されるのは、現行犯人だけであるから、準現行犯の制度を、現行犯逮捕とは異質なものだと考えると、準現行犯の制度が憲法違反になる恐れがある。そうだとすると、現行犯逮捕と準現行犯の制度は、できるだけ近づけて理解しなければならない[18]。もしも前記指摘のいうように、準現行犯の制度で逮捕時の嫌疑に基づく逮捕が許されるとするならば、それは、現行犯逮捕でも逮捕時の嫌疑に基づく逮捕が許されるからだと考えるべきであろう[19]。

### 3 構成要件該当性と違法性阻却

このように、逮捕の適法性については、通常逮捕だけでなく、現行犯逮捕も、手続の時点における嫌疑で判断すべきだと考えられるが、これについては、次のような立場もある。

> 「逮捕の適法性については、『相当な理由』（相当な嫌疑）が実質的要件となっているから、逮捕自体の適法性は、行為時における相当な嫌疑が存在することにかかっている。したがって……事後的に無罪となった場合でも、嫌疑があればその逮捕は、刑事訴訟法上適法である。このように、法律の要件・方式に従って被疑者を逮捕したところ、結果として誤認逮捕であった場合、行為時に相当な嫌疑があれば、逮捕は、刑法上も適法（要保護的）であり、公務執行妨害罪の構成要件に該当する。しかし……行為者の正当防衛が成立するかどうかを判断する際には、純客観説によるべきである。違法性判断においては、法益保護と行為者の権利の利益衝突の解決が目指されるべき

---

16 刑訴法212条1項の解釈論では、現行犯逮捕も、逮捕時に考慮できた事実で判断すれば足りるとするのが、一般である（上口・前掲注（6）97頁、田宮裕『刑事訴訟法〔新版〕』（1996年）76頁、平良木・前掲注（6）123頁、渡辺・前掲注（6）488頁など）。
17 松宮・前掲注(13) 445頁。
18 刑訴法212条2項の「間がない」について、たとえば、平良木・前掲注（6）124頁。なお、同122頁は、準現行犯の制度を根拠にして、刑訴法212条1項の現行犯逮捕につき、「逮捕の開始時点で現行犯人性の要件が備わっていれば足りる」とする。
19 平野龍一『刑事訴訟法〔オンデマンド版〕』（2004年）113頁は、刑訴法が準現行犯の制度を認めていることについて、「現行犯を例外とする理由は、その明白性にあるのであるが、右のようなばあいは、明白性の點で実質的に現行犯と同一視しうるし、又歴史的にも、準現行犯は現行犯に含まれてきたという理由によるものである」とする。このほか、田宮・前掲注(16) 77頁も参照。

であるので、客観的・事後的に判明した違法・適法判断によってその調整を図るべきだからである。[20]」

　これはおそらく、誤認逮捕が適法か否かについて、構成要件該当性の場面と違法性阻却の場面で、判断方法を使い分けるという趣旨であろう。すなわち、「行為時における相当な嫌疑」に基づいて逮捕した被疑者が、実は真犯人でなかったという場合、公務執行妨害罪の構成要件該当性を論じるところでは逮捕を適法と考え、違法性阻却を論じるところでは逮捕を違法と考える。そうすると、その逮捕にあたり、被疑者が警察官に暴行を加えたとしても、正当防衛の成否を論じることができる。このように正当防衛の問題になれば、同罪の法益保護と行為者の権利を調整することができるから、望ましい結論に至るということだと思われる。
　仮にその趣旨だとして、さらに考えてみると、この立場では、逮捕の理由があっても実は真犯人でないという場合、被疑者が、逮捕に正当防衛で対抗できることになる。そして、正当防衛が成立するには、反撃が相当なものでなければならないが、違法な逮捕に対する反撃なのだから、逮捕を阻止できる程度の反撃は許されるだろう[21]。違法な逮捕を阻止できる程度の反撃を許さなければ、違法な逮捕に対して反撃を認める意味がない。それゆえ、たとえば、警察官の側が、万全の態勢を整えて複数で逮捕に臨み、これに対する被疑者の側が（不意を突かれたため）その被疑者1名しかいないという状況だとすると、被疑者には、数的不利を補うため、かなり強い反撃が許されると思われる。警察官がそれぞれけん銃や警棒を帯びていれば、なおさらであろう。また、それで逮捕に抵抗された警察官が、抵抗を制圧するため、警察官職務執行法（以下「警職法」という）7条本文に基づいて「武器」を使用すれば、そのときは被疑者にもそれに対抗できるような反撃が可能になる。その結果、抵抗を制圧できない警察官が、同2号に基づき、「武器」を使用して被疑者に「危害」を与えかねないという状況になると、やはり被疑者の側にも、それに屈しない程度の反撃が可能になると思われる。警察官が行おうとしている逮捕が違法だとすると、このとき警察官が行おうとしているのは、「武器」を使用して被疑者の身体に「危害」を与えることさえ伴う急

---

[20] 山中敬一『刑法各論〔第2版〕』（2009年）697頁。このほか、佐久間・前掲注（1）406頁注(13)も参照。
[21] 山中敬一『刑法総論〔第2版〕』（2008年）470-471頁は、これを「必要性」に位置付ける。

迫不正の侵害になる。ここに至れば、もはや単なる自由への侵害でないのだから、たとえ法益の（相対的）均衡を考慮するにしても[22]、これに対する正当防衛としては、当該警察官を殺害するか、あるいは少なくともその「武器」を使用できなくなるほどの傷害を加えることが考えられるだろう。そうだとすると、これが、「法益保護と行為者の権利の利益衝突の解決」として目指されるべき結論なのかは、評価がわかれるかもしれない。

　もともと警察官にとって、被疑者の逮捕は職務である。したがって、前記の立場がいうように、要保護性を認めれば、それは義務的なものになる。そうすると、前記の立場は、警察官に「急迫不正の侵害」を行うよう強制しておいて、被疑者の側にはそれに対する反撃を許しているということになる。しかし、それが、「不正」の侵害だというのであれば、その「不正」なことを警察官に強制するのは問題であろう。この場合、もしも逮捕を、職務として警察官に強制すべきと考えるのであれば、それは、その逮捕が「不正」でないからではなかろうか。そして、それが「不正」でないのであれば、その逮捕に対する反撃は、やはり許されないのではなかろうか。

　もちろん、逮捕が適法であろうと違法であろうと、抵抗する者は抵抗するし、その結果、相互に実力を行使し合う危険な状況が生じることには変わりないが、警察官と被疑者が実力で争うという暴力的な事態に発展することは、本来、消極的に評価されなければならない。そのような事態を避けるために、行為時標準説は、被疑者が抵抗すべきでなかったと考えるし、裁判時標準説は、警察官が逮捕すべきでなかったと考える。これらは、解決の方向が異なるものの、暴力的な事態を避けるべきだと考える価値判断が前提になっている点では、共通である。しかし、前記の立場は、構成要件該当性の判断で逮捕を、違法性阻却の判断でこれに対する抵抗を、いずれも是とする。そして、このように逮捕と抵抗を両方肯定したら、行為時標準説や裁判時標準説が避けようとした事態を避けることはできない。むしろこれは、逮捕も抵抗も両方認めるから戦えといっているに等しく、この意味で、前記の立場は、議論の前提を揺るがしかねない大きな問題を抱えているように思われる。

　もっとも、この立場には、前記の疑問以前に、違法性阻却の判断で行為者の正

---

22　山中・前掲注(21) 489-491頁は、これを「相当性」とする。

当防衛を論じるとした点が、はたして機能するのかという疑問もある。刑訴法199条1項によると、通常逮捕の場合、逮捕の要件は、逮捕の理由である。そして、これは、前記の引用によると、「行為時における相当な嫌疑が存在すること」を意味し、被疑者が真犯人であるか否かということは、逮捕の適法・違法と関係がない。しかも、同項以外に、被疑者が真犯人であることを通常逮捕の要件とする規定が存在するかというと、そういうわけでもない。一方、正当防衛の要件である侵害の不正性は、違法であることを意味すると考えるのが一般である[23]。そうだとすると、警察官が逮捕の理由に基づいて逮捕するのを、被疑者が真犯人でないからといって不正と考えることは可能なのであろうか。

### 4　刑訴法と刑法の相対性

また、現行犯逮捕についてであるが、これとは別に、刑訴法上の適法性と刑法上の適法性を区別して、公務執行妨害罪の成立を否定しようという主張もみられる。すなわち、刑訴法上は、逮捕の時点で一定の嫌疑があれば逮捕が適法であるということを前提にしても、刑法上は、真犯人でなければその逮捕が違法になるというのである。公務執行妨害罪における職務行為の適法性については、「法律上の重要な手続・方式の履践」が必要であるが、法律上の手続・方式に対する軽微な違反は職務執行の適法性を失わせるものでないといわれる[24]。そこで、前記の立場は、手続法上の不適法と刑法上の違法が区別できるということを前提に、刑訴法上適法であっても、刑法上違法ということがあるとする。

たとえば、警察官PがXを現行犯逮捕しようとしたとする。そして、この逮捕の時点では、Xを現行犯人と判断できる充分な嫌疑が存在し、逮捕はその嫌疑に基づくものだったとしよう。ところが、それにもかかわらず、実はXが真犯人でなかったとする。この場合でも、現行犯逮捕の要件を、逮捕の時点で一定の嫌疑があることと考えると、Pの逮捕を刑訴法上適法だったとすることができる。しかし、前記の立場によると、刑訴法上の適法性と刑法上の適法性は異なるとして、手続法上適法であっても、「実体法（刑法）上の職務行為の適法性判断においては、なお違法とされる余地がある」ことになる。

---

23　山中・前掲注(21) 455-456頁など。
24　たとえば、西田・前掲注（1）425頁。

「……誤認現行犯逮捕の場合、被逮捕者の権利が著しく侵害される結果となることにかんがみると、Ｐの逮捕が刑事訴訟法上適法であっても、なお刑法上は違法であると解することも十分可能であろう。したがって、先の事例において、たとえＰの逮捕が刑事訴訟法上適法とされても、なお刑法上は違法であり、真犯人でないＸがＰに暴行を加えたとしてもそれは公務執行妨害罪を構成しない、と解する余地はあるものと思われる。[25]」

しかし、逮捕が、被疑者の自由を制約するのは、被疑者が真犯人である場合と無実である場合とで違いがあるわけではない。もちろん、真犯人であればその者は刑罰を科されるべきであるが、逮捕は刑罰でないのだから、これと区別しなければならない。もともと真犯人に対しては、刑罰が科されることになっており、これこそが真犯人に固有の権利制約である。したがって、逮捕は、真犯人にとっても、真犯人であることによる権利制約ではない。すなわち、逮捕は、その時点で一定の嫌疑があることによる権利制約であり[26]、これが許容されるか否かは、その者が真犯人であろうとなかろうと、同じように考えなければならない。そうすると、ある時点で一定の嫌疑が存在すれば、逮捕という形で権利制約を受けなければならないのは、真犯人でも無実の者でも変わらないから、「誤認」現行犯逮捕の場合にだけ、「被逮捕者の権利が著しく侵害される」ということはできない。

もちろん、真犯人でない者が、令状もなしにいきなり逮捕されたら、理由がわからないから、逮捕に抵抗してしまうことは予想できる。したがって、前記の主張が、そのような場合を処罰するのは酷だということなら、それは理解できないわけでもない。しかし、もともと公務執行妨害罪は故意犯であるから、自分が現行犯人の嫌疑をかけられていると知らないで抵抗すれば、逮捕される者が同罪で処罰されることはない[27]。

前記３では、公務執行妨害罪の構成要件該当性判断で行為時標準説、正当防衛

---

25 三上正隆「公務執行妨害罪」曽根威彦＝松原芳博編『重点課題刑法各論』（2008年）231頁（原文では、ＰがＢである）。このほか、高橋・前掲注（２）589頁は、「事後的に違法とされた場合、公務執行妨害罪に関してのみ当該公務が違法となる」とする。さらに、村井・前掲注（２）235-246頁は、「手続的に適法であっても、合法ではない場合があるという側面」から、誤認逮捕を違法とする。

26 逮捕の本質について、たとえば、渡辺・前掲注（６）190頁。

27 適法性の錯誤について、たとえば、西田・前掲注（１）426-427頁、三上・前掲注（25）232-233頁。

の判断で裁判時標準説という考え方を検討したが、それと比較して整理すると、ここで紹介した立場は、刑訴法で行為時標準説、刑法で裁判時標準説ということになる。そうすると、この立場にも、前記3で検討した考え方と、似た側面があるということができる。

すなわち、前述したように、警察官にとって、被疑者の逮捕は職務である。したがって、この立場が前提としているように、逮捕が刑訴法上適法だとすると、それは、警察官にとって、義務的なものになる。そうだとすると、この立場も、警察官に対しては、刑法上違法とされるような逮捕を行うよう強制していることになる。しかし、刑法上違法とされるような逮捕を、警察官に強制するのは問題であろう（たとえば、刑法220条は、不法に人を逮捕する行為を禁圧しているが、前記の強制は、法が違法な逮捕に対して示しているこのような価値判断と、相容れないように思われる）。この場合、もしも逮捕を、職務として警察官に強制すべきであると考えるのであれば、それは、その逮捕が、刑法上も違法でないからではなかろうか。

さらに、この立場も、刑訴法、刑法と場面は異なるが、逮捕と、これに対する抵抗の両方を認めていることに変わりはない。したがって、この立場も、警察官と被疑者を戦わせようとしているとみることが可能である。すなわち、この立場も、逮捕にあたる警察官と、それを阻止しようとする被疑者の双方に（刑訴法と刑法を使って）いずれも実力行使を認めている。しかも、警察官に対しては（刑訴法で逮捕の適法性を認めて）逮捕に向かうことを強制し、対決を実現させるべくその背中まで押してやるという念の入れようである。そうだとすると、この立場も、警察官と被疑者が衝突し実力行使しあう事態を（わざわざ刑訴法と刑法を駆使して）積極的に求めているということになるだろう。その意味で、この立場も、前記3の立場同様、議論の前提に関わる問題を抱えているように思われる[28]。

## Ⅲ 職務行為の適法性と誤想防衛

### 1 職務行為として行われる正当防衛

前記のように、警察官が犯罪の被疑者を逮捕する場合は、それぞれの手続で要

---

28 なお、小田直樹「公務執行妨害罪における職務行為の適法性（二）・完」法学論叢122巻1号（1987年）82頁および103頁も参照。

求されている嫌疑が手続の時点で存在するかぎり、あとになって無実だとわかったとしても、逮捕が違法になるわけではないと思われる。しかし、職務行為の適法性が問題になるのは、逮捕の場合だけでない。

たとえば、警察法2条1項によると、警察は、「個人の生命、身体及び財産の保護に任じ」「犯罪の予防、鎮圧」にあたる責務を有する。また、同63条によると、警察官は、上官の指揮監督を受けて「警察の事務」を執行することになっている。前記のような警察の責務を果たすのは「警察の事務」にほかならないから、「個人の生命、身体及び財産の保護」や「犯罪の予防、鎮圧」は、結局、警察官の職務ということになる[29]。したがって、AがBを、いままさに殺害しようとしているという状況が生じたとすると、Bの生命を保護し、Aの犯罪を阻止するのが、警察官の職務ということになる[30]。そして、警職法7条本文をみると、警察官は「自己若しくは他人に対する防護」のために必要であると認める相当な理由があるとき、その事態に応じ合理的に必要と判断される限度において、武器を使用することができる。しかし、これには制限があって、「人に危害を与える」ことは、正当防衛や緊急避難に該当する場合など、一定の場合以外許されない。

警職法7条
警察官は、犯人の逮捕若しくは逃走の防止、自己若しくは他人に対する防護又は公務執行に対する抵抗の抑止のため必要であると認める相当な理由のある場合においては、その事態に応じ合理的に必要と判断される限度において、武器を使用することができる。但し、刑法（明治40年法律第45号）第36条（正当防衛）若しくは同法第37条（緊急避難）に該当する場合又は左の各号の一に該当する場合を除いては、人に危害を与えてはならない。
1　死刑又は無期若しくは長期3年以上の懲役若しくは禁こにあたる兇悪な罪を現に犯し、若しくは既に犯したと疑うに足りる充分な理由のある者がその者に対する警察官の職務の執行に対して抵抗し、若しくは逃亡しようとするとき又は第三者がその者を逃がそうとして警察官に抵抗するとき、これを防ぎ、又は逮捕するために他に手段がないと警察官において信ずるに足りる相当な理由のある場合。
2　逮捕状により逮捕する際又は勾引状若しくは勾留状を執行する際その本人がその

---

29　田村正博『現場警察官権限解説〔第2版〕（上巻）』（2009年）12頁。
30　警職法5条。

者に対する警察官の職務の執行に対して抵抗し、若しくは逃亡しようとするとき又は第三者がその者を逃がそうとして警察官に抵抗するとき、これを防ぎ、又は逮捕するために他に手段がないと警察官において信ずるに足りる相当な理由のある場合。

ここでは、まず、前記のような状況で、警察官Pが武器を使用するという事例を考える。すなわち、AがBを、いままさに殺そうとしているという状況で、PがBを保護するため、Aに対して武器を使用するわけである。ここでは、もちろん、Pの行為が適法な職務執行になり得るかということを考えるわけであるが、この事例では、PがAの身柄を「逮捕状」等により拘束しようとしているわけではないから、警職法7条2号は問題にならない。また、PがAを現行犯逮捕することは可能であるが、この事例では、Aが単純にBを殺そうとしているだけで、Pの職務執行に「抵抗」しているわけでも、「逃亡」しようとしているわけでもないから、同1号も問題にならない。そうすると、正当防衛か緊急避難ということになるが、Pは、急迫不正の侵害を行うAに対して行為を行うのだから、この事例では、緊急避難でなく正当防衛が問題になる。それゆえ、たとえこの事例で警職法7条本文の要件が備わっていたとしても、Pがその武器を使用してAに「危害を与える」とすると、このPの行為は、正当防衛に「該当する」限度で適法な職務執行となる。

### 2　誤想防衛の違法性

では、次に前記の事例を変更し、AがBを殺そうとしているというのが、Pの誤認だったとすると、どうなるであろうか。ここで考えたいのは、とりわけPの誤認に過失がない場合である。すなわち、PがAに対する行為を行う時点で判明している事実を前提にすると、AがBを、いままさに殺そうとしていると信ずべき状況であり、Pがそう思うことに過失はないが、その後、裁判の時点までに判明する事実によって、それは誤りだということがわかる場合を考える。

この場合、Pの行為は、刑法上の議論をあてはめると、誤想防衛に位置付けられるだろう。そして、誤想防衛は、正当防衛の要件を欠くから違法であるというのが、刑法解釈論では一般的な理解である。これは、たとえ誤認に過失がなかったとしても、変わらない[31]。すなわち、行為の時点で急迫不正の侵害が存在する

と信ずべき状況があったとしても、急迫不正の侵害が実際に存在しなければ、正当防衛にならないわけである。そうだとすると、前記の場合、急迫不正の侵害が誤認だったわけだから、たとえその誤認に過失がなかったとしても、それは正当防衛に「該当」しないということになる。したがって、この場合、仮にPが武器を使用してAに危害を与えるとすると、それを適法な職務執行ということはできない。その結果、たとえば、そこにたまたま居合わせたXが、Pに暴行を加え、PのAに対する行為を妨害したとしても、公務執行妨害罪は成立しないわけである。

　この場合でも、Pが武器を使用することに限って考えると、Pの行為を適法な職務執行と評価する余地はある。警職法7条本文をみると、自己若しくは他人に対する防護のため必要であると認める「相当な理由」があるときは、武器の使用が可能になるとされている。そして、行為時に考慮できた事実で、Bに対する防護のため必要であるといえれば、「相当な理由」を認めることはできるだろう[32]。したがって、Pの行為が単なる武器の使用にとどまっていれば、Pがそれを行うにあたり、XがPに暴行を加えることは、公務執行妨害罪を構成し得る。

　しかし、警職法7条ただし書によると、その武器使用によりAに危害を与えることまで適法とするには、さらに一定の要件が充足されなければならず、この場合であれば、正当防衛に「該当する」必要がある。そして、たとえ急迫不正の侵害が存在することを信じる「相当な理由」があっても、急迫不正の侵害が実際に存在しなければ、正当防衛に「該当する」とはいえない。そうすると、それは適法な職務執行といえないから、Pがそれを行うにあたり、Pに暴行を加えたとしても、公務執行妨害罪は成立しない。

　このように、武器の使用だけなら「相当な理由」で足りるとしつつ、さらに危害を与えるとなると正当防衛に「該当する」ことまで要求するというのは、両者の侵害性を対比すると、理由のある区別と思われる。すなわち、武器を使用するにしても、たとえば、それを使用して相手方を威嚇するだけであれば、相手方の被る不利益はそれほど大きくない。しかし、武器を使用して「危害」を与えるとなると、その相手方を保護する必要性は、単なる武器使用と比較にならないほど

---

31　たとえば、佐久間修『刑法総論』（2009年）220-221頁。
32　田村・前掲注(29) 70頁、古谷洋一編『注釈警察官職務執行法〔4訂版〕』（2014年）386頁。

大きくなり、厳格な判断が求められる。しかも、ここでは、ただ危害を与えるのでなく、「武器」を使用して危害を与えることが問題になっている。ここにいう「武器」とは、「主として人の殺傷の用に供する目的で作られた道具で、現実に人を殺傷する能力を有するもの[33]」であるから、それを使用して人に危害を与えれば、その結果が、極めて深刻で、取り返しのつかないものになり得ることは、容易に想定できる。そうだとすると、単なる武器使用にとどまるときと、それにより「危害」を与えるときのあいだに質的な断絶を認め[34]、「危害」のときは、客観的に正当防衛であることまで要求するというのも、首肯できるだろう[35]。

### 3 「職務行為の適否」に関する行為時標準説

公務執行妨害罪における「職務行為の適否」については、「行為当時の状況にもとづいて客観的、合理的に判断さるべき」というのが、判例の立場とされている[36]。すなわち、大阪高判昭和40年9月9日[37]は、銃砲刀剣類等所持取締法に違反するけん銃所持の疑いで行われた現行犯逮捕について、次のような判断を示し、この逮捕にあたり、警察官に暴行を加えた被告人に、公務執行妨害罪の成立を認めた。

「……職務行為の適否は事後的に純客観的な立場から判断されるべきでなく、行為当時の状況にもとづいて客観的、合理的に判断さるべきであって、前段認定のごとき状況の下においては、たとえAの前示所持が同法違反罪の構成要件に該当せずとして事

---

33 田村・前掲注(29) 66頁。
34 警職法4条1項は、災害等の場合における危害防止のための措置について定めている。そして、この措置は、「人の生命若しくは身体に危険を及ぼし、又は財産に重大な損害を及ぼす虞のある天災……等危険な事態がある場合において」認められることになっており、文理上は、「危険な事態」が客観的に存在しなければならないように定められているが、たとえば、古谷・前掲注(32) 274頁をみると、これについて、「警察官が現場で認めた事実のほか、その職業的な専門知識や経験に基づいて行うことができ」「事後において、実際にはこれらの要件が充足されていなかったことが判明しても、そのことにより当該措置が直ちに違法となることはない」といわれている（田村・前掲注(29) 47頁も同旨）。もしも警職法の解釈論でこのように考えられているとすると、同7条ただし書についても、正当防衛や緊急避難に「該当する」という文理だけで、客観的に正当防衛であることを要求する趣旨と解するわけにはいかないかもしれない。しかし、たとえ文理だけでそのように解することはできないとしても、本文のように考えると、前記のように解することには、実質的にも理由があるといえるように思われる。
35 田村・前掲注(29) 65-78頁、古谷・前掲注(32) 369-434頁も参照。
36 たとえば、団藤・前掲注(1) 52-53頁。
37 判時449号64頁。

後的に裁判所により無罪の判断をうけたとしても、その当時の状況としてはAの右挙動は客観的にみて同法違反罪の現行犯人と認められる十分な理由があるものと認められるから、右両巡査がAを逮捕しようとした職務行為は適法であると解するのが相当であり、これを急迫不正の侵害であるとする所論はとるをえない。」

　この事案の上告審では、弁護人が、「本件に於ける……逮捕行為は明らかに違法な行為であり之に対する被告人の行為は当然正当防衛行為と認められるべき」と主張したが、最決昭和41年4月14日[38]は、これを単なる法令違反の主張であるとして上告を棄却し、かっこ書きで「なお、所論の点に関する原判決の判断は、相当である」と述べた。
　現行犯逮捕の適法性については、本稿も、前記Ⅱ2で検討したが、仮に前記の大阪高裁判決が、当該「現行犯逮捕」の適否に関する判断であれば、本稿としても異論はない。しかし、この判決は、「職務行為」の適否を、「行為当時の状況にもとづいて」判断すべきものとし、その判旨が及ぶ範囲を現行犯逮捕に限っていない。したがって、読み方次第では、これが、公務執行妨害罪における「職務行為」の適否をすべて「行為当時の状況にもとづいて」判断するという趣旨にとれないこともない。
　このような理解によると、警職法7条ただし書の正当防衛についても、(公務執行妨害罪を考える上では)「行為当時の状況にもとづいて」適否が判断されることになる。しかし、職務行為の適法性が必要になる理由を考えると、職務行為の違いを越えて、あらゆる職務行為でそのように考えることには、疑問が残る。

## 4　職務行為の適法性と相手方の利益保護

　前記のように、警職法7条ただし書の正当防衛については、裁判の時点までに判明した事実に基づいて適法性を判断することに理由があると思われる。警察官が武器を使用して人に危害を与えるとなると、その行為の相手方にとっては極めて重大で取り返しのつかない事態を招きかねないから、ここは、相手方の利益に配慮すべき場面であると考えられる。そうだとすると、その行為の要件である正当防衛の判断には、慎重を期す必要がある。すなわち、ここでは、警察官の側か

---

38　判時449号64頁。

らみて誤認がやむを得なかったという一方的な視点でなく、あらゆる方向から相手方の利益を保護することが考えられなければならない。たとえ警察官の側からみて誤認に基づく行為が避けられなかったとしても、相手方がこれに反撃して、自身の利益を守ることは認められるべきである。また、仮にたまたま居合わせた第三者が、警察官に対する反撃で危害を阻止できる状況にあるなら、それも利用し、誤認で危害を与えることは、極力避けるべきである。このように、ここでは、危害にさらされている相手方の利益を守ることが、警察官以外の方向からも追求されなければならない[39]。

そして、このように反撃を認めるべきだとすると、その原因である警察官の行為に要保護性を認めることはできない。警察官の行為とそれに対する反撃を両方認めたら、前記Ⅱ3で述べたように、警察官と一般市民が実力で争う暴力的な事態を肯定することになるからである。このような事態を避けるには、警察官の行為を否定するか、それに対する反撃を否定するかのいずれかしかない。そうだとすると、この場合は、相手方の生命や身体が、警察官の誤認によって取り返しのつかない被害を受けるのを可能な限り阻止するため、警察官の行為を否定すべきということになるだろう。

もともと公務執行妨害罪において、職務行為に適法性を要求するのは、職務行為の相手方となる個人の権利・利益を守るためであろう[40]。たしかに、職務行為に関する法令上のルールには、さまざまな目的のものがある。そして、たとえば、職務行為を効率よく行うために定められているルールであれば、それを破っても、職務行為の相手方となる個人の権利・利益を過剰に侵害するということにはならない。そうだとすると、法令上のルールに対するあらゆる違反が、ここでいう適法性を直ちに失わせるとはいえない[41]。しかし、職務行為の相手方となる

---

[39] 川端博『刑法総論講義〔第3版〕』(2013年) 401-404頁は、(刑法の解釈論としてであるが) 本文のような誤想防衛につき、事前判断によって正当防衛の「客観的要件の存在」が認定されるとして、正当防衛を肯定する。これに対し、松原芳博『刑法総論』(2013年) 230頁は、誤想防衛が「正当な相手方の法益を侵害している事実を軽視するもの」であり、相手方が「これに対して正当防衛をもって反撃することができなくなってしまう」とする。

[40] たとえば、佐久間・前掲注(1) 406頁。

[41] 小田・前掲注(28) 104頁。なお、このような違反については、さらに「不適法」であるが「違法」でないと考えて、職務行為が刑法36条1項における「不正」の侵害になることも否定すべきであろう。法律上の手続・方式に対する違反が軽微だとして、刑法95条1項における職務行為の適法性や、公務執行妨害罪の構成要件該当性を肯定したとしても、その職務行為を正当防衛で阻止できるというのでは意味がない (小田・前掲注(28) 104頁も、「『不適法でも合法』という側面がある」

個人の権利・利益を守るために定められているルールは、立法過程で公益と個人の権利・利益の双方を比較衡量し、その調和点として設けられたものである[42]。それゆえ、これを破ることは、その調和点を踏み越えて、個人の権利・利益を過剰に侵害することを意味する。ここで公益を強調し、ルールを無視したのでは、法令でそのルールを定めた意味が失われる[43]。そのルールは、公益の追求に対する歯止めとして設定されたものであるから、むしろ公益の追求を叫んで個人の権利・利益を踏みにじろうとする主張に対してこそ、その本領を発揮しなければならない。

　職務行為の要件は、公務員にその権限を与える各法令のなかで定められる。そして、立法過程でその要件を定めるとき考慮される要素には、公務員の職務執行が担っている公益の実現も含まれるが、職務執行の対象となる者の利益保護も含まれる。もちろん、その衡量の結果、前者を優先し、公務員の側による事実誤認をある程度許すルールが立てられることもあるだろう。しかし、場合によっては、後者を重視し、公務員による事実誤認がやむを得ないものであったとしても、事実誤認である以上それは違法だというルールが立てられることもあると思われる。そうだとすると、そのような場合には、公務執行妨害罪の解釈論としても、誤認に基づく職務執行を許すことはできない。なぜなら、それは、対象者の利益を守るため、誤認に基づく職務執行を保護しないとあえて示した立法上の判断を無視することになるからである。すなわち、ここで保護に値するか否かというのは、職務執行とその対象者のいずれを保護するかという2択であるから、ここで職務執行を保護するというのは、立法過程で保護に値すると判断された対象者の利益を、ここでは否定する、ということを意味する[44]。

　たしかに、現行犯逮捕の適否については、「事後的に純客観的な立場から判断されるべきでなく、行為当時の状況にもとづいて客観的、合理的に判断さるべき」かもしれない。しかし、それを越えて、「職務行為」の適否一般にまで、こ

---

とする)。
42　このようなルールの重要性に注目するのは、小田・前掲注(28) 104頁、西田・前掲注(1) 425頁、堀内・前掲注(1) 299頁、三上・前掲注(25) 226-227頁など。
43　小田・前掲注(28) 103頁は、「適法性概念の解釈による緩和」について、「実定法上根拠のない受忍義務を創設する点で問題なのである」とする。
44　松原・前掲注(39) 230頁は、(刑法36条1項の解釈論としてであるが) 正当防衛の要件を充足しない誤想防衛を正当防衛と同様に扱うことについて、「36条の要件を潜脱し立法者の意思を無視することにもなろう」とする。

のような理解を及ぼすべきではない。「職務行為」の適否は、行為時に考慮できた事実だけで適法性を判断すべき職務行為なら、「行為当時の状況にもとづいて」判断すべきであるが、そうでないなら、「事後的に純客観的な立場から」判断すべきである[45]。前記の大阪高裁判決がいう「職務行為」も、当該事案で問題になった現行犯逮捕を指してそのように述べただけと考えることは可能であるし、少なくとも最高裁決定は、単にかっこ書きで「所論の点に関する原判決の判断は、相当である」と述べ、特段の理由を示していないのだから、「所論の点に関する原判決の判断」が、ほかの職務行為に及ぶことまで想定してこれを支持したと読むべきでないだろう[46]。

## Ⅳ　おわりに

　逮捕手続の時点で考慮できた事実を前提にすると充分な嫌疑があったが、実際には真犯人でなかったという誤認逮捕において、警察官による逮捕が適法か否かは、判断の客観性以前に、逮捕の要件をどのように理解するかで変わってくると思われる。

　たとえば、ある被疑者に関し、逮捕手続の時点では甲事実しか判明していなかったが、裁判の時点までに乙事実も判明したとしよう。そして、当該被疑者が犯人か否かについて、甲事実だけで判断すると一定の嫌疑を認めることができるが、乙事実も考慮すると無実だとわかるとする。この場合、その被疑者の犯人性を考えるのであれば、甲事実と乙事実を両方考慮して判断するのが、客観的な事実に基づく判断である。だから、仮に通常逮捕の要件が「真犯人」なら、甲事実と乙事実をあわせて判断し、要件の充足を否定するということになるだろう。

　一方、ここで、逮捕手続の時点までに判明していたのがどの事実だったかを問えば、それは甲事実だけである。この点は、判断の客観性を強調しても変わらな

---

45　小田・前掲注(28) 82頁も、職務行為の適法性について、「刑法外評価を参照する方向で検討されるべきである」とする。同104-105頁も参照。

46　大塚仁ほか編『大コンメンタール刑法〔第2版〕第6巻』(1999年) 103頁〔頃安健司〕も、主観説や折衷説が排除されていないという趣旨であるが、この決定について「いずれの説によるかを明らかにすることを避け、理由づけはともかく原審の当該職務執行を適法とした結論部分を是認する趣旨で、かっこ書きにとどめたもの」とし、最高裁が行為時標準説（＝やわらかな客観説）をとっていると解するのには「疑問がある」とする。

い。なぜなら、逮捕手続の時点までに判明していたのが甲事実だけだったというのは、そのこと自体が、1個の客観的な事実だからである。したがって、通常逮捕の要件が、「真犯人」ではなく、「逮捕手続の時点までに判明していた事実に基づく嫌疑」だとすれば、客観的な事実に基づいて考える限り、「逮捕手続の時点までに判明していた事実」は甲事実だけであるから、甲事実だけに基づいて嫌疑の存否を判断し、要件の充足を肯定するというのが、客観的な事実に基づく判断ということになる[47]。

このような理解を前提にすると、議論が多い現行犯逮捕についても、その要件が「真犯人」か「嫌疑」かという点を検討しなければならなくなるが、この点は、「嫌疑」と考えることが可能であろう。もちろん、立法上は、「真犯人」を要件とすることもできないわけではないが、少なくともいまの刑訴法は、準現行犯の制度を設けている。これは、いまの刑訴法が、「真犯人」でなくても、逮捕の時点で一定の嫌疑があれば、無令状逮捕が可能であるという立場をとっていることを意味する。そして、憲法上、無令状逮捕は現行犯人に対するものしか認められていないのだから、現行犯逮捕は、「真犯人」でなくても可能だというのが、いまの刑訴法の立場だと考えられる。そうだとすると、刑訴法212条1項の現行犯逮捕も、ことさら「真犯人」であることを要求する趣旨と解する必要はない。

しかし、これは、現行犯逮捕の適否をそのように判断すべきだというだけのことで、「職務行為」の適否一般について、同じように判断すべきだということを意味しない。たとえば、警職法7条ただし書で要求されている正当防衛は、警察官の誤認で重大な危害を与えられそうになっている個人の権利・利益を、あらゆる方向から助けられるようにしておくため、裁判の時点までに判明した事実に基づいて適法性を判断すべきであろう。そうだとすると、このような行為については、たとえ警察官に過失がなく、警察官の側で誤認による行為を避けることができなかったとしても、それだけで適法性を肯定すべきではない。

---

47 村井・前掲注(2) 245頁は、「逮捕時には訴訟法上の要件を具備していたとしても、被逮捕者が罪を犯していなかったという事実からするならば、『罪を犯したと疑うに足りる相当な理由』があるとした判断は、結果的には誤りであったということになる」とする。しかし、「結果的」に誤りだったのは、被逮捕者が真犯人だという判断であろう。それに対し、「相当な理由」は、逮捕手続の時点までに判明していた事実に基づく嫌疑の趣旨と解される。これは、本文で述べたとおり、「被逮捕者が罪を犯していなかったという事実」によって影響を受けるものでないから、その存在を肯定した判断は、「結果的」にも誤りでない。

このように考えると、結局、逮捕の場合は行為時標準説の結論、正当防衛の場合は裁判時標準説の結論ということになるが、これらは、職務執行の要件を定めている各法令が、その趣旨であると解されるからであって、異なる判断方法で判断しているわけではない。たとえば、傷害罪の既遂結果は傷害、殺人罪の既遂結果は人の死亡であるが、傷害の場合、生理的機能の障害が裁判の時点で存在することは必要でない。すなわち、行為後のある時点まで生理的機能の障害が発生していたといえれば、裁判の時点までにその障害が完治してしまったとしても、傷害の発生を肯定することができる。しかし、人の死亡の場合、その被害者が裁判の時点で生存していると確認されたら、既遂結果は発生しなかったと考えなければならない。したがって、人の死亡は、裁判の時点でも存在していなければならず、傷害とは違うことになるが、これは、要件の性質による違いであり、判断方法が異なるわけではない。

　このような、要件の性質による違いは、いずれが正しいかを議論しても意味がない。傷害にしても人の死亡にしても、それぞれの性質に従って判断すればいいだけで、いずれか一方の判断方法が正しいわけではない。このことは、公務執行妨害罪における「職務行為」の適否についてもあてはまると思われる。すなわち、「職務行為」の適否一般について、行為時標準説か裁判時標準説かを論じても意味がない。それぞれの職務行為について定められている適法性の要件がいかなる性質かを考えるべきであり、これは、適法性の要件を定めている各法令をいかに解釈するかの問題である。したがって、「職務行為」の適否一般を論じるのではなく、職務行為（の種類）ごとに個別化して検討する必要があると思われる[48]。

---

48 小田・前掲注(28) 104-105頁は、職務行為に執行許容性ないし執行力があるか否かによって個別化するという方向を示唆する。また、松宮・前掲注(13) 443-445頁は、通常逮捕と現行犯逮捕で、誤認逮捕の適法性判断が異なり得ることを認める。前者は、職務行為として行われる正当防衛についてどのように考えるのか明らかでない。後者も、現行犯逮捕に関する判断が本稿と異なる。したがって、具体的帰結は、必ずしも本稿と同じでないが、いずれも、適法性の判断を職務行為の性質に応じて個別化する趣旨と考えられる。

# 野村稔教授の刑法理論について
## ——刑法総論を中心に——

松　澤　　　伸

　　I　はじめに
　　II　刑法学の基礎理論
　　III　犯罪論体系と行為論
　　IV　判断形式としての違法二元論
　　V　行為自体の違法性と結果の違法性の関係——事実の錯誤——
　　VI　共犯論
　　VII　原因において自由な行為
　　VIII　責任論と刑罰論
　　IX　おわりに

## I　はじめに

（1）野村稔教授は、その博士論文である『未遂犯の研究』[1]を基礎に、浩瀚なる体系書『刑法総論』[2]において、教授自身を「客観化」[3]された刑法理論を構築され、明快に提示された。また、刑法学のほぼ全分野に渡って執筆された論文により、その理論は、さらに詳細に展開されており[4]、学説の細部のニュアンスは、問答形式で執筆された演習[5]で知ることができる。教授の理論は、その理論的一貫性において、我が国の刑法学のひとつの到達点とも称しうるものであると同時

---

1　野村稔『未遂犯の研究』（1994年、成文堂）。
2　野村稔『刑法総論』（初版・1990年、補訂版・1998年、いずれも成文堂）。以下、本書を引用する場合は、補訂版をさすものとする。なお、本書は、野村稔『刑法総論講義案（中）』（1987年、成文堂）として、未遂・共犯から先に公刊され、それに（上）（下）部分が執筆され一書となったものである。そのため、本書の当初のタイトルは『刑法総論講義』が予定されていたが、本格的体系書として、端的に、『刑法総論』の名が与えられたとのことであり、教授の理論の到達点を形成している。
3　野村・前掲注（2）『刑法総論』はしがき。
4　野村稔『刑法研究（上巻・総論篇）』（近刊、成文堂）。
5　野村稔『刑法演習教材』（改訂版、2007年、成文堂）137頁以下（第4部演習編）。

に、教授が自認されるように、いわゆる"早稲田刑法学"の系譜に連なるものであり、草野豹一郎・斉藤金作・西原春夫各教授の系列に連なる"早稲田刑法学"の最高到達地点に位置するものでもある。

（2）野村教授は、こうした"早稲田刑法学"に連なる意識を非常に大切にされ[6]、理論を展開されてきたが、さて、その"早稲田刑法学"とは、いかなる理論として特徴づけられるのであろうか。たとえば、構成要件に重点を置かず行為論を犯罪成立の第一の要件とする立場であるとか、共犯論において展開される共同意思主体説であるとか、客観主義を基調としつつも行為者の主観に比重をかける立場であるとかいった理解は、古くから"早稲田刑法学"のイメージとして知られるところである。こうした立場は、斉藤金作教授の理論に典型的に見られるものであり、これが"早稲田刑法学"のイメージを形作っていると思われるが、その原点をさらにたどってゆき、より普遍的な形で整理すると、以下の2点にまとめることができるように思われる。

ひとつは、規範論重視の伝統である。これは、齊藤金作教授によるカール・ビンディング（Karl Binding）の規範論への関心[7]に源流を見いだしうるものであると思われる。刑法解釈論において、行為規範を重視するにせよ（西原春夫・岡野光雄・野村稔・高橋則夫各教授）、裁判規範を重視するにせよ（曽根威彦・松原芳博各教授）、刑法規範の分析を通じて犯罪の実体を明確にしようとする方法論は、早稲田大学に学んだ刑法学者の多くに見られる傾向である。齊藤教授が、行為者の主観に比重をかける点は、"早稲田刑法学"の一般的イメージにあらわれているが、これは、齊藤教授の師である草野豹一郎教授の見解の影響が見られるものの[8]、理論的には、齊藤教授が、刑法の行為規範性を強く意識されたところにもその根拠を見いだすことができよう。この行為者主観の重視は、西原教授においては、一般人という形で限定化されつつも、行為無価値論の展開へとつながり、野村教授においては、客観的な法益侵害を基礎に据えつつも、一般人の主観的認識、さらには行為者の主観的認識が、その客観性判断に重大な影響を与える判断形式の違法二元論へと展開し、そして、法益のおかれた状況により規範の機能が

---

6　野村・前掲注（1）『未遂犯の研究』はしがき、同・前掲注（2）『刑法総論』はしがき。
7　齊藤金作（訳）『「ビンディング」刑法論』早稲田法学別冊第7巻（1936年）は、その大きな成果である。
8　たとえば、錯誤論における抽象的符合説、不能犯論における抽象的危険説など。

動的に変化するという刑法規範の動態論に到達する。

"早稲田刑法学"のもうひとつの伝統は、形式論よりも実質論を重視した思考である。この思考は、草野教授が大審院判事であったことに淵源をたどることができるであろう。これは、犯罪論においては、2つの傾向としてあらわれる。第1は、犯罪の実質的把握である。すなわち、構成要件論ではなく行為論を採用し、形式的な構成要件判断に重点を置かず、より実質的な違法性判断を犯罪論の中核に据える斉藤教授・西原教授の体系がこれである[9]。この伝統は、野村教授においても堅持されており、野村教授の体系は、行為・違法・責任の三分体系がとられる[10]。第2は、刑法の実際の機能を重視した実務的思考である。いわゆる共謀共同正犯の理論について、実行行為の形式的把握を頑なに守ろうとする通説が、こぞって実務に対して批判的であったにもかかわらず、実務の採用する共謀共同正犯論を肯定的に評価し、これに理論的基礎付けを与えようとされた斉藤教授・西原教授の方向は、その顕著なあらわれのひとつである。また、西原教授が、モータリゼーションという社会の変化を敏感に取り入れ、これに対応するため、過失犯論において導入された、いわゆる信頼の原則が、実務の指針となったことは、この伝統の重要な成果のひとつである[11,12]。この伝統は、野村教授の場合、刑法総論においては比較的見えにくいものの[13]、刑法各論・経済刑法の具体的な解釈論においては、存分に生かされている[14]。

（3）筆者は、学部および修士課程において、恩師である野村教授より、こうした"早稲田刑法学"に基づくご指導をいただいてきたが、博士後期課程においては、立教大学において、もう一人の恩師である所一彦教授から、機能主義・経

---

9　齊藤金作『刑法総論』（改訂版、1955年、有斐閣）71頁、西原春夫『刑法総論』（改訂版上巻、1991年、成文堂）77頁以下。
10　野村・前掲注（2）『刑法総論』82頁。
11　西原春夫『交通事故と信頼の原則』（1969年、成文堂）。
12　また、西原教授には、現代社会における犯罪現象を実際的側面からとらえて構成した特別刑法を含む刑法各論の体系書『犯罪各論』（1974年、筑摩書房）がある。
13　野村教授は、共謀共同正犯を「正犯の一態様としての教唆犯である」（野村・前掲注（2）『刑法総論』404頁）とされるので、この伝統が一見失われているように見えるのである。しかし、犯罪の実行を行わなかった者も、これが自己の犯罪を実現していれば正犯として位置づけられる（野村・前掲注（2）『刑法総論』384頁参照）という意味では、共謀共同正犯肯定説と同様の思考がとられており、これは、筆者の考えによれば、別の形で共謀共同正犯の基礎付けに転用可能であって、むしろ、現在の実務により適合的でさえある。詳細は、本稿Ⅵを参照。
14　野村教授の刑法各論における諸理論については、本書所収の伊藤亮吉「野村稔教授の刑法理論——刑法各論——」を参照。

験主義に基づくご指導を受け、また、デンマークのコペンハーゲン大学において
ヨルン・ヴェスタゴー（Jørn Vestergaard）教授に師事する過程で、スカンジナ
ヴィアン・リーガル・リアリズムの多大な影響を受けてきたため、刑法に対する
考え方も、野村教授のそれとはかなり異なる地点に到達するに至った[15]。野村教
授の刑法理論について論じるには不適切な立場かとも思われるのであるが、早稲
田大学に奉職する機会を与えられ、野村教授から直接・間接にご教示を受けない
日はないという恵まれた環境にあることも事実であるから、そうした観点から、
教授の刑法理論について分析・検討を加えることも、あるいは許されようかと考
えた次第である。

　もとより浅学菲才のため、筆者自身の刑法体系の本格的展開は、今後に待たな
ければならないが、野村教授の古稀記念論集への寄稿の機会を与えられたことを
契機に、特に、刑法総論の点から、教授の刑法理論の特徴・学問的意義につい
て、分析・検討を加えつつ、刑法総論に対する筆者の基本的視座につきその一端
でも明らかにし、体系書執筆に向けての一過程としたいと考える[16]。

## II　刑法学の基礎理論

### 1　刑法学の意義

　（1）野村教授は、刑法学の意義について、「刑法学、とくに刑法解釈学は、
これらの刑罰法規（特に刑法典の規定する）の体系的認識を行うことを目的とす
る」[17]とされる。刑罰法規の体系的認識を持って刑法学の意義とする立場は、法
実証主義の立場によく見られる。たとえば、木村亀二教授は、刑罰法規の規範的
意味を体系的に認識することをもって刑法学の意義とされ[18]、「刑法の規範的意味
は、立法者の事実的・歴史的意思でもなく、解釈者の主観的意味でもなく、条文
によって、成文の中に定立せられた客観的意味でなければならない」[19]とされて

---

[15] その基本的立場は、松澤伸『機能主義刑法学の理論』（2001年、信山社）において明らかにした
ところである。
[16] なお、筆者の能力や紙幅の関係もあり、本稿において、野村教授の刑法理論のすべてを網羅的に
取扱うことは不可能である。そこで、本稿では、教授の理論の特に独創的な部分、また、筆者が重
要と考える部分に焦点を絞りつつ、議論を展開してゆくことを、ここにお断りしておきたい。
[17] 野村・前掲注（2）『刑法総論』5頁。
[18] 木村亀二『刑法総論』（1959年、有斐閣）13頁。

いる。これに対して、野村教授は、こうした客観性を要求されない。むしろ、この体系的認識について、「刑法という鏡に自分を映して自分自身を客観化」することによって得られると解していると思われる。

（２）しかし、筆者には、こうした方法論は、刑法解釈の主観性を正面から肯定するものであり、刑法解釈学の科学性を著しく減殺するものであるように思われる。刑法学者は、刑法解釈学を展開することで、より妥当な刑法解釈を実務に対して提言していると考えられるが、野村教授の立場によれば、その妥当性の根拠が、結局、論者の主観的価値判断に至ってしまうことになるように思われるのである。この点、筆者の問題意識は、むしろ、刑法学者の主観的な価値判断によって、なぜ裁判官による刑法の解釈が拘束されなければならないのか、という疑問から出発する。刑法学において客観性を追求しようとすれば、それは、実際の社会において、刑法がどのような役割を果たしているのか、すなわち、現に妥当している刑法とは何かを、記述するということにならざるを得ない。そして、現に妥当している刑法とは、裁判によって最終的な国家の有権的判断が下されている以上、その判断を司る裁判官の（無意識まで含めた）思考にある[20]、というのが、論理的帰結となる（筆者は、これを、ヴァリッド・ローを記述することが刑法解釈学の任務である、と表現している）。この基本的立場性の相違は、かなり大きなものであるが、刑法解釈学の機能的考察を目標としている筆者は、野村教授の立場に従うことはできないのである[21,22]。

---

19　木村・前掲注(18)『刑法総論』19頁。さらに、木村亀二『刑法の基本問題』（1979年、有斐閣）43頁以下も参照。
20　裁判官の思考というと、判例との違いはどこにあるのかと問われることがあるが、判例は、裁判官の思考を探るひとつの資料に過ぎない（ただし、結論命題は事実上ヴァリッド・ローと重なるところが多いであろう）。なお、野村教授は、判決における結論命題及び理由付け命題の両者を判例とされるが（野村・前掲注(２)『刑法総論』54頁注(二)）、筆者は、結論命題のみを判例とすべきであると考えている。以上について、詳細は、松澤・前掲注(15)『機能主義刑法学の理論』276頁以下）。
21　本節の議論について、詳細は、松澤伸「機能的刑法解釈方法論再論」早稲田法学82巻3号133頁以下。
22　なお、筆者の方法論は、ヴァリッド・ローを記述する、というコンセプトのもとで体系論を展開するため、現状をただ追認するだけのものと誤解されがちであるが、そうではない。刑法学者自身の見解は、法政策論として述べることが可能である。ただ、それを、科学的・学問的なものと呼ぶことはできないと考えている。また、ヴァリッド・ローを記述する際には、持ちうる資料から裁判官の思考を言語化することを試みるため、推測が入ることは不可避であって、そのため、主観的な解釈論の展開に見えることもありうる。本稿執筆のため、筆者自身のとってきた方向性をあらためて振り返ってみると、現在のヴァリッド・ローを記述するつもりで研究を行っていたが、より裁判官の無意識レベルの思考を汲み取ろうとする傾向が強く、現時点よりも、少し未来のヴァリッド・ローが記述されているように思う。

## 2 罪刑法定主義

野村教授は、罪刑法定主義を重視されることは当然であるが、しかし、「明治四〇年に制定された刑法を新しい状況に弾力的に対応させるためには、刑法の改正が困難であることも考慮すると、合理的な範囲では積極的な解釈は避けられないものと考える」とされており、ここに、草野・齊藤・西原各教授に見られる実質的思考の一端が垣間見える[23]。

こうした発想は妥当なものであると思われる。すなわち、国民の予測可能生の観点から見て、処罰が十分に予測される場合には、罪刑法定主義に違反しないと解すべきであろう[24]。

## III　犯罪論体系と行為論

### 1　犯罪論体系

（1）野村教授は、犯罪論の体系構成について、いわゆる行為論を採用され、行為・違法・責任の順序で、その理論体系を構成される[25]。この体系は、齊藤教授・西原教授から継承された体系であり、構成要件・違法性・責任の順序で理論体系を構成する、いわゆる構成要件論と対照をなす理論として、長く独自性を発揮してきたものである。

行為論の体系は、その論者によって、様々なニュアンスをもって主張されてきた。行為論体系の特徴は、構成要件に独立の地位を認めないところにあるが、その点について、齊藤・西原・野村各教授は、それぞれ異なる理由によっている。すなわち、齊藤教授が構成要件を論じない理由は、齊藤教授が、犯罪本質論に重点を置いて考えるところにあるのに対し、西原教授が構成要件を論じない理由は、構成要件判断については違法性という実質判断を抜きしては考え得ないことから、構成要件を違法性に埋没させるところにある[26]。そして、野村教授においては、構成要件は、刑法的価値評価から独立したものであるとし、刑法規範が関

---

23　なお、こうした発想は、経済刑法の分野においてはさらに推し進められている。野村稔『経済刑法の論点』（2002年、現代法律出版）5頁参照。
24　松澤伸「判批」芝原邦爾ほか『刑法判例百選II各論』（第5版、2003年、有斐閣）173頁。
25　野村・前掲注（2）『刑法総論』82頁。
26　この点につき、野村稔「西原教授の犯罪論体系について」『西原春夫先生古稀祝賀論文集第一巻』（1998年、成文堂）473頁、およびそこに掲げられた西原教授の諸論文を参照。

心を寄せる行為の類型と位置づけられる[27]。そして、それについて、違法・責任の評価がなされていくという構造がとられるのであり[28]、それゆえに、構成要件は、評価の対象を画するものであり、これを独立して論じる必要はない[29]とされるのである。

（２）行為論において、こうした差異が生じるのは、齊藤教授が犯罪の実体論を重視されるのに対し、西原教授・野村教授が認定論をも重視されるところにあると思われるが[30]、認定論を重視する場合、西原教授・野村教授の体系には、不徹底なものが残らざるを得ないように思われる。認定論的犯罪論においては、現実の裁判における認定過程を反映させ、構成要件と違法性は原則・例外関係として、次元を異にするものとして把握する必要があろう。このように考えると、犯罪論は、構成要件該当性・違法阻却・責任阻却の体系で考えるのが妥当であるということになる。

しかし、犯罪の実体論としては、構成要件の概念を観念する必要はないし、するべきでもない。構成要件という概念は、所詮、犯罪認定の道具に過ぎないのである。犯罪の認定からはなれ、犯罪とは何かという実体を考える場合、構成要件には、それに対応する特殊の実体は存在しないというべきである。むしろ、犯罪の実体は行為にあるから、行為を第一の要件とし、行為・違法・責任の体系で考えるのが妥当である。

では、このように相矛盾するように見える２つの体系を、いかにして整合させるべきか。筆者は、方法論的観点から、犯罪の認定論と犯罪の実体論を別個の犯罪論として構成する二元的体系が妥当ではないかと考えている[31]。すなわち、犯罪の認定論としては、構成要件該当性・違法性阻却・責任阻却という体系をとるが、犯罪の実体論としては、基本的に、斉藤教授の説に立ち戻るのである。

---

27　野村教授は、自身の見解を、行為類型説と同趣旨であるとされている（野村・前掲注（５）『刑法演習教材』148頁）。違法類型説である西原説とこの点で大きな違いがある。
28　以上について、野村・前掲注（２）『刑法総論』84頁注（一）。
29　野村・前掲注（２）『刑法総論』83頁注（一）。
30　野村教授が認定論を重視することについては、野村・前掲注（２）『刑法総論』81頁において明快である。西原教授の体系については、これを実体論を重視した主張とする理解もあるが（鈴木茂嗣『犯罪論の基本構造』（成文堂、2012年）111頁以下）、野村教授が指摘されるように（野村・前掲「西原教授の犯罪論体系について」472-473頁参照）、認定論を重視したものであると思われる。
31　この点で、筆者は、裁判官退官後、早稲田大学において教鞭をとられた、中野次雄教授の二元的体系の思考を導入するものである（中野次雄『刑法総論概要』（第３版補訂版、1997年、成文堂）でとられる体系を参照）。

これは、筆者の方法論における、法解釈学（retsdogmatik；de lege lata）と法政策（retspolitik；de sententia feranda/de lege feranda）の区別に対応する。すなわち、ヴァリッド・ローを記述する法解釈学においては、裁判官の思考が重視されるが、裁判官は、刑事裁判の実現過程の中で刑法体系を把握しているはずである。そうだとすれば、裁判官の思考に内在すると考えられるのは、認定論的犯罪論体系である。これに対し、裁判官への提言・立法への提言を検討する法政策においては、立法論を基礎に議論を構築するわけであるから[32]、犯罪の実体が重要となり、したがって、構成要件という概念を用いる必要はない[33]、ということになるのである[34]。

## 2　行為論

（1）野村教授は、行為を犯罪論の第一の要素とされ、その内容としては、社会的行為論が採用されている。すなわち、「行為とは、意思支配可能な社会的意味を持った、人の外部的態度」[35]とされるのである。ここでは、西原教授の理論が基本的に継承されているといってよいであろう。

（2）問題となるのは、上述したように、認定論的犯罪論体系において行為論を論じる意味とはなにか、さらには、そもそも論じることが可能なのか、という点である。犯罪を認定する際の現実の思考を考えてみよう。犯罪があるかどうか認定するに際して、最初に行われるのは、ある行為が刑罰法規に該当するかどう

---

32　筆者は、裁判官の法解釈は、一種の法創造、すなわち立法作用であると理解している。田宮裕教授は、「判例における法解釈は、法の定立過程における法の生成過程そのものである」とされるが（田宮裕「刑法解釈の方法と限界」『平野龍一先生古稀祝賀論文集上巻』（1990年、有斐閣）48頁）、筆者の基本的な立場は、このような法と裁判についてのリアリスティックな理解に基礎をおくものである。

33　なお、鈴木教授は、二元的体系を採用され、犯罪の実体論において、犯罪類型という概念を導入するが（鈴木・前掲注(30)『犯罪論の基本構造』29頁以下）、これは、鈴木教授が、犯罪の実体論を探究することで、犯罪の認定論において、あるべき解釈論を明らかにしようとしているからであろう。筆者は、犯罪の実体論を探究することで、法政策（裁判官への提言・立法への提言）の基礎を明らかにしようと考えているのであって、これを犯罪の認定論に反映させるについては、犯罪の認定論における理論の操作で十分であって、あえて犯罪類型という概念を導入する必要はないと考えている。この点で、犯罪の実体論に対して、求めるものが異なっているのである。

34　これにつき、松澤伸「いわゆるブーメラン現象と犯罪論体系」『川端博先生古稀論文集上巻』（2014年、成文堂）301頁注（四三）。なお、実際の提言においては、理論構成を含めて、構成要件の概念を用いることも十分にあり得る。しかし、それは、思考の本体である実体論を認定論に反映したものに過ぎない。

35　野村・前掲注(2)『刑法総論』120頁。

かということである。そうなると、刑罰法規と無関係に、いきなり行為だけをとりあげて、犯罪の認定を行うということはあり得ない。したがって、前刑法的な意味での行為というのは、認定論的犯罪論体系においては、登場する余地がないようにも思われる。その意味で、裸の行為論に対する常套的批判には、一定の理由があろう。

しかし、認定以前の段階において、「行為」という実体が存在していることを認識する必要はあると思われる。すなわち、裁判の過程に入れば、問題となる行為が犯罪であるかどうか認定してゆく作業であるから、裸の行為を刑法的観点と切り離し、別個にとりあげて論じる余地はそもそも存在しないのであるが、その前の段階、すなわち、刑法的観点によって色付ける以前の段階においては、色付けの対象となる行為の範囲をとりあげて整理しない限り、どこにどうやって色付けしていいのかわからない、という状況があり得る。こうした行為の特定の問題は、近時、いわゆる一連の行為をどのように把握するかという問題の検討の中で、明らかとなりつつある[36]。構成要件に前置される行為論は、この限度において、依然として意義を有すると考えられるであろう[37]。

## Ⅳ 判断形式としての違法二元論

### 1 理論的基礎

（1）野村教授の犯罪論における最大の特色であり、野村刑法学の骨格をなすのは、判断形式としての違法二元論である[38]。野村教授によれば、判断形式としての違法二元論とは、刑法の目的・任務と違法性の判断形式を分けて考える見解であって、刑法の目的・任務については、重要な生活利益の保護とし、そして、違法性の判断形式については、行為自体の違法性と結果の違法性を分けて考察し、前者は一般人の観点から事前判断に、後者は純客観的な観点から事後判断に服する、とするものである[39]。教授によれば、この理論は「行為無価値論と結果

---

36 髙橋則夫『刑法総論』（第2版、2013年、成文堂）81頁以下。
37 ただし、行為それ自体を論じる意義はあくまでこの限度であるから、認定論的犯罪論体系としては、構成要件該当性判断の内部において行えば十分であろう。
38 教授の犯罪論においては、犯罪の実現過程が特に重視されるが（後述するように、錯誤論においても顕著にあらわれている）、その理由も、この点に求められよう。
39 野村・前掲注（2）『刑法総論』71頁、および、147-148頁。

無価値論の対立を止揚し、事を妥当な結論に導くものである」[40]。したがって、本来は、行為無価値論でも結果無価値論でもない、第三の見解として位置づけられるべきことが意図されている。

（2）我が国の行為無価値論は、伝統的には、社会倫理規範違反をその中核においてきたが、野村教授の理論は、行為無価値の内容から、社会倫理規範違反性を排除する点にその特色がある。いわば、モラリズムを脱却した行為無価値論というべきもので、近年、有力に主張されるようになった構成であり、代表的な立場として、井田良教授の理論がとりあげられることが多い。しかし、野村教授の理論は、井田教授のそれより遥かに早い時期に体系化されたものであって、その学術的価値については、再評価が必要であると思われる[41]。

（3）判断形式としての違法二元論は、その発表当初、いくつかの重要な批判を受けた。その代表的なものが、浅田和茂教授によるものである[42]。野村教授は、「この（発表当初の・筆者注）段階では、違法判断と刑法規範との関係が必ずしも明確ではないとの批判を浅田教授から受けることにな」[43]ったと振り返っておられる。

野村教授は、この批判に対して、"刑法規範の動態論"をもって応じられた。刑法規範の動態論とは、刑法規範は、法益を保護するために、法益のおかれた状況により、また、法益に対する侵害の実現過程に応じて、その様相と機能が動的に変化する、という理論である[44]。

（4）刑法規範の動態論は、刑法規範が、法益に対する侵害の実現過程に応じて、様相を変化させつつ行為者に働きかけていくという見解であるから、刑罰の目的を犯罪の抑止におく抑止刑論ともよく合致するように思われる。もちろん、その細部においても完全に一致するというわけではないが、犯罪論においては、

---

40　野村・前掲注（2）『刑法総論』148頁。
41　佐伯仁志教授は、山口厚ほか『理論刑法学の最前線』（2001年、岩波書店）89頁において、「わが国の結果無価値論と行為無価値論をめぐる議論は、井田教授の一連の論文によって新しい時代を迎えている。違法論は、井田以前（BI）と井田以後（AI）に分けることができるとさえいえよう」とされるが、筆者は、「野村以前（BN）・野村以後（AN）」といいうると思うところである。
42　浅田和茂「紹介・野村稔著『未遂犯の研究』」犯罪と刑罰2号121頁以下。
43　野村・前掲注（30）「西原教授の犯罪論体系」493頁。
44　野村・前掲注（2）『刑法総論』39頁以下。詳細は、野村『刑法規範の動態論』研修495号3頁以下。なお、この時系列における規範の様相と機能の変化が、「雷鳥の羽が季節に応じてその夏羽と冬羽の色が変わるのに似ている」（野村・前掲注（2）『刑法総論』156頁注（一））ことから、"雷鳥の理論"と呼ばれることもある。

「法益侵害を抑止する抑止刑の科刑基準」を展開すべきであると解する筆者の立場[45]（そして、これは、刑罰の正当化根拠とも合致する[46]と同時に、ヴァリッド・ローの立場であるとも思われる）においても採用可能である。刑法規範の動態論は、「核心を突いた見解」[47]であり、その基本構造は継承すべきものと考える。

## 2 "判断形式としての"違法二元論と違法本質論

（1）平野龍一教授は、「野村教授は、そのすぐれた論文の中で、多元的違法論を主張され、行為無価値と結果無価値の二元論で違法性を理解しようとしておられます。しかし、行為無価値を社会倫理違反とすることには反対され、行為が結果発生の危険性をもつことが行為無価値だとされます。しかし、結果発生の危険性は結果無価値なのですから、教授の考え方は、二元論ではなく、結果無価値一元論だというべきでしょう」[48]と指摘された。この指摘に対しては、野村教授は、自己の見解について、慎重に、"判断形式としての"違法二元論であることを強調され、その本質については、明言を避けられ[49]、これを今後の研究に委ねられていた。しかし、『刑法総論』を含め、その後の研究でも、その本質については、必ずしも明言はなされていない。

（2）この点については、違法性の判断形式は二元論であるが、判断対象は法益侵害およびその危険に一元化することにその本旨がある、と理解すべきであるように思われる。すなわち、モラリズムを排除した行為無価値とは——それを結果の違法性と位置づけるにせよ、行為自体の違法性と位置づけるにせよ——、結局のところ、法益侵害と関連づけられる要素、すなわち、結果無価値であり、これに対する判断がたとえ事前に行われるにしても、それは、"判断対象としての"違法一元論、すなわち、法益侵害説、結果無価値論である、というべきであろう。野村教授自身も、結果無価値論を基本的に正しいとすべきであるとされている[50]。

ただし、野村説においては、法益侵害と無関係の義務違反が問題とされる場合

---

45 松澤伸「違法性の判断形式と犯罪抑止」早稲田法学78巻3号247頁。
46 刑罰の正当化根拠においてはいくつかの側面を分離して理解すべきであるが（松澤伸「スウェーデンにおける刑罰の正当化根拠と量刑論」罪と罰51巻3号78頁以下）、犯罪論のレベルにおいては、一般予防を考慮した解釈論が必要となる（同・87頁注（三）参照）。なお、本稿Ⅷを参照。
47 松澤・前掲注(45)「違法性の判断形式と犯罪抑止」243頁。
48 平野龍一『刑事法研究第1巻』(1984年) 17-18頁。
49 野村・前掲注(1)『未遂犯の研究』482頁。

があり[51]、この位置づけが必ずしも明確ではない[52]。特に、中止犯論においては、解釈論のほぼ全範囲に渡って、こうした義務違反の考慮が導入されている[53]。こうした考慮は、教授の見解を結果無価値一元論として位置づけ、評価する場合には、特に問題視されるべき点である。野村教授の中止犯論の継承にあたっては、この点について、十分な検討の必要があるように思われる[54, 55]。

## 3　刑法規範の動態論から見た判断形式としての違法二元論

（1）ここで、筆者の考える違法性の判断形式について、若干述べておきたい。野村教授の理論の発展過程においては、判断形式としての違法二元論が先に確立され、上述のように、これを補強する形で、刑法規範の動態論が展開された。しかし、野村教授の理論を、完成後に学んだ筆者から見ると、より基礎に位置づけられるのは、刑法規範の動態論である[56]。そして、刑法規範の動態論の側

---

50　野村・前掲注（2）『刑法総論』147頁は、「刑法の任務は生活利益の保護にあると考えるべきだから、後者（結果無価値論＝筆者注）を基本的に正しいとすべきである」とされている。
51　野村・前掲注（2）『刑法総論』162頁。
52　浅田・前掲注（42）「紹介・野村稔『未遂犯の研究』」144頁は、「著者の説は結局結果無価値一元論であるとの指摘は、著者の主張する義務違反性を法益の侵害危険に解消しない限り妥当しないと思われ」るとされ、平野教授や本稿の分析とは異なる視点を示される。後掲注（53）において見るように、そうした理解が生じることには理解できる部分はあるが、野村教授の理論において、本質的部分は、あくまで法益侵害説であり、社会倫理規範違反に重点を置く旧来の行為無価値論とは、明らかに異なる立場であるように思われる。
53　教授は、障害未遂と中止未遂を対比され、「障害未遂の場合の違法性のメルクマールが法益侵害の危険性にこれらの義務違反性が加わったものであるのに対し、中止未遂の場合には法益侵害の危険性のみが違法性のメルクマールである」（野村・前掲注（2）『刑法総論』358頁）とされる。
54　野村教授は、これについて、「部分的機能概念である」（野村・前掲注（2）『刑法総論』358頁注（二））とされるが、その趣旨は必ずしも明らかではない。
55　なお、保護責任者遺棄罪において導入される義務違反（野村・前掲注（2）『刑法総論』162頁参照）については、ごく限定的な領域におけるプラグマティックな必要性から、義務違反性を導入することを認めることは可能であろう。こうした限定的な意味での義務違反性を刑法体系から完全に排除することは不可能である。たとえば、不真正不作為犯における作為義務においても、慣習・条理を排除することは現実的ではなく、こうした考慮が必要である。すべてを分解し尽くして要素還元すればよいとする方法論には限界があるのである（松澤・前掲注（45）「違法性の判断形式と犯罪抑止」255頁以下、同262頁注（五五））。ただし、違法性における義務違反性を理由とする刑の加重は、認めるにしても、プラグマティックな理由からであることを前提に、極めて軽度のもの以外は認められないと解すべきである。また、義務違反性を導入する場合は、あくまで例外的なものと位置づけ、法益侵害性が確実に存在する場合にプラスαとして導入する場合に限定し、義務違反性のみで違法性を構成することは、法益侵害説である以上、絶対にあってはならない。
56　さらに、刑法規範の動態論は、筆者の見解の基礎となる抑止刑論およびヴァリッド・ローとも整合的であることについては、前述の通りである。

から見ると、判断形式としての違法二元論は、これと十分に合致するものなのかどうか、若干の疑問を感ぜざるを得ないのである[57]。

　すなわち、刑法規範の動態論によれば、コントロールできないものについては、行為規範が機能しえず、これを事後判断すべきことになる。そして、未遂犯の処罰根拠とされる「法益侵害の危険性」[58]は、行為者の行為に基づいて、外界に発生するものであり、それ自体は、行為者の行為（狭義の行為）から切り離された存在であるはずである。そうだとすれば、「法益侵害の危険性」は、本来は、事後判断に服するべきものである。しかし、判断形式としての違法二元論によれば、「法益侵害の危険性」も、「行為自体の危険性」に含まれ[59]、事前判断に服すとされている。これは、奇妙なことといわざるを得ない。

　（２）思うに、行為自体の違法性と、法益侵害の危険性とは、別の内容をあらわす別の概念と考えるべきである。前者は、行為それ自体がもつ属性であり、後者は、事実として外部に現れた危険な状態である。野村教授の見解においては、その両者が、「行為自体の違法性」に圧縮・一体化されて詰め込まれている。この両者を一体化すると、結果の違法性と切り離された行為自体の違法性、すなわち、結果無価値と無関係の規範違反のみで、未遂犯処罰が基礎付けられることにもなりかねない。両者は、やはり別の存在として理解し、それぞれ、それにふさわしい判断形式が示されなければなければならない。

　こうしたことから、行為自体の違法性は、行為者に対する犯罪抑止を目的とした働きかけが可能であるから、事前判断に服するものであるが、その行為から生じる法益侵害の危険性および法益侵害結果は、事後判断するのが理論的に妥当であると思われる。すなわち、判断形式としての違法二元論について、行為自体の違法性については事前判断、法益侵害の危険性および結果については事後判断、という形で修正を加えることで、法益保護を目的とし、我が国の実定法解釈論および実務に合致しうる、違法性の判断形式が構想できると考えられるのである。これは、行為無価値と結果無価値を並列させて考える野村教授の判断形式としての違法二元論に対して、結果無価値に重点を置いてとらえなおした、修正された判断形式としての違法二元論ということができる[60]。

---

57　以下の点につき、松澤・前掲注(45)「違法性の判断形式と犯罪抑止」243頁以下。
58　野村・前掲注（２）『刑法総論』322頁。
59　野村・前掲注（２）『刑法総論』162頁。

## 4 未遂犯論における展開

判断形式としての違法二元論は、野村教授の未遂犯研究により導かれたものである。ここで、教授の未遂犯論を中心に、その理論構成の概要と、その具体的帰結を跡づけつつ、検討を加えてみたい。まず、①実行の着手について、次に、②不能犯論について、そして、不能犯論における危険判断との関連で、③いわゆる偶然防衛の処理について、みてゆくことにしよう。

### （一）実行の着手

（１）実行の着手については、周知のように、客観説・主観説・折衷説の対立が存在してきた。野村教授は、これらの学説について一瞥されたのち、「具体的な法益に対する侵害の危険性を持った行為にして初めて違法と判断することができると解すべきであるから…客観説が妥当である」とされて客観説を出発点とされつつ、「行為の危険性を判断するには、…広く行為者が行為を行う際に持っていた主観的意図をも考慮しなければならない」とされ、「犯罪の故意のみならず、その具体的形態での所為計画も主観的違法要素」であると位置づけ、そうした意味で、「『行為者の所為計画によれば当該構成要件の保護客体に対する具体的危険が直接的に切迫したときに』実行の着手を肯定する」折衷説を採用される[61]。

行為者の所為計画を考慮に入れる折衷説は、西原教授から野村教授へ継承されてきた学説であり[62]、その本質は、行為を主観・客観不可分一体のものとして把握する行為無価値論的な思考方法に基づくものであった。しかし、ごく最近に

---

60 松澤・前掲注(45)「違法性の判断形式と犯罪抑止」247-248頁参照。なお、こうした結果無価値重視の修正は、違法と責任の区別にもあらわれるであろう。野村教授は、「違法と責任とは、法共同体構成員一般（一般人）に向けて宣言された規範的非難であるか、法共同体構成員個人（当該行為者）に向けられた規範的批判であるかにより区別されることになる」（野村・前掲注（２）『刑法総論』151頁。同83頁も参照）とされ、いわゆる正当化的誤想防衛（「誤想防衛の場合に、行為者は存在すると考えていたけれども客観的には存在しない急迫不正の侵害が、一般人の立場から見て存在するのが合理的だと考えられるとき…には、その侵害は行為自体の違法性の判断においては存在するものと考えられるのであり、したがって行為自体の違法性は肯定される」（野村・前掲注（２）『刑法総論』161頁）、すなわち、正当化されるとする理論）を肯定されるなど、違法と責任の関係はかなり相対的であるが（ほぼ一般人基準か行為者基準かという違いしかないといってよいと思われる）、筆者の見解においては、より伝統的な立場に近いものとして理解されることになる（ただし、後述する、より客観的な危険判断の基準に従った場合であっても、急迫不正の侵害が存在すると判断される場合には、従来、誤想防衛とされてきたものの一部を正当防衛に繰り入れて処理することは、理論的に見て十分に可能であると考えている）。

61 本段落について、野村・前掲注（２）『刑法総論』332-333頁。

62 西原『刑法総論（上）』（改訂版、1993年、成文堂）326頁、野村・前掲注（２）『刑法総論』333頁。また、高橋・前掲注(36)『刑法総論』380頁も同様の見解をとる。

なってから、行為者の所為計画を考慮するのは違法性における主観重視に傾くとしてこれに批判的であった結果無価値論の陣営からも、故意とは異なる行為意思が主観的違法要素であると構成することで、行為者の所為計画を考慮する見解もあらわれており[63]、近時、益々有力な立場となっている。

（２）筆者も、折衷説が妥当であると考える。思うに、刑法の任務が法益侵害またはその危険の発生を抑止することにあるとすれば、法益侵害の現実的危険を生じさせる行為について、刑罰をもって抑止する必要がある。したがって、このような刑罰の発動を確実とする実行の着手時期の判定は、行為をコントロールする行為者の意思と無関係にはなしえない。また、たとえそうではなく、刑罰は現実的危険の発生に対する反作用として発動するのだと解するとしても、行為者の主観を考慮しないで純客観的に危険性を判断することはできないであろう[64]。いずれの見解に立つにせよ、実行の着手時期の判断に当たっては、行為者の主観面を考慮する必要がある。そして、その内容としては、行為者の所為計画まで含める必要がある。なぜなら、問題となる行為が法益を侵害する危険性をほとんどもたないように見える場合であっても、行為者の所為計画に基づく時間的・場所的に密着した次の行為によって、一気に行為者の意図した法益侵害の危険を生じさせることができる場合には、すでに問題となる行為が行われた時点で、法益侵害の現実的危険は発生していると評価できるからである。結果として、行為者の所為計画は、実行の着手時期を繰り上げる機能を果たすことになるのである[65]。こうした立場は、いわゆるクロロホルム殺人事件決定[66]を経て、現在、一般論として、判例も採用する立場となっていると理解できる[67,68]。

### （二）不能犯論

（１）野村教授は、不能犯の判断基準について、本来的な具体的危険説、すな

---

63　山口厚『刑法総論』（第２版、2007年、有斐閣）272頁、西田典之『刑法総論』（第２版、2010年、弘文堂）306頁、佐伯仁志『刑法総論の考え方・楽しみ方』（2013年、有斐閣）345頁等。
64　佐伯・前掲注(63)『刑法総論の考え方・楽しみ方』344頁。
65　ただし、野村教授は、むしろ、これを繰り下げられる（野村・前掲注（２）『刑法総論』331頁注（三）。しかし、折衷説のメリットは、法益侵害の危険性を、行為者主観を踏まえて正確にとらえなおすところにあるのであるから、本文で述べたような、繰り上げを認めるのが自然であると思われる。
66　いわゆるクロロホルム殺人事件決定（最決平成16・３・22刑集58巻３号187頁）では、実行の着手時期の判断について、行為者の所為計画が考慮されることが明確にされている。
67　この点につき、松澤伸「判批」山口厚ほか編『刑法判例百選Ⅰ総論』（第７版、2004年、有斐閣）126-127頁。

わち、「行為時において、一般人が認識できた事情、および行為者が特に認識していた事情を基礎として、一般人の立場より結果発生の可能性があると判断される場合には、未遂犯の成立を認め、これがないと判断される場合には、不能犯を肯定する」[69]という見解を妥当とされる[70]。これは、教授の判断形式としての二元論からの論理的帰結である[71]。

（２）これに対し、筆者は、不能犯を処罰することによって何を予防するのかという機能的視点を中心に考える。筆者は、既に見たように、刑法規範による行為者への働きかけが機能する限度は、狭義の行為に限定されると考える（修正された判断形式としての違法二元論）。したがって、不能犯で問題とされる法益侵害の危険性は、事後判断に服することになる。そのため、客観的危険説を基本とすることになる。

しかし、事後判断といっても、その内容は様々でありうる。従来、客観的危険説においては、純客観的に考えるすべての未遂犯は不能犯になるのでなんらかの可能性判断を導入しなければならない、などと言われることがあった。しかし、抑止の目的を考慮するのであれば、その行為による結果の発生がたまたまなかった、というような場合には、次には結果が発生する可能性が高いのであるから、抑止の必要がある[72]。こうした可能性は、いわゆる仮定的事実の存在可能性を問うことにより、あきらかとなるであろう。すなわち、修正された客観的危険説[73]の判断構造が妥当するのである。

これを修正された判断形式としての違法二元論にあてはめてまとめると、以下

---

68　こうして、少なくとも未遂犯の故意は主観的違法要素であると考える。また、そのことと関連して、故意・過失が一般的な主観的違法要素なのかどうかについて、若干述べておきたい。筆者は、未遂犯の故意を主観的違法要素と位置づけることに加えて、少なくとも、故意犯と過失犯の実行行為は異なると考えている（松澤・前掲注(34)「いわゆるブーメラン現象と犯罪論体系」296頁および300頁注(三五) 参照）。しかし、このことと、故意・過失が一般的な主観的違法要素であるかどうかとは別のレベルで問題であると考えられる。すなわち、故意犯と過失犯は、違法性が異なるのではなくて、つまり、同一の結果無価値をもたらすものであるが、侵害態様が異なるという形で説明することが可能である。これは、作為犯と不作為犯の侵害態様が異なっても、同一の結果無価値をもたらす以上、違法性が変わらないことと同じである。
69　野村・前掲注(２)『刑法総論』344頁。
70　野村・前掲注(２)『刑法総論』351頁。
71　野村・前掲注(２)『刑法総論』349頁。
72　松澤・前掲注(45)「違法性の判断形式と犯罪抑止」249頁以下参照。こうした発想につき、林幹人『刑法総論』（第２版、2008年）362-363頁。
73　山口厚『危険犯の研究』（1982年、有斐閣）165頁。

のようになろう。すなわち、行為自体が行為の時点で見て、客観的に危険性を発生させる危険性があると認められ（行為自体の違法性に関する裁判官の立場からの事前判断）、かつ、裁判時に判明している資料に基づき裁判官の視点から判断して仮定的事実が存在するある程度の可能性がある場合（結果としての危険に関する裁判官の立場からの事後判断）、未遂犯として処罰すべきである、という基準である。

### (三) 偶然防衛

（１）判断形式としての違法二元論の最も特徴的で、またよく知られた理論的帰結として、偶然防衛における未遂説がある。偶然防衛とは、「急迫不正の侵害の存在を認識せずに侵害行為を行ったところ、偶然にも侵害行為の相手方も侵害行為を行おうとしていたので、結果としては正当防衛になった」という場合であるが、教授は、この場合、「防衛の意思が欠けているので、行為自体の適法性は肯定されないが、結果は正当防衛となっているのであるから、結果の適法性は肯定されるので、未遂罪処罰規定がある限り、これを準用して未遂罪として処罰される」[74]とされるのである。ここでは、行為自体の違法性については事前判断を行い結果の違法性については事後判断を行うという、判断形式としての違法二元論の帰結が、鮮やかにあらわれるのである。

この見解が発表された当時、未遂説は、圧倒的少数説であった。しかし、近時、未遂説を採用する学説が多数あらわれており、野村教授の見解は、現在の我が国の違法論に、非常に強い影響を与えていると評価できる。

（２）これに対し、筆者は、偶然防衛は、正当防衛成立要件のひとつである防衛の意思を欠くため、正当防衛規定の適用はないという点において、野村教授と出発点を同じくする[75]。そして、事実としての法益侵害結果はあっても、結果は正当防衛になっているのだから、それについて、結果無価値は止揚されて欠落し、結果の適法性は肯定されるのであって、未遂犯の違法性のみを検討すればよい、ということになる。この限度で、野村説を継承する。

ただし、判断形式としての違法二元論に立つ野村教授は、法益侵害の危険性について、事前判断をするため、未遂犯が常に成立するが、筆者の立場は、修正された判断形式としての違法二元論に立ち、これを事後判断するのが原則であるから、法益侵害の危険性も欠け、無罪となるケースも多いであろう。その判断基準

---

74　野村・前掲注（２）『刑法総論』160-161頁。

は、不能犯の判断と同様であり、事後的に見て、同一行為が正当防衛結果をもたらす可能性を問い、もたらすと考えられれば正当防衛（正当防衛規定の準用）、そうでなければ未遂犯、と解することになろう。仮に、同一状況において、正当防衛結果が生じた可能性が高いのならば、これを抑止する必要性はないのであるから、正当防衛の規定を準用して無罪としてよいと考える。

### 5　正当化原理

（1）野村教授によれば、構成要件とは、刑法規範が関心を寄せる行為の類型であり、それに該当する行為に対して、刑法規範が、違法・有責という評価を行ってゆくのである。したがって、野村説においては、正当化という論理的構造が存在せず[76]、正当化の一般原理も論じられない。この点は、野村説の特徴的な部分のひとつである。

（2）筆者の理解では、前述のように、構成要件該当性と違法性阻却が分離されるため、正当化の論理的構造が存在する。違法阻却論においては、法益侵害説を基本とする同時に、プラグマティックな判断も取り入れる必要があることから、法益衡量型の目的説が主体となるべきであろう[77]。しかし、それ以外の理由による違法阻却もありえないわけではない（多元説）。違法性は、法益侵害というひとつの形で基礎付けられるが、それを消し去るのは様々な方法があり得る。ちょうど、シャツについた染みを抜くのに、様々な方法があるのと同じである[78]。

---

75　なお、防衛の意思を要求すると、客観的であるべき違法性の判断に主観的要素を取り入れることになり、主観的違法論との差が紙一重となるという趣旨の批判がなされることがある。しかし、防衛の意思は、防衛の故意ではないのであるから、客観面を超過した主観的違法要素として位置づけることが理論的に可能であり、これを主観的正当化要素と位置づけても、当為と可能で違法と責任を区別する行為無価値論的なやわらかな客観的違法論とはもちろん、メッツガー流の伝統的客観的違法論とも矛盾しないことに注意すべきである。

76　野村教授は、通説において正当化事由に当たるものを許容事由と呼ばれるが、これは、「論理的には、もともと許容されていたもの」（野村・前掲注（2）『刑法総論』217頁）であって、刑法規範が許容規範として顕現することにより（同・156-157頁）認められるものである。

77　松澤伸「判批」ジュリスト1389号111頁以下は、実質的違法阻却について述べたものであるが、法益衡量型の目的説は、違法阻却の基本原理として、基本的に妥当するものと考えられる。

78　もちろん、ついた染みの原料を元から溶かす溶剤を用いれば、染みはきれいに消えるであろう。しかし、たとえきれいに消えなくとも、目立たない程度に消せる洗剤もあるだろうし、シャツと同じ色の色で新たに染めなおしてもシャツの染みは見えなくなる。そして、染みと認められないくらいの薄さになれば、これを処罰することはできないのである。要するに、染みの原因がひとつだからといって、その抜き方までひとつの方法にこだわる必要はない。

たとえば、筆者は、違法性の阻却原理のひとつとして、社会的相当性があるからその行為が許されるという説明の仕方を導入してもよいと考えるが[79]、これについては、「刑法理論の自己否定である」[80]とする手厳しい批判もある。しかし、筆者は、社会的相当性が欠けることをもって違法性の基礎付けとするわけではなく、ましてや理論的に説明できない処罰を認めるわけでもない[81]。こうした批判は、誤解に基づくものである。

## V　行為自体の違法性と結果の違法性の関係
――事実の錯誤――

（1）野村教授は、故意についていわゆる実現意思説を採用され、さらに、行為自体の違法性と結果の違法性の結合について考察を行うことから、通説において事実の錯誤と呼ばれる領域について、極めてユニークな理論的考察に至る。野村教授によれば、判断形式としての違法二元論は、行為自体の違法性と結果の違法性にわけて考察し、この両者が認められる場合に、その結合の有無を審査し（相当因果関係）、さらにこれが認められた場合にも、行為自体の違法性と結果の違法性とが食い違った場合には、違法評価の形態を問題とする。すなわち、通説においては、認識していた事情と発生した事情との間にズレが見られる場合に故意の符合が認められるかどうか、という形で故意論の問題とされる錯誤論が、野村教授の見解においては、行為自体の違法性と結果の違法性との間に食い違いがあった場合に、両者の量的補充関係を認めるかどうか、という問題として、とらえなおされるのである[82]。

教授によれば、「故意を犯罪の実現意思と解し、しかも故意のみならず、その客体と方法の点で具体的形態である所為計画までも行為の要素、すなわち主観的違法要素として、行為の法益侵害の危険性を考える筆者の見解によれば、行為な

---

79　松澤・前掲注(45)「違法性の判断形式と犯罪抑止」254頁以下。
80　小池信太郎「量刑における犯行均衡原理と予防的考慮（2）」慶應法学9号47頁注(一七三)。
81　松澤・前掲注(45)「違法性の判断形式と犯罪抑止」256頁の記述をよく読めば、そのことは理解できると思われる。法益侵害で説明できない正当化がありうるとしても、それがただちに理論的に説明できない正当化というわけではない。要は、従来のような硬直した概念法学的な説明に終始するのか、それとも、より柔軟で機能的な説明の仕方も認めるのか、という違いである。同・262頁注(五五)では、理論分析の手法も提案している。
82　野村・前掲注（2）『刑法総論』196-197頁。

いし実行行為の危険性は、所為計画において具体的に攻撃目標とされた客体については、これを肯定できるが、実現意思の向けられていない客体については危険性は肯定されない。この点で客体の錯誤の場合と方法の錯誤の場合とでは基本的に法益侵害の危険性の点で異なるのである。したがって、方法の錯誤の場合においては、行為自体の違法性と発生した結果の違法性とを結びつけることができない。これに対して、客体の錯誤の場合には、行為自体の違法性に対応する限度で、発生した結果の違法性を量的に抽象化して、これを切り取り、これを行為自体の違法性に結びつけて、既遂犯の違法性を肯定できると考える。また、逆の場合も同様である」[83]とされる。こうして、結論としては、客体の錯誤については具体的符合説、方法の錯誤については抽象的符合説（牧野説）がとられることとなる[84]。

（2）野村教授の見解は、錯誤論と不能犯論を表裏の関係として把握し、判断形式としての違法二元論を推し進めると、一貫した帰結として理解できるように思われる。錯誤論と不能犯論を表裏一体と考えるのは、草野・齊藤各教授にも見られる思考である[85]。認識がなかったところに結果が発生してしまったのが錯誤であり、認識があったところに結果が発生しなかったのが不能犯論であるとすれば、これが表裏一体とされるところにも、一定の理由がある。そして、草野教授や齊藤教授においては、錯誤論においては抽象的符合説・不能犯論においては抽象的符合説、という形で、表裏一体性があらわれるのである。

野村教授の理論の特徴は、犯罪の実現過程に応じて犯罪を認定していくところにある。その背後には、刑法規範の動態論がある。すなわち、刑法規範は、法益のおかれた状況によってその様相を動的に変化させ、行為者に働きかけてゆくものであるが、そうした立場からすると、その働きかけがいかにして破られていったのかという点を、時系列に沿って認定して行くことが、その趣旨に最も合致するとも考えられる。そうした趣旨を前提とし、さらに、行為の主観・客観を一体として把握する野村教授の立場から錯誤論に検討を加えれば、①行為当時の客観面と主観面を認定、つづいて、②結果発生時の客観面と主観面を認定、という順

---

83 野村・前掲注（2）『刑法総論』211-212頁。
84 野村・前掲注（2）『刑法総論』213頁注(二)。
85 齊藤教授は、これを踏まえた草野教授の学説につき、「まことに精緻な理論と言わなければならない」とされる。齊藤金作『松陵随筆』（1964年、成文堂）53頁。

序となるであろう。ここにも、犯罪の実現過程と刑法規範の動的把握を重視する野村教授の見解の特徴があらわれているといえよう。

（3）確かに、野村教授の見解は、教授の犯罪論の体系を前提とすれば首尾一貫するものと思われるが、通説的な考え方によれば、犯罪の認定は、①まず、客観面の存在を確認し（違法）、②では、それに対応する主観面はどうなっているか（責任）、という思考順序で進行するのであり、結果まで含めた客観面を明らかにして、これに対応する主観面を認定するのである。そして、犯罪論は、結果が発生した上での犯罪認定論であるから、野村教授のように、違法レベルで主観面を考慮するにしても（違法故意・違法過失）、結果まで含めた客観→それに対応する主観、の順序で認定しても、理論的には矛盾しないはずである。筆者は、そうした思考から、通説的錯誤論、すなわち、認識した結果と発生した結果にズレがある場合に故意の符合を認めるべきか、というかたちで議論をたて、理論的には具体的符合説が妥当であると考えつつも、現に妥当する法として確立する判例をふまえ、法定的符合説、その数故意犯説を前提としつつ、客体についての事情、すなわち結果無価値についてできるだけ配慮するように工夫を凝らして、適用範囲の限定をはかるのが現実的であると考えている[86]。

## VI 共犯論

（1）野村教授の共犯論は、草野・齊藤・西原説の意義を汲み取りながら、それらの見解とは180度反対の側へ発展を見せており、極めて興味深い展開が見られる。すなわち、草野・齊藤・西原説においては、共同意思主体説・罪名従属性肯定説・共謀共同正犯肯定説がとられてきたのに対し、野村教授の見解においては、純粋惹起説・罪名従属性否定説（行為共同説）・共謀共同正犯否定説がとられる[87]。

共犯の処罰根拠における純粋惹起説は、因果的共犯論においても最も個人主義を徹底した学説であり、これを基礎に展開される野村説は、団体責任を認める見解と批判されることもあるほど共同体に重点を置いた共同意思主体説とは対極的

---

[86] 松澤伸「演習」法学教室367号138-139頁。
[87] ただし、従犯については、その性質を抽象的危険犯と解され、制限従属性説・部分的犯罪共同説の趣旨が妥当するとされる（野村・（2）『刑法総論』394、388頁）。

な見解である。確かに、一見すると、野村教授の見解は、草野・齊藤・西原説とは、まったく異なるようにも見える。

　しかし、共犯と正犯の区別という観点からこの相異に光を当てると、異なる様相が見えてくる。すなわち、以前の通説は、共犯と正犯の区別について形式説をとり、実行行為を行った者が正犯、そうでない者が共犯、という基準を用いてきた。これに対し、共同意思主体説は、実行行為を行っていない者についても共謀共同正犯として正犯に位置づける場合があるのだから、実質説をとるのは当然の論理的帰結である。ところで、野村教授は、教唆犯を正犯とされる。野村教授は、共謀共同正犯否定説であるから、一見、形式説を採用されるように思われそうだが、野村教授にとって、正犯と共犯の区別とは、共同正犯・教唆犯と従犯との区別であるから、実行行為を行わない教唆犯が正犯とされる以上、実質説がとられることになるのであり、この点で、共同意思主体説と軌を一にするのである。

　そして、野村教授は、実務上、共謀共同正犯とされる現象について、教唆犯という形ではあるが、実務と同じく「正犯」と位置づけられる点で、実務の要請を正確につかみとっておられる。すなわち、野村教授も、草野・齊藤・西原説と同じく、共謀共同正犯に当たる現象を、同じく「正犯」と位置づけるのである。

　さらに、野村教授の見解は、草野・齊藤・西原説よりも、実務に親和的でさえある。実務においては、教唆犯の処罰が事実上消滅しているが[88]、その理由は、これを共謀共同正犯に解消しているからであると理解できる。なぜ教唆犯でなく共謀共同正犯に解消しているのかといえば、それは、教唆犯（に形式的に当たる行為の実質）が、実質的に見て、正犯の性格を有しているからにほかならない。野村説における教唆犯の理解は、実務の（実質的な）考え方と整合するということができる。

　（2）筆者も、教唆犯は、本来、正犯であると解するものである。教唆犯は、他人をそそのかして犯罪を実行させることをいうが、他人をそそのかして犯罪の決意を抱かせるような場合は、自己の犯罪を実現したといえるであろうし、あるいは、犯罪を支配した者、あるいは、重要な役割を果たした者ということができるであろう。すなわち、共犯と正犯の区別について、実質説をとる場合、最終的に、教唆犯は正犯とせざるを得ないのである[89]。

---

88　これにつき、松澤伸「共謀共同正犯と教唆犯の一考察」Law & Practice 4号、98-99頁。

そもそも、教唆犯とは、「造意犯」であり、我が国では古くから正犯のひとつと考えられ、また、旧刑法典でも、正犯のひとつとして規定されていた。しかし、通説によれば、教唆犯は狭義の共犯であるから、実務は、これを教唆犯として処罰するには抵抗があったであろう。そもそも、実質説をとる限り、共謀共同正犯と教唆犯は、その外見においても実質においても区別しようがないのである。要するに、教唆犯の処罰規定をおくという立法自体に無理があったのである。こうして、実務においては、教唆犯は、共謀共同正犯に解消されていったのである[90]。

（3）野村教授は、共犯の本質については、行為共同説を採用され、共犯の処罰根拠について、純粋惹起説を採用される[91]。筆者は、我が国の裁判所における共犯の理論的発展過程を基礎に、共犯規定についても、共犯規定が存在することを前提に、「正犯と共犯が法的性質については同じもので、量刑の大小を反映する名称に過ぎない」[92]と考える見地から、共犯独自の理論は存在せず、正犯の解釈論を推及ぼせばよいと考えているが、個人主義的共犯論を最も徹底する野村教授の見解に対しては、実質的には、同様の結論に至るものであるから、基本的に賛同できると考えている。

なお、筆者の共犯の理解は、特に、原因において自由な行為の理論構成についても影響を及ぼす。そこで、章をあらため、野村教授による原因において自由な行為の理論を検討し、続いて筆者の見解を明らかにしよう。

---

89　現在の多くの学説は、実質説をとりながら、共謀共同正犯と教唆犯を区別するという、無理なことをしようとしているのである。もともと、実質説が、共同正犯と従犯の区別のために発展してきたものであるから、この点での理論発展が不十分であったとも言えるのであるが、この点を厳密に構成しようとすれば、教唆犯はほぼ消滅することになる。この理論構成につき、詳細は、松澤・前掲注(88)「共謀共同正犯と教唆犯の一考察」98頁以下参照。
90　筆者は、実務におけるこうした方向性は、さらに推し進められるであろうと予測している。教唆犯のみならず、従犯も、本質的に、共同正犯と同一の法的性質をもつものであり、教唆犯は共謀共同正犯に解消され、また、従犯と共同正犯の区別も、結局は名称のうえでの区別に過ぎないため、量刑事情と一致する多様な要素が、従犯と共同正犯の区別基準として理論的にもそのまま妥当するであろう。その根拠および理論構成については、松澤伸「共犯と正犯の区別について」『曽根威彦先生・田口守一先生古稀祝賀論文集上巻』(2014年、成文堂) 817頁以下。
91　その経緯については、野村・前掲注(5)『刑法演習教材』251頁以下。
92　松澤・前掲注(90)「正犯と共犯の区別について」827頁。

## Ⅶ 原因において自由な行為

（1）原因行為の時点で完全な責任能力を有していた者が、自己の責任無能力状態を利用して法益侵害結果を発生させた場合、たしかに結果行為の時点では責任能力が欠けているが、これを処罰できないとするのは著しく法感情を害するし、さらには、こうした行為を抑止できないのでは、一般予防の点でも極めて不都合である。そのため、これを処罰するための様々な理論構成が考案されてきた。これがいわゆる原因において自由な行為の理論であるが、現在、その理論は、実行行為と責任能力の同時存在の原則を維持しつつ説明する構成要件モデルと、一定の条件の下に同時存在原則を緩め、その例外を認めることで説明する例外モデル（責任モデル）の2つに分けて整理されている。

野村教授は、この問題につき、「実行行為について責任を問うものである以上、実行行為のときに責任能力は存在しなければならないものと考える」[93]とされ、実行行為と責任能力の同時存在の原則を堅持される。そのため、まずは、構成要件モデルによる処罰が志向される。すなわち、「原因設定行為そのものが実行の着手と認められる例外的場合は、完全に責任能力ある者の行為として責任を問う」[94]。

しかし、構成要件モデルによる処罰だけでは、「原因設定行為に実行の着手が肯定されない場合には、原則として責任無能力または限定責任能力時における行為として、無罪または刑の必要的減軽を認めざるを得ない」[95]ともされており、これでは、事実上、原因において自由な行為が処罰できなくなるようにも見える。そこで、野村教授は、理論的工夫を凝らされる。すなわち、刑法規範の機能の観点からは、実行行為に対する同時的コントロールが必要であるが、その「実行行為に対する同時的コントロールを放棄したこと」に、「原因において自由な行為の法理の核心」があるとされ[96]、これが認められる一定の場合に、行為者に、完全な責任を肯定されるのである[97]。この部分は、例外モデルに位置づけら

---

93 野村・前掲注（2）『刑法総論』294頁。
94 野村・前掲注（2）『刑法総論』294頁。
95 野村・前掲注（2）『刑法総論』295頁。
96 野村・前掲注（2）『刑法総論』297頁。

れるであろう[98]。

（２）ところで、原因において自由な行為が問題となる状況においては、時系列的に前後する２つの行為、すなわち、原因行為（第一行為）と結果行為（第二行為）の２つの行為が存在する。この点で、原因において自由な行為の理論は、因果関係論あるいは共犯論と密接な関連を有することになるはずであるが、それは、従来の学説において、これを間接正犯の実行の着手時期を応用しながら問題の解決がはかられてきたこととも無縁でない。すなわち、責任無能力状態で行われる第二行為は、第一行為により完全に支配されているのであって、それゆえに、行為者に完全な責任を問うことができる、という形で、間接正犯の理論を応用する理論構成が有力に主張されてきたわけである。これは、先に触れた構成要件モデルである。

構成要件モデルは、同時存在原則を堅持する点で、基本的に妥当である。しかし、原因行為の時点に実行行為を位置づけるため、間接正犯において、媒介者が背後者に完全に支配されていたことが求められるのと同様、原因において自由な行為においては、結果行為が原因行為に完全に支配されていたことが要求される。つまり、結果行為時に責任無能力状態であることが求められることになり、原因において自由な行為の適用場面が非常に限定されるのである。野村教授が同時的コントロールの放棄を理由に、例外モデルを併用される所以である。

（３）この点、筆者は、共謀共同正犯に類似したものとして構成することが可能であると考えている（共謀共同正犯類似説）。思うに、第一行為によって第二行為が支配される場合は、間接正犯だけではない。共謀共同正犯も同様である。そして、共謀共同正犯の場合、実行行為が規範的障害たる前面者によって行われる場合であっても、背後者はその行為について全部責任を負うことになるのが当然であるように（一部実行全部責任の法理）、原因において自由な行為の場合に、規範

---

[97] 野村教授によれば、同時的コントロールの放棄が認められるためには、「第一に、原因行為によって自らが責任無能力あるいは限定責任能力の状態に陥ることについて故意がある場合に限られること、第二に、実行行為（違法行為）に出ることの意思決定が原因設定行為の際に行われていること」という厳格な要件が求められる（野村・前掲注（２）『刑法総論』297頁）。しかし、その根拠は明らかではない。同時的コントロールを及ばなくすることで同時存在原則の例外が認められるとするのであれば、同時的コントロールを放棄することの認識があれば十分であるように思われる。
[98] すなわち、野村説においては、構成要件モデルと例外モデルが併用されていると考えられる。山口・前掲注（63）『刑法総論』258頁は、両者が相互排他的でないことを明らかにされ、併用説に立たれるが、野村教授の見解は、併用説の先駆的な主張と見ることができよう。

的障害となる状態である限定責任能力のもとで結果行為が行われても、原因行為がその行為を支配下においているのであれば、原因行為時に責任能力が存在したことを根拠に、全体について、完全な責任を負うことを認めて構わない。こうした構成によれば、構成要件モデルを維持したまま、原因において自由な行為の処罰を適切に説明できると考えられる[99]。

## Ⅷ　責任論と刑罰論

（１）野村教授は、責任論においては、現在の通説的見解に従い、責任を非難可能性という規範的なものと理解し、犯罪行為の付随事情の正常性、すなわち、期待可能性を要求する、規範的責任論を妥当とされる[100]。そして、その基礎においては、「人間は完全に自由な存在ではなく、素質と環境に決定されつつもなお意思決定の自由を持つ」[101]とする相対的意思自由論を採用される。

（２）野村教授が期待可能性論を前提とする規範的責任論を採用される点については、妥当であると考える[102]。しかし、その基礎におかれるのは、平野龍一教授によって主張され[103]、所一彦教授によって支持された[104]、やわらかな決定論であるべきであると考えている。やわらかな決定論によれば、規範意識の層によって決定されている場合は、行為者は自由であり、その行為は、非難可能である。すなわち、やわらかな決定論は、近代学派が前提としたかたい決定論とは異な

---

99　こうした見解が従来主張されてこなかった理由は、通説における共謀の概念が限定的であったということに求められる。すなわち、通説によれば、共謀とは相互意思連絡であるが、第二行為は第一行為のあとに行われるのであり、しかも、同一人によるものであるから、第二行為者から第一行為者に意思の連絡が行われることはありえない。すなわち、共謀に相互連絡を求める場合には、共謀共同正犯の理論を原因において自由な行為に適用することはあり得ないのである。しかし、筆者は、意思の連絡について、発信→受信でよいと解している。その根拠は別稿に譲るが（松澤・前掲注(88)「共謀共同正犯と教唆犯の一考察」112頁以下参照)、結論的には、共謀共同正犯の理論を原因において自由な行為に応用することが可能となる。間接正犯の場合は、従来の通説でも、意思の連絡は発信→受信でよいので、間接正犯類似説が発展したのであろう。しかし、それだと限定責任能力の場合の説明に窮することは明らかである。共謀共同正犯類似説ならば、この点についての問題を生じさせることなく、合理的な説明が可能となるのである。
100　野村・前掲注（２）『刑法総論』275-277頁。
101　野村・前掲注（２）『刑法総論』272頁。
102　ただし、責任を非難可能性という規範的評価として純化し、故意・過失を責任から放逐する（野村・前掲注（２）『刑法総論』277頁）ことについては、賛成できないと考えている。
103　平野龍一『刑法の基礎』（1966年、東京大学出版会）19頁以下。
104　所一彦『刑事政策の基礎理論』（1994年、大成出版）68頁以下。

り、責任を非難と位置づけるが、これを古典学派が前提とする回顧的非難ではなく、展望的非難の理論で説明する。展望的非難の理論は、応報刑論を機能的に理解することで、これを観念的な存在から解放する理論である。刑罰制度は、非難に基づく一般予防の機能を有するが故に、正当化されるのである。いわゆる抑止刑論である。

（3）ただし、この理論は、あくまで犯罪論のレベルでのみ妥当性を有することを確認しておく必要がある。すなわち、展望的非難は、行為者をいわば「みせしめ」とすることにより、将来の犯罪の抑止がはかられることから、処罰の正当化が許されるという構成をとらざるを得ないが、こうした刑罰の正当化は、刑罰制度それ自体の正当化としては妥当であるとしても、刑罰を行為者に適用する場面、すなわち、刑罰論（刑の選択・刑の量定）のレベルでは、妥当とは思われないからである。すなわち、抽象的・一般的に、こうした行為を行った者についてはこうした処罰がなされる、ということを宣言して将来の犯罪抑止をはかるとしても、犯罪者も個々の人格として尊重されるべきであるから、個別の処罰の段階で、当該行為者に特に犠牲を強いる形で一般予防をはかることは許されないと解されるのである。

では、刑罰論のレベルでは、刑罰の賦課はどのように正当化されるのか。この点については、近時わが国でも有力となりつつある、二段階の正当化の理論を参照する必要がある[105]。二段階の正当化の理論によれば、刑罰制度それ自体の正当化（マクロ正当化）と、具体的な場面における刑罰の賦課の正当化（ミクロ正当化）は、別の次元の問題である。すなわち、前者は、なぜ刑罰を科すことが正当化されるのかという問題であるのに対し、後者は、どのような刑罰を科すことが正当なのかという問題である。前者は、すでに説明した通り、非難に基づく一般予防により正当化されると解されるのに対し、後者は、行為に相当する回顧的非難に均衡した刑罰が科されることにより正当化されると解されるのである。すなわち、一般予防の考慮は、犯罪論のレベルでは理論的に可能であり、また、犯罪抑

---

[105] H. L. A. ハートの理論が有名である（H. L. A. Hart: Punishment and Responsibility. Oxford 1968. Chap. 1.）。わが国では、佐伯仁志教授がこれを示唆される（佐伯・前掲注(63)『刑法総論の考え方・楽しみ方』5‐6頁）。筆者は、アンドレアス・フォン・ハーシュ（Andreas von Hirsch）、アンドリュー・アシュワース（Andrew Ashworth）、ニールス・ヤーレボルィ（Nils Jareborg）の基本的な考え方に従い、これを採用する。詳細は、松澤・前掲注(46)「スウェーデンにおける刑罰の正当化根拠と量刑論」78頁以下、およびそこに掲げた文献を参照。

止の観点から、必要でもあると考えられるが、問題となる行為の処罰価値が確定した後、刑罰の賦課を考える段階で、政策的考慮から、新たに一般予防（や特別予防）の考慮を行うことは、理論的にも不可能であり、また、実際上も不適切であると考える。

## IX　おわりに

　（1）本稿では、野村教授の刑法理論を、刑法総論を中心に概観しつつ、筆者の見解を交えて検討した。私は、1980年代末、学部のゼミ生として、野村教授がその体系書を執筆される場面に間近に接したが、その当時の熱気を今も鮮やかに思い出すことができる。結果無価値論と行為無価値論の対立は佳境を迎えており、行為無価値論の陣営は、倫理主義的・国家主義的であるとか、社会的相当性などの曖昧な概念で刑罰を基礎付ける学説であるとか、結果無価値が存在しないのに処罰を行う場面があるとか、結果無価値論の陣営からの激しい批判にさらされ、劣勢に立たされていた。私も、こうした結果無価値論側からの批判にはもっともなものがあると考えつつ、しかし、刑法が人の行為を統制することで犯罪を抑止しようとするものであること、罪刑法定主義が行為の基準を示すものである以上刑法においては行為規範性を無視することはできないはずであることから、結果無価値論が刑法から倫理性を排除しようとする基本思想には十分に共鳴しても、そこには不十分なものを感じていた。そのとき、私の前に颯爽とあらわれた野村教授の体系は、結果無価値論の基本思想を維持しつつ、人の行為の統制を視野に入れた画期的なものであり、結果無価値論の陣営からの上記の批判に対しても、そのすべてについて、論理的な回答が与えられていた。判断形式としての違法二元論・刑法規範の動態論という極めて精緻な理論に基づいて、犯罪論全体を独特の太刀筋で縦横に切り裂いてゆく教授の理論の鋭利な切れ味にすっかり魅了された私が野村研究室の門を叩いたのは、ごく自然なことであった。

　（2）その後、幾多の歳月が流れ、私自身の見解は、機能主義の方法論を採用することによって、野村教授の理論とは大分離れることになった。特に、筆者の立場を最も強く特徴づける方法論において、所一彦教授による法と裁判の機能的考察の方法論、さらに、デンマークのアルフ・ロス（Alf Ross）およびクヌド・ヴォーベン（Knud Waaben）の影響を受け、教授の考え方のほぼ正反対に位置す

る見解を採用するに至ったことで、個別の論点においても、教授の理論とは、かなり異なった結論に到達している。また、責任論・刑罰論においては、もう一人の恩師である所一彦教授の影響が、さらに、刑罰の正当化根拠論・量刑論においては、スウェーデンのニルス・ヤーレボルィ（Nils Jareborg）、ドイツのアンドレアス・フォン・ハーシュ（Andreas von Hirsch）の影響が大きく、この点においても、野村教授の理論とは相当に異なった様相を見せている。こうした筆者の立場の発展の経緯から、野村教授の理論を継承すると述べるにはあまりにも夾雑物が多く、本稿の執筆中、筆者はこうした検討の任に耐えないのではないか、あるいは、こうした検討を行うのは単なる自己満足なのではないか、との思いが幾度となくよぎったことであった。しかしながら、それでもこうしてなんとか最後まで漕ぎ着けたのは、筆者の思考様式は、やはり、教授からご教示いただいた範形から出発しているのであり、特にその犯罪論においては、教授を通じて流れ込んできた"早稲田刑法学"の性格が、色濃く受け継がれているという自覚からであった。

（3）筆者の考える犯罪論の解釈論は、ヴァリッド・ローの記述であるから、本来、特定の思考方法や範形から記述されるというのもおかしな話に思われるかもしれない。しかし、理論は、事実の積み上げから自動的に形成されるものではない。客観的な記述さえも、理論や問題関心のパラダイムから無縁でいられないのは、トーマス・クーン（Thomas Kuhn）の明らかにしたところである。さらにいえば、特に、社会科学のような"ゆらぎ"の多い領域においては、いくつもの客観的に正しい記述がありうるところでもあろう――あるいは、こうした性質を、デンマークの理論物理学者ニールス・ボーア（Niels Bohr）にならい、"ヴァリッド・ローの相補性"と呼んでもよいかもしれない。

私の目から見たヴァリッド・ローは、今後も、野村教授の理論から出発し、そしてまた、描かれてゆくことになるであろう。

（4）その発展のために、ひたむきなる努力を続けることをお約束し、野村稔先生の古稀のお祝いに、拙き論稿を捧げる次第である。

# 野村稔教授の刑法理論
## ——刑法各論——

伊 藤 亮 吉

I　はじめに
II　名誉毀損罪における事実の証明
III　危険犯
IV　財産犯罪
V　結びにかえて

## I　はじめに

　野村稔教授の刑法理論の特徴の1つとして、判断形式としての違法二元論の採用をあげることができる。これは野村教授の代表的著作である『未遂犯の研究』[1]と『刑法総論』[2]の根底をなす理論であるが、その枠組を簡潔に述べると、違法を行為自体の違法と結果の違法とに区別し、前者は一般人を基準とする事前判断、後者は純客観的な事後判断による、というものである。そこから、不能犯論について客観的危険説と具体的危険説の対立構造を明確化し、後者の見解を主張される。また、違法二元論は違法性阻却の場面でも妥当し、偶然防衛について現在では通説的地位を占める未遂説を行為無価値論の立場から早くから主張されてきた[3]。これらは、野村教授の見識の高さを示すものといえる。

　野村教授の関心が刑法総論、その中でも主として違法論に基礎を置く精緻で首尾一貫した刑法理論体系の構築を目指すことにある点に疑問の余地はないとおもわれる。一方で、刑法各論の分野は、個々の問題点に関して多くの著作があるが、全体を鳥瞰するものとしては、授業内容のレジュメが内容の一部を構成する

---

1　野村稔『未遂犯の研究』（昭和59年）。
2　野村稔『刑法総論［補訂版］』（平成10年）。
3　以上について、野村・前掲注（1）143-145、372-376、162-163頁、野村・前掲注（2）147-148、349-350、225-226頁。

著作⁴が存在するにすぎない。ここでは多くの問題で総論の理論体系、特に判断形式における違法二元論を基にして解決が試みられている。総論に比べて数多くある各論の問題点について安易に解決策を見出すことなく、また、ともすると問題点ごとの妥当とおもわれる解決策の提示にのみ奔走することになりかねない各論の領域において、総論の視点から理論的な解決を導こうとしている点は、総論と各論の構造上の関係性を基礎とする解釈の方法論として傾聴に値する方向性があるとおもわれる。

本稿は、野村教授の刑法各論について、そのいくつかの問題点に対する考え方を検討し、野村教授の刑法理論を鳥瞰することを試みるものである⁵。

## II　名誉毀損罪における事実の証明

### 1　野村教授の見解

（1）野村教授の刑法各論の理論としては、まずは名誉毀損罪における事実の証明（刑法230条の2）に関するそれが検討されなければならない。ここで野村教授は、名誉の保護と言論の自由の保障との妥当な調和を図る上においても、事実摘示の際に調査義務を尽くしたことと公判廷で真実性の証明がなされたこととは別個のものと考える必要性があり、そのためには、違法性阻却事由について、行為自体の違法性を阻却する事由と結果の違法性を阻却する事由とにわけて事を論じる必要がある⁶として、刑法230条の2の適用場面を2つにわける新処罰阻却事由説を主張する。

すなわち、①人の名誉を毀損するような事実を摘示する者が、慎重にその要求される調査義務を尽くし、合理的根拠に基づいて摘示行為に及んだ場合には、事後の真実性の証明の有無にかかわらず、名誉毀損罪の成立を否定する。ここでの行為時に存在する主観的・客観的要件として、事実の公共性、目的の公益性、真実性の証明があったことに見合う事情の要件があげられるが、名誉毀損罪が挙動犯、危険犯であり、行為自体の違法性を処罰することから、違法性阻却は行為時

---

4　野村稔『刑法演習教材［改訂版］』（平成19年）89-136頁。
5　その他の著作として、野村稔編『現代法講義刑法総論［改訂版］』（平成9年）、野村稔編『現代法講義刑法各論』（平成10年）。
6　野村・前掲注（1）170頁。

に存在する事情を基礎にした一般人判断によることになる。その一方で、②軽率に事実を摘示した場合でも、事後に真実性の証明に成功すれば、名誉毀損罪の成立は肯定するが処罰は免れる、すなわち、摘示行為が行為時の判断において違法・有責とされても、事後に公判廷で真実性の証明に成功すれば処罰が阻却される。ここでの行為後に存在する客観的要件として、事実の公共性、真実性の証明の要件があげられるが、行為後に存在する要件は処罰阻却事由である[7]。

（2）野村教授は引き続いて判例に現れた2事件について言及する。すなわち、最高裁判所昭和34年5月7日判決（以下、昭和34年判決）[8]は、軽率にも放火犯人と誤信して摘示行為に及んだ点に違法と責任が存在し、かつ事実証明に成功しなかった点で処罰阻却の場面である。これに対して、最高裁判所昭和44年6月25日判決（以下、昭和44年判決）[9]は、真実と信じるにつき合理的根拠がある場合には、真実性の証明の有無を問わず、名誉毀損行為の違法性ないし責任が阻却されることを示した違法性阻却の場面である。そして、自説の新処罰阻却事由説に立脚してはじめて両判決は矛盾なく説明することができると主張する[10]。

## 2 検 討

（1）名誉毀損罪における事実の証明に関して野村教授は、前述のとおり2段階の方式を採用している。すなわち、①は判断形式における違法二元論における行為自体の違法性の原則による判断である。野村説からは、正当な言論活動は違法性が阻却されるものであり、正当な言論活動か否かは事実の真実性に依存するものではない。というのも、名誉毀損行為時においては、一般人が認識しうるのは、あくまでも事実の真実らしさだけであり、真実かどうかは事後的な判断によって初めて判明するからである。野村教授がここでの要件としてあげる「真実性の証明があったことに見合う事情」は、その意味で理解することができよう。そして、危険犯における違法を事前判断による野村説からは、①の内容は当然の事柄を表しており、野村説からは名誉毀損行為の違法性阻却にとっては本来的には刑法230条の2の規定は不要ということになる。

---

7 野村・前掲注（1）204-207、224頁。
8 最判昭和34年5月7日刑集13巻5号641頁。
9 最判昭和44年6月25日刑集23巻7号975頁。
10 野村・前掲注（1）226-228頁。

これに対して、②は例外的な状況、すなわち正当な表現行為でなくても表現内容が結果的に真実であれば処罰されないとすることを創設的に明示する基準を特徴づけるものといえよう。名誉毀損罪は行為自体の違法性だけで違法性が判断されるところ、行為時に正当でない言論活動は、行為後にたまたま事実の真実性が証明されたとしても、事後的に違法な行為が適法な行為へと変わるものではなく、違法ゆえにすでに犯罪として成立している。しかし、表現活動と人格保護の双方の利益を衡量することで、結果的に真実であった、すなわち正当な結果であった場合を処罰することもまた妥当でないとの判断から、具体的事案において妥当な結論をえるために、処罰阻却を引き合いに出すものと考えられる。

　いずれにしても野村教授が、優れた論理によって妥当な結論を導こうとされていることは十分に理解することができる。そして、野村説に対しては以下のように評価し問題点を指摘することができるであろう。

　（２）まず①について検討する。刑法230条の2は証明に成功した場合に違法性を阻却するが、証明に成功しなかった場合でも確実な資料、根拠に基づいて真実性を確信して行った言論は刑法35条により違法性が阻却されるとする見解がある（藤木説）[11]。この見解によると、①の場合は刑法35条の正当行為の問題と重なることになろう。野村教授はこの見解に対して、事後的に公判廷で真実性の証明に成功すれば違法性が阻却されるという事後的に判明した事実を基礎とする判断を批判し、危険犯における事前判断を徹底すべきだと批判する[12]。これは、後述する危険犯についての野村教授の理論から導かれるものである。そして、真実でないとしても確実な資料、根拠に基づく表現行為の問題を刑法35条と刑法230条の2、そして事後判断と事前判断のいずれの違法性阻却事由によるべきかを明示したことは野村教授の功績といえる。

　名誉の保護と人格権の均衡をどこに置くかが刑法230条の2の問題意識の根底にあることは間違いないが、正当な根拠に基づくが真実でない名誉毀損行為を犯罪論体系上どこに位置づけるかは、価値観の相違によるともいえる。そして、野村教授の理論的一貫性は理解できるとしても、刑法230条の2は条文上「真実であることの証明があったとき」と規定されているのであって、野村教授のあげる

---

11　藤木英雄『刑法講義各論』（昭和51年）244-245頁。
12　野村・前掲注（１）188-189頁。

「真実性の証明があったことに見合う事情」すなわち「事実の真実らしさ」や「証明可能な程度の真実性」とは規定されていない[13]。刑法230条の2の規定は証明に成功した場合に無罪とする規定と解するのが素直な解釈といえ、この点は、野村教授が自ら認めるとおり、文言上あまりにも不自然な解釈ではなかろうかとの批判が妥当するところである[14]。

次に②について、理論上ここで処罰阻却を提唱する野村説において、この場合を無罪とする解釈はできないだろうか。すなわち、危険犯であることから結果の違法が存在しないとしても、結果的に事実が真実であったことは、被告人にとって有利な事情であるから、結果の違法の不存在と同様にあるいは類推的に考えることができ、偶然防衛（結果犯）を未遂犯と取扱うことと対比して、危険犯である名誉毀損罪においても、この場合に未遂犯を認めて、未遂処罰の規定がないことから無罪とすることも可能ではないだろうか。

②の場合を処罰阻却とするのは、名誉毀損罪が危険犯であることから結果の違法が存在しえないと解することから導き出されるものであるが、この場合は未遂（無罪）とする方が、規定の一般化に沿っているようにおもわれる。つまり、刑法230条の2が「罰しない」と規定しており、「刑を免除する」などと規定していないという文言上の問題がこれによると解決できることになる。

（3）野村教授は、昭和34年判決と昭和44年判決の両判決は矛盾するものではないと把握するが、これについても問題点を指摘することができるであろう。

昭和34年判決は、「本件記録およびすべての証拠によつても、Nが本件火災の放火犯人であると確認することはできないから、被告人についてはその陳述する事実につき真実であることの証明がなされなかつたものというべく、被告人は本件につき刑責を免れることができない」とする。野村教授は、記録等によっては被告人の真犯人性を証明することができないことから、本件言論は違法な言論であり、事実の証明にも失敗したことを示すものと考える。しかし、ここでは被告人に刑事責任を負担させることを理由として本件言論活動が違法な言論活動ということはできても、それが野村教授が処罰阻却としてあげる「軽率な」事実の摘示の有無がここで問題となっているとまで断言することはできないだろう。軽率

---

13 中野次雄「名誉毀損罪における違法阻却事由と処罰阻却事由」警察研究51巻5号（昭和55年）8頁。
14 野村・前掲注(1) 237頁。

でないとは、合理的な根拠がある場合であって、不当な表現行為に故意・過失が存在しない場合と言い換えることができよう[15]が、昭和34年判決はそのような事情への言明はみられない。そうすると、昭和34年判決は、刑法230条の2は事実の証明に成功した場合には処罰されない（ただし、野村教授の主張する違法性阻却と考えることは可能である）が、証明に失敗した場合は違法であり処罰の対象となる旨を宣言していると解すべきであり、証明に失敗した場合には、どのような理論をとるにしても、不処罰となりうることは意図されてはいないといえるだろう。

また、昭和44年判決は、「刑法230条ノ2の規定は、人格権としての個人の名誉の保護と、憲法21条による正当な言論の保障との調和をはかつたものというべきであ〔る〕」として、正当な言論の違法性阻却を肯定する点は、野村説と同様である。しかし、これに続けて、「これら両者間の調和と均衡を考慮するならば、たとい刑法230条ノ2第1項にいう事実が真実であることの証明がない場合でも、行為者がその事実を真実であると誤信し、その誤信したことについて、確実な資料、根拠に照らし相当の理由があるときは、犯罪の故意がなく、名誉毀損罪の罪は成立しない」として、証明に失敗した場合の錯誤論での取扱いを明示し、さらに昭和34年判決は「変更すべき」であるとして、両判決が矛盾することを明らかにする点は、野村説とは異なるものである。

野村説に立脚すれば両判決が矛盾しないとの説明がつくことは、野村教授の指摘のとおりであろう。しかし、昭和34年判決が真実性の証明を処罰阻却条件と考えている[16]のに対して、昭和44年判決は違法性阻却説の限定説を採用し[17]、昭和44年判決が昭和34年判決を否定していることからは、必ずしも両判決の統一性に固執する必要はないと考えられる。しかし、野村教授のこの点についての見解は不明である。

（4）野村教授は、藤木説[18]の錯誤論について、合理的な証拠がなくても、真実性の誤信の結果、違法性の意識を欠いたことに相当な理由があると考えられる

---

15 野村・前掲注（1）224頁で述べる判断枠組がまさに妥当すると考えられる。
16 竜岡資久「判解」最高裁判所判例解説刑事篇昭和34年度（昭和39年）166頁。
17 鬼塚賢太郎「判解」最高裁判所判例解説刑事篇昭和44年度（昭和45年）258、260頁は、これを、真実の証明があることによって行為の違法性が阻却されるが、行為者が軽率に誤信した場合も不可罰とすると、免責の範囲が不当に広くなるおそれがあるから、誤信したことにつき相当の理由があるか、または過失のない場合だけに故意ないし責任がないものとする、との立場をとっているとしている。

ときは、違法だが故意を欠き、犯罪不成立となる余地を残していることを妥当とする[19]ので、錯誤論による解決を否定する趣旨ではないだろう。しかし野村教授は、昭和44年判決について、「真実性の誤信につき、『確実な資料、根拠に照らし相当な理由』があるときは、犯罪の故意がないとする点はともかく」[20]として、錯誤論への言及をしていない。

　ここにはこの場合野村説からは錯誤の問題は必要ないとする点が考慮されているとおもわれる。実際問題として、合理的な証拠と違法性の意識の可能性とは、その判断要素は重なる部分が大きいと考えられるので、前者を欠くが後者を欠いたことに相当な理由がある場合はほとんど考えることはできないからである。すなわち、錯誤をしたことは一般的には合理的とはいえないが、行為者自身では合理的と考え、合理的と考えたことに相当な理由がある場合が、おそらくここで妥当する事案ということになろうが、合理的ではない錯誤をしたことに相当の理由があるとは論理矛盾であり、存在しえないだろう。野村説からは、①の適法な言論活動は真実である必要はなく、②はそれ以外の違法な言論活動である場合に限定されるから、「確実な資料、根拠に照らし相当な理由」がある場合は、まさに①における問題として錯誤論を登場させることなく解決しうるのである。

## Ⅲ　危　険　犯

### 1　野村教授の見解

（1）野村教授は、抽象的危険犯と具体的危険犯を危険の量的相違でわけ[21]、これを前提としていくつかの危険犯の犯罪類型について考察を加える。

　まず、遺棄罪における行為の危険性は行為時のそれであり[22]、行為時における

---

18　藤木・前掲注(11) 245頁は、たとえ事後において真実であることが証明されなかったときでも、たとえ事後において真実であることが証明されなかったときでも、行為のときに真実であることの蓋然性の高度な事実の発表、すなわち確実な資料根拠に基づいて真実と信じてした言論については、刑事制裁を受けることがないことが要請される、とする。
19　野村・前掲注（1）188-189頁は、その反面、事実を摘示する時に予想もできない訴訟手続上の真実性の証明という事後の事実によって事実摘示行為の違法性が左右されるという帰結に疑問を呈する。
20　野村・前掲注（1）227頁。
21　野村・前掲注（2）100-101頁。
22　野村・前掲注（1）265頁。

一般人を基準として危険判断をされる[23]のは、遺棄罪が危険犯と位置づけられることからの当然の帰結である。ここでは、遺棄の場所自体が被遺棄者にとって危険な場所であると一般人が判断しうるかどうかがその決定要素ということになる[24]。さらに、遺棄罪を抽象的危険犯とする立場から、遺棄行為によって抽象的危険が発生しなければならず、抽象的危険すなわち何らかの程度の危険すらないときは遺棄行為自体がない。そして、抽象的危険の有無を一義的に判断するのは困難であり、行為の具体的状況に即して実質的に判断されるべきである[25]。例えば、養護施設の門前に棄てるという場合には、①その場所自体が赤ん坊にとって危険な場所であるか、②昼間か夜間かで他人による救助の可能性が異なるか、③救助されるまで赤ん坊が健康であるかなどの基準をあげる[26]。

（２）危険概念すなわち行為自体の危険性を行為時における一般人基準によって実質的・具体的に判断するのは放火罪にも妥当する。ここで公共の危険とは、不特定または多数人の生命身体財産に対する危害が発生すると通常人が感じる状態の発生を意味し、公共の危険が存在しないと考えられる場合には放火罪は成立しない[27]。例えば、野中の一軒家で他に延焼のおそれもない他人所有の物置小屋を焼損した場合に危険の発生が否定されることが考えられる[28]。

そして、いわゆる平安神宮放火事件における「延焼等の蓋然性なるものは……犯行時の具体的状況を捨象して一般的、定型的に判断すべきものといわなければならない。……また、その蓋然性なるものも、…延焼等の可能性が否定しえないという程度、いいかえると一般人におい延焼の危惧感を禁じえない程度のものであることが必要であ〔る〕」とする控訴審判決[29]について、危険判断を一般人基準から構成する後者の部分は妥当であるが、抽象的危険の程度は具体的事案に即して犯行時の諸状況を総合して具体的・実質的に判断して行うべきことから、危険を犯行時の具体的状況を捨象して一般的、定型的に判断されるべきとする前者の部分を批判する[30]。

---

23　野村・前掲注（１）208、266頁。
24　野村・前掲注（２）100-101頁。
25　野村・前掲注（１）267、269、270頁。
26　野村・前掲注（１）271頁、野村・前掲注（２）101頁。
27　野村・前掲注（４）152頁。
28　野村・前掲注（４）152-153頁。
29　東京高判昭和63年４月19日高刑集41巻１号84頁。この事件の最高裁判所の判断については、最決平成元年７月14日刑集43巻７号641頁。

（3）刑法208条が暴行の内容について積極的に規定せず、他方で暴行から傷害の結果が発生することが予定されていることから、暴行罪は単に人の身体の安全に対する罪に尽きるものではなく、傷害の結果をもたらす危険のある行為である必要がある。そして、傷害の危険には、暴行自体の性質上傷害の結果発生の危険性のあるものと、具体的状況を前提として一般人の立場から危険性があると考えられるものとの2つの危険が認められる[31]。

ここから、暴行には直接的な接触は不要であり、食塩をふりかける等の傷害の危険のない行為は一般的に暴行の成立を否定するとともに、有形力の行使を広く物理力と解し、音、光、熱、電気といったエネルギーの作用は暴行に含めるが、化学作用や心理作用までは否定する[32]。

## 2　検　討

（1）野村教授が危険を量的な問題ととらえて、抽象的危険犯と具体的危険犯を危険の量的相違でわけることは、両者の危険犯における危険判断の方法が同じであることを示すものであり、野村教授は、それを行為時の諸状況を総合して具体的・実質的に判断する。そして、判断形式における違法二元論は危険犯においても妥当し、行為時における一般人基準からの危険判断を貫徹される。結果犯の違法性を考える場合には行為自体の違法性と結果の違法性とに区別して考察する必要があるところ、既遂犯は両者を、未遂犯は行為自体の違法性を処罰し、挙動犯、危険犯も同様に行為自体の違法性を処罰すると、野村教授は考える[33]からである。これは、名誉毀損罪における事実証明で述べたところからも明らかである。

（2）危険の判断基準に着目した場合に危険の有無が問題となる場合としては、次の2つが考えられる。すなわち、一般人には危険と考えられる行為をしたが、客観的には何の危険も発生していない場合と、一般人には危険と考えられない行為をしたが、客観的には危険が発生していた場合である。野村教授の危険判断の方法からは、前者は危険犯の成立を肯定し、後者はこれを否定することにな

---

30　野村稔「判批」ジュリスト935号（平成元年）151頁。
31　野村稔「暴行罪・傷害罪」芝原邦爾他編『刑法理論の現代的展開——各論』（平成8年）38頁。
32　野村・前掲注(31) 38頁。
33　野村・前掲注( 1 ) 205頁。

り、事後判断による客観的な危険の発生は問題とはならない。養護施設の門前に赤ん坊を棄てたり、野中の一軒家を焼損するという場合の危険も、あくまでも事後的、客観的な危険を問題とするのではなく、行為時における一般人を基準とした危険判断である。

　最近では、未遂犯における危険と危険犯における危険とを区別し、未遂犯か不能犯かの判断における危険性は、行為客体に対する結果発生の可能性であり、法益に対するものではないとし、放火罪を結果犯で危険犯と位置づける見解が主張されている[34]。野村教授は、不能犯論における危険と放火罪における危険とを同一の基準でもって判断し、未遂犯を危険犯に含めて[35]危険一般を行為時における一般人基準で判断することから、この見解には与しないであろう。このことは、野村教授が、客観的な事後判断として結果犯と実害犯を、一般人基準の事前判断として挙動犯と危険犯をそれぞれ関連づけていることにも現れている[36]。これは、野村教授が危険判断を徹底させていると評価することができるであろう。

　しかし、抽象的危険犯にしろ具体的危険犯にしろ、危険犯で何らかの程度の危険の発生を必要とすると、それは客観的な危険結果の発生を要求することに通じることになるのではないだろうか。野村教授は、遺棄罪の危険を判断する具体的な資料として、前述の①〜③の３つの事情をあげている。その具体的内容がどのようなものかは不明なところもあるが、行為時判断にとって①と②は考慮しうるとしても、③は事後的に判明する事情も考えられるのではないだろうか。

　例えば、冬の寒い日に薄着の赤ん坊を遺棄したり、風邪をひいている赤ん坊を遺棄する行為は、健康を害したり悪化させることが予想されるので、その限度では事前判断になじむものではある。これに対して、遺棄後に赤ん坊の健康が実際に悪化したことは事後判断によるものである。ここで野村教授は後者を排除して、前者のみを考慮に入れる趣旨で主張されるのだろうか。あるいは、養護施設の門前での遺棄という具体的な状況が赤ん坊の健康を悪化させうるかどうかを判断するのだとすれば、①と③は同一の事情に対する判断にもなりかねない。例えば、昼間人通りの多い養護施設の門前に赤ん坊を遺棄したが、その赤ん坊は長時間発見・救助されることなく健康を害したという場合は、行為時には危険な行為

---

34　高橋則夫『刑法総論［第２版］』（平成25年）109頁。
35　野村・前掲注（２）322-323頁。
36　野村・前掲注（２）98-99頁。

とは考えられなくとも、事後的には危険な行為であったといえる。ここでの危険を事前判断だけで貫徹しうるかは、野村説からはなお不明確である。いずれにしても、事後的な健康悪化を考慮するのであれば、結果の違法を考慮しているものといわざるをえないようにおもわれる。このような場合を認めるのであれば、名誉毀損罪の事実証明で述べたのと同様に、危険犯では元来存在しない結果の違法性の阻却を被告人に有利に解釈することで、未遂犯の成立を認めることができ、このように危険のある行為だが、危険が実現しなかった場合に未遂が成立するといえるのではないだろうか。

（3）危険犯の結果的加重犯として構成される遺棄致死傷罪の場合もまた問題となる。遺棄致死傷罪の成立には、遺棄罪を犯し、よって人を死傷させる必要がある。つまりこのときに、単に人の死傷結果を発生させるだけでは足りず、その前提として遺棄罪を犯さなければならない。そうすると、特に一般人には危険と考えられないが実際には危険であった場合には、そこから死傷結果が発生すると、結果的加重犯に要求される因果関係と過失が認められるとしても、遺棄罪の成立が認められないために遺棄死傷罪の成立が否定されることになるのではないだろうか。この場合、一般人に予見が不可能な事情であれば過失を否定することで結果的加重犯の成立を否定することも考えられる。しかし、両者は事実上重なり合うとはいえ法的な関連はなく、また、そうだとすると、この場合には過失致死罪の成立しか考えられないことになるが、その結論は妥当といえるだろうか。

（4）暴行罪は一般的には危険犯に位置づけられるものではないが、傷害の危険を考慮に入れる限りでは、危険犯の側面を有しているといえる。まず、暴行罪の暴行概念について、それが傷害の結果発生の危険を要求することの是非は別として、有形力それ自体は傷害の危険がなくても一般人の立場から危険があると判断されれば、これをも暴行に含めるのは、野村教授の危険観からすれば当然であろう。そして、危険犯としての暴行の性格を重視すれば、暴行に直接的な接触は不要であり、傷害の危険のない行為は暴行から除外されることになるというのも説得的である。有形力の行使を広く物理力と解するのは、身体への傷害の危険という点を考慮してのものであるが、化学作用や心理作用までは否定するのは、「有形力」という語の解釈の限界を考慮するためと考えられる。

前述のとおり野村教授は暴行における危険として、行為の性質上傷害の結果発生の危険のあるものと一般人の立場から危険性があると考えられるものとをあげ

る。野村教授の危険観からすると、後者が暴行における危険の本質ということになろう。これに対して前者は、後者を除くことを前提とすれば、事後的に傷害の危険があると判明した暴行を表すものである。すなわち、行為時の危険はないが、事後的には危険であった、しかし危険は実現していない（実現すると傷害のため）というものが想定される。この暴行概念が傷害への通過点として把握される段階にあれば受容しうるのかもしれないが、傷害に至らなかったこのような暴行概念をあえて論じる必要性はあるのだろうか。また、これは、暴行罪を危険犯的側面を認めつつも結果犯と構成することから、事後的危険という概念を認める趣旨であるのかもしれないが、結果犯としてもなおこのような事後的危険が野村説から認められるかは問題となろう。

## Ⅳ 財産犯罪

### 1 野村教授の見解

（1）野村教授は、窃盗罪をはじめとする財産犯罪の保護法益についていわゆる本権説[37]に立脚することで、いくつかの問題点について考察している。

窃盗と横領とは、他人の財物に対する領得行為という結果無価値の点では同一だが、他人の財物に対する事実支配を外部的に排除するかどうかという行為無価値の差異が違法性と法定刑に差異をもたらす。

そこから、死者の占有について、一般人の立場からみて財物が外形上他人の支配を排除する状態（占有）におかれている場合には、これを外部的に排除して財物を領得する行為は殺害行為を行った者、殺害とは無関係な第三者を問わず窃盗罪の成立を認める。それは、占有の当初においては占有の意思が問題となるが、それが客観化して占有状態が成立した場合には、その意思は存在しなくてもよく、死亡後間もない状態の場合には、その懐中物に対する占有は継続し、さらに、死者が生前その住居に保管していた物は、たとえ死亡後相当の日時を経過しようとも依然として他人の占有物であって、これを不法に持ち去るのは窃盗罪である[38]、とするからである。

---

37　野村稔「刑法における占有の意義」阿部純二他編『刑法基本講座第5巻』（平成5年）80頁、野村稔「判批」『刑法判例百選Ⅱ［第5版］』（平成15年）111頁。
38　野村・前掲注(37)「刑法における占有の意義」80頁。

(2) 権利行使と恐喝について、喝取された金員については被恐喝者に本権があるから交付には恐喝罪が成立するが、債権の行使は正当行為の一類型として違法性阻却事由である。違法性阻却については、判断形式による違法二分論により、権利の濫用があるときは違法であり、行為自体の違法性は阻却されないが、権利行使の範囲内であれば結果の違法性が阻却され、そこでの違法性の構造は未遂のそれと同じであるから、恐喝罪の未遂規定を準用すべきことになる[39]。こうして、3万円の債権を取り立てる際に恐喝的手段を用いて6万円を交付させたという判例に現れた事案[40]については、債権額の3万円につき恐喝未遂、債権額を超える3万円につき恐喝既遂が成立し、両者は観念的競合になる[41]とする。

　(3) 不法原因給付と横領について、不法原因給付物と不法原因寄託物とを区別する二分説を採用する[42]。すなわち、不法原因給付物の給付者には少なくとも刑法上保護すべき所有権がないことから、横領罪の成立を否定するが、給付とは事実上終局的利益を与えるものすなわち所有権の付与を意味するから、占有のみを移転する意思で委託した場合には、横領罪の成立が認められる。これは、手を汚した給付者と過剰な利得をえる受給者との正義衡平の観点と返還請求を認めることが不法の目的を未然に防止することを考慮してのものである[43]。ただし、現在では後者につき、遺失物横領罪の成立を認められるようである[44]。

　(4) 不可罰的事後行為の問題について、窃盗では民法上は所有権喪失はないが、刑法上は所有権という本権の侵害が不法領得の意思という主観的違法要素の形で窃盗罪の結果無価値に取り込まれる結果、窃盗罪の違法内容には所有権の喪失という違法結果が肯定されることから、その後の器物損壊による所有権の喪失という違法結果はすでに窃盗罪のそれに含まれ、それにより包括的に違法評価されるため、器物損壊罪は成立しない[45]。これに対して、自己の管理する他人の土地に抵当権を設定した後にこれを売却したという判例に現れた事案[46]では、抵当

---

39　野村・前掲注(37)「判批」111頁。
40　最判昭和30年10月14日刑集9巻11号2173号。
41　野村・前掲注(37)「判批」111頁。
42　二分説に対する疑問を指摘するものとして、佐伯仁志＝道垣内弘人『刑法と民法の対話』(平成13年) 46-51頁。
43　野村稔「判批」『刑法判例百選Ⅱ [第4版]』(平成9年) 107頁。
44　野村・前掲注(4) 119頁。
45　野村稔「判批」現代刑事法63号 (平成16年) 77-78頁。なお、野村・前掲注(4) 106-107頁も参照。
46　最大判平成15年4月23日刑集57巻4号467頁。

権設定による所有権侵害は、所有権自体の喪失ではないので、売却行為による所有権自体の喪失という違法結果は、抵当権設定行為による違法結果には含まず、横領罪の成立を肯定する[47]。

## 2 検 討

（1）野村教授は、本権説と判断形式における違法二元論から、上で述べたとおりの論理を展開される。ここに理論の一貫性がみられることはこれまでと同様である。しかし、ここでみられる論理展開は野村説の論理必然的な帰結であるといえるかが検討されることになる。

まず、本権説と占有説の対立がそれほど鮮明化しているわけではない現在の状況において、野村教授の考える本権説には不明確なところがある。例えば、犯行から数日経過した後に所有権者が窃盗犯人から自己の物を取り戻すという場合、判断形式としての違法二元論からは、占有者すなわち窃盗犯人に対する所有権侵害は存在せず、結果の違法は認められないが、窃盗犯人といえども物を占有している以上は所有権者とみられる状況は認められるので、行為自体の違法性は存在し、窃盗未遂罪の成立が考えられる[48]。しかし、無権利者の利益保護を認めるのは、本権説の趣旨と合致するだろうか。この場合当該財物が行為者の財産であり、行為者自身もそのことを認識している点を考慮すれば、本権説を徹底すれば行為自体の違法性を阻却する方向も可能ではないだろうか。これによって、所有権者ではなく窃盗とは無関係の第三者が奪取した場合については少なくとも行為自体の違法性を肯定しうることにより、犯罪成立の方向性は、それが既遂か未遂かはさらに議論が必要だが、説明することができるとおもわれる。

野村教授は、権利行使と恐喝について被恐喝者に本権の存在を認める。金銭とそれ以外の物では性格を異にするから同一に取扱うことはできないとの見解もあろうが、野村教授が権利行使の範囲内であれば結果の違法性が阻却されるとすることからは、両者で異なる取扱いをする必要はないであろう。ここから、他人の物であっても、自己が当初は適法に占有していれば、それが後日違法な占有となっても、その物を奪取することは窃盗罪が成立することを認められるであろ

---

47 野村・前掲注(45)「判批」77-78頁。
48 野村・前掲注(2) 351頁参照。

う。したがって、例えば、他人が占有する自己の自動車を返済期日経過直後に引き揚げたという判例に現れた事案[49]について、占有者には占有開始に正当性があるため、窃盗罪の成立を認めた判例の結論を支持されるものと考えられる。そうすると、野村教授は正当な権利だけを保護すべきとするのではなく、占有についても、その範囲には議論はあろうが、一定程度はこれを保護しようとする趣旨と考えられる。

　このことは死者の占有についての野村教授の見解からもいえることである。野村教授は、死者の占有について占有を一般人基準で考え、これを基にして財物の領得を窃盗と解するのは、判断形式としての違法二元論に立脚して、行為自体の違法性を事前判断によって決定することの帰結とおもわれる。

　しかし以上の見解は、真実とは無関係に本権があるとおもわれる状態を本権と解することになりはしないだろうか。そして、そのような状態を占有と称することができるのではないだろうか。結局のところ、野村教授の考える本権説とは、本権と考えられるような状況の保護に帰着することになりはしないだろうか。

　（2）野村教授が死者の占有を肯定する結論には異論が多いと考えられる。占有の意思は占有開始時に存在すればよく、その後は存在しなくてもよいとするのは、失念物に対する占有を肯定するためであろうが、占有意思が包括的に存在することと占有意思が存在しないことは、厳として異なるものであり、野村教授はかなり広範に占有を認めるものといえる。また、死者の占有を肯定して窃盗罪の成立を認めるとしても、一般的には生きていると考えられても実際には死亡していたのだから、不能犯論における議論と並行的に、行為自体の違法性は存在するが結果の違法性が存在しないことを考慮すると、未遂犯の成立を認めるべきではないだろうか。つまり、財産犯罪は侵害犯であることから、行為自体の違法性だけでなく、結果の違法性を含めて違法判断をすべきであるとの視点がここでも重視されるべきとおもわれる。

　（3）その意味では、権利行使と恐喝について、権利の範囲内の行為に恐喝未遂を認めることは、結論の是非はおくとして、論理的一貫性があると評価することができる。先にあげた所有者による取戻しの場合に窃盗未遂罪の成立を認めるのと同じ議論がここでも妥当するからである。ここでは、一般人基準として他人

---

49　最決平成元年7月7日刑集43巻7号607頁。

の財産とみられる状況があるとしても、結果としては（事後的には）行為者の財産に属する行為者に所有権が存在したことから、結果の違法性が阻却されることとなる。

　死者の占有と権利行使と恐喝では、行為者に本権が存在するかどうかが両者の結論をわける大きな理由となりうるものといえる。野村教授が本権説と死者の占有について所有権の存否を事前的に判断する手法を採用するのは、この点を考慮してのものなのかもしれない。しかし、暴行罪で傷害の事後的危険を認めること以上に、所有権の所在という客観的事実は、結果の違法性の問題として事後判断になじむようにおもわれる。いずれの事案においても、まずは客観的な本権の所在を確定する必要があるのではないだろうか。

　（4）不法原因給付と横領について、遺失物横領罪を認めるのは、所有権は受給者に移転せず、受給者自身に事実上占有があるとしても、その占有の違法性を考慮してのことである。野村教授は、横領罪と遺失物横領罪は、本権侵害（領得行為）という結果無価値は共通だが、前者は委託の趣旨違背性と本権侵害性を、後者は本権侵害性を行為無価値とする点で異なる[50]とする。上で見た野村教授の見解の変遷は、給付者と受給者の正義衡平の観点について、給付者が手を汚した点の違法性すなわち委託の趣旨違背性を保護する必要がないことを従前よりもより高く評価するようになったものと考えられる。

　これは、当該行為について行為自体の違法性が減少する程度がより大きいと評価を変えるに至ったものといえるが、遺失物横領罪を委託物横領罪の減軽類型と位置づけるとしても、この場合即座に遺失物横領罪の成立を認めることはできず、錯誤論の問題を解決する必要がある。抽象的事実の錯誤の解決につき野村教授が立脚する具体的・違法性補充説は抽象的符合説に近い考え方といえるが、それからすると、この場合に軽い遺失物横領罪の行為の違法性に対応する限度で重い委託物横領罪の結果の違法性を補充して軽い遺失物横領罪の既遂が肯定されることは解釈として考えられるところであろう[51]。

　（5）不可罰的事後行為については、判例に現れた事案と同様に、公訴時効ゆえに窃盗罪では処罰できないが器物損壊罪では処罰しうる場合が考えられる。野

---

50　野村・前掲注（4）106頁。
51　野村・前掲注（2）210-211頁。

村教授はこの場合に器物損壊罪の成立を否定することになる。このような理解は、不可罰的事後行為とされる行為も犯罪としては成立しており、事前行為が該当する重い犯罪の刑に事後行為が該当する軽い犯罪が吸収され、重い罪だけで処断されるにすぎず、事後行為は、事前行為の罪の刑に吸収され、事前行為と共に処罰される、つまりいずれの犯罪も成立しているとする現在有力な学説[52]とは見解を異にするものである。

野村教授によると、包括一罪とは、一個または数個の犯罪行為により、それぞれ数個または一個の法益侵害の結果が発生し、数回の構成要件的評価が可能であるにもかかわらず、特別な関係があるために包括的に総合評価して、一回的な刑法規範による違法評価に服させ、一罪として扱うものであり、そのひとつに属する不可罰的事後行為は、数個の行為が行われ、数回の構成要件的評価を受ける場合でも、これらの行為が遂行されたときに見られる特別なる状況・関係、発生した結果の違法性の程度などによって、価値的に評価した場合に、なお、一回の刑法規範による違法評価に服させる場合である[53]。

窃盗後の器物損壊で、野村教授は「包括的に総合評価」「価値的評価」することから、器物損壊行為を新たな法益侵害とみてはいないが、第1行為によって所有権侵害が完成したとしても、第2行為は明らかに存在し、これによって新たな所有権侵害の発生も観念できる。第1行為に第2行為が吸収して評価されるのは、2つの行為を評価することが可能な場合における措置であって、第2行為のみを法的に評価することは十分に可能である。つまり、不可罰的事後行為においては、第2行為の違法評価を単独でする必要がないことを意味するだけであって、それが許されないことを意味するわけではない[54]。

## V 結びにかえて

以上、野村教授の刑法各論を概観し、野村説から別個の見方の可能性の模索を含めて野村説の評価を試みた。なお2点付言したい。まず、近年では野村教授の関心は経済犯罪に向けられており[55]、ここでも刑法規範によって保護される法益

---

52 山口厚『新判例から見た刑法［第2版］』（平成20年）98頁。
53 野村・前掲注（2）445、448-449頁。
54 野村教授が立脚する従来からの見解に対する批判として、山口・前掲注(52) 98頁。

は必ずしも具体的である必要はなく抽象的・観念的でもよいことは、経済刑法の領域にも妥当するものであり、経済刑法犯罪の多くを抽象的危険犯であり社会的法益に対する犯罪と位置づける[56]。そして、各犯罪の保護法益についてもこれにしたがって解釈している[57]。

次に、野村教授は理論を重視するだけではなく、理論的調和と実践的調和[58]を重視している点に着目すべきである。これは、特に名誉毀損罪の事実証明において、刑法理論にとどまらず刑事手続の問題についても多くの論述がなされているところにその特徴をみることができる。すなわち、真実性の証明は被告人に挙証責任を負わせるものだが、被告人側の証拠収集力に考慮して、証拠の優越の程度の証明、自由な証明で足りるとし、伝聞法則の不適用も認めるものである[59]。

野村教授は、経済刑法を含む広い意味での刑法各論の領域[60]においても総論で展開された判断形式における違法二元論という独創的な理論を一貫しており、問題の解決にのみ専心しかねない刑法各論（経済刑法を含む）の領域において、安易に妥協することなく、また安直に妥当とおもわれる結論を求めるのではなく、自身の理論展開にしたがった問題解決を志向している。他方、個々の点については異論もあろうが、その論理によって全般的に妥当な問題解決をも提示されてもいる。

いずれにしても、野村教授の刑法各論理論の全体像を明らかにするには本稿はかなりの部分を推測の域を出ない事実に基づく不十分かつ拙いものと認めざるをえない。野村教授のその精緻な理論に裏打ちされた『刑法各論』の刊行を心待ちにしているのは著者だけではないはずである。

---

55　その代表的な成果が、野村稔『経済刑法の論点』（平成14年）である。
56　野村・前掲注(55)　3 - 4 頁。
57　野村・前掲注(55)　43、65、82、98頁を参照。
58　野村・前掲注( 4 )　194頁。
59　野村・前掲注( 1 )　212、215、223-224頁。
60　「刑法上の犯罪と特別法上の犯罪とを、新たな犯罪グループのもとで有機的に統合させる」ことを提唱するのが、西原春夫『犯罪各論［訂補準備版］』（平成 3 年）である。

# 共犯事件における死刑選択回避基準

北 村 宏 洋

I はじめに
II 非裁判員裁判時代における裁判例の検討
III 裁判員裁判における裁判例の検討
IV 結 び

## I はじめに

　殺人、強盗殺人等の事案で、殺害された被害者が複数である等の理由により事案の悪質性が認められる場合、検察官が死刑を求刑する可能性が高いが、それが共犯事件の場合、死刑を求刑された共犯者のうちの一部に無期懲役刑が言い渡される場合がある。
　その場合、死刑の選択は如何なる理由により回避されたのか。
　本稿においては、「裁判員の参加する刑事裁判に関する法律」（裁判員法）施行以前の非裁判員裁判時代において、死刑を求刑された共犯者のうちの一部に無期懲役刑が言い渡された裁判例数例をまず検討したうえで、裁判員裁判における裁判例2例とこれらを比較し、非裁判員裁判と裁判員裁判とで共犯事件における死刑選択回避基準に差異が認められるか否か、という点について、考察を試みることとしたい。

## II 非裁判員裁判時代における裁判例の検討

### 1 最高裁判所第二小法廷平成8年9月20日判決[1]（裁判例①）
**（1）事案の概要**
　本件は、被告人が、経営していた会社の営業資金等に窮し、同社の債権者で同社に頻繁に出入りしていた暴力団幹部で、その暴力団の会長から金員を無心され

ていたAと共謀の上、同社を保険契約者、同社の役員等を被保険者として、保険会社との間に、経営者大型総合保障制度という保障総額3億円の保険契約を締結し、同人らを殺害して多額の保険金を騙取しようと企て、Aの紹介で同社の名目上の代表取締役に就任させていたV1や同社の従業員であったV2に右保険を掛けた後、Aの配下の者とも順次共謀して、V1をでき死させようと長良川に誘い出し、あるいは恵那峡ダムへの一泊旅行に誘うなどしたが、不審を抱かれるなどして殺人予備の段階にとどまったため、前記暴力団会長やその配下の者ら3名とも順次共謀して、V2を交通事故を装って殺害しようとしたものの、同人に全治約67日間の頭部挫傷、左鎖骨骨折等の傷害を負わせたにとどまり殺害するに至らず、単独で、保険会社からV2の右傷害につき、傷害保険金名下に合計630万円相当を取得し、さらに、Aの紹介で同社の名目上の取締役に就任させたV3に前記保険を掛け、A及びその配下の者ら4名と順次共謀して、V3を車で浜松市内まで誘い出してロープで絞殺し、殺害の目的を遂げたが、保険金の騙取は、保険会社に不審を抱かれて未遂に終わった、という殺人、殺人未遂、殺人予備、詐欺、詐欺未遂の事案である。

(2) 判決の内容

本件では、被告人に対して死刑を言い渡した1審判決を維持した原判決を破棄し、被告人に対して無期懲役刑が言い渡された。

(3) 死刑選択回避理由の検討

本件では、いわゆる「永山事件」に関する最高裁判決[2]が示した、「死刑制度を存置する現行法制の下では、犯行の罪質、動機、態様殊に殺害の手段方法の執ような性・残虐性、結果の重大性殊に殺害された被害者の数、遺族の被害感情、社会的影響、犯人の年齢、前科、犯行後の情状等各般の情状を併せ考察したとき、その罪質が誠に重大であって、罪刑の均衡の見地からも一般予防の見地からも極刑がやむを得ないと認められる場合には、死刑の選択も許される」という死刑選択基準(いわゆる「永山基準」)を前提とした上で、本件において生命をねらわれた者は3名であるが、結局殺害されたのは1名であり、被告人が殺人及び殺人未遂

---

[1] 刑集50巻8号571頁。LLI/DB(判例秘書)登載(判例番号L05110066)。なお、裁判例の内容等については、もっぱらLLI/DB(判例秘書)から引用したが、当事者等の符号は、筆者が便宜的に付した部分もある(以下の各裁判例においても同じ)。
[2] 最高裁判所第二小法廷昭和58年7月8日判決(刑集37巻6号609頁)。

の実行行為はもちろん、殺害方法の謀議にも関与しておらず、殺人予備にとどまった当初の一件を除くその後の保険金殺人計画、なかでも最も重大な犯行として死刑が選択されたＶ３殺害計画についてはむしろ首謀であるＡに引きずられていったものであること、被告人には前科がなく、特段の問題行動もなく社会生活を送ってきたこと、Ａについて死刑の判決が確定しており、本件Ｖ３殺害の実行に加担した他の共犯４名については、２名が無期懲役に、１名が懲役13年、１名が懲役10年に処せられていることなどを併せ考えると、被告人の果たした役割の重要性を考慮しても、被告人に対し、死刑という極刑を選択することがやむを得ないと認められる場合に当たるとはいい難いものがある、として、被告人に無期懲役刑が言い渡された。

　以上より、本件において、被告人に対する死刑選択が回避された理由は、主に主犯格との主従関係に求められる。

## ２　名古屋地方裁判所平成14年２月19日判決[3]（裁判例②）
### （１）事案の概要

　本件は、被告人４名（ＡないしＤ）が、主犯格の共犯者２名（Ｅ及びＦ）の主導の下に、被害者Ｖ１が振り出した額面240万円の不渡手形の手形金を回収するため、乗用車で帰宅するＶ１夫婦らを襲ってその乗用車を強取するとともに、その自宅マンションから乗用車の名義変更に必要な物件や金になる物を持ち出して強取し、その際、犯罪の発覚防止と乗用車を奪取した後の右強取行為を容易にするため、同夫婦らを他所に連行して殺害し、その死体を損壊遺棄することを企て、共謀の上、乗用車で帰宅した同夫婦らを自宅マンション付近の駐車場で待ち伏せし、Ｖ１に暴行を加えてその所有の乗用車等を強取した上、同人には逃げられたものの、同人と一緒に帰宅したその妻である被害者Ｖ２及び同女の妹である被害者Ｖ３の両名を自動車に監禁して愛知県瀬戸市内の山林に連行し、同所で、被害者Ｖ３から金品を強取した上、同女らを生きたままドラム缶に入れ、これに点火して焼死させて殺害し、さらに、同女らの死体をチェーンソーなどで切断して付近に投棄したという強盗傷人、監禁、強盗殺人、死体損壊遺棄の事案である。

---

[3]　判例タイムズ1101号279頁。LLI/DB（判例秘書）登載（判例番号L05750023）。

### (2) 判決の内容

本件では、A及びBに対して無期懲役刑（求刑はいずれも死刑）が、C及びDに対して懲役12年（求刑はいずれも懲役15年）が、それぞれ言い渡された。

### (3) 死刑選択回避理由の検討

本件では、前掲の永山基準を前提とした上で、「特に共犯事件の場合には、当該被告人が共犯者として犯行に加わった経緯、共犯者間における立場と実行行為との関わり方なども総合して考慮し、その上でなお当該被告人の罪責が誠に重大であって、罪刑の均衡の見地からも極刑が真にやむを得ないと認められる場合に限って、死刑の選択が許されるものと解するのが相当である」と指摘した。その上で、本件一連の犯行は、E及びFが計画して主導したもので、被告人AないしDらが行った犯行の準備行為や実行行為もその主要なものはE及びFの指示命令に基づくものであったとし、被告人A及びBに対して無期懲役刑（求刑はいずれも死刑）を、被告人C及びDに対して懲役12年（求刑はいずれも懲役15年）を、それぞれ言い渡している。

以上より、本件において、被告人A及びBに対する死刑選択が回避された理由は、主に主犯格との主従関係に求められる。

## 3 福岡地方裁判所平成16年8月2日判決[4]（裁判例③）

### (1) 事案の概要

本件は、被告人が、Aと共謀して、同僚の看護師から500万円の金員を詐取し、またA及びBと共謀して、生命保険金目的でBの夫たるV1を殺害し、その生命保険金3500万円近くを詐取し、続いてA、B及びCと共謀して、生命保険金目的でCの夫たるV2を殺害し、その生命保険金3200万円余りを詐取したという殺人、詐欺の事案である。

### (2) 判決の内容

本件では、被告人に対して無期懲役刑（求刑は死刑）が言い渡された。

### (3) 死刑選択回避理由の検討

本件では、「被告人が本件各犯行に加わった過程や、犯罪計画の決定、現に及んだ具体的実行行為の内容などについては、Aの強力かつ巧妙な指示命令に基

---

[4] LLI/DB（判例秘書）登載（判例番号 L05950348）。

づくところが大きく、いわばAさえ存在しなければかかる犯罪も決してあり得なかったであろうことが指摘できるのであって、被告人が自らの発意でかかる重大犯罪を立案、実行したものとみることはできないと判断される」とした上で、「共犯者間における被告人の立場に関しては、Aから利用されたとみるべき部分が多分にあるのであって、A以外の共犯者に与えた影響力も、Aと比較すればそこには格段の差異がある」とし、「被告人の刑事責任は、主犯格であるAとは格段の差がある」と判断した上で、「被告人の反省状況その他の被告人のために酌むことのできる事情をも総合考慮するとき、被告人に対しては、なお死刑をもって臨むことが真にやむを得ないものと認めることはできない」という理由で、被告人に対して無期懲役刑を言い渡している。

以上により、本件において、死刑選択が回避された理由は、主に主犯格との主従関係に求められる。

## 4　最高裁判所第二小法廷平成17年7月15日決定[5]（裁判例④）

### （1）事案の概要

本件は、次の各事案である。①被告人が、平成6年7月、Aと共に、保険代理店を営むV1を言葉巧みに連れ出し、自動車内で、Aにおいて、けん銃3発を頭部に撃ち込んで殺害した上、アタッシュケース、自動車等を強取し、強取した預金通帳等を利用し、関係書類を偽造、行使して、預金払戻し名下に現金1000万円を詐取し、V1の死体を土中に埋めた（強盗殺人、有印私文書偽造、同行使、詐欺、死体遺棄）。②同年10月、Aと共に、金融業を営むV2に、けん銃様のものを突き付け、現金100万円を喝取した（恐喝）。③同年11月、A、Bと共に、宝飾品販売業等を営むV3を言葉巧みに連れ出し、自動車内で、Aにおいて、けん銃1発を頭部に撃ち込んで殺害した上、かばん、自動車等を強取し、強取した預金通帳等を利用し、関係書類を偽造、行使して、預金払戻し名下に現金227万円を詐取し、V3の死体を土中に埋めた（強盗殺人、有印私文書偽造、同行使、詐欺、死体遺棄）。

### （2）決定の内容

本件では、被告人を無期懲役刑（求刑は死刑）に処した1審判決を維持した控訴審判決を支持し、検察官の上告が棄却された。

---

5　裁判集刑287号571頁。LLI/DB（判例秘書）登載（判例番号 L06010133）。

## （3）死刑選択回避理由の検討

　本件では、①被告人は、けん銃による殺害行為を行っておらず、Aが、暴力団組員から預かり保管中のけん銃を使って資産家を殺害し財産を奪うという犯行を被告人に提案し、けん銃を発射して被害者らを殺害し、金品の強取のほか、預金の払戻し、死体の処理についても、手はずを整え率先して実行していくなど、常に主導的な役割を果たしたこと、Aは、被告人に隠れて、強取したクレジットカード類を利用するなどして多額の利得を独占していること等、具体的な殺害の実行や金品強取及び死体の処分など、重要な局面では、Aが終始主導権を取って判断しつつ犯行を推進し、被告人の意向に構うことなく行動する場面が見受けられ、被告人にとっては、必ずしも用意周到に準備計画された犯行とは言い難い面があり、計画及び実行の各段階における被告人の役割は、Aとの対比において見れば、主導性、積極性の点で劣るものがあると見る余地がある、とした上で、②被告人は、Aが事実を否認するなかで、進んで詳細な自供をしたことにより各強盗殺人の遺体等が発見されて事案の真相解明が可能となったこと、各犯行に対する反省悔悟の情を明らかにしていること、等を指摘して、検察官の上告を棄却している。

　以上により、本件において、死刑選択が回避された理由は、主犯格との主従関係に加えて、主犯格が否認するなかで、被告人が進んで自供することにより事案の真相解明が可能となったこと、すなわち事案の真相解明への寄与、という点に求められる。

## 5　福岡高等裁判所平成19年9月26日判決[6]（裁判例⑤）
### （1）事案の概要

　内縁関係にあった被告人A及びBが、共謀の上、被害者らを監禁して自由を奪い、過酷な食事・行動制限を課し、通電等の激しい虐待を加えながら、被害者らから金銭を引き出し、その過程で、V1を死亡させ、V2及びV1一家の5名が足手間まといになるや、被告人Aが自己の手を下さずに、次々と殺害などした被告人らに対する傷害・殺人・詐欺・強盗・監禁致傷の事案である。

　1審は被告人らに死刑判決を言渡したところ、被告人らが事実誤認・量刑不

---

6　判例時報2144号159頁。LLI/DB（判例秘書）登載（判例番号L06221114）。

当（被告人Ｂのみ）として控訴した。
### （２）判決の内容
　本件では、主犯の被告人Ａの刑事責任は極めて重大で、原判決の死刑選択は当然であるが、被告人Ｂは適法行為の期待可能性が相当限定された中で、Ａに従属的に本件各犯行に関与したもので、再犯の可能性が高いとはいえない等とし、被告人Ａの控訴を棄却し、被告人Ｂの原判決を破棄し無期懲役刑を言い渡した。
　なお、本件の上告審[7]において、被告人Ｂの無期懲役刑が確定している。
### （３）死刑選択回避理由の検討7
　本件では、各犯行は、Ｂが、特異な人格を持つＡの主導の下、適法行為の期待可能性が相当限定された中で、Ａに追従的に本件各犯行に関与したものであること、Ａの存在抜きには、Ｂが各罪を犯すことは考え難く、したがって、再犯の可能性も高くないと言い得ること、Ｂは、逮捕後、しばらくは黙秘の態度をとっていたが、その後、自らの罪を清算する旨決意し、本件各犯行につき、自らの記憶の範囲で隠し立てすることなく自白するに至っており、この自白によって本件各犯行、特に犯行の経緯や具体的状況に関する証拠が極めて乏しい事件も含め、積極的に自白し、事案解明に寄与したこと、並びに自白に転じた後におけるＢの真摯な反省状況及びその過程において、Ｂが人間性を回復している様子がうかがえることその他、Ｂのために酌むべき事情を総合考慮した上で、Ｂの情状は、Ａのそれとは格段の差があるとして、Ｂに対する１審の死刑判決を破棄し、Ｂに対して無期懲役刑を言い渡した。
　以上より、本件において被告人Ｂに対する死刑選択が回避された理由は、主犯格との主従関係、事案の真相解明への寄与に加えて、犯行後の反省状況等、という点に求められる。

## ６　東京地方裁判所立川支部平成21年５月12日判決[8]（裁判例⑥）
### （１）事案の概要
　本件は、被告人２名（Ａ及びＢ）が、共謀して被害者２名に暴行を加え、現金

---

7　最高裁判所第一小法廷平成23年12月12日決定（裁判集刑306号695頁）。
8　LLI/DB（判例秘書）登載（判例番号 L06490002）。

等を強取した上、被害者2名を殺害して遺体を遺棄し、強取したキャッシュカードで現金自動預払機から現金を窃取した死体遺棄、住居侵入、強盗殺人、窃盗の事案である。

**（2）判決の内容**

本件では、被告人Ａを死刑に、被告人Ｂを無期懲役に処する（求刑はいずれも死刑）、という判決が言い渡された。

**（3）死刑選択回避理由の検討**

本件では、被告人Ｂについて、逮捕後、被害者両名の死体を遺族に返すことが償いの第一歩であるなどと思い、本件各犯行について警察官に打ち明けたうえ、被害者両名の死体を埋めた場所等を警察官に申告し、本件遺棄現場まで警察官を案内していること、本件遺棄現場は、穴を掘削した被告人Ｂ自身も、警察官を案内した時点で、死体を埋めた地点から2メートル余り離れた地点を指示した程であって、被告人Ｂの協力がなければ、被害者両名の死体を発見することは非常に困難な状態になっていたのみならず、その後更に時が経過すればその発見はほとんど不可能になった可能性が大きいと考えられること、等から、本件各犯行の全容が判明するに至ったについては、被告人Ｂが本件各犯行を自供し、本件遺棄現場を案内したことが決定的に重要な役割を果たした、とした上で、法廷においても、捜査段階と同様の供述を維持し、心底からの反省悔悟の態度を示していること、等についても言及し、被告人Ｂには、死刑の選択を回避すべき特別な事情があると認めた。

以上より、本件において、被告人Ｂに対する死刑選択が回避された理由は、事案の真相解明へ重要な役割を果たしたこと、及び犯行後の反省状況等、という点に求められる。

### 7 小 括

以上の検討により、非裁判員裁判時代の共犯事件の裁判例において、死刑選択が回避された主な理由は、以下の3つに大きく分けられることが明らかとなった。

**（1）主犯格との主従関係**

裁判例①においては、「首謀であるＡに引きずられていったものである」という点が、裁判例②においては、「特に共犯事件の場合には、当該被告人が共犯者として犯行に加わった経緯、共犯者間における立場と実行行為との関わり方など

も総合して考慮」すべきことを指摘した上で、被告人らが行った「犯行の準備行為や実行行為もその主要なものはE及びFの指示命令に基づくものであった」という点が、裁判例③においては、「共犯者間における被告人の立場に関しては、Aから利用されたとみるべき部分が多分にある」という点が、裁判例④においては、「重要な局面では、Aが終始主導権を取って判断しつつ犯行を推進し、被告人の意向に構うことなく行動する場面が見受けられ、被告人にとっては、必ずしも用意周到に準備計画された犯行とは言い難い面があり、計画及び実行の各段階における被告人の役割は、Aとの対比において見れば、主導性、積極性の点で劣るものがあると見る余地がある」という点が、裁判例⑤においては、被告人が「特異な人格を持つAの主導の下、適法行為の期待可能性が相当限定された中で、Aに追従的に本件各犯行に関与したものである」という点が、それぞれ死刑選択回避の大きな理由として挙げられている。

　以上により、非裁判員裁判時代の共犯事件においては、死刑選択回避基準として、裁判例②が挙げたような「当該被告人が共犯者として犯行に加わった経緯、共犯者間における立場と実行行為との関わり方」等を考慮して、被告人が主犯格の共犯者に対して従属的な立場にあった等の場合、死刑選択が回避され得たことを示している。

### （2）事案の真相解明への寄与

　裁判例④においては、「被告人は、Aが事実を否認するなかで、進んで詳細な自供をしたことにより各強盗殺人の遺体等が発見されて事案の真相解明が可能となった」という点が、裁判例⑤においては、被告人は「逮捕後、しばらくは黙秘の態度をとっていたが、その後、自らの罪を清算する旨決意し、本件各犯行につき、自らの記憶の範囲で隠し立てすることなく自白するに至っており、この自白によって本件各犯行、特に犯行の経緯や具体的状況に関する証拠が極めて乏しい事件も含め、積極的に自白し、事案解明に寄与した」という点が、裁判例⑥においては、「本件各犯行の全容が判明するに至ったについては、被告人Bが本件各犯行を自供し、本件遺棄現場を案内したことが決定的に重要な役割を果たした」という点が、それぞれ死刑選択回避の大きな理由として挙げられている。

　これは、非裁判員裁判時代の共犯事件において、共犯者の一部が否認している等の事情により、事案の真相解明が困難な場合、積極的に自白して事案の真相解明に寄与した共犯者について、死刑選択が回避され得たことを示している。

### （3）犯行後の反省状況等

裁判例⑤においては、「自白に転じた後におけるBの真摯な反省状況及びその過程において、Bが人間性を回復している様子がうかがえる」という点、裁判例⑥においては、「法廷においても、捜査段階と同様の供述を維持し、心底からの反省悔悟の態度を示している」という点が、それぞれ死刑選択回避の理由の１つとして挙げられている。

これは、被告人が反省しているということは、死刑選択回避のために当然の前提であるともいえるが、非裁判員裁判時代の共犯事件においても、弁護活動においてその点を特に顕出できれば、死刑判決の回避に資することができたことを示している。

## Ⅲ　裁判員裁判における裁判例の検討

### 1　さいたま地方裁判所平成23年７月20日判決[9]（裁判例⑦）

#### （1）事案の概要

本件は、被告人が、従兄弟である共犯者とともに、保険金を詐取する目的などから２名を殺害するなどした詐欺、殺人、銃砲刀剣類所持等取締法違反、傷害の事案である。

#### （2）判決の内容

本件では、被告人に無期懲役刑（求刑は死刑）が言い渡された。

#### （3）死刑選択回避理由の検討

本件では、第１の殺人事件では、共犯者が、被害者に保険を掛けて殺害することを発案した上、傷害保険の加入手続をし、犯行直前には、被害者の言動に立腹していよいよその殺害を決意するや、被告人に対し、殺害の実行やその具体的方法などを指示していること、殺害後は、警察官等に対し、事故死を装って嘘の説明をし、死亡保険金の受取りに関する手続を行い、支払を受けた保険金の７割を超える2800万円もの利得を得ていること等から、主導的役割を担ったのが共犯者であることは否定できないとした。

次に、第２の殺人事件では、共犯者が、被害者との金銭トラブルを契機に自ら

---

[9]　LLI/DB（判例秘書）登載（判例番号L06650404）。

の犯罪として被害者の殺害を計画した上、被告人に対し、その実行を依頼するとともに凶器等の犯行道具を与え、さらに、現場から携帯電話で連絡、相談をしてきた被告人に逐一指示をしていること等から、完全に従属的立場に立っており、いわば共犯者の手足として行動していたことが認められるとして、被告人の責任は共犯者に比べて相当程度低いとした。

また、被告人は、2つの殺人事件を含む本件各犯行について、捜査段階から素直に事実を認め詳細な自白をしており、当公判廷においてもこの供述を維持しており、特に第1の殺人事件については、神奈川県警が、被害者の死亡を事故死と誤信し、司法解剖等の初動捜査を行っていなかったことに照らすと、罪を認めることにより死刑になることもあり得る状況下で被告人が素直に自白したからこそ、事件の全容が解明されて被告人と共犯者の刑事責任が問われることになった、という側面があることは否定できない、とした。

さらに、被告人は、上記のように潔く供述するとともに、被害者らを供養するため毎日写経を続け、当公判廷においても、証言台に出る都度、傍聴席の遺族らに深々と頭を下げ、木訥ながら被害者や遺族らに対する謝罪の言葉を述べるなどしており、反省、悔悟の情が認められるのであるから、前科等に照らして規範意識の鈍さを指摘せざるを得ないものの、今後の更生を期待できないとまではいえない、とした。

そして、以上の諸事情を総合して考慮すると、被告人に死刑を科することにはなお躊躇を覚えざるを得ない、として、被告人に無期懲役刑を科した。

以上より、本件において、被告人に対する死刑選択が回避された理由は、主犯格との主従関係、事案の真相解明への寄与、犯行後の反省状況等、という点に求められる。

## 2 さいたま地方裁判所平成24年11月6日判決[10]（裁判例⑧）
### （1）事案の概要
本件は、①被告人が、平成16年2月から3月頃、いわゆるホームレスであった

---

10 LLI/DB（判例秘書）登載（判例番号L06750536）。なお、インターネット等の情報によれば、本件の①の罪の共犯者Aは、本件が立件される前に病死したとのことで起訴されておらず、本件は共犯事件を対象とする本稿の趣旨からすれば、本来検討の射程外であるともいえるが、便宜上共犯事件として本稿における検討対象とした。

V1と知り合い、平成16年11月頃、同人がさいたま市南区内に住居を借りるに当たって世話をし、同人が受給した年金一時金の一部を預かり同人らとの遊興や被告人自身の遊興等に使うなどしていたが、平成17年1月から2月頃、V1方に同居していた知人のAから、V1が被告人に欺されたと怒っていると聞かされ、これ以上、V1の年金を被告人が勝手に使うことは困難であると考え、V1の老齢基礎年金及び老齢厚生年金等を手に入れるため、同人を殺害し、前記年金等が入金される株式会社甲銀行乙支店に開設された同人名義の普通預金口座のキャッシュカード1枚等を強取しようと企て、Aと共謀の上、同年3月頃、口実を設けてV1を誘い出し、静岡県沼津市内の漁港に駐車した車両内において、殺意をもって、睡眠薬入りの弁当を食べさせてあらかじめ眠らせていた同人（当時65歳）の首に電気コード様のものを巻いて絞め付け、よって、その場で、同人を頸部圧迫による窒息により死亡させて殺害し、その頃、前記同人方において、同所にあった前記キャッシュカード1枚等5点を強取した、②平成16年10月頃、V2と同女の働いていた風俗店で知り合い、同女との交際を始め、平成17年4月頃からは、さいたま市緑区内の当時の被告人方において、同女と一緒に暮らし、平成18年6月頃からは、当時同女が経営していた風俗店の手伝いをしていたところ、同年9月5日頃、被告人の報酬を巡って同女と口論となり、同女の言葉に激高して、とっさに同女を殺害しようと考え、前記被告人方において、同女（当時47歳）に対し、殺意をもって、その首に電気コードを巻いて絞め付け、よって、その頃、同所において、同女を頸部圧迫による窒息により殺害した、③平成22年12月1日午前10時38分頃から平成23年10月14日午前11時22分頃までの間、10回にわたり、さいたま市浦和区内の株式会社丙銀行丁支店ほか2か所において、各所に設置された現金自動預払機に、不正に入手した前記V1名義のキャッシュカードを挿入するなどして各機を作動させ、各機から株式会社丙銀行丁支店支店長戊ほか2名管理の現金合計122万5000円を引き出して窃取した、という窃盗、強盗殺人、殺人の事案である。

（2）判決の内容

本件では、①及び②の各罪について、被告人に無期懲役刑（求刑は死刑）が、③の罪について懲役2年（求刑は懲役2年）が、それぞれ言い渡された。

（3）死刑選択回避理由の検討

本件では、①については、被告人は、被害者が当時入居していた生活支援施設

から出て自活できるように住居の世話などをしており、一緒に旅行に出かけたりもする間柄であり、被告人は、被害者の生前からその年金を勝手に使っていたが、元々、金づるにする目的で被害者に近づいたものとは認められない、とした。

②については、被告人と被害女性とは、約1年10か月にわたって親密な交際を続けており、けんかをしていた形跡もあるが、お互いに好意を持ち合っており、犯行当時もそれなりに良好な関係であったと認められる。被告人が利欲目的で被害女性に近づいたというような事情は認められないし、被害女性との関係を清算するなどの何らかの目的のために計画的に殺害したなどという事情も認められない。被害女性の遺体が無惨な姿で発見されているが、処置に困った被告人が放置した結果であり、ことさら残虐な処置をしたというわけではない、とした上で、被告人は、強盗殺人の被害者の口座から現金を引き出したことによる窃盗の嫌疑で逮捕されると、その日の内に、強盗殺人と殺人について自分が犯人であるという上申書を書き、その後も、事実関係を一貫して認めているし、被告人がこれらの事件の犯人であること自体は、捜査機関の追及によって、早晩明らかになったものと思われるが、犯行の目的や具体的な手段、方法などは被告人の供述がなければ十分に解明されなかったこともまた明らかであり、公判廷でも、反省、悔悟の気持ちを表している、とした。

そして、これらの事情を考慮すると、本件は死刑を選択することがやむを得ない場合に当たるとまでは認められない、とした。

以上より、本件において、①及び②の各罪について、被告人に対する死刑選択が回避された理由は、事案の真相解明への寄与、及び犯行後の反省状況等、という点に求められる。

### 3　小　括

以上の検討により、裁判員裁判の共犯事件の裁判例において、死刑選択が回避された主な理由は、Ⅱにおいて検討した非裁判員裁判時代の裁判例における主な理由と同様に、以下の3つに大きく分けられる、ということが明らかとなった。

#### （1）主犯格との主従関係

裁判例⑦においては、第2の殺人事件について、被告人は共犯者に対して「完全に従属的立場に立っており、いわば共犯者の手足として行動していたことが認

められる」点が、死刑選択回避の大きな理由とされている。
### （2）事案の真相解明への寄与
　裁判例⑦においては、「被告人は、２つの殺人事件を含む本件各犯行について、捜査段階から素直に事実を認め詳細な自白をしており、当公判廷においてもこの供述を維持しており、特に第１の殺人事件については、神奈川県警が、被害者の死亡を事故死と誤信し、司法解剖等の初動捜査を行っていなかったことに照らすと、罪を認めることにより死刑になることもあり得る状況下で被告人が素直に自白したからこそ、事件の全容が解明されて被告人と共犯者の刑事責任が問われることになった、という側面があることは否定できない」という点が、裁判例⑧においては、「被告人は、強盗殺人の被害者の口座から現金を引き出したことによる窃盗の嫌疑で逮捕されると、その日の内に、強盗殺人と殺人について自分が犯人であるという上申書を書き、その後も、事実関係を一貫して認めているし、被告人がこれらの事件の犯人であること自体は、捜査機関の追及によって、早晩明らかになったものと思われるが、犯行の目的や具体的な手段、方法などは被告人の供述がなければ十分に解明されなかったこともまた明らか」であった点が、それぞれ死刑選択回避の大きな理由とされている。
### （3）犯行後の反省状況等
　裁判例⑦においては、被告人が「被害者らを供養するため毎日写経を続け、当公判廷においても、証言台に出る都度、傍聴席の遺族らに深々と頭を下げ、木訥ながら被害者や遺族らに対する謝罪の言葉を述べるなどしており、反省、悔悟の情が認められるのであるから、前科等に照らして規範意識の鈍さを指摘せざるを得ないものの、今後の更生を期待できないとまではいえない」という点が、裁判例⑧においては、被告人が「公判廷でも、反省、悔悟の気持ちを表している」という点が、それぞれ死刑選択回避の理由とされている。

## Ⅳ　結　び

　以上により、非裁判員裁判時代における裁判例と、裁判員裁判における裁判例とで、共犯事件における死刑選択回避基準に差異はほぼ認められないことが明らかとなった。

本稿における考察の結果から考えると、死刑求刑が予想される裁判員裁判において、死刑判決を回避するための弁護活動等に際しては、裁判員裁判の裁判例のみならず、非裁判員裁判時代の裁判例の検討も不可欠であろうことは言うまでもない。

　具体的には、死刑求刑が予想される共犯事件の裁判員裁判において、①被告人が主犯格の共犯者に比べて従属的立場にあったような場合、②共犯者が否認したり死亡した等の事情で事案の真相解明が困難な中、被告人が積極的に自白して事案の真相解明に寄与しているような場合、③被告人の反省の状況が顕著であるような場合、等には、それらの点を裁判員等に理解してもらえるような弁護活動が、結果的に被告人に対する死刑判決の回避につながりうると考える。

　誠に僭越ながら、本稿における考察が、今後の裁判員裁判における死刑判決回避のための弁護活動等の一助となれば幸いである。

# ドイツにおける交通事犯の規制と制裁
## ——最近の諸改正を含めて——

岡 上 雅 美

I 問題の所在
II ドイツの交通刑法（Verkehrsstrafrecht）
III 若干の検討
IV 結びにかえて

## I 問題の所在

　交通事犯は、わが国の刑事関連立法の中でもっとも目まぐるしく改正が加えられている分野に数えられることは間違いない。ごく最近だけでも、平成25年には、危険運転致死傷罪等、自動車運転により人を死傷させる行為その他の関連行為の処罰規定を刑法典から独立させた「自動車の運転により人を死傷させる行為等の処罰に関する法律[1]」、並びに、一定の病気等に係る運転者による事故防止の対策等を定めた改正道路交通法[2]が成立した。とくに悪質な交通事犯で、被害が無辜の人命である場合、遺族や世論の処罰感情はまさに峻烈である。人の死亡という構成要件的結果については認識を欠いていることから過失犯とはいえ、飲酒、薬物摂取、病気による発作抑制への不対応等という事故原因の基本的部分に故意がある場合が多いことから、交通事犯についての従来の立法は、もっぱら厳罰化の方向に、しかも比較的短期間のうちに大幅な法定刑の加重を伴って進められたものである。それでもなお、遺族や世論は、いっそうの厳罰化の方向、例えば危険運転致死傷罪の要件をより緩やかにして適用をしやすくする法改正を望んでいるかのようである。
　しかしながら、ヨーロッパでは、交通事犯に対する刑罰的反作用は、日本に比

---

[1] 髙井良浩「自動車の運転により人を死傷させる行為等の処罰に関する法律」法律のひろば67巻10号（2014年）12頁以下。
[2] 渡辺直人「平成25年改正道路交通法の概要」法律のひろば67巻10号（2014年）4頁以下。

べれば比較的穏やかである[3]。また、事故の加害者を長期の自由刑に服させようとする日本の法制度とは異なり、自由剥奪刑以外の制裁も多様である。

本稿では、交通犯罪対策で実績を上げていると言われ[4]、交通事犯に対する処理を厳罰に頼らないドイツを例に、そこでは交通事犯としてどのような行為類型を規制し、とくにその制裁はどのようなものかを明らかにする。そして、わが国における交通事犯についての可能な対応について考察することとする。統計によれば、ドイツでは総人口が約8080万人[5]で、人口1000人当たりの自動車両（motor vehicle）保有数[6]は588台であるが、警察が認知した人身事故件数は、2013年には約30万件、そのうち交通事故死亡者数は激減しており、1990年には１万1046名であったところ、ほぼ一貫して減少傾向にあり、2000年には7503人、2014年には3350人までになった[7,8]。このような良好な数値の原因は、もちろん交通事犯の刑事法的対応だけに着目していたのでは不十分であることは明らかである。例えば、交通環境の効果的な整備、さまざまな事前予防とくに監視措置の整備、現実の交通事故についてのマスコミの扱い方、あるいは交通関与者の規範意識の高まりなどは交通事故の減少に大きな役割を演じうる。ただし、本稿のような小稿でドイツ社会における交通事犯現象全体を紹介することはもとより不可能でもあ

---

3 日本での危険運転致死傷罪で死亡結果を伴う場合の法定刑の上限は20年であるが、何らかの他罪を伴うことが多いであろうから、併合罪加重されれば上限は30年となる。Ⅱ3で後述するドイツの法定刑を参照。ドイツ以外にも、例えば、イングランドの量刑ガイドラインによれば、いわゆる危険運転致死傷罪で刑の上限は、14年である。これについて、岡上雅美「イングランド新量刑ガイドラインの下における交通事犯の量刑（1・2）」筑波法政45号（2008年）93頁以下、46号（2009年）1頁以下を参照。

　なお、アメリカ合衆国では州により、交通事犯について日本と同等のあるいはそれ以上の厳罰をもって対処している場合があるが、本稿では、アメリカの状況にはおよそ立ち入ることができない。

4 Bundesministerium der Justiz, Verkehrsstrafrecht, 2007, S. 34.

5 連邦統計局（Statistiches Bundesamt）が2014年10月に公表した統計による2013年現在の数値である。以下の統計値は、いずれも入手しうる最新の数値を採り、条件も異なるため厳密な把握を目的としたものではなく、大把みな理解のために供したものである。

6 世界銀行が2015年に示した最新の統計による（http://data.worldbank.org）が、数値は2011年のものである。

7 Statistisches Bundesamt, Pressemitteilung vom 10. Dezember 2014. 2014: Zahl der Verkehrstoten nahezu unverändert bei etwa 3350による。

8 なお、比較のために、日本の数値も挙げておく。日本は人口1億2713万2000人、1000人当たりの自動車保有台数は、奇しくもドイツとまったく同数の588台である（脚注6と同じ世界銀行の数値による）。以下は、総務省統計局（2014年2月27日公表）による2013年の数値であるが、人身事故数は66万5138件、死亡者数4373人、負傷者数78万1494人である。人身事故数はドイツよりもかなり多い。

る。そこで、今回、本稿で考察の対象とするのは、基本的に刑事的規制のみに限定する。

　そしてまた、ドイツの交通事犯対策が注目に値すると思われるもう１つの理由として、近年、立法者は交通事犯に対する制裁制度および飲酒運転対策に大きな関心を寄せ、実際にいくつかの大改正を行っている。日本では、加害者個人の厳正な処罰にばかり目を向けがちであり、長期の懲役刑に服させることに主たる関心があるわが国の現状とドイツのそれは明らかに異なる。ドイツの経験から我々が交通事犯対策について得られる示唆は大きいものがあるように思われる。

## Ⅱ　ドイツの交通刑法（Verkehrsstrafrecht）

### 1　概　説

　ドイツにおける交通刑法は、道路交通法等[9]上の交通反則行為（Verkehrsordnungswidrigkeiten[10]）と刑法典等上の交通犯罪との２つの領域を対象とする。概略的に述べれば、両者の違いは次のようになる[11]。反則行為は、①交通事犯では軽微な違反であり、刑法典上の犯罪がもつような社会倫理的な無価値内容に欠ける、②警察等の行政官庁が簡易手続により事件処理をする、③（秩序違反法の定める手続に従い）起訴便宜主義が妥当する[12]、④制裁は、規定上反則金が中心である、⑤違反は、反則金で罰せられたときは「運転適性記録（Fahreignungsregister）」に記録される[13]、⑥手続は、秩序違反法に定めがある。これに対し、刑法等上の交通犯罪は、①基本的な法益の保護に関わるものであり、社会倫理的な無価値判断を伴う、②検察が起訴し、刑事裁判所が刑事手続により判決で刑罰を科す、③起訴法定主義が妥当する[14]、④刑種は、罰金刑または自由刑、運転禁止、運転免許の剥奪である、⑤裁判所が「犯罪」として裁判し、「犯罪」に対して刑罰（執行猶予つきを含む）および／または改善保安処分を科した確定有罪判決は、交通違反として運転適性記録に記録されるだけでなく、犯罪記録としても連邦中央記録（Bundeszentralregister）にも記録される[15]、⑥手続は刑事訴訟法に定められる。交通反則行為の場合の簡易手続は、正式の刑事手続に伴う、被疑者・被告人の不利

---

9　他には、道路交通関係法規としては、道路交通許容規則（Straßenverkehrszulassungsordnung）や運転免許規則（Fahrerlaubnisverordnung）にも、それ以外では強制保険法、規定がある。

益を避けるための手続であり、当事者が行政官庁の決定に異議がある場合には、刑事裁判所による審査に服することになる。

以下、交通反則行為と刑法上の犯罪に分けて、ドイツ交通刑法の全体を見ることにする。

## 2　交通反則行為
### （1）反則行為の体系

　交通反則行為は、道路交通刑法に対する違反行為全体の中でも大部分を占める。交通反則行為の規制については、道路交通法第24条が白地規定（Blakettvor-

---

10　ここでいくつかの訳語について、一言しておく。Ordnungswidrigkeit の従来の確定的な定訳は「秩序違反」である。しかしながら、Ordnung の訳語は「秩序」ばかりではない。例えば、Strafprozessordnung には「刑事訴訟『法』」の訳語が当てられてきたが、この場合の Ordnung は、rechtlicheRegelung（法規則・法規制）の意味である（Deutsches Rechtswörterbuch. http://www.rzuser.uni-heidelberg.de からの引用）。市民を名宛人とする社会倫理的な意味をもつ規範（Norm）とは異なり、社会倫理的な色彩の薄い規則を指す。ただし、ドイツの文献でも「反則」と「秩序違反」の意味を厳密に区別していないものもあり、私も、Ordnungwidrigkeit に「秩序違反」の意味をまったく否定するわけではない。Ordnungwidrigkeit は、社会倫理的な色彩に欠けるところから、法人処罰もドイツでは刑法での刑罰による処罰ではなく、いわゆる「秩序違反法（Ordnungswidrigkeitsgesetz）」による制裁が課されている。とりわけ交通事犯の中でも軽微事犯に関する規制であり、日本語の語感から連想される「秩序に反する」重大な犯罪というわけでは決してない。そこから、法令名として、Straßenverkehrsordnung（StVO）は、「道路交通法」と訳すこととし（したがって、ここでは Ordenung は「法」と訳している）、Ordnungswidrigkeit は（法違反と訳すと「刑法」違反と区別がつかなくなってしまうので）「反則」と訳すこととした。しかしながら、Ordnungswidrigkeitsgesetz には、本稿での中心的な考察対象ではないこともあり、慣例通り「秩序違反法」という訳語を残した。

　さらに反則に対する制裁としての（Geld-)Buße は「過料」が定訳である。しかしながら、「過料」はもっぱら行政制裁を日本語では指すのであり、Ordnungswidrigkeit に対する制裁の刑法的な意味が表現できていないという点では不適切であるように思われる。ドイツでは、道路交通法は Verkehrsstrafrecht に分類されるのが一般であり、単なる行政法ではなく、刑法的な性質をもつものと考えられている。わが国でも、物損事故を起こしまたは軽微な道路交通法違反があったときに「交通反則金」を支払うが、性質上、これは行政罰ではあるものの、日常用語でも「罰金」と呼ばれることが多々あるなど、刑事的な色彩をもつものとして考えられているといってよいであろう。このような行政罰でもあり刑事処分としても捉えられているという性質は、まさにドイツの Buße にも共通する。以下では、Ordnungswidrigkeit を反則と訳したこととも連動させて、Buße を「反則金」と訳している。

11　以下の記述は、Bundesministerium der Justiz, Verkehrsstrafrecht, 2007, S. 6 f. を参考にした。
12　§47 OWiG.
13　§28 StVG. 同記録に関わる点数制については、2014年に大改正があった。従来の交通中央登録所（Verkehrszentralregister）に代わるものである。後述Ⅱ5③を参照。
14　§152 Abs. 2 StPO.
15　登録の基準は、Bundeszentralregistergesetz に定めがある。この登録には、秩序違反法の定める違反行為や反則行為は含まれない。

schrift）であり、構成要件の具体化を行政庁の命令（Verordnung）に委ねている。そこで、交通反則については、とくに道路交通法施行令（Straßenverkehrsordnung）、道路交通許可規則（Straßenverkehrszulassungsordnung）、運転免許規則（Fahrerlaubnisverordnung）の中に、道路交通法第24条を援用した反則行為構成要件が定められている。

　道路交通に関係する反則行為構成要件は、連邦交通・デジタル・インフラストラクチャー省（Bundesministerium für Verkehr und digitale Infrastruktur）[16]が定める反則行為一覧規定[17]（Bußgeldkatalog-Verordnung）にまとめられているが[18]、これは、膨大な量をもちあまりに詳細なものであるので、後述（3）において、日本との比較という意味で、ごく代表的な反則行為類型のみを取り上げてみることにしよう[19]。

### （2）制裁の種類

　ドイツでは交通反則行為に対する主要な制裁は、警告（Verwarnung）、反則金、運転禁止である。交通反則行為の件数の多さに鑑み、できるだけ簡易で画一的な処理を行うために、標準事例（Regelbeispiel）[20]に対する通常の制裁の種類（およびその重さ）に従って処理される。

　① 　警告（秩序違反法第56条以下）　　もっとも軽微な反則行為の場合、行政機関ないしこれについて授権を受けた警察官は、当事者に対して口頭または文書による警告をし、それに併科して5ユーロ以上55ユーロ（2013年までは35ユーロ）以下の警告金を科すことができる[21]。警告金の併科は任意である。

　警告金の支払手続はもっとも簡易な手続であり、以下のようになる。警告金を伴う警告は、行政機関またはその授権を受けた警察官により、その現場で即時に

---

16　2013年までは、連邦交通・建設・都市開発省（Bundesministerium für Verkehr, Bau und Stadtentwicklung）と呼ばれていたものであるが、名称変更したものである。
17　https://www.bussgeldkatalog.org/
18　連邦自動車運行局の発する反則行為一覧規定 Kraftfahrt-Bundesamt, Bundeseinheitliher Tatbestandskatalog, 10. Aufl., 2007も同様の構成要件一覧であるが、これは www.kba.de から入手することができる。第10版は、2014年5月1日現在の規定である。
19　ここでの制裁規定が細かく、膨大になっている理由は、元来の基本構成要件の数が多いだけではなく、同一の構成要件内で、例えば、速度超過で違反の程度毎に異なる額の制裁が定められているためである。
20　構成要件が予定する基本犯。「犯情が特に重い事例」ないし「犯情があまり重くない事例」に対する語。
21　§ 56 Abs. 1 OWiG, § 2 Abs. 3 Bußgeldkatalog-Verordnung.

行うことができる。当事者が、自らには拒否権があることの警告を受けた後、警告および警告金の支払に同意したときは、これらは有効となり、警告金は直ちにまたは原則として1週間以内に支払われなければならない[22]。当事者に異議があるときは、通常の反則金手続が開始されるが、その場合には手続に伴う料金や必要経費などの諸費用がかかるため、多少割高になる。したがって、警告金と反則金の違いは内容的相違ではなく、手続の簡易度の違いになろう。反則の事実関係について争うのでなければ、警告と警告金で事件処理するのがもっとも簡便である。

② **反則金**　軽微とは言えず、したがって警告では十分でない場合や、当事者が警告に異議を申し立てた場合、警告金が定時に支払われなかった場合には、行政機関は、捜査終結後に当事者に対して反則金を科す。反則金は、5ユーロ以上、法律に特別の定めがある場合を除き、故意犯においては1000ユーロであり、過失犯においては500ユーロである[23]。しかしながら、交通事犯においては、上限額についての例外規定は数多い。

反則金の量定について、秩序違反法には規定があり、「反則の内容および行為者に向けられる非難が量定の基礎となる[24]」が、処理件数の多さ、画一的処理の必要性、そしてそれらと共に迅速さが求められることから、上述の反則行為一覧規定は、通常の行為事情の場合についてそれぞれ一定の反則金額を設定しており、画一的な制裁量を導き出すいわゆる一種の量刑ガイドラインのような、表に当てはめることにより定額が提示される仕組みになっている[25]。

③ **運転禁止**　自動車運転者の義務に大きく違反したとき、行政機関は、反則金と併科して1月以上3月以下の期間で運転禁止を命じることができる[26]。運転禁止は、独立して課すことはできない付加的制裁である。道路交通法第24a条に定める飲酒運転の場合には、運転禁止は原則的に命じられるものとされる。

運転禁止の言渡しに伴い、運転免許証は官により保管されるが、免許証自体は

---

22　§56 Abs. 2 OWiG.
23　§17 Abs. 1 OWiG.
24　§17 Abs. 3 OWiG.
25　なお、死亡事故の多発に対応する形で行われた2009年の改正で反則金の金額が大幅に引き上げられた。各構成要件についての反則金額等については、後述（3）で述べる。
26　§25 StVG. なお、刑罰として、裁判所が言い渡す場合の運転禁止については、後述3（2）②を参照。

有効であり、禁止期間満了後は所有者に返却される。

## （3）反則行為構成要件と制裁

連邦交通・デジタルインフラストラクチャー省が定める反則行為一覧規定の中で、自動車および単車に関する反則行為の代表的な項目[27]を挙げれば、以下の通りである。①ナンバープレート掲示、②右左折・Uターン・バック走行、③車間距離、④アルコールおよび薬物、⑤アウトバーンおよび車用道路、⑥車線変更、⑦建築現場のような危険な場所での不適切運転、⑧道路交通時の罵詈雑言、⑨逆走、⑩速度超過、⑪停止および駐車、⑫住所変更等の届け出義務違反等、⑬携帯による通話、⑭料金所（2016年より施行）、⑮試し期間中[28]の違反または初心者の違反、⑯適切なタイヤの着用、⑰赤色信号無視、⑱道路交通規則、⑲動物、⑳追い越し、㉑過積載、㉒環境保護、㉓事故処理等、㉔交通検問、㉕交通の安全、㉖優先走行、㉗事故時等の警告着（オレンジや黄色等の蛍光色の反射材の付いたベスト）着用義務（2014年6月より施行[29]）、㉘ライト・方向指示器等、㉙車検、㉚冬季の天候対策。この中で、さらに主要な構成要件について制裁も含めて概観することにしよう。

① **速度超過**　通常の制限速度超過の構成要件はとくに説明を要しないであろう。超過の程度に応じて制裁量が異なるのもわが国と同様であるが、それは反則行為一覧規定による。道路交通法第3条第1項が法律上の一般規定であり、同条は、「車両を運転する者は、車両をつねに支配できる程度の速度でのみ運転することができる。速度は、とくに道路、交通、視界および天気の諸状況、並びに、個人の能力および車両と貨物の性質に適していなければならない。（後略）」と定めている。

制裁は、郊外道路と市街地道路に分けて規定され、双方とも時速10km毎に段階付けされ、異なった制裁があてられている。郊外道路の場合は、70km/時以上

---

[27] https://www.bussgeldkatalog.org によった。
[28] 運転許可を最初に獲得する際に、2年の期間が試し期間とされる（§2a StVG Abs. 1）。これは、1986年に導入された。この間に、A級違反（A-Verstoß．過失致死等の刑法典上の交通犯罪および重い反則行為）または2度のB級違反（B-Verstoß．上記よりも軽い犯罪および反則行為）を犯せば、警告を受け、任意で講習を受けるよう勧告を受ける。その後、2か月間の猶予期間中に、再度、A級違反または2度のB級違反を行えば、運転許可は取り消され、再度の取得まで3か月以上空けなければならない。この試し期間は、2年間までの延長も可能である。
[29] 交通事故や車両等の故障時に、この蛍光色のベストを車外で着用すれば、後続車など他の車の追突を避けることができよう。かくして、いっそうの交通の安全を図るものである。

オーバーが最高ランクであり、これには600ユーロ[30]（2点[31]、運転禁止3月）の制裁が科せられ、市街地道路の場合には、反則金は郊外道路より一回り高額になっており、最高ランクは、同じく70km/時以上オーバーであり、反則金は680ユーロ（2点、運転禁止3月）である。

② **飲酒運転** 道路交通法第24a条によれば、「呼気中に0.25～0.54mg/lもしくは血中に0.5～1.09‰以上のアルコール」を含む状態で運転した者が反則となる。

これに対する制裁は、同じ血中アルコール濃度0.5～1.09‰の場合でも、違反が何度目かによって制裁が異なり、初犯であれば500ユーロの反則金（2点、1月の運転禁止）、2度目であれば1000ユーロの反則金（2点、3月の運転禁止）、3度目であれば1500ユーロの反則金（2点、3月の運転禁止）となる。さらに、血中アルコール濃度が1.1‰を超えるときおよびアルコール影響下で交通の危険を惹起したときは、反則行為ではなく、刑罰の科される犯罪となるが、この場合も違反記録に3点が加算される。

③ **赤色信号無視** 赤信号無視の運転は、90ユーロ以上360ユーロ以下の反則金で罰せられる。もっとも重い360ユーロの反則金（2点、1月の運転禁止）が科されるのは、すでに1秒以上の間赤色信号になっていたのにこれを無視し、かつ、物損を引き起こした場合である。この場合には、刑法典上の犯罪になることもある。

④ **運転中の携帯利用** 運転中の通話は、自転車の場合には25ユーロ、自動車の場合は60ユーロの反則金（1点）が科せられる。

⑤ **違法な追い越し** 追い越しを行ったときの反則金額は、20ユーロ以上300ユーロ以下と幅が広いが、郊外道路なのか市街地なのか、後続車等他の者を危険にさらしたのか物損を引き起こしたのか等の事情の組み合わせでその額が決められている。

もっとも高額なのは、「交通状況が不確実な場合（bei unklarer Verkehrslage）」で、追い越しが禁止されているときであって、かつ、物損を引き起こした場合で

---

30 反則金一覧に掲載されているが、一覧によれば、これは刑罰と記載されている。
31 ドイツでも、違反記録の点数制を採用しており、1個の違反につき、1点から3点が加算され、8点になると運転許可（Fahrerlaubnis）が取り消される。制度の体系については、後述5③を参照。

ある（300ユーロの反則金、2点、1月の運転禁止）。問題は、「交通状況が不確実な場合」の意味内容であるが、この文言は、道路交通法施行令第5条[32]上の表現であり、これに関する定義は法律上おかれていない。これについて、同条の施行前ではあるが、連邦通常裁判所[33]による定式がある。それによれば、追い越しが許されるのは、「追い越しを行う者が、危険なく追い越しを終了できることを確信している場合」である。したがって、それが不確かな場合が「交通状況が不確実な場合」だとされる。また、交通状況が不確実で、追い越しが禁止されており、危険を引き起こした場合には、250ユーロの反則金（2点、運転禁止1月）のほか、刑法上の犯罪になる可能性がある。

### （4）反則金手続

反則金手続は、秩序違反法に規定されている。起訴便宜主義を採用し、行政機関の裁量を広く認めていることは上述の通りである[34]。行政機関は、反則金通知を発し、当事者に送達する。逆に、それを受け取った当事者は、その後2週間以内に書面で行政機関に異議を申し立てることができる。異議が申し立てられた場合、区裁判所（Amtsgericht）が、それについて判断する[35]。逆に、当事者が反則金通知を受け入れた場合または2週間以内に異議を申し立てなかった場合には、その反則金通知は確定力をもつことになる。

## 3　交通犯罪
### （1）交通犯罪の構成要件

交通法規に対するとくに危険な犯罪および他人の傷害または死亡を惹起した違反は、刑法典上または特別刑法上[36]に規定されている。以下では、本来的には交通犯罪固有でないものでも、交通事犯に関連して適用される主要な犯罪類型について概観してみることにする[37,38]。

---

32　同条は、追い越しが禁じられる場合の規定であり、「1．交通状況が不確実な場合、または、2．追い越しが、所定の道路標識によって禁じられている場合には、追い越しは許されない。」と定める。
33　BGH DAR 59, 322. しかしその後も連邦通常裁判所は、この文言についての一般的な定義を置くことなく、事例判例を積み重ねている。BGH NJW 1996, 60.
34　§ 47 OWiG.
35　§ 67 ff. OWiG.
36　例えば、すでに述べた道路交通法のほか、強制保険法（Pflichtversicherungsgesetz）がこれにあたる。

① **過失傷害罪**（刑法第229条）・**過失致死罪**（刑法222条）　ドイツには、自動車事故で人の生命や身体が損なわれた場合でも、わが国のように自動車運転過失致死傷罪、危険運転致死傷罪あるいは業務上過失致死傷罪のような特別な犯罪類型はなく、一般の過失犯が成立する。なお、ドイツ刑法典において、過失致死罪は、職権により捜査が開始されるのに対して、過失傷害罪は親告罪である[39]。

② **道路交通危殆化罪**（刑法第315c条）　本罪の客観的構成要件は、2段階に記述されている。1つは、実行行為で「a) アルコール飲料もしくはその他の酩酊罪を摂取した結果、もしくはb) 精神もしくは身体上の欠陥の結果、乗り物（Fahrzeug）[40]を安全に運転できる状態でないにもかかわらず、乗り物を運転すること、または、著しい交通違反をし、無謀に、a) 優先通行権を尊重せず、b) 誤った追い越しをしもしくはその他追い越しの際に誤った運転をし、c) 横断歩道で誤った運転をし、d) 見通しのきかない場所、交差点、合流地点もしくは鉄道の踏切において、稼働の高速度で運転し、e) 見通しのきかない場所で、右側通行を順守せず、f) アウトバーンもしくは自動車道路上で方向転換し、バックでもしくは運転方向と逆に走行し、もしくは、これを試み、もしくはg) 交通の安全のために必要であるにもかかわらず、停車しもしくは走行不能となった乗り物を、十分な距離を取って標示しないこと[41]」がそれである。第2は、構成要件的結果として、「これにより、他の者の身体もしくは生命または大きな価値のある他人の物を危険にさらす」ことが必要な具体的危険犯であるが、わが国における往来危険罪等が不特定多数人の法益を危険にさらす社会法益であると解されるのに対し、本罪は、具体的な交通関与者の法益を危険にさらすという意味で個人法益に対する罪と理解されている[42]。

---

37　何を交通事犯に数えるかについて、Hentschel/König/Dauer, Straßenverkehrsrecht, 42. Aufl., 2013および Bundesministerium der Justiz, aaO. (Fn. 11), S. 16 ff. を参考にした。同書によれば、他に「乗り物の無権限使用罪（§ 248b StGB）および「運転者に対する強盗実行の攻撃罪（§ 316a StGB）」が交通犯罪に含めているが、これらの財産犯はここでは取り上げていない。

38　これについては、すでに髙山佳奈子「ドイツにおける交通事件処理」成城法学第69号（2002年）61頁以下があり、そこには条文の全訳がある。以下の訳では、ドイツ刑法典全体の翻訳として、法務省大臣官房司法法制部編『ドイツ刑法典』（2009年）を参照した。

39　§ 230 Abs. 1 StGB.

40　「乗り物」の語自体は大変広く、可動式交通手段であり、自動車だけではなく、自転車、電車、船、飛行機等も含む。本条は、そのうち道路交通を危殆化した場合に限られるが、それは「乗り物」の意味からの解釈ではない。

41　§ 315c Abs. 1 Nr. 1および Nr. 2による。

法定刑は、故意犯の場合には、5年以下の自由刑または罰金刑、過失犯の場合には、2年以下の自由刑または罰金である。
　③　**道路交通への危険な介入罪**（刑法315b条）　本罪は2重の意味での結果的加重犯である。本罪は、第1に、「1　施設または乗り物を破壊し、損壊しまたは除去すること、2　障害をもたらすこと、または3　同程度の危険な類似の介入を行うこと」を実行行為とし、第2に、これにより「道路交通の安全を侵害し」、第3に、これにより「他の者の身体もしくは生命または大きな価値のある他人の物を危険にさらす」という結果が生じるというのが客観的構成要件である。
　法定刑は、5年以下の懲役刑または罰金である。
　④　**交通における酩酊罪**（刑法316条）　故意または過失で「アルコール飲料またはその他の酩酊剤を摂取した結果、乗り物を安全に運転できる状態でないにもかかわらず交通（第315条から第315d条）において乗り物を運転する」と同罪が成立する。
　行為が「軌条交通、水上交通および航空交通の危殆化罪」（第315a条）または「道路交通の危殆化罪」（第315c条）で処罰されるときはそれらの規定が適用されるが、それ以外の場合に第316条が適用され、法定刑は1年以下の自由刑または罰金刑である。
　⑤　**運転許可を得ずにする運転罪**（道路交通法第21条）　本罪で処罰の対象となるのは、運転許可がなく、または、運転禁止が命じられているにもかかわらず、運転を行った者自身、および、上記の事情にもかかわらず、そのような者が車を運転することを命じまたは許容した自動車保有者である。後者は、この場合に運転者の共犯としてではなく、独立した正犯として処罰されるものである。この場合には、1年以下の自由刑または罰金刑が科される。そのほか、上記の行為を過失で行った場合、故意または過失で、刑事訴訟法上、証拠利用のため保管・保全・押収されている運転免許証を携帯せずに運転した場合、および、自動車保有者が、故意または過失で、上記の運転免許証を携帯せずに運転することを命じまたは許容した場合も犯罪であり、この場合の法定刑は、6月以下の自由刑または180日以下の罰金刑である。

---

42　Sch/Sch/Sternberg-Lieben/Hecker, Strafgesetzbuch. Kommentar, 29. Aufl., 2014, § 315c, Rn. 1.

⑥　**事故現場からの無許可離脱罪**（刑法第142条）　　事故当事者が、道路交通における事故の後、1　他の事故当事者および被害者のために、現場にとどまり、事故にかかわったことを報告することにより、自らの身元、車両及び事故への関わり方を確定できるようにすることなく、2　誰も事故確定を行うことができないときに、諸事情から見て適切な時間、待機することなく、事故現場から離れた場合に本罪が成立する。上記の「適切な時間」が経過した後、または正当にもしくは免責的に、事故現場から離れ、その後に遅滞なく事後の事故確認をさせなかった場合も同罪である。

　同罪においては、刑の減免（「行為に表した悔悟（tätige Reue）」）に関する特別規定がある。それによれば、交通量の多いところではない事故であること、損害が多大でないこと[43]、かつ、事故当事者が事故現場から離脱した後24時間以内に、任意に警察等による事故の確認をできるようにした場合に刑の減免が認められる。

　「事故現場からの無許可離脱罪」の法定刑は、3年以下の自由刑または罰金刑である。

　⑦　**完全酩酊**（刑法第323a条）　　「アルコール飲料またはその他の酩酊罪により、故意または過失により酩酊状態に陥った者が、この状態で違法な行為を行ったにもかかわらず、酩酊の結果、責任無能力であったために、または、その可能性を排除できないために、その違法行為を理由にしては処罰できないとき」の処罰規定である。

　刑罰は、その違法行為よりも重くすることはできないという留保付で、5年以下の自由刑または罰金刑である。

**（2）刑事制裁の種類**

　交通事犯に対する刑罰および処分を並べると以下の通りになる。後述①の罰金刑および自由刑は、一般的な刑罰であり、交通犯罪に特有のものではないが、②から④は、性質としては交通犯罪に対する処分である。

　①　**罰金刑および自由刑**　　一般の刑罰と同様に、交通犯罪についても罰金刑および自由刑[44]が法定刑を構成しており、これらが科されることになる。各構成要件に対する法定刑は上述（1）の通りだが、わが国の交通犯罪に比べるとや

---

43　判例によれば、大体1300ユーロ以下の場合だとされているという。Bundesministerium der Justiz, aaO. (Fn. 11), S. 21; König, Straßenverkehrsrecht, aaO. (Fn. 37), § 142 Rn. 69.

44　罰金刑については刑法第40条、自由刑については刑法第38条および第39条に規定がある。

はり格段に軽いことに気が付くであろう。

なお、ドイツでは、罰金刑は日数罰金制度（Tagessatzsystem）がとられており、犯罪の重さから導き出される日数に、行為者の経済的な資力に応じて決定される日額を掛け算することにより全体の罰金額が算出される。

② **運転禁止**（刑法第44条[45]）　運転禁止は付加刑である。運転適格に欠ける者に対する後述③の運転許可の剥奪とは異なり、運転の適格性はある者に対して、過去の交通犯罪[46]に対する刑罰として言い渡される。なお、運転禁止が課される場合でも、運転許可の効力には影響せず、有効なままである。したがって、運転免許証は行為者に返却されるし、免許再取得の申請は不要である。期間は、1月以上3月以下である。

③ **運転許可の剥奪**（刑法第69条、第69b条[47]）　こちらは運転禁止とは異なり、行為者の危険性に着目する改善保安処分の1種である[48]。したがって、責任主義すなわち罪刑均衡原則は妥当しない。裁判所は、交通犯罪[49]に対して有罪判決を受けた一定の者に対して、その者が運転不適格であることが明らかとなった場合に、運転許可を剥奪する。裁判所の判決により、運転免許証は没収され（刑法第69条第3項）、これが返却されることはない。この点、運転許可の効力は残る運転禁止とは異なる。運転不適格性については、裁判所が判断するが、とくに、行われた犯罪が、道路交通危殆化罪、交通における酩酊罪、事故現場からの無許可離脱罪、完全酩酊罪であるときには、原則的に運転不適格の判断を受ける（刑

---

45　道路交通法第25条にも同じ種類の制裁があり、これは刑罰ではなく、反則行為に対する制裁であり行政機関がこれを言い渡す。これについては前述2（2）③を参照。
46　刑法第44条の文言によれば、自動車運転の際にもしくは自動車運転に関連して行われた犯罪行為、または、自動車運転者の義務に違反して行われた犯罪行為を理由として、自由刑または罰金の有罪判決を受けた者に対する付加刑である。この付加刑の言い渡しは任意だが、飲酒運転の場合（第315c条第1項第1号a）、同条第3項または第316条）に、運転免許の剥奪が行われない限りは、運転禁止を言い渡すのが原則である（刑法第44条第1項第2文）。
47　なお、刑法典上の運転許可の剥奪は、裁判所が言い渡すものであるが、後に述べる点数制で8点に達したときの運転許可の剥奪は、行政官庁が言い渡す場合もある。
48　なお、緊急の理由があるときに、裁判官は、刑事訴訟法第111a条に従い、決定（Beschluss）をもって運転許可を仮に剥奪することができる。
49　第69条も、第44条（脚注46）と同様の文言を用いている。すなわち、「自動車運転の際にもしくは自動車運転に関連して行われた犯罪行為、または、自動車運転者の義務に違反して行われた犯罪行為を理由として」有罪判決を受けた者（ただし、第44条と異なり、自由刑または罰金刑の言渡しに限定されない）、または、責任無能力もしくはその疑いのために有罪判決が言い渡されなかった者が対象である。

法第69条第2項)。

　運転不適格という理由から運転許可が剥奪されるのだから、運転許可の再申請も制限を受けるのは当然であろう（刑法第69a条）。裁判所は、運転許可の剥奪を言い渡すとき、同時に6月以上5年以下の期間で運転許可の再申請ができないことも言い渡す。被告人がもともと運転許可を有していなかったときは、申請不可のみを言い渡す。5年では、危険が回避できないと予想しうるときは、この運転許可再申請不可は無期限に及ぶこともできる。

### （3）ドイツにおける交通事犯の量刑上の諸問題

　刑罰が科せられるとき、法定刑から宣告刑を導き出すにあたり、第46条以下の量刑の一般原則等の諸規定が適用される。これによれば、行為者の責任が刑の量定の基礎であり、裁判所は、行為者に有利な事情・不利な事情を相互に考慮し、さらに行為者の社会における将来の生活に刑罰が与えると考えられる効果も考慮しなければならない。また、被害者との和解も考慮される。これらは、交通犯罪でも妥当する量刑原則である。したがって、交通犯罪で多数の被害者の生命が失われた場合であっても、死亡結果のみを重視した量刑になるべきではないことになる。

### 4　アルコールおよび酩酊剤の影響下での運転対策

　飲酒運転や薬物影響下での運転が、公道でとくに危険であることには、ドイツでももちろん同じであり、飲酒等運転対策には、とくに積極的に取り組まれている。連邦統計局の資料[50]によれば、2013年では、当事者がアルコール等の酩酊剤の影響下にあった場合の人身事故数は1万4808件、物損事故は2万4578件である。

　①　反則行為としての酩酊は、道路交通法第24a条に規定があり、その基本的構成要件および制裁については上述した（2（3）②）。ここで規制の対象となっているアルコール量は、呼気中に0.25mg/l以上のアルコールもしくは血中に0.5‰以上のアルコール、またはこれらのアルコール量に匹敵するアルコール量である。本罪は、いわば形式犯であり、この程度のアルコールを摂取して車を運転するだけで成立する。

---

50　Statistisches Bundesamt, Verkehrsunfälle, 2013, S. 6.

② 道路交通法上のさらなる飲酒運転対策として、2007年に道路交通法第24c条が導入され、運転初心者に対する運転時の絶対的なアルコール禁止すなわち0.0‰上限（0.0 Promille-Grenze）を定めた。この場合の運転初心者とは、試し期間中の者[51]または21歳未満の者である。

この場合の制裁は、200以上1500ユーロの反則金、2点以上の加点、再教育講習の受講、さらに2年の試し期間延長である。

③ 刑法典上の飲酒等犯罪の基本犯は、第316条の「交通における酩酊罪」である。法文上は、「アルコール飲料またはその他の酩酊罪を摂取した結果、乗り物を安全に運転できる状態でないにもかかわらず」運転した場合に本罪が成立するとしているが、この状態はどのように判断されるのか。道路交通法第24a条の飲酒運転では具体的な血中アルコール濃度が示されているのに、刑法典第316条ではこの点の定めがなく、飲酒運転に関する犯罪相互の関係が問題となろう。

この点、実務では2段階で判断されているという[52]。1つは、「相対的な運転不確実（relative Fahrunsicherheit）」であり、それを認定するには、0.3‰以上の血中アルコール濃度[53]に加えて、その他の状況すなわち蛇行運転、車線からの無意味な脱線といった、「正常な運転ができない状態」であることを示す状況証拠が必要である。さらに、血中アルコール濃度1.1‰以上の場合は「絶対的な運転不確実（absolute Fahrunsicherheit）」とされ、上記のような状況証拠を必要とするまでもなく、「正常な運転ができない状態」とされる[54, 55]。

そして、この「交通における酩酊罪」の実行行為の結果として、「他の者の身体もしくは生命または大きな価値のある他人の物を危険にさらした」ときは、結果的加重犯としての「道路交通の危殆化罪（第315c条）」が成立する。

## 5　交通刑法に関する近時の諸改正

以下では、道路交通法などの関連法規に関連するいくつかの重要な改正につい

---

51　試し期間については、脚注28を参照。
52　これらにつき、Statistisches Bundesamt, Verkehrsunfälle, aaO.（Fn. 50），S. 15をも参照。
53　BGH VRS 21, 54; Bundesministerium der Justiz, Verkehrsstrafrecht, aaO.（Fn. 5），S. 35.
54　BGHSt 37, 89.
55　なお、Bundesministerium der Justiz, Verkehrsstrafrecht, aaO.（Fn. 5），S. 35によれば、自転車の場合における絶対的な運転不確実は、血中アルコール濃度1.6‰だとするのが現在の判例だとのことである。OLG Cell NJW 1992, 2169.

て触れておくことにする。直近の2013年でも道路交通について17の法律または規則が成立しており、改正も実に細部に関するものも含む多岐に渡るものであるため、単なる技術的な改正、例えば、登録データの変更等の行政手続的なものや、自転車に関わる改正、環境保護の施策等についてはまったくここでは取り扱わない。ここで取り上げたのは、直接的または間接的に交通事故対策につながると考えたものである。

　① **運転免許年齢の引き下げ**　2013年5月よりチューリンゲン州、ザクセン州、ザクセンアンハルト州は、モデルケースとして、運転免許取得年齢を16歳から15歳に引き下げた。その目的は、交通の危険に関する意識を低年齢のうちに高めておこうとすることにある。

　② **反則金の引き上げ**　2013年の道路交通法の改正において、反則行為の金額が引き上げられた。これは、③で述べる点数制の大改革に連動する動きである。これまで40ユーロだったものが60ユーロの反則金とするというのが基本的な引き上げのルールである。また、これに伴い、警告金の上限も55ユーロに引き上げられた。

　反則金額が引き上げられたものとして、冬用装備義務違反（60ユーロ）、車内の子供の安全を確保する義務の違反（60ユーロ）、携帯利用（60ユーロ）、消防車用通路の前または通路に駐車し救助活動を妨げること（65ユーロ）、ナンバープレートの隠蔽（65ユーロ）、環境保護区における交通禁止への車での立ち入り（80ユーロ）等がある。

　③ **点数制の大改革**　近年でもっとも大きな制度改革といえるのが、点数制の改革である。改革当時の道路交通の安全に一定の意味のある違反行為（犯罪、反則行為）につきそれぞれ定められた点数を加点してゆき、従来は18点になったところで運転許可を剥奪した。今回の改正により、違反行為に対する点数は、1点から3点に、すなわち最大点数は3点へと引き下げられた。しかし、点数の法効果として、4点および5点で文書による注意（Ermahnung）、6点および7点で文書による警告（Verwartung）、8点で運転許可が剥奪されることとなった。運転許可の剥奪については、従来の18点から8点へと大幅に引き下げられたことになる。

　もっとも重い3点は、それだけでも運転許可の剥奪や再申請禁止を命じることのできる重い「犯罪」に付与される。例えば「道路における酩酊罪」、「事故現場

からの無許可離脱罪」、「犯情の重い強要罪」などがこれである。2点は、運転許可の剥奪を伴わないその他の「犯罪」、例えば、過失致死傷罪、運転許可のない運転罪および非常に重い反則である。

　違反行為の中では、重い違反には1点が付与される。1点の違反行為として、携帯利用、冬用装備義務違反、スクールバスへの違法な行為、車内の子供の安全を確保する義務の違反、許可なしの運転などがある。反則行為が非常に重いときに2点が付与され、これは運転禁止を伴う。例えば、赤信号無視で危険が生じた場合などである。

　すべての反則行為に点数が付与されるわけではない。その場合には反則金の支払いのみが科される[56]。例えば、環境保護区における交通禁止への車での立ち入り、ナンバープレートの不着用・隠蔽、日曜祝日のトラック運転禁止違反がこれである。

　点数が消滅する期間についても、重い違反の反則行為の場合は2年から2.5年へと、非常に重い違反の場合には2年から5年へと延長され、2点の犯罪については5年または10年だったところが5年へと統一されるなどの調整が行われた。

　なお、減点制度が作られた。すなわち、点数が1点から5点のとき、点数が加点されて2週間以内に、運転適性講習に参加し、その証明書を提示すれば、1点が減らされる。しかし、これは5年に1度だけ行うことができる、というものである。

　反則金の引き上げを伴う、この点数制の大改正および は、立法時の連邦交通大臣ラムザウアー（キリスト教民主同盟）の意図によれば、「点数制を簡易にかつ透明性の高いものにする[57]」であり、これにより国民にとって解りやすいものにする点にその主眼があるとされている。まだ施行の直後でもあり、学説がこれをどのように評価するのかは未知であるが、点数を1点から3点までと引き下げた部分もあり、もっぱら厳罰化方向にのみあるものとも思われないが、当時の新聞論調から見れば、「点数制を厳しくしたもの[58]」と受け取られてはいたようである。

---

56　反則金の引き上げは、この背景で理解されるべきである。点数を付さない反則行為は軽微な違反だとは限らず、反則金が高額な場合がある。例えば、最後に掲げた日曜祝日のトラック運転禁止違反に対しては、380ユーロもの反則金が科されている。
57　Spiegel-Online vom 28. 04. 2014.
58　Suddeutsche Zeitung vom 27. 05. 2012.

## III　若干の検討

　以上、ドイツの交通事犯に対する法制を概観してきた。とくに重要な点として、わが国の交通事犯対策に対してドイツ法から得られる示唆について言及してみたい。
　①　危険運転致死傷罪については、従来から批判的な検討がなされてきたところである[59]。今回の改正により、同罪は、「自動車の運転により人を死傷させる行為等の処罰に関する法律」の中に、他の交通犯罪と共に取りまとめられることとなった。旧来からの5つの類型、酩酊運転致死傷罪、制御困難運転致死傷罪、未熟運転致死傷罪、妨害運転致死傷罪および信号無視運転致死傷罪に加えて、新たに、準酩酊運転・準薬物運転致死傷罪、病気運転致死傷罪、通行禁止道路運転致死傷罪の3つの類型が加えられた。
　ドイツ刑法典には存在しない犯罪として、とくに未熟運転致死傷罪がある。しかし、本罪につき、その存在意義の再検討も行われずに漫然と維持されてしまったのではないかの疑問がある。すなわち、この形態での運転が、極端に重い処罰を正当化するほど本当に危険なのかの問題である。運転未熟者が飲酒により危険運転を行ったのであれば酩酊運転致死傷罪の適用が、そして速度違反超過の程度が大きければ制御困難運転致死傷罪の適用が考えられるのであり、それ以外に残る未熟運転致死傷罪の存在意義は、飲酒もしていなければ、速度も制御できないほどではない運転の処罰ということになる。このような未熟な運転者に対して必要なのは、重い刑罰による威嚇効果なのだろうか。
　この点、ドイツの運転初心者対策は、人身事故等の重い事故が実際に生じたときの処理の厳罰化によって実現しようとするのではないことは明らかである。例えば、初心者に対する試し期間であり、21歳未満の者に対する飲酒運転の規制等、事故前の一層厳しい規制である。

---

59　長井圓「道路交通犯罪と過失犯——自動車危険運転致死傷罪への疑問」現代刑事法4巻6号（2002年）34頁以下、曽根威彦「交通犯罪に関する刑法改正の問題点」ジュリスト1216号（2002年）46頁以下、高山佳奈子「世界の潮　危険運転致死傷罪の死角」世界776号（2008年）25頁以下。最近の改正・判例に関する解説として、川本哲郎「交通犯罪処罰の動向」同志社法学64巻6号（2013年）1頁以下、橋爪隆「危険運転致死傷罪をめぐる諸問題」法律のひろば67巻10号（2014年）21頁以下。

② ドイツの交通政策が厳しくなったと言われているのは、刑法典の改正によるのではなく、点数制など刑罰以外の方法の厳格化である。これに対して、刑法による例えば過失致死罪の法定刑、その他の交通犯罪の法定刑は従前どおり低いままである。この点こそ、わが国の最近の厳罰化の著しい交通政策との大きな違いがあるように思われる。わが国の対策は、現実に事故が起こったときの加害者個人の処罰、しかもできるだけ重い刑罰を科すことに主眼が置かれている。ドイツは上を上げるのではなく、自由刑以外のさまざまな事前規制を厳しくするというボトムアップの方式で、自由刑自体の執行はあくまで抑制的である[60]。

最近のドイツの交通政策を語るキーワードの１つは、「運転不適格者の排除」である。これは例えば、新たな点数制の下で運転許可の剥奪の点数が８点と非常に低い点数に引き下げられたことにも表れている。そして、８点に到達する前に、注意や警告を与え、運転適格講習の受講を動機付けるなどの方策がとられている。現実の事故が起こる前の厳しい規制である。

ここでわが国の点数制のわかりにくさを指摘することができるであろう。個別の点数がさまざまであることに加え、その点数の有効期限等の点数以外の要素も絡み、点数の出し方が複雑である。この点、ドイツでは点数自体が１点から３点と種類が少なく、しかも運転許可剥奪までの道が短いので（ドイツ人にとってはそれでも分かりにくいという声もあるようだが）格段に明快であり、点数がすべての違反行為につくわけではなく、一定の重い違反のみに対象をそぎ落としていることからも、点数制度の解りやすさは、ドイツの方が格段に上であるように思われる。

③ 「運転不適格者の排除」というキーワードで語ることのできる、ドイツのもう１つの特徴は、「運転許可の剥奪」という、わが国では免許停止に相当する改善保安処分の活用である。上述のように、自由刑以外の制裁は重くなっている例の１つであり、運転許可の剥奪は、②で述べた点数の累積、したがって形式的で画一的な判断による以外にも、裁判所が個別に「運転不適格者」であることを認めれば、刑事裁判の中で言い渡すこともできる。しかも、再申請禁止の期間は、対象者が運転不適格者である間は更新ができ、無期限にまで及ぶことが可能

---

60　ドイツとわが国の比較において、交通事犯の制裁のあり方を論じたものとして、川出敏裕「交通事件に対する制裁のあり方について」大谷實ほか編『宮澤浩一先生古稀祝賀論文集 第三巻 現代社会と刑事法』（2000年）237頁以下がある。

である。「運転不適格者」の認定基準が確かに問題ではあるが、これは例えばアルコールや酩酊罪の影響下での運転のような下位基準の充実によってルール化することができよう。

　悪質運転の場合の遺族の処罰感情は大きい場合があることは理解できるが、わが国の場合、刑事裁判においてはそれが懲役刑の重さに直結させて解消する以外の方策がない。しかし、当該加害者が刑務所に居続けることはないが、二度とハンドルを握らないということで、遺族の応報感情を宥和することはできないであろうか。私は、わが国でも運転許可の剥奪ないし運転免許停止の制度を刑罰として導入する可能性を検討すべきであるものと考える。

## Ⅳ　結びにかえて

　ところで、現在、法務省は、性犯罪についての罰則の見直しを行っており、そのために有識者から構成される「性犯罪の罰則に関する検討会」が2014年10月31日から開始された[61]。性犯罪の分野と同様に、交通事犯の法定刑も、一部の突出した厳罰化が性急に行われたために法定刑相互のバランスが著しく欠けている状態にあるように思われる。とくに交通事犯の処罰については、法定刑の定立の仕方として、結果志向が強く、過失であるという責任の側面が非常に軽視されており、それは、おそらく量刑法の観点からも、一般の量刑原則とは異なっているといえる。これらの法定刑について、批判的な観点からの学問的検討の必要性はますます高まっているように思われる。

---

61　朝日新聞2014年11月1日。

# 海賊対処法の適用に関する刑法上の一考察
——グアナバラ号事件第1審判決と第2審判決を素材として——

甲　斐　克　則

  I　序——海賊対処法成立の意義と本稿の問題設定——
 II　グアナバラ号事件の概要と第1審判決および第2審判決
III　判決の分析・検討
IV　海賊対処法と刑法解釈論
 V　結　語——海賊対処法の今後の課題——

## I　序——海賊対処法成立の意義と本稿の問題設定——

**1**　公海上で海賊による犯罪行為が行われた場合に、どこの国が責任を持ってこれに対処するか、法的にはかなり執行困難な状況が続いていたが、2009年（平成21年）に「海賊行為の処罰及び海賊行為への対処に関する法律」[1]（以下「海賊対処法」という。）が成立し施行されたことにより、状況は変わった。海賊行為は、古くから「人類共通の敵」として国際法上位置づけられており、世界レベルでは、「海洋法に関する国際連合条約」（1982年4月30日採択、1994年11月16日発効、日本は1996年7月20日批准：以下「国連海洋法条約」という。）が、第100条から第107条に亘り海賊行為に関する規定を設けていたが、ようやく国内法整備が実現したのである。最近、とりわけマラッカ海峡やソマリア沖で海賊行為が多発していただけに[2]、この立法は、刑法8条ただし書に当たる根拠規定となる点で実に意義深いものがある。特に刑事法レベルで国内法が整備されていないと、現場でいくら

---

[1] 本法の詳細については、甲斐克則「海賊対処法の意義と課題」海事交通研究61集（2012）13頁以下参照。なお、笹本浩＝高藤奈央子「ソマリア沖・アデン湾における海賊対策としての法整備――海賊対処法案の概要と国会論議――」立法と調査295号（2009）15頁以下、中谷和弘「海賊行為の処罰及び海賊行為への対処に関する法律」ジュリスト1385号（2009）64頁等参照。
[2] 海賊行為の近年の実態については、鶴田順「急増する海賊行為、日本はどう対応するか」世界2011年8月号（2011）29頁以下、ソマリア沖・アデン湾における海賊対処に関する関係省庁連絡会議『2011年 海賊対処レポート』（2012）、『2012年 海賊対処レポート』（2013）、『2013年 海賊対処レポート』（2014）参照。

摘発しようとしても、捜査や裁判の段階になると、どうしても法的に整合性が取れないところが出てくるが、海賊対処法の成立・施行により、これが法的に克服されたことになる。しかし、具体的にいかなる事案で海賊対処法が実際に適用されるのか。この点に大きな関心が注がれていた折、2011年3月にグアナバラ号事件が発生した。ところが、同年3月11日に未曾有の東日本大震災が発生したため、当初の社会的関心はやや弱まらざるをえなかった。その後、同事件は、日本の刑事法廷で裁かれることになったが、事件の特殊性もあって、必ずしもその内容が十分に知られていない。

**2** 2009年（平成21年）3月に閣議決定されて第171回国会に提出された同法の「提案理由説明」によれば、「海に囲まれ、かつ、主要な資源の大部分を輸入に依存するなど外国貿易の重要度が高い我が国の経済社会及び国民生活にとって、海上を航行する船舶の安全の確保は極めて重要であ」るが、「近年発生している海賊行為は、海上における公共の安全と秩序の維持に対する重大な脅威となって」おり、「このような状況及び国連海洋法条約の趣旨にかんがみると、海賊行為の処罰及び海賊行為への適切かつ効果的な対処について法整備をすることが喫緊の課題であり、この法律案を提案することとした」ということである。

重要なポイントは5点ある。第1に、海賊行為の定義、第2に、海賊行為をした者につき、その危険性や悪質性に応じて処罰すること、第3に、海賊行為への対処は、海上保安庁が必要な措置を実施するものとし、海上保安官等は、海上保安庁法において準用する警察官職務執行法第7条の規定による武器の使用のほか、他の船舶への著しい接近等の海賊行為を制止して停船させるため他に手段がない場合においても、武器を使用することができること、第4に、防衛大臣は、海賊行為に対処するため特別の必要がある場合には、内閣総理大臣の承認を得て海賊対処行動を命ずることができるものとし、当該承認を受けようとするときは、原則として、対処要項を作成し、内閣総理大臣に提出しなければならないこととするとともに、内閣総理大臣は、国会に所要の報告をしなければならないこと、第5に、海賊対処行動を命ぜられた自衛官につき、海上保安庁法の所定の規定、武器の使用に関する警察官職務執行法第7条の規定、及び他の船舶への著しい接近等の海賊行為を制止して停船させるための武器の使用に係るこの法律案の規定を準用すること、である[3]。

**3** 海賊対処法は、以上の5つの基本的視点をもとに13箇条に亘り具体的な内容を盛り込んだ規定を有しており、これによって、国内法の整備が一応完了した。日本でも、主に国際法の観点から海賊行為に関する法的研究がなされてきたが[4]、国内実定法の観点からは、法律が存在しないため、研究が遅れていた。しかし、グアナバラ号事件発生により、刑法解釈論上の重要課題も浮き彫りになった[5]。本件および本判決は、後述のように、日本の刑事法廷が裁くリーディングケースということもあって、重要な意義を有するし、海賊対処法の意義と限界についていろいろと考えさせられるところがある。

そこで、本稿では、グアナバラ号事件を考察の契機としつつ、筆者の専門である刑法(国際刑法を含む。)の観点から、グアナバラ号事件判決の分析をしつつ、海賊対処法の解釈論上の問題について考察することとする。国際刑法の基本原則としては、周知のとおり、属地主義が伝統的な基本的考えであるし、あるいは属人主義と保護主義をも加えて、国際刑法の諸問題を大体賄ってきた。しかし、さらに、「普遍主義」ないし「普遍的管轄権」という観点がこれらに加わる[6]。海賊の問題については、ある種の「国境を越える犯罪」でもあることから、普遍主義という観点から考えざるをえないところがある。以下、まず、グアナバラ号事件の概要と第1審判決および第2審判決の概要を示し、つぎに、判決に現れたポイントを分析・検討し、さらに、海賊対処法と刑法解釈論の課題について若干の考察を行うことにする。

---

3 以上の点については、甲斐・前出注(1)13-14頁で記述しておいたところである。
4 飯田忠雄『海賊行為の法律的研究』(1967・海上保安協会)、山田吉彦「海賊の変遷」海事交通研究57集(2008)1頁以下、逸見真「国際法における海賊行為の定義」海事交通研究58集(2009)1頁以下、岡野正敬「海賊取締りに関する国際的取り組み」国際問題583号(2009)34頁以下、鶴田順「海賊行為への対処」法学教室345号(2009)2頁以下、安藤貴世「海賊行為に対する普遍的管轄権——その理論的根拠に関する学説を中心に——」国際関係研究(日本大学)30巻2号(2010)49頁以下、坂本茂樹「普遍的管轄権の陥穽——ソマリア沖海賊の処罰をめぐって——」松田竹男ほか編『現代国際法の思想と構造Ⅱ』(2012・東信堂)168頁以下、瀬田真「海賊行為に対する普遍的管轄権の位置づけ——管轄権の理論的根拠に関する再検討——」早稲田法学会誌63巻2号(2013)119頁以下等参照。
5 刑法学者の研究として、甲斐・前出注(1)のほか、最近、北川佳世子「海賊対処法の適用をめぐる刑事法上の法的問題」『川端博先生古稀記念論文集〔下巻〕』(2014・成文堂)551頁以下が公表されたほか、実務家の研究として、城祐一郎「アラビア海におけるグアナバラ号襲撃事件に関する国際法上及び国内法上の諸問題(上)(下)」警察学論集67巻3号(2014)67頁以下、67巻4号(2014)101頁以下が公表された。
6 刑法学では、「普遍主義」という用語を使わずに「世界主義」という言葉を使うこともある。

## II　グアナバラ号事件の概要と第1審判決および第2審判決

### 1　グアナバラ号事件の概要

　まず、グアナバラ号事件の概要を示しておこう[7]。2011年（平成23年）2月17日、バハマ船籍で商船三井の原油タンカー「グアナバラ号」（57,462 G/T）は、ウクライナのケルチ港で重油を積み、中国の舟山港に向けて航行中であった。同年3月5日17時12分ごろ（現地時間）、北緯17度00分、東経58度50分付近のアラビア海の公海上で、グアナバラ号が、「私的目的」で小型ボートに乗って接近した被告人ら4人の海賊に乗り込まれた。海賊は、レーダーマストや船長室ドアに向けて自動小銃を発射するなどの一連の行為により、船長ら乗組員24名を脅迫し、さらに、操舵室内に押し入って操舵ハンドルを操作した後、グアナバラ号の操縦をさせようと乗組員らを探し回るなどし、乗組員らを抵抗不能の状態に陥れてほしいままにその運航を支配する海賊行為をしようとしたが、同月6日、アラビア海の公海上において、グアナバラ号が発した救難信号を受けて、米国海軍の艦船「バルクレイ」が現場海域に急行し、トルコ海軍の支援を受けてグアナバラ号を救出するとともに、米国海軍が海賊4人の身柄を拘束した（3月6日12時20分ごろ——現地時間）。グアナバラ号の乗組員は、24人全員が外国人（フィリピン人18人、クロアチア人・モンテネグロ人・ルーマニア人各2名）で、全員操舵室に避難し、負傷者はなかった。

　この4名について海上保安庁は、2011年3月10日、海賊対処法3条3項および2条5号の罪で東京地方裁判所より逮捕状の発布を受け、翌11日、海上保安官がジブチに派遣され、米国海軍により身柄を拘束されている4名の海賊をアデン湾の公海上の海上自衛隊護衛艦上で逮捕した。その後、海賊4名は日本へ移送され、同年3月13日に日本に到着し、その後、海賊対処法3条2項、1項および2条1号で起訴された。逮捕の時点では、海賊対処法3条3項・2条5号違反ということであったが、起訴の段階では、3条2項および2条1号違反の船舶強取・船舶運航支配未遂罪で起訴された。1名の少年について不起訴になっていたが、東京家裁が検察官送致（逆送）したのを受けて、海賊対処法違反の同じ罪で起訴

---

[7]　グアナバラ号事件発生当初の概要については、鶴田・前出注（2）参照。

され、東京地裁で5年以上9年以下の実刑に処された後に控訴され、2013年（平成25年）12月25日に東京高裁が控訴を棄却している（判例集不登載）。もう1名は、2013年（平成25年）4月12日に東京地裁で懲役11年の実刑判決を受けたが、控訴し、2014年（平成26年）1月15日に東京高裁が控訴を棄却した（判例集未登載。上告中）。本稿が考察対象とする残りの2名について、裁判員裁判で審理が行われた。ソマリア語を訳せる日本語通訳がおらず、公判は英語の通訳を介した「二重通訳」で行われたこともあり、弁護人は、公訴棄却の主張をした。

## 2　第1審判決要旨

第1審の東京地裁刑事第4部は、検察官の求刑懲役12年に対して、被告人両名を懲役10年に処する判決を下した（東京地判平成23年2月17日：判例集未登載）。第1審判決の要旨は、以下のとおりである。「量刑の理由」に詳細が記載されているので、その要旨も記載しておく。

### 1　海賊対処法の憲法適合性について

「本件では、海賊対処法のうち、被告人らに対する刑事処罰規定としての2条及び3条の適否が問題となるのであり、また、本件については自衛隊が海賊対処行動を取ったことも、武器を使用したこともないのであるから、海賊対処行動に関する同法6条ないし8条の憲法適合性を論じる余地はな」い。

### 2　刑事裁判管轄権について

国際法上の管轄権については、海洋法に関する国際連合条約100条の趣旨を勘案すると、「海賊行為については、旗国主義の原則（公海において船舶は旗国の排他的管轄権に服するというもの）の例外として、いずれの国も管轄権を行使できるという意味での普遍的管轄権が認められているものと解するのが相当であ」る。

「国内法上の管轄権についてみると、海賊対処法は、公海等における一定の行為を海賊行為として処罰することを規定し（2条ないし4条）、国外での行為を取り込んだ形で犯罪類型を定めている。このような規定の仕方自体から、海賊対処法には国外犯を処罰する旨の『特別の規定』（刑法8条ただし書）があるものと解され、さらに、前記のとおり海賊行為については普遍的管轄権が認められることを併せ考えると、海賊対処法は、公海上で海賊行為を犯したすべての者に適用されるという意味で、その国外犯を処罰する趣旨に出たものとみることができる。したがって、海賊行為について国外犯処罰規定がないといえないことはもちろん、管轄を及ぼすべき具体的な行為が法文から明らかでないともいえない。」

### 3　被告人らの引受行為等について

「当裁判所の事実取調べの結果によれば、……被告人らの引渡しと逮捕、その後の弁護人の選任までの一連の手続は、種々の制約がある中で可及的速やかになされたとみることができる上、その逮捕手続についても、海上保安官は、令状主義の精神に則り、被告人らに対して逮捕の理由と弁護人選任権を告知するよう努めたことがうかがわれるから、弁護人が指摘する事情を考慮しても、被告人らに対する逮捕手続等に公訴の提起を無効とするような違法があるとはいえない。また、その後の被告人らとの意思疎通が二重通訳になるなどしたからといって、そのことをもって本件公訴の提起が違法になるとは解されない。」

### （量刑の理由）

「1　本件は、日本で初めての海賊対処法違反（運航支配未遂の罪）被告事件であるが、まず、当裁判所は、犯行が未遂に終わっている反面、行為の危険性・悪質性等からすると、本件は、取り得る有期懲役刑の刑期の範囲内で、上限付近にも下限付近にも位置付けられず、その中央付近に位置するものと考えた。

すなわち、本件は、投資家の出資と現場責任者（リーダー）の勧誘の下に集まった被告人らが、自動小銃やロケットランチャーで武装してソマリアから出航し、アラビア海の公海上を航行するオイルタンカーを発見するや、これを乗っ取り最終的には船員らの身代金を獲得しようと、小型ボートで接近してタンカーに乗り込んだもので、組織性・計画性の強い典型的なソマリア海賊の事案である。そして、本件タンカーには、当時は24名もの船員が乗船しており、タンカー自体も約46億円相当の重油を積載した全長約240メートルの巨大な船舶であったから、犯罪の規模も大きい。被告人らは、このようなタンカーに狙いを付けると、自動小銃を発射しながら船員らを威嚇するように接近し、サブリーダーを含む共犯者2名と共に上船後、レーダーマスト等を自動小銃で破壊した上で、操舵室内に押し入って操舵装置を動かし、さらに、施錠されたドアをバールでこじ開けながら船内奥深くまで船員らを捜し回ったり、船長室ドアに向けて自動小銃を発砲したりし、互いに協力しながら行動を共にしている。身代金目的の犯行で、その行為態様自体も悪質であり、運航が支配される危険性も高かったといえる。

これに対し、弁護人は、船員らは海賊対策のマニュアルに従って機関室内に退避し、タンカーの操舵システムも操舵室から機関室へと切り替えられていたから、運航支配の結果が発生する危険は少なかったし、船員への直接の危害もなかったなどとして、本件は、法定刑が懲役5年以下と定められている艦船侵入・損壊罪（海賊対処法2条5号）と大きな差がなく、あるいはそれに近い類型であり、行為から考えられる刑の範囲としては、懲役2年6月から5年程度が相当であると主張する。しかし、本件では、船員らの適切な対応の結果として前記危険等が回避されたにすぎず、前記のとおり、被告人らは船内各所を破壊し、操舵システムが切り替えられていることに気付いた後も、乗っ取りをあきらめるこ

ともなく船員らを捜し回っていたのである。この間、船員らは、銃で撃ち殺される恐怖におびえながら、解放されるまで約22時間にわたり機関室内に身を潜めていたもので、船長が強い恐怖心から本件後に退社していることなどに照らしても、本件海賊行為の犯情が艦船侵入・損壊罪と全く異なることは明らかである。弁護人の主張は失当である。

　2　次に、被告人両名は、現場責任者等よりは立場が低いといえるにしても、いずれも高額の報酬目当てで実行部隊に加わったのであるから、積極的に重要な役割を果たしたと評価できる。また、被告人両名の役割や行動内容の点で、両名の刑事責任に有意の差はないというべきである。

　弁護人は、内戦が続く無政府状態のソマリアで、自動小銃が身近にあり、貧しい生活をしていたという被告人らの境遇からすれば、生きるための選択肢が少なく、海賊行為に参加したことを強く非難できないと主張する。しかし、被告人両名が及んだ前記海賊行為の内容に加え、4万ないし5万ドルという多額の報酬を目論んでいたこと（なお、被告人両名の当時の月収は、30ドル又は100ドルというものであった。）からすれば、被告人らは海賊行為の違法性を十分に理解した上で参加したと考えられる。弁護人が指摘するような背景事情は、銃を使用することのハードルが相対的に低いという限度では理解できるが、その点を過大に評価することはできない。

　3　ただし、被告人両名は、海賊行為に参加したのは今回が初めてであり、それまでは、健康上の問題を抱えつつも、苦しい生活の中で家族のために真面目に働いてきたものである。当初は犯行を否認していたものの、現時点では、自分にとって不利な部分も含めた事実関係を詳細に供述し、被害を受けた関係者に思いを至すようにもなっており、本件に参加したことを深く後悔している。

　これらを、被告人両名の刑期を減じる事情として考慮し、主文の刑が相当であるとの結論に至った。

　4　なお、弁護人は、組織では末端に属する被告人らを重く処罰しても根本的な解決にはならず、むしろソマリアに対する政治的・経済的な支援こそが必要であるとも主張するが、海賊問題は、そのような支援のみならず、海賊行為に対する刑事裁判を含め、様々な観点からの対応が検討されるべきものであって、弁護人の主張は、海賊行為の処罰の必要性を減じ、あるいは被告人らを軽く処罰する理由にはならないというべきである。」

## 3　第2審判決要旨

　弁護人は、海賊対処法の6条ないし8条の合憲性、刑事管轄権の有無、被告人両名の引受け行為の違法性ないし有効性、および量刑不当について争い控訴したが、第2審（東京高判平成25年12月18日：高刑集66巻4号6頁）は、控訴棄却の判決

を言い渡した。海賊対処法の6条ないし8条の合憲性と被告人両名の引受け行為の違法性ないし有効性については特段の問題がないので、ここでは、紙数の関係で、刑事管轄権の有無と量刑不当についての判断の要旨を示しておく。

### 1 刑事管轄権の有無について

「所論は、本件については以下の理由により、日本の裁判所には国際法上の管轄権も国内法上の管轄権も認められないと主張する。すなわち、ア　国際法上の管轄権について、原判決は、海洋法に関する国際連合条約（以下「国連海洋法条約」という。）100条は『すべての国は、最大限に可能な範囲で、公海その他いずれの国の管轄権にも服さない場所における海賊行為の抑止に協力する。』と定めているところ、海賊行為が公海上における船舶の航行の安全を侵害する重大な犯罪行為であることや、海賊行為をめぐる国際社会の対応等の歴史的沿革を踏まえ、その規定の趣旨を勘案すると、海賊行為については、旗国主義の原則（公海において船舶は旗国の排他的管轄権に服するというもの）の例外として、いずれの国も管轄権を行使することができるという意味での普遍的管轄権が認められているものと解するのが相当であるとしたが、同条約105条は『（海賊船舶等の）拿捕を行った国の裁判所は、科すべき刑罰を決定することができる。』と明確に規定しているのであって、このような明確な規定を同条約100条のような抽象的な規定を拡張ないし類推解釈をして否定することはできない、イ　国内法上の管轄権について、原判決は、海賊対処法は、公海等における一定の行為を海賊行為として処罰することを規定し（同法2条ないし4条）、国外での行為を取り込んだ形で犯罪類型を定めているところ、このような規定の仕方自体から、同法には国外犯を処罰する旨の『特別の規定』（刑法8条ただし書）があるものと解され、海賊行為については普遍的管轄権が認められることを併せ考えると、海賊対処法は、公海上で海賊行為を犯したすべての者に適用されるという意味で、その国外犯を処罰する趣旨に出たものとみることができ、海賊行為について国外犯処罰規定がないといえないことはもちろん、管轄を及ぼすべき具体的な行為が法文から明らかでないともいえないとしたが、海賊行為に認められる普遍的管轄権とは、『（海賊船舶等の）拿捕を行った国の裁判所は、科すべき刑罰を決定することができる』という意味での普遍的管轄権であるから、海賊対処法の処罰規定を適用することができる者も、日本の官憲が拿捕した者に限られるというべきである。

しかしながら、(2) アの点については、海賊行為は古くから海上交通の一般的安全を侵害するものとして人類共通の敵と考えられ、普遍主義に基づいて、慣習国際法上もあらゆる国において管轄権を行使することができるとされており、実際、ソマリア海賊に関しても海賊被疑者を拿捕した国が第三国に引き渡し、第三国もこれを受け入れ、訴追、審理を

行った例が多数見られるところである。こうした慣習国際法上の実情及び国家実行に加えて、国連海洋法条約100条が、上記のとおり海賊行為に関し、すべての国に対する協力義務を規定していることも併せ考慮すれば、国際法上、いずれの国も海賊行為について管轄権を行使することができると解される。所論は、同条約15条によれば本件につき国際法上管轄権を行使し得るのは被告人らを拿捕したアメリカ合衆国であり、日本はこれを認められないというのであるが、同条は、その規定振りが全体として権利方式である上(英文では「may decide upon the penalties to be imposed」とされており、『科すべき刑罰を決定することができる』と訳されている。)、同条が定めるすべての国が有する海賊行為に対する管轄権は、国連海洋法条約によって初めて創設されたものではなく、古くから慣習国際法により認められてきたものであって、所論の主張は、このような沿革や同条の趣旨に反するものである。そして、実質的に見ても、拿捕国が海賊被疑者の身柄を拘束し証拠も保持しており、同国にその管轄権を肯定するのが適正かつ迅速な裁判遂行、ひいては海賊被疑者の人権保障にも資することからすれば、同条はいずれの国も海賊行為に対して管轄権を行使することを前提とした上で、拿捕国は利害関係国その他第三国に対して優先的に管轄権を行使することができることを規定したものと解するのが相当である。原判決は、同条約105条の解釈については特に触れていないが、その判文に徴すれば同条約に関し上記と同旨の理解に立つものであると考えられ、所論がいうように同条約100条のみに依拠したものとは認められない。所論(2)アは、原判決を正解しないものであって採用できない。また、所論(2)イは、既に見たとおり、普遍的管轄権の理解及び同条約105条の解釈を異にするものであって、その前提において失当である。」

## 2 量刑について

「原判決が挙げる量刑事情に不当な点はなく、それを踏まえた量刑判断に際しての本件の位置付け及び被告人両名の刑事責任に関する判断は相当であって、各量刑が重すぎて不当であるとはいえない。」

「さらに所論は、(3)内戦が続く無政府状態のソマリアで不安定で貧しい生活を強いられた被告人両名にとっては、海賊行為に参加することは生きるためにやむを得ない選択であったのであり、強く非難することはできない旨主張する。確かに、被告人両名がソマリアにおいて置かれていた環境には過酷なものがあったと思われるが、海賊行為は古くから人類共通の敵と言われるように、それ自体が極めて強い非難に値する悪質なものであることに加えて、被告人両名が本件犯行に参加することを決意した直接の動機は高額の報酬を得ることにあったことに鑑みれば、この点を量刑判断に当たり過大に考慮することは許されないというべきである。」

その後、1名が上告したが、最決平成26年6月16日（判例集未登載）で上告が棄却され、懲役10年の刑が確定している。

## Ⅲ　判決の分析・検討

### 1　海賊行為処罰と普遍的管轄権

本件の中心的論点は、「公海上で外国人のみが乗船した外国向け貨物を積載した外国船舶が外国人により襲撃された海賊事案」、すなわち、「日本との関連性の希薄な事案に対して、日本が自国の法律を適用し、犯罪の捜査や犯人の逮捕等の執行管轄権を行使し、さらに司法管轄権を行使した点において、日本による普遍主義に基づく管轄権行使」が適法であったか否か[8]、である。そして、第1審判決も第2審判決も、まさに国内法である海賊対処法の適用を普遍的管轄権を根拠にして認めたことにより、遠いアフリカのソマリア沖の公海上で行われた海賊行為に対して普遍的管轄権を行使しうることを司法が自ら認めたことの意義は大きい。しかも、日本との関連は、かろうじて「日本企業が運航するバハマ船籍のオイルタンカー」という点（いわゆる便宜置籍船という関連性）にしかない。もちろん、普遍的管轄権を承認すれば、こうした事態は十分に想定しておかなければならない。

しかし、より厳密にみると、第1審判決よりも第2審判決の方が入念な認定をしているとはいえ、国連海洋法条約105条の「拿捕を行った国の裁判所は、科すべき刑罰を決定することができる。」という規定との整合性に関する理由づけがなお曖昧であるなど、課題は残る。また、後述のように、「私的目的」と「政治的目的」との区別は難しい場合がありうる。両判決件では、この点にあまり言及されていないが、おそらく「私的目的」を当然の前提としているのであろう。この点は、結論としては妥当と思われるが、やはり言及しておくべきである[9]。

---

[8] 鶴田順「判批」『平成25年度重要判例解説』ジュリスト1466号（2014）287頁。
[9] 北川・前出注（5）576頁も、課題を指摘しつつ、裁判所の法判断の結論が妥当だと評価している。なお、本件の別判決（東京高判平成26年1月15日）に関する後藤啓介「批判」刑事法ジャーナル42号（2014）137頁以下、特に140-142頁も、同様の立場である。

## 2　量刑について

　刑法解釈論上の課題は後述することにし、量刑についてみると、第1審判決も第2審判決も、被告人両名を懲役10年に処したが、この量刑を重過ぎるとみるべきか。先の論文で、私は、次のような指摘をしておいた。すなわち、「『破綻国家』であるソマリアという国柄ないし国情を考えてほしいという情状論が強調された場合、刑の免除等の特別の配慮に向けた議論になる可能性もないわけではない。ソマリアは現在、無政府状態であり、従来は海賊行為についてケニアで裁判をやっていたようだが、さすがに件数が多いのでケニアも音を上げて裁判管轄を放棄する事態も生じているという。ソマリアのように『破綻国家』と言われている国の近くの公海で行われた海賊行為に関しては、おそらく被告人たちからすると、『自分たちはむしろ政治の犠牲者である』という意見が出てくる余地がある。今回、それらが裁判でどういう方向に行くのか、注目される。量刑には影響はあるかもしれないが、有罪か無罪かという結論にそれが大きく関わることまではないであろうと考える。」[10]と。現に本件で弁護人は、この点も主張したが、第1審判決は、「当裁判所は、犯行が未遂に終わっている反面、行為の危険性・悪質性等からすると、本件は、取り得る有期懲役刑の刑期の範囲内で、上限付近にも下限付近にも位置付けられず、その中央付近に位置するものと考えた。」と述べて、「海賊問題は、そのような支援のみならず、海賊行為に対する刑事裁判を含め、様々な観点からの対応が検討されるべきものであって、弁護人の主張は、海賊行為の処罰の必要性を減じ、あるいは被告人らを軽く処罰する理由にはならないというべきである。」と指摘している。また、第2審判決も、基本的に第1審判決を支持して、「海賊行為は古くから人類共通の敵と言われるように、それ自体が極めて強い非難に値する悪質なものであることに加えて、被告人両名が本件犯行に参加することを決意した直接の動機は高額の報酬を得ることにあったことに鑑みれば、この点を量刑判断に当たり過大に考慮することは許されないというべきである。」と結論づけている。期待可能性やその他の事情を考慮しても、結論としては、妥当な量刑だと思われる。

　なお、海賊対策の根本解決のためには、そうした国への政治的・経済的支援のほかに、法制度的支援も不可欠であるが、これは1国でなしうるものではな

---

10　甲斐・前出注（1）21-22頁。

い。国境を越えた協働による対応が求められる。現に、以前は年間200件を超えていたソマリア沖での海賊行為件数が、2014年には11件に減少していることは、そうした国際的協働の取組みの成果といえよう。

## IV　海賊対処法と刑法解釈論

### 1　海賊対処法と刑法および国際刑法の基本原則との関わり

　今回のグアナバラ号事件は、解釈論上はそれほど大きな問題を含んでいるわけではない。少なくとも、本件で適用された運航支配未遂罪（海賊対処法3条2項）の成立を否定するのは困難であろう。しかし、リーディングケースであるだけに、本件および本判決を正確に理解するには、海賊対処法の処罰規定全体を理解しておく必要がある。なぜなら、前述のように、海賊行為は、古くから国際法上議論されてきた問題のひとつであるが、現在、海賊行為を実定法の問題として実際に考えてみると、解釈論上いろいろな問題が出てくるからである[11]。

　まず、国連海洋法条約101条に国際法レベルでの海賊の定義がある[12]。それによれば、海賊とは、「公海上の私有船舶の乗員・乗客による他の船舶等に対する私的目的に基づく不法な暴力等の行為」である。また、同条約103条には海賊船舶または海賊航空機の定義もあり、さらに、同条約105条には海賊船舶または海賊航空機の拿捕についての規定がある。海賊対処法も、こうした国連海洋法条約の諸規定を参考にしてはいるが、これらを執行するためには、罪刑法定主義等の刑法上の諸原則と照らし合わせてどうしても国内法との整合性を図る必要があったことから、より厳密な定義が導入されている。それでも、やはり文言上、解釈に幅が出てくることはやむをえないものがある。いずれにせよ、便宜置籍船の増加に伴って船舶と旗国の関係が希薄化している現状に対応するためにも、海賊対処法が制定・施行されたことによって、国際法レベルでの条約上の海賊行為をまさに日本の国内法で処罰することができるようになったことは、国民にとっても外国の関係者にとっても、そして法を執行する側にとっても、非常に重要な動きであったと考えられる。

---

11　以下の叙述は、甲斐・前出注（1）15頁以下の叙述を敷衍したものである。
12　詳細については、逸見・前出注（4）1頁以下および鶴田・前出注（4）2頁以下参照。

さて、刑法の基本原則としては、行為主義、罪刑法定主義、責任主義という基本原則がある。海賊対処法との関係でみていくと、行為のみを罰するという意味での行為主義については問題ない。難しいのは、罪刑法定主義にかかわる部分で、文言との関係でどこまで射程範囲が認められるか、という問題が出てくる。例えば、後述のように、「私的目的」という文言の解釈をめぐりその限界がかなり難しいケースがありはしないか、という点が問題となる。さらに、責任主義との関係では、海賊対処法は故意犯であるがゆえに、故意の問題が重要であるが、特に政治的な問題が絡んでくると、確信犯の問題という刑法固有の昔からある議論が関係してくる。

　しかし、他方では法益保護主義があり、その内実として「法益」の侵害をいかにして確定するか、という点が問題となる。国内法であれば、個人法益、社会法益、国家法益という具合に三分類されるが、海賊対処法は、後述のように、犯罪類型として従来の刑法典の解釈で賄えていた部分とそれを超越する部分とがある。すなわち、個人法益と社会法益の複合的な要素が絡む規定もあるので、海上国際犯罪という次元での保護法益の確定は、国内法の解釈とは多少異なる、普遍主義という視点も加味した解釈論上重要な課題となる。例えば、海洋航行の自由と安全は、海賊対処法の保護法益を考えるうえで不可欠の視点である。

　海賊対処法における定義によれば、「この法律において『海賊行為』とは、船舶（軍艦及び各国政府が所有し又は運行する船舶を除く。）に乗り組み又は乗船した者が、私的目的で、公海（海洋法に関する国際連合条約に規定する排他的経済水域を含む。）又は我が国の領海若しくは内水において行う次の各号のいずれかの行為をいう。」と規定されている（２条）。したがって、本罪は、目的犯である。「公海」については、国連海洋法条約で規定があり（86条以下）、それを受けて、海賊対処法では、「公海又は我が国の領海若しくは内水において行う次の各号のいずれかの行為」という規定になっている。この中で領海とか内水であれば、もちろん問題なく捜査権を発動できるが、問題は、海賊行為が公海上で行われた場合である。従来、このケースでいろいろと苦慮していたわけであるが、海賊対処法の規定により、ソマリア沖のような遠い公海上での犯罪にわが国の捜査機関も対応できるということになった。

## 2　海賊対処法2条の解釈をめぐる諸問題

　それでは、海賊対処法の個々の罪の構成要件の解釈をめぐる諸問題を具体的に検討していこう。逐条解釈する余裕はないので、解釈のポイントを述べたい。

　処罰規定（3条および4条）の前提となる規定として、まず、海賊対処法2条1号では、「暴行若しくは脅迫を用い、又はその他の方法により人を抵抗不能の状態に陥れて、航行中の他の船舶を強取し、又はほしいままにその運行を支配する行為」と規定されている。前段の行為を「船舶強取罪」、後段の行為を「船舶運行支配罪」と呼ぶことができる。

　船舶強取罪の行為は、「強取」であるから、強奪行為である。これは、「シージャック」と言ってもよい。また、船舶運行支配罪は、「ほしいままに運航を支配する」という海賊独自の運航支配の行為類型も規定された点が重要である。これは、グアナバラ号事件でも適用された規定である。「強取」という行為は、従来、財産罪という観点からみると、強盗罪（刑法236条1項）の行為に該当することは間違いないが、船舶を丸々強取するということになると、単なる財産罪たる強盗で予定しているものを超える部分がある。なぜなら、船舶の運航に関わるので、「又は」という文言で結ばれている以上、この両者は、おそらくかなり密接な関係にあると考えられるからである。そうすると、「航行の安全」という観点も加味すると、仮に日本船籍の船舶に対してこの行為がなされた場合、日本の刑法解釈論からすれば、艦船覆没・破壊罪（刑法126条2項）という犯罪類型も、この中に盛り込まれているのではないか、と考えられる。

　つぎに、2号では、「暴行若しくは脅迫を用い、又はその他の方法により人を抵抗不能の状態に陥れて、航行中の他の船舶内にある財物を強取し、又は財産上不法の利益を得、若しくは他人にこれを得させる行為」と規定されている。前段の行為を「船舶内財物強取罪」、後段の行為を「不法利得罪」と呼ぶことができる。

　船舶内財物強取罪の前半の「暴行若しくは脅迫を用い、又はその他の方法により人を抵抗不能の状態に陥れて」という文言は理解できるとしても、後半の「船舶内にある財物を強取し」という文言については、やや問題が生じる。なぜなら、この行為も、1号の場合と同じく強盗行為に近く、仮に日本船籍の船舶に対してこの行為がなされた場合、この部分は国内法でも強盗罪（刑法236条1項）で対応できると思われるからである。したがって、2号との関係の行為は、国内法

でも対応しやすい。要するに、国内法では強盗罪も適用でき、かつ、海賊対処法も適用できるという場合には、いわゆる罪数論の問題として考え、観念的競合（刑法54条前段）を適用して、裁判では科刑上一罪となるであろう。ただし、捜査ないし逮捕の際には、二罪で対応することになるであろう。

　不法利得罪の「財産上不法の利益を得、若しくは他人にこれを得させる行為」の内実も、刑法典のいわゆる２項強盗罪の解釈と呼応すると考えられる。すなわち、「財産上不法の利益」とは、「利益自体が不法であることを意味せず、財産上の利益を不法に移転させることを意味する」[13]。したがって、例えば、海賊が、乗組員からキャッシュカードを窃取した後に反抗を抑圧するに足りる暴行・脅迫を加えて暗証番号を聞き出すか、またはその他の財産情報を得て利益を移転させる行為もこれに含まれる。

　なお、日本船籍の船舶に対してこの行為がなされた場合、海賊対処法と刑法典との関係をここで確認しておくと、刑法典が一般法、海賊対処法は特別法である。一般的に特別法は一般法に優先する。しかし、海賊対処法は、単なる特別法かというとそうでもなく、刑法典を超える部分もある。基本的性格として、海賊対処法は、刑法典の特別法でもあるし、さらに刑法典で賄いきれない内容の規定も含んでおり、刑法典を補充するという意味で補充的性格も有しているので、いわば二重の性格があるものと考えられる。ただし、この２号については、強盗行為であることから、刑法典の強盗罪と海賊対処法のこの規定はまさに法条競合として一罪となり、海賊対処法２条２号・３条１項の罪のみが成立するわけである。

　３号では、「第三者に対して財物の交付その他義務のない行為をすること又は権利を行わないことを要求するための人質にする目的で、航行中の船舶内にある者を略取する行為」と規定されている。この「人質目的略取罪」は、「海賊人質強要罪」の前段階に位置する目的犯としての犯罪類型であり、刑法典に照らせば、略取・誘拐の罪（刑法225条の２）に当たる可能性があるし、同時にそれが海賊対処法のこの罪にも該当しうる。しかし、この刑法典の罪は一般法であり、競合する場合は、特別法たる海賊対処法上の本罪を優先適用することになる。

　４号では、「強取され若しくはほしいままにその運行が支配された航行中の他

---

[13]　西田典之『刑法各論（第六版）』（2012・弘文堂）173-174頁。

の船舶内にある者又は航行中の他の船舶内において略取された者を人質にして、第三者に対し、財物の交付その他義務のない行為をすること又は権利を行わないことを要求する行為」と規定されている。この行為こそ、「海賊人質強要罪」とでも呼ぶべき海賊行為の典型類型である。この行為も、人質を前提としていることとの関係で考えると、刑法典の強要罪の域を超えており、3号の海賊人質強要罪と同様、海賊行為特有の性格がかなり出ているとい言えよう。このような点が、本罪の特徴を表していると考えられる。

　1977年（昭和52年）に起きたダッカ事件（日本人の過激派による航空機乗っ取り事件）を契機に、1978年（昭和53年）、「人質による強要行為等の処罰に関する法律」（人質強要行為処罰法）が制定されたが、1987年（昭和62年）、「人質をとる行為に関する国際条約」（人質禁止条約）が批准されたことに伴って同法は改正されている。人質強要行為処罰法1条は、「人を逮捕し、又は監禁し、これを人質にして、第三者に対し、義務のない行為をすること又は権利を行わないことを要求した者は、6月以上10年以下の懲役に処する。」と規定する。したがって、この規定からも推測できるように、海賊人質強要罪は、人質強要行為処罰法の犯罪類型を海賊行為に応用して補足する意味合いがあると考えられるものである。さらに言えば、この第4号の行為こそ、海賊行為の特徴を示す犯罪類型である。なぜなら、そこで「運航を支配された場合」には、船外に脱出困難であるという海上事犯・船舶事犯の特徴があるからであり、陸上事犯のように、他のところに脱出できる可能性があるかというと、公海上でおそらく船から脱出することができるのは、よほど特殊な潜水能力ないし遠泳能力を有する人に限られ、通常は、救助用の小舟が特別に準備されていないかぎり脱出できないであろうからである。かくして、海賊人質強要行為は、刑法典に照らせば、略取・誘拐の罪（刑法225条の2）に当たる可能性があるし、同時にそれが海賊対処法のこの罪にも該当しうる。あるいは、日本の刑法解釈論からいくと、義務のないことを人に行わせる行為は、強要罪（刑法223条1項）にも該当する可能性がある。しかし、これらの刑法典の罪は、一般法であり、特別法たる海賊対処法上の海賊人質強要罪を優先適用することになる。

　以上の1号から4号までの行為は、後述の4条の規定から明らかなように、死傷結果を伴いうる行為であることから、海賊対処法の中でも重い刑が予定された行為内容と言える。

5号では、「前各号のいずれかに係る海賊行為をする目的で、航行中の他の船舶に侵入し、又はこれを損壊する行為」と規定されている。この「海賊目的艦船侵入罪」も、刑法典との関係では、「船舶に侵入」する行為であるから、刑法典の住居（艦船）侵入罪（刑法130条）という規定と競合しうる。また、「艦船を損壊する行為」も、基本的には建造物（艦船）損壊罪（刑法260条）の財産罪と競合しうる。ただし、後述のように、「損壊」の射程範囲が問題となる。損壊と破壊は、刑法解釈論上、異なる。当該行為が「破壊」に至ると、刑法126条2項の艦船覆没・破壊罪という規定に該当しうる。これは、社会法益に対する罪であり、死亡した場合には死刑まで予定されている非常に重い罪である（刑法126条3項参照）。したがって、この5号の規定がそこまで重い範疇に入るのか否かが、解釈論の課題となる。例えば、加害船舶たる海賊船が強行接舷して被害船にぶつかり船首部分が破壊された場合、単なる部分的な損壊であれば、財産犯たる艦船損壊罪（刑法260条）を適用すればよいが、航行に支障を来すほどの損壊となれば艦船破壊罪（刑法126条2項）となり、公共の危険との関係で社会法益を害することにもなり、その場合に海賊対処法2条5号で対応するのか、それに加えて刑法126条2項の艦船破壊罪を適用するのかは、重要な問題となる。なぜなら、その結果、被害者が死亡した場合、刑法126条3項の艦船破壊致死罪が適用されることになるが、後者では法定刑として死刑も予定されているからである。もっとも、海賊対処法4条でも死刑を予定しているので、いずれにせよ、死刑の適用問題が絡むと、後述のように、裁判管轄をめぐる国際法上の問題も出てくるであろう。ただ、少なくとも刑法解釈論上は、そういう場合、艦船覆没・破壊致死罪（刑法126条3項）を別途適用できるケースがありうると考える。

　6号では、「第1号から第4号までのいずれかに係る海賊行為をする目的で、船舶を航行させて、航行中の他の船舶に著しく接近し、若しくはつきまとい、又はその進行を妨げる行為」と規定されている。この「海賊目的接近・つきまとい・進行妨害罪」は、海賊行為の常套手段としてまずは用いられる行為である。「接近」とか「つきまとい」という行為であれば、ソマリア沖やマラッカ海峡だけではなくて、いろいろなところでこういう事件が起きている。では、この射程範囲は、どこまでか。海賊対処法は、ソマリア沖の海賊対策のためだけにできたわけではないので、例えば、南氷洋での捕鯨調査船の妨害行為を行う船舶が接近してきて、「つきまとい」行為が現に行われているわけであるが、それが「私的

目的」であった場合、こういう行為にもこの規定が適用可能かどうかは、検討課題だと思われる。航行の安全が害されることは間違いないわけで、これは、日本だけの問題ではないと思われる。いろいろな国で海賊への対処として国内法化が進んでいると思われるので、それらを比較分析して、「私的目的」での悪質なつきまとい行為、接近、接舷行為、こういう行為が海賊対処法の射程範囲にあるというような国際レベルでの合意ができれば、私は、解釈論として、この規定を適用してもよいのではないかと考えている。もちろん、特別に合意がなくても、一定の明白な行為の場合、罪刑法定主義を逸脱しない範囲であれば、少なくとも理論的には適用が不可能ではないと考える。

7号では、「第1号から第4号までのいずれかに係る海賊行為をする目的で、凶器を準備して船舶を航行させる行為」と規定されている。この「海賊目的凶器準備集合罪」も、刑法典の凶器準備集合罪（刑法208条の3）と競合すると考えられる。

### 3　海賊対処法3条・4条の解釈をめぐる諸問題

以上が、海賊対処法3条の犯罪類型の前提となる定義規定であるが、3条は、それらの定義を受けて、それぞれの違反行為を処罰する規定である。文言をめぐる解釈論上の問題点は、2条のところで前述した部分と重複するので、重複を避けてポイントを述べておきたい。

3条1項では、「前条第1号から第4号までのいずれかに係る海賊行為をした者は、無期又は5年以上の懲役に処する。」と規定されており、第1号（船舶強取行為・運行支配行為）、第2号（船舶内財物強取行為・不法利得行為）、第3号（人質目的略取行為）、および第4号（海賊人質強要行為）については、未遂も処罰する（同条2項）。こうした規定内容から、これらの行為類型の重さが看取できる。

グアナバラ号事件では、海賊らは、タンカーに狙いを付けると、自動小銃を発射しながら船員らを威嚇するように接近し、サブリーダーを含む共犯者2名と共に乗船後、レーダーマスト等を自動小銃で破壊したうえで、操舵室内に押し入って操舵装置を動かし、さらに、施錠されたドアをバールでこじ開けながら艦内奥深くまで船員らを捜し回ったり、船長室ドアに向けて自動小銃を発砲したのであるから、船舶運行支配罪が予定する「ほしいままに運航を支配する」という海賊独自の運航支配の行為類型にあたり、実質的な客観的危険性が認められ、本罪の

未遂罪は成立するといえよう。第1審判決およびそれを支持する第2審判決が、量刑の箇所で、「本件を未遂犯の中でも既遂犯に近く、その犯行態様も相当危険な類型のもの」と捉えているのは、その点で妥当であり、逆に、運航支配の結果が発生する危険は少なかったし、船員への直接の危害もなかったという弁護人の主張は、説得力が弱い。

3条3項では、海賊目的艦船侵入行為・海賊目的艦船損壊行為および海賊目的接近・つきまとい・進行妨害行為については、「前条第5号又は第6号に係る海賊行為をした者は、3年以下の懲役に処する。」と規定されている。海賊目的での「接近」とか「つきまとい」という行為は、海上ではしばしば発生しており、前述のように、民間の「環境保護団体」と称する船舶が船舶調査船に対してこの種の行為を行った場合、本罪の規定の適用の余地もありうるのではなかろうか。もっとも、背後に国家ないし一定の政治団体が控えている場合には、微妙な問題を含むことになるかもしれない。それからもう一点は、不審船の問題がある。不審船も、旗国主義との関係で、国旗を揚げていない不審船が日本近辺にはしばしば出回ることがあるが、これも、ある種の国家の使命を帯びているという事情が背景にあることがある。そうすると、公的目的と私的目的の区別は一体どこでつくのか、という課題が出てくる。それを海賊と呼んでよいのかどうか、解釈論上ひとつの重要な課題であろう。

なお、3条4項では、海賊目的凶器準備集合罪に関して、「前条第7号に係る海賊行為をした者は、3年以下の懲役に処する。」とやや軽い刑が規定されている。また、「ただし書き」では、「第1項又は前項の罪の実行に着手する前に自首した者は、その刑を減軽し、又は免除する。」という自首に基づく必要的減軽の規定もある。この点について、解釈論上、大きな問題はない。

4条1項は、「前条第1項又は第2項の罪を犯した者が、人を負傷させたときは無期又は6年以上の懲役に処し、死亡させたときは死刑又は無期懲役に処する。」と規定し、未遂も処罰される（4条2項）。ここで重要な点は、死刑が規定されている点である。海賊対処法の場合、どこに最終的な裁判地を持っていくか、という課題が出てくるわけである。日本やアメリカの一定の州を別として、多くの先進国では、ヨーロッパを中心に死刑を廃止しており、したがって、「日本に裁判地をもって行くと死刑の規定があるから、犯罪者を日本に引き渡してよいのかどうか」という問題が犯罪捜査実務上は出てくるかもしれない。今回のグ

アナバラ号事件は、死刑に値する事件ではなかったという事情もあるので、この点は問題にならないが、もし死刑に相当する行為を行った海賊の身柄を拘束して日本に移送すべきか、という事態に直面したときに、この問題が出てくる可能性がある。もちろん、死刑の規定が残っている国は他にも点々とあるので、日本だけの問題ではない。したがって、世界的にはやはり法定刑のバランスという点が、海賊対処法の運用上、実際に裁判地を選ぶときに問題になる可能性がある。

それから、前述の刑法126条2項の艦船破壊罪との関係で、艦船破壊罪に海賊対処法2条5号の「損壊」が含まれるか、という点は、やはり詰めておく必要があるのではないか。艦船覆没・破壊罪については、筆者も、本格的に考察したことがあるが[14]、例えば、船首部分や操舵室を著しく損壊した場合のように、少なくも航行の安全に支障を来すほどの損壊を与えれば、刑法126条2項に規定する「破壊」に該当すると考えられ、不特定または多数人の生命・身体という「公共の安全」に危害を及ぼすことになり、単なる艦船損壊罪という財産罪では済まないことになる。したがって、2条5号の射程範囲が公共危険罪としての性格を一体どこまで含んでいるのか、その有権解釈の範囲を今後詰めておくべきであろう。

### 4　海賊対処法9条の解釈をめぐる問題

刑法解釈論上、もう1点、海賊対処法で重要なのが、公務執行妨害罪（刑法95条）の適用を認める9条の規定である。すなわち、「第5条から前条までに定めるところによる海賊行為への対処に関する日本国外における我が国の公務員の職務の執行及びこれを妨げる行為については、我が国の法令（罰則を含む。）を適用する。」という明文が規定されたのである。これは、大きな意義がある。なぜなら、従来、公海上での取締りに際して、公務執行を妨害されても、公務執行妨害罪を域外適用できるか否かは、解釈に委ねられ、実際上は国際法に基づく継続追跡権が認められる場合等に限定されていたが、この明文規定により、海賊行為に対して適正な公務の執行が保障されたことになるからである。この規定がないと、海賊対処法は「絵に描いた餅」になってしまう。

また、これと関連して、海上保安官・海上保安官補に対して、海上保安庁法20

---

14　甲斐克則『海上交通犯罪の研究』（2001・成文堂）208頁以下参照。

条1項において準用する警察官職務執行法7条の規定により武器を使用する場合のほか、「現に行われている第3条3項の罪に当たる海賊行為（第2条第6号に係るものに限る。）の制止に当たり、当該海賊行為を行っている者が、他の制止の措置に従わず、なお船舶を航行させて当該海賊行為を継続しようとする場合において、当該船舶の進行を停止させるために他に手段がないと信ずるに足りる相当な理由のあるときには、その事態に応じて合理的に必要と判断される限度において、武器を使用することができる。」と認めた点も重要である。なぜなら、この保障がないと、公務執行に際して、素手で海賊に立ち向かうことを余儀なくされるというジレンマに陥るからである。

## V　結　語——海賊対処法の今後の課題——

　以上で、グアナバラ号事件判決を素材としつつ、海賊対処法の刑法上の基本的な問題については論じることができたと思われる。いずれにしても、海賊対処法の成立・施行は、普遍主義ないし普遍的司法管轄権という観点で実定法上のしかるべき地位を与えられたということ、そして海上警察機関としてその執行を担う海上保安官に普遍的執行管轄権という観点で一定の権限が与えられたということを意味するのであり、これは海賊への対処として非常に意義深いと考えられる。これで、国際法上も国内法上も、長年の懸案であった海賊行為に対して職務執行が適正にできることになった。経済活動の多くを海運に依存するわが国にとって、海上交通の安全確保という観点から見ても経済的側面から見ても、海賊対処法の成立は、大きな意義がある。もちろん、普遍主義という観点からは、類似の世界各国においても同様である。
　しかし、日本の国内法をいかに厳密に整備しても、行為者にはその法律の内容が理解できていない場合も想定される。海賊対処法は1国だけの問題ではなく、国連海洋法条約に基づいて、今後、より多くの国でこの種の国内法の整備が進むことを期待せざるをえない。また、国際刑法という観点からみると、世界主義あるいは普遍主義というものについて今後どこまで適用していくか、という問題がある。今回は海賊対処法だけであるが、一般化すると、薬物犯罪、悪質な企業犯罪、環境犯罪、奴隷取引等、いろいろな問題が考えられる。いずれの問題も、国境を越える犯罪であるがゆえに、国家間の協働、国家と民間の協働等々、各種の

協働に基づいて解決を迫られるものと位置づけられる[15]。その際には、「海洋航行の安全に対する不法な行為の防止に関する条約（SUA条約）」(1988年3月10日作成、1992年3月1日発効。日本は1988年7月13日承認。2005年10月4日に改正）の趣旨なども考慮して理論構築をすべきであろう[16]。いずれにせよ、海賊対処法は、国際刑法全体からしても、今後の議論を展開するうえでひとつの大きな契機を与えるものだと考えられる。

---

15　この点に関する重要文献として、ウルリッヒ・ズィーバー（甲斐克則・田口守一監訳）『21世紀刑法学への挑戦――グローバル化情報社会とリスク社会の中で――』（2012・成文堂）があるので、参照されたい。

16　瀬田・前出注（4）144-145頁は、国際法の視点からではあるが、その方向性を探る。なお、瀬田真氏が2015年10月20日に早稲田大学に提出された学位請求論文「海洋法における普遍的管轄権の展開――オーシャン・ガバナンスの視点から――」は、オーシャン・ガバナンスという斬新な視点から問題提起をしており、国際刑法を研究するうえでも示唆深いものがある。ちなみに、私は、この学位論文の審査の副査であった。海上犯罪について「海の視点」から理論構築を考えるべきであるという私自身の問題意識（甲斐・前出注（14）「はしがき」参照）と共通するものを感じる。

# 金融商品取引法における相場操縦罪の一考察

鈴 木 優 典

I　はじめに
II　相場操縦罪の基本構造
III　仮装取引と馴合取引
IV　変動操作
V　結びにかえて

## I　はじめに

　金融商品取引における問題のひとつに、相場操縦事案がある。証券取引等監視委員会がまとめた平成17年4月[1]から平成26年5月末までの統計によると、内部者取引、相場操縦、偽計という不公正取引のうち課徴金勧告案件218件（50億7,046万円）、そのうち38件（6億1,240万円）が相場操縦事案である[2]。また、平成26年度における不公正取引33件のうち、相場操縦事案について課徴金勧告事案が11件、告発事案が2件あり[3]、発生件数が近年多くなっている。それは相場操縦という一定の目的の下、金融商品の取引を反復累行することがインターネットによる取引環境の整備によって容易になったという事情が認められるであろう[4]。

　もっとも、いかに金融商品取引とはいえ、刑事罰をともなうのであれば金融商品取引法（以下、「金商法」という。）における相場操縦の解釈に従いつつも、刑法

---

[1]　平成17年4月1日に「証券取引法等の一部を改正する法律」（平成16年法律第97号）が施行されたことにより課徴金制度が導入された。もっとも、仮装取引及び馴合取引が課徴金の対象になったのは平成20年法律第65号による。
[2]　証券取引等監視委員会事務局「金融商品取引法における課徴金事例集～不公正取引編～（平成26年度版）」（2014年）1頁、http://www.fsa.go.jp/sesc/jirei/torichou/20140829/01.pdf
[3]　証券取引等監視委員会「報道発表（平成26年（2014年））――不公正取引関係」、http://www.fsa.go.jp/sesc/houdou/2014hukousei.htm
[4]　証券取引等監視委員会事務局・前掲注（2）82頁では「勧告件数38件のうち、ほとんど（9割超）がインターネット取引によって行われたものである」とされる。

の基本原則を曲げるべきではない。金商法に刑罰規定があるのは、「一般に、民事責任による威嚇よりも刑事罰による威嚇の法が違反に対する抑止力があると考えられている」[5]からと指摘されるが、刑法が謙抑性を旨としつつ、市民的自由に奉仕する法であるとするのであれば、市場における取引の自由と抑止すべき「正常な需給関係によって定まるべき相場を恣意的に騰貴・下落させ、その騰落させた作為的な相場を公正な相場であると誤認させることが一般投資者の期待を裏切り、また一般投資者に過当な投機を惹起させて急激な価格変動をもたらし、ひいては国民経済に悪影響を与える」[6]ことの防止とバランスを図るべきであろう。

この論文では金融商品取引法における相場操縦罪の基本構造と判例実務を踏まえつつ、刑法的な観点からどのように理解していくかについてひとつの考察をしたいと思う。

## II　相場操縦罪の基本構造

相場操縦罪はアメリカ合衆国1934年証券取引所法9条（Securities Exchange Act of 1934）を母法として、昭和23年に証券取引法125条として規定され、平成4年の証券取引法改正によって同法159条として規定され、平成18年の証券取引法から金融商品取引法への改正によって金商法159条に引き継がれた。その間、金融商品市場の変転とともなって改正を受けている[7]。現在、金商法159条に規定されるが、現行の金商法159条1項柱書は「何人も、有価証券の売買（……）、市場デリバティブ取引又は店頭デリバティブ取引（……）のうちいずれかの取引が繁盛に行われていると他人に誤解させる等これらの取引の状況に関し他人に誤解を生じさせる目的をもつて、次に掲げる行為をしてはならない。」と規定しつつ、仮装取引（1～3号）、馴合取引（4～8号）及びそれらの委託等また受託等（9号）。同2項柱書は「何人も、有価証券の売買、市場デリバティブ取引又は店頭デリバティブ取引（……）のうちいずれかの取引を誘引する目的をもつて、次に

---

[5]　神田秀樹＝黒沼悦郎＝松尾直彦編著『金融商品取引法コンメンタール4』（商事法務、2011年）570頁〔黒沼悦郎〕。

[6]　伊藤榮樹＝小野慶二＝荘子邦雄編『注釈特別刑法（5）』（立花書房、1986年）275-276頁〔馬場義宣〕。

[7]　安定操作に関しては、昭和46年に「安定操作に関する規則」（昭和23年証券取引委員会規則第18号）を廃止して、政令・省令を整備している。

掲げる行為をしてはならない。」と規定しつつ、現実の取引（1号）、市場操作情報の流布（2号）、虚偽表示による相場操縦（3号）。さらに、同3項は「何人も、政令で定めるところに違反して、取引所金融商品市場における上場金融商品等又は店頭売買有価証券市場における店頭売買有価証券の相場をくぎ付けし、固定し、又は安定させる目的をもつて、一連の有価証券売買等又はその申込み、委託等若しくは受託等をしてはならない。」（安定操作）と規定され、不正取引行為として規制されており、金商法197条1項5号及び加重処罰を規定した同2項により刑事罰が科されている。各罪は条文上、いずれも目的規定と行為規定から成り立つが、目的と行為がそれぞれどのような関係に立つか、あるいは目的が犯罪論体系上どこに位置づけられるべきか十分には検討されてこなかったように思われる。そこで、相場操縦罪のうち仮装取引・馴合取引、変動操作について取り上げ、両罪を対比検討する

## Ⅲ 仮装取引・馴合取引について

### 1 繁盛等目的

　仮装取引・馴合取引は「取引が繁盛に行われていると他人に誤解させる等これらの取引の状況に関し他人に誤解を生じさせる目的」（以下、「繁盛等目的」という。）をもって、仮装取引行為または馴合取引行為を行うことである。
　この繁盛等目的において価格操作の意図が必要であるかについて議論がある。これについてのリーディングケースは大阪証券取引所事件であるが、第1審判決[8]は「法は、有価証券市場が不特定多数の投資者に開かれている反面、有価証券市場への投資リスクを伴うものであることから、投資者が不測の損害を被ることを防ぐため、自由で公正な有価証券市場を確立し維持するという見地から、このような目的に反する一連の行為を、上記の通り、刑事罰をもって規制していると解することができる。……取引が繁盛であると他人に誤解させる行為であっても、価格に対して中立的であって相場操縦の目的を伴わないものは必ずしも投資者に不測の損害を被らせる危険があって、自由で公正な市場の形成を妨げるものではない。」とした。つまり、価格操作ないし相場操縦の意図がともなわなけれ

---

8　大阪地判平成17年2月17日判タ1185号150頁。

ば、繁盛等目的は成立しないとした。旧証取法197条2項が旧証取法157条ないし159条1項及び2項を、「財産上の利益を得る目的で」行った場合の加重処罰規定を「現実に相場を変動させた上、そのような行為によって人為的に形成された相場によって現実に取引を行った点を捉えて、……行為自体に対する基本的評価は変わらないものの、相場操縦によって得た財産上の利益を剥奪する趣旨で、上記の加重処罰を定めたもの」と理解し、典型的な相場操縦罪を定めた旧証取法159条2項とを対比して「法159条1項柱書にいう繁盛等目的とは、相場操縦すなわち価格操作の目的を含むものでなければならない」と理解したのである。

これに対して、同事件の控訴審[9]は「出来高は重要な市場情報であって、実際の需要に基づかない架空の取引で活発な取引が行われていると他人に誤解させることによる弊害は十分に認められる」と判示し、さらに同事件の上告審[10]も「出来高に関し他人に誤解を生じさせる目的も、……『取引が繁盛に行われていると誤解させる等これらの取引の状況に関し他人に誤解を生じさせる目的』に当たり、特定銘柄について価格操作ないし相場操縦の目的を伴わない場合でも、本罪は成立すると解すべきである。」と判示し控訴審判決を支持した。

まず、日本の金商法の母法であるアメリカ合衆国1934年証券取引所法第9条a項2号は「いかなる者も、……次の行為を行うことは違法である。[iii] 他人による証券の購入または売却を誘引する目的で、[ii] 実際にもしくは外観上繁盛な取引を作り出し、または当該証券の価格を騰落させることにより、[i] 単独でまたは1名以上の他人と共同して、国法証券取引序に登録されている証券について、一連の取引を行うこと。」と規定しており、価格操作・相場操縦の意図を必要とせず、市場への参加の売買への誘引の意図で足りる、としている[11]。

そして、金商法159条1項柱書は、価格操作の意図がともなうことを要求していない。仮に金商法197条2項の法定刑の加重の趣旨を第1審判決のように理解したとしても、仮装取引・馴合取引（金商法159条1項、同197条2項）は市場に対して客観的に不正な取引を行っており、市場の公正性に対する侵害という意味に

---

9　大阪高判平成18年10月6日判時1959号167頁。
10　最決平成19年7月12日刑集61巻5号456頁。
11　ルイ・ロス『現代米国証券取引法』（商事法務研究会、1989年）1049頁。なお、アメリカ連邦証券取引法典案（Federal Securities Code）第1609条c項においては「価格を騰貴又は、下落させる目的」とされて、価格操作・相場操縦の意図を必要とするとしている（芳賀良「相場操縦の目的要件について」一橋研究18巻4号（1994年）112頁参照）。

おいて金商法197条1項の場合と客観的事態は異ならない。金商法197条2項は「財産上の利益を得る目的」という利欲犯的事態に対処するために設けた、というべきであろう[12]。むしろ、仮装取引の禁止の本質は、「自由・公開・公共市場」の概念の下、「公衆が自然の市場が操作されるべきではないという権利を有している」[13]という価値において形成されている。控訴審判決の通り「出来高は重要な市場情報であって、実際の需要に基づかないと他人に誤解させることによる弊害は大きい」といわざるを得ない。また、投資家保護の側面からも、仮装取引で活発な取引が行われていると他人に誤解させ、活発に取引されていることを信じて取引に入ろうとした者がいた場合、実際の取引高が僅少である場合は、取引が成立しないおそれが生じる。このことを考慮すれば、繁盛等目的については価格操作の意図をともなう必要がない、というべきであろう[14]。なお、この流れを受けて、大阪地裁平成20年10月31日判決[15]は「『取引の状況に関し他人に誤解を生じさせる目的』とは、取引が頻繁かつ広範に行われているとの外観を呈する等、当該取引の出来高、売買の回数、価格等の変動及び参加者等の状況に関し、他の投資者に、自然の需給関係によりそのような取引の状況になっているものと誤解されることを認識することであると解せられる。」と判示しており、価格変動の意図を否定している。

## 2 仮装取引行為・馴合取引行為

さて、仮装取引罪または馴合取引罪が成立するためには、繁盛等目的に加えて仮装取引または馴合取引を行う必要がある。仮装取引とは「単一の者が同一の有価証券について同時期に同価格で買い付けおよび売付けをなすことにより、外観的にはあたかも独立の買主および売主によって装う取引のこと」[16]であるとされ、また、「権利の移転を目的としない」（1号）、「金銭の授受を目的としない」（2号）、「オプションの付与又は取得を目的としない」（3号）を要件とするが、

---

12 松田俊哉「判解」法曹会編『最高裁判所判例解説 刑事篇 平成19年度』（法曹会、1985年）306頁、佐伯仁志「判批」神田秀樹＝神作裕之編『金融商品取引法判例百選』（有斐閣、2013年）111頁。
13 ロス・前掲注(11)1043頁。
14 黒沼悦郎「判批」金判1295号（2008年）7頁、芳賀良「判批」『平成19年度重要判例解説』（2008年）125頁、田澤元章「判批」ジュリ1400号（2010年）163頁、松田・前掲注(12)304頁、佐伯・前掲注(12)111頁。
15 裁判所ウェブサイト。

日本鍛工事件判決[17]によれば「『権利の移転を目的としてない仮装の売買取引』を禁止の対象としているところ、ここにいう『権利の移転』とは、主体の面から見れば実質的な権利帰属主体の変更をい」う、とされる。つまり、「実質的な権利帰属主体間での権利の移転がなされないような取引」[18]と理解され、証券会社が複数の者から同一の有価証券について買付けの委託と売付けの委託を受けて、売買を成立させることは仮想取引にあたらない、とされる[19]。

　どのような場合について、実質的な権利帰属主体間での権利の移転がなされないような取引にあたるかについての、リーディングケースのひとつは前述の大阪証券取引所事件である。同事件は同一株式のオプションを売りと買いで自己両建て購入した事件であるが、これについて、第1審は「株券オプション取引の新規の自己両建取引は、売買の各当事者が同一であるという点では現物株の仮装売買と同様であるものの……そして、その売建玉と買建玉とは同時に処分されなければならないものではなく、別個に転売などにより処分され得るものである。また、その売建玉と買建玉とは、当然に運命を共にして最終的に両者が対当して決済され消滅するものでもない。……つまり、株券オプションの新規の自己両建取引により、それ以前にはなかったオプション（予約完結権）という権利が新たに発生するのであり、既に存在する株式について見掛けだけの売買をする現物株の仮装売買とは様相を異にするというべきである。売建玉と買建玉とを同一人が保有する場合、株券オプションの権利者と義務者が同一人であるものの、その権利者としての地位と義務者としての地位がそれぞれ別個に処分され、別個に消滅し得る以上、両建取引以前の何もなかった状態と同視することはできず、新規の自己両建取引自体が直ちに法159条1項3号に該当する取引であると解することはできない。」と判示して、仮想取引であることを否定した。他方、控訴審は「……同時に、同じ価格で、取得するという取引であり、その結果として、取引の前後を通じてオプション取引状態につき何ら変動を生じない。……オプション上の権利義務関係が存続し、別個に処分されうるということは仮装性の判断に影響しない。」と判示して、仮想取引であることを肯定し、最高裁も控訴審を支持

---

16　神田秀樹監＝川村和夫編『注解　証券取引法』（有斐閣、1997年）1149頁。
17　東京地判昭和56年12月7日刑月13巻12号835頁。
18　神田ほか編・前掲注（5）24頁〔藤田友敬〕。
19　神田監＝川村編・前掲注(16)1149頁。

した。

　これについては、たとえば現物株の自己両建取引であれば、出来高が増えているように見えるだけであるが、現実には取引の前後において持ち株の変化は見られず、実質的な権利帰属主体間での権利の移転がなされないような取引である。しかし、株券オプション取引においても同様のことがいえるか、ということが問題となった。オプション取引の場合、たとえばコール・オプションであれば、「売り」とは特定株券を特定の時期に特定の価格で買い付ける権利の売却であり、その対価として当該株券を特定の時期に特定の価格で売り渡す義務が発生する。他方、「買い」とは特定株券を特定の時期に特定の価格で買い付ける権利の購入であり、その対価として当該株券を特定の時期に特定の価格で買い付ける権利が発生する。つまり、株券オプションの自己両建取引とは、特定株券を特定の時期に特定の価格で売り渡す義務（売建玉）と同一の株券を特定の時期に特定の価格で買い付ける権利（買建玉）を同時にもっているときに権利の変動が見られない、といいうるか、という問題である。控訴審及び上告審は相場操縦罪の成立を認めるが、理由は明確ではない。この点について、学説は市場における価格変動リスクをとらないため、実質的に仮装取引と評価できるという観点から肯定する見解が多く見受けられる[20]。しかし、価格変動リスクがないことをもって相場操縦罪の成立を認めるのは早計といえよう[21]。やはり重要になるのは、「実質的な権利帰属主体間での権利の移転がなされないような取引」にあたるかどうかである。つまり、金融商品取引上の合理性が認められる場合には仮装取引となる範囲は限定されるべきである[22]。たとえば、同一銘柄のオプションを同時に売買する場合であっても、限月や行使価格が異なる場合には仮装取引にあたらない[23]。また、異なる時期に売買した結果として売建玉と買建玉を同時に保有する場合も、仮装取引にあたらない[24]、というべきであろう。さらにいえば金融商品取引上の合理性が認められる場合は、同時に、同一限月、同一行使価格の自己両建オプション取引であっても許容されるべきように思われる。たとえば、同一銘柄の

---

20　神崎克郎＝志谷匡史＝川口恭弘『証券取引法』（青林書院、2006年）949頁注5、田澤・前掲注(14)164頁、芳賀・前掲注(14)125頁、神田ほか編・前掲注(5)24頁〔藤田友敬〕。
21　佐伯・前掲注(12)111頁。
22　黒沼悦郎＝太田洋編著『論点体系　金融商品取引法2』（第一法規、2014年）382頁〔松中学〕。
23　神田ほか編・前掲注(5)24頁〔藤田友敬〕。
24　黒沼・前掲注(14) 6頁。

オプションを同時に売買する場合であっても、売買以降の相場の変動をみて売建玉を買い戻したり、買建玉を転売したりするような意図の下で行われたような場合は、もはや「仮装取引」とはいえないのではないだろうか[25]。

また、馴合取引とは「自己が行う売付けまたは買付けと同時期に、それと同価格で他人がその有価証券を買い付けまたは売り付けることをあらかじめその者と通謀のうえ、売付けまたは買付けを行うこと」である。法律上、自分が行う売付けまたは買付けと通謀された他人の買付けと売付けの同時期性と同価格性が要求されているが、リーディングケースである日本鍛工事件判決[26]によれば、「『同時期』、『同価格』は通謀の内容としても要求されるが、まず、『同時期』については、それが『同時』よりも幅のある時間的概念であることもあつて、双方の注文が市場で対当して成約する可能性のある時間帯すなわち当該証券取引所の定めるところにより、当該注文に基づく呼値の効力が継続している時間内に関するものであれが足りると解すべきである」とされて、また「同価格」についても「『同価格』の点については、これも双方の注文が対当して成約する可能性のある範囲内のものであれば足りるから、双方の注文が同一価格の指値である場合のほか、双方又は一方が成行き価格である場合も、前示の要件を充足して『同価格』といえるものと解される」とされ、自分の売付け（または買付け）と通謀相手の買付け（または売付け）が成約する可能性のある範囲内のものであれば、足りるとする[27]。さらに、実際に取引が成立する必要があるかについては議論がある[28]。もっとも、この点については、現在の金商法159条1項9号では馴合取引の委託等も規制対象としており、金商法159条1項4号乃至6号を無理に拡張する必要はないと思われる。

---

25　もっとも、大阪証券取引所事件については、金融商品取引上の合理性が認められないから、この限りでは仮装取引といいうるであろう。
26　東京地判昭和56年12月7日刑月13巻12号835頁。
27　岸田雅雄監『注釈 金融商品取引法 第3巻』（金融財政事情研究会、2010年）22頁、黒沼＝太田編著・前掲注(22)384頁〔松中学〕。
28　東京地判昭和56年12月7日刑月13巻12号835頁は「なれ合い売買の罪は、……所定の目的をもつて所定の通謀に基づき売買取引を成約させれば成立する」として実際に取引が成立した場合に馴合取引が成立するという。他方、岩原伸作「判批」竹内昭夫編『新証券・商品取引判例百選』（有斐閣、1988年）141頁、山下友信＝神田秀樹編『金融商品取引法概説』（有斐閣、2010年）321頁注74〔後藤元〕は通謀を行った上でなされる注文自体に危険性があるため、取引が現実に成立していなくても馴合取引に該当するという。

## 3 刑法的観点からの考察

これまで見てきたように、仮装取引罪とは「繁盛等目的」をもって「実質的な権利帰属主体間での権利の移転がなされないような取引」を行うこと、馴合取引とは「繁盛等目的」をもって「自己が行う売付けまたは買付けと同時期に、それと同価格で他人がその有価証券を買い付けまたは売り付けることをあらかじめその者と通謀のうえ、売付けまたは買付けを行うこと」であるが、刑法的観点から考察するとき、まず立法趣旨または保護法益と罪質、そして構成要件が理解されなければならないであろう。

そもそも、金商法159条の立法趣旨は「本来正常な需給関係によって形成されるべき相場に作為を加える詐欺的な取引を禁止」[29]することにあるとされる。そのうえで、金商法1条の目的規定を考慮するのであれば、「市場における公正な価格形成を通じた国民経済の健全な発展及び投資者の保護」が企図されているように思われる。つまり、直接法益は「市場に於ける公正な価格形成」[30]であり、最終法益が「国民経済の健全な発展」及び「投資家」と理解されるべきであろう。また、仮装取引罪・馴合取引罪については、一般投資者に誤解を生じたかどうか、あるいはそのような売買取引が行われた結果として他人に損害が発生したことを必要としない[31]のであるから、抽象的危険犯であるといえよう。では、繁盛等目的と仮装取引行為・馴合取引行為はどのように位置づけられるであろうか。

このような理解にもとづくと、客観的な仮装取引行為及び馴合取引行為は「正常な需給関係によって形成されるべき相場」の保護をという観点から考えると、取引の実態をともなっておらず、ただ見せかけ上の出来高が増えるだけである。見せかけの出来高によって取引が繁盛に行われていると一般投資家を誤導するおそれがあることから、市場及び投資家の投資行為に対して危険のある行為である

---

29 証券取引審議会不公正取引特別部会「相場操縦的行為禁止規定等のあり方の検討について（中間報告書）」（平成4年1月20日）商事法務1275号（1992年）35頁。もっとも、平成4年当時の証取法125条について言及されたものである。

30 神田監＝川村編・前掲注(16)1147-1148頁は、「本条の保護法益は市場機能にある」とする。また、キャッツ事件第1審判決（東京地判平成17年2月8日 LEX/DB28105093）は量刑事由ではあるが「本来正常な需給関係により自由かつ公正な価格形成が図られるべき公開の有価証券市場において、その自由・公正を大きく阻害し、多くの投資家の判断を誤らせて損害を負わせる危険にさらした。」と判示している。

31 伊藤ほか編・前掲注（6）277頁〔馬場義宣〕。

といえよう。

　では、繁盛等目的はどのように位置づけられるか。一般的に刑法では客観的事実の認識は故意であり、それを超過した内容をもつ主観的な要素は主観的超過要素と呼ばれ、目的犯における目的もまた主観的超過要素に位置づけられる。そして、その主観的超過要素が、客観的行為がもたらす法益侵害を高める役割を果たしている場合は主観的違法要素として位置づけられ、非難の強弱を基礎づける要素である場合は主観的責任要素と位置づけられる[32]。仮装取引・馴合取引における繁盛等目的について学説は目的犯の目的である[33]という考えが有力であるが、理由は明確ではない。たしかに、大阪証券取引所事件第1審判決のように「価格操作の目的」を繁盛等目的に含めて考えるのであれば、仮装取引行為・偽装取引行為からは超過した内容であるから目的犯における目的であるということができるであろう。しかし、現在の判例・通説的な考え方に従うのであれば、「価格操作の目的」を含まないのである。その上で、なお仮装取引行為・馴合取引行為から超過した内容が繁盛等目的の中にある、といえないように思われる。つまり、仮想取引行為も偽装取引行為もいずれも詐害的取引であって、単に出来高を増やすにとどまる取引行為に過ぎない。そして、それは直ちに取引が繁盛に行われている、と言い得るからである。「他人を誤らせる」という要素が超過しているようにも思われる。しかし、これについても、仮装取引行為・馴合取引行為を認識している場合に未必的には付随するものであろう。したがって、判例・通説の解釈にしたがう限り、繁盛等目的は目的犯の目的ではなく、故意として理解されるべきように思われる[34]。

　なお、この繁盛等目的について「仮装売買・仮装取引または馴合取引は、これ以外の目的で行われることは、現実にはほとんど考えられないので、仮装売買・仮装取引または馴合売買・馴合取引の外形が証明されたときは、相場操縦を否定する者の側でそのような目的がなかったことを立証する必要があるものと解され

---

32　山口厚『刑法総論』（有斐閣、第2版、2007年）94-95頁、西田典之『刑法総論』（弘文堂、第2版、2010年）89-90頁。

33　平野龍一＝佐々木史郎＝藤本幸治編『注解特別刑法 補巻（2）』（青林書院、1996年）92頁〔土持敏裕＝榊原一夫〕。佐々木史朗「相場操縦に対する罰則の解釈・運用上の諸問題」法学部開設記念論集編集委員会『名古屋経済大学法学部開設記念論集』（名古屋経済大学、1992年）81-82頁も、繁盛等目的を主観的違法要素としていることから、目的犯として理解しているように思われる。

34　神山敏雄「株価操作（相場操縦）罪及び相場変動目的の風説流布罪についての考察——その法的諸問題・発生状況・対策を中心に——」判時1635号（1998年）24-25頁。

る」[35]として、挙証責任の転換される理解する見解もある。確かに、繁盛等目的を故意と理解するのであれば仮装取引行為・馴合取引行為を認識していれば、故意すなわち繁盛等目的が肯定されうることになる。このような見解は、事実上、繁盛等目的を故意と同視している証左とも理解できるのではないだろうか。もっとも、仮に故意だとしても挙証責任を転換することについては疑問である[36]。ただし、被告人が繁盛等目的を否認する場合、繁盛等目的についての事実認定上の一般的な判断の方法として仮装取引行為・馴合取引行為を行った、という外形的事実が間接証拠とされるであろうことは容易に推測できる。そして、この場合、「特段の反証がなければ繁盛等目的が推認される」[37]という裁判例の立場は基本的に肯定せざるを得ないであろう。

## Ⅳ 変動操作

### 1 誘引目的と繁盛取引・変動取引の関係

変動操作は「取引を誘引する目的」（以下、「誘引目的」という。）をもって、有価証券売買等が繁盛であると誤解させる（以下、「繁盛取引」という。）、又は「相場を変動させるべき」取引（以下、「変動取引」という。）を現実に行うことである。つまり、誘引目的をもって繁盛取引または変動取引が現実に行われる必要がある。しかし、誘引目的と繁盛取引または変動取引の関係については、議論がある。従来の判例は、誘引目的の有無によって違法な取引と適法な取引を区別してきた[38]。これについて、変動操作のリーディングケースとなる協同飼料事件において、控訴審判決[39]は、誘引目的を「有価証券市場における当該有価証券の売買取引をするように第三者を誘い込む意図」として「投資家の誤認」という要素を排除し、変動取引について「有価証券市場における相場を支配する意図をもつてする、相場が変動する可能性のある取引のことである。……単に、取引自体が相場

---

[35] 神崎克郎＝志谷匡史＝川口恭弘『金融商品取引法』（青林書院、2012年）1298頁。
[36] 同旨、黒沼＝太田編著・前掲注(22)380頁〔松中学〕。
[37] 大阪地判平成20年10月31日裁判所HPも「もっとも、実質的に権利を移転することもないのに、あえて証券市場において取引を行うことはおよそ経済的合理性のある行為とはいえないから、このような仮装売買をしたこと自体をもって、特段の事情のない限り、上記目的の存在を推認することができる。」と判示している。
[38] たとえば、東京地判昭和56年12月7日前掲注(17)835頁。
[39] 東京高判昭和63年7月26日高刑集41巻2号269頁。

を変動させる可能性をもつているその取引ということではなく、相場を支配する意図をもつてする、相場が変動する可能性のある取引と解するのが相当である。」と解して、「相場を支配する意図」という主観的要素を変動取引の概念の中に取り込んだ。これに対して、上告審決定[40]は「証券取引法125条2項1号後段は、有価証券の相場を変動させるべき一連の売買取引等のすべてを違法とするものではなく、このうち『有価証券市場における有価証券の売買取引を誘引する目的』、すなわち、人為的な操作を加えて相場を変動させるにもかかわらず、投資者にその相場が自然の需給関係により形成されるものであると誤認させて有価証券市場における有価証券の売買取引に誘い込む目的をもってする、相場を変動させる可能性のある売買取引等を禁止するものと解され」るとし、誘引目的を「人為的な操作を加えて相場を変動させるにもかかわらず、投資者にその相場が自然の需給関係により形成されるものであると誤認させて有価証券市場における有価証券の売買取引に誘い込む目的」として「投資家の誤認」という要素を肯定し、変動取引については単に「相場を変動させる可能性のある売買取引」と解して、従前の誘引目的の有無によって違法な取引と適法な取引を区別する判断を行った。

　学説上では、控訴審判決の立場を支持するものもある[41]が、多くは最高裁決定を支持する[42]。現実的に、誘引目的について、控訴審判決のように「投資家の誤認」を含まない見解は、「取引を誘引する目的」という文言の解釈として妥当な範囲にとどまるといえるが、変動取引について「相場を支配する意図をもってする」という主観的要素を読み込むのは「相場を変動させるべき」の解釈としては、制限的な解釈であるとしても積極的な合理性を見いだすことは困難であるように思われる[43]。

　なお、この後の藤田観光事件判決[44]は、誘引目的について「他人の売買取引を

---

40　最決平成6年7月20日刑集48巻5号201頁。
41　たとえば、黒川弘努「相場操縦罪（変動操作）における誘引目的および変動取引の意義」商事法務1342号（1993年）8、14頁、芝原邦爾「相場操縦の罪」法教165号（1994年）97頁。なお、証券取引審議会不公正取引特別部会・前掲注(29)36頁は協同飼料事件控訴審判決に好意的とも理解できるが、最高裁決定がなされる前のものであり、同報告書でも「裁判所の最終的な考え方については、協同飼料事件の最高裁判所判決が示されるのを待つ必要があるが、現段階では、上記東京高等裁判所の考え方に準拠して同規定の運用を行うのが実際的である。その場合、……『誘引目的』を強調しすぎるのは適当ではなく、その基準は、第一義的には、当該取引が『相場を変動させるべき取引』に該当するか否かによるべきものと考えられる。」と言及されている（なお、圏点筆者）。
42　神崎ほか・前掲注(35)1305頁、山下＝神田編・前掲注(28)322-323頁〔後藤元〕、神田ほか編・前掲注(5)28頁〔藤田友敬〕。

誘引すること自体は、いかなる売買取引にも大なり小なり伴うものであり、自然で正常な需給関係に基づく売買取引が他人の売買取引を誘引することがあったとしても、それ自体は排除されるべきことではないので、一般的に他人の売買取引を誘引するという目的があるということ自体からは、同条2項1号の禁止しようとする違法な売買取引を導くことはできない。そうすると、むしろその誘引の原因となる売買取引の状況や有価証券の相場の状況をつくり出す売買取引そのものに、自然で正常な需給関係を乱すものとして禁止される根拠を見出すべきものと解される。そして、そうした自然で正常な需給関係を乱す売買取引とは、人為的に売買取引が繁盛であると見せかけ、あるいは人為的に有価証券の相場を操作しようとの目的の下に行われる売買取引であるといえる。」とした上で、「誘引目的というのは、その誘引という言葉自体に意味があるのではなく、それは、売買取引が繁盛であると見せるあるいは有価証券の相場を変動させる売買取引が、意図的、目的的に行われることを抽象的に表現したものであって、人為的に売買取引が繁盛であると見せかけ、あるいは人為的に有価証券の相場を操作しようとの目的と言い換えることができると解される」としている。この判決では、協同飼料事件最高裁決定における「投資家の誤認」という欺罔性の要素が後退し、「人為的に売買取引が繁盛であると見せかけ、あるいは人為的に有価証券の相場を操作しよう」という表現に置き換えられていることに注意すべきである[45]。

### 2 刑法的観点からの考察

こうしてみると、判例・通説の立場にしたがうのであれば、変動操作とは「人為的な操作を加えて相場を変動させるにもかかわらず、投資者にその相場が自然の需給関係により形成されるものであると誤認させて有価証券市場における有価証券の売買取引に誘い込む目的」をもって、「相場を変動させる可能性のある売買取引」を行うことである。

---

43 黒沼＝太田編著・前掲注(22)386頁〔松中学〕。
44 東京地判平成5年5月19日判タ817号221頁。
45 藤田観光事件判決の誘引目的の解釈に反対する見解として、齋藤正和「判批」佐々木史朗編『特別刑法判例研究第一巻』（判例タイムズ社、1998年）265頁。なお、同判決は変動取引については「変動取引とは、有価証券市場における当該有価証券の相場を変動させる可能性のある売買取引を指すと解すべきであり、それに当たるか否かは、実際の相場の値動きの状況はもちろん、該当期間中の売買取引全体に占める該当売買取引の割合、当該売買取引の態様等の事情も考慮して判断されることとなる。」としており、協同飼料事件上告審決定と同様の判断をしている。

しかし、取引が行われれば多少なりとも相場が変動するものであるから、すくなくとも協同飼料事件上告審決定の変動取引の解釈からは、客観的行為だけを取り上げて「自由公開市場における需給関係ないし自由競争原理によつて形成されるべき相場を人為的に変動」[46]させるという不利益を創出しているかを確定することは出来ない。そうすると、協同飼料事件上告審決定が指摘するように、変動取引（または繁盛取引）のすべてを違法とするのではなく、誘引目的がある場合にのみ違法であるのであって、誘引目的という主観的要素が当罰性を基礎づけている、という実態が見えてくる[47]。

では、この誘引目的はどのように位置づけられるであろうか。誘引目的は「相場を変動させる可能性のある売買取引」という事実を超過しており、主観的超過要素であることは明らかである。これについて責任要素として位置づける見解もある。この立場は変動取引行為を「実質的な不利益を惹起しうるに足るものとして限定解釈されるべき」[48]として有力説を支持するもので主として刑事法から主張されている。しかし、判例や商法学者の見解はこれを否定している。確かに、刑法の観点から考えると客観的行為自体が法益侵害の危険をともなう危険な行為であることが望ましい。しかし、判例・通説の立場を前提とするのであれば、主観的違法要素として位置づけざるを得ない[49]。

## V　結びにかえて

相場操縦行為も含めた不公正取引は金融商品取引上の規制行為にあたるため、商法分野において主として論じられてきた。しかし、それがいったん「罪」ということになると単なる商法の問題として、商法の理論のみに従っていれば良いと

---

46　東京地裁昭和59年7月31日刑月16巻7＝8号556頁（協同飼料事件第1審判決）。なお、同判決ではこの要素は誘引目的の要素として理解されている。
47　刑法犯では通貨偽造行為と行使の目的との類似性が挙げられるであろう。しかし、通貨偽造行為という客観的行為も通貨の真正に対する公共の危険を生じさせているともいういう。また、行使の目的がない限りにおいて偽造通貨が流通に置かれる虞は極めて低いから、「行使」という矩を越えること自体に向けられた偽造行為でなければ処罰に値しない、という見解は妥当である。しかし、変動操作においては、変動取引行為という客観面に違法限定機能がないことに留意しなければならない。
48　古川元晴「相場操縦について」研修485号（1988年）55頁、黒川・前掲注(41) 13-14頁、芝原・前掲注(41) 97頁、今井猛嘉「判批」神田秀樹＝神作裕之編『金融商品取引法判例百選』（有斐閣、2013年）113頁。

いうことにはならず、刑法的な観点から議論され、整理される必要がある。これまでみてきたように相場操縦行為として同じ金商法159条によって規制される仮装取引行為・馴合取引行為（159条1項）と変動操作行為（159条2項）とでは、犯罪構成要件として再整理をしたときには、仮装取引行為・馴合取引行為の「取引が繁盛に行われていると他人に誤解させる等これらの取引の状況に関し他人に誤解を生じさせる目的」は「目的」と記述されてはいるが、客観的構成要件該当事実の認識としての故意でしかないのに対して、変動操作においては、行為の客観面は違法なものと適法なものを区別することができないことから、「いずれかの取引を誘引する目的」こそが、違法性を基礎づける超過的内心傾向であることが明らかになった。

　主観的違法要素の概念を肯定するか否かについては、刑法学上、理論的根幹をなす大きな論点のひとつではある。しかし、経済刑法や他の特別刑法に目を転じてみた場合、変動操作行為における誘引目的のように主観的違法要素と位置づけざるを得ない罪も多数あるように思われる。さらに、特別刑法の各罪については犯罪論上、位置づけが不明確な要素もなお多数あるように思われる。そういった行為の規制の要否は各法分野において論じられるとしても、刑法的観点から構成要件を明らかにし規制の限界を示すことは、刑法が奉仕すべき市民的自由の擁護のためには必要である。今後、ますます刑法的な観点からも活発な議論がなされることを期待したい。

---

49　福田平「判批」判評369号（判時1321号）79頁は「違法性の徴表を含んだものであることが必要であるという観点からみると、『第三者の判断を誤らせて』という限定のある（協同飼料事件）第一審判決の理解が妥当」とする。また、神山敏雄・前掲注(34)23頁は「（変動取引等は）原則として違法行為ではない。このような場合、合法的な取引と変動操作行為を区別するメルクマールの一つとして『誘引目的』が大きな役割を果たさざるを得ない」という。（括弧内はいずれも筆者）

# 児童ポルノの製造と取得・所持との関係
―― ダウンロード行為に関するスイスの議論を素材に ――

仲 道 祐 樹

Ⅰ　はじめに
Ⅱ　スイスの児童ポルノ規制
Ⅲ　ダウンロードの可罰性
Ⅳ　2013年スイス刑法改正
Ⅴ　日本法への示唆

## Ⅰ　はじめに

　「児童買春、児童ポルノに係る行為等の規制及び処罰並びに児童の保護等に関する法律」（以下、「児童ポルノ法」とする）は、その3条の2において、「何人も、児童買春をし、又はみだりに児童ポルノを所持し、若しくは第二条第三項各号のいずれかに掲げる児童の姿態を視覚により認識することができる方法により描写した情報を記録した電磁的記録を保管……してはならない。」として、児童ポルノの所持・保管を禁止の対象とするとともに、7条1項において、「自己の性的好奇心を満たす目的で、児童ポルノを所持した者（自己の意思に基づいて所持するに至った者であり、かつ、当該者であることが明らかに認められる者に限る。）は、一年以下の懲役又は百万円以下の罰金に処する。自己の性的好奇心を満たす目的で、第二条第三項各号のいずれかに掲げる児童の姿態を視覚により認識することができる方法により描写した情報を記録した電磁的記録を保管した者（自己の意思に基づいて保管するに至った者であり、かつ、当該者であることが明らかに認められる者に限る。）も、同様とする。」として、自己の性的好奇心を満たす目的での児童ポルノ所持・保管を処罰の対象としている。
　一方、児童ポルノ法は、製造行為の規制として、7条3項に提供目的製造罪を、同4項に「児童に第二条第三項各号のいずれかに掲げる姿態をとらせ、これを写真、電磁的記録に係る記録媒体その他の物に描写することによ」る児童ポル

ノの製造罪（以下、「4項製造罪」とする）を、同5項に盗撮による製造罪をそれぞれ規定している。

現在、インターネット上のサイトからの児童ポルノのダウンロードについては、提供目的による場合を除いては、製造罪で処罰することはできない。たしかに「製造」とは、児童ポルノを作りだすことをいい、そこには「複製」も含まれる[1]。しかしながら、4項製造罪においては、「姿態をとらせ」たことが、盗撮による製造罪においては、「ひそかに……製造」することが要件となっていることから、複製行為はこれらの罪の構成要件を充足しないことになる[2]。児童ポルノのダウンロードは、サーバーコンピュータから各コンピュータへのデータの複製という形で行われるものであるから、ダウンロードした者が提供目的を有していない限り、製造罪で捕捉することはできない。日本では、もっぱら所持罪の成否が問題となることになる。

しかしながら、児童ポルノ法の解説書などには、「児童の権利条約選択議定書においては、……『製造』については……目的のいかんにかかわらず、犯罪として処罰することを求めています」との記載もあり[3]、将来の立法において、単純製造罪の処罰が議論されることは想定しうる。このような場合に、児童ポルノのダウンロードをどのように取り扱うかは、1つの問題となりうる。

この点が問題となったものとして、スイス連邦最高裁判所（Bundesgericht）の判例（BGE 131 IV 16）がある。スイス刑法は、日本と異なり、児童ポルノの単純

---

[1] 森山眞弓＝野田聖子編著『よくわかる改正児童買春・児童ポルノ禁止法』（ぎょうせい、2005年）98頁。

[2] 4項製造罪については、島戸純「『児童買春、児童ポルノに係る行為等の処罰及び児童の保護等に関する法律の一部を改正する法律』について」警察学論集57巻8号（2004年）96頁。もっとも、姿態をとらせて児童ポルノたる電磁的記録に係る記録媒体を製造した者が、その内容を別の記録媒体に記憶させた行為について、最決平成18年2月20日（刑集60巻2号216頁）は、当時の児童ポルノ法7条3項にかかる児童ポルノ製造罪（現在の4項製造罪）の成立を認めており、部分的に複製が製造罪で捕捉されている。盗撮による製造罪については、江口寛章＝谷山敬一「児童買春、児童ポルノに係る行為等の処罰及び児童の保護等に関する法律の一部改正」警察学論集67巻10号（2014年）97頁以下、坪井麻友美「児童買春、児童ポルノに係る行為等の処罰及び児童の保護等に関する法律の一部を改正する法律の概要」法律のひろば67巻10号（2014年）55頁以下、同「児童買春、児童ポルノに係る行為等の処罰及び児童の保護等に関する法律の一部を改正する法律について」法曹時報66巻11号（2014年）56頁、友永光則「児童買春、児童ポルノに係る行為等の処罰及び児童の保護等に関する法律の一部改正」警察公論69巻10号（2014年）13頁以下、園田寿＝曽我部真裕編著『改正児童ポルノ禁止法を考える』（日本評論社、2014年）9頁〔園田寿〕。

[3] 森山＝野田・前掲注（1）99頁、島戸・前掲注（2）96頁。

製造を処罰の対象としている。また、2002年4月1日から、児童ポルノの所持が犯罪化されたが、その時点では、所持（1年以下の自由刑または罰金刑）と製造（3年以下の自由刑または罰金刑）の法定刑に差が存在していた。そのような中で、2001年5月25日までに行われた児童ポルノのダウンロード行為の可罰性が問題となった同判決が、製造罪の成立を認めたため、学説からの厳しい批判にさらされることになった。

同判決およびこれに向けられた議論を検討することによって、将来の日本の児童ポルノ法改正の際に、ダウンロードをどのような行為として把握するか、とりわけこれを製造罪とするのか、取得罪・所持罪とするのか、その法定刑をどのように設定するのかについての理論的・政策的な限界を設定する指針が得られると期待される[4]。

本稿は、児童ポルノのダウンロードに関するスイス法の議論を素材とし、わが国における今後の法改正への指針を示すことを目的とする。以下では、まず、スイスの児童ポルノ規制を概観する（2）。その上で、児童ポルノをダウンロードした行為の可罰性が問題となった連邦最高裁判例と、それに対する批判を紹介し（3）、その後のスイス法の改正動向を確認する（4）。最後に、日本の現行法に対する評価を示すとともに、解釈上の留意点、およびスイスと同様、単純製造を規制するとした場合に生じうる立法上の留意点を提示する（5）。

## II　スイスの児童ポルノ規制

### 1　規制の概観
#### （1）条文

ポルノグラフィに関するスイス刑法は2013年に改正され、2014年7月1日から施行されているが、本稿で中心的に検討する諸判例は、いずれも2013年改正以前のものである。まず、当時の条文を示すと、次の通りである[5]。

---

[4]　その意味で、本稿は立法学的分析に比重を置いたものであり、製造概念の理論的解明を目的とするものではない。製造罪に関する理論的検討については、別稿を予定している。

[5]　条文訳については、深町晋也「児童ポルノの単純所持規制について——刑事立法学による点検・整備」町野朔先生古稀記念『刑事法・医事法の新たな展開（上）』（信山社、2014年）468頁注63を参考とした。なお、3項の2の原文は、「3$^{bis}$」である。

**197条1項** ポルノグラフィとしての性質を有する文書、録音、録画、図画、若しくはその他の客体、又は、ポルノグラフィとしての性質を有する上演（Vorführungen）を、16歳未満の者に提供し、提示し、譲渡し、認識可能な状態にし、又はラジオ若しくはテレビを通じて頒布する者は、3年以下の自由刑又は罰金刑に処する。

**197条2項** 第1項にいう客体又は上演を、公然と陳列し、提示し、又はこれらの物をその意に反して他者に提供する者は、科料に処する。
　閉鎖された空間における展示や上演について、来場者にあらかじめそのポルノグラフィとしての性質を指示していた場合は罰しない。

**197条3項** 児童（Kindern）若しくは動物との性的行為、人間の排泄物を用いた性的行為、又は暴力を伴う性的行為を内容とする第1項にいう客体又は上演を、製造し、輸入し、保管し、流通させ、宣伝し、陳列し、提供し、提示し、譲渡し、又は認識可能な状態に置く者は、3年以下の自由刑又は罰金刑に処する。
　対象物は没収する。

**197条3項の2** 児童若しくは動物との性的行為、又は暴力行為を伴う性的行為を内容とする第1項の意味における客体又は上演を獲得し、電子的手段若しくはその他の手段で取得し、又は所持する者は、1年以下の自由刑又は罰金刑に処する。
　対象物は没収する。

　スイス刑法197条1項は、16歳未満の者へのポルノの提供等を処罰の対象とするものであり、その目的は、ポルノにより児童の健全な性的成長（ungestörte sexuelle Entwicklung）が阻害されることを防ぐことにあると解されている[6]。同2項は、ポルノの公然陳列等の罪に関するものであり、その目的は、成人がその意に反してポルノに触れることを防ぐことにあると解されている[7]。
　スイス刑法197条3項、3項の2は、「ハードポルノ（harte Pornographie）」に関する規定である。児童ポルノは「ハードポルノ」の1つであり、その他、動物との性的行為、人間の排泄物を用いた性的行為、暴力を用いた性的行為を内容とするポルノがこれに含まれる。この4類型は、ハードポルノに関する限定列挙であるから、この4類型のいずれにも該当しないポルノは、「ソフトポルノ

---

[6] Guido Jenny/Martin Schubarth/Peter Albrecht, Kommentar zum schweizerischen Strafrecht, Schweizerisches Strafgesetzbuch Besonderer Teil 4. Band, 1997, Art. 197 Rn. 12.
[7] Jenny et al., a. a. O. (Anm. 6), Art. 197 Rn. 19.

(weiche Pornographie)」に分類され[8]、197条3項、3項の2の適用対象から除外される。

3項の2は、2001年改正によって導入され、2002年4月1日に施行されたものである。3項とは異なり、その客体からは、人間の排泄物を用いた性的行為を内容とするポルノが除外されている。これは立案段階で、排泄物ポルノ所持の処罰を正当化する十分な理由は見出されないと評価されたことによるものである[9]。

(2) ハードポルノ規制の処罰根拠

スイスにおけるハードポルノ規制の処罰根拠は、まず、連邦政府（Bundesrat）が1985年に提出した立法理由書（Botschaft）に示されている。同理由書は、ハードポルノ規制条項を、「ハードポルノの絶対的な禁止」のための条文であると位置付けた上で、同条項の第一の目的として、予防的な青少年保護（vorbeugender Jugendschutz）を掲げていた（成人については、「これにより成人も保護される」と述べるにとどまる）[10]。

1985年の立法理由書を前提に、連邦最高裁判所がハードポルノ規制の処罰根拠を明確に展開したのが、BGE 124 IV 106である。事案は、被告人が、アムステルダムから、動物との性的行為、および暴力行為を内容とするビデオをスイス国内の自宅宛に郵送したところ、ジュネーブの税関が当該郵便物を発見、確保したという、ハードポルノの輸入罪にかかるものである。

本件で、連邦最高裁は、まず、ハードポルノ規制の処罰根拠を次のように説明する（なお、判決文中の出典表記については省略する。また、キッコーは筆者によるものである。以下同様）[11]。

　連邦政府の立法理由書によれば、刑法197条3項の規定は、「第一に、予防的な青少年保護」に資するものである。議会での議論においても、青少年の保護という思想が強調されていた。そこでは、刑法197条3項に掲げられた種類の性的な事象や表現と（望むと望まざるとにかかわらず）接することで若者の精神的道徳的成長に悪影響が生じうるという懸念が示されていた。それゆえ、同条項の中心的法益として浮かび上がるのは、児童と青少年の健全な性的成長である。その限りで、刑法197条3項が問題と

---

8　Botschaft, BBl 1985 1091.
9　Botschaft, BBl 2000 2982.
10　Botschaft, BBl 1985 1091.
11　以下の記述につき、BGE 124 IV 106, S. 111f.

するのは、抽象的危険犯である。

　さらなる視点として、立法理由書が挙げるのが成人の保護であるが、その際、どのような危険から成人が保護されるべきなのかについては明らかではない。これに関しては、——その種の作品との望まざる接触からの保護という視点とは別に——立法理由書が、135条の暴力表現の罪の構成要件——これは刑法197条と極めて類似した条文である——との関連で定式化した思考に着目しなければならないであろう[12]。それは、暴力の使用〔の表現〕には、それを見た者を堕落させる可能性があるということ、すなわち、これを見た者に、自ら暴力を用いて対応し、あるいは他者による暴力の行使をどうでもよいものとして受け入れるような気風（Bereitschaft）を醸成する性質があるというのがこれである。これが刑法197条3項について意味するのは、本条項によって捕捉される客体は、成人の消費者に対する犯罪誘発的影響、およびその倫理感を崩壊させる影響という科学的には排除されていない影響という意味での固有の侵害性（Schädlichkeit）をも理由として禁止されるということである。換言すれば、ハードポルノの禁止の基礎には、法律に規定された表現および上演は、その消費者において、その事象を自ら模倣する気風を醸成しうるという前提がある。この意味において、刑法197条3項は、とりわけハードポルノの潜在的な「出演者」を、性的搾取、暴力、およびその品位を貶め、人間の尊厳にふさわしくない取り扱いから保護しようとするものなのである。その限りにおいてもまた、各事例において結局のところ問題となるのは、ハードポルノの消費閲覧（Konsum）から生じる抽象的な法益の危殆化なのである。

　ここでは、立法理由書をさらに敷衍して、①青少年の健全な性的成長、②成人消費者に対する悪影響の回避、③模倣を媒介とした、将来の「出演者」たりえる児童の保護という3つの保護目的／処罰根拠が提示されている[13]。この理解は、

---

12　スイス刑法135条の条文は次の通り。
　1項　保護に値する文化的又は学術的価値を有しない、人間又は動物に対する残虐な暴力を見せつけ、且つその際に根源的な人間の尊厳を著しく侵害している録音、録画、図画、若しくはその他の客体又は上演を、製造し、輸入し、保管し、流通に置き、宣伝し、陳列し、提供し、提示し、譲渡し、又は認識可能な状態に置く者は、3年以下の自由刑又は罰金刑に処する。
　1項の2　人間又は動物への暴力を内容とする第1項に言う対象物又は上演を、電子的手段を用いて獲得し、又は取得若しくは所持する者は、1年以下の自由刑又は罰金刑に処する。
13　これらの処罰根拠のほか、児童ポルノマーケットの枯渇を処罰根拠に挙げる連邦最高裁の判例として、BGE 128 IV 25, S. 28があり、文献として、Kasper Meng, in: Basler Kommentar Strafrecht II, 3. Aufl., 2013, Art. 197 Rn. 22, Stefan Trechsel/Carlo Bertossa, in: Stefan Trechsel/Mark Pieth (Hrsg.), Schweizerisches Strafgesetzbuch Praxiskommentar, 2. Aufl., 2013, Art. 197 Rn. 10がある。なお、スイス法においては、日本とは異なり、「被写体児童の保護」という視点が保護法益として挙げられることはない。その理由として、深町・前掲注（5）473頁注88は、「スイス刑法197条3$^{bis}$項においては、単純所持であっても現実・非現実を問わずあらゆる形態の児童ポルノが捕捉されている」という点を挙げている。

学説においてもおおむね承認されている[14]。

### (3) 各要件の概観

以下の検討に必要な範囲で、その要件について、通説的な理解を確認する[15]。まず、本条にいう「児童」については、刑法典の中に定義規定は存在しない。16歳未満の児童との性的行為を処罰するスイス刑法187条を参照して、16歳未満という基準が示されているが、これも唯一の基準ではないとされている[16]。

「児童との性的行為を内容とするポルノ」とは、児童が関与させられている性的活動に関する表現物のことをいい[17]、児童が自ら性的行為を行っている場合、児童が他の児童に対して性的行為を行っている場合を含む[18]。

海岸等で自分の子（児童）が裸になっている場面を撮影した場合については、その「ポルノ」性が否定される場合があることがスイスの判例上認められている。この点に関するBGE 133 IV 31は、自分の娘が足を広げて、性器がはっきり見える状態でデッキチェアに横たわっている状態を写真に撮影した行為が問題となったものである。連邦最高裁は、ハードポルノ規制の処罰根拠を前提に、「性器を露出している児童に、その状況から見て客観的に刺激的である姿態をとらせ（Stellung posieren lassen）、写真を撮影する者は、刑法197条3項にいうハードポルノの構成要件を充足する」が、「裸の児童の身体の写真であって、そこから、行為者がその製造の際に児童に対して働きかけ（einwirken）を行ったということがまったく読み取れないものは、そもそも*ポルノグラフィと評価されない*（例えば、浜辺や公衆浴場でのスナップショット）」〔圏点筆者〕と判示し[19]、本件写真が児童ポルノであることを否定している。このような解釈の背景には、模倣の危険の防止がハードポルノ規制の処罰根拠に含まれることを前提に、児童に対する働きかけの存在を閲覧者において読み取れるような場合にはじめて、閲覧者に同種行為の模倣の危険が生じるとの理解がある、と指摘されている[20]。

本稿の主題であるダウンロードとの関係で特に重要な行為態様である「製造」

---

14　Meng, a. a. O. (Anm. 13), Art. 197 Rn. 7f.
15　スイス刑法197条の解釈について、深町・前掲注（5）470頁以下が詳細であり、以下の記述も、同論文に負うところが大きい。
16　Meng, a. a. O. (Anm. 13), Art. 197 Rn. 23.
17　Meng, a. a. O. (Anm. 13), Art. 197 Rn. 22.
18　Jenny et al., a. a. O. (Anm. 6), Art. 197 Rn. 6.
19　BGE 133 IV 31, S. 35.
20　深町・前掲注（5）471頁。

とは、「ハードポルノたる対象物を第一次的に製作すること、あるいはすでに存在している対象物を何らかの方法で再生産すること」とされているが[21]、その詳細については、判例紹介を兼ねて後に詳述する。「所持」について、立法理由書は、窃盗罪において用いられている占有概念類似の、支配意思に基づく物の現実の支配と理解し、物の支配可能性と支配意思がある場合にこれを認める[22]。客体は有体物に限られず、データに対する所持も認められる[23]。

## 2 ハードポルノ製造罪に関する判例の理解
### （1）製造罪の侵害性

では、スイスにおいて、「製造」とはいかなる侵害性を有するものと理解されているのであろうか。前掲 BGE 124 IV 106は、輸入罪に関するものであるが、その中で、製造罪の処罰根拠についても言及している。すなわち、「197条3項が処罰の対象とする行為態様には、その行為から拡散（Weiterverbreitung）の危険が生じうるもの（製造、輸入）と、ハードポルノの頒布に向けられたもの〔製造、輸入以外の行為態様〕とがある。すでに述べたように、連邦政府は……頒布目的を伴わない単なる所持は、135条1項および197条3項にいう『保管』にあたらないとしていた[24]。しかしながらそこから、製造および輸入という行為について（も）頒布目的が主観的構成要件要素となるということが導き出されるわけではない。……立法者は、対象物を包括的に押収するための根拠とするため、刑法197条3項および刑法135条に規定されている製作物をスイス国内に輸入する行為について、行為者の意図とは無関係にこれを処罰の対象にしようとしていた。これにより、――例えば自己使用目的（zum Eigenkonsum）での輸入であるとの抗弁のような――法的な逃げ道が排除されることになった。……ハードポルノの製造と輸入は、それらが製作物頒布の予備行為たりうるという理由のみで処罰されているのではない。むしろ、もっぱら自己使用のためにハードポルノを製造、輸入する者も、上述した意味における〔ハードポルノ規制の3つの保護目的〕法益に対する抽

---

21 Günter Stratenwerth/Wolfgang Wohlers, Schweizerisches Strafrechtgesetzbuch, Handkommentar, 3. Aufl., 2013, Art. 197 Rn. 10.
22 Botschaft BBl 2000 2978f.
23 Andreas Donatsch, Strafrecht III, 10. Aufl., 2013, S. 548.
24 この点についての立法資料として、Amtliches Bulletin der Bundesversammlung 1989, S. 299のKoller 発言がある。

象的な危険性を基礎付けている。立法者によって強調されていた、これらの製作物が消費者に対して有する潜在的な堕落的影響という考えはまさに、問題となる行為態様の可罰性を、行為者が……頒布目的で行為した場合に限定するとの無理な考えと対立する」というのである[25]。

なお、本判決が製造と輸入を「拡散の危険が生じうるもの」と評価した点に関連して、原審は、ハードポルノの輸入を「頒布目的がなかったとしても、ハードポルノがスイスの市場に流入する（gelangen）抽象的危険を高めるものである」と説明しており[26]、これと本判決をあわせ読むと、連邦最高裁は、ハードポルノの製造も、市場流入の危険を高めるものであると理解しているのではないかと推測することができる。

本判決からは、①スイス刑法197条3項の行為態様には、物の創出自体が拡散の危険を生じさせる類型と、事後の頒布の危険性との関係で捕捉される類型が存在していること、②製造行為は、それ自体としてハードポルノの拡散の危険性を基礎付けるものと位置付けられていること、③2類型の処罰根拠に応じて、保管では頒布目的が必要だが、製造と輸入では頒布目的は必要ではなく、自己使用目的で足りること、④頒布目的を要求しない理由は、児童ポルノが閲覧者に与える悪影響に求められていることが読み取れる。

（2）複製行為の可罰性

複製行為の可罰性を示したものとして、BGE 128 IV 25がある。事案は、被告人が16歳未満の女子の性器の写った写真から、性器の部分を4倍に拡大してコピーを作成したというものである。連邦最高裁は、上述のBGE 124 IV 106を引用しつつ、児童ポルノ製造罪の成立を認めた原判決を維持した。その理由は判決文それ自体からは明らかではないが、BGE 124 IV 106に依拠していることからすると、複製によって、それまで国内に存在しなかったハードポルノが新たに創出され、拡散の危険性が創出されることから、青少年や成人がハードポルノに接する機会が増加し、法益に対する抽象的危険が発生するとの評価を根拠とするものと思われる。複製が製造に該当するという点については、学説からも特に異論は出されていない[27]。

---

25 BGE 124 IV 106, S. 112f.
26 BGE 124 IV 106, S. 108.

*570*

## Ⅲ　ダウンロードの可罰性

### 1　ダウンロードの製造該当性――BGE 131 Ⅳ 16

　このような理解を前提にすると問題となるのが、ハードポルノを内容とするデータをダウンロードする行為が、製造罪に該当するか、という点である。この点が争点となったのが、BGE 131 Ⅳ 16である。本件は、被告人が1999年5月下旬から、2001年5月25日までの間に、児童のポルノ画像、および動物のポルノ画像をインターネット上のウェブサイトから、自己のPCのハードディスクにダウンロードしたという事案である。本件では、犯行が、ハードポルノ所持罪の施行前のものであることから（同条項にかかる刑法改正の施行は2002年4月1日からであった）、本件行為が製造罪に該当するかが問題となった。

### 2　原審の理由付け

　原審のゾロトゥルン高等裁判所（das Obergericht des Kantons Solothurn）は、2つの理由により、本件行為が製造に該当しないと判断した[28]。

#### （1）製造行為の本質的要素

　第一の理由が、製造行為の本質的要素に関するものである。ゾロトゥルン高裁は次のようにいう。「データに処理ないし変更を加えないでインターネット上から画像をダウンロードし、これを保存する行為は、製造には当たらない。なぜならば、保存に必要なステップは純技術的な性質のものであり、画像自体への操作がなんら行われていないからである。さらに、その行動が目的とするのは、すでに存在する画像の取得のみである。インターネットからのダウンロードは、すでに創り出された物を、新たにもう1つ創り出すというものではない。というのは、そこでは製造にとって典型的であるところの、物理的な生産の過程、すなわち、自作的要素（handwerkliche Komponente）が欠落しているからである。イン

---

27　Donatsch, a. a. O.（Anm. 23）, S. 548, Meng, a. a. O.（Anm. 13）, Art. 197 Rn. 51, Trechel/Bertossa, a. a. O.（Anm. 13）, Art. 197 Rn. 15.
28　なお、保管罪の成立もあわせて否定されているが、その理由は、本件画像収集は、もっぱら私的な目的でなされており、ハードポルノの拡散に向けられた行為ではないという点に求められている。頒布目的を欠く所持は保管罪を構成しないことについて、判例として、BGE 124 Ⅳ 106, S. 110。

ターネット上の画像は、ヴァーチャルなものにすぎない。そこには、人がすでに所持し、そこから何かが製作される『すでに存在するもの』ないし『前もって製作されたもの』が存在しない。データの記録媒体は、ネットユーザーに、ダウンロードしたデータの内容を所持し、それを利用できるようにするための器である。ダウンロードと製造を同置することは、構成要件を過度に拡張するものであり、そのことゆえに、刑法1条に抵触する[29]」と[30]。

### （2）所持罪と製造罪との整合性

次に、ゾロトゥルン高裁は、所持罪と製造罪との整合性を理由として挙げている。「立法資料から読み取れるのは、立法者は、ハードポルノのダウンロードを、刑法197条に新たに付加される3項の2の適用対象にしたいと考えていたということである。もし、ダウンロードとデータの保存が製造と評価されるとすれば、新設される構成要件は、不必要で意味のないものであったことになる。立法者は、一部改正によって、とりわけハードポルノの記録メディアへのダウンロードを新たに所持として可罰的であることを明確しようとしていたが、もしそのような画像をインターネットからダウンロードする行為がすでに製造として可罰的である（あった）ならば、立法者はそのようなことをしなくてよかったはずである」と[31]。

### 3 連邦最高裁の理由付け
### （1）ダウンロードと複製と製造との関係

これに対して、連邦最高裁は、本件行為が刑法197条3項の2の施行前に行われたものであることから、同項の適用対象外であることを明示し、また、BGE 124 IV 106の法益理解に依拠した上で、次のように述べて、インターネット上のハードポルノ画像のダウンロードも製造にあたるとした。

「刑法197条3項にいう製造とは、同項に規定されたポルノグラフィとしての性質を有するプロダクト（Werk）を創り出すことを意味する。これがどのような目的から生じたのかは、……重要ではない。製造者とは、第一に、当該製作物を最

---

29 スイス刑法1条は、罪刑法定主義の規定である。条文は次の通り。「刑罰及び処分は、法律が明示的に刑罰を規定した所為を理由としてのみ、これを科すことができる。」
30 BGE 131 IV 16, S. 17.
31 BGE 131 IV 16, S. 17f.

初に製造した者であり、例えば、性的なシーンを映像に収めたり、写真に撮影したりした者がこれにあたる。しかし、このような場合以外にも、例えば、単純な複製、コピー、複写によって、相応する原本から新たな、内容的に同一の物を創り出す場合、あるいは、拡大その他の内容的な画像処理、コラージュ等、原本に手を加えることによって、異なる種類のプロダクトを生み出す場合にも、製造は認められる」。すでに連邦最高裁も、すでに存在する写真の現像・拡大は、写真の撮影と同様に、製造に該当することを示している[32]。

その上で、「あるプロダクトを、PC のハードディスクやフロッピーディスク、CD-ROM、DVD その他の記録媒体に電子的に保存する行為が、一定期間の継続を見越して、意図的に行われる場合、それは製造行為であり、それは例えば画像のスキャンや保存とまったく同様である。……コンピュータプログラムの場合には、技術的な再生産は、少なくとも1つのデータ処理装置による、ある記録メディアから他の記録メディアへのコピーのプロセスとして行われる。これが、例えば、すでに存在する CD-ROM から他の CD-ROM へ行われるか、インターネットサーバーのデータ移行を介して他の記録媒体へ行われるかは、何らの差異ももたらさない。……所為の不法と所為の結果にとって、例えば児童ポルノの写真が掲載されている書籍からそのコピーを製造するのか、インターネットから記録メディアに画像をダウンロードすることによって児童ポルノのコピーを行うのかは、差異をもたらさない。インターネット上のウェブサイトに存在するデータも、原審のいうような、単なる『ヴァーチャル』なものではなく、少なくともインターネットサーバーに保存されている。それゆえ、インターネットからのダウンロードは、2つのデータストレージ間の複製過程と何ら区別するところがないのである[33]」と判示した。

**(2) スイス刑法197条3項の2との関係**

ダウンロードに製造行為を認めた連邦最高裁は、これに続いて、本件のような行為に製造罪の成立を認めることと、施行前の刑法197条3項の2の所持規制との整合性について論じている。

「以上述べた点は、2002年4月1日施行の刑法197条3項の2によって何らの影

---

32 この点で、BGE 128 IV 25が引用されている。
33 以上につき、BGE 131 IV 16, S. 20f.

響も受けない。……今回の一部改正が第一に狙いとしていたのは、これまで不可罰であった、特定の種類のハードポルノの所持を処罰の対象とすることであった。『獲得し、電子的手段若しくはその他の手段で取得し、又は所持する』との行為態様によって、立法者は、ポルノグラフィ表現の頒布経路となっている——とりわけ電子的な——メディアを、確実かつ網羅的に捕捉しようとした。これに対して、立法資料からは、この一部改正によって、電子的な製造・複製は、今後は獲得、取得、ないし所持と扱われ、3項の2という〔被告人にとって〕有利な規定で捕捉されることにしたとする根拠は読み取れない。……しかしながらこれは、電子的手段による取得という行為態様が、インターネットからのデータのダウンロードを製造行為と評価することによって、まったく無意味になるということを意味するものではない。むしろ、本項の意味における取得は、データを意図的に保存するのではなく、またそこからコピーが作られるものでもない場合に考えられる。例えば行為者がパスワードによって、ハードポルノが掲載されているウェブサイトに継続的かつ無制限にアクセスすることができ、データに自由に処理できる場合、あるいは、可罰的なデータを含むEメールを自発的に取得し、かつそのデータを内部ストレージに残したままにする場合がこれにあたる」としたのである[34]。

### 4　連邦最高裁の論理——立法理由との関係

連邦裁判所は、結論として、インターネット上からのダウンロードは、「製造」に該当するとした。

その理由は、①-1）連邦裁判所の判例によれば、「複製」も「製造」に該当する（先例として、BGE 128 IV 25がある）、①-2）児童ポルノの記録されたCD-ROMの内容を、別のCD-ROMにコピーした場合には、児童ポルノたるCD-ROMの複製＝「製造」に該当する、①-3）データのダウンロードは、インターネット上のサーバーという記録媒体から、自己のPCの記録媒体への複製であるから、①-2）と異なるところはない、という点に求められている。

これは、「複製」を「製造」に含んだ以上、不可避の論理であって、その推論過程には問題は見受けられない。より問題なのは、刑法197条3項の2の取得・

---

34　BGE 131 IV 16, S. 21f.

所持規制との整合性である。この点、連邦裁判所の理由付けは、②-1）立法資料には、ダウンロードを3項の2でのみ処罰するとする主張の根拠が見いだせない、②-2）ダウンロードに製造を認めることにより3項の2が死文化するわけではなく、パスワードによるアクセスなど、自己の手による保存を伴わない場合には、取得罪ないし所持罪が成立するという点にある。

では、②-1）の点について、立法理由書はどのような説明をしているのであろうか。立法理由書は、単なる消費閲覧を処罰しない理由として、「消費閲覧するだけでは、客体に対する支配関係が生じていないし、また維持されてもいない。それゆえその限りで所持は成立しない」という点を挙げ、さらにこれに続いて、可罰的な所持と不可罰の消費閲覧の区別は具体的状況によるとしつつ、「インターネットにおいては、刑法上重要な所持が存在するのは、インターネットユーザーが、ポルノ表現を自己の記録媒体、例えばハードディスクにダウンロードし、それを自己の支配領域に置いた場合である」〔圏点筆者〕としていた[35]。

この部分は、複数の読み方を許容しうる書き方がなされている。この点、Guido Jennyは、当該部分を引用しつつ、「立法者が3項の2の新設により、まさにインターネットからのダウンロードを捕捉しようとしていたということは明らかである」とする[36]。このように読めば、連邦最高裁の理解は、立法理由と齟齬を来すことになる。原判決も、このように立法理由書を解釈したものと思われる。

しかしながら、立法理由書の当該部分は、ダウンロードの製造該当性について言及するものではない。それゆえ、連邦政府が、ハードポルノのダウンロードは、製造にも該当すると考えていたと評価することも不可能ではない。その限りで、②-1）の理由付けが、立法理由と全く整合しないとまではいえないように思われる。

では、スイスの学説は、本判決をどのように評価しているのであろうか。

---

35 Botschaft, BBl 2000 2979.
36 Felix Bommer, Die strafrechtliche Rechtsprechung des Bundesgerichts im Jahre 2005, Zeitschrift des Bernischen Juristenvereins, 2008, S. 18f.（論文の著者として名前が挙がっているのは、Bommerであるが、当該部分の執筆は、JennyによることがS. 1に示されている）

## 5　Marcel Alexander Niggli による網羅的検討

　本判決に対しては、批判的な立場が通説を形成していると評価されている[37]。そのうち、本判決の問題点を網羅的に検討した上で批判を展開したのが、Marcel Alexander Niggli である。Niggli は、本判決に対して、「連邦裁判所が、当罰性の考慮に導かれ、新規定の適用を先取りした疑いがないではない」とした上で[38]、連邦裁判所の理由付けを、次の3点において批判する[39]。

### （1）電子的な複製の特殊性

　まず、Niggli は、複数の媒体に電子的なコピーが生成される場合でも、製造とはいいがたい場合があることを指摘する。複数のハードディスクを連結してミラーリングを行っている場合[40]、一方のハードディスクに加えられた変更により、その都度もう一方のハードディスクにも変更が加えられることになる。そうすると、連邦最高裁の理解によれば、ミラーリングを行っているユーザーは常に「データのコピーによる製造」を行っていることになってしまうというのである[41]。

　他方、Niggli は、このような広い製造概念を採用すると、製造罪の故意は未必の故意では足りず、直接的故意を要求することになってしまうと批判する。Niggli が例として挙げるのは、メールの受信の場合である。メールを受信する際、通常はこれから自分が何を受信するのかはわかっていない。しかし、自分が受信するメールが、メールサーバーから自己のコンピュータ上にコピーされるという

---

37　この評価については、Günter Stratenwerth/Guido Jenny/Felix Bommer, Schweizerisches Strafrecht Besonderer Teil I, 7. Aufl., 2010, S. 216, Fn. 44.
38　Marcel Alexander Niggli, Gezieltes Abspeichern ist Herstellen, in: Jusletter 1. November 2004, Rz. 1, 14.
39　なお、BGE 131 IV 16, S. 22の挙げる、「所為の時点では、ハードポルノ、とりわけ児童ポルノに対するに対する感覚は、非常に鋭敏になっていたこと、このことについてはメディアでも報じられていたこと、当時、その種の物に対する訴追機関と立法府のコミットメントが非常に強くなっていたことに照らすと、被申立人〔被告人〕がその行為が処罰されないと考えていたというのはにわかに得心することができない。」との理由付けに対しても、Niggli は、「まさに、この種の行為が不可罰であることが、刑法197条3項の2の導入を必要としたのである。……所持処罰の導入とそれに対応する立法者の活動により、われわれは、獲得（そして、大きなものから小さなものへの論証（a maiore ad minus）により、ダウンロードも）と所持は処罰されていないとする認識を強くしたのである」との批判を向けている（Niggli, a. a. O.（Anm. 38）, Rz. 13）。
40　ミラーリングとは、「ハードディスクなどの記憶装置にデータを記録する際、同じ内容のデータを同時に複数の記憶装置に記録する方法」をいう。『デジタル大辞泉』（小学館）参照〔最終閲覧日2015年1月19日〕。
41　Niggli, a. a. O.（Anm. 38）, Rz. 6.

ことは理解している。そうすると、ハードポルノ画像を含んだメールを受信した者は、それを望んでいない場合でも、そのデータが自己のコンピュータにコピーして保存されることは認識していることになる。この場合に、製造罪の成立には未必の故意で足りるとすれば、メールのダウンロードをもってハードポルノの製造罪が成立することになる。したがって、連邦最高裁の製造概念に従った上で処罰範囲を限定するためには、直接的故意を要求する必要が生じるが、しかし、このように製造概念を、直接的故意による行為のみを意味するものと解釈することには疑問があるとNiggliは批判する[42]。

この点に関するNiggliの批判は、連邦最高裁の広汎な製造概念を採用すると、電子的な複製が問題となる場面では、客観面において、通常は「製造」とは理解されていない（ミラーリングのような）コピーをも製造に含んでしまい、主観面において、製造罪の故意を直接的故意に限定しなければならなくなってしまうという、解釈上の歪みが生じることを指摘するものといえる。

### （2）法定刑のアンバランス

これにひき続いて、Niggliは、本件時点では適用対象ではなかった刑法197条3項の2と製造罪との関係を検討している。Niggliは、連邦裁判所の「製造」概念理解を前提にすると、児童ポルノを購入した者は、刑法197条3項の2によって可罰的となり（1年以下の自由刑）、ポルノ素材をダウンロードし、保存したものは、3年以下の自由刑に処せられるという結論に至るが、これは一貫性を欠いていると批判する。物理的に郵便でハードポルノを入手した者は前者に該当し、インターネットでこれを入手した者は後者に該当することになるが、両者の間には、後者が前者の3倍の法定刑で処罰されることを正当化する理由は存在しないというのである[43]。

さらに、スイス法内在的な批判として、3項では処罰対象とされている「排泄

---

[42] Niggli, a. a. O. (Anm. 38), Rz. 7. Niggliはこれに続いて、ネットサーフィンをする者は、キャッシュを無効化しない限り、閲覧した素材すべてについてそのコピーを製造していることになると指摘する。なお、自己のコンピュータの一時保存用フォルダにキャッシュとして動物ポルノの画像が残っていたという事案について、BGE 137 IV 208, S. 214は、所持の客観的要件である対象への支配力をキャッシュに対しても認めた上で、主観的要件である支配意思について、不慣れなインターネットユーザーであれば、キャッシュの存在を知らないことから、197条3項の2による処罰対象とはならないが、キャッシュのようなデータの自動保存のことを知っており、かつこのデータを削除しなかった者には、所持の意思が認められるとの基準を示している。

[43] Niggli, a. a. O. (Anm. 38), Rz. 9.

物を用いた性的行為を内容とするポルノ」が、3項の2の処罰対象から除外されている点が指摘されている。Niggli はこの点について、「3項の2の本質は、すでに3項で補足されている行為の特権化〔法定刑の緩和〕にあるとの連邦最高裁の理解に従うならば、排泄物を内容とするポルノの取得は、この『特権化』から排除されているということになる」が、それは排泄物ポルノを児童ポルノよりも非難に値すると評価していることになると批判している[44]。

### （3） 3項の2固有の適用範囲

最後に Niggli は、連邦最高裁が、3項の2固有の処罰範囲として①行為者がパスワードによって、ハードポルノが掲載されているウェブサイトに継続的かつ無制限にアクセスすることができ、データを自由に処理できる場合、②可罰的なデータを含むメールを自発的に取得し、かつそのデータを内部ストレージに残したままにする場合を挙げた点を批判する。

①について、Niggli は、アクセス権を有する場合には、2つの場合があるという。ひとつは、他人のコンピュータに文字通りの継続的かつ無制限のアクセスが可能な場合、すなわち、他人のコンピュータを自己のコンピュータ同様に利用できる場合であり、いまひとつは、自分がパスワードによってアクセス権を有してはいるが、そのアクセス先におけるデータの変更、交換、削除が、管理者側において自由になされ、アクセス権を有しているにすぎないユーザーの許諾を要しないという場合である。連邦最高裁の論理を前提にしたとしても、3項の2固有の処罰範囲として残るのは、前者、すなわちある種のコンピュータの共有状態のみであり、後者は情報の取得としては処罰できないと Niggli はいう。なぜならば、後者の場合、情報への「アクセス権」は得ているが、情報自体を取得したわけではないからである。そうすると、連邦最高裁の理解とは異なり、3項の2固有の処罰範囲はほとんど残らないことになるというのである[45]。

②については、上述したとおり、メールの受信自体が、データの自己のコンピュータへのコピー・複製であることからなお説得的ではないと Niggli はい

---

44 Niggli, a. a. O. (Anm. 38), Rz. 10. Stefan Heimgartner, Weiche Pornographie im Internet, Aktuelle Juristische Praxis 2005, S. 1483 も、排泄物ポルノのダウンロードは常にハードポルノ製造罪で処罰されるとする帰結は、排泄物ポルノを3項の2の処罰対象に含めなかった立法者の意図からすれば、法の目的に反するとして本判決を批判する。

45 Niggli, a. a. O. (Anm. 38), Rz. 11.

う。メールシステムの構造上（メールサーバー上にメールのデータが保存されており、これをメールソフトによって保存する）、メールの受信自体がすでに、連邦最高裁の理解によれば「製造」に該当するというのである[46]。このような理解によれば、②の場合は、3項の2固有の処罰範囲から除外されることになる。

以上より、Niggliは、連邦最高裁の論理を「その『製造』概念を原理的かつ体系的に検討すれば、本判決は、不当判決であると評価せざるをえず、実際のところ解決した問題よりも多くの問題をもたらしている」と批判的に評価するのである[47]。

## 6　学説からの批判――他の論者の見解

本判決に対しては、Niggliの挙げた批判のほか、次のような批判、および限定的解釈の試みが示されているので紹介する。

### （1）処罰根拠と現行法の整合性

Andreas Donatschは、連邦最高裁の理由付けへの批判については、Niggliとほぼ同様の立場に立ちつつ、さらに次のような批判を展開している。すなわち、頒布目的での製造のみならず、自己使用目的での製造についても、保護法益への抽象的危険を認め、その際に、ハードポルノの有する「消費者に対する潜在的堕落的影響」を特に引き合いに出すという、BGE 124 IV 106以来の連邦最高裁の思考枠組は、ハードポルノの消費閲覧自体を不可罰としている現行法と整合しないというのである[48]。

### （2）製造概念の限定的解釈

Daniel Kollerも、判例に対する批判をNiggliと共有した上で、「無体物であるハードポルノ情報に関して、刑法197条3項の2の存在を無駄にしないためには、『製造』というメルクマールを、合理的な範囲に限定するべきである。私見によれば、不適切な（unzulässig）情報の複製の場合に、刑法197条3項に違反したといえるのは、特別法である3項の2が適用されない場合である」とする。3項の2が適用されない場合を、Kollerは「新たな占有の基礎付けが存在しない場合」であるとして、「すでに所持している（あるいは、保管している）ハードポルノ

---

46　Niggli, a. a. O. (Anm. 38), Rz. 12. 同旨、Donatsch, a. a. O. (Anm. 23), S. 549f.
47　Niggli, a. a. O. (Anm. 38), Rz. 14.
48　Donatsch, a. a. O. (Anm. 23), S. 549. 本判決以前のものとして、Jenny et al., a. a. O. (Anm. 6), Art. 197 Rn. 23.

を複製する場合」を例として挙げている[49]。

## 7　連邦最高裁からの反論

これらの議論が示される中、連邦最高裁は、従来の判例を擁護する判断を示した（6 B_289/2009）。事案は、被告人が2002年の初頭から2005年8月17日にかけて、児童ポルノ、動物ポルノおよび暴力ポルノの画像とビデオを内容とするインターネット上のサイトを訪問し、自己使用目的でこれらを自己のコンピュータにダウンロードしたというものである。

この事実に対して、ハードポルノ製造罪を認めるにあたり、連邦最高裁は、これまで提起されてきた学説からの批判に対して、次のように反論した。

まず、純粋に機械的に進行するコピー生成プロセスの存在を指摘した点（Niggliの批判(1)に対応する）については、「主として、同罪の主観的側面について、より正確な定義を示そうとするものである」が、それは「連邦最高裁が製造概念に与えた解釈を再検討させるものではない」とする。なぜならば、「コピーが『一定期間の継続を見越して』、それが『意図され』て行われるということを要求することによって、コピーが一時的なものに過ぎない場合にはなおさらそうであるが、判例は明確に、純粋に自動的で、行為者の意思とは独立したプロセスで生成されたコピーを製造の法的観念から排除しようとしたのである。これは、電子データの所持をもたらさない自動的なプロセスから生成されたコピーを、規制から排除するとの立法者の意思に対応する」からであるというのである[50]。

次に、3項の2固有の処罰範囲が残らないとの批判および法定刑のアンバランスとの批判に対しては（Niggliの(2)(3)の批判に対応する）、これらの批判は「立法者の望んでいた法の目的と、両規定の相補性を無視している。連邦最高裁が刑法197条3項について示した広い解釈は、3項の2の範囲を縮小するものであるとの事実は、反対に、裁判所がそれにより、ポルノ画像またはポルノビデオの製造

---

[49] Daniel Koller, Cybersex, Die strafrechtliche Beurteilung von weicher und harter Pornographie im Internet unter Berücksichtigung der Gewaltdarstellungen, 2007, S. 245. Trechsel/Bertossa, a. a. O. (Anm. 13), Art. 197 Rn. 15も、ダウンロードの可罰性は、3項の2にいう取得に限定されるべきであるとする。

[50] 6 B_289/2009, 1.4.5. なお、ここで「立法者の意思」として挙げられているのは、Message FF 2000 ch. 2.2.4.3, p. 2804＝ Botschaft BBl 2000 2979f. であり、キャッシュのような一時的な保存データについて、通常は所持が否定されることを示した部分である。

と結びつきうる行為を可能な限り多く捕捉するという立法者の意思を正確に解釈したということを証明している。しかるに、ダウンロードは、それが第三者への拡散（transmission）の危険をもたらす限りにおいて、単純所持以上のものであり、それゆえに、製造行為と同じように理解される必要がある」とする[51]。

このように、連邦最高裁は、立法者意思を援用することにより、BGE 131 IV 16を擁護したのである。

## IV　2013年スイス刑法改正

以上の検討は、製造と所持との立法論的関係を検討するために、旧法下の議論を前提に、BGE 131 IV 16までの議論を中心的な素材とした。その後、2013年に、子どもの性的搾取及び性的虐待からの保護に関する欧州評議会条約（Council of Europe Convention on the Protection of Children against Sexual Exploitation and Sexual Abuse：通称ランザローテ条約）の国内法化として、スイス刑法の改正が行われ、2014年7月1日に施行されている。本稿に関わる、197条3項から6項について、条文を掲げると次のとおりである（1項および2項に変更はない）。

　　3項　ポルノグラフィたる上演に参加させるために未成年者を募集（anwerben）し、又は、未成年者をそれらの上演に参加させた者は、3年以下の自由刑又は罰金刑に処する。

　　4項　動物との性的行為、成人に対する暴力を伴う性的行為、又は現実に行われたものではない（nicht tatsächlich）未成年者との性的行為を内容とする第1項にいう客体又は上演を、製造し、輸入し、保管し、流通し、宣伝し、陳列し、提供し、提示し、譲渡し、又は認識可能な状態に置き、獲得し、電子的手段若しくはその他の手段で取得し、又は所持する者は、3年以下の自由刑又は罰金刑に処する。客体及び上演が、未成年者との現実の（tatsächlich）性的行為を内容とするものである場合には、5年以下の自由刑又は罰金刑とする。

　　5項　動物との性的行為、成人に対する暴力を伴う性的行為、又は現実に行われたものではない未成年者との性的行為を内容とする第1項にいう客体又は上演を、消費

---

51　6 B_289/2009, 1.4.6.

閲覧した者、又は自ら消費閲覧する目的で製造し、輸入し、保管し、流通し、宣伝し、陳列し、提供し、提示し、譲渡し、若しくは認識可能な状態に置き、獲得し、電子的手段その他の手段で取得し、若しくは所持した者は、1年以下の自由刑又は罰金刑に処する。客体及び上演が、未成年者との現実の性的行為を内容とするものである場合には、3年以下の自由刑又は罰金刑とする。

　6項　第4項及び第5項にかかる犯罪については、対象物を没収する。

本稿に関係する範囲で、改正の特徴を挙げる。

## 1　児童から未成年者へ

まず、この改正により、児童（Kinder）という文言から、未成年者（Minderjährige）への変更がなされた。これにより、ランザローテ条約によって要求されていた、18歳未満の者への保護範囲の拡大を達成するとともに[52]、上述した「児童」をめぐる解釈問題が解決されることになった[53]。

## 2　排泄物ポルノの削除

次に、排泄物ポルノがハードポルノから除外された。すでに、旧197条3項の2から排泄物ポルノが除外された理由については上述したが、ハードポルノ・ソフトポルノの区分変更は、検討対象となっていなかった[54]。

今回の改正では、①排泄物ポルノ規制によって保護されているのが法益ではなく、道徳観念であること、②ヨーロッパの他の国では、排泄物ポルノは処罰態様となっていないこと、③児童ポルノと同等の不法を示すものではないこと等との理由により[55]、排泄物ポルノがハードポルノから除外され、ソフトポルノへと移行されることになった。

## 3　消費閲覧の犯罪化と、消費閲覧目的類型の新設

さらに、消費閲覧が犯罪化され、自己消費閲覧目的（自己使用目的）で各種行

---

52　ランザローテ条約3条a）は、同条約にいう「児童（Kind）」を、18歳未満の者と定義している。
53　Botschaft, BBl 2012 7617. なお、スイスの成人年齢は18歳である（スイス民法14条）。
54　Botschaft, BBl 2000 2982.
55　Botschaft, BBl 2012 7619. すでに Trechsel/Bertossa, a. a. O. (Anm. 13), Art. 197 Rn. 13が排泄物ポルノの処罰に疑問を示していた。

為を行った場合と同じ法定刑で処罰されることが明文化された。これにより、本稿で紹介した批判のうち、「ハードポルノの堕落的影響という処罰根拠は、消費閲覧を処罰していない現行法と整合しない」式の議論は、通用しないものとなった。

　このような態度決定の背景には、①ランザローテ条約20条１項fが、情報技術およびコミュニケーション技術を用いた、児童ポルノへの意図的なアクセスの犯罪化を要求していることのほか、②所持を伴わないハードポルノの消費閲覧を肯定し、処罰の間隙を埋めることが理由とされている[56]。この点の改正に関連して、すでに学説から、消費閲覧の処罰は、児童ポルノに対する需要の増加傾向を理由とすれば理解可能であるとの指摘も見られる[57]。

### 4　製造と所持の法定刑の共通化

　最後に、最も重要な点として、製造と所持の法定刑が共通化された点が挙げられる。これは、上述した、自己消費閲覧類型を新設し、自己消費閲覧にかかるあらゆる行為を包括的に捕捉し、それらに同じ法定刑を規定したことの帰結である。これにより、BGE 131 IV 16に対して向けられていた、法定刑のアンバランスは解消されるに至った[58]。しかし、所持と製造の不法内容を等しいものと評価した理由は、立法理由書には見いだせない。

## V　日本法への示唆

### 1　スイス法の議論の整理

　以上見た、スイス法の議論からは、①「製造」概念に複製を含めることは、児童ポルノのダウンロード行為について「製造」該当性を認めることにつながること、②単純所持罪と単純製造罪との法定刑に差がある場合、有体物を通信販売によって購入すれば取得・所持罪が成立するにとどまるのに対して、データをダウンロード購入すれば製造罪が成立するとのアンバランスが生じること、③ダウンロード行為に製造罪の成立を認めると、電子的領域においては取得・所持罪が死

---

56　Botschaft, BBl 2012 7618.
57　Mark Pieth, Strafrecht Besonderer Teil, 2014, S. 88.
58　Botschaft, BBl 2012 7618.

文化しうることが明らかとなる。
　2013年のスイス刑法改正によって、所持と製造との法定刑が共通化されたことにより、この問題は、（理論的には、ダウンロード行為が「取得・所持」に該当するのか、「製造」に該当するのか、および所持と製造の間に、両者を同一の法定刑で規制するだけの不法の共通性が存在するのかが問題として残るものの）実践的には解消されるに至った。
　では、このようなスイス法の展開から、日本の今後の児童ポルノ法改正に対して、どのような示唆、教訓が得られるであろうか。

## 2　日本の現行法の評価

　現行法では、上述したように、自己消費閲覧目的での児童ポルノのダウンロード行為は、提供目的が存在しない点で7条3項の提供目的製造罪には該当せず、「姿態をとらせ」ていないことから、4項製造罪にも該当せず、盗撮によるものではないから、盗撮による製造罪にも該当しない。それゆえ、同行為は、7条1項にいう性的好奇心を満たす目的での所持としてのみ処罰されることになる。これにより、ダウンロード購入であれ、有体物の通信販売による購入であれ、一律に7条1項の所持罪該当性のみが問題となることになり、スイスで生じたようなアンバランスは生じない。その意味で、現行法は、ダウンロードの取り扱いについては、優れた規定形式となっていると評価しうる。
　もっとも、現行法を前提としても、4項製造罪の解釈として、スイスと同様の問題を生じさせる解釈が存在しうる。日本の児童ポルノ法が、児童ポルノのダウンロードをもっぱら7条1項の所持罪でのみ捕捉できるのは、7条4項が、「姿態をとらせ……描写する」ことを要件とし、これにより複製行為を4項製造罪の処罰範囲から排除しているからである[59]。そのため、同項の解釈の際に、「姿態をとらせ」要件の複製排除機能を否定する解釈を採用すると、ダウンロードの可罰性について、所持罪の成立を認めるか、製造罪の成立を認めるかが、法定刑の差異をもたらす問題として生じることになる[60]。このような解釈の例として、「姿態

---

59　島戸・前掲注（2）96頁。
60　なお、「姿態をとらせ」要件の解釈論上の位置付けには争いがある。これを主体限定要件ととらえるものとして、「匿名解説」判例時報1923号158頁、実行行為ととらえるものとして、園田寿『情報社会と刑法』（成文堂、2011年）160頁以下。

をとらせ」要件を、「姿態をとらせ」る行為を要求する行為要件としてではなく、スイス法のように、児童ポルノの内容として児童に姿態をとらせているシーンが写っていることを要求する児童「ポルノ」該当性の要件として解釈することが考えられる[61]。

したがって、スイス法の検討から得られた視座に基づいて現行法を見ると、現行法の製造と所持の関係を維持する限り、ダウンロードの取り扱いに不具合は生じず、この点でバランスのとれた立法と評価できる。もっとも、現行法を前提としても、「姿態をとらせ」要件の複製排除機能を失わせるような解釈を採用すると、スイス同様の問題が生じるため、解釈上はこの点に留意しなければならないといえる。

### 3　改正の際の留意点

しかしながら、将来的に単純製造をも処罰対象に含むということが議論の俎上に上ることは考えられる。その際、どのような立法形式を採用するべきかがスイスの立法・判例の分析から明らかとなる。

スイス法において、ダウンロード処罰の問題が生じた原因の1つは、単純製造と単純所持の法定刑に差が設けられていたことである。これにより、データのダウンロードには製造罪が成立して3年以下の自由刑、有体物の通信販売には取得・所持罪が成立して1年以下の自由刑というアンバランスが生じることになった。それゆえ、ダウンロード行為の処罰という観点から見れば、単純製造罪を処罰の対象とするとしても、その法定刑は、単純所持罪のそれと同じくすることが必要となる。

次に、仮に法定刑に差を設けるのであれば、自己消費閲覧目的でのダウンロードには製造罪ではなく所持罪のみを成立させることを明文化するべきであろう。例えば、「児童買春、児童ポルノに係る行為等の処罰及び児童の保護等に関する法律の一部を改正する法律案（第177国会衆法23号）」7条4項のように、「前項に規定するもののほか、みだりに、児童ポルノを製造（これを複製して製造する場合を除く。）した者も、第二項〔提供目的製造罪〕と同様とする。」として、自己消費閲覧目的での複製は「製造」に該当しないとの除外規定を設けることが考えられ

---

61　スイスの判例として、前掲 BGE 133 IV 31.

る。もっとも、本法案のような規定形式を採用すると、最決平成18年 2 月20日（刑集60巻 2 号216頁）のような、撮影者本人が、第一次製造物の内容を、他の記録媒体に複製する類型について、第二次製造物以降の物について製造罪の成立が否定されることとなるため、現在の判例の結論と異なることとなり、運用の大きな変更が生じる。ダウンロードについてのみ、製造から除外するという規定形式の方が望ましいと思われる。

※本稿は、早稲田大学特定課題研究助成費（基礎助成）（課題番号：2014K-6205）による研究成果の一部である。

〔付記〕私が早稲田大学法学部で最初に聴講した刑法総論の講義は、野村稔先生のものであった。1999年度の刑法総論は、土曜日の 2 限に、当時の 8 号館の101教室での開講であったと記憶している。私は最前列で先生の講義を拝聴し、また野村先生の教科書（『刑法総論補訂版』（成文堂、1998年））をわからないながらも地道に読んでみた。しかし、夏休みをすぎても、刑法の思考方法がまったくわからなかった。10代特有の怖い者知らずから、私は講義終了後、野村先生に「先生の教科書を読んでいるが、まったく刑法がわからない」と相談に伺った。今考えれば大変に失礼なことである。しかし野村先生は、笑顔で「たしかに俺の教科書はわかりにくい。今司法試験の受験生には前田雅英先生の教科書が人気だからそちらを読んでみろ」とご教示をくださった。さっそく成文堂で前田先生の『刑法総論講義』を買い求め、野村先生の教科書とあわせて、数日間にわたり読み続けた。するとある日、突然刑法がわかるようになった。異なる枠組からは異なる解釈が生じること、枠組内部では、それぞれの解釈が論理的体系的に一貫しなければならないこと。この思考方法に気付いた時に、私は刑法の魅力に取りつかれたのである。野村先生があの時、一学生の失礼な相談に（前田先生のお考えと野村先生のお考えは対極的であるのに、前田先生の教科書を勧めてくださるという懐の深さとともに）お答えくださらなければ、私が刑法の研究を志すことはなかった。先生のご学恩に報いるものではない拙いものではあるが、めでたく古稀を迎えられる野村先生に、謹んで本稿を捧げる。

# 愛護動物遺棄罪(動物愛護管理法44条3項)の保護法益

三 上 正 隆

- I 序
- II 愛護動物の生命・身体
- III 動物愛護の良俗
- IV 人の生命・身体・財産
- V 良好な周辺環境
- VI 生態系・生物多様性
- VII 結 語

## I 序

　動物の愛護及び管理に関する法律(以下、「動物愛護管理法」という)44条3項は、「愛護動物を遺棄した者は、百万円以下の罰金に処する。」として、愛護動物遺棄罪を規定する。ここにいう「遺棄」概念は、愛護動物虐待罪(同条2項)にいう「虐待」とは異なり、例示行為が何ら掲げられていないこともあって、十分明確なものであるとはいい難い。例えば、「愛護動物」たる、飼育していたアライグマ(同条4項2号)を自活可能な水辺近くの森林に逃がす行為は「遺棄」に該当するのであろうか(以下、「アライグマ事例」という)。

　上記「遺棄」概念の不明確性はそもそも愛護動物遺棄罪の保護法益の不明確性に起因するものと考えられる。そこで、本稿では、「遺棄」概念の明確化に資するべく、同罪の保護法益を明らかにすることとしたい。

## II 愛護動物の生命・身体

　刑法典における遺棄罪(同法217条・218条)の保護法益について、判例(大判大正4年5月21日刑録21輯670頁参照)及び多数説[1]は人の生命・身体であると解している。そこで、愛護動物遺棄罪の保護法益も愛護動物の生命・身体であるとも考

え得る²。動物愛護管理法の前身である動物の保護及び管理に関する法律（以下、「旧動物保護管理法」という）に規定されている保護動物遺棄罪（同法13条１項）³の趣旨説明においても、同法の趣旨の一つとして「動物の保護」が挙げられており⁴、かかる「動物の保護」という趣旨は、同法が動物愛護管理法に改正された際に、基本原則を定める２条に「動物が命あるものであることにかんがみ」及び「人と動物の共生に配慮しつつ」という文言が付け加えられたたことに照らすと、動物愛護管理法における愛護動物遺棄罪に、より一層強く妥当するものとも考えられる。このように、同罪の保護法益を愛護動物の生命・身体と捉えると、冒頭のアライグマ事例は、アライグマを自活可能な水辺近くの森林に逃がしており、アライグマの生命・身体に対する危険の惹起が認められない以上、「遺棄」該当性は否定されることになろう。

　確かに、命ある動物は少なくとも道徳的地位を有しており、「動物は人間に利用されるためにだけ存在するのではないから、彼ら自身の資格において良い扱いを受けるべきである」（傍点原著）と考えることもできる⁵。しかしながら、そのような道徳領域における配慮を直ちに法領域にまで拡張することは、動物の法益主体性を否定する「従来の伝統的な法観念を変革する」ことになり、問題があろう⁶,⁷,⁸。愛護動物遺棄罪の保護法益を動物自身の生命・身体と解することは、現

---

1　団藤重光『刑法綱要各論　第三版』（創文社、1990年）452頁、芝原邦爾ほか編『刑法理論の現代的展開——各論』（日本評論社、1996年）20頁〔曽根威彦〕、佐伯仁志「遺棄罪」法教359号（2010年）94-5頁等。

2　国に動物を保護する義務を課すドイツ連邦共和国基本法20条ａを有するドイツにおいて、「動物虐待構成要件は動物を保護するものであって、我々を保護するものではない」と主張する見解として、Luís Greco, Rechtsgüterschutz und Tierquälerei, in: Festschrift für Knut Amelung, 2009, S.15.

3　旧動物保護管理法13条１項は「保護動物を虐待し、又は遺棄した者は、三万円以下の罰金又は科料に処する。」として保護動物遺棄罪を規定していた。その後、犯人の少年が猫を虐待していた神戸連続児童殺傷事件等を機縁とした平成11年法律第221号による改正によって、同法は動物愛護管理法に改正され、同法27条３項が「愛護動物を遺棄した者は、三十万円以下の罰金に処する。」として愛護動物遺棄罪を規定した。さらに、同法の改正法（平成17年法律第68号）によって、同罪は同法44条３項に規定されるに至り、犯罪成立要件に変更はないものの、法定刑が「三十万円以下の罰金」から「五〇万円以下の罰金」に引き上げられた。また近時、同罪の法定刑は平成24年法律第79号（以下、「平成24年改正法」という）によって引き上げられ、現在は「百万円以下の罰金」となっている（同改正法については、角智子「動物取扱業の規制強化と適正な飼養・保管の推進——動物愛護管理法改正——」立法と調査334号（2012年）60頁参照）。

4　「衆議院会議録」56号（官報 号外）昭和48年８月23日付）6-7頁。青木人志『動物の比較法文化——動物保護法の日欧比較——』( 有斐閣、2002年 )206頁以下参照。

5　デヴィッド・ドゥグラツィア〔戸田清訳〕『動物の権利』（岩波書店、2003年）29頁。

行の動物愛護管理法の解釈としては無理があるものと思われる[9,10]。

## III　動物愛護の良俗

　動物愛護管理法の目的は「動物の虐待及び遺棄の防止、動物の適正な取扱いその他動物の健康及び安全の保持等の動物の愛護に関する事項を定めて国民の間に動物を愛護する気風を招来し、生命尊重、友愛及び平和の情操の涵養に資するとともに、動物の管理に関する事項を定めて動物による人の生命、身体及び財産に対する侵害並びに生活環境の保全上の支障を防止し、もつて人と動物の共生する社会の実現を図ること」（同法1条〔圏丸引用者〕）である[11]。愛護動物遺棄罪の保護法益を考える上では、ここにいう「遺棄の防止」が「動物の愛護に関する事項」にかかるのか、「動物の管理に関する事項」にかかるのか（又は双方にかかるのか）が問題となる。

　そもそも同条にいう「動物の虐待及び遺棄の防止、動物の適正な取扱いその他動物の健康及び安全の保持等」という例示事項全体は、その直後におかれている文言である「動物の愛護に関する事項」だけではなく、その後に続く「動物の管

---

6　伊藤榮樹ほか編『注釈特別刑法〔第五巻II〕』(立花書房、1984年) 528頁〔原田國男〕。

7　また、法益を人間中心的法益概念に基づいて捉えるときにも、愛護動物の生命・身体を愛護動物遺棄罪の保護法益とすることは困難となろう。なお、人間中心的法益概念が前提とする「法は人間のためにある」との命題自体に疑問を挟む余地はある（川端博、町野朔、伊東研祐《鼎談》環境刑法の課題と展望」現刊34号（2002年）19頁〔伊東発言〕）。人間中心的法益概念（及び生態学的法益概念、生態学的・人間中心的法益概念）の詳細については、伊東研祐『環境刑法研究序説』（成文堂、2003年）27頁以下、齋野彦弥「環境刑法の保護法益」現刊34号（2002年）29頁、嘉門優「法益論の現代的意義——環境刑法を題材にして——（一）（二・完）」法雑50巻4号（2004年）94頁以下、51巻1号（2004年）96頁以下等参照。

8　これに対して、伊藤司「環境（刑）法各論（一）——特に鶏の大量『飼育』と野鳥の保護に関して——」法政67巻1号（2000年）50頁注(38)は動物の法益主体性を認めるものであるとも解される。

9　同様に動物の生命・身体を保護法益とすることに反対するものと思われる見解として、動物愛護管理法令研究会編『改正動物愛護管理法——解説と法令・資料』（青林書院、2001年）121-2頁、動物愛護管理法令研究会編著『動物愛護管理業務必携』（大成出版社、2006年）32-3頁、動物愛護論研究会『改正動物愛護管理法Q＆A』（大成出版社、2006年）167頁等。また「アニマル・ライツは、現行実定法〔動物愛護管理法〕の立場と矛盾せざるをえない」との指摘として、愛敬浩二編『人権の主体』（法律文化社、2010年）251頁〔青木人志〕。

10　なお、軽犯罪法1条旧21号の動物虐待罪の解釈においても、動物の法益主体性は否定されている（植松正『軽犯罪法講義』（立花書房、1948年）128-9頁、大塚仁『特別刑法 法律学全集42』(有斐閣、1959年) 116頁)。

11　「遺棄の防止」は平成24年改正法において追加された。

理に関する事項」にもかかっていると解することもできる。「動物の愛護に関する事項」の例示事項だけを規定し、「動物の管理に関する事項」の例示事項をまったく規定していないことは不自然であり、立法者は「動物の愛護に関する事項」と「動物の管理に関する事項」の例示事項をまとめて同条の冒頭に配置したと考えることができるからである。

　もっとも、例示事項の全てが「動物の愛護に関する事項」と「動物の管理に関する事項」の双方にかかっていると解することはできない。たとえば、「動物の虐待」はその内容に照らし「動物の愛護に関する事項」だけにかかることは明らかである。該例示事項が「動物の愛護に関する事項」と「動物の管理に関する事項」のいずれにかかるか（又は双方にかかるのか）は、その内容等に照らして個別に判断する必要がある。それでは「遺棄の防止」はいかに解すべきであろうか。

　遺棄の典型は移置・置去りによって愛護動物の生命・身体を危険にさらすことであると考えられるところ、これは動物の愛護に反し、「動物の愛護に関する事項」を定めることの目的である「国民の間に動物を愛護する気風を招来」（動物愛護管理法１条）することの実現の妨げとなろう。したがって、「遺棄の防止」は少なくとも「動物の愛護に関する事項」にはかかり、同事項の例示であると解することができる。

　しかるときは、愛護動物遺棄罪は、「動物の愛護に関する事項」を規定することによって達成しようとする目的、すなわち、「国民の間に動物を愛護する気風を招来し」、「生命尊重、友愛及び平和の情操の涵養に資する」ことによって、最終的に「人と動物の共生する社会の実現を図ること」[12]をその目的としているものであるといえる。ここから、同罪の保護法益は、動物愛護の良俗[13]（中間法益①）、「生命尊重、友愛及び平和の情操」（中間法益②）[14]、「人と動物の共生する社会」（最終法益）であると考えられる。そして、同罪における「遺棄」の解釈との関係では、まずはその保護法益を中間法益たる動物愛護の良俗と解しておけば足りるであろう。

---

12　平成24年改正法によって付け加えられた「もつて人と動物の共生する社会の実現を図る」は、「もつて」という文言、その位置及び内容にかんがみると、「動物の愛護に関する事項」及び「動物の管理に関する事項」を定めることの最終目的であると解することができる。もっとも、このような理解の下では、「平和の情操の涵養」が「人と動物の共生する社会の実現を図る」ことにつながるのかといった疑問が残り、動物愛護管理法１条はその内容が十分に整理された規定であるとはい難い。

このように愛護動物遺棄罪の保護法益が動物愛護の良俗であると解すべきことは同罪の客体が「愛護動物」とされていることからも根拠づけることができる。立法者は犬や猫などの愛護動物が遺棄される場合には動物愛護の良俗が害される程度が類型的に高いことにかんがみて、同罪の客体を「愛護動物」としたものと解される。

　さらに、愛護動物殺傷罪（動物愛護管理法44条1項）、愛護動物虐待罪（同条2項）の保護法益は動物愛護の良俗であると解されるところ[15, 16]、これらの犯罪の後に置かれている愛護動物遺棄罪の保護法益も動物愛護の良俗と解するのが自然であろう[17]。

　以上より、愛護動物遺棄罪の保護法益は動物愛護の良俗と解すべきである[18, 19]。かかる理解によれば、冒頭のアライグマ事例は、アライグマを自活可能な水辺近くの森林に逃がしており、アライグマの生命・身体に対する（重大な）

---

13　同様の立場に立つものと思われる見解として、原田・前掲注（6）528-9頁、動物愛護管理法令研究会編・前掲注（9）121-2頁、動物愛護論研究会・前掲注（9）167頁、動物愛護管理法令研究会編著・前掲注（9）32-3頁等。

14　このように動物愛護の良俗の維持・招来は人間の利益たる「生命尊重、友愛及び平和の情操」の涵養（ひいては、人間の生命・身体の保護）に資することからも、動物愛護の良俗を保護法益と解することは人間中心的法益概念を採用した場合であっても許容されよう。

15　三上正隆「動物の愛護及び管理に関する法律44条2項にいう『虐待』の意義」国士舘41号（2008年）72-5頁、青木人志「わが国における動物虐待関連犯罪の現状と課題——動物愛護管理法第四四条の罪をめぐって」村井敏邦古稀『人権の刑事法学』（日本評論社、2011年）157頁参照。なお、愛護動物虐待罪の保護法益を動物愛護の良俗と解していたが（三上・前掲72-5頁）、同罪の客体が「愛護動物」に限定されている趣旨を本文のように解することができること、及び動物愛護管理法の目的（1条）や基本原則（2条）において愛護の対象が愛護動物ではなく単に動物とされていることから、動物愛護の良俗との理解に改めたい。

16　愛護動物虐待罪の保護法益として挙げられている「動物愛護の気風」が保護法益たり得る「制度化された利益」とまでいえるかは微妙であり、立法論としては、同罪において「公然性」を要件とし、「人の心理への直接的な影響の危険性を要求することも考慮に値する」との指摘として、髙山佳奈子「『感情』法益の問題性——動物実験規制を手がかりに」『山口厚先生献呈論文集』（成文堂、2014年）14頁以下。

17　このように、愛護動物殺傷罪、愛護動物虐待罪、愛護動物遺棄罪の保護法益をすべて「動物愛護の良俗」と解することによって、これらの罪の法的性格を統一的に把握することが可能となる。また、愛護動物殺傷罪と愛護動物虐待罪・愛護動物遺棄罪の法定刑に差があること（愛護動物殺傷罪の法定刑は「二年以下の懲役又は二百万円以下の罰金」、愛護動物虐待罪・愛護動物遺棄罪の法定刑は「百万円以下の罰金」）を合理的に説明することが可能ともなる。すなわち、かかる法定刑の差が生じる理由を、愛護動物の生命・身体に対する侵害を伴う愛護動物殺傷罪の方が、愛護動物に対して強度の苦痛を付与する愛護動物虐待罪及び生命・身体に対する侵害の危険を伴う愛護動物遺棄罪よりも、類型的に「動物愛護の良俗」を侵害する危険の程度が高い点に求めることができるようになる。

危険の惹起が認められない以上[20]、動物愛護の良俗を危殆化する行為であるとはいえず、「遺棄」該当性が認められないことになろう。

上記理解に対しては、まず、「殺処分を背後に予定している犬ねこの引取りと矛盾することになる。『ペットを捨ててはいけません。不要になったら、県が処分してあげましょう。』というのは、動物愛護の観点からは説明が付かない」との批判がある[21]。すなわち、飼育できなくなった犬及び猫を遺棄せずに都道府県等に引き取ってもらっても（動物愛護管理法35条1項本文）、その後飼養を希望する者が現れなければ、犬及び猫の生命を奪い、遺棄以上に動物愛護の良俗を危殆化する殺処分が行われることになる。このことは、動物愛護の良俗を保護するために遺棄を禁じることによって、より大きく動物愛護の良俗を危殆化することになることを意味するのであり、矛盾が生じているといえる。かかる矛盾を来すような理解は妥当ではないとの批判である。

確かに、殺処分は動物愛護の良俗を危殆化する行為であるといえ[22]、上記矛盾が存在することは否定しがたく、殺処分がなくならない限り、上記批判は甘受せざるを得ない。今後、平成24年改正法によって導入された引取り拒否（動物愛護管理法35条1項ただし書）や返還・譲り渡しの努力義務（同条4項）等の施策[23]を講じながら、殺処分を受ける犬及び猫の数をゼロに近づけることにより、上記矛盾を解消していく必要がある。

次に、動物愛護の良俗を維持・招来することは一定の道徳を法が強制すること

---

18 このような理解の下では、愛護動物は保護客体ではなく、行為客体にすぎないことになる。
19 愛護動物遺棄罪において、愛護動物は動物愛護の良俗が保護されることによる反射効として保護されるにすぎない（軽犯罪法1条旧21号の動物虐待罪につき、同様の指摘をするものとして、大塚・前掲注(10) 116頁）。
20 動物愛護の良俗の危殆化を肯定するためには、愛護動物の生命・身体に対する（重大な）危険を惹起することが必要であると解すべきである（三上正隆「愛護動物遺棄罪（動物愛護管理法44条3項）における『遺棄』の意義」新報121巻11=12号〔斎藤信治先生古稀祝賀論文集〕（2015年3月出版予定））。
21 片山晴雄「動物保護法解説（上）──罰則を中心として──」警察公論29巻12号（1974年）61頁。
22 殺処分は動物愛護の良俗を危殆化する行為であることは否めず、愛護動物殺害罪（動物愛護管理法44条1項）の構成要件に該当するが、少なくとも動物愛護管理法上では許容されている行為であると解することができ（同法35条4項参照）、その違法性が阻却されるもの（刑法35条）と解される。なお、殺処分自体の正当性を疑問視する見解として、今泉友子「犬・猫行政殺処分の法的論点の整理」早法87巻3号（2012年）223頁。
23 なお、諸外国の殺処分抑制に向けた取組みについては、遠藤真弘「諸外国における犬猫殺処分をめぐる状況──イギリス、ドイツ、アメリカ──」調査と情報830号（2014年）1頁参照。

（リーガル・モラリズム）につながるおそれがあるとの批判もある[24]。確かに、「『愛護』とは『かわいがり、大事にすること』であり、『かわいい』という情動と『大事にする』という行為が含まれ〔る〕」との理解のもとで[25]、愛護動物に対して「かわいい」という情動を抱くべきことを刑罰によって強制することは、許されないものと解される。例えば、犬に対し「かわいい」という情動を持つか否かは自由であり、犬嫌いの人に対して犬をかわいいと感じるように刑罰でもって強制すべきではあるまい。しかしながら、「愛護」の意味は「かわいがってかばい守ること」[26]であり、「かわいがる」は、「かわいいと感じて、やさしくあつかう」と解することができる[27]。ここでは、「かわいいと感じる」という情動に力点を置くべきではなく[28]、「やさしくあつかう」という行為を重視して、「愛護」の中心的意味は「大切に扱うこと」であると考えるべきであろう[29]。そして、動物愛護管理法上では、動物を大切に扱うべきであるという価値観を維持・形成することを通して[30]、「生命尊重、友愛及び平和の情操」を涵養することが予定されている（同法1条）。ここにいう「生命尊重、友愛及び平和」は、普遍的な価値を有するものであるといい得るのであって、単なる個人の好みの問題であるとはいえな

---

24 町野朔『犯罪各論の現在』（有斐閣、1996年）262頁は「動物愛護の倫理を保護するために、法が介入すること」は許されないとする。また山田卓生「動物と人間の関係」法時73巻4号（2001年）4頁は「動物愛護を法により命令することはできない」とする。
25 佐藤衆介『アニマルウェルフェア 動物の幸せについての科学と倫理』（東京大学出版会、2005年）90頁。
26 西尾実ほか編『国語辞典 第7版 新版』（岩波書店、2011年）。
27 西尾ほか編・前掲注(26)。
28 刑罰をもって、動物に対しかわいいという情動を感じること、又は愛することを強制することは良心の自由（憲法19条）に抵触するおそれが出てくる（青木・前掲注(4) 219頁）。
29 「動物の愛護及び管理に関する施策を総合的に推進するための基本的な指針」（平成18年10月31日環境省告示140号）〈http://www.env.go.jp/hourei/syousai.php?id=18000278〉は、動物の愛護について「動物の愛護の基本は、……動物の命についてもその尊厳を守るということにある。……動物の命に対して感謝及び畏敬の念を抱くとともに、この気持ちを命あるものである動物の取扱いに反映させることが欠かせない……命あるものである動物に対してやさしい眼差しを向けることができるような態度なくして、社会における生命尊重、友愛及び平和の情操の涵養を図ることは困難である」とする。ここでも、愛護の中心的内容は命ある動物を大切に扱うことであるとされているといえよう。さらに、青木・前掲注(4) 219頁も「『愛護』という言葉に盛られた中心的な内容は、動物を虐待せず、適正に取り扱うことである」とする。
30 刑法の倫理形成機能については、伊東・前掲注(7) 3頁以下、宗岡嗣郎「刑事法における環境保護とその形成的機能」久留米9=10号（1991年）1頁以下、前野育三「現在の環境問題と刑罰の役割」西原春夫先生古稀祝賀論文集 第三巻』469頁・477-8頁、金尚均『危険社会と刑法』（成文堂、2001年）265頁以下、中山研一ほか編著『環境刑法概説』（成文堂、2003年）28-9頁〔中山研一〕等参照。

い。しかるときは、動物愛護の良俗を刑罰でもって維持・招来し、もって「生命尊重、友愛及び平和の情操」を涵養したとしても、それは単なる道徳の強制ではないと考えることができ、リーガル・モラリズムであるとまではいえないであろう。

## IV 人の生命・身体・財産

### 1 愛護動物による危害

次に、危険な愛護動物を遺棄することによって、人の生命・身体・財産が侵害される危険が生じる点が問題となる。たとえば、愛護動物たる飼育していたコブラを逃がすことによって、不特定又は多数の人の生命・身体・財産が侵害される危険が生じる。そこで、愛護動物遺棄罪はかかる危険を防止し、人の生命・身体・財産を保護するものであると考えることもできる。このように、同罪の保護法益を人の生命・身体・財産であると解すべきであろうか。

旧動物保護管理法の保護動物遺棄罪につき、「遺棄を禁じているのは野良犬、野良ねこの増加を防ぎ、ひいては動物による事故を防ぐとの目的による」として、これを積極に解する見解がある[31]。また、動物愛護管理法の愛護動物遺棄罪でも、旧動物保護管理法下では「愛護動物」に含まれていなかった爬虫類が動物愛護管理法においてはこれに含まれるようになった（同法44条4項2号）理由を「動物愛護管理法の処罰規定の構造上、殺傷罪や虐待罪だけでなく遺棄罪の客体となるのも同じく『愛護動物』であるから、危険な毒ヘビやワニやカミツキガメを遺棄する悪質事例を動物遺棄罪の処罰対象に取り込むためには、爬虫類をまず『愛護動物』のなかに入れておかなければならないという法技術的な事情」に求める見解[32]は上記問題を積極に解するものであるといえよう。このように、愛護動物遺棄罪の保護法益を人の生命・身体・財産と捉えると、冒頭のアライグマ事例は、気性が荒く、興奮すると噛み付くことがあるアライグマを逃がすことによって、不特定又は多数の人の生命・身体・財産に対する危険が惹起される以上[33]、「遺棄」該当性が認められるものと解される[34]。

---

31 片山・前掲注(21) 61頁。同様の見解に与するものとして、大石良雄「動物愛護精神の啓蒙・啓発を期して——違反者には加罰も——」時法857号(1974年) 7頁。
32 青木人志『日本の動物法』（東京大学出版会、2009年）66頁。同様に理解する見解として、吉田眞澄編著『動物愛護六法』（誠文堂新光社、2003年）118頁、佐藤・前掲注(25) 91頁。

しかしながら、仮に愛護動物遺棄罪が動物から人の生命・身体・財産を保護するものであるとすれば、遺棄の客体として「人の生命、身体又は財産に害を加えるおそれがある動物として政令で定める動物」、すなわち「特定動物」（動物愛護管理法26条本文）を規定すべきであろう。それにもかかわらず、客体が「愛護動物」とされ（動物愛護管理法44条3項）、その中には、人の生命・身体・財産に危害を加える可能性が類型的に高いとはいえない「いえばと」が含まれている（同条4項1号）。しかるときは、同罪の保護法益を人の生命・身体・財産と解することは困難であるといわざるを得ない。

動物愛護管理法上、「動物による人の生命、身体及び財産に対する侵害並びに生活環境の保全上の支障」の防止は「動物の管理に関する事項を定め〔る〕」ことによって達成されるべきものである（動物愛護管理法1条）。例えば、先に例として挙げたコブラは、「特定動物」であって、その飼育は許可制となっており（同法26条1項本文）、許可を受けることなく飼育した場合には「六月以下の懲役又は百万円以下の罰金に処〔せられる〕」（同法45条1号）。動物愛護管理法では、このような形で、危険な動物から不特定又は多数の人の生命・身体・財産を保護していると解すべきである。

また、適正に管理されていた特定動物を含む危険な動物を逃した場合は、「人畜に害を加える性癖のあることの明らかな犬その他の鳥獣類[35]を正当な理由がなくて解放し、又はその監守を怠つてこれを逃がした者」を「拘留又は科料に処する」とする軽犯罪法1条12号の危険動物解放罪により対処すべきであると解される。同罪は、「危険な動物が人や人の飼う動物に対して害を及ぼすことを防止するため、その管理の適正を担保しようというもの」[36]であって、その保護法益は不特定又は多数の人の生命・身体・財産であると考えられる。かつて、軽犯罪法1条21号が「牛馬その他の動物を殴打し、酷使し、必要な飲食物を与えないなど

---

33　アライグマが引き起こす問題については、大阪府HP「野生化したアライグマが引き起こす問題」〈http://www.pref.osaka.lg.jp/attach/2659/00007565/arai3p3.pdf〉等参照。
34　「動物愛護管理法の法益の一つである『他人に迷惑や危害を与えないという適正管理』の面を強調すると遺棄罪成立の巾は広がる」との指摘として、環境省第5回「動物の愛護管理のあり方検討会」における配布資料「資料2　遺棄・危害等の防止（個体登録措置を含む）」〈https://www.env.go.jp/nature/dobutsu/aigo/2_data/arikata/h16_05/mat03.pdf〉3頁。
35　ここにいう「鳥獣類」には、鳥類、獣類のほか、わに、へびなどの爬虫類が含まれる（伊藤榮樹原著・勝丸充啓改訂『軽犯罪法　新装第2版』（立花書房、2013年）123頁）。
36　伊藤・前掲注(35) 122頁。

の仕方で虐待した者」を「拘留又は科料に処する」として動物虐待罪を規定していたが、旧動物保護管理法13条1項の保護動物虐待罪が制定されたことに伴い、削除された。これに対して、軽犯罪法1条12号の危険動物解放罪は、旧動物保護管理法で保護動物遺棄罪（同法13条1項）が規定されたにもかかわらず、削除されず、動物愛護管理法が施行されている現在でも残されている。このことは、両罪がその目的（保護法益）を異にしていること（危険動物解放罪は不特定又は多数の人の生命・身体・財産を保護法益とする一方で、愛護動物遺棄罪はこれを保護法益としていないこと）の証左であるといえよう。

さらに、危険な特定外来生物からの不特定又は多数の人の生命・身体・財産の保護は、後述の特定外来生物放出罪（特定外来生物による生態系等に係る被害の防止に関する法律（以下、「外来生物法」[37]という）9条・32条3号）に委ねられているものと解される。その上、そもそも解放された愛護動物が個人の生命・身体・財産に対して危害を及ぼした場合には、殺人（未遂）罪・傷害罪・過失致死傷罪・器物損壊罪の成立を認めることができる。

また、民法に目を転じて見ると、民法718条は「動物の占有者は、その動物が他人に加えた損害を賠償する責任を負う。ただし、動物の種類及び性質に従い相当の注意をもってその管理をしたときは、この限りでない。／2　占有者に代わって動物を管理する者も、前項の責任を負う。」とし、動物の占有者等の責任を規定している。かかる規定も人の生命・身体・財産の保護に資するであろう。

このように、愛護動物を逃がす行為により生じる人の生命・身体・財産に対する侵害又はその危険は、軽犯罪法の危険動物解放罪、外来生物法の特定外来生物放出罪、刑法典の生命・身体・財産に対する罪及び民法典の不法行為責任等によって防止することが予定されているものと考えることができる。

以上より、愛護動物遺棄罪は愛護動物から人の生命・身体・財産を保護することを目的としたものではないと解すべきである。かく解する場合、旧動物保護管理法下では「愛護動物」に含まれていなかった爬虫類が動物愛護管理法においてはこれに含まれるようになった理由は、愛護動物遺棄罪の保護法益を動物愛護の良俗と解する立場から、近時爬虫類がわが国において愛玩動物としての地位を獲

---

[37] 同法については、環境省自然環境局野生生物課「外来生物法の制定について——特定外来生物による生態系等に係る被害の防止に関する法律——」かんきょう29巻9号（2004年）4頁、10号（2004年）6頁、青木・前掲注(32) 113頁以下等参照。

得したこと[38]に求められるべきことになろう[39]。

## 2　行為者による将来の危害

さらに、愛護動物を遺棄する者は将来人の生命・身体・財産に対して危害を与える危険性を有しており、愛護動物遺棄罪はかかる危害を防止するためにあるとの理解があり得る[40]。たとえば「動物の虐待は——動物そのものの利益とか、人から切り離された生物環境、隣人も動物を好きでいてほしいという感情など、本稿で排斥してきた法益を除けば——動物への加害が弱者としての人への加害を想起させるため、こうした嫌悪感情を根拠に、その可罰性が説明されるのが一般である。このような感情が持ち出されるのは、人への加害の蓋然性が、完全には科学的に実証されていないことに配慮したものである。しかし前述したように、たとえ人を守るためであったとしても、動物の虐待を処罰する際に、こうした厳格にすぎる実証は、必ずしも要求されないというべきである」との見解[41]がある。この見解は、ここで用いられている虐待が殺傷や遺棄を含む概念であるとすれば、同罪の処罰根拠を行為者が将来人に対して害を加える蓋然性に求める見解であると捉えることもできる。この見解によれば、冒頭のアライグマ事例では、アライグマを自活可能な水辺近くの森林に逃がす行為は、アライグマの生命・身体に対する危険を惹起する行為であるとはいえないため、人への加害の蓋然性を根拠づけるものとはいえず、「遺棄」該当性が否定されることになるであろう。

上記見解では遺棄を含む虐待は行為者が将来人に対して害を加える蓋然性の根拠、言い換えれば行為者の危険な性格の徴表と捉えられることになろうが、かかる理解は刑罰を保安処分化するものであって、疑問である。

---

38　「最近はヘビやイグアナなどの爬虫類をペットとして飼う人が増え、それらの動物に豊かな愛情を注いでいる人も多い。そのような人にとっては爬虫類が犬や猫に代表される愛玩動物と連続した存在になってきている」との指摘として、青木・前掲注(32) 66頁。
39　旧動物保護管理法における保護動物遺棄罪の保護法益を動物愛護の良俗と捉える立場から、同法の保護動物に「爬虫類」が含まれなかった理由を「は虫類は虐待されたからといって通常人の動物愛護の心情を害させるものではなく、親近感よりも不快感を与える種類の動物であることなど」に求める見解として、原田・前掲注(6) 534-5頁。
40　注(3)で述べたとおり、旧動物保護管理法が動物愛護管理法に改正される契機となった神戸連続児童殺傷事件の少年は事件前に動物を虐待していた。
41　小林憲太郎「『法益』について」立教85号（2012年）38頁。

## V　良好な周辺環境

　次いで、愛護動物遺棄罪の保護法益として考えられるのが良好な周辺環境である。たとえば、飼い犬・猫を逃がすことにより、繁殖によって犬・猫の数が増え、糞尿等の問題が生じる。冒頭のアライグマ事例では、アライグマが放たれることによって、糞尿等の問題が発生し、周辺環境を悪化させる可能性があり、「遺棄」該当性が肯定されることになろう。

　しかしながら、この良好な周辺環境を愛護動物遺棄罪の保護法益として捉えるべきではない。その理由は、まず、愛護動物遺棄罪の客体が「愛護動物」に限定されていることに求められる。仮に良好な周辺環境が同罪の保護法益であるとするならば、解放されることによって周辺環境を悪化させるおそれが類型的に高く認められる動物が客体とされるべきであったといえる。

　次に、このような良好な周辺環境の保護は各条例に委ねられているものと考えられる。たとえば、北海道伊達市「環境美化条例」[42]は、「清潔で美しいまちづくりを目指〔し〕」（１条）、捨て犬・捨て猫の禁止し（６条１項１号）、その違反に対しては最終的に５万円以下の過料を課している（10条乃至12条）。

　さらに、繁殖については、動物愛護管理法37条が「犬又は猫の所有者は、これらの動物がみだりに繁殖してこれに適正な飼養を受ける機会を与えることが困難となるようなおそれがあると認める場合には、その繁殖を防止するため、生殖を不能にする手術その他の措置をするように努めなければならない。」とし、努力義務の形であるが、犬及び猫の繁殖制限を規定している。同法は、犬及び猫についてはこのようにして繁殖を抑え、良好な周辺環境を維持しようとしているものと解される。

## VI　生態系・生物多様性

　最後に、愛護動物遺棄罪の保護法益として考えられるのが生態系・生物多様性

---

42　北海道伊達市「環境美化条例」〈http://www1.g-reiki.net/date/reiki_honbun/r312RG00000274.html〉。

である。例えば、「飼育動物を捨てることは、動物を不幸にするばかりか、人への迷惑や生態系への悪影響も及ぼします」との見解[43]や爬虫類が「飼いきれなくなって遺棄され、人に危害を加えたり生態系を損なうおそれがあるとの批判に応え、愛護動物の中に新たに『人が占有する爬虫類』を加えた」とする見解[44]は愛護動物遺棄罪の保護法益に生態系・生物多様性を含めるものであると考えられる。冒頭のアライグマ事例では、アライグマを逃がすことにより、生態系が破壊されるおそれがあることから[45]、「遺棄」該当性が認められることになろう。

しかしながら、動物愛護管理法の目的規定（1条）においては、同法の目的として生態系・生物多様性の保護が掲げられておらず、同法やその中に規定されている愛護動物遺棄罪が生態系・生物多様性の保護を目的としていると解することは困難である。

また、愛護動物を放つことにより生じる生態系・生物多様性に対する被害の防止は外来生物法によって図るべきものであると解される。同法は「飼養等、輸入又は譲渡し等に係る特定外来生物は、当該特定外来生物に係る特定飼養等施設の外で放出、植栽又は播種（以下「放出等」という。）をしてはならない。」（同法9条本文、括弧内原文）として、特定外来生物を放つ行為を禁止し、これに違反した者は「三年以下の懲役若しくは三百万円以下の罰金に処し、又はこれを併科する」（同法32条3号）と規定している。そして、かかる特定外来生物放出罪の目的は「特定外来生物による生態系等に係る被害を防止し、もって生物の多様性の確保、人の生命及び身体の保護並びに農林水産業の健全な発展に寄与することを通じて、国民生活の安定向上に資すること」（同法1条）である。

このように、生態系・生物多様性の保護は、外来生物法（特定外来生物放出罪）で図るべきであり、生態系・生物多様性は愛護動物遺棄罪の保護法益ではないと

---

43 地球生物会議ALIVE HP「環境省が『動物の遺棄・虐待防止』のポスター制作」〈http://www.alive-net.net/companion-animal/gyakutai/Env-poster0903.html〉。なお、同団体は、動物愛護管理法に「遺棄（飼育放棄）は動物虐待であることに加えて生態系への悪影響を及ぼすことを明記する（アライグマ、観賞用魚類など）」ことを提案している（同HP「動物愛護法改正に向けてのALIVEの提案」〈http://www.alive-net.net/law/kaisei2012/youbou_2012.htm〉）。
44 吉田編著・前掲注(32) 118頁。
45 「日本には外来種であるアライグマの天敵となる生物がいないため、短期間で大量に増加し、在来種（カエルや野鳥の卵・ヒナ等）を捕食して減少させたり、在来種（タヌキやキツネ、アナグマ等）と競合した結果、生息場所を奪い取ったりする行動が危惧されて〔いる〕」（大阪府・前掲注(33)）。

考えられる[46]。

　アライグマ事例において、アライグマは外来生物法施行令1条によって「特定外来生物」（外来生物法2条1項）に指定されているため、アライグマを逃がす行為には、特定外来生物放出罪が成立するのであり、これによって、生態系・生物多様性が保護されているものと解すべきであろう。

## Ⅶ　結　語

　叙上のことに照らして、愛護動物遺棄罪の保護法益は動物愛護の良俗であると考える[47]。
　なお、上記で検討してきたその他の利益を保護法益として副次的に考慮すべきかの問題がある[48]。「適正保管の点は、全く無視されてよいという趣旨ではなく、右の動物愛護の第一時的な保護法益〔動物愛護の良俗〕の範囲内で副次的に考慮されているといえる」とする見解もある[49]。しかしながら、これまで述べてきたとおり、そもそも上記その他の利益は愛護動物遺棄罪の保護法益たり得ないこと、法定刑が同一の愛護動物虐待罪と愛護動物遺棄罪との保護法益は統一すべきであること[50]及び質的に大きく異なる各利益を愛護動物遺棄罪の保護法益とすることによって同罪の性格を曖昧にすべきではないことから、上記他の利益は同罪の保護法益として、副次的であっても考慮すべきではなかろう。
　以上の保護法益の理解を踏まえて、「遺棄」概念の内容は明らかにされなければならない。同概念の検討については別稿[51]に譲る。

---

46　青木・前掲注(15) 158頁。
47　なお、動物愛護それ自体は「環境刑法にいう環境」に含めるべきではないと解する場合には（伊東・前掲注(7) 53頁）、「環境刑法」と並んで「動物刑法」を範疇化し、ここに愛護動物遺棄罪を含む愛護動物虐待関連犯罪を位置付ける必要がある。ここにいう「動物刑法」は「刑法」のサブカテゴリーであると共に、「人間と動物の関係を規律する法」である「動物法」（青木・前掲注(32) 6頁）のサブカテゴリーでもあることになろう。
48　その他の利益が副次的法益となると解した場合には、その侵害又は危殆化を量刑事情として考慮し得ることになろう。
49　原田・前掲注(6) 530頁。ただし、旧動物保護管理法の保護動物遺棄罪に関しての記述である。
50　原田・前掲注(6) 530頁参照。
51　三上・前掲注(20)。

〔付記1〕 脱稿後, 環境省「動物の愛護及び管理に関する法律第44条第3項に基づく愛護動物の遺棄の考え方について」(平成26年12月12日環自総発第1412121号) に接した。本通知において,「遺棄」は「同条第4項各号に掲げる愛護動物を移転又は置き去りにして場所的に離隔することにより, 当該愛護動物の生命・身体を危険にさらす行為」と定義づけられている。この定義は愛護動物遺棄罪の保護法益を動物愛護の良俗とする本稿の理解と整合するものであるといえる。

〔付記2〕 本稿は、日本愛玩動物協会「平成26年度家庭動物の適正飼養管理に関する調査研究助成事業」助成費に基づく研究成果の一部である。

# おとり捜査における違法性の本質と「内心の自由」の侵害

渡 辺 直 行

 I はじめに
 II おとり捜査の適法・違法の判断枠組み
 III おとり捜査における違法性の本質
 IV おとり捜査と「内心の自由」の侵害
 V 違法なおとり捜査の法的効果
 VI まとめ

## I はじめに

### 1 おとり捜査とは

　おとり捜査とは、おとり（囮）を使って犯人を発見し証拠を収集しようとする捜査手法のことをいう。つまり、捜査官が、自ら、または、その協力者を使って（自ら、または協力者が、いずれもその身分や意図を秘し、おとりとなって）第三者に対し犯罪を行なうように働き掛け（誘惑したり、そそのかしたりするなどの方法を用いて）、その第三者が犯行に出たところを逮捕し、あるいは証拠収集を行なうという捜査方法のことである。

　最決平成16・7・12刑集58巻5号333頁（以下、「平成16年判例」という）は、おとり捜査について、「捜査機関又はその依頼を受けた捜査協力者が、その身分や意図を相手方に秘して犯罪を実行するように働き掛け、相手方がこれに応じて犯罪の実行に出たところで現行犯逮捕等により検挙するものである」と定義付けた。

　なお、この判例による定義付けは、当該判例事案のおとり捜査が適法な任意捜査になると判示するに当たっての定義付けであるので、いわば一つの適法な任意捜査たるおとり捜査を念頭に置いての定義を示したものということになる[1]。

　おとり捜査は、覚せい剤や麻薬などの薬物犯罪、銃器に関する犯罪など、隠密裏にあるいは組織的に行なわれる犯罪の検挙に有効であるとされ、我が国におい

ても、これらの犯罪について行なわれてきた。これらの犯罪は、犯罪そのものが隠密裏に行なわれるだけでなく、そのほとんどが、犯跡も残さないため、通常の捜査方法を以てしたのでは、犯人逮捕も証拠収集も極めて困難だからである。

## 2 おとり捜査の問題点

（1）このようなおとり捜査は果たして適法なものなのか、また、それは任意捜査なのか強制捜査なのか。

おとり捜査は、国家が詐術を用いて犯人の逮捕と証拠の収集を行なう点から、様々な批判が加えられるものの、一定の要件の下に、任意捜査として許容されると解するのが一般である[2]。前掲平成16年判例も、その事例におけるおとり捜査を任意捜査として位置付けている。

しかし、多くの見解が、おとり捜査においては行為者が任意に犯罪行為を行なっているということを主たる理由として、そして、いわゆる機会提供型のおとり捜査については、ほとんどの見解が、当然のごとくにして任意捜査としていることについては、少なからず疑問があった。

おとり捜査のうち、いわゆる犯意誘発型のものだけでなく、機会提供型と言われるものの中にも（犯意誘発型と機会提供型の意味・内容については、次のⅡ1参照）、事案によっては、強制捜査として位置付け得るものもあると思われる。

そして、その判断をするに当たっては、強制捜査と任意捜査の区別についての判例や通説の立場からすれば、被誘惑者たるおとり捜査対象者（以下では、おとり捜査対象者のことを、単に「対象者」ということもある）の重要利益侵害の視点からおとり捜査の違法性の本質を考えてみる必要があると考える。

（2）そこで、本稿では、おとり捜査が適法か違法かの判断枠組みを検討したうえで、おとり捜査が違法とされる場合の違法性の本質は、基本的に、対象者の基本権侵害にある、それも憲法19条が保障する内心の自由の侵害にある、との私

---

1 なお、最判解平成16年度289頁〔多和田隆史〕は、この定義付けについて、「これまでの裁判例、学説等において示されてきた一般的定義に従ったものと思われる」としたうえで、「この意味でのおとり捜査が、少なくとも、一定の要件の下において刑訴法197条1項の任意捜査として許容されることを最高裁として初めて明確に判示した点で意義があると思われる」としている。

2 酒巻匡「おとり捜査」法教260号105頁も、「『おとり捜査』と称されてきた捜査活動に、『任意捜査』か『強制捜査』かという最も基本的な分類基準を当てはめれば、それが『強制の処分』（刑訴法197条1項但書）ないし『強制手段』を用いるものではないと見るのが一般的な理解である」としている。

見を提示し、それに付随して、おとり捜査が違法な場合の法的効果の大枠についても再考してみることにする。

## II　おとり捜査の適法・違法の判断枠組み

### 1　学説

（1）学説を見ると、アメリカの「わなの理論」に影響されて[3]、おとり捜査の類型を、①犯意誘発型と②機会提供型とに分け、①の犯意誘発型は違法で許容されないが、②の機会提供型は適法で許容されるとする、いわゆる二分説（主観説）が主張され、これが多数の見解となり、下級審の裁判例もこれによるものが多かった[4]。ここに、犯意誘発型とは、誘惑者が未だ犯意を有していない被誘惑者に働き掛け（「わな」にかけ）、それによって、はじめて被誘惑者が犯意を持つに至った場合をいい、機会提供型とは、誘惑者が既に犯意を有している被誘惑者に対して犯行の機会を提供する場合をいうとされてきた。

（2）その後、上記のような二分説に対しては、次のような様々な視点から、批判が加えられるようになった、

（a）先ず、おとり捜査対象者の犯意といった主観的なものを基準にして適法・違法を分けるのが、果たして適切か否かが問われるようになった[5]。そして、二分説からすれば適法とされる機会提供型の場合であっても、捜査官側の働き掛けが執拗で、それが常軌を逸しているような場合は違法としなければならないとし、捜査官側の働きかけの内容・程度といった客観面から適法か違法かを判断しようとする客観説が有力になっている。

（b）また、そもそも、おとり捜査が行なわれるほとんどの場合は、多かれ少なかれ、何らかの犯意を有する者を対象にしているのであり、何らの犯意もない者がおとり捜査の対象にされるのは極めて限られた場合であろう[6]。そうであれ

---

[3]　アメリカの「わなの理論」に関して、會田正和「おとり捜査」河上和雄編『刑事裁判実務大系第11巻　犯罪捜査』（1991年、青林書院）229頁以下、和田雅樹「おとり捜査——検察の立場から」三井誠ほか編『新　刑事手続I』（2002年、悠々社）181頁、前掲注1）最判解269頁〔多和田〕、松田岳士『刑事手続の基本問題』（2010年、成文堂）164頁、松尾浩也＝岩瀬徹編『実例刑事訴訟法I』（2012年、青林書院）59頁〔田野尻猛〕参照。

[4]　佐藤隆之「おとり捜査」百選〔第7版〕26頁以下参照。

[5]　二分説への批判について、上田信太郎「おとり捜査」ジュリ増刊『刑事訴訟法の争点〔第3版〕』85頁、松田・前掲注3）183頁以下参照。

ば、実際のところ、ほとんどのおとり捜査は、何らかの犯意を有する者を対象に行なわれるのであるから[7]、結局のところ機会提供型のおとり捜査ということになり、それゆえ適法だということになってしまう。

（c）さらに、おとり行為と対象者の犯罪実行との間の因果性という点からすれば、たとえ機会提供型のものであったとしても、おとり行為があったからこそ犯罪が実行されたということについては、つまり、国家が犯罪を創り出しているということについては、犯意誘発型と変わりがないのであり、この点からすれば犯意誘発型と機会提供型とを区別する理由はないということになる[8]。

（3）以上のようなところからすれば、おとり行為における働き掛けの内容や程度によって適法・違法の判断をするとの上記客観説の考え方が、基本的に、妥当ということになろう。

ただ、この点については、「しかし，……おとり捜査は，対象者の犯罪性向いかんにより，犯罪をつくり出す力の強弱に違いが生ずるとみることができるから，必ずしも二分説に理論的基盤がないとはいえないであろう」[9]との見解があり、この見解からも窺われるように、二分説がおとり捜査の適否を判断する基本的枠組みを提供したこと自体は評価されて然るべきである。

## 2　判　例

（1）判例を見ると、先ず、最決昭和28・3・5刑集7巻3号482頁は、「他人の誘惑により犯意を生じ又はこれを強化された者が犯罪を実行した場合に、わが刑事法上その誘惑者が場合によっては麻薬取締法53条のごとき規定の有無にかかわらず教唆犯又は従犯としての責を負うことのあるのは格別、その他人である誘惑者が一私人でなく、捜査機関であるとの一事を以てその犯罪実行者の犯罪構成要件該当性又は責任性若しくは違法性を阻却し又は公訴提起の手続規定に違反し

---

6　例えば、ごく普通の日常生活を送る一般国民に、麻薬や覚せい剤あるいは拳銃といった法禁物を売買するとの犯意を惹起させるなどということは、通常は考え難い。しかし、極めて限られた事案に関するものとはいえ、組織犯罪などを対象とするところでは起こり得るので、その様な場合も想定しないわけにはいかない。
7　渡辺直行『刑事訴訟法〔第2版〕』（2013年、成文堂）53頁参照。
8　佐藤隆之「おとり捜査の適法性」法教296号42頁、佐藤・前掲注4）26頁、酒巻・前掲注2）105頁、107頁、古江頼隆「おとり捜査」ジュリ増刊『新・刑事訴訟法の争点』99頁、松尾＝岩瀬・前掲注3）64頁〔田野尻〕など。
9　前掲注1）最判解281頁〔多和田〕。

若しくは公訴権を消滅せしめるものとすることのできないこと多言を要しない」と判示した。そして、この判例は、基本的に、おとり捜査の適法性を認めたものとされ、かつては、おとり捜査のリーディングケースと言われたこともあった。

なお、この判例は、その判示の中で誘惑者について、「教唆犯又は従犯としての責を負うことのあるのは格別」と論じており、この点からすると、おとり捜査の違法性を示唆しているとの解釈も可能であった[10]。

（２）その後、前掲平成16年判例は、前記のような、おとり捜査の定義付けをしたうえで（前記Ⅰ参照）、「少なくとも，直接の被害者がいない薬物犯罪等の捜査において，通常の捜査方法のみでは当該犯罪の摘発が困難である場合に，機会があれば犯罪を行う意思があると疑われる者を対象におとり捜査を行うことは，刑訴法197条１項に基づく任意捜査として許容されるものと解すべきである」との判断を示した。そして、「したがって，本件の捜査を通じて収集された大麻樹脂を始めとする各証拠の証拠能力を肯定した原判断は，正当として是認できる」としたのである。

すなわち、この判例は、①直接の被害者のいない犯罪の捜査であり、②通常の捜査方法のみでは当該犯罪の摘発が困難であり、③機会があれば犯罪を行う意思があると疑われる者を対象とする場合、との三つの要件に該当するおとり捜査であれば、刑訴法197条１項に基づく任意捜査として許容される、との職権判断を示したのである。

## Ⅲ　おとり捜査における違法性の本質

ところで、おとり捜査が違法とされる場合、その違法性の本質（実質）をどのように捉えるべきか。この問題は、従前はあまり論じられることがなかったが、近時、大いに論じられるようになったと言われている[11]。

---

10　同様の評価をするものとして、大澤裕「おとり捜査の許容性」平成16年度重判191頁、前掲注１）最判解272頁〔多和田〕参照。なお、古江・前掲注８）98頁は、同判例の事案が機会提供型のものであったことからか、「機会提供型のおとり捜査を違法と評価する余地のあることを示唆するもの」としている。

11　佐藤・前掲注８）42頁以下、松田・前掲注３）192頁以下参照。

**1　従前からの学説**

（１）おとり捜査の違法性をどのように考えるかについては、様々な見解があるが、侵害される権利・利益ないし法益（以下では、「法益」の意味も含意して、「権利・利益」と表示することもある）の視点からすると、大きくは、次の二つに分けることができる。

すなわち、①一つ目は、おとり捜査対象者の権利・利益の侵害を以て違法性の本質だとする立場である[12]。

②二つ目は、おとり捜査によって国家が犯罪を創り出したり助長したりし、そのことによって刑事実体法によって保護されている一般国民の権利・利益が侵害されること（その可能性ないし、危殆に瀕することを含めて）を以て違法性の本質だとする立場である[13]。

ところで、私は、おとり捜査の違法性の本質を、基本的に、上記①の立場に立って、対象者の権利・利益の侵害の中にあるとし、後に詳述するように、それも対象者の「内心の自由」を侵害しているところにあると考えるが、上記②の理由から違法とされる場合もあり得るので、上記①②の二つの違法性本質論は、相互に排斥し合うものではないと解すべきであろう[14]。

（２）なお、上記①の立場からすれば、対象者の権利・利益の侵害をもって違法性の本質だと捉えるのだから、強制捜査（強制処分）と任意捜査（任意処分）の区別に関する最決昭和51・3・16[15]の基準や通説たる重要利益侵害説（すなわち、被処分者の意思に反し、その者の重要利益を侵害する場合を以て強制捜査とするとの

---

[12] この立場に立ったうえで、対象者の人格的自律権の侵害を以ておとり捜査の違法性の本質とするものとして、三井誠『刑事手続法（１）〔新版〕』（1997年、有斐閣）91頁、田口守一『刑事訴訟法〔第６版〕』（2012年、弘文堂）49頁。

[13] 佐藤・前掲注４）27頁、古江・前掲注８）98頁。なお、酒巻・前掲注２）106頁、佐藤・前掲注８）44頁以下参照。

[14] 例えば、おとり捜査によって行なわれた現実の法禁物の差押えの現場で、捜査官の手違い等を含む何らかの理由から、それらの物が一般に拡散してしまったような場合などは、上記②の立場から、一般国民の刑事実体法によって保護されている権利・利益が侵害される（あるいは、危殆化される）ものとして、当該おとり捜査の違法性を根拠づけることも可能となろう。

[15] 最決昭和51・3・16刑集30巻２号187頁は、捜査における強制手段について、「ここにいう強制手段とは、有形力の行使を伴う手段を意味するものではなく、個人の意思を制圧し、身体、住居、財産等に制約を加えて強制的に捜査目的を実現する行為など、特別の根拠規定がなければ許容することが相当でない手段を意味する」として、強制処分と任意処分とを区別する基準について判示した。そして、この判例の基準を基に発展的に構成したとも言える重要利益侵害説が通説となっている。

説）の基準からすれば、場合によって、おとり捜査を強制捜査として位置付けることも、任意捜査として位置付けることも、いずれもが可能になる。

　そして、当該おとり捜査が強制捜査・任意捜査のいずれになるかは、要は、その侵害される権利・利益の内容および侵害の程度によることになる（侵害の程度は、捜査機関側からの働き掛けの内容・程度などによることになろう）。つまり、侵害される権利・利益がおとり捜査対象者にとっての重要利益の侵害となっている場合には、強制捜査となり得るわけである。

　これに対し、上記②の立場からすれば、適法・違法の問題は別途検討するとして（この問題は、下記のように、必要性、緊急性、相当性などの諸要因の有無により判断される）、対象者自身の権利・利益の侵害は、はじめから問題とされないので、上記最決昭和51・3・16の基準や、通説たる重要利益侵害説の基準からすれば、強制捜査とされることはない。そして、基本的に、おとり捜査を任意捜査としたうえで、必要性、緊急性を前提としての相当性や補充性などの諸要因の存否が問われることになる。

　つまり、②の立場において問題とされるのは、「おとり捜査の対象者に対する法益侵害ではなく、むしろおとりの働きかけ行為により対象者が実行しようとする犯罪の法益侵害性、言い換えれば対象者を介したおとり活動自体の違法性」[16]ということになる。そして、上記諸要因の存在が肯定されるようなおとり捜査であれば、それは適法な任意捜査ということになる。

　(3)　上述のように、上記①の立場に立って、対象者の権利・利益の侵害の視点からおとり捜査の違法性を考えれば、場合によっては（対象者の重要利益を侵害しているような場合には）、おとり捜査が強制捜査と評価され、それが違法となることも想定され得る。

　そして、対象者の権利・利益の侵害という視点から考える場合のこれまでの主たる見解は、基本的に、そこでの権利・利益の侵害を、憲法13条から自己決定権と同質の「人格的自律権」を導き出したうえで、対象者の人格的自律権を侵害しているか否かによって適法か違法かの判断をしている。

　すなわち、「事前の犯意がない者に対して犯意を誘発することは、意思の自由を奪うからというよりもむしろ人格的自律権を侵害するから違法となるのであ

---

16　酒巻・前掲注2）106頁。

る。機会提供型というのは、自律権を実質的に侵害するとまではいえない場合が多いから捜査として許容されうるのである」[17]としている。

ところで、この見解については、いくつかの批判が加えられている。すなわち、「おとりの働きかけは対象者の意思決定の自由そのものを奪うものではないことを前提とするから、そこで制約される権利・利益は、意思決定に当たってむやみに国家の干渉を受けない自由とでもいうべきものにとどまる」とされ、そこから、「このような権利・利益の制約を観念し得るか自体争いがある」とされる[18]。そして、また、このような人格的自律権は、「法的保護に値しないように思われる」[19]とも評される。

因みに、この見解に立っても、上記②の立場に立っても、強制処分の定義を最決昭和51・3・16ないし重要利益侵害説の基準によるものとする限り、「おとり捜査を任意捜査と位置づけることを妨げるものではない」[20]と評釈されている。

（4）次に、上記②の一般国民の権利・利益の侵害（ないし危殆化）を以ておとり捜査の違法性の本質とする立場について検討してみよう。なお、近時は、この立場が有力となっている。

この説は、それまで、おとり捜査によって侵害される権利・利益を対象者の権利・利益に求める見解の主たるものが、具体的には、その権利・利益を人格的自律権としていたことから、そのような見解への批判をも含めて主張されているように思われる。

（a）しかし、先ず、前記客観説が、対象者への働き掛けの内容や程度などからおとり捜査の違法性を考えていることや、例えば、前掲最決昭和28・3・5が、誘惑者について「教唆犯又は従犯としての責を負うことのあるは格別」と論じ、対象者への働き掛けの程度等を軸にして、その点からおとり捜査の違法性を示唆しているところなどからすれば、対象者の権利・利益の侵害こそが、おとり

---

17 三井・前掲注12) 91頁。同旨のものとして、田口前掲注12) 49頁参照。なお、私見も、従前より、基本的には、この見解を以て妥当性を有するものと考えてきた（渡辺・前掲注7) 51頁、52頁参照）。そして、現在でも、主に犯意誘発型とされるおとり捜査の中に人格的自律権の侵害があること自体は、これを肯定するが、違法なおとり捜査における違法性そのものの本質は、本稿におけるように、憲法19条が保障する「内心の自由」とりわけ「沈黙の自由」の侵害の中にあると考えるに至った。
18 大澤・前掲注10) 191頁参照。
19 古江・前掲注8) 98頁。なお、酒巻・前掲注2) 106頁参照。
20 大澤前掲注10) 191頁。

捜査の違法性本質論としては重要であるということになろう。
　(b) また、おとり捜査というものの性質からして、この説が妥当する場面すなわち上記立場が想定する一般国民の権利・利益が侵害されるような場面は、現実には余り想定できず、いわば例外的な場合に限定されてしまうのではないだろうか。
　というのも、おとり捜査というものは、「未遂の教唆」と言われることもあるように（なお、常に未遂に終わるわけではなく、例えば、覚せい剤所持罪などの場合は、「所持」自体で、即、既遂になり得るが）、そして、それが具体的な直接の被害者のいない薬物犯罪等について行なわれるということからすれば、その基本的手法は、実行の着手に出たところで、即、逮捕するものである。また、例えば、当該おとり捜査の結果として差し押さえた覚せい剤等の法禁物が、第三者の手に渡るなどして、一般に広がるなどといったことも、特別の事情でもない限り、考え難い。そして、ほとんどの場合、それらの差し押さえられた法禁物は、捜査機関側の手中に止まるであろう。そうであれば、一般国民にとっての直接の具体的被害の発生（ないし、その可能性）ということは、きわめて稀なことになろう。
　(c) したがって、この説を以ておとり捜査の違法性本質論の基軸に据えるのでは、いささか不十分との感を否めない。ただ、この説が述べるような権利・利益の侵害が生起する可能性も否定し切れないので、この立場も一つのおとり捜査の違法性本質論として有意義である。
　(5) 以上のように、おとり捜査の違法性本質論については、おとり捜査によって侵害される権利・利益を、おとり捜査対象者のそれと考えるか、それとも、それ以外の刑事実体法によって保護される一般国民のそれと考えるかの違いから、大きく二つに分かれている。
　そして、このような見解の対立があるものの、おとり捜査そのものの性格については、その適法・違法の判断枠組としての客観説の立場からすれば、実際のところ、ほとんどの見解が、それを任意捜査として位置付けていると言うことができる。
　したがって、仮におとり捜査が違法となる場合があるとしても、そこでの適法・違法の判断は、あくまでも任意捜査の範疇において、必要性、緊急性、相当性あるいは補充性などといった諸要件に該当するか否かを検討していくことが基本となるだろう。

## 2 精神的自由権と憲法19条

　以上のように、おとり捜査の違法性の本質については見解の対立があるところ、おとり捜査そのものの性格は、結局のところ、任意捜査として位置付けられていると言っても過言でない。そして、その理由付けとしては、主として、おとり捜査においては、行為者が任意に犯罪行為を行なっているのだからということが挙げられる。しかし、このような捉え方には、基本的に、賛成できない。

　私は、先ず、おとり捜査の違法性の本質は、おとり捜査対象者の権利・利益を侵害しているところにあり、その侵害される権利・利益の内容は、憲法19条が保障する精神的自由権たる「内心の自由」、とりわけ、そのうちの「沈黙の自由」にあると考える[21]。

　そして、上記の視点から、おとり捜査の性格については、任意捜査になる場合（具体的には、平成16年判例の事案のような場合がこれに当たる）と強制捜査になる場合とがあり、任意捜査になるか強制捜査になるかを区別するための判断基準は、基本的に、内心の自由の侵害の程度によるものとすべきである（なお、おとり捜査の類型については、後記Ⅳ2で述べる）。

　そこで、以下では、憲法19条の内容を見ていくことにする。

### （1）「内心の自由」の保障

　（a）わが憲法は、諸外国に比し、人間の精神的自由権を格別に手厚く保障し、20条の「信教の自由」の保障、21条の「表現の自由等」の保障、23条の「学問の自由」の保障のほかに、それらの条文より前に、19条で「思想及び良心の自由は、これを侵してはならない。」と定め、包括的に、人間の精神的自由権そのものを保障する規定を置いている。

　つまり、憲法19条で「思想・良心の自由」を保障しているのは、一般に、信教の自由や表現の自由といった個別・具体的な基本権をも含めて、あらゆる精神的自由権を保障しているものと解されるのである。

　すなわち、「『思想及び良心』とは、世界観、人生観、主義、主張などの個人の

---

21　この点は、憲法38条1項の自己負罪拒否特権（被疑者・被告人にとっては黙秘権）の侵害と共通するところがある。ただ、38条1項によって禁じられるのは、条文上「供述」の強制に限定されている（なお、私は、このように「供述」に限定することには、賛成し難いところがあるが、本稿のテーマから外れるので、その点については、ここでは詳述しない）。これに比し、19条については、38条1項のような条文上の制約はないので、19条で保障される沈黙の自由について禁じられるのは、「供述」の強制だけでなく、「行為・行動」の強制も含まれると解することができる。

人格的な内面的精神作用を広く含む」[22]ものとされ、あるいは「19条は、内心における精神活動の自由を一般的に保障するもの」[23]とされる。

(b) そして、「思想及び良心」という言葉からは、何か高尚な意味あいが含意されているようにも思われがちだが、そうではなく、「人間の精神活動について、その中身が高尚か低俗かといったことは、少なくとも法的な評価になじむものではないから、高尚であれ低俗であれ、人の心の中で思うこと考えることいっさいの自由を、19条は保障している、と考えるべきである」[24]とされている。

また、人が心の中で思うことについて、「人が心の中でなにを思おうとなにを考えようと、誰に迷惑をかけるというものではないから、内心におけるものの見方や考え方の自由を広く認めたとしても、決して、広範に『失する』ことはありえないはずである」とも言われる[25]。つまり、憲法19条は、一般的・包括的に、人間の内心の自由を保障しているのである。

(c) ところで、内心の自由を保障することの意義について、「『思想及び良心の自由』を法的に保障することの意義は、……人の人格的自律権の基盤を保障することにあると解される」[26]との見解が示されているが、この見解が指摘するところは、おとり捜査によって侵害される内心の自由の「侵害の実質」を考えるうえで重要である。

思想・良心の自由すなわち内心の自由の保障は、上記見解が「人格的自律権の基盤を保障する」と述べているように、人格的自律権そのものを保障しているのではなく、まさに、その前提となる、より根源的な権利として保障しているものとして位置付けられよう。

つまり、内心の自由は、自己決定権を含意する人格的自律権といった憲法13条から派生する個別的権利（それは、Ⅳ3(1)で後述するように、国家の積極的な関わりを前提とするところの幸福追求権の内容をなしている）とは自由権としての基本的性格を異にする、より抽象化された、いわば自然権的な不可侵の基本権ということができよう[27]。

---

22　芦部信喜『憲法〔第4版〕』（2007年、岩波書店）143頁。
23　浦部法穂『憲法学教室〔全訂第2版〕』（2006年、日本評論社）122頁。
24　浦部・前掲注23）122頁。
25　浦部・前掲注23）125頁。
26　佐藤幸治『日本国憲法論』（2011年、成文堂）218頁。

## (2)「沈黙の自由」の保障

(a) 内心の自由の保障は、当然にして、沈黙の自由を保障する[28]。というのも、内心の自由という基本権を担保するためには、公権力によって強制的に内心を表白させることを禁じなければならないからである。

(b) それでは、内心の自由とりわけ沈黙の自由を保障するというのは、実際的にはどういうことを意味するのか。

それは、内心に止まる限りは、人がどのようなことを思おうと考えようと自由であるということに象徴される。もっと具体的に表現すれば、たとえそれが犯罪に当たることであろうとも、内心に止まる限りは「正」なのであり、「不正」ではないのであって（ここでの「正」・「不正」には、倫理・道徳的な意味付けはない）、その内心は自由なものとして保障されるということである。

したがって、ある者の内心に止まる思いや考え方を強制的に表白させることは、それが「供述」という形での表白であれ、行為・行動たる「実行行為」という形態での表白であれ、内心の自由の基本をなす沈黙の自由を侵害したことになる。

(c) おとり捜査の違法性の本質をどのように考えるかについては、前述したように、いくつかの見解があり、それらの各見解は、事案ごとに見れば、そこでの妥当性を肯認できる場合もあるが、それだけでは必ずしも十分ではなく、基本的には、「内心の自由」の侵害とりわけ「沈黙の自由」の侵害という視点から考察する必要があると考える。

## Ⅳ　おとり捜査と「内心の自由」の侵害

### 1　おとり行為と「内心の自由」の侵害

(1) ある特定の「行為」がなされた場合、一般には、それを以て、何らかの考え方ないし思いの表明、すなわち、内心の表白であると評し得る。そうであれば、ある一定の方向へ向けた「行為」を行なうように、国家が、行為者をそそのかして、あるいは誘惑するなどして、実行させれば、それは、国家が、現実に行

---

27　なお、次に述べる「沈黙の自由」は、いわば静的な、心の中に止めおくというところを強調するものであって、それだけに、より不可侵性の意味合いが強いと言えよう。
28　芦部・前掲注22) 143頁、浦部・前掲注23) 129頁参照。

なわれた行為を通じて、行為者の内心に干渉し、内心の自由を侵害したことになる。

　そして、前述したように、人は何を考えようと思おうと、例えば、それが犯罪に当たることについてであろうとも、内心に止まる限りは「正」である。

　（２）以上のことをおとり捜査にあてはめて考えれば、国家が「わな」に掛けるなどの詐術を用いて対象者の内心にある犯意を実行に移させたことは、内心に止まる限り「正」なるものを、国家が「不正」なものに変質させてしまい、かつ、対象者をして逮捕、起訴（応訴の負担）、処罰という不利益を余儀なくさせることにもなる。なお、そこにおいては、行為者に意思決定の自由があったか否かは、はじめから、問題とされないのである。

　おとり行為による働き掛けは、基本的に、このような諸結果をもたらすところの内心の自由の侵害となる可能性がある。つまり、おとり捜査というものは、最終結果として、まさに、国家が犯罪と犯人とを創り出すことにつながっていくのである。

　（３）このように、おとり捜査は、おとりの働き掛けの程度によって、内心の自由を侵害したと言える場合があり、その侵害の程度が強く対象者の重要利益を侵害していれば、それは、強制捜査となり、強制処分法定主義からしても（侵害の強さの程度によっては、強制処分法定主義を言うまでもなく）、違法捜査になり得ると考える。

　そして、侵害の程度がそれほど強くなく、任意捜査に止まると評し得る場合には、最終的に、前記客観説の立場から総合判断することによって適法・違法が決まることになる。

　つまり、例えば、次の２（１）(b)で述べる第２類型（対象者の犯意が未必的な場合）に当たり、内心の自由の侵害の程度によっては任意捜査とされる場合であっても、必要性や相当性等の諸要因を総合的に判断することによって、それが違法なおとり捜査と評されることもある、ということである。

## ２　おとり捜査の類型

　ここで、おとり捜査の類型について考えてみよう。

　（１）前述のように、従前は、二分説の立場から、おとり捜査の類型を犯意誘発型と機会提供型とに二分していたが、前記客観説の考え方を基本に据え、内心

の自由の侵害の視点をも加味して、おとり捜査の類型を考えてみると、これまでの機会提供型と言われてきたものの中にも大枠で二つの類型があり（さらにこれを細分化することも可能であろうが、ここではこれに止めておく）、これに犯意誘発型を加えると、次の (a) から (c) の三つの類型に分けることができよう。

(a) 第1類型は、純然たる機会提供型とでも言えるもので、対象者が確固たる犯意を有している場合（例えば、覚せい剤等の法禁物を売ることの確固たる意思を有していて、積極的に、覚せい剤等の買い手を探し求めているような場合）である。なお、この類型は、より具体的に言えば、犯意が実行行為に発展するのが必至で、あとは時間の問題と言えるような場合を指している。

この場合は、通常、対象者の重要利益たる内心の自由の侵害があるとまでは評し難く、原則として、任意捜査になるであろう。そして、任意捜査としての適法・違法の判断は、必要性、相当性等を総合してなされることになる。

(b) 第2類型は、対象者の犯意が未必的な場合（例えば、覚せい剤等の法禁物の買い手が出てくれば売ってもよいと考えているような場合）である。

この場合は、捜査機関側の働き掛けが、対象者の重要利益たる内心の自由をどの程度侵害しているかによって、任意捜査になる場合もあるし、強制捜査になる場合もあるだろう。そして、任意捜査とされる場合の適法・違法の判断は、第1類型の場合のそれと同様の方法によることになる。

(c) 第3類型は、従前の犯意誘発型と言われた類型である。すなわち、何らの犯意をも有していない者に働き掛けて犯意を誘発する場合である（なお、Ⅱ1(2)(b) で前述したように、実際のおとり捜査では、極めて限られた場合ということになろう）。この類型のものは、もともと、犯罪を実行する意思の全くない者に犯罪を実行させようとするものであり、あえて本人の意思に反する行動を起こさせようとするのであるから、その場合は、内心の自由を侵害する程度がきわめて高く（まさに、国家が個人の「正」なる内心を「不正」なる実行行為へと捻じ曲げていることの典型と言える）、国家自身が犯罪を実行しているのと同列なものと評し得る。

したがって、それは、重要利益侵害説からすれば、対象者の意思に反し、対象者の重要利益たる内心の自由とりわけ沈黙の自由を侵害しているのであるから、まさに、強制捜査になると考える。

そして、この場合は、強制処分法定主義を持ち出すまでもなく、原則として、違法な強制捜査になると考える。

（２）以上述べたところからすれば、おとり捜査が適法な任意捜査に当たる可能性のあるのは、第１類型のものと第２類型中の限定された一部のものということになろう。

## 3 「内心の自由」の侵害の本質

（１）おとり捜査の違法性の本質について、それを、憲法が保障する内心の自由の侵害にあると捉えるのは、前記の憲法13条から導き出される人格的自律権の侵害にあるとする捉え方とは、憲法的な視座を異にする。

というのも、内心の自由の保障は、人が人たることの本質にかかわる精神的自由権の根底をなすものであり、人格的自律権といった個別的権利とは次元を異にする、より抽象的な自然権的な権利であり、より根源的な基本権だからである。

別の言い方をすれば、国家の積極的な関わり（それは、「国家への自由」ないし「国家による自由」という社会国家（福祉国家）的な原理から導きだされる）を前提とする幸福追求権の重要な内容をなす人格的自律権[29]と、「国家からの自由」を確固たるものとするための典型的な自由権たる精神的自由権（それもその基本をなす内心の自由）とは、自由権としての基本的性格を異にするとも言えるからである。

(a) 内心の自由の侵害で問題となるのは、前述したように、内心に止まる意思を、詐術等を用いたおとり行為によって、実行行為という形で外に表出させることである。すなわち、本来内心に止まる限り「正」なるものを、国家が、実行行為という形で外へ表出させて「不正」に捻じ曲げ、その結果、実行行為者たるおとり捜査対象者に対し、逮捕、起訴（応訴の負担）、処罰という不利益を余儀なくさせることを問題にしているのである。

そして、それこそが内心の自由の侵害における「侵害の実質」なのであり、それは、まさに、当該対象者個人の重要利益が侵害されるに至っているということなのである。

(b) この立場からすれば、おとり捜査は、いわゆる犯意誘発型は勿論、機会提供型と言われるものであっても、本人がもともと確固たる犯意を有している場合（前記２（１）(a)の第１類型の場合）以外は、捜査機関側の働き掛けの内容や程

---

29 因みに、佐藤・前掲注26）175頁は、「幸福追求権が人格的自律性を基本的特性としつつ、各種の権利・自由を包摂する包括性を備えていると解されるとすれば、幸福追求権は『基幹的な人格的自律権』と称しうるものといえる」としている。

度などにより、本人の内心の自由とりわけ沈黙の自由を侵害し、その者の重要利益を侵害するものとして捉えることも可能となる。

これを前述の第2類型（前記2（1）(b) 参照）の場合にあてはめて言えば、事案によっては強制捜査になる場合もあるということである。

（2）ところで、前記のおとり捜査が違法となる場合の違法性の本質を対象者の人格的自律権の侵害にあると捉える見解について考えてみると、同見解が、犯意誘発型のおとり捜査には人格的自律権の侵害があるとしていること自体は首肯できる。そして、その点からしても、この説は、前記二分説を説明し、犯意誘発型を以て違法な強制捜査になることを根拠付けるのには有用であると考える。

しかし、この見解に対する前述の諸批判（前記Ⅲ1（3）参照）は、必ずしも、これを否定し切れないところもあり、とりわけ、法的保護に値しないとの批判は、人格的自律権というものの法益としての実体に、いまだ、いささかの曖昧さが残されていることを指摘しているようにも思われ、これらの批判にはそれなりの説得性もあるように思われる。

（3）なお、人格的自律権の侵害と捉える見解に対しては、前述のように、当該犯罪を行なうについて、行為者は、自由意思に基づいて行なっており、意思の自由の侵害はないとの批判が加えられているが、「内心の自由」とりわけ「沈黙の自由」の侵害を以ておとり捜査の違法性の本質と捉える私見の立場では、犯罪を実行するに当たって行為者に意思決定の自由があったか否かということは、そもそも、それ自体を問題としないのである[30]。

また、人格的自律権は、論者自身が「人格的権利・利益といっても、その性質上、時代や社会状況と関連していて流動的であり固定的にはとらえにくい面がある」[31]としているように、ある種の価値相対的なところがある（この点は、上述した法益としての実体の曖昧さに通じるとも言えよう）。これに対し、内心の自由は、沈黙の自由を含め、いわば絶対的原理に基づくものであると言えよう。

（4）以上のように、私見においては、基本的に、おとり捜査対象者の「内心

---

30 前述した通り、内心の自由の侵害で問題とされるのは、本来内心に止まる限り「正」なるものを、国家が、実行行為という形で外へ表出させて「不正」に捻じ曲げ、その結果、実行行為者たるおとり捜査対象者に対し、逮捕、起訴（応訴の負担）、処罰という不利益を余儀なくさせることである。つまり、私見においては、対象者に対する国家（捜査機関側）のこのような行為を問題にしているのであり、対象者の意思決定の自由の有無は、はじめから問題としていないのである。

31 三井・前掲注12）89頁。

の自由」とりわけ「沈黙の自由」の侵害を以て、おとり捜査の違法性の本質とするのである。

そして、捜査機関側が、内心の自由とりわけ沈黙の自由を侵害して対象者の内心を外に表出させたとの認定をするには、対象者に対する捜査機関側の働き掛けの内容や程度などを十分に吟味し検討することが必要になってくる。その場合、働き掛けの執拗さなどが一つの重要な判断基準となるが、それはまさに、前述したいわゆる客観説（前記Ⅱ1（2））と整合することにもなる。

## Ⅴ 違法なおとり捜査の法的効果

ここで、おとり捜査が違法であった場合の法的効果の大枠についても、あらためて考えてみることにする。

基本的には、内心の自由の侵害の程度が高い場合は、国家の処罰適格が問われることになり、その場合は、手続の打ち切りが考究されて然るべきである。そうでない場合は、違法収集証拠排除法則の適用を検討するのが妥当な方策となるだろう。

### 1 手続の打ち切り

前記Ⅳ2（1）（c）で述べた第3類型（従前の犯意誘発型と言われたもの）のような場合や、同Ⅳ2（1）（b）で述べた第2類型（一応の犯意は有しているが、それが未必的な場合）に当たるが内心の自由の侵害の程度が高いと判断できるような場合には、事案によって、最終的に、わなに掛けられたおとり捜査対象者に対する国家自身の処罰適格が問われることになる。

そして、そのような場合は、処罰の是非についてだけでなく、さらに遡って、当該対象者に対する逮捕、起訴についても、その是非が問われなければならないことになる[32]。

なお、国家の処罰適格が否定される場合の処理としては、手続の段階ごとに、

---

32 この点について、松田・前掲注3）219頁以下は、「逮捕（その他の捜査機関による諸処分）、訴追、処罰といった諸処分の、各処分を規制する諸規範に照らしての許容性を問題とする」とし、「処罰の許容性については、学説上、すでに議論の対象とされている」としたうえで、「逮捕の許容性ないし適法・違法の問題」と「訴追の許容性」について論じているのが参考になる。

違法逮捕あるいは不当起訴にかかる手続の打ち切りや、最終的に国家刑罰権を発動すべきでないとの視点からの免訴判決による解決などが考究されなければならない。

### 2 違法収集証拠排除法則による証拠排除

　おとり捜査が、そもそも対象者の内心の自由を侵害しているとまでは評することができず、内心の自由の侵害以外の理由で違法とされる場合、例えば、刑事実体法によって保護される一般国民の権利・利益を侵害する危険が生じているといった理由から（前記Ⅲ1（1）で述べた②の立場から）おとり捜査を違法とする場合などは、基本的に、おとり捜査対象者の内心の自由を侵害するとの問題は生じないので、対象者たる実行行為者への国家の処罰適格を問題とするまでの必要はないだろう。

　なお、前記Ⅳ2（1）(b)の第2類型に当たり、事案によって、任意捜査ではあるが違法となる場合（内心の自由の侵害の程度がそれ程強くないところから任意捜査とはなるが、相当性等の要件を充たさないとして違法とされる場合）も、同様に、国家の処罰適格の是非についてまで考慮する必要はないだろう。

　したがって、そのような場合には、必ずしも、手続の打ち切り等までを考える必要はなく、違法なおとり捜査であったことから、違法収集証拠排除の問題として捉えればよいであろう。つまり、その違法の程度が重大である場合や、将来の違法捜査を抑制するのが相当であると判断できる場合であれば、当該おとり捜査によって収集した証拠を排除するのでよいだろう[33]。

## Ⅵ　まとめ

　おとり捜査については、国家が詐術を用いて犯罪と犯人とを創造し、かつ、その犯人とされた行為者を処罰するものであるところから、従前より様々な視点から批判が加えられてきた。

---

33　なお、前掲注1）最判解286頁〔多和田〕も、「犯意誘発型で違法性が極度に高い場合……には、公訴棄却、免訴といったドラスティックな処理もあり得る……が、そこまでには至らない程度の違法については、違法収集証拠排除法則の適用が問題となると思われる」として、違法性の程度によって法的効果を分けて考えている。他に、松尾＝岩瀬・前掲注3）65頁〔田野尻〕も同旨。

しかし、多くの批判がありながらも、学説は、一部の見解を除いて、おとり捜査は、いかにおとりを用いた国家の詐術に基づくものであっても、対象者が自らの意思で犯罪の実行に着手している以上、任意捜査だとするのが、一般的理解であり、任意捜査としたうえで、必要性、緊急性、相当性そして補充性などの判断要因を総合して、適法・違法の判断をしてきたと言えよう。

　本稿は、おとり捜査の違法性の本質について、従前の諸見解を踏まえた上で、一つの試論として、憲法19条の「内心の自由」侵害の視点から論じてみた。

　すなわち、先ずは、憲法上の内心の自由の位置付けを確認したうえで、内心の自由の侵害の本質について考えてみた。そして、おとり捜査は、基本的に対象者の「内心の自由」とりわけ「沈黙の自由」を侵害するとの立場から、その侵害の程度を考え、それによって、おとり捜査が強制捜査になる場合と任意捜査になる場合とがあることについて、検討してみた。

　そのうえで、さらに、内心の自由の侵害の程度が高い場合には、国家の処罰適格自体が問われるとの基本的視点から、おとり捜査が違法となる場合の法的効果についても再考してみた。

# 修正4条と限定的免責法理
## ——最近の連邦最高裁判決を契機に——

洲 見 光 男

Ⅰ　はじめに
Ⅱ　Plumhoff 判決
Ⅲ　限定的免責法理

## Ⅰ　はじめに

　合衆国憲法修正4条（以下、単に「修正4条」という）の保障する不合理な捜索・押収（身体拘束を含む。以下、同様）を受けない権利が侵害された場合、違法に収集された証拠の排除[1]と違法行為を行った警察官に対する賠償請求による救済がある。1871年の連邦法（Ku Klux Klan Act）の一部として制定され、人権法（Civil Rights Acts）の支柱の1つである合衆国法典42編1983条（以下、単に「1983条」という）は、州公務員により、連邦憲法又は連邦法によって保障された権利、特権又は免除を剥奪された者は、当該公務員に対し、賠償を求めることができる旨規定している。連邦最高裁は、同条による州公務員に対する[2]、Bivens 判決[3]による連邦公務員に対する、憲法上の権利侵害（constitutional tort）を原因とする賠償請求訴訟の提起を許すとともに、加害公務員に一定の免責を認めている。「裁量的な職務を遂行する政府の公務員は、一般に、その行為が、道理をわきまえた（reasonable）者であればこれを知っているであろう明確に確立された制定法又は憲法上の権利を侵害しない限り、民事賠償責任から保護される」[4]（「限定的免責（qualified immunity）」）。限定的免責は、賠償責任の免除というより訴訟

---

1　証拠排除の申立て適格が修正4条の権利を侵害された被告人にのみ認められているのは、証拠排除が被害者の救済（remedy）としての側面を有することによる。See Alderman v. United States, 394 U.S. 165 (1969); United States v. Payner, 447 U.S. 727 (1980). 排除法則の包括的研究として、井上正仁『刑事訴訟における証拠排除』(1985年) 参照。
2　See Monroe v. Pape, 365 U.S. 167 (1961).
3　Bivens v. Six Unknown Named Agents of Fed. Bureau of Narcotics, 403 U.S. 388 (1971).

そのものからの解放を意味するが[5]、賠償請求訴訟を提起された公務員は、限定的免責を援用して、サマリー・ジャッジメント（summary judgment）[6]を求めるのが通常である。

　排除法則の存在しなかった修正4条の制定当時、違法な捜索・押収を行った警察官は、賠償責任を負わされていた。Warrenコートによって、警察官に対して限定的免責が認められたが[7]、修正4条の権利侵害に対する第一次的救済策は、排除法則であったといえる[8]。Warrenコートに続くBurger、Rehnquist、及びRoberts各コートは、排除法則の適用を限定する一方で、限定的免責法理を継受・発展させている。

　本稿では、高速度で逃走する自動車を追跡し、逃走を阻止するため運転者に発砲するという致命的実力を行使した警察官らに対する1983条訴訟の事案に関する最近の連邦最高裁判決[9]を紹介し、排除法則による救済をも視野に入れて、限定的免責法理の意義と問題点を確認しておきたい。

## II　Plumhoff判決

**1**　本判決の事実及び法廷意見は、概ね次のとおりである。

〔事実の概要〕

　2004年7月18日、午前0時ころ、アーカンソー州ウェスト・メンフィスの警察

---

4　Harlow v. Fitzgerald, 457 U.S. 800, 818（1982）. 限定的免責法理につき、たとえば、田村泰俊『公務員不法行為責任の研究』412頁（1995年）、藤井樹也「Civil Rights Actsの一断面（4）──§1983条訴訟を中心に──」法経論叢17巻1号97頁（2000年）、石川雅博「刑事訴訟における違法判断と損害賠償」法学会誌53巻1号377頁（2012年）参照。なお、限定的免責に対し、問題の公務員の行為がその権限に基づくものである限り、いかに不当な行為であっても認められる「絶対的（absolute）免責」がある。立法者や裁判官の行為がこれにあたる。検察官についても一定の範囲で絶対的免責が認められている。See Imbler v. Pachtman, 424 U.S. 409, 423（1976）; Van de Kamp v. Goldstein, 129 S. Ct. 855, 861（2009）.

5　Mitchell v. Forsyth, 472 U.S. 511, 526（1985）.

6　正式事実審理を経ないでなされる判決で、重要な事実（material fact）について、真正な争点（genuine issue）がなく、法律問題だけで判決できる場合に、申立てによりなされる判決をいう（田中英夫編『BASIC英米法辞典』181頁（1993年））。

7　Pierson v. Ray, 386 U.S. 547（1967）.

8　Albert W. Alschuler, *Herring v. United States: A Minnow or a Shark?*, 7 Ohio St. J. Crim. L. 463, 466（2009）.

9　Plumhoff v. Rickard, 134 S. Ct. 2012（2014）.

官は、ヘッドライトが1個しか点灯していないホンダ・アコードを発見し、これを道路脇に寄せたところ、フロントガラスに頭がバスケットボールくらいの大きさのへこみがあるのに気づいた。警察官が、運転者Rickardに飲酒の有無を尋ねると、Rickardは否定した。Rickardは、運転免許証の提示と降車を求められたが、いずれにも応じることなく、インターステート40（I-40）をテネシー州メンフィス方向に逃走した。警察官は自動車の追跡を開始し、間もなく上告人Plumhoff警察官らが追跡に加わり、計6名の警察官がRickardの自動車を追跡した。Rickardは、時速100マイルを超える猛スピードで逃走し、その間、25台以上の自動車を追い越した。Rickardは、メンフィスでI-40を降りた後、警察車両と接触・衝突し、警察車両に進行を阻まれたが、逃走しようとしたので、PlumhoffがRickardの自動車内に向けて3発発砲した。Rickardはなおも逃走を止めなかったので、他の警察官2名がRickardの自動車に向けて計12発発砲した結果、Rickardの自動車は制御不能に陥り建物に衝突した。Rickard——及びその同乗者（Allen）——は、発砲と建物に衝突したことにより受けた傷害によって死亡した。被上告人であるRickardの娘は、1983条によりPlumhoffらを被告とする賠償請求訴訟を提起した。Plumhoffらは、限定的免責に基づくサマリー・ジャッジメントを申し立てた。連邦地裁は、Plumhoffらの申立てを認めず、第6巡回区連邦控訴裁も連邦地裁の判断を維持した。上告受理の申立てを認めた連邦最高裁は、裁判官全員一致で、原判決を破棄し、差し戻した。

〔**法廷意見**〕（Alito裁判官執筆。Roberts長官及びScalia, Kennedy, Thomas, Sotomayor, Kagan各裁判官同調。Ginsburg裁判官は結論及び法廷意見中（2）にのみ同調。Breyer裁判官は（1）c）を除いて同調）

（1）a）Pearson判決[10]に留意して、まず、本件警察官らの行動が修正4条違反に当たるかどうかを検討する。法執行官が身体拘束を行うため過大な実力を行使したかどうかは、修正4条の利益の侵害と政府の利益とを比較衡量することによって判断される。諸事情の総合的な検討に際しては、緊迫し、不確実で急速に進展する事情のもとで、警察官がしばしば瞬時の判断を余儀なくされる点を考慮に入れなければならない。

---

10 Pearson v. Callahan, 555 U.S. 223 (2009). 本判決につき、洲見光男・アメリカ法2009年2号370頁（2010年）参照。

b）被上告人の第1の主張は、逃走を阻止するため致命的実力（deadly force）を行使したことは修正4条に違反するというものである。当裁判所は、Scott 判決[11]において、罪のない傍観者の生命を脅かす危険な高速での自動車追跡を終結させようとする警察官の試みは、逃走する運転者に重大な傷害又は死亡の危険を生じさせたとしても、修正4条に違反しないと判断した。Rickard の常軌を逸した無謀な運転は、公共の安全に対する重大な危険をもたらしたのであり、その危険を排除するための致命的実力の行使は合理的であった。

　c）被上告人の第2の主張は、たとえ警察官らの発砲が修正4条に違反しないとしても、15発も発砲したことは行き過ぎであったというものである。しかし、警察官が公共の安全に対する重大な脅威を取り除くため被疑者に発砲することが正当化されるのであれば、その脅威のなくなるまで発砲を止める必要がないと解することが理にかなっている。本件では、発砲中も発砲後も、Rickard が逃走を断念することはなかった。

　なお、被上告人は、発砲が過剰であったと主張するに当たって、Allen が助手席に同乗していた事実にも依拠するが、修正4条の権利は代理による主張が許されない一身専属的な権利である[12]。本件の問題は、上告人が Rickard の修正4条の権利を侵害したかどうかであって、Allen の権利を侵害したかどうかではない[13]。また、Allen が Rickard の自動車に乗車していたからといって、Rickard が逃走するのを阻止するための致命的実力の行使が修正4条に違反すると解するのは道理に反する。

　（2）次に、仮に警察官らの行為が修正4条違反に当たるとしても、Plumhoff らは Rickard の明確に確立された権利を侵害したといえるかどうかを検討する。1983条による訴訟を提起された公務員は、問題の行動がなされた時点において、明確に確立されていた制定法上又は憲法上の権利を侵害したことが立証されない限り免責される[14]。被告が明確な権利を侵害したといわれるのは、被告の立

---

11　Scott v. Harris, 550 U.S. 372（2007）. 本判決につき、田中利彦・法律のひろば62巻1号66頁（2009年）参照。
12　Alderman v. United States, 394 U.S. 165, 174（1969）. See also Rakas v. Illinois, 439 U.S. 128, 138, 143（1978）. Rakas 判決につき、鈴木義男編『アメリカ刑事判例研究第三巻』94頁〔平澤修〕（1989年）参照。
13　Allen と同様の状況に置かれた同乗者が、その修正4条の権利が侵害されたことを原因とする1983条賠償請求訴訟において勝訴できるかどうかについて、下級裁判所の間で意見の対立があるように思われるとしつつ、この問題について判断を示さないとしている。

場に置かれた道理をわきまえた公務員であればだれでも、自己が当該権利を侵害していることを理解できたであろう程度に、当該権利の輪郭が明白である場合に限られる[15]。本件発砲時点において、高速度で逃走する自動車を追跡し、逃走を阻止するため致命的実力を行使することの違憲性は明確に確立されていなかったし、また、本件の発砲回数によって、行使した実力が過度のものと評価されることを明確に確立した判例もなかった。Plumhoffらは、明確に確立された権利を侵害したとはいえないので、限定的免責に基づくサマリー・ジャッジメントの申立てが認められる。

2　Plumhoff判決は、①高速度で逃走する自動車を追跡し、逃走を阻止するため運転者に発砲した警察官の行為が修正4条に違反するかどうか、及び②発砲行為が修正4条違反に当たるとしても、警察官は賠償責任を免除されるかどうかを検討し、①については消極の、②については積極の判断をそれぞれ示したものである。①の警察官の発砲行為の適否については、当該行為が同人の直面している状況に照らして客観的に見て合理的であったかどうかを判断し、高速度で逃走する被疑者の自動車を追跡し、逃走を阻止するためにとった警察官の措置は、それによって被疑者が重大な傷害を負ったり死亡したりする危険があるときでさえ、修正4条に違反しないというScott判決[16]の示した準則を維持した。もっとも、こうした一般的な準則を提示したことについては、身体拘束の合理性の判断において、より侵害的でない手段──逃走を終了させるための代替的な、生命を危険にさらさない方法（逃走する自動車のタイヤをパンクさせる「stop stick」を道路上に置くこと）をとる機会──が考慮されていないこと[17]や、致命的実力の行使の合理性が「個々の事案の事実関係に大きく依存する」[18]とされていることとの整合性などの問題を指摘できよう[19]。②については、次章で検討することとする。

---

14　Ashcroft v. al-Kidd, 131 S. Ct. 2074, 2077 (2011).
15　Id. at 2083.
16　田中・前掲（注11）66頁によると、Scott判決は、警察官の有形力行使の限界に関するアメリカの考え方及び実情が日本とは異なることを示す好個の素材である。
17　See *The Supreme Court——Leading Cases*, 121 Harv. L. Rev. 220-21 (2007).
18　Plumhoff v. Rickard, 134 S. Ct. 2012, 2023 (2014) (quoting Brosseau v. Haugen, 543 U.S. 194, 201 (2004)).

## III　限定的免責法理

**1**　前述のとおり、修正4条の制定当時、排除法則は存在しなかったが、違法な捜索・押収を行った警察官は、賠償責任を負わされていた[20]。1983条には免責を許容する文言は含まれていないが、連邦最高裁は、1951年のTenney判決[21]において、同条がコモン・ロー上の免責を組み入れたものであるとしたうえ、州の立法者に対する賠償請求を認めないとの判断を示した。次いで、1967年のPierson判決[22]は、「裁判官の免責法理ほどコモン・ローにおいて確固とした法理はなかった」[23]として、裁判官について（絶対的）免責を認めるとともに、コモン・ロー上、限定的免責も絶対的免責も享受していなかった警察官に限定的免責を与えた。「警察官は、相当な理由があるときに逮捕しないで職務怠慢で告発されるか、それをして賠償責任を問われるかのいずれかを選択しなければならないほど不運（unhappy）でない。」[24]と述べたうえ、相当な理由に基づき被疑者を逮捕した警察官は、その者が後に無罪と判明しても、賠償責任を負わないという考え方が現在承認されているのであり、「警察官は、有効と合理的に信じていたが後に憲法違反と判断された制定法に基づきとった行動についても、免責されなければならない」[25]と判示した。

**2**　限定的免責に関する当初の基準は、被告において、「自己の行為が原告の憲法上の権利を侵害することを知っていたか知り得べきであったと合理的にいえる」場合、又は原告の権利を剥奪しようとする「悪意の意図（malicious intent）」をもっていたときは、賠償責任を負うというものであった[26]。この基準の下では、サマリー・ジャッジメントで処理できない被告の善意に関する事実問題が争

---

19　See Laurence H. Tribe, *Structural Due Process*, 10 Harv. C.R.-C.L.L. Rev. 269, 307 (1975) は、重要な自由の利益に関係する法規範を定立する必要があるときは、一般則（rule of thumb）ではなく、個別化された規律が求められるという。
20　See Wilkes v. Wood (1763) 98 Eng. Rep. 489 (K.B.).
21　Tenney v. Brandhove, 341 U.S. 367 (1951).
22　Pierson v. Ray, 386 U.S. 547 (1967).
23　Id. at 555.
24　Ibid.
25　Ibid.
26　Wood v. Strickland, 420 U.S. 308, 322 (1975).

点となったほか、あまりにも多くの訴訟が提起され、そのほとんどが取るに足りないものであるにもかかわらず、訴訟準備のため公務員が多くの時間とエネルギーを浪費し、さらには、訴訟の恐れから職務の遂行において委縮する公務員まで見られた[27]。そこで、連邦最高裁は、1982年のHarlow判決において、限定的免責の基準を再構成し、「裁量的な職務を遂行する政府の公務員は、一般に、その行為が、道理をわきまえた者であればこれを知っているであろう明確に確立された制定法上又は憲法上の権利を侵害しない限り、民事賠償責任から保護される」[28]という基準を示した。Harlow判決の基準は、主観的要素を排除し[29]、被告の行為の客観的合理性以外のいかなる事情も限定的免責の争点にとって関連性がない[30]とするものであり、被告はその意図等[31]にかかわらず、その行為が明確に確立された権利を侵害しない限り、免責される。被告が特別な知識をもっていたため、自己の行為が憲法違反に当たることを知っていた場合でも、「道理をわきまえた者」がその違法性を知り得なかった以上、免責が与えられるといわれている[32]。

**3** 連邦最高裁は2001年、Saucier判決[33]において、限定的免責を認めるかどうかにあたっては、まず、①原告の主張・立証する事実が憲法上の権利の侵害にあたるかどうかの判断（第1段階の判断）をし、これが肯定された場合、次に、②被告の違法行為がなされた当時、当該憲法上の権利は明確に確立されていたかどうかの判断（第2段階の判断）を行わなければならないという2段階の判断を求めた。第1段階の判断を行う過程で、ある権利が明確に確立されていると判断する根拠となる原則を明らかにする必要の生じる場合があり、また、第1段階の

---

27　See Harlow v. Fitzgerald, 457 U.S. 800, 816 (1982).
28　Id. at 818.
29　See id. at 815-16.
30　Id. at 818.
31　Ibid. See Davis v. Scherer, 468 U.S. 183, 191 (1984). 令状等の記載自体から客観的に推認できる事実は、客観的な要素として考慮要素となるが、被告である警察官の行った推論は、主観的な事情であって考慮要素と捉えられていない。Messerschmidt v. Millender, 132 S. Ct. 1235, 1246-48 (2012).
32　Richard H. Fallon, Jr. and Daniel J. Meltzer, *New Law, Non-Retroactivity, and Constitutional Remedies*, 104 Harv. L. Rev. 1733, 1750 n. 96 (1991). これに対し、Brennan裁判官の補足意見は、免責を認めないものと法廷意見を理解しているようである。Harlow v. Fitzgerald, 457 U.S. 800, 821 (1982) (Brennan, J., concurring).
33　Saucier v. Katz, 533 U.S. 194, 201 (2001).

判断をとばして第 2 段階の判断を行うことになれば、事件ごとの法の詳解（elaboration）がなされなくなることなどから、傍論での憲法判断が求められたのであった。

しかし、連邦最高裁は、2009年の Pearson 判決[34]において、Saucier 判決の判断枠組みが連邦最高裁の裁判官[35]による批判を受けていることなどに鑑み、それを変更すべきかどうかを検討し、裁判官全員一致で、その有用性を確認したうえ、いずれの段階の判断から審査をするかは、裁判官の裁量に委ねられるべきであるとした。その主たる理由は、Saucier 判決の判断方法をすべての事件において必要的とすると、憲法上の権利が明確に確立されていないことは明白であるが、そうした権利の存否が明らかでない事件においては、事件の結果におよそ影響を及ぼさない憲法問題の判断に、裁判所の希少な資源を費消しなければならないことや、訴訟が早期に終結する可能性があるときでも、当事者は、憲法問題について争わざるを得ず、それによる訴訟遅延の負担を強いられることにあった。

Pearson 判決の要諦は、法の発展を促進する必要と司法の効率とのバランスをとることを求めるものであるため、裁判官にとっては、いかなる場合に憲法判断をすべきかが重要な課題となった。同判決は、「憲法上の権利が明確に確立されていなかった」との判断（第 2 段階の判断）だけを行って免責を認めたが、憲法判断を行わなかった理由を説明していない。同判決後も、傍論で憲法判断を示すことができるが、裁量行使の明確な指針がないことからも、従前どおり憲法判断がなされる保証はない[36]。ある憲法上の権利が明確に確立されているというには、その憲法判断の先行が必要であるが、憲法判断が回避されることとなれば、その権利が確立されることはあり得ない[37]。連邦最高裁は、原判決の行った憲法

---

34　Pearson v. Callahan, 555 U.S. 223（2009）. 本判決につき、洲見光男・アメリカ法2009年 2 号370頁（2010年）参照。

35　See, e.g., Bunting v. Mellen, 541 U.S. 1019（2004）（Stevens, J., joined by Ginsburg and Breyer, JJ., respecting denial of certiorari）; id., at 1025（Scalia, J., joined by Rehnquist, C.J., dissenting from denial of certiorari）.

36　Albert W. Alschuler, *Herring v. United States: A Minnow or a Shark?*, 7 Ohio St. J. Crim. L. 463, 466（2009）. まず第 2 段階の判断を行うことが許されていた Saucier 判決の言い渡される前の時期において、被告敗訴とされた事件で第 1 段階の憲法判断が示された割合は41％であった。Paul W. Hughes, *Not a Failed Experiment: Wilson-Saucier Sequencing and the Articulation of Constitutional Rights*, 80 U. Colo. L. Rev. 401, 424-25（2009）.

37　Douglas Laycock, MODERN AMERICAN REMEDIES 391（2012）.

判断の誤りを是正する必要があるときは[38]、Pearson 判決後も、Plumhoff 判決においてと同様、第1段階の判断を行っているが、それは、憲法上の権利が認められないという消極の判断を示す場合であることに留意しておくべきであろう[39]。

**4** 限定的免責を認めるための「権利の具体性・特定性」につき、1987年の Anderson 判決[40]は、FBI の捜査官が、捜索の相当な理由も令状取得を免除する緊急事情もないにもかかわらず、原告の家屋を無令状で捜索した事案に関し、修正4条は相当な理由又は緊急事情がある場合においてのみ住居への無令状捜索を許容するという原則が確立されているという理由だけで、限定的免責が否定されることにはならない点を明らかにしている。同判決によると、被告によって侵害されたと主張する憲法上の権利は、「それより特定されている、それゆえ、それより関連性があるという意味で」明確に確立されたものでなければならない、すなわち、「道理をわきまえた公務員であれば、自己の行為が権利を侵害するものであることを理解しているであろう程度に、当該権利の輪郭は明白でなければならない」[41]。連邦最高裁は、下級審に対し、法規範を一般的な形で定立しないよう繰り返し述べてきているが[42]、これは、公務員が、直面した特定の状況の下で特定の行動をとろうとするとき、それが違法かどうかを判断しないですむようにするためである。

**5** 「制定法上又は憲法上の権利が確立されている」かどうかの法状態に関する判断は、何を参照して行われるのか。これについて、Harlow 判決は判断を示さなかったが[43]、1985年の Mitchell 判決[44]は、被告の行動が「明確に確立された

---

38 See Aschcroft v. al-Kidd, 131 S. Ct. 2074, 2080, 2083 (2011). 限定的免責を認めた判決についても、憲法判断が行われたのであれば、上級審は、その憲法判断の審査をすることができる。Camreta v. Greene, 131 S. Ct. 2020 (2011). 本判決につき、Orin S. Kerr, *Fourth Amendment Remedies and Development of the Law: A Comment on Camreta v. Greene and Davis v. United States*, 2011 Cato Sup. Ct. Rev. 237 (2011)(Symposium) 参照。
39 See, e.g., Plumhoff v. Rickard, 134 S. Ct. 2012 (2014); Messerschmidt v. Millender, 132 S. Ct. 1235 (2012); Ryburn v. Huff, 132 S. Ct. 987 (2012)(*per curiam*); Florence v. Bd. of Chosen Freeholders, 132 S. Ct. 1510 (2012); Ashcroft v. al-Kidd, 131 S. Ct. 2074 (2011). Safford Unified School District #1 v. Redding, 557 U.S. 364 (2009) は、教員の行った女子生徒の身体の検査を修正4条違反に当たるとしたうえ、限定的免責を認めた。これは、第1段階の憲法判断を行い、原告(被上告人)に有利な憲法解釈をした稀有な例外である。
40 Anderson v. Creighton, 483 U.S. 635 (1987).
41 Id. at 640. Plumhoff v. Rickard, 134 S. Ct. 2012, 2023 (2014) は、「道理をわきまえた公務員」とは「被告の立場に置かれた」者をいうことを明示している。
42 Ashcroft v. al-Kidd, 131 S. Ct. 2074, 2084 (2011).

権利」を侵害しなかったことを認定するに当たり、当該行動が憲法に違反しないと判断している2つの連邦地裁の判決に依拠している。Pearson 判決[45]は、被告の行動が3つの巡回区連邦控訴裁及び2つの州の最高裁によって承認されており、本件の原審である第10巡回区連邦控訴裁の判決が下される以前には、これに反する判断を示した控訴裁の判決がなかったことから、当該行動は修正4条違反に当たることが確立していたとはいえないとした。Plumhoff 判決では、「拘束力のある法源（controlling authority）」又は「説得的法源（persuasive authority）をなす裁判例の一致」[46]が挙げられている[47]。

被告の行為の適否それ自体について判断を示した判決の存在は必ずしも要求されていないが[48]、他方で、修正4条の歴史及び目的から導出された、不合理な捜索・押収は修正4条に違反するとの一般的命題や[49]、修正4条は一般令状に対処するために制定されたものであるという歴史的言明[50]は典拠たり得ない。

**6**　限定的免責の基準と排除法則における「善意の例外」の基準との関係について[51]、2004年の Groh 判決[52]は、Leon 判決（1984年）[53]の証拠排除審理において適用された「善意の例外」の客観的合理性という基準は、限定的免責を画定する基準でもあることを明らかにしている。2009年の Herring 判決[54]は、警察署員の

---

43　Harlow v. Fitzgerald, 457 U.S. 800, 818 n. 32 (1982). 連邦最高裁、連邦控訴裁、連邦地裁のいずれの判決を参照すべきかについては、判断を示さないとしている。
44　Mitchell v. Forsyth, 472 U.S. 511, 533 (1985).
45　Pearson v. Callahan, 555 U.S. 223, 224 (2009).
46　Plumhoff v. Rickard, 134 S. Ct. 2012, 2023 (2014) (quoting Aschcroft v. al-Kidd, 131 S. Ct. 2074, 2084 (2011); Wilson v. Layne, 526 U.S. 603, 617 (1999)). なお、「説得的法源」とは、裁判で参照されるが、法源としての拘束力をもたないものをいう（田中編・前掲（注6）『BASIC 英米法辞典』136頁）。
47　See Lane v. Franks, 134 S. Ct. 2369 (2014); Wood v. Moss, 134 S. Ct. 2012 (2014). いずれも、先例となる判決の不存在を理由に限定的免責を認めている。Hope v. Pelzer, 536 U.S. 730, 741 (2002) は、自己の行動を違法とする判決が存在しなくても、それが許容されないことにつき公正な警告（fair warning）を受けていたときは、免責されない旨を判示している。
48　See Anderson v. Creighton, 483 U.S. 635, 640 (1987); Malley v. Briggs, 475 U.S. 335, 341 (1986).
49　See Saucier v. Katz, 533 U.S. 194, 201 (2001); Wilson v. Layne, 526 U.S. 603, 615 (1999).
50　Aschcroft v. al-Kidd, 131 S. Ct. 2074, 2084 (2011).
51　この点に関する判例・文献を検討したものに、石川・前掲論文（注4）377頁がある。
52　Groh v. Ramirez, 540 U.S. 551, 565 n.8 (2004) (quoting Malley v. Briggs, 475 U.S. 335, 344 (1986)).
53　United States v. Leon, 468 U.S. 897 (1984). Leon 判決につき、井上正仁「排除法則と『善意の例外』」『団藤重光博士古稀祝賀論文集第四巻』150頁（1985年）、鈴木義男『刑事司法と国際交流』241頁（1986年）、鈴木義男編『アメリカ刑事判例研究第三巻』68頁〔鈴木義男〕（1989年）、渥美東洋編『米国刑事判例の動向Ⅳ』637頁〔安井哲章〕（2012年）参照。

データ更新懈怠を原因とする警察官の違法行為が「計画的な（deliberate）、未必の故意（reckless）による、重過失（grossly negligent）による行為」のいずれにも当たらない限り、「善意の例外」により、獲得された証拠は排除されないと判示した[55]。これを額面どおり受けとると、警察官の行為が過失[56]によるに過ぎないときは、排除法則が適用されないとともに、限定的免責も認められる[57]こととなる。

排除法則の州への適用を認めた1961年のMapp判決[58]は、排除法則の根拠として、①司法の廉潔性（integrity）の保持、②違法捜査の被害者に対する救済（remedy）、及び③違法な捜査活動の抑止（deterrence）の3点を挙げていた[59]。しかし、その後は、排除法則は、もっぱら違法捜査の抑止という政策目的を追求するものと性格づけられている[60]。一方、限定的免責は、無責任な権限行使につき公務員に責任を負わせる必要と、合理的な職務の執行に対する賠償請求などから公務員を保護する必要との調和を図る趣旨で認められたものである[61]。「法的権利あると

---

[54] Herring v. United States, 555 U.S. 135, 144 (2009). 本判決につき、榎本雅記・アメリカ法2009年2号24頁（2010年）参照。See also Albert W. Alschuler, *Herring v. United States: A Minnow or a Shark?*, 7 Ohio St. J. Crim. L. 463 (2009); Wayne R. LaFave, *The Smell of Herring: A Critique of the Supreme Court's Latest Assault on the Exclusionary Rule*, 99 J. Crim. L. & Criminology 757 (2009).

[55] See Davis v. United States, 131 S. Ct. 2419 (2011). 本判決は、警察官が裁判所の拘束力のある先例（後に連邦最高裁により違憲と判断された）の有効性を信頼して捜索を行った事案に関し、Herring判決に依拠して、捜索は計画的なものでも重大な過失によるものでもないなどとして、「善意の例外」を適用して証拠排除の申立てを認めなかった。本判決につき、洲見光男「判例に依拠してなされた捜索と『善意の例外』」〔藤倉皓一郎教授退職記念論文集〕同志社法学63巻5号301頁（2011年）、柳川重規・比較法雑誌46巻1号413頁（2012年）参照。

[56] See, e.g., John M. Greabe, *Objecting at the Altar: Why the Herring Good Faith Principle and the Harlow Qualified Immunity Doctrine Should Not Be Married*, 112 Colum. L. Rev. Sidebar 1 (2012); John C. Jeffries, Jr., *The Right-Remedy Gap in Constitutional Law*, 109 Yale L. J. 87 (1999).

[57] 1986年以降、限定的免責法理による保護を受けないのは「全くの不適格者と知悉して法に違反する者」に限られると解されている。Malley v. Briggs, 475 U.S. 335, 341 (1986); Aschcroft v. al-Kidd, 131 S. Ct 2074, 2085 (2011). なお、Herring判決のGinsburg裁判官の反対意見も、逮捕した警察官は限定的免責による保護を受け、また警察署は署員の過失行為に対しては責任を負わない（see Monell v. Dep't of Soc. Servs., 436 U.S. 658 (1978)）ため、上告人には、排除法則と賠償請求のいずれによる救済も認められないとしている（Herring v. United States, 555 U.S. 135, 152, 155 (2009)(Ginsburg, J., dissenting)）。

[58] Mapp v. Ohio, 367 U.S. 643 (1961). 本判決につき、酒巻匡『アメリカ法判例百選』114頁（2012年）参照。

[59] 鈴木義男『刑事司法と国際交流』230、232-33頁（1986年）参照。

[60] United States v. Calandra, 414 U.S. 338, 348 (1974). 本判決につき、井上正仁・アメリカ法1976年1号125頁（1976年）参照。

[61] Harlow v. Fitzgerald, 457 U.S. 800, 814, 817-18 (1982).

ころ法的救済あり」とは、かの Blackstone の言であるが[62]、対抗諸利益の衡量により、「善意の例外」と限定的免責法理とで同一の基準が採用され、その結果、排除法則と賠償請求のいずれによる救済も受けられない事態が生じ得るのであれば、それは、Burger コート以後の各コートの志向する排除法則の不法行為法化[63]によるものともいえよう[64]。

さらに、「善意の例外」は、警察官の行為が修正４条違反に当たることを、その適用の前提要件としているが、警察官の判断の誤りが、事実に関するものであれ法律に関するものであれ、客観的に見て合理的である（「客観的合理性」が認められる）ときは、修正４条違反の問題を生じないことが確認されている[65]。事実の錯誤（mistakes of fact）及び法律の錯誤（mistakes of law）が修正４条の違法根拠とならない範囲について[66]、またその「客観的合理性」基準と限定的免責（ないし「善意の例外」）の基準との関係について[67]、判例の展開を待つ必要があるものの、証拠排除及び賠償請求の前提となる修正４条違反と認められる範囲が縮減されていることは間違いない。Warren コートは、警察活動における裁量統制を第一に標榜したが、限定的免責要件の緩和、抑止効論と比較衡量論による排除法則適用の限定、そして修正４条の保障範囲の縮小は、いずれも警察官による裁量行使の許容範囲の拡大を意味することに留意しておく必要があろう[68]。

---

62　See 3 Williams Blackstone, Commentaries \*23. See also Marbury v. Madison, 5(1 Cranch) U.S. 137, 163（1803）.
63　Jennifer E. Laurin, *Trawling for Herring: Lessons in Doctrinal Borrowing and Convergence*, 111 Colum L. Rev. 670（2011）.
64　排除法則の展開につき、洲見光男「排除法則の動向——最近の連邦最高裁判決から——」『大谷實先生喜寿記念論文集』223頁（2011年）参照。
65　Heien v. North Carolina（2014 U.S. LEXIS 8306）（December 15, 2014, Decided）（Roberts 長官執筆の法廷意見に Sotomayor 裁判官を除く全裁判官が同調）. 警察官が、州法（交通法規）の解釈を誤った結果、同法違反の合理的な嫌疑（reasonable suspicion）を認めることができるとして上告人の自動車を停止させた行為につき、警察官の法律の錯誤は客観的に見て合理的であるとして、停止行為は修正４条に違反しないとしている。事実の錯誤が修正４条の違法根拠とならないとの理解が同意捜索に関する連邦最高裁判例にも見られることにつき、洲見光男「同意に基づく無令状捜索について——最近の連邦最高裁判決を手がかりに——」『川端博先生古稀記念論文集〔下巻〕』601、618-19（2014年）参照。
66　Kagan 裁判官の補足意見（Ginsburg 裁判官同調）(Id. at 22-23 & n.1) 参照。
67　錯誤が客観的に見て合理的なものであるかの審査は、限定的免責の審査ほど甘く（forgiving）はないというにとどめている。Id. at 19-20.
68　Carol S. Steiker, *Terry Unbound*, 82 Miss. L. J. 329（2013）(Symposium) は、連邦最高裁が警察官による裁量行使の許容範囲を拡大するのに採用した方法論を素描している。

# いわゆる「一罪の一部起訴」について[1]

寺　崎　嘉　博

I　一部起訴が許される根拠
II　親告罪と一部起訴——強姦と暴行——
III　犯罪の成立・不成立と処罰・不処罰——交付罪と供与罪——
IV　不可罰的事後行為と共罰的事後行為——横領行為後の横領——
V　包含関係など
VI　一部起訴と既判力
VII　まとめ

## I　一部起訴が許される根拠

### 1　審判対象設定権

　当事者主義のもとでは、検察官に審判対象（訴因）の設定・処分権（以下、「審判対象設定権」と呼ぶ）が与えられている。そこで、検察官は犯罪事実の一部だけを起訴すること（以下、「一部起訴」と呼ぶ）ができる。

　通説は、一部起訴を認める[2]。また実務でも、たとえば、住居に侵入して窃盗した被疑者を窃盗だけで起訴すること（実務では、住居侵入を「呑む」と言う）などが、一般に行われている。もっとも、いかなる場合も一部起訴が許されるというわけではない。この点について異論はない。

---

[1]　文献の一部を、次のように略す。石井『演習』…谷口正孝編『刑事法演習 第I巻』（1974年）108頁以下〔石井一正〕、岸…岸盛一『刑事訴訟法要義』（新版9版、1978年）、『最判解説昭〔平〕○』〔執筆者〕…『最高裁判所判例解説 刑事篇 昭和〔平成〕○年度』〔執筆者〕、酒巻・法教…酒巻匡「刑事手続法を学ぶ〔第15回〕」法学教室375号（2011年）80頁以下、酒巻『演習』…長沼範良ほか『演習刑事訴訟法』（2005年）205頁以下〔酒巻匡〕、『昭〔平〕○重判』〔執筆者〕…『昭和〔平成〕○年度重要判例解説』、田宮…田宮裕『刑事訴訟法〔新版〕』（1996年）、中武『注解』…平場安治ほか編『注解 刑事訴訟法 中巻〔全訂新版〕』（1982年）878頁以下〔中武靖夫〕、中武『演習』…高田卓爾ほか編『演習 刑事訴訟法』（1972年）185頁以下〔中武靖夫〕、『百選〈○版〉』〔執筆者〕…『刑事訴訟法判例百選〈第○版〉』、『評釈集』〔執筆者〕…『刑事判例評釈集 第○巻』、三井…三井誠『刑事手続法II』（2003年）、横井『ノート3』…横井大三『公訴 刑訴裁判例ノート（3）』（1972年）。

ただし、一部起訴が許されない基準については、一貫した議論がなされているようには思われない。一部起訴の、ⓐ許されない論拠ないし基準、ⓑ許されるとしても合理的な理由が必要であり、その基準は何か、という2点は区別して論じる必要があるだろう。(ⓐを検討して) 一部起訴が許容された後に、一部起訴の合理性 (ⓑの基準) が検討されなければならない。

## 2 一部起訴が許されない論拠

一部起訴が許される論拠は、検察官の審判対象設定権 (その淵源たる当事者主義[3]) にある[4]。一部起訴の許容根拠が審判対象設定権にあるならば、その制約もま

---

[2] 単に結論のみを捉え、否定説、肯定説と分けるのは意味がない。否定説に分類される説は、公訴事実を単一不可分の事実だと解するからである。たとえば、一部起訴は「実体的真実発見ということを無視して検察官の恣意を許す」という岸53頁は、しかし、公訴事実対象説を抜きにしては理解できない。岸氏の本意は、「住居侵入窃盗という、単一不可分の公訴事実…のうち窃盗だけの事実を訴因…として明示して起訴すれば、…裁判所が住居侵入の点をも…一罪として処断した」こと (訴因逸脱認定) になるから是認できない、と言うに尽きる。また、中武『注解』892頁も公訴事実対象説に近い観点から論じている。ちなみに、『百選〈7版〉』86頁〔三浦守〕は中武説を安易に「消極説」として片付ける。だが、中武『注解』890頁は、問題の本質を的確に指摘している (「強姦罪は…暴行脅迫により姦淫するところに成立する犯罪である。…検察官があえてその一部を構成するにすぎない暴行の事実のみについて公訴を提起するのは、単一の犯罪は、訴訟上の取扱においても1個の不可分の単位として観念しなければならないという実定法上の原則に反する」)。なお、中武『演習』185頁。

[3] 『百選〈6版〉』100頁〔木谷明〕は、当事者主義構造から説き起こし「実体的真実と裁判上の認定事実との乖離をどの限度まで甘受すべきか、特に、右乖離が、検察官自身の意識的な訴訟追行行為によって生じさせられようとしている場合に、これを許すべきか」が問題だ、と言う。この指摘は確かに正しい。だが、一部起訴を制約する基準としては曖昧である。

[4] 田宮博士は「起訴猶予との類比から導かれる一部起訴権」と表現する (田宮170頁)。田宮博士は、(a)「裁判所が訴因に拘束されて容喙できないことの帰結」と(b)「起訴猶予との類比から導かれる一部起訴権」を挙げる。もっとも、(a)は必ずしも根拠とは言えない。確かに、訴因制度がなかった大正刑訴法のもとでは一部起訴は問題にならなかった。また、岸53頁のように、〈窃盗の訴因で起訴された場合、裁判所は、訴因変更手続を経ずに住居侵入・窃盗の事実を認定できるか〉という問題設定はできる。しかし、(a)の中心課題は審判対象論である。審判対象論は一部起訴と無関係ではないが、問題の核心ではない。他方で、(b)「起訴猶予との類比から導かれる一部起訴権という積極的根拠」という表現は誤解を生みやすい。審判対象設定権と訴追裁量権 (起訴猶予) とは異なる。訴追裁量権 (刑訴法248) は、当該事件を起訴するか不起訴にするかの判断権である。検察官に、訴追裁量権として事実の一部のみを起訴する権限が認められているわけではない。もちろん、田宮博士は「類比」と表現する。とは言え、田宮博士は、最一判昭42・8・31刑集21巻7号879頁を引用し、最高裁は「訴因制度自体を起訴便宜主義と関連させて理解しようとしている」と評している。田宮博士の最一判昭42・8・31に関する分析は、我田引水と言うほかない。最一判昭42・8・31の評釈にあたり、『昭42重判』244頁〔宮崎澄夫〕は、私見と同様、起訴・不起訴の問題と訴因の問題とは異なるという見解を示している。なお、石井『演習』115頁も「起訴便宜主義…とは意味あいを異にする」と言う。

た、審判対象設定権に求められよう。端的に言うと、〈検察官は、犯罪を構成しない事実を起訴できない〉ということである（犯罪でない行為を起訴するのは、審判対象設定権の範囲を逸脱する[5]）。本来的一罪を構成する一部分は、それのみでは犯罪として成立しない。したがって、〈本来的一罪を分割しては起訴できない〉。たとえば、強姦罪につき姦淫目的の暴行のみを起訴することはできない。なぜなら、姦淫目的の暴行は、それ自体では暴行罪を構成せず、強姦罪の構成要件要素としてのみ存在しうるものだからである（暴行も脅迫も伴わない姦淫は、和姦であって、強姦ではない）。

　一部起訴をさまざまな態様に分けて論じる論者もいる[6]。しかし、①科刑上一罪（牽連犯、観念的競合）の一部（住居侵入・窃盗を窃盗のみで起訴など）、②法条競合の一部（強盗を恐喝、殺人を傷害致死、共同正犯を従犯として起訴など）、③結合犯の一部（強盗致傷を強盗、強盗を窃盗で起訴など）、④加重処罰類型の基本型（業務上横領を単純横領、常習窃盗を単純窃盗で起訴など）、⑤既遂を未遂で起訴するなどは、すべて上述の基準で理解できるものである（⑤既遂を未遂で起訴できるという見解に立ったとしても、そもそも未遂が犯罪とならない罪について一部起訴はできない）。

　また、立証の難易、刑事政策上の理由などを挙げる論者もいる。だが、これらの要素は、一部起訴ができるか否かの論拠または基準とは言えない[7]。たしかに、一部起訴が許されるとしても、合理的理由は必要である。だが、その前に一部起訴が許される基準を検討しなければならない。そもそも犯罪を分割できないにもかかわらず、立証が困難だから一部起訴できると主張するのは本末転倒である。

---

5　この点につき、石川才顕・判例評論308号（1984年）70頁、古田佑紀・警察学論集37巻11号（1984年）152頁、同・研修437号（1984年）46頁を参照。

6　石井『演習』112頁、『百選〈5版〉』109頁〔後藤昭〕、田宮170頁、三井152頁、香城敏麿『刑事訴訟法の構造』（2005年）296頁、酒巻・法教83、84頁、など。なお、これらの論者は、単純一罪の部分起訴（窃盗の被害物件の一部を除いた起訴、一連の暴行の一部だけを起訴、など）も一部起訴だと言う。だが、この類型では、窃盗罪または暴行罪として起訴している以上、一部起訴とは言えない。単に立証の便宜のため、被害物件や暴行の態様を絞ったに過ぎない。なお、東京高判昭39・4・27高刑集17巻3号274頁（「被告人が特定の日時場所で、1人の特定人に1回に各内容の異るわいせつフイルム数本を販売した場合に、検察官は、その数本全部の販売事実を起訴することも又1回に販売した数本のうちの1本乃至数本の販売事実を起訴することも、その自由裁量に任かされ」ている）を参照せよ。

## II 親告罪と一部起訴――強姦と暴行――

### 1 強姦の一部起訴が許されない論拠

　たとえば、強姦につき告訴がない場合に暴行（強姦行為の一部）だけを起訴することは許されない。この結論に異論はない。問題は、その論拠である。〈強姦罪は親告罪だから、強姦の手段たる暴行だけを起訴できない〉と説く論者は多い[8]。その趣旨は「裁判では犯罪全体が明らかになるが、これは親告罪の趣旨に反する」[9]ということにあろう。しかしながら、このような説明は疑問である。
　もし、親告罪の趣旨を没却することが真の論拠ならば、その他の親告罪（信書開披等〔刑法135〕、略取・誘拐等〔刑法229〕、名誉毀損・侮辱〔刑法232①〕、など）もま

---

7　『百選〈6版〉』101頁〔木谷明〕は、「『立証の難易』や『訴訟経済』に限られず、…全体を起訴すると不当に苛酷な結果となることなどを考慮した刑事政策上の理由により、…事実の一部を切り捨てること（…強姦致傷の事案につき、…致傷を呑んで起訴すること）などもこれに含めてよい」と言う。しかし、たとえば強姦致傷を強姦で起訴できるのは、そもそも強姦致傷が結果的加重犯であって、強姦と傷害とがそれぞれ犯罪として成立し得るからである。分割可能だという前提があって初めて、刑事政策などの考慮が働く。『百選〈8版〉』91頁〔杉田宗久〕の類型化もまた、検察官が一部起訴の際に考慮すべき要素を指摘したに過ぎない。『平18重判』189頁〔川出敏裕〕も、合理的理由のある一部起訴は許されると言う。しかし、これも「かすがい現象」は分割可能だという前提がある。先に述べたように、ⓐ一部起訴が許される基準と、ⓑ許されるとしても検討すべき合理性の基準、とを区別する必要がある。

8　平野博士は「強姦事件のように被害者の意思を考慮に入れなければならないときは、なお疑問がある」（平野龍一『刑事訴訟法』〔1958年〕142頁注1）と言い、岸氏も「親告罪である強姦罪の特殊性と処罰の必要性との調和を考えた特殊の場合である」（岸53頁）と述べた。『百選〈5版〉』109頁〔後藤昭〕、田口守一『刑事訴訟法〔第6版〕』（2012年）201頁、上口裕『刑事訴訟法〔第3版〕』（2012年）214、215頁なども、これに追随する。また、松尾教授は、「実質上親告罪の起訴に代用する狙いで非親告罪の部分を起訴したりすることは、権限の濫用にわたるもので許されない」と説明する（松尾浩也『刑事訴訟法 上』〔新版、1999年〕182頁注1）。これらの説明は、先に述べたⓑ一部起訴の合理性という観点からは、必ずしも間違いではない。だが、その前に、ⓐ一部起訴が許される論拠を考察する必要がある。ちなみに、松尾教授は「強盗致傷について…単に強盗として起訴する〔のを〕…無効と評価すれば…奇妙な結果になる」と述べる。結論は正しいが、「奇妙な結果」は感覚であって理由ではない。強盗致傷は、強盗の結果的加重犯だから強盗と傷害〔致傷〕とに分割可能なのである。まさしくここに問題の核心がある。

9　引用は、渡辺修『基本講義 刑事訴訟法』（2014年）116頁。なお、東京地判昭38・12・21下刑集5巻11＝12号1184頁〔1189頁〕は、強姦の一部である暴行を起訴すると、裁判所は「その暴行の動機・目的・態様・結果など行為の個性を明らかにせざるを得ない…〔から〕、右暴行と不可分の関係にある被告人の強姦…の意思ないし行為を、したがつて被害者のこれら被害の事実をも、公判廷において究明し、…判決において公表することになるのが通常である。そうなると、…被害者の意思、感情、名誉などを尊重してこれを親告罪とした法の趣旨を…没却することになつて、明らかに不当である」と言う。

た一部起訴が許されないはずだし、その理由を、親告罪の趣旨の没却という観点から整合的に説明できるはずである。また、〈暴行の事実を審判すると強姦の事実も明らかになり、被害者の名誉が害されて親告罪の趣旨に反する〉という説明が正しいならば、住居侵入・強姦の場合も住居侵入だけを起訴できないはずである。だが、強姦罪と牽連犯の関係にある犯罪（たとえば、住居侵入）は、告訴なくして訴追・審判できるというのが、判例[10]・通説である。

親告罪の趣旨を没却する、とだけ説くのは、問題の本質を突くことなく、現象面に安易に着目した不正確な説明だと言えよう[11]。最高裁が、〈強姦行為の暴行だけを起訴できないのは親告罪の趣旨を没却するからだ〉と判示した例はない。むしろ、「強姦の手段としての暴行と迄は認め」られない暴行は起訴できる、と判示している（最三判昭29・3・30裁判集〔刑事〕93号1003頁）。

## 2　最二判昭27・7・11

上で述べたことを、最二判昭27・7・11刑集6巻7号896頁の事例に沿って検討しよう。

X1、X2、X3、X4ほか3名がY1子、Y2子を❶「小屋に連行して同女等を押倒し或は裸体となす等、もつて多数の威力を示して暴行し」、❷同女らを「姦淫した」事案である[12]。Y1子、Y2子は告訴したが、公訴提起前に告訴を取り下げた。検察官は、事実❶につき、X1らを暴力行為等処罰ニ関スル法律（以下、暴力行為処罰法と略称する）違反で起訴した。第1審は公訴を棄却した。これに対し、控訴審は上記❶の事実を認定し、暴力行為処罰法違反で有罪判決を言い渡した。X1、X2らは上告せず判決が確定したが、X3、X4が上告した。上告審は、原判決を破棄し、X3、X4に対する各公訴を棄却した。その理由として、「強姦罪は…暴行又は脅迫と姦淫とが合一して構成される単一犯罪である」、「強姦の手段行為であつた暴行罪又は脅迫罪が成立し、若しくは…強姦

---

[10] 住居侵入・強姦で起訴後、告訴が取り下げられた例で、大判大13・4・5大審刑集3巻4号318頁は、「家宅ニ侵入シ因テ強姦ヲ為ス行為ハ強姦ノ点ニ於テ親告罪タルニ止リ家宅侵入ノ点ハ親告罪ニ非サルヲ以テ…訴追セラレタル後強姦ノ告訴ヲ取下クルトモ…非親告罪タル家宅侵入ノ点ニハ公訴権ノ消滅ヲ来タササルハ勿論」なり、と判示する。その後、大判昭7・5・12大審刑集11巻9号621頁、大判昭13・6・14大審刑集17巻10号433頁が踏襲している。

[11] 香城敏麿『刑事訴訟法の構造』（2005年）298頁は、(a)告訴後に当該告訴が取り下げられた場合と(b)単に告訴がない場合とを分け、(a)の場合は「暴行罪を含む強姦罪全体が被害者により不訴追の処分を受けたことになるので、暴行罪のみによる検察官の訴追は不適法」だ、と言う。だが、これは更に奇妙な論理である。

[12] 当時、輪姦（刑法178の2）は親告罪だった（昭33法107号で、刑法180②が設けられた）。

の結果行為である姦淫だけを罰する罪は存在しない」から、「強姦罪…の一部の事実たる暴行行為のみを抽出して之が公訴を提起することも亦許されない」と判示した（最二判昭27・7・11刑集6巻7号896頁）。

ところが、この判決によって、X1、X2らを有罪とした控訴審判決は「最高裁判所の判決と抵触し審判が法令に違反した」ことになる。そこで、検事総長が非常上告した。最高裁は、暴力行為処罰法「1条の違反行為は、…強姦罪の構成要素ではなく、まして、これと不可分の一体を為すものではない。従つて、検察官が、同…条違反の公訴事実のみを、何等姦淫の点に触れずに、…起訴した以上、裁判所は、…職権で親告罪である強姦罪の…点にまで審理を為し、その暴力行為は、起訴されていない該強姦罪の1構成要件であると認定し、…公訴を棄却する〔ことは〕（…却つて被害者の名誉を毀損し、強姦罪を親告罪とした趣旨を没却する…）」ので許されないと述べて、非常上告を棄却した（最大判昭28・12・16刑集7巻12号2550頁）。

この事案の要点は、「理論の面」[13]（既述のⓐ一部起訴が許される基準）から見る限り、まさしく犯罪の一罪性にある[14]。両判決の違いは、最二判昭27・7・11が強姦罪と暴力行為処罰法1条違反とを一罪（観念的競合）と解したのに対し、最大判昭28・12・16は分割可能なものと見た（暴力行為処罰法の制定趣旨を念頭に、同法1条違反の暴行行為は強姦罪の構成要件要素たる暴行の域を超えるものと解した[15]）点にある。考えるに、強姦罪の一罪性（暴行と姦淫とが一体となってはじめて強姦罪が構成されるという前提）が是認されなければ、そもそも親告罪の本質や告訴の効力が及ぶ範囲などを論じても意味がないのである[16]。

この論理は、強姦罪のみに限られない。たとえば、強盗罪（刑法236）は暴行・脅迫を手段とするから、強盗罪が成立するときは、暴行罪（刑法208）、脅迫罪（刑法222）が別個に成立することはない（西田典之『刑法総論』〔2006年〕390頁）。したがって、強盗行為の暴行・脅迫のみを取り出して一部起訴はできないと考える

---

13 最二判昭27・7・11は、(1)「理論の面」〔私が言うⓐ一部起訴が許される基準〕として「強姦罪は…暴行又は脅迫と姦淫とが合一して構成される単一犯罪である」こと、(2)「実際上の面」として、審理過程で「犯罪の動機原因手段目的被害の状況程度等、当該犯情の全般に亘り」審理されるため、「被害者の意思感情名誉を尊重する…〔親告罪の〕立法の趣旨は到底之を達成すること不可能」なことを挙げる。さきに紹介した学説や東京地判昭38・12・21は、この「実際上の面」のみを取り上げたものと評し得る。しかし、「実際上の面」は一部起訴が許される基準ではない。
14 この事案につき、平場博士は、暴行・脅迫と姦淫とが本来的一罪（観念的競合）だという認識を示し（平場安治「判例研究」法学論叢59巻1号〔1953年〕80頁）、小野博士も、強姦の一罪性が問題の核心だと指摘した（『評釈集14』148頁〔小野清一郎〕）。中武『演習』185頁も同旨。

べきであろう。

## III　犯罪の成立・不成立と処罰・不処罰
──交付罪と供与罪──

### 1　交付罪と供与罪との関係

　公職選挙法の交付罪（公選法221①Ⅴ）と供与罪（公選法221①Ⅰ）の関係につき、供与を目的とした共謀者相互間での金品の授受は交付罪を構成しない（共謀者の内部における金品の移動に過ぎないから、独立の罪として評価すべきでない）というのが、大審院の解釈であった[17]。ところが、昭和41年、最高裁は判例を変更し、共謀者間での金品の授受も交付罪を構成する、ただし「供与等の目的行為が行われたとき…には、一旦成立した交付又は受交付の罪は後の供与等の罪に吸収され、別罪として問擬するをえなくなる」と判示した（最大判昭41・7・13刑集20巻6号

---

[15] この事案は、暴力行為処罰法の特殊性を抜きにしては語れない。X₁らの暴行行為（事実❶）を暴行罪（刑法208）該当行為だと解すれば、純粋に強姦罪（刑法177）の一部と言うべきだからである。大法廷は、暴力行為処罰法違反の行為は単なる暴行（刑法208）を超えるものであり、そのような暴行は強姦罪の一部とは言えない、と考えたものと推測できる。この論理は、最二判昭27・7・11の少数意見（藤田八郎裁判官）に明らかである。藤田少数意見は、住居侵入・強盗（牽連犯）の場合は、告訴なくして住居侵入のみを起訴できると解するのが通説・判例だと述べたうえで、小屋へ連行して裸にする等の行為（事実❶）が「要件として強姦罪の内にあり、…牽連の場合は、住居侵入は強姦罪の構成要件にあらず、犯罪の外にありという法律観念上の差異だけで両者を別異に取扱うべきものであらうか」と疑問を呈する。そして、暴力行為処罰法は「或る種の社会不安に対応するための立法である…─即ち同罪における被害法益は一面において公共に関するものであるが故に、専ら公共の立場に於て、訴追を行うべきもので訴追すると否とを被害者の利益乃至感情にかからしむる余地のないもの〔だから〕…強姦罪が親告罪なるの故を以て、この処罰法違反の点までもその親告罪性を及ぼすと解することは右処罰法制定の趣旨に背反する」と理由づけして、暴力行為処罰法での公訴提起は適法だと主張した。この論理は、最大判昭28・12・16の背後にも横たわっていると見てよいだろう。小野博士は、「それが単純な強姦の一罪であるなら、告訴がないのに公訴を提起することは許されない。しかし、…〔暴力行為処罰法違反の〕暴行…といふことになれば、単純な強姦一罪の範囲をはみ出すことになる」（傍点は原著者）、本件「の暴行は強姦罪の一部を構成する暴行の範囲を超え、…〔暴力行為処罰法〕1条の罪と強姦罪との観念的競合である。観念的競合は本来数罪である」から、住居侵入・強姦の場合に住居侵入だけを起訴できるのと同様に、暴力行為処罰法違反のみで起訴できる、と説く（『評釈集14』148、149頁〔小野清一郎〕）。なお、平場安治「判例研究」法学論叢59巻1号（1953年）80頁、中武『演習』187頁、189頁注2。

[16] たとえば、広島高判昭25・12・26高刑集3巻4号692頁（「脅迫の言辞は…姦淫をとげるための手段としてなしたものである…。〔強姦未遂〕の構成要件の一部である脅迫の事実についてのみ起訴することは許されない」）、札幌高判昭27・6・25高刑集5巻6号995頁（被害者を「草原迄引摺つて行つた行為は明かに強姦の為めの直接の暴行であつて…切り離すことの出来ない強姦罪の一部である」）など下級審裁判例もまた、当該暴行・脅迫が強姦罪の一部であることを前提にしてきた。

623頁¹⁸。なお、最一判昭43・3・21刑集22巻3号95頁)。

ここにいう「吸収」の意味が重要である。〈交付罪は供与罪に吸収されて、犯罪とならない〉(以下、《犯罪不成立》と表記する)というのか、〈供与罪と交付罪の2罪が成立するが、供与罪で処罰すれば足り、交付罪での処罰は必要ない〉(以下、《不処罰》と表記する)という趣旨なのか、が問題なのである。これら(最大判昭41・7・13、最一判昭43・3・21)の事案では、交付罪のほかに供与罪の訴因も掲げられていた。したがって、裁判所は、《犯罪不成立》と解しても、被告人について供与罪の成否を判断すればよかった¹⁹。

## 2 最一決昭59・1・27

その後、交付罪(公選法221①Ⅴ)と供与罪(公選法221①Ⅰ)の関係を《犯罪不成立》と解すると妥当な結論を導きえない事例(最一決昭59・1・27刑集38巻1号136頁)が出てきた²⁰。最一判昭59・1・27は、「検察官は、立証の難易等諸般の事情を考慮して、甲〔金銭等の交付者〕を交付罪のみで起訴することが許される」と判示したが、前記「吸収」の意味については言及しなかった。しかしながら、多

---

17 大審院判例は、交付罪を供与罪の準備行為(「一階梯タル行為」)と見ており、供与罪が成立すれば、交付罪はそもそも犯罪として成立しないと解していた。大判昭9・4・16大審刑集13巻6号485頁(「投票買収ヲ共謀シタル者間ニ於テ投票買収費ヲ交付スルモ…〔選挙法など〕ニ該当スルモノニ非サルハ勿論何等犯罪ヲ構成スルモノニ非ス」)、大判昭12・6・22大審刑集16巻12号983頁(「甲乙共謀ノ上選挙運動者ニ選挙運動ノ報酬トシテ金員ヲ供与シタル場合…甲カ右ノ金員ヲ乙ニ交付シタルハ畢竟共犯者相互ノ内部関係ニ於ケル供与資金ノ授受若ハ供与ヲ為スニ至ルヘキ一階梯タル行為ニ過キス」)、大判昭12・7・9大審刑集16巻14号1195頁(金員の交付は「金員供与実行ノ為ニスル準備的行動ニ外ナラ」ないから、「供与資金授受ノ行為ハ夫ノミニテ…罪ニ該当スルコトナキモノト解スル」、など。この理解は現行法のもとでも引き継がれ、資金の交付は「少くとも現実に選挙人に供与された部分に関しては、単に…金員供与実行のためにする準備的行動に外ならない…従つて…供与資金授受の行為はそれのみでは…何等の犯罪を構成するものではない」(東京高判昭26・10・30高刑集4巻12号1630頁〔1633頁〕)と解されてきた。
18 旧衆議院議員選挙法112条1項5号を承継した公選法221条1項5号が、供与罪のほかに交付罪をも処罰する旨を規定しているのは、「それ自体選挙の腐敗を招く根源をなすものであるから、…買収にいたる前段階の交付…の行為を独立して処罰の対象とし、もつて公職の選挙における不正の防止を一層実効あらしめようとする法意にほかならない」と言う(最大判昭41・7・13〔627頁〕)。
19 最大判昭41・7・13の事案では、主として選挙運動員X、Y、Z間の共謀関係が問題となった。また、最一判昭43・3・21の事案でも、運動員の供与罪が成立し交付罪がこれに「吸収」されるとしても、被告人(立候補予定者)と運動員との共謀による供与罪のみを認定すれば済んだ。したがって、「吸収」を《犯罪不成立》と解しようと、《不処罰》と解しようと、結論には重大な影響がなかった。
20 最高裁も、昭和59年の事案は「被告人が交付罪のみで起訴されていて供与罪の成否につき裁判所の判断の機会がない事案」だと指摘する(最一決昭59・1・27〔139頁〕)。

数意見が《犯罪不成立》(「吸収」とは供与罪が成立すれば交付罪は成立しない趣旨)だと解したのであれば[21]、非論理的である。《不処罰》だと解するのが妥当であろう[22]。《不処罰》という理解に立てば、次節の「横領行為後の横領」についても、統一的な解釈が可能になる。

## Ⅳ 不可罰的事後行為と共罰的事後行為
―― 横領行為後の横領 ――

すでに述べた〈検察官は、犯罪を構成しない事実を起訴できない〉という基本的思考は、不可罰的事後行為と一部起訴の問題に関しても妥当する。要点は、不可罰的事後行為を《犯罪不成立》と考えるか《不処罰》と考えるか、にある。

最大判平15・4・23刑集57巻4号467頁の事例[23]に沿って検討しよう。先行の犯罪行為(抵当権設定行為)は横領罪が成立するかどうか明瞭でなく、かりに成立するとしても公訴時効が完成している事案だった。そのため、不可罰的事後行為を認めることは不正義な結果を招きかねず、実務感覚からすれば、容易に肯認できない事案だったと言えよう。しかしながら、第1審と控訴審が示した論理構成[24]は精緻なものとは言いがたい。

最高裁は、横領行為後の横領に関する最高裁判決(最三判昭31・6・26刑集10巻6号874頁)に違反する旨の上告趣意に対し、上告を棄却した[25]。不可罰的事後行

---

21 最一決昭59・1・27の補足意見(谷口正孝裁判官)は、「多数意見は、右『吸収関係』を専ら実体法上の問題として抽象的・論理的にとらえているのに対し、反対意見は、これを訴訟の場でとり上げ、処罰上の吸収関係として理解している」と分析した後、「右吸収関係は、…当該被告人について、2つ以上の罪が成立し、そのうち1つの罪の可罰性が他の罪のそれを評価し尽くしている場合の右2つ以上の罪の関係をいう」と、正しく理解している(なお、最一判昭43・3・21の反対意見〔長部謹吾裁判官〕も、「吸収」を《不処罰》だと解している)。ちなみに、供与資金交付の約束はあったものの、Yが交付者Xに知らせることなく自費で供与し、その後、XがYに金員を交付した事例(最一決昭61・7・17刑集40巻5号397頁)では、《不処罰》と解すると、交付罪、供与罪ともに処罰が可能だという結論が論理的に一貫する(最一決昭61・7・17〔400頁〕の意見〔谷口正孝裁判官〕を参照せよ)。

22 最大判平15・4・23を解説した調査官も「裁判所が、実体法上犯罪として成立しないものについて有罪判断を下すことができるはずはないから、…〔最高裁判例が言う〕『吸収』は、吸収される犯罪の消滅等を来すようなものでないことが明らか」だと言う(『最判解説平15』290頁〔福崎伸一郎〕)。

23 西明寺の責任役員で、同寺所有の不動産等を管理していたXが、ほしいままに、(1)寺の所有地に抵当権を設定し、その後、(2)同土地を売却した、という業務上横領の事案である。

為につき、先行の犯罪行為と後行行為（事後行為）との関係を《不処罰》と解したものと見るのが妥当であろう[26]。

これまで、不可罰的事後行為は《犯罪不成立》だと考える[27]のが通説だったが、昨今では、《不処罰》だと考える（「犯罪としては成立している…が、…事前行為の罪の刑に吸収される」と考える。したがって、「不可罰的」でなく「共罰的」事後行為と呼ぶ）論者[28]が通説の地位を占めている。一部起訴の理解との一貫性からしても、現在の通説が妥当だと言えよう。

## V　包含関係など

### 1　業務上過失傷害と業務上過失致死

被告人運転の自動車に撥ねられた歩行者が事故の約11時間後に死亡した事案で、検察官は、被告人を業務上過失傷害で起訴した[29]。第1審は、業務上過失致死の訴因に変更するよう促したが検察官がこれに応じなかったため、無罪を言い

---

24　第1審は、本件の「先行行為は、土地を担保に入れる…行為であって、…土地が有する経済的価値のみを侵害する犯罪が成立するに止まる」。これに対して、土地の売却行為（後行行為）は「土地所有権…を第三者に譲渡する行為であって、…後行行為が、…先行行為に対する違法評価に包含し尽くされているといえない」から、不可罰的事後行為とは言えないと説示し、控訴審もまた、不可罰的事後行為に当たらないと判示した。

25　最高裁判示の要点は、(a)横領行為後の横領につき、「検察官は、事案の軽重、立証の難易等諸般の事情を考慮し、先行の抵当権設定行為ではなく、後行の所有権移転行為をとらえて公訴を提起することができる」、(b)そのような公訴の提起を受けた裁判所は、所有権移転の点だけを審判の対象とすべきであり、犯罪の成否を決するに当たり、売却に先立って横領罪を構成する抵当権設定行為があったかどうかというような訴因外の事情に立ち入って審理判断すべきものではない」、の2点である。

26　「売却等による所有権移転行為について、横領罪の成立自体は、これを肯定することができる…、先行の抵当権設定行為が存在することは、後行の所有権移転行為について犯罪の成立自体を妨げる事情にはならない」（最大判平15・4・23〔470、471頁〕）。なお、『最判解説平15』288頁〔福崎伸一郎〕。

27　「状態犯においては、事後の違法状態も当然にその構成要件によって評価され尽している。したがってその範囲においては別個の犯罪を構成しない」（引用は、団藤重光『刑法綱要総論』〔3版、1990年〕131頁。なお、446頁）。その他、団藤重光編『注釈刑法(2)のⅡ』(1969年) 566頁〔高田卓爾〕、大塚仁『注解刑法』（増補第2版、1977年）328頁、など。

28　引用は、西田典之ほか編『注釈刑法 第1巻』(2010年) 717頁〔山口厚〕。なお、平野龍一『刑法総論Ⅱ』(1975年) 416頁、藤永幸治・研修399号 (1981年) 43頁、内田文昭『改訂 刑法Ⅰ（総論）〔補正版〕』(2002年) 347頁、『河上和雄先生古稀祝賀論文集』(2003年) 285頁〔高木俊夫〕、西田典之『刑法総論』(2006年) 392頁、山口厚『刑法総論』（2版、2007年）374頁、『大コンメンタール刑法4』（3版、2013年）216頁〔中山善房〕、など。

渡した（岐阜簡判昭62・5・1判タ653号232頁）。検察官が控訴し、控訴審は原判決を破棄し自判した（名古屋高判昭62・9・7判タ653号228頁）[30]。第1審が、業務上過失傷害の事実が認められないとして無罪を言い渡したのに対し、控訴審は、過失傷害の限度で有罪としたのである。そのどちらも常識に反する。たしかに社会正義という観点からすれば、後者がよりマシだとは言えよう[31]。だが、このような起訴を許せば、裁判所としては「事件の実体にそぐわない不自然な認定を強いられることにもなりかねない」[32]。

本稿で検討すべきは、そもそも検察官は業務上過失傷害で起訴することができるのか、という点である。たしかに、過失致死の事実は過失傷害の事実を包含するように見える。しかし、被害者が死亡した場合には、当該被害者に対する過失傷害罪は成立しない（被害者が死亡した場合、傷害の事実は死亡に至る経過に過ぎなくなるから、傷害だけを取り上げて犯罪にはできない）[33]という理解も可能である。《犯罪不成立》だという理解に立てば、岐阜簡裁の判決が正しい。

---

29　被害者が死亡しているにもかかわらず、検察官が業務上過失傷害で起訴した理由につき、平野龍一ほか編『新実例刑事訴訟法Ⅱ』（1998年）21頁〔佐藤隆文〕は、「被告人は必ずしも高速度とはいえない『時速約35キロメートルで』進行していた」点、横断歩道に「普段は横断者等がなかったことから、漫然危険はないものと軽信し、自車の前方を自車と同一方向に走行中の先行車両に気をとられ」た前方注視義務違反であって、「必ずしも重大とはいえない」点、「被害者にも…酔余、右道路を歩行横断」したという落ち度が認められる」点を指摘する。しかし、このような「被害者の落ち度等の事情は犯情として考慮するのが筋」であろう（『百選〈8版〉』91頁〔杉田宗久〕）。
30　名古屋高判昭62・9・7は、「裁判所は、…検察官が裁判所の訴因変更の勧告に応じないときも、…検察官の提起した訴因に拘束され、…たとえ理由中であっても、訴因の範囲を越えた事実を認定し、これを理由として、無罪を言い渡すことは許されない」との控訴趣意を容れ、原判決には訴訟手続の法令違反があるとして、原判決を破棄し、業務上過失傷害の事実を認定して、罰金4万円に処した。しかしながら、第1審は、過失「傷害」の事実が認定できないから、無罪を言い渡したのであって、訴因の範囲を超えた事実を認定したわけではない。
31　致傷・致死の関係と結合犯における窃盗・強盗の関係とは必ずしも同一に論じられないが、横井『ノート3』136頁は、強盗の事実を窃盗で起訴した設例で、(a)強盗の限度で有罪、(b)窃盗ではないので窃盗につき無罪、「いずれかの方法しかない」と述べ、(a)も(b)も常識に反するが、「常識的結論に一歩でも近づくためには窃盗の限度で有罪とするほかはない」と言う。
32　引用は、『百選〈8版〉』90頁〔杉田宗久〕。なお、『百選〈6版〉』100頁〔木谷明〕が「実体的真実と…認定事実との乖離をどの限度まで甘受すべきか」と言い、横井『ノート3』137頁が「傷害を暴行で起訴したり、強盗傷人を強盗で起訴したりすることの当否」だと言うのも、まさに同趣旨であろう。
33　横井『ノート3』225頁は、暴行・脅迫が恐喝の手段となる事案について論じ、「形式的には暴行・脅迫の事実はある。しかしそれは恐喝の一部としてあるのであって、独立の犯罪としてあるのではない。だから、極端にいえば、この場合暴行・脅迫罪はないともいえる」と述べている。岐阜簡判昭62・5・1は、業務上過失傷害と過失致死との関係につき、被害者が死亡した以上、過失傷害の罪が独立しては成立しないと考えた、と見ることができよう。

もっとも、あきらかに犯罪を犯したと見られる被告人を無罪にするのは非常識だという実務「感覚」には説得力がある。とは言うものの、非常識な公訴提起をしたのは検察官なのである[34]。非常識という感覚は理論でなく感想に過ぎない。状況次第でどちらの結論をも導き出し得る[35]。問題の核心は、包含関係（段階的な関係）にある犯罪（たとえば、既遂と未遂、業務上過失傷害と過失致死）について、《犯罪不成立》と考えるか、《不処罰》と見るか、にあるように思われる。

　考えるに、《犯罪不成立》と見るのが妥当である[36]。私見と異なり、《不処罰》だという見解もある[37]。百歩譲って、《不処罰》だと見て、強盗を窃盗で、既遂犯を未遂で、過失致死を過失傷害で一部起訴できると解したとしても、一部起訴の合理性（既に述べたⓑの基準）が要求される。仮に一部起訴が許されるとしても、このような類型では、きわめて明らかな合理性（暴行・脅迫の立証がきわめて困難、死亡との因果関係が立証できない、など）が必要になるだろう。

### 2　かすがい現象

　かすがい現象[38]との関連で、一部起訴が論じられる例[39]がある。かすがい現象にあたる犯罪行為は、もともとが数罪である。したがって、各犯罪行為を分割して起訴するか、または一罪として起訴するかは検察官の審判対象設定権の範囲内だと考えるのが妥当である。この点につき、一罪として起訴するか数罪として起訴するかによって、「事実の縮小以上の法的効果」[40]、不均衡が生じるという批判

---

[34]　業務上過失致傷で起訴した検察官がおかしいという判断は正当な実務「感覚」である。実務家もまた、私見と同じく、「一部起訴を正当化する理由が、やや乏しい」（『百選〈6版〉』101頁〔木谷明〕）、「合理的な一部起訴と言い得るか多分に疑問が残る」（『百選〈8版〉』91頁〔杉田宗久〕）などと評している。検察官の間違った判断を指摘・是正するという別の観点からすれば、業務上過失致傷で無罪判決を言い渡すのも正しい実務「感覚」だと解し得る。

[35]　『百選〈6版〉』101頁〔木谷明〕は、「被害者が即死又はこれに近い状態で死亡したような場合にまで、致傷罪による起訴を認めることには、疑問がある」と言う。しかし、「即死…に近い状態」であっても、「一旦は致傷罪が成立した」と見るのが論理的であろう。11時間後ならば一部起訴が許され、即死に近い1時間後なら「疑問がある」という木谷氏の理解には首肯できない。つまるところ程度（感覚）の問題なのである。

[36]　未遂・既遂で言うと、実行行為が既遂になった時点で、既遂までの経過でしかない「未遂」は存在しなくなる。もし、未遂と既遂とが共に犯罪として成立すると考えると、1つの行為について2つ（未遂と既遂）の罪責を、理論上、負わすことになろう。このような2重処罰を理論上避けるために、観念的競合があるのではないのだろうか。

[37]　西田典之ほか編『注釈刑法 第1巻』（2010年）711頁〔山口厚〕は、「既遂結果を惹起した実行行為により未遂も成立しているが、既遂犯の罰条のみが適用され」る、と言う（傍点は引用者）。

がある。

　たしかに、一部起訴によって、「かすがい」理論の効果がなくなり、(「かすがい」が外され、数罪となるため)量刑が重くなるという批判もある。だが、「かすがい」理論を認めることが、常に被告人に有利なわけではない[41]。なお、「併合審理ができず、併合の利益が失われる」[42]と指摘する論者もいる。しかし、あるべき姿(併合罪)に戻ったにすぎない。また、(住居侵入で3人殺害の例で言うと)検察官が住居侵入を呑むか否かによって、併合罪加重の不利益を被告人が負うか否かが決まり、不都合だという批判もある。だが、「かすがい」理論を認めても、同様の不都合は生じるのである[43]。さらに、実体法上一罪とされる事実(たとえば、住居侵入し3人を殺害。または、児童ポルノ製造と児童淫行〔東京高判平17・12・26〕)が、一部起訴により別々に起訴されると二重起訴になるのではないか、とも指摘される。これは既判力の問題なので、項を改めて論じる。

---

38　たとえば、Xが住居に侵入し3名を殺害した場合、各殺人は併合罪だが、1個の住居侵入と3個の殺人とはそれぞれ牽連犯の関係にある。そこで、最高裁は、住居侵入を「かすがい」にし、3個の住居侵入・殺人を牽連犯と見て、全体を科刑上一罪として「その最も重き罪の刑に従い処断すべき」だと言う(最一決昭29・5・27刑集8巻5号741頁)。
39　東京高判平17・12・26判時1918号122頁。検察官は、(a)XがA子の性交行為や裸体を撮影した行為のうち6回を児童ポルノ製造罪(児童買春7③)で地裁に起訴し、(b)A子に対する別件の児童淫行罪(児童福祉34①Ⅵ・60①)を家裁に起訴した。(a)の行為のうちA子の性交行為を撮影した行為は、児童淫行罪と観念的競合になるが、検察官は、この事実を起訴していない。控訴審は「かかる〔かすがい現象が認められる〕場合でも、検察官がかすがいに当たる児童淫行罪をあえて訴因に掲げないで、当該児童ポルノ製造罪を地方裁判所に、別件淫行罪を家庭裁判所に起訴する合理的な理由があれば、そのような措置も是認できる」と判示した。評釈の多くは、合理的理由は何かを論じている。だが、その前提として、「かすがい現象」はそもそも併合罪だから一部起訴できるのである。その上で、検察官が一部起訴(一部を地裁に、一部を家裁に起訴)したのが相当だったか否かを論じなければならない。
40　引用は、『平18重判』190頁〔川出敏裕〕。なお、三井158頁。
41　そもそも、「かすがい」理論を採れば常に被告人に有利だというわけではない。たとえば、住居に侵入し3人を殺した場合、住居侵入を「かすがい」にして一罪と見ると、たしかに表面的には処断刑が軽くなる。しかし、「住居侵入という別個の法益侵害が付加されれば、それはむしろ刑を重からしめる要因とはなりえても、刑を軽減する理由になるわけはない」(中野次雄・刑法雑誌22巻3＝4号〔1979年〕312、313頁)し、「住居侵入の事実を加えることは、形式的には処断刑のワクを一罪の限度におさえはするが、現実的には被告人の情状にプラスするものではなく、かえって全体としてはマイナスの作用をいとなむおそれがある」(河村澄夫ほか編『刑事実務ノート2』〔1969年〕66頁〔萩原太郎〕)。
42　『平18重判』190頁〔川出敏裕〕は、量刑の問題として認識している。
43　「かすがい」理論に対しては、周知のごとく、〈Xが屋外でA、B、Cを殺せば、「かすがい」(住居侵入)がないため、3殺人は併合罪となる他ない。屋内と屋外とで処断刑が異なるのは不均衡だ〉などという批判がある。

## VI 一部起訴と既判力

　最三判平15・10・7刑集57巻9号1002頁[44]は、常習特殊窃盗が本来的一罪ではないことを理由に、常習特殊窃盗を構成する複数の窃盗行為の一部を、「検察官は、立証の難易等諸般の事情を考慮し、…単純窃盗罪として公訴を提起し得る」と判示した。この判決の重要性は、一事不再理の効力（＝既判力）[45]に言及した（「前訴及び後訴の訴因が共に単純窃盗罪であ」るから、「前訴の確定判決による一事不再理効は、後訴には及ばない」）点にある。

　最三判平15・10・7の射程距離を検討したい。この事案と異なり、一連の窃盗行為a、b、c、dにつき、①b、cを常習窃盗（常習特殊窃盗罪または常習累犯窃盗罪。以下、同じ）として起訴し、後にa、dを単純窃盗罪の訴因で起訴した場合、②b、cを単純窃盗の訴因で起訴し、後にa、dを常習窃盗の一部として起訴した場合、既判力との関係を、どう理解するべきなのだろうか。

　考えるに、常習窃盗を構成する複数の窃盗行為は、本来的な一罪ではない。したがって、各窃盗行為を単純窃盗として起訴するか常習窃盗として起訴するかは、検察官の審判対象設定権に委ねられる。①検察官がb、cを常習窃盗として起訴した場合、A裁判所は訴因に拘束され、〈常習窃盗につき有罪〉だと判決する。このA判決（「b、cの事実は常習窃盗罪〔の一部〕だ」という判断）が既判力を持ち、後の受訴裁判所を拘束する。したがって、後に検察官がa、dを単純窃盗として起訴しても、受訴裁判所BはA判決に拘束される（b、cの事実を常習窃盗と判断する以上、余罪の存在は必ずしも意外なものではない）。a、dの事実がb、cの事実と一体となって常習窃盗を構成すると疑われる場合、裁判所Bは、その点

---

[44] 被告人Xは、単独または共犯者と共謀して、自動車盗や侵入盗を繰り返していた。Xは、平成11年1月から同年4月までの間に犯した建造物侵入・窃盗の事実（事実❶）で、平成12年4月に有罪判決を言い渡され、同年9月に判決が確定した。その後、Xは、平成10年から平成11年にかけて犯した自動車盗、車上盗、建造物侵入・窃盗（事実❷）につき、起訴された。事実❶と事実❷は、常習特殊窃盗として科刑上一罪の関係にある。最高裁は、判例（単純窃盗の有罪判決確定後、これと常習特殊窃盗の関係にある行為が単純窃盗で起訴された事件で、後訴につき免訴を言い渡した高松高判昭59・1・24判時1136号158頁）を変更して、事実❶に対する確定判決の一事不再理効（既判力）が事実❷の起訴には及ばないとする控訴審判決を支持した。

[45] 私見では、一事不再理の効力と既判力とは別のものである。寺崎嘉博『刑事訴訟法〔第3版〕』（2013年）494頁以下。

を検討して常習窃盗罪に当たると認めれば、免訴を言い渡すことになる。

　他方、②b、cを単純窃盗で起訴すれば、A裁判所は〈単純窃盗で有罪〉だと判決する。A判決（「b、cの事実は単純窃盗罪に該当する」という判断）は既判力を持ち、後訴を拘束する。しかし、A判決確定後、検察官がa、dの事実を常習窃盗に当たるとしてB裁判所に起訴した場合、（A裁判所が知り得なかったa、dの事実が現れたわけで）A判決の主文を導くうえで必要不可欠な判断の基礎に事情変更があったと言えよう。したがって、B裁判所は、A判決に必ずしも拘束されない。そこで、B裁判所は、「常習性の発露としての一体性」の有無を検討しなければならない。つまり、a、b、c、dの事実が一体として常習窃盗罪を構成すると判断すれば、B裁判所は被告人を免訴することになる[46]。

## Ⅶ　まとめ

　刑事手続の視座から見た罪数論は、これまで少なからず出されてきた。本稿は、これら先達の業績に及ぶべくもないが、一部起訴を罪数論の視点から統一的に概観しようと試みたものである。

　強姦で告訴がない場合に暴行罪で起訴する、過失致死を過失傷害で起訴する、といった事例について、親告罪の趣旨に反する、実体的真実と認定事実とに「乖離」があるなどという切り口では、これら問題の肯綮にあたることがない。私見が正鵠を射たものか否かの判断は、読者に委ねるしかない。とは言え、これらの事象を統一的に見る1つの視点を提供することはできたように思われる。

---

46　寺崎嘉博『刑事訴訟法〔第3版〕』（2013年）500頁本文および注（4）。

# 経験則の適用についての覚書
——最三小決平成25年4月16日（刑集67巻4号549頁）を手懸かりに——

川　上　拓　一

I　はじめに
II　事案の概要と訴訟の経過
III　決定の要旨
IV　故意や共謀等主観的要素の認定と経験則
V　おわりに

## I　はじめに

　近時、最高裁は、控訴審における刑訴法382条の事実誤認の意義をめぐり、「刑訴法382条の事実誤認とは、第1審判決の事実認定が論理則、経験則等に照らして不合理であることをいうものと解するのが相当である。」と述べた上、「控訴審が第1審判決に事実誤認があるというためには、第1審判決の事実認定が論理則、経験則等に照らして不合理であることを具体的に示すことが必要である」と判示し[1]、当該事案においてはこれが示されていないとして原判決を破棄する判断を示した。

　そして、平成24年判決が、「控訴審が第1審判決に事実誤認があるというためには、第1審判決の事実認定が論理則、経験則等に照らして不合理であることを具体的に示すことが必要である」と述べたことから、同判決の要請を満たす控訴審判決とはどのようなものか、控訴審が第1審判決を破棄するに当たってはどの程度の理由をどの程度具体的に示す必要があるのか等、具体的な適用事例が現れるのが注目されていたところ、最高裁は、平成25年4月16日決定[2]においてその

---

[1]　最一小判平成24年2月13日刑集66巻4号482頁。以下「平成24年判決」ともいう。
[2]　以下「平成25年4月決定」ともいう。その後、最一小決平成25年10月21日（刑集67巻7号1頁）において、運搬委託型の覚せい剤輸入事件における運搬役の被告人の覚せい剤の知情の有無について、経験則の適用が示されたが、紙幅の関係でここでは触れない。

具体例を示すに至った。そこで、上記決定を素材に、同決定に付されている3名の裁判官の補足意見をも参酌しつつ、経験則の適用ということを考えてみたい[3]。

## II　事案の概要と訴訟の経過

**1**　犯罪事実の要旨は、「被告人は、氏名不詳者らと共謀の上、営利の目的で、覚せい剤を日本国内に輸入しようと計画し、氏名不詳者において、平成22年9月、メキシコ国内の国際貨物会社の営業所において、覚せい剤を隠匿した段ボール箱2箱（以下「本件貨物」という。）を航空貨物として、東京都内の上記会社の保税蔵置場留め被告人宛に発送し、航空機に積み込ませ、成田空港に到着させた上、機外に搬出させて覚せい剤合計約5967.99g（以下「本件覚せい剤」という。）を日本国内に持ち込み、さらに、上記保税蔵置場に到着させ、東京税関検査場における税関職員の検査を受けさせたが、税関職員により本件覚せい剤を発見されたため、本件貨物を受け取ることができなかった。」というものであり、覚せい剤取締法違反（覚せい剤営利目的輸入罪）と関税法違反（禁制品輸入未遂罪）の事案である。

被告人は、本件貨物の日本への発送に先立ってメキシコから日本に入国し、本件貨物が到着した旨の連絡を受けて上記会社の営業所に出向き、警察によって本件覚せい剤を無害な物と入れ替えられた段ボール箱2箱（以下これについても「本件貨物」という。）を引き取ってホテルに戻って開封したところを、令状による警察官の捜索を受け、本件貨物を発見されて逮捕された。

**2**　被告人は、第1審及び原審の公判において、犯罪組織関係者から脅されて日本に渡航して貨物を受け取るように指示され、貨物の中身が覚せい剤であるかもしれないと思いながら、航空券、2000米ドル等を提供されて来日し、本件貨

---

[3] 法科大学院で必修科目とされている実務基礎系の学科目においては、事実認定の基礎を1コマないし2コマ学修する機会があるが、例えば「殺意の認定」をする場合に、なぜ「凶器の種類・形状・用法」や「創傷の部位・程度」を問題とするのか十分に理解できていない学生が少なくない。間接事実から主要事実である「殺意の有無」を推認する場合、前提となるのが「経験則」の適用ないし当てはめであるが、推認の過程が余りにも当然すぎるせいか、なぜ「凶器の種類・形状・用法」や「創傷の部位・程度」という客観的な事実が、「殺意の有無」という主観的要素の認定に必要なのか問題意識がないまま形式的に「殺意の有無」認定の要件として捉えている学生が少なくないように思われる。こうしたことから、法科大学院の学生に「事実認定の基礎」のベースにある考え方を理解してほしいという思いから本稿を執筆する次第である。

物を受け取った旨供述したが、覚せい剤輸入の故意及び共謀はないと主張した。

裁判員裁判で審理された第1審判決は、以下のとおり判示して、覚せい剤輸入の故意は認められるが共謀は認められないとして無罪の言渡しをした（検察官の求刑は、懲役15年及び罰金800万円、覚せい剤の没収であった）。すなわち、被告人が、来日に際して犯罪組織関係者から資金提供を受けていること、来日前後に犯罪組織関係者と電子メール等で連絡を取り合い来日後に犯罪組織関係者と思われる人物らと接触していたことなどの検察官の主張に係る事実全体を総合して考えても、故意及び共謀を推認させるには足りない。ただし、被告人は、公判廷で、「メキシコにおいて、犯罪組織関係者に脅され、日本に行って貨物を受け取るように指示された際、貨物の中身は覚せい剤かもしれないと思った。」旨供述し、覚せい剤である可能性を認識していたと自白しており、この自白は自然で信用できるから、覚せい剤輸入の故意は認められる。しかしながら、被告人の供述その他の証拠の内容にも、被告人と共犯者の意思の連絡を推認させる点は見当たらず、両者が共同して覚せい剤を輸入するという意思を通じ合っていたことが常識に照らして間違いないとはいえないから、共謀についてはなお疑いを残すというほかないとした。これに対し、検察官が控訴した。

**3** 原判決は、第1審判決の事実認定に関し、覚せい剤輸入の故意を認定しながら、覚せい剤輸入についての暗黙の了解があったことを裏付ける客観的事情等を適切に考察することなく、共謀の成立を否定したのは、経験則に照らし、明らかに不合理であり、事実誤認があるとして第1審判決を破棄して自判し、被告人を懲役12年及び罰金600万円に処し、覚せい剤を没収した。これに対し、被告人が上告した。

## Ⅲ　決定要旨

**1** 第三小法廷は、弁護人の上告理由をいずれも不適法として斥けたが、原判決には刑訴法382条の解釈適用の誤り及び事実誤認があるとする主張に対して以下のように判示した。

「（1）同条[4]の事実誤認とは、第1審判決の事実認定が論理則、経験則等に照らして不

---

4　刑訴法382条。

合理であることをいうものと解するのが相当であり、控訴審が第1審判決に事実誤認があるというためには、第1審判決の事実認定が論理則、経験則等に照らして不合理であることを具体的に示すことが必要である（最高裁平成23年（あ）第757号同24年2月13日第一小法廷判決・刑集66巻4号482頁）。

（2）この点、原判決は、本件において、次のとおり第1審判決の事実認定が不合理であることを示している。

ア　まず、『被告人が覚せい剤輸入の故意を持つに至ったのは、①犯罪組織関係者から日本へ行って貨物を受け取るように依頼をされ、②犯罪組織が覚せい剤を輸入しようとしているのかもしれないなどとその意図を察知しながら、③その依頼を引き受けたからにほかならない。そうであるとすると、被告人は、④特段の事情がない限り、犯罪組織関係者と暗黙のうちに意思を通じたものであって、共謀が成立（⑤）したと認めるべきではないかと思われる。』旨本件における故意と共謀の認定の関係を説明する。

イ　次に、関係証拠によって認定できる事実を踏まえ、以下のとおり説示している。すなわち、本件では、被告人は、本件貨物の受取に関し、㋐犯罪組織関係者の費用負担により日本に渡航し、㋑連絡用のパソコン、航空券、2000米ドルを受け取っており、㋒覚せい剤の可能性の認識について自認する被告人の公判供述にも照らすと、㋓被告人は、犯罪組織関係者の覚せい剤輸入の意図を察知しながら、本件貨物の受取の依頼を引き受けたものと認められ、㋔犯罪組織関係者は、被告人が意図を察知することを予測し得る状況で依頼をしており、両者の間に覚せい剤輸入につき暗黙の了解（㋕）があったと推認できる。

さらに、ⓐ来日前後に犯罪組織関係者と連絡を取り合っていること、ⓑ応答要領を準備して貨物会社に連絡を入れるなどしていること、ⓒ犯罪組織関係者から本件貨物の内容物の形状について伝えられ、来日後に購入したノートに記載したとみられること、ⓓ犯罪組織関係者の了解の下で覚せい剤の入っていた本件貨物を開封したとみられることなどの客観的事情は、被告人と犯罪組織関係者との間に相当程度の信頼関係があったことを示し、覚せい剤輸入についての暗黙の了解（ⓔ）があったことを裏付けるものである。

ウ　そして、結論として、『第1審判決が覚せい剤輸入の故意が認められるとした点は結論において正当といえるが、上記のような客観的事情等があるにもかかわらず、これらを適切に考察することなく被告人と犯罪組織関係者との共謀を否定した点は、経験則に照らし、明らかに不合理であり、是認することができない。』と判示した。

（3）そこで検討するに、原判決は、本件においては、被告人と犯罪組織関係者との間の貨物受取の依頼及び引受けの状況に関する事実（筆者注・前記①〜③の各事実）が、覚せい剤輸入の故意及び共謀を相当程度推認させるものであり、被告人の公判供述にも照らすと、被告人は、犯罪組織関係者が覚せい剤を輸入しようとしているかもしれないとの認識を持ち、犯罪組織の意図を察知したものといえると評価し、被告人の公判廷における自白に基づいて覚せい剤の可能性の認識を認めた第1審判決の認定を結論において是認する。他方、覚せい剤の可能性についての被告人の認識、貨物の受取の依頼及び引受けの各事実が認められるにもかかわらず、第1審判決が、覚せい剤輸入の故意を認定しながら、客観的事情等を適切に考察することなく共謀の成立を否定した点を経験則に照らして不合理であると指摘している。

被告人が犯罪組織関係者の指示を受けて日本に入国し、覚せい剤が隠匿された輸入貨物を受け取ったという本件において、被告人は、輸入貨物に覚せい剤が隠匿されている可能性を認識しながら、犯罪組織関係者から輸入貨物の受取を依頼され、これを引受け、覚せい剤輸入における重要な行為をして、これに加担することになったということができるのであるから、犯罪組織関係者と共同して覚せい剤を輸入するという意思を暗黙のうちに通じ合っていたものと推認されるのであって、特段の事情がない限り、覚せい剤輸入の故意だけでなく共謀をも認定するのが相当である。原判決は、これと同旨を具体的に述べて暗黙の了解を推認した上、本件においては、上記の趣旨での特段の事情が認められず、むしろ覚せい剤輸入についての暗黙の了解があったことを裏付けるような両者の信頼関係に係る事情（筆者注・前記ⓐ～ⓓの各事実）がみられるにもかかわらず、第１審判決が共謀の成立を否定したのは不合理であると判断したもので、その判断は正当として是認できる。

（４）以上によれば、原判決は、第１審判決の事実認定が経験則に照らして不合理であることを具体的に示して事実誤認があると判断したものといえるから、原判決に刑訴法382条の解釈適用の誤りはなく、原判決の認定に事実誤認はない。」（本文中の①、②…、㋐、㋑…、ⓐ、ⓑ…等は筆者が付した。）

　以上が法廷意見であるが、これには、３名の裁判官の補足意見が付されており、とりわけ田原睦夫裁判官（以下「田原補足意見」という。）及び寺田逸郎裁判官（以下「寺田補足意見」という。）の各補足意見には、裁判員裁判における裁判官と裁判員との評議の場面を想定したのではないかと思われるような法的な概念を用いずに、平易な言葉による示唆に富む説示がなされているのが注目される。はじめに田原補足意見から見ておこう。

　**2**　田原補足意見は、第１審判決が、被告人の覚せい剤輸入の故意を認定しながら、特段の事情を認定することなく、覚せい剤を輸出した犯罪組織関係者との間の覚せい剤輸入についての共謀を否定したことと経験則との関係について、隔地者間における物の輸送を例に挙げて、以下のような説明がされている。

　一般に、隔地者間で物が輸送される場合、発送者は、到着地における受領権者に対して発送し、一方受領権者はその受領が発送者の意に沿うものであること、つまり、受領行為自体が発送者の意図の実現であることを認識、認容しており、これは輸送物が禁制品の場合であっても、その認識の有無については別途検討の必要はあるものの、同様である。すなわち、発送者が禁制品であることを認識している場合、受領権者もその事実を当然に知っているとはいえないが、受領権者が禁制品であることを認識している場合には、通常、発送者は発送品の内容を認識して発送するものであるから、特段の事情のない限り、発送者は禁制品である

ことを認識した上で発送したとの推定が働く。したがって、受領権者が禁制品であることを認識して受領する場合には、受領権者は、発送者においても禁制品であることを認識した上で発送したこと及び当該禁制品を受領することが発送者の意図の実現であることを認識、認容していると推認できる。

　これは、海外の発送者が我が国に禁制品を輸入し、通関手続を経て送付する場合でも異ならない。国内の受領権者が、輸入物が禁制品であることを認識している場合には、発送者も、特段の事情がない限り、目的物が禁制品であることを認識していると推認され、したがって、受領権者が通関手続を経た当該輸入物を受領する行為は、当該禁制品を輸入するべく発送した発送者の輸入実現行為にほかならず、受領権者においても、その事実の認識、認容があると推認でき、このような認識、認容の下での受領行為は、発送者の輸入行為の共同遂行と評価できる。このような推認過程は、経験則の当嵌めそのものであり、こうした経験則の適用を否定するには、推認することが相当でない特段の事由（推認障害事由）の存在が認定される必要がある、というのである。

　この説示は、「故意」あるいは「共謀」等の法的概念について特段の知識がなくても、一般通常人が、日常生活上事物の存否の判断を行う際に当然の前提として、あるいは、ほとんど無意識のうちに当てはめて使っている経験則の存在・適用を示したものといってよい。あえて法的概念を使用しなくても、事実認定が可能であることを示す一例といえよう。

　3　この点では、寺田補足意見も同様である。寺田補足意見は、「本件犯行における共謀関係を検討するに当たって重視しなければならないのは、……被告人が犯罪の成否にとって不可欠の重要な役割を担ってメキシコから渡来した」ということであり、「本件における共謀関係の認定については、もっぱら、意思の連絡などによる関与者相互の結びつきが共謀関係というレベルに達しているかどうかを関係諸事実から立証できるかどうかが問題になって〔おり〕……、第1審がこれを否定的にみたことが不合理かどうかという点に絞られている」、「この焦点となる事項を判断する上でも、被告人が重要な役割を担って渡来したということは、…軽視できない…。故意を有する関与者が犯罪の遂行において共謀相手とされる者から依頼を受け、…重要な役割を引き受けてわざわざ渡来しておきながら、意思の連絡などによる結びつきを欠いて共謀関係に至っていないというの

は、ふつう考えにくい」と述べ、原審の判断も基本的に同じ理解に立っているという。

その上で、「上記……議論で念頭にあるのは、主として被告人側からみた共謀関係に関わるところであり、共謀相手の組織犯罪関係者側からみてそう認定することができるかについては別にその角度に着目した補足的な検討を要する。……組織犯罪関係者において被告人が犯行における役割を果たすものと認識していて、……厳密にいうと、被告人がそうすることについて故意があること、すなわち受け取る貨物が覚せい剤その他の違法薬物との認識を被告人が有していることを組織犯罪関係者が認識しているかどうかにやや難しいところが残されている。しかし、……原審が、犯罪組織関係者が、被告人が覚せい剤の密輸入かもしれないとの認識を持つのも自然といえるような状況の下に、荷物の受取役を依頼し、その場合に、被告人がそのような認識を持つことのないようにする手だてを講じた形跡もないことから、意図を察知されると予測し、許容しながら依頼をした旨説くところは、この意味あいを意識したもの」であり、「被告人の役割の重要性も視野に入れての説明」ということができ、「……これに加え、……両者のある種の信頼関係を指摘しているところも、これを補強する趣旨を含めた説明」であって、「犯罪組織関係者が、被告人を単なる事情を知らないいわゆる道具としてみているのではなく、輸入を共同して行うと被告人が理解しているとの認識に立っていると認定することに支障はな〔い〕」と述べるところも、被告人が、貨物（覚せい剤）の受取という重要な役割を引き受けて我が国に渡来したという事実に焦点を当て、被告人は貨物の受取という自己の行為の持つ意味を認識しており、一方、犯罪組織関係者も覚せい剤輸入の実行をする上で、被告人が輸入貨物の受取であることを承知しているという認識で貨物の発送を行っているのであるから、覚せい剤輸入についての暗黙の了解を推認できる、とするものである。田原補足意見と同様の経験則の存在を前提とする説明と理解できよう。

## Ⅳ　故意や共謀等犯罪の主観的要素の認定と経験則

1　一方、第1審判決は、検察官の主張する故意や共謀を推認させる複数の間接事実、すなわち、被告人が、来日に際して犯罪組織関係者から資金提供を受けていることや来日前後に犯罪組織関係者と電子メール等で連絡を取り合ってい

ること、来日後に犯罪組織関係者と思われる人物らと接触していたことなどの事実全体を総合して考えても、故意及び共謀を推認させるには足りず、故意も共謀も認められないとした。しかし、その一方で、被告人が、公判廷で、「メキシコにおいて、犯罪組織関係者に脅され、日本に行って貨物を受け取るように指示された際、貨物の中身は覚せい剤かもしれないと思った。」旨供述して覚せい剤である可能性を認識していた旨自白したことから、この自白は信用できるとして、覚せい剤輸入の故意は認められると判断したのである。ところが、それにもかかわらず、被告人の供述その他の証拠の内容にも、被告人と共犯者との意思の連絡を推認させる点は見当たらず、両者が共同して覚せい剤を輸入するという意思を通じ合っていたことが常識に照らして間違いないとはいえないとして、覚せい剤輸入の共謀の事実は認められないと結論付けた。

こうした第１審判決の考え方は、故意や共謀等犯罪の主観的要素の認定をするのに間接事実による推認という手法ではなく、直接証拠に依拠する方法によったもののようにも思われるが、それはさておくとしても、被告人において本件貨物の中味が覚せい剤であるとの認識、すなわち覚せい剤の故意は認められるとし、さらに被告人が本件貨物の発送に先立ってメキシコから日本に渡航して貨物の受取役を引き受けたことから、覚せい剤輸入の故意も認定できるとしながら、犯罪組織関係者との覚せい剤輸入の共謀の事実を認定することはできないとするもので、いかにも不自然な事実認定というほかないであろう。

**2** 原判決は、本件における被告人の覚せい剤輸入の「故意」と「共謀」という犯罪の主観的要素の関係について、「被告人が覚せい剤輸入の故意を持つに至ったのは、犯罪組織関係者から日本へ行って貨物を受け取るように依頼をされ、犯罪組織が覚せい剤を輸入しようとしているのかもしれないなどとその意図を察知しながら、その依頼を引き受けたからにほかなら〔ず〕」、「そうであるとすると、被告人は、特段の事情がない限り、犯罪組織関係者と暗黙のうちに意思を通じたものであって、共謀が成立したと認めるべきではないかと思われる」と述べて、本件における「故意」と「共謀」の事実の存在が相即不離の関係に立つことを正当に指摘している。前記で付した①、②、③の各間接事実を合わせると、覚せい剤輸入の故意および共謀の事実が推認できるというのであり、これをチャートで図示すれば「①＋②＋③→故意および共謀」ということになろう。そ

の上で、証拠により認定できるその他の複数の間接事実、すなわち、「被告人は、㋐本件貨物の受取に関し、犯罪組織関係者の費用負担により日本に渡航し、㋑連絡用のパソコン、航空券、2000米ドルを受け取って」いること、「㋒覚せい剤の可能性について自認」する公判供述があることに照らすと、「㋓被告人は、犯罪組織関係者の覚せい剤輸入の意図を察知しながら、本件貨物の受取の依頼を引き受けたものと認められ、㋔犯罪組織関係者は、被告人が意図を察知することを予測し得る状況で依頼をしており、両者の間に覚せい剤輸入につき暗黙の了解があったと推認できる」と述べて、これらの複数の間接事実の集合により「覚せい剤輸入の暗黙の了解（㋕）」が推認できるとして、「共謀」の事実の推認のプロセスを説明している。これは、「㋐＋㋑＋㋒→㋓」「㋐＋㋑＋㋒→㋔」「㋓＋㋔→㋕」と図示できるであろう。

さらに、ⓐ「来日前後に犯罪組織関係者と連絡を取り合っていること」、ⓑ「応答要領を準備して貨物会社に連絡を入れるなどしていること」、ⓒ「犯罪組織関係者から本件貨物の内容物の形状について伝えられ、来日後に購入したノートに記載したとみられること」、ⓓ「犯罪組織関係者の了解の下で覚せい剤の入っていた本件貨物を開封したとみられること」などの客観的事情は、被告人と犯罪組織関係者との間に相当程度の信頼関係があったことを示し、覚せい剤輸入についての暗黙の了解（ⓔ）があったことを裏付ける、と述べており、前記の間接事実群の積み重ねによる推認により認定した「共謀」の事実の存在が、その他の上記「ⓐ～ⓓ」掲記の複数の間接事実の存在によって裏付けられていることを指摘している。

**3** 原審が判示し、本決定も是認したこのような推認の枠組みは、「被告人が、①輸入貨物に覚せい剤が隠匿されている可能性を認識しながら、②犯罪組織関係者から輸入貨物の受取を依頼され、③依頼を引き受けて輸入貨物を受け取った」という①から③の間接事実の集まりから、「被告人は、犯罪組織関係者と共同して覚せい剤を輸入するという意思を暗黙のうちに通じ合っていた」という主要事実である「共謀」の存在が推認できるとするものであり、このような推認の前提となるのが経験則である。

先にみた田原補足意見は、海外の発送者が我が国に禁制品を輸入し通関手続を経て送付する場合を例に挙げて、国内の受領権者が、輸入物が禁制品であること

を認識しながら、通関手続を経た当該輸入物を受領する行為は、当該禁制品を輸入するべく発送した発送者の輸入実現行為にほかならず、輸入貨物の発送者との意思連絡に基づく犯罪実現に不可欠な行為と評価できるとし、経験則の当てはめの場面であることを強調している。

また、寺田補足意見のいう「故意を有する関与者が犯罪の遂行において共謀相手とされる者から依頼を受け、……重要な役割を引き受けてわざわざ渡来しておきながら、意思の連絡などによる結びつきを欠いて共謀関係に至っていないというのは、ふつう考えにくい」という説明も、日常生活上の経験則の端的な当てはめの場面であることを示すものといえよう[5]。

ところで「共謀」の概念について、実務上これを「謀議行為」と解する客観説と「犯罪遂行の合意」と捉える主観説があるといわれているが[6]、第1審判決は、その説示からは必ずしも明らかではないものの、客観説の立場に立った上で、被告人の「故意」の認定にもみられたように、直接証拠から「共謀の成否」の判断を行おうとしたのではないかとも思われる。

この点、大谷補足意見が、「故意も共謀も主観的な認識に関わる事実であるが、覚せい剤密輸入事犯においてこれが争われる事案では、その認定は、犯罪組織と被告人との関係、被告人への依頼の状況、依頼の内容、被告人の引受け状況、被告人の関与態様等の客観的事実からの推認という方法によらざるを得ず、その推認は、論理則、経験則を用いての合理的な推認によって行われる」と述べ

---

[5] 岡本章「判批」捜査研究749号19頁が「覚せい剤の密輸入のような行為は、一般国民の日常生活上の経験からかけ離れたものであることに違いないが、この経験則も、例えば、『そんなに大事な頼まれごとを引き受けておきながら、相手と全く連絡ややりとりをしていなかったなどということがあるはずがない』といったレベルにまで抽象化して考えるならば、一般国民の日常生活上の常識に照らしても容易に理解可能な合理的な経験則であるといえる」とされるのも、同じ趣旨を説くものと理解できる。前田雅英「判批」警論66巻8号154頁も同旨を説くものといえよう。

[6] 石井一正・片岡博「共謀共同正犯」小林充・香城敏麿『刑事事実認定（上）』（1993年　判例タイムズ社）343頁は「共謀の有無・成否を判断するということは、被告人の客観的な行為など各種の事情から右の主観的要素の存否を推認する作業にほかならない…、これを肯定させる客観的事情がなければ結局は共謀が否定されることになるから、事実認定の場面でいえば、客観説との差異は大きくない」という。石井一正『刑事事実認定入門第2版』（2010年　判例タイムズ社）130頁は、「共謀を『共犯者間で形成された犯罪の共同遂行の合意』ととらえる」のが実務上有力な見解であるとし、「共謀とは単なる意思の連絡ではないし、他人（実行者）の犯行の認識・認容では足りない。これらを前提にするが、共謀というためには、これに加えさらに積極的な意思すなわち、共謀者についていえば、『自己の犯罪の意識』が必要である。」と述べる。なお、同旨を述べるものとして佐伯仁志ほか『難解な法律概念と裁判員裁判』（平成21年　法曹会）56頁参照。

ているところ、本件がいわば間接証拠型の証拠構造の事案（本件では覚せい剤の認識については未必的ながら公判廷の自白があったというものの、共謀の事実を含めて自白や共犯者の供述等直接証拠は存在しない）であることからすると当然の指摘といえる。

　また、同補足意見はこれに続けて、「……控訴審判決は、貨物の中味が覚せい剤であるかもしれないとの認識を認めて被告人の故意を認定し、また、暗黙の了解を認めて被告人の共謀を認定している。」「……第１審判決は、……犯罪組織からの依頼状況、依頼内容、被告人の受取状況を踏まえながら、これら事情は貨物の中味が覚せい剤であることの可能性の認識や犯罪組織と被告人の意思の連絡を推認するに足りないとし、被告人の自認をもって故意は認定しながら、……共同して覚せい剤を輸入するという意思を通じ合ったことが常識に照らし間違いないとは言えないとした」「……第１審と控訴審とで、共謀共同正犯の『共謀』という法的な概念を伴う事実の認定において、当てはめる法的な概念についての認識に差があり、ひいてはその認定に求められる推認の内容、程度……に差があったのではないかと窺われないわけではない。第１審が、『共謀』の認定において、仮に、暗黙の了解ではない謀議のごとき強い意思の合致を求め（因みに第１審判決は黙示的な意思連絡について触れるところはない）、それ故に共謀の認定に合理的な疑いが残るとするのであれば、それが法令解釈、法令適用の誤りとみるか事実認定の誤りとみるかはともかく、判決破棄の検討対象にならざるを得ない。共謀共同正犯における『共謀』の意義については、……法律実務家の間でも、……長らく議論されてきたところである。」と指摘されているのも、「共謀」を直接証明し得る被告人の自白や共犯者の供述などの直接証拠が存在しない本件のような証拠構造の事案にあっては、主観説に従った運用を示唆するものと理解することができよう[7]。

## V　おわりに

　以上補足意見も踏まえて検討してみたが、本決定は、直接証拠が一部しか存在せず（自己の受け取る貨物が覚せい剤であるとの認識ないし覚せい剤輸入の故意を認める自白）、いわゆる間接証拠型の覚せい剤密輸入事件において、証拠調べの結果認

---

[7]　前掲注５岡本17頁参照。

められる様々な間接事実を丁寧に拾い上げることの重要性と、個々の間接証拠の持つ事実を推認する力（証明力の程度）、そして、その前提となる経験則の存在を見極めることの重要性を改めて指摘したものといえるであろう。それと同時に、田原補足意見にいう「推認障害事由」すなわち「特段の事情」の有無、とりわけ消極的情況証拠の有無についても厳密な検討を怠らないことの重要性を説くものといえる。

　その後、本決定に続く裁判例として最一小決平成25年10月21日（刑集67巻7号1頁）が現れた。事案は、密輸組織が関与する覚せい剤の密輸入事件について、被告人の故意を認めずに無罪とした第1審判決に事実誤認があるとした原判決に、刑訴法382条の解釈適用の誤りはないとしたものである。密輸組織関係者と共謀の上、被告人による覚せい剤の隠されたスーツケースの本邦への密輸入事犯であり、いわゆる運搬委託型・携行輸入型の事件について、荷物の回収についての経験則の適用を示したものである。覚せい剤密輸入事犯一つをとってみても事実認定をする上で前提となる経験則には様々なものがあり得るのであり、これらは個別の事案を通じて明らかにされていくものと思われるが、さらなる裁判例の積み重ねが期待されるところである[8]。

---

8　なお、「事実誤認」の意義につき、経験則違反説と心証比較説との比較から論ずるものとして廣瀬健二「判批」刑ジャ39号144頁参照。

# 少年法上の「内省」概念

小 西 曉 和

I　はじめに
II　「内省」概念の規定の経緯
III　「内省」の対象と方法
IV　「内省」概念と責任
V　むすび

## I　はじめに

### 1　本稿の目的

　少年法22条1項では、審判の方式として、「審判は、懇切を旨として、和やかに行うとともに、非行のある少年に対し自己の非行について内省を促すものとしなければならない」と定めている。平成12（2000）年の少年法一部改正により、従来の「審判は、懇切を旨として、なごやかに、これを行わなければならない」との文言が改められ、「非行のある少年に対し自己の非行について内省を促すものとし」なければならないとの箇所が新たに付加された。
　それでは、この「内省」とは、少年が何について、どのように行うものなのであろうか。また、この「内省」概念は責任とも関わりがあるようにも見えるが、実際に関わりがあるのであろうか。
　そこで、本稿では、上記の法改正により規定された少年法上の「内省」概念について考察することにしたい。
　なお、これまでの研究では、少年保護司法システム上の少年における責任について論じてきた[1]。私見では、「非行少年」を保護処分に付す上で有責性の要件は

---

1　拙稿「『非行少年』と責任能力（1）〜（3・完）」早稲田法学85巻2号（2010年）51-68頁、85巻4号（2010年）1-28頁、86巻4号（2011年）99-125頁参照。

不要であるという立場を採っている。本稿では、こうした責任に関する見解との関係も考慮に入れながら検討を加えていく。

### 2 本稿の構成

論を展開する前に、本稿の構成を俯瞰しておこう。

少年法上の「内省」概念について、まず、「内省」概念の規定の経緯を確認しておく。本概念がどのような経緯で規定され、また法改正時にどのような概念として理解されていたのかを見ておく。次に、「内省」の対象と方法を考えたい。本箇所では、類似した概念と言える「反省」との関係、また「内省」の意義も明らかにする。そして、最後に「内省」概念と責任との関係について検討していく。この検討を通して責任ある自由な主体たる「人格」の形成との関係も論じていきたい。

## II 「内省」概念の規定の経緯

### 1 「内省」概念の規定の経緯

少年法上の「内省」概念は、どのような経緯で規定されるに至ったのだろうか。本規定の立法過程を確認しておきたい。

元々、平成11（1999）年の第145回（通常）国会に提出されていた「少年法等の一部を改正する法律案」には本概念に関わる規定が含まれていなかった。

本法律案が廃案になった後、世論の動向を受けて、平成12（2000）年5月23日に、衆議院法務委員会において「少年非行対策に関する件」が決議された。本決議では、「少年の健全育成という少年法の根本理念は堅持しつつ、現行少年審判の在り方について、実体的真実を解明し、事実認定を適正に行い、少年に正確な事実認識を与えて自覚と自省を促すものにすること」（傍点は筆者）が内容の一つとされていた[2]。

また、平成12年7月に、自由民主党・公明党・保守党の与党三党による「与党政策責任者会議少年問題に関するプロジェクトチーム」が設置された。同年9月

---

[2] 第147回国会衆議院法務委員会会議録21号（倉田栄喜委員の発言）。また、甲斐行夫＝入江猛＝飯島泰＝加藤俊治＝岡健太郎＝岡田伸太＝古田孝夫＝本田能久＝安永健次『少年法等の一部を改正する法律及び少年審判規則等の一部を改正する規則の解説』（法曹会、平成14年）21頁参照。

に、本プロジェクトチームにより改正方針の取りまとめが行われ、「少年法改正に関しての与党三党合意」が結ばれた。本合意には、審判の方式として「少年に責任を自覚させる」といった趣旨の文言を加えることも含まれていた[3]。

その後、平成12年の第150回（臨時）国会に議員提案として提出された「少年法等の一部を改正する法律案」には本概念が記載されることになった。本法律案は、上記の改正方針に基づいて立案されたものであった。同年11月9日の参議院法務委員会における提案者谷垣禎一衆議院議員の答弁では、従来の少年法22条1項の規定の下でも、「ただ甘やかせばよいというわけでは」勿論なく、「少年に自分の犯した非行について真摯に反省を促す必要がある場合」には、「裁判所といえども、少年審判といえども毅然とした態度で少年に臨まなければならない」ことがあるとした上で、「こういうことは当然現行の法のもとでも想定されていたこと」だが、「法文上は必ずしも明確になっていなかった」ため規定に加えるものとした、との趣旨説明であった[4]。そして、本法律案は、附則が一部修正されたものの、「少年法等の一部を改正する法律」（平成12年法律第142号）として成立した。

「毅然とした態度」という表現に表れているように、立法関係者は、本条文に謂わば「厳しさ」を示す要素を明確に含めようとしていたと言える。更に、最高裁判所事務総局家庭局でも、本条文の改正を通じて、「被害者の気持ちを十分考え、また非行についての反社会性の大きさ、少年自身の責任の大きさを自覚させるような方向」での「一層配慮した審判」の実現を期していた[5]。

---

[3] 「少年法改正案　家裁、保護者に訓戒　身柄拘束期間延長も　与党三党が合意」読売新聞（東京夕刊）2000年9月14日夕1面。

[4] 第150回国会参議院法務委員会会議録5号。また、同年11月16日の参議院法務委員会において、谷垣禎一衆議院議員は、「今回の全体の改正の中で、教育あるいは少年の健全育成、保護を図っていく場合にも、場合によっては規範に直面させ、あるいは自分の行った事実に直面をし、そして被害者の感情等に思いをはせる、こういうようなことがやはり必要であろうと。今の少年全体の傾向を見ますと、家庭教育あるいは学校教育、社会の秩序の中で規範というものが必ずしも内在化していないというところに一つ問題があるのではなかろうかと。／したがって、保護ということを前提としながらも、この法律の上にその内省と、内省ということを通じて自分の犯した行為あるいは規範、こういうものに直面させる機会が必要ではないかと、こういう考えで設けた」とも発言している。（第150回国会参議院法務委員会会議録7号）。

[5] 第150回国会衆議院法務委員会会議録2号（安倍嘉人最高裁判所事務総局家庭局長の答弁）。

## 2 少年法22条1項における「内省」概念についての理解

　それでは、少年法22条1項における「内省」概念について、立法時点でどのように理解されていたのだろうか。

　本条文の改正は、上述の答弁にも表われていたように実務上の従前の運用を明文化したものとされていた。例えば、参議院法務委員会における本条文の審議過程でも、平成12年12月16日に、安倍嘉人最高裁判所事務総局家庭局長は、「家庭裁判所の審判の具体的場面」で、基本的には、「少年自身が自分の犯したことについて十分内省を深めて、そして立ち直りのきっかけを与えるような教育的な働きかけを行っているのが一般であろうと承知して」いると発言している[6]。

　確かに、少年法学上でも、審判の場面では事実上当然に「厳しさ」も伴われることが想定されていたと言える。団藤重光博士＝森田宗一判事も、改正前の22条1項の解釈について、「『懇切を旨として、なごやかに』とは、少年審判の有する性格の一面をとくに強調して表現したもの」であり、「訴訟手続に見られるような型のごとき質問・尋問方式や対審の手続によらず、少年、保護者及び関係人等の納得と信頼を得やすいような雰囲気と人間関係のもとに行われなければならないという趣旨である」と述べている[7]。そして、「まず少年が自己の非行と今までの生活態度について反省し、とくに反規範的な行為や行状に対する社会的責任を自覚したうえ、将来どのような態度をとって環境に対処し自己を律してゆくべきかを、深く自己洞察するようにし向けることが肝要である」としている[8]。また、「処遇決定の場であり教育の場であるということは、…平穏な納得づくの雰囲気だけを予想するものではない」のであり、「それを基調としながら、時には必要に応じて、少年並びに保護者、関係人に対して、厳然たる態度で臨むことが望まれる」とし、「誠意と愛情を伴ったきびしさということは、教育やケース・ワークの場面においても、しばしば必要な態度である」とする[9]。こうした少年審判における態度は、古くから「寛厳互存」としても表現されてきた少年保護司法におけるあり方[10]にも通ずるところがあるだろう。

---

6　第150回国会参議院法務委員会会議録7号。
7　団藤重光＝森田宗一『新版　少年法〔第2版〕』（有斐閣、昭和59年）209-210頁。
8　団藤＝森田・同上210頁。
9　団藤＝森田・同上211頁。
10　森田明『少年法の歴史的展開――〈鬼面仏心〉の法構造――』（信山社、2005年）206-222頁参照。

したがって、本条文の改正は、法の「象徴的な」（symbolic）機能の実現を期待したものとも言える[11]。その一方で、法には直接的・実際的な効果が期待される「道具的な」（instrumental）機能も存在している。本条文の改正は、運用上、従前通りのものとして表向きには法の「象徴的な」作用を目指しつつも、実際には、主として運用を変える法の「道具的な」作用を期待していたのではないだろうか。つまり、少年審判における「厳しさ」を強調することで、世論の動向（「社会の反動」[12]とも言えよう）に応え、またその現実化を図ったものとも考えられる。

　この点、法務省刑事局の担当者による解説では、「改正の趣旨」として、改正前の22条1項の規定の下においても、「少年に対して、真しな反省を促す必要があるときは毅然とした態度で臨むことは当然のことと考えられていた」が、「条文の文言上、このような趣旨は必ずしも明らかではなく、『なごやか』という文言から、かえって少年を甘やかすものという印象を受ける向きがあった」ためとされている[13]。ただ、「審判は、事実認定を行う場であるとともに教育の場でもあって、その意味で非行の認められる少年に責任を自覚させるような訓戒等の措置をとることは当然あるべき措置である」一方で、「非行のない少年に対して、責任を自覚させることは無意味であって、そのようなことが予定されていないこともまた当然のことである」とされる[14]。なお、前述の団藤博士＝森田判事が指摘しているような「社会的責任」を意味するものとも考えられ得るが、ここで言う「責任」はいかなる性質のものなのか明確ではない。

　また、「審判の運用」として、家庭裁判所では、「本条の改正の趣旨を踏まえ、非行のある少年を事実と向かい合わせ、自己の行為の意味及び結果について十分に理解させるよう工夫し、少年の健全育成にとって一層有効かつ適切な審判運営を行うこととなる」とされている[15]。そして、「内省を促すための審判の在り方は、個々の事案に応じて、家庭裁判所において工夫すべきこととなる」としつつ、例として、「非行のある少年にその責任を自覚させ、自己の行為の意味及び

---

11　See Joseph R. Gusfield, *Symbolic Crusade : Status Politics and the American Temperance Movement*. Urbana, IL : University of Illinois Press, 1963 : 169-171 ; idem, "Moral Passage：The Symbolic Process in Public Designations of Deviance," *Social Problems* 15, no. 2 (1967) : 176-178.
12　小川太郎『刑事政策論講義（第2分冊）』（法政大学出版局、1978年）12頁参照。
13　甲斐＝入江他・前掲注（2）114頁。
14　甲斐＝入江他・同上117頁。
15　甲斐＝入江他・同上114頁。

結果について十分に理解させるよう、その非行が、被害者やその遺族に与えた被害の内容や重大さ、社会に与えた影響等について、質問し、あるいは説示し、少年に十分な反省が見られないような場合には、毅然としてその点を指摘するなどの方策が考えられる」ものとする[16]。更に、検察官関与決定があった場合には、検察官も「本項の趣旨を踏まえて」審判に出席するべきであり、「少年の虚偽の陳述に対して毅然とした態度で臨む」ものとされている[17]。このように、検察官もまた審判の場で「内省」を促すことが想定されていると言える。しかし、本来訴追官である検察官が「毅然とした態度で臨む」ことを少年法上も本来的に位置づけてしまうと、刑事裁判におけるような態度を招来してしまう危険性があるのではないだろうか。

## Ⅲ 「内省」の対象と方法

　少年が行う「内省」とは、何をどのような方法で思惟するのだろうか。次に、「内省」の対象と方法について検討していきたい。

### 1 「内省」の対象と方法に関する解釈

　まず、具体的に「内省」の対象と方法はどのように解釈されているのかを見ていく。

　この点、少年法22条1項の解釈として、「毅然とした態度」等の表現を用いながら「厳しさ」を持った態度も当然予定されているものとする見解が見られる[18]。基本的には、平成12（2000）年の少年法一部改正後も変りなく、前述の団藤博士＝森田判事による解釈と同様に解されている。「内省」に関する文言が付加された本項の改正は、飽くまでも実務上の取組みを明文上で再確認したものだからとされる。

　例えば、本項の解釈として、「処遇を決定する教育の場であるから、徒に甘い雰囲気や平穏な納得ずくのものだけではなく、必要があるときには、毅然たる態

---

16　甲斐＝入江他・同上115頁。
17　甲斐＝入江他・同上115頁。
18　丸山雅夫『少年法講義〔第2版〕』（成文堂、2012年）219-220頁等参照。

度で臨むことも要請される」ものと説かれる[19]。そして、「審判に臨む態度・心構えの悪い者を注意して改めさせ、厳粛な雰囲気の下で真摯に審判に臨ませること、少年の非行・生活態度などについて、その受けるべき非難の大きさ、反社会性・反道徳性などを指摘して、自覚・反省を促し、問題点を認識・洞察させ、社会的責任の自覚を促し、更生の意欲を喚起し、自立更生の心構えを高めさせること、保護者や関係者の問題点を指摘して自覚させ、適正な監護意欲を喚起するなど、少年の健全育成を目指す誠意と愛情に裏打ちされた厳しさは、保護的な配慮と矛盾しないばかりか、少年審判を適正に行うには不可欠である」とされている。こうした記述は平成12年の少年法一部改正の前後で変更がなかったが[20]、本改正後には、「少年審判手続の運営が非行少年に甘いものとなっているという誤った認識が存することにも留意し、改正文言に沿う審判運営の励行にも心掛けるべきであろう」との文言も付加された[21]。こうした点からすると、「厳しさ」にも一定の重きが置かれているものとも考えられる。

これらの少年法22条1項の解釈においては、いずれも「反省を促」すことが含まれている。これは、従前より実質的に「内省」として機能していた働きの一部を指すものと言えるだろう。

なお、澤登俊雄教授は、平成12年の少年法一部改正で「内省」に関する文言が付加されたことにより、「少年審判手続に固有の教育的機能が改めて確認された」ものとしている[22]。ただ、澤登教授は、上記の解釈とは異なり、審判において「厳しさ」を有する態度があり得ることについて明確に記してはいない。本項については、飽くまでも、「裁判官に対し、審判の進め方および選択される処遇の内容について、少年およびその他の出席者の『納得』ないし『同意』をつねに得るように努めることを強く求めている」ものと解している[23]。

また、斉藤豊治教授は、「内省」について詳細に考察を加えている。斉藤教授の考えでは、「内省」は、要保護性における矯正可能性、斉藤教授の表現では

---

19　田宮裕＝廣瀬健二編『注釈少年法〔第3版〕』（有斐閣、平成21年）233頁。
20　田宮裕＝廣瀬健二編『注釈少年法』（有斐閣、平成10年）175頁参照。また、田宮裕編『少年法（条文解説）』（有斐閣、昭和61年）142頁も同旨。
21　田宮＝廣瀬・前掲注(19) 233頁。
22　澤登俊雄『少年法入門〔第5版〕』（有斐閣、2011年）164-165頁。
23　澤登・同上164頁。

「立ち直りの可能性」の重要な構成要素であるとしている[24]。そして、「内省」とは、「自らの犯罪・非行の行為がもった社会的意味を理解させ、反省を促すもの」であるという[25]。このように、斉藤教授も「内省」に「反省を促す」ことを含める。また、「内省を通じて、少年は行為の社会的意味と自己の行動傾向の問題点を意識するようになり、心の中のブレーキが作られていく」という[26]。そこで、斉藤教授は、中心となる「内省のテーマ」として、多様な「内省」の対象を列挙している[27]。それは、少年自身とその周りの人々について、被害者とその周りの人々について、また社会的・国家的反応についての事項にまで及ぶ。

ただ、斉藤教授は、少年審判では「内省を促す」ためにこそ「懇切を旨として、和やかに行う」必要があるものと解し、「厳しさ」に重きを置くことに対しては慎重であるよう求める。そこで、「少年審判の関係者が『上から目線』で高圧的で権威主義的な態度を取ったり、やみくもに叱り付けたりしたとしても、少年は心を閉ざしてしまい、少年の心に響くような教育的な関係は成り立たない」とし、「少年の言い分に十分に耳を傾ける受容的態度が少年審判の関係者に求められるのであり、少年の側から見れば、意見表明権が保障されるような審判の雰囲気と運用が求められる」としている[28]。

なお、論の中で、斉藤教授は、「内省能力」という概念を用いる。本概念は、

---

24　斉藤豊治「少年法における要保護性と責任」澤登俊雄＝高内寿夫編『少年法の理念』（現代人文社、2010年）75頁参照。また、同「少年の責任」守屋克彦＝斉藤豊治＝加藤学＝葛野尋之＝武内謙治＝山下幸夫編『コンメンタール少年法』（現代人文社、2012年）43-45頁参照。
25　斉藤・同上「少年法における要保護性と責任」84頁。
26　斉藤・前掲注(24)「少年の責任」45頁。
27　斉藤・前掲注(24)「少年法における要保護性と責任」76頁、同・前掲注(24)「少年の責任」43頁参照。斉藤教授によれば、第1に、「被害者、その家族や親しい人々に与えた被害、苦しみ、嘆き」を挙げ、「これには心の傷も含まれる」としている。第2に、「少年自身の家族、友人などに与えた苦しみ、嘆き、心の傷」、また「友情の破綻」を挙げている。第3に、「地域社会に与えた被害およびそれによる反応」を掲げる。第4に、「国家的、法的な反応」とし、「逮捕、勾留、裁判、収容観護、保護処分、刑罰など」を例示している。第5に、「社会や国家の否定的な反応がもたらす烙印や自分の将来に与える否定的な影響」、また「その結果、自分の将来の夢、希望の実現が妨げられること」を挙げる。第6に、「その非行に現れた自分の行動傾向とその基礎に横たわるものの考え方、性格等の問題点」を挙げている。そして、第7に、「家族、友人等との過去、現在、未来の関係」を掲げる。(斉藤・同上「少年法における要保護性と責任」76頁)。このように、斉藤教授は、かなり広範囲に列挙をしている。そして、「内省の対象は、被害（法益侵害）や被害者との関係だけや、『被害者に苦しみを与えない』とか、『刑罰や制裁が怖い』といったものに限られず、自分の将来がだめになるとか、父母や家族に苦しみを与えるといった、『自己中心的なもの』であってもよい」としている。(斉藤・前掲注(24)「少年の責任」43頁)。
28　斉藤・前掲注(24)「少年法における要保護性と責任」78頁。

「保護処分を受け止め、内省を深めるに足りるだけの能力」を意味するとされる[29]。こうした能力は、従来、「実質的責任」という言葉で説明されてきたものに当たるという。「内省能力」は、「犯罪少年」だけでなく、「触法少年」や「虞犯少年」にも必要とされる。そして、こうした「内省能力」の少年法理論上の体系的位置づけとしては、上述の「内省」と同様に「立ち直りの可能性」にあるとしている[30]。ただ、「内省」は、「心理状態を意味するものであり、現実に内省が生じ、深化するなかで少年は立ち直ることが可能となる」が、「内省能力」は、「現実に内省が生じていることは必要ではなく、そのような可能性が少年の主体的条件として認められるということ」であるとされており、両者には相違があるものと説明されている[31]。しかしながら、「内省能力」では、保護処分を課す条件となる能力としては、対象範囲が狭いのではないのだろうか。保護処分で行われるのは「内省」だけではないであろう。そのため「内省能力」をも包摂する能力が必要と考えられる。やはり、「健全育成」目的の達成に応答し得る能力[32]を条件として位置づけることが適切なのではないだろうか。

## 2　「反省」との関係

「内省」の意義を考えるに当たって、類似した用語と言える「反省」との関係を整理しておく必要がある[33]。

まず、「反省」とは、過去の自らの行為又は行状・性癖を現在の自分という立場から振り返ることであると言えよう。この場合、視点は過去の自分の振る舞いに対して向けられている。

これに対して、「内省」は、より広い範疇で、現在、更には将来における自らを見つめ直すことをも包含する。謂わば、再帰的な自己洞察を行うものと言え

---

29　斉藤・同上79頁。
30　斉藤・同上80頁参照。
31　斉藤・同上80頁。
32　本能力については、拙稿・前掲注（1）「『非行少年』と責任能力（1）」67-68頁、同・前掲注（1）「『非行少年』と責任能力（3・完）」106頁、同「少年法上の『非行』成立要件に関する一考察──『犯罪』・『触法』概念に焦点を当てて──」髙橋則夫＝川上拓一＝寺崎嘉博＝甲斐克則＝松原芳博＝小川佳樹編『曽根威彦先生・田口守一先生古稀祝賀論文集［下巻］』（成文堂、2014年）924-925頁参照。
33　小澤楠美「内省の促進要因について」犯罪心理学研究50巻特別号（平成25年）106頁、瀧川由紀子「少年の内省の支援を考える──認知行動療法的アプローチからの試み──」家裁調査官研究紀要5号（平成19年）91頁等参照。

る。「内省」の全体的プロセスを鑑みると、「反省」は、「内省」の一プロセスに位置づけられ得る。つまり、過去の自らの行為又は行状・性癖を振り返って、現在の自分に対する理解を深めるのである。こうした「反省」の位置づけは、上述のように「内省」に関する各解釈において「反省を促」すことを含んでいる点からも看取し得る。

### 3　「内省」の意義

こうした「内省」は、立法者の意図とは異なり、必ずしも「毅然とした態度」と結び付いている訳ではない。「内省」自体は、外部的圧力による表面的な「反省」となっては意味がない。寧ろ有害でさえある。

まず、条文上も非行事実の存在が「内省」を促す上での前提となっている。したがって、非行事実が存在しない場合には「内省」を促し得ない。「内省」において振り返るべき過去の行為又は行状・性癖が存在しないのだから当然である。勿論、非行事実が存在していれば、少年自身が自発的に「内省」を行うことは可能であろう。

裁判官においては、非行事実の存在について確信の心証が必要と考えられる。その上で、保護的措置の一環として「内省」を促す働き掛けが行われ得よう。少年が否認している場合も、確信の心証が形成されれば「内省」を促すことが可能である。また、確信の心証が事実上得られれば、審判開始決定時から「内省」を促すことも可能と考えられる。そして、家庭裁判所調査官を通じて「内省」を促すこともできるものと解される。勿論、付添人の活動における「内省」を促す実質的な働き掛けは、付添人が非行事実の存在を確信しているという前提で、少年との意思疎通を図りながら信頼関係を構築した上で行うことは否定され得ない[34]。かかる働き掛けは、直接的に公権力を背景とした作用の場面とは位置づけられないからである。

「内省」は、「虞犯少年」に対する審判の場合にも当嵌まるのであり、被害者に関する内容だけには限られない。親との関係についても「内省」の内容になる。上述のように斉藤教授は分析的・個別的に対象を列挙しているが、更に対象

---

[34] 弁護士による付添人活動における実践例として、竹内裕恵「事例報告　否認する少年を受容し、内省を促す付添人活動（少年事件研究会リレー報告④）」季刊刑事弁護58号（2009年）129-133頁等参照。

の広がりの果てには絶対的な他者の観念をも見出せるだろう。

　こうした「内省」について、要保護性との関係はどのように考えられるのか。

　この点、「内省」を深めることで要保護性を減少させ得るものと考えられる。要保護性の内容は、①性格と環境に見られる非行性、及び②性格の矯正と環境の調整による非行性の除去の可能性と解される[35]。「内省」は、この非行性を除去する一過程である。結果として、非行性が除去され、要保護性が減少又は消失することにもなる。したがって、非行事実の存在について確信の心証が得られるにも関わらず、少年が否認している場合には、「内省」を期待し得ないため、要保護性の判断にも影響することになる。

　それでは、なぜ「内省」によって非行性を除去し得るのだろうか。「内省」により本人が他者と共にある謂わば「(内面上の)場所」に立つことができると考えられる[36]。それが可能となるのは、「内省」の過程で自己否定性が働くためであり、その結果、一人称としての存在に対する固執を棄てることになり得るからである。その「場所」では、非行事実とその背景を成り立たせている本人や他者(被害者、保護者、地域住民等)が等しく観念され得る。他者へと開かれている自己から非行事実を捉え直すことができ、規範意識の涵養や他者への共感等も生じていくと考える。そこで、自らの非行事実の社会的意味づけも理解できるようになるだろう。こうして、「内省」を通じて、社会的存在としての自己の意識を持つことにもなり得る。

　なお、上述の「健全育成」目的の達成に応答し得る能力に欠けている場合には、「内省」ができない状態にあるものと言える。

---

35　拙稿・前掲注(1)「『非行少年』と責任能力(3・完)」119-121頁参照。
36　「自己」と「他者」について、哲学者の市川浩教授によれば、「積極的に私が他者を把握するのは、他者と感応的に同一化し、感応において他者の身になるとき」であるという。(市川浩『〈身〉の構造——身体論を超えて——』(講談社、1993年)19-20頁)。そして、「他者の身そのものになれない交換不可能性と感応的ないし構造的同調によって、他人の身になる交換可能性とのダイナミックな統一において、われわれは自己と他者を同時に把握する」としている。(市川・同上20頁)。「この把握は程度を許し」、「われわれは他者を把握する深さに応じて自己をとらえ、自己をとらえる深さに応じて他者を把握する」という。(市川・同上20頁)。

## Ⅳ 「内省」概念と責任

こうした「内省」の概念は、責任とも関係があるようにも見える。そこで、最後に、責任との関係を考えてみよう。

### 1 責任との関係
#### (1) 法的な「責任」

私見では、少年審判において保護処分に付される「非行少年」について責任不要説の立場に立っているため、少年保護司法システム上、保護処分に付される少年に関しては法的な「責任」を問われるべきではないと解される。ただし、検察官送致決定における刑事処分相当性の判断に際しては、法的な「責任」も考慮される。

斉藤教授は、少年の場合には、「責任」を「前提、出発点」としている成人の場合とは違って、「責任」は「目標」として位置づけられているとする[37]。そして、多くの場合、「内省」を通じて初めて「責任意識を持たせ、育てていくこと」ができるとしている。

一方で、斉藤教授は、「犯罪少年」について責任能力を必要とし、「非行」たる「犯罪」の成立要件の一つとして「責任」を位置づけている[38]。ただ、こうした「非行」としての「犯罪」における「責任」と、上述のように少年の場合に「目標」となる「責任」とを区別する概念上の相違点が不明確であるように思われる。また、保護処分は「責任非難」とは無関係に飽くまでも要保護性に応じて課されるものと論じられているが、「少年法の精神」に重きを置くならば[39]、そもそも「非難」と結び付けられ得る「責任」自体を明確に不要と解すべきなのではないだろうか。

#### (2) 「人間としての責任」

上述のように、保護処分に付される少年については、法的な「責任」を問われ

---

[37] 斉藤・前掲注(24)「少年法における要保護性と責任」78頁。また、同・前掲注(24)「少年の責任」42頁参照。
[38] 斉藤・同上「少年の責任」42-43頁参照。
[39] 斉藤・同上42頁参照。

ないものと解している[40]。それが、少年が少年たる所以であろう。「失敗」が許されるのが「少年＝子ども」[41]だからだ。しかし、そうした「少年＝子ども」でも守るべきものがあるし、それに応答すべき立場にもある。例えば、学校内などで他の児童・生徒に暴力を振ってはいけないし、仮に振った場合には、振った児童・生徒自身に対して、教育的配慮の下で、被害を受けた者に謝罪する、あるいは教員から自らの行為についての指導を受ける等の行動を取ることが求められることになる。こうした応答可能な地位にあるということは、一定の行為の主体として、ある種の責任が「少年＝子ども」にもあるということとも考えられるだろう。ただし、それは、法的な「責任」の語で論じられるべきではない。上記の例のように学校教育の場面でも共通して観念し得るものである。それは、「社会生活上最低限要求される人間としての責任」[42]とも言い得るだろう。こうした「人間としての責任」は、勿論、「少年＝子ども」の場合にも当て嵌まるのではないだろうか。人間の成長発達の過程においても求められる一つの責任と言えるだろう。そして、こうした応答可能な地位にあるということは、「内省」とも無関係ではない。実際に「少年＝子ども」自らが応答する上では、過去の行為又は行状・性癖を振り返り、今ある自分を見つめ直さざるを得ないからである[43]。

---

40　上記Ⅱ2及びⅢ1の諸説で示される「社会的責任」の概念は、勿論、刑法学上の「社会的責任」論において意味されるものとは異なるものと考えられる。「社会的」レベルでの責任ということであろうが、定義が不明瞭であり、社会的な「非難」の要素を含む限り私見では採り得ない。ただし、本部分で論じる「人間としての責任」を意味するとしたら採り得る概念である。

41　本箇所では「人間としての責任」を論じており、一般的に「少年」と等しく観念される「子ども」の問題でもあるため、このように表記している。少年法制における「少年＝子ども」の捉え方については、拙稿「『少年＝子供』考——少年法制法理研究序説——」早稲田大学大学院法研論集93号（2000年）81-106頁参照。

42　石川正興「受刑者の改善・社会復帰義務と責任・危険性との関係序説」早稲田法学57巻2号（1982年）30頁。石川正興教授は、こうした責任を「人と人との関わり合いの中でしか生きえないいわば社会的・文化的存在としての人間（…）が社会の人びとに対して有する社会生活上の責任」として論じている。（石川・同上29頁）。

43　なお、別稿において、「『健全育成』に対する応答性を求められる法的地位」について触れた。（拙稿・前掲注（1）「『非行少年』と責任能力（3・完）」106頁）。この法的地位は、「責務としての責任」として法的な責任とも言えるかもしれない。しかしながら、社会的責任論といった視座があるものの、刑事法学の文脈で、法的な「責任」の語は現在、「関与としての責任」・「負担としての責任」として、「非難」を核とされている刑事責任と一般的に関連付けられながら論じられるため、（混同させないためにも）「責任」の語は回避すべきものと考える。これらの「責務としての責任」・「関与としての責任」・「負担としての責任」といった責任概念の三類型については、瀧川裕英『責任の意味と制度——負担から応答へ』（勁草書房、2003年）30-39頁参照。

## 2 「人格」の形成

### (1)「人格」の形成と責任

　家庭裁判所における少年審判は、教育的機能を有している。また、こうした教育的機能は、少年保護手続全般で図られる。それでは、その教育的機能とは、どのように果たされているのであろうか。

　教育は、究極的には「人格の完成を目指し」ているものとされる（教育基本法1条）。そのために、教育の目的は、「平和で民主的な国家及び社会の形成者として必要な資質を備えた心身ともに健康な国民の育成を期」するものとされている（同条）。つまり、所謂「健全育成」が図られることになる。

　実際、教育は、完成を目指しながら「人格」を形成していく場であるだろう。そこでは、年齢・障害等の個別性に応じながら、例えば知的側面・情的側面・意的側面として表わされるような人間の特質・能力について調和的な発達が図られることになる。教育基本法上の「人格」概念についても、その教育基本法の制定において中心的役割を果たしたとされる田中耕太郎博士によれば、「人格の理念は人間のもっているあらゆる素質や能力にそれぞれその所を得させ、それをまんべんなく発達させ、以て人生の窮極目的に奉仕させることに存する」とされている[44]。ただし、「人格」の完成は一生涯をかけて目指されるものである。教育基本法においても、「国民一人一人が、自己の人格を磨き、豊かな人生を送ることができるよう」にしていくという「生涯学習の理念」が謳われている（3条）[45]。

　そして、少年保護司法システムにおいても、「人格」の形成を図ることが行われる。この点、保護処分の意義に関して、裾分一立判事は、「人格者の自由というものを私は保護処分を加えうる為の基礎として想定すべきではなく、寧ろ、保護処分自体の（矯正教育の場としての）目標として考えるべき」であるとしている[46]。そして、「個々の行動、事物の選択、人生岐路に当っての決断について、自己の責任において、因果の絆を断ちきって行動しうる自由な人格に教育しあげる

---

[44] 田中耕太郎『教育基本法の理論』（有斐閣、昭和36年）76頁。なお、平成18（2006）年に全面改正された教育基本法（平成18年法律第120号）に関しても、「人格」とは、「理性や自己意識の統一性又は自己決定性をもって統一された人間の諸特性、諸能力」であるとされ、そして「人格の完成」とは、「これらの人間の諸特性、諸能力を可能な限り調和的に発展させること」であると解釈されている。（教育基本法研究会編『逐条解説　改正教育基本法』（第一法規、平成19年）31頁）。
[45] この点、矯正処遇（作業（職業訓練を含む）、改善指導及び教科指導）との関わりを今後検討する必要があろう。
[46] 裾分一立「要保護性試論」家庭裁判月報5巻4号（昭和28年）24頁。

ことが保護処分の最大の目的」であり、それを「現行少年法第1条は『少年の健全な育成』という文字で表現している」と論じている。勿論、保護処分だけでなく、教育的機能を有する少年審判においても同様に「人格」の形成に寄与しなければならないだろう。

様々な場面でこうした教育の過程を踏みながら、責任ある自由な主体たる「人格」の形成が図られる。そこでは「内省」という再帰的な自己洞察が大きな役割を果たし得る。上述した「内省」と要保護性の減少との関係の箇所で考察したような「内省」の否定媒介的な働きが、責任ある自由な主体たる「人格」の形成に寄与するものと考えられる[47]。

このように、法的な意味での「責任」の主体に至るための階梯として「内省」の役割を位置づけることができる[48]。

### (2)「内省」という方法の広がり

こうした「内省」という方法は、少年審判以外の場面でも同じように教育的な意義が認められるものである。

平成26(2014)年の第186回(通常)国会において全面改正された少年院法(平成26年法律第58号)では、少年院における処遇の原則として、「在院者の処遇は、その人権を尊重しつつ、明るく規則正しい環境の下で、その健全な心身の成長を図るとともに、その自覚に訴えて改善更生の意欲を喚起し、並びに自主、自律及び協同の精神を養うことに資するよう行うものとする」と定められている(15条1項)。また、本全面改正に伴い廃止された少年院法(昭和23(1948)年法律第169号)でも、少年院の矯正教育は、「在院者を社会生活に適応させるため、その自覚に訴え」ることを内容としていた(4条1項)。こうした在院者の「自覚に訴え」る働き掛けは、在院者に自らを見つめて気付かせるという意味を有しており、本人の「内省」を深めることにもなるだろう。

また、少年院における他の指導法も勿論、在院者本人の「内省」に関わるであろうが、とりわけ直接的に関連すると考えられる矯正教育の技法として、「内省」

---

[47] この点、田中博士によれば、「人格は理性と自由の存在を前提とする。それは善悪正不正を識別し、自由意志によって善や正を選択し、悪や不正を排斥すること、またその反対のことをなし得る。人格は自由と分離すべからざる関係にある。人間が本能、衝動、情欲等を制御克服し、道徳的に行動する場合において、自由であり、自主的である。人格は自由と自主性を本質とするから、従って責任の概念と離るべからざる関係にある」としている。(田中・前掲注(43)75頁)。
[48] 上述のような見解を採るとしても、勿論、刑法学上の人格責任論に結び付いている訳ではない。

と「内観」がある[49]。矯正教育の技法としての「内省」と「内観」は、指導法としての定型化の度合い、対象者に対して設定される主題、実施後の報告の仕方等に相違点が見られる。しかし、静謐な場所で一定の時間、設定された主題を通して自己の内面に目を向けて、その結果を指導者に報告するという方法は、両者で共通している。また、いずれの技法も、対象者が外部からの強制に従って行うようなものではなく、飽くまでも自発的な参加を重視し自主的・自律的に取り組むものとして位置づけられている。両者は、「内省」が有する教育的な意義に鑑み、矯正教育の技法として構造化されていったものと言えるだろう。

そして、「内省」の持つ教育的な意義は、学校教育の児童・生徒指導にも通じるものである[50]。児童・生徒による「失敗」を契機とした「内省」の実践を通じて当該児童・生徒の精神的な成長が促され得る。学校という場でもまた、実質的に、こうした繰り返しの「内省」経験を通じて児童・生徒の「人格」の形成が図られていると言える。

## V　むすび

### 1　本稿の議論の整理

最後に、本稿の議論を整理しておきたい。

本稿ではまず、「内省」概念の規定の経緯を確認した。立法者は、本条項にいわば「厳しさ」を示す表現を含めようとしていた。法改正により、その「象徴的な」効果をも図りつつ、審判における「厳しさ」の現出を期待していたと言えよう。しかしながら、「内省」の促しは必ずしも「厳しさ」と結び付いている働き掛けという訳ではない。こうした点で立法者の期待通りの結果とはならなかったのではないだろうか。

かかる経緯を踏まえて、本稿では次に、「内省」の対象と方法について論じ

---

[49] 矯正教育の技法としての「内省」については、工藤弘人「内省指導」矯正協会編『矯正教育の方法と展開――現場からの実践理論』（矯正協会、平成18年）170-197頁、品田信生「内省指導」矯正協会編『矯正処遇技法ガイドブック〈第二分冊〉』（矯正協会、平成3年）129-145頁等参照。また、同じく「内観」については、木村敦「内観指導」矯正協会編『矯正教育の方法と展開――現場からの実践理論』（矯正協会、平成18年）213-226頁、武田良二「内観法」矯正協会編『矯正処遇技法ガイドブック〈第一分冊〉』（矯正協会、平成3年）146-167頁等参照。
[50] 安藤博「『感化』と『内省』が子どもたちを育てる――少年院の実践に見る児童・生徒の導き方――」週間教育資料1021号（2008年）11-13頁等参照。

た。「内省」は、審判の対象である非行事実及び要保護性と密接に関連している。

そして本稿では、「内省」概念と責任についても検討した。少年審判では少年に法的な意味での「責任」は問われないと解される。むしろ「内省」を通じて「責任」の主体が形成されていく。こうした方法による責任ある自由な主体の形成の場は、少年審判に限定されない。矯正教育・学校教育などにも通ずるものがあるだろう。

## 2　今後の研究課題

本稿を結ぶに当たり、今後の残された研究課題についても触れておきたい。

「刑事収容施設及び被収容者等の処遇に関する法律」（平成17（2005）年法律第50号。以下、「刑事収容施設法」と言う）では、受刑者の処遇の原則として、「受刑者の処遇は、その者の資質及び環境に応じ、その自覚に訴え、改善更生の意欲の喚起及び社会生活に適応する能力の育成を図ることを旨として行うものとする」（30条）と定めている。このように、受刑者の処遇の場面でも、やはり「自覚に訴え」る働き掛けの重要性が認識されている。更に、刑事収容施設法では、改善指導として、刑事施設の長が受刑者に対して「犯罪の責任を自覚させ」るために必要な指導を行うものとも規定されている（103条1項）。

今後は、これらの両「自覚」概念の関係、本稿で考察した少年法・少年院法上の概念との関係、「受刑」・「処遇」概念の意味など、成人の犯罪者処遇の領域における関連した概念の意義について考察していく必要があるだろう。

# リスト理論における人間像

小 坂 　 亮

I　はじめに
II　これまでの研究に見られるリスト理論における人間像
III　リストの人間像の意義
IV　おわりに

## I　はじめに

　2009年に裁判員制度が開始され約5年が経過するが、この裁判員制度は、諸外国あるいは戦前の日本に見られる陪審制度とは異なり、一般国民である裁判員が量刑の決定にまで関与するため、国民の刑罰観というものが近年重要性を増している。そのような中で、新自由主義政策による格差拡大と自己（管理）責任が厳しく問われる危険社会における万人の不安感を背景として、自己を脅かす犯罪者に対する厳罰化要求が高まっていることが鋭く指摘されている状況[1]もあり、国民の刑罰観をめぐる問題を検討する必要性は高まりを見せているということができよう。

　そうであるとした場合、ここで指摘できると思われるのは、刑罰をいかに理解するかということの背後には、そもそも刑罰制度を運用する国家、そしてその基礎にある社会、さらに究極的には、その国家・社会を構成するとともに刑罰の主たる適応対象である「人間」をいかに理解するかという、刑法における人間像の問題が存在していることであろう[2]。

　筆者はこれまで、フランツ・フォン・リストの犯罪論および刑罰論を検討してきたが、本稿では、リストが人間の本質をいかに把握していたかを明らかとする

---

1　吉田敏雄「自由主義法治国と刑法」北海学園大学法学研究18巻2号（1982年）28頁以下参照。
2　この点を強く意識するのは、高橋則夫『刑法総論　第2版』（2013年、成文堂）53頁以下である。

ことを目的として検討を進めたい。まずは、これまでの先行研究ではリストがいかなる人間像を前提としていたとされているかを整理し、その傾向を抽出する（Ⅱ）。そして続いて、それらの先行研究をリスト理論中のいくつかの要素と対照することにより、リスト理論における新たな人間像を描き出すこととする（Ⅲ）。

## Ⅱ　これまでの研究に見られるリスト理論における人間像

### 1　科学的・宿命的人間像

　周知のようにリストは近代学派の論者であるが、近代学派の前提とする人間像として知られているのは、たとえば、日本の近代学派の論者である牧野博士に見られるような科学主義に立脚した宿命的人間像である。牧野博士は、「実証的な立場において、客観的に科学的に、犯罪現象に対する因果的考察をする、ということを出発点とする」ため、その「因果的考察という科学的な立場からするときは、自由意思論はこれを採るわけにはいかない」ことを明言している[3]。近代学派の人間像に対する一般的理解もこれとほぼ同様であり、人間は自由意思を有さず、実証的な観点から説明される要因によって意思が生じ行動するという意味で宿命的な存在と位置づけられており、犯罪もその要因（犯罪原因）から生ずるものであるとされている[4]。リストについても、リスト理論に関する多数の先行研究がある[5]中で、リストの犯罪論（刑法解釈論）と刑罰論については、先行研究ごとに結論が細かく異なっている分野も多いが、本稿で論ずるリスト理論における人間像については、その科学性・個別具体性に着目する見解[6]が主流を占めていたといってよいように思われる。

　以上のような状況の中で、リストの前提とする人間像の科学性・個別具体性をさらに新たな観点から論ずるものとして、比較的近時のドイツにおいてフォイエ

---

[3]　牧野英一『刑法総論　下巻〔全訂版〕』（1966年、有斐閣）499頁。
[4]　大塚仁『刑法における新・旧両派の理論』（1957年、日本評論社）100頁参照。なお、同書100頁以下では、近代学派の意思決定論と古典学派の自由意思論という対立は絶対的なものではないことも指摘されている。
[5]　ここですべてを列挙することは割愛せざるをえないため、拙稿「フランツ・フォン・リストの刑法理論の一断面——責任論・責任能力論を中心として——」刑法雑誌52巻2号（2013年）143頁注（1）に挙げた諸論文における引用をもってそれに代えることとしたい。
[6]　一例として、前田俊郎「法的人格者概念の観点より見たリストの刑法理論」阪大法学12巻（1954年）117頁以下参照。

ルバッハとの対比においてリストと罪刑法定主義の関係を論じたエーレットによる研究が挙げられる。著者は、自らの所為を法律の規定に自律的に適合させることができることが人間の自由の基準であるとする啓蒙時代の前期古典学派を代表するフォイエルバッハの人間像をリストの人間像と比較する。

　まず、フォイエルバッハの前提とする「人間」は、「理性を備え自己決定を行う存在者」[7]であることを著者ははじめに指摘する。フォイエルバッハ自身の言葉によれば、人間は「道徳的存在者として内的に自由」なのであり、カント哲学を背景とするフォイエルバッハにとって、この自由こそがその思想の核となるのである[8]。ここで留意すべきは、著者のとらえるフォイエルバッハにとっての「自由」概念の出発点は内容においてきわめて明確であり、「自由」とは道徳的・理性的存在者としての「『適法的行為をなす自由』（中略）［であること］はカント倫理学の基本思想である」ということである。それゆえに、このような道徳的・理性的存在者としての人間には、およそ善とそれゆえに自由への意思が備わっている（圏点筆者）」[9]とされるのである。しかし、カント哲学では人間にはもう一つの側面が存在し、「他方で、感性的存在者としての人間は、快とそれゆえに目の前の利益とを追求し、自己の自由しか眼中にないことから、このように人間が自己の自由のみを追求するならば、他者の自由を脅かすこととなる」[10]とフォイエルバッハが考えたと著者は分析する。さて、ここで着目すべきは、著者は、「人間は、（中略）内的に自由であるが、まさにそのためには、外的にも自由でなければならない、つまり、自ら選択した目的を感性界に作用させることが可能でなければならない」というフォイエルバッハ自身の言葉を引用している[11]ことからわかるように、フォイエルバッハのいう自由をもっぱら叡智界の問題に限定して理解してはおらず、自由は意味あいは大きく異なるものの概念的には叡智界・感性界の両者で論ずべきものであり、両世界における自由概念は強い関連性を有するとされていることであろう。フォイエルバッハの依拠するカント哲学によれば、自由が最高の価値を有する[12]からこそ誰の自由も害されてはならないことと

---

7　Susanne Ehret, Franz von Liszt und das Gesetzlichkeitsprinzip, Frankfurter kriminalwissenschaftliche Studien, Bd. 54, Frankfurt am Main, 1996, S. 26.
8　Vgl. Ehret, a. a. O., S. 27.
9　Ehret, a. a. O., S. 26 f.
10　Ehret, a. a. O., S. 27.
11　Vgl. Ehret, a. a. O., S. 26.

なり、かつ、人間は今述べたようにあくまでも道徳的存在として善を志向するというところから出発するわけであるから、ゆえに、そもそも真の「自由とは、各人が思い思いに振舞いうることではなく、他者による決定によらずに振舞いうることを意味する」[13]のであり、それを可能とするために「もっぱら全市民の相互的自由を保障することが国家の目的である」こととなる。そうであるからこそ、フォイエルバッハが（感性界の存在であるところの）「国家の目的は、（中略）道徳と文化ではなく、自由の保護である」というように、叡智界の道徳と感性界の国家・法を峻別しつつも、感性界においても自由を中心に置いたことを著者は指摘し[14]、それゆえに、フォイエルバッハは他者による人間の改善という思想を基礎とする特別予防論を拒絶していたと分析するのである。このように著者は、刑罰を考察するにあたりフォイエルバッハが市民の自由を強調していたことを論じ、フォイエルバッハの心理強制説では、「法的な刑罰威嚇は、害悪によって条件づけられた違法行為の威嚇を目的とし、分別があって比較衡量のできる人間に向けられている」[15]とはっきりと述べて、フォイエルバッハの前提とする人間像を描き出している[16]。

　これに対し、日本におけるフォイエルバッハの人間像についての研究には、ここまで検討したエーレットによるフォイエルバッハの理解とは異なっているように見られるものもある。たとえば、「ラートブルフは心理強制説に関する説明のなかで、それは『計画した犯罪の快・不快の結果を、純粋に利己的でそして合理的に計算する人間を前提としている』と記述しているが、こうした認識は、心理強制説が理性的存在者としての人間を前提としている、との見解によるものである。この見解は本邦においても通説として人口に膾炙しているが、フォイエルバッハの理論自体とは相容れるものではないと考えるべきだろう。心理強制説はむしろ、カント哲学における自然的存在者としての人間を前提としており、快と

---

12　中島義道『カントの法論』（2006年、ちくま学芸文庫）176頁参照。
13　Ehret, a. a. O., S. 27.
14　Vgl. Ehret, a. a. O., S. 37.
15　Ehret, a. a. O., S. 36.
16　高橋・前掲『刑法総論　第2版』53頁も、フォイエルバッハの人間像にとくに言及しており、結論においてはほぼ同様である。他方、イェシェック＝ヴァイゲント（西原春夫監訳）『ドイツ刑法総論　第5版』（1999年、成文堂）53頁は、「古典的な功利説にはもはや従うことなく、カント的倫理への架橋を行うことを試みた」と述べている。

という見解がそれである。そもそも、「因果律の支配を受けず自由に行為を初発することができる」という「意味において、人間の自由はただ叡智界にあってのみ考慮することができる」ところ、「理論的研究が必要となる刑事法学の領域で考察の対象とできるのは、自然的存在者としての人間に限られている」ため、「法の領域では自由を問題とすることができ」ず、「自由という概念を刑事法から排除した」のである[18]。

以上のように、フォイエルバッハと自由または自由意思をめぐる理解は、カント哲学における叡智界の感性界に対する影響を大きいものと見る見解、あるいは、小さいかまったくないものと見る見解のいずれを採用するかによって分かれると分析することができるように思われる。しかし、ここで指摘することができるのは、フォイエルバッハは、市民たる人間を、その動機・過程がどこまで真の意味で合理的・打算的であるかは別として、何らかの目的を自己決定しそれに向けて行為を行うという意味での「自由」を有する存在としてとらえ、その自由を肯定する立場[19]であったということであるように思われる。というのも、一方では、後者の見解のいうように、因果律の支配を受けずに行為するという意味での「自由」をフォイエルバッハの思想の基礎とすることは誤りであるが、他方で、前者の見解に立つエーレットの述べるところを検討して本稿が明らかとしたように、フォイエルバッハの考える叡智界における自由は、ただ叡智界において存在すれば足りるものではなく、人間が感性界に生きる側面を持つ以上、その最高の価値を持つ自由は正義の観点からも感性界に作用させることが可能でなければならないと考えるのが自然であること[20]、そして、そうであるからこそ、その感性界に対する自由の作用を妨げるものこそがフォイエルバッハによれば犯罪とされ

---

17　藤本幸二「パウル・ヨハン・アンゼルム・フォン・フォイエルバッハ」勝田有恒＝山内進編著『近世・近代ヨーロッパの法学者たち――グラーティアヌスからカール・シュミットまで――』（2008年、ミネルヴァ書房）262頁。

18　藤本・前掲「パウル・ヨハン・アンゼルム・フォン・フォイエルバッハ」261頁。この文献に先立ってこれを鋭く指摘したのは、山口邦夫『一九世紀ドイツ刑法学研究――フォイエルバハからメルケルへ――』（1979年、八千代出版）47頁である。

19　これを否定するのは、人間は自ら生の目的を決するのではなく、神の与えた目的に合致するように行動すべきであるという啓蒙時代以前の人間像である。

20　たとえば、ある人が悲惨な奴隷的待遇を受けていても思想の上ではその人を妨げるものはない以上その人は正当に待遇されているとはいえないであろう。

ていることに加え、そもそも、フォイエルバッハがカント哲学をそれほど強調してまで力説した「自由」が、法の領域外の叡智界のみで考察されるにすぎず、法の領域である感性界において完全に無意味であるということはありえないからである。また、カント哲学によれば、叡智界の人間は、損・得あるいは快・不快ではなくもっぱら道徳律に従うとされることは当然であることから、逆に考えれば、因果律の支配下にある感性とはいえ、それは損・得あるいは快・不快を計算するという程度の合理性と矛盾するものではなく、このような合理性は感性界における人間に認めることも許容されうるように思われる。以上から、フォイエルバッハが法の領域で問題とする感性界における人間は、叡智界における人間と異なり道徳律と一致して常に行為することはできないものの、一人前の市民として目的を設定し、その手段を選択することができる判断力を持っている存在と位置づけられる。

さて、以上フォイエルバッハの人間像を検討したが、その人間像を完全に否定するのがリストの人間像であると、著者エーレットは主張する。リストはフォイエルバッハに見られた啓蒙主義的人間像を放棄し、自然主義・実証主義的人間像を前提に置いていることから、そのような自然科学的方法から観察される人間には、「個人の自己決定の自由」、「自らの態度の価値・無価値に対する自由な決定」というものは認める余地がないことになるとされる[21]。このことから、人間の自由を基軸とするフォイエルバッハ理論に存在した刑罰威嚇は、リスト理論では軽視されることとなったのであろうと著者は推論する[22]。著者がまとめるところによれば、フォイエルバッハは、人間が理性を備え比較衡量の計算が可能であると考えたからこそ、刑罰をあらかじめ法律で定めそれを予告する罪刑法定主義を理論中に含むこととなったのであり、犯罪もあくまで自由な自己決定が可能であることにより、その自由（の濫用）の結果として発生するものとされるのである[23]。人間は道徳的に自律した人格であるという意味で自己目的的であり、国家といえども絶対の敬意を払わなければならないため、このような刑罰威嚇は誰の自由を害することもないのに対し、リストのいう自由とは、因果法則と切り離された自己決定能力または自律的自己決定能力ではなく、単に「機械的強制からの自由」

---

21　Vgl. Ehret, a. a. O., S. 190.
22　Vgl. Ehret, a. a. O., S. 190.
23　Vgl. Ehret, a. a. O., S. 209.

にすぎない[24]ため、刑罰威嚇はもはや重視されず、科刑の根拠と効果のみが主たる関心事となる[25]。

また、エーレットは、著書において、リストの責任能力論を論ずる直前に次のように人間像の問題を述べているが、これはその人間像が責任能力論に強い影響を与えているとの解釈であろう。著者は、リストによる責任能力の実質的定義――「動機による正常な決定可能性（normale Bestimmbarkeit durch Motive）」、「正常な決定可能性（normale Determinierbarkeit）」、「社会的態度の能力（Fähigkeit zu sozialem Verhalten）」――を挙げ、これらは意思決定論を基礎とするものである[26]としたうえで、それは完全にリストの刑罰目的論（威嚇と改善）すなわち刑事政策的要求によって決定されていると主張する[27]。すなわち、リストのいう責任能力とは、行刑によって行為者が動機設定をされうることを指すにすぎないこととなるが、そのような理解は責任能力とは刑量決定を制限・調整するものであるという法治国家的自由主義的刑法とは相容れず、行為者自身の行為とは無関係に行刑によって動機設定を行い、反社会的情操を叩き直すという体系につながると批判する。過度の「機能主義的考慮により責任概念が解釈論的制約から解き放たれ自在の可変性を帯びることとなる」[28]ことの結果として、「刑事政策的実効性」のみが重んじられ、フォイエルバッハ理論にあった市民的自由の保障は二の次となってしまうのである[29]。

そして、著者は、リストの述べる「正常な決定可能性」にいう「正常」という概念も輪郭のぼやけた不明確なものであると批判し、「『正常』という概念は、論理上必然的に一定の幅を持たせてしか定義できない」というリストの論述を引用して、この不明確性はリスト自身も認めていると論じている[30]。さらに、リストは「正常」という概念が相対的であるとしつつも、その定義を試みているが、著者はそこに大きな問題性を感じ取る。リストは、「正常」とは、「他者の我々との類似性」、あるいは「我々の経験から抽象される類型との一致」であるとしてい

---

24 Vgl. Ehret, a. a. O., S. 191.
25 Vgl. Ehret, a. a. O., S. 209.
26 Vgl. Ehret, a. a. O., S. 192.
27 Vgl. Ehret, a. a. O., S. 193.
28 Ehret, a. a. O., S. 193.
29 Vgl. Ehret, a. a. O., S. 194.
30 Vgl. Ehret, a. a. O., S. 194.

るが、そこにいわれる「我々（Wir）」とはリストによれば「支配階層」（エーレットは「政治的多数派」[31]と言い換えている）であり、これこそが誰が処罰されるべきかを決定するとされていることを指摘し、それでは単に社会的適合性の問題にすり替えているにすぎないばかりか、「強度の集団主義的色彩」を帯びることとなるというのである[32]。リスト理論によれば、個別行為に対する行為責任を超えて「社会倫理的観点のもとに行為者人格の包括的評価」がなされるが、その行為者人格とは「行為者が社会の利益に向けられた目的設定ができるか否かを全般的に見て評価される」こととなり[33]、行為者の内面に踏み込んだうえでの支配階層のための社会全体の保護を支配階層の一存により行うこととなる[34]と批判する。

以上のように著者は、リストが市民個人の自由ではなく社会全体の利益（法秩序）すなわち犯罪に対する効果的な闘争をひたすらに重視したと論述をまとめ[35]、それはリストが累犯者を指して用いた、「悪党（Kerle）」、「ろくでなし（Elemente）」、「ごろつき（Gesindel）」、「物乞いと浮浪者、男娼・売春婦とアルコール中毒者、ぺてん師と最広義における花柳界人、精神的・肉体的堕落者（Bettle und Vagabonden, Prostierte beiderlei Geschlechts und Alkoholisten, Gauner und Halbweltsmenschen im weitesten Sinne, geistig und körperlich Degenerierte）」、「完全に腐敗し反抗的な者（vollständig verderbte und verstockte Individuen）」、「社会的不適格者（sozial untaugliche Individu（en））」といった言葉と、それに向けられた「刑罰奴隷制」と表現される「改善不能犯人の無害化」[36]に顕著に表れていると述べている[37]。

以上、エーレットはリスト理論の前提とする人間像は、科学的であり、自由意思を否定する点で宿命的であるがゆえに、人間を一人前の判断力を備えた自己決定をなす市民として尊重せず、個人の自由を軽視し、刑事政策的要請のみが強調

---

31　Ehret, a. a. O., S. 210.
32　Vgl. Ehret, a. a. O., S. 195.
33　Ehret, a. a. O., S. 195.
34　同様に、刑事政策的目的が暴走する危険を指摘する議論としては、拙稿「リスト理論の現代的意義（1）・（2・完）——リストのマールブルク綱領の考察——」早稲田法学82巻1号（2006年）97頁以下・82巻2号（2007年）113頁以下で言及したものがある。
35　Vgl. Ehret, a. a. O., S. 207, 209.
36　これについては、著者も、拙稿・前掲「リスト理論の現代的意義（1）」102頁注(19)で触れたリストからドヒョーに宛てて書かれた手紙を引用し、拙稿とほぼ同じ内容に言及している。
37　Vgl. Ehret, a. a. O., S. 208.

された刑法理論の基礎となっており、したがって、一般的にリストの言葉によって有名となっている「犯罪者のマグナ・カルタ」としての罪刑法定主義も実質上は骨抜きになっているとするのである。

## 2 非科学的・抽象的人間像

他方で、リスト理論の非科学性を強調する先行研究も存在する。エーレットと同様に、「近代市民社会が本来もっていたいわば『抵抗の論理』」[38]としての刑法原理とりわけ罪刑法定主義に着目してリスト理論を検討した研究は、リスト自身の言葉を引用しつつ、「『犯罪に対する闘争は、犯罪の根源において行われるのでなければならない』とする命題によって基礎づけようと試みているので、犯罪原因論が、かれの思想にあっては最も基礎的なものとしてあらわれているということができよう。すなわち、リストによれば、犯罪は、『犯罪人自身のうちに存在する生物学的な要因と犯罪人を囲繞する世界としての外部要因とくに社会的要因との共働（Mitwirkung）によって成立する』のであって、このように、犯罪を単に法的に考察せず、これを社会的現象として実証的に考察する道をきり拓いたことはリストの偉大な功績であり、とくに犯罪に対する社会的経済的諸関係の重視は、犯罪現象の科学的把握への方向を示したものであるということができよう」とリスト理論の科学性の指摘し、リストが犯罪を当時の「まさに激しい階級分化の必然的結果」と位置づけていると評価する[39]が、同時に、その科学性については「理論の志向における科学性にもかかわらず、内容における非科学性を結論せざるをえない」[40]としている。すなわち、リストは、犯罪の社会的原因を考察するにあたり、「経済不況・大衆の貧困・住宅事情の不良・アルコール中毒・プロスティチューション等々」といった「『社会悪』を単に列挙するにとどまり、これらの諸現象が資本制社会に固有の矛盾の具体的あらわれであること（中略）を認識できなかった」ため、「したがって、その除去の対策として提案されたものも、現存の社会秩序、ということは、その矛盾をも当然の前提とするいわゆる社会政策を要求するにとどまるほかはな」かったとする[41, 42]。しかも、その犯罪原因としての悪の根源を「『規則正しい、まっとうな生活に対する嫌悪、そ

---

38　藤尾彰「リストの刑法思想の現代的意味」新潟大学法経論集14巻4号（1965年）90頁。
39　藤尾・前掲「リストの刑法思想の現代的意味」99頁以下。
40　藤尾・前掲「リストの刑法思想の現代的意味」103頁。

の生活全体の野蛮な犯罪的性格によつて特徴づけられる』(中略)階級としてのプロレタリアート」全体とリストが考えていたことを挙げ、リストの政治的保守性(ユンカー的反動性)とプロレタリアートに対する蔑視が理論の非科学性と結びついていると批判する[43]。著者は、リストの犯罪の社会的原因についての言説のうち同意できるのは、「『社会的原因に関して月並みなことば(platte Redensarten)しか知らず』、『この問題に対する解答を発見しうる科学的方法が欠けていた』というかれ自身の告白(Aufsätze, 2. Bd. S. 418f.)だけである」[44]と厳しい言葉を向ける。

以上のようなリストにおける犯罪の社会的原因論をめぐる評価に続いて、生物学的原因についても批判的考察がなされる。著者は、リストが犯罪の生物学的原因としていたものは、「『個人的要因にとつては、遺伝の法則が有害な役割を演じる』とのべているように、それは環境からきり離され、生来的なものとして理解された」とし、先述したところの、エーレットが触れていたのと同様の「正常な決定可能性」というリストの責任能力の定義とその「正常」を判断するのが「我々」つまり「支配階層」であるということを挙げ、「本来、その出発点からすれば社会的な問題を、すべて生理的・心理的問題に解消する」ものであると論じている[45]。すなわち、著者が引用するリストの言葉をまとめるなら、「外部的誘因」と「犯罪人の永続的特質・その深く根差した素質」つまり「第二の天性となった法秩序に対する反抗的態度」のいずれが大きいかということを、リストは犯罪者三分類説にいう威嚇で足りる偶発(機会)犯人と改善または無害化が必要な状態犯人[46]の区分に用いているが、それは、単に「誘惑」という意味に引き下ろされた外部的誘因という社会的原因が小さいということだけで、その分必然的に生物学的原因が大きい状態犯人として重く処罰することとなり、結果的に、「犯罪の根源を社会的諸関係からきりはなし、この社会的諸関係との複雑な絡みあいにおいてのみ存在しうる人間を抽象化し、(中略)社会的諸関係からこのよ

---

41　藤尾・前掲「リストの刑法思想の現代的意味」100頁。
42　同様に、リストが犯罪の社会的原因を重視したにもかかわらずそれが資本主義経済組織に由来していることを見過ごした社会改良主義にとどまっていたと評する見解として、前田・前掲「法的人格者概念の観点より見たリストの刑法理論」128頁参照。
43　藤尾・前掲「リストの刑法思想の現代的意味」102頁以下参照。
44　藤尾・前掲「リストの刑法思想の現代的意味」112頁注(28)。
45　藤尾・前掲「リストの刑法思想の現代的意味」105頁参照。
46　改善可能犯人と改善不能犯人の両者を含む。

うに抽象化された『人間』自身のうちに犯罪の原因をもとめた点」で、社会的原因を生物学的原因にすり替えてしまうことが行われている[47]とされる。以上のように、著者は、リスト理論は一般的に考えられているイメージとは異なり、実際上は非科学的かつ抽象的であると位置づけるのである。

## 3　市民的人間像と非市民的人間像

　以上で検討した先行研究の主張には、1つの共通点がある。それは、すでに述べたように、リストの人間像はプロレタリアートへの蔑視を伴う非市民的なものであるという点である。過去にリストの学説を扱った研究では、様々な問題点が指摘されつつも、よく知られているように、「犯罪者のマグナ・カルタ」としての刑法が市民としての権利を保障するという意味で市民的な人間像が前提とされていた[48]。それに対して、比較的近年の研究では、終身の拘禁および厳格な刑罰といった主張に見られるような犯罪者に対する非市民的処遇の側面が大きく注目されるに至っている[49]が、本稿で取り上げた論稿も同様の見地に立つものである。

## 4　小　括

　ここまで見てきたことを要約するといえるのは、リストの人間像をめぐる諸見解は、リストの人間像を、科学的あるいは非科学的であるとするか、具体的あるいは抽象的であるとするか、市民的あるいは非市民的であるとするか、というように正面から対立しており、かつ、長年の論争にもかかわらず、いずれの見解も他方を論破しているとまではいえない状況にあるということである。そこで、以下においては、このような状況を分析することを通じて、リストの人間像の意義を探ることとする。

---

47　藤尾・前掲「リストの刑法思想の現代的意味」106頁参照。
48　藤尾・前掲「リストの刑法思想の現代的意味」124頁以下に詳細に紹介されているが、この点が日本で最も鮮明に述べられているものの代表として、荘子邦雄「リスト」木村亀二編『刑法学入門』（1957年、有斐閣）122・123頁参照。
49　拙稿・前掲「リスト理論の現代的意義（1）・（2・完）」97頁以下・113頁以下参照。

## Ⅲ　リストの人間像の意義

### 1　「人間」像と「犯罪者」像
#### （1）犯罪者三分類説

　ここまでに見たリストの人間像に関する見解の対立状況が存在している理由は、結論を端的に述べるならば、いずれの見解もリストの描く人間像の複数の側面のうちの1つの側面のみを見ており、それをもとに論じているからではないかということである。以下、いくつかの点から検討を試みる。

　まず、第一に、エーレットが着眼したところの、フォイエルバッハとリストの人間像の差異という点から検討を始めたい。

　エーレットは、フォイエルバッハの人間像は自己決定の自由（自ら何らかの目的を定めそれに向かう行為を選択する能力）を前提としており、それゆえに威嚇が刑罰目的とされていたが、リストは人間にそのような自由は一切存在しないと考えていたため、威嚇ではなく改善を刑罰目的としたとする。たしかに一方では、リストは人間を自然主義・実証主義的にとらえていることは明らかであるから、改善の対象としての人間の意思は素質・環境に規定された物理的反応であり[50]、人間にフォイエルバッハのいうような自己決定は期待できないかもしれない。

　しかしながら他方では、リストはマールブルク綱領の中の犯罪者三分類説において、「威嚇がなされるべき機会犯人」という分類を認めており、「威嚇」という刑罰目的を排除していたわけではないことにも留意すべきであろう。たしかに、リストのいう「威嚇（Abschreckung）」とは、フォイエルバッハのいうそれとは異なっており「こらしめ」と訳すべきとも考えられている[51]が、そうであるとしても、この威嚇（こらしめ）は、論者がリストの言葉を引用して述べているように、「『警告され（abschreckt werden）』、『厳しく訓戒され（Denkzettel geben）』、『通常の道理（gewohnte Räson）を会得せしめ（中略）』」[52]ることを目的とするのである以上、警告とりわけ訓戒・道理という善悪に関わることについての事理弁別

---

50　荘子・前掲「リスト」244頁は、リストが「人間を機械的な原因、盲目的な原因として把握した」としている。
51　藤尾・前掲「リストの刑法思想の現代的意味」107頁以下注（2）参照。
52　藤尾・前掲「リストの刑法思想の現代的意味」114頁。

能力を要することが明白であることに加え、この威嚇は改善を必要としない行為者類型に対するものであるため行為者の改善を行わないことに特徴があるわけであるから、その威嚇（こらしめ）は、事理弁別能力があり、かつ、その刑罰の意味すなわちそれを無視して再犯した場合に発生すべき将来的な害悪の存在を理解し行動するという程度にはもともと分別のある人間を前提としなければ成り立たないように思われる[53]。

　以上のような二面性を帯びるのがリスト理論の人間像であることが理解されるが、そうしたときに問題となるのは、この二面性はいかに解釈されうるかということである。

**（２）犯罪者を指す用語と犯罪者の処遇およびプロレタリアートに対する視線**

　第二に検討するのは、本稿で取り上げた論者が激しく非難する、リストの犯罪者の呼称と犯罪者に対する過酷な刑罰の提唱、また、リストがプロレタリアートを犯罪の温床であるとした差別的な視線である。諸論者は、これらも、リストが人間の自己決定能力という意味での自由意思と、それに基づく一人前の市民としての扱いを否定していたことのあらわれであると評価している。

　たしかに、それらのリストの一連の論述は、現代的視点から見た場合には表現においては差別的にも映る。しかし同時に、それらは、いずれの論者の述べるところを検討しても明らかなように、あくまでも累犯者すなわち犯罪者三分類説における改善不能犯人のみにしか向けられていないことには注意を要するであろう。もしそれが差別的表現であるとするなら、逆にそのことは、その表現が人間一般に向けられているのではないことの証左となる。加えて、石塚教授も指摘するように、リストは、「市民層及び労働者層に対するボナパルティズムを駆使して大衆を操作」[54]するという上からの改革を実行した「ビスマルクの熱烈な信奉者」[55]として人間像を形成しており、先述したように「大衆」とは区別されたユンカー等の当時の支配者層の存在を当然に前提とするものであった点からしても、人間全般について自己決定可能性すなわち主体性を完全に否定したと解する

---

53　そもそも、一般予防論もある種の「決定論を前提としなければ機能を果たしえない」という指摘がなされていることについては、拙稿・前掲「フランツ・フォン・リストの刑法理論の一断面」159頁参照。
54　石塚伸一「ドイツ刑事政策の形成とマールブルク綱領1882年の意義」中央大学大学院研究年報14号Ⅰ-2（1985年）56頁。
55　石塚・前掲「ドイツ刑事政策の形成とマールブルク綱領1882年の意義」59頁。

ことは困難ではないだろうか。

したがって、リストが自己決定可能な市民であることを否定していたのも、改善不能犯人であることとなるはずであるところ、そうであるとすると、一般に理解されているような近代学派の「宿命的人間像」、すなわち、「人̇間̇」がおよそ宿命的であって一切の主体的な自己決定ができないという命題は、リスト理論には妥当しない可能性も生じてくるのである。つまり、リストは、もちろん、科学をまったく無視した無原因に生ずる意思という意味での絶対的自由意思については、これを否定することはいうまでもないが、市民は自らのことを何らかの意味で合理的に自己決定することが可能であり、国家はそれを最大限尊重すべきであるというレベルの意味での市民的要求としての「自由意思」——現在の刑法学で通常「自由意思」と称されているものであろうと思われる[56]——については、「人間」一般には必ずしもこれを否定しておらず、改善不能犯人という「犯罪者」にこれを否定していたと考えられる。

よって、本稿で明らかとしたリストの人間像の二面性とは、リストがいわば社会を形成すべき「人間」像と、改善不能犯人を念頭に置いた「犯罪者」像を別個に心中に抱いていたことを意味するものであり、これらが表面的には人間像の二面性となって表れたと考えられよう。

### （3）責任能力（帰責能力）

さらに、リスト理論が「人間」像と「犯罪者」像の両者を含むものであることは、エーレットが検討したリストの責任能力論[57]からも推察できる。エーレットは「動機による正常な決定可能性」というリストの責任能力の定義を挙げていたが、これはたとえ不明確性を伴うにせよ、少なくとも、動機により「正常に」決定される人と「異常に」決定される人という両者の存在を前提としなければ成り立たない概念である。そして、リストが責任能力の基準を「我々（Wir）」に置いていたことは既述のとおりであり、さらにリストは犯罪を「狂気（Wahnsinn）」[58]に例えているところ、それは「我々」が一応「正常」であってはじめて観念しう

---

56 一例としては、浅田和茂『刑法総論［補正版］』（2007年、成文堂）271頁以下注(13) 参照。
57 リストの責任能力論については、拙稿・前掲「フランツ・フォン・リストの刑法理論の一断面」153頁以下においてすでに検討している。
58 Franz von Liszt, Die strafrechtliche Zurechnungsfähigkeit, in: ders., Strafrechtliche Aufsätze und Vorträge, 2. Bd., 1905, S. 214.

る基準といえよう。さらに、同じ責任能力論で挙げるなら、リストは責任能力が、「表象の感応力および一般規範、法規範、道徳規範、宗教規範等の動機設定力が平均程度に相当する」[59]か否かで決せられるとしているが、ここで言及された「道徳」・「宗教」はとりわけ、リストが科学的なというよりはその時代なりの素朴な「普通の人間」像ともいうべきものを前提としていたことのあらわれといえよう。すなわち、リストの時代では、①各々が農民・職人といった何らかの生業を持って一定の時間をその労働にあてて自らと家族の生活を維持するとともに、②広義での長上（君主たる皇帝と領主、聖職者、家父等と考えられ、国家を含むであろう）に敬意を持ちそれに従いつつ日々を送ることこそが「普通」であったのであろう。というのも、そうであるからこそ、リストは、それまでに「普通」の生業と見られていたものを資本主義の矛盾によって有さなくなったことに起因して出現したプロレタリアートを犯罪の根源と名指しするとともに、自由刑を「労働忌避」を矯正する教育と位置づけて[60]、とくに少年に対する「規則正しい生活様式、とくに規則正しい労働に対する慣習による性格の教育的改善」[61]を重視し[62]（①）、また、すでに言及したように「法秩序に対する反抗的態度」そのもの、つまり、社会体制を否定することのあらわれであること（②）にリストが重きを置き[63]、その「普通」から大きく逸脱する者を（潜在的）「犯罪者」と想定していたことが読み取れるからである。

---

59 Franz von Liszt, Lehrbuch des Deutschen Strafrechts, 21. und 22. Aufl., 1919, S. 157.
60 Vgl. Franz von Liszt, Die psychologischen Grundlagen der Kriminalpolitik, in: ders., Strafrechtliche Aufsätze und Vorträge, 2. Bd., 1905, S. 209 f.
61 Franz von Liszt, Nach welchen Grundsätzen ist die Revision des Strafgesetzbuchs in Aussicht zu nehmen?, in: ders., Strafrechtliche Aufsätze und Vorträge, 2. Bd., 1905, S. 397.
62 藤尾・前掲「リストの刑法思想の現代的意味」119頁参照。同時に121頁注（9）では、リストが改善不能犯人のメルクマールとして「犯罪の営業性」を挙げていたことが言及されているが、これは、いわゆる「まっとうな生業」にあえて就かず意図的・継続的に犯罪を生計手段とするという意味で、「普通」の労働から離れるものであろう。
63 藤尾・前掲「リストの刑法思想の現代的意味」107頁は、「さきにのべたリストの責任能力論、さらには『犯罪と狂気とは極めて近接する現象である』とする命題から、結局、支配階級の見解と異なつて思考し行動する者、とくに支配階級の政治的・法的・倫理的・宗教的見解と直接対立する者は、究極的には、すべて狂人であり、かかる者は、『社会』に危険な者として、『社会』（それはリストの文脈からして支配階級の維持防衛しようとする社会であるといわざるをえないであろう）の安全のために拘禁され」ると表現している。また、同114頁では、リストが左翼活動家カール・リープクネヒトの行動を「精神生活の重大な障害の流出」と評していたことが記されている。

## (4) 学説史的経緯

　以上のようにリストが「人間」像と「犯罪者」(累犯者)像の両方を抱いていたことは、学説史的にも説明が可能であろう。

　近年にリストを改めて紹介した文献は、リストが、『ドイツ刑法教科書』に見られる体系的詳述という「概念法学」と行為者主義という「自由法論」の両立、言い換えれば「体系性」と「実用性」の両立を図っていたこと、および、その両立の解釈につき近年では、「法学においては一方で事実から法概念を抽出する作業があり、他方で法概念が事実に働きかけるという逆向きの作業が存在する」という前提から生み出されたものであるとされているということを的確に指摘している[64]。本稿でも検討したフォイエルバッハに代表される形法学が、それまでの身分制を否定し個人の同質性に基づき万人にとっての法適用の平等を説いたのに対し、産業革命とともに労働者という他とは異質な社会階層が出現したことで個人が同質ではないという事実が明らかとなったことが、リストが支持を集めた原因ではないかとも分析がなされている[65]。

　このような指摘を念頭に置いた場合、リストは、あくまでもそれまでの概念法学的な同質な合理的人間を始点としながら、実際にはそれに適合しない人間が存在することを認識し、そして、その事実を取り込むことが可能な新たな概念を案出したと考えることができよう。具体的には、前者の人間については、合理性を頼りとする威嚇で足りる機会犯人と呼称する(旧来と同様の「人間」像)一方で、後者の人間については、もはや合理性を頼りとはしない(合理性を教育するための)改善・無害化を要する状態犯人という概念を事実からくみ取って作り出しあてはめた(新たな「犯罪者」像)ことで、それまで一律に考えられていた「人間」を3つに分けて考える犯罪者三分類説が成立したということができるように思われる。

---

[64] 清水裕樹「フランツ・フォン・リスト」勝田有恒＝山内進編著『近世・近代ヨーロッパの法学者たち——グラーティアヌスからカール・シュミットまで——』(2008年、ミネルヴァ書房)373頁参照。

[65] 清水・前掲「フランツ・フォン・リスト」374頁参照。

## 2　リストの犯罪原因論
### （1）刑事政策のための犯罪原因論

　以上述べたように、リストは人間の分類に基づいた犯罪への対処を主張し、その背後には事実に根差した法概念の構築という思想が横たわっていた。もっとも、他方では、本稿で検討したように、リストのいう事実すなわち科学性は実際には非科学的であるという批判がある。

　しかしながら、リストがイタリア実証学派にあえて批判的な姿勢をとり[66]、また自らが強い影響を受けた精神科医クレペリンの精神科医的決定論をそのまま採用せず改善不能犯人か否かの判断権限を裁判官に残した[67]ことを考えても、リストのいう犯罪原因とはあくまで社会科学的なものであり自然科学的に完全に説明できるものを指しているわけではない。加えて、リストが最終的に目指していたのは、エーレットも主張するように、また、犯罪者三分類説の分類がその処遇に対応するものであることからも明らかなように、有効な刑事政策（刑の執行）であった[68]。すなわち、たとえばイタリア実証学派のいうような犯罪原因論は、「犯罪の原因とは何であるか」を犯罪学的見地から純粋に「事実」として追求したものであるのに対して、リストの犯罪原因論は、「犯罪対策の客体として何に着目すべきか」を刑事「政策」学者としての見地から検討したものといえよう。したがって、「政策」論としてのリストの犯罪原因論には、「何に対処するのが最も現実的か」という現有の技術・資源での実現可能性・効率性、人権上の許容性といった要素が含まれるのは論理必然的である。自然科学的犯罪原因を見出したとしても、それらの要素からして対処が不可能であるならばリストにとっては無意味なのであり[69]、そこで最も対処が可能であると考えたのが、先に述べたように単なる社会悪の列挙であると批判されるところの経済不況等の社会的原因であったのではないだろうか[70]。他面では、刑事「政策」の一部としての犯罪原因論で足りるのであれば、病気のメカニズムが完全に明らかでなくても治療ができるのと同様に、リスト理論は政策実行に必要な範囲内におけるものという意味におい

---

66　清水・前掲「フランツ・フォン・リスト」374頁参照。
67　拙稿「刑罰の本質と目的（1）――リストのマールブルク綱領を題材として――」佐賀大学経済論集41巻4号（2008年）51頁参照。
68　リストがこれを明言していたことについては、拙稿「リストの責任論――錯誤論におけるリストの動機説の意義をめぐって――（2）」早稲田大学大学院法研論集116号（2005年）82頁参照。
69　そうであるからイタリア実証学派の立場に与しなかったとも考えられる。

て「非科学的」犯罪原因論にとどまったともいえよう。

### (2) 社会的原因と個人的原因の関係

さて、ここまでリストの犯罪原因論は社会的原因に焦点を当てたものであったことを論じてきたが、リストは一見すると社会的原因を中心に置いているかに見えるものの、実際のところは犯罪の社会的原因を個人的原因にすり替えているとの批判が向けられていることはすでに見たとおりである。社会的原因が小さければ小さいほどその分だけ個人的原因が大きいとすることで、その両者の関わりの度合いを問題とする点において、人格責任論[71]を彷彿とさせる理論として批判が向けられているようにも感じられよう。

しかし、リスト理論における個人的原因とはイタリア生物学派のいう生物学的原因のみではない。リストは状態犯人の特徴たる個人的原因として、一方では「遺伝」を挙げていたことはすでに触れたとおりであるが、同時に「第二の天性となった法秩序に対する反抗的態度」を挙げていることも看過してはならないであろう。先行研究においては、「犯罪人の永続的特質・その深く根差した素質」に「第二の天性となった法秩序に対する反抗的態度」が包含されることが正確に描写されていたにもかかわらず、社会的原因と個人的原因が峻別されて論じられていた。しかしながら、リストは、後天的な要素が環境によって「第二の天性とな」ることすなわち「永続的」で「深く根差」すようになることを肯定しており、個人的原因を生まれつき与えられた要素に限定してはいない。社会的原因によって形成されたものが固定され一時的ではなく永続的となったものも個人的原因として数えられているのである。そうであってはじめて、犯罪者三分類説にいう改善（という個人的原因に対する作用）が必要（つまり、社会的原因を社会政策によって除去することでは足りない）かつ可能な状態犯人の改善ということが考えうるのであり、その改善の内容も、行為者が悪化した際と逆の現象を作り出すこと、つまり、矯正施設において、それまでの悪い社会的原因を排除した状況下で厳格な生活と労働を徹底して継続させることによって、先に述べた規則正しい生活様式

---

70 これへの対応策の代表がリストのいう「最良の刑事政策」としての社会政策（労働政策）であり、先述の「規則正しい生活様式、とくに規則正しい労働に対する慣習による性格の教育的改善」としての刑事政策であろう。なお、刑法学で触れられることは少ないが、「社会政策こそが最良の刑事政策である」という言葉で知られる社会政策は、リストの時代においては、現代の社会政策学でいうところの狭義の社会政策すなわち労働政策であった。

71 団藤重光『刑法綱要総論　第3版』（1990年、創文社）260頁参照。

と労働への習慣という、いわば犯罪をしないことの内面化された個人的原因を定着させる（犯罪の個人的原因を除去する）こととなるといえよう。リストの特別予防論に対しては、「リストの『徹底した決定論』と『性格への働きかけ』ないしは『性格』に対する『教育』とのあいだに、矛盾はないか。責任非難を抹殺するための武器として使用した『選択の自由の否定』が、性格への働きかけ、性格への教育をみとめることによって、『否定』されていないか」[72]という鋭い疑問が投げかけられているが、この疑問への回答も社会的原因の個人的原因への作用・転化という点から得られるように思われる。

リストにとって、犯罪者は何らかの原因によりあくまでも現状において「正常」を逸脱しているのであり、改善不能犯人は、それが長期にわたったため改善が著しく困難になっているということを示した概念といえる。リストは、犯罪の実情を見たとき、ほとんどの犯罪は行為者内部に存在する社会的に是認されない個人的原因なくしては生じないという認識があったため犯罪者に対し先述した過激ともいえる用語を用いたのであろうが、同時に、犯罪者になった人々はそれまでの環境のために、善・悪、快・不快、損・得を合理的に判断しそれに従って行動するような理念的市民ではない状況にあるから、それを理念的市民と見做して刑罰を科すのは無意味であるとの実際的側面を直視していたことが理解できる。

### （3）「市民的改善」の意義

よって、リストは特別予防の内容を「市民的改善」で足りるとしていることについて、その内容を詳述していないという指摘[73]に対する答えも以上から導かれる。リストは、遺伝といった要素の改善を基軸に置いていたのではなく、社会的原因への対処たる社会政策、および、社会的原因に長期間さらされることによりそれがもはや個人的原因となってしまったものへの対処たる刑事政策を主張していたと解することができるのであり、とくに、その刑事政策の対象は、多くの犯罪に関わるという意味で対処が必要であり、かつ、国家による対処が可能であるとリストが考えたところの勤労の習慣であった。あわせて、リストの「正常」の概念から考えるならば、その具体的内容は、まっとうな生業を営んで社会秩序に反しない生活をするというきわめて素朴ではあるが現代から見ても妥当する[74]も

---

72　荘子・前掲「リスト」245頁。
73　刑法読書会　佐伯千仞編「フランツ・フォン・リストへの追憶（二）――ドイツ全刑法学雑誌第81巻（1969年）3号（死後50周年記念号）から――」立命館法学97号（1971年）324頁参照。

のであったということができよう。

### 3 リストの人間像の意義と現代への示唆
#### （1）事実と規範
　以上のようなリスト理論の意義として最も重要であるのは、リストは「人間」を区分することで「事実に基づく規範」を主張していたことといえる。人間像を論究するに際して、各人が一人前の判断力を持つと見做される「理念的市民」をその出発点に置く意義は本稿のこれまでの検討でも明らかにしたように現代でも失われておらず、さらに、それはこれからも時代的要請という言葉によって失われることはないばかりか失われることがあってはならないであろう。しかし、そのように抽象的な「理念的市民」のみを基礎とすることは、学派の争い以前への回帰であり、刑法規範が事実と乖離した規範となることは避けられないこととなる。この意味で、リストの人間像の分析から抽出されたように、人間そのものをいったんは自由・平等な、つまり一人前の判断力を有する理念的市民として把握したうえで、現実にはある要因のためそれに当てはまらない状態にある個人が実際に存在するということを認めたとしても、それはかならずしも妥当性を欠くものではないように思われる。

#### （2）リスト理論における人間像の理論における抽象性と犯罪者に対する態度決定
　リストの人間像はきわめて具体的でありながらも抽象性・非科学性を残すものであることは否定できない。たしかに、リスト自身が前面に押し出している犯罪者三分類説について、科学的側面から見た場合に類型化が粗いという意味では素人的な「一介の紳士」の活動であるという評価[75]は正鵠を射ているともいえる。
　しかし、もし脳科学、心理学等によって純粋に科学的な犯罪原因論を究明した

---

74　刑事収容施設及び被収容者等の処遇に関する法律においても、94条で、刑務作業は「できる限り、受刑者の勤労意欲を高め、これに職業上有用な知識及び技能を習得させるように実施する」と定め、30条では、受刑者の処遇の目的を「社会生活に適応する能力の育成を図ること」と定めている。

75　刑法読書会　佐伯千仭編「フランツ・フォン・リストへの追憶（一）――ドイツ全刑法学雑誌第81巻（1969年）3号（死後50周年記念号）から――」立命館法学93・94合併号（1970年）590頁参照。

としても、その原因が実践すなわち実際の刑事政策の実施にあたって直接に対処が可能でありかつ許容されるものであるか否かには疑問が残る[76]。また、除去等が困難な生物学的原因であるところの犯罪因子が解明されたとしてもなお、その因子が犯罪に結びつかないようにすることを目的として、対処が可能な他の因子に働きかけることによって刑事政策を実践することができるという点ではリスト理論はその意義を失うものではない。リストが着目したのは、この最も対処が急務かつ可能と考えた因子である労働問題に対する狭義の社会政策であった、つまり、リストの関心は、彼が法律家であったことに起因して、法律家にとって解明が困難な科学的要素である生物学的原因よりも、政策的要素である社会的原因とりわけその中でも当時に表面化が顕著であった社会問題としての労働の問題に集約されたのであるとするならば、リストの刑法学者としての犯罪原因論に対する「非科学的」とされた態度こそが、リストの特別予防論を、再社会化を主張する後の時代の理論の嚆矢としての存在となった点で犯罪者の側に立ったものとしていると評価することができよう。

　また、リストの犯罪者に対する厳格性についても、犯罪の個人的原因と社会的原因に関するリストの見解から考察するならば、一定の説明が可能となる。すなわち、劣悪な環境という「社会的原因」により反社会的な・怠惰な性格という「個人的原因」が生じ犯罪に陥るという表現は矛盾ではないのである。この意味で、犯罪は行為者に非難が加えられる個人的原因によって生ずるという意味で病気とは異なるということ（リストの犯罪者に対する敵対的な視線）と、犯罪が社会的原因により生み出される必然的現象であるいうこと（リストの犯罪者に対する擁護的な視線）とは矛盾しないように思われる。リスト理論は、犯罪原因論としては単純ではあったものの、政策論としては、社会政策によって悪しき環境を変えることで「社会的原因」に対処するが、同時に刑事政策によって勤労をはじめとする社会生活に必要な習慣を具備させることで「個人的原因」に対処することを目指したことは、現在の行刑実務から見ても十分に現実的であるということが可能であろう。

---

76　脳手術といった手段は許容されえないであろう。

## Ⅳ　おわりに

　本稿の検討から、リストは、犯罪と刑罰を考察するにあたって避けては通れない人間像の問題につき、事実としての生の具体的人間と類型化された概念としての抽象的人間の両者を考え、それらの間を思考上で行き来することによって理論形成を行っていたことを読み取ることができたが、これは、事実的方法論と規範的方法論のいずれの行き過ぎをも同時に警告するものといえよう。また、リスト理論における人間像は、リストの刑事政策の根幹につながるものであり、そして、そこで提示された刑事政策の内容は、現代における犯罪者処遇にもつながりを見出せるように思われた。もっとも、本稿のリスト理論の検討は時代ごとの種々の犯罪者処遇をどちらかといえば思想史的に正当化することとなりうる側面も存在し、批判的契機となる要素にまで論述が十分に至っていないことから、この点は今後の課題としたい。

# 進化論的法理学・刑事法学とその継承・展開に関する一考察 —— 穂積陳重と牧野英一 ——

宿 谷 晃 弘

Ⅰ　はじめに
Ⅱ　穂積陳重の法理学・刑事法学
Ⅲ　牧野法理学・刑事法学の形成——穂積法理学の継承と展開——
Ⅳ　おわりに

## Ⅰ　はじめに

「穂積先生からは、法律の進化論的研究といふことを教へられたのであつた。穂積先生の比較法學は、雄大な體系のもので、古今と、東西と、さうして、原始民族と文化民族とにわたるものなので、わたくしは、それに隨つてゆくといふほどの自信を有つことはできなかつた。しかし、その間に適用せられる進化論的方法といふことが、わたくしには大きな示唆であつた[1]」

　牧野英一の膨大な著作に目を通していて感じるのは、牧野が穂積陳重から受け継いだものの大きさである。我が国の刑事法学において、穂積陳重は、顧みられることの、それほど多くない人物であるように感じられる。しかし、穂積の議論を見た上で、もう一度牧野の議論を辿ってみると、牧野が穂積に負うところの、いかに大であったかが見えてくる。

　もっとも、これは、牧野の法理学・刑事法学が、穂積のそれの、単なる祖述であったことを意味するものでは、決してない。周知のように、牧野英一は、独自の学風を切り開いた人物であり、その業績は我が国の法学において一時代を画したといっても過言ではないであろう。しかし、それにしても、我々は、牧野における穂積の影響の大きさを感じさせられる。そこからは、一人の卓越した人物から、同じく卓越した、次の世代の人間へと、あるものが引き継がれ、新たなる展

---

1　牧野英一『理屈物語』（昭和15年）50-51頁。

開がなされた軌跡が看取され得るように思われる。

　私事にて誠に恐縮であるが、早稲田大学法学部に入学し、野村稔先生の刑法総論の御講義を拝聴した時、上に記したような継承と展開の実例を見せられたような気がした。野村先生の御講義からは、早稲田刑法学の学風を継承し、展開していかんとする気概が伝わってきたことを記憶している。そこで、野村先生の古稀をお祝い申し上げるに際して、この小稿において、ある法理学・刑事法学の継承と展開について粗描することも強ち的外れではないのではないかとも考えた。つまり、継承と展開の間に見える気概を粗描することが、早稲田刑法学の継承・展開の人たる先生の古稀を言祝ぐことに通じはしないかと愚考した次第である。

　以下においては、まず第Ⅱ章において穂積陳重の法理学・刑事法学を概観し、次に第Ⅲ章において牧野英一がどのようにして穂積陳重の学風を引き継ぎつつ、独自の学風を形成していったかについて、粗描していく[2]。

## Ⅱ　穂積陳重の法理学・刑事法学

　穂積陳重については、『法窓夜話』や『法律進化論』などが有名であろう。穂積陳重と聞いて、一般的に思い浮かぶのは、進化論的研究方法ということに違いない。もちろん、その進化論的研究方法に着目することは、穂積の法理学を考える上で最重要事項に属するといっても過言ではないであろう。もっとも、その研究方法やそれによって生み出された業績等が一体如何なる思想体系によって支えられていたかということについては、法思想史の領域はともかくとして[3]、すでに触れたように刑事法学の領域においては従来注目されることが少なかったようにも感じられる。否、そもそも穂積陳重の業績は、我が国の刑事法学においては、顧みられることが不当なまでに少なかったようにも感じられるのである[4]。

---

[2]　形成期の牧野の法理学に関するより詳細な検討については、拙稿「大日本帝国期における統制主義的法理学の形成に関する覚書：牧野英一の明治期の思想的営みを中心に」東京学芸大学紀要、人文社会科学系Ⅱ65号（2015年発行予定）参照。

[3]　この領域においては、穂積陳重の理論について優れた業績が発表されている。例えば、堅田剛『独逸法学の受容過程』（2010年）、穂積重行『明治一法学者の出発』（1988年）、長尾龍一『日本法思想史研究』（1981年）などを参照。

[4]　中山研一『刑法の基本思想（増補版）』（2003年）、吉川経夫ほか編著『刑法理論史の総合的研究』（1994年）などにおいても、独立した項目として穂積の名を挙げていない。

しかしながら、穂積の業績中、刑事法学に関する部分だけを取り上げてみても、その先見性・その影響力を看過することはできないであろう。そして、殊に、穂積の進化論的法理学の継承と展開を考える際には、その思想体系を総体的に把握する必要があるのである。なぜなら、ただ単に進化論的発想・方法によって研究が遂行されたという表面的な事象を記述するだけでなく、その発想・方法がいかなる思考によって動機づけられ、維持・展開されていったかまでに着目することによって、我々は、ひとりの理論家の軌跡と成果から、より多くの教訓を引き出すことができるからである。

本章においては、まず第1節において、穂積陳重の政治的信条とその合理主義・実証主義（および開明主義）との関係について考察していく。穂積陳重の祖先教と合理主義・実証主義（および開明主義）とは、従来対立するものと捉えられてきた。しかしながら、本稿は、この両者を、穂積法理学を支える二つの柱として描き出すものである。

次に、本章においては、第2節において、穂積の刑事法学について概観していく。もとより、穂積の刑事法学は、その体系がすべて完成されたわけでは、まったくない。また、富井政章などと異なり、穂積が刑法の体系書などを書いていたわけでもない。この辺りが、現在の刑事法学において穂積があまり顧みられないことの一因となっているであろう。しかしながら、この小稿においては、限定的ながらも穂積の刑事法学の重要性を確認するために、穂積の業績のうち、刑事法学に関するものを拾い集め、概観することにしたい。

## 1　穂積陳重の国体論と実証主義・開明主義

一般的なイメージとしては、国体論は「非合理的」なものの象徴のように考えられてきたといってよいであろう。確かに国体概念は、それを観察する側からだけでなく、それを展開する側からも、何らかの理性的な検証を拒むものとして扱われてきたことは確かである。それゆえ、実証主義を旗印とする穂積陳重の理論の中に、祭祀や国体に関する（分析ならぬ）主張が登場した場合、あり得べからざるものがあり得べからざる場所に居座っているような奇妙な感覚を引き起こすのも自然なことといえる。また、国体論は、もっぱら頑迷な保守主義の旗印として取り扱われてきた。この点においても、一定程度の開明性を有する穂積とその国体論とは、何かしらちぐはぐな印象を受けるものとなっているのである。これ

らのことからして、穂積の国体論を「理論外的心情[5]」としてその実証主義的理論体系の外へと放逐したくなるのも理由のないことではない。しかしながら、果たしてそのように穂積の国体論を理論外のものとして考えるのは妥当なことと言えるであろうか。

以下においては、穂積の国体論と進化論的法律学の概要を把握した上で、両者の関係について若干考察していくことにしたい。

### （1）穂積陳重の国体論

穂積は、祭祀と国体に関する議論を様々なところで展開している。本稿においては、大正8年の御進講「祭祀と政治法律との關係」の議論を概観する。

穂積は、まず祖先祭祀の起源について、霊魂に対する恐怖から生じたとする説を否定し、「素と父祖に對する追遠敬慕の至情に出でたるものにして、畢竟孝道の延長に外なら」ないとした上で、「祖先祭祀は家、社會及國家の起原なり」とする[6]。穂積によれば、「抑人類が一團體を爲すは、必ず其團員間に共通する一つの目的の存するもの」であるが、「古代の人民は斯の知く或る目的を自覺して特に團體を作りたるもの」ではなく、無意識的に結束して団体を形成するのであるが、「人類の原始的結合の最も自然なる起因は同血族關係」であったとされる[7]。もっとも、穂積によれば、血族の絆は血統が近ければ近いほど鞏固になるが、逆に離れれば離れるほど弱くなってしまうのであり、世代を経るごとに数は増大するが親愛の情の希薄になっていく血族団体を「結束するに足るべき極めて強大なる引力の中心」がなければならないのであるが、「此多數の血族を糾合して一團と爲し、彼等をして社會的生活に慣れしめ、其間に分業協力行はれて、竟に文化の域に進ましめたる原動力は祖先祭祀」であるとされる[8]。なぜなら、「祖先は血統の源泉なるを以て、血族者親愛の情も其源泉より流出したるものに外なら」ないのであり、「同血族者が共同の祖先に對して有する尊崇敬愛の念は、即ち血族團體の求心力」であるからである[9]。

穂積は、このように社会の起源を祖先祭祀に求め、その政治・その法律の起源

---

5 　長尾・前掲書（注3）73頁。
6 　穂積陳重『穂積陳重遺文集　第一冊』（昭和7年）45頁。
7 　同上、45-46頁。
8 　同上、47頁。
9 　同上。

を全てこれに帰する。そして、次のように述べて御進講を締めくくっている。つまり、

「祖先祭祀が國家の基礎たるは、例へば我皇國に於て、國家の構成分の最小單位たる個人は各家に屬して其家祖を祭り、又國家の單位團體たる各家は遠祖神たる氏神を崇敬し、全國民は畏くも皇室を『おほやけ』と仰ぎ奉り、日本全國民が恰も一大家族として皇祖皇宗を崇敬せり。此皇室の祭祀と國民の祭祀との合一、即ち皇室の祖先祭祀が各氏族各家族の祖先祭祀と相重疊す、其上にありて之を包括するが如きは、實に我全國民の精神が或崇高なる一點に集中する所以にして、此の如きは外國に其類例を見ざる所なり。我皇國の國體が萬國に卓越する所以も此に存し、皇室の統一力は之に依つて倍々強く、國民の團結力も之に依つて愈々鞏く、國家隆昌の基も、實に此皇祖皇宗の祭祀と國民の祭祀との合一に依りて統一されたる國民の團結力に因るものなり[10]」と。

このように穂積は、祭祀および政治・法律の進化論を展開しつつ、我が国の独自性を述べ、我が国における祭祀の効能を高く評価するのである。

### （2）穂積陳重の進化論的法律学

**（a）方法論について**　穂積の研究方法が進化論的なものであったことは、周知の通りである。穂積は、「法律學の革命」の中で、その方法論を端的にまとめている。以下、穂積の議論を概観していく。

穂積によれば、「法律學は現時既に一大革命の時期に達した」のであり、この革命は、「物理的諸學科、生物學、人類學、社會學等の進歩」によって促がされているとされる[11]。穂積によれば、諸科学の中でも、とりわけ進化論の影響は甚大であり、まさに「進化説の興れるは、實に學問上の一大革命にして、一切の學科多少其影響を蒙らざるものなく、就中人類に關する科學、社會に關する科學等に至りては、進化の大則によりて始めて其基礎を固くせるもの」であるにもかかわらず、法律学だけが、この趨勢に従わず、いまだに自然法論や自由意思論などを振り回しているとされる[12]。

ここにおいて、穂積は、「後進の法理學士、奚ぞ早く長夜の眠を醒して進化主

---

10　同上、57頁。
11　穂積陳重『穂積陳重遺文集　第二冊』（昭和7年）83頁。
12　同上、84-85頁。

義の樂園に遊び、法理學の基礎を大磐石の安きに置かざる[13]」とし、次のように宣言する。つまり、「法律學は社會學の一部なり。社會學は生物學の一部なり。一切の生物既に進化の大則に依りて支配せらる。人類の群居團結せる社會、何ぞ獨り之を離るゝことを得んや。社會の事物悉く生存競争自然淘汰の元律に據る、法律何ぞ獨り之に據らざることを得んや。(中略)『將來の法律學は進化主義の法律學なり、自然法主義の法律學は最早臨終に程近く、第十九世紀の過去帳に其諡號を留むべきものなり』とは、是れ吾人が法學世界に向つて誦讀せんとする未來記なり[14]」と。

それでは、進化主義の法律学は、どのような研究方法により、遂行されることになるだろうか。穂積によれば、それは、「古今東西の法律の事實を蒐集彙類し、其事實に貫通すべき普通現象を見出す[15]」ことであるとされる。穂積は、「法の法」は「觀察、經驗及び論理」によって見出され得るのであり、その仕事をなすことが将来の法学者の使命であるとする[16]。ここに、比較法的研究を含むところの、穂積の壮大な体系が展開されるのである。

**(b) 開明性について**　　穂積が、頑迷な保守主義者でなかったことは、例えば、その権利論や国際連盟論などからも明らかであろう。

まず、権利論であるが、穂積は、法律学の隆盛を良しとし、その理由として、権利の観念という、「從來我邦の人民に於て最も缺乏せる一種重要の感想を養成するの效果[17]」を挙げる。ここで、権利とは、公法上の権利よりもむしろ私法上の権利のことである[18]。

穂積によれば、社会が未発達の時は、厳しい生存競争の中で部族社会を維持・発展させるために構成員の服従義務の意識を強くし、一致団結を図る必要があり、権利の観念は「寧ろ害あるとも決して益あることなし[19]」であって、原始社会の人民に権利の観念が欠乏するのはやむを得ないことであるとされる。しかし、穂積によれば、人文の発達に伴い、社会の在り方に変化が生じるのであり、

---

13　同上、85頁。
14　同上、85-86頁。
15　同上、87頁。
16　同上、89頁。
17　同上、35頁。
18　同上、46頁参照。
19　同上、37頁。

原始では「一國の元素は一家なるも、人文の進歩するに隨ひ、族制漸く壊れ、一國の元素細分して、竟に一個人が社會の元素となるに至」り、ここに「權利なる感情思想」が発達してくるとされるのである[20]。穂積は、さらに日本の状況について、我が国も社会の劇的な変化に伴い、「族制時代より一個人時代に移り、遽かに他治を離れて自治の生活を営まざるを得ざるに至[21]」ったが、我が国の人民は殊に私法上の権利の観念に乏しく、しかし、英国の例に明らかなように、私法上の権利の観念が確立してこそ、公法上の権利の観念も鞏固になるのであり、「一國の分子たる一個人充實すれば其集合體なる一國も隨つて鞏固なるべく、一個人の權利伸張すれば國權も亦た自ら伸張[22]」するのであるから、法律家は権利観念の発展に貢献する義務があるとするのである。

次に、国際連盟論であるが、「『ベンサム』『カント』の恒久平和論と國際聯盟の由來」[23]と題する御進講において、穂積は、第一次世界大戦が終了するに及んで平和条約によって設立された国際連盟は、「文明諸國の聯合に依りて、永久に世界の平和を維持し、人類をして長へに戰争の慘禍を免れしめんとする大計畫でありまして、未曾有の大戰亂を収むるに未曾有の大治安策を以てせんとする洪謨に出でたるもの[24]」であるとして、これを高く評価しつつ、このような構想はいきなり浮上したものではなく、ベンサムとカントによってその基礎理論が形成されたとする。このうち、穂積は、とくにカントの議論について、その「世界的恒久平和實現の基礎として」の三大原則をそれぞれ紹介する中で、穂積は、国際連盟の前提条件（加盟国が立憲政体をとっており、自由国であること）、国際法に比しての国際連盟の現実性、国家を維持する上での国際連盟の有用性、あるいは、国際連盟のもとでの万国国民の権利の向上などを論じている。

穂積によれば、このカントの提示した三大原則は「國際聯盟規約の前文の原案とも云ふべきもの[25]」とされる。そして、この前文、つまり、「此恒久平和の大宣言は、實に我大日本帝國が、世界五大國の一として其主盟者と爲り、陛下の至仁博愛、世界の恒久平和を念はぜ給ふ大御心を以て、御批准遊ばされたる大憲章で

---

20 同上、45頁。
21 同上、46頁。
22 同上、51頁。
23 穂積・前掲書(注6) 58-71頁参照。
24 同上、58-59頁。
25 同上、70頁。

ありまして、之に依りて、『ベンサム』の謂はゆる理性の無上命令を體現し、長へに人類の幸福を増進するの基を啓かれたるものと信じます[26]」として、この御進講を締めくくっている。

以上から、穂積の（一定程度の）開明性が見て取れると思われる。つまり、それは、進化に従い、権利の観念や国際協調の観念が発展していくことを評価しつつ、しかし、それはあくまで国権の維持・発展の観点からの評価であることである。

### （3）祖先教と合理主義

穂積における祖先崇拝と合理主義（および一定程度の開明性）との関係については、すでに触れたように、これを分離し、後者に重点を置く解釈が通説的な見解であるといってよいであろう[27]。しかしながら、ここで試論を述べるとすれば、穂積の体系の中で、祖先崇拝は理論の発動を促がす動因であり、そもそも理論の存在理由であったのであって、合理主義的分析の「矛先」が祖先崇拝に向かう際にも、それは、祖先崇拝を中核とする大日本帝国の自己保存のための方策に過ぎず、祖先教の脅威となるものではなかったと考えられる。また、文明の発展は、祖先教にとって、その存続・充実のために、むしろ喜ばしいことであり、それが急進化しない限りは国体の栄華に資するものであったと考えられる。もちろん、合理主義・開明主義がそれ自体として起動した場合、論者たちが指摘するように、それは祖先教を掘り崩すものとなろう。しかしながら、少なくとも穂積自身においては、合理主義（および一定程度の開明性）は祖先教に奉仕するものであるという枠組みがもたらす予定調和の中で、暴発を抑え込まれていたのである。

このように考えないのであれば、穂積の祭祀への傾倒は説明できないであろう。それは、理論と実践との区別といった図式では済まされないものを持っていたように思われる。もともと大日本帝国の設計者たちは、明治以前からの強固な家族・村制度の結合力を維持するため、祖先教を国家の屋台骨とし、同時に国家の舵取りを担うエリートたちには、欧米列強に対抗できるように西洋の知識や技術を貪欲に吸収させたのであった[28]。穂積もまた、この枠組みを引き継いでいたのである。それゆえ、誤解を恐れずに言うのであれば、穂積陳重の思想・理論と穂積八束のそれとの違いは、理論的方法とそれが生み出す成果の在り方のレベ

---

26 同上、71頁。
27 穂積・前掲書（注3）339-340頁、長尾・前掲書（注3）62-73頁などを参照。
28 鶴見俊輔『戦時期日本の精神史 1931〜1945年』（2001年）55-56頁参照。

ルでの相違にすぎず（その相違が理論としては重大なものであることは言うまでもないが）、その思想の中核においては一致していたといえよう。もっとも、これは単なる試論にすぎず、詳細な検討は他日の作業に期することにしたい[29]。

## 2　穂積陳重の刑事法学

すでに述べたように、穂積の刑事法学は体系的に整理された形で展開されたわけではない。穂積の関心は、刑事法という一領域のみに集約されるには、あまり広すぎたともいえよう。しかしながら、このことから、穂積の刑事法学の重要性（穂積の思想における重要性、立法への影響の重要性、また後進にとっての重要性等）を否定してよいということにならない。以下、穂積の刑事法学の全容の粗描を試みることにしたい。

### （1）刑法進化論

穂積の進化論的方法は、当然刑事法にも適用され、刑法進化の議論となる。穂積の刑法進化論は、いまだ完成品というわけにはいかないにしても、その輪郭はほぼ形成されていた。穂積によれば、人類の進化とは「個人と社會の調和一致」のことであり、法は「私力の公權化したもの」であるとされる[30]。そして、刑法もまた、復讐という私力から刑法という公権力へと進化したとするのである。

穂積によれば、この復讐から刑法への進化は、次のような段階を経て成し遂げられるとされる。つまり、第一に復讐義務時代、第二に復讐制限時代、第三に復讐禁止時代である。穂積によれば、「復讐は人類の自保性に起因する反撥作用にして、人類が文化高級の域に達し、其國家的生活の組織整備するに至るまでは、實に其存在發展の一要件[31]」であったとされる。穂積によれば、個人にせよ種族にせよ、自らへの攻撃に対して復讐できないものは亡んでいったのであり、「原始的生存競争場裡に於ては、個體及び團體の存續發達に最も必要なる作用に属するもの[32]」であったのであって、それゆえ、当初は復讐は義務とまでされたとされる。しかし、公権力が発達し、私闘がかえって公安を害することが自覚されるに至った。もっとも、復讐の観念は、先に見たように生存競争の必要条件であっ

---

29　なお、多少なりともより詳細な検討をしたものとして、拙稿・前掲論文（注2）参照。
30　穂積陳重『復讐と法律』（昭和6年）8-10頁。
31　同上、85頁。
32　同上、89頁。

たがゆえに、深く人心に浸透しており、すぐにこれを廃止するわけにいかず、そこで種々の制限が課せられるようになったとされる[33]。この制限時代の中で復讐は賠償へと進化し、そして、「國家の組織が漸く整備し、國權漸く確立するに隨つて」、「個體力の自衛作用は團體力の自衛作用に吸收せられ、人を殺すを以て個人に對する犯行なりとする觀念は、轉じて社會若しくは國家に對する犯行なりと看做さるゝに至り、私力は轉化して公權力となるものである」とされるのである[34]。

穂積の刑罰論は、このような刑法進化論の延長線上に位置づけられる。すなわち、穂積によれば、刑法の目的は社会防衛にあるのであるが、単に一般予防効果や特別予防効果などの達成をもって満足してはならないとされる。穂積によれば、「社會の心的滿足を得しむるは即ち其社會の存在を鞏くする所以」であり、「社會の滿足を得ざる法の行使が、往々社會的動亂の原因たるもまた周知の事實」であるから、社会の復讐心を満足させるのも社会防衛上、必要なこととされるのである[35]。

(2) 刑事政策論

穂積の刑事法・刑事政策に対する関心は、広く監獄、免囚保護、警察、少年法、陪審制などに及ぶものであった。その業績だけでなく、後進の育成も含めて、穂積が我が国の刑事法学の形成発展に大いなる貢献をした人物であることが明らかであろう。以下、いくつかのテーマを拾い上げてみることにしたい。

まず監獄論について、穂積は小河滋次郎を監獄学に導いた人間であり、彼自身も監獄について多少の事を論じている。そこでは、「法律は實に國民の進化を保護するを以て眞正の主義とすべし[36]」という醇化論の立場から「社會の非適者を芟除し、最適者をして益々生存發育せしむる[37]」ものとして監獄を重要視する。もっとも、穂積は、単なる社会防衛のために犯罪人を社会から隔離することを重んじるのではなく、教育や職業訓練を施し、再犯に走らないようにすることの重要性にも着目する。この点において、穂積は、免囚保護に関する海外の論文の訳

---

33　同上、125-126頁参照。
34　同上、66-67頁。
35　同上、83-84頁。
36　穂積・前掲書(注6) 141頁。
37　同上、143頁。

を行ったり[38]、原胤昭の事業を支援したりしていたのである。

次に警察学について、穂積は松井茂の研究を後押ししただけでなく、警察官たちに対して警察学の講義を行ったり、警察学に関する講演を行うなどしている。穂積によれば、「警察は行政権の直接作用に依て社會的生活の保全に對する障害を防除するもの」であり、その作用には、すでに生じた障害を取り除き、原状回復を行う「除的作用」と、障害が発生しない前からこれを予防し、原状維持を目指す「防的作用」とがあるとされる[39]。そして、特に後者のためにも、警察は諸科学の成果に基づき、障害の趨勢を的確に察知する必要があるとして、タルドなどの社会学の成果に関心を示している。

そして、少年法について、穂積は、「米國に於ける子供裁判所」において、非行少年の取扱いが「懲治主義より保護主義に移り、竟に廣き意義に於ける教育主義に歸するものであると考へる[40]」としている。穂積は、ここで、主としてアメリカの制度の紹介に従事しつつ、少年に対する教育主義の重要性を指摘しているのである。

（３）犯罪論（正当防衛論、刑事責任論、電気窃盗について）

穂積は、いわゆる犯罪論を体系的に展開しなかったことは事実である。しかしながら、これは、犯罪論について重要な発言をしなかったことを意味しない。ここでは、穂積の正当防衛論、刑事責任論、および電気窃盗に関する議論について、それぞれ簡単に見ていく。

まず、正当防衛論について、穂積は、その進化主義に基づきつつ、これを「法律の保護せる生存競争である」とし、「國家全體の生存を害せざる以上は」これを許すのは「勿論の事」であるとする[41]。そして、正当防衛権の範囲については、「人類の生存に必要なる條件は文化と共に増化するもの」であり、「文明の人民が完全なる生存を遂げんとならば、獨り生命と身體のみを持てりとてそれにて充分なりと云ふことは決して出來」ないとして、各国の刑法における正当防衛権の拡大の傾向を概観しつつ、生命身体のみならず、財産や名誉などについても正当防衛を認めるべきだとするのである[42]。

---

38　同上、312-330頁参照。
39　穂積・前掲書(注11) 600頁。
40　穂積陳重『穂積陳重遺文集　第三册』（昭和9年）309頁。
41　穂積・前掲書(注11) 75頁。

次に、刑事責任論について、穂積は、生理的心理学によって「犯罪人は皆な身體上の組織殊に腦髓の組織の不具若しくは痼疾を有する者[43]」であることが論証され、犯罪人は自由意思によって犯罪を実行するのではなく、身体の組織上、そうすることが決定されているとして、自由意思論・弁識能力論を諸科学の成果に照らして否定する。それでは、刑事責任はいかなる基礎の上に根拠づけられるべきかということについて、穂積は、刑法は「社會生存競争の働き」であり、「刑法が罪人に責任を賦當するは社會生存の必要に生ずるものなり」とするのである[44]。

そして、電気窃盗について、穂積は、近世法学の趨勢は擬制を避けて「自然的説明に従はんとするの傾向を示せり[45]」としつつ、「法律上電氣を物とすべきや否やは、其國法の執る所の主義に依りて其斷案を異にせざるべからず[46]」として、一般的に類推解釈を避けるべきで、殊に刑法では類推解釈は許されないということを前提に、「我邦に於ては、刑法上の『物』とは有體物を指[47]」すとし、電気窃盗の成立を認めた裁判所の判断を批判する。

**（４）穂積の刑事法学の特色について**

穂積の刑事法学の特色については、①研究方法と価値判断基準、②実証主義的「体系」、および③発展途上性の３点を挙げることができるであろう。

まず、穂積の刑事法学が進化論的方法によって支えられていたことは繰り返すまでもない。しかし、穂積が単なる記述的な研究のみに従事していたということはできず、刑事法においては、国民の進化に資するかどうかを価値判断の基準とした法律学が展開されていたといってよいであろう（そして、その国民の進化の中には、国民の権利の尊重が含まれていたといえる）。この点において、彼の議論は彼の方法論を超え出るものになっていたといってよいかもしれない。

次に、穂積の刑事法学は、刑事政策の重視や実証主義的犯罪論などの点で、我が国の新派の議論の原型ともいえる「体系」を形作っていた。例えば、犯罪論の領域においては、すでに牧野の新派刑法学・社会的責任論を先取りするような議

---

42　同上、78-79頁。
43　同上、62頁。
44　同上、65頁。
45　同上、535頁。
46　同上、536頁。
47　同上、565頁。

論が展開されている。しかし、穂積において特徴的なのは、進化論的な立場から国民の権利を重んじ、罪刑法定主義を堅持したことである。この点も、彼の法理学と刑事法学の連動性を示すものといえよう。

そして、何より、穂積の刑事法学は、その体系の発展の途上にあったところに特色があるであろう。穂積自身の関心は、もっぱら法理学にあったとはいえ、仮に彼の刑事法学の体系が完成していたならば、我が国の新派刑事法学の別の姿が出現していたかもしれない。

## Ⅲ 牧野法理学・刑事法学の形成[48]
―― 穂積法理学の継承と展開 ――

言うまでもなく、牧野の思想は、穂積陳重のみの影響のもとで形成されていったわけではない。牧野への影響を考慮すべき人物としては、例えば、富井政章、梅謙次郎、岡田朝太郎、有賀長雄、戸水寛人などの名を挙げることができるであろう[49]。しかし、牧野の思想全体に影響を与えた人物としては、やはり穂積陳重の名を筆頭に挙げるべきであるように思われる。その穂積の法理学と牧野のそれを比べて見た場合、すでに指摘のあるように、前者が立法の法理学であったとすれば、後者は解釈の法理学であったといってよいかもしれない。それは、両者がその思想を形成し、展開していった時期の違いを反映するものでもあった。いずれにしても、牧野の思想形成は、その置かれた状況の中で穂積のそれとの格闘を通じてなされたのである。以下、粗描を試みることにしたい。

### 1 牧野法理学の形成

牧野法理学は、穂積のそれと同様、一定程度の開明性をもつ国家主義によって支えられていたといえる。牧野は、初期の諸論考において、独逸や仏蘭西の文献を紹介しつつ、一方において急進的な社会主義を否定し、穏健な社会主義や民主主義の構想への賛意を表明し、他方において固陋な国家主義を否定している。牧野は、穂積から与えられた、社会主義に対抗しつつ、富国強兵を可能ならしめる

---

48 牧野理論の形成過程に関するより詳細な検討については、拙稿・前掲論文（注2）参照。
49 有賀や戸水の、牧野への影響については、拙稿・前掲論文（注2）参照。

政策・法律学の構築という課題を念頭に置きつつ、その法理学の根幹を精錬していった。牧野の胸中には、穂積らから受け継いだ、帝国主義諸国の熾烈な生存競争の中で大日本帝国をいかに維持・発展させるかという問題意識があったが、これは、むしろ観念的な国家主義とは袂を分かつ方向に牧野を動かしたといってよい。牧野は、いくら観念を逞しくしても、国家は維持されず、綿密な調査・周到な計算と果敢な実行のみが国家を真に強大なものたらしめると考えたのであり、これは穂積八束などとは異なり、穂積陳重の路線を受け継ぐものであったのである。

　もっとも、牧野の国家主義と穂積の国家主義が完全に一致するわけではない。穂積においては、国民の権利の進展はその国家主義にとっていわば必須のものだった。これに対して、牧野においては、個人の権利は社会の利益に吸収されていくものだった。牧野にとっては、それが権利概念の進化した姿ということになったのである。これは、天賦人権論の影響が色濃く残っていた穂積の時代と、権利よりも社会連帯を強調するようになった牧野の時代の違いを反映しているといってよいかもしれない。もっとも、この相違は、穂積の理論の否定というよりも、その基本路線を時代の状況に応じて論理的に徹底させたがゆえに生じたものである。この点に、基本的な枠組みは継承しつつ、牧野が穂積の理論を展開させた側面が看取できるであろう。

　上のような国家主義を土台としつつ、牧野は、法律学方法論を形成していった。これも、穂積の路線を引き継ぎつつ、時代の要請に明確に応じることができるものにされたといってよいであろう。つまり、すでに見たように穂積の方法論が表面的には記述的な実証主義（進化論）であり、かつ立法を強く意識したものであったのに対して、牧野のそれは、実証主義を土台とした目的主義を明確に打ち出し、立法のみならず、むしろ法律解釈の指針を示さんとするものであったといってよい。そのような方法論の形成にあたって、牧野が参照したのは、ジェニーやサレイユなどの新自然法論であった。もっとも、牧野自身が意識しているように、穂積の法理学もまた、単なる記述的な理論というよりも根底にその目的主義を有していたといってよい。その部分的な展開が、既述のように、例えば刑事法学における「国民の進化の保護」という基準の採用であったといってもよいであろう。牧野は、穂積の実証主義を受け継ぎつつ、穂積が全面的には打ちださなかった目的主義を、解釈論の方面において全面的に展開することによって穂積

法理学の継承と展開を図ったのである。

### 2 牧野刑事法学の形成

牧野の法理学がそうであったように、彼の刑事法学も穂積のそれを継承・展開することによって形成されたといってよい。それは、国家主義的進化論の刑事法学分野への適用であり、しかも、社会主義に対抗しつつ、「個人と社会の調和」や「国民の進化の保護」といった目的に資するように構成された政策学・法律学であったのである。しかし、牧野の刑事法学も、その法理学同様、穂積のそれと完全に一致していたわけではない。牧野の法理学が穂積の法理学を継承し、その時代の要請に従って独自の展開をなしたように、その刑事法分野への適用である牧野の刑事法学もまた、実証主義・政策主義といった基本路線は継承しつつも、独自の展開を見ていた。そして、それは、穂積が維持しようとした罪刑法定主義に対する牧野の態度などに看取できるのである。

## Ⅳ おわりに

この小稿においては、今日顧みられることの少ない穂積陳重の法理学・刑事法学の全体像を概観した上で、形成期の牧野がそれとどう向き合ったかについて若干の粗描をなした。牧野の法理学・刑事法学の形成については、例えば、富井や梅などとの関係についてより詳細に検討する必要があろう。しかし、ここでは、牧野がとくに師と仰いだ穂積陳重の理論と牧野のそれとの関係を粗描し、野村先生の古稀のお祝いに変えさせていただいた。野村先生の益々の御多幸と御活躍をお祈りしつつ、筆を置くことにしたい。

（本稿の作成にあたっては、平成24年度科学研究費若手研究（B）の助成の一部を受けた）

# 罪刑法定主義と慣習法処罰

増　田　　　隆

I　はじめに
II　罪刑法定主義をめぐる従前の議論
III　慣習法処罰の禁止の淵源
IV　国際刑法における慣習による処罰の肯否
V　おわりに

## I　はじめに

　罪刑法定主義が近代刑法の基本原則であり、これが尊重されるべきことに争いはない。罪刑法定主義が、近代刑法以前の時代においては確立されていなかったことの裏返しとしても、このことは明らかである。

　罪刑法定主義は、一般的に、「何人も、行為する前にあらかじめ国民の代表者からなる議会において犯罪とこれに対する刑罰が定められていないかぎり、当該行為は犯罪として処罰されない」[1]という原則と解されており、これは、民主主義的要請と自由主義的要請の双方により基礎づけられる。

　前者の要請から、罪刑法定主義の派生原理の一つとして、通説は、法律主義を導き出し、さらに、いわばその「裏返し」として、慣習法による処罰の禁止を帰結する[2]。他方で、法律主義の例外として、政令、白地刑罰法規、条例といった3法規が通常認めている。

　しかしながら、通説によるかかる理解は、一見すると矛盾しているように思わ

---

1　野村稔『刑法総論』（補訂版：1998年）42-43頁参照。罪刑法定主義については、瀧川春雄『罪刑法定主義』（1952年）、萩原滋『罪刑法定主義と刑法解釈』（1988年）、「〈特集〉罪刑法定主義の現代的意義」現刑3巻11号（2001年）4頁以下、大野真義『罪刑法定主義』（新訂2版：2014年）など参照。なお、判例法主義国イギリスにおける罪刑法定主義の動向については、前掲・大野167頁以下、及び、国際刑法における罪刑法定主義については、森下忠『国際刑法学の課題』（2007年）79頁以下参照。

れる。なぜなら、慣習法処罰を禁止する有力な論拠として、慣習法の不文法性を挙げる一方で、法律主義の例外である政令、白地刑罰法規、条例はいずれも成文法である点で共通しているからである。これは、通説が法律主義の両義性を暗黙に認めつつ、それをいわばア・プリオリな前提としていることによると思われる。

　通説がいう慣習法の不文法性は、確かに法律の成文法性に鑑みると妥当であろうが、そもそも法律主義が罪刑法定主義の民主主義的要請からの派生原理であることを考慮すると、民主主義的要請から成文法性が導出されるということになるが、かかる理解ははたして妥当なものといえるのであろうか。また、他方で、罪刑法定主義のもう一つの要請たる自由主義的要請からは、事後法処罰の禁止が導かれるが、これは事後法が成文法であるという形式的な理由により、不文法性とは関連性がないといえるのであろうか。

　さらに、目を国内刑法から国際刑法に向けてみよう。国際刑法は文言を忠実に解すれば、「刑法的な国際法」とも「国際法的な刑法」とも解することが可能であって、その限りでは、国際刑法はその一側面として「刑法」的性格を有していることは否定しえない以上、当然ながら、罪刑法定主義がその基本原理の一つとして国際刑法にも妥当しなければならないはずである。しかしながら、実際には、いささか事情が異なる場面がある。すなわち、それは、国際刑法においては、日本の国内刑法の場合とは反対に、成文法規により慣習違反を処罰することを正面から積極的に法定する立法例が散見される場合である。かかる事態は、少なくとも刑法理論の観点からは、ただちには賛成しえず、なにゆえ慣習法処罰が

---

2　木村亀二／阿部純二増補『刑法総論』（増補版：1978年）98頁、植松正「罪刑法定主義」35頁（日本刑法学会編『刑法講座　第1巻』（1963年）所収）、団藤重光『刑法綱要総論』（第3版：1990年）49頁、大塚仁『刑法概説（総論）』（第4版：2008年）64頁、福田平『全訂刑法総論』（第5版：2011年）27-29頁、内藤謙『刑法講義　総論（上）』（1983年）28頁、中山研一『刑法総論』（1982年）63頁、西原春夫『刑法総論　上巻』（改訂版：1993年）36頁、金澤文雄「罪刑法定主義の現代的課題」85頁（中山研一ほか編『現代刑法講座　第1巻』（1977年）所収）、藤木英雄『刑法講義総論』（1975年）36頁、大谷實『刑法講義総論』（新版第4版：2012年）59頁、堀内捷三『刑法総論』（第2版：2004年）19頁、曽根威彦『刑法総論』（第4版：2008年）15頁、川端博『刑法総論講義』（第3版：2013年）48頁、野村・前掲注（1）53頁、西田典之『刑法総論』（第2版：2010年）44-45頁、浅田和茂『刑法総論』（補正版：2007年）52頁、山中敬一『刑法総論』（第2版：2008年）67頁、前田雅英『刑法総論講義』（第5版：2011年）54頁、高橋則夫『刑法総論』（第2版：2013年）34頁、伊東研祐『刑法講義　総論』（2010年）18頁、井田良『講義刑法学・総論』（2008年）33-34頁、松原芳博『刑法総論』（2013年）28頁参照。

認められるかについて検討を加える必要がある。

そこで、本稿では、まず、国内刑法における罪刑法定主義の民主主義的要請及び自由主義的要請といった双方の要請により、派生する諸原則に関する従前の議論を整理・検討したうえで、次に、従来当然のように禁止されてきた慣習法処罰がいかなる実質的根拠でもって禁止されるかについて、前章の議論を踏まえつつ考察する。そして、最後に、対象を国内刑法から国際刑法に移して、前章でとり上げた国内刑法における慣習法処罰禁止をめぐる議論を土台に、国際刑法における慣習による処罰の法定が理論的に肯定されるのかについて考察を加えることにする。

## II 罪刑法定主義をめぐる従前の議論

罪刑法定主義は、民主主義的要請及び自由主義的要請の双方の要請から、派生原理が導出される。前者の要請は憲法31条に由来するとされ、これには2通りの意味がある[3]。一つは、「三権分立の要請」とも別称されることがあるが[4]、これは刑事立法権限が唯一の立法機関たる国会に専属し（憲法41条）、行政機関や司法機関は当該権限を持ちえないということである。もう一つは、代表民主制或いは議会制民主主義の思想を反映させた要請であり、これによれば、公選された国民の代表たる議員により構成される議会の議決によって、犯罪と刑罰は決定されなければならないということである[5]。かかる要請から派生する原理・原則が、形式的意味における法律によって犯罪と刑罰は定められなければならないという法律主義である。

もっとも、法律主義はあくまでも原則であって、それに例外があることは通説が認めるところである。その例外には、政令、白地刑罰法規、条例の3つがあるとされる[6]。

---

[3] 高橋・前掲注（2）31-32頁、内藤・前掲注（2）20-21頁、林幹人『刑法総論』（第2版：2008年）49-50頁参照。
[4] 平野龍一『刑法総論I』（1972年）65頁参照。
[5] 佐伯仁志『刑法総論の考え方・楽しみ方』（2013年）18頁（なお、同17頁は法律主義の根拠を憲法41条及び73条6号但書に求める）、松宮孝明『刑法総論講義』（第4版：2009年）19頁参照。
[6] 曽根・前掲注（2）15-16頁、高橋・前掲注（2）33-34頁、西原・前掲注（2）36頁、野村・前掲注（1）50頁。

まず、政令については、憲法73条6号但書が「政令には、特にその法律の委任がある場合を除いては、罰則を設けることができない。」と定めるように、「法律の委任」を条件に政令による処罰を認めている。よって、「憲法自身が、31条及び39条で罪刑法定主義を原則として掲げながらも、73条6号但書でその例外を認めており、それゆえ、政令処罰自体の肯否を論じるとなると、それはもはや解釈論の域を超越してしまうことになる。

　次に、白地刑罰法規については、一般的に「犯罪成立要件の細目を法律以外の下位規範に委ねている」[7]法規と定義されており、犯罪成立要件の輪郭を法律自体が示し、かつ、委任した下位規範が明らかになっていれば、政令処罰の場合と同様に、許容されるとされている[8]。

　最後に、地方公共団体が制定する法規範たる条例は、憲法94条が「地方公共団体は、その財産を管理し、事務を処理し、及び行政を執行する権能を有し、法律の範囲内で条例を制定することができる。」と定めるように、「法律の範囲内」を条件に制定することが憲法で認められている。それを受けて、地方自治法14条3項が「普通地方公共団体は、法令に特別の定めがあるものを除くほか、その条例中に、条例に違反した者に対し、2年以下の懲役若しくは禁錮、100万円以下の罰金、拘留、科料若しくは没収の刑……中略……を科する旨の規定を設けることができる。」と規定するように、法定刑が一定の限度内であれば、罰則を含む条例の制定を認めているが、憲法94条が刑罰法規を含む条例を制定することを認めているのか否かについては言及していない。そこで、条例処罰は、政令処罰とは異なり、合憲性が問題となる。

　この点に関しては、最高裁が「条例は、法律以下の法令といつても、上述のように、公選の議員をもつて組織する地方公共団体の議会の議決を経て制定される自治立法であつて、行政府の制定する命令等とは性質を異にし、むしろ国民の公選した議員をもつて組織する国会の議決を経て制定される法律に類するものであるから、条例によつて刑罰を定める場合には、法律の授権が相当な程度に具体的であり、限定されておればたりると解するのが正当である（圏点筆者）。」[9]と判示して条例による処罰を合憲とした。

---

7　曽根・前掲注（2）15頁参照。
8　髙橋・前掲注（2）34頁、野村・前掲注（1）51頁参照。
9　最大判昭和37年5月30日刑集16巻5号577頁。

最高裁は、条例処罰の合憲性を肯定する際に、条例制定過程と法律制定過程のアナロジーに着目した。すなわち、条例が「公選の議員をもつて組織する地方公共団体の議会の議決を経て制定される」過程が、「国民の公選した議員をもつて組織する国会の議決を経て制定される」過程と類似するとしたのである。さらに、それに加えて、地方自治法の授権が相当程度具体的かつ限定的である必要があるとしている。地方自治法の授権が実質的に相当程度具体的かつ限定的であるかは議論があろうが、通説は、単純な類似性のみでは罰則付条例の制定権を肯定せずに、類似性に加えて授権の相当程度の具体性・限定性を根拠に条例による刑罰制定権を合憲とした昭和37年最高裁大法廷判決を支持している[10]。

　先述したように、罪刑法定主義の民主主義的要請が、刑事立法権限を立法機関のみに専属させて行政・司法機関には当該権限を認めないという趣旨と刑罰法規の制定過程に代表民主制を反映されるという趣旨であることに鑑みれば、昭和37年最高裁大法廷判決には賛成でき、条例処罰を法律主義の例外として位置づけることは可能である。

　他方で、後者の要請は憲法39条に根拠をもつ。すなわち、同条は「何人も、実行の時に適法であつた行為又は既に無罪とされた行為については、刑事上の責任を問はれない。又、同一の犯罪について、重ねて刑事上の責任を問はれない。」

---

10 木村・前掲注（2）97頁、団藤・前掲注（2）48-49頁注2、平野・前掲注（4）66-67頁、大塚・前掲注（2）62-63頁、福田・前掲注（2）32頁注2、内藤・前掲注（2）29頁、中山・前掲注（2）9-10頁、西原・前掲注（2）36頁、藤木・前掲注（2）38-39頁、大谷・前掲注（2）58頁、堀内・前掲注（2）20頁、曽根・前掲注（2）17頁、川端・前掲注（2）47頁、野村・前掲注（1）52-53頁、浅田・前掲注（2）54頁、西田・前掲注（2）47頁、山中・前掲注（2）68-69頁、前田・前掲注（2）56頁、髙橋・前掲注（2）33-34頁、林・前掲注（3）57頁、山口厚『刑法総論』（第2版：2007年）12-13頁、伊東・前掲注（2）18頁、佐久間修『刑法総論』（2009年）13頁注2、井田・前掲注（2）35頁、松宮・前掲注（5）20頁参照。なお、松原・前掲注（2）28頁は「条例は、住民の代表による自治立法であって民主主義の要請を充たしているとはいえ、一院制であり長の専決処分が認められるなど、法律ほど慎重な審理は求められていない。もし、憲法31条の定める法律主義が、憲法41条以下で定められた国会の組織構成ならびに立法手続によって成立した『法律』に、民意の反映という民主主義の要請のみならず、恣意的で不合理な処罰の排除という自由主義の要請をも担わせようとするものであるとすれば、条例による処罰の合憲性には疑問の余地がないわけではない」とし、さらに、同29頁注11は「地方自治体の条例は、制定の手続が簡易であり、特に法制審議会等の専門家によるチェックを免れているため、刑法の基本原則からみて疑問のあるものが少なくない」とする。しかし、条例制定手続の相対的簡易さを理由に条例による刑罰制定権自体に違憲の疑いがあるとするのであれば、それは妥当であるとは思われない。なぜなら、手続を慎重にすれば、違憲の疑いがある刑罰法規が制定される蓋然性は限りなく低くなるとは必ずしもいえないであろうし、さらに、仮にもかかる事態が生じた場合には、実体的デュー＝プロセスの理論を用いて、当該刑罰法規を無効にすることが可能であるからである。

と規定し、行動に対する委縮効果を予防して行動の自由を保障すべく、行為時に何が適法であって、何が違法であるかを明らかにしておかなけばならないとするのである。同条にいう「適法」は、必ずしも、たとえば他人に推奨できるほどの適法という意味ではなく、違法であるが罰則が設けられていないという意味も含意すると通説は解している[11]。

かくして、罪刑法定主義から二つの要請により諸々の派生原理が導かれるが、これらは形式的に理解すべきではないという見解が有力である[12]。すなわち、派生原理に形式的にあてはまらないから問題にならないと考えるべきではなく、罪刑法定主義の派生原理に実質的に適合するか否かの考慮が必要なのである。こうしたことを踏まえれば、たとえば、後述するように、国際社会では形式的意味における法律を観念しえないから、法律主義は国際刑法には妥当しないという形式論的帰結は否定されることになる。

## Ⅲ 慣習法処罰の禁止の淵源

慣習法処罰を禁止する根拠として、学説の中には、「罪刑法定主義は、形式的意義における法律によって定められることを要請する。したがって、慣習法は、法源とはなりえない。」[13]とする見解もあるが、かかる見解では、慣習法の法源性が否定される実質的論拠が必ずしも明らかであるとはいえないであろう。そこで、かかる見解をさらに一歩進めて、たとえば、「成文の法律がなければ刑罰はない」[14]とか、「成文法化されていない慣習刑法は禁止される」[15]のように、慣習法の不文性を根拠とする学説がある。この見解は、形式的意味における法律の成文法性を慣習法が付帯していない点に着目している。

形式的意味における法律が成文法規であることは、通常、いわば「自明の理」として承認されているが、はたしてそれはいかなる根拠に裏づけされているのであろうか。

---

11 佐伯・前掲注(5) 19頁参照。
12 平野・前掲注(4) 65頁参照。
13 山中・前掲注(2) 67頁参照。
14 佐久間・前掲注(10) 13頁参照。
15 髙橋・前掲注(2) 34頁参照。

形式的意味における「法律」それ自体の意義については、憲法上に明文がないばかりか、たとえば国会法のような法律上にも明文の定めもない。そこで、専門用語辞典を参照してみると、「日本国憲法の定める方式に従い、国会の議決を経て制定される国法の形式」[16]と解されており、よって、法律の辞書的意義、すなわち語義からは、法律の成文法性を演繹できない。もっとも、現行の法律に不文法形式の法律が実際には存しないことに鑑みると、法律が成文法規であることは否定しえないが、それはなぜなのであろうか。
　ここで、「国会の議決を経て制定される国法の形式」という意義に着目して、法律が制定されてから施行されるまでの手続の各段階について考察してみよう。
　法律の制定過程の概略は以下の通りである[17]。まず法律案が提出され、それが議院で審議される。その後、衆議院と参議院の両議院で可決されたときに、法律案は法律となる（憲法59条1項）。さらに、法律は公布を経て施行される。こうした手続の各段階は、およそ成文形式でなければ、成り立ちえないであろうから、各段階が成文法性を前提にしているのではなかろうか。すなわち、法律案の提出、審議、可決のいずれも成文形式でなければ、およそ観念しえないのである。
　さらには、公布・施行に関していえば、法の適用に関する通則法2条本文が「法律は、公布の日から起算して二十日を経過した日から施行する。」と規定することから、公布は施行要件として不可欠の手続であると解される[18]。公布方法については、以前は公式令に官報に掲載すると規定されていたが、日本国憲法施行に伴い公式令は廃止された。今日では、公式令に代替する成文法制度は創設されておらず、慣行として公式令の方式がそのまま踏襲されているが[19]、官報への掲載も、不文法の掲載は観念し難いから、成文法を前提にしたものであるといえよう。
　かくして、法律の成文法性は、発案から施行に至るまでの各段階の手続が、成文法であることを当然の前提として、規定されていることにより、事実上担保されているにすぎないと解される。すなわち、これは、罪刑法定主義から民主主義的要請により理論的に導出される原理が、法律主義であることを裏側から基礎づ

---

16　法令用語研究会編『法律用語辞典』（第4版：2012年）1052頁参照。
17　詳細は、渋谷秀樹『憲法』（第2版：2013年）566-567頁参照。
18　宇賀克也『行政法概説Ⅰ 行政法総論』（第5版：2013年）14頁参照。
19　最大判昭和32年12月28日刑集11巻14号3461頁。

けることになると思われ、法律の成文法規性は、発議から施行にいたるまでの各段階で、基礎づけられているのである。

　他方、慣習法とは本来いかなる性格のものであるのか。慣習法は、文字通り、慣習が法になったものであるが、それでは、両者の特質はいかなるもので、かつ、これは罪刑法定主義の観点から意味があるものなのかが問題となる。

　刑法の領域では、圧倒的多数説が、前述のように、慣習法による処罰を原則的に認めていないから、当然ながら、慣習法以前の慣習による処罰も認められないということになる。そのため、慣習法と慣習の違いについては、刑法学では従来ほとんど議論されてこなかったといってよい。そこで、刑法に限定せずに、法学一般の領域での見解を参照すると、両者は以下のように解されている。

　　「慣習法は民衆のあいだに——地方的または全国的規模で——自然発生的に生成するものである。慣習は、民衆のあいだに法的確信——『ある一定の事項について紛争がおこったときはこの慣習によって解決されることになるのだ』という意識——が生じたとき、慣習法となる」[20]

　すなわち、慣習と慣習法の違いは「法的確信」の有無に求められるが、この差異は刑法上意味があるものであるかはかなり疑わしい。しかし、両者は、「自然発生的に生成するもの」である点で共通しており、これが罪刑法定主義からは承服しえない根拠になろう。なぜなら、「自然発生的に生成するもの」であれば、規範制定主体が不特定又は多数の者であって、かかる者が公選されたとはいえないであろうし、さらには、民主主義的プロセスを経て制定された規範であれば、それは当然に意図的に作成されたものに限られるわけであるから、自然発生的に生成した規範は民主主義的に制定されたとはおよそいい難いからである。さらに、仮に「自然発生的に生成するもの」を民主主義的に事後承認するというのであれば、それは慣習或いは慣習法の内容を法律にしたことにほかならず、よって、それはもはや慣習法とはいえないことになろう[21]。

　他方で、慣習法は不文法であるが、このことは罪刑法定主義の自由主義的要請といかなる関係があるのであろうか。

---

20　団藤重光『法学の基礎』（第2版：2010年）185-186頁参照。
21　団藤・前掲注(20) 186頁参照。

従前より、この自由主義的要請からの派生原理に事後法処罰の禁止があるとされているが、これは、行為時に適法であった行為を、行為後に制定した法律に基づいて処罰することを禁止することである。すなわち、事後法であれ、この場合には処罰根拠を法律に求めている以上、法律主義には反しないといえる。しかし、ここで、視点を変更して、行為時の観点から再考してみると、行為時には存在していなかった、すなわち、存在していない以上成文法がなかったわけであるから、不文法により処罰するとみることも可能であろう。とすれば、事後法処罰の禁止は、事後的成文法処罰の禁止という意味であって、これは見方を変えれば、行為時不文法で処罰することを禁止していると解することもできる。

　このことは、以下のようにも説明しうる。すなわち、そもそも、事後法により処罰することが禁じられるのは、行為時に可罰的でなかった行為を処罰すると、委縮効果が作用して行動の自由が著しく制約されかねないからである。とすると、行為時には何が適法であって、何が違法であるかがはっきりとわからなければ萎縮効果が生じかねないということになる。しかし、慣習法のような不文法では、行為時に成文の形で存在しない以上、慣習法が禁止する内実が周知徹底されることには限界がある。それゆえ、行為時に成文法が存在することが必要なのであり、行為時に不文法たる慣習法により処罰することは自由主義的観点からも禁止されると基礎づけることは可能なのである。

　かくして、慣習法処罰の禁止は、慣習法の生成過程に着眼するときは民主主義的要請から、さらには、不文法性に着目するときは自由主義的要請からそれぞれ帰結されるということになる[22]。その限りでは、通説が慣習法処罰の禁止を法律主義の裏返しとして位置づける点には反対である。なぜなら、民主主義が成文法を要請するとは必ずしもいえず、たとえば、独裁主義も成文法を要請するといえなくもないからである。

　法律は発議から施行に至る各段階で成文性が保障されている以上、法律が成文法規であることは否定しえないものの、法律主義があくまでも罪刑法定主義の民主主義的要請からの派生原理であることを重視するのであれば、慣習法の成文性欠如は、法律主義違反の根拠として位置づけるべきではないのである[23]。

---

22　西田・前掲注（2）44頁以下は、成文法主義を法律主義に分類する位置づけをしているが、成文法主義は理論的には民主主義的要請というよりはむしろ、自由主義的要請によると位置づけるべきと解する以上、疑問が残る。

## IV 国際刑法における慣習による処罰の肯否

　日本においては、慣習法処罰の禁止が直截に実定法に規定されることはなく、あくまでも憲法に根拠を持つ罪刑法定主義の派生原理から導かれているにとどまる。その意味では、慣習法処罰の禁止は、二重の派生原理であるともいえる。他方、国際刑法においては、慣習法処罰をむしろ積極的に正面から認めているかのように思われる立法例が散見される。国際刑法も「刑法」であることに変わりはないのであるから、かかる「矛盾」状態ははたして刑法学の観点から肯定できるのか検討する必要がある。この点については、国際社会においては、国内刑法をモデルとした罪刑法定主義は本来的に要請されないという見解がある[24]。これは刑法が国家刑罰権の根拠となるという古典的発想に基づく。しかし、仮にそうであれば、後述の国際刑事裁判所規程が罪刑法定主義の根拠規定をわざわざ設けていることを合理的に説明しえない。

---

23　なお、慣習法処罰禁止原則は実体法的にとどまらず、手続法的にも保障されていると解される。裁判所法3条は「裁判所は、日本国憲法に特別の定のある場合を除いて一切の法律上の争訟を裁判し、その他法律において特に定める権限を有する。（圏点筆者）」と規定している。また、公訴の提起段階においては、刑訴法256条2項3号は起訴状に罪名を記載することを要するとし、さらには、同条4項は罪名は適用すべき罰条を明示して記載することを要すると定めている。判例は、罪名及び罰条の記載を求める趣旨として、「罪名、罰条は訴因の法律構成を明確にするために記載されるもので、訴因と離れて独自の意味をもつものではなく、とくに罰条の記載が、刑事訴訟法第256条第4項但書の趣旨に照らし、訴因の記載に対する附加的、補充的なものであることはもとより否定できないが、これによって被告人に検討の機会を与え、被告人の防禦権行使を容易ならしめようとする」（東京高判昭和50年12月17日東時26巻12号216頁。他に同旨の判例として、東京高判昭和29年8月31日東時5巻8号341頁。なお、河上和雄ほか編『大コンメンタール　刑事訴訟法　5巻』（第2版：2013年）（古田佑紀＝河村博）221頁）ものとしていることからも明らかなように、罪名及び罰条の記載は被告人の防禦権行使に際して重要な意味を有する。罪名の記載については、「刑法犯では、殺人、強姦等の刑法の各条文の見出しの罪名を記載するのを基本とし、これに『刑事統計調査規程』（法務大臣訓令）で定められた罪名を参考にするのが一般的である」とされ（河上・前掲書222頁）、他方、罰条の記載は犯罪構成要件を定めた規定を規定するとされる（河上・前掲書222頁）。さらには、判決宣告手続の段階では、刑訴法335条が「有罪の言渡をするには、罪となるべき事実、証拠の標目及び法令の適用を示さなければならない。（圏点筆者）」と定める。したがって、慣習法違反を理由とした刑事手続は、現行法の下では、不可能であると思われる。なお、木村・前掲注（2）98-99頁も併せて参照。

24　*Stefan Glaser*, Le principe de la légalité des délits et des peines et le procès de criminels de guerre. RDPC, No.3，1947, p.230, Le principe de la légalité en matière pénale, notamment en drcit codifié et en droit coutumier. RDPC, No.10, 1966, p.920. この見解は、公表時期からみて、東京・ニュルンベルク両裁判を正当化する論拠の一つとされたものである。なお、森下・前掲注（1）79-80頁及び82-83頁も併せて参照。

そこで以下では、考察対象をいわゆる国際化された法廷（internationalized court）或いは混合法廷（mixed court：hybrid court）の裁判規程を含めずに、もっぱら第二次世界大戦以降の純粋に国際的な刑事（或いは軍事）裁判における裁判規程に絞り、個別・具体的に考察を進めていくことにする。

第二次世界大戦後に臨時に或いは特別に設置された戦犯処罰のための国際裁判として、東京裁判及びニュルンベルク裁判がある。両者は日本・ドイツの両敗戦国の戦争犯罪人を戦勝国が裁くという「勝者の裁き」といわれることもあり、その限りでは、両者には共通点も多いが[25]、裁判規程の実体法的各則規定に着目すると相違がみられる。

東京裁判における裁判規程である極東国際軍事裁判所条例5条（ロ）は以下のようになっている。

　　通例の戦争犯罪　即ち、戦争の法規又は慣例の違反。

当該規定では、「又は」という択一関係を示す文言で「法規」と「慣例」をつないでいるから、「戦争の法規の違反」及び「戦争の慣例の違反」を処罰すると明記しているわけである。それゆえ、極東国際軍事裁判所条例は慣習法による処罰を法定しているということになる。さらに、極東国際軍事裁判所条例は、戦争犯罪として、単に「戦争犯罪」とではなく、「通例の戦争犯罪」と規定している。ここでわざわざ「通例の」という文言を修飾したことに鑑みれば、「通例でない戦争犯罪」という類型も存在することが推定されよう。しかしながら、「通例の戦争犯罪」とはいかなるものかについては、必ずしも明らかでないために、法文では、「戦争の法規又は慣例の違反」を併記しており、これにより、何が「通常の戦争犯罪」かが特定できると条例制定時に考えられたのであろう。

しかしながら、「通常の戦争犯罪」が「戦争の法規又は慣例の違反」といったところで、戦争犯罪の内実が明らかになったかといえば、そうではない。すなわち、「戦争の法規又は慣例の違反」が何を指すのかが判然としないといえるが、これは慣習法処罰の禁止に抵触するだけでなく、明確性の原則にも反するという

---

25　たとえば、*Phillpp Osten*, Der Tokioter Kriegsverbrecherprozeß und die japanische Rechtswissenschaft, 2003, アーノルド・C・ブラックマン／日暮吉延　訳『東京裁判——もう一つのニュルンベルク』（1991年）など参照。

ことになろう。

　他方で、ニュルンベルク裁判における裁判規程であるニュルンベルク裁判所条例6条（b）は以下のようになっている。

> 戦争犯罪：戦争の法規又は慣例の違反。次のものを含むがこれに限定されない（WAR CRIMES: namely, violations of the laws or customs of war. Such violations shall include, but not be limited to）。
> 　いかなる目的によるのであれ文民の殺人、虐待若しくは奴隷労働のための移送、又は占領地におけるそれらの行為、又は、捕虜若しくは海上のある者の殺人若しくは虐待、人質の殺人、公有若しくは私有財産の掠奪、都市、街若しくは村落の放縦な破壊、又は軍事的必要により正当化されない荒廃化（murder, ill-treatment or deportation to slave labor or for any other purpose of civilian population of or in occupied territory, murder or ill-treatment of prisoners of war or persons on the seas, killing of hostages, plunder of public or private property, wanton destruction of cities, towns or villages, or devastation not justified by military necessity）

　当該規定は、極東国際軍事裁判所条例5条（ロ）とは異なり、「通例の戦争犯罪」というような規定ではなく、単に「戦争犯罪」は「戦争の法規又は慣例の違反」であるとし、さらには、具体的な犯罪類型を列挙している。しかしながら、「次のものを含むがこれに限定されない」としていることから、ここでの列挙は例示列挙ということになる。

　列挙された犯罪類型が明確であるか否かについては大いに疑問があるが、仮にそれを無視するとしても、ニュルンベルク裁判所条例6条（b）が極東国際軍事裁判所条例5条（ロ）と同様に、「戦争の法規又は慣例の違反」と規定すること及び具体的類型の例示列挙に鑑みると、ニュルンベルク裁判所条例6条（b）が、「戦争の慣例の違反」を可罰的とする余地を明文で認めていることになる。

　かくして、両裁判規程は「戦争の慣例の違反」の可罰性を法定しているのであるが、法定さえしていれば、慣習法処罰は妥当といえるのであろうか[26]。

　そもそも、慣習法による処罰が認められない実質的根拠は、「慣習法はその内容が必ずしも国民一般に周知のものであるとはかぎらず、その範囲も不明確で

---

26　本稿の論旨からすれば、事後法処罰の禁止と慣習法処罰の禁止は重畳する部分もあるが、前者に固有の（しかも根本的な）問題もある。しかし、この問題には本稿では立ち入らない。

あって、刑罰を法効果とする規範たるにふさわしくないからである」[27]とされている。すなわち、内容の周知不足及び範囲の不明確性を理由として、慣習法処罰が認められないのである。とすれば、両裁判規程の場合には、当該慣習法の内容が国際社会に周知されていたかが問題となる。

この点、第二次世界大戦以前にも、いわゆるハーグ法やジュネーブ法といった現在の用語法にいう国際人道法あるいは武力紛争法は、その内容が不完全でありながらも、成文形式で存在していたといえるから、当該慣習法の内容が広く知られていたということはできるともいえる[28]。しかし、国際人道法関連の条約は、本来的に個人責任を追及するための規範ではなく、たとえば捕虜虐待を行わないように締約国に必要な措置を講ずるように求めるものであって、当該条約がそのまま刑事裁判のための規範になることは予定されていない。さらに、それに関連して、必要な措置として締約国に違反者を処罰するように国内法化を求める明文規定も見られない[29]。

もっとも、こうした見解に対しては、国際人道法違反のような行為を仮に国内で行えば、当時の国内刑法における重大犯罪にあたるのは確実なのであるから、国際人道法に罰則規定やそれを求める明文規定が欠如していたとしても、可罰性を肯定できるという見解もありえよう[30]。しかし、仮に犯罪規定は存在したと認めたとしても、罰則規定を欠くということは、犯罪法定主義は充足するが、刑罰法定主義は充足しないということになる。あくまでも、罪刑法定主義は犯罪と刑罰の双方が法定されていることが不可欠の要件である。さらに、規範論の観点からは、かかる場合には、行為規範性は肯定しえたとしても、制裁規範性及び裁判規範性は否定されると説明されることになろう[31]。したがって、いずれの理由によるにせよ、東京・ニュルンベルク両裁判規程における「戦争の慣例の違反」の可罰性法定は妥当ではない。

東京・ニュルンベルク両裁判以後に設けられた国際アドホック刑事裁判法廷として、いわゆる旧ユーゴ国際刑事裁判所（ICTY）がある。ICTYの裁判規程であ

---

27　西原・前掲注（2）36頁参照。
28　国際人道法の形成過程については、藤田久一『国際人道法』（補訂版：2000年）5頁以下参照。
29　たとえば、いわゆる航空機不法奪取条約（860 U.N.T.S 105）2条は、締約国に条約の罰則を含む国内法化を義務づけている。
30　旧ユーゴ法廷規程を念頭に置いた見解であるが、ほぼ同旨の見解として、多谷千賀子『戦争犯罪と法』（2006年）15頁参照。

る「1991年以後旧ユーゴスラビアの領域内で行われた国際人道法に対する重大な違反について責任を有する者の訴追のための国際裁判所規程（以下、「ICTY 規程」と略す）」[32] 3 条は以下の通りである。

> 国際裁判所は、戦争の法規又は慣例に違反した者を訴追する権限を有する（The International Tribunal shall have the power to prosecute persons violating the laws or customs of war.: Le Tribunal international est compétent pour poursuivre les personnes qui commettent des violations des lois ou coutumes de la guerre.）。その違反には、次のことが含まれるが、これに限定されるものではない（Such violations shall include, but not be limited to: Ces violations comprennent, sans y être limitées）。

ICTY 規程 3 条は、「戦争の慣例の違反」を可罰的とする点で、東京・ニュルンベルク両裁判規程と共通し、かつ、例示列挙がある点ではニュルンベルク裁判所条例と同じである。それゆえ、ICTY 規程 3 条の問題性は東京・ニュルンベルク両裁判規程の場合と共通するが、ICTY 規程の制定過程や社会的・時代的背景は東京・ニュルンベルク両裁判前夜とは大きく異なるので、別途検討する必要がある。

まず、東京・ニュルンベルク両裁判規程がいわば「戦勝国のみの話合い」により制定されたのに対して、ICTY 規程は国際連合（以下、「国連」と略す）安全保障理事会（以下、「安保理」と略す）決議に基づくが、かかる事情が慣習法処罰の肯否に何らかの影響を及ぼすかが問題となる。

罪刑法定主義の民主主義的要請、すなわち三権分立的要請によれば、刑罰法規制定権限が立法機関のみに専属している必要があるが、国連安保理が純然たる立法機関であるとは言い難いし、さらには、国際社会に対して、一国内における三権分立を求めること自体がそもそも無理があるともいえよう。それゆえに、国際刑法においては、国内刑法をモデルとした罪刑法定主義の民主主義的要請を期待

---

31 刑法規範における規範動態論については、野村稔「刑法規範の動態論」研修495号（1989年）3頁以下、同・前掲注（1）39頁以下参照。なお、高橋・前掲注（2）31-32頁注2は「この三権分立の思想は、罪刑法定主義が裁判官に向けられているという『刑罰法規の名宛人』を述べているにすぎず、刑法の事後的な制裁規範性のみを考慮するものであり、罪刑法定主義の本質的内容を示すものではない。罪刑法定主義の本質的内容は、刑罰法規から派生する行為規範性の問題である。」とする。
32 UN Doc. S/25704. ICTY は1993年 5 月25日国連安保理決議827により設立された。

することができない以上、当該要請からは、慣習法による処罰の禁止の原則を基礎づけることはできないということになろうと考えられなくもない。しかしながら、国内刑事立法における民主主義的過程と同一の過程を国際社会にも求めて、それが叶わないから、当該禁止を基礎づけることができないと考えるのであれば、それは一種の形式論理の積み重ねにすぎず、説得性を欠くと思われる。

　ここで必要なのは、実質的考察である。そのため、国内刑事立法における民主主義的過程と同視しうる過程で制定されているといえるのであれば、罪刑法定主義の民主主義的要請に応じていると考えるべきである。したがって、国連安保理決議に基づく裁判規程たるICTY規程が民主主義的プロセスを経て制定されたことそれ自体は肯定してもよかろうと思われる[33]。

　一方で、罪刑法定主義の自由主義的要請からは、行為時に成文形式で刑法規範が存在している必要がある。それゆえに、ICTY規程における事後法処罰の肯否が問題となる。

　この点につき、ICTY規程は事後法処罰の禁止の原則に反しないとする立場からは、その根拠として、旧ユーゴ紛争当時にはすでに疑う余地がないほどに国際慣習法が確立していたことが強調される[34]。確かに、このことには一応の合理性があるようにも思われる。

　たとえば、1948年にはいわゆるジェノサイド条約が、1949年にはいわゆるジュネーブ諸条約が、1950年にはニュルンベルク裁判所条例および同裁判所の判決において認められた国際法の諸原則（以下、「ニュルンベルク諸原則」と略す）がそれぞれ採択されている。また、ニュルンベルク諸原則第6原則は平和に対する犯罪、戦争犯罪、人道に対する犯罪を犯罪として明定する一方で、ジェノサイド条約6条は、実際には実現しなかったものの、同2条の定義を犯罪の定義として、国際的な刑事裁判所でそのまま用いることを予定している。さらに、市民的及び政治的権利に関する国際規約（以下、「国連人権B規約」と略す）[35]15条1項における「実行の時に国内法又は国際法により犯罪を構成しなかった作為又は不作為（act

---

33　Prosecutor v. *Tadić*（Appeals Chamber）, decision of 2 October 1995, para.92.
34　ICTY規程における罪刑法定主義をめぐる問題は、慣習法による処罰の問題よりはむしろ、事後法処罰の禁止、言い換えれば、遡及処罰の禁止の問題として大きくクローズアップされてきたように思われる。多谷・前掲注（30）15頁、*Tadić*, note（33）, para.105.
35　U.N.Doc. A/6316. 1966年第21回国連総会において採択され、1976年に発効、日本は1979年に批准した。

or omission which did not constitute a criminal offence, under national or international law, at the time when it was committed: actions ou omissions qui ne constituaient pas un acte délictueux d'après le droit national ou international au moment où elles ont été commises)」にいう「国際法」は成文法に必ずしも限定されておらず、さらには国際慣習法を排除するとも記述されていない。すなわち、「国際法」に不文法たる慣習法を読み込んだうえで解釈して可罰性を肯定しても、国連人権B規約違反にはあたらないと解することは可能なのである。しかしながら、ジュネーブ諸条約については、そのまま刑事裁判規程として用いることが、少なくとも制定趣旨からは予定されていないと思われる。さらに、ジェノサイド条約やニュルンベルク諸原則には法定刑が設定されていない以上、刑罰法定主義に違反するともいうるのであり、その意味では、東京・ニュルンベルク両裁判規程の場合の批判と同様な批判があてはまる。

　この点につき、ICTY規程24条1項を根拠に刑罰法定主義違反のそしりはあたらないとする見解もある[36]。すなわち、これは、旧ユーゴ時代の刑事裁判の量刑実務を参考にしなければならない以上、被告人は不当に重い宣告刑を不意打ちで言い渡される可能性は低いから、刑罰法定主義違反にはあたらないとする見解である。しかし、同項が拘禁期間の決定に際しては、旧ユーゴの裁判所における拘禁刑に関する一般慣行に依拠するとしている以上、この論法は一種の循環論法と何ら異なるものではない。やはり、刑罰についても成文法により規定する必要があるのである。

　したがって、かく解すれば、ICTY規程3条の「戦争の慣例の違反」の可罰性には疑問がある。

　では最後に、国際刑事裁判所規程（以下、「ローマ規程」と略す）[37]ではどうであろうか。

　ローマ規程5条は「裁判所は、この規程に基づき次の犯罪について管轄権を有する（The Court has jurisdiction in accordance with this Statute with respect to the following crimes: En vertu du present Statut, la Cour a competence a l'egard des crimes suivants)」と定め、管轄犯罪はローマ規程に規定されたものに厳格に限定されてい

---

36　多谷・前掲注(30) 15頁。
37　37 I.L.M (1998), pp.999 et seq..

る。さらに、同8条2項（b）及び（e）は「法規及び慣例に対するその他の著しい違反、すなわち、次のいずれかの行為（Other serious violations of the laws and customs——namely, any of the following acts: Les autres violations graves des lois et coutumes——a savoir, l'un quelconque des actes ci-apres)」と定めるように、具体的な犯罪の列挙は例示列挙ではなく限定列挙である。それゆえに、ローマ規程は、まず、5条で管轄犯罪の一般的射程を定めつつ、同8条2項（b）及び（e）においても、いわば「開かれた各則規定」の規定を採用せずに、ローマ規程内で完結するようになっている。

また、同8条2項（b）及び（e）にいう「法規及び慣例に対するその他の著しい違反」は、東京・ニュルンベルク両裁判規程及びICTY規程における場合と異なり、「法規」と「慣例」が「又は（or）」ではなく、「及び（and）」で接続されており、「法規」と「慣例」は並列関係になっている。すなわち、かかる文言形式により、「法規に対する著しい違反」又は「慣例に対する著しい違反」というように二通りの違反を観念することはできず、ここでは「法規慣例に対する著しい違反」という意味でしか解することができない。換言すれば、同8条2項（b）及び（e）は、「慣例」という用語を用いながらも、それは同時に法規性も帯びている必要がある以上、不文法たる慣習に対する著しい違反だけでもって処罰することはできないのである。さらに、管轄犯罪がローマ規程に列挙されたものに限定される以上、成文性は保障されているわけであるから、それは成文化した慣習ということになる。それゆえ、それは成文であり、かつ、ローマ規程が事後法でない以上、罪刑法定主義の自由主義的派生原理に抵触しない。もっとも、「成文化した慣習」であっても、それが慣習的要素を依然として包含しているかもしれないから、その限りで、慣習法であるのではないかという疑問が生じうるが、通説が慣習法による処罰禁止原則に例外を認めていることから、かかる場合であっても問題はないと解される[38]。したがって、ローマ規程においては、ローマ規程以前の国際刑事裁判規範とは異なり、不文法たる慣習法を直接的根拠として処罰する可能性を法文上排除しているわけであるから、もはや慣習法処罰の肯否は問題とすらなっていないといえるであろう。もっとも、ローマ規程上の犯罪は国際慣習法により定義づけられているという見解もある[39]。しかし、ローマ規程が国連安保理決議に基づくのではなく、国際条約であることに鑑みると、先述のアナロジー論からは、ICTY規程の場合よりも、民主主義的要請に応えうるものであ

るといえるであろうし、さらには、ローマ規程24条が、日本国憲法39条と同様に事後法処罰の禁止を明言し、かつ、ローマ規程8条2項（b）及び（e）の戦争犯罪類型が限定列挙であることを加味すれば、ローマ規程は、同22条及び23条の規定通りに、罪刑法定主義を確立しているといえ[40]、それゆえに、ローマ規程においては、慣習法処罰の問題は、もはや解決済みであるとさえもいえるように思われる。

## V　おわりに

　罪刑法定主義は近代刑法の基本原理の一つであると同時に、そこから民主主義的・自由主義的要請により、諸々の派生原理も産出する多義的な原理であるともいえる。かかる派生原理のうちの一つである法律主義は、憲法31条を根拠に、罪刑法定主義の民主主義的要請により導き出される。そして、通説は、法律主義からの帰結として、慣習法による処罰の禁止を挙げるが、その論拠として有力な立場は、慣習法の存在形式が不文形式であることに求めている。これは法律が成文形式で存在することのいわば裏返しによるものである。

　しかしながら、法律が成文法規であるということは、法律それ自体の意義から論理的に導き出すことは困難であり、法律の制定過程及び公布・施行といった一連の手続の各段階が、法律が成文形式で存在することを当然に予定していること

---

[38]　たとえば、水利妨害罪（刑123条前段）における水利権の解釈のように、慣習法を処罰のための直接的根拠規定とすることには反対であるが、解釈の際の補助規範として援用することまでも禁止しないというのが判例（大判昭和4年6月3日刑集8巻302頁）・通説の立場である。木村・前掲注（2）98-99頁、植松・前掲注（2）38頁、団藤・前掲注（2）49-50頁、大塚・前掲注（2）64頁、福田・前掲注（2）28頁、内藤・前掲注（2）28頁、中山・前掲注（2）63頁、西原・前掲注（2）36頁、金澤・前掲注（2）89頁、藤木・前掲注（2）36頁、大谷・前掲注（2）59-60頁、堀内・前掲注（2）19頁、曽根・前掲注（2）15頁、川端・前掲注（2）48頁、野村・前掲注（1）53頁、浅田・前掲注（2）52頁、山中・前掲注（2）67頁、高橋・前掲注（2）34頁、佐久間・前掲注(10) 13-14頁、井田・前掲注（2）34頁注15参照。
[39]　*Brian D. Lepard*, International Customary Law A New Theory with Practical Applications, 2010, p. 3.
[40]　クレースはローマ規程において人類史上初めて罪刑法定主義が確立したという意味を込めて、「前例がない」（unprecedented）と称賛している。*Claus Kreß*, 'The International Criminal Court as a Turning Point in the History of International Criminal Justice', *Antonio Cassese* ed., The Oxford Companion to International Criminal Justice, 2009, p.145. なお、*William Schabas*, The International Criminal Court A Commentary on the Rome Statute, 2010. p.404.

から事実上基礎づけることができるにすぎないと解される。

　そのため、民主主義的要請の本来的意味からすれば、民主主義的要請から刑罰法規の成文法規性を理論的に導くことには疑問が残るように思われる。さらに、民主主義的要請から不文法性を導くことも、不文法主義国家の中にも民主主義国家が存在することに照らすと、可能であろうとも思われる。それゆえ、民主主義的要請と成文法規性との間には、直接的な論理的結びつきはないように思われる。

　他方で、罪刑法定主義の自由主義的要請による派生原理として、事後法処罰の禁止があるが、これは、事後的に制定されたのであれ、法律に根拠を置きながら、処罰しているのであるから、法律主義には反していないといえるし、その限りでは、事後法処罰の禁止と法律主義は峻別しうるともいえる。事後法処罰は、行為後の観点からみれば、行為後に制定された法律による処罰といえるが、一方で、行為時に視点を移すと、行為時には成文形式で存在していない法でもって処罰しているともいえる。自由主義的要請を根拠づける憲法39条にいう「適法」には違法ではあるが、罰則規定が設定されていない。すなわち、刑罰が法定されていない場合も含むとする通説によれば、行為時に不文法により違法とされる行為を処罰するとなると、不文法の内実が市民に周知されているとは必ずしもいえない以上、市民は何が適法行為か否かがわからないあまり、行動を自粛して行動の自由が制約されることにつながりかねないが、こうした事態は回避されなければならない。そこで、事後法処罰の禁止の原則が必要になるが、これは行為時不文法による処罰を禁止しているとも解することができよう。

　したがって、慣習法による処罰の禁止を、不文法による処罰の禁止と同視するのであれば、それは民主主義的要請によるというよりはむしろ、自由主義的要請によると解する方が、両者の論理的結びつきが強く妥当であろうと思われる。

　国内刑法をモデルとして分析構築された慣習法による処罰を禁ずる法理を、国際刑法にあてはめて考えるとき、従前の各国際刑事裁判のための規程に慣習による処罰を明文で認める立法例が散見されるが、これらがはたして刑法理論の観点からは、妥当であると結論づけることができるかが問題となる。

　先述のように、国際社会は一国家と同一ではないから、国内刑法をモデルとする罪刑法定主義の原理が国際刑法には妥当しないと考えるのは形式論でしかなく説得性がない。罪刑法定主義の実質的原理が国際刑法にも妥当するのかを考察す

るとき、ローマ規程以前の裁判規程とローマ規程では結論が異なる。すなわち、前者においては、法文上慣習違反を認めることができ、成文法による刑罰の法定が欠如する以上、妥当ではないという結論に至るが、後者においては、法文の文言形式からもはや慣習違反を処罰するとは解することができず、さらには、刑罰もあらかじめ成文で法定されているから、「慣習」という文言を用いていても、そもそも慣習法処罰は問題とならないと思われる。

# 中国刑法における犯罪論体系について
——日本犯罪論体系との比較を素材として——

井　小　胖

I　はじめに
II　中国刑法における犯罪論体系の内容
III　構成要件の本質
IV　実質的違法論及び規範的責任論について
V　裁判実務からみた中国犯罪論体系の意義
VI　むすび

## I　はじめに

　中国の犯罪論体系は20世紀50年代初頭、ソビエトから直接に取り入れられているものである。当時、中国もソビエトをボスとした社会主義国家ブロックに参加しつつ対外政策や政治方針、法制度などに関してソビエトの言うとおりに行ない、いわゆる「向ソ一辺倒」という国是を実行していた。そういった情勢のもとでソビエト流の犯罪論体系が中国によって輸入されたことは、寧ろ自然な成り行きであったかもしれない[1]。

　ソビエト流の犯罪論体系は、中国に伝えられてきてから今年で64年となるが、この間、反右派闘争、大躍進運動、また文化大革命運動、改革・開放などといった中国ならではの政治的変動に従って、根付き期から死滅期へ、また蘇生期、さらに体系的独占の時期に至るまで実は曲がりくねり、且つでこぼこした道を歩ませられてきた。ことに当該体系は、改革・開放時期を除いてその他の時期にて長きこれをめぐる学術的論争がタブー視されていたために一向に発展してはいな

---

[1]　もちろん中国ばかりか、これを含んだ東欧など社会主義国家もソビエト流の犯罪論体系を導入していたのである。もっとも、1990年初頭よりソ連の解体や国際的に社会主義国家の民主主義体制への移行、また東西ドイツの統合によってソビエト流の犯罪論体系の継受国の数は絶えず減少していると観測される。

い。ところが、市場経済体制への移行や民主・法治国家づくりを目指している今の中国には、果たして当の犯罪論体系は適応するだろうか。かかる、長いことタブーとなっていた問題は近年中国では刑法学の重要な課題として互いにずばりと論じ合うことができるようになった[2]。これは中国刑法学界にとっては1949年10月に建国してから初めての、喜ばしいことである。

　拙稿では、差し当たり中国の犯罪論体系を、構成要件の本質、実質的違法論および規範的責任論、裁判実務からみた中国犯罪論体系の意義という三つの面から日本の犯罪論体系と比較しつつ検討することとしたい。

## II　中国刑法における犯罪論体系の内容[3]

　中国刑法学の始祖とも言われるソビエト刑法学には Tatbestand（構成要件）というドイツ語が cooтавпреступлсния（犯罪の構成要素）というロシア語に翻訳され、そのうえ当の概念も持ち込まれたのは、つぎに詳論するように19世紀半ばのロシア帝政時代においてである。もっとも当時、その言葉の意味への革命前におけるロシア刑法学の関心は甚だ低く、本格的にロシア刑法における犯罪構成の一般的学説が形成されたのは、1917年にロシア革命が起こった後のことである[4]。以下、中国（ソビエト）流の犯罪論体系の内容や特徴について見てみよう。

　中国刑法学では、犯罪論体系とは一般に構成要件（または構成要件論）を指すのであり、犯罪構成要件とは具体的には、①犯罪の客体、②犯罪の客観的側面、③犯罪の主体、そして④犯罪の主観的側面という四つのグループからなる。かくして、同体系は四つの要件を有するものであるから通常、四要件体系と言われている。このうち、まず①犯罪の客体とは、一般的に刑法によって保護されなければ

---

[2] 犯罪論体系の論争につき詳しくは、陳興良『刑法的知識転型（学術史）』中国人民大学出版社、2012年、77-112頁、同「中国刑法学の再生」刑法雑誌50巻2号（2011）261頁、張明楷／金光旭訳「中国における犯罪論体系をめぐる論争」『特集　刑法学における「犯罪体系論」の意義』法律時報、JANUARY/2012、VOL.84、No.1/1042、44-48頁参照。

[3] ここでの中国犯罪論体系に関する議論は、野村稔・張凌共著『注釈・中華人民共和国新刑法』成文堂、2002年、24-27頁、上田寛「ロシア刑法における犯罪体系について」『特集　刑法学における「犯罪体系論」の意義』法律時報、JANUARY/2012、VOL.84、No.1/1042、38-41頁、陳興良、前出注2、71-89頁、によるところが大きい。

[4] 何秉松・科米薩羅夫・科罗別耶夫主編『中国与俄罗斯犯罪構成理論比較研究』中国法律出版社、2008年、5-6頁。

ならない一定の社会的関係である。一定の社会的関係という語は誤解をまねくおそれもあるが、具象的には人民民主独裁の政権、社会主義制度、領土保全及び安全という国家法益、社会秩序及び経済秩序などの社会法益、そして公民の私的所有の財産及び公民の人身権利・民主的権利などの個人法益が社会的関係（諸客体）として刑法典各則やそれ以外の特別刑法などに規定されている。

また、②犯罪の客観的側面として論じられるのは、ある客体を侵害する行為の社会的危害性を基礎づける客観的事実の諸特徴であるとされるが、具体的には社会的危害な行為、社会的危害な結果、当該行為と結果との因果関係などがこれに含まれる。

ここでいう因果関係は、すでにソビエト時代からピオントコフスキーによって提唱された必然的惹起説（必然的因果関係論）が通説的地位を占めている。彼の意見によれば、先ずある行為が犯罪的結果の発生の必要条件であったかどうかが問われ、それが肯定されたとすると、当該結果が行為によって必然的に惹起されたかそれとも偶然に惹起されたかについての判定がなされる。また、その結果が行為により必然的に発生した場合には刑事責任を負うが、偶然に生じた場合には刑事責任は負わないとされている[5]。もっとも、この説に対して激しい批判も見られている[6]。

③犯罪の主体に含まれるのは、刑事責任年齢に達し、刑事責任能力を有し且つ危害行為を行なったものである。また収賄罪や横領罪などのように、一定の身分を有するものも犯罪の主体として犯罪構成要件に含まれる。

④犯罪の主観的側面とは、犯罪の主体が当該実行した危害の行為と危害の結果に対して有する心理的状態であり、故意、過失、目的、動機など行為者の心理過程を特徴づける諸徴表として理解される。

なお、正当防衛や緊急避難などの正当化阻却事由は体系づけておらず、専ら当該体系の外において議論されている。

---

[5] 蘇連司法部全蘇法学研究所主編・彭仲文訳『蘇連刑法総論（下冊）』中国上海大東書局、1950年、335頁。
[6] 陳興良『刑法的知識転型（学術史）』中国人民大学出版社、2012年、302-306頁。

## III 構成要件の本質

本項においては、構成要件の概念や属性、構成要件と犯罪論体系との関係などの面から、中国（ソビエト）の構成要件を日本（ドイツ）のそれと比べながら考察し、犯罪論上の中国構成要件の真の姿を明らかにしよう。

### 1 構成要件概念の沿革

先ず、構成要件概念の沿革から、中国（ソビエト）流の四要件体系と日本（ドイツ）流の犯罪論体系との間には如何なるつながりがあるかについて考えよう。

Tatbestand（構成要件）という語が corpus delicti（罪体）という語に由来していたが、これに関する理論を研究していたハルが指摘するように[7]、corpus delicti（罪体）の概念の前に constare de delicto（犯罪の確証）という概念があった。constare de delicto（犯罪の確証）の概念が中世イタリア法の糾問手続きにおいて使われた概念であり[8]、corpus delicti（罪体）の概念が近世初頭のイタリアの刑法学者ファリナチュスによって提唱され、その後当の概念がドイツに伝えられ、18世紀まで普通法時代を通じて行われたのである。Tatbestand（構成要件）の概念は、1796年にクラインによって corpus delicti（罪体）の訳語としてドイツ刑法においてはじめて使われたものであって、これが当初は訴訟法的意味で解されたが、フォイエルバッハに至って客観的犯罪事実を表わす実体法的な意味を帯びるようになった。ただ、19世紀のドイツ刑法学においては、Tatbestand（構成要件）の概念があったが、犯罪事実または法律上犯罪の成立を制約する諸条件あるいは諸要素というような意味で用いられるにとどまったものであり、今日われわれの意味する一貫した構成要件の理論は未だ出現しなかったのである[9]。

他方、ロシアに Tatbestand（構成要件）という概念がドイツから取り入れら

---

[7] Karl Alfred Hall, Die Lehre vom Corpus Delicti, 1933, S. 1ff. 小野清一郎『犯罪構成要件の理論』有斐閣、昭和30年、2‐5頁、410-415頁。
[8] 中世イタリア法における糾問手続きには、先ず犯罪があったか否かを取り調べるという一般糾問と、犯罪があったとの確証を得た後、はじめて特定の被疑者に対する糾問にとりかかるという特別糾問があった。つまり、判事が一般糾問から特別糾問へと所定の順序により行為者を取り調べることを constare de delicto という。
[9] 小野清一郎、前出注7、2‐3頁。

れ、またこれに該当する言葉としてcootaвпреступления（犯罪の構成要件）がロシア刑法学においてはじめて用いられるようになったのは、19世紀半ばのロシア帝政時代に遡る。その頃ロシア刑法学における犯罪の構成要件とは、ある犯罪に必要な、減らすことも増やすこともできぬ一定数の客観的及び主観的な徴表を指していた[10]。これは「法律上の概念において違法な行為の特定の種類に含まれる特殊な行為ないし事実の諸要素の総体が犯罪の構成要件である[11]」というフォイエルバッハの構成要件の理論を継承しているものと言われている[12]。

以上のように、Tatbestand（構成要件）というドイツ語が近世初頭のイタリアに用いられていたcorpus delicti（罪体）の訳語としてドイツ刑法学に導入されたのは1796年のことであるが、それがドイツからロシア刑法学に伝えられたのは19世紀の半ばのことである。かくして、構成要件概念の伝わりについてその沿革から、時間的にはロシア刑法学のほうがドイツの刑法学よりも約60年ぐらい遅れているが、両者も元を辿ると、近世初頭のイタリアの刑法学に辿りつくのである[13]。また、19世紀におけるドイツの構成要件の理論とロシアの犯罪構成要件の内容についてみても、両者には、言葉の表現の上で若干の相違こそあれ、ロシア刑法学における犯罪の構成要件がフォイエルバッハの構成要件の理論を受け継いでいたという論からして、ドイツ刑法学がロシア刑法学に及ぼした影響は大きかったと見ることが許されるであろう。

## 2　構成要件と犯罪体系との関係

19世紀半ばから、ロシア刑法学（犯罪論）はドイツ刑法学を受け入れ始めたと

---

10　何秉松・科米薩羅夫・科羅別耶夫主編、前出注4、5－6頁。
11　P. J. A. Feuerbach, Lehrbuch des gemeinen in Deutschland gültigen peinlichen Rechts, 14. Aufl., 1847, S. 150. 山中敬一「ドイツにおける近代犯罪論の生成の現代的意義」『特集　刑法学における「犯罪体系論」の意義』法律時報、JANUARY/2012、VOL.84、NO.1/1042、23頁。
12　何秉松主編『新時代曙光下刑法理論体系的反思与重構——全球性的考察』中国人民公安大学出版社、2008年、122頁。なお、ソビエト・ロシア刑法学の犯罪論はかなりの部分でフランスの犯罪論——およびその影響を受けた19世紀半ばのドイツの犯罪論——に似ているとする論者もいる（松宮孝明「犯罪体系を論じる現代的意味」『特集　刑法学における「犯罪体系論」の意義』法律時報、JANUARY/2012、VOL.84、No.1/1042、4頁）。
13　ただ、ドイツ・日本の「三段階体系」も、ロシア・中国の「四要件体系」も元を辿れば19世紀フランスの刑法学に辿り着くのであるとする論者もいる（松宮孝明「犯罪体系を論じる現代的意味」『特集　刑法学における「犯罪体系論」の意義』法律時報、JANUARY/2012、VOL.84、No.1/1042、6頁）。

されるが、しかしながらロシア革命が起こる前には、犯罪構成要件に対する関心は低かった[14]。これに対して、ほぼ同じ時期におけるドイツ刑法学（犯罪論）はスチューベル、グロールマン、フォイエルバッハなどによって推進され、そして20世紀になってからベーリングやＭ・Ｅ・マイエルなどによって展開されている[15]。このことからすると、事実上19世紀の半ばより、二つの犯罪論体系が早くも枝分かれし、またとりわけ、今日に至ってそれぞれ大きく違った体系的構成をもつものになったのである。

　ソビエト刑法学を受け継ぎつつある中国刑法学では、犯罪の成否をめぐって議論する際には、通常"犯罪論体系"ではなく、"犯罪構成要件"または"構成要件"という概念が使われている。ここでいう構成要件は、犯罪の成否を判断する際の法的根拠であるが、上述した如く、これには犯罪成立に関する犯罪の客体、犯罪の客観的側面、犯罪の主体、犯罪の主観的側面という四つの要素がすべて含まれると理解される。ある行為が罪を構成するか否かについては、犯罪の客体、犯罪の客観的側面、犯罪の主体、犯罪の主観的側面という四つの要件を「無順序的・平面的・総合的」に評価しなければならならず、そのいずれも充足してはじめて犯罪となる。

　他方、日本刑法学における構成要件は、これを最初に刑法学において用いていたベーリングによれば、純粋に客観的で記述的な行為の型または枠（特別構成要件）であり、違法性・有責性と並んで犯罪成立の一つの独立の要素であるとされている[16]。ある行為が犯罪となるか否かを考える際には、違法性・有責性の判断を行なう前に、先ず当の行為が一体、刑法各則に定められている違法類型としての特別構成要件（または簡単に構成要件）に該当するか否かを判定しなければならない。しかし当の行為が犯罪成立の第一の要件たる構成要件にあたったとしても直ちに犯罪だという結論を導き出すことはできない。当該行為が構成要件に当てはまることを見定めたうえで違法性、さらに有責性をも充足することを確定してはじめて犯罪と判定しうる。つまり、「構成要件該当性は外面的・形式的な問

---

14　その理由は、犯罪構成要件という概念は他の科学研究領域で用いられていないがゆえに、刑法学領域では使用されなくても良い、ということである（何秉松・科米薩罗夫・科罗別耶夫主編『中国与俄罗斯犯罪構成理論比較研究』中国法律出版社、2008年、5‐6頁）。
15　小野清一郎、前出注7、3‐5頁。
16　ベーリングの構成要件理論について詳しくは、小野清一郎、前出注7、203-244頁。

題、違法性は外面的・実質的な問題、有責性は内面的・実質的な問題で、この三つの要件は互いに前者が後者の前提となりながら、もっとも外面的なものからもっとも内面的なものに至るまで、いわば立体的に重なりあう関係にある」のである[17]。

このようにして、ある行為が犯罪を構成するか否かをめぐって中国の四要件体系では、「無順序的・平面的・総合的」に犯罪構成要件を判定すると主張され、日本の三段階犯罪論体系では、「順次的・段階的・立体的」に犯罪成立の要件を認定すると論じられている。従って、両者の主張には相違がある。

## Ⅳ 実質的違法論及び規範的責任論について

### 1 実質的違法論

犯罪論体系においては実質的違法論との関連で、おおよそ（１）構成要件と違法阻却事由との関係、（２）法律の条文に形式的な規定がない場合には阻却事由を認めるか、いわゆる超法規的違法阻却事由の認否、という二つの点が問題になる。

（１）先ず、構成要件と違法阻却事由との関係に関して考えよう。日本（ドイツ）刑法理論には二つの見解があるが、ひとつは「抽象－具体（または形式－実質）」という論理をもって、構成要件と違法阻却事由との関係を論じるものである[18]。この立場によれば、構成要件該当性の評価は形式的な判断にとどまっており、規範的否定的評価を含まないのであって、それゆえ、ある行為がそれを具備するか否かについての判断は、窮極的に当の行為の違法性を肯定することはできないとされる。また、違法性は実質的概念であり、法定の阻却事由は行為の違法性を解除するものである。構成要件が抽象的な概念より成る限り、ある行為が構

---

[17] 団藤重光『刑法綱要総論』創文社、2006年、100-101頁。なお、日本では現在、犯罪論の体系に関して①構成要件該当性、違法性、有責性とする説、②行為、違法性、有責性とする説、③行為、構成要件該当性、違法性、有責性とする説、との三つの主張があると指摘されている（斉藤金作『刑法総論』有斐閣、昭和30年、70-71頁、野村稔『刑法総論（補訂版）』成文堂、平成10年、79-80頁）。学説上このように対立するのは、第一に犯罪成立の最初の要件が行為（②・③見解）か構成要件該当性（①見解）か、第二に構成要件該当性と違法性が独立の要件（①・③見解）か一体の要件（②見解）か、という点で意見の違いがあるからである。
[18] 小野清一郎、前出注7、27-28頁、232頁、曽根威彦『刑法の重要問題（総論）』成文堂、1997年、11頁。

成要件を充足するとしても、違法阻却事由という特別事情によって違法性を否定
される場合がありうると解される。

　もう一つは、「原則 - 例外」という論理によって構成要件と違法阻却事由との
関係を説明するものである[19]。この見解によれば、構成要件は、違法行為の類型
を規定するものであるから、構成要件に該当する行為は原則として違法であると
推定してよいが、例外的に特定の事由の存在によって違法性を排除する場合があ
りうると主張されている。

　これに対して、中国（ソビエト）の刑法理論では、犯罪の構成要件が、前述し
た如く犯罪の客体、犯罪の客観的側面、犯罪の主体、犯罪の主観的側面という四
つの形式的な要件からなるとされ、違法性については、日本のように実質的な要
件として用いられず、これに取って代わって「社会的危害性」という概念が使わ
れている。またとりわけ、「社会的危害性」が四要件体系の外に放逐されて論じ
られているのである[20]。当然のことながら、正当防衛・緊急避難といった法定的
正当事由（中国刑法20条、21条）は社会的危害性を排除する行為――簡単に「社会
的危害性の行為の排除」[21]――として四要件体系の外に置かれて議論されること
になっている。

　次いで、（2）法律の条文に形式的な規定がない場合には違法阻却事由を認め
るか、という超法規的違法阻却事由の問題に目を転じよう。超法規的違法阻却事
由を承認すべきか否かは、先ず刑法典が果たして完璧かどうかという問題を考え
ることが必要である。刑法典が阻却事由を全て漏れなく法規化してあるのであれ
ば、超法規的違法阻却事由を承認することはない。しかしながら現実的にはその
ような完璧な刑法典がありえない。法が人間の産物である以上、将来の一切にわ
たって正当化事由を完全に法規化することができない（法の欠陥）からである[22]。

---

19　平野龍一『刑法総論Ｉ』有斐閣、昭和51年、99-100頁、漢斯・海因里希・耶賽克、托馬斯・魏根
　　特、徐久生訳『徳国刑法教科書』中国法治出版社、2001年、388頁、小野清一郎、前出注7、16-18頁。
20　趙微『俄罗斯連邦刑法』中国法律出版社、2003年、129-130頁、陳興良、前出注6、340頁、345-
　　346頁。
21　なお、改革・開放以後、中国刑法学界において、違法阻却事由とその体系的位置づけをめぐっ
　　て、「社会的危害性の行為の排除」から「正当行為」、また「正当化事由」へと呼称の変更が議論さ
　　れつつあるが、実質的にはなんらの変化もない（これについて詳しくは、高銘暄主編『刑法学（修
　　訂本）』中国法律出版社、1984年、162頁、陳興良『刑法的知識転型（学術史）』中国人民大学出版
　　社、2012年、350-351頁）。
22　*Max Ernst Mayer*, Der allgemeine Teil des deutschen Strafrechts : Lehrbuch/von Max Ernst
　　Mayer, C. Winter, 1923, S. 174 (a).

日本（ドイツ）では、超法規的違法阻却事由が認められているゆえんは、実に法の欠陥という説に基づくものと思われる[23]。また、超法規的違法阻却事由の範囲に関しては、「…まず刑法がどのような行為を違法とするかという違法性の本質論まで遡って検討することが必要である。そしてその場合に手がかりとなるのは、刑法が三種の法定的正当事由（日本刑法35条、36条、37条）を設けている趣旨であり、それとの類推により超法規的正当化事由の範囲も決定されることになる」と主張されている[24]。判例も超法規的違法阻却事由を認めていると思われる。例えば、東大ポポロ劇団事件に関する東京高判昭和31・5・8（高刑集9巻5号425頁）、三友炭鉱事件に関する最判昭和31・12・11（刑集10巻12号1605頁）、舞鶴事件に関する東京高判昭和35・12・27（下刑集2巻11＝12号1375頁）は、いずれも超法規的違法阻却事由への是認を行動によって示したのである。

一方、ソビエト刑法学では、超法規的違法阻却事由に関してふれた文献を未だ見ていないし[25]、また中国刑法学でも、超法規的違法阻却事由を認める必要があるか否かについて突っ込んで論じたものはまだ存在していないのである。

このようにして、構成要件と違法阻却事由との関係については、日本（ドイツ）刑法学では、両者を「抽象－具体」または「原則－例外」という論理で論じているのに対して、中国（ソビエト）刑法学では、構成要件（四つの要件）を形式的な判断として体系づける一方、違法阻却事由たる社会的危害性の行為の排除を実質的な違法判断として体系に位置付けておらず、その外に放逐している。こうなってくると、ある行為が実質的に違法になるか否かについては、当該行為を「原則－例外」あるいは「抽象－具体」との日本（ドイツ）判断方式で判定してはじめて分かるが、しかし当の行為を中国の四要件体系によって判断しても、実質的に違法となるかどうかという結論を導き出すことはできない。なぜかというと、違法阻却事由としての社会的危害性の行為の排除という実質的な違法性の判断が（形式的判断たる）四要件体系の外へ放逐されているためである。また、超法

---

[23] 平野龍一『刑法総論Ⅱ』有斐閣、昭和51年、221頁、井上祐司「社会主義刑法における構成要件の概念と近代刑法学との比較」、恒藤恭・末川博編集『社会主義国家の刑法』季刊法律学第27号、82頁。

[24] 西原春夫『刑法総論（改訂版）第三分冊』成文堂、平成3年、266-267頁。なお、超法規的阻却事由の成立要件に関しては、要件を厳格に解する立場と要件を緩く解する立場という二つのものが対立している。これにつき詳しくは、曽根威彦『刑法の重要問題（総論）』成文堂、1997年、109-112頁参照。

[25] 井上祐司、前出注23、82頁。

規的違法阻却事由に関しては、一方（日本）では、学説上も裁判実務上も是認され、他方（中国）では実質的には承認されていない。このことからして、果して中国（ソビエト）の四要件体系が今日のような激変しつつある現実社会に対処できるのかは疑問もある。

**2 規範的責任論**

行為に対する、有責性という具体的な価値判断が何によってなされるべきかは、日本（ドイツ）刑法学と中国（ソビエト）刑法学とでは違いが大きい。

日本（ドイツ）刑法学における責任的判断が規範的責任論に基づいている。規範的責任論によれば、責任が非難可能性であるからには、行為者にその責任を負うためには責任能力及び故意・過失と並んで、行為する際の付随事情の正常性が必要とされ、もし具体的な事情のもとに行為者に対して適法行為の期待可能性がない場合には、もう責任を問うことはできないと解されている[26]。つまり当の理論では、責任の本質を非難可能性に求め、行為当時の具体的な状況の下において適法行為に出ることに期待可能性があれば非難可能性であり、期待可能性のない場合に責任が阻却されるのである。

なお、規範的責任論にあっても、責任は故意・過失という心理的事実的基礎と非難可能性という規範的評価とからなるとする意見と、故意・過失という心理的事実的なものは構成要件・違法に放逐することによって責任を生粋に非難可能性という規範的評価として理解する意見がなされている[27]。かくして、故意・過失を有責性というところで評価するか、それとも構成要件・違法というところで評価するかをめぐって意見の一致を見ていないが、今のところでは責任を規範的なものであるとする点は、ほぼ異論はなく是認されているのである[28]。

また規範的責任（期待可能性）に関する判例として、暴れ馬事件についてのドイツ帝国裁判所1897年3月23日判決（RGSt. 30, 25）、第5柏島丸事件についての日本大審院昭和8年11月21日判決（刑集12巻22号2072頁）がある。また、日本高等裁判所判例の中には期待可能性の不存在を理由に無罪を言い渡したものも現れて

---

26 *Frank*, Über den Aufbau des Schuldbegriffs, 1907, S. 12. 団藤重光、前出注17、264-265、322-327頁、佐伯千仞「近時の判例と期待可能性の理論」法律タイムズ4巻1号（1950）、23-34頁。
27 野村稔『刑法総論（補訂版）』成文堂、平成10年、276頁、陳興良、前出注6、234-235頁。
28 平野龍一、前出注23、271頁。

いる（例えば、東京高判昭和23年10月16日刑集1巻追録18頁、東京高判昭和25年10月28日特報13号20頁、東京高判昭和28年10月29日高刑集6巻11号1536頁、などがこれである）。

　ところが、中国（ソビエト）刑法学では責任についてどのように論じられているのか。先ず、ここにおいて強調しておきたいのは、中国（ソビエト）刑法学では、責任という犯罪成立の要件が、前述した違法性と同様、もともとは当該四要件体系の外に放逐されているということである[29]。以下、中国（ソビエト）流の責任理論について考えよう。

　中国（ソビエト）流の責任理論の変遷は、これを四つの段階に大別してみることができる[30]。①20世紀20年代に罪過学説（以下では、罪過を責任と呼ぶ）[31]は、ブルジョアジー（ドイツ・日本流）責任理論の影響を受けたために非難されていた、②20世紀30年代に責任が故意・過失と同じ類の概念であるとみなされていた、③20世紀40年代末から50年代初頭にかけて、責任が刑事責任の根拠としつつ、故意・過失と同じ類の概念であるとも主張され、いわゆる二元的責任説[32]が登場していた、そして④20世紀60年代になってから、犯罪構成（四つの要件）は刑事責任の根拠であると解され、ついに中国（ソビエト）流の責任理論が確立されるに至った。かかる責任理論について、トライニンの見解によれば、行為が犯罪構成（四つの要件）を具備することは刑罰を適用する根拠であって、もし行為が犯罪構成（四つの要件）のうち、一つの要件を欠けば刑事責任を負わないことになるとされている[33]。しかしながら中国（ソビエト）流の刑事責任理論そのものは、日本の犯罪論体系上の規範的責任論ではなく、四つの犯罪構成要件を充足することによって生じる結果にほかならない。したがって、当の刑事責任理論が、責任の判定と解明に日本（ドイツ）流の規範的責任論が果している役割を果すことは到底できない。

　一方、近年中国刑法学界では、刑事責任理論の難点が認識され、またとりわけ

---

29　陳興良、前注6、235頁、239頁。
30　А. А. 皮昂特科夫斯基等著・曹子丹他訳『蘇連刑法科学史』中国法律出版社、1984年、46頁、62頁、Н. А. 別利亜耶夫・М. Н. 科瓦廖夫・馬紅秀他訳『蘇維埃刑法総論』中国群衆出版社、1987年、23頁。
31　中国（ソビエト）の文献では、罪過（rpex）という語が多用されるが、一般にドイツ・日本刑法学上使われる「責任」という語にあたる。
32　阮斉林「評特拉伊寧的犯罪構成論――兼論建構犯罪構成論体系的思路」、陳興良主編『刑事法評論（第13巻）』中国政法大学出版社、2003年、2-3頁。
33　А. А. 皮昂特科夫斯基等著・曹子丹他訳、前注30、46頁。

日本（ドイツ）流の規範的責任論が認められるようになった[34]。しかしながら中国（ソビエト）流の四要件体系の再構築がない限り、日本（ドイツ）の規範的責任論を四要件体系上議論しようとするのは「木に竹を接ぐ」ということにほかならない。なお、中国法院（裁判所）の判例の中には、規範的責任論によって無罪を言い渡したものは未だ現れていない。

## V　裁判実務からみた中国犯罪論体系の意義

これまで、われわれは構成要件、実質的な違法論、そして規範的責任論というそれぞれの問題について日本との比較で中国の犯罪論体系（四要件体系）の特質を探究してきた。以上の論述を踏まえて、この項においては判例に即して中国の四要件体系が裁判実務に如何なる影響を及ぼしているかについて若干の検討を加えてみることにしよう。

### 1　趙某収賄事件の概要[35]

「被告人は趙某、男、40歳、ある県教育局の人事科科長である。検察機関が被告人趙某を収賄罪として起訴した。一審裁判所は公開で審理を施して、つぎの事実を究明した。張某はある農村小学校教師であってその家は県都にあり、妻も病気がちで且つ彼女を看病する人がいないために、何度も県教育局の人事科へ被告人趙某を訪ねに行き、県都に転勤させてもらいたいと求めていた。これに対して、被告人趙某は全然取り合わなかった。半年以後、張某は県教育局が依然として自分のために異動の手続きを行なってくれそうもないことに気づいたために心中焦げりを感じ、それから、ある人の教示を受けて、あちこちから現金1500元をかき集め、そして1992年7月8日夜、被告人趙某の自宅に赴き、転勤願いをした後、現金1500元の入った封筒を被告人趙某の事務テーブルの上に置いて立ち去った。被告人趙某はその現金を自分のものとし、また7月10日に張某の所在の職場

---

34　これにつき詳しくは、游偉・肖晩祥「期待可能性理論研究」、陳興良主編『刑事法評論（第8期）』中国政法大学出版社、2001年、149-152頁、童徳華『刑法中的期待可能性論』中国政法大学出版社、2004年、222頁、陳興良「期待可能性的体系性地位——以罪責構造的変動為限縮的考察」中国法学2008年（5）、張明楷『刑法学』中国法律出版社、2001年、304頁参照。

35　趙秉志主編『新刑法全書』中国人民公安大学出版社、1997年、260頁。

に対して同氏を県都に転勤させるようにとの指令を出し、その後、張某を本県の第一中学校に配置した。」

## 2　本案に関する裁判所の判決

一審裁判所の判決は、「被告人趙某は職場上の便益を利用して他人から賄賂を受け取ったが、しかし当該額は大きくなくて、犯罪として裁決すべきではない」[36]と判定した。一審裁判所は「1979年の中華人民共和国刑法10条[37]に基づいて無罪の判決を下した」と解されている[38]。しかしながら一審判決後、検察機関は趙某の行為はもう収賄罪を構成するとして上級裁判所に控訴した。

二審裁判所は審理を行ない、つぎのような判決を申し渡した。「被告人趙某は国家工作人員の身分であって、職務上の立場を利用して他人の財物を収受している。その収受額は2000元に満ちず、法定の基準に達していないとはいえ、情状は重大である。よって、趙某の行為は犯罪を構成する[39]」。二審裁判所は全国人民代表大会常務委員会の「横領罪・賄賂罪の処罰に関する補充規定」2条4項の定めに基づいて、被告人趙某を収賄罪で懲役1年6ヶ月にを処した[40]。

それでは、同事件に関する一審裁判所と二審裁判所の判決を四要件体系に基づいて見てみよう。前述した如く中国の犯罪論体系では、いかなる犯罪の成立も四つの要件をいずれも具備しなければならないが、しかし四つの要件を判定する前後の順序は重要ではなく、それらの要件はすべて具備すれば足りるのであって、もし行為が犯罪構成（四つの要件）のうち、一つの要件を欠けば刑事責任を負わないとされる。まず、①犯罪の主体という要件についての判断であるが、本案では被告人趙某が刑事責任年齢に達し、且つ刑事責任能力を有する自然人であり、そのうえに国家工作人員の身分であるために収賄罪を構成する（構成的身分犯）

---

36　趙秉志主編、前出注35、260頁。
37　中国刑法10条（現行13条）は、「国家の主権、領土保全及び安全に危害を及ぼし、国家を分裂し、人民民主独裁の政権を覆し、社会秩序及び経済秩序を破壊し、国家財産または勤労大衆による集団所有の財産を侵害し、公民の私的所有の財産を侵害し、公民の人身の権利、民主的権利及びその他の権利を侵害しその他社会に危害を及ぼす行為で、法律に従って刑罰を受けなければならない場合は、いずれも犯罪である。ただし、状況が著しく軽く、危害の大きくない場合は犯罪としない。」と規定している。
38　趙秉志主編、前出注35、260頁。
39　趙秉志主編、前出注35、260-261頁。
40　趙秉志主編、前出注35、261頁。

資格条件を備えている[41]。②犯罪の主観的側面への判断に関しては、被告人趙某が職務上の立場を利用して賄賂を収受したということは、主観的動機を具備している。また③犯罪の客体とは刑法によって保護されなければならない社会関係（保護法益）をいうが、本案では国家工作人員の職務の不可買収性が保護法益である。被告人趙某が職務上の立場を利用し賄賂を受け取ったということは国家工作人員の職務の不可買収性を侵害している[42]。

さらに④犯罪の客観的側面とは、前述したように外部に現れた社会的危害性を有する行為、及び当該行為が保護法益に対して発生させた実際の侵害をいう。本案では被告人趙某が職務上の立場を利用して受け取った金銭1500元は、保護法益への実際の侵害である。しかしこの額は収賄罪成立の要件とされている2000元に達しない。とすれば、四つの構成要件のうち、犯罪の客観的側面という一つの構成要件を欠いたことになる。この場合は、果たして被告人趙某は犯罪として裁決すべきかどうか。これが本案裁判上の争点となっている。

一審裁判所が「被告人趙某を犯罪として裁決すべきではない」と判定したのに対して、二審裁判所は「…情状は重大である…」ともう一つの特別な理由を持ち出して、被告人趙某を収賄罪で懲役1年6ヶ月に処した。かくして、収賄罪成立の基準額たる2000元に達してない──犯罪の客観的側面という要件を欠いている──にもかかわらず、収賄罪の成立が是認されたのである。

「情状は重大である」とか「重大な結果」とかいったあやふやな文言が中国刑法では多くの条文に組み込まれており、それらは主観的意図と悪性として使われることに共通点を持つ。

本案では、妻の病気がちや窮屈な暮らしに悩んでいる農村教師のよこした現金を受け取り、国家工作人員の職務の廉潔のイメージを侵害したということが「情状は重大である」と解されている[43]。二審裁判所の判決から、四つの構成要件のうち、客観的側面という要件に被告人の行為が当たらなくても、その主観的意図

---

[41] 国家工作人員とは、①国有企業、国有会社、国家機構や学校などの公共機関（事業単位）、人民団体組織において職務上の経営・管理の責任を有する者、または一定の職務を履行している者、②国有企業や会社、国家機構などによって、中国と外国との合併企業や合作企業などに派遣駐在されている者、③そのほか法律に基づき公務に従事している者、との三つを指す（法規応用研究中心編『刑事法律規範集成、典型案例与疑難精解（10）』中国法治出版社、2012年、97頁）。
[42] 趙秉志主編、前出注35、261頁。
[43] 趙秉志主編、前出注35、261頁。

と悪性が重大であれば、犯罪の構成要件を具備させうる、ということが窺われる。かかる裁判の仕方は「耦合理論」[44]によって支えられ、ことに犯罪の成否を握っている。かくして犯罪構成に関して、一方では行為が犯罪構成（四つの要件）を具備することは刑罰を適用する根拠であり、もし行為が犯罪構成（四つの要件）のうち、一つの要件を欠けば刑事責任を負わないと強調し[45]、他方では犯罪が成立するためには「客観の不足を主観で補う」との「耦合理論」を主張している。そんな互いに矛盾する論理は懸念されて仕方がない。なんとなれば、真の法治環境が未だできていない中国では、犯罪論体系上「耦合理論」を採ると、裁判官がより大きな裁量権を与えられ、そこで人心を衝動する事件が発生すれば感情的に「情状は重大だ」と犯罪成立の基準に達しないにもかかわらず、犯罪の成立を認めるおそれがあるからである。そうだとすれば、犯罪の範囲が絶えず拡大されるということになる。したがって、罪刑法定主義と刑法の謙抑性・補充性[46]という観点から、「耦合理論」とこれによる裁判は支持されるまい。本案のように、被告人趙某を収賄罪として処罰するよりもむしろ他の社会統制の手段、例えば民事的な制裁や行政的な制裁などに委ねる方が賢明である。

## Ⅵ　むすび

　以上の検討から、中国の犯罪論体系（四要件体系）の特徴及び難点を明らかにした。構成要件の概念について、中国刑法学にいう構成要件は犯罪の客体、犯罪の客観的側面、犯罪の主体、そして犯罪の主観的側面という四つの犯罪構成要件の総和または全体を指すのであって、かかる中国刑法学における構成要件に関する見解はこれを、構成要件を犯罪論体系上単なる一つの独立のものとして犯罪成

---

44　耦合理論とは本来、四要件の間にお互いに影響しあい、補い合う関係があるということを指す。しかし実践においては、犯罪の客観的側面が欠けるという現象がよく呈されているため、事実上当の理論は「客観の不足を主観で補う」ことを意味しているものである。具体的にいうと、犯罪の判断において客観上は犯罪を認定するには不足しているが、行為者の主観的動機が極めて悪質であれば、それを犯罪として認定するということである（高銘暄「論四要件犯罪構成理論的合理性暨対中国刑法学体系的堅持」中国法学2009年2期、6頁、陳興良『刑法的知識転型（学術史）』中国人民大学出版社、2012年、110-112頁、251頁、黎宏「我国犯罪構成体系不必重構」法学研究2006年1期、45頁参照）。
45　А. А. 皮昂特科夫斯基等著・曹子丹他訳、前出注30、46頁。
46　宮本英脩『刑法大綱』弘文堂書房、昭和10年、16頁。

立の第一要件に据えるという日本の「構成要件論」と比べて、径庭が大きい。

　中国の四要件体系は、行為に対する実質的な判断要件を持たず、四つの形式的な判断要件だけを有するものである。犯罪論体系上、形式的な判断要件以外に違法性という実質的判断要件をしつらえる意義は、「法が人間の産物である以上、将�の一切にわたって正当化事由を完全に法規化することができない（法の欠陥）[47]」ということを理由に、刑法典に規定されていない超法規的違法阻却事由を是認することにある。このことからして、中国の四要件体系には違法性という実質的犯罪構成の要件を設けていないということは、体系的な欠陥といえよう。

　また犯罪論体系上、責任という実質的な判断要件を設け、且つ規範的責任論を認める意味は、刑法典の予定していない、特殊な事情のもとに行わざるをえない違法行為についてこれを期待不可能として理解することによってその責任を阻却する（超法規的責任阻却）ことにある。その意味では、中国の四要件体系上責任という実質的な判断要件の位置付けと規範的責任を認めていないということは、見逃してはならない難点である。

　中国の四要件体系上の「客観の不足を主観で補う」という論理（耦合論）は、如実に裁判実務にも反映している。趙某収賄事件に関する判決から明らかなように、刑事司法上、犯罪の範囲の拡大や刑事罰の濫用が惹起されている。かかる様々な問題を解決しながら、裁判官が適正で斉一な裁きを実行しうるためには、矛盾のない犯罪論体系を作りあげることは、中国刑法学が避けることのできない責務である。

---

47　*Max Ernst Mayer*, Der allgemeine Teil des deutschen Strafrechts : Lehrbuch/von Max Ernst Mayer, C. Winter, 1923, S. 174（a）.

# チェコの性刑法の変遷

若 尾 岳 志

Ⅰ　はじめに
Ⅱ　中世までのチェコ史概説
Ⅲ　ハプスブルク家支配下における刑事法典
Ⅳ　大戦間期
Ⅴ　チェコスロヴァキアの刑法典（社会主義体制下）
Ⅵ　ビロード革命後
Ⅶ　おわりに

## Ⅰ　はじめに

「性刑法」において問題とされるのは、強姦罪や強制わいせつ罪に代表されるような性暴力犯罪（又は性的自由に対する罪）のほか、反自然的性行為とされた同性愛行為や獣姦、一夫一婦制を基本とする家族制度を侵害するような重婚や姦通など、さらには公共の性道徳に反する売春やポルノ頒布である[1]。これらはいずれも社会における性道徳に反する罪と位置づけられていたが、20世紀半ば以降、欧州では刑法の脱宗教化・脱倫理化や、フェミニズムの潮流などを受け、大きな変容が見られる。また、児童の性的保護に関する国際協調の動きもある。

中欧に位置する現在のチェコ共和国は、ボヘミア、モラヴィア、シレジア（の一部）からなっているが、2009年に新たな刑法典を成立させた。チェコは、神聖ローマ帝国の一領邦としての長い伝統を有しながら、20世紀半ばから社会主義国となり、西欧から一度分断される。しかし、1989年の民主化以後「ヨーロッパへ

---

[1] 上村貞美は人権としての「性的自由」・「性的自己決定権」という観点から、強姦罪、同性愛、姦通、売春のほかに、堕胎（「妊娠中絶」）についても取り上げている（上村貞美『性的自由と法』1～4頁、2004年）。「妊娠中絶の権利」は、「避妊の自由」と一体のものとして性的自由の問題の中核に位置づけられる問題ではあるが、性行為に対する（刑事）規制それ自体とは区別できる。本稿の検討対象からは除外したい。

の国帰」を目指し、現在に到っている。大きな体制の変換を経てきたチェコの刑法の変遷は、明治40年以来の刑法典を維持し続けている日本にとっても示唆を与えるものであろう。また、欧州の新しい刑法典として、欧州の現在の刑法の標準的な水準を示すものでもある。そこで、チェコの歴史、特に刑法史を概観しながら、チェコの性刑法の変遷を見ていきたい。

チェコ領域における国家体制の時期を大きく分けるとすれば、ボヘミア王国の形が残っている時期、第一次世界大戦後チェコスロヴァキアとして独立した大戦間期、ドイツの保護領となり、独立が失われた時期、第二次世界大戦後チェコスロヴァキアとして再び独立し、社会主義国家として歩んだ時期、ビロード革命、ビロード離婚を経てチェコ共和国となった現在へと至る時期の五つに分けてよかろう。もっとも、国家体制、政治体制の変化と刑法典の変遷が合致するわけではない。

チェコ領域における刑法典史の時期は大きく四つに分けられよう。一つは、神聖ローマ帝国の一領邦として、個別にラント法、都市法を有していた時期である。次に、オーストリア・ハプスブルク家を戴く領邦ながらも、統一的なオーストリア刑法の下にあった時期である。そして、スロヴァキアとともにチェコスロヴァキアという社会主義国家を形成し、社会主義刑法が妥当した時期である。最後に、社会主義体制が崩壊し民主化後に成立した、現在の2009年刑法典が施行された後の時期である。

以下、チェコの国家・政治の歴史を概観しつつ、刑法典の変遷を示していきたい。

## II　中世までのチェコ史概説

6世紀ごろ、現チェコ共和国の領域にスラヴ人が移動してきた。9世紀ごろには、スラヴ人によって大モラヴィア国（大モラヴィア帝国とも）が建設され、一帯を支配するようになった。大モラヴィア国はマジャール人の侵攻を受けて902年に滅び、西スラヴ族は分離していく[2]。このうち、西スラヴ系チェヒ（チェコ）人のプシェミスル家のもと、プラハを中心に10世紀ごろからボヘミア王国（当初は大公国）が発展していく。大モラヴィア国もボヘミア王国も、支配層は早くからキリスト教を受容している[3]。また、11世紀初めには、ボヘミアは大公国[4]として神聖ローマ皇帝の封臣となることが定着していた。

13世紀から14世紀にかけて、ボヘミア・モラヴィア地域において、ドイツからの「東方植民」が活発化する。ボヘミア王などもこの植民を積極的に推進していた。その結果、教会を中心とした西欧文化の導入、ドイツ語の有力言語化が進んだ。

　14世紀初め、プシェミスル家が断絶すると、ボヘミアの貴族たちはルクセンブルク家を新たな支配家系として受け入れる。このルクセンブルク家のカール4世[5]のもとでボヘミア王国は最盛期を迎える。このとき、中欧最古の大学としてプラハ大学が創設され、のちにプラハ大学総長にヤン・フスが就任する。しかし、ルクセンブルク家は1437年に断絶し、チェコの貴族は、ボヘミア王にハプスブルク家を迎えることにした。その後、ボヘミア王国は、ポーランド王やハンガリー王などを迎えた。そして1526年、神聖ローマ皇帝カール5世の弟、フェルディナンド1世がボヘミア王となる。これ以後、ボヘミア王国は、第一次世界大戦後にチェコスロヴァキア共和国として独立するまでハプスブルク・オーストリアの支配を受けることになる。

　このように、チェコ領域は、民族的にはスラヴ人を中心としつつもドイツ人が多く混在している地域であった。また、宗教的にはキリスト教圏で、ハプスブルク家を戴くことからカトリックを求められているにもかかわらず、フス派という異端の伝統を有している地域であった。さらに、政治的には、ボヘミア王国は神聖ローマ皇帝の選帝侯国という重要な地位を占めているが、ハプスブルク家がボヘミア王を占めていた。

---

2　スロヴァキアは、1000年に成立したマジャール人のハンガリー王国の支配下に入っていく。以下、チェコの歴史、法制史については、南塚信吾編『ドナウ・ヨーロッパ史』1999年や薩摩秀登『物語チェコの歴史』(2006年) のほか、Otto Peterka, Rechtsgeschichte der Böhmischen Länder I. II., 1933などを参照。
3　例えば、モラヴィアでは、フランク側の教会による布教が進んでいた。モラヴィア侯ラチスラフは、東フランクに対抗するため、ビザンツ皇帝に宣教師の派遣を依頼し、キリロスとメトディオス兄弟がモラヴィアに派遣されている。ボヘミアでも、プシェミスル家のボヘミア公ヴァーツラフ1世は、ドイツ王ハインリッヒ1世の間接支配を受け入れた。このとき、ヴァーツラフ1世が、ザクセンの聖人聖ヴィートの遺骨を譲り受けて、プラハ城の中に建てたのが聖ヴィート教会である。
4　ボヘミア大公国が王の称号を認められるのは、1212年の「シチリアの金印勅書」のときである。
5　「カール4世」は神聖ローマ皇帝としてのものであり、ボヘミア王としては「カレル1世」である。カール4世は、ボヘミア、モラヴィア、シレジア、ラウジッツの諸邦を「聖ヴァーツラフの王冠」のもとにまとめた。それが「ボヘミア王冠諸邦」という理念的な集合体である。また、カール4世は神聖ローマ皇帝の選出に関する「金印勅書」を作成したことでも知られている。

## III　ハプスブルク家支配下における刑事法典

### 1　オーストリア刑法史の概観

　16世紀になると、ハプスブルク家はカール5世のもとで最盛期を迎えていた。1532年にはカロリナ刑事法典（カール5世の刑事裁判令、Constituio Criminalis Carolina、以下 CCC）[6]が成立した。CCC は、神聖ローマ帝国最初の統一刑事法典[7]として構想されたものであり、その後の帝国内の刑法のモデルともされる[8]。もっとも、CCC に対して各領邦のラント法が優越し、CCC は補充的にしか妥当しなかった[9]。ハプスブルク家の各ラントにおいては、独自の刑事法典（刑事裁判所令等）が設けられていた。1656年には、皇帝フェルディナンド3世が下オーストリ

---

6　カロリーナ刑事法典上の性的事柄に関する犯罪は、「風俗犯罪」として、第116条に反自然的淫行（反自然的な淫行に対する刑罰＝Straff der vnkeusch, so wider die natur beschicht）である獣姦・同性愛行為（男性間も、女性間も）、第117条に近親相姦（近親者との淫行に対する刑罰＝Straff der vnkeusch mit nahende gespiten freunden）、第118条に婦女誘拐（既婚又は未婚の女子を誘拐する者に対する刑罰＝Straff derjhenen so eheweiber oder jungkfrawen entführen）、第119条に強姦（強姦に対する刑罰＝Straff der nottzucht）、第120条に姦通（姦通に対する刑罰＝Straff des Ehebruchs）、第121条に重婚（重婚のかたちで行われる罪悪に対する刑罰＝Straff des übels das inn gestalt zwifacher ehe geschicht）、第122条に妻子の淫行斡旋（卑しき利欲から自ら妻又は子を淫行のため売り渡す者に対する刑罰＝Straff der jhenen so jre eheweiber oder kinder durch böses genieß willen williglich zu vnkeuschen wercken verkauffen）、第123条に姦通媒介・幇助（売春斡旋及び姦通幇助に対する刑罰＝Straff der verkuplung vnnd helffen zum ehebruch）が定められていた（CCC については、上口裕訳「カール5世刑事裁判令（1532年）試訳（1）、（2）」南山法学第37巻第1・2号149頁以下、同第37巻第3・4号合併号299頁以下を参照した。他に、塙浩『フランス・ドイツ刑事法史』（1992年）145頁以下、Dr. Gustav Radbruch, Die Peinliche Gerichtsordnung Kaiser Karls V. von 1532（Corolina）, Stuttgart: Reclam, 1967）。
　ところで、CCC のもとになったのは、シュヴァルツェンベルクが起草した1507年の「バンベルク刑事裁判令」（Constitutio Criminalis Bambergensis、単にバンベルゲンシスともいう。）とされる。このバンベルク刑事裁判令における性的事柄に関する犯罪には、第141条に反自然的淫行である獣姦・同性愛行為（男性間も、女性間も）、第142条に近親相姦、第143条に婦女誘拐、第144条に強姦、第145条に姦通、第146条に重婚、第147条に妻子の淫行斡旋、第148条に姦通媒介・幇助が定められている（以上については、前掲・塙浩283〜286頁）。このように CCC とバンベルク刑事裁判令は、性的事柄に関する犯罪についてほぼ同一の内容を有する。
7　もっとも、刑事訴訟法に関する規定が中心であり、実体刑法としての規定は後半の79条しかなく、それも断片的にいくらかの重大な犯罪を列挙したものにすぎなかった。
8　三成賢次他『法制史入門』（1996年）117頁。Karel Malý a kol., Dějiny českého a československého práva do roku 1945, 4. př.vy.,Leges, 2010.
9　CCC の序文において但し書きが設けられており、「ただし、選帝侯、諸侯及び諸等族の古き伝来の適法かつ公正なる慣習を廃絶することは、慈悲に発する本訓令において、およそ朕の意図したところではない」（上田・前掲注6の訳より）とされている。プラハの都市法に Koldín 法がある。

アで刑事裁判令を発した（Constituio Criminalis Ferdinandea）。このフェルディナンド刑事裁判令は、30年戦争後に成立した最初の刑事法典であり、反宗教改革を背景とし、宗教犯罪を強調したものであった[10]。

1707年には、ヨーゼフ１世による「刑事裁判所法」[11]が発せられた。この刑事裁判所法は、糾問主義的な内容を特徴とする手続法に関する刑事法典であり、実体法に関する規定はなかった。

オーストリアにおける初めての統一刑法典は、1768年のテレジアナ刑法典である[12]。18世紀のヨーロッパは啓蒙主義、自然法哲学が大きな影響力を持っていたにもかかわらず、テレジアナ刑法典は啓蒙主義を取り入れることのない、時代に逆行したものであった。オーストリア継承戦争でプロイセンのフリードリヒ２世に苦汁をなめさせられたマリア・テレジアにとって、中央集権化を図ることこそ重要であった。テレジアナ刑法典は、刑事手続の面では、1707年の刑事裁判所法を引き継ぎ、実体刑法の面ではフェルディナンド刑事裁判令を取り入れたものであった。そのため、このテレジアナ刑法典は、オーストリア・ハプスブルク支配下の刑法を統一した[13]が、内容的には見るべきものはないとされる。

啓蒙主義を取り入れたのはヨーゼフ２世のヨゼフィーナ刑法[14]である。ヨーゼフ２世は1765年、皇帝になるが、刑法の改正に取り組んだのは、母マリア・テレジアが亡くなってからであった。1781年、ヨーゼフ２世の指示で始められた準備

---

10　なお、このフェルディナンド刑事裁判令は、1769年まで有効なものであり続けた。
11　1707年７月16日に発せられたこの刑事法典を「ヨゼフィーナ刑法」ともいう。しかし、後述のヨーゼフ２世の1787年の刑事法典を「ヨゼフィーナ刑法」ということもある。
12　マリア・テレジアは、1752年、刑法及び刑事訴訟法の法典化のための委員会を設置した。この委員会は1768年にその作業を終え、12月31日に発せられ、翌年に施行された。
13　ハンガリーは、独自のハンガリー刑法の維持が認められていた。
14　ヨゼフィーナ刑法については、足立昌勝『国家刑罰権力と近代刑法の原点』（1993年）を参照した。この刑法典は、ベッカリーアの『犯罪と刑罰』の影響を大きく受けており、また、オーストリアの啓蒙主義者でもあるゾンネンフェルスの寄与も大きい（Karel Malý, a. a. O. S. 193）。
　　ヨゼフィーナ刑法における性刑法は、二部に分かれた「刑事犯」と「政治犯（違警罪）」それぞれに規定されていた。性暴力犯罪である強姦罪（第一部の第130条〜第133条）は、刑事犯であり、「第５章名誉と自由に直接関連する犯罪」に位置づけられていた。反自然的性行為である同性愛行為や獣姦は違警罪であり（第二部の第71条）、「第５章道徳を頽廃させる罪」の一つであった。近親相姦それ自体に関する規定は見当たらない。道徳を頽廃させる罪には、この他、売春（第75条）やわいせつ物の頒布を内容とする罪（第77条 a）があった。重婚と姦通については、重婚は刑事犯とされ（第一部の第175条〜第177条）、姦通は違警罪とされた（第二部の第44条〜第46条）。重婚は、詐欺罪や窃盗罪と同じ「第６章財産と権利に関連する犯罪」の一つであり、姦通も「同胞の財産または権利を侵害する違警罪」に位置づけられている。

作業は、6年かけて結実し、1787年1月13日に「犯罪とその処罰に関する一般刑罰法規」が公布された。ヨゼフィーナ刑法は、一方で、死刑を原則として廃止し、罪刑法定主義が宣言され、犯罪と政治犯（違警罪）を区別するなど、進歩的な要素を多く含んだものであった。しかし、なお、過酷な刑罰を温存している側面もあった。ヨーゼフ2世の急進的な改革は、その死後、反動を生んだが、その後のオーストリア刑法に大きな影響を残した。

ヨーゼフ2世の死後、1796年には、オーストリア刑法草案が起草され、当初、西ガリチアで公布された。この草案が、1803年の「重罪および重違警罪に関する刑罰法規」[15]（1803年9月3日）として結実する。ヨゼフィーナ刑法と同様、重罪と（重）違警罪の二部から構成されたこの刑法典は、特に（重）違警罪の分野において、ヨゼフィーナ刑法よりもはるかに多くの規定を設けていた。これは、一方において、ヨゼフィーナ刑法を、より精緻にし完成させたともいえるが、国家による監視網が広範に及んでいたともいえる。1803年刑法は、1852年の「重罪、軽罪および違警罪に関する刑罰法規」（1852年5月27日）[16]によって置き換えられる。しかし、1852年刑法は、内容的には1803年刑法を補充したにすぎないものとされる。そのため、1803年刑法は、1949年までチェコの刑法の発展に影響を与え続けた。

---

15　櫻庭総「フランツィスカーナ刑法典（実体法部分）試訳」九大法学96号119頁以下（2008年）を参照した。
　　1803年刑法第一部の重罪の一つに、性犯罪に関する独立の章「第15章強姦およびその他の猥褻行為について」が設けられている。強姦罪（第110条〜第112条）が重罪とされる点は、ヨゼフィーナ刑法と同様である。しかし、反自然的性行為（第113条1号）も重罪とされている。また、近親相姦（第113条2号）が重罪として復活している。このとき、直系の血族間で行われる近親相姦が重罪とされ、兄弟姉妹間での近親相姦は、重違警罪（第246条）とされた。このように、1803年刑法は、ヨゼフィーナ刑法に対する反動的な刑法としての側面がある。重婚（第185条〜第187条）も、重罪の一つとして独立の章（第25章）が設けられた。強盗罪（第23章）、詐欺罪（第24章）に続く位置づけであった。姦通罪（第247条）は重違警罪（第二部）の、「第13章公共の道徳に対する重違警罪」にあった。売春（第255条）なども同章に規定されている。
　　1803年刑法の、もう一つ、特徴的なのは、児童に関する規定が明確に設けられている点にある。強姦罪において14歳以下の者に対する凌辱行為を強姦罪とみなす規定（第一部第112条）、家庭内で未成年者を凌辱し、又は猥褻行為をした場合に重違警罪とする規定（第二部第249条、第250条）が設けられている。

16　*Helmuth von Weber*, Grundriß des tschechoslowakischen Strafrechtes, § 3 (S. 7-9), 1929.

## 2　1852年刑法における性刑法

　テレジアナ刑事法典・ヨゼフィーナ刑法から1803年刑法を経て、1852年刑法の成立までは、チェコの刑法典史の上で、統一的なオーストリア刑法の下にあった時期として、大きく一つにまとめられよう。そこで、1852年刑法における性刑法を確認する。1852年刑法において、性暴力犯罪である強姦罪規定は、強姦やその他の猥褻行為として独立の章（第14章）が設けられ、重罪に位置づけられていた。強姦罪規定を含む章は、宗教犯罪に関する章（第13章）の後、謀殺と故殺に関する章（第15章）の前に設けられており、基本的には道徳犯罪に位置づけられていた[17]。

1852年刑法　第14章　強姦、凌辱、その他の重大な猥褻行為
§125　強姦
　　女性を、危険な脅迫、実際に行使された暴行によって、又は悪巧みによる失神によって、抗拒不能にさせ、その状況で婚姻外の性交へと女性を性的暴行した者は、強姦罪となる。
§127
　　行為者の関与なくして抗拒不能および意識不明状態にある女性、または未だ14歳に満たざる女性となされた婚姻外の同衾は強姦罪と同様とし、第126条によって処罰される。
§128　凌辱
　　14歳未満の少年若しくは少女、又は無防備で意識不明の状態にある人を、自己の欲求の満足のために、第127条に規定された方法以外の方法で、性的な暴行を行った者は、第129条bに規定された行為を構成しない場合は、凌辱罪とし、5年以下の重禁錮に、加重事由がある場合には10年以下の重禁錮に、§126に規定された結果が生じた場合には20年以下の重禁錮に処せられる。
§129
　　次のような猥褻行為も犯罪として罰せられる。
　　a）動物とする、
　　b）同性とする　ような自然に反した猥褻行為。
§131　近親相姦
　　尊属・卑属にある親族間で、その親族関係が婚内子又は婚外子に起因するものであろうと、近親相姦を行った者。

　強姦や凌辱は、性的自由に対する罪であることが指摘されており、1803年刑

---

17　この点、1803年刑法も、「第14章宗教紊乱について」の後に「第15章強姦及びその他の猥褻行為について」があり、その後に「第16章謀殺及び故殺について」が続いている。

法、1852年刑法いずれにおいても、客体は女性に限定されており、暴行・脅迫を用い、または抗拒不能に乗じた性交が強姦罪とされた。なお、1852年刑法では、婚姻外の性交に限定されており、夫婦間レイプが強姦罪とならないことが明示されている。また、14歳未満のものに対する性交が強姦となることも示されている。性交（同衾）にいたらない性的暴行については凌辱罪としている。さらに、強姦罪と同じ章に、反自然的性行為とされる獣姦や同性愛行為、さらには近親相姦も重罪として設けられていた。

重婚（§206〜§208）も重罪に位置づけられている（第24章）。興味深いことに、重婚に関する章は詐欺に関する章（第23章）の後に設けられている。これはヨゼフィーナ刑法において、重婚が「財産と権利に関連する犯罪」の一つとして位置づけられていたこと[18]を受け継いでいる。

（重）違警罪には、「公共の道徳に対する」罪に関する章（第13章）が設けられていた。兄弟姉妹間の猥褻行為（第501条）や、姦通（第502条）、同居者による未成年の親族の凌辱（第504条）など、売春（第509条）、売春斡旋（第512条）などが規定されていた。このうち、第504条と第505条は、本来的には封建的規定である。しかし、未成年者と近しい関係を有する者に対して未成年者との性的関係を規制しているという点で、児童の性的健全育成を阻害する犯罪類型へとつながっていくものといえよう。

§504 同居人による未成年の血縁者の凌辱
　　家父長又は女家主の未成年の娘、又は世帯に属している未成年の血縁者を陵辱した同居人は、このような重違警罪に対して、家族との関係の相違に応じて、一月以上三月以下の重禁錮に処される。
§505 奉公する女性が同居する未成年の息子又は血縁者となす猥褻行為
　　ある家庭で奉公する女性が、未成年の息子、又は同居している未成年の血縁者に猥褻行為をするよう誘惑した場合も、同様の処罰が科されるべきである。但し上記二つの違反事例の審問及び処罰は、親、血縁者又は後見人の要求に基づいてのみ行われる。

なお、姦通の保護法益は、夫婦が性生活の道徳秩序の基盤であることから、これを制度として維持することに公共の利益があるとされ、家族に対する罪と解さ

---

18　前傾注14を参照。

れていた[19]。

　これらの性犯罪は、上位概念を道徳犯罪としつつも、その下位分類として、性的欲望を刺激・満足させるような淫行（第129条、第131条、第501条、第504条、第505条）と公共の道徳に対する罪（第509条、第512条）、個々人の性的自由に対する罪（第125条、第127条、第128条など）の三つに区分できる[20]。

## Ⅳ　大戦間期

### 1　大戦間期の状況

　第一次世界大戦が終息し、オーストリア＝ハンガリー二重帝国が解体されると、チェコは、マサリクの指導の下、スロヴァキアと共にチェコスロヴァキア共和国を建国し、独立国家となった。このとき、オーストリアの支配下にあったチェコでは当面、1852年のオーストリア刑法が適用されることになり、ハンガリーの支配下にあったスロヴァキアでは当面、1878年・1879年のハンガリー刑法が適用されることになった。いわゆる「継受法」である。継受法は一時的なものと考えられ、チェコスロヴァキア共和国の統一刑法典を作成する動きはあった。1921年には、「チェコスロヴァキア刑罰法規」総則の予備草案が完成していた。もっとも各則の審議が延び、時期を逸することになった[21]。1926年には「重罪と軽罪及び違警罪に関する刑罰法規」の予備草案が完成する。しかし、刑事司法制度の大きな改革を要する内容を有しており、国家財政に負担を強いることになるため、導入へと到らなかった[22]。1937年には司法当局の手による刑法草案が作成された。この草案は、それまでばらばらであった刑法を統一する以上の意味を有せず、新規性はなかった[23]。この草案も、翌1938年のミュンヘン会談があり、スロヴァキアが自治を宣言し、1939年にはチェコの領域は、ボヘミア・モラヴィア保護領となっていく政治状況のなかで、成立することはなかった。結局、この大

---

19　*Hellmuth von Weber*, a. a. O. § 74 (S. 98).
20　*Hellmuth von Weber*, a. a. O. § 68 (S. 85-87).
21　中山研一「チェコスロヴァキアの刑法（一）」法学論叢75巻1号15～16頁、*Erich Schmied*, Das Tschechoslowakische Strafgesetzbuch vom 12. Juli 1950 (in der Fassung vom 22. Dezember 1956),2. Aufl., 1958., S. 1。
22　中山研一・前傾注16頁、*Erich Schmied*, a. a. O., S. 1-2。
23　中山研一・前傾注16～18頁、*Erich Schmied*, a. a. O., S. 2。

戦間期にチェコスロヴァキアの統一刑法草案が日の目を見ることはなかった。

### 2　1926年刑法草案における性犯罪規定

大戦間期に作成され、画期的な内容を含むとされた1926年刑法草案[24]は、総論部と各論部の２部からなり、総論部は第１章から第４章で、各論部は第５章から第19章で構成されていた。このうち、性的事柄に関する犯罪は、「第12章の親族関係に対する有罪行為」と「第13章風俗に対する有罪行為」の中に規定されていた。

第12章には、第243条に重婚罪に関する規定があった。従来、財産・権利に関連する犯罪とされていた重婚罪が、一夫一婦制度を前提とした家族制度を侵害する犯罪として明確に位置づけられた。また、第245条に姦通罪が規定されている。公共の道徳に対する罪に位置づけられていた姦通罪もまた一夫一婦制度を侵害するものであることから、重婚と同じ章にまとめなおされた。

第13章の風俗に対する罪には、まず、第251条に淫行を処罰する規定があった。この淫行は、婚姻以外の性交（姦）及び、性欲の満足・興奮のために行った差恥心を害する行為を意味している。同性間における淫行も、ここに規定されている。また、第252条では、淫行の強要に関する規定がある。暴力又は危険な脅迫を用いて、猥褻行為を行わせ、あるいは猥褻行為が行われるのを認容させた場合を犯罪とする。

## Ｖ　チェコスロヴァキアの刑法典（社会主義体制下）

### 1　チェコスロヴァキアの社会主義体制下の刑法史概説

第二次世界大戦が終息し、ロンドンで亡命政府を樹立していたベネシュがプラハに帰還した1945年に、チェコスロヴァキア共和国が復活する。法制度は、当面、共和国大統領布告によって運用されることになった。1946年の自由選挙で共産党が第一党になると、チェコスロヴァキアは社会主義化政策を採るようになる。1948年の二月事件を期に、共産党が政権固めに成功し、５月９日にはチェコ

---

24　『チェッコ・スロウァキア共和國の刑法典草案及同理由書（各論篇）』司法資料第119号（昭和２年）を参照。

スロヴァキアの新憲法が制定される。このような中、1950年7月18日にチェコスロヴァキア刑法典（Zákon č. 86/1950 Sb.）が公布され、同年8月1日に施行された。

1950年刑法は、一方において、大戦間期の刑法改正作業の集大成であり、特に1937年刑法草案を手本とし、チェコスロヴァキアの法的伝統を引き継ぐものであった。他方で、共産党のもと、社会主義刑法原理を導入し、ソビエト刑法を導入したものでもあった[25]。1950年刑法は、1956年に若干の改正が加えられるが、それ以外に大きな改正はなかった。

1960年4月に「チェコスロヴァキア社会主義共和国憲法」が成立し、憲法も明確な社会主義を打ち出した。そのような社会主義憲法のもと、既存の法を全面的に見直していく中で、刑法においても改正が行われることになった。そして、1961年12月8日に1961年刑法典（Zákon č. 140/1961 Sb.）が公布され、1962年1月1日より施行された。もっとも、1950年刑法自体が、すでにソビエト刑法とチェコの法的伝統を引き継ぐものであり、1961年刑法は、実質的には1950年刑法を改正したものにすぎないといえる。

## 2　1961年刑法における性刑法

1950年刑法と1961年刑法とは、各則の規定の内容に大きな違いはない。特に性刑法の規定は、その章立てを除けば、同一の規定といってよい。いずれにおいても、ソビエト刑法の特徴は、総則規定や国家的法益・社会的法益に対する罪の領域において存在する。性刑法の領域においては、規定は簡素化された。また、特に宗教的・倫理的な観点から反自然的性行為とされた犯罪類型において大きな変化がみられた。

性的事柄は、1950年刑法においては「第5部家族及び少年に対する犯罪」（第206条～第215条）と「第7部自由及び人間の尊厳に反する犯罪」の「第2章人間の尊厳に反する犯罪」（第238条～第244条）に分けて規定されていた。これに対して、1961年刑法においては、「第5章市民の共同生活をいちじるしく侵害する罪」と「第6章家庭および青少年に対する罪」、「第2節人間の尊厳に対する罪」に分けられている。1950年刑法において、第7部第2章に位置づけられていた売春斡

---

25　法務大臣官房司法法制調査部『チェコスロヴァキア社会主義共和国刑法典』法務資料391号（昭和40年）123頁以下、中山研一前掲注21、Erich Schmied, a. a. O. を参照。

旋（第243条a）[26]と道徳の危殆化（第244条）が、1961年刑においては、独立の章として新設された第5章に位置づけられた。

1961年刑法における性暴力犯罪に関する規定は、強姦罪（第241条）と性的虐待罪（第242条、第243条）である。

§241 強姦
(1) 暴行または直接的暴行の脅迫をもって、婦女に性交を強要した者、または、右の目的のために婦女の無援状態を利用した者は、3年または8年までの自由剥奪に処する。
(2) 次の場合には、5年から12年までの自由剥奪に処する。
  a) 第1項によって重大な傷害をひきおこしたとき。または、
  b) 右の行為が15歳未満の少女に対してなされたとき。
(3) 第1項の行為によって死の結果をひきおこしたときは、10年から15年までの自由剥奪に処する。

§242 性的虐待
(1) 15歳未満の者と性交した者、またはその他の方法で右の者を性的関係に利用した者は、1年から8年までの自由剥奪に処する。
(2) 第1項の行為が犯人に従属する者に対して、その従属的地位を利用してなされたときは、5年から12年までの自由剥奪に処する。
(3) 第1項の行為によって重大な傷害をひきおこしたときは、5年から12年までの自由剥奪に処する。
(4) 第1項の行為から死の結果が生じたときは、10年から15年までの自由剥奪に処する。

§243
18歳未満の少年または被後見人の従属的地位を利用して、その者を婚姻外の性的交渉へと強制した者、または右の者を、その従属的地位を利用して、その他の方法によって性的関係に利用した者は、2年までの自由剥奪に処する。

家庭および青少年に対する罪として、重婚罪は規定されていた（第210条）。しかし、これまで重婚と同様に一夫一婦制を侵害する罪と考えられてきた姦通罪は、1961年刑法はもちろんのこと、すでに1950年刑法の規定中にも残されていない。同じ1852年刑法が妥当していたオーストリアにおいては、1974年オーストリア刑法においても、なお、姦通罪の規定は残った（1974年オーストリア刑法第194条）。

---

26 売春斡旋については、1950年刑法成立時には規定がなく、1956年刑法改正によって新設され、受け継がれた規定である。内容は、管理売春を犯罪類型とするものであり、1852年刑法第512条（売春斡旋、Kuppelei）にもあった。

反自然的性行為とされてきた同性愛行為、獣姦、さらには近親相姦のうち、獣姦は犯罪類型から外された。同性愛行為は、18歳以上の者が、18歳未満の同性者と性的交渉に入った場合、又は相手の従属的地位を利用して同性者と性的交渉に入った場合を処罰対象とした（第244条(1)）[27]。確かに、一方において、対等の成人間の私的領域における同性愛行為を処罰対象から外し、刑法の脱倫理化が図られている面はある。しかし、他方で、児童の性道徳の育成の問題又は性暴力の一種の問題という枠組みの中などで、同性愛行為の反倫理性を刑法の問題として残したといえる。近親相姦は、近親者の範囲を直系血族のみならず兄弟姉妹間まで対象を広げつつ、行為を性交に限定した。これは、1852年刑法において、宗教的・倫理的な観点から重罪と違警罪に分けられていた近親相姦の問題を、医学上・生物学上の問題として整理したといえる。

社会主義における刑法は、資本主義（及び自由主義・民主主義）からの決別をはかり、新たな社会主義体制を推進していくための統制手段として機能するという特徴を有している。それは、一方において、各則の犯罪構成要件規定を弾力的なものとして、いわゆる実質的犯罪概念において社会的危険性を重視するソヴィエト刑法の特徴として現れてくる。これは罪刑法定主義の貫徹を困難にした。他方で、社会主義体制の維持にとって危険とされない行為に対しては、刑罰権をもって対応する合理性がなくなることになる。結果として、刑法における、伝統的・宗教的な道徳概念の保持という役割を減じることになった。それが、反自然的性行為や姦通罪に関する規定の変化となって現れているといえる。

## VI　ビロード革命後

### 1　概　説

1989年、11月にベルリンの壁が崩壊すると、同月、プラハでも学生のデモに端を発して、共産党の一党独裁体制が崩壊し、12月には市民フォーラムのハベル大統領が誕生する（血が流れなかったことを誇り、ビロード革命といわれる）。1990年4月には、それまでのチェコスロヴァキア社会主義共和国に代わり、「チェコおよ

---

27　なお、同性性交の買売春（第244条(2)a)）や同性性交により世論の憤激をひきおこした場合（第244条(2)b)）など"公"の道徳の領域の問題としての同性愛行為は犯罪とされた。

びスロヴァキア連邦共和国」が誕生する。この国家は、短命に終わり、1993年1月1日には「チェコ共和国」と「スロヴァキア共和国」が成立することになる（ビロード離婚）。チェコ共和国は、ナチスドイツの支配とそれに続く社会主義体制を、全体主義による支配であったとし、全体主義支配から決別し、「ヨーロッパへの回帰」を謳い文句にした。このとき、チェコが目指した「ヨーロッパへの回帰」には二つ意味があると考えられる。一つは、自由主義と民主主義を発展させた、現在の西ヨーロッパ諸国の一員となることであり、チェコはEUへの加盟を目指していった。チェコがEUに加盟を果たしたのは2004年になってからであった。もう一つは、自立した民主主義国家として、ヨーロッパの一員であった、過去の大戦間期のチェコスロヴァキア共和国の姿を取り戻すことである。全体主義という一つのシステムを終焉させ、新たな自由主義・民主主義を基盤とする国家を構築するモデルを、チェコ自身の過去にも求めた。

### 2　1961年刑法の改正

　チェコが回帰を目指した現在の西欧諸国は、大戦間期の西欧諸国からは大きく変化を遂げていた。特に、性刑法の領域においては、二つの変化があったといえる。一つは、同性愛行為の不処罰化に代表される刑法の脱宗教化・脱倫理化である。イギリスのウォルフェンデン報告における同性愛行為の不処罰という考えは、すでに西欧に広く浸透していた。他方で、フェミニズム運動の影響から、性暴力犯罪規定における性の中立化の動きも広がっていた。チェコは、社会主義的色彩の濃い刑法を脱し、個人主義・自由主義を基調とし、罪刑法定主義を貫徹するような刑法への移行を強く迫られていた。

　また、1989年の児童の権利に関する条約が国連で採択されたことに象徴されるように、児童の性的搾取・性的虐待に関する問題についても、国際社会で歩調を合わせて取り組む動きが広がりつつあった。2000年には児童売買、児童買春および児童ポルノに関する児童の権利に関する条約の選択議定書が国連において採択される。2004年には児童の性的搾取および児童ポルノ対策に関する欧州理事会枠組決定（2004/68/JHA）が出され、2007年10月には性的搾取および性的虐待から子どもを保護する条約が欧州評議会において採択されている。このような動きに対しても、チェコは協調していくことになる。

　ビロード革命直後の1990年には、刑法の大きな改正（Zákon č. 175/1990 Sb.）が

あった。1961年刑法に対して100を超える改正事項が盛り込まれたこの改正は、第1条の目的規定から改正されている。刑法典の目的は、チェコ及びスロヴァキア連邦共和国の社会や憲法体制、市民や集団の権利や正当な利益を保護することにあるとされ、刑法の目的から「社会主義」の要素は削除された。

このときの改正は、性刑法の領域にも及んでおり、同性愛行為の処罰規定（第244条）は、標題を含めて、完全に削除された。その後、同性愛行為を罰する類型が設けられることはない。なお、公の道徳の危殆化（第205条）も、このとき改正されているが、その後も改正が重ねられ（Zákon č. 557/1991 Sb.、Zákon č. 134/2002 Sb.）、2007年改正でポルノ頒布罪（Zákon č. 271/2007 Sb.）として整えられた。この2007年改正においては、第205条aに児童ポルノ頒布が、第205条bにポルノ製造における児童の悪用が、新たな犯罪類型として設けられている。

性暴力犯罪規定における性の中立化がチェコにおいて実現したのは、2001年刑法改正（Zákon č. 144/2001 Sb.）においてである。それまで「婦女（žena）」を客体としていた強姦罪規定（第241条、Znásilnění）は、「他の者（jiný）」を客体とする文言に替えられ、性の中立化がなされた。それにともない、行為類型は、「性交（soulož）」に加え、「その他類似の性的接触（jiný obdobný pohlavný styk）」行為にまで拡大された。

2003年の刑法改正（Zákon č. 218/2003 Sb.）においては、少年の道徳的教育の危殆化を犯罪とする第217条が改正された。そのとき、第217条aとして、性的接触への誘惑の罪が新設された。この規定は、児童買春の処罰規定である。なお、本罪においては、児童自身の側から対価を要求するなどしたとしても、教唆や幇助が成立することもない（児童の不処罰、第217条b）。

このような大きな改正の動きの中、重婚罪（第210条）や近親相姦罪（第245条）については、改正されることはなかった。

### 3　2009年刑法典概説

1961年刑法に個別的に膨大な修正を加えていく一方で、刑法の全面改正に向けた作業が、すでに1992年に始められていた。長きにわたる議論のすえ、チェコ共和国政府（社会民主党（ČSSD）のイジー首相のもと）は、2006年3月に刑法典草案を下院に提出し、審議の対象となった。しかし、2006年の選挙を控えた下院では、激しい議論の後、否決された。もっとも、否決された理由は、枝葉末節なこ

とで、政治的な動機からであった。2006年下院選挙後、政権交代があったが、全面改正の作業は引き継がれ、2007年12月にチェコ共和国政府（市民民主党（ODS）のミレク首相のもと）は新たに刑法典草案を承認し、下院に提出した[28]。

こうして、2009年刑法（Zákon č. 40/2009 Sb.）は、2009年1月8日に上院で承認され、大統領の署名を経て公布され、2010年1月1日より施行された。施行前に、改正法（Zákon č. 306/2009 Sb.）が出されている。

2009年刑法では、第3章の「性における人の尊厳に対する罪」と第4章「家庭および子どもに対する罪」に性犯罪に関する規定が設けられている。

## 4　2009年刑法の第3章

第3章の罪は、性的関係に関して社会の道義観念に合致しないような行為を犯罪としている。類型としては、保護法益に従って、4つに分けることができる。①性的事柄に関する決定の自由を保護するとされるもの（第185条、第186条、第189条）、②早期の性的行為により、児童の道徳的、身体的発展を妨害されないようにするもの（第187条、第193条、第190条）、③いわゆるインセストタブーという道徳（第188条）、そして④児童の道徳的育成・道徳的成熟を保護するもの（第191条、第192条）である[29]。

一つ目の、性的自由に対する罪（性暴力犯罪）の規定には、この第3章の第185条と第186条が該当する。第185条は、基本的には2001年の刑法改正の内容が引き継がれている。これに対して、第186条は、この2009年刑法において新設された構成要件である。

§185　強姦（Znásilnění）
(1) 暴行、暴行の脅威、若しくはその他の重大な侵害の脅威によって、人に性的接触を強いた者、又は、同行為のためにその者の抗拒不能を利用した者は、6月以上5年以下の自由剥奪に処せられる。
(2) 第1項に挙げられた行為を行った者で、次の場合は2年以上10年以下の自由剥奪に処せられる。

---

28　*Jiří Herczeg*, Der Allgemeine Teil des tschechischen StGB-Entwurfs, ZStW120（2008）, S.479を参照した。他に、Radio Praha の記事（Jan Richter, Goverment approves new penal code, 20-12-2007 15: 38, http://www.radio.cz/en/section/curraffrs/government-approves-new-penal-code）なども参照した。
29　*Pavel Šámal* a kol., Trestní zákoník II（Komentář §140-421）, C. H. Beck, 2010, S.1647。

a）性交又はその他の性交類似の方法でなされた性的接触であった場合、
　　　b）児童に対して行った場合、又は
　　　c）武装していた場合。
　（3）　次の場合、5年以上12年以下の自由剥奪に処せられる。
　　　a）第1項に挙げられた行為を15歳未満の児童に対して行った場合、
　　　b）同行為を、拘留中、服役中、保護治療中、保安留置中、保護教育中又は公共機関における教育中、その他自由が制約されている所にいる者に対して行った場合、又は、
　　　c）同行為によって健康に対して重大な侵害を引き起こした場合。
　（4）　第1項に挙げられた行為によって死を引き起こしたときは、10年以上18年以下の自由剥奪に処せられる。
　（5）　予備は罰せられる。

§186 性的強要（Sexuální nátlak）
　（1）　暴行、暴行の脅威、若しくはその他の重大な侵害の脅威によって、人に自慰行為、露出行為、その他類似の行動を強いた者、又は、同行動のためにその者の抗拒不能を利用した者は、6月以上4年以下の自由剥奪、又は資格剥奪に処せられる。
　（2）　その者の依存性、又は自らの地位やそこから生じた信頼若しくは影響を悪用して、性的接触、自慰行為、露出行為、その他類似行為を強いた者も同様の刑に処せられる。
　（3）　第1項又は第2項に挙げられた行為を行った者で、次の場合は、1年以上5年以下の自由剥奪に処せられる。
　　a）児童に対して行った場合、又は
　　b）2人以上で行った場合。
　（4）　次の場合、2年以上8年以下の自由剥奪に処せられる。
　　　a）第1項に挙げられた行為を武装して行った場合、
　　　b）第1項又は第2項に挙げられた行為を、拘留中、服役中、保護治療中、保安留置中、保護教育中又は公共機関における教育中、その他自由が制約されている所にいる者に対して行った場合、
　　　c）組織的集団のメンバーとして同行為を行った場合。
　（5）　次の場合、5年以上12年以下の自由剥奪に処せられる。
　　　a）第1項に挙げられた行為を15歳未満の児童に対して行った場合、又は
　　　b）同行為によって健康に対して重大な侵害を引き起こした場合。
　（6）　第1項又は第2項の行為によって死を引き起こしたときは、10年以上15年以下の自由剥奪に処せられる。
　（7）　予備は罰せられる。

　性暴力犯罪の犯罪類型は、その性的行為のタイプによる分類、手段のタイプによる分類、および被害者の年齢のタイプによる分類の、三つの分類基準によって

細分化できる。日本においても、姦淫とわいせつのように性的行為のタイプによって分類することができ、また、「暴行又は脅迫」と「心神喪失若しくは抗拒不能に乗じ、又は心神を喪失させ、若しくは抗拒不能にさせて」のように手段のタイプによって分類することができ、さらに、「13歳以上」と「13歳未満」のように被害者の年齢のタイプによって分類することができる。刑法典以外の、児童福祉法やいわゆる淫行処罰条例によって、性的行為のタイプに「淫行」を加えることができ、被害者の年齢のタイプに「18歳未満」を加えることができる。

　チェコの性暴力犯罪を、この三つの分類基準に対応させてみる。まず、性的行為のタイプにおいては、①性交又は性交類似行為、②性的接触（pohlavný styk）、③非接触型性的行為の三つがある。③は、自慰行為や露出行為等を指している。②が二者間の肉体的な接触を前提とした規定であるのに対し、③はそのような肉体的な接触がない性的行為である。

　次に、手段のタイプにおいては、①暴力的手段型（第185条(1)や第186条(1)の「暴行、暴行の脅威、その他の重大な侵害の脅威」）、②抗拒不能利用型（第185条(1)や第186条(1)の「その者の抗拒不能（bezbrannosti）を利用して」）、③関係性利用型（第186条(2)の「その者の依存性又は自らの地位やそこから生じた信頼若しくは影響を利用して」）の三つがある。①と②は、手段のタイプとして明確に区別されてはいるが、同一条項に規定されている。①〜③の他にも、拘留中等被害者が抵抗困難な特殊な状況下で当該行為を行った場合（185条(3)b）、186条(4)b））、武装していた場合（185条(2)c）、186条(4)a））などが加重事由として類型が設けられている。

　最後に、被害者の年齢タイプにおいては、①18歳以上、②児童（18歳未満）、③15歳未満の三つに区分される。性交同意年齢は、刑事責任年齢（第25条）と同じく満15歳からとされており[30]、15歳未満の性的保護については、原則として第187条の問題である。しかし、第185条(3)aや第186条(5)aも、児童の性的保護を図る規定である。

　性暴力犯罪の基本的な構成要件は第185条(1)であり、暴力的手段型または抗拒不能利用型によって、性的接触を行う類型である。第185条(2)は、その加重類型であり、暴力的手段型または抗拒不能利用型によって、性交又は性交類似行為を

---

30　2009年刑法採択当初（Zákon č. 40/2009 sb.）は、性交同意年齢も刑事責任年齢も（1961年刑法に比して）14歳に引き下げられていたが、施行前の改正（Zákon č. 306/2009 sb.）において、15歳とされた。

した場合（第185条(2)a)）または児童に対して行った場合（第185条(2)b)）などの構成要件である。また、暴力的手段型または抗拒不能利用型によって、15歳未満の者に対して性的接触を行った場合は、さらなる加重類型（第185条(3)a)）とされている。

第186条(1)は、暴力的手段型または抗拒不能利用型によって、自慰行為や露出行為といった（非接触型の）性的行為を強要するものである。この加重類型としては、児童に対して行った場合（第186条(3)a)）と、15歳未満の者に対して行った場合（第186条(5)a)）が設けられている。

第186条(2)は、関係性利用型によって、性的接触をし、あるいは非接触型性的行為を行った場合の構成要件である。関係性利用型による場合、性交または性交類似行為に至った場合の加重類型は設けられていない。しかし、児童に対して行った場合（第186条(3)a)）の加重類型は設けられている。

なお、性的事柄に関する決定の自由を侵害する罪としては、売春幹旋（Kuplířství、第189条）があり、売春をするよう、人を強い、雇い、勧誘し、誘惑し、若しくは誘ったり、又は、人の売春から搾取したりする場合を犯罪としている。売春を自由意思で行う行為自体を犯罪類型とする規定は設けられていない。

二つ目の、児童が、あまりにも早期の性的経験をし、あるいは性的虐待を受けることで、その道徳的、身体的発育が阻害されることを防ぐための犯罪類型としては、性的虐待（第187条）がある。これは1961年刑法の性的虐待（第242条）を基本的に引き継ぐ規定である。

§187 性的虐待（Pohlavní zneužití）
(1) 15歳未満の児童と性交した者、又はその他の方法で性的虐待をした者は、1年以上8年以下の自由剥奪に処せられる。
(2) その監督下にある15歳未満の児童に対して、その者の依存性、又は自らの地位やそこから生じた信頼若しくは影響を悪用して、第1項に挙げられた行為を行った場合、2年以上10年以下の自由剥奪に処せられる。
(3) 第1項に挙げられた行為によって健康に対して重大な侵害を引き起こしたときは、5年以上12年以下の自由剥奪に処せられる。
(4) 第1項に挙げられた行為によって死を引き起こしたときは、10年以上18年以下の自由剥奪に処せられる。
(5) 予備は罰せられる。

なお、第187条(2)については、児童の性的搾取及び児童ポルノ対策に関する2003年12月22日理事会枠組決定（2004/68/JHA）を考慮して、加重事由の要件を拡大している[31]。この第187条と同様の趣旨で、ポルノ製造のための児童の悪用（第193条）と売春による児童の道徳教育の危殆化（第190条）が犯罪類型として設けられている。第193条は、2007年改正法の内容を引き継ぐものである。

三つ目の、近親相姦に関する規定は、1950年刑法以来、内容的にも変わることなく存在しており、直系血族間または兄弟姉妹間における性交を処罰の対象としている。

最後にポルノ頒布に関する犯罪である。ポルノの概念自体は刑法典上に定められていない。ただ、ポルノの特徴として、強力で不快な方法によって、性的な本能に影響し、性的本能を刺激するものであり、社会における支配的な見解による評価で、性的な品位の限界を超えるものであり、受け入れがたい方法で、性的な品位に対する感情を害し、恥じらいの意識を惹起するものであるとされる[32]。これは日本の判例で積み重ねられた「わいせつ」概念に相当するものといえる。ポルノの頒布等の行為は、そのポルノの内容が、人に対する暴力や侮辱を内容としている場合、又は獣姦である場合（いわゆるハードポルノ、第191条(1)）や、児童ポルノである場合（第192条(2)）に犯罪とされる。なお、内容が児童ポルノの場合は、その所持自体が犯罪とされている（第192条(1)）。また、単純ポルノであっても、それを児童に提供等することは、児童の性的事柄についての道徳的発展、道徳的成熟を侵害する犯罪とされる（第191条(2)）。

§191 ポルノ頒布（Šíření pornografie）
　(1) 人に対する暴力や侮辱を表現し、又は動物との性的接触を記述し、描写し、その他の方法で表示した、ポルノ写真、ポルノ映画、サイバーポルノ、電子的ポルノ、その他のポルノを製造し、輸入し、輸出し、輸送し、申し出て、公けに利用可能にし、提供し、流通させ、販売し、その他の手段で取得した者は、1年以下の自由刑、又は活動の禁止、物件の没収に処せられる。
　(2) ポルノの文書、ポルノ写真、ポルノフィルム、サイバーポルノ、電子的ポルノ、その他のポルノを
　　a）子どもに提供し、譲渡し、又は利用可能にした者、又は

---

31　*Pavel Šámal*, a. a. O., S. 1648.
32　*Pavel Šámal*, a. a. O., S. 1694.

b）子どもによって接近可能な場所に、表示しその他の方法で利用可能にした者は、2年以下の自由剥奪、活動の禁止、又は物件の没収に処せられる。
　(3) 第1項又は第2項に挙げられた行為を行った場合で、次の場合には、6月以上3年以下の自由剥奪に処せられる。
　　a）組織的集団のメンバーとして行った場合、
　　b）出版物、フィルム、ラジオ、テレビ、公けにアクセス可能なコンピュータ・ネットワーク、その他類似の効果を有する方法で行った場合、又は
　　c）自己又は他人のために相当な利益を得る目的で行った場合。
　(4) 第1項または第2項に挙げられた行為を行った場合で、次の場合、1年以上5年以下の自由剥奪に処せられる。
　　a）複数の国において活動している組織的集団のメンバーとして行った場合、
　　b）自己又は他人のために莫大な利益を得る目的で行った場合。

§192 児童ポルノの製造とその譲渡（Výroba a jiné nakládání s dětskou pornografií）
　(1) 児童を表示しその他方法で利用したポルノ写真、ポルノフィルム、サイバーポルノ、電子的ポルノ、その他のポルノを所持していた者は、2年以下の自由剥奪に処せられる。
　(2) 児童を表示しその他方法で利用したポルノ写真、ポルノフィルム、サイバーポルノ、電子的ポルノ、その他のポルノを製造し、輸入し、輸出し、輸送し、申し出て、公けに利用可能にし、提供し、流通させ、販売し、その他の手段で取得した者、又はこのようなポルノグラフ作品から搾取した者は、6月以上3年以下の自由剥奪、活動の禁止、又は物件の没収に処せられる。
　(3) 第2項に挙げられた行為を行った場合で、次の場合には、2年以上6年以下の自由剥奪又は財産没収に処せられる。
　　a）組織的集団のメンバーとして行った場合、
　　b）出版物、フィルム、ラジオ、テレビ、公けにアクセス可能なコンピュータ・ネットワーク、その他類似の効果を有する方法で行った場合、又は
　　c）自己又は他人のために相当な利益を得る目的で行った場合。
　(4) 第2項に挙げられた行為を行った場合で、次の場合には、3年以上8年以下の自由剥奪又は財産没収に処せられる。
　　a）複数の国において活動している組織的集団のメンバーとして行った場合、
　　b）自己又は他人のために莫大な利益を得る目的で行った場合[33]。

　第191条(1)におけるポルノに、獣姦を内容とするポルノが規定されているのは、チェコの法的伝統の表れと思われる。

---

[33] 191条(3)c）と192条(3)c）の「相当な利益」とは、少なくとも50万 Kč（チェココルナ）以上であり、191条(4)b）と192条(4)b）の「莫大な利益」とは、少なくとも500万 Kč 以上のことをいう（チェコ刑法138条）。

## 5　2009年刑法の第4章

　2009年刑法の第4章は、家庭および児童に対する罪に関する規定のある章である。最初に、1950年刑法から変わることのない重婚罪が規定されている（第194条）。

　また、この章には2003年の刑法改正の際に第217条aに新設された、児童買春の処罰規定である性的接触への誘惑の罪（第202条）が規定されている。むろん、児童の不処罰に関する規定も引き継がれている（第203条）。

§202 性的接触への誘導（Svádění k pohlavnímu styku）
  (1)　児童との性的接触、児童の自慰行為、児童の露出行為、その他性的満足のための類似の行為に対して、金銭的報酬、利益、便宜を申し出、約束し、与えた者は、2年以下の自由剥奪刑又は罰金刑に処せられる。
  (2)　次の場合、6月以上5年以下の自由剥奪刑に処せられる。
    a）第1項の行為を15歳未満の児童に対して行った場合。
    b）同行為を非難すべき動機から行った場合
    c）同行為の実行を、より長期間継続した場合
    d）同行為を繰り返し行った場合

　児童との肉体的接触を前提とした「性的接触行為」に加え、そのような肉体的接触を前提としない、児童の自慰行為や児童の露出行為等も行為類型として明示されている。網羅的に児童買春行為を犯罪構成要件化している。

## Ⅶ　おわりに

　チェコは、長くオーストリア・ハプスブルクの支配下にあり、オーストリア刑法の影響下にあり続けた。事実、1768年のテレジアナ刑事法典以来、1852年刑法が妥当した1949年に到るまで、チェコ領域はオーストリア刑法の下にあった。1852年刑法に到るまでオーストリア刑法は、カトリックの守護者たる神聖ローマ皇帝を輩出したハプスブルク家のもと作られた刑法であり、宗教的影響の強く残る法であったといえる。しかし、「社会主義革命」により、チェコの国家・法体制は大きく変わり、社会主義刑法（1950年刑法・1961年刑法）が生まれる。性刑法の領域においても、伝統的・宗教的な規定が見直された。もっとも、社会主義においては社会主義体制の維持こそが重大事であり、自由主義・民主主義は等閑視されていた（むしろ、社会主義は自由主義・民主主義に対して抑圧的であった、というべ

きであろう)。それゆえ、表面的には性刑法領域において脱倫理化・脱宗教化がみれるが、それは自由主義的な意味での性の「自由」化という評価はできない。チェコの社会主義体制にとって、獣姦や姦通は刑罰権を発動するほどに、社会的に危険な行為ではなかったと考えられたと評価すべきであろう。また、社会主義刑法のもとでは、刑法各則の犯罪構成要件は弾力的な性格を有していた。

1989年のビロード革命を経て、チェコにおいては個人主義的・自由主義的なEUの価値秩序に回帰するために、罪刑法定主義の貫徹、特に明確な構成要件の定立が意識された。同時に、西欧が取り組んでいる性刑法の中立化、児童の性的保護などの問題にも、協調して取り組むことになった。このときチェコは、基本的には、現在の自由主義・民主主義国家であるEU諸国への「回帰」を目指しつつも、過去(大戦間期)のヨーロッパの民主主義国家の一員であったチェコスロヴァキア共和国への「回帰」という面も垣間みえる。ビロード革命後のチェコにおける膨大な刑法改正は、ヨーロッパへの回帰を目指したチェコの足跡である。それらを整理しなおした、その成果が2009年刑法といえよう。

日本の刑法典は、その基本的な姿を明治40年以来保っており、その規定の弾力性は、チェコの1950年刑法・1961年刑法と同程度といえよう。他方で、刑法典以外にも、売春については売春防止法があり、児童買春や児童ポルノ問題については、いわゆる児童買春・児童ポルノ処罰法がある。さらに、児童の性的保護の問題については、児童福祉法における「淫行させる」行為の処罰規定や、各地方自体におけるいわゆる淫行処罰条例の規定も存在している。強姦罪規定の性中立化

**参考図**

| 刑法<br>犯罪類型 | オーストリア刑法下<br>1852年刑法 | 社会主義刑法下<br>1961年刑法 | 民主化後<br>改正期 | 2009年刑法 |
|---|---|---|---|---|
| 強姦　一般 | ○ | ○ | ○中立化 | ○中立化 |
| (凌辱)　子ども | ○14歳 | ○15歳 | ○15歳 | ○15歳 |
| 同性愛行為 | ○ | △未成年との同性愛 | × | × |
| 獣姦 | ○ | × | × | × |
| 近親相姦 | ○ | ○ | ○ | ○ |
| 重婚 | ○ | ○ | ○ | ○ |
| 姦通 | ○ | × | | |
| 売春 | ○ | × | △児童買春の処罰 | △児童買春の処罰 |
| 売春斡旋等 | ○ | ○ | ○ | ○ |

○は処罰規定がある。×が処罰規定がない。

を含め、国際協調の結果必要となる変化を、現行の刑法典の中に体系的に位置づけていく必要がある。

野村 稔先生
略歴・主要著作目録

# 略　　歴

## 一　略歴・職歴

| | |
|---|---|
| 昭和19年9月1日 | 埼玉県川越市にて出生 |
| 昭和39年4月 | 早稲田大学第一法学部入学 |
| 昭和43年3月 | 早稲田大学第一法学部卒業 |
| 昭和43年4月 | 早稲田大学大学院法学研究科修士課程公法学専攻入学 |
| 昭和45年3月 | 早稲田大学大学院法学研究科修士課程公法学専攻修了（法学修士） |
| 昭和46年4月 | 早稲田大学大学院法学研究科博士後期課程公法学専攻入学 |
| 昭和48年4月 | 早稲田大学法学部助手［〜昭和51年3月］ |
| 昭和51年3月 | 早稲田大学大学院法学研究科博士後期課程公法学専攻単位取得満期退学 |
| 昭和51年4月 | 早稲田大学法学部専任講師（刑法）［〜昭和53年3月］ |
| 昭和53年4月 | 早稲大学法学部助教授（刑法・刑法各論）［〜昭和58年3月］ |
| 昭和58年3月 | 早稲田大学長期在外研究（西ドイツ、フライブルク市のマックス・プランク外国・国際刑法研究所）［〜昭和60年3月］ |
| 昭和58年4月 | 早稲田大学法学部教授（刑法・刑法各論・経済刑法担当）［〜平成15年9月］ |
| 昭和60年4月 | 早稲田大学大学院法学研究科修士課程公法学専攻（刑法）担当［〜平成26年3月］ |
| 昭和60年9月24日 | 法学博士（早稲田大学） |
| 昭和62年4月 | 早稲田大学大学院法学研究科博士課程公法学専攻（刑法）担当［現在に至る］ |
| 平成2年9月 | 早稲田大学法学部教務担当教務主任［〜平成6年9月］ |
| 平成4年4月 | 千葉大学法経学部非常勤講師［〜平成6年3月］ |
| 平成5年4月 | 獨協大学法学部非常勤講師［〜平成20年3月］ |
| 平成11年10月 | 早稲田大学比較法研究所所長［〜平成14年9月］ |

| | | |
|---|---|---|
| 平成14年4月 | 国士舘大学法学部非常勤講師［～平成15年3月］ | |
| 平成16年4月 | 早稲田大学大学院法務研究科教授(法学部との併任) | |
| 平成16年9月 | 早稲田大学法学学術院教授（※機構改革による）［現在に至る］ | |
| 平成18年3月 | 弁護士登録（第2東京弁護士会）［現在に至る］ | |
| 平成26年4月 | 早稲田大学大学院法務研究科教授(法学部との併任解消)［現在に至る］ | |

## 二　社会貢献活動など

| | |
|---|---|
| 昭和63年6月 | 第二東京弁護士会懲戒委員会委員（第二東京弁護士会）［～平成18年1月］ |
| 平成7年7月 | 法学・政治学視学委員（文部科学省）［～平成15年3月］ |
| 平成8年4月 | 判定委員会幹事（大学基準協会）［～平成14年3月］ |
| 平成10年10月 | 本協会のあり方検討委員会小委員会委員（大学基準協会）［～平成12年6月］ |
| 平成11年7月 | 判定委員会大学審査分科会（第3群）幹事（大学基準協会）［～平成12年3月］ |
| 平成11年3月 | 本協会のあり方検討委員会小委員会本協会の大学評価システム検討分科会委員（大学基準協会）［～平成12年6月］ |
| 平成12年1月 | 司法試験第二次試験考査委員(刑法担当)(法務省)［～平成17年12月］ |
| 平成12年6月 | 本協会のあり方検討委員会小委員会委員（大学基準協会）［～平成16年3月］ |
| 平成12年6月 | 本協会のあり方検討委員会小委員会評価組織体制・プロセス等検討分科会委員（大学基準協会）［～平成16年3月］ |
| 平成12年6月 | 判定委員会大学審査分科会（第6群）幹事（大学基準協会）［～平成13年3月］ |
| 平成13年7月 | 判定委員会大学審査分科会（第1群）幹事（大学基準協会）［～平成14年3月］ |
| 平成13年8月 | 特別研究員等審査会専門委員（日本学術振興会）［～平成15年7月］ |
| 平成14年5月 | 相互評価委員会大学評価分科会（第9群）委員（大学基準協会）［～平成15年3月］ |
| 平成14年5月 | 相互評価委員会法学系第2専門評価分科会委員（大学基準協会）［～ |

| | |
|---|---|
| | 平成15年 3 月] |
| 平成15年 4 月 | 法科大学院適格認定検討委員会小委員会委員（大学基準協会）[～平成17年 9 月] |
| 平成16年10月 | 法制審議会臨時委員（刑事法部会（人身の自由関係部会））[～平成17年 1 月] |
| 平成18年 4 月 | 法科大学院試行評価委員会委員（大学基準協会）[～平成19年 3 月] |
| 平成20年 4 月 | 法科大学院評価委員会分科会委員（大学基準協会）[～平成23年 3 月] |
| 平成24年 4 月 | 佐倉市契約監視委員［現在に至る］ |

## 主要著作目録

### 一　単著

『未遂犯の研究』（昭和59年8月）成文堂
『刑法総論講義案　中』（昭和62年10月）成文堂
『刑法総論』（平成2年5月）成文堂
『刑法総論（補訂版）』（平成10年9月）成文堂
『刑法総論』全理其＝何力訳（平成13年3月）法律出版社（中国・北京市）
『経済刑法の論点』（平成14年4月）現代法律出版
『刑法演習教材』（平成16年11月）成文堂
『刑法演習教材（改訂版）』（平成19年11月）成文堂
『刑法と人生』（平成27年3月）成文堂

### 二　編著・共著

『現代法講義 刑法総論』野村稔編［5〜34頁「刑法の基礎理論」、37〜50頁「犯罪論総説（総説）」、87〜95頁［構成要件］］（平成5年4月）青林書院
『現代法講義 刑法総論（改訂版）』野村稔編（平成9年4月）青林書院
『現代法講義 刑法各論』野村稔編［5〜8頁「序論」、233〜249頁、「盗品等に関する罪」、239〜245頁「毀棄及び隠匿の罪」、249頁「社会的法益に対する罪（総説）」、273〜276頁「出水及び水利に関する罪」、287〜295頁「往来を妨害する罪」、286〜294頁「公衆の健康に対する罪」、367頁「国家的法益に対する罪（総説）」］（平成10年5月）青林書院
『現代法講義 刑法各論（補正版）』［新規執筆部分：47〜54頁「危険運転致死傷罪」、337〜345頁「支払用カード電磁的記録に関する罪」］野村稔編（平成14年4月）青林書院
『注解　中華人民共和国新刑法』野村稔＝張凌（平成14年3月）成文堂

## 三　分担執筆等

『刑法学　4　《各論の重要問題Ⅰ》』西原春夫＝藤木英雄＝森下忠編［77〜89頁「保護責任者遺棄罪」、90〜101頁「ひき逃げの罪」、102〜112頁「脅迫罪」］（昭和52年12月）有斐閣

『刑法学　2　《総論の重要問題Ⅱ》』西原春夫＝藤木英雄＝森下忠編［198〜211頁「未必の故意」］（昭和53年4月）有斐閣

『判例刑法研究　4　未遂・共犯・罪数』西原春夫＝宮澤浩一＝阿部純二＝板倉宏＝大谷實＝芝原邦爾編［73〜113頁「不能犯」］（昭和56年2月）有斐閣

『刑法読本』内藤謙＝内田文昭編［194〜204頁「名誉・信用に対する罪」、298〜304頁「国家の存立に対する罪」］（昭和56年11月）有斐閣

『刑法演習Ⅰ〔総論〕』岡野光雄編［55〜64頁「誤想過剰防衛」、179〜189頁「不能犯」］（昭和62年3月）成文堂

『刑法演習Ⅱ〔各論〕』岡野光雄編［39〜50頁「遺棄罪——ひき逃げと遺棄罪、殺人罪」、51〜59頁「名誉毀損罪——名誉毀損罪と事実証明」］（昭和62年7月）成文堂

『大コンメンタール刑法　第2巻［第35条〜第44条］』大塚仁＝河上和雄＝佐藤文哉編［895〜979頁「未遂犯・中止犯」、980〜988頁「未遂犯を罰する場合」］（平成元年3月）青林書院

『基本問題セミナー　刑法1　総論』阿部純二＝川端博編［255〜267頁「実行の着手」］（平成4年5月）一粒社

『〔別冊法学セミナー141号〕基本法コンメンタール　改正刑法』阿部純二編［123〜126頁「外患に関する罪」、170〜172頁「住居を侵す罪」］（平成7年10月）日本評論社

『新・判例コンメンタール　刑法3　総則［3］』大塚仁＝川端博編［1〜24頁「第43条（未遂減免）」］（平成8年8月）三省堂

『新・判例コンメンタール　刑法6　罪［3］』大塚仁＝川端博編［193〜222頁「第236条（強盗）」、222〜225頁「第237条（強盗予備）」、225〜241頁「第238条（事後強盗）」、241〜242頁「第239条（昏酔強盗）」］（平成10年4月）三省堂

『大コンメンタール刑法　第4巻［43条〜59条］（第2版）』大塚仁＝河上和雄＝佐藤文哉＝古田佑紀編（平成11年5月）青林書院

『〔別冊法学セミナー161号〕基本法コンメンタール　改正刑法（第二版）』阿部純二編（平成11年9月）日本評論社

『〔別冊法学セミナー176号〕基本法コンメンタール　改正刑法（第二版補訂版）』阿部純二編（平成14年10月）日本評論社

『刑事法辞典』三井誠＝町野朔＝曾根威彦＝中森喜彦＝吉岡一男＝西田典之編［54頁「改定律例」、75頁「仮刑律」、123頁「旧刑法」、167頁「公事方御定書」、284頁「御成敗式目」、351頁「実行の着手」、463頁「新律綱領」、529頁「大宝律令」、537頁「太政官布告」、543頁「断獄則例」、673頁「不応為律」、676頁「武家諸法度」、676頁「武家法」］（平成15年3月）信山社

『〔別冊法学セミナー192号〕基本法コンメンタール　刑法（第3版・2007年版）』阿部純二編（平成19年5月）日本評論社

『大コンメンタール刑法　第4巻［43条〜59条］（第3版）』大塚仁＝河上和雄＝中山善房＝古田佑紀編（平成25年10月）青林書院

### 四　論文等

「未遂犯の歴史的展開——一般的未遂概念成立史——」早稲田大学大学院法研論集8号［155〜187頁］（昭和48年2月）早稲田大学大学院法学研究科

「明治維新以後の刑法制定史と未遂規定」早稲田法学会誌24巻［77〜126頁］（昭和49年3月）早稲田大学法学会

「未遂の可罰性の基準——一般的考察——」早稲田法学会誌26巻［31〜59頁］（昭和51年3月）早稲田大学法学会

「暴行・脅迫後に財物奪取の意思を生じた場合と強盗罪の成否」西原春夫＝野村稔［共著］判例タイムズ329号［22〜39頁］（昭和51年3月）判例タイムズ社

「名誉毀損罪における事実の証明——違法阻却事由と処罰阻却事由との併存説——」早稲田法学53巻1＝2号［105〜174頁］（昭和53年3月）早稲田大学法学会

「実行の着手——折衷説の検討を中心として——」中山研一＝西原春夫＝藤木英雄＝宮澤浩一編『現代刑法講座　第3巻　過失から罪数まで』［113〜128頁］（昭和54年7月）成文堂

「未遂・不能犯」Law School 23号［36〜47頁］（昭和55年8月）立花書房

「不能犯における危険——具体的危険説の立場から——」Law School 39号［25〜35頁］（昭和56年12月）立花書房

「未遂犯における違法性」刑法雑誌24巻3＝4号［432〜472頁］（昭和57年2月）日本刑法学会

「名誉の保護と報道」刑法雑誌28巻1号［104～120頁］（昭和62年5月）日本刑法学会

「実行の着手――行為の属性としての危険か結果としての危険か――」芝原邦爾編『別冊法学教室 刑法の基本判例』［52～55頁］（昭和63年4月）有斐閣

「刑法総論―37―共謀共同正犯―上―」法学セミナー414号［81～85頁］（平成元年6月）日本評論社

「刑法総論―38―共謀共同正犯―下―」法学セミナー415号［102～107頁］（平成元年7月）日本評論社

「刑法規範の動態論――刑法規範の一つのデッサン」研修495号［3～12頁］（平成元年9月）法務総合研究所

「共謀共同正犯」芝原邦爾＝堀内捷三＝町野朔＝西田典之編『刑法理論の現代的展開 総論Ⅱ』［220～243頁］（平成2年12月）日本評論社

「犯罪報道と名誉毀損」法学教室132号［15頁］（平成3年9月）有斐閣

「刑法105条と共犯関係」研修521号［3～12頁］（平成3年11月）法務総合研究所

「刑法各論―4―暴行罪・傷害罪―暴行罪と傷害罪との関係を中心にして」法学セミナー453号［78～82頁］（平成4年9月）日本評論社

「予備罪の従犯について」研修533号［3～12頁］（平成4年11月）法務総合研究所

「不能犯と事実の欠缺」阿部純二＝板倉宏＝内田文昭＝香川達夫＝川端博＝曽根威彦編『刑法基本講座 第4巻 未遂／共犯／罪数論』［3～20頁］（平成4年11月）法学書院

「刑法における占有の意義」阿部純二＝板倉宏＝内田文昭＝香川達夫＝川端博＝曽根威彦編『刑法基本講座 第5巻 財産犯論』［71～86頁］（平成5年10月）法学書院

「事実の錯誤について――下村教授の錯誤論によせて――」下村康正先生古稀祝賀論文集『刑事法学の新動向 上巻』［85～102頁］（平成7年6月）成文堂

「共犯と正当防衛」研修571号［17～24頁］（平成8年1月）法務総合研究所

「テレホンカードの通話可能度数の改ざんと有価証券変造」法学教室188号［31～36頁］（平成8年5月）有斐閣

「暴行罪・傷害罪――暴行罪と傷害罪との関係を中心として」芝原邦爾＝堀内捷三＝町野朔＝西田典之編『刑法理論の現代的展開 各論』［33～43頁］（平成8年6月）日本評論社

「日本における弁護士の依頼人に対する任務違背行為に対する制裁システムとその現状」東亜法学21号［419～430頁］（平成8年12月）東亞大學校法學研究所（韓国・釜山市）

「実行着手後における心神喪失・耗弱――責任能力による同時的コントロールの必要性」研修587号［3～10頁］（平成9年5月）法務総合研究所

「西原教授の犯罪論体系について」『西原春夫先生古稀祝賀論文集 第一巻』［469〜493頁］（平成10年3月）成文堂

「経済刑法の論点（1）インサイダー取引の刑事責任」現代刑事法1巻1号［108〜119頁］（平成11年5月）現代法律出版

「経済刑法の論点（2）相場操縦罪」現代刑事法1巻2号［104〜112頁］（平成11年6月）現代法律出版

「経済刑法の論点（3）損失補てん罪」現代刑事法1巻3号［111〜118頁］（平成11年7月）現代法律出版

「経済刑法の論点（4）利益供与罪」現代刑事法1巻4号［92〜102頁］（平成11年8月）現代法律出版

「経済刑法の論点（5）特別背任罪」現代刑事法1巻6号［103〜112頁］（平成11年10月）現代法律出版

「経済刑法の論点（6）ネズミ講」現代刑事法1巻7号［120〜127頁］（平成11年11月）現代法律出版

「経済刑法の論点（7）独占禁止法の罰則（その1）」現代刑事法2巻3号［105〜110頁］（平成12年3月）現代法律出版

「経済刑法の論点（8）独占禁止法の罰則（その2）」現代刑事法2巻4号［115〜120頁］（平成12年4月）現代法律出版

「経済刑法の論点（9）独占禁止法の罰則（その3・完）」現代刑事法2巻5号［120〜127頁］（平成12年5月）現代法律出版

「経済刑法の論点（10）出資法上の罪」現代刑事法2巻6号［112〜121頁］（平成12年6月）現代法律出版

「未遂犯の処罰根拠」現代刑事法2巻9号［29〜35頁］（平成12年9月）現代法律出版

「弁護士法72条違反罪の共犯について」研修628号［3〜10頁］（平成12年10月）法務総合研究所

「経済刑法の論点（11）非弁提携の規制について」現代刑事法2巻10号［102〜112頁］（平成12年10月）現代法律出版

「経済刑法の論点（12）租税逋脱犯について」現代刑事法2巻11号［107〜116頁］（平成12年11月）現代法律出版

「緊急避難」西田典之＝山口厚編『法律学の争点シリーズ 刑法の争点（第3版）』［52〜53頁］（平成12年11月）有斐閣

「談合罪における『公正な価格』の意義」西田典之＝山口厚編『法律学の争点シリーズ 刑法の争点（第3版）』［244〜245頁］（平成12年11月）有斐閣

「経済刑法の論点（13）カード犯罪について」現代刑事法2巻12号［95〜106頁］（平成12年11月）現代法律出版

「経済刑法の論点（14）両罰規定について」現代刑事法3巻2号［110〜116頁］（平成13年2月）現代法律出版

「経済刑法の論点（15・完）経済刑法と犯罪論」現代刑事法3巻4号［115〜120頁］（平成13年4月）現代法律出版

「国際人権B規約第六条と日本および中国の死刑」佐藤司先生古稀祝賀論文集『日本刑事法の理論と展望 上巻』［571〜590頁］（平成14年8月）信山社

「粉飾決算と刑事責任――旧日本長期信用銀行粉飾決算事件第一審判決によせて――」早稲田法学78巻3号［209〜234頁］（平成15年5月）早稲田大学法学会

「被告人による偽証教唆の可罰性」現代刑事法5巻10号［37〜43頁］（平成15年10月）現代法律出版

「資産査定基準と罪刑法定主義――旧長期信用銀行粉飾決算事件：東京地裁平成14年9月10日判決を契機として――」現代刑事法6巻2号［59〜64頁］（平成16年2月）現代法律出版

「企業と市場に係る刑事法制の研究」野村稔＝曽根威彦＝田口守一［共著］企業と法創造1巻1号［42〜43頁］（平成16年4月）早稲田大学21世紀COE《企業法制と法創造》総合研究所

「刑法からみた独占禁止法改正問題」企業と法創造1巻1号［140〜146頁］（平成16年4月）早稲田大学21世紀COE《企業法制と法創造》総合研究所

「経済刑法からみた独禁法改正問題――犯則調査権限の導入・罰則規定の見直しを中心として――」現代刑事法6巻6号［58〜70頁］（平成16年6月）現代法律出版

「独禁法の行政調査手続と刑事手続の関係」研修672号［3〜12頁］（平成16年6月）法務総合研究所

「遺棄罪の立法過程について――危険犯としての純化の過程――」早稲田大学比較法研究所編『日本法のアイデンティティに関する総合的・比較法的研究――源流の法とグローバル化の法――』［5〜26頁］（平成18年3月）早稲田大学比較法研究所

「長銀粉飾決算事件控訴審判決の検討――資産査定通達等と罪刑法定主義（再論）」研修695号［3〜10頁］（平成18年5月）法務総合研究所

「外国為替証拠金取引の規制について――先物取引に関する犯罪――」『神山敏雄先生古稀

祝賀論文集 第2巻 経済刑法』［197〜221頁］（平成18年8月）成文堂
「医師の異状死体等の届出義務——判例を中心として——」判例タイムズ1238号［4〜8頁］（平成19年7月）判例タイムズ社
「緊急避難」西田典之＝山口厚＝佐伯仁志編『新・法律学の争点シリーズ 刑法の争点』［50〜51頁］（平成19年10月）有斐閣
「刑事罰と団体」早稲田大学大学院法学研究科大学院教育改革支援プログラム実施委員会編『法学研究の基礎——団体と法』［89〜115頁］（平成21年3月）早稲田大学大学院法学研究科

## 五　判例評釈・演習等

「摘示事実の主要な部分の真実性が立証された場合と名誉毀損・業務妨害罪の成否」判例タイムズ322号［116〜120頁］（昭和50年8月）判例タイムズ社
「防衛の意思と攻撃の意思とが併存している場合と刑法36条の防衛行為」判例タイムズ334号［94〜100頁］（昭和51年7月）判例タイムズ社
「承継的共犯」平野龍一編『〔別冊ジュリスト57号〕刑法判例百選Ⅰ　総論』［182〜183頁］（昭和53年2月）有斐閣
「逃走中の暴行と強盗致死傷」平野龍一編『〔別冊ジュリスト58号〕刑法判例百選Ⅱ　各論』［162〜163頁］（昭和53年4月）有斐閣
「打撃の錯誤と強盗殺人未遂罪の成立」判例タイムズ371号［39〜42頁］（昭和54年1月）判例タイムズ社
「大須事件上告審決定——（1）騒擾罪の成立に必要な共同意思の内容（2）刑法106条2号の率先助勢の罪が成立する時期」Law School 2巻3号［117〜120頁］（昭和54年3月）立花書房
「サウナ風呂の開発・製作の担当者と業務上失火罪」『〔ジュリスト臨時増刊718号〕昭和54年度重要判例解説』［198〜199頁］（昭和55年8月）有斐閣
「月刊ペン事件」『〔ジュリスト臨時増刊768号〕昭和56年度重要判例解説』［165〜167頁］（昭和57年6月）有斐閣
「承継的共犯」平野龍一＝松尾浩也編『〔別冊ジュリスト82号〕刑法判例百選Ⅰ　総論（第二版）』［168〜169頁］（昭和59年3月）有斐閣
「逃走中の暴行と強盗致死傷」平野龍一＝松尾浩也編『〔別冊ジュリスト83号〕刑法判例百

選Ⅱ 各論（第二版）』［82～83頁］（昭和59年4月）有斐閣

「演習」法学教室61号［172～173頁］（昭和60年10月）有斐閣

「演習」法学教室63号［100頁］（昭和60年12月）有斐閣

「演習」法学教室65号［88頁］（昭和61年2月）有斐閣

「演習」法学教室67号［123頁］（昭和61年4月）有斐閣

「演習」法学教室69号［105頁］（昭和61年6月）有斐閣

「演習」法学教室71号［136頁］（昭和61年8月）有斐閣

「公文書の改ざんコピーの作成と偽・変造罪の成否」法学教室74号［128頁］（昭和61年11月）有斐閣

「演習」法学教室74号［141頁］（昭和61年11月）有斐閣

「演習」法学教室77号［91頁］（昭和62年2月）有斐閣

「公文書の改ざんコピーの作成と偽・変造罪の成否」『〔法学教室77号別冊付録〕判例セレクト '86』［34頁］（昭和62年2月）有斐閣

「複数の建造物の現住建造物性」『〔ジュリスト臨時増刊935号〕昭和63年度重要判例解説』［149～151頁］（平成元年6月）有斐閣

「共犯関係からの離脱」『〔法学教室113号別冊付録〕判例セレクト '89』［33頁］（平成2年2月）有斐閣

「間接正犯の実行の着手時期」平野龍一＝松尾浩也＝芝原邦爾編『〔別冊ジュリスト111号〕刑法判例百選Ⅰ 総論（第三版）』［136～137頁］（平成3年4月）有斐閣

「刑法重点ゼミ——野村稔先生に聞く」受験新報42巻1号［79～111頁］（平成4年1月）中央大学真法会

「不法原因給付にかかる物件の横領」平野龍一＝松尾浩也＝芝原邦爾編『〔別冊ジュリスト117号〕刑法判例百選Ⅱ 各論（第三版）』［104～105頁］（平成4年4月）有斐閣

「共同正犯と正当防衛の成否の判断方法」法学教室177号［72～73頁］（平成7年6月）有斐閣

「演習」法学教室199号［155頁］（平成9年4月）有斐閣

「間接正犯の実行の着手時期」松尾浩也＝芝原邦爾＝西田典之編『〔別冊ジュリスト142号〕刑法判例百選Ⅰ 総論（第四版）』［132～133頁］（平成9年4月）有斐閣

「演習」法学教室200号［153頁］（平成9年5月）有斐閣

「不法原因給付にかかる物件の横領」松尾浩也＝芝原邦爾＝西田典之編『〔別冊ジュリスト143号〕刑法判例百選Ⅱ 各論（第四版）』［106～107頁］（平成9年5月）有斐閣

「演習」法学教室201号［128頁］（平成9年6月）有斐閣

「演習」法学教室202号［130頁］（平成9年7月）有斐閣
「演習」法学教室203号［114頁］（平成9年8月）有斐閣
「演習」法学教室204号［146頁］（平成9年9月）有斐閣
「演習」法学教室205号［122頁］（平成9年10月）有斐閣
「演習」法学教室206号［112頁］（平成9年11月）有斐閣
「演習」法学教室207号［110頁］（平成9年12月）有斐閣
「演習」法学教室208号［116頁］（平成10年1月）有斐閣
「演習」法学教室209号［108頁］（平成10年2月）有斐閣
「演習」法学教室210号［78頁］（平成10年3月）有斐閣
「演習」法学教室211号［154頁］（平成10年4月）有斐閣
「演習」法学教室212号［136頁］（平成10年5月）有斐閣
「演習」法学教室213号［132頁］（平成10年6月）有斐閣
「演習」法学教室214号［118頁］（平成10年7月）有斐閣
「演習」法学教室215号［118頁］（平成10年8月）有斐閣
「演習」法学教室216号［110頁］（平成10年9月）有斐閣
「演習」法学教室217号［128頁］（平成10年10月）有斐閣
「演習」法学教室218号［144頁］（平成10年11月）有斐閣
「演習」法学教室219号［136頁］（平成10年12月）有斐閣
「演習」法学教室220号［138頁］（平成11年1月）有斐閣
「演習」法学教室221号［132頁］（平成11年2月）有斐閣
「演習」法学教室222号［104頁］（平成11年3月）有斐閣
「営利の目的で業として覚せい剤等を譲渡したとして麻薬特例法8条の罪が成立するとされた事例（①、②事件）」判例評論475号［61～64頁］（平成10年9月）判例時報社
「禁制品輸入罪における実行の着手」『〔ジュリスト臨時増刊1179号〕平成11年度重要判例解説』［148～149頁］（平成12年6月）有斐閣
「重加算税と刑罰との併科と憲法39条ほか」佐々木史朗編『判例経済刑法大系 第2巻 経済法関連』［290～297頁］（平成13年2月）日本評論社
「虚偽不申告租税逋脱犯における事前の所得秘匿工作の作出に加功した者と共同正犯の成否」佐々木史朗編『判例経済刑法大系 第2巻 経済法関連』［333～339頁］（平成13年2月）日本評論社
「覚せい剤取締法41条の覚せい剤輸入罪の既遂時期」現代刑事法5巻1号［54～58頁］（平

成15年1月）現代法律出版

「自招危難」芝原邦爾＝西田典之＝山口厚編『〔別冊ジュリスト166号〕刑法判例百選Ⅰ　総論（第五版）』［60〜61頁］（平成15年4月）有斐閣

「権利の実行と恐喝罪」芝原邦爾＝西田典之＝山口厚編『〔別冊ジュリスト167号〕刑法判例百選Ⅱ　各論（第五版）』［110〜111頁］（平成15年4月）有斐閣

「国立大学医学部教授収賄事件」永井憲一＝中村睦男編『大学と法――高等教育50判例の検討を通して――』［266〜275頁］（平成16年1月）大学基準協会

「消費者金融会社の係員を欺いてローンカードを交付させた上これを利用して同社の現金自動入出機から現金を引き出した場合の罪責」判例評論539号［44〜47頁］（平成16年1月）判例時報社

「【1】他人の不動産を受託占有する者が抵当権設定後にこれを売却する行為と横領罪の成否　【2】売却行為のみが横領罪として起訴されたときの審理方法」現代刑事法6巻7号［75〜80頁］（平成16年7月）現代法律出版

「クレジットカードの名義人に成り済まし同カードを利用して商品を購入する行為と詐欺罪の成否」現代刑事法6巻12号［79〜84頁］（平成16年12月）現代法律出版

「【1】小型船籍の船舶及び総トン数の測度に関する政令（平成13年政令第383号による改正前のもの）8条の2の船籍簿と刑法157条1項にいう『権利若しくは義務に関する公正証書の原本』　【2】小型船舶の船籍及び総トン数の測度に関する政令（平成13年政令第383号による改正前のもの）4条1項に基づく船籍票の内容虚偽の書換申請と刑法157条1項にいう『虚偽の申立て』」判例評論572号［53〜56頁］（平成18年10月）判例時報社

「自招危難」西田典之＝山口厚＝佐伯仁志編『〔別冊ジュリスト189号〕刑法判例百選Ⅰ　総論（第6版）』［64〜65頁］（平成20年2月）有斐閣

「株式会社日本長期信用銀行の平成一〇年三月期に係る有価証券報告書の提出及び配当に関する決算処理につき、これまで『公正ナル会計慣行』として行われていた税法基準の考え方によったことが違法とはいえないとして、同銀行の頭取らに対する虚偽記載有価証券報告書提出罪及び違法配当罪の成立が否定された事例」判例評論607号［22〜26頁］（平成21年9月）判例時報社

## 六　翻訳等

ユルゲン・バウマン編『西独刑法改正論争──刑法改正は失敗か──』西原春夫＝宮澤浩一監訳［247〜259頁「ウルリッヒ・クルーク『平和に対する罪（Friedensverrat）の新刑罰構成要件』」］（昭和56年1月）成文堂

アルビン・エーザー「ドイツ刑法の変遷における生命の保護──比較法史における生命の『神聖性』と『質』について──」野村稔＝関哲夫［共訳］比較法学21巻2号［179〜200頁］（昭和63年1月）早稲田大学比較法研究所

クラウス・ティーデマン『ドイツおよびECにおける経済犯罪と経済刑法』西原春夫＝宮澤浩一監訳［1〜16頁「経済刑法の概念と歴史的発展」、17〜24頁「経済刑法の理論体系的・刑事政策的主要原理」、26〜32頁「経済刑法総論の特色」］（平成2年11月）成文堂

「〔資料〕中華人民共和国新刑法（1997年）について」野村稔＝張凌［共訳］比較法学32巻2号［189〜315頁］（平成11年1月）早稲田大学比較法研究所

「中国刑事訴訟法の司法解釈」野村稔＝張凌［共訳］比較法学34巻2号［183〜248頁］（平成13年1月）早稲田大学比較法研究所

イェシェック＝ヴァイゲンド『ドイツ刑法総論　第5版』西原春夫監訳［19〜24頁「刑事政策の諸原則」、25〜32頁「刑事学」］（平成11年4月）成文堂

何秉松「組織犯罪集団の概念および特徴（1）」野村稔＝張凌［共訳］比較法学37巻1号［251〜277頁］（平成15年7月）早稲田大学比較法研究所

何秉松「組織犯罪集団の概念および特徴（2）」野村稔＝張凌［共訳］比較法学37巻2号［313〜335頁］（平成16年1月）早稲田大学比較法研究所

## 七　その他

**共同研究**

『日本刑法草案会議筆記 第Ⅰ分冊』早稲田大学鶴田文書研究会（昭和51年12月）早稲田大学出版部

『〈日本刑法草案会議筆記別冊〉刑法編集日誌 日本帝国刑法草案』早稲田大学鶴田文書研究会（昭和51年12月）早稲田大学出版部

『日本刑法草案会議筆記 第Ⅱ分冊』早稲田大学鶴田文書研究会（昭和52年1月）早稲田大学出版部

『日本刑法草案会議筆記 第Ⅲ分冊』早稲田大学鶴田文書研究会（昭和52年2月）早稲田大学出版部

『日本刑法草案会議筆記 第Ⅳ分冊』早稲田大学鶴田文書研究会（昭和52年3月）早稲田大学出版部

**書 評**

「〔現代刑事法学の視点〕大沼邦弘『未遂犯の成立範囲の画定』」（団藤重光博士古稀祝賀論文集第3巻（昭和59年）74頁）」法律時報59巻6号［137～142頁］（昭和62年5月）日本評論社

「〔Book Shelf〕中森喜彦『刑法各論』（有斐閣、1991年11月）」法学教室142号［52頁］（平成4年7月）有斐閣

**意見書・報告等**

「『脳死および臓器移植についての中間報告』に関する早稲田大学法学部教授の意見」牛山積＝浦川道太郎＝鎌田薫＝黒木三郎＝須々木主一＝曾根威彦＝田山輝明＝野村稔＝石川正興＝木村利人〔共著〕早稲田法学63巻2号［217～219頁］（昭和63年4月）早稲田大学法学会

「〔特集 共謀共同正犯理論の総合的研究〕はじめに」刑法雑誌31巻3号［275～282頁］（平成3年1月）日本刑法学会

「〔日本刑法学会第68回大会ワークショップ〕未遂犯」刑法雑誌31巻3号［375～379頁］（平成3年1月）日本刑法学会

「〔日本刑法学会第71回大会ワークショップ〕放火罪」刑法雑誌34巻1号［134頁～141頁］（平成7年3月）日本刑法学会

**公益活動**

「大学評価の展望」丹保憲仁＝大南正瑛編『大学評価を読む』［77～82頁］（平成13年12月）大学基準協会

「大学評価における評価の視点」大学評価研究2号［102～105頁］（平成14年3月）大学基準協会

「上海における出会い」交流簡報139号［3～4頁］（平成5年5月）日中人文社会科学交流協会

「第4回日中刑事法学術討論会報告」ジュリスト1078号［64～70頁］（平成7年11月）有斐閣

**随筆等**

「人との出会い──マックス・プランク研究所──」法学部報2号［7～8頁］（昭和59年4月）早稲田大学法学部

「故人との縁」追想の阿部義任刊行会編『追想の阿部義任』［223～226頁］（昭和60年7月）成文堂

「《座談会》博士論文を執筆して──野村稔先生（刑法）に聞く──」季刊法研フォーラム2号［2～7頁］（昭和61年4月）法研自治会常任委員会

「『出て来い』の一言」早稲田大学大学院法学研究科西原研究室編『多祥竹簡集』［31～32頁］（昭和63年4月）成文堂

「法学部のカリキュラム改革」早稲田学報復刊48巻4号［30～31頁］（平成6年5月）早稲田大学校友会

「刑法と人生」警察公論54巻1号［16～19頁］（平成11年1月）立花書房

「研究生活の途上において」法学部報9号［5～6頁］（平成11年4月）早稲田大学法学部

「序文」早稲田大学比較法研究所編『日本法のアイデンティティに関する総合的・比較法的研究──源流の法とグローバル化の法──』［1～2頁］（平成18年3月）早稲田大学比較法研究所

「献呈の辞」早稲田法学84巻3号［ⅰ～ⅲ頁］（平成21年3月）早稲田大学法学会

「献呈の辞」早稲田法学85巻3号（第1分冊）［ⅰ～ⅶ頁］（平成22年3月）早稲田大学法学会

## 執筆者紹介 (掲載順)

| | | |
|---|---|---|
| 勝亦藤彦 | (かつまた ふじひこ) | 山梨学院大学大学院法務研究科教授 |
| 武藤眞朗 | (むとう まさあき) | 東洋大学法学部教授 |
| 岡部雅人 | (おかべ まさと) | 愛媛大学法文学部准教授 |
| 原田　保 | (はらだ たもつ) | 愛知学院大学大学院法務研究科教授 |
| 上野芳久 | (うえの よしひさ) | 関東学院大学大学院法務研究科教授 |
| 萩原　滋 | (はぎわら しげる) | 東洋大学大学院法務研究科教授 |
| 二本柳誠 | (にほんやなぎ まこと) | 名城大学大学院法務研究科准教授 |
| 髙橋則夫 | (たかはし のりお) | 早稲田大学法学学術院教授 |
| 田川靖紘 | (たがわ やすひろ) | 愛媛大学法文学部講師 |
| 新倉　修 | (にいくら おさむ) | 青山学院大学大学院法務研究科教授 |
| 松原芳博 | (まつばら よしひろ) | 早稲田大学大学院法務研究科教授 |
| 大塚裕史 | (おおつか ひろし) | 成蹊大学大学院法務研究科教授 |
| 石井徹哉 | (いしい てつや) | 千葉大学大学院専門法務研究科教授 |
| 関　哲夫 | (せき てつお) | 國學院大學法学部教授 |
| 宮崎英生 | (みやざき ひでお) | 拓殖大学政経学部講師 |
| 芥川正洋 | (あくたがわ まさひろ) | 早稲田大学法学学術院助手 |
| 杉本一敏 | (すぎもと かずとし) | 早稲田大学大学院法務研究科教授 |
| 笹井武人 | (ささい たけひと) | 弁護士 |
| 田山聡美 | (たやま さとみ) | 早稲田大学法学学術院准教授 |
| 渡邊卓也 | (わたなべ たくや) | 筑波大学ビジネスサイエンス系准教授 |
| 内田幸隆 | (うちだ ゆきたか) | 明治大学法学部准教授 |
| 酒井安行 | (さかい やすゆき) | 青山学院大学法学部教授 |
| 專田泰孝 | (せんだ やすたか) | 千葉大学法政経学部教授 |
| 松澤　伸 | (まつざわ しん) | 早稲田大学法学学術院教授 |
| 伊藤亮吉 | (いとう りょうきち) | 名城大学法学部教授 |
| 北村宏洋 | (きたむら こうよう) | 弁護士 |
| 岡上雅美 | (おかうえ まさみ) | 筑波大学人文社会系教授 |
| 甲斐克則 | (かい かつのり) | 早稲田大学大学院法務研究科教授 |
| 鈴木優典 | (すずき まさのり) | 山梨学院大学法学部教授 |
| 仲道祐樹 | (なかみち ゆうき) | 早稲田大学社会科学総合学術院准教授 |
| 三上正隆 | (みかみ まさたか) | 愛知学院大学法学部准教授 |
| 渡辺直行 | (わたなべ なおゆき) | 広島修道大学大学院法務研究科教授・弁護士 |
| 洲見光男 | (しゅうみ みつお) | 同志社大学大学院司法研究科教授 |
| 寺崎嘉博 | (てらさき よしひろ) | 早稲田大学法学学術院教授 |
| 川上拓一 | (かわかみ たくいち) | 早稲田大学大学院法務研究科教授 |
| 小西暁和 | (こにし ときかず) | 早稲田大学法学学術院准教授 |
| 小坂　亮 | (こさか りょう) | 東洋大学法学部准教授 |
| 宿谷晃弘 | (しゅくや あきひろ) | 東京学芸大学人文社会科学系准教授 |
| 増田　隆 | (ますだ たかし) | 帝京大学法学部講師 |
| 井　小胖 | (せい しょうはん) | 早稲田大学アジア研究機構招聘研究員 |
| 若尾岳志 | (わかお たけし) | 獨協大学法学部准教授 |

野村 稔先生古稀祝賀論文集

2015年3月20日　初版第1刷発行

編集委員　高橋　則夫
　　　　　松原　芳博
　　　　　松澤　　伸

発 行 者　阿部　耕一

〒162-0041　東京都新宿区早稲田鶴巻町514
発 行 所　株式会社　成文堂
電話03(3203)9201(代)　FAX03(3203)9206
http://www.seibundoh.co.jp

製版・印刷　藤原印刷　　　　　　　　　製本　佐抜製本
©2015　髙橋、松原、松澤　　　　　　Printed in Japan
☆乱丁・落丁本はおとりかえいたします☆
ISBN978-4-7923-5143-4 C3032　　　　検印省略

定価（本体20,000円＋税）